立法工作者权威释义版
法律释解与适用丛书

《中华人民共和国刑法》
释解与适用

[第二版]

—— 根据刑法修正案（十二）修改 ——

（上）

王爱立　主编

人民法院出版社

图书在版编目（CIP）数据

《中华人民共和国刑法》释解与适用 ／ 王爱立主编
． -- 2版． -- 北京：人民法院出版社，2024.2
（法律释解与适用丛书）
ISBN 978-7-5109-4056-9

Ⅰ．①中… Ⅱ．①王… Ⅲ．①刑法－法律解释－中国
②刑法－法律适用－中国 Ⅳ．①D924.05

中国国家版本馆CIP数据核字(2024)第010528号

《中华人民共和国刑法》释解与适用（第二版）
王爱立　主编

策划编辑	兰丽专　**责任编辑**　路建华
执行编辑	杨晓燕
出版发行	人民法院出版社
地　　址	北京市东城区东交民巷27号（100745）
电　　话	（010）67550508（责任编辑）　67550558（发行部查询）
	65223677（读者服务部）
网　　址	http：//www.courtbook.com.cn
E - mail	courtpress@sohu.com
印　　刷	保定市中画美凯印刷有限公司
经　　销	新华书店
开　　本	787毫米×1092毫米　1/16
字　　数	1425千字
印　　张	87
版　　次	2024年2月第2版　2024年2月第1次印刷
书　　号	ISBN 978-7-5109-4056-9
定　　价	268.00元（上下册）

版权所有　侵权必究

前　　言

　　刑法是国家的基本法律，在中国特色社会主义法律体系中居于基础性、保障性地位，对于打击犯罪、维护国家安全、社会稳定和保护人民群众生命财产安全具有重要意义。2023年12月29日，第十四届全国人民代表大会常务委员会第七次会议通过了《中华人民共和国刑法修正案（十二）》［以下简称刑法修正案（十二）］。这是自1997年刑法全面修订以来，全国人大常委会对刑法的又一次重要修改补充。1997年以来，全国人大常委会根据经济社会发展和情况变化，及时对刑法相关规定进行了一系列的修改、补充和完善，截至刑法修正案（十二），共通过了一个决定、十二个刑法修正案。此外，还作出了十三个对刑法有关规定的解释。

　　这次通过的刑法修正案（十二）共八条，条文不多，但都非常重要。这次刑法修改，在总体思路上贯彻落实党中央决策部署，适应实践中的新情况新需要，对刑法主要作了两个方面的修改完善：一是修改行贿犯罪规定，体现坚持受贿、行贿一起查，从严惩治行贿的要求。增加规定行贿罪从重处罚情形，调整提高单位行贿罪的刑罚，将单位受贿罪、对单位行贿罪等贿赂犯罪刑罚也作出相应调整。二是完善惩治民营企业内部人员背信腐败犯罪规定，将实践中反映集中的民营企业内部人员发生的非法经营同类营业、为亲友非法牟利和徇私舞弊低价折股、出售资产等三类行为规定为犯罪，通过惩治内部人员上述"损企肥私"行为保护民营企业、民营企业家权益，加强平等保护。

为了便于广大司法工作人员和人民群众及时掌握这次刑法修改的精神和主要内容，同时，也便于系统学习和准确把握整个刑法的精神和条文的具体含义，有利于刑法的准确实施和自觉遵守执行，也为刑法研究提供参考，全国人大常委会法制工作委员会从事刑事立法工作的同志对刑法制定和修改的有关情况进行了系统梳理，编写了《〈中华人民共和国刑法〉释解与适用》一书。本书对刑法进行了逐条阐释，指出实践中需要注意的问题。此外，本书还结合刑事立法工作，对刑法修正案（十二）草案起草、修改、研究过程中的有关情况以及实践中需要注意的问题等进行了详细介绍，希望为读者理解和适用刑法、了解刑法修正案（十二）的详细内容提供参考和帮助。

本书由全国人大常委会法制工作委员会刑法室王爱立同志担任主编，参加本书编写的有刑法室黄永、许永安、王宁、张义健、陈远鑫、黄星、伊繁伟、王瑞、马曼、骆程、张金勇、王雷、董晴、刘筱彤、纪文哲、张宇翔等同志。由于编者水平所限，书中难免有错误之处，敬请读者指正。

编　者

二〇二四年一月

目 录

上 册

第一编 总 则 ……………………………………………………… (1)
第一章 刑法的任务、基本原则和适用范围 ………………… (3)
  第 一 条【立法目的和根据】……………………………… (3)
  第 二 条【刑法任务】……………………………………… (5)
  第 三 条【罪刑法定原则】………………………………… (8)
  第 四 条【法律面前人人平等原则】……………………… (10)
  第 五 条【罪责刑相适应原则】…………………………… (10)
  第 六 条【属地管辖】……………………………………… (12)
  第 七 条【属人管辖】……………………………………… (13)
  第 八 条【保护管辖】……………………………………… (14)
  第 九 条【普遍管辖】……………………………………… (16)
  第 十 条【域外刑事判决的消极承认】…………………… (17)
  第十一条【外交豁免】……………………………………… (18)
  第十二条【刑法的溯及力】………………………………… (19)

第二章 犯 罪 ……………………………………………… (24)
第一节 犯罪和刑事责任 …………………………………… (24)
  第十三条【犯罪概念】……………………………………… (24)
  第十四条【故意犯罪】……………………………………… (26)
  第十五条【过失犯罪】……………………………………… (28)

第十六条 【不可抗力和意外事件】……………………………(30)
第十七条 【刑事责任年龄】………………………………………(31)
第十七条之一 【老年人从宽处罚】………………………………(38)
第十八条 【精神病人、醉酒的人犯罪的刑事责任】……………(39)
第十九条 【又聋又哑的人、盲人犯罪的刑事责任】……………(41)
第二十条 【正当防卫】……………………………………………(42)
第二十一条 【紧急避险】…………………………………………(45)

第二节 犯罪的预备、未遂和中止……………………………………(47)
第二十二条 【犯罪预备】…………………………………………(47)
第二十三条 【犯罪未遂】…………………………………………(49)
第二十四条 【犯罪中止】…………………………………………(52)

第三节 共同犯罪………………………………………………………(55)
第二十五条 【共同犯罪】…………………………………………(55)
第二十六条 【主犯和犯罪集团及其处罚】………………………(59)
第二十七条 【从犯及其处罚】……………………………………(61)
第二十八条 【胁从犯及其处罚】…………………………………(62)
第二十九条 【教唆犯及其处罚】…………………………………(62)

第四节 单位犯罪………………………………………………………(65)
第三十条 【单位犯罪】……………………………………………(65)
第三十一条 【单位犯罪的处罚】…………………………………(69)

第三章 刑　　罚……………………………………………………………(71)
第一节 刑罚的种类……………………………………………………(71)
第三十二条 【刑罚种类】…………………………………………(71)
第三十三条 【主刑种类】…………………………………………(71)
第三十四条 【附加刑种类】………………………………………(73)
第三十五条 【驱逐出境】…………………………………………(74)
第三十六条 【赔偿经济损失与民事优先原则】…………………(75)
第三十七条 【非刑罚处置措施】…………………………………(77)
第三十七条之一 【从业禁止】……………………………………(79)

第二节 管　　制………………………………………………………(82)
第三十八条 【管制的期限与执行】………………………………(82)
第三十九条 【被管制罪犯的义务与权利】………………………(84)

第四十条　【管制的解除】……………………………………(86)
　　第四十一条　【管制刑期的计算与折抵】……………………(87)
 第三节　拘　　役………………………………………………(87)
　　第四十二条　【拘役的期限】…………………………………(87)
　　第四十三条　【拘役的执行】…………………………………(88)
　　第四十四条　【拘役刑期的计算与折抵】……………………(90)
 第四节　有期徒刑、无期徒刑……………………………………(92)
　　第四十五条　【有期徒刑的期限】……………………………(92)
　　第四十六条　【有期徒刑与无期徒刑的执行】………………(94)
　　第四十七条　【有期徒刑刑期计算与折抵】…………………(96)
 第五节　死　　刑………………………………………………(98)
　　第四十八条　【死刑的适用条件和核准程序】………………(98)
　　第四十九条　【死刑适用对象的限制】………………………(99)
　　第 五 十 条　【死缓变更情形、死缓限制减刑】……………(101)
　　第五十一条　【死缓期间的计算及死缓减为有期徒刑刑期的
　　　　　　　　计算】……………………………………………(103)
 第六节　罚　　金………………………………………………(104)
　　第五十二条　【罚金数额的确定】……………………………(104)
　　第五十三条　【罚金的缴纳】…………………………………(105)
 第七节　剥夺政治权利……………………………………………(106)
　　第五十四条　【剥夺政治权利的内容】………………………(106)
　　第五十五条　【剥夺政治权利的期限】………………………(107)
　　第五十六条　【剥夺政治权利的适用对象】…………………(108)
　　第五十七条　【对死刑、无期徒刑罪犯剥夺政治权利的适用】…(110)
　　第五十八条　【剥夺政治权利的刑期计算、效力与执行】…(110)
 第八节　没收财产…………………………………………………(112)
　　第五十九条　【没收财产的范围】……………………………(112)
　　第 六 十 条　【犯罪分子所负正当债务的偿还】……………(114)
第四章　刑罚的具体运用…………………………………………(115)
 第一节　量　　刑………………………………………………(115)
　　第六十一条　【量刑的一般原则】……………………………(115)
　　第六十二条　【从重处罚与从轻处罚】………………………(119)

第六十三条　【减轻处罚】 ………………………………… (120)
　　第六十四条　【涉案财物的处理】 …………………………… (123)
　第二节　累　　犯 …………………………………………………… (124)
　　第六十五条　【一般累犯】 …………………………………… (124)
　　第六十六条　【特殊累犯】 …………………………………… (127)
　第三节　自首和立功 ………………………………………………… (129)
　　第六十七条　【自首和坦白】 ………………………………… (129)
　　第六十八条　【立功】 ………………………………………… (133)
　第四节　数罪并罚 …………………………………………………… (136)
　　第六十九条　【数罪并罚的一般规定】 ……………………… (136)
　　第　七　十　条　【判决宣告后发现漏罪的并罚】 …………………… (139)
　　第七十一条　【判决宣告后又犯新罪的并罚】 ……………… (141)
　第五节　缓　　刑 …………………………………………………… (143)
　　第七十二条　【缓刑的条件】 ………………………………… (143)
　　第七十三条　【缓刑考验期限】 ……………………………… (146)
　　第七十四条　【累犯、犯罪集团的首要分子不适用缓刑】 ……… (147)
　　第七十五条　【被宣告缓刑的犯罪分子应当遵守的规定】 ……… (148)
　　第七十六条　【对缓刑犯实行社区矫正和缓刑考验期满的
　　　　　　　　　处理】 …………………………………………… (150)
　　第七十七条　【缓刑的撤销】 ………………………………… (151)
　第六节　减　　刑 …………………………………………………… (153)
　　第七十八条　【减刑的条件和最低服刑期】 ………………… (153)
　　第七十九条　【减刑的程序】 ………………………………… (156)
　　第　八　十　条　【无期徒刑减刑的计算】 …………………………… (158)
　第七节　假　　释 …………………………………………………… (159)
　　第八十一条　【假释的条件】 ………………………………… (159)
　　第八十二条　【假释的程序】 ………………………………… (162)
　　第八十三条　【假释考验期限】 ……………………………… (162)
　　第八十四条　【被宣告假释的犯罪分子应当遵守的规定】 ……… (163)
　　第八十五条　【假释考验期满的处理】 ……………………… (164)
　　第八十六条　【假释的撤销】 ………………………………… (166)
　第八节　时　　效 …………………………………………………… (167)

第八十七条 【追诉期限】……………………………………………（167）
第八十八条 【不受追诉期限限制的情形】……………………（170）
第八十九条 【追诉期限的计算】………………………………（174）

第五章 其他规定……………………………………………（176）
第九十条 【民族自治地方的变通规定】………………………（176）
第九十一条 【公共财产的范围】………………………………（178）
第九十二条 【公民私人所有财产的范围】……………………（180）
第九十三条 【国家工作人员的含义】…………………………（181）
第九十四条 【司法工作人员的含义】…………………………（184）
第九十五条 【重伤的规定】……………………………………（185）
第九十六条 【违反国家规定的含义】…………………………（187）
第九十七条 【首要分子的含义】………………………………（188）
第九十八条 【告诉才处理的含义】……………………………（189）
第九十九条 【以上、以下、以内的含义】……………………（190）
第一百条 【前科报告义务及例外规定】………………………（190）
第一百零一条 【总则的适用】…………………………………（192）

第二编 分 则……………………………………………（195）

第一章 危害国家安全罪……………………………………（197）
第一百零二条 【背叛国家罪】…………………………………（197）
第一百零三条 【分裂国家罪】
【煽动分裂国家罪】……………………………（199）
第一百零四条 【武装叛乱、暴乱罪】…………………………（201）
第一百零五条 【颠覆国家政权罪】
【煽动颠覆国家政权罪】………………………（203）
第一百零六条 【与境外勾结的从重处罚】……………………（204）
第一百零七条 【资助危害国家安全犯罪活动罪】……………（205）
第一百零八条 【投敌叛变罪】…………………………………（206）
第一百零九条 【叛逃罪】………………………………………（207）
第一百一十条 【间谍罪】………………………………………（209）
第一百一十一条 【为境外窃取、刺探、收买、非法提供国家秘密、
情报罪】……………………………………（211）

第一百一十二条 【资敌罪】……………………………………（212）
第一百一十三条 【危害国家安全罪适用死刑、没收财产的规定】………………………………………（213）

第二章 危害公共安全罪……………………………………（215）

第一百一十四条 【放火罪】【决水罪】【爆炸罪】【投放危险物质罪】【以危险方法危害公共安全罪】………（215）

第一百一十五条 【放火罪】【决水罪】【爆炸罪】【投放危险物质罪】【以危险方法危害公共安全罪】【失火罪】【过失决水罪】【过失爆炸罪】【过失投放危险物质罪】【过失以危险方法危害公共安全罪】………………………………………（217）

第一百一十六条 【破坏交通工具罪】……………………（219）

第一百一十七条 【破坏交通设施罪】……………………（220）

第一百一十八条 【破坏电力设备罪】【破坏易燃易爆设备罪】………………………………………（221）

第一百一十九条 【破坏交通工具罪】【破坏交通设施罪】【破坏电力设备罪】【破坏易燃易爆设备罪】【过失损坏交通工具罪】【过失损坏交通设施罪】【过失损坏电力设备罪】【过失损坏易燃易爆设备罪】………………………………………（222）

第一百二十条 【组织、领导、参加恐怖组织罪】………（224）

第一百二十条之一 【帮助恐怖活动罪】…………………（227）

第一百二十条之二 【准备实施恐怖活动罪】……………（230）

第一百二十条之三 【宣扬恐怖主义、极端主义、煽动实施恐怖活动罪】………………………………（233）

第一百二十条之四 【利用极端主义破坏法律实施罪】………（237）

第一百二十条之五 【强制穿戴宣扬恐怖主义、极端主义服饰、标志罪】…………………………………（240）

第一百二十条之六 【非法持有宣扬恐怖主义、极端主义物品罪】…………………………………（242）

第一百二十一条 【劫持航空器罪】………………………（245）

第一百二十二条 【劫持船只、汽车罪】…………………（247）

第一百二十三条 【暴力危及飞行安全罪】……………………（248）
第一百二十四条 【破坏广播电视设施、公用电信设施罪】……（249）
第一百二十五条 【非法制造、买卖、运输、邮寄、储存枪支、弹药、爆炸物罪和非法制造、买卖、运输、储存危险物质罪】……………………………………（252）
第一百二十六条 【违规制造、销售枪支罪】…………………（253）
第一百二十七条 【盗窃、抢夺枪支、弹药、爆炸物、危险物质罪】【抢劫枪支、弹药、爆炸物、危险物质罪】……（256）
第一百二十八条 【非法持有、私藏枪支、弹药罪】【非法出租、出借枪支罪】…………………………（258）
第一百二十九条 【丢失枪支不报罪】…………………………（262）
第一百三十条 【非法携带枪支、弹药、管制刀具、危险物品危及公共安全罪】………………………………（263）
第一百三十一条 【重大飞行事故罪】…………………………（265）
第一百三十二条 【铁路运营安全事故罪】……………………（266）
第一百三十三条 【交通肇事罪】………………………………（268）
第一百三十三条之一 【危险驾驶罪】…………………………（271）
第一百三十三条之二 【妨害安全驾驶罪】……………………（277）
第一百三十四条 【重大责任事故罪】【强令、组织他人违章冒险作业罪】……（285）
第一百三十四条之一 【危险作业罪】…………………………（293）
第一百三十五条 【重大劳动安全事故罪】……………………（298）
第一百三十五条之一 【大型群众性活动重大安全事故罪】…（302）
第一百三十六条 【危险物品肇事罪】…………………………（304）
第一百三十七条 【工程重大安全事故罪】……………………（308）
第一百三十八条 【教育设施重大安全事故罪】………………（310）
第一百三十九条 【消防责任事故罪】…………………………（312）
第一百三十九条之一 【不报、谎报安全事故罪】……………（315）

第三章 破坏社会主义市场经济秩序罪……………………………（318）
　第一节 生产、销售伪劣商品罪………………………………（318）
　　第一百四十条 【生产、销售伪劣产品罪】…………………（318）
　　第一百四十一条 【生产、销售提供假药罪】………………（321）

第一百四十二条 【生产、销售提供劣药罪】……………………（326）

第一百四十二条之一 【妨害药品管理罪】………………（329）

第一百四十三条 【生产、销售不符合安全标准的食品罪】……（332）

第一百四十四条 【生产、销售有毒、有害食品罪】………（336）

第一百四十五条 【生产、销售不符合标准的医用器材罪】……（338）

第一百四十六条 【生产、销售不符合安全标准的产品罪】……（341）

第一百四十七条 【生产、销售伪劣农药、兽药、化肥、种子罪】……………………………………………（343）

第一百四十八条 【生产、销售不符合卫生标准的化妆品罪】………………………………………（345）

第一百四十九条 【对生产销售伪劣商品行为的法条适用】…（346）

第一百五十条 【单位犯罪的规定】……………………（347）

第二节 走私罪…………………………………………（348）

第一百五十一条 【走私武器、弹药罪】【走私核材料罪】【走私假币罪】【走私文物罪】【走私贵重金属罪】【走私珍贵动物、珍贵动物制品罪】【走私国家禁止进出口的货物、物品罪】……（348）

第一百五十二条 【走私淫秽物品罪】【走私废物罪】………………………………………（355）

第一百五十三条 【走私普通货物、物品罪】……………（358）

第一百五十四条 【走私保税货物和特定减免税货物犯罪】…（362）

第一百五十五条 【以走私罪论处的情形】………………（363）

第一百五十六条 【走私罪共犯】…………………………（365）

第一百五十七条 【武装掩护走私和以暴力、威胁方法抗拒缉私的刑罚】………………………………（366）

第三节 妨害对公司、企业的管理秩序罪………………（367）

第一百五十八条 【虚报注册资本罪】……………………（367）

第一百五十九条 【虚假出资、抽逃出资罪】……………（370）

第一百六十条 【欺诈发行证券罪】………………………（373）

第一百六十一条 【违规披露、不披露重要信息罪】………（381）

第一百六十二条 【妨害清算罪】…………………………（388）

第一百六十二条之一 【隐匿、故意销毁会计凭证、会计账簿、
　　　　　　　　　　财务会计报告罪】……………………………(391)
第一百六十二条之二 【虚假破产罪】……………………………(393)
第一百六十三条 【非国家工作人员受贿罪】…………………(395)
第一百六十四条 【对非国家工作人员行贿罪】
　　　　　　　　【对外国公职人员、国际公共组织官员
　　　　　　　　　行贿罪】……………………………………(399)
第一百六十五条 【非法经营同类营业罪】……………………(402)
第一百六十六条 【为亲友非法牟利罪】………………………(407)
第一百六十七条 【签订、履行合同失职被骗罪】……………(410)
第一百六十八条 【国有公司、企业、事业单位人员失职罪】【国有
　　　　　　　　　公司、企业、事业单位人员滥用职权罪】…(412)
第一百六十九条 【徇私舞弊低价折股、出售公司、企业资产罪】
　　　　　　　　………………………………………………………(415)
第一百六十九条之一 【背信损害上市公司利益罪】…………(418)

第四节 破坏金融管理秩序罪……………………………………(424)

第一百七十条 【伪造货币罪】…………………………………(424)
第一百七十一条 【出售、购买、运输假币罪】
　　　　　　　　【金融机构工作人员购买假币、以假币换取
　　　　　　　　　货币罪】……………………………………(427)
第一百七十二条 【持有、使用假币罪】………………………(431)
第一百七十三条 【变造货币罪】………………………………(433)
第一百七十四条 【擅自设立金融机构罪】
　　　　　　　　【伪造、变造、转让金融机构经营许可证、
　　　　　　　　　批准文件罪】………………………………(435)
第一百七十五条 【高利转贷罪】………………………………(440)
第一百七十五条之一 【骗取贷款、票据承兑、金融票证罪】…(442)
第一百七十六条 【非法吸收公众存款罪】……………………(446)
第一百七十七条 【伪造、变造金融票证罪】…………………(450)
第一百七十七条之一 【妨害信用卡管理罪】
　　　　　　　　　　【窃取、收买、非法提供信用卡信息罪】
　　　　　　　　　　………………………………………………(454)

第一百七十八条 【伪造、变造国家有价证券罪】
【伪造、变造股票、公司、企业债券罪】……… (459)

第一百七十九条 【擅自发行股票、公司、企业债券罪】……… (461)

第一百八十条 【内幕交易、泄露内幕信息罪】
【利用未公开信息交易罪】……… (465)

第一百八十一条 【编造并传播证券、期货交易虚假信息罪】
【诱骗投资者买卖证券、期货合约罪】……… (471)

第一百八十二条 【操纵证券、期货市场罪】……… (475)

第一百八十三条 【保险公司工作人员虚假理赔的犯罪及其刑罚】……… (484)

第一百八十四条 【金融机构工作人员受贿的犯罪及其刑罚】……… (485)

第一百八十五条 【金融机构工作人员挪用资金、公款的犯罪及其刑罚】……… (487)

第一百八十五条之一 【背信运用受托财产罪】
【违法运用资金罪】……… (490)

第一百八十六条 【违法发放贷款罪】……… (493)

第一百八十七条 【吸收客户资金不入账罪】……… (496)

第一百八十八条 【违规出具金融票证罪】……… (497)

第一百八十九条 【对违法票据承兑、付款、保证罪】……… (500)

第一百九十条 【逃汇罪】……… (501)

第一百九十一条 【洗钱罪】……… (503)

第五节 金融诈骗罪……… (516)

第一百九十二条 【集资诈骗罪】……… (516)

第一百九十三条 【贷款诈骗罪】……… (524)

第一百九十四条 【票据诈骗罪】
【金融凭证诈骗罪】……… (528)

第一百九十五条 【信用证诈骗罪】……… (535)

第一百九十六条 【信用卡诈骗罪】……… (538)

第一百九十七条 【有价证券诈骗罪】……… (544)

第一百九十八条 【保险诈骗罪】……… (546)

第一百九十九条 【犯本节规定之罪的死刑规定】……… (551)

第 二 百 条 【单位犯罪的刑罚】……………………………（553）

第六节 危害税收征管罪……………………………………（554）

第二百零一条 【逃税罪】…………………………………（554）

第二百零二条 【抗税罪】…………………………………（558）

第二百零三条 【逃避追缴欠税罪】………………………（560）

第二百零四条 【骗取出口退税罪、偷税罪】……………（562）

第二百零五条 【虚开增值税专用发票、用于骗取出口退税、
抵扣税款发票罪】…………………………（565）

第二百零五条之一 【虚开发票罪】………………………（569）

第二百零六条 【伪造、出售伪造的增值税专用发票罪】………（570）

第二百零七条 【非法出售增值税专用发票罪】…………（573）

第二百零八条 【非法购买增值税专用发票、购买伪造的增值税
专用发票罪】………………………………（575）

第二百零九条 【非法制造、出售非法制造的用于骗取出口退税、
抵扣税款发票罪】
【非法制造、出售非法制造的发票罪】
【非法出售用于骗取出口退税、抵扣税款发票罪】
【非法出售发票罪】…………………………（576）

第二百一十条 【盗窃增值税专用发票、用于骗取出口退税、
抵扣税款发票的处罚】
【骗取增值税专用发票、用于骗取出口退税、
抵扣税款发票的处罚】……………………（579）

第二百一十条之一 【持有伪造的发票罪】………………（581）

第二百一十一条 【单位犯罪的规定】……………………（583）

第二百一十二条 【税收征缴优先原则】…………………（583）

第七节 侵犯知识产权罪……………………………………（584）

第二百一十三条 【假冒注册商标罪】……………………（584）

第二百一十四条 【销售假冒注册商标的商品罪】………（591）

第二百一十五条 【非法制造、销售非法制造的注册商标
标识罪】……………………………………（595）

第二百一十六条 【假冒专利罪】…………………………（598）

第二百一十七条 【侵犯著作权罪】………………………（600）

第二百一十八条　【销售侵权复制品罪】…………………………（608）

第二百一十九条　【侵犯商业秘密罪】…………………………（610）

第二百一十九条之一　【为境外窃取、刺探、收买、非法提供
商业秘密罪】………………………（616）

第二百二十条　【单位犯罪的规定】……………………………（619）

第八节　扰乱市场秩序罪……………………………………（621）

第二百二十一条　【损害商业信誉、商品声誉罪】……………（621）

第二百二十二条　【虚假广告罪】………………………………（623）

第二百二十三条　【串通投标罪】………………………………（625）

第二百二十四条　【合同诈骗罪】………………………………（627）

第二百二十四条之一　【组织、领导传销活动罪】……………（630）

第二百二十五条　【非法经营罪】………………………………（634）

第二百二十六条　【强迫交易罪】………………………………（640）

第二百二十七条　【伪造、倒卖伪造的有价票证罪】
【倒卖车票、船票罪】………………………（643）

第二百二十八条　【非法转让、倒卖土地使用权罪】…………（645）

第二百二十九条　【提供虚假证明文件罪】
【出具证明文件重大失实罪】………………（647）

第二百三十条　【逃避商检罪】…………………………………（655）

第二百三十一条　【单位犯罪的规定】…………………………（657）

下　册

第四章　侵犯公民人身权利、民主权利罪………………………（659）

第二百三十二条　【故意杀人罪】………………………………（659）

第二百三十三条　【过失致人死亡罪】…………………………（660）

第二百三十四条　【故意伤害罪】………………………………（661）

第二百三十四条之一　【组织出卖人体器官罪】………………（663）

第二百三十五条　【过失致人重伤罪】…………………………（666）

第二百三十六条　【强奸罪】……………………………………（668）

第二百三十六条之一　【负有照护职责人员性侵罪】…………（671）

第二百三十七条 【强制猥亵、侮辱罪】
　　　　　　　　【猥亵儿童罪】……………………………… (674)
第二百三十八条 【非法拘禁罪】……………………………… (678)
第二百三十九条 【绑架罪】…………………………………… (681)
第二百四十条 【拐卖妇女、儿童罪】………………………… (684)
第二百四十一条 【收买被拐卖的妇女、儿童罪】…………… (689)
第二百四十二条 【聚众阻碍解救被收买的妇女、儿童罪】… (692)
第二百四十三条 【诬告陷害罪】……………………………… (693)
第二百四十四条 【强迫劳动罪】……………………………… (696)
第二百四十四条之一 【雇用童工从事危重劳动罪】………… (698)
第二百四十五条 【非法搜查罪】【非法侵入住宅罪】……… (702)
第二百四十六条 【侮辱罪】【诽谤罪】……………………… (704)
第二百四十七条 【刑讯逼供罪】【暴力取证罪】…………… (708)
第二百四十八条 【虐待被监管人罪】………………………… (710)
第二百四十九条 【煽动民族仇恨、民族歧视罪】…………… (713)
第二百五十条 【出版歧视、侮辱少数民族作品罪】………… (714)
第二百五十一条 【非法剥夺公民宗教信仰自由罪】【侵犯
　　　　　　　　少数民族风俗习惯罪】……………………… (715)
第二百五十二条 【侵犯通信自由罪】………………………… (717)
第二百五十三条 【私自开拆、隐匿、毁弃邮件、电报罪】… (718)
第二百五十三条之一 【侵犯公民个人信息罪】……………… (720)
第二百五十四条 【报复陷害罪】……………………………… (724)
第二百五十五条 【打击报复会计、统计人员罪】…………… (725)
第二百五十六条 【破坏选举罪】……………………………… (727)
第二百五十七条 【暴力干涉婚姻自由罪】…………………… (729)
第二百五十八条 【重婚罪】…………………………………… (731)
第二百五十九条 【破坏军婚罪】……………………………… (732)
第二百六十条 【虐待罪】……………………………………… (733)
第二百六十条之一 【虐待被监护、看护人罪】……………… (736)
第二百六十一条 【遗弃罪】…………………………………… (738)
第二百六十二条 【拐骗儿童罪】……………………………… (740)
第二百六十二条之一 【组织残疾人、儿童乞讨罪】………… (741)

第二百六十二条之二 【组织未成年人进行违反治安管理
　　　　　　　　　　活动罪】 ·· (743)

第五章　侵犯财产罪 ·· (746)

第二百六十三条　【抢劫罪】 ·· (746)

第二百六十四条　【盗窃罪】 ·· (750)

第二百六十五条　【盗接通信线路、复制电信码号的处罚】 ······ (754)

第二百六十六条　【诈骗罪】 ·· (755)

第二百六十七条　【抢夺罪】 ·· (759)

第二百六十八条　【聚众哄抢罪】 ···································· (761)

第二百六十九条　【转化的抢劫罪】 ································ (762)

第二百七十条　【侵占罪】 ·· (763)

第二百七十一条　【职务侵占罪】 ···································· (765)

第二百七十二条　【挪用资金罪】 ···································· (771)

第二百七十三条　【挪用特定款物罪】 ······························ (777)

第二百七十四条　【敲诈勒索罪】 ···································· (778)

第二百七十五条　【故意毁坏财物罪】 ······························ (781)

第二百七十六条　【破坏生产经营罪】 ······························ (783)

第二百七十六条之一　【拒不支付劳动报酬罪】 ···················· (785)

第六章　妨害社会管理秩序罪 ······································ (789)

第一节　扰乱公共秩序罪 ·· (789)

第二百七十七条　【妨害公务罪】

　　　　　　　　【袭警罪】 ·· (789)

第二百七十八条　【煽动暴力抗拒法律实施罪】 ···················· (797)

第二百七十九条　【招摇撞骗罪】 ···································· (798)

第二百八十条　【伪造、变造、买卖国家机关公文、证件、印章罪】

　　　　　　　【盗窃、抢夺、毁灭国家机关公文、证件、印章罪】

　　　　　　　【伪造公司、企业、事业单位、人民团体印章罪】

　　　　　　　【伪造、变造、买卖身份证件罪】 ················· (801)

第二百八十条之一　【使用虚假身份证件、盗用

　　　　　　　　　身份证件罪】 ···································· (806)

第二百八十条之二　【冒名顶替罪】 ································ (810)

第二百八十一条　【非法生产、买卖警用装备罪】 ················· (816)

第二百八十二条　【非法获取国家秘密罪】
　　　　　　　　【非法持有国家绝密、机密文件、资料、
　　　　　　　　物品罪】…………………………………………(817)
第二百八十三条　【非法生产、销售专用间谍器材、窃听、
　　　　　　　　窃照专用器材罪】……………………………(821)
第二百八十四条　【非法使用窃听、窃照专用器材罪】…………(823)
第二百八十四条之一　【组织考试作弊罪】
　　　　　　　　　　【非法出售、提供试题、答案罪】
　　　　　　　　　　【代替考试罪】……………………………(825)
第二百八十五条　【非法侵入计算机信息系统罪】
　　　　　　　　【非法获取计算机信息系统数据、非法控制
　　　　　　　　计算机信息系统罪】
　　　　　　　　【提供侵入、非法控制计算机信息系统程序、
　　　　　　　　工具罪】…………………………………………(831)
第二百八十六条　【破坏计算机信息系统罪】……………………(837)
第二百八十六条之一　【拒不履行信息网络安全管理
　　　　　　　　　　义务罪】……………………………………(841)
第二百八十七条　【利用计算机实施金融诈骗、盗窃等
　　　　　　　　犯罪的处理】……………………………………(848)
第二百八十七条之一　【非法利用信息网络罪】………………(848)
第二百八十七条之二　【帮助信息网络犯罪活动罪】…………(853)
第二百八十八条　【扰乱无线电通讯管理秩序罪】………………(857)
第二百八十九条　【聚众"打砸抢"的定罪处罚规定】…………(860)
第二百九十条　【聚众扰乱社会秩序罪】
　　　　　　　【聚众冲击国家机关罪】
　　　　　　　【扰乱国家机关工作秩序罪】
　　　　　　　【组织、资助非法聚集罪】………………………(861)
第二百九十一条　【聚众扰乱公共场所秩序、交通秩序罪】……(866)
第二百九十一条之一　【投放虚假危险物质罪】【编造、故意传播
　　　　　　　　　　虚假恐怖信息罪】
　　　　　　　　　　【编造、故意传播虚假信息罪】…………(867)
第二百九十一条之二　【高空抛物罪】……………………………(870)

第二百九十二条 【聚众斗殴罪】……………………………（875）
第二百九十三条 【寻衅滋事罪】……………………………（878）
第二百九十三条之一 【催收非法债务罪】…………………（881）
第二百九十四条 【组织、领导、参加黑社会性质组织罪】
【入境发展黑社会组织罪】
【包庇、纵容黑社会性质组织罪】………（886）
第二百九十五条 【传授犯罪方法罪】………………………（891）
第二百九十六条 【非法集会、游行、示威罪】……………（893）
第二百九十七条 【非法携带武器、管制刀具、爆炸物参加集会、
游行、示威罪】………………………………（895）
第二百九十八条 【破坏集会、游行、示威罪】……………（896）
第二百九十九条 【侮辱国旗、国徽、国歌罪】……………（897）
第二百九十九条之一 【侵害英雄烈士名誉、荣誉罪】……（900）
第 三 百 条 【组织、利用会道门、邪教组织、利用迷信破坏法律
实施罪】
【组织、利用会道门、邪教组织、利用迷信致人重伤、
死亡罪】…………………………………………（904）
第三百零一条 【聚众淫乱罪】
【引诱未成年人聚众淫乱罪】…………………（908）
第三百零二条 【盗窃、侮辱、故意毁坏尸体、尸骨、骨灰罪】…（910）
第三百零三条 【赌博罪】
【开设赌场罪】
【组织参与国(境)外赌博罪】…………………（911）
第三百零四条 【故意延误投递邮件罪】……………………（919）
第二节 妨害司法罪……………………………………………（921）
第三百零五条 【伪证罪】……………………………………（921）
第三百零六条 【辩护人、诉讼代理人毁灭证据、伪造证据、
妨害作证罪】……………………………………（923）
第三百零七条 【妨害作证罪】
【帮助毁灭、伪造证据罪】……………………（925）
第三百零七条之一 【虚假诉讼罪】…………………………（927）
第三百零八条 【打击报复证人罪】…………………………（932）

第三百零八条之一 【泄露不应公开的案件信息罪】
　　　　　　　　【披露、报道不应公开的案件信息罪】…… (933)
第三百零九条 【扰乱法庭秩序罪】…………………… (936)
第三百一十条 【窝藏、包庇罪】……………………… (939)
第三百一十一条 【拒绝提供间谍犯罪、恐怖主义犯罪、
　　　　　　　　极端主义犯罪证据罪】…………… (941)
第三百一十二条 【掩饰、隐瞒犯罪所得、犯罪所得收益罪】… (943)
第三百一十三条 【拒不执行判决、裁定罪】………… (947)
第三百一十四条 【非法处置查封、扣押、冻结的财产罪】…… (951)
第三百一十五条 【破坏监管秩序罪】………………… (952)
第三百一十六条 【脱逃罪】
　　　　　　　　【劫夺被押解人员罪】……………… (954)
第三百一十七条 【组织越狱罪】
　　　　　　　　【暴动越狱罪】【聚众持械劫狱罪】………… (955)

第三节 妨害国(边)境管理罪 …………………………… (956)
第三百一十八条 【组织他人偷越国(边)境罪】……… (956)
第三百一十九条 【骗取出境证件罪】………………… (958)
第三百二十条 【提供伪造、变造的出入境证件罪】【出售出入境
　　　　　　　证件罪】……………………………… (960)
第三百二十一条 【运送他人偷越国(边)境罪】……… (961)
第三百二十二条 【偷越国(边)境罪】………………… (964)
第三百二十三条 【破坏界碑、界桩罪】【破坏永久性测量
　　　　　　　　标志罪】…………………………… (966)

第四节 妨害文物管理罪 ………………………………… (967)
第三百二十四条 【故意损毁文物罪】
　　　　　　　　【故意损毁名胜古迹罪】
　　　　　　　　【过失损毁文物罪】………………… (967)
第三百二十五条 【非法向外国人出售、赠送珍贵文物罪】…… (971)
第三百二十六条 【倒卖文物罪】……………………… (973)
第三百二十七条 【非法出售、私赠文物藏品罪】…… (975)
第三百二十八条 【盗掘古文化遗址、古墓葬罪】
　　　　　　　　【盗掘古人类化石、古脊椎动物化石罪】…… (977)

第三百二十九条 【抢夺、窃取国有档案罪】
　　　　　　　　【擅自出卖、转让国有档案罪】…………（980）

第五节　危害公共卫生罪…………………………………（981）

第三百三十条　【妨害传染病防治罪】………………（981）
第三百三十一条　【传染病菌种、毒种扩散罪】………（987）
第三百三十二条　【妨害国境卫生检疫罪】……………（989）
第三百三十三条　【非法组织卖血罪、强迫卖血罪】…（991）
第三百三十四条　【非法采集、供应血液、制作、供应血液制品罪】
　　　　　　　　【采集、供应血液、制作、供应血液制品事故罪】
　　　　　　　　………………………………………（992）
第三百三十四条之一　【非法采集人类遗传资源、走私人类遗传
　　　　　　　　　　资源材料罪】……………………（994）
第三百三十五条　【医疗事故罪】………………………（998）
第三百三十六条　【非法行医罪】
　　　　　　　　【非法进行节育手术罪】……………（999）
第三百三十六条之一　【非法植入基因编辑、克隆胚胎罪】…（1002）
第三百三十七条　【妨害动植物防疫、检疫罪】………（1005）

第六节　破坏环境资源保护罪……………………………（1007）

第三百三十八条　【污染环境罪】………………………（1007）
第三百三十九条　【非法处置进口的固体废物罪】
　　　　　　　　【擅自进口固体废物罪】……………（1015）
第三百四十条　【非法捕捞水产品罪】…………………（1017）
第三百四十一条　【危害珍贵、濒危野生动物罪】
　　　　　　　　【非法狩猎罪】
　　　　　　　　【非法猎捕、收购、运输、出售陆生野生
　　　　　　　　动物罪】………………………………（1019）
第三百四十二条　【非法占用农用地罪】………………（1028）
第三百四十二条之一　【破坏自然保护地罪】…………（1031）
第三百四十三条　【非法采矿罪】
　　　　　　　　【破坏性采矿罪】……………………（1034）
第三百四十四条　【危害国家重点保护植物罪】………（1037）

第三百四十四条之一 【非法引进、释放、丢弃外来入侵物种罪】……………………………（1039）
第三百四十五条 【盗伐林木罪】
【滥伐林木罪】
【非法收购、运输盗伐、滥伐的林木罪】……（1042）
第三百四十六条 【单位犯罪的规定】………………………（1046）

第七节 走私、贩卖、运输、制造毒品罪 ………………（1046）
第三百四十七条 【走私、贩卖、运输、制造毒品罪】……（1046）
第三百四十八条 【非法持有毒品罪】………………………（1053）
第三百四十九条 【包庇毒品犯罪分子罪】【窝藏、转移、隐瞒毒品、毒赃罪】……………………（1055）
第三百五十条 【非法生产、买卖、运输制毒物品、走私制毒物品罪】……………………………（1057）
第三百五十一条 【非法种植毒品原植物罪】………………（1061）
第三百五十二条 【非法买卖、运输、携带、持有毒品原植物种子、幼苗罪】……………………（1063）
第三百五十三条 【引诱、教唆、欺骗他人吸毒罪】
【强迫他人吸毒罪】………………………（1064）
第三百五十四条 【容留他人吸毒罪】………………………（1065）
第三百五十五条 【非法提供麻醉药品、精神药品罪】……（1066）
第三百五十五条之一 【妨害兴奋剂管理罪】………………（1068）
第三百五十六条 【毒品犯罪的再犯】………………………（1071）
第三百五十七条 【毒品的含义及毒品数量的计算】………（1072）

第八节 组织、强迫、引诱、容留、介绍卖淫罪 ………（1075）
第三百五十八条 【组织卖淫罪、强迫卖淫罪】
【协助组织卖淫罪】………………………（1075）
第三百五十九条 【引诱、容留、介绍卖淫罪】
【引诱幼女卖淫罪】………………………（1080）
第三百六十条 【传播性病罪】………………………………（1082）
第三百六十一条 【旅馆业、饮食服务业等单位组织、强迫、引诱、容留、介绍卖淫的处罚规定】………（1084）

第三百六十二条 【查处卖淫、嫖娼活动中通风报信的处罚规定】……………………………（1085）

第九节 制作、贩卖、传播淫秽物品罪 ………………（1087）

第三百六十三条 【制作、复制、出版、贩卖、传播淫秽物品牟利罪】
【为他人提供书号出版淫秽书刊罪】………（1087）

第三百六十四条 【传播淫秽物品罪】
【组织播放淫秽音像制品罪】…………（1092）

第三百六十五条 【组织淫秽表演罪】……………………（1095）

第三百六十六条 【单位犯罪的规定】……………………（1097）

第三百六十七条 【淫秽物品的含义】……………………（1098）

第七章 危害国防利益罪 …………………………………（1100）

第三百六十八条 【阻碍军人执行职务罪】
【阻碍军事行动罪】………………（1100）

第三百六十九条 【破坏武器装备、军事设施、军事通信罪】
【过失损坏武器装备、军事设施、军事通信罪】………………………（1102）

第三百七十条 【故意提供不合格武器装备、军事设施罪】
【过失提供不合格武器装备、军事设施罪】………………………………（1105）

第三百七十一条 【聚众冲击军事禁区罪】
【聚众扰乱军事管理区秩序罪】………（1107）

第三百七十二条 【冒充军人招摇撞骗罪】………………（1110）

第三百七十三条 【煽动军人逃离部队罪】【雇用逃离部队军人罪】……………………………（1112）

第三百七十四条 【接送不合格兵员罪】…………………（1113）

第三百七十五条 【伪造、变造、买卖武装部队公文、证件、印章罪】
【盗窃、抢夺武装部队公文、证件、印章罪】
【非法生产、买卖武装部队制式服装罪】
【伪造、盗窃、买卖、非法提供、非法使用武装部队专用标志罪】………………（1115）

第三百七十六条 【战时拒绝、逃避征召、军事训练罪】
【战时拒绝、逃避服役罪】……………（1119）

第三百七十七条 【战时故意提供虚假敌情罪】……………… (1121)
第三百七十八条 【战时造谣扰乱军心罪】…………………… (1122)
第三百七十九条 【战时窝藏逃离部队军人罪】……………… (1124)
第三百八十条 【战时拒绝、故意延误军事订货罪】………… (1125)
第三百八十一条 【战时拒绝军事征收、征用罪】…………… (1127)

第八章 贪污贿赂罪 …………………………………………… (1129)

第三百八十二条 【贪污罪】…………………………………… (1129)
第三百八十三条 【对贪污罪的处罚】………………………… (1134)
第三百八十四条 【挪用公款罪】……………………………… (1138)
第三百八十五条 【受贿罪】…………………………………… (1139)
第三百八十六条 【对受贿罪的处罚】………………………… (1143)
第三百八十七条 【单位受贿罪】……………………………… (1144)
第三百八十八条 【斡旋受贿的处罚】………………………… (1146)
第三百八十八条之一 【利用影响力受贿罪】………………… (1147)
第三百八十九条 【行贿罪】…………………………………… (1149)
第三百九十条 【对行贿罪的处罚】…………………………… (1150)
第三百九十条之一 【对有影响力的人行贿罪】……………… (1156)
第三百九十一条 【对单位行贿罪】…………………………… (1158)
第三百九十二条 【介绍贿赂罪】……………………………… (1159)
第三百九十三条 【单位行贿罪】……………………………… (1160)
第三百九十四条 【国家工作人员在公务活动、对外交往中
　　　　　　　　违规收受礼物不交公的处罚】……… (1164)
第三百九十五条 【巨额财产来源不明罪】
　　　　　　　　【隐瞒境外存款罪】………………………… (1164)
第三百九十六条 【私分国有资产罪】
　　　　　　　　【私分罚没财物罪】………………………… (1166)

第九章 渎职罪 ………………………………………………… (1168)

第三百九十七条 【滥用职权罪】【玩忽职守罪】…………… (1168)
第三百九十八条 【故意泄露国家秘密罪】【过失泄露国家
　　　　　　　　秘密罪】……………………………………… (1171)

第三百九十九条 【徇私枉法罪】
【民事、行政枉法裁判罪】
【执行判决、裁定失职罪】【执行判决、裁定滥用职权罪】……………………………………（1174）

第三百九十九条之一 【枉法仲裁罪】……………………（1178）

第四百条 【私放在押人员罪】
【失职致使在押人员脱逃罪】……………………（1179）

第四百零一条 【徇私舞弊减刑、假释、暂予监外执行罪】……（1181）

第四百零二条 【徇私舞弊不移交刑事案件罪】……………（1184）

第四百零三条 【滥用管理公司、证券职权罪】……………（1186）

第四百零四条 【徇私舞弊不征、少征税款罪】……………（1188）

第四百零五条 【徇私舞弊发售发票、抵扣税款、出口退税罪】
【违法提供出口退税凭证罪】……………………（1190）

第四百零六条 【国家机关工作人员签订、履行合同失职被骗罪】……………………………………（1193）

第四百零七条 【违法发放林木采伐许可证罪】……………（1194）

第四百零八条 【环境监管失职罪】…………………………（1196）

第四百零八条之一 【食品、药品监管渎职罪】……………（1197）

第四百零九条 【传染病防治失职罪】………………………（1201）

第四百一十条 【非法批准征收、征用、占用土地罪】【非法低价出让国有土地使用权罪】……………（1202）

第四百一十一条 【放纵走私罪】……………………………（1204）

第四百一十二条 【商检徇私舞弊罪】
【商检失职罪】……………………………………（1205）

第四百一十三条 【动植物检疫徇私舞弊罪】
【动植物检疫失职罪】……………………………（1207）

第四百一十四条 【放纵制售伪劣商品犯罪行为罪】………（1209）

第四百一十五条 【办理偷越国(边)境人员出入境证件罪】
【放行偷越国(边)境人员罪】……………………（1210）

第四百一十六条 【不解救被拐卖、绑架妇女、儿童罪】
【阻碍解救被拐卖、绑架妇女、儿童罪】………（1212）

第四百一十七条 【帮助犯罪分子逃避处罚罪】……………（1214）

第四百一十八条 【招收公务员、学生徇私舞弊罪】………… (1215)
第四百一十九条 【失职造成珍贵文物损毁、流失罪】……… (1217)

第十章 军人违反职责罪……………………………………… (1219)

第四百二十条 【军人违反职责罪的概念】………………… (1219)
第四百二十一条 【战时违抗命令罪】………………………… (1220)
第四百二十二条 【隐瞒、谎报军情罪】【拒传、假传军令罪】… (1221)
第四百二十三条 【投降罪】…………………………………… (1223)
第四百二十四条 【战时临阵脱逃罪】………………………… (1224)
第四百二十五条 【擅离、玩忽军事职守罪】………………… (1225)
第四百二十六条 【阻碍执行军事职务罪】…………………… (1227)
第四百二十七条 【指使部属违反职责罪】…………………… (1228)
第四百二十八条 【违令作战消极罪】………………………… (1230)
第四百二十九条 【拒不救援友邻部队罪】…………………… (1231)
第四百三十条 【军人叛逃罪】………………………………… (1232)
第四百三十一条 【非法获取军事秘密罪】
【为境外窃取、刺探、收买、非法提供
军事秘密罪】………………………… (1234)
第四百三十二条 【故意泄露军事秘密罪】【过失泄露军事
秘密罪】………………………………………… (1238)
第四百三十三条 【战时造谣惑众罪】………………………… (1239)
第四百三十四条 【战时自伤罪】……………………………… (1240)
第四百三十五条 【逃离部队罪】……………………………… (1241)
第四百三十六条 【武器装备肇事罪】………………………… (1243)
第四百三十七条 【擅自改变武器装备编配用途罪】………… (1244)
第四百三十八条 【盗窃、抢夺武器装备、军用物资罪】…… (1245)
第四百三十九条 【非法出卖、转让武器装备罪】…………… (1248)
第四百四十条 【遗弃武器装备罪】…………………………… (1249)
第四百四十一条 【遗失武器装备罪】………………………… (1250)
第四百四十二条 【擅自出卖、转让军队房地产罪】………… (1251)
第四百四十三条 【虐待部属罪】……………………………… (1252)
第四百四十四条 【遗弃伤病军人罪】………………………… (1253)
第四百四十五条 【战时拒不救治伤病军人罪】……………… (1254)

第四百四十六条 【战时残害居民、掠夺居民财物罪】……………(1254)

第四百四十七条 【私放俘虏罪】………………………………(1256)

第四百四十八条 【虐待俘虏罪】………………………………(1257)

第四百四十九条 【战时缓刑戴罪立功的规定】………………(1257)

第四百五十条 【本章适用的主体范围】………………………(1258)

第四百五十一条 【战时的含义】………………………………(1259)

附　则………………………………………………………………(1261)

第四百五十二条 【本法的施行日期、相关法律的废止与保留】……………………………………………………(1263)

附　录………………………………………………………………(1267)

全国人民代表大会常务委员会关于惩治骗购外汇、逃汇和非法买卖外汇犯罪的决定

　　(1998年12月29日)……………………………………(1269)

中华人民共和国刑法修正案

　　(1999年12月25日)……………………………………(1271)

中华人民共和国刑法修正案(二)

　　(2001年8月31日)………………………………………(1273)

中华人民共和国刑法修正案(三)

　　(2001年12月29日)……………………………………(1274)

中华人民共和国刑法修正案(四)

　　(2002年12月28日)……………………………………(1276)

中华人民共和国刑法修正案(五)

　　(2005年2月28日)………………………………………(1278)

中华人民共和国刑法修正案(六)

　　(2006年6月29日)………………………………………(1280)

中华人民共和国刑法修正案(七)

　　(2009年2月28日)………………………………………(1285)

中华人民共和国刑法修正案(八)

　　(2011年2月25日)………………………………………(1288)

中华人民共和国刑法修正案(九)
  (2015年8月29日) ……………………………………(1297)
中华人民共和国刑法修正案(十)
  (2017年11月4日) ……………………………………(1308)
中华人民共和国刑法修正案(十一)
  (2020年12月26日) …………………………………(1309)
中华人民共和国刑法修正案(十二)
  (2023年12月29日) …………………………………(1320)
全国人民代表大会常务委员会关于废止部分法律的
  决定(节选)
  (2009年6月27日) ……………………………………(1323)
全国人民代表大会常务委员会关于修改部分法律的
  决定(节选)
  (2009年8月27日) ……………………………………(1323)
全国人民代表大会常务委员会关于废止有关收容教育
  法律规定和制度的决定
  (2019年12月28日) …………………………………(1325)
中华人民共和国禁毒法(节选)
  (2007年12月29日) …………………………………(1325)
全国人民代表大会常务委员会关于《中华人民共和国刑法》
  第九十三条第二款的解释
  (2000年4月29日 2009年8月27日修正) …………(1326)
全国人民代表大会常务委员会关于《中华人民共和国刑法》
  第二百二十八条、第三百四十二条、第四百一十条的解释
  (2001年8月31日 2009年8月27日修正) …………(1327)
全国人民代表大会常务委员会关于《中华人民共和国刑法》
  第二百九十四条第一款的解释
  (2002年4月28日) ……………………………………(1327)
全国人民代表大会常务委员会关于《中华人民共和国刑法》
  第三百八十四条第一款的解释
  (2002年4月28日) ……………………………………(1328)

全国人民代表大会常务委员会关于《中华人民共和国刑法》
　　第三百一十三条的解释
　　　　（2002年8月29日） ···（1329）
全国人民代表大会常务委员会关于《中华人民共和国刑法》
　　第九章渎职罪主体适用问题的解释
　　　　（2002年12月28日） ···（1330）
全国人民代表大会常务委员会关于《中华人民共和国刑法》
　　有关信用卡规定的解释
　　　　（2004年12月29日） ···（1330）
全国人民代表大会常务委员会关于《中华人民共和国刑法》
　　有关出口退税、抵扣税款的其他发票规定的解释
　　　　（2005年12月29日） ···（1331）
全国人民代表大会常务委员会关于《中华人民共和国刑法》
　　有关文物的规定适用于具有科学价值的古脊椎动物化石、
　　古人类化石的解释
　　　　（2005年12月29日） ···（1331）
全国人民代表大会常务委员会关于《中华人民共和国刑法》
　　第三十条的解释
　　　　（2014年4月24日） ···（1332）
全国人民代表大会常务委员会关于《中华人民共和国刑法》
　　第一百五十八条、第一百五十九条的解释
　　　　（2014年4月24日） ···（1332）
全国人民代表大会常务委员会关于《中华人民共和国刑法》
　　第二百六十六条的解释
　　　　（2014年4月24日） ···（1333）
全国人民代表大会常务委员会关于《中华人民共和国刑法》
　　第三百四十一条、第三百一十二条的解释
　　　　（2014年4月24日） ···（1333）

第一编

总 则

第一章 刑法的任务、基本原则和适用范围

第一条 【立法目的和根据】为了惩罚犯罪，保护人民，根据宪法，结合我国同犯罪作斗争的具体经验及实际情况，制定本法。

【释解与适用】

本条是关于立法目的和根据的规定。

刑法和其他法律一样，是建立在一定的社会经济基础之上的上层建筑的一部分，是社会经济基础的反映。根据我国宪法的规定，我国是实行人民民主专政的社会主义国家。因此，本条在有关制定刑法的目的与立法根据的规定中明确地体现了我国刑法的本质特征。

本条主要规定了以下两方面内容。

1. 制定刑法的目的。制定我国刑法是为了"惩罚犯罪，保护人民"。"惩罚犯罪"，就是通过刑法，规定什么是犯罪，哪些行为是犯罪，犯什么罪应受到什么样的惩罚的方式，对任何触犯刑法规定的犯罪分子，依照刑法的规定追究其刑事责任。为惩罚犯罪提供法律武器，这是制定刑法的目的之一。"保护人民"是制定刑法的根本目的，这里所说的"保护人民"，不仅是指保护公民个人的人身权利、民主权利、财产权利等合法权利不受侵犯，也包括代表人民根本利益的国家安全、社会主义政治制度、社会主义经济基础、稳定的社会秩序不遭到破坏。

2. 制定刑法的依据。制定我国刑法的依据有两个。

一是宪法根据。宪法是国家的根本法，是治国安邦的总章程，是党和人民意志的集中体现。宪法是其他一切法律的制定基础。刑法事关国家、社会和人民安全，事关对犯罪公民的人身权、财产权等剥夺，必然要以宪法为根本遵循。宪法关于国家维护社会秩序、镇压叛国和其他危害国家安

全的犯罪活动，制裁危害社会治安、破坏社会主义经济和其他犯罪的活动，惩办和改造犯罪分子的规定，关于国家的政治、经济的基本制度的规定，关于保护社会主义的公共财产、公民合法的私有财产的规定，关于保护人身权利、民主权利和其他公民基本权利和义务的规定，关于国家尊重和保障人权的规定，等等，都是制定和修改刑法的依据。宪法序言中所确定的指引中国革命走向胜利并取得社会主义事业成就的马克思列宁主义、毛泽东思想、邓小平理论、"三个代表"重要思想、科学发展观、习近平新时代中国特色社会主义思想，也都是制定和修改我国刑法的指导思想和根据。

二是我国同犯罪作斗争的具体经验及实际情况，即实践根据。新中国成立以来，我国在同各种刑事犯罪的斗争中，曾制定了《惩治反革命条例》《惩治贪污条例》等单行刑事法规，特别是1979年制定了我国第一部刑法及随着实际情况的发展，全国人大常委会又通过了一系列的"决定"和"补充规定"对刑法加以修改和补充，以及在其他有关行政法律、经济法律中所作的附属刑法规定。这些法律的制定和实施，对加强和巩固人民民主专政政权，保障社会主义事业的顺利都发挥了很大的作用，并积累了同犯罪作斗争的大量经验。同时，在我国改革开放和社会主义市场经济发展的不断深入过程中，国内外敌对势力对我国的渗透、颠覆活动也从未停止。随着经济社会发展，预防和惩治犯罪方面也出现了一些新的犯罪形式和情况。因此，需要不断总结我国同犯罪作斗争的具体经验，针对实践中出现的新的犯罪，根据我国实际情况，对刑法不断加以完善。这里需要注意的是，根据我国长期预防惩治犯罪斗争实践和我国的实际，我国在惩办与宽大相结合的刑事政策基础上，逐步总结经验并确立了宽严相济的基本刑事政策。这一刑事政策是我国与犯罪作斗争的实践经验的重要组成部分，符合我国的实际情况，体现了我们在同犯罪作斗争的过程中，对于犯罪与刑罚的规律性认识的不断深化，体现了不断趋于科学化和理性化的犯罪观与刑罚观，这些也都是制定刑法的重要思想来源和依据。1997年修订刑法删去了本条中"依照惩办与宽大相结合的政策"的规定，这一修改较好地处理了法律与政策的关系。同时，相关刑事政策及发展形成的宽严相济刑事政策，是我们实践中应当长期坚持的基本刑事政策。刑法立法工作也应当坚持宽严相济，在确定是否将某种行为规定为犯罪时，要根据各方面意见，进行综合的、全方位的论证。例如，要考察行为的社会危害性、行为的普遍性、刑罚的有效性；要考虑刑罚的正当性、合理性和比例原则；要考虑刑罚负面作用和附随后果，如犯罪标签对行为人未来再社会化的影响等，保持刑罚的最后手段性和替代手段可能性；要考虑立法技术上能否通过解释法律解决、适用上界限能否划清、刑法的打击面、执法成本等。

1997年以来的历次刑法修正案贯彻宽严相济刑事政策，明确将其作为立法的重要指导思想。例如，《关于〈中华人民共和国刑法修正案（八）（草案）〉的说明》中提出："……进一步落实宽严相济的刑事政策，对刑法作出必要的调整和修改。"《关于〈中华人民共和国刑法修正案（九）（草案）〉的说明》中提出："……坚持宽严相济的刑事政策，维护社会公平正义，对社会危害严重的犯罪惩处力度不减，保持高压态势；同时，对一些社会危害较轻，或者有从轻情节的犯罪，留下从宽处置的余地和空间。"《关于〈中华人民共和国刑法修正案（十一）（草案）〉的说明》中进一步提出："……进一步贯彻宽严相济刑事政策，适应国家治理体系和治理能力现代化的要求，把握犯罪产生、发展和预防惩治的规律，注重社会系统治理和综合施策……对能够通过行政、民事责任和经济社会管理等手段有效解决的矛盾，不作为犯罪处理，防止内部矛盾激化，避免不必要的刑罚扩张。"

第二条　【刑法任务】 中华人民共和国刑法的任务，是用刑罚同一切犯罪行为作斗争，以保卫国家安全，保卫人民民主专政的政权和社会主义制度，保护国有财产和劳动群众集体所有的财产，保护公民私人所有的财产，保护公民的人身权利、民主权利和其他权利，维护社会秩序、经济秩序，保障社会主义建设事业的顺利进行。

【释解与适用】

本条是关于制定刑法的任务的规定。

刑法是一个国家的基本法律。刑法的任务与国家的政权性质，与其政治经济社会制度，以及历史文化传统、发展阶段、现实国情紧密相关。刑法的任务也是依据宪法规定确定的。宪法所要保护的国家、社会制度，以及公民的基本权利，需要刑法和其他法律共同保障落实。本条关于刑法任务的规定在宪法中都有相应规定。

根据本条规定，我国刑法的任务是用刑罚同一切犯罪行为作斗争，以保卫国家安全，保卫人民民主专政的政权和社会主义制度，保护国有财产和劳动群众集体所有的财产，保护公民私人所有的财产，保护公民的人身权利、民主权利和其他权利，维护社会秩序、经济秩序，保障社会主义事业的顺利进行。

一是刑法任务的实现手段是通过运用刑罚同一切犯罪行为作斗争。这是刑法与其他部门法相区别的一个重要特征。即以刑罚这种特殊处罚作为预防和惩治犯罪的手段（刑罚是剥夺人身自由、财产等权利的严厉手段，根据我国刑法规定，包括死刑、无期徒刑、有期徒刑、拘役、管制等主刑，以及没收财产、罚金、剥夺政治权利等附加刑），通过刑罚手段惩罚和教育犯罪人、消除其人身危险性和再犯罪能力，进而与犯罪作斗争。同时，其他法律也会在有关资格和职业禁止、有关行政处罚等方面对违法行为作出规定，其中不少手段也依法适用于犯罪人员，因而也是运用法律手段惩处和预防犯罪的重要手段。在此意义上，刑法和其他行政管理法律等，共同起到维护人民利益，维护国家、社会安全和法秩序的重要作用。

二是刑法的具体任务有以下几个方面。

1. 保卫国家安全、保卫人民民主专政的政权和社会主义制度。我国的国家安全、人民民主专政的政权和社会主义制度，是我国人民经过长期革命斗争取得的，是我国宪法确立的国家政治、经济制度，是我国进行改革开放和社会主义现代化建设的根本保证。宪法第二十八条规定："国家维护社会秩序，镇压叛国和其他危害国家安全的犯罪活动，制裁危害社会治安、破坏社会主义经济和其他犯罪的活动，惩办和改造犯罪分子。"根据国家安全法第二条的规定，国家安全是指国家政权、主权、统一和领土完整、人民福祉、经济社会可持续发展和国家其他重大利益相对处于没有危险和不受内外威胁的状态，以及保障持续安全状态的能力。因此，用刑罚方法同一切组织、策划、实施武装叛乱、武装暴乱、颠覆国家政权、推翻社会主义制度，勾结外国危害我国主权、领土完整和安全，组织、策划、实施分裂国家、破坏国家统一等犯罪作斗争，是刑法一项很重要的任务。刑法的打击锋芒，首先指向这类危害最严重的犯罪，这也是符合国家和人民最根本利益的。

2. 保护国有财产和劳动群众集体所有的财产，保护公民私人所有的财产。国家所有的财产和劳动群众集体所有的财产，作为公共财产，是社会主义的物质基础，是进行社会主义现代化建设的物质保证。根据宪法关于公共财产神圣不可侵犯的规定，刑法保护国有财产和劳动群众集体所有的财产，具有特别重要的意义。公民私人所有的财产，是公民生产、工作、生活所必需的物质条件，同样受国家法律保护。宪法第十三条规定，公民的合法的私有财产不受侵犯。国家依照法律规定保护公民的私有财产权和继承权。因此，刑法将侵犯公民私人所有的财产的行为规定为犯罪，并规定了相应的处罚。根据刑法第九十二条的规定，"公民私人所有的财产"是指下列财产：（1）公民的合法收入、储蓄、房屋和其他生活资料；（2）依法归个人、家庭所有的生产资料；（3）个体户和私营企业的合法财产；（4）依法归个人所有的股份、股票、债券和其他财产。另外，宪法第十一条中规定："在法律规定范围内的个体经济、私营经济等非公有制经济，是社会主义市场经济的重要组成部分。国家保护个体经济、私营经济等非公有制经济的合法的权利和利益。"民法典对法人、非法人组织作为民事主体及其财产作了规定，因此，保护非公有制企业等法人、非法人组织的财产也应当是刑法的一项重要任务。

3. 保护公民的人身权利、民主权利和其他权利。在我国，人民是国家的主人，我国宪法规定了公民的各项基本权利。"人身权利"是指公民的生命、健康、人身自由等方面的权利；"民主权利"是指公民依照法律参加国家管理和政治生活的各项权利；"其他权利"是指劳动、婚姻自由以及老人、儿童不受虐待、遗弃等权利。同侵犯公民人身权利、民主权利的犯罪作斗争，维护公民的合法权益，是刑法的重要任务。

4. 维护社会秩序、经济秩序，保障社会主义建设事业的顺利进行。我国进行改革开放和社会主义现代化建设，需要稳定的社会秩序和经济秩序，尤其是建立社会主义市场经济，更需要良好的经济秩序。因此，维护社会秩序和经济秩序成为刑法的一项重要任务，对于扰乱社会秩序和经济秩序的犯罪，依照刑法予以打击。

从我国刑法立法实践看，刑法与保障社会主义建设事业顺利进行的任务一直相伴相生。特别是伴随着改革开放伟大事业的不断深化，刑法不断发展完善。二十多部单行刑法的制定，1997年修订刑法以及十二个刑法修正案的公布，为改革开放和社会主义事业顺利推进打造安全的社会环境，推动和保障金融、财税等各领域改革成果，发挥了重要作用。

第三条　【罪刑法定原则】法律明文规定为犯罪行为的，依照法律定罪处刑；法律没有明文规定为犯罪行为的，不得定罪处刑。

【释解与适用】

本条是关于罪刑法定原则的规定。

我国刑法关于罪刑法定原则的表述是具有鲜明的特点和针对性的。与许多国家规定罪刑法定原则往往注重强调法无明文规定不为罪、法无明文规定不处罚有所不同，本条规定包括两个方面的内容：一方面，法律规定为犯罪的，要依照刑法的规定定罪处刑，要求严格执法，既不能不按法律的规定出入人罪，也不能不按法律的规定放纵犯罪。这是根据我国的实际情况作出的规定，强调的是对犯罪的打击和维护社会秩序与保护公民利益，以及依照法律规定定罪量刑，而不能法外施刑，定罪量刑都要以法律为准绳。另一方面，法律没有规定为犯罪的行为，不得定罪处罚，即法无规定不可罚。一种行为无论社会危害性多么严重，只要法律没有规定为犯罪的，都不得定罪处刑。两方面相辅相成，共同构成了我国的罪刑法定原则。

罪刑法定原则是相对封建社会罪刑擅断而言的。确立这个原则，是现代刑事法律制度的一大进步，实行这个原则需要做到。

一是重法不溯及既往。这是罪刑法定原则的必然要求，如果刑法可以任意溯及既往，罪刑法定原则就失去了意义。罪刑法定原则允许有利于被告人的溯及既往。我国刑法第十二条在新旧刑法适用问题上规定，原则上按照行为"当时的法律追究刑事责任"，但是"如果本法不认为是犯罪或者处刑较轻的"，适用新刑法。

二是不搞类推。1997年刑法已经取消了类推制度，但并不意味着实践中就都能够严格坚持罪刑法定原则，在具体案件处理上完全不会发生类似于类推的做法。因此，贯彻落实罪刑法定原则就必须在进行法律适用、解释的过程中，坚持禁止类推的精神，正确把握类推解释和扩大解释的界限，前者违反罪刑法定原则，后者在法律用语的含义之内并不违反罪刑法定原则。对于确属刑法没有规定的犯罪，即使认为具有很大危害性，也不能用类推的方法援用某个其他犯罪规定以适用刑法加以追究。对于确有必要作为犯罪行为加以规制的，必须通过修改刑法解决。

三是对各种犯罪的构成条件的规定及设定的处罚必须明确、具体。罪刑法定原则既是司法适用中必须坚守的原则，在刑事立法过程中也同样需要加以认真贯彻。一方面，罪刑法定原则要求对于罪与刑的设定必须通过立法进行；另一方面，立法对罪与刑的设定必须尽量具体、明确，罪与非罪的界限、此罪与彼罪的界限应当明晰，便于公民根据法律规定，明确哪些行为不可为和相关行为的法律后果。如果立法中不能贯彻罪刑法定原则，法律规定本身不清楚、犯罪界限不明，则难以保证司法机关准确适用法律，公正定罪量刑，公民也将无所适从。这些在根本上都是不符合罪刑法定的要求的。需要注意的是，由于司法实践纷繁复杂，各种犯罪的情况复杂多样，立法毕竟是以抽象的原则性规定描述具体的生活现实，在技术上不可能穷尽实践中各种具体情况，需要留有一定空间，由司法机关根据个案情况，将抽象规定适用于具体案件，因此，刑法中难免有些犯罪规定保留了兜底项或者"等"字规定。总体上看，这样的立法技术和做法并不违反罪刑法定原则，但是确实是贯彻罪刑法定原则的薄弱环节，在适用法律过程中需要特别加以注意。对刑法没有明确列明的行为，按照兜底项或者"等"追究刑事责任，应当做到：与已经列明的行为进行比较，在性质、危害性等方面具有相当性；社会一般人员对于这种相当性具有预测和认知的可能性；必须符合并有助于实现立法设定该罪名的目的即立法的原意；同时，对于该行为作为犯罪追究应当符合比例原则。此外，刑法条文很多规定了"情节严重""后果严重"等犯罪门槛，这是合理划定刑事处罚范围，与行政处罚等相区分的需要，有关司法解释或者规范性文件对此配套了较为具体明确的规定。同时，刑法对有关犯罪的处罚也应当是明确的，禁止绝对不定期刑罚。

四是防止法官滥用自由裁量权。

五是司法解释不能超越法律。

罪刑法定原则，既是刑事立法原则，同时也是刑事司法原则。刑法取消类推，明确规定这个原则，是我国司法人权保障的重大改革和进步，是我国社会主义民主与法制的重大发展，是宪法规定的国家尊重和保障人权这一重要原则的具体实施，归根结底，是全面建设社会主义法治国家题中应有之义和必然要求。

第四条 【法律面前人人平等原则】对任何人犯罪，在适用法律上一律平等。不允许任何人有超越法律的特权。

【释解与适用】

本条是关于法律面前人人平等原则的规定。

法律面前人人平等这一刑法原则有两层含义：一是要做到刑事司法公正，即定罪公正、量刑公正、行刑公正。人民法院、人民检察院、公安机关等对任何犯罪的人，不分民族、种族、职业、出身、性别、宗教信仰、教育程度、财产情况、职位高低和功劳大小，都应予以刑事追究，根据法律规定和案件事实予以从宽和从严惩处，不能因案外因素干扰定罪量刑，要公正、平等地适用法律。人民法院组织法、人民检察院组织法、法官法等法律，对在适用法律上一律平等，不允许任何组织和个人有超越法律的特权也作了明确规定。在司法实践中，只有遵守这个原则，严格依法办案，才能维护和实现这个原则。二是不允许任何人有超越法律的特权。本条这一规定具有重要的现实意义。由于封建残余思想、资产阶级腐朽思想的影响，特权思想在一些人中，特别是在少数领导干部中仍有一定市场，以言代法、以权代法的现象仍然存在。党中央提出：平等是社会主义法律的基本属性；绝不允许任何人以任何借口任何形式以言代法、以权压法、徇私枉法；领导干部都要牢固树立宪法法律至上、法律面前人人平等、权由法定、权依法使等基本法治观念，对各种危害法治、破坏法治、践踏法治的行为要挺身而出、坚决斗争；要牢记法律红线不可逾越、法律底线不可触碰。因此，法律面前人人平等的原则，其实质就是反对特权。刑法规定的法律面前人人平等的原则，为反对有法不依、执法不严和超越法律的任何特权，提供了法律武器。

第五条 【罪责刑相适应原则】刑罚的轻重，应当与犯罪分子所犯罪行和承担的刑事责任相适应。

【释解与适用】

本条是关于罪责刑相适应原则的规定。

罪责刑相适应原则是我国刑法的基本原则之一，是社会主义法治的必然要求。我国刑法的罪责刑相适应原则，是指对犯罪规定刑罚和对犯罪分子量刑时，应根据其所犯罪行的性质、情节和对社会的危害程度来决定。这一原则的基本要求是罪重的量刑要重，罪轻的量刑要轻，各个法律条文之间对犯罪刑罚的规定要统一平衡，不能罪重的刑罚比罪轻的轻，也不能罪轻的刑罚比罪重的重。显而易见，这一原则是要保证刑罚的公平。我国刑法有许多规定都体现了罪责刑相适应的原则。例如，关于对犯罪分子决定刑罚的时候，要根据犯罪的事实、性质、情节和对社会的危害程度的规定；关于对共同犯罪、集团犯罪中的主犯、从犯、胁从犯和累犯、教唆犯以及犯罪不同阶段的预备犯、中止犯、未遂犯从重、从轻、减轻、免除处罚的规定；等等。

　　本条所确定的原则，既是刑事立法应遵循的原则，也是刑事司法应遵守的原则。在制定和修改刑法时，对于性质严重、社会危害性大的犯罪，对犯罪情节特别严重的，都规定了较重的处刑；对于所犯罪行的性质、情节比较轻的，如过失犯罪等，规定的处刑比较轻。也就是说罪重，规定的刑罚就重；罪轻，规定的刑罚就轻。同时，也要注意的是，刑罚配置还要考虑预防犯罪等一些因素，对社会危害性的判断应当是全面、综合的。例如，盗窃罪和故意毁坏财物罪，从对于被害人造成的财产损失而言，后者并不轻于前者，但刑法对盗窃罪规定了更重刑罚，是考虑到预防犯罪必要性、惩治犯罪需要、社会一般观念对盗窃与故意毁坏财物的危害性评价等各方面因素。在刑事司法中也应遵守这个原则，犯多大的罪就应判多重的刑，重罪应重判，轻罪应轻判。对犯罪分子判处的刑罚轻重，应当与其所犯罪行的轻重和罪过大小以及应承担的刑事责任大小相当：不能重罪轻判，轻判不利于惩罚犯罪和震慑犯罪分子；也不能轻罪重判，重判容易造成犯罪分子对法律和社会的抵触心理，不利于罪犯的改造。因此，必须使罪、责、刑相称，做到重罪重判、轻罪轻判、罚当其罪。这一规定比以前罪刑相适应或罪刑相当的表述多了一个"责"字。这就是说，在对一个犯罪行为进行评价、确定刑罚时，不仅要看犯罪的事实、行为性质、所触犯罪名、犯罪手段等情节，还要对行为人在该犯罪中所应承担刑事责任的大小等作出判断，通过综合考量确定相应的刑罚，以实现刑罚的公平。这也是我国刑法理论中认定犯罪和刑罚遵循主客观相统一原则的体现，从而最大程度发挥刑法预防和惩治犯罪的功能。

第六条 【属地管辖】凡在中华人民共和国领域内犯罪的，除法律有特别规定的以外，都适用本法。

凡在中华人民共和国船舶或者航空器内犯罪的，也适用本法。

犯罪的行为或者结果有一项发生在中华人民共和国领域内的，就认为是在中华人民共和国领域内犯罪。

【释解与适用】

本条是关于刑法对地域的适用范围的规定。

本条共分为三款。第一款是关于在中华人民共和国领域内犯罪的，除法律有特别规定的以外，无论是中国公民还是外国人，无论受害人是中国公民还是外国人，都适用我国刑法追究其刑事责任的规定。如《最高人民法院关于审理拐卖妇女案件适用法律有关问题的解释》第二条规定，外国人或者无国籍人拐卖外国妇女到我国境内被查获的，应当根据刑法第六条的规定，适用我国刑法定罪处罚。这里所说的"中华人民共和国领域"，是指我国国境以内的全部区域，具体包括：（1）领陆，即国境线以内的陆地及其陆地下的地层；（2）领水，即内水（内河、内海、内湖以及同外国之间界水的一部分）和领海（我国领海宽度从领海基线量起为12海里）及其以下的地层；（3）领空，即领陆和领水之上的空间。这里所说的"法律有特别规定的"，主要是指刑法第十一条关于享有外交特权和豁免权的外国人的刑事责任的特别规定；刑法第九十条关于民族自治地方制定的变通或补充刑法的规定，以及其他法律中作出的特别规定，如香港、澳门特别行政区基本法中的有关规定等。

第二款是关于在中华人民共和国船舶或者航空器内犯罪，适用我国刑法的规定。根据国际法一般原则，挂有本国国旗或者在本国注册登记的船舶、航空器，属于本国领土的延伸，不管其航行或者停放在哪里，对在船舶或者航空器内的犯罪，都适用旗国的法律，即国际法上的旗国主义。一些国际法对旗国主义原则作了明确规定。例如，《联合国打击跨国有组织犯罪公约》第十五条规定，各缔约国在以下情况应具有管辖权："（一）犯罪发生在该缔约国领域内；（二）犯罪发生在犯罪时悬挂该缔约国国旗的船只或已根据该缔约国法律注册的航空器内。"又如，《联合国反腐败公约》第四十二条规定："各缔约国均应当在下列情况下采取必要的措施，以确立对根据本公约确立的犯罪的管辖权：（一）犯罪发生在该缔约国领域内；

(二) 犯罪发生在犯罪时悬挂该缔约国国旗的船只上或者已经根据该缔约国法律注册的航空器内。"我国民用航空法第六条第一款规定："经中华人民共和国国务院民用航空主管部门依法进行国籍登记的民用航空器，具有中华人民共和国国籍，由国务院民用航空主管部门发给国籍登记证书。"本条所说的"船舶"和"航空器"（包括飞机和其他航空器），既包括军用也包括民用。我国的船舶、航空器，即使航行或停泊在我国领域以外，也仍属我国管辖，在这些船舶、航空器内犯罪的，也应适用我国刑法予以追究。

第三款是关于犯罪行为和犯罪结果不是同时发生在我国领域内的，如何适用刑法的补充性规定。犯罪行为和犯罪结果都发生在我国领域内，如何适用我国刑法，本条第一款已作了规定。对于犯罪行为或者犯罪结果，只要有一项是发生在我国领域内的，就认为是在我国领域内犯罪，应当适用我国刑法。一部分行为或者一部分结果发生在我国领域的，我国刑法也有管辖权。这一款规定是对"领域内"犯罪的进一步明确，更有利于打击犯罪与维护国家主权和国家利益。

第七条 【属人管辖】中华人民共和国公民在中华人民共和国领域外犯本法规定之罪的，适用本法，但是按本法规定的最高刑为三年以下有期徒刑的，可以不予追究。

中华人民共和国国家工作人员和军人在中华人民共和国领域外犯本法规定之罪的，适用本法。

【释解与适用】

本条是关于我国公民在我国领域外犯罪如何适用刑法的规定。

关于本国刑法在领域外的效力问题，各国刑法多有规定。本条规定的是中国公民在中国领域外犯罪适用本法的规定，针对的是中国公民在外犯罪，即通常所说的属人管辖原则。属人管辖原则体现了国家主权、公民与国家的关系，以及公民遵守本国法律的义务。

本条共分为两款。第一款是关于中华人民共和国公民在中华人民共和国领域外犯罪如何适用我国刑法的一般性规定。这里所说的"中华人民共和国公民"，是指具有中华人民共和国国籍的人，包括定居在外国而没有取得外国国籍的华侨和临时出国的人员以及已经取得我国国籍的外国血统的人。根据我国国籍法的规定，我国不承认双重国籍，定居在国外的我国公民,凡自愿加入或取得外国国籍的,即自动丧失我国国籍,不再属于我国公民。根据本款规定,我国公民在我国领域外犯刑法分则规定的任何一种罪的,都要适用我国刑法,追究其刑事责任。但是有一种例外,就是所犯的罪,按照刑法分则的规定,最高刑为三年以下有期徒刑的,可以不予追究。对最高刑的判断应当根据犯罪的情节所应适用的相应法定刑档次的最高刑判断。

第二款是关于我国国家工作人员和军人在我国领域外犯罪适用我国刑法的规定。本款是对中华人民共和国公民中的两类人的特别规定。其中所说的"国家工作人员",是指刑法第九十三条规定的人员,即国家机关中从事公务的人员,国有公司、企业、事业单位、人民团体中从事公务的人员和国家机关、国有公司、企业、事业单位委派到非国有公司、企业、事业单位、社会团体从事公务的人员,以及其他依照法律从事公务的人员。"军人"包括中国人民解放军、武装警察的军官和士兵等人员。国家工作人员和军人在我国领域外犯本法分则规定之罪的,都适用我国刑法追究刑事责任,没有任何例外。这一规定体现了对国家工作人员和军人犯罪从严的精神。需要注意的是,我国刑法对我国公民领域外犯罪的属人管辖并不以双重犯罪为原则,与刑法第八条针对外国人犯我国刑法规定之罪的保护管辖原则不一样,后者要求双重犯罪原则。

第八条 【保护管辖】外国人在中华人民共和国领域外对中华人民共和国国家或者公民犯罪,而按本法规定的最低刑为三年以上有期徒刑的,可以适用本法,但是按照犯罪地的法律不受处罚的除外。

【释解与适用】

本条是关于外国人在中华人民共和国领域外犯我国刑法规定之罪,如何适用我国刑法的规定。

本条所称"外国人",是指具有外国国籍和无国籍的人。根据本条规定,外国人在我国领域外触犯我国刑法,必须同时具备以下条件才能适用我国刑法。

一是对中华人民共和国国家或者公民犯罪。所谓对中华人民共和国国家犯罪,主要是指刑法规定的危害我国国家安全和利益的各种犯罪;所谓对中华人民共和国公民犯罪,主要是指我国刑法规定侵犯我国公民人身权利、民主权利和其他权利的一些犯罪。这一限制既保护了我国国家与公民的利益，也限制了范围，尊重他国主权。反恐怖主义法第十一条对恐怖活动犯罪的保护管辖作了专门规定："对在中华人民共和国领域外对中华人民共和国国家、公民或者机构实施的恐怖活动犯罪，或者实施的中华人民共和国缔结、参加的国际条约所规定的恐怖活动犯罪，中华人民共和国行使刑事管辖权，依法追究刑事责任。"这体现了对国际恐怖活动的严厉打击和打击恐怖主义活动的国际合作。

二是按刑法规定的最低刑为三年以上有期徒刑的犯罪。这是从犯罪的最低法定刑的高低限定是否适用我国刑法。所谓最低法定刑为三年以上有期徒刑，是指刑法规定的一种罪的最低起刑点是三年以上有期徒刑的，如刑法第一百一十四条放火、决水、爆炸、投放危险物质罪，第一百五十一条走私武器、弹药、核材料、假币罪，第二百三十二条故意杀人罪等，规定的最低起刑点就是三年以上有期徒刑。也就说外国人对我国国家或者公民犯较为严重犯罪的，才适用我国刑法。

三是根据犯罪地的法律，也认为是犯罪的，才能适用我国刑法。如果犯罪地法律不认为是犯罪，或者规定不予处罚的，尽管符合前两个条件，也不能适用我国刑法。这是通常所说的双重犯罪原则。外国人在国外工作生活，从事有关活动应当遵守当地法律，如果当地不认为是犯罪，甚至是合法的活动，不应按照我国刑法处理。我国引渡法第七条第一款也规定了引渡条件的双重犯罪原则："外国向中华人民共和国提出的引渡请求必须同时符合下列条件，才能准予引渡：（一）引渡请求所指的行为，依照中华人民共和国法律和请求国法律均构成犯罪；（二）为了提起刑事诉讼而请求引渡的，根据中华人民共和国法律和请求国法律，对于引渡请求所指的犯罪均可判处一年以上有期徒刑或者其他更重的刑罚；为了执行刑罚而请求引渡的，在提出引渡请求时，被请求引渡人尚未服完的刑期至少为六个月。"

上述三个限制条件，是有机统一、缺一不可的。因为犯罪人是外国人，而且是在我国领域外犯罪，如果没有被我国抓获或者引渡过来，也无法适用我国刑法。因此，不能管得太宽，需要有条件限制。同时，符合上述条件，刑法规定的是"可以适用本法"，我国刑法保留有管辖权，但不必然追究。因为外国人在外国犯罪，同时符合当地法律属地管辖原则，面临刑事处罚，通常会有刑事管辖冲突，我国是否启动追究根据案件情况确定。《最高人民法院关于适用〈中华人民共和国刑事诉讼法〉的解释》第十一条规定:"外国人在中华人民共和国领域外对中华人民共和国国家或者公民犯罪,根据《中华人民共和国刑法》应当受处罚的,由该外国人登陆地、入境地或者入境后居住地的人民法院管辖,也可以由被害人离境前居住地或者现居住地的人民法院管辖。"

第九条 【普遍管辖】对于中华人民共和国缔结或者参加的国际条约所规定的罪行,中华人民共和国在所承担条约义务的范围内行使刑事管辖权的,适用本法。

【释解与适用】

本条是关于我国刑法普遍管辖原则的规定。

本条所说的我国缔结或者参加的国际条约所规定的罪行,是指已经由全国人大常委会批准的我国缔结或者参加的国际条约规定的犯罪,如《关于制止非法劫持航空器的公约》《关于制止危害民用航空安全的非法行为的公约》《防止及惩治灭绝种族罪公约》《联合国海洋法公约》《制止危及海上航行安全非法行为公约》《反对劫持人质国际公约》《联合国禁止非法贩运麻醉药品和精神药物公约》《联合国打击跨国有组织犯罪公约》等。这些国际公约中分别规定了一些国际犯罪,如劫持航空器罪、劫持船只罪、海盗罪、贩毒罪等。凡参加了这些国际公约的国家,就承担对这些国际犯罪进行追究的义务。犯了上述罪行的人,到任何一个缔约国,根据公约的规定,该缔约国如果不将罪犯引渡给他国,该国就要行使刑事管辖权,依照该国的法律对犯罪人进行追究。

根据本条规定,我国对这类犯罪行使管辖权的对象,主要是指在我国领域外犯了国际条约所规定的罪而进入我国领域内的外国人。我国行使刑事管辖权的条件:(1)必须是中华人民共和国缔结或者参加的国际条约中所规定的犯罪,对没有缔结或参加的国际条约中规定的犯罪,不能行使刑事管辖权。(2)必须是在我国所承担条约义务的范围内。如果我国对条约中的某些规定声明保留,我国对此就不承担义务。我国缔结或者参加的国际条约中,凡是没有声明保留的规定,都属于我国所承担的义务范围。本条所说的"刑事管辖权",是指我国司法机关对此类案件有依法行使侦查、起诉和审判的权力。"适用本法"是指行使刑事管辖权的,依照我国刑法的规定作为依据追究刑事责任。根据《最高人民法院关于适用〈中华人民共和国刑事诉讼法〉的解释》第十二条的规定，对中华人民共和国缔结或者参加的国际条约所规定的罪行，中华人民共和国在所承担条约义务的范围内行使刑事管辖权的，由被告人被抓获地、登陆地或者入境地的人民法院管辖。另外，我国反恐怖主义法第十一条对在反恐领域刑事案件这一原则的适用作了进一步明确"对在中华人民共和国领域外对中华人民共和国国家、公民或者机构实施的恐怖活动犯罪，或者实施的中华人民共和国缔结、参加的国际条约所规定的恐怖活动犯罪，中华人民共和国行使刑事管辖权，依法追究刑事责任"，与刑法的规定衔接。

第十条　【域外刑事判决的消极承认】凡在中华人民共和国领域外犯罪，依照本法应当负刑事责任的，虽然经过外国审判，仍然可以依照本法追究，但是在外国已经受过刑罚处罚的，可以免除或者减轻处罚。

【释解与适用】

本条是关于犯罪已经外国法院判决如何适用我国刑法的规定。

本条规定有两个方面含义。

1. 凡在我国领域外犯罪，依照我国刑法应当负刑事责任的，虽然经过外国审判，仍然可以依照我国刑法处理。这里所说的在我国"领域外犯罪"的，犯罪主体既包括我国公民，也包括外国人或者无国籍人。规定虽经外国审判，但依照我国刑法应当负刑事责任的，仍然可以依照我国刑法追究，是国家主权原则和保护原则在我国刑法中的体现。从这个原则出发，我国可以不受外国审判的约束。但是，应当注意的是，这里使用的是"可以"，而没有用"应当"，因此，对于已经外国审判的，还要不要再依照我国刑法处理，需根据具体案件的具体情况决定，并不要求对于外国已审判的，一律再依照我国刑法处理。

2. 对于经过外国审判的案件，如果需要依照我国刑法处理的，凡是在国外已受到刑罚处罚的，可以免除或者减轻处罚。这一规定，主要是考虑到行为人已在国外经过审判，受到了刑罚处罚。在依照我国刑法处理时，应当实事求是地对待，根据具体情况，可以对其免除处罚或者减轻处罚。具体在考虑对其是免除处罚还是减轻处罚以及减轻处罚的程度时，可以从其所犯罪行的性质、在国外被判处刑罚的轻重和实际执行刑罚的长短、按照我国刑法可能判处的刑罚的轻重、行为人经过在外国执行刑罚所得到的惩戒和人身危险性减低的情况、判处刑罚的必要性以及刑罚轻重的适当性等方面综合考量。

第十一条 【外交豁免】享有外交特权和豁免权的外国人的刑事责任，通过外交途径解决。

【释解与适用】

本条是关于享有外交特权和豁免权的外国人刑事责任的规定。

本条规定的"外交特权和豁免权"，是指一个国家为了保证和便利驻在本国的外交代表、外交代表机关以及外交人员执行职务，而给予他们的一种特殊权利和待遇。这种特殊权利和待遇是各国之间按照平等、相互尊重的原则，根据国际惯例和国际公约、协议，相互给予的。如果外国调整我国外交人员相应待遇，我国也可以根据平等原则相应调整该国驻我国的外交人员的待遇。我国根据国际公约的精神，全国人大常委会于1986年制定了外交特权与豁免条例。

这种特殊权利和豁免权包括：人身不可侵犯，办公处、住处和文书档案不可侵犯，免纳关税，不受驻在国的司法管辖，等等。享有这种外交特权和豁免权的外国人主要包括：（1）外国的国家元首、政府首脑、外交部长。（2）外国驻本国的外交代表、大使、公使、代办和同级别的人，具有外交官衔的使馆工作人员（一、二、三等秘书，随员，陆海空武官，商务、文化、新闻参赞或专员）以及他们的家属（配偶、未成年子女）等。（3）执行职务的外交使差。（4）根据我国同其他国家订立的条约、协定享受若干特权和豁免权的商务代表。（5）经我国外交部核定享受若干特权和豁免权的下列人员：①途经或临时留在我国境内的各国驻第三国的外交官；②各国派来中国参加会议的代表；③各国政府来中国的高级官员；④按照联合国宪章规定和国际公约享受特权和豁免权的其他人员。（6）总领事、领事、副领事、领事代理人、名誉领事和其他领馆人员。

需要注意的是，上述享有外交特权和豁免权的外国人的刑事责任不适用我国刑法刑事管辖权，并不意味着行为不受惩罚，而是犯了罪不交付我国法院审判，他们的刑事责任通过外交途径解决。一般有下列几种方式：（1）要求派遣国召回；（2）建议派遣国依法处理；（3）对罪行严重的，由我国政府宣布其为"不受欢迎的人"，限期出境。同时，根据有关国际法和我国外交特权与豁免条例的规定，享有外交特权与豁免的人员：(1) 应当尊重中国的法律、法规；(2) 不得干涉中国的内政；(3) 不得在中国境内为私人利益从事任何职业或者商业活动；(4) 不得将使馆馆舍和使馆工作人员寓所充作与使馆职务不相符合的用途。

第十二条　【刑法的溯及力】中华人民共和国成立以后本法施行以前的行为，如果当时的法律不认为是犯罪的，适用当时的法律；如果当时的法律认为是犯罪的，依照本法总则第四章第八节的规定应当追诉的，按照当时的法律追究刑事责任，但是如果本法不认为是犯罪或者处刑较轻的，适用本法。

本法施行以前，依照当时的法律已经作出的生效判决，继续有效。

【释解与适用】

本条是关于我国刑法在时间上的适用范围的规定。

本条共分为两款。第一款是关于新的刑法对生效以前发生的犯罪行为有无溯及力的规定。对于中华人民共和国成立以后本法施行以前的行为的处理原则，我国刑法采用的是从旧兼从轻的原则，即新法原则上不溯及既往，但新法对行为人处罚更轻时例外。具体内容有以下几方面：(1) 在新刑法1997年10月1日生效以后发生的一切犯罪行为，都应当适用新刑法，原刑法和制定的单行刑事法律对新发生的犯罪不再适用。(2) 新刑法施行后，在民事、经济、行政法律中，关于适用原刑法有关条文追究刑事责任的规定，如果新刑法已有具体的罪与刑的规定，原有规定不再适用；如果新刑法对原刑法规定的内容没有修改，只是条文顺序号变了，原规定适用的条文序号无法对应，应当适用新的条文；如果在适用中不明确或者有争议的，可以由全国人民代表大会常务委员会解释；新刑法施行以后，对于其生效前发生的行为，如果原有法律不认为是犯罪，新刑法认为是犯罪的，如有的计算机犯罪、证券犯罪等，应适用原来的法律，按无罪处理。如果原有法律认为是犯罪，新刑法也认为是犯罪，并且"依照本法总则第四章第八节的规定应当追诉的"，应当适用原有法律，但是遇到新刑法规定的处刑较轻时应当适用新刑法。也就是说，只有在不认为是犯罪或者处刑较轻这两种情况下，新刑法才能溯及既往。其中"处刑较轻的"，是指刑法对某种犯罪规定的刑罚即法定刑比修订前刑法规定的法定刑为轻。确定法定刑是否属于较轻时，应当先比较新旧刑法规定的法定最高刑哪个更轻；如果法定最高刑相同，则比较法定最低刑哪个较轻。如果刑法规定的某一犯罪只有一个法定刑幅度，法定最高刑或者法定最低刑是指该幅度的最高刑或者最低刑；如果刑法规定的某一犯罪有两个以上的法定刑幅度，法定最高刑或者法定最低刑是指具体犯罪行为应当适用的法定刑幅度的最高刑或者最低刑。1997年10月1日以后审理1997年9月30日以前发生的刑事案件，如果刑法规定的处刑标准、法定刑与修订前的刑法相同的，应当适用修订前的刑法。

需要注意的是，本条规定刑法适用上从旧兼从轻是刑法效力范围的一般原则，1997年刑法修订以后，全国人大常委会还通过多个刑法修正案对刑法作出了一系列修改，这些经刑法修正案修改前后的刑法规定如何具体适用，也应当按照这个总体原则去进行判断。近些年来的刑法修正案（八）、刑法修正案（九）对刑法修改的内容广泛，其中既有过去完全不是犯罪行为增加为犯罪行为的，过去认定为其他犯罪修改刑法后规定专门犯罪的，也有总则中刑罚制度的修改，还有其他程序性修改等，情况复杂，因此新的刑法修正案出台后，一般也有司法解释具体跟进，对有关可能存在不同认识的犯罪如何适用作出具体规定。如最高人民法院、最高人民检察院关于刑法修正案（八）、刑法修正案（九）时间效力问题的解释。

1. 关于以前属于犯罪行为，刑法修改后规定为其他专门罪名的，如何适用刑法的问题。如考试作弊犯罪。对于2015年10月31日以前组织考试作弊，为他人组织考试作弊提供作弊器材或者其他帮助，以及非法向他人出售或者提供考试试题、答案，根据修正前刑法应当以非法获取国家秘密罪，非法生产、销售间谍专用器材罪或者故意泄露国家秘密罪等追究刑事责任的，适用修正前刑法的有关规定。但是，根据修正后刑法第二百八十四条之一的规定处刑较轻的，适用修正后刑法的有关规定。又如虚假诉讼犯罪，对于2015年10月31日以前以捏造的事实提起民事诉讼，妨害司法秩序或者严重侵害他人合法权益，根据修正前刑法应当以伪造公司、企业、事业单位、人民团体印章罪或者妨害作证罪等追究刑事责任的，适用修正前刑法的有关规定。但是，根据修正后刑法第三百零七条之一的规定处刑较轻的，适用修正后刑法的有关规定。实施第一款行为，非法占有他人财产或者逃避合法债务，根据修正前刑法应当以诈骗罪、职务侵占罪或者贪污罪等追究刑事责任的，适用修正前刑法的有关规定。

2. 对有关程序性规定，适用修正后刑法。如刑法修正案（九）增加的网络侮辱、诽谤的协助提供证据的规定,司法解释规定,对于2015年10月31日以前通过信息网络实施的刑法第二百四十六条第一款规定的侮辱、诽谤行为,被害人向人民法院告诉,但提供证据确有困难的,适用修正后刑法第二百四十六条第三款的规定。关于刑法修正案(九)修改的虐待告诉才处理的条件,司法解释规定,对于2015年10月31日以前实施的刑法第二百六十条第一款规定的虐待行为,被害人没有能力告诉,或者因受到强制、威吓无法告诉的,适用修正后刑法第二百六十条第三款的规定。

3. 有关量刑制度的修改,如何适用刑法,应按照从旧兼从轻的原则确定。如关于刑法修正案(九)增加的贪污受贿罪终身监禁的适用,司法解释规定,对于2015年10月31日以前实施贪污、受贿行为,罪行极其严重,根据修正前刑法判处死刑缓期执行不能体现罪刑相适应原则,而根据修正后刑法判处死刑缓期执行同时决定在其死刑缓期执行二年期满依法减为无期徒刑后,终身监禁,不得减刑、假释,可以罚当其罪的,适用修正后刑法第三百八十三条第四款的规定。根据修正前刑法判处死刑缓期执行足以罚当其罪的,不适用修正后刑法第三百八十三条第四款的规定。

4. 有关刑罚执行制度的规定。如刑法修正案(八)对无期徒刑实际最低执行刑期作了修改,进一步提高。对此如何适用,有关司法解释规定,2011年4月30日以前犯罪,被判处无期徒刑的罪犯,减刑以后或者假释前实际执行的刑期,适用修正前刑法第七十八条第二款、第八十一条第一款的规定等。

第二款是关于对已经按原有法律作出的生效判决如何处理的规定。对于新刑法生效以前,依照原法律已经作出的生效判决,既包括有罪判决,也包括无罪判决,仍然是继续有效的判决,不能因新刑法的实施而有所改变。依照当时的法律已经作出的生效判决,继续有效。当然,如果是特定时代、特定原因的一些犯罪,现在看来危害性有所变化的,可以在刑罚执行中减刑、假释等方面有所考虑,或者适用特赦制度,但不能因法律修改对原来的判决重新审判。

【适用中需要注意的问题】

1. 关于追诉时效问题新旧刑法的适用。关于本条中"依照本法总则第四章第八节的规定应当追诉的,按照当时的法律追究刑事责任",是仅指对行为人如何定罪量刑按当时的法律,还是包括对追诉时效的确定也按当时的法律,司法实践中长期存在不同观点。1997年刑法关于追诉时效的规定,与1979年刑法规定相比,新旧刑法在追诉时效具体追诉期限的规定上是一样的,如法定最高刑为不满五年有期徒刑的,经过五年不再追诉,法定最高刑为五年以上不满十年有期徒刑的,经过十年不再追诉等。同时,新旧刑法都规定了报请最高人民检察院核准追诉的程序,因此对特别严重的犯罪案件虽然已过追诉时效仍可核准追诉。不同的是,1997年刑法第八十八条有关不受追诉期限限制的规定,与1979年刑法相应规定相比,降低不受追诉时效限制的条件,增加了不受限制的情形。关于不受时效限制的情形,1979年刑法第七十七条规定"在人民法院、人民检察院、公安机关采取强制措施以后,逃避侦查或者审判的,不受追诉期限的限制",1997年刑法第八十八条第一款规定"在人民检察院、公安机关、国家安全机关立案侦查或者在人民法院受理案件以后,逃避侦查或者审判的,不受追诉期限的限制",即将"采取强制措施以后"修改为"立案侦查"或者"受理案件以后";同时,1997年刑法还增加了不受追诉期限限制的情形,作为第二款规定:"被害人在追诉期限内提出控告,人民法院、人民检察院、公安机关应当立案而不予立案的,不受追诉期限的限制。"因此,与1979年刑法相比,1997年刑法关于不受追诉期限限制的规定重于1979年刑法规定,对犯罪嫌疑人、被告人更为严厉。因此,适用旧刑法还是新刑法追诉时效的规定,对一些特定案件是否追诉会有不同结论。应当说,溯及力问题和追诉时效问题二者有内在联系,但属于两个不同的制度。从我国刑法的规定看,对于追诉时效一直是"从新"的。1979年刑法第九条规定"如果当时的法律、法令、政策认为是犯罪的,依照本法总则第四章第八节的规定应当追诉的,按照当时的法律、法令、政策追究刑事责任",1997年刑法第十二条沿用了上述表述,规定"如果当时的法律认为是犯罪的,依照本法总则第四章第八节的规定应当追诉的,按照当时的法律追究刑事责任"。因此,对于1997年刑法生效前实施的行为如何判断时效,刑法的规定是明确的,即适用"本法"(1997年刑法)总则第四章第八节的规定。据此,根据本条规定,对1997年刑法施行以前的犯罪行为,1997年刑法施行后在追诉时效期限内,具有"在人民检察院、公安机关、国家安全机关立案侦查或者在人民法院受理案件以后,逃避侦查或者审判"或者"被害人在追诉期限内提出控告,人民法院、人民检察院、公安机关应当立案而不予立案"情形的,适用1997年刑法第八十八条的规定,不受追诉期限的限制。如果 1997 年刑法施行时，根据 1979 年刑法有关追诉规定已超过追诉时效的，不宜再根据新刑法规定追究刑事责任。

2. 对跨越修订刑法施行日期的继续犯罪如何适用法律。根据《最高人民检察院关于对跨越修订刑法施行日期的继续犯罪、连续犯罪以及其他同种数罪应如何具体适用刑法问题的批复》规定，对于开始于 1997 年 9 月 30 日以前，继续到 1997 年 10 月 1 日以后终了的继续犯罪，应当适用修订刑法，一并进行追诉；对于开始于 1997 年 9 月 30 日以前，连续到 1997 年 10 月 1 日以后的连续犯罪，或者在 1997 年 10 月 1 日前后分别实施的同种类数罪，其中罪名、构成要件、情节以及法定刑均没有变化的，应当适用修订刑法、一并进行追诉；罪名、构成要件、情节以及法定刑已经变化的，也应当适用修订刑法一并进行追诉，但是修订刑法比原刑法所规定的构成要件和情节较为严格，或者法定刑较重的，在提起公诉时应当提出酌情从轻处理的意见。

3. 关于司法解释的适用效力。这一问题与刑法适用效力紧密联系。本条规定"当时的法律"和"本法"，是指刑法，但刑法的具体适用以及情节、数额等标准的具体适用，在我国通常由司法解释确定，因此，司法解释的效力问题与行为的刑法适用具有直接联系。根据 2001 年 12 月《最高人民法院、最高人民检察院关于适用刑事司法解释时间效力问题的规定》的规定：司法解释自发布或者规定之日起施行，效力适用于法律的施行期间；对于司法解释实施前发生的行为，行为时没有相关司法解释，司法解释施行后尚未处理或者正在处理的案件，依照司法解释的规定办理；行为时已有相关司法解释，依照行为时的司法解释办理，但适用新的司法解释对犯罪嫌疑人、被告人更有利的，适用新的司法解释；对于在司法解释施行前已办结的案件，按照当时的法律和司法解释，认定事实和适用法律没有错误的，不再变动。此外，关于法律解释的效力应当区分情况处理。有的法律解释，属于对法律含义的进一步明确，如《全国人民代表大会常务委员会关于〈中华人民共和国刑法〉第九十三条第二款的解释》，是对刑法第九十三条第二款关于"其他依照法律从事公务的人员"规定的进一步明确，并不是对刑法的修改，该解释的效力可以适用于修订刑法的施行日期。有的法律解释，属于法律制定后出现新的情况，需要准用刑法有关法律依据的，如《全国人民代表大会常务委员会关于〈中华人民共和国刑法〉有关文物的规定适用于具有科学价值的古脊椎动物化石、古人类化石的解释》，则不宜适用解释实施前发生的行为。

第二章 犯 罪

第一节 犯罪和刑事责任

第十三条 【犯罪概念】一切危害国家主权、领土完整和安全，分裂国家、颠覆人民民主专政的政权和推翻社会主义制度，破坏社会秩序和经济秩序，侵犯国有财产或者劳动群众集体所有的财产，侵犯公民私人所有的财产，侵犯公民的人身权利、民主权利和其他权利，以及其他危害社会的行为，依照法律应当受刑罚处罚的，都是犯罪，但是情节显著轻微危害不大的，不认为是犯罪。

【释解与适用】

本条是关于犯罪概念的规定。

本条规定包含两层意思。

1. 规定了哪些行为是犯罪。根据本条的规定，犯罪必须是同时具备以下特征的行为：（1）具有社会危害性，即行为人通过作为或者不作为，对社会造成一定危害。没有危害社会的行为，不能认为是犯罪。根据本条规定，具有社会危害性的行为包括：危害国家主权、领土完整和安全的行为；分裂国家、颠覆人民民主专政的政权和推翻社会主义制度的行为；破坏社会秩序和经济秩序的行为；侵犯国有财产或者劳动群众集体所有财产的行为；侵犯公民私人所有财产的行为；侵犯公民的人身权利、民主权利和其他权利的行为，以及其他危害社会的行为。（2）具有刑事违法性，即犯罪行为应当是刑法中禁止的行为。危害社会的行为多种多样，由于各种危害行为违反的社会规范不同，其社会危害程度也不同，不是所有危害社会的行为都是犯罪，刑法规定的危害行为都是比较严重危害社会的行为。

(3) 具有应受刑罚惩罚性，即犯罪是依照刑法规定应当受到刑罚处罚的行为。违法行为，不一定都构成犯罪，只有依照刑法规定应当受刑事处罚的行为才是犯罪。危害行为应受刑罚处罚性，是犯罪行为与其他违法行为的基本区别。以上三点是犯罪缺一不可的基本特征。

2. 规定了刑法不认为是犯罪的例外情况。这是对犯罪概念的重要补充。它是从不认为是犯罪的例外情况说明什么是犯罪，进一步划清了罪与非罪的界限。根据本条规定，"情节显著轻微危害不大的，不认为是犯罪"，即行为人的危害行为虽属于刑法规定禁止的行为，但情节显著轻微，其社会危害尚未达到应当受刑罚处罚的程度，法律不认为是犯罪。刑法关于犯罪概念的这一规定，把大量虽然形式上符合刑法所禁止的行为的特征，具有一定社会危害性，但情节明显轻微的行为排除在了犯罪之外。有的意见认为，我国刑法关于犯罪概念的规定，具有中国特色，表明构成犯罪所需要的严重社会危害性是一个实质判断标准。这样规定，有利于区分不同性质的违法行为，分别采取刑事处罚、行政处罚和其他处理措施，最大限度化解社会矛盾，减少对立面，促进社会和谐。在运用刑法分则关于具体犯罪的构成要件认定犯罪的过程中，特别是在确定罪与非罪的问题上，需要综合考虑本条但书的规定。

【适用中需要注意的问题】

1. 根据本条规定，情节显著轻微危害不大的，不认为是犯罪。这里的"不认为是犯罪"规定的是罪与非罪的界限，指的是行为不构成犯罪。另外，刑法第三十七条规定，对于犯罪情节轻微不需要判处刑罚的，可以免予刑事处罚。该条规定的免予处罚的情形，是指行为依法已经构成了犯罪，只是因犯罪情节轻微不需要判处刑罚，而不予以刑事处罚。免予刑事处罚属于确定有罪，给予行为人的是有罪评价，这与情节显著轻微不认为是犯罪，是两种性质不同的情形。实践中在办理具体案件时，必须严格区分两种不同情况，依法准确作出裁判。

2. 具体如何认定情节显著轻微危害不大，应当由具体办理案件的司法机关，根据个案的具体情况，对涉案行为的社会危害性程度进行个案把握。关于一些特定类型案件中，情节显著轻微危害不大的具体把握，有的司法解释中也有一些规定。如《最高人民法院、最高人民检察院关于办理非法利用信息网络、帮助信息网络犯罪活动等刑事案件适用法律若干问题的解释》第十五条规定，综合考虑社会危害程度、认罪悔罪态度等情节，认为犯罪情节轻微的，可以不起诉或者免予刑事处罚；情节显著轻微危害不大的，不以犯罪论处。也有的司法解释具体明确了情节显著轻微危害不大的具体情形，如《最高人民法院关于审理未成年人刑事案件具体应用法律若干问题的解释》第九条第一款规定："已满十六周岁不满十八周岁的人实施盗窃行为未超过三次，盗窃数额虽已达到'数额较大'标准，但案发后能如实供述全部盗窃事实并积极退赃，且具有下列情形之一的，可以认定为'情节显著轻微危害不大'，不认为是犯罪：（一）系又聋又哑的人或者盲人；（二）在共同盗窃中起次要或者辅助作用，或者被胁迫；（三）具有其他轻微情节的。"总体上看，在司法解释中明确一些认定情节显著轻微危害不大的情形是可以的，有助于司法机关在办理案件过程中准确把握和正确实施本条规定。需要注意的是，司法解释对如何把握情节显著轻微危害不大作出具体规定的情况不多，因此，对于司法解释没有列明的其他情形，如果综合全案情况，属于情节显著轻微危害不大的，不能因为司法解释没有明确规定就不予认定。具体如何认定，应当由司法机关根据案件情况进行个案把握。

3. 在实践中，要根据事实，依照法律规定，注意区分违纪和违法，区分一般违法行为和犯罪行为。对于不构成犯罪的违法行为，应当依照其他相关法律规定处理，有的需要依法给予行政处罚。例如，治安管理处罚法第二条规定："扰乱公共秩序，妨害公共安全，侵犯人身权利、财产权利，妨害社会管理，具有社会危害性，依照《中华人民共和国刑法》的规定构成犯罪的，依法追究刑事责任；尚不够刑事处罚的，由公安机关依照本法给予治安管理处罚。"

第十四条 【故意犯罪】明知自己的行为会发生危害社会的结果，并且希望或者放任这种结果发生，因而构成犯罪的，是故意犯罪。

故意犯罪，应当负刑事责任。

【释解与适用】

本条是关于故意犯罪的定义及其刑事责任的规定。

本条分为两款。第一款是关于什么是故意犯罪的规定。根据本条规定，故意犯罪必须同时具备以下两个特征：（1）行为人对自己的行为会发生危害社会的结果必须是明知的,而这种明知既包括对必然发生危害结果的明知,也包括对可能发生危害结果的明知。(2)行为人的心理必须处于希望或者放任的状态。希望和放任反映了行为人对犯罪结果的不同的意志取向。我国刑法理论根据刑法的这一规定,将故意分为直接故意和间接故意。直接故意是指行为人明知自己的行为会发生危害社会的结果,并且希望这种结果发生的心理状态;间接故意是指行为人明知自己的行为可能会发生危害社会的结果而采取漠不关心、听之任之的放任态度。区别直接故意和间接故意,对判断行为人的主观恶性大小、其危害行为的社会危害程度和决定适当的量刑都具有重要意义。在通常情况下,行为人的心理状态不同,其行为的社会危害程度不同,对行为人改造的难度也不同,适用刑罚也应有所区别。

第二款是关于故意犯罪应当负刑事责任的规定。"刑事责任"是指犯罪行为人实施刑事法律禁止的行为所应当承担的法律后果。刑事责任和刑罚是两个不同的概念,二者既有联系又有区别。刑事责任是犯罪行为人因实施犯罪行为而应当承担的刑法上的法律后果,是刑罚的前提条件,只有对负有刑事责任的人才能适用刑罚;而刑罚是承担刑事责任的一种形式和结果,是法院以国家的名义对犯罪人进行惩罚和改造的手段。负有刑事责任的人在某些情况下不一定受到刑罚处罚,比如具有法定可以免除处罚情节的,可以不处以刑罚,即免予刑事处罚也是承担刑事责任的一种方式;但受刑罚处罚的人,必须是负有刑事责任的人。根据本条第一款的规定,故意犯罪是实施危害社会行为的人,主观上对其行为会发生危害社会的后果处于故意的心理状态而实施的犯罪,因此,故意犯罪应当负刑事责任。

【适用中需要注意的问题】

1. 刑法分则对故意犯罪的表述有多种方式。我国刑法分则规定的绝大多数犯罪是故意犯罪。同时,鉴于一些常见多发的犯罪如抢劫罪、抢夺罪、盗窃罪、诈骗罪、强奸罪等,犯罪行为人主观上的故意比较明显,人们通常也能够辨识,刑法分则条文对这样的故意犯罪在表述上往往比较精练,并没有明确标明"故意"。此外,刑法分则中对有些犯罪明确规定了"故意",主要包括:(1)有一些犯罪,其行为表现形式和危害后果上是相似的,只是犯罪行为人主观心态不同,有的是故意而为,有的是出于过失,如故意杀人罪和过失致人死亡罪等。为了便于区分此罪与彼罪的界限,刑法明确标明了"故意"和"过失"。(2) 对有些犯罪,由于实践中过失造成强调了主观方面的故意因素,如故意毁坏财物罪、故意传播虚假信息罪、故意毁坏尸体罪、故意延误投递邮件罪、故意损坏文物罪等。需要注意的是,根据刑法第十五条的规定,过失犯罪,法律有规定的才负刑事责任。据此,对于没有规定主观方面为故意的犯罪,只要分则条文没有规定主观上可为过失,主观上仍需为故意。

2. 刑法分则的有关罪名,有的对犯罪目的作了专门规定。如第一百五十二条走私淫秽物品罪要求"以牟利或者传播为目的",第一百七十五条高利转贷罪要求"以转贷牟利为目的",第一百九十二条集资诈骗罪要求"以非法占有为目的",等等,这些标明了犯罪目的的犯罪,犯罪目的是构成犯罪的必要条件,不具备所要求的犯罪目的的,不能构成此罪。根据刑法理论对直接故意和间接故意的区分,直接故意为希望结果的发生,犯罪目的一般也是犯罪直接故意必然存在的一个内容,如第二百七十五条故意毁坏财物罪是以故意毁坏公私财物为目的,又如抢劫、盗窃、诈骗罪等是以非法占有公私财物为目的。这些犯罪虽然没有直接规定犯罪目的,但"故意"的内容已经包含了这一要素。

3. 要注意区分犯罪的故意和一般生活意义上的故意。犯罪的故意是有特定内容的,具体表现为对自己实施的危害行为及其结果的认识,以及希望或者放任的态度;而日常生活中的故意则指行为人有意识地实施某种行为。比如,刑法中的交通肇事罪,行为人违反交通运输管理法规,可能是故意的,但因行为人对发生事故,造成危害结果没有故意,只能是过失。若行为人主观上对危害行为及其结果存在故意,则构成以危险方法危害公共安全罪。

第十五条 【过失犯罪】应当预见自己的行为可能发生危害社会的结果,因为疏忽大意而没有预见,或者已经预见而轻信能够避免,以致发生这种结果的,是过失犯罪。

过失犯罪,法律有规定的才负刑事责任。

【释解与适用】

本条是关于过失犯罪的定义及其刑事责任的规定。

本条分为两款。第一款是关于什么是过失犯罪的规定。过失和故意一样,同是行为人主观上对危害行为发生危害结果所持的心理状态。根据本款的规定，过失犯罪分为两大类：第一类是疏忽大意的过失犯罪，即行为人应当预见自己的行为可能发生危害社会的结果，因为疏忽大意而没有预见，以致发生了危害社会的结果，构成犯罪的；第二类是过于自信的过失犯罪，即行为人已经预见到自己的行为可能发生危害社会的结果而轻信能够避免，以致发生了危害社会的结果，构成犯罪的。本款规定的"应当预见"是指行为人对其行为结果具有认识的义务和能力。应当预见要求根据行为人的具体情况，行为人对自己的行为可能发生危害社会的结果能够作出正确的判断。所谓行为人的具体情况，主要是指行为人的年龄、责任能力、文化程度、知识的广度和深度、职业专长、工作经验、社会经验等。上述情况不同，行为人对其行为可能发生危害结果的可认识能力也不同。疏忽大意的过失的特征有两点：一是行为人对自己的行为可能发生危害社会的结果具有可认识的能力，即应当预见；二是由于行为人主观上粗心大意，忽略了对行为后果的认真考虑，盲目实施了这种行为，以致发生了危害社会的结果。过于自信的过失的特征也有两点：一是行为人已经预见到自己的行为可能会发生危害社会的结果；二是由于行为人过高地估计自己的能力，相信自己能够避免这种结果的发生，以致发生了这种危害结果。不论是疏忽大意的过失还是过于自信的过失，其共同特点是行为人都不希望危害社会的结果发生，即主观上都没有让危害结果发生的意图。

第二款是关于过失犯罪，法律有规定的才负刑事责任的规定。根据本款规定，由于行为人主观上的过失造成危害社会的结果的，不一定都负刑事责任。行为人主观上对危害社会的结果持过失的心理状态，其主观恶性比故意犯罪的行为人的主观恶性要小，因此，法律没有将行为人过失造成危害结果的都规定为犯罪，只将对社会危害比较大，需要用刑罚手段处理的过失造成危害结果的行为规定为犯罪。本款的"法律有规定"是指刑法分则规定的过失犯罪。

【适用中需要注意的问题】

1. 在认定和处理疏忽大意的过失犯罪时，应当注意区分疏忽大意的过失犯罪与不可抗力和意外事件，以划清罪与非罪的界限。二者的根本区别是：前者行为人主观上有过失，即行为人由于主观上疏忽大意，对自己的行为可能发生危害社会的结果应当预见而没有预见，以致发生了这种结果；而后者是由于客观上不可抗拒、主观上不能预见的原因引起了危害社会的结果，行为人对危害社会的结果主观上没有过失，不负刑事责任。

2. 在认定和处理过失犯罪时，应当注意区分过于自信的过失犯罪和间接故意犯罪，以划清过失犯罪与故意犯罪的界限。二者的根本区别是：前者行为人虽然对其行为的危害结果已有预见，但其主观上并不具有希望或者放任这种结果发生的心理状态，危害结果的发生，是由于行为人过高地估计了自己的能力，过于相信自己能够避免危害结果的发生。在危害结果发生之前，行为人主观上一直认为这种危害结果不会发生。后者是行为人已经预见到其行为可能发生危害社会的结果，而对这种危害结果是否发生持漠不关心、听之任之、有意放任的态度。为了达到个人目的，不管危害结果是否发生，仍然去实施这一行为。可见间接故意的犯罪，其行为人的主观恶性要远远大于过失犯罪的行为人。主观恶性不同，其社会危害程度也不同，对犯罪人改造的难度也不同，对过失犯罪和间接故意犯罪适用的罪名和刑罚也有重大区别。划清过于自信的过失犯罪与间接故意犯罪界限的意义就在于此。司法实践中，对于交通肇事后逃逸并撞伤多人的行为是认定为交通肇事罪，还是以危险方法危害公共安全罪，关键点也在于对行为人主观上系过于自信的过失还是间接故意的认定。

3. 对由于过失造成危害结果的，法律有规定的才负刑事责任，法律没有规定为犯罪的，不能对行为人定罪处刑。

第十六条 【不可抗力和意外事件】行为在客观上虽然造成了损害结果，但是不是出于故意或者过失，而是由于不能抗拒或者不能预见的原因所引起的，不是犯罪。

【释解与适用】

本条是关于不可抗力和意外事件的规定。

根据本条规定，行为虽然造成了损害结果，但系因不能抗拒或者不能预见的原因所引起，不具备主观方面的构成要件，不构成犯罪。由于不可抗拒的原因而发生了损害结果，如自然灾害、突发事件及其他行为人无法阻挡的原因引起了损害结果，这在我国刑法理论上称为不可抗力。此外，由于不能预见的原因引起了损害结果，即根据损害结果发生当时的主客观情况，行为人没有预见，也不可能预见会发生损害结果，这在我国刑法理论上称为意外事件。由于这两种情况，行为人在主观上没有故意或过失，对实际发生的损害结果没有罪过,不应当负刑事责任,因此,本条规定,由于不能抗拒或者行为人不能预见的原因造成损害结果的行为,不是犯罪。这样规定充分体现了我国刑法主客观相统一的原则。

所谓"不可抗拒",是指不以行为人的意志为转移,行为人无法阻挡或控制损害结果的发生。如由于某种机械力量的撞击、自然灾害的阻挡、突发病的影响等行为人意志以外的原因,使其无法避免损害结果的发生。"不能预见"是指根据行为人的主观情况和发生损害结果当时的客观情况,行为人不具有能够预见的条件和能力,损害结果的发生完全出乎行为人的意料之外。

【适用中需要注意的问题】

在认定不可抗力和意外事件时,应当注意区分其与疏忽大意的过失之间的界限。二者的根本区别是:前者是由于客观上不可抗拒、主观上不能预见的原因引起了危害社会的结果,行为人对危害社会的结果主观上没有过失,不负刑事责任;而后者行为人主观上有过失,即行为人由于主观上疏忽大意,对自己的行为可能发生危害社会的结果应当预见而没有预见,以致造成了危害社会的结果的发生。具体认定时,应当根据行为人的主客观情况和当时的实际情形,结合法律、职业等的要求来判断其有没有预见的可能。

第十七条 **【刑事责任年龄】**已满十六周岁的人犯罪,应当负刑事责任。

已满十四周岁不满十六周岁的人,犯故意杀人、故意伤害致人重伤或者死亡、强奸、抢劫、贩卖毒品、放火、爆炸、投放危险物质罪的,应当负刑事责任。

已满十二周岁不满十四周岁的人,犯故意杀人、故意伤害罪,致人死亡或者以特别残忍手段致人重伤造成严重残疾,情节恶劣,经最高人民检察院核准追诉的,应当负刑事责任。

对依照前三款规定追究刑事责任的不满十八周岁的人,应当从轻或者减轻处罚。

因不满十六周岁不予刑事处罚的,责令其父母或者其他监护人加以管教;在必要的时候,依法进行专门矫治教育。

【释解与适用】

本条是关于刑事责任年龄的规定。

1979年刑法对刑事责任年龄作了规定。1979年刑法第十四条规定："已满十六岁的人犯罪，应当负刑事责任。已满十四岁不满十六岁的人，犯杀人、重伤、抢劫、放火、惯窃罪或者其他严重破坏社会秩序罪，应当负刑事责任。已满十四岁不满十八岁的人犯罪，应当从轻或者减轻处罚。因不满十六岁不处罚的，责令他的家长或者监护人加以管教；在必要的时候，也可以由政府收容教养。"刑事责任年龄，就是法律规定的应当对自己犯罪行为负刑事责任的年龄。只有达到法定年龄的人实施了犯罪行为，才能追究其刑事责任。对于没有达到法定年龄的人，即使实施了危害社会的行为，也不负刑事责任。这是各国刑法普遍采用的原则。这主要是考虑到犯罪行为不只是具有社会危害性的行为，同时还是人的有意识的行为，而人们控制、认识自己行为的能力是受到年龄的限制的，只有在人们达到一定年龄，其接受社会教育的程度和社会经验有了一定的积累时，才能具备辨别是非善恶并在行动中自我控制的能力，才能要求其对自己的犯罪行为承担刑事责任。为此，我国1979年刑法总结了新中国成立以来同犯罪作斗争的经验，充分借鉴了国外刑事立法中一些有益的经验，对刑事责任年龄作了明确规定。

1997年修改刑法时将1979年刑法的有关内容修改后纳入刑法，主要修改包括：一是对具体责任年龄的表述作了文字修改，进一步明确各个责任年龄段的年龄为周岁，使其表述更为确切，防止实践中产生歧义。二是进一步明确了已满十四周岁不满十六周岁的人犯哪些罪应当负刑事责任。实践中，对1979年刑法第十四条中的"杀人"是否包括过失杀人，"其他严重破坏社会秩序罪"的范围包括哪些，认识不一致，难以保证执法的统一，因此，根据各方面的意见，删去了"其他严重破坏社会秩序罪"的规定，明确规定已满十四周岁不满十六周岁的人，犯"故意杀人、故意伤害致人重伤或者死亡、强奸、抢劫、贩卖毒品、放火、爆炸、投毒罪的"，才应当负刑事责任。这样规定，进一步体现了罪刑法定的基本原则，也便于实践中操作。另外，在列举的具体罪名中，删去了"惯窃罪"，这主要是考虑更突出惩治危害严重的犯罪，体现对未成年人教育为主、惩罚为辅的原则。三是将"因不满十六岁不处罚"修改为"因不满十六周岁不予刑事处罚",这主要考虑到这部分未成年人只是年龄未达到法定年龄而不予刑事处罚,但其行为性质恶劣,具有社会危害性,虽然没有承担刑事责任,但可能承担其他责任,需要进一步明确处罚的性质。

2020年刑法修正案(十一)对本条作了修改。近年来,低龄未成年人实施严重犯罪的案件时有发生,引发社会广泛关注。对这一问题,大家的共识是应当管起来,这既是矫正犯罪的需要,也是保护受害人正当诉求和利益的需要。但如何去管,是普遍降低刑事责任年龄放到监狱,还是针对未成年人犯罪矫正的特点去完善收容教养制度等,大家还有不同的认识和侧重点。总体上说,对未成年人我们坚持教育、感化、挽救,坚持教育为主、惩罚为辅,这一方针和原则没有变。对低龄未成年人犯罪,既不能简单地"一关了之",也不能"一放了之"。经会同有关方面反复研究,综合考量各方面的意见,刑法修正案(十一)对本条的修改包括:一是在特定情形下,经特别程序,对法定最低刑事责任年龄作个别下调,即增加一款规定:"已满十二周岁不满十四周岁的人,犯故意杀人、故意伤害罪,致人死亡或者以特别残忍手段致人重伤造成严重残疾,情节恶劣,经最高人民检察院核准追诉的,应当负刑事责任。"二是统筹考虑刑法修改和预防未成年人犯罪法修改相关问题,与预防未成年人犯罪法修改做好衔接,将原刑法规定的"在必要的时候,也可以由政府收容教养"修改为"在必要的时候,依法进行专门矫治教育"。三是将"责令他的家长或者监护人加以管教"修改为"责令其父母或者其他监护人加以管教",这主要是为了与民法典关于监护人的有关规定做好衔接。四是将"投毒罪"修改为"投放危险物质罪",这主要是为了与刑法分则有关规定的修改相衔接。全国人大常委会于2001年12月29日通过的刑法修正案(三),对刑法第一百一十四条、第一百一十五条进行了修改,将"投毒"改为"投放毒害性、放射性、传染病病原体等物质",本条作了相应修改。

本条分为五款。第一款是关于实施犯罪行为的人完全负刑事责任的年龄段的规定。根据本款的规定,实施犯罪行为的人负刑事责任的年龄是满十六周岁,即凡年满十六周岁的人,实施了刑法规定的任何一种犯罪行为,都应当负刑事责任。这样规定是从我国的实际情况出发的。在我国,已满十六周岁的人,其体力、智力已发展到一定程度,并有一定社会知识,已具有分辨是非善恶的能力,因此,应当要求他们对自己的一切犯罪行为负刑事责任。

第二款是关于相对负刑事责任年龄段的规定，即在这个年龄段中的行为人不是实施了任何犯罪都负刑事责任。根据本款的规定，已满十四周岁不满十六周岁的人，只有实施故意杀人、故意伤害致人重伤或者死亡、强奸、抢劫、贩卖毒品、放火、爆炸、投放危险物质犯罪的，才负刑事责任。这样规定充分考虑了他们的智力发育情况。已满十四周岁不满十六周岁的人，一般已有一定的识别能力，但由于年龄尚小，智力发育尚不够完善，缺乏社会知识，还不具有完全识别和控制自己行为的能力。因此，已满十四周岁不满十六周岁的人负刑事责任的范围，应当受他们刑事责任能力的限制，不能要求他们对一切犯罪都负刑事责任。我国刑法只规定这个年龄段的人犯上述几种社会危害性较大，常见的严重犯罪，才应当负刑事责任。需要注意的是，这里所规定的八种犯罪，是指具体犯罪行为而不是具体罪名。"犯故意杀人、故意伤害致人重伤或者死亡"，是指只要故意实施了杀人、伤害行为，并且造成了致人重伤、死亡后果的，都应负刑事责任，而不是指只有犯故意杀人罪、故意伤害罪的，才负刑事责任，而绑架撕票的，不负刑事责任。对司法实践中出现的已满十四周岁不满十六周岁的人绑架人质后杀害被绑架人，拐卖妇女、儿童而故意造成被拐卖妇女、儿童重伤或者死亡的行为，应当依据刑法追究其刑事责任。2006年《最高人民法院关于审理未成年人刑事案件具体应用法律若干问题的解释》第五条规定，已满十四周岁不满十六周岁的人实施刑法第十七条第二款规定以外的行为，如果同时触犯了刑法第十七条第二款规定的，应当依照刑法第十七条第二款的规定确定罪名，定罪处罚。

第三款是关于已满十二周岁不满十四周岁的人在特定情形下，经特别程序，应当负刑事责任的特殊规定。由于家庭、学校、社会等多方面的原因，低龄未成年人严重犯罪案件近年来时有发生，经会同有关方面反复研究，综合考虑各方面的意见，刑法修正案（十一）增加了本款规定，即在特定情形下，经特别程序，对法定最低刑事责任年龄作个别下调，而不是普遍降低刑事责任年龄。刑事责任年龄的确定是涉及刑事政策调整的大问题，需要根据国家的经济社会发展、未成年人违法犯罪的现实情况、未成年人身心发展变化、未成年人司法政策和历史文化传统等多方面因素进行统筹评估研究，需要非常慎重。世界上也有国家确定的年龄较低，但这是建立在其少年司法制度的基础上的，有关年龄实际上是适用少年刑事司法的年龄。根据本款的规定，已满十二周岁不满十四周岁的人，犯故意杀人、故意伤害罪，致人死亡或者以特别残忍手段致人重伤造成严重残疾，情节恶劣，经最高人民检察院核准追诉的，应当负刑事责任。这里的"犯故意杀人、故意伤害罪，致人死亡或者以特别残忍手段致人重伤造成严重残疾"，同第二款的规定一样，指的也是故意实施了杀人、伤害行为，并且造成了致人死亡或者以特别残忍手段致人重伤造成严重残疾的后果的，都应负刑事责任，而不是指只有犯故意杀人罪、故意伤害罪的，才负刑事责任，而绑架撕票的，不负刑事责任。其中，"以特别残忍手段"，同刑法第二百三十四条的规定一样，是指故意要造成他人严重残疾而采用毁容、挖人眼睛、砍掉人双脚等特别残忍的手段伤害他人的行为。本款中的"情节恶劣"需要结合犯罪的动机、手段、危害、造成的后果、悔罪表现等犯罪情节综合进行判断，包括行为人主观恶性很大、有预谋有组织地实施、采用残忍手段、多次实施、致多人死亡或者重伤造成严重残疾、造成恶劣的社会影响等情形。对于行为人主观恶性不大、被害人有明显过错、行为人家属积极给予被害人及其家属赔偿并取得被害人及其家属的谅解等情形的，最高人民检察院也可以不核准追诉。其中，最高人民检察院核准是必经程序，这是为了严格限制对这部分人追究刑事责任。实践中，应当由公安机关报请核准追诉，由同级人民检察院受理并层报最高人民检察院审查决定。最高人民检察院决定不予核准追诉的，公安机关应当及时撤销案件，犯罪嫌疑人在押的，应当立即释放，并依照有关法律采取相应措施。

第四款是关于对未成年人犯罪处罚原则的规定。根据本款的规定，对依照前三款规定追究刑事责任的不满十八周岁的人犯罪，应当从轻或者减轻处罚。根据我国的实际情况，不满十八周岁的人尚属于未成年，未成年人正处在体力、智力发育过程中，虽已具有一定的辨别和控制自己行为的能力，但由于其经历短，社会知识少，其成熟程度还不同于成年人，而且未成年人处于成长过程中，具有容易接受教育改造的特点，因此，对未成年人犯罪，规定了"应当从轻或者减轻处罚"的原则。这样规定，充分体现了我国对未成年犯实行教育为主、惩罚为辅，重在教育、挽救和改造的方针。

第五款是关于对因不满十六周岁不予刑事处罚的人如何处理的规定。根据本款规定，对于实施了危害社会的行为，但因不满十六周岁而没有受刑事处罚的人，不是放任不管，而是要责令其父母或者其他监护人对行为人加以管教；在必要的时候，依法进行专门矫治教育。这样规定是为了维护正常的社会秩序，维护被害人的合法权益，同时也是为了教育行为人，防止其继续危害社会。"在必要的时候"，一般是指其父母或者其他监护人确实管教不了，或者违法行为情节严重，造成恶劣的社会影响等情形。这主要是考虑到未成年人违法犯罪情况复杂，有家庭、学校、社会等多方面的原因，需要综合治理。对于有的由于缺少教育、监管等原因，实施扰乱社会秩序的一般危害行为的，由监护人加以管教，可能更有利于回归社会。但对于实施杀人、故意伤害致人重伤或者死亡等严重暴力犯罪，人身危险性大的，应当依法进行专门矫治教育。关于专门矫治教育，根据我国2020年12月修改的预防未成年犯罪法第四十五条的规定，未成年人实施刑法规定的行为，因不满法定刑事责任年龄不予刑事处罚的，经专门教育指导委员会评估同意，教育行政部门会同公安机关可以决定对其进行专门矫治教育。省级人民政府应当结合本地的实际情况，至少确定一所专门学校按照分校区、分班级等方式设置专门场所，对这些未成年人进行专门矫治教育。上述专门场所实行闭环管理，由公安机关、司法行政部门负责未成年人的矫治工作，教育行政部门承担未成年人的教育工作。这是应对低龄未成年人违法犯罪的重要制度建设。只有不断完善少年犯罪的司法体系，建立适合未成年人犯罪特点的矫治制度、措施等，才能有效预防和矫治未成年犯罪，防范其对社会造成危害。

【适用中需要注意的问题】

1. 本条关于刑事责任年龄的规定是指行为人实施犯罪行为时的年龄，而非审判时的年龄。此外，刑法第四十九条第一款规定，犯罪的时候不满十八周岁的人和审判的时候怀孕的妇女，不适用死刑。据此，未成年人不适用死刑的年龄也是实施犯罪行为时不满十八周岁，非审判时不满十八周岁。关于"周岁"的认定，根据2006年《最高人民法院关于审理未成年人刑事案件具体应用法律若干问题的解释》第二条的规定，这里规定的"周岁"，按照公历的年、月、日计算，从周岁生日的第二天起算。关于行为人年龄的确定问题，根据上述司法解释第四条的规定，对于没有充分证据证明被告人实施被指控的犯罪时已经达到法定刑事责任年龄且确实无法查明的，应当推定其没有达到相应法定刑事责任年龄。相关证据足以证明被告人实施被指控的犯罪时已经达到法定刑事责任年龄，但是无法准确查明被告人具体出生日期的，应当认定其达到相应法定刑事责任年龄。此外,根据2000年《最高人民检察院关于"骨龄鉴定"能否作为确定刑事责任年龄证据使用的批复》,犯罪嫌疑人不讲真实姓名、住址,年龄不明的,可以委托进行骨龄鉴定或其他科学鉴定,经审查,鉴定结论能够准确确定犯罪嫌疑人实施犯罪行为时的年龄的,可以作为判断犯罪嫌疑人年龄的证据使用。如果鉴定结论不能准确确定犯罪嫌疑人实施犯罪行为时的年龄,而且鉴定结论又表明犯罪嫌疑人年龄在刑法规定的应负刑事责任年龄上下的,应当依法慎重处理。

2. 关于未成年人实施转化型抢劫行为的法律适用问题。根据刑法第二百六十九条的规定,犯盗窃、诈骗、抢夺罪,为窝藏赃物、抗拒抓捕或者毁灭罪证而当场使用暴力或者以暴力相威胁的,依照第二百六十三条抢劫罪的规定定罪处罚。实践中,本着对未成年人教育为主、惩罚为辅的原则,2006年《最高人民法院关于审理未成年人刑事案件具体应用法律若干问题的解释》第十条规定:"已满十四周岁不满十六周岁的人盗窃、诈骗、抢夺他人财物,为窝藏赃物、抗拒抓捕或者毁灭罪证,当场使用暴力,故意伤害致人重伤或者死亡,或者故意杀人的,应当分别以故意伤害罪或者故意杀人罪定罪处罚。已满十六周岁不满十八周岁的人犯盗窃、诈骗、抢夺罪,为窝藏赃物、抗拒抓捕或者毁灭罪证而当场使用暴力或者以暴力相威胁的,应当依照刑法第二百六十九条的规定定罪处罚;情节轻微的,可不以抢劫罪定罪处罚。"

3. 关于未成年人犯罪后从宽处理的有关规定。2010年《最高人民法院关于贯彻宽严相济刑事政策的若干意见》第二十条规定,对于未成年人犯罪,在具体考虑其实施犯罪的动机和目的、犯罪性质、情节和社会危害程度的同时,还要充分考虑其是否属于初犯,归案后是否悔罪,以及个人成长经历和一贯表现等因素,坚持"教育为主、惩罚为辅"的原则和"教育、感化、挽救"的方针进行处理。对于偶尔盗窃、抢夺、诈骗,数额刚达到较大的标准,案发后能如实交代并积极退赃的,可以认定为情节显著轻微,不作为犯罪处理。对于罪行较轻的,可以依法适当多适用缓刑或者判处管制、单处罚金等非监禁刑;依法可免予刑事处罚的,应当免予刑事处罚。对于犯罪情节严重的未成年人,也应当依照1997年刑法第十七条第三款的规定予以从轻或者减轻处罚。对于已满十四周岁不满十六周岁的未成年犯罪人,一般不判处无期徒刑。此外,2006年《最高人民法院关于审理未成年人刑事案件具体应用法律若干问题的解释》针对未成年人刑事案件的审理规定了一些从宽处理的具体规则，如第六条规定："已满十四周岁不满十六周岁的人偶尔与幼女发生性行为，情节轻微、未造成严重后果的，不认为是犯罪。"第七条规定："已满十四周岁不满十六周岁的人使用轻微暴力或者威胁，强行索要其他未成年人随身携带的生活、学习用品或者钱财数量不大，且未造成被害人轻微伤以上或者不敢正常到校学习、生活等危害后果的，不认为是犯罪。已满十六周岁不满十八周岁的人具有前款规定情形的，一般也不认为是犯罪。"第十六条对未成年罪犯应当适用缓刑的情形作了规定。第十八条规定，对未成年罪犯的减刑、假释，在掌握标准上可以比照成年罪犯依法适度放宽。

4. 对未成年人刑事案件处理的特殊程序安排。关于未成年人刑事案件的处理，我国刑事诉讼法第五编第一章专门规定了未成年人刑事案件诉讼程序。其中，第二百八十二条规定，对于未成年人涉嫌刑法分则第四章、第五章、第六章规定的犯罪，可能判处一年有期徒刑以下刑罚，符合起诉条件，但有悔罪表现的，人民检察院可以作出附条件不起诉的决定。附条件不起诉的未成年人在考验期内接受监督考察，在考验期内没有应当撤销附条件不起诉决定的情形的，考验期满，人民检察院应当作出不起诉的决定。这是对犯罪的未成年人实行教育、感化、挽救的方针，坚持教育为主、惩罚为辅原则的具体体现。

5. 行为人承担刑事责任，都得经过法定程序。本条是关于应当负刑事责任的年龄的规定，实践中，具体到个案，行为人承担刑事责任，都需要通过刑事诉讼程序，人民检察院提起公诉，人民法院作出有效判决后，行为人才能依法承担刑事责任。其中，本条第三款中规定的"经最高人民法院核准追诉的，应当负刑事责任"也并不是指核准追诉的，就一定追责，还需人民法院根据证据和事实情况等，对案件进行审理，审理后作出有罪判决的，判决生效后行为人才负刑事责任。

第十七条之一 【老年人从宽处罚】已满七十五周岁的人故意犯罪的，可以从轻或者减轻处罚；过失犯罪的，应当从轻或者减轻处罚。

【释解与适用】

本条是关于老年人犯罪从轻或者减轻处罚的规定。

根据本条规定，对于已满七十五周岁的人故意犯罪的，可以从轻或者减轻处罚；过失犯罪的，应当从轻或者减轻处罚。这里规定的"故意犯罪"，根据刑法第十四条的规定，是指"明知自己的行为会发生危害社会的结果，并且希望或者放任这种结果发生，因而构成犯罪的"情况。"可以从轻或者减轻处罚"，是指要根据老年人犯罪的具体情况，决定是否从轻或者减轻处罚，而不是必须从轻或者减轻处罚。"过失犯罪"，根据刑法第十五条的规定，是指"应当预见自己的行为可能发生危害社会的结果，因为疏忽大意而没有预见，或者已经预见而轻信能够避免，以致发生这种结果的"情况。"应当从轻或者减轻处罚"是指对于老年人过失犯罪的，必须予以从轻或者减轻处罚。

【适用中需要注意的问题】

刑法修正案（八）将老年人犯罪从宽处理，由实践中的酌定量刑情节改为在法律中加以明确规定，从而成为法定量刑情节。因此，在办理老年人犯罪案件时，应当重视这一量刑情节的适用，体现刑法对老年人从宽处理的精神。同时，刑法对老年人犯罪从宽处理的规定，区分了故意犯罪与过失犯罪的不同，对于故意犯罪的，不是一律从轻或者减轻处罚，而是应当根据案件的具体情况决定，当宽则宽，当严则严。

第十八条 【*精神病人、醉酒的人犯罪的刑事责任*】精神病人在不能辨认或者不能控制自己行为的时候造成危害结果，经法定程序鉴定确认的，不负刑事责任，但是应当责令他的家属或者监护人严加看管和医疗；在必要的时候，由政府强制医疗。

间歇性的精神病人在精神正常的时候犯罪，应当负刑事责任。

尚未完全丧失辨认或者控制自己行为能力的精神病人犯罪的，应当负刑事责任，但是可以从轻或者减轻处罚。

醉酒的人犯罪，应当负刑事责任。

【释解与适用】

本条是关于精神病人、醉酒的人的刑事责任能力的规定。

本条分为四款。第一款是关于精神病人在什么情况下造成危害结果不负刑事责任，以及对不负刑事责任的精神病人如何处理的规定。本款包含三层意思：一是精神病人造成危害结果，不负刑事责任。但必须经法定程序鉴定确认其危害结果是在行为人不能辨认或者不能控制自己行为的时候发生的，才能依法确定行为人无刑事责任能力。二是对不负刑事责任的精神病人，应当责令其家属或者监护人严加看管和医疗，而不能放任不管。三是在必要的时候，可由政府强制医疗。这是在总结实践经验的基础上增加的规定。这一规定不仅有利于维护社会治安秩序，也为实践中对家属或者监护人无能力看管或医疗的精神病人进行强制医疗提供了法律依据。本款规定的"法定程序"，是指对精神病人进行鉴定必须符合刑事诉讼法、《全国人民代表大会常务委员会关于司法鉴定管理问题的决定》等有关法律规定的程序。"必要的时候"主要是指精神病人无家属或监护人看管，其家属或监护人无能力看管和医疗，或者家属或监护人的看管不足以防止其继续危害社会的时候。刑事诉讼法第五编第五章专门对"依法不负刑事责任的精神病人的强制医疗程序"作了规定。该法第三百零二条规定，实施暴力行为，危害公共安全或者严重危害公民人身安全，经法定程序鉴定依法不负刑事责任的精神病人，有继续危害社会可能的，可以予以强制医疗。对不负刑事责任的精神病人的强制医疗应当严格按照刑事诉讼法的规定执行。

第二款是关于间歇性精神病人犯罪如何负刑事责任的规定。根据本款的规定，间歇性精神病人在精神正常的时候犯罪，应当负刑事责任。"间歇性精神病人"是指精神并非经常处于错乱而完全丧失辨认或者控制自己行为的能力的精神病人。这种精神病人表现出的特点是精神时而正常，时而不正常。在其精神正常的情况下，具有辨认或者控制自己行为的能力，因此这时候犯罪，应当负刑事责任。间歇性精神病人造成危害结果是否处于精神正常的状态，即确认行为人造成危害结果时有无辨认或者控制自己行为的能力，也适用第一款的规定，须经法定程序鉴定确认。

第三款是关于具有限制刑事责任能力的精神病人如何负刑事责任的规定。根据本款的规定，尚未完全丧失辨认或者控制自己行为能力的精神病人造成危害结果的，应当负刑事责任，但是应当从轻或者减轻处罚。本款规定的"尚未完全丧失辨认或者控制自己行为能力的精神病人"主要是指病情尚未达到完全不能辨认或者不能控制自己行为的程度，还有部分辨别是非、善恶和控制自己行为的能力的精神病人。由于这些精神病人尚未完全丧失辨认或者控制自己行为的能力，即还有部分行为能力和责任能力，因此，应当负刑事责任。但由于这些人辨认或者控制自己行为的能力虽未完全丧失，但确实有所减弱，属于限制刑事责任能力人，因此，在规定应当负刑事责任的同时，规定了"可以从轻或者减轻处罚"。具体是从轻处罚，还是减轻处罚，或者不依从轻、减轻处罚，需要结合案件的具体情况，根据行为人辨认或者控制自己行为的能力减弱的程度确定。

第四款是关于醉酒的人犯罪应当负刑事责任的规定。关于醉酒的人的刑事责任能力，情况比较复杂。因为体质的差异，醉酒的程度以及醉酒对行为人辨认或者控制自己行为的能力影响，具有很大的个体差异。对于醉酒的人是否具备完全的辨认和控制自己行为的能力，存在很大的认识分歧。如很多意见认为，醉酒的人一般情况下并没有丧失辨认和控制自己行为的能力，即便是在严重醉酒状态下，认识能力并不会受到重大影响，可能控制自己行为的能力会较平时正常状态下有所减弱，但未必达到减轻其刑事责任的程度。特别是，醉酒本身是一种不良的行为，即便行为人的认识能力、控制能力有所减弱，也完全是人为的，是行为人醉酒前应当预见的。这种情况下减轻其责任，对于被犯罪行为侵害的受害人不公平。另一方面，因为其先前自我选择了完全可以避免的不良行为，而要求其对该行为之后发生的危害后果承担责任，法律上完全具备正当根据。同时，对醉酒的人减轻刑事责任，难以防止一些人故意借"耍酒疯"进行犯罪活动，也不利于抵制和反对酗酒的不良行为。基于以上考虑，立法机关在本款中规定："醉酒的人犯罪，应当负刑事责任。"

第十九条　【又聋又哑的人、盲人犯罪的刑事责任】又聋又哑的人或者盲人犯罪，可以从轻、减轻或者免除处罚。

【释解与适用】

本条是关于又聋又哑的人或者盲人的刑事责任的规定。

本条包含两层意思：一是又聋又哑的人或者盲人犯罪，应当负刑事责任。这是因为又聋又哑的人或者盲人，虽然生理上有视听缺陷，但其智力是正常的，不属于丧失辨认或者控制自己行为能力的情况，不能作为无刑事责任能力人。因此，应当对其造成危害结果的行为负刑事责任。二是对又聋又哑的人或者盲人犯罪，可以从轻、减轻或者免除处罚。这是因为，人体感知世界主要靠各种感官，其中听觉、视觉器官对于人类了解客观世界、形成认知能力具有不可或缺的重要作用。一般情况下，又聋又哑的人或者盲人由于视听缺陷，特别是先天缺陷的情况下，在受教育、了解外界世界、参与社会活动、与他人沟通等方面会受到很大限制，从而认知能力或多或少会受到影响。另外，有的造成危害后果的行为，可能与视听缺陷有直接关系，特别是一些过失犯罪的场合。因此，根据又聋又哑的人或者盲人视听缺陷的具体情况，认知能力受到影响的程度，其实施的加害行为与视听缺陷之间的关联程度等，给予相对从宽的处理，是完全必要的，也是符合罪责刑相适应和主客观相统一的要求的。同时，考虑到实践中案件情况的复杂性，本条将从轻、减轻或者免除处罚规定为"可以"，而不是"应当"。这样，便于司法机关在办理案件时，结合具体案件中行为人所实施犯罪的情节、造成危害结果的严重程度、生理缺陷的具体情况等，准确确定是从轻、减轻还是免除处罚。"可以"从轻、减轻或者免除处罚，是指根据行为人的上述具体情况，决定是否从轻、减轻或者免除处罚，不是必须从轻、减轻或者免除处罚。对于手段残忍，情节恶劣，危害后果严重的，也可以不从轻、减轻或者免除处罚。

对于盲、聋、哑人，我国刑事诉讼法也专门作出了特殊的制度安排，以保障其合法权利。具体规定如没有委托辩护人的，有关机关应当通知法律援助机构指派律师为其提供辩护，讯问时应当有通晓聋、哑手势的人参加，认罪认罚的不需要签署认罪认罚具结书，不适用简易程序和速裁程序等。

第二十条 【正当防卫】为了使国家、公共利益、本人或者他人的人身、财产和其他权利免受正在进行的不法侵害，而采取的制止不法侵害的行为，对不法侵害人造成损害的，属于正当防卫，不负刑事责任。

正当防卫明显超过必要限度造成重大损害的，应当负刑事责任，但是应当减轻或者免除处罚。

对正在进行行凶、杀人、抢劫、强奸、绑架以及其他严重危及人身安全的暴力犯罪，采取防卫行为，造成不法侵害人伤亡的，不属于防卫过当，不负刑事责任。

【释解与适用】

本条是关于正当防卫的规定。

本条分为三款。第一款是关于什么是正当防卫和正当防卫不负刑事责任的规定。这一款规定了两层意思：一是关于什么是正当防卫行为。根据本款的规定，进行正当防卫应当同时具备以下条件：首先，实施防卫行为必须是出于使国家、公共利益、本人或者他人的人身、财产和其他权利免受不法侵害的正当目的，针对的是不法侵害者及其不法侵害行为，维护的是受法律保护的合法权益。为了维护非法利益，或者针对他人的合法行为，或者针对不法侵害人之外的其他无关人员，不能实施正当防卫，例如，抢劫财物受到被害人反击，因实施犯罪行为被司法人员依法执行拘留、逮捕、没收财产，对与非法行为无关的加害人的亲友等，不能实行正当防卫。其次，防卫行为所针对的不法侵害必须是正在进行的，对尚未开始实施或者已经停止或结束侵害行为的不法侵害人，不能实施正当防卫行为。最后，实施防卫行为的直接目的是制止不法侵害，因此正当防卫的行为应当是制止不法侵害的行为，即实行防卫以制止住不法侵害行为为限，不法侵害的行为被制止后，不能继续实施防卫行为。二是实施正当防卫行为，对不法侵害人造成损害的，不负刑事责任。由于正当防卫是公民的合法权利，是出于维护合法利益、制止不法侵害的正当目的，是对国家和人民有益的行为，因此本款规定"正当防卫，不负刑事责任"，以鼓励群众见义勇为，积极同犯罪作斗争。本款规定的"不法侵害"是指非法对受国家法律保护的国家、公民的各种合法权益的违法侵害。"对不法侵害人造成损害的"主要是指对不法侵害人造成人身损害的情况，也包括对其财产等造成损害。

第二款是关于防卫过当及其刑事责任的规定。本款规定了三层意思：一是关于什么是防卫过当行为。首先，防卫过当必须是明显地超过必要限度。所谓"必要限度"是指为有效制止不法侵害所必需的防卫的强度。"明显超过必要限度"是指一般人都能够认识到其防卫强度已经明显超过了正当防卫所必需的强度。其次，要求对不法侵害人造成了重大损害。"重大损害"是指由于防卫人明显超过必要限度的防卫行为造成不法侵害人人身伤亡及其他严重损害。这一规定表明，对防卫人防卫行为是否超过限度在认定时要有一定的宽容度，不能简单要求——对等。即使防卫行为客观上超过了一定限度，但对加害人的损害尚未达到重大损害程度的，也不以防卫过当追究。二是防卫过当的行为应当负刑事责任。由于防卫过当的行为所造成的损害是明显超出正当防卫所必需的防卫强度造成的，且属于重大损害，具有一定的社会危害性，因此法律规定应当负刑事责任。三是对防卫过当的行为应当减轻或者免除处罚。防卫过当的行为虽然具有一定的社会危害性，但动机是出于正当防卫，其主观恶性较小，社会危害也小于其他故意犯罪。社会危害程度不同，处罚也应当有所区别。因此，本款规定，对防卫过当的行为，应当减轻或者免除处罚。

第三款是关于对一些严重危及人身安全的暴力犯罪，实施防卫行为不存在防卫过当的规定，即特殊防卫权。为了保护合法权益，鼓励见义勇为，1997年刑法增加了这一款规定的内容。根据本款的规定，对正在进行行凶、杀人、抢劫、强奸、绑架及其他严重危及人身安全的暴力犯罪，采取防卫行为，造成不法侵害人伤亡的，不负刑事责任。这样规定主要有两点考虑：一是考虑了社会治安的实际状况。严重暴力犯罪不仅严重破坏社会治安秩序，也严重威胁公民的人身安全。对上述严重的暴力犯罪采取防卫行为作出特殊规定，对鼓励群众勇于同犯罪作斗争、维护社会治安秩序具有重要意义。二是考虑了上述暴力犯罪的特点。这些犯罪都是严重威胁人身安全的，被侵害人面临正在进行的暴力侵害，很难辨认侵害人的目的和侵害的程度，也很难掌握实行防卫行为的强度。如果对此规定得太严，就会束缚被侵害人的手脚，妨碍其与犯罪作斗争的勇气，不利于公民运用法律武器保护自身的合法权益。

【适用中需要注意的问题】

1. 涉正当防卫具体案件的办理，应当注意全面准确把握刑法有关正当防卫立法的精神，公平公正依法办案。在具体案件的处理中，要对案件事实进行全面调查，具体问题具体分析，立足于防卫人防卫时的具体情况，充分考虑常理常情，综合案件发生的整个过程，依法准确把握正当防卫的起因、时间、对象、意图、限度等条件，充分考虑防卫人面临不法侵害当时的紧迫状态和紧张心理，不能事后求全责备、以强人所难的标准苛责防卫人。

2. 认定正当防卫时，应当注意划清正当防卫与防卫挑拨的界限。正当防卫是为了维护国家、公共利益、本人或他人的合法权益，被迫实施的制止不法侵害的行为。防卫挑拨则是为了加害他人，故意挑逗对方先向自己进行侵害，然后以正当防卫为借口侵害对方。正当防卫与防卫挑拨是有本质区别的，对防卫挑拨的行为不能认定为正当防卫。

3. 认定正当防卫时，要注意对正当防卫与相互斗殴进行区分。相互斗殴的双方都没有防卫意图，一般会有一个互相纠缠、冲突逐步升级的过程。需要特别注意的是，双方曾因矛盾引发冲突，一方再次纠缠时，另一方进行反抗，有防卫意图的，也可能成立正当防卫；也不能因为行为人事先进行防卫准备，就认定其具有斗殴意图。具体认定时都需要综合全案各种情况，判定其行为是否符合正当防卫的构成要件而得出结论。

第二十一条　【紧急避险】为了使国家、公共利益、本人或者他人的人身、财产和其他权利免受正在发生的危险，不得已采取的紧急避险行为，造成损害的，不负刑事责任。

紧急避险超过必要限度造成不应有的损害的，应当负刑事责任，但是应当减轻或者免除处罚。

第一款中关于避免本人危险的规定，不适用于职务上、业务上负有特定责任的人。

【释解与适用】

本条是关于紧急避险的规定。

紧急避险是指行为人在遇到某种危险的情况下，为了防止国家、公共利益、本人或者他人的合法权利遭受损害，不得已而采取的侵犯另一个较小的合法权利，以保护较大的合法权利的行为。紧急避险制度和正当防卫制度一样，是一项历史悠久的法律制度，对于刑事法律而言，具有排除行为犯罪性的作用。通常情况下，每个人的合法权益都受到法律同等的保护，任何人没有"损人利己"的权利。但在紧急状态下，合法权益必然受损时，由于法律保护权益的平等性，如果不得已损害一个较小的利益，可以将损害降到最低，从而实现社会利益最大化的，法律也允许采取相应的"损害"另一个合法利益的措施。紧急避险的核心是紧急，只有在紧急状态下实施才不需要承担刑事责任。由于紧急避险是对于另一合法权益的损害，因此，相对于正当防卫制度来说，刑法对紧急避险制度规定了更为严格的限制条件，以最大限度地排除对其他人合法权益的损害。

本条分为三款。第一款是关于什么是紧急避险行为及紧急避险行为不负刑事责任的规定。首先，关于紧急避险的条件。根据本款的规定，采取紧急避险行为应当符合以下条件：（1）避险的目的是使国家、公共利益、本人或者他人的人身、财产和其他权利免受危险。（2）危险正在发生，使上述合法权益受到威胁。对尚未发生的危险、已经结束的危险以及假想的危险或者推测的危险，都不能采取紧急避险行为。（3）紧急避险行为是为了使更多、更大的合法权益免受正在发生的危险，而不得已采取的损害另一种合法权益的行为，因此，紧急避险所造成的损害必须小于避免的损害。这是由紧急避险的性质决定的。其次，关于紧急避险行为的法律后果。由于紧急避险造成的损害必须小于避免的损害，对社会总体上是有益的，不具有刑法意义上的社会危害性而具有合法性，因此本款规定"不得已采取的紧急避险行为，造成损害的，不负刑事责任"。

第二款是关于紧急避险超过必要限度造成不应有的损害的应当负刑事责任和处罚原则的规定。本款规定了两层意思：一是采取紧急避险行为超过必要限度造成不应有的损害的，应当负刑事责任。本款规定的"超过必要限度"是指紧急避险行为超过了使受到正在发生的危险威胁的合法权益免遭损害所必需的强度而造成了不应有的损害。这里规定的"超过必要限度"和"造成不应有的损害"是一致的。所谓"不应有的损害"是指紧急避险行为造成的损害大于避免的损害。造成不应有的损害的，已经失去紧急避险的意义，具有一定的社会危害性，因此，本款规定紧急避险行为超过必要限度造成不应有的损害的，应当负刑事责任。二是对超过必要限度应当负刑事责任的紧急避险行为，应当减轻或者免除处罚。超过必要限度造成不应有的损害的紧急避险行为，虽然具有一定的社会危害性，但其前提是正当的，行为人主观动机是为了使更多、更大的合法权益摆脱危险、免受损害，其社会危害性相对小于单纯为了侵害他人合法权益的犯罪行为，因此，本款规定对紧急避险超过必要限度造成不应有的损害的，应当减轻或者免除处罚，这也是符合罪责刑相适应原则的。

第三款是关于紧急避险的特殊规定。根据本款规定，为了避免本人危险而采取紧急避险行为，不适用于职务上、业务上负有特定责任的人，即对正在发生的危险负有特定职责的人，不能为了使自己避免这种危险而采取紧急避险的行为。所谓"职务上、业务上负有特定责任"，是指担任的职务或者从事的业务要求其对一定的危险负有排除的职责，同一定危险作斗争是其职业义务。例如，消防员不能因为怕火灾对自身造成损害而拒绝履行灭火职责，负有追捕持枪罪犯职责的公安人员不能为了自己免受枪击而逃离现场，飞机驾驶员不能因飞机发生故障有坠机危险而不顾乘客的安危自己逃生等。

第二节　犯罪的预备、未遂和中止

第二十二条　【犯罪预备】为了犯罪，准备工具、制造条件的，是犯罪预备。

对于预备犯，可以比照既遂犯从轻、减轻处罚或者免除处罚。

【释解与适用】

本条是关于犯罪预备的规定。

本条共分两款。第一款是关于犯罪预备定义的规定。根据本款的规定，犯罪预备具有两个主要特征：一是"为了犯罪"，即行为人主观上具有明确的实施犯罪的目的和意图。这种实施犯罪的目的和意图，表明了行为人主观上具有犯罪的故意。行为人为了顺利地进行犯罪，开始实施准备犯罪的活动，其所实施的构成犯罪预备的行为是为了准备犯罪，这一目的和意图体现的是其主观恶性，形成了对预备犯追究刑事责任的主观依据。二是为实行犯罪准备工具、制造条件。准备工具、制造条件是犯罪预备的行为内容，这些客观的行为表现，是为进一步实施犯罪而为，具有一定的社会危害性，形成了对预备犯追究刑事责任的客观依据。"准备工具"是指准备为实施犯罪所用的各种作案工具、器材和其他用品。"准备"包括收集、购买、制造以及非法获取等活动。"工具"在司法实践中有较多表现形式，取决于行为人所预备实施的犯罪行为，一般表现为物品，如用于犯罪的刀具、车辆、器材、设备、仪器、零部件、原材料等。在信息网络时代，还可能为了实施网络相关犯罪而准备数字工具，如专门用于非法侵入、非法控制计算机信息系统的程序和工具等。"制造条件"是指除准备犯罪工具和其他用品以外的，积极创造有利于实现其犯罪目的的各种便利因素的行为，如营造环境、制造机会、犯罪演练等。准备工具、制造条件，都是着手实施犯罪之前，准备犯罪的行为。实践中要注意犯罪预备与单纯犯罪意图流露相区别。行为人为了犯罪准备工具、制造条件的，已经实施了与犯罪有关的相应行为，如为了放火而准备汽油、引火物，为了抢劫而进行尾随，为了诈骗而制作虚假证件以便于隐匿真实身份等。这与只是有犯罪意图而无任何外在行为的思想状态有本质差异，也与通过言语、动作等方式声称实施犯罪但实际上并无实施犯罪打算的犯意表达行为性质完全不同。特别需要注意的是，预备犯尚未着手实施犯罪，其所实施的行为由于不是刑法明确规定的具有类型化特征的构成要件的行为，因而在外在特征上往往不具有明显违法的特征，甚至与一般社会行为会很难区分。比如，购买一把菜刀为杀人准备工具与添置生活用品在行为特征上没有差别，区别两种不同性质行为的依据是行为人购买菜刀的目的和意图，而目的和意图属于主观方面的内容，是否有确凿的凭据可供作出正确判断，事实上存在很大的不确定性和风险。这就要求司法实践中在认定一个行为是否构成犯罪预备时，必须极为谨慎，应严格坚持主客观相统一原则。行为人实施准备工具、制造条件的客观行为，应与其进行犯罪预备的主观意图相一致。如果行为人没有实施犯罪的主观意愿，相关行为就不属于为了犯罪准备工具、制造条件；而行为人是否有实施犯罪的主观意愿，不能仅凭其本人承认与否，而要有确切的客观外在证据佐证。同时，行为人"为了犯罪"而进行的活动，应当是为犯罪所需，有利于或者便利犯罪实施的，这是其行为具有社会危害性的客观基础。总体上，就犯罪预备对实现犯罪的作用而言，便利了犯罪实施，具有社会危害性，但其危害性尚未达到直接、紧迫的程度，轻于着手实施犯罪。也正是基于此，在对预备犯处罚的力度上，应充分考虑犯罪预备所处的阶段和特点，体现罪责刑相适应。需要注意的是，应当注意划清犯罪预备与犯罪未遂的界限。二者的主要区别是：前者发生在行为人着手实施犯罪行为之前；而后者发生在着手实施犯罪行为之后，即行为人已经着手实施犯罪，但因其意志以外的原因而没有得逞。后者的危害性要大于前者。危害程度不同，处罚也应不同。划清二者的界限，有利于正确适用刑罚，正确处理案件。

第二款是关于对预备犯处罚原则的规定。本款包含两层意思：一是对预备犯，应当追究刑事责任。二是对预备犯，可以比照既遂犯从轻、减轻处罚或者免除处罚。由于预备犯所实施的行为处于犯罪的预备阶段，客观上尚未着手实施刑法规定的犯罪构成要件行为，尚不构成直接、紧迫的危险，其社会危害程度要显著低于既遂犯，因此，本款规定对预备犯可以比照既遂犯从轻、减轻处罚或者免除处罚。对于预备犯有无必要规定免除处罚，在1979年刑法制定时曾有争议。有的意见认为，没有必要规定对于犯罪预备免除处罚：其一，对于危害国家安全的犯罪（反革命犯罪），如果规定了预备犯免除处罚，有可能会放纵该类犯罪。其二，对于普通刑事犯罪的预备犯，一般较少诉至人民法院，事实上不会发生由人民法院判决预备犯免予刑事处罚的问题。也有的意见认为，有必要规定对于犯罪预备免除处罚：其一，预备犯出现在普通刑事案件中的可能性比较大，如果不规定免予处罚，就意味着一律应当依法处罚，这与实际情况和刑事政策不一致。其二，实践中，对于普通刑事犯罪中的预备犯，一般的不予处罚，只对少数重大刑事犯罪（故意杀人罪等）的预备犯才予以处罚，符合区别对待的政策精神。其三，对于预备犯的处罚应轻于未遂犯，规定免除处罚可以体现与未遂犯的差别。经认真研究，第二种观点的理由较为充分，因此1979年刑法第十九条第二款规定了对于预备犯可以免除处罚。1997年刑法修订时对该款未作修改，形成了目前对预备犯处罚的原则。

总体上，认定和追究预备犯的刑事责任应当极为慎重，要坚持主客观相统一，体现宽严相济的刑事政策。在准确认定构成预备犯的前提下，在具体决定是否判处刑罚、判处何种刑罚以及决定刑期长短、刑罚轻重的时候，应综合考虑其所准备实施的犯罪的性质、如果犯罪得逞可能造成的社会危害大小、预备行为实施程度、危险性和危害后果等，做到罚当其罪。

第二十三条　【犯罪未遂】已经着手实行犯罪，由于犯罪分子意志以外的原因而未得逞的，是犯罪未遂。

对于未遂犯，可以比照既遂犯从轻或者减轻处罚。

【释解与适用】

本条是关于犯罪未遂的规定。

本条共分两款。第一款是关于什么是犯罪未遂的规定。根据本款的规定，犯罪未遂应当同时具有以下特征。

1. 行为人已经着手实行犯罪。这是同犯罪预备相区别的主要标志，也是判断犯罪过程进行和犯罪停止阶段的重要节点。已经着手实行犯罪，表明行为人已经从犯罪预备阶段进入实行阶段，即行为人从为实施犯罪准备工具、制造条件，进入了实际实施并完成犯罪阶段，其犯罪意图通过着手实行的犯罪行为更为明显地体现出来，并通过实行行为加以实现。一般认为，进入着手实行犯罪阶段，犯罪行为人犯罪行为的主客观方面都有不同于犯罪预备阶段的变化，但也应坚持主客观相统一原则。主观上，行为人的犯罪意图更为明显，引导行为人为实现犯罪目的或者犯罪计划而行动，行为人追求犯罪目的实现，在行为人主观引导下的客观行为的侵害性由可能变为现实。行为更为明确地指向某种犯罪，客观上，着手实行犯罪表明行为人已经开始犯罪的实行行为，对刑法保护的利益加以实际侵害。由于其着手实行的行为是刑法分则明确的某种具体犯罪的构成要件行为，一般情况下相对于犯罪预备，已不难认定其真正的犯罪目的和行为的具体犯罪属性。但在很多情况下，对于因未遂而停止下来的犯罪行为，单凭行为的外在特征，要准确认定属于何罪也存在一定困难。如强奸未遂还是强制猥亵，有的情况下单凭行为人的外部行为不好区分。对此，仍然应当坚持主客观相统一的原则，结合行为人实施犯罪行为的各种主客观方面的情况加以具体认定。需要说明的是，行为人的行为属于犯罪预备还是未遂，需要结合刑法分则关于具体犯罪的构成要件的规定确定，而不是凭行为人自己主观上的判断。如行为人主观认为其已经着手实行犯罪，但是实际上其所实施的行为尚不属于刑法分则规定的某种具体犯罪构成要件的实行行为，仍处于为便利犯罪而制造条件的阶段，则不成立犯罪未遂。

2. 犯罪未得逞，即犯罪行为人没有完成刑法分则规定的具体犯罪的犯罪构成要件。这是犯罪未遂与犯罪既遂相区别的主要标志。认定犯罪未得逞也需要坚持主客观相统一原则。在客观上，"未得逞"是犯罪已经停止的状态下，构成某种犯罪所应具备的要件未能齐备。这里不局限于犯罪结果是否实际发生，需要根据刑法分则关于具体犯罪的构成要件判断。对于需要发生特定犯罪结果才算犯罪构成要件完全具备的，如故意杀人造成被害人死亡的结果，行为人的实行行为即杀人行为虽然完成，但由于其意志以外的原因，被害人未死亡的，成立故意杀人未遂。对于刑法分则中规定的不需要发生特定结果的，如构成犯罪的法定的危险状态的出现、法定的行为的完成等，也可能成立犯罪既遂而非未遂。

3. 犯罪未得逞是由于犯罪分子意志以外的原因。这是犯罪未遂与犯罪中止相区别的主要标志。所谓"犯罪分子意志以外的原因"是指不以犯罪分子的主观意志为转移的一切原因。一是犯罪行为人意志以外的客观原因。如被害人的反抗、被害人有效的躲避、第三人的阻止、司法机关的拘捕、自然力的障碍、客观情况的变化等。一般来说，这些客观不利因素需要足以阻止行为人继续完成犯罪。有的情况只是对犯罪行为人继续完成犯罪有一定的妨碍和影响，如被害人轻微的反抗、他人善意的劝告、严厉的斥责等，这些因素虽然对犯罪的完成也有一定的影响，但并不具有阻止行为人继续完成犯罪的效果。在这种情况下，如果行为人本可以继续实施犯罪但未继续进行犯罪而自己决定放弃犯罪的，应成立犯罪中止，不属于犯罪未遂。二是行为人本人的原因。如对自己实施犯罪的能力、经验、方法、手段估计不足，对事实判断错误等。一些情况属于行为人自身的客观原因。比如犯罪技能拙劣、体力不济等。在这些情况下，行为人仍具有犯罪的意志，但由于事实上不具备或者已经丧失了犯罪能力，而不得不停止犯罪行为。还有一些情况属于行为人主观上的认识错误，即犯罪未能完成是由于行为人主观上对外界客观事实判断错误造成的。比如以下几种情况：其一，对侵害对象出现认识错误。如误以为室内有人，为故意杀人向室内开枪。其二，对使用的工具认识错误。行为人误将不能完成犯罪的工具当作犯罪工具来使用，如误将白糖当作毒药的，客观上不能完成犯罪。其三，对因果关系的认识错误。特定的犯罪结果并未发生，而行为人却误认为已经发生，停止犯罪活动。如实施故意杀人行为，误将他人昏迷视为死亡，停止侵害的。其四，对客观环境认识错误。周围环境不足以阻止犯罪的完成，但行为人却误认为存在阻碍而放弃犯罪的。如行为人因害怕溺水而放弃继续追杀被害人的，实际上河流水位极浅，客观上并不存在障碍。该种事实认识错误而导致的未得逞，也成立犯罪未遂。

实践中还存在一些所谓迷信犯、愚昧犯的情况。主要表现为行为人基于有悖于科学常识的错误知识，而实施"重大无知"行为，如行为人自信诅咒或祈祷可以杀人、伤害等。这种情况下，没有发生行为人所希望的危害后果不是因为"犯罪行为"遇到障碍，而是行为人的所谓犯罪行为根本不可能发生危害后果，行为人的行为不属于刑法分则规定的犯罪构成要件的行为，因而不构成犯罪的未遂。

总体上，犯罪未得逞是违背犯罪分子的意志的。如果是犯罪分子自动放弃继续犯罪，或者自动有效地防止犯罪结果的发生，属于自动中止，而不是犯罪未遂。

实践中，有些情况较为复杂，对未遂犯的认定存有争议，主要包括以下几种情况：一是行为犯是否存在未遂。刑法分则中有些犯罪的构成要件只规定了行为，无须发生特定的危害结果即可成立犯罪既遂。这些行为犯也分为两类：其一，只要行为人着手实施刑法分则规定的行为就构成犯罪既遂，如刑法第二百七十八条规定的煽动暴力抗拒法律实施罪。对于这类犯罪，一般不存在犯罪未遂。其二，行为人着手实施刑法分则规定的行为，需要将行为实施到一定程度，才构成犯罪既遂，如刑法第二百九十二条规定的聚众斗殴罪，行为人不仅需要聚众，还需要实施斗殴才构成犯罪既遂，因此如果仅完成了部分行为，仍可以构成犯罪未遂。二是危险犯是否存在未遂。刑法分则规定的有些犯罪，只要行为人的行为造成一定的危险状态，虽尚未发生特定的实际结果，犯罪即告完成。有的意见认为，对于这种所谓危险犯，只要行为人实施完毕刑法分则规定的特定构成要件行为，犯罪即告既遂，没有成立犯罪未遂的空间。也有的意见认为，由于这类犯罪不要求实际发生特定的危害结果，一般情况下行为人实施刑法分则规定的犯罪行为，其行为造成社会危害的特定危险也就具备了，可以认定犯罪既遂。但是，也不排除在特殊情况下，虽然其行为已经实施完毕，但刑法规定的特定危险状态确实尚未形成的情况，仍可以构成犯罪未遂。上述争议实际上涉及对危险犯的认识和危险是否实际具备的判断标准问题，情况比较复杂。

第二款是对未遂犯处罚原则的规定。根据本款的规定，对于未遂犯，可以比照既遂犯从轻或者减轻处罚。由于犯罪未遂的结果是犯罪未能得逞，其社会危害性要小于犯罪既遂，因此，规定对未遂犯可以比照既遂犯从轻或者减轻处罚。这里规定可以"从轻或者减轻处罚"，是因为在未遂的情况下，往往造成程度不同的危害后果，危害程度不同，处罚也应当不同。规定"可以"从轻或减轻，是指不是一律必须从轻或减轻，而是应当根据案件的具体情况决定是否从轻或减轻。

第二十四条 【犯罪中止】在犯罪过程中，自动放弃犯罪或者自动有效地防止犯罪结果发生的，是犯罪中止。

对于中止犯，没有造成损害的，应当免除处罚；造成损害的，应当减轻处罚。

【释解与适用】

本条是关于犯罪中止的规定。

本条共分两款。第一款是关于什么是犯罪中止的规定。根据本款的规定，犯罪中止应当同时具备以下特征。

一是犯罪中止发生在犯罪过程中。犯罪中止是故意犯罪发展过程中的一种犯罪形态，它可能发生在犯罪的预备阶段，也可能发生在犯罪的实行阶段。所谓"犯罪过程中"是犯罪既遂之前的整个犯罪过程。犯罪一旦既遂，就不能再成立中止。既遂后的主动弥补损失的行为，也是值得肯定和鼓励的，但都不是犯罪中止，而是犯罪后的悔罪表现。

二是犯罪中止必须是犯罪行为人自动放弃犯罪或者自动有效地防止犯罪结果的发生。

所谓"自动放弃犯罪"，根据其放弃犯罪时犯罪所处的阶段不同，可以分为两种情况：其一，在犯罪尚处于犯罪预备阶段时主动放弃犯罪，即犯罪行为人在为犯罪准备工具、制造条件，尚未着手实施刑法分则规定的具体犯罪的构成要件行为时，主动放弃；其二，犯罪行为人已经着手实施构成要件行为，但犯罪尚未完成之前主动放弃继续犯罪，中止犯罪行为。

认定行为人"自动"放弃犯罪的主观心态，关键在于"主动性"。对此，需要注意以下两点：其一，从行为人内心对犯罪继续进行的可能性的认知看，其自认为可以继续实施和完成犯罪。因此，即使行为人所进行的犯罪客观上已经不可能完成，但行为人不了解这一情况，而"主动"放弃继续犯罪，由于其是在主观上仍然认为可以完成犯罪的情况下放弃继续犯罪的，其放弃犯罪的"主动性"也应当予以认定。例如，行为人去仓库实施盗窃，因内心畏惧中途折返，主动放弃犯罪，虽然事实上当时仓库内货物已经搬离，即使行为人不放弃犯罪也无法实施盗窃，但是也属于自动放弃犯罪。与此相反，如果犯罪客观上可以完成，但行为人自己主观上误认为犯罪遇到障碍无法完成，因而"被迫"停止继续实施犯罪的行为的，由于其停止犯罪缺乏主观上的"主动性"，不属于自动放弃犯罪。以强奸案件为例，行为人遇有被害人经期、怀孕、哀求、轻微反抗等情况，因而产生不安、同情、怜悯等情绪，进而放弃强奸的，由于这些因素客观上并不足以阻止行为人的犯罪意志和活动，行为人放弃犯罪是出于自己的选择，因此应属于自动放弃犯罪。如果行为人在实施强奸过程中，听到附近有人走过，以为被发现而仓皇逃走，行为人放弃犯罪是以为犯罪将被阻止，应属于被迫而非自动放弃犯罪。其二，行为人必须出于本人意愿放弃犯罪。如果行为人不是出于本人意愿，而是在外力强制或主观上被强制的情况下停止犯罪的，不属于犯罪中止。行为人产生放弃犯罪的意愿有多种情况，有的表现为幡然醒悟、认罪悔罪；有的表现为畏惧法律威严，害怕案发受到制裁；有的表现为经亲友劝说、教育，对被害人心生怜悯等。总之，行为人是在自由意志的状态下，自愿放弃犯罪的。

本款规定的"自动有效地防止犯罪结果发生"是指犯罪人在已经着手实施犯罪后、犯罪结果发生之前主动放弃继续犯罪，并主动采取积极措施防止了犯罪结果的发生。例如，杀人未杀死，但造成被害人重伤，如果这时犯罪人悔悟，在完全有条件把被害人杀死的情况下，主动放弃继续犯罪并将被害人送医院抢救，避免了被害人死亡的结果，犯罪人的上述行为就构成了犯罪中止；如果犯罪人虽然采取了积极措施，但是没有避免被害人死亡的结果，则不能认定为犯罪中止。在共同犯罪的情况下，"自动有效地防止犯罪结果发生"同样是判断行为人犯罪中止的重要依据。具体有以下两种情况：其一，共同犯罪中部分行为人决定中止犯罪后，积极劝说其他人放弃犯罪，其他人经劝说放弃犯罪，且有效防止结果发生的，共同犯罪的所有行为人均构成犯罪中止；其二，共同犯罪中部分行为人决定中止犯罪后，积极劝说其他人放弃犯罪未果，但是采取有效措施避免了危害结果发生的，该部分行为人构成犯罪中止。

第二款是关于对中止犯处罚原则的规定。根据本款的规定，对于中止犯，没有造成损害的，应当免除处罚；造成损害的，应当减轻处罚。这样规定，体现了我国刑法罪责刑相适应的原则，有利于鼓励犯罪分子中止犯罪，减少犯罪造成的社会危害。

【适用中需要注意的问题】

司法实践中，有些情况下能否认定犯罪中止情况较为复杂，存在一定的争议。

1. 自动放弃犯罪是为了实施另一种犯罪，对放弃的行为能否认定中止。例如，出于盗窃的目的入室后，自动放弃盗窃，转而实施强奸；出于故意杀人的目的，在杀人过程中放弃杀人转而实施伤害等。有的认为，对于这种情况，当行为人放弃的犯罪与新的犯罪属于不同性质时，行为人的犯意和行为都发生了根本变化，新的犯罪与当场放弃的犯罪之间不具有紧密的联系，可以分开判断，即可以认定放弃的犯罪成立犯罪中止；如果行为人当场放弃的犯罪与新的犯罪属于同一性质，通常不能否定二者之间的连续性，可将前后行为按照一罪论处，不必再讨论前行为是否构成中止的问题。不同意见认为，考虑行为人放弃的犯罪与实施的新的犯罪之间的联系，以决定是否成立中止，这种思路有一定道理，但是对于前后两罪是否属于同一性质，并没有一个明确的标准，不具备可操作性。上述问题情况非常复杂，理论上难以提出一个简单易行的解决方案，只能在实践中结合具体案件的情况具体认定。

2. 对重复侵害行为如何认定中止。即行为人实施了侵害行为，因意志以外的原因没有发生危害结果，出于主观意愿放弃继续进行侵害的，能否认定构成犯罪中止。例如，行为人枪杀他人，第一枪未中，在有机会开第二枪的情况下，行为人自己决意放弃杀害他人的计划，放弃开第二枪。对此，需要坚持主客观相统一原则进行分析。客观上，行为人存在继续实施并完成犯罪的条件，其可以自主控制犯罪进程，不受其他外在因素的影响。因主动放弃并最终未发生危害后果的，符合犯罪中止自动放弃犯罪的要件。如果行为人放弃重复侵害未能阻止危害结果发生的，如上述案件中开第一枪未击中要害而将人击伤后，决意放弃继续杀害他人的计划，停止开第二枪，但被害人终因失血过多而死亡的，则不成立犯罪中止。如果行为人放弃重复侵害后，最终结果的发生与行为人先前行为没有必然联系的，仍可以认定构成犯罪中止。如上述案件中被害人被击伤后，行为人将其送医救治，被害人本无生命危险，伤愈出院前由于医院发生火灾致死的，则行为人仍构成犯罪中止。主观上，认定犯罪中止需要行为人自认为犯罪尚未既遂且主动放弃犯罪。如果行为人基于错误认识，误认为已经犯罪既遂，放弃原先计划的后续重复侵害的，如上述案例中，第一枪击中被害人非要害部位，被害人倒地后，行为人本打算再补一枪，但误以为被害人死亡，遂放弃继续侵害，这种情形下，行为人放弃重复侵害是基于错误认识，不是为了避免危害结果发生的主动放弃，不构成犯罪中止。

第三节　共同犯罪

第二十五条　【共同犯罪】共同犯罪是指二人以上共同故意犯罪。

二人以上共同过失犯罪，不以共同犯罪论处；应当负刑事责任的，按照他们所犯的罪分别处罚。

【释解与适用】

本条是关于共同犯罪的规定。

本条共分两款。第一款是关于什么是共同犯罪的规定。根据本款的规定，共同犯罪应当具备以下两个特征：第一，主体数量特征。共同犯罪的犯罪主体必须是二人以上。第二，罪质特征。共同犯罪必须是共同故意犯罪。所谓"共同故意犯罪"，应当具备以下三个条件。

一是主观方面。数个犯罪人必须有共同犯罪故意。这里有两层意思：其一，数个犯罪人对自己实施的危害行为都持故意的心理状态，即几个犯罪人都明知自己的行为会发生危害社会的结果，并希望或者有意放任这种结果的发生。其二，数个犯罪人对行为的共同性是明知的，即数个犯罪人都认识到自己和其他行为人在共同进行犯罪活动。这里并不要求犯罪人认识到自己和其他行为人实施的是完全相同的具体活动，只要明知自己正在实施的行为与他人的行为是属于一个共同的犯罪活动即可。行为人主观上符合以上两方面的情况，构成了犯罪人的共同故意。

二是几个犯罪人必须有共同的犯罪行为。所谓共同的犯罪行为，是指各个犯罪人的犯罪行为具有共同的指向性。即犯罪人各自的犯罪行为都是在他们的共同故意支配下，围绕共同的犯罪对象，为实现共同的犯罪目的而实施的。这里各个共同犯罪人的犯罪行为，既可能以分担的方式施行同一犯罪行为；也可能是部分共同犯罪人施行同一犯罪行为，部分共同犯罪行为人根据共同犯罪的目的，实施该犯罪行为以外的其他犯罪行为。总体看，各个共同犯罪人所实施的犯罪行为都同危害结果具有因果关系，是完成统一犯罪活动的组成部分。

三是共同犯罪具有共同的犯罪对象。即共同犯罪人的犯罪行为必须最终指向同一犯罪对象，这是构成共同犯罪必须有共同的犯罪故意和共同的犯罪行为的必然要求。

第二款是关于二人以上共同过失犯罪，不以共同犯罪论处及对其如何处罚的规定。这是对共同犯罪概念的重要补充。本款规定了两层意思：一是二人以上共同过失犯罪，不以共同犯罪论处，即二人以上由于过失造成同一危害结果的，不以共同犯罪定罪处刑。这是从另一个角度进一步说明共同犯罪主要是指共同故意犯罪。二是二人以上由于过失造成危害结果，应当负刑事责任的，按照他们所犯的罪分别处罚，即按照行为人各自的罪责分别处罚，而不以共同犯罪论处。这是共同过失犯罪的处罚原则。具体有以下几种情形：其一，分别定罪且罪名相同。共同过失行为人，先后或同时出现过失行为，共同造成危害结果发生的，如果违反的同一类性质的注意义务，则应以相同的罪名分别惩处。其二，分别定罪但罪名不同。共同过失行为人先后或同时出现过失行为，共同造成危害结果发生的，但是由于过失行为人的主体、行为等不同情况，分别违反了不同性质的注意义务，应以不同罪名定罪处罚。比如，国家机关工作人员和国有企业负责人共同负责一项涉外重大资产投资项目，结果失职被骗。对此，国家机关工作人员的严重不负责任，应以玩忽职守罪定罪处罚；国有企业负责人的严重不负责任，应以签订合同失职被骗罪定罪处罚。其三，发生数个过失行为，能够区分数个过失行为对危害结果具有不同程度的作用的，应根据各个过失行为对结果发生的作用，认定各自的责任，分别处罚。对结果发生起主要作用的过失行为认定较重的责任，对结果发生起次要作用的过失行为认定较轻的责任。

【适用中需要注意的问题】

实践中，对于共同犯罪的认定，还有一些情况需要注意。

1. 单位构成共同犯罪的问题。根据刑法规定，单位也可以构成犯罪主体，那么单位能否适用共同犯罪的规定，即两个以上的单位共同故意实施犯罪的是否构成单位犯罪？对此，在实践中存在争议。一般认为，本条规定的"二人以上"，不仅包括自然人，也包括单位，即单位可以构成共同犯罪。1998年《最高人民法院关于审理骗购外汇、非法买卖外汇刑事案件具体应用法律若干问题的解释》也规定，非国有公司、企业或者其他单位，与国有公司、企业或者其他国有单位勾结逃汇的，以逃汇罪的共犯处罚。

单位构成共同犯罪，主要有以下两种类型：一是单位与单位构成共同犯罪。在这种共同犯罪中，根据单位在犯罪中的地位、作用大小，可以区分单位的主次作用。如2001年最高人民法院印发的《全国法院审理金融犯罪案件工作座谈会纪要》规定："两个以上单位以共同故意实施的犯罪，应根据各单位在共同犯罪中的地位、作用大小，确定犯罪单位。"认定犯罪的作用大小，对于合理确定单位的处罚，具有重要意义。二是单位与自然人构成共同犯罪。1998年第九届全国人大常委会第六次会议通过的《全国人民代表大会常务委员会关于惩治骗购外汇、逃汇和非法买卖外汇犯罪的决定》第五条规定："海关、外汇管理部门以及金融机构、从事对外贸易经营活动的公司、企业或者其他单位的工作人员与骗购外汇或者逃汇的行为人通谋，为其提供购买外汇的有关凭证或者其他便利的，或者明知是伪造、变造的凭证和单据而售汇、付汇的，以共犯论，依照本决定从重处罚。"根据上述规定，如果相关单位工作人员的行为在性质上属于单位行为的，则有可能成立该单位与骗购外汇的行为人的共同犯罪。这种单位与个人成立共同犯罪的情况，根据刑法分则的规定，还可以有很多。如单位与个人共同走私、共同侵犯知识产权等。对于这种情况，同样可以根据单位与自然人在共同犯罪中的地位、作用，确定应当承担的刑事责任。

2. 对超过共同故意认识范围的犯罪行为，如何认定责任。一般认为，共同犯罪的性质决定了对于超过共同故意认识范围的犯罪行为，应当由具体实施该超过行为的行为人自己承担责任。共同犯罪的参与人通过相互勾结、联系与配合，共同实施犯罪，整体上应对犯罪的目的、后果等大致了解，并希望或放任这种结果发生，形成共同犯罪的故意。在客观上，共同犯罪行为受主观故意指引，表现为相互配合、相互联系，构成针对同一目标的整体犯罪活动。尽管参与人实施的行为可能有所不同，但相关行为都对危害结果产生了作用。与之不同的是，超过共同故意认识范围的犯罪行为，只有具体行为人的故意行为直接导致了危害结果，其他参与人对该危害结果缺少主观认识，也就不能成立该共同的犯罪故意，进而也不能就该危害结果追究未参与人的法律责任。但是行为人需要就其行为和主观上所持的犯罪故意承担相应的责任。例如，甲乙两人相约共同伤害丙，但实际上甲意图杀害丙，乙不知情。乙将丙抱住让甲殴打，甲却抽刀杀死了丙。乙主观上只有与甲共同伤害丙的故意，没有杀害丙的故意，因而甲乙之间不存在共同杀人的故意，甲乙不构成共同故意杀人，甲独立构成故意杀人，乙构成故意伤害。

具体而言，有以下几种情况：一是在共同实施犯罪的过程中，共同犯罪的个别参与人实施了共同故意以外的其他犯罪，其他参与人对超出共同故意以外的行为不知情，也未共同实施。则超出共同故意以外的行为，由实施行为人自行负责，其他参与人不就该超出故意内容的行为承担责任。二是在共同实施犯罪的过程中，共同犯罪的个别参与人实施了共同故意以外的其他犯罪，其他参与人对此知情，并给予适当帮助的，属于达成新的犯罪故意，共同实施了新的共同犯罪，其他参与人应对新的危害结果承担责任。三是在共同实施犯罪的过程中，共同犯罪的个别参与人实施了共同故意以外的其他犯罪，其他参与人对此知情，但未给予帮助，也未阻止的，其他参与人是否对新的危害结果承担责任，实践中有一定的争议。总体上，判断其他参与人的责任，需要结合其对危害结果产生的作用，根据主客观相统一的原则确定。比如，其他参与人先前的参与行为对于形成有利于后续犯罪活动的情势具有积极作用，其虽然未参与后续行为，但也未阻止的，或者有证据证明其他参与人的默许、纵容行为对被害人也造成心理压力、产生心理恐惧，客观上促成危害结果发生的，则其也应对新发生的犯罪结果承担责任。四是在共同实施犯罪的过程中，共同犯罪的个别参与人实施了共同故意以外的过度行为，造成加重结果的，其他参与人是否对加重结果承担责任，实践中有一定的争议。一般认为，加重结果仍然是由共同犯罪行为引起的，各个行为人实施共同犯罪的行为性质并未改变，其他参与人在主观上对加重结果的发生是能够预见的，因此其应同样对加重结果承担责任。

第二十六条 【主犯和犯罪集团及其处罚】组织、领导犯罪集团进行犯罪活动的或者在共同犯罪中起主要作用的，是主犯。

三人以上为共同实施犯罪而组成的较为固定的犯罪组织，是犯罪集团。

对组织、领导犯罪集团的首要分子，按照集团所犯的全部罪行处罚。

对于第三款规定以外的主犯，应当按照其所参与的或者组织、指挥的全部犯罪处罚。

【释解与适用】

本条是关于主犯、犯罪集团及对犯罪集团首要分子和其他主犯处刑原则的规定。

本条共分四款。第一款是关于什么是主犯的规定。根据本款规定，主犯包括两种人：一种是组织、领导犯罪集团进行犯罪活动的，即组织犯罪集团，领导、策划、指挥犯罪集团成员进行犯罪活动的组织、领导者，可能是一个人，也可能是数个人。另一种是在共同犯罪中起主要作用的人。所谓"起主要作用的人"是指在共同犯罪中，实际起到出谋划策、组织指挥、积极实施等重要作用，或者对发生危害结果起重要作用的人。

第二款是关于犯罪集团的定义的规定。根据本款规定，犯罪集团应当具备三个条件：一是必须由三人以上组成；二是为了共同进行犯罪活动；三是有较为固定的组织形式。所谓"固定"包括参与犯罪的人员的基本固定和犯罪组织形式的基本固定。

第三款是关于对组织、领导犯罪集团的首要分子处罚原则的规定。根据本款规定，对组织、领导犯罪集团的首要分子，按照集团所犯的全部罪行处罚，即首要分子要对他所组织、领导的犯罪集团的全部罪行承担刑事责任。所谓"组织、领导犯罪集团的首要分子"是指在犯罪集团进行的犯罪活动中，起组织、领导、策划、指挥作用的主犯。

第四款是关于对其他主犯处罚原则的规定。根据本款规定，对除组织、领导犯罪集团的首要分子以外的其他主犯，应当按照该主犯在共同犯罪活动中所参与的或者由他组织、指挥的全部罪行处罚。由于其他主犯有的是在犯罪集团中首要分子的组织、领导下，积极从事犯罪活动或者在犯罪活动中起到重要作用的人员，有的是在一般的共同犯罪或者尚不构成犯罪集团的犯罪团伙中起主要作用的人员，其行为的社会危害性相对犯罪集团的首要分子来说要小些，因此，本条规定了与首要分子有所差别的处罚原则。但是，从罪责刑相适应原则的要求看，其精神是一致的，即都是对自己应当负责的行为承担刑事责任，体现了刑法责任自负的基本要求。

【适用中需要注意的问题】

1. 在有些共同犯罪中，主犯的犯罪性质决定共同犯罪人的犯罪定性。比如，2000年《最高人民法院关于审理贪污、职务侵占案件如何认定共同犯罪几个问题的解释》第三条规定，公司、企业或者其他单位中，不具有国家工作人员身份的人与国家工作人员勾结，分别利用各自的职务便利，共同将本单位财物非法占为己有的，按照主犯的犯罪性质定罪。此外，如果该共同犯罪中行为人作用难以区分主从犯的，根据2003年最高人民法院印发的《全国法院审理经济犯罪案件座谈会纪要》的规定，国家工作人员和非国家工作人员勾结共同非法占有单位财物行为，如果根据案件的实际情况，各共同犯罪人在共同犯罪中的地位、作用相当，难以区分主从犯的，可以贪污罪定罪处罚。

2. 关于犯罪集团的首要分子对集团所犯的全部罪行负责。刑法明确规定，首要分子对集团所犯的全部罪行负责。这是基于犯罪集团是为了共同犯罪而组织起来的相对固定的犯罪组织，一般来说，犯罪集团的犯罪目标或者犯罪类型带有一定的相对固定特征，如走私犯罪集团、毒品犯罪集团、盗窃犯罪集团等。如果集团成员自己出于独立的犯罪故意实施了犯罪集团性质之外其他不相干的犯罪，客观上与集团犯罪没有关系，主观上也不是集团犯罪的故意，对于该类犯罪，应遵循主客观相统一的原则，由实施该犯罪行为的人自己承担责任，而不应由首要分子对超出集团犯罪行为的其他犯罪行为负责。

第二十七条 【从犯及其处罚】在共同犯罪中起次要或者辅助作用的，是从犯。

对于从犯，应当从轻、减轻处罚或者免除处罚。

【释解与适用】

本条是关于从犯及其处刑原则的规定。

本条共分两款。第一款是关于什么是从犯的规定。根据本款规定，从犯有两种情况：一是在共同犯罪中起次要作用的。所谓"起次要作用"是指在整个共同犯罪活动中，处于从属于主犯的地位，对主犯的犯罪意图表示赞成、附和、服从，听从主犯的领导、指挥，不参与有关犯罪的决策和谋划；在实施具体犯罪中，在主犯的组织、指挥下进行某一方面的犯罪活动，情节较轻，对整个犯罪结果的发生只起了次要的作用。二是在共同犯罪中起辅助作用的。这种从犯实际上是帮助犯，其特点是不直接参与具体犯罪行为的实施，在共同犯罪活动中，为完成共同犯罪只起了提供物质或者精神帮助的作用，如提供作案工具、为实行犯踩点望风、指示犯罪地点和犯罪对象、消除犯罪障碍等。他们的行为对完成共同犯罪只起了辅助作用。

第二款是关于对从犯如何处罚的规定。根据本款的规定，对于从犯，应当根据其参与犯罪的性质、情节及其在共同犯罪中所起的作用等具体情况，或者从轻处罚，或者减轻处罚，或者免除处罚。对从犯应当从轻、减轻处罚或者免除处罚，是符合我国刑法罪责刑相适应原则的。

【适用中需要注意的问题】

实践中还存在对犯罪行为人给予精神鼓励的情况。对行为人实施犯罪给予精神鼓励的，是否以及如何承担刑事责任，需要根据不同情况进行分析：一是如果犯罪行为人原本没有犯罪意图，因被他人鼓励、怂恿而实施犯罪的，则实施鼓励行为的行为人构成教唆犯。二是犯罪行为人在主观上有犯罪意图，对其提供技术上建议或者增强其犯意的行为，事实上促成犯罪结果发生的，则属于精神上的帮助，可以认定构成帮助犯，属于从犯。三是如果实施颂扬犯罪行为或者预祝犯罪成功等行为与犯罪行为人达成的犯罪结果没有明显的因果关系的，则不成立帮助犯。

第二十八条　【胁从犯及其处罚】对于被胁迫参加犯罪的，应当按照他的犯罪情节减轻处罚或者免除处罚。

【释解与适用】

本条是关于胁从犯及其处刑原则的规定。

根据本条规定，对于被胁迫参加犯罪的，应当按照他的犯罪情节减轻处罚或者免除处罚。所谓"被胁迫参加犯罪"，是指行为人在他人对其施加精神强制，处于恐惧状态下，不敢不参加犯罪。根据本条规定，对胁从犯应当按照他的犯罪情节减轻处罚或者免除处罚。所谓"应当"，就是只要认定其属于胁从犯，就应予以减轻或者免除处罚。所谓"按照他的犯罪情节"减轻或者免除处罚，是指在决定具体予以减轻处罚还是免除处罚时，要根据被胁迫犯罪的人参与实施犯罪行为的程度、对危害后果的发生所起到的实际作用大小等情况确定。例如，《最高人民法院、最高人民检察院关于办理组织、利用邪教组织破坏法律实施等刑事案件适用法律若干问题的解释》第九条规定，组织、利用邪教组织破坏国家法律、行政法规实施，符合该司法解释第四条的相关规定，但行为人能够真诚悔罪，明确表示退出邪教组织、不再从事邪教活动的，可以不起诉或者免予刑事处罚。其中，行为人系受蒙蔽、胁迫参加邪教组织的，可以不作为犯罪处理。

实践中对胁从犯的认定要综合考虑各方面的情况，以判断行为人是"被胁迫参加犯罪"。具体而言，可以从胁迫的时间、胁迫的程度、胁迫的对象、胁迫的现实紧迫性等方面综合考量。

第二十九条　【教唆犯及其处罚】教唆他人犯罪的，应当按照他在共同犯罪中所起的作用处罚。教唆不满十八周岁的人犯罪的，应当从重处罚。

如果被教唆的人没有犯被教唆的罪，对于教唆犯，可以从轻或者减轻处罚。

【释解与适用】

本条是关于教唆犯及其处刑原则的规定。

本条共分两款。第一款是关于对教唆他人犯罪的处罚原则和从重处罚情节的规定。根据本款的规定，对教唆犯，应当按照他在共同犯罪中所起的作用处罚。教唆犯"在共同犯罪中所起的作用"是指教唆犯罪的人教唆的方法、手段及教唆的程度对完成共同犯罪所起的作用，即在实行所教唆的犯罪中所起的作用。教唆犯在共同犯罪中起主要作用的，按主犯处罚；起次要作用的，按从犯处罚。另外，出于对未成年人的保护，考虑到未成年人阅历浅，思想尚未成熟，容易被教唆而走上歧途，教唆未成年人犯罪的行为具有更大的社会危害性，因此，本款同时明确规定对"教唆不满十八周岁的人犯罪的，应当从重处罚"。实际上，对于教唆未成年人犯罪、利用未成年人犯罪的，司法实践中一般也是作为从重处罚的情节处理的。例如，2016年《最高人民法院关于审理毒品犯罪案件适用法律若干问题的解释》第五条规定，非法持有毒品达到刑法第三百四十八条或者该司法解释第二条规定的"数量较大"标准，且利用、教唆未成年人非法持有毒品的，应当认定为刑法第三百四十八条规定的"情节严重"，体现从重处罚。

第二款是关于被教唆的人没有犯被教唆的罪的，对教唆犯从轻或者减轻处罚的规定。教唆犯对他人实施教唆行为后，因为种种原因，被教唆的人没有实施其所教唆的犯罪的情况实践中也是比较常见的。这种情况下，按照罪责刑相适应原则的要求，对教唆者应当给予相对较轻的处理。同时，刑法规定对教唆犯按照其在共同犯罪中所起的作用处罚，被教唆者没有实施犯罪的情况下，确定教唆者的教唆行为所起的作用以确定对其的处罚，操作上存在一定的困难。因此，对这种情况有必要明确规定处理的原则。根据本款规定，如果被教唆的人没有犯被教唆的罪，对于教唆犯，可以从轻或者减轻处罚。所谓"被教唆的人没有犯被教唆的罪"主要包括以下一些情况：一是教唆犯的教唆对被教唆人没有起到促成犯意、实施犯罪的作用，被教唆的人既没有实施教唆犯教唆的犯罪，也没有实施其他犯罪，其教唆行为没有造成直接的犯罪结果；二是被教唆的人没有犯所教唆的罪，而犯了其他罪；三是被教唆的人实施了犯罪，但是其本来就独立形成了犯意，教唆行为没有起到任何促致犯意的作用。不论哪一种情况，教唆他人实施犯罪的教唆行为已经实施，教唆者应当承担刑事责任。但是由于被教唆的人没有实施所教唆的罪，教唆犯的教唆行为的社会危害性要小，因此，本款规定对于上述教唆犯，可以从轻或者减轻处罚。这里规定"可以"，是因为被教唆的人没有犯被教唆的罪的实际情况复杂，对于教唆犯不能一律从轻或者减轻处罚，应当根据案件的具体情况决定是否从轻或减轻处罚。

【适用中需要注意的问题】

1. 被教唆人实施了教唆内容以外的犯罪，对教唆人该如何定罪处罚。一般情况下，大致分为两种情况：其一，如果教唆人的教唆内容特定、明确，被教唆人在特定情况下实施了超过教唆内容范围的行为，对教唆人和被教唆人应当分别追究各自的刑事责任，即教唆人无须对被教唆人超出教唆内容实施的危害结果负责。比如，教唆人教唆他人实施盗窃，而被教唆人入室盗窃时见色起意，却实施了强奸犯罪；再比如，教唆人教唆他人实施故意伤害行为，并明确指示下手别太重，而被教唆人却将受害人打死。对于这些情况，被教唆人超出范围施行犯罪的危害结果不应由教唆人承担责任。其二，教唆人的教唆内容并没有明确排除特定犯罪对象或者犯罪结果，被教唆人实施的犯罪行为总体上在其教唆的范围内，或者并不明显违背其教唆内容和意图，或者相应结果属于其所教唆行为可能产生的自然后果，或者发生的结果不属于无法预料到的后果等情形的，即使实行行为本身与教唆内容略有出入，也应当视为没有超出教唆内容范畴，教唆人和被教唆人都必须对被教唆人的实行行为承担共同犯罪的刑事责任。

2. 关于教唆犯的罪名认定。教唆犯一般根据其教唆他人实施行为的性质定罪处罚。刑法分则有特殊规定的，依照分则的规定定罪。例如，刑法第三百五十三条引诱、教唆、欺骗他人吸毒罪，对于教唆他人吸食、注射毒品的，直接按照刑法第三百五十三条定罪处罚。此外，关于教唆他人自杀、自伤如何认定罪名和追究刑事责任的问题，司法实践中存在不同的做法。对此，一些司法解释作出了相应的规定，可供参考。例如，2017年《最高人民法院、最高人民检察院关于办理组织、利用邪教组织破坏法律实施等刑事案件适用法律若干问题的解释》第十一条规定，组织、利用邪教组织，制造、散布迷信邪说，组织、策划、煽动、胁迫、教唆、帮助其成员或者他人实施自杀、自伤的，依照刑法第二百三十二条、第二百三十四条的规定，以故意杀人罪或者故意伤害罪定罪处罚。

第四节 单位犯罪

第三十条 【单位犯罪】公司、企业、事业单位、机关、团体实施的危害社会的行为，法律规定为单位犯罪的，应当负刑事责任。

【释解与适用】

本条是关于单位犯罪的规定。

本条包含两层意思。

一是单位犯罪的主体包括公司、企业、事业单位、机关、团体。本条规定的"公司、企业"包括全民所有制、集体所有制等各种所有制的公司、企业以及其他形式的公司、企业。根据民法典的规定，公司、企业法人主要属于营利法人。民法典第七十六条第二款规定的营利法人包括有限责任公司、股份有限公司和其他企业法人等。关于本条规定的"事业单位"。根据国务院《事业单位登记管理暂行条例》第二条的规定，事业单位是指国家为了社会公益目的，由国家机关举办或者其他组织利用国有资产举办的，从事教育、科技、文化、卫生等活动的社会服务组织。另外，事业单位依法举办的营利性经营组织，必须实行独立核算，依照国家有关公司、企业等经营组织的法律、法规登记管理，实质属于前述的"公司、企业"。本条规定的"机关"是指各级各类国家机关和有关机关。本条规定的"团体"主要是指为了一定宗旨组成进行某种社会活动的合法组织，实践中主要是社会团体、基金会、专业合作社、供销合作社等单位。这里的社会团体，包括根据民法典第九十条规定的，依法登记成立，取得社会团体法人资格的团体；同时，也包括依法不需要办理法人登记的，从成立之日起，具有社会团体法人资格的团体。此外，本条的"团体"还包括农民专业合作组织、农村集体经济组织、城镇农村的合作经济组织、社会服务机构等其他单位。

二是上述单位实施的危害社会的行为，法律规定为单位犯罪的，应当负刑事责任。这样规定是从单位犯罪的实际情况出发的。自改革开放以来，我国经济不断发展，对外开放力度不断加大，出现了不少违法犯罪的新情况和新问题。这些违法犯罪行为是否存在单位犯罪，情况十分复杂，还需要仔细研究和分析。基于此，刑法对实践中比较突出，社会危害较大，罪与非罪的界限较容易划清的单位危害社会的行为在分则中作了规定。因此，本条规定单位实施的危害社会的行为，法律规定为单位犯罪的，应当负刑事责任。这里的"法律规定"，主要是指刑法分则的规定，如果其他有关法律或者相关决定作出了专门规定的，也包括相应规定。包含两层意思：其一，根据刑法分则的规定，一些犯罪明确了作为犯罪主体的单位的类型，这些犯罪可以由相应的单位构成，如刑法第一百八十八条违规出具金融票证罪规定的银行或者其他金融机构。其二，追究单位刑事责任，需要法律明确规定。刑法里明确规定单位的刑事责任主要有以下三种模式：首先，在一个条文中先以一款规定自然人犯罪的罪状与法定刑，再用一款专门规定单位犯罪，如刑法第三百二十六条倒卖文物罪；其次，在刑法某节最后一条中对单位犯本节数个条文的罪作出单位犯罪的专门规定，如刑法第二百二十条、第三百六十六条；最后，在条文罪状中明确规定是单位犯罪，如刑法第一百八十五条之一背信运用受托财产罪。

此外，司法机关反映，在实际生活中存在着公司、企业等单位组织员工实施相关犯罪，而刑法没有对该犯罪规定单位犯罪的情况，比如为单位实施窃电行为等。对于这种情况，按照本条规定不能追究单位的刑事责任，但是否能够追究实施相关犯罪的单位员工的刑事责任，有必要通过法律解释或者其他方式予以明确，以指导和规范司法实践。立法机关经认真研究认为，刑法主要针对一些涉及经济领域的犯罪规定了单位犯罪。对于一些传统的侵犯人身财产权利的犯罪，如杀人、伤害、抢劫、普通的诈骗、盗窃等，刑法分则没有规定单位犯罪。对这些没有规定单位犯罪的，不应当追究单位的刑事责任，但对组织、策划、直接实施这些法律明文规定为犯罪行为的人，应当按照自然人犯罪依法追究刑事责任。对此，2014年第十二届全国人大常委会第八次会议通过的《全国人民代表大会常务委员会关于〈中华人民共和国刑法〉第三十条的解释》规定："公司、企业、事业单位、机关、团体等单位实施刑法规定的危害社会的行为，刑法分则和其他法律未规定追究单位的刑事责任的，对组织、策划、实施该危害社会行为的人依法追究刑事责任。"

【适用中需要注意的问题】

1. 单位的分支机构或者内设机构、部门实施犯罪行为能否认定为单位犯罪。实践中，以单位的分支机构或者内设机构、部门实施犯罪的情况时有发生，对此，司法实践中是否应当作为单位犯罪处理，认识上存在分歧。主要争议点在于，这些内设机构、部门没有独立财产，对其判处罚金实际上不能独立承担；如果按照自然人犯罪处理，犯罪行为的所得并非为个人所有，而是归属单位的分支机构或者内设机构、部门所有，完全由个人承担刑事责任不尽合理，也不能体现罪责刑相适应。总体上看，我国刑法对单位犯罪没有采用法人犯罪的概念，就是考虑到单位的外延大于法人。实践中，一些法人的分支机构如商业银行的营业部、营业所，单位的基建办等，具有一定独立性，能够以自己的名义独立从事一定的经济社会活动，如果其从事了刑法规定的犯罪行为，应当是可以纳入刑法单位犯罪的处罚范围的。同时，将是否具有相对独立的财产、是否独立承担民事责任等法人成立的条件，作为是否能够成立单位犯罪的判断标准，也缺乏刑法上的依据。2001年最高人民法院印发的《全国法院审理金融犯罪案件工作座谈会纪要》关于单位犯罪的部分，也明确了以单位的分支机构或者内设机构、部门实施犯罪，违法所得亦归分支机构或者内设机构、部门所有的，应认定为单位犯罪。因此，不能因为单位的分支机构或者内设机构、部门没有可供执行罚金的财产，就不将其认定为单位犯罪而按照个人犯罪处理。

2. 关于以犯罪为目的专门设立的单位是否成立单位犯罪的问题。这里包含两种情况：其一，以实施犯罪活动为主要目的设立公司、企业、事业单位的。对于该种情况，虽然实际上可以以单位的名义实施犯罪，但实质上是实施共同犯罪。为了避免自然人利用单位作为实施违法犯罪活动的"挡箭牌"，一般不认为该种情形属于单位犯罪。其二，单位设立后，以实施犯罪为主要活动的。司法实践中，单位设立后以实施犯罪为主要活动，即使偶尔经营部分正常业务，一般也不认定为单位犯罪。有些单位有正规的主营业务，但是在部分业务往来中没有按正常途径操作，或者偶尔实施了不法行为的，还是可以认为构成单位犯罪的。1999年《最高人民法院关于审理单位犯罪案件具体应用法律有关问题的解释》第二条规定，个人为进行违法犯罪活动而设立的公司、企业、事业单位实施犯罪的，或者公司、企业、事业单位设立后，以实施犯罪为主要活动的，不以单位犯罪论处。2003 年《最高人民法院研究室关于外国公司、企业、事业单位在我国领域内犯罪如何适用法律问题的答复》同样指出，个人为在我国领域内进行违法犯罪活动而设立的外国公司、企业、事业单位实施犯罪的，或者外国公司、企业、事业单位设立后在我国领域内以实施违法犯罪为主要活动的，不以单位犯罪论处。

3. 关于在设立时存在瑕疵的单位是否成立单位犯罪的问题。一些单位在设立时存在严重瑕疵，实践中较为常见的是无设备、无资金、无营业场所、冒用他人身份虚假登记等设立的"空壳公司"。对存在严重瑕疵的单位，实质上并不具备合格的单位设立条件，如不满足法人登记、注册条件等，因其不符合单位成立条件，应直接处罚相关自然人。对于单位设立过程中有一般性瑕疵，但尚不影响单位成立的，应承认其可以构成单位犯罪。此外，实践中还存在尚在筹建阶段的单位实施犯罪的情况，对于该种情况的处理，实践中也存在争议。有的观点认为，筹建机构本身是一个合法存在的组织体，可以对外签署合同、产生债务等，可以作为单位犯罪认定。也有观点认为，没有完成设立程序的筹建机构不能独立成为单位犯罪的主体，其实施的犯罪应归责于负责筹建单位的自然人或者单位。

4. 关于单位实施犯罪后，发生资产重组、分立、合并或者破产等导致原单位不存在的，如何认定单位犯罪。司法实践中，一些单位实施犯罪后，发生资产重组、分立、破产等导致原单位不存在。这里的"不存在"包括两种情况：其一，单位消失，例如破产、注销登记。对于这种情况，虽然单位已经不存在了，但是单位犯罪的刑事责任并不当然消灭，应根据不同情况处理。例如，单位破产后，较难追究单位的刑事责任，但是对原单位的直接负责的主管人员和其他直接责任人员仍应当追究相应的刑事责任。2002 年《最高人民检察院关于涉嫌犯罪单位被撤销、注销、吊销营业执照或者宣告破产的应如何进行追诉问题的批复》规定，涉嫌犯罪的单位被撤销、注销、吊销营业执照或者宣告破产的，应当根据刑法关于单位犯罪的相关规定，对实施犯罪行为的该单位直接负责的主管人员和其他直接责任人员追究刑事责任，对该单位不再追诉。其二，产生新单位，如资产重组。原单位被新单位取代，但是原单位的刑事责任仍应由原单位承担，以符合罪责自负的精神。在诉讼上可仍将原单位作为被告，承受原单位权利义务的单位法定代表人或者负责人作为诉讼代表人，并应在新成立单位中原单位的财产范围内追究刑事责任。2002 年《最高人民法院、最高人民检察院、海关总署办理走私刑事案件适用法律若干问题的意见》第十九条规定，单位走私犯罪后，单位发生分立、合并或者其他资产重组等情况的，只要承受该单位权利义务的单位存在，应当追究单位走私犯罪的刑事责任。走私单位发生分立、合并或者其他资产重组后，原单位名称发生更改的，仍以原单位（名称）作为被告单位。承受原单位权利义务的单位法定代表人或者负责人为诉讼代表人。单位走私犯罪后，发生分立、合并或者其他资产重组情形，以及被依法注销、宣告破产等情况的，无论承受该单位权利义务的单位是否存在，均应追究原单位直接负责的主管人员和其他直接责任人员的刑事责任。人民法院对原走私单位判处罚金的，应当将承受原单位权利义务的单位作为被执行人。罚金超出新单位所承受的财产的，可在执行中予以减除。

第三十一条　【单位犯罪的处罚】单位犯罪的，对单位判处罚金，并对其直接负责的主管人员和其他直接责任人员判处刑罚。本法分则和其他法律另有规定的，依照规定。

【释解与适用】

本条是关于单位犯罪的处刑原则的规定。

根据本条规定，对单位犯罪，一般采取双罚制的原则，即单位犯罪的，对单位判处罚金，同时对单位直接负责的主管人员和其他直接责任人员判处刑罚。这是我国刑法对单位犯罪比较普遍适用的处罚原则。本条同时规定，本法分则和其他法律另有规定的，依照规定。这主要是考虑到单位犯罪的情况比较复杂，一律适用双罚制，有时候刑罚效果未必好，有时候不能准确体现罪责刑相适应的原则。因此，本条对单位犯罪除规定一般采取双罚原则外，还规定了例外的情况。为与本条规定相衔接，刑法分则一些罪名规定的单位犯罪，只处罚直接负责的主管人员和其他直接责任人员，而不对单位判处罚金，如刑法第一百六十二条妨害清算罪。

【适用中需要注意的问题】

实践中，对于如何认定单位的直接负责的主管人员的刑事责任，常存在争议。根据本条规定，对于单位犯罪，要追究直接负责的主管人员的刑事责任。一般情况下，"直接负责的主管人员"，主要是指单位中负有相关管理职责，对所实施的单位犯罪行为起到策划、授意、批准、同意、指挥、组织、实施等作用的人员，就其身份而言，可能是法定代表人、主要负责人、部门的负责人、直接负责相关工作的管理事务的人员等。直接负责的主管人员包含两个特征：其一，该类人员是在单位中实际行使管理职权的负责人员；其二，对单位具体犯罪行为负有主管责任。具体认定时要结合其在单位承担的管理职责，不能简单按照职务从上到下排列。如果行为人在单位犯罪中起组织、指挥、决策作用的，如主持单位领导层集体研究、决定或者依职权个人决定实施单位犯罪的，就属于直接负责的主管人员。反之，对于由单位其他领导决定、指挥、决策实施单位犯罪，不在其本人职权分工范围之内，本人并不知情的，如果一概认定为单位犯罪的直接负责的主管人员，追究其刑事责任，不符合罪责自负的刑事追诉原则。此外，如果行为人本身具有法律和职务上的责任，因存在不作为、失职行为，造成其确实对单位其他人员实施的犯罪不知情的，不能简单按照职务将其认定为该单位犯罪的直接负责的主管人员，但是其不作为、失职行为构成相关犯罪的，应当依法追究其法律责任。

第三章 刑　　罚

第一节　刑罚的种类

第三十二条　【刑罚种类】刑罚分为主刑和附加刑。

【释解与适用】

本条是关于刑罚种类的规定。

根据本条的规定,刑罚分为主刑和附加刑。所谓"主刑"是对犯罪分子进行惩罚的主要刑种,它只能独立适用,不能相互附加适用。对一个犯罪,只能判处一个主刑,不能同时适用两种以上主刑。我国刑法规定的主刑有五种,分为两大类:自由刑和生命刑。自由刑包括管制、拘役、有期徒刑和无期徒刑;生命刑,即死刑,包括死刑立即执行和死缓,后者即判处死刑的同时宣告缓期二年执行。"附加刑"是补充主刑惩罚罪犯的刑种,既能附加主刑适用,又可以独立适用,可以同时适用两种以上的附加刑。在刑法条文中,通常是采用判处主刑,并处或者单处附加刑的表述方式。

对一个犯罪,只能判处一个主刑,不能同时适用两种以上主刑,但可以同时适用两种以上的附加刑。

附加刑无论是附加适用还是单独适用,均应当以刑法分则条文有明文规定为准,凡未规定可以适用附加刑的,则不能附加或者独立适用附加。

第三十三条　【主刑种类】主刑的种类如下:

(一)管制;

(二)拘役;

(三)有期徒刑;

（四）无期徒刑；

（五）死刑。

【释解与适用】

本条是关于主刑种类的规定。

本条规定了五种主刑，以适应不同的犯罪及同种犯罪的不同情节。

1. 管制。"管制"是对犯罪分子不实行关押，但对其自由和权利依照法律规定作出一定的限制，并在社会上开放的环境下实行矫正的一种刑罚方法。对犯罪分子，不需要关押，不剥夺其人身自由，这是管制刑与拘役、徒刑刑罚执行方法的重要区别。

2. 拘役。"拘役"是对犯罪分子短期剥夺人身自由，实行就近关押，并进行教育改造的刑罚方法，适用于罪行较轻的犯罪分子。被判处拘役的人，根据情况参加劳动，参加劳动的，酌量发给报酬。

3. 有期徒刑。"有期徒刑"是对犯罪分子剥夺一定时期人身自由，并进行教育改造的刑罚方法。有期徒刑是我国刑罚种类中适用最广泛的一种刑罚，主要内容是剥夺犯罪人一定时期的人身自由，有劳动能力的，应当参加劳动。刑法总则对有期徒刑的上下限等基本内容作出规定，刑法分则根据具体罪名的情况，设置了长短不一的有期徒刑刑期幅度，有利于人民法院量定刑罚时做到罪责刑相适应。

4. 无期徒刑。"无期徒刑"是终身剥夺犯罪分子人身自由的刑罚方法，是仅次于死刑的一种严厉的刑罚方法，只适用于严重的犯罪。虽然无期徒刑属于终身剥夺人身自由的刑罚，但我国刑法根据惩罚与教育相结合的原则，在刑罚执行制度中规定了减刑、假释制度，减刑、假释也适用于被判处无期徒刑的罪犯。被判处无期徒刑的罪犯在服刑期间，如果能够认真遵守监规，接受教育改造，确有悔改表现的，或者有立功表现的，依法可以得到减刑。从刑罚执行的实际情况看，大多数被判处无期徒刑的罪犯，在刑罚执行期间都能够积极悔改，被减为有期徒刑，最终刑满释放。

5. 死刑。"死刑"是剥夺犯罪分子生命的刑罚方法，是一种最严厉的刑罚，适用于罪行极其严重的犯罪分子。

刑罚是行为人因实施犯罪应当承担的法律后果。对犯罪人判处刑罚，既是为了惩罚犯罪进而预防和减少犯罪，也是为了对犯罪人进行惩戒和教育，将其教育改造为守法公民。因此，适用刑罚也要考虑刑罚的教育功能，要根据罪犯实施犯罪的事实、性质、情节、社会危害程度，做到罪责刑相适应，体现刑罚个别化。同时，在刑罚执行当中，也要坚持惩罚与教育相结合的原则，既依法严格执行刑罚，对犯罪行为人予以应有的惩戒，也要鼓励犯罪人积极改造，顺利回归社会。就刑罚的运用和刑罚的执行而言，刑法总则设置了不同的刑种，规定了附条件不予执行刑罚的缓刑制度、实际减少刑罚执行期限的减刑制度，以及附条件的提前解除监禁的假释制度等；刑法分则根据具体犯罪的情况，设置了具有较大裁量空间的刑罚幅度。这些制度为人民法院准确量定刑罚，监狱等刑罚执行机关依法正确执行刑罚，提供了法律依据。

第三十四条　【附加刑种类】附加刑的种类如下：
（一）罚金；
（二）剥夺政治权利；
（三）没收财产。
附加刑也可以独立适用。

【释解与适用】

本条是关于附加刑的种类及适用的规定。

本条分为两款。第一款是关于附加刑种类的规定。根据本款的规定，附加刑有以下几种。

1. 罚金。"罚金"是强制犯罪分子向国家缴纳一定数额金钱，对罪犯进行经济制裁的一种刑罚方法。罚金的作用在于通过剥夺犯罪人一定数额的金钱，起到惩罚和教育的作用，并限制其利用资金再次犯罪的能力。因此，罚金刑主要适用于破坏社会主义市场经济秩序的犯罪和其他非法牟利的犯罪。罚金是世界各国较为普遍采用的一种刑罚方法，很多国家罚金适用非常普遍，成为人身自由刑罚的替代刑种。

2. 剥夺政治权利。"剥夺政治权利"是指依法剥夺犯罪分子一定期限参加国家管理和政治活动权利的刑罚方法。剥夺政治权利属于资格刑，剥夺的是犯罪分子依照宪法法律享有的特定参与公共事务管理、公共表达的权利，也就是参加国家管理和政治活动的权利、资格。剥夺政治权利虽然属于不剥夺或者限制罪犯人身自由的一种开放性刑罚方法，但在现代社会，这种刑罚对犯罪的公民的否定性评价和惩罚程度也是很严厉的。因此,剥夺政治权利刑罚主要适用于危害国家安全和其他严重危害社会治安的犯罪分子。

3. 没收财产。"没收财产"是指将犯罪分子个人财产的一部分或者全部强行无偿地收归国家所有的一种刑罚方法。没收财产是对罪犯经济上的制裁,与刑法中规定的作为刑事措施的追缴、没收违法所得或用于犯罪的工具等,性质不同,应注意区分。作为刑罚方法的没收财产,没收的是犯罪人本人所有的合法财产。一般而言,相对于罚金,没收财产刑更为严厉,主要适用于危害国家安全罪、破坏社会主义市场经济秩序罪、侵犯财产罪及妨害社会管理秩序罪中较严重的犯罪。

第二款是关于附加刑可以独立适用的规定。根据本条规定,附加刑一般是随主刑附加适用的,但也可以独立适用。这里规定的"可以独立适用"是指依照刑法分则单处附加刑的规定适用,而不是随意适用。

附加刑主要是配合主刑适用,以更好地做到罪责刑相适应和刑罚个别化,有效发挥刑罚的作用。同时,刑法规定附加刑可以独立适用,主要是考虑到实践中案件情况的复杂性,对于有些情节相对较轻或者有特殊情况的案件,单独适用附加刑可以做到罪责刑相适应的,依法独立适用附加刑更为适宜。这样,附加刑的独立适用,实际上扩大了人民法院在判处刑罚时的选择空间,更有利于实现刑罚目的。因此,附加刑独立适用,一般限于犯罪性质、情节较轻的犯罪。罪行比较严重的犯罪,不独立适用附加刑。另外,刑法分则有些犯罪的法定刑设定中,对相关附加刑规定了"并处""可以并处"不同情况,对此应当严格按照刑法的规定执行。就罚金而言,对于刑法规定"并处罚金"的,人民法院在判处主刑的同时,应当一并依法判处罚金;对于刑法规定"可以并处罚金"的,人民法院应当根据案件具体情况及犯罪分子的财产情况,决定是否并处罚金。

第三十五条 【驱逐出境】对于犯罪的外国人,可以独立适用或者附加适用驱逐出境。

【释解与适用】

本条是关于对犯罪的外国人,可以独立适用或者附加适用驱逐出境的规定。

根据本条的规定,对于犯罪的外国人,可以独立适用或者附加适用驱逐出境。

"对于犯罪的外国人"具有两层含义：一是驱逐出境只适用于外国人，不适用于中国公民；二是刑法上的驱逐出境只适用于犯罪的外国人。在我国境内的外国人，必须遵守我国的法律、法规，不得有侵害我国国家利益和公民利益等违法犯罪行为。如果外国人在我国有犯罪行为的，依照我国刑法第六条关于属地原则的规定，除享有外交特权和豁免权的外国人，通过外交途径解决等法律有特别规定的以外，依照我国刑法定罪处罚，这也是我国司法自主权的体现。"可以独立适用或者附加适用驱逐出境"，是指对于犯罪的外国人不是一律适用驱逐出境，而是根据其犯罪的性质、情节及犯罪分子本人的情况，结合对外交往的形势和需要综合考虑。可以适用驱逐出境，也可以不适用驱逐出境；可以独立适用驱逐出境，也可以附加适用驱逐出境。

【适用中需要注意的问题】

除了刑法中规定了驱逐出境以外，我国其他一些法律中也有规定。这里需要注意，虽然相关法律都使用了"驱逐出境"这一用语，但是其根据、适用对象、法律性质都不同。刑法上的驱逐出境是对犯罪的外国人的一种刑事措施。其他相关法律是将驱逐出境作为一种行政措施规定的。例如，出境入境管理法规定，对于违反出境入境管理法的外国人可以处驱逐出境。境外非政府组织境内活动管理法第五十条规定："境外人员违反本法规定的，有关机关可以依法限期出境、遣送出境或者驱逐出境。"可见，虽然上述法律中规定的驱逐出境，在名称上和刑法规定相同，具体内容也都是强制相关外国人离开国（边）境，但就其性质而言，是一种行政措施，适用于行政违法并且情节严重的外国人。

第三十六条 【赔偿经济损失与民事优先原则】由于犯罪行为而使被害人遭受经济损失的，对犯罪分子除依法给予刑事处罚外，并应根据情况判处赔偿经济损失。

承担民事赔偿责任的犯罪分子，同时被判处罚金，其财产不足以全部支付的，或者被判处没收财产的，应当先承担对被害人的民事赔偿责任。

【释解与适用】

本条是关于犯罪行为造成经济损失的赔偿的规定。

本条分为两款。第一款是关于因犯罪行为造成被害人经济损失的，应当予以赔偿的规定。根据本款的规定，由于犯罪行为使被害人遭受经济损失的，对犯罪分子除给予刑事处罚外，应当根据情况判处赔偿经济损失。这里规定的"由于犯罪行为而使被害人遭受经济损失的"，既包括由于犯罪行为直接侵害被害人的财产而造成的物质损失，如毁坏财物、盗窃、诈骗等直接侵害财产的情形，也包括由于犯罪行为侵害被害人的人身等权利，给被害人造成其他直接的经济上的损失，如伤害行为，不仅使被害人身体健康受到损害，而且使被害人遭受支出医疗费用等经济损失。"并应根据情况判处赔偿经济损失"，是指人民法院在对犯罪分子判处刑事处罚的同时，根据犯罪分子的犯罪性质、情节、被害人遭受损失的程度，被告人的经济状况等具体情况，一并判处犯罪分子赔偿被害人遭受的经济损失。

第二款是关于被判处财产刑，同时被判处赔偿被害人经济损失的犯罪分子，应当先承担民事赔偿责任的规定。根据本款的规定，犯罪分子先承担民事赔偿责任的，有两种情况：一是犯罪行为人被判处罚金，同时被判处赔偿经济损失的，这里既包括判处其他主刑并处罚金的，也包括单处罚金的。不论是单处还是并处罚金，同时被判处赔偿经济损失的，只要犯罪分子的财产不足以全部支付的，就应当先承担民事赔偿责任。二是犯罪行为人被判处没收财产，同时被判处赔偿被害人经济损失的，不论其财产多少，都应当先承担对被害人的民事赔偿责任。这一规定确定了在有被害人的案件中，对判处财产刑的，执行时采用民事优先的原则，以加强对被害人合法权利的保护。

【适用中需要注意的问题】

1. 在认定"由于犯罪行为而使被害人遭受经济损失的"事实时，应当判断犯罪分子的犯罪行为与被害人遭受经济损失的后果之间是否有法律上的因果关系，只有犯罪行为与被害人遭受经济损失之间有因果关系时，才可以判处赔偿经济损失。

2. 实践中，多数案件被害人请求赔偿是在刑事诉讼程序进行中提起刑事附带民事诉讼。对此，人民法院在同时作出刑事判决和附带民事判决时，应当注意民事赔偿的优先受偿问题；有的案件人民法院可能先作出刑事判决，后作出附带民事判决，这种情况下，也应当注意安排好民事优先受偿事项。此外，有的案件，被害一方未能在刑事诉讼程序进行中提出附带民事诉讼，而是随后另行提起民事诉讼，这种情况下，如果民事判决作出时，相关刑事判决中罚金、没收财产尚未执行或者尚未执行完毕的，也应当注意民事损害赔偿优先受偿的问题。

3. 对于被判处没收财产刑的犯罪分子，犯罪分子的合法债务履行与财产刑执行间的关系问题，我国刑法第六十条规定，没收财产以前犯罪分子所负的正当债务，需要以没收的财产偿还的，经债权人请求，应当偿还。其中，"正当债务"是指犯罪分子在判决生效前所负他人的合法债务。2014年10月《最高人民法院关于刑事裁判涉财产部分执行的若干规定》，就没收财产问题作出处理规定，被执行人在执行中同时承担刑事责任、民事责任，如果财产不足以支付的，按照下列顺序执行：（1）人身损害赔偿中的医疗费用；（2）退赔被害人的损失；（3）其他民事债务；（4）罚金；（5）没收财产。

第三十七条 【非刑罚处置措施】对于犯罪情节轻微不需要判处刑罚的，可以免予刑事处罚，但是可以根据案件的不同情况，予以训诫或者责令具结悔过、赔礼道歉、赔偿损失，或者由主管部门予以行政处罚或者行政处分。

【释解与适用】

本条是关于免予刑事处罚的，给予相应非刑罚处置措施的规定。

本条包含两层意思。

1. 对于犯罪情节轻微不需要判处刑罚的犯罪分子，可以免予刑事处罚。这里的"犯罪情节轻微"和"不需要判处刑罚"是"可以免予刑事处罚"必须同时具备的两个条件。也就是说，只有在既"犯罪情节轻微"又"不需要判处刑罚"的情况下，对犯罪分子才"可以免予刑事处罚"。"犯罪情节轻微"是指已经构成犯罪，但犯罪的性质、情节及危害后果都很轻。"不需要判处刑罚"是指犯罪情节轻微，犯罪人认罪、悔罪，从刑罚目的看，对其不判处刑罚也能达到惩戒和教育作用，因而没有判处刑罚的必要。

2.对免予刑事处罚的犯罪分子,可以根据案件的不同情况,采用非刑罚方法处理。根据本条的规定,可以采用的非刑罚方法包括两种情况:一是在人民法院判处免予刑事处罚的同时,根据案件的不同情况,对犯罪分子予以训诫或者责令具结悔过、赔礼道歉、赔偿损失。其中,训诫是对犯罪人当庭进行公开谴责的一种教育方法;责令具结悔过是责令其用书面方式保证悔改、不再重犯;责令赔礼道歉是责令其承认错误,向被害人表示歉意的教育方法;对于因被告人的犯罪行为遭受经济损失的被害人,可以责令被告人给予被害人一定经济赔偿。二是由人民法院交由主管部门予以行政处罚或者行政处分。"主管部门"主要是指管辖该案件的公安机关、犯罪分子所在单位或者基层组织。"行政处罚"主要是指行政执法机关依照行政法律、法规的规定,给予被免予刑事处罚的犯罪分子以经济处罚或者限制人身自由的处罚,如罚款、行政拘留等。"行政处分"是指犯罪分子的所在单位或者基层组织,依照规章、制度,对免予刑事处罚的犯罪分子予以行政纪律处分,如开除、记过、警告等。

【适用中需要注意的问题】

1.要注意区分免予刑事处罚与刑法中有关免除处罚的规定。免予刑事处罚是一种对情节轻微的犯罪行为的处理制度。"免除处罚"是刑法规定的量刑情节,如:犯罪以后自首,犯罪又较轻的;自首并且有立功表现的;正当防卫明显超过必要限度的;等等。行为人具有免除处罚情节的,需要由人民法院根据情况依法作出免予刑事处罚的判决。刑法中规定的免除处罚的情节,有的属于"可以"免除处罚,有的属于"应该"免除处罚,具体适用中需要注意。同时,有的案件中,犯罪行为人可能并没有免除处罚的情节,只是犯罪行为本身情节轻微,对此,只要根据案件情况不需要判处刑罚的,也属于依法免予刑事处罚的情形。

2.本条规定的非刑罚处置措施的适用,都是以行为人的行为构成犯罪为前提的,即定罪免刑。对于犯罪情节显著轻微危害不大的,依照刑法第十三条规定,不认为是犯罪,不应适用上述措施,二者性质是不同的。

3.关于给予行政处罚或者行政处分的部门。对于情节轻微不需要判处刑罚,依法免予刑事处罚,并应当给予行政处罚或者行政处分的,应由主管部门作出相关决定。人民法院可以根据案件具体情况提出行政处罚或者处分的建议，不得直接作出。司法机关和其他行政部门之间应当加强沟通和联系，充分发挥刑法、相关法律惩治违法犯罪行为的作用，使犯罪行为人得到应有的惩罚，并保护被害人的合法权益，使其经济上的损失得到赔偿。

第三十七条之一　【从业禁止】因利用职业便利实施犯罪，或者实施违背职业要求的特定义务的犯罪被判处刑罚的，人民法院可以根据犯罪情况和预防再犯罪的需要，禁止其自刑罚执行完毕之日或者假释之日起从事相关职业，期限为三年至五年。

被禁止从事相关职业的人违反人民法院依照前款规定作出的决定的，由公安机关依法给予处罚；情节严重的，依照本法第三百一十三条的规定定罪处罚。

其他法律、行政法规对其从事相关职业另有禁止或者限制性规定的，从其规定。

【释解与适用】

本条是关于禁止从事相关职业的预防性措施的规定。

本条共分三款。第一款是关于禁止从事相关职业的预防性措施的适用对象、程序和期限的规定。禁止从事相关职业的预防性措施或者称为从业禁止，是指人民法院对于实施特定犯罪被判处刑罚的人，依法禁止其在一定期限内从事相关职业以预防其再犯罪的法律措施。这种措施，是刑法从预防再犯罪的角度针对已被定罪判刑的人规定的一种预防性措施，不是新增加的刑罚种类。本款共作了三个方面的规定。

1. 关于禁止从事相关职业的预防性措施的适用对象。根据本款规定，禁止从事相关职业的预防性措施，适用于因为利用职业便利实施犯罪，或者实施违背职业要求的特定义务的犯罪，被判处刑罚的罪犯。本款规定的"利用职业便利实施犯罪"，是指利用自己从事该职业所形成的管理、经手、权力、地位等便利条件实施犯罪。例如，犯罪行为人利用职业便利实施的职务侵占犯罪，从事证券业、银行业、保险业等人员利用职业便利实施妨害对公司、企业管理秩序罪或破坏金融管理秩序罪等。本款规定的"实施违背职业要求的特定义务的犯罪"，是指违背一些特定行业、领域有关特定义务的要求，违背职业道德、职业信誉所实施的犯罪。例如，从事食品行业的人，实施生产、销售不符合安全标准的食品罪，生产、销售有毒、有害食品罪；从事化学品生产、销售、运输或者储存的人，违反有关要求实施环境污染犯罪等；对未成年人、老年人、患病的人、残疾人等负有监护、看护职责的人，虐待被监护、看护的人，犯虐待被监护、看护人罪等。利用职业便利实施犯罪和实施违背职业要求的特定义务的犯罪，两者之间在范围上可能有相互覆盖、相互交叉的地方。本款规定的"被判处刑罚"，包括被判处主刑和附加刑。单处罚金或者独立适用剥夺政治权利的，属于本款规定的"被判处刑罚"。对于依照刑法第三十七条规定予以定罪，但免予刑事处罚的犯罪分子，不适用从业禁止的规定。

2. 关于禁止从事相关职业的预防性措施的适用程序。根据本款规定，人民法院可以根据犯罪情况和预防再犯罪的需要，对犯罪行为人决定适用从业禁止。这里规定的"可以"，是指对于因利用职业便利实施犯罪或者实施违背职业要求的特定义务的犯罪被判处刑罚的人，不是一律都要予以从业禁止，而是要根据犯罪情况和预防再犯罪的需要，具体决定是否适用从业禁止。"根据犯罪情况和预防再犯罪的需要"，主要是指根据犯罪的事实、性质、情节、社会危害程度等，以及犯罪分子的主观恶性、再次犯罪的可能性等确定。对于故意实施犯罪主观恶性较大、犯罪情节恶劣，不适用从业禁止可能严重影响人民群众安全感，不利于预防其再次犯罪的，依法适用从业禁止的预防性措施。对于主观恶性较小、犯罪情节较轻、再犯罪可能性较小的，可以不适用从业禁止的预防性措施。从业禁止应当在判决中同时确定，从业禁止的具体内容和时间应当体现在裁判中，具有强制性的法律效力，被禁止从事相关职业的人必须遵守。

3. 关于禁止从事相关职业的期限。根据本款规定，从业禁止的预防性措施，其起始时间是自刑罚执行完毕或者假释之日起。根据刑罚设置从业禁止的立法目的，其效力当然适用于刑罚执行期间。对于被判处有期徒刑、无期徒刑被假释的犯罪分子，从业禁止从假释之日起计算。从业禁止的期限是三年至五年。人民法院可以根据犯罪情况和预防再犯罪的需要，在三年和五年之间，酌情确定从业禁止的具体期限。

第二款是关于违反禁止从事相关职业的预防性措施的法律后果的规定。为保证禁止从事相关职业的预防性措施的规定在实际执行中能够落实到位，本款从两个方面规定了违反从业禁止决定的法律后果：一是被禁止从事相关职业的人违反人民法院依法作出的从业禁止的决定的，由公安机关依法给予处罚。这种情形主要是针对违反人民法院作出的从业禁止决定,但情节比较轻微,尚不构成犯罪的。二是情节严重的,依照刑法第三百一十三条拒不执行判决、裁定罪的规定定罪处罚。这里规定的"情节严重",主要是指违反人民法院从业禁止决定,经有关方面劝告、责令改正仍不改正的,因违反从业禁止决定受到行政处罚又违反的,或者违反从业禁止决定且在从业过程中又有违法行为的等情形,具体需要结合行为人违反从业禁止决定的具体情况,根据刑法第三百一十三条拒不执行判决、裁定罪的规定确定。

第三款是关于其他法律、行政法规对从事相关职业另有禁止或者限制性规定时,如何处理的规定。据不完全统计,我国现行有二十多部法律和有关法律问题的决定中,对受过刑事处罚人员规定了从事相关职业的禁止或者限制性规定,包括规定禁止或者限制担任一定公职、禁止或者限制从事特定职业以及禁止或者限制从事特定活动等。刑法之外的这些相关领域的法律、行政法规规定的禁止或者限制从事相关职业、活动,都属于行政性的预防性措施,与本条规定的从业禁止在适用条件、禁止期限等方面存在一定差异。例如,有的规定从业禁止只适用于特定犯罪,有的规定适用于被判处特定刑罚的人,有的规定禁止或者限制的期限是终身,有的规定了一定的期限。根据本条规定,对于其他法律、行政法规对从事相关职业另有禁止或者限制性规定的,从其规定,即依照这些法律、行政法规的规定处理。

关于作为行政措施的从业禁止与刑事措施的从业禁止的衔接问题。我国对于很多违法行为,在法律责任上有区分一般行政违法和刑事违法的"二元制"法制传统。从行政管理的实践看,对于很多发展比较成熟的行业,往往都已经建立了较为严格的资格准入制度,如执业医师、执业药师、金融从业资格等。对于违反有关法律、行政法规的行为人,也都在规定给予行政处罚之外,规定了不同程度的限制或者剥夺相关从业资格的措施。因此,刑法修正案(九)增加从业禁止性规定,是考虑到在这些法律、行政法规之外,还有一些职业和领域虽然尚未建立规范的资格准入制度,但有的也有根据情况禁止其一定期限内从业的必要性。对这些法律、行政法规尚未规定职业资格准入制度的领域、行业,可以由刑法作出规定,并限定在一个合理的期限之内。因此,刑法关于从业禁止的规定,相对于其他专门的法律、行政法规的规定而言,具有一定的补充性。对于法律、行政法规已经有相应规定的,直接由主管部门依照相关法律、行政法规作出禁止从业的决定；对于尚无相关法律、行政法规，而又有予以一定期限内禁止从业的必要的，人民法院可以根据被告人犯罪情况和预防再犯罪的需要，依照本条规定作出从业禁止的裁判。因此，这里的"从其规定"，不仅是指从业禁止的期限依照有关法律、行政法规的规定，而且包括给予从业禁止的主体、条件等也应依照有关法律、行政法规的规定，而不是指人民法院可以不受本条规定的三年至五年的期限限制，直接根据有关法律、行政法规规定的期限，给予从业禁止的裁判。

第二节 管 制

第三十八条 【管制的期限与执行】管制的期限，为三个月以上二年以下。

判处管制，可以根据犯罪情况，同时禁止犯罪分子在执行期间从事特定活动，进入特定区域、场所，接触特定的人。

对判处管制的犯罪分子，依法实行社区矫正。

违反第二款规定的禁止令的，由公安机关依照《中华人民共和国治安管理处罚法》的规定处罚。

【释解与适用】

本条是关于管制刑期、管制禁止令以及依法实行社区矫正的规定。

本条共分四款。第一款是关于管制期限的规定。根据本款的规定，管制的期限，最高为二年，最低为三个月。

第二款是关于对被判处管制的犯罪分子作出禁止令的规定。根据本款规定，人民法院可以根据犯罪情况，在判处行为人管制的同时，作出禁止其在管制期间从事特定活动，进入特定区域、场所，接触特定的人的禁止令。何为"特定"，法律未作具体规定，是因为实践中情况比较复杂，难以在法律中作出详尽规定，需要人民法院根据每一起案件的具体情况，主要是根据个案中犯罪的性质、情节，行为人犯罪的原因，维护社会秩序、保护被害人免遭再次侵害、预防行为人再次犯罪的需要等情况，在判决时作出具体的禁止性规定。人民法院作出禁止令，可以只涉及一个方面的事项，如只禁止行为人从事特定活动，也可以同时涉及三个方面的事项，即同时禁止其从事特定活动，进入特定区域、场所，接触特定的人，具体根据案件情况和需要确定。法律规定"可以"根据案件情况作出禁止令，并非所有案件均要作出禁止令。是否作出禁止令的裁量权赋予人民法院，根据则在于案件情况确有需要。

需要注意的是，虽然法律对人民法院的禁止令可以禁止的事项只是作了原则规定，但并不意味着人民法院可以对被判处管制的犯罪分子任意设置禁止令。人民法院作出禁止令，要按照法律规定的原则和精神，从维护社会秩序、保护被害人合法权益、预防再犯罪的需要出发。首先，是否有必要作出禁止令，需要结合具体案件的情况，并非所有判处管制的案件均要作出禁止令。其次，对需要作出禁止令的，禁止令的内容也要符合法律规定，有利于犯罪分子教育改造和重新回归社会，不得损害其合法权益。2011年发布的《最高人民法院、最高人民检察院、公安部、司法部关于对判处管制、宣告缓刑的犯罪分子适用禁止令有关问题的规定（试行）》对禁止令的具体适用作了规定。根据该规定，禁止从事特定活动包括个人为进行违法犯罪活动而设立公司、企业、事业单位或者在设立公司、企业、事业单位后以实施犯罪为主要活动的，禁止设立公司、企业、事业单位；附带民事赔偿义务未履行完毕，违法所得未追缴、退赔到位，或者罚金尚未足额缴纳的，禁止从事高消费活动；等等。禁止进入特定区域、场所包括禁止进入夜总会、酒吧、迪厅、网吧等娱乐场所；未经执行机关批准，禁止进入举办大型群众性活动的场所；等等。禁止接触特定的人包括未经对方同意，禁止接触被害人及其法定代理人、近亲属；未经对方同意，禁止接触证人及其法定代理人、近亲属；等等。

第三款是关于对被判处管制的犯罪分子，依法实行社区矫正的规定。刑法原规定，被判处管制的犯罪分子，由公安机关执行。刑法修正案（八）将该规定修改为依法实行社区矫正。当时作出这一规定的背景情况是：2003年以来，有关部门在一些地方开展社区矫正试点工作，各方面反映较好，2009年有关部门又进一步在全国试行社区矫正。社区矫正是将符合法定条件的罪犯置于社区内，由有关机构在相关社会团体、民间组织和社会志愿者的协助下，在判决、裁定或决定确定的期限内，矫正其犯罪心理和行为恶习，促进其顺利回归社会的非监禁的刑事执行活动。刑法修正案（八）的这一修改，为当时正在进行的社区矫正试点工作提供了法律依据。社区矫正是一项综合性很强的工作，需要各有关部门分工配合，并充分动员社会各方面力量，共同做好工作。虽然刑法修正案（八）将刑法原来规定的"由公安机关执行"修改为"依法实行社区矫正"，但这并非意味着公安机关不再承担对被判处管制的犯罪分子的监督管理职责。在社区矫正工作中，公安机关也承担着重要的职责。例如，在社区矫正对象失去联系时，公安机关要配合社区矫正机构组织查找；社区矫正对象在社区矫正期间有违反监督管理规定行为的，公安机关要依照治安管理处罚法的规定给予处罚；社区矫正对象殴打、威胁、侮辱、骚扰、报复社区矫正工作人员和其他依法参与社区矫正工作的人员及其近亲属尚不构成犯罪的，公安机关依法给予治安管理处罚。在积累社区矫正经验的基础上，2019年全国人大常委会通过了社区矫正法。社区矫正法第二条规定，被判处管制的罪犯，依法实行社区矫正。第八条规定，国务院司法行政部门主管全国的社区矫正工作。县级以上地方人民政府司法行政部门主管本行政区域内的社区矫正工作。人民法院、人民检察院、公安部和其他有关部门依照各自职责，依法做好社区矫正工作。

第四款是关于被判处管制的犯罪分子违反禁止令的法律责任的规定。为了加强对被判处管制的犯罪分子的监督管理，本条第二款增加了人民法院对被判处管制的犯罪分子，可以禁止其在管制期间从事特定活动，进入特定区域、场所，接触特定的人。对违反禁止令规定的应当如何追究其法律责任，本款作了具体规定，即由公安机关依照治安管理处罚法的规定予以处罚。根据治安管理处罚法第六十条的规定，被依法执行管制、剥夺政治权利或者在缓刑、暂予监外执行中的罪犯或者被依法采取刑事强制措施的人，有违反法律、行政法规或者国务院有关部门的监督管理规定的行为的，处五日以上十日以下拘留，并处二百元以上五百元以下罚款。

第三十九条　【被管制罪犯的义务与权利】被判处管制的犯罪分子，在执行期间，应当遵守下列规定：

（一）遵守法律、行政法规，服从监督；

（二）未经执行机关批准，不得行使言论、出版、集会、结社、游行、示威自由的权利；

（三）按照执行机关规定报告自己的活动情况；

（四）遵守执行机关关于会客的规定；

（五）离开所居住的市、县或者迁居，应当报经执行机关批准。

对于被判处管制的犯罪分子，在劳动中应当同工同酬。

【释解与适用】

本条关于对被判处管制的犯罪分子的要求的规定和对被判处管制的犯罪分子如何支付劳动报酬的规定。

本条分为两款。第一款是关于对被判处管制的犯罪分子的要求的规定。根据本款的规定，被判处管制的犯罪分子，在执行期间，应当遵守下列规定。

1. 遵守法律、行政法规，服从监督。这一规定要求被判处管制的犯罪分子自觉地遵守宪法、法律和行政法规；对于执行机关对其实行的监督，被判处管制的罪犯必须服从。

2. 未经执行机关批准，被管制的犯罪分子不得行使言论、出版、集会、结社、游行、示威自由的权利。在犯罪分子被管制期间，限制其行使上述权利，有利于加强对他们的监督管理，防止他们以行使自由权利为借口，继续危害社会。

3. 按照执行机关规定报告自己的活动情况。这样规定主要是为了及时掌握被管制的犯罪分子的动态和情况，防止其失去联系，以更好地教育改造犯罪分子，防止其继续实施违法犯罪行为。

4. 遵守执行机关关于会客的规定。这样规定有利于防止服刑人受外界的不良影响、干扰，以致再犯罪。

5. 离开所居住的市、县或者迁居，应当报经执行机关批准。这项规定的意义与第三项相同。

第二款是关于对被判处管制的犯罪分子如何支付劳动报酬的规定。根据本款的规定，对被判处管制的犯罪分子，在劳动中应当同工同酬。

【适用中需要注意的问题】

1. 管制刑并非意味着同时剥夺政治权利，需要剥夺政治权利的，应当依法附加判处。刑法规定，未经执行机关批准，被管制的犯罪分子不得行使相关权利，并不是剥夺其权利。如果罪犯要行使相关权利，程序上需要由执行机关批准。执行机关应当根据其申请行使权利的目的、理由、方式等情况，主要是从是否有利于其接受教育改造，是否可能发生违法犯罪等方面作审查。

2. 被判处管制的犯罪分子，在社区矫正期间，应当遵守社区矫正法规定的监督管理规定，应当遵守法律、行政法规，履行判决、裁定、暂予监外执行决定等法律文书确定的义务，遵守国务院司法行政部门关于报告、会客、外出、迁居、保外就医等监督管理规定，服从社区矫正机构的管理。

3. 对于被判处管制的犯罪分子，在管制执行期间，实施违法行为的，依照社区矫正法第五十九条、第六十条规定，由公安机关依照治安管理处罚法的规定给予处罚；具有撤销缓刑、假释或者暂予监外执行收监情形的，应当依法作出处理。

4. 被依法实行社区矫正的管制犯，在实践中，存在因违反治安管理规定被治安拘留、违反审判秩序被司法拘留、因吸毒被强制隔离戒毒等情形，管制刑期如何处理问题。有的意见认为，对被处管制的罪犯在管制执行期间被依法予以拘留的，应当在拘留执行期满后继续执行管制，拘留时间不计入管制期限。我们考虑，按照管制刑的执行内容，拘留、强制隔离戒毒期间不需要停止执行管制，中止执行没有法律依据，还涉及是否变更人民法院判决等复杂问题。同时，拘留、强制隔离戒毒也能起监督社区矫正措施执行的作用。因此，管制刑不需要停止执行，拘留期满、强制隔离戒毒措施解除后，管制刑尚未期满的，应当继续执行管制。

第四十条　【管制的解除】被判处管制的犯罪分子，管制期满，执行机关应即向本人和其所在单位或者居住地的群众宣布解除管制。

【释解与适用】

本条是关于管制解除的规定。

本条规定包含两层意思。

1. 解除管制的前提是管制期满，即被判处的管制刑执行完毕。

2. 管制期满，执行机关应即向本人和其所在单位或者居住地的群众宣布解除管制。宣布解除应当以让被判处管制的犯罪分子明确知晓和向其所在单位或者居住地的群众明示为标准，可以采取当面宣布、电话、信函等形式。这一规定有利于防止拖延管制期限，损害被解除管制人的合法权利，也有利于及时宣传法制，教育群众，保证法律的正确实施。实践中需要注意的是，刑法规定向本人和所在单位或者居住地的群众宣布，是为了维护管制期满解除管制的人的合法权益，防止因为有关方面不了解管制已经期满的事实而继续限制其相关权利的情况发生，因此，在宣布的时候，应当注意方式方法，避免歧视性做法，以有利于其重新回归社会。

第四十一条 【管制刑期的计算与折抵】管制的刑期，从判决执行之日起计算；判决执行以前先行羁押的，羁押一日折抵刑期二日。

【释解与适用】

本条是管制刑期计算的规定。

根据本条的规定，管制的刑期从判决执行之日起计算，即判决开始执行的当日起计算，当日包括在刑期之内；判决执行以前先行羁押的，羁押一日折抵管制刑期二日。这里规定的"先行羁押"是指判决开始执行以前，针对被判处刑罚的同一行为而实行的关押。

第三节 拘 役

第四十二条 【拘役的期限】拘役的期限，为一个月以上六个月以下。

【释解与适用】

本条是关于拘役刑期限的规定。

拘役是一种短期剥夺罪犯的人身自由的刑罚，是我国主刑之一，在我国刑罚体系中轻于有期徒刑，重于管制，适用于罪行较轻但仍需要短期关押改造的罪犯。对主观恶性较小的罪犯适用短期自由刑，既体现刑法罪责刑相适应的原则，也有利于促使罪犯反省悔罪、重新做人、回归社会。作为一种相对轻缓的监禁刑，拘役不仅在期限上较有期徒刑为短，性质上也是完全不同的，与之相应，相关的法律后果也有很大差异。比如，刑法第六十五条关于累犯的规定，就是以前、后罪都是被判处有期徒刑为构成累犯的条件的，被判处拘役的罪犯，服刑期满后再犯罪的，不作为累犯处理。因此，实践中对于一些本来应当适用拘役的案件，不能因为判处较短的有期徒刑，实际期限相差不大，就处以有期徒刑。根据本条的规定，拘役的期限为一个月以上六个月以下，最低期限为一个月，便于与羁押日期相折抵的执行；最高刑期为六个月，与有期徒刑的最低期限六个月相衔接。拘役的期限虽然比管制刑短，但它属于剥夺人身自由的一种刑罚。在刑法分则中除了过失致人死亡罪没有规定可以适用拘役，绝大多数过失犯罪都可以适用拘役。在这样的条文中，拘役既可以适用于犯罪情节轻微，不需要判处有期徒刑的犯罪，也可以适用于本应判处有期徒刑、但具有从轻情节的犯罪，或者本应判处管制、但具有从重情节的犯罪。拘役作为一种短期自由刑，丰富了我国刑罚手段，使我国刑罚体系轻重有序，配套衔接。

第四十三条 【拘役的执行】被判处拘役的犯罪分子，由公安机关就近执行。

在执行期间，被判处拘役的犯罪分子每月可以回家一天至两天；参加劳动的，可以酌量发给报酬。

【释解与适用】

本条是关于拘役刑的执行的规定。

本条共分两款。第一款是关于拘役刑由公安机关就近执行的规定。根据本款规定，拘役刑由公安机关执行，而不是交给作为刑罚执行机关的监狱执行。拘役刑由公安机关执行，主要是指在公安机关管理的特定场所进行教育和改造。执行拘役期间，罪犯的人身自由处于被剥夺状态，并由执行人员看管，应当遵守相关管理规定。对于剥夺人身自由的监禁刑，各国一般都是由监狱执行的。我国刑法第四十六条规定，被判处有期徒刑、无期徒刑的犯罪分子，在监狱或者其他执行场所执行。刑法之所以规定拘役由公安机关就近执行，主要是考虑到拘役虽然也是剥夺人身自由的一种刑罚，但刑期较短，而且被判处拘役的犯罪分子，有的已在侦查、审查起诉、审判过程中因为被采取刑事强制措施而先期羁押，这样，将先期羁押的时间折抵刑期后，剩余的需要实际执行拘役的刑期更短，如果也交由监狱执行，有关机关之间办理法律交接手续、押解等都需要时间，成本比较高，也不安全。同时，也是考虑到罪责刑相适应的原则，毕竟拘役刑主要适用于情节较轻的犯罪，其严厉程度相较有期徒刑相对也较轻，执行内容也应以教育改造为主。与之相关的，对判处有期徒刑罪犯中交付执行时剩余刑期较短的，也是由看守所就近执行的。对此，刑事诉讼法第二百六十四条有明确规定，即对被判处有期徒刑的罪犯，在被交付执行刑罚前，剩余刑期在三个月以下的，由看守所代为执行。刑事诉讼法的规定，也是考虑到剩余刑期较短，不同机关办理换押手续、路途押解等成本、风险等因素。因此，对被判处拘役的罪犯，不必送交监狱，而由公安机关就近执行也是妥当的。

这里所说的"就近执行"，一般是指判决时犯罪分子所在的县、市或市辖区的看守所执行。由犯罪分子判决时所在的看守所执行，符合就近的原则，节约司法资源，也便利其家属探视以及执行中经允许回家一天至两天等，从而有利于依法执行刑罚和教育改造罪犯。

关于拘役刑的执行场所，实践中主要经历了以下两个阶段：1979年刑法实施期间，公安机关根据法律规定设置了拘役所，负责拘役刑的执行。对于一些尚未设立拘役所的地方，规定就近放置于看守所或者劳改队执行。2005年12月27日，《公安部关于做好撤销拘役所有关工作的通知》决定撤销拘役所，对于被判处拘役的罪犯，统一由看守所执行。之所以撤销拘役所，统一由看守所执行拘役刑，主要是长期以来各地拘役所设置很不规范，基础设施条件差、安全系数低，影响了拘役刑执行工作的顺利进行。同时，由于被判处拘役罪犯的数量相对较少，单独设置拘役所关押拘役罪犯有限，致使拘役所普遍以关押留所服刑罪犯为主，名不副实。

第二款是关于被判处拘役的犯罪分子每月可回家一天至两天和酌量发给劳动报酬的规定。根据本条规定，被判处拘役的犯罪分子，每月回家的天数应当计算在刑期之内。同时，在拘役执行期间，执行机关应注意对犯罪分子进行教育。组织参加生产劳动的，根据他们的劳动表现、技术水平等情况酌量发给报酬，这与被判处管制的犯罪分子在劳动中"同工同酬"的规定是有差别的。

关于拘役罪犯参加生产劳动，国务院于1990年发布的《看守所条例》第三十三条规定，看守所应当对人犯进行法制、道德以及必要的形势和劳动教育。公安部于2013年修订的《看守所留所执行刑罚罪犯管理办法》第八十条规定，看守所应当组织罪犯参加劳动，培养劳动技能，积极创造条件，组织罪犯参加各类职业技术教育培训。第八十二条规定，看守所对于参加劳动的罪犯，可以酌量发给报酬并执行国家有关劳动保护的规定。

【适用中需要注意的问题】

我国一直坚持对成年罪犯和未成年罪犯实行"分押分管"的原则。根据刑事诉讼法第二百六十四条和第二百八十条的规定,对未成年犯应当在未成年犯管教所执行刑罚,这主要是针对需要在监狱服刑的情形而言。而对被判处拘役的未成年犯,包括交付执行前剩余刑期在三个月以下的未成年犯,仍应由公安机关在看守所执行,并应对成年犯和未成年犯分别羁押、分别管理。

第四十四条 【拘役刑期的计算与折抵】拘役的刑期,从判决执行之日起计算;判决执行以前先行羁押的,羁押一日折抵刑期一日。

【释解与适用】

本条是关于拘役的刑期计算与折抵的规定。

本条规定了拘役执行期限的计算方法,以及判决执行以前先行羁押的日期折抵拘役刑期的方法,这是司法实践中准确适用拘役、确保执法统一的必要条件。根据本条规定,拘役的刑期从判决执行之日起计算,即从犯罪分子实际执行拘役开始计算。对于虽已作出拘役判决,但犯罪分子尚未交付公安机关执行的,还不能算判决执行之日,不能开始计算刑期。

由于在侦查、审查起诉、审判等刑事诉讼过程中可能会对犯罪嫌疑人采取拘留、逮捕等强制措施,如果经过人民法院审判后判决被告人有罪的,势必涉及其先前诉讼过程中被羁押时间如何处理,能否折抵其应当服刑的期限问题。另外,从确定具体刑罚执行的起止日期看,刑罚开始执行的时间未必是判决作出或者判决生效之日,其间可能会有因为手续交接等各种需要,实际开始执行刑罚的时间要晚于判决确定的时间。这一判决确定之后,等待刑罚执行期间的羁押时间,也需要考虑如何处理。

对先行羁押时间予以刑期折抵,是指将被判刑人在判决执行前被羁押的期间换算为已执行刑期,被判刑人只需继续执行剩余刑期的制度。刑期折抵是各国普遍采用的一项重要的刑罚适用制度,体现了公正、理性、权利保障原则和刑法的人道主义。

关于具体折抵的标准,根据本条规定,拘役刑的折抵标准为"羁押一日折抵刑期一日"。这里说的"先行羁押",主要是指在刑事诉讼过程中被采取刑事拘留、逮捕强制措施。罪犯在判决执行以前被刑事拘留后关押的，以及被采取逮捕措施的，羁押一日折抵刑期一日。此外，需要特别注意的是，其他法律还规定有应当进行刑期折抵的情况。

1. 指定居所监视居住。刑事诉讼法第七十六条规定，指定居所监视居住的期限应当折抵刑期。被判处拘役、有期徒刑的，监视居住二日折抵刑期一日。因此，对于被判处拘役的罪犯，如果其在之前的刑事诉讼期间被采取了指定居所监视居住的强制措施的，也应当折抵刑期，只是折抵标准为二日折抵一日。

2. 因同一行为已经受过行政拘留处罚的。行政处罚法第三十五条第一款规定，违法行为构成犯罪，人民法院判处拘役或者有期徒刑时，行政机关已经给予当事人行政拘留的，应当依法折抵相应刑期。因此，如果被判处拘役的罪犯在被追究刑事责任之前，其同一违法行为被行政机关作为行政违法行为给予了行政拘留处罚，随后发现构成犯罪，又被依法追究刑事责任的，之前的被行政拘留的时间应当予以折抵刑期。这主要是因为，我国法律对很多违法行为根据情节严重程度区分为一般行政违法行为和犯罪行为，即所谓"二元的法律责任"体系。这种体系之下，行政违法行为与犯罪行为性质是完全不同的。因此，被判处刑罚的犯罪行为是之前被作为行政违法行为给予行政拘留处罚的，属于同一违法行为，如果不予折抵，相当于对同一个行为既作为犯罪定罪量刑，又作为行政违法行为给予行政处罚，混淆了行为的性质和界限，法律适用上属于重复评价，有违法律的公正性。关于折抵的标准，行政处罚法没有明确规定，但行政处罚法规定了"依法折抵相应刑期"，对此，应结合罪犯被判处的刑罚的种类合理确定何为"相应"。考虑到行政拘留是一定时间内完全剥夺行为人人身自由的行政处罚，被行政拘留的日期应按照居留一日折抵拘役一日的标准折抵刑期为宜。

3. 被监察机关留置的。监察法第四十四条第三款规定，被留置人员涉嫌犯罪移送司法机关后，被依法判处管制、拘役和有期徒刑的，留置一日折抵管制二日，折抵拘役、有期徒刑一日。因此，如果被判处拘役的罪犯在之前的监察调查期间被采取过留置措施的，留置的期限应当折抵刑期，折抵标准为留置一日折抵拘役一日。

【适用中需要注意的问题】

拘役的期限为一个月以上六个月以下，刑期相对比较短，一般多适用于情节较轻的犯罪和过失犯罪，因此，司法机关在办理该类刑事案件过程中，对于是否采取强制措施，采取何种强制措施，应严格按照刑事诉讼法规定的条件执行，尽可能避免不必要的羁押措施。同时应注意：一是根据案件情况，认为属于可能会判处拘役的，依照刑事诉讼法的规定，就不得采取逮捕的强制措施；二是如果确有必要而依法采取了羁押措施的，应当严格按照刑事诉讼法的规定，在羁押期间对羁押必要性继续进行审查，对不适宜继续羁押的，要及时释放或者变更强制措施。总之，对于有可能被判处拘役的犯罪嫌疑人，要综合案件犯罪嫌疑人是否有再犯罪、妨害刑事诉讼危险等各种情况和因素慎重采取强制措施，既要保障刑事诉讼活动正常进行，又要维护犯罪嫌疑人合法权益，保障程序公平正义，这也是对司法机关依法公平公正办案更高的要求。

第四节 有期徒刑、无期徒刑

第四十五条 【有期徒刑的期限】有期徒刑的期限，除本法第五十条、第六十九条规定外，为六个月以上十五年以下。

【释解与适用】

本条是关于有期徒刑期限的规定。

有期徒刑是剥夺犯罪分子一定期限的人身自由的刑罚，是我国主刑之一。在我国刑法规定的自由刑中，有期徒刑下接拘役刑上承无期徒刑，既可以适用于性质较轻的犯罪，又可以适用于性质居中的犯罪，还可适用于性质比较严重的犯罪，其适用的广泛性远高于其他刑罚，在整个刑罚体系中居于核心重要位置。

根据本条规定，有期徒刑的最低期限为六个月，与拘役相衔接；最高期限为十五年。有期徒刑刑期的范围，是保证司法实践中准确适用有期徒刑的必要条件。在刑法分则条文中没有指明有期徒刑上限或者下限的情况下，均应结合本条规定确定适用刑罚的期限。本条规定了两种除外情形：

一是根据刑法第五十条的规定，被判处死刑缓期执行的罪犯，在死缓执行期间，如果确有重大立功表现，二年期满以后，减为二十五年有期徒刑；二是根据刑法第六十九条第一款的规定，对犯罪分子实行数罪并罚，除判处死刑和无期徒刑的以外，应当在总和刑期以下、数刑中最高刑期以上，酌情决定执行的刑期，有期徒刑总和刑期不满三十五年的，最高不能超过二十年，总和刑期在三十五年以上的，最高不能超过二十五年。这两条规定的有期徒刑的最高期限，属于有期徒刑一般刑期的例外规定。

刑法总则关于有期徒刑的上下限的规定，是从总体上对有期徒刑这一刑种的设定和规范。根据刑罚具体运用的需要，还应当在刑法分则中根据不同犯罪性质、类型等，具体设定适用于不同罪名的具体刑罚幅度。这也是体现罪刑法定原则，规范刑罚裁量，避免和减少实践中自由裁量权过大、裁判标准不一致等问题，实现罪责刑相适应的必然要求。在刑法分则的条文中，有期徒刑的法定刑幅度主要有：一年以下、一年以上七年以下；两年以下、两年以上五年以下、两年以上七年以下；三年以下、三年以上七年以下、三年以上十年以下；五年以下、五年以上十年以下、五年以上；七年以上十年以下、七年以上；十年以上；十五年。由以上可以看出，我国刑法关于有期徒刑的设定具有很强的可分性，这样能够使不同的法定刑适用于不同程度社会危害性的犯罪，便于司法机关在办理案件时根据犯罪事实、性质、情节和对于社会的危害程度等案件具体情况，对罪犯在法定刑幅度内适用适当的有期徒刑，以实现罪责刑相适应。

我国刑法关于有期徒刑刑期的规定，总体上幅度比较大，赋予了人民法院较大的自由裁量权。这样有利于人民法院根据个案的情况，准确裁量刑罚，做到刑罚个别化和罪责刑相适应，但较大的自由裁量权也难免带来实践中一些个案量刑相差悬殊的情况。同时，司法实践中长期一定程度存在的重定罪、轻量刑的习惯也加剧了这种现象。近年来，为了回应社会各方面对于司法公开、"同案同判"等呼声，人民法院依法进行量刑规范化改革，通过司法解释等规范性文件对量刑标准作出了细化规定。2020年7月31日，《最高人民法院关于统一法律适用加强类案检索的指导意见（试行）》开始实施，作为进一步推进我国量刑程序改革的一部分。这些举措都有利于提高审判质量，体现刑罚均衡和公正，努力实现"同案同判"。另一方面，需要注意的是，没有一个案件是与其他案件完全相同的，每个案件都有自身的情况，犯罪行为人的有关情况，案件发生的时间、地点，犯罪的动机、过程、结果以及对社会的影响等，都可能影响案件刑罚的裁量。相同情况相同对待，不同情况不同对待，也是量刑公平的必然要求。具体案件的量刑，既要尽可能做到类似情况大体均衡，也要考虑不同情况和差异，依法体现量刑的个别化。因此，在量刑规范化过程中，要避免简单套用指标、机械适用规则，导致量刑僵化、有失公正的情况。这对于人民法院量刑工作提出了很高的要求。量刑工作的核心，是依法量刑，做到过罚相当，体现罪责刑相适应。对此，必须要充分发挥法官的主观能动性，提高法官准确掌握刑事政策和正确适用法律的能力水平。

总之，在实践中如何满足人民群众对司法公正和司法平等的双重期待，在量刑规范化与量刑合目的性之间做好平衡，需要我们在立法、司法、释法等多方面统筹推进；既要尊重法官的自由裁量权，又要以明确的标准予以规制，避免权力滥用。对于有期徒刑这种幅度跨度大、适用广泛的自由刑，需要深入考察刑法分则不同罪名下法定刑的设定和执行情况，在惩治和教育罪犯方面的实际效果，梳理研究实践经验和反映出来的问题，结合刑罚结构调整和刑罚执行制度改革，不断完善有期徒刑制度。

第四十六条　【有期徒刑与无期徒刑的执行】被判处有期徒刑、无期徒刑的犯罪分子，在监狱或者其他执行场所执行；凡有劳动能力的，都应当参加劳动，接受教育和改造。

【释解与适用】

本条是关于有期徒刑和无期徒刑具体执行的规定。

本条包括执行场所和执行内容，即在监狱或者其他执行场所执行，以劳动与教育和改造为内容。

有期徒刑、无期徒刑是实践中运用最广泛的刑罚，适用于较严重的犯罪，对这些犯罪分子有必要实行集中关押，在监狱等专门刑罚执行场所中执行刑罚。犯罪分子通过参加劳动，改造思想，认罪悔罪，成为守法公民。同时，为了使他们能掌握一技之长，在刑满释放后顺利回归社会，本条规定的教育既包括思想教育、文化教育等，也包括劳动技能和社会适应能力等方面的教育。

根据本条规定，被判处有期徒刑、无期徒刑的犯罪分子，在监狱或者其他执行场所执行。这里所说的"监狱"，是指被判处有期徒刑、无期徒刑、死刑缓期二年执行的罪犯服刑的场所，是国家的刑罚执行机关。"其他执行场所"，这里是指看守所、未成年犯管教所。根据监狱法的规定，罪犯在被交付执行刑罚前，剩余刑期在三个月以下的，由看守所代为执行；对未成年犯在未成年犯管教所执行刑罚。

被判处有期徒刑、无期徒刑的犯罪分子，凡有劳动能力的，都应当参加劳动，接受教育和改造。该规定的目的是使罪犯在劳动中认识自己的罪行，矫正恶习，并学会和掌握基本的生产知识和职业技能，为刑满释放后的就业谋生创造条件。这里所说的"有劳动能力的"，是指根据罪犯身体健康状况可以进行劳动。对于年老体迈、有严重疾病，不具有劳动能力的不应再安排其进行劳动。对于参加劳动的罪犯，其劳动时间应当参照国家有关劳动工时的规定执行；在季节性生产等特殊情况下，可以调整劳动时间。罪犯有在法定节日和休息日休息的权利。监狱对参加劳动的罪犯，应当按照有关规定给予报酬并执行国家有关劳动保护的规定。罪犯在劳动中致伤、致残或者死亡的，由监狱参照国家劳动保险的有关规定处理。"教育"，是指对罪犯进行思想教育、文化教育、职业技术教育。所谓思想教育，是指对罪犯进行法制、道德、形势、政策等内容的教育；所谓文化教育，是指根据罪犯的不同情况，对其进行扫盲教育、初等教育和中等教育等；所谓职业技术教育，是指根据监狱生产和罪犯释放后就业的需要，对罪犯实行职业技术培训，使其掌握一技之长。根据监狱法的规定，教育改造罪犯，要实行因人施教、分类教育、以理服人的原则，采取集体教育与个别教育相结合、狱内教育与社会教育相结合的方法，使罪犯认罪服法，改恶从善，成为守法的公民。

【适用中需要注意的问题】

实际执行中司法机关和有关部门应当注意严格遵守交付执行的规定。在实践中，一些地方存在被判处有期徒刑、无期徒刑等监禁刑的罪犯未及时依法交付执行的现象，既损害了司法权威，也不利于保障罪犯的合法权益。有的反映，未及时依法交付执行的情形主要有：审前未羁押罪犯"收押难"、病残孕罪犯"送监难"、违法滞留剩余刑期在三个月以上的短期有期徒刑罪犯导致"流转难"等。根据刑事诉讼法和监狱法规定，被判处无期徒刑和有期徒刑的罪犯，应当由交付执行的人民法院在判决生效后十日以内将有关的法律文书送达公安机关、监狱或者其他执行机关。对被判处无期徒刑、有期徒刑的罪犯，除剩余刑期在三个月以下的之外，公安机关应当自收到执行通知书、判决书之日起一个月内将该罪犯送交监狱执行刑罚。执行机关应当将罪犯及时收押，并且通知罪犯家属。但是，监狱未全部收到人民检察院的起诉书副本、人民法院的判决书、执行通知书、结案登记表的，不得收监；上述文件不齐全或者记载有误的，作出生效判决的人民法院应当及时补充齐全或者作出更正；对其中可能导致错误收监的，不予收监。罪犯收监后，监狱应当对其进行身体检查。经检查，对于具有暂予监外执行情形的，监狱可以提出书面意见，报省级以上监狱管理机关批准。

由此可见，对于法院作出生效判决后的送监、收监程序，法律已经有了明确规定，司法解释和有关规范性文件也对此予以了细化。对于因身体原因导致有可能暂予监外执行的，现有法律也未对该类犯罪的收监作出限制。监狱等执行机关的工作是刑罚执行中的重要环节，刑罚执行是否合法、到位，直接关系整个刑事诉讼活动是否顺利和刑法目的的实现。因此，相关各级司法机关应高度重视罪犯收监执行工作，严格遵守法律规定的程序和期限，加强沟通配合，确保司法程序各环节的顺利进行。

第四十七条　【有期徒刑刑期计算与折抵】有期徒刑的刑期，从判决执行之日起计算；判决执行以前先行羁押的，羁押一日折抵刑期一日。

【释解与适用】

本条是关于有期徒刑刑期的计算与折抵的规定。

本条规定了有期徒刑执行期限的计算方法以及判决执行以前先行羁押的折抵方法，对确保司法实践中准确适用有期徒刑是非常必要的。

根据本条的规定，有期徒刑的刑期，从判决执行之日起计算。这里所说的"判决执行之日"，是指罪犯被送交监狱或者其他执行机关开始执行刑罚之日，而不是指判决生效的日期。以判决执行之日作为刑期开始计算之日，同时辅之以先行羁押日期折抵刑期制度，既简便易行，有利于工作衔接和刑期计算，也有利于保障服刑罪犯的合法权益。另外，对于一些在逃的罪犯，虽然刑事判决已经生效，但由于一直未被收监或送交至其他执行机关，刑期应当待其归案交付执行后再开始计算。需要说明的是，无期徒刑没有具体的刑期，因此，其执行应自开始执行之日径自执行即可。但是我国刑法规定有减刑制度，如果被判处无期徒刑的犯罪分子依法减为有期徒刑，减刑之后的有期徒刑的刑期，按照刑法第八十条从裁定减刑之日起计算。

根据本条的规定，判决执行以前先行羁押的，即判决执行之前犯罪分子被采取刑事拘留、逮捕等剥夺人身自由措施的，羁押一日折抵刑期一日。刑期折抵，是指将被判刑人在判决执行前已被羁押的期间换算为已执行刑期，被判刑人只需继续执行剩余刑期的制度。先行羁押的几种主要情形，已经在上文拘役刑的计算和折抵中有所涉及，在此不作赘述。本条是关于有期徒刑刑期计算的一般规定，因此，这里规定的"羁押"，是指"判决执行以前"所采取的拘留、逮捕、留置等剥夺人身自由的强制措施。除此之外，还有一些特殊情况也会涉及有期徒刑的刑期折抵问题：一是被判处有期徒刑适用缓刑的罪犯违反监督管理规定需要撤销缓刑执行刑罚的，在刑罚执行之前申请撤销缓刑期间有可能会被采取羁押待审的措施；二是被假释的有期徒刑罪犯因为违反假释管理规定需要撤销假释执行剩余刑期的，在申请撤销假释期间可能会被采取羁押待审的措施；三是暂予监外执行的有期徒刑罪犯违反监督管理规定需要收监执行的，有的可能在办理收监执行手续期间被采取羁押措施。因为上述撤销缓刑、假释而临时羁押被限制人身自由的，不属于本条规定的"先行羁押"，但也应当按照社区矫正法的规定，在人民法院裁定撤销缓刑、假释并送交执行后，对其开始执行以前被羁押的日期，按照一日折抵刑期一日。

【适用中需要注意的问题】

被判处有期徒刑并宣告缓刑的犯罪分子，先行羁押期限如何折抵的问题，主要分为以下两种情形。

1. 关于被宣告缓刑的罪犯在判决前的羁押日数是否可以折抵缓刑考验期的问题。缓刑是对犯罪分子的一种考验，属于一种暂缓执行刑罚的措施。被宣告缓刑的犯罪分子，在缓刑期限内如果没有再犯新罪，缓刑期满原判的刑罚就不再执行。原判刑罚不再执行的，不存在刑期折抵的问题。因此，判决前的羁押日数不能折抵缓刑考验期限。

2. 被撤销缓刑的罪犯在判决前的羁押日数是否可以折抵刑期的问题。如前所述，刑期折抵实际上是将先行羁押对人身自由的剥夺予以考量和计算,并折抵所判刑期的一种制度,其目的之一是体现刑罚的公正和对罪犯人权的保障,这也是罪责刑相适应的要求。基于上述理由,被撤销缓刑的,先前被羁押的期限予以折抵刑期是妥当的,也符合刑法的原则和精神。《最高人民法院关于撤销缓刑时罪犯在宣告缓刑前羁押的时间能否折抵刑期问题的批复》中也明确,根据刑法第七十七条的规定,对被宣告缓刑的犯罪分子撤销缓刑执行原判刑罚的,对其在宣告缓刑前羁押的时间应当折抵刑期。

第五节 死 刑

第四十八条 【死刑的适用条件和核准程序】死刑只适用于罪行极其严重的犯罪分子。对于应当判处死刑的犯罪分子,如果不是必须立即执行的,可以判处死刑同时宣告缓期二年执行。

死刑除依法由最高人民法院判决的以外,都应当报请最高人民法院核准。死刑缓期执行的,可以由高级人民法院判决或者核准。

【释解与适用】

本条是关于死刑、死缓及其核准程序的规定。

本条共分两款。第一款是关于死刑适用条件的规定。根据本款规定,死刑只适用于罪行极其严重的犯罪分子。所谓"罪行极其严重",是指所犯罪行对国家和人民的利益危害特别严重和情节特别恶劣的。根据这一规定,刑法分则对于可以适用死刑的条文作了严格的限制,如对可以判处死刑的,都规定了"对国家和人民危害特别严重、情节特别恶劣的""致人重伤、死亡或者使公私财产遭受重大损失的""造成严重后果的""情节特别严重的""数额特别巨大并且给国家和人民利益造成特别重大损失的"等。为了限制适用死刑,本条还规定,对于应当判处死刑的犯罪分子,如果不是必须立即执行的,可以判处死刑同时宣告缓期二年执行,即死刑缓期二年执行的制度。死刑缓期二年执行并不是一个独立的刑种,而是死刑的一种执行方式。判处死刑缓期二年执行的前提同判处死刑立即执行一样,必须是"罪行极其严重",应当判处死刑的。如果法律对该罪没有规定死刑,或者所犯罪行不该判处死刑,就不能适用"死缓"。判处"死缓",是根据案件的具体情况和犯罪分子的悔罪表现,可以不立即执行死刑的。这里所说的"不是必须立即执行",是区分死刑立即执行与死刑缓期执行的原则界限。至于什么属于"不是必须立即执行",法律没有作具体规定。根据司法实践经验,一般是指该罪犯罪行虽然极其严重,但民愤尚不特别大;犯罪分子投案自首或者有立功表现的;共同犯罪中有多名主犯,其中的首要分子或者罪行最严重的主犯已被判处死刑立即执行,其他主犯不具有立即执行必要的;被害人在犯罪发生前或者发生过程中有明显过错的;等等。

第二款是关于死刑核准程序的规定。根据本款规定,死刑除依法由最高人民法院判决的以外,都应当报请最高人民法院核准。这对于统一死刑适用标准,严格控制和慎重适用死刑,防止冤错案件的发生,具有重要作用。对于死刑缓期执行的,可以由高级人民法院判决或者核准,即既可由高级人民法院直接判决后核准,也可由中级人民法院判决,然后报高级人民法院核准。

第四十九条 【死刑适用对象的限制】犯罪的时候不满十八周岁的人和审判的时候怀孕的妇女,不适用死刑。

审判的时候已满七十五周岁的人,不适用死刑,但以特别残忍手段致人死亡的除外。

【释解与适用】

本条是关于限制死刑适用对象的规定。

本条共分两款。第一款是关于对未成年人和怀孕的妇女不适用死刑的规定。根据本款规定,对下列两种人不能适用死刑:一是犯罪时不满十八周岁的未成年人。未成年人由于其生理和心理发育尚未成熟,社会阅历、社会经验也有限,规定对其不适用死刑(包括死刑缓期二年执行),主要是出于对未成年人保护和刑事责任能力角度的考虑,且也与我国已经批准加入的《儿童权利公约》和已经签署的《公民权利和政治权利国际公约》中的有关规定相一致。"犯罪时不满十八周岁的",是指实施犯罪行为时的年龄,对于犯罪时不满十八周岁但审判时已满十八周岁的,适用本条规定。"不满十八周岁",是决定不适用死刑的年龄界限,在司法实践中应当一律按公历年、月、日计算实足年龄。必须是过了十八岁生日的第二天起才认为已满十八周岁，在此之前则为不满十八周岁。二是对于在审判的时候怀孕的妇女不适用死刑。这一规定主要是出于人道主义考虑，未出生的胎儿是无辜的，不能因其母亲犯罪而剥夺其出生的权利。所谓"审判的时候怀孕的妇女"，是指在人民法院审判的时候被告人是怀孕的妇女，也包括审判前在羁押时已经怀孕的妇女。因此，对于犯罪的怀孕妇女，无论是在被羁押期间或者是在受审期间怀孕的，都应视同审判时怀孕的妇女，不能适用死刑。

在实际执行中，对犯罪时不满十八周岁的人和审判时怀孕的妇女"不适用死刑"，是指绝对不适用死刑。也就是说，只要满足法定条件，即使等到行为人年满十八周岁或者妇女流产、分娩以后也不能执行死刑。根据最高人民法院的相关批复，怀孕妇女因涉嫌犯罪在羁押期间自然流产后，又因同一事实被起诉、交付审判的，应当视为"审判的时候怀孕的妇女"，依法不适用死刑。这也符合立法精神。

第二款是关于对老年人不适用死刑的规定。本款规定的"审判的时候已满七十五周岁的人"，是指犯罪行为人作为被告人接受人民法院审判的阶段年满七十五周岁的情况。如果实施犯罪行为时尚不满七十五周岁，到审判阶段年满七十五周岁的，属于本款规定的情况。"以特别残忍手段致人死亡"是指犯罪手段凶残、冷酷，如以肢解、残酷折磨、毁人容貌等特别残忍的手段致使被害人死亡的。本款规定的不适用死刑，也包括不适用死刑缓期二年执行。在实际适用本款规定时应当注意，只要被告人在人民法院作出判决前已年满七十五周岁的，就应适用本款规定。

实践中有情况反映，有的犯了严重罪行的妇女，在羁押期间通过设法怀孕逃避被判处死刑，还有的犯罪组织专门利用怀孕妇女从事运输毒品等犯罪。上述利用刑法中的人道主义规定逃避严厉制裁的情况确实存在，但刑法的规定是明确的，即只要符合本条规定的条件，一律不适用死刑。同时，对于前者，应当严格羁押场所管理，依法追究相关责任人的责任，杜绝这种情况的发生。对于后一种情况，虽然不能适用死刑，但是依法运用刑法现有规定和刑罚手段也能起到严厉惩处严重犯罪作用，如可以适用无期徒刑、限制减刑和假释等多种刑罚手段对犯罪分子予以惩处。

第五十条 【死缓变更情形、死缓限制减刑】判处死刑缓期执行的，在死刑缓期执行期间，如果没有故意犯罪，二年期满以后，减为无期徒刑；如果确有重大立功表现，二年期满以后，减为二十五年有期徒刑；如果故意犯罪，情节恶劣的，报请最高人民法院核准后执行死刑；对于故意犯罪未执行死刑的，死刑缓期执行的期间重新计算，并报最高人民法院备案。

对被判处死刑缓期执行的累犯以及因故意杀人、强奸、抢劫、绑架、放火、爆炸、投放危险物质或者有组织的暴力性犯罪被判处死刑缓期执行的犯罪分子，人民法院根据犯罪情节等情况可以同时决定对其限制减刑。

【释解与适用】

本条是关于被判处死刑缓期执行的罪犯减刑或者执行死刑的条件及程序的规定。

本条共分两款。如前文所述，死刑缓期执行不是独立的刑种，而是死刑的一种执行方式。被判处死刑缓期执行的罪犯存在着执行死刑和不再执行死刑的两种可能性。为了正确处理判处死刑缓期执行的案件，本条第一款对于被判处死刑缓期执行的罪犯减刑和执行死刑的条件以及程序作了明确的规定。

第一款规定"判处死刑缓期执行的，在死刑缓期执行期间，如果没有故意犯罪，二年期满以后，减为无期徒刑"。这里所说的"故意犯罪"，依照刑法第十四条的规定，是指明知自己的行为会发生危害社会的结果，并且希望或者放任这种结果发生，因而构成犯罪的，不包括过失犯罪。是否构成"故意犯罪"，具体要看行为人的行为是否符合刑法分则关于个罪犯罪构成的要件的规定。判处死刑缓期执行的，在死刑缓期执行期间，"如果确有重大立功表现的，二年期满以后，减为二十五年有期徒刑"。这里所说的"重大立功表现"，是指刑法第七十八条所列的重大立功表现之一：阻止他人重大犯罪活动的；检举监狱内外重大犯罪活动，经查证属实的；有发明创造或者重大技术革新的；在日常生产、生活中舍己救人的；在抗御自然灾害或者排除重大事故中，有突出表现的；对国家和社会有其他重大贡献的。

判处死刑缓期执行的，在死刑缓期执行期间，"如果故意犯罪，情节恶劣的，报请最高人民法院核准后执行死刑"。所谓"故意犯罪"，需要经人民法院审判确定。根据刑事诉讼法的有关规定，被判处死刑缓期执行的罪犯，在死刑缓期执行期间故意犯罪的，应当由监狱进行侦查，人民检察院提起公诉，罪犯服刑地的中级人民法院依法审判，所作的判决可以上诉、抗诉。所谓"情节恶劣"，需要结合犯罪的动机、手段、危害、造成的后果等犯罪情节，以及罪犯在缓期执行期间的改造、悔罪表现等综合确定。对于故意犯罪、情节恶劣的，在认定构成故意犯罪的判决、裁定发生法律效力后，应当层报最高人民法院核准执行死刑后执行死刑。判处死刑缓期执行的，在死刑缓期执行期间，"对于故意犯罪未执行死刑的，死刑缓期执行的期间重新计算"。这里所规定的"故意犯罪未执行死刑的"，是指故意犯罪，但不属于情节恶劣，因而不执行死刑的。在这种情况下，死刑缓期执行期间重新计算，自故意犯罪的判决确定之日起计算。之所以规定重新计算缓期执行期间，是因为罪犯在原缓期执行期间故意犯罪，虽然依法不需要执行死刑，但属于在二年缓期执行期间仍具有明显社会危险的情形，需要重新确定一个缓期执行期间，再根据在新的缓期执行期内的表现，决定是执行死刑、减为无期徒刑还是减为二十五年有期徒刑。为保证严格执行法律规定，保证对这类案件的审判质量，发挥最高人民法院的监督作用，本款明确规定，对于故意犯罪未执行死刑的，应当将案件情况报最高人民法院备案。最高人民法院发现法律适用确有错误的，应当依法予以纠正。需要注意的是，本款规定的故意犯罪，必须发生在死刑缓期执行期间，如果发生在死刑缓期执行期满后，不适用本款规定，而应当依照刑法第六十九条、第七十一条有关数罪并罚的规定处理。故意犯罪发生在死刑缓期执行期间，司法机关在缓期执行期满以后发现犯罪事实的，适用本款的规定。

第二款是刑法修正案（八）所增加的内容。根据本款规定，对一些罪行严重的犯罪分子，人民法院根据犯罪情节等情况可以同时决定对其限制减刑。这些罪行严重的犯罪分子包括：被判处死刑缓期执行的累犯以及因故意杀人、强奸、抢劫、绑架、放火、爆炸、投放危险物质或者有组织的暴力性犯罪被判处死刑缓期执行的犯罪分子。其中，累犯没有犯罪性质的限制。有组织的暴力性犯罪，不限于本款所列举的几种暴力犯罪，包括有组织地实施故意伤害、破坏交通工具、以危险方法危害公共安全、黑社会性质的组织犯罪等。需要指出的是，上述规定只是划定了一个可以限制减刑的人员的范围，并不是上述被判处死刑缓期执行的九类罪犯都要限制减刑，应由人民法院根据其所实施犯罪的具体情况等综合考虑决定。这里的"同时"，是指判处死刑缓期执行的同时，不是在死刑缓期执行二年期满以后减刑的"同时"。"限制减刑"，是指对犯罪分子虽然可以适用减刑，但其实际执行刑期比其他被判处死刑缓期执行的罪犯减刑后的实际执行刑期更长。根据刑法第七十八条的规定，对于判处死刑缓期二年执行，人民法院依照本款规定限制减刑的犯罪分子，缓期执行期满后依法减为无期徒刑的，实际执行的刑期不能少于二十五年，缓期执行期满后依法减为二十五年有期徒刑的，实际执行的刑期不能少于二十年。

第五十一条 【死缓期间的计算及死缓减为有期徒刑刑期的计算】死刑缓期执行的期间，从判决确定之日起计算。死刑缓期执行减为有期徒刑的刑期，从死刑缓期执行期满之日起计算。

【释解与适用】

本条是关于死缓执行的期间及死缓减为有期徒刑的刑期计算的规定。

根据本条规定，死刑缓期执行的期间，从判决确定之日起计算。这里所说的"判决确定之日"，即判决生效之日，而不是指判决执行之日。因此，罪犯在判决生效后尚未送监执行的期限应当计入二年考验期内。但是，对罪犯在判决生效前先行羁押的日期不能折抵在二年考验期内。"死刑缓期执行减为有期徒刑的，从死刑缓期执行期满之日起计算"，是指对确有重大立功表现直接减为有期徒刑的，其有期徒刑的刑期从死刑缓期执行期满之日起计算。如果减刑裁定在死刑缓期执行期满以后生效，死刑缓期执行期满之日至裁定减刑之日之间相隔的时间应计入有期徒刑的刑期内，但罪犯在死缓判决生效前先行羁押的日期和缓期执行的二年考验期不能计入有期徒刑的期限内。

根据刑法规定，死刑缓期二年执行中的"二年"考验期是确定的，从判决确定之日起计算，不存在中止、中断或者延长等情况。按照刑法的规定，死缓罪犯二年考验期满之后减刑的，存在依法减为无期徒刑、依法减为有期徒刑两种可能。另外，在死缓考验期间，也有可能因为故意犯罪，情节恶劣而被核准执行死刑，或者未核准执行死刑。本条只规定了死缓期满依法减为有期徒刑的刑期计算，对于死缓期满依法减为无期徒刑的，由于无期徒刑不存在刑期起算问题，无须在立法中明文规定。对于被核准执行死刑的，则依照刑事诉讼法规定的程序执行死刑，不存在刑期计算问题；对于死缓期间故意犯罪，情节恶劣，但是未核准执行死刑的，其死缓考验期依法需要重新计算。

第六节　罚　　金

第五十二条　【罚金数额的确定】判处罚金，应当根据犯罪情节决定罚金数额。

【释解与适用】

本条是关于如何确定罚金数额的规定。

根据本条规定，决定罚金数额的依据是犯罪情节。所谓"犯罪情节"，主要是指影响犯罪行为人罪行的危害程度、主观恶性的大小、手段是否恶劣、非法所得的多少、后果是否严重等与犯罪有关的各种情况。同时，犯罪行为人的经济负担能力也需要作为考虑的因素。如果罚金数额过多，超过了犯罪行为人的实际负担能力，犯罪行为人无法缴纳，这对教育改造犯罪行为人不利；同时，由于罚金刑无法得到实际执行，也损害了法律的严肃性。如果罚金数额过少，则会使犯罪行为人感受不到经济惩罚，对犯罪行为人起不到惩戒作用。

刑法分则根据本条规定的原则，结合各有关犯罪的具体情况，对于可以判处罚金的犯罪的罚金数额作出不同规定，有的条文未具体规定罚金数额，对有的犯罪规定了一定幅度或者倍数、比例。根据本条规定，无论是刑法分则明确规定了罚金刑幅度的，还是没有明确规定罚金刑幅度的，判处罚金刑时都应当根据犯罪情节决定罚金数额。

从近年来几个刑法修正案的情况看，在修改刑法分则有关条文时，在罚金刑幅度的规定方面，有不少条文删去了原来对于罚金具体数额幅度或者倍数、比例的规定，改为原则规定"并处罚金""并处或者单处罚金"。这主要是考虑到实际情况比较复杂，为了适应实践中惩治有关犯罪的需要，便于司法机关在处理各种不同情节的案件时，根据个案的实际情况合理决定罚金数额。对于这些没有具体的罚金裁量幅度的案件，司法机关在决定判处罚金的数额时，也还是应当按照本条规定的原则，根据犯罪情节审慎地行使自由裁量权，做到罚当其罪，罪责刑相适应。

第五十三条 【罚金的缴纳】罚金在判决指定的期限内一次或者分期缴纳。期满不缴纳的，强制缴纳。对于不能全部缴纳罚金的，人民法院在任何时候发现被执行人有可以执行的财产，应当随时追缴。

由于遭遇不能抗拒的灾祸等原因缴纳确实有困难的，经人民法院裁定，可以延期缴纳、酌情减少或者免除。

【释解与适用】

本条是关于如何缴纳罚金的规定。

本条规定分为两款。第一款是关于如何缴纳罚金和追缴罚金的规定。根据本款的规定，罚金应当按照判决指定的期限缴纳，可以一次缴纳，也可以分期缴纳。人民法院在判处罚金时，应当同时指定缴纳的期限，并明确是一次缴纳还是分期缴纳。一般来说，罚金数额不多，或者罚金数额虽然较多，但缴纳并不困难的，可以限期一次缴纳；罚金数额较多，根据罪犯的经济状况，无力一次缴纳的，可以限定时间分期缴纳。至于罚金的缴纳期限，应当根据罪犯的经济状况和缴纳的可能性确定。对于罪犯期满不缴纳的，包括未缴纳完毕的，由人民法院强制缴纳。所谓"强制缴纳"，是指人民法院采取查封、拍卖罪犯的财产，冻结、扣划存款，扣留、收缴工资或者其他收入等办法，强制罪犯缴纳罚金。对于根据上述规定采取强制缴纳措施仍未能全部缴纳罚金的，人民法院在任何时候发现被执行人有可以执行的财产，包括主刑执行完毕后发现的，应当随时追缴。所谓"追缴"，是指人民法院对没有缴纳或者没有全部缴纳罚金的被执行人，在发现其有可供执行的财产时，予以追回上缴国库。这种情况下追缴财产，实际上仍是执行原判决判处的罚金刑。这样规定，就使得那些在人民法院执行罚金刑时采用各种手段转移、隐匿财产，逃避承担罚金刑的罪犯，或者在人民法院执行罚金刑时，一时不能缴纳或者全部缴纳，但事后有了执行能力的罪犯的刑事责任不至于落空。另外，赋予人民法院随时追缴的权力，也增强了罚金刑执行的威慑力。

第二款是关于延期缴纳、酌情减少或者免除罚金的规定。根据本款规定，罪犯由于遭遇不能抗拒的灾祸等原因缴纳罚金确实有困难的，经人民法院裁定，可以延期缴纳、酌情减少或者免除。所谓"不能抗拒的灾祸等原因"，就是通常所说的"天灾人祸"，如遭遇火灾、水灾、地震等自然灾害或者罪犯及其家属重病、伤残等，以及其他一些导致缴纳罚金确实有困难的情形。对存在这些情形的，根据本款规定，可以延期缴纳、酌情减少或者免除。需要注意的，遭遇不能抗拒的灾祸等是延期缴纳或者减免罚金的条件，但并不是凡有上述情况都可以延期缴纳或者减免罚金。只有由于遭遇不可抗拒的灾祸等原因造成缴纳罚金确实有困难的，才可以延期缴纳、酌情减少罚金数额或者免除全部罚金。"延期缴纳"，是指期满不能缴纳或者全部缴纳的，给予一定的延长期限缴纳罚金。具体延长多长时间，由人民法院根据罪犯的犯罪情节、经济状况、缴纳困难原因预期消除的时间等因素确定。延期缴纳罚金、酌情减少罚金或者免除罚金，均涉及对原判决的变更，程序上应当严格。根据本款规定，罚金延期缴纳、减少或者免除，需经人民法院裁定。根据《最高人民法院关于适用〈中华人民共和国刑事诉讼法〉的解释》有关规定，被执行人根据本款规定提出罚金减少或者免除的申请的，应当提交相关证明材料。人民法院应当在收到申请后一个月内作出裁定。符合法定条件的，应当准许；不符合条件的，驳回申请。人民法院也可以依职权对符合本条规定条件的作出罚金延期缴纳、减少或者免除的裁定。

第七节　剥夺政治权利

第五十四条　【剥夺政治权利的内容】剥夺政治权利是剥夺下列权利：

（一）选举权和被选举权；
（二）言论、出版、集会、结社、游行、示威自由的权利；
（三）担任国家机关职务的权利；
（四）担任国有公司、企业、事业单位和人民团体领导职务的权利。

【释解与适用】

本条是关于剥夺政治权利内容的规定。

根据本条规定，剥夺政治权利包括剥夺以下四项权利。

1. 选举权和被选举权。所谓"选举权",是指宪法和选举法规定的,公民参加选举活动,按照本人的自由意志投票选举人民代表等职务的权利,即参加投票选举的权利;"被选举权",是指根据宪法和选举法的规定,公民可以被提名为人民代表大会代表等职务的候选人,当选为人民代表等职务的权利。选举权和被选举权是公民的基本政治权利,是公民参与国家管理的必要前提和有效途径,被剥夺政治权利的犯罪行为人当然不能享有此项权利。

2. 言论、出版、集会、结社、游行、示威自由的权利。所谓言论自由,是公民以言语表达意思的自由;出版自由,是指以文字、音像、绘画等形式出版作品,向社会表达思想的自由;结社自由,是指公民为一定宗旨组成某种社会组织的自由;集会自由和游行、示威自由,都是公民表达自己见解和意愿的自由,只是表达的方式不同。这六项自由,是我国宪法规定的公民的基本政治自由,是人民发表意见、参加政治活动和国家管理的自由权利,被依法剥夺政治权利的人不能享有这些自由。

3. 担任国家机关职务的权利。"国家机关"包括国家各级权力机关、行政机关、监察机关、司法机关以及军事机关等。所谓"担任国家机关职务",是指在上述国家机关中担任领导职务,或者领导职务以外的其他职务,如担任审判人员、检察人员、书记员或者其他行政职务。被剥夺政治权利的人,不能担任这些职务。

4. 担任国有公司、企业、事业单位和人民团体领导职务的权利。根据本条规定,被剥夺政治权利的人可以在国有公司、企业、事业单位和人民团体中继续工作,但是不能担任领导职务。

担任集体、私营企业和事业单位领导职务的权利不属于剥夺政治权利的范围,其他法律规定或者人民法院判决的禁止令、职业禁止另有要求的,按其要求执行。

第五十五条 【剥夺政治权利的期限】剥夺政治权利的期限,除本法第五十七条规定外,为一年以上五年以下。

判处管制附加剥夺政治权利的,剥夺政治权利的期限与管制的期限相等,同时执行。

【释解与适用】

本条是关于剥夺政治权利期限的规定。

本条共分为两款。第一款是关于剥夺政治权利期限的一般性规定。根据本款规定，除刑法第五十七条规定的死刑、无期徒刑以及死刑缓期执行、无期徒刑减为有期徒刑附加剥夺政治权利的期限外，剥夺政治权利的期限为一年以上五年以下。这里包括了单处剥夺政治权利和附加剥夺政治权利两种情况，附加剥夺政治权利的，又包括有期徒刑附加剥夺政治权利和拘役附加剥夺政治权利两种情形。在司法实践中，对罪犯判处剥夺政治权利的时候，应当根据犯罪的性质、危害程度以及情节轻重决定剥夺政治权利的期限，尤其是附加剥夺政治权利的刑期，应与所判处的主刑轻重相适应。

第二款是关于判处管制附加剥夺政治权利的期限规定。本款规定有两层意思。一是剥夺政治权利的期限与管制的期限相等，即在判处管制的同时附加判处剥夺政治权利的，判处管制的期限与判处附加剥夺政治权利的期限长短完全相同。根据本法第三十八条的规定，管制的期限为三个月以上二年以下，管制刑附加的剥夺政治权利的期限也是三个月以上二年以下。二是管制与附加的剥夺政治权利同时执行，是指剥夺政治权利的刑罚不是要等管制期满后再执行，而是应在管制开始时就一同执行，当罪犯管制期满解除管制时，政治权利也同时恢复。

根据本条第二款的规定，管制附加剥夺政治权利的，两种刑罚期限相同，同时执行。但根据刑法、刑事诉讼法、社区矫正法等法律的有关规定，管制和剥夺政治权利两种刑罚的执行机关不同。管制由社区矫正机构负责执行，剥夺政治权利由公安机关负责执行。对于罪犯被判处管制附加剥夺政治权利的，社区矫正机构和公安机关应当加强协调配合，共同做好监督执行工作，确保两种刑罚同时执行到位。

第五十六条 【剥夺政治权利的适用对象】对于**危害国家安全的犯罪分子应当附加剥夺政治权利**；对于故意杀人、强奸、放火、爆炸、投毒、抢劫等严重破坏社会秩序的犯罪分子，可以附加剥夺政治权利。

独立适用剥夺政治权利的，依照本法分则的规定。

【释解与适用】

本条是关于剥夺政治权利适用对象的规定。

本条共分为两款。第一款是关于附加剥夺政治权利适用对象的规定。根据本款规定，附加剥夺政治权利的对象主要是两种人：一是危害国家安全的犯罪分子,即实施刑法分则第一章所规定的危害国家安全犯罪和刑法分则其他章节中规定的性质上属于危害国家安全犯罪行为的犯罪分子。二是对于故意杀人、强奸、放火、爆炸、投毒、抢劫等严重破坏社会秩序的犯罪分子,可以附加剥夺政治权利。根据本款的规定,可以附加剥夺政治权利的犯罪主要是上述这几种犯罪,但并不局限于所列这几种犯罪,其他危害严重的破坏社会秩序的故意犯罪,也可以依法附加剥夺政治权利。需要注意的是,全国人大常委会于2001年12月29日通过了刑法修正案(三),其中对刑法第一百一十四条、第一百一十五条进行了修改,将"投毒"改为"投放毒害性、放射性、传染病病原体等物质"。因此,对本款规定的"投毒",应当结合刑法修正案(三)的有关规定进行理解。

第二款是关于独立适用剥夺政治权利的规定。根据本款规定,独立适用剥夺政治权利的,依照刑法分则的规定。刑法分则规定独立适用剥夺政治权利的对象主要有以下几种犯罪:(1)危害国家安全罪中的分裂国家罪,煽动分裂国家罪,武装叛乱、暴乱罪,颠覆国家政权罪,叛逃煽动颠覆国家政权罪,资助危害国家安全犯罪活动罪,叛逃罪,为境外窃取、刺探、收买、非法提供国家秘密、情报罪。(2)危害公共安全罪中的涉恐怖活动的相关犯罪。(3)侵犯公民人身权利、民主权利罪中的非法拘禁罪,侮辱、诽谤罪,煽动民族仇恨、民族歧视罪,破坏选举罪。(4)妨害社会管理秩序罪中的煽动暴力抗拒法律实施罪,招摇撞骗罪,伪造、变造、买卖国家机关公文、证件、印章罪,盗窃、抢夺、毁灭国家机关公文、证件、印章罪,伪造公司、企业、事业单位、人民团体印章罪,伪造、变造、买卖身份证件罪,非法获取国家秘密罪,聚众扰乱社会秩序罪,聚众冲击国家机关罪,参加黑社会性质组织罪,非法集会、游行、示威罪,非法携带武器、管制刀具、爆炸物参加集会、游行、示威罪,破坏集会、游行、示威罪,侮辱国旗、国徽、侮辱国歌罪。(5)危害国防利益罪中的聚众冲击军事禁区罪,聚众扰乱军事管理区秩序罪,冒充军人招摇撞骗罪,伪造、变造、买卖武装部队公文、证件、印章罪,盗窃、抢夺武装部队公文、证件、印章罪。刑法分则条文中没有规定剥夺政治权利的犯罪,不得独立适用剥夺政治权利。

剥夺政治权利涉及对公民重要宪法权利的剥夺,司法机关在适用这一刑罚,尤其是对法律规定"可以附加剥夺政治权利"的犯罪决定是否附加剥夺政治权利时,既要考虑严厉惩治有关严重犯罪的需要,也要准确审慎掌握刑罚适用的标准。

第五十七条 【对死刑、无期徒刑罪犯剥夺政治权利的适用】对于被判处死刑、无期徒刑的犯罪分子，应当剥夺政治权利终身。

在死刑缓期执行减为有期徒刑或者无期徒刑减为有期徒刑的时候，应当把附加剥夺政治权利的期限改为三年以上十年以下。

【释解与适用】

本条是关于被判处死刑、无期徒刑的罪犯如何附加适用剥夺政治权利的规定。

本条共分为两款。第一款是关于被判处死刑、无期徒刑的犯罪分子应当剥夺政治权利终身的规定。根据本款规定，被判处死刑、无期徒刑的罪犯，从判处死刑、无期徒刑的判决或者裁定发生法律效力之日起就被终身剥夺政治权利。这里所说的死刑，包括被判处死刑缓期二年执行的情况。根据本款规定，被判处死刑缓期二年执行的犯罪分子，如果在死缓考验期满后被减为无期徒刑的，附加的剥夺政治权利期限仍为终身。

第二款是关于死刑缓期执行、无期徒刑减为有期徒刑时附加剥夺政治权利期限的规定。根据本款规定，原判处死刑缓期执行减为有期徒刑或者无期徒刑减为有期徒刑的，附加剥夺政治权利的期限应由原判终身剥夺改为三年以上十年以下。根据刑法第五十八条的规定，这种情况下剥夺政治权利的期限，应从罪犯主刑执行完毕之日或者从假释之日起再开始计算；同时，剥夺政治权利的效力也应自然给予其减刑以后确定的主刑执行期间。

第五十八条 【剥夺政治权利的刑期计算、效力与执行】附加剥夺政治权利的刑期，从徒刑、拘役执行完毕之日或者从假释之日起计算；剥夺政治权利的效力当然施用于主刑执行期间。

被剥夺政治权利的犯罪分子，在执行期间，应当遵守法律、行政法规和国务院公安部门有关监督管理的规定，服从监督；不得行使本法第五十四条规定的各项权利。

【释解与适用】

本条是关于附加剥夺政治权利的刑期如何计算和被剥夺政治权利的罪

犯应当遵守的管理规定的规定。

本条共分为两款。第一款是对附加剥夺政治权利的刑期如何计算和在主刑执行期间对罪犯是否剥夺政治权利的规定。根据本款规定，判处有期徒刑、拘役而附加剥夺政治权利的，剥夺政治权利的刑期从主刑执行完毕之日或者从假释之日起计算，即从主刑执行完毕刑满释放或者假释开始，再计算附加的剥夺政治权利的刑期。但是，剥夺政治权利的效力则从主刑执行之日起开始发生，即在主刑执行期间，也应同时剥夺政治权利。在这种情况下，附加剥夺政治权利的罪犯实际被剥夺政治权利的时间要比判决中确定的剥夺政治权利的期限长，等于罪犯主刑刑期和剥夺政治权利刑期的总和。应当注意的是，被判处有期徒刑、拘役而没有附加剥夺政治权利的罪犯，以及被羁押的犯罪嫌疑人、被告人，在刑罚执行或者羁押期间仍应享有政治权利。依照《全国人民代表大会常务委员会关于县级以下人民代表大会代表直接选举的若干规定》的规定，应准许他们行使选举权。这些人员参加选举，由选举委员会和执行监禁、羁押的机关共同决定，可以在流动票箱投票，或者委托有选举权的亲属或者其他选民代为投票。被判处拘役的人也可以在选举日回原选区参加选举。

第二款是关于被剥夺政治权利的罪犯应当遵守的有关管理规定的规定。根据本款规定，被剥夺政治权利的罪犯，在执行期间应当遵守以下规定：一是遵守法律、行政法规和国务院公安部门有关监督管理的规定，服从监督。"遵守法律、行政法规"，是指被剥夺政治权利的罪犯在执行期间必须遵守国家法律、行政法规，不得有违法行为。同时，根据刑事诉讼法第二百七十条的规定，对于被剥夺政治权利的罪犯，由公安机关执行。因此，被剥夺政治权利的罪犯在执行期间还应遵守公安部对剥夺政治权利的罪犯监督管理的有关规定，自觉服从居住地公安机关及公安机关委托的罪犯所在单位或者居住地的基层组织的监管、教育。公安部制定的《公安机关办理刑事案件程序规定》对公安机关对被剥夺政治权利的罪犯监督管理的具体措施作了规定。二是不得行使刑法第五十四条规定的各项权利。刑法第五十四条规定的是应剥夺的政治权利的内容，被剥夺政治权利的罪犯在执行期间当然不能行使。只有在执行期满，罪犯被恢复政治权利以后，才能行使刑法第五十四条规定的各项政治权利。被剥夺政治权利的罪犯违反本款规定，如不服从公安机关的监督管理，行使刑法第五十四条规定的政治权利的，根据治安管理处罚法第六十条的规定，可以由公安机关处五日以上十日以下拘留，并处二百元以上五百元以下罚款；情节严重，构成刑法规定的拒不执行判决、裁定罪的，还可以依法追究刑事责任。

根据刑法有关规定，剥夺政治权利这种刑罚是剥夺罪犯参与政治活动和公共事务的有关权利，对被剥夺政治权利的人的人身自由，法律上并没有特别的限制。这与对被判处管制、宣告缓刑、假释的罪犯是不同的。公安机关对被剥夺政治权利的人的监督管理，也主要是监督他们不得行使有关政治权利，与社区矫正机构对社区矫正对象的监管措施不同。实践中公安机关应当正确执行有关监管措施，不应当对被剥夺政治权利的人的人身自由作不当的限制。

第八节 没收财产

第五十九条 【没收财产的范围】没收财产是没收犯罪分子个人所有财产的一部或者全部。没收全部财产的，应当对犯罪分子个人及其扶养的家属保留必需的生活费用。

在判处没收财产的时候，不得没收属于犯罪分子家属所有或者应有的财产。

【释解与适用】

本条是关于没收财产的规定。

本条共分为两款。第一款是关于如何适用没收财产刑的规定。本款首先明确了刑法规定的没收财产刑的含义，即司法机关依据刑法的有关规定，将犯罪分子个人所有财产的一部分或者全部强制无偿地收归国家所有。只有对于刑法分则中明确规定有没收财产刑的犯罪，才能适用这种刑罚。没收财产一般适用于严重的犯罪，如危害国家安全罪，生产、销售伪劣商品罪，破坏金融管理秩序罪，金融诈骗罪，危害税收征管罪，贪污罪，受贿罪，绑架罪等都有关于没收财产的规定。没收财产，只能是没收犯罪分子个人所有财产的一部分或者全部。这句话有以下两层含义：一是没收的只能是属于犯罪分子本人所有的财产。犯罪分子本人所有的财产，是指属于犯罪分子本人所有的财物及其在与他人共有财产中依法应有的份额。在处理这类案件时，应当依据有关的民事法律界定犯罪分子个人所有的财产，严格划清犯罪分子本人财产与其家属或者他人财产的界限。只有是依法确定为犯罪分子个人所有的财产，才能予以没收。这里的财产包括动产和不动产。二是对于犯罪分子本人所有的财产是没收一部分还是全部，应当根据犯罪的性质、情节、对社会的危害程度以及案件的具体情况确定。不论是没收一部分还是全部，都应当对没收的财产名称、数量等在判决中写明，以便于负责执行的机构执行，不能笼统地写判决没收一部分或者全部。决定没收犯罪分子本人的全部财产时，应当在没收的财产中给犯罪分子本人以及其所扶养的家属保留必要的生活费用。这里所说的"其扶养的家属"，根据民事法律的有关规定，既包括由其扶养的配偶，也包括由其抚养的子女和由其赡养的老人。

第二款是关于不得没收属于犯罪分子家属所有或应有的财产的规定。属于犯罪分子家属的财产，是指属于与犯罪分子共同生活的家庭成员个人所有的财产和在家庭共有财产中应当占有的份额。只要依法确定属于犯罪分子家属所有或者应有的财产，就不能予以没收。要严格执行本款的规定，就要求负责执行没收财产刑的机关，在执行没收财产，特别是没收个人全部财产的刑罚时，按照有关民事法律和执行规定，对被执行人的家庭财产进行析产，准确区分被执行人本人的财产和其家属所有和应有的财产，在此基础上再进行执行。

【适用中需要注意的问题】

在适用没收财产的刑罚时，应当注意以下两点。

1. 必须严格执行刑法分则的有关规定。我国的刑法分则对于什么性质的犯罪、具备什么样的条件才能适用没收财产的刑罚都作出了明确的规定。司法机关在办理具体案件时，要充分认识没收财产对于从经济上惩罚犯罪的重要意义，必须严格执行法律，凡是刑法分则条文中有没收财产规定的，就应当正确运用这一刑罚手段。凡是刑法分则条文中没有没收财产规定的，也不得随意扩大没收财产的适用范围。

2. 注意区分没收财产同刑法第六十四条规定的没收犯罪分子违法所得的财物和供犯罪所用的犯罪分子本人的财物的区别。刑法第六十四条的规定是对犯罪分子违法所得、供犯罪所用的本人财物以及违禁品的强制处理方法，而不是一种刑罚。它适用于一切犯罪，不论犯罪分子犯什么罪，判什么刑，只要犯罪分子违法所得的一切财物和供犯罪用的本人财物都要追缴或者没收，而本条规定的没收财产则是一种刑罚。

第六十条 【犯罪分子所负正当债务的偿还】**没收财产以前犯罪分子所负的正当债务，需要以没收的财产偿还的，经债权人请求，应当偿还。**

【释解与适用】

本条是关于在没收犯罪分子财产时，如何处理犯罪分子所负的正当债务的规定。

根据本条规定，犯罪分子所负债务是否应当以没收的财产偿还，需要符合四个方面的条件：一是债务产生时间是在没收财产以前。根据《最高人民法院关于适用财产刑若干问题的规定》的有关规定，本条规定的"没收财产以前犯罪分子所负的正当债务"，是指犯罪分子在判决生效前所负他人的合法债务。如果犯罪分子所负债务发生在没收财产的判决生效以后，即使属于合法债务，也不能以没收的财产偿还。二是债务的性质是犯罪分子所负的正当债务，即合法债务，如犯罪分子在犯罪前与他人（包括单位）因为合法的租赁、买卖、借贷、承包等关系所产生的正当债务。如果不是属于这种正当的债务关系，而是因违法行为所负的债务，如因赌博所欠的赌债、违法高利放贷产生的债务等，不属于正当债务，也就不能以没收的财产偿还。三是该债务需要以没收的财产偿还。对于犯罪分子被判处没收部分财产的，如果犯罪分子还有其他财产可用以偿还债务而不是必须以没收的财产偿还的，不应适用本条规定。四是债权人提出申请。债权人应当向人民法院提出申请，申请的时间可以是在审判程序中，也可以是在没收财产刑执行程序中。人民法院接到债权人的申请后，经审查属于正当债务且符合本条规定的，应当予以偿还。

实践中存在有的犯罪分子为逃避财产刑的执行，与他人恶意串通，虚构债权债务关系，以偿还债务为名非法转移财产的情况。对这类情形，人民法院应当加强对申请偿还的债务的真实性、合法性的审查，发现有关违法犯罪情形的，及时依法处理。

第四章 刑罚的具体运用

第一节 量　　刑

第六十一条　【量刑的一般原则】对于犯罪分子决定刑罚的时候，应当根据犯罪的事实、犯罪的性质、情节和对于社会的危害程度，依照本法的有关规定判处。

【释解与适用】

本条是关于人民法院对犯罪行为人量刑原则的规定。

根据本条规定，对于犯罪行为人决定刑罚的时候，应当遵循以下原则。

第一，根据犯罪的事实。这里所说的"犯罪的事实"，应是广义的犯罪事实，包括与犯罪有关的全部事实：犯罪的主体是否为具有完全刑事责任能力者，以及是否符合特定犯罪对特殊主体的特别要求；犯罪的主观方面，是故意还是过失，以及犯罪的动机、目的等主观要素；犯罪的客观方面，危害社会的行为、手段、危害社会的后果、行为和后果之间的因果关系以及犯罪的时间、地点和方法等。要求量刑根据犯罪的事实，这是我国以事实为根据的基本司法原则的必然要求。犯罪事实既是定罪的事实基础，也是正确量刑的客观事实基础。要正确量刑，首先必须要以实事求是的态度，搞清楚犯罪的事实真相，然后才能在此基础上做到准确确定罪名，进而根据各项具体的犯罪事实，准确衡量其社会危害性和犯罪人本人的人身危险性，并对其量处恰当的刑罚，做到无罪不罚，有罪量罚，重罪重罚，轻罪轻罚，罚当其罪。

第二，根据犯罪的性质。"犯罪的性质"，就是认定行为人的犯罪行为构成什么犯罪，应当确定什么样的罪名。我国刑法分则根据犯罪行为的性质和社会危害程度，分十章对不同性质的犯罪作了规定，在每一章中又根据情况规定了各种不同的罪名，并为各个具体罪名设定了不同的刑罚。因此，只有正确认定犯罪性质，才能准确确定罪名和相应的法定刑幅度，这是准确裁量刑罚的前提。

第三，根据犯罪的情节。"犯罪的情节"，是指实施犯罪的有关具体情况，包括犯罪过程、手段等，这也是人民法院决定刑罚轻重的重要依据。一般按照犯罪情节是否在刑法中作了明确规定，可以把量刑情节分为以下两类。

一是法定情节，即法律中明确加以规定的从重、从轻、减轻以及免除处罚的情节。刑法在总则中规定了具有某些犯罪情节时应当或者可以从重、从轻、减轻、免除处罚，在分则中规定具体犯罪和法定刑时也针对某些情节规定了从重、从轻、减轻、免除处罚。（1）法定从轻、减轻、免除处罚情节，包括应当或者可以从轻、减轻、免除处罚。例如，总则中规定的犯罪的预备、未遂、中止，正当防卫和紧急避险超过必要限度，未成年人犯罪，已满七十五周岁的老年人犯罪，限制行为能力的精神病人犯罪，坦白、自首、立功，共同犯罪中的从犯、胁从犯等。又如，分则中规定的行贿人在被追诉前主动交代行贿行为；非法种植毒品原植物，在收获前自动铲除的；收买被拐卖的妇女、儿童，对被买儿童没有虐待行为，不阻碍其进行解救，或者按照被买妇女的意愿，不阻碍其返回原居住地的。（2）法定从重处罚情节，包括应当或者可以从重处罚。例如，总则中规定的累犯，教唆未成年人犯罪；分则中规定的奸淫不满十四周岁的幼女的，猥亵儿童的，组织、强迫未成年人卖淫的，武装掩护走私的，索贿的。对于犯罪行为具有法定情节的，必须依法确定其量刑的轻重。

二是酌定情节，即不是法律中明确规定的情节，而是人民法院根据实际情况和审判实践，在量刑时予以考虑的情节。在司法实践中，酌定情节主要包括：犯罪的动机；犯罪的手段；犯罪时的环境和条件；犯罪的损害结果；犯罪侵害的对象；犯罪分子的个人情况和一贯表现；犯罪分子的认罪态度等。（1）酌定从轻处罚情节，如犯罪没有造成危害结果或者危害结果较轻的，偶犯、初犯，犯罪分子为老年人、残疾人、孕妇等弱势人员，认罪态度较好，采取积极的措施消除或者减轻由其犯罪所造成的危害结果等。（2）酌定从重处罚情节，如造成一定危害结果或者危害结果较重的，危害行为持续时间较长的，犯罪方法手段残忍，犯罪人是具有犯罪经验和犯罪技能的人，有犯罪前科，犯罪目的、犯罪动机卑劣的，在重大自然灾害或者预防、控制突发传染病疫情等灾害期间故意犯罪的。

第四，根据犯罪行为对于社会的危害程度。"对于社会的危害程度"，是指犯罪行为对法律保护的社会关系损害的程度。对于社会的危害程度一般包括两方面的内容：一是犯罪行为直接造成的危害结果。二是犯罪行为虽未直接造成实际的危害结果，但存在着造成实际危害结果的危险性的，这也是犯罪行为的社会危害性的具体体现。如刑法分则中规定的"足以使火车、汽车、电车、船只、航空器发生倾覆、毁坏危险""足以造成严重食物中毒事故或者其他严重食源性疾病""足以严重危害人体健康"等。根据不同的犯罪对社会的不同危害程度，刑法规定了不同的刑罚或者划分了不同的量刑幅度。

第五，依照本法的有关规定判处。所谓"本法的有关规定"，包括定罪量刑依据的刑法分则中的有关规定，也包括刑法总则中的有关规定。根据这些规定，来确定对于被告人是否要处以刑罚，处以何种刑罚以及适用刑期的长短、刑罚的执行方式等。在具体适用刑法分则的有关规定时，如果该规定有不同的量刑幅度，应当选择与所犯罪行相应的量刑幅度。在适用总则的有关规定时，要根据犯罪的事实和情节，正确适用从重、从轻、减轻、免除刑罚的有关规定。

【适用中需要注意的问题】

1. 量刑是刑事审判的重要环节，对于犯罪分子决定刑罚的时候，应当综合考虑犯罪的事实、性质、情节以及对社会的危害程度，依照刑法总则和分则的有关规定，决定判处的刑罚。对于存在特殊情况的应当区别情况予以处理，以体现刑罚的个别化和罪责刑相适应。例如，根据《最高人民法院关于审理未成年人刑事案件具体应用法律若干问题的解释》第十一条的规定，对未成年罪犯适用刑罚，应当充分考虑是否有利于未成年罪犯的教育和矫正。对未成年罪犯量刑应当依照刑法第六十一条的规定，并充分考虑未成年人实施犯罪行为的动机和目的、犯罪时的年龄、是否初次犯罪、犯罪后的悔罪表现、个人成长经历和一贯表现等因素。对符合管制、缓刑、单处罚金或者免予刑事处罚适用条件的未成年罪犯，应当依法适用管制、缓刑、单处罚金或者免予刑事处罚。

2. 关于量刑规范化与刑罚个别化的关系问题。近年来，司法机关在司法体制改革中对于量刑规范化问题比较重视，实践中也作了较多的探索，取得了一定的成效。量刑规范化改革的初衷，是由于长期以来司法实践中存在的所谓"同案不同判"、量刑轻重相差悬殊的情况比较突出的问题，各方面反映比较强烈，影响人民群众对司法公正的期待。总体看，量刑不规范的成因是比较复杂的，其中既有长期以来重定罪轻量刑的传统问题，也有法官的业务能力水平、司法实践经验以及对法律的理解存在较大差异的问题，还有个别案件受到各种不正常因素影响的人为原因。因此，探索和寻找一套科学合理的量刑方法，规范法官的自由裁量权，对于实现量刑均衡，增强司法公信力，具有重要的积极意义。同时，也必须看到，量刑本身是一个把法律规定的抽象规则适用于具体案件的过程，而具体的案件情况非常复杂，可以说不存在完全相同的两个案件。量刑规范化只能是在总结实践经验基础上，将相对常见和具有一定共性的量刑情节等大体类型化，并根据情况设定相应的基数、参数、系数等，帮助法官在具体案件中做到基本相似的案件量刑大体均衡，而不可能精准地解决所有量刑问题。因此，要做到每一个案件的量刑都罚当其罪，都体现刑罚个别化，仅靠有限的规范量刑的一些规则和参数等，显然是不现实的。为此，在量刑规范化运用过程中，要防止简单套用公式和规则，而不论结果是否符合司法公正基本要求的机械做法。因为"同案不同判"固然不能体现司法公正，不同案件一刀切的判决结果，也不符合司法公正的要求。为此，在具体量刑时需要注意以下问题：一是刑事案件情况复杂，犯罪的事实、性质和情节以及对社会的危害性千差万别，很难用统一的标准予以衡量，如果设定的量刑标准过于机械，缺乏一定的灵活性和人性化，反而可能导致重罪轻判、轻罪重判的现象发生。二是现代刑罚更强调个别化原则，刑罚裁量不能不考虑犯罪人的具体情况，因此，在量刑时需要充分考虑行为人个体差异，如行为人所处的社会环境与生理和心理因素，不同的原因产生不同的犯罪，同样的犯罪也可能因为原因不同而适用不同的刑罚，只有这样才能达到刑罚不仅体现预防惩罚犯罪的目的，也能充分发挥教育矫正罪犯的功能。

3. 关于被害人过错对量刑的影响。在司法实践中，有些案件被害人对犯罪的发生也存在一定的过错，有的被害人的过错还比较明显和重大。因此，对于被害人有过错的案件，在量刑时是否需要加以考虑，是否应当影响对犯罪行为人量定刑罚，是需要认真研究的一个问题。一般而言，被害人过错对量刑是否有影响，不能一概而论，具体需要根据被害人过错程度予以确定。例如，如被害人只是一般过错，如言行举止不当等，在量刑时，一般不考虑被害人的过错而减轻加害人的责任；如果由于被害人存在重大过错而导致犯罪行为发生或者引发侵害结果进一步扩大的，如家庭内伤害案件，被害人长期实施家庭暴力行为等，在量刑时，应当根据被害人过错的具体情况，适当减轻加害人的责任；如果完全由于被害人的过错而导致加害人的行为，如被害人正在实施性侵行为等，则要考虑加害人是否属于刑法规定的正当防卫行为，以及正当防卫是否超过必要的限度等。

第六十二条 【从重处罚与从轻处罚】犯罪分子具有本法规定的从重处罚、从轻处罚情节的，应当在法定刑的限度以内判处刑罚。

【释解与适用】

本条是关于犯罪分子具有本法规定的从重、从轻处罚情节的应当如何适用刑罚的规定。

根据本条规定，从重处罚、从轻处罚都应当在法定刑的限度内判处刑罚。

1. 从重处罚。所谓"从重处罚"，是指在法定刑的幅度内，对犯罪分子适用相对较重的刑种或者处以相对较长的刑期。我国刑法总则规定有从重处罚的情节，如教唆不满十八周岁的人犯罪、累犯等。刑法分则也规定了从重处罚情节，如奸淫不满十四周岁的幼女；利用、教唆未成年人走私、贩卖、运输毒品或者向未成年人出售毒品；非法拘禁他人或者以其他方法非法剥夺他人人身自由的犯罪中，具有殴打、侮辱情节的；等等。对于从重处罚应当注意把握以下两点：一是应当在法定刑幅度内适用相对较重的刑罚，也就是在犯罪分子所犯罪行应适用的法定刑幅度内相对从重，而不能在法定最高刑之上判处刑罚。如果刑法分则对某罪名规定数个刑罚幅度的，首先要依法确定该犯罪分子应适用的幅度，然后在该幅度内从重。二是从重处罚并不意味着一律判处该幅度的最高刑罚，而是要根据犯罪分子的具体犯罪行为和情节、危害后果等，相对于其如果没有该从重情节的情况下应判处的刑罚适当从重，也就是对于具有从重情节的犯罪分子所判处的刑罚比对不具有该从重情节时所应判处的刑罚要相对重些，而不是一律判处法定最高刑或者一律适用较重的刑种、较长的刑期或者一律在法定刑的平均刑期以上判处刑罚。

2. 从轻处罚。所谓"从轻处罚",是指在法定刑的幅度内,对犯罪分子适用相对较轻的刑种或者处以较短的刑期。我国刑法规定的从轻处罚的情节大多数见之于刑法总则。例如,犯罪形态中的预备犯、未遂犯、中止犯,未成年人犯罪,共同犯罪中的从犯、胁从犯,又聋又哑的人或者盲人犯罪,防卫过当、紧急避险超过必要限度的,被教唆的人未犯被教唆的罪的,犯罪后有自首、立功情节的,等等。刑法分则也有个别条款规定了从轻处罚的情节。例如,收买被拐卖的妇女、儿童,对被买儿童没有虐待行为,不阻碍对其进行解救,或者按照被买妇女的意愿,不阻碍其返回原居住地的;行贿人在被追诉前主动交代行贿行为的等。刑法规定的从轻处罚的情节可以分为两类:一类是应当从轻处罚;另一类是可以从轻处罚。对于刑法规定应当从轻处罚的,人民法院在量刑时应充分考虑该情节,并必须处以相对较轻的刑罚;对于刑法规定可以从轻处罚的情节,人民法院在量刑时也应当充分考虑该情节,并综合全案情况,决定是否予以从轻处罚以及从轻的幅度。如果犯罪分子同时具备从轻、从重处罚情节的,人民法院应当综合全案情况,在罪刑相适应原则的指导下,处以合理的刑罚。对于从轻处罚也同样应当注意把握以下两点:一是应当在法定刑幅度内适用相对较轻的刑罚,而不能在法定最低刑以下判处刑罚;二是从轻处罚并不意味着一律判处该幅度的最低刑罚,而是要根据犯罪分子的具体犯罪行为和情节、危害后果等,相对于其他没有从轻情节的情况下应判处的刑罚适当从轻。

根据本条规定,对于具有本法规定的从重、从轻处罚情节的,应当对犯罪分子在法定刑的限度以内判处刑罚。所谓"法定刑的限度以内",是指刑法分则针对某种特定的犯罪的特定情节规定的量刑幅度,既包括适用的刑种,也包括该条文具体规定的刑期。人民法院在决定量刑时,应当根据犯罪的事实、情节、社会危害程度以及刑罚的具体量刑幅度,判处相应的刑罚,不得超出法定最低刑和法定最高刑判处。

第六十三条 【减轻处罚】犯罪分子具有本法规定的减轻处罚情节的,应当在法定刑以下判处刑罚;本法规定有数个量刑幅度的,应当在法定量刑幅度的下一个量刑幅度内判处刑罚。

犯罪分子虽然不具有本法规定的减轻处罚情节，但是根据案件的特殊情况，经最高人民法院核准，也可以在法定刑以下判处刑罚。

【释解与适用】

本条是关于减轻处罚的规定。

本条共分两款。第一款是关于具有法定减轻处罚情节的如何适用刑罚的规定。本款规定包含两个方面的内容。

第一，犯罪分子具有本法规定的减轻处罚情节的，应当在法定刑以下判处刑罚。所谓"减轻处罚"，是指在法定最低刑以下判处刑罚。我国刑法规定的减轻处罚的情节有预备犯、未遂犯、中止犯、从犯、胁从犯，犯罪后自首、立功，未成年人犯罪，等等。刑法规定的减轻处罚的情节包括两类：一类是应当予以减轻处罚的；另一类是可以予以减轻处罚的。不论哪种情形，都必须先根据犯罪的事实、犯罪的性质、情节和对社会的危害程度，依照刑法有关规定确定对犯罪分子应当判处的法定刑。对于具有刑法规定的应当减轻处罚的情节的，人民法院在量刑时必须在该法定刑的量刑幅度最低刑以下判处刑罚。对于具有刑法规定的可以予以减轻处罚情节的，人民法院应当综合全案的情况决定是否予以减轻处罚和减轻处罚的幅度。

第二，本法规定有数个量刑幅度的，应当在法定量刑幅度的下一个量刑幅度内判处刑罚。刑法中的减轻处罚的情节往往是以复合形式规定的，如"应当从轻、减轻或者免除处罚""可以从轻、减轻处罚"等，因此，人民法院在量刑时首先要综合全案情况，决定对犯罪分子是从轻还是减轻处罚，然后才能根据刑法的有关规定判处适当的刑罚。对于已经确定予以减轻处罚，刑法规定有数个量刑幅度的，应当在法定量刑幅度的下一个量刑幅度内判处刑罚，即刑法规定此罪有两个以上量刑幅度的，减轻处罚只能在法定量刑幅度紧接着的下一个量刑幅度内判处刑罚，而不能跨越一个量刑幅度去判处刑罚；如果法定量刑幅度已经是最轻的一个量刑幅度，则减轻处罚也只能在此幅度内判处较轻或最轻的刑罚；对于已经确定予以减轻处罚，刑法只规定了一个量刑幅度的，则只能在此量刑幅度内判处较轻或最轻的刑罚。

第二款是关于犯罪分子没有法定减轻处罚的情节，但是根据案件的特殊情况，也可以在法定刑以下判处刑罚的规定。

本款规定的权力是为了赋予人民法院在特殊情况下，根据案件的特殊情况作出特殊处理。"经最高人民法院核准",主要是为了防止实践中扩大适用范围或滥用减轻处罚的规定,造成不良的影响和后果。本款规定的"案件特殊情况",主要是指案件本身的特殊性,如涉及政治、国防、外交等特殊情况。对于有上述特殊情况的案件,虽然犯罪分子不具有刑法规定的减轻处罚的情节,但是确有需要的,地方各级人民法院经报最高人民法院核准,也可以在法定刑以下判处刑罚。需要特别注意的是,这是刑法对减轻处罚的特殊规定,实践中在具体适用上应当非常慎重。

【适用中需要注意的问题】

1. 减轻处罚判处的刑罚应当是在本应当适用的量刑幅度的下一个量刑幅度内的刑罚。也就是说,对犯罪分子适用减轻处罚,应当在其所犯罪行法定量刑幅度基础上降一个档后在该量刑幅度内判处刑罚。如果已经是最低量刑幅度或者只有一个量刑幅度的,也必须适用该幅度的刑罚,不能适用量刑幅度内没有的刑罚。如故意杀人罪,根据刑法第二百三十二条规定,故意杀人的,处死刑、无期徒刑或者十年以上有期徒刑;情节较轻的,处三年以上十年以下有期徒刑。如果行为人犯罪情节较轻,又具有减轻处罚情节,而没有法定免除处罚情节的,法院在量刑时最低只能判处三年有期徒刑,不能判处比三年有期徒刑更低的徒刑甚至判处管制、拘役。

2. 减轻处罚不是免予刑事处罚。实践中,对于减轻处罚是否可以一直减至免予刑事处罚存在不同认识。有的认为,可以一直减至免予刑事处罚。我们认为,减轻处罚与免予刑事处罚性质不同,减轻处罚是人民法院对犯罪分子具体适用刑罚时的量刑情节和量刑方式,是在一定条件下对刑期的缩减。一般情况下,减轻处罚仍然应当判处一定的刑罚。免予刑事处罚是针对犯罪情节轻微的情况而设立的一种特殊制度,有独立的适用条件。刑法第三十七条规定,对于犯罪情节轻微不需要判处刑罚的,可以免予刑事处罚。据此,免予刑事处罚是犯罪情节轻微,不需要判处刑罚的情况。因此,减轻处罚作为量刑情节和量刑制度,只能在法定刑幅度的下一个量刑幅度内判处刑罚。如果已经是最低量刑幅度或者只有一个量刑幅度的,减轻处罚也必须在该幅度内判处刑罚。

当然,根据案件的具体情况,对于犯罪行为人具有刑法规定的免除处罚情节的,综合全案考虑,属于情节轻微的情况,符合刑法第三十七条规定的免予刑事处罚条件的,可以直接免予刑事处罚。

第六十四条 【涉案财物的处理】犯罪分子违法所得的一切财物，应当予以追缴或者责令退赔；对被害人的合法财产，应当及时返还；违禁品和供犯罪所用的本人财物，应当予以没收。没收的财物和罚金，一律上缴国库，不得挪用和自行处理。

【释解与适用】

本条是关于追缴违法所得，没收违禁品和供犯罪所用的本人财物的规定。

本条主要规定以下几个方面的内容。

1. 犯罪分子违法所得的一切财物，应当予以追缴或者责令退赔。所谓"违法所得的一切财物"，是指犯罪分子因实施犯罪活动而取得的全部财物，包括金钱或者物品，如盗窃得到的金钱或者物品，贪污得到的金钱或者物品等。所谓"追缴"，是指将犯罪分子的违法所得强制收缴。例如，在刑事诉讼过程中，对犯罪分子的违法所得进行追查、收缴；对于在办案过程中发现的犯罪分子已转移、隐藏的赃物追查下落，予以收缴。"责令退赔"，是指犯罪分子已将违法所得使用、挥霍或者毁坏的，也要责令其按违法所得财物的价值退赔。

2. 对于追缴和退赔的违法所得，如果是属于被害人的合法财产，应当及时返还。这里所说的"被害人"，是指遭受犯罪行为侵害的个人和单位。"合法财产"，是指依照法律规定属于被害人所有的动产和不动产，如被害人的财物、金钱、房屋等。根据本条规定，对于被害人的合法财产，原物存在的，应当及时返还；原物不存在或者损坏的，应当折价退赔。

3. 对于违禁品和供犯罪所用的本人财物，应当没收。所谓"违禁品"，是指依照国家规定，公民不得私自留存、使用的物品，如枪支、弹药、毒品以及淫秽物品等。对违禁品，不管属于谁所有，法律规定都应予以没收。"供犯罪所用的本人财物"，是指供犯罪分子进行犯罪活动而使用的属于他本人所有的钱款和物品，如用于走私的运输工具等。如果这些财物不是犯罪分子本人的，而是借用或者擅自使用的他人财物，财物所有人事前不知是供犯罪使用的，应当予以返还。但是，对司法机关作为证据扣押的，需要等到案件审理结束后，再发还给财物所有人。如果通过照片、录像资料能够使原物充分发挥证据作用的，也可以将原物发还财物所有人，只保存照片、录像资料。

4. 对于依法没收的财物和罚金，一律上缴国库，不得私自挪用或者自行处理。这里所说的"上缴国库"，是指结案以后，由最后结案的单位统一上缴国家财政，不得挪作他用，如不能用于单位盖办公楼等；也不得随便处理，即不得私自低价变卖或者分给单位职工等。

第二节 累　犯

第六十五条　【一般累犯】被判处有期徒刑以上刑罚的犯罪分子，刑罚执行完毕或者赦免以后，在五年以内再犯应当判处有期徒刑以上刑罚之罪的，是累犯，应当从重处罚，但是过失犯罪和不满十八周岁的人犯罪的除外。

前款规定的期限，对于被假释的犯罪分子，从假释期满之日起计算。

【释解与适用】

本条是关于累犯的概念以及对累犯如何处罚的规定。

本条共分两款。第一款是关于累犯的概念以及对累犯从重处罚的规定。

一般来说，"累犯"可以是指符合特定条件的再次犯罪的人，也可以是指需要依法考虑的一种量刑的情节，还可以理解为对特定对象的一种量刑制度。累犯涉及犯罪行为人的刑罚轻重，对累犯的构成条件以及量刑方法，应当由法律作出明确规定。根据本条第一款的规定，"累犯"是指在刑罚执行完毕或者赦免以后，在法定的期限内又犯应当判处刑罚之罪，依法应当予以从重处罚的情况。根据本款规定，构成累犯应当同时具备以下四个条件：

第一，行为人因前罪被判处有期徒刑以上刑罚，其所实施的新罪依法也应当被判处有期徒刑以上刑罚，即前后罪的刑罚都是有期徒刑以上的刑罚。这里的"有期徒刑以上刑罚"包括被判处有期徒刑、无期徒刑和死刑的情况。需要注意的是，后罪应当判处有期徒刑以上刑罚，是指根据后罪的性质、情节、社会危害程度等，属于应判处有期徒刑以上刑罚的情况，而不是指该罪的法定刑幅度中包含有期徒刑以上的刑罚。因此，如果后罪的法定刑当中规定了有期徒刑，但按照案件的具体情况，对行为人应当判处的刑罚为拘役、管制、单处罚金等的，则不符合作为累犯的条件。

第二，前罪和后罪的间隔时间不超过五年。后罪发生的时间必须在前罪的刑罚执行完毕或者赦免以后五年以内，即后罪犯罪行为实施之日，至前罪刑罚执行完毕释放之日或者赦免释放之日不满五年。在刑罚执行期间再犯罪的，不适用本款的规定，应当依照刑法关于数罪并罚的规定处罚。关于如何理解本条规定的"刑罚执行完毕"，实践中存在不同的认识。有的认为，"刑罚"是指主刑，而不包括附加刑，主刑执行完毕以后五年内再犯罪的，构成累犯。有的认为，"刑罚"不仅包括主刑，也包括附加刑，因为主刑和附加刑是一个统一的刑罚整体，不可割裂。除对"刑罚"是指主刑还是也包括附加刑的问题在认识上存在分歧以外，2015年通过的刑法修正案（九）对数罪并罚制度的修改，又进一步增加了对上述主刑是仅指有期徒刑以上刑罚，还是也包括管制在内的争议。刑法修正案（九）在刑法第六十九条中增加一款，规定"数罪中有判处有期徒刑和管制……有期徒刑……执行完毕后，管制仍须执行"。这一修改，使得一个罪犯可能会被判处两个主刑，即有期徒刑和管制，那么对于犯罪分子同时被判处有期徒刑和管制的，都是主刑，其刑罚执行完毕的期限应当从有期徒刑执行完毕还是应当从管制执行完毕计算，也出现不同认识。有的认为，被同时判处有期徒刑和管制的，根据刑法第六十九条规定，有期徒刑执行完毕后，管制仍须执行，也就是说有期徒刑虽然执行完毕，但管制还在执行，并不能认为刑罚已经执行完毕，累犯的起算时间应当从管制执行完毕开始计算。我们认为，这里所说的"刑罚执行完毕"应当是有期徒刑以上刑罚执行完毕。因为刑法中"刑罚执行完毕"在数个条文中都有规定，在理解其含义时，必须结合刑法的具体规定，分析其本来含义和应有之意，不宜脱离开刑法规定的具体制度，简单化地一刀切。具体到累犯条件中"刑罚执行完毕"的理解，自然应当根据刑法有关累犯制度的规定，结合累犯制度的立法目的等因素确定其含义。以有期徒刑执行完毕之日为累犯的起算时间的主要理由有两个：一是根据本条规定，只有判处有期徒刑以上刑罚的犯罪分子才可能构成累犯，也就是说被判处拘役、管制或者单处罚金、剥夺政治权利等刑罚的，都不能构成累犯，因此，累犯的起算时间不适宜从拘役、管制或者单处罚金、剥夺政治权利等刑罚执行完毕之日开始计算。

二是既然本条规定的是被判处有期徒刑以上刑罚的犯罪分子构成累犯，这体现了刑法在累犯构成条件上对前后罪的严重程度作了一定的限制，设置了构成累犯的"门槛"，即不是所有犯罪都作为构成累犯的条件予以考虑，那么刑罚执行完毕也应当是指所犯有期徒刑之罪的刑罚即有期徒刑执行完毕。有期徒刑执行完毕后犯罪分子已经被释放，根据刑法有关规定，被判处管制的，依法实行社区矫正，是在社会上服刑；罚金等附加刑也可以在社会上执行。因此，累犯的起算时间从有期徒刑执行完毕开始计算是适宜的，即使管制或者罚金等附加刑尚未执行完毕，也不影响累犯的起算时间。关于赦免，一般将赦免分为特赦和大赦，我国宪法只规定了特赦而没有规定大赦，因此，这里的"赦免以后"，应是指特赦以后。

第三，前罪和后罪必须都是故意犯罪。累犯不包括过失犯罪。前后罪中如果有一个罪是过失犯罪，就不符合累犯的条件。

第四，犯罪分子在犯前罪和后罪时必须都是年满十八周岁以上的人。如果犯前罪时是不满十八周岁的未成年人，即使犯后罪时年满十八周岁，也不可以将未满十八周岁时所犯的前罪与后罪一起计算，构成累犯。

根据本款规定，对于累犯应当从重处罚，即应当在法定刑的幅度内处以更重的刑罚。具体应当在犯罪行为人所犯罪行应适用的法定刑幅度内，适用相对没有累犯情节的情况下，更重的刑罚。从重处罚不能超越应当适用的刑罚幅度予以加重处罚，也不简单意味着在应当适用的刑罚幅度内一律判处最高刑罚，即"顶格"量刑。具体需要在依法确定行为人如果不属于累犯的情况下，应当适用的量刑幅度和应当判处的刑罚的基础上，进一步量定更为严厉的刑罚，要罚当其罪，体现罪责刑相适应。

第二款是关于被假释的罪犯，在认定是否构成累犯时，如何计算前后罪时间间隔是否在五年以内的规定。

根据本款的规定，对于被假释的犯罪分子，应当从假释期满之日起计算第一款规定的五年期限。刑法第八十一条中规定，被判处有期徒刑的犯罪分子，执行原判刑期二分之一以上，被判处无期徒刑的犯罪分子，实际执行十三年以上，如果认真遵守监规，接受教育改造，确有悔改表现，没有再犯罪的危险的，可以假释。第八十五条规定，对假释的犯罪分子，在假释考验期限内，依法实行社区矫正，如果没有本法第八十六条规定的情形，假释考验期满，就认为原判刑罚已经执行完毕。根据上述规定，假释考验期满就视为刑罚执行完毕，因此，对于被假释的犯罪分子，在认定是否构成累犯时，对其前后之间间隔时间的起算时间，从其假释考验期满之日起计算。

【适用中需要注意的问题】

实际执行中应当注意的是，因故意犯罪被判处有期徒刑但适用缓刑的罪犯，再犯应判处有期徒刑以上刑罚的故意犯罪的，是否构成累犯。对这一问题也存在不同认识，有的认为，缓刑考验期满以后五年以内再犯罪的，构成累犯。主要理由：一是宣告缓刑必须以判处刑罚为前提，被判处缓刑的犯罪分子，如果是被判处有期徒刑以上刑罚的，符合累犯的适用条件；二是从我国刑法的目的上看，规定累犯是为了预防犯罪，对于那些屡教不改、严重危害社会的犯罪分子应当给予严厉的惩处，对于缓刑考验期满后再犯罪的，有必要从重处罚。我们认为，刑法第七十六条规定，对宣告缓刑的犯罪分子，在缓刑考验期限内，依法实行社区矫正，如果没有本法第七十七条规定的情形，缓刑考验期满，原判的刑罚就不再执行。根据这一规定，缓刑属于附条件地不执行刑罚，考验期满原判刑罚不再执行，也就是说刑罚并没有执行。因此，被判处缓刑的犯罪分子不能认为已经执行了刑罚，也就不符合本条规定的"刑罚执行完毕"的条件，不能构成累犯。

第六十六条 【特殊累犯】危害国家安全犯罪、恐怖活动犯罪、黑社会性质的组织犯罪的犯罪分子，在刑罚执行完毕或者赦免以后，在任何时候再犯上述任一类罪的，都以累犯论处。

【释解与适用】

本条是关于危害国家安全犯罪、恐怖活动犯罪、黑社会性质的组织犯罪累犯的特殊规定。

根据本条规定，认定危害国家安全犯罪、恐怖活动犯罪、黑社会性质的组织犯罪的累犯，应当注意以下三个特点。

1. 犯罪分子所犯的前罪和后罪都是危害国家安全犯罪、恐怖活动犯罪、黑社会性质的组织犯罪。前罪或者后罪中一罪不属于上述犯罪范围的，不能构成本条规定的特殊累犯。但是，根据本条的规定，犯危害国家安全犯罪、恐怖活动犯罪、黑社会性质的组织犯罪的行为人，只要再犯这三类犯罪中的任一类犯罪的，均构成累犯。即前罪和后罪不需要同属一类犯罪，如犯危害国家安全犯罪者，再犯恐怖活动犯罪的，就构成累犯。

2. 不受刑法第六十五条关于构成累犯的前罪和后罪都应是"判处有期徒刑以上刑罚"的刑种条件限制。即前罪只要判处刑罚即可，后罪只要构成犯罪即可。

3. 不受刑法第六十五条关于构成累犯应在"刑罚执行完毕或者赦免以后，在五年以内再犯"的时间条件限制。即危害国家安全犯罪、恐怖活动犯罪、黑社会性质的组织犯罪的犯罪分子，在前罪的刑罚执行完毕或者赦免之后，不论何时再犯危害国家安全犯罪、恐怖活动犯罪、黑社会性质的组织犯罪的，都构成累犯，不受五年期限的限制。

【适用中需要注意的问题】

实际执行中对于未成年人是否构成特殊累犯，在认识上存在分歧。有的认为，未成年人不构成累犯是在一般累犯的条款中规定的，不适用于特殊累犯，未成年人只要实施了危害国家安全犯罪、恐怖活动犯罪、黑社会性质的组织犯罪，在刑罚执行完毕或者赦免以后，在任何时候再犯前述任一类罪的，都要以累犯论处。也有的认为，不能一概而论，对于已满十四周岁不满十六周岁的未成年人不构成特殊累犯，而已满十六周岁不满十八周岁未成年人构成特殊累犯。我们认为，2011年通过的刑法修正案（八）增加了未成年人犯罪不构成累犯的规定。这一规定主要是考虑到未成年人身心发育尚未成熟，对犯罪的未成年人更好地体现以教育挽救为主的方针，以使他们能更好地接受教育矫正，便于他们以后顺利地融入社会。因此，未成年人不构成累犯属于对未成年人的特别规定，与刑法第十七条的规定一脉相承，不仅限于第六十五条，也应当适用于本条关于特殊累犯的规定。同时，从刑法第六十五条和第六十六条的关系来看，第六十五条既是一般累犯的规定，也是对累犯制度的一般性和基础性规定。而第六十六条是刑法在确立累犯基本制度的基础上，进一步针对几类特殊犯罪作出的专门性规定。刑法第六十六条的立法目的在于，针对几类特殊犯罪，考虑到再次犯罪充分表明其主观方面顽固坚持恐怖等立场和难以悔改的态度，给予其更为严厉的惩处。未成年人由于心智发育等方面的情况，具有较强的可塑性，既然不能构成一般累犯，也不应构成特殊累犯。另外，刑法关于未成年人不构成累犯的规定，与对特殊累犯增加恐怖活动犯罪、黑社会性质组织犯罪的规定，都是 2011 年刑法修正案（八）中增加的体现宽严相济刑事政策的内容，对此问题立法机关做过专门研究，二者是并行不悖的。

第三节　自首和立功

第六十七条　【自首和坦白】犯罪以后自动投案，如实供述自己的罪行的，是自首。对于自首的犯罪分子，可以从轻或者减轻处罚。其中，犯罪较轻的，可以免除处罚。

被采取强制措施的犯罪嫌疑人、被告人和正在服刑的罪犯，如实供述司法机关还未掌握的本人其他罪行的，以自首论。

犯罪嫌疑人虽不具有前两款规定的自首情节，但是如实供述自己罪行的，可以从轻处罚；因其如实供述自己罪行，避免特别严重后果发生的，可以减轻处罚。

【释解与适用】

本条是关于自首的概念、对自首犯如何处罚以及对如实供述自己罪行的罪犯如何处罚的规定。

本条共分三款。第一款是关于自首的概念及其处罚原则的规定。根据本款规定，自首必须符合下列条件。

1. 犯罪以后自动投案。所谓"自动投案"，是指犯罪分子犯罪以后但犯罪事实未被司法机关发现以前，或者犯罪事实虽被发现但不知何人所为，或者犯罪事实和犯罪分子均已被发现但尚未受到司法机关的传唤、讯问或者尚未采取强制措施之前，主动、直接到司法机关或者所在单位、基层组织等投案，接受审查和追诉的。这里的"司法机关"应指所有的依法负有调查、处理违法犯罪案件相关职责的机关，包括公安机关、国家安全机关、监察机关、人民检察院、人民法院等。需要说明的是，实践中对于法律关于相关司法机关具体职责分工的规定，很多人并不是很清楚或者认知不是很准确。因此，只要犯罪行为人确实出于主动投案，接受法律处理的目的，到有关机关自首，即使该机关不属于相关案件的法定管辖机关，也不因为这一点而影响其自首的成立。例如，行为人实施了间谍行为，为自首到公安机关投案，实际上案件应当由国家安全机关管辖；或者其到人民法院自首，而人民法院是审判机关，并不负责案件的侦查。这些机关接到犯罪行为人投案的，应当将其转交相应的负有案件管辖权的机关处理，这样的情况也不影响其自首的成立。

关于自动投案的具体认定，除了比较典型的自动投案行为以外，实践中还有很多投案的情况比较复杂。为便于司法机关依法适用刑罚，1998年《最高人民法院关于处理自首和立功具体应用法律若干问题的解释》第一条对自动投案的情形作了解释：（1）犯罪嫌疑人向其所在单位、城乡基层组织或者其他有关负责人员投案的；（2）犯罪嫌疑人因病、伤或者为了减轻犯罪后果，委托他人先代为投案，或者先以信电投案的；（3）罪行未被司法机关发觉，仅因形迹可疑被有关组织或者司法机关盘问、教育后，主动交代自己的罪行的；（4）犯罪后逃跑，在被通缉、追捕过程中，主动投案的；（5）经查实确已准备去投案，或者正在投案途中，被公安机关捕获的，应当视为自动投案；（6）并非出于犯罪嫌疑人主动，而是经亲友规劝、陪同投案的；公安机关通知犯罪嫌疑人的亲友，或者亲友主动报案后，将犯罪嫌疑人送去投案的，应当视为自动投案。2010年最高人民法院印发的《关于处理自首和立功若干具体问题的意见》第一部分对自动投案的情形又作了补充：（1）犯罪后主动报案，虽未表明自己是作案人，但没有逃离现场，在司法机关询问时交代自己罪行的；（2）明知他人报案而在现场等待，抓捕时无拒捕行为，供认犯罪事实的；（3）在司法机关未确定犯罪嫌疑人，尚在一般性排查询问时主动交代自己罪行的；（4）因特定违法行为被采取行政拘留、司法拘留、强制隔离戒毒等行政、司法强制措施期间，主动向执行机关交代尚未被掌握的犯罪行为的；（5）罪行未被有关部门、司法机关发觉，仅因形迹可疑被盘问、教育后，主动交代了犯罪事实的，应当视为自动投案，但有关部门、司法机关在其身上、随身携带的物品、驾乘的交通工具等处发现与犯罪有关的物品的，不能认定为自动投案；（6）交通肇事后保护现场、抢救伤者，并向公安机关报告的，应认定为自动投案，构成自首的，因上述行为同时系犯罪嫌疑人的法定义务，对其是否从宽、从宽幅度要适当从严掌握。交通肇事逃逸后自动投案，如实供述自己罪行的，应认定为自首，但应依法以较重法定刑为基准，视情决定对其是否从宽处罚以及从宽处罚的幅度。

2. 如实供述自己的罪行。所谓"如实供述自己的罪行"，是指犯罪分子投案以后，对于自己所犯的罪行，不管司法机关是否掌握，都必须如实地向司法机关供述，不能有隐瞒。至于有些细节或者情节，犯罪分子记不清楚或者确实无法说清楚的，不能认为是隐瞒。只要基本的犯罪事实和主要情节说清楚就应当认为属于如实供述自己的罪行。如果犯罪分子避重就轻或者供述一部分，还保留一部分，企图蒙混过关，就不能认为是如实供述自己的罪行。对于共同犯罪中的犯罪分子不仅应供述自己的犯罪行为，还应供述与其共同实施犯罪的其他共犯的共同犯罪事实；对于犯有数罪的仅如实供述所犯数罪中部分犯罪的，只对如实供述部分犯罪的行为认定为自首。实践中，有的犯罪嫌疑人自动投案并如实供述自己罪行后又翻供，对这种情况如何认定，《最高人民法院关于处理自首和立功具体应用法律若干问题的解释》第一条中规定，犯罪嫌疑人自动投案并如实供述自己的罪行后又翻供的，不能认定为自首；但在一审判决前又能如实供述的，应当认定为自首。

关于如实供述自己的罪行的具体认定，司法实践中对有些情形是否属于如实供述自己的罪行的认定存在不同认识，为便于司法机关依法适用刑罚，1998年《最高人民法院关于处理自首和立功具体应用法律若干问题的解释》第一条对如实供述自己的罪行的情形作了解释：（1）犯有数罪的犯罪嫌疑人仅如实供述所犯数罪中部分犯罪的，只对如实供述部分犯罪的行为，认定为自首。（2）共同犯罪案件中的犯罪嫌疑人，除如实供述自己的罪行，还应当供述所知的同案犯，主犯则应当供述所知其他同案的共同犯罪事实，才能认定为自首。（3）犯罪嫌疑人自动投案并如实供述自己的罪行后又翻供的，不能认定为自首，但在一审判决前又能如实供述的，应当认定为自首。2010年最高人民法院印发的《关于处理自首和立功若干具体问题的意见》第二部分对"如实供述自己的罪行"的认定作了补充：（1）如实供述自己的罪行，除供述自己的主要犯罪事实外，还应包括姓名、年龄、职业、住址、前科等情况。（2）犯罪嫌疑人供述的身份等情况与真实情况虽有差别，但不影响定罪量刑的，应认定为如实供述自己的罪行。犯罪嫌疑人自动投案后隐瞒自己的真实身份等情况，影响对其定罪量刑的，不能认定为如实供述自己的罪行。（3）犯罪嫌疑人多次实施同种罪行的，应当综合考虑已交代的犯罪事实与未交代的犯罪事实的危害程度，决定是否认定为如实供述主要犯罪事实。虽然投案后没有交代全部犯罪事实，但如实交代的犯罪情节重于未交代的犯罪情节，或者如实交代的犯罪数额多于未交代的犯罪数额，一般应认定为如实供述自己的主要犯罪事实。无法区分已交代的与未交代的犯罪情节的严重程度，或者已交代的犯罪数额与未交代的犯罪数额相当，一般不认定为如实供述自己的主要犯罪事实。(4) 犯罪嫌疑人自动投案时虽然没有交代自己的主要犯罪事实，但在司法机关掌握其主要犯罪事实之前主动交代的，应认定为如实供述自己的罪行。

犯罪以后自动投案，如实供述自己的罪行以后，不能逃避司法机关的处理。虽然本条对此没有明确规定，但是自首的性质本身就包含主动投案、自愿接受法律处理的含义。因此，对于自首的犯罪行为人来说，只有自觉接受法律处理，而不是逃避追究，才能说明其确有悔改的诚意。如果投案后如实供述了自己的罪行，后来又逃跑了，逃避司法机关对其的侦查、起诉和审判，说明其自动投案不彻底，不是真正意义上的自首，不能认定为自首。

根据本款规定，对于自首的犯罪分子可以在法定刑的幅度内从轻或者减轻处罚。如果是犯罪较轻的，也可以免除处罚。具体确定是从轻、减轻还是免除处罚，以及从轻、减轻的幅度，都需要根据案件的具体情况，包括犯罪的事实、性质、情节、对社会的危害程度等，并考虑自首的具体情节、行为人悔罪程度等予以确定。

第二款是关于以自首论的规定。根据本款规定，必须同时具备以下条件的，才能以自首论。

1. 以自首论的对象有以下三种人：已经被司法机关采取强制措施的犯罪嫌疑人、被告人和正在服刑的罪犯。这里的"强制措施"，是指我国刑事诉讼法规定的拘传、拘留、取保候审、监视居住、逮捕。"正在服刑"是指已经人民法院判决，正在执行刑罚的罪犯。

2. 如实供述的内容是司法机关还未掌握的本人其他罪行。这里所说的"司法机关还未掌握的本人其他罪行"，是指司法机关根本不知道、还未掌握犯罪嫌疑人、被告人和正在服刑的罪犯的其他罪行，是司法机关正在追查或已经追究的行为人所犯罪行以外的其他犯罪行为。例如，司法机关正在对行为人的盗窃行为进行侦查，该犯罪嫌疑人又如实交代了司法机关未掌握的抢劫犯罪行为。对于共同犯罪来说，如果供述司法机关未掌握的他人的犯罪不属于这种情况，但是如果这种行为符合立功的条件的，应当按照刑法关于立功的规定处理。根据本款规定，只要符合上述条件，应当以自首论，按照本条第一款规定的原则处罚。应当注意的是，实践中，有的被告人自首后，对自己行为的性质进行辩解，这种情况不影响自首的成立。

　　第三款是对不具有前两款规定的自首以及以自首论的情节，但是如实供述自己罪行的，可以从轻或者减轻处罚的规定。坦白从宽是我国一贯的刑事政策，但如实供述自己罪行在司法实践中只是作为一种酌定量刑情节，在司法实践中适用时存在许多问题。例如，在侦查阶段的坦白、认罪，有时在审判阶段不被认可，甚至在个别的案件中存在因被告人的坦白使得司法机关认定了本来不掌握的罪行，而被判处较重的刑罚的情况，被戏称为"坦白从宽，牢底坐穿"。司法实践表明，到案后能够自愿认罪，也表现了犯罪嫌疑人改恶向善的意愿，相对于负隅顽抗，甚至故意编造谎言误导侦查、审判工作的犯罪嫌疑人而言，自愿认罪者也更易于改造，使用较轻的刑罚即可达到刑罚目的。如最高人民法院印发的《关于处理自首和立功若干具体问题的意见》规定，犯罪嫌疑人被亲友采用捆绑等手段送到司法机关，或者在亲友带领侦查人员前来抓捕时无拒捕行为，并如实供认犯罪事实的，虽然不能认定为自动投案，但可以参照法律对自首的有关规定酌情从轻处罚。这一情节，在刑法修正案（八）规定之前，属于酌定从宽情节，现在根据本款规定，已经属于法定从宽情节。

　　根据本款规定，以下两种情况属于可以从宽处理的情形，但在从宽处理的幅度上有所不同：一是对一般的如实供述自己罪行的，可以从轻处罚；二是因其如实供述自己罪行，避免特别严重后果发生的，可以减轻处罚。其中的"如实供述自己罪行"和前两款的精神是一致的，应指供述自己犯罪的主要事实或者基本事实。"因其如实供述自己罪行，避免特别严重后果发生的"，主要是指行为人已经实施了犯罪行为，但犯罪结果还没有发生或者没有全部发生，由于行为人的供述，使得有关方面能够采取措施避免了特别严重后果发生的情况。本款规定的从宽处理是"可以"从轻、减轻处罚，对行为人虽然如实供述了自己罪行，但犯罪情节比较恶劣的也可以不从轻、减轻处罚。

　　第六十八条　【立功】犯罪分子有揭发他人犯罪行为，查证属实的，或者提供重要线索，从而得以侦破其他案件等立功表现的，可以从轻或者减轻处罚；有重大立功表现的，可以减轻或者免除处罚。

【释解与适用】

本条是关于犯罪分子有立功表现应当从宽处理的规定。

根据本条规定，作为量刑情节的立功，其主体是在案件侦查、审查起诉和庭审阶段的犯罪分子，其中庭审阶段包括一审庭审阶段和二审庭审阶段。立功有以下常见表现形式。

一是犯罪分子有揭发他人犯罪行为，查证属实的。"犯罪分子揭发他人犯罪行为"，是指犯罪分子归案以后，主动揭发其他人的犯罪行为，包括共同犯罪案件中的犯罪分子揭发同案犯共同犯罪以外的其他犯罪。揭发他人的犯罪行为，必须经过查证属实。"查证属实"是指必须经过司法机关查证以后，证明犯罪分子揭发的情况确实属实。如果经过查证，犯罪分子揭发的情况不属实或者不属于犯罪行为，那么也不算是犯罪分子有立功表现。

二是提供重要线索，从而得以侦破其他案件的。所谓"提供重要线索"，是指犯罪分子向司法机关提供未被司法机关掌握的重要犯罪线索，如证明犯罪行为的重要事实或提供有关证人等。这种提供必须是犯罪分子自身掌握的，是实事求是的，不能是编造的线索。"从而得以侦破其他案件"，是指司法机关根据犯罪分子提供的线索，查清了犯罪事实，侦破了其他案件。

此外，除上述两种立功表现形式外，实践中有的犯罪分子还有其他有利于国家和社会的突出表现，如阻止他人犯罪活动、协助司法机关抓捕其他犯罪分子（包括同案犯）等，也属于本条规定的立功。

根据本条规定，对于有立功表现的犯罪分子，可以从轻或者减轻处罚；对于有重大立功表现的，可以减轻或者免除处罚。所谓"重大立功表现"，是相对于一般立功表现而言，主要是指：犯罪分子检举、揭发他人的重大犯罪行为，如揭发了一个犯罪集团或犯罪团伙，或者因其提供了犯罪的重要线索，才使一个重大犯罪案件得以侦破；阻止他人重大犯罪活动；协助司法机关抓捕其他重大犯罪分子（包括同案犯）；对国家和社会有其他重大贡献的；等等。一般而言，犯罪分子检举、揭发的他人犯罪，提供侦破其他案件的重要线索，阻止他人的犯罪活动，或者协助司法机关抓捕的其他犯罪嫌疑人，犯罪嫌疑人、被告人依法可能被判处无期徒刑以上刑罚的，应当认定为有重大立功表现。

【适用中需要注意的问题】

1. 关于立功表现的认定。为了便于司法机关正确适用法律，1998 年《最高人民法院关于处理自首和立功具体应用法律若干问题的解释》第五条对"犯罪分子有揭发他人犯罪行为"的情形作了规定：（1）共同犯罪案件中的犯罪分子揭发同案犯共同犯罪以外的其他犯罪，经查证属实；（2）提供侦破其他案件的重要线索，经查证属实；（3）阻止他人犯罪活动；（4）协助司法机关抓捕其他犯罪嫌疑人（包括同案犯）；（5）具有其他有利于国家和社会的突出表现的，应当认定为有立功表现。

另外，实践中在认定立功方面还有一些突出问题。一是有的犯罪嫌疑人为了立功以求得从宽处理，以用金钱收买他人犯罪线索，贿赂他人获得犯罪线索等不正当手段"立功"。有的地方甚至形成所谓"线索黑市"。这些行为严重影响司法公正，损害司法权威。为此，2010 年最高人民法院印发的《关于处理自首和立功若干具体问题的意见》第四部分对立功线索来源的认定作了规定：（1）犯罪分子通过贿买、暴力、胁迫等非法手段，或者被羁押后与律师、亲友会见过程中违反监管规定，获取他人犯罪线索并"检举揭发"的，不能认定为有立功表现。（2）犯罪分子将本人以往查办犯罪职务活动中掌握的，或者从负有查办犯罪、监管职责的国家工作人员处获取的他人犯罪线索予以检举揭发的，不能认定为有立功表现。（3）犯罪分子亲友为使犯罪分子"立功"，向司法机关提供他人犯罪线索、协助抓捕犯罪嫌疑人的，不能认定为犯罪分子有立功表现。二是司法实践中对于如何认定"协助抓捕其他犯罪嫌疑人"往往存在不同认识，为此，最高人民法院在上述意见的第五部分对"协助抓捕其他犯罪嫌疑人"的认定作了规定：（1）按照司法机关的安排，以打电话、发信息等方式将其他犯罪嫌疑人（包括同案犯）约至指定地点的；（2）按照司法机关的安排，当场指认、辨认其他犯罪嫌疑人（包括同案犯）的；（3）带领侦查人员抓获其他犯罪嫌疑人（包括同案犯）的；（4）提供司法机关尚未掌握的其他案件犯罪嫌疑人的联络方式、藏匿地址的；等等。

2. 在司法实践中应当注意，对于具有立功情节的犯罪分子，应当结合案件的性质、危害后果、犯罪分子的人身危险性等因素综合考虑，依法决定是否对其从轻、减轻或者免除处罚以及从轻、减轻处罚的幅度。对于自首后又有重大立功表现的犯罪分子，刑法虽然删除了应当减轻或者免除处罚的规定，但是考虑到这类犯罪分子的立功行为客观上有利于打击犯罪，主观上有的也具有明显的悔罪意识，人身危险性有所降低，原则上也还是可以结合案件具体情况减轻或者免除处罚。

第四节　数罪并罚

第六十九条　【数罪并罚的一般规定】判决宣告以前一人犯数罪的，除判处死刑和无期徒刑的以外，应当在总和刑期以下、数刑中最高刑期以上，酌情决定执行的刑期，但是管制最高不能超过三年，拘役最高不能超过一年，有期徒刑总和刑期不满三十五年的，最高不能超过二十年，总和刑期在三十五年以上的，最高不能超过二十五年。

数罪中有判处有期徒刑和拘役的，执行有期徒刑。数罪中有判处有期徒刑和管制，或者拘役和管制的，有期徒刑、拘役执行完毕后，管制仍须执行。

数罪中有判处附加刑的，附加刑仍须执行，其中附加刑种类相同的，合并执行，种类不同的，分别执行。

【释解与适用】

本条是关于数罪并罚一般原则的规定。

本条共分三款。第一款是关于判决宣告以前一人犯数罪的应当如何决定执行刑罚的一般性规定。本款规定主要包含以下两个方面的内容。

第一，对数罪中有一罪被判死刑、无期徒刑的，数罪并罚采用吸收原则。对于犯罪分子犯有数罪的，都应对各罪分别作出判决，而不能"估堆"判处刑罚。对犯罪分子的各罪判处的刑罚中，有死刑或者无期徒刑的，由于死刑是以剥夺生命为内容的最严厉的刑罚，而无期徒刑属于终身剥夺自由的刑罚，这两种刑罚的特殊性决定了在适用本款规定的并罚原则时，实际上死刑和无期徒刑就会吸收其他主刑，即在有死刑的数罪中实际执行死刑，在没有判处死刑而有无期徒刑和其他主刑的数罪中实际执行无期徒刑。也就是说：首先，数罪中无论判处几个死刑或者最重刑为死刑时，只执行一个死刑，不再执行其他无期徒刑、有期徒刑、拘役或者管制。其次，数罪中无论判处几个无期徒刑或者最重刑为无期徒刑时，只执行一个无期徒刑，不再执行其他无期徒刑、有期徒刑、拘役或者管制。

第二，对数罪判处数个有期徒刑或者数个拘役或者数个管制的，数罪并罚采用限制加重原则。根据本款规定，对于判决宣告之前一人犯有两种或者两种以上不同的罪，总的处罚原则是：在总和刑期以下，数刑中最高刑期以上酌情决定执行的刑期。有期徒刑、拘役、管制都是有期限的，数罪并罚时的限制加重，其限制主要体现在以下三个方面：一是受总和刑期的限制。"总和刑期"是指将犯罪分子的各个不同的罪，分别依照刑法确定刑期后相加得出的刑期总数。根据本款规定，必须在总和刑期以下决定执行的刑期，也就是说，执行的刑期不能超过总和刑期。二是受数刑中最高刑的限制。根据本款规定，必须在数刑中最高刑期以上决定执行的刑期，也就是说，不能低于数罪中判处的最高刑。"数刑中最高刑期"，是指对数个犯罪确定的刑期中最长的刑期。对于被告人犯有数罪的，人民法院在量刑时，应当先就数罪中的每一种犯罪分别量刑，然后再把每罪判处的刑罚相加，计算出总和刑期，最后在数刑中的最高刑期以上和数刑总和刑期以下决定执行的刑罚。例如，被告人在判决宣告之前犯有强奸罪和抢劫罪，强奸罪判处有期徒刑十年，抢劫罪判处有期徒刑八年，这两种罪中最高刑期为强奸罪所判处的十年，总和刑期为十八年，人民法院应当在十年以上十八年以下决定应执行的刑期。三是受本款确定的相应刑种最高刑期的限制。首先，根据本款规定，管制最高不能超过三年。需要注意的是，刑法第三十八条规定，管制的最高刑期为二年，该最高刑期是对于一罪而言的。根据本款关于管制的数罪并罚的最高刑期的规定，对于数个罪都是被判处管制的，不论管制的总和刑期多少年，决定执行的管制刑期最高不能超过三年。其次，根据本款规定，拘役最高不能超过一年。需要注意的是，刑法第四十二条规定，拘役的最高刑期为六个月，该最高刑期是对于一罪而言的。根据本款关于拘役的数罪并罚的最高刑期的规定，对于数个罪都是被判处拘役的，不论拘役的总和刑期多少年，决定执行的拘役刑期不能超过一年。最后，根据本款规定，有期徒刑总和刑期不满三十五年的，最高不能超过二十年；总和刑期在三十五年以上的，最高不能超过二十五年。需要注意的是，刑法第四十五条规定，有期徒刑的最高刑期为十五年，该最高刑期是对于一罪而言的。根据本款关于有期徒刑的数罪并罚的最高刑期的规定，对于数个罪都是被判处有期徒刑的，将每个犯罪判处的有期徒刑刑期相加计算得出总和刑期；对于总和刑期不满三十五年的，数罪并罚的期限不能超过二十年，即在数刑中最高刑以上、总和刑期（最长为二十年）以下决定执行的刑期；对于总和刑期等于或者超过三十五年的，数罪并罚的期限最高不能超过二十五年，即在数刑中最高刑以上、二十五年以下决定执行的刑期。

第二款是关于被判处有期徒刑、拘役、管制不同种刑罚如何并罚的规定。

本款包含以下两个方面的内容：第一，对数罪中有判处有期徒刑和拘役的，数罪并罚采用吸收原则。根据本款规定，数罪中有判处有期徒刑和拘役的，执行有期徒刑，拘役不再执行，实际上相当于有期徒刑吸收了拘役。也就是说，对于一人因犯数罪被判处有期徒刑和拘役的，只执行有期徒刑，拘役因被吸收而不再执行。第二，数罪中有判处有期徒刑和管制，或者拘役和管制的，数罪并罚采用并科原则，即有期徒刑、拘役执行完毕后，管制仍须执行，也就是说管制刑不能被有期徒刑、拘役所吸收。对于数罪中同时被判处有期徒刑、拘役和管制的，执行有期徒刑，拘役不再执行，但管制仍须执行，也就是说，对该罪犯在执行有期徒刑后，再执行管制。

根据本款规定，数罪中有判处有期徒刑和拘役的，执行有期徒刑，拘役不再执行，在拘役被有期徒刑吸收时，该罪的罚金、剥夺政治权利等附加刑则不能被吸收，附加刑仍然应当要按照本条第三款的规定，种类相同的，合并执行，种类不同的，分别执行。

第三款是关于数罪中有判处附加刑的，附加刑如何执行的规定。

根据本款规定，在数罪中有一个罪判处附加刑，或者数罪都判处附加刑，附加刑种类相同的，合并之后一并执行，种类不同的，同时或者依次分别执行。"合并执行"，是指对于种类相同的多个附加刑，期限或者数额相加之后一并执行。比如，同时判处多个罚金刑的，罚金数额相加之后一并执行；同时判处多个剥夺政治权利的，将数个剥夺政治权利的期限相加执行。需要注意的是，相同种类的多个附加刑并不适用限制加重原则。

【适用中需要注意的问题】

在适用数罪并罚原则时，应当注意的是，对被判处剥夺政治权利的合并执行问题。根据本条规定，附加刑种类相同的，合并执行。实践中主要有两种情况：一是被判处数个一定期限的剥夺政治权利的，剥夺政治权利的期限相加，然后一并执行相加后的剥夺政治权利期限，执行的期限不受刑法第五十五条规定的五年期限的限制。这是因为刑法第五十五条规定的剥夺政治权利期限是一个罪判处的期限，对于数罪的应当按照本条规定执行，不受这一期限的限制。二是被判处数个剥夺政治权利，其中只要有一个剥夺政治权利终身的，只执行一个剥夺政治权利终身。这是因为剥夺政治权利是剥夺罪犯在一定时期的政治权利，如果罪犯被判处剥夺政治权利终身，也就是其在任何时期都无法行使权利，因此，即使罪犯被判处数个剥夺政治权利，也只能执行一个剥夺政治权利终身。

第七十条　【判决宣告后发现漏罪的并罚】判决宣告以后，刑罚执行完毕以前，发现被判刑的犯罪分子在判决宣告以前还有其他罪没有判决的，应当对新发现的罪作出判决，把前后两个判决所判处的刑罚，依照本法第六十九条的规定，决定执行的刑罚。已经执行的刑期，应当计算在新判决决定的刑期以内。

【释解与适用】

本条是关于判决宣告以后，刑罚执行完毕以前，发现被判刑的犯罪分子在判决宣告之前，还有其他罪没有判决的，应当如何数罪并罚的规定。

根据本条规定，在判决宣告以后，刑罚执行完毕以前，发现有漏罪没有判决的，应当对新发现的罪作出判决，再把前后两个或几个判决所判处的刑罚相加，按照本法第六十九条规定的数罪并罚原则，决定应执行的刑罚，然后再减去罪犯已经执行的刑期，剩余的刑期就是罪犯应当继续执行的刑期。

本条中所说的"其他罪"，是指漏罪。漏罪发现的时间，必须是在判决宣告以后，刑罚执行完毕以前，即犯罪分子在服刑期间。发现的漏罪必须是司法机关判决宣告之前已经发生的犯罪，并且犯罪应当是依法应当判处刑罚而没有判处的其他罪，不是判决以后新犯的罪。这里所说的"发现"，是指通过司法机关侦查、他人揭发或犯罪分子自首等途径发现犯罪分子还有其他罪行；"两个判决所判处的刑罚"，是指已经交付执行的判决确定的执行刑期和对犯罪分子在原判决宣告之前的漏罪所判处的刑期。"已经执行的刑期，应当计算在新判决决定的刑期以内"，是指重新判决决定执行的刑期应当包括犯罪分子已经执行的刑期。比如，甲犯因盗窃罪被判处十三年有期徒刑，在刑罚执行八年后发现还有漏罪被判处十年有期徒刑，那么前后罪并罚时，根据"先并后减"的方法，在总和刑期以下即二十三年以下，数罪中最高刑期以上即十三年以上，再根据总和刑期不满三十五年的，最高不能超过二十年的规定，应当在十三年以上二十年以下确定需要执行的刑期，假定决定执行的刑期为十八年，之后再减去八年已经执行的刑期，还需要执行的刑期为十年有期徒刑。

【适用中需要注意的问题】

1. 刑罚执行完毕以前，罪犯因漏罪或者又犯新罪数罪并罚时，其在执行原判决确定的刑罚过程中如果有过减刑的情况，相关减刑裁定应如何处理的问题。2012年《最高人民法院关于罪犯因漏罪、新罪数罪并罚时原减刑裁定应如何处理的意见》规定，罪犯被裁定减刑后，因被发现漏罪或者又犯新罪而依法进行数罪并罚时，经减刑裁定减去的刑期不计入已经执行的刑期；在此后对因漏罪数罪并罚的罪犯依法减刑，决定减刑的频次、幅度时，应当对其原经减刑裁定减去的刑期酌情予以考虑。这样规定，实际上就是对此前执行期间的减刑裁定的效力未予直接承认，主要理由是此前执行的判决因为发现漏罪而需要与漏罪作出的判决按照数罪并罚的规定重新决定执行的刑罚，之前判决执行期间的减刑裁定针对的判决已经不存在了，相关减刑裁定也无法直接认定为有效。对此，实践中存在不同的认识，有的认为，被减刑裁定减去的刑期如果不计入已经执行的刑期，仅靠法官在今后刑罚执行中酌情考虑是无法弥补的，这对罪犯来说过于严苛，特别是有的判处长刑的案件，在长期服刑过程中可能已经数次减刑，都不予承认，罪犯实际服刑期限会很长，对罪犯不公平，也不利于对其的教育改造。针对这方面的复杂情况，2017年1月1日起施行的《最高人民法院关于办理减刑、假释案件具体应用法律的规定》第三十四条规定："罪犯被裁定减刑后，刑罚执行期间因发现漏罪而数罪并罚的，原减刑裁定自动失效。如漏罪系罪犯主动交代的，对其原减去的刑期，由执行机关报请有管辖权的人民法院重新作出减刑裁定，予以确认；如漏罪系有关机关发现或者他人检举揭发的，由执行机关报请有管辖权的人民法院，在原减刑裁定减去的刑期总和之内，酌情重新裁定。"第三十五条规定："被判处死刑缓期执行的罪犯，在死刑缓期执行期内被发现漏罪，依据刑法第七十条规定数罪并罚，决定执行死刑缓期执行的，死刑缓期执行期间自新判决确定之日起计算，已经执行的死刑缓期执行期间计入新判决的死刑缓期执行期间内,但漏罪被判处死刑缓期执行的除外。"第三十六条规定:"被判处死刑缓期执行的罪犯,在死刑缓期执行期满后被发现漏罪,依据刑法第七十条规定数罪并罚,决定执行死刑缓期执行的,交付执行时对罪犯实际执行无期徒刑,死缓考验期不再执行,但漏罪被判处死刑缓期执行的除外。在无期徒刑减为有期徒刑时,前罪死刑缓期执行减为无期徒刑之日起至新判决生效之日止已经实际执行的刑期,应当计算在减刑裁定决定执行的刑期以内。原减刑裁定减去的刑期依照本规定第三十四条处理。"第三十七条规定:"被判处无期徒刑的罪犯在减为有期徒刑后因发现漏罪,依据刑法第七十条规定数罪并罚,决定执行无期徒刑的,前罪无期徒刑生效之日起至新判决生效之日止已经实际执行的刑期,应当在新判决的无期徒刑减为有期徒刑时,在减刑裁定决定执行的刑期内扣减。无期徒刑罪犯减为有期徒刑后因发现漏罪判处三年有期徒刑以下刑罚,数罪并罚决定执行无期徒刑的,在新判决生效后执行一年以上,符合减刑条件的,可以减为有期徒刑,减刑幅度依照本规定第八条、第九条的规定执行。原减刑裁定减去的刑期依照本规定第三十四条处理。"

2. 对于第一审人民法院的判决宣告以后,因被告人提出上诉或者检察院提出抗诉,判决尚未发生法律效力的,如果第二审人民法院在审理期间,发现原审被告人在第一审判决宣告以前还有漏罪没有判决的,应当如何处理的问题。对于这种情况,第二审人民法院一般应当裁定撤销原判,发回原审人民法院重新审判。原审人民法院重新审判时,由于上诉或抗诉期间,判决没有生效,不属于判决宣告以后的情形,不能适用本条规定的先并后减的方法,应当依照刑法第六十九条规定的数罪并罚原则处理。

第七十一条 【判决宣告后又犯新罪的并罚】判决宣告以后,刑罚执行完毕以前,被判刑的犯罪分子又犯罪的,应当对新犯的罪作出判决,把前罪没有执行的刑罚和后罪所判处的刑罚,依照本法第六十九条的规定,决定执行的刑罚。

【释解与适用】

本条是关于犯罪分子在刑罚执行的过程中又犯新罪的,应当如何数罪并罚的规定。

根据本条规定,犯罪分子又犯新罪的时间,必须是在判决宣告以后,刑罚执行完毕之前，即犯罪分子在刑罚执行期间。"被判刑的犯罪分子又犯罪的"，是指被判刑的犯罪分子在刑罚执行期间又犯依照刑法应当受到刑罚处罚的新罪。根据本条规定，对在执行刑罚期间又犯新罪的，应当先对犯罪分子所犯的新罪作出判决，再将新罪判处的刑期与前罪未执行的刑期相加，依照本法第六十九条的规定，决定应执行的刑期。"没有执行完的刑罚"，也就是原判刑罚没有执行完的剩余部分。例如，原判决对犯罪分子确定的刑罚是十年，对新犯的罪作出判决时，犯罪分子已经执行了五年，原判决没有执行完的刑罚就是五年。刑罚尚未执行完毕正在服刑期间又犯新罪，说明行为人未能积极接受教育改造，人身危险性比较大，相比在刑罚执行完毕以前发现漏罪没有判决的情况，应当给予更为严厉的惩戒。因此，本条对在服刑中的罪犯又犯新罪实行数罪并罚规定了"先减后并"的并罚原则，体现了对这类犯罪情形从严打击的精神。比如，甲犯因盗窃罪被判处十三年有期徒刑，在刑罚执行八年后又犯故意伤害罪被判处十年有期徒刑，那么前后两罪并罚时，根据"先减后并"的方法，先以原来的判决刑期减去已经执行的刑期，剩余刑期五年，再将剩余五年刑期与新犯的故意伤害罪的刑期按照刑法第六十九条的规定实行数罪并罚。这样，在总和刑期十五年以下，数罪中最高刑期十年以上，十年至十五年之间确定应当执行的刑期。一般来说，适用"先减后并"的方法比适用"先并后减"的方法执行结果更重：一是先前已经实际执行的刑期不计算在新判决确定的刑期以内，其将来实际执行的最低刑期会提高。一般情况下，在刑罚执行期间，犯罪分子所犯新罪的时间距离原判决决定的刑罚执行的时间越远，数罪并罚实际执行的最低刑期可能就越高。二是实际执行的最高刑期限度，可能超过数罪并罚法定最高刑期的限制。一般情况下，在新罪所判处的刑期与原判决尚未执行完毕的剩余刑期之和长于数罪并罚法定最高刑期的情况下，实际执行的最高刑期长于数罪并罚法定最高刑期。

【适用中需要注意的问题】

1. 本条所说的"刑罚执行完毕"，应当是指主刑执行完毕，而不包括罚金、剥夺政治权利等附加刑。关于这个问题，实践中存在不同认识，有一种观点认为，刑法第三十二条规定的刑罚包括主刑和附加刑，因此这里的刑罚应作同样理解。这种理解是不正确的。虽然一般来说法律中用语的含义应保持一致，但在具体确定用语含义时，还是要结合用语的各种背景情况，包括所在条文、涉及的具体制度等，确定其最符合立法本意的含义；简单套用一个解释模式适用于所有的规定，有时可能会出现矛盾或者不合情理的解释结果。根据刑法第七十条、第七十一条的规定，判决宣告以后，刑罚执行完毕以前，发现犯罪分子有漏罪或者又犯新罪的，依照第六十九条的规定，决定执行的刑罚。而刑法第六十九条主要是针对主刑规定了实行数罪并罚的具体方法，包括吸收、限制加重等；对于附加刑，则是在该条第三款另行规定的，实际上实行的是简单并科。就数罪并罚制度的本质来说，实际上是协调数个罪的判决之间的关系，以最终决定要执行的刑罚，即对各罪的宣告刑按照数罪并罚规则处理之后确定执行刑。如果将"刑罚执行完毕以前"理解为包括附加刑，实际上就是针对主刑已经执行完毕，而附加刑尚未执行完毕的情况。这种情况下，对于主刑而言，已经执行完毕，无从与新罪判决的主刑数罪并罚；对附加刑而言，只需继续执行，不存在需要数罪并罚的必要。因此这里的"刑罚执行完毕以前"，结合语言环境和数罪并罚制度本意，应指主刑执行完毕以前，否则是没有实际意义的。

2. 根据2017年1月1日起施行的《最高人民法院关于办理减刑、假释案件具体应用法律的规定》第三十三条规定，罪犯被裁定减刑后，刑罚执行期间因故意犯罪而数罪并罚时，经减刑裁定减去的刑期不计入已经执行的刑期。原判死刑缓期执行减为无期徒刑、有期徒刑，或者无期徒刑减为有期徒刑的裁定继续有效。

第五节 缓 刑

第七十二条 【缓刑的条件】对于被判处拘役、三年以下有期徒刑的犯罪分子，同时符合下列条件的，可以宣告缓刑，对其中不满十八周岁的人、怀孕的妇女和已满七十五周岁的人，应当宣告缓刑：

（一）犯罪情节较轻；

（二）有悔罪表现；

（三）没有再犯罪的危险；

（四）宣告缓刑对所居住社区没有重大不良影响。

宣告缓刑，可以根据犯罪情况，同时禁止犯罪分子在缓刑考验期限内从事特定活动，进入特定区域、场所，接触特定的人。

被宣告缓刑的犯罪分子，如果被判处附加刑，附加刑仍须执行。

【释解与适用】

本条是关于缓刑的对象、条件以及宣告缓刑可以同时附加禁止令的规定。

缓刑是一种刑事执行制度，而不是一种刑罚。"缓刑"，是指对罪行较轻的罪犯，在其符合法定条件的情况下，可以在一定的期间内不予关押，暂缓其刑罚的执行，以促进其悔过自新的一种刑事执行制度。实行缓刑制度，可以弥补短期自由刑的不足，避免恶性较轻的罪犯在监狱"交叉感染"其他恶习；对缓刑犯不予关押，使其个人、家庭维持基本生活状态，不受影响，从而有利于改造罪犯，也有利于社会的稳定。

本条共分为三款。第一款是关于适用缓刑的对象和条件的规定。根据本款规定，适用缓刑的前提有两个：一是适用缓刑的对象，必须是被判处拘役、三年以下有期徒刑的特定的犯罪分子。二是同时符合犯罪情节较轻、有悔罪表现、没有再犯罪的危险、宣告缓刑对所居住社区没有重大不良影响四项条件。是否可以适用缓刑的关键是看适用缓刑的犯罪分子是否具有社会危害性，只有不予关押不会危害社会的，才能适用缓刑。如果犯罪分子有可能危害社会，即使是被判处拘役、三年以下有期徒刑，也不能适用缓刑。是否具有社会危害性，应当根据犯罪分子的犯罪情节、悔罪表现、有无再犯罪的危险以及宣告缓刑是否会对所居住社区造成重大不良影响四个条件综合加以判断。"犯罪情节较轻"是指犯罪人的行为性质不严重、犯罪情节不恶劣，如果犯罪情节恶劣、性质严重，则不能适用缓刑；"有悔罪表现"是指犯罪人对于其犯罪行为能够认识到错误，真诚悔悟并有悔改的意愿和行为，同时积极向被害人道歉、赔偿被害人的损失、获取被害人的谅解等；"没有再犯罪的危险"是指对犯罪人适用缓刑，其不会再次犯罪，如果犯罪人有可能再次侵害被害人，或者是由于生活条件、环境的影响而可能再次犯罪，比如犯罪人为常习犯等，则不能对其适用缓刑；"宣告缓刑对所居住社区没有重大不良影响"是指对犯罪人适用缓刑不会对其所居住社区的安全、秩序和稳定带来重大不良影响，这种影响必须是重大的、现实的，具体情形由法官根据个案情况来判断。适用缓刑的两个前提必须同时具备，缺一不可。如果根据案件的具体情节和罪犯的表现，不关押不足以教育改造和预防犯罪，就不能适用缓刑；或者罪犯虽然不再具有社会危害性，但判刑较重，超过三年有期徒刑的，也不能适用缓刑。

对于一般主体，符合适用缓刑条件的，法律规定可以适用缓刑，从而赋予法官一定的自由裁量权，法官依据案件情况决定宣告缓刑，也可以不适用缓刑。但是，根据刑法修改后的规定，对于符合上述适用缓刑条件的不满十八周岁的人、怀孕的妇女和已满七十五周岁的人三类主体，法律规定应当宣告缓刑，即只要符合适用缓刑条件的，就应当适用缓刑。需要指出的是，这三类主体适用缓刑也必须是被判处拘役、三年以下有期徒刑，同时符合犯罪情节较轻、有悔罪表现、没有再犯罪的危险、宣告缓刑对所居住社区没有重大不良影响四项条件；如果不符合上述条件，也不能宣告缓刑。

第二款是关于对宣告缓刑的犯罪分子，可以根据犯罪情况附加禁止令的规定。为了维护社会稳定，保护被害人、证人人身安全，同时为了帮助适用缓刑的犯罪分子改过自新，防止其再次犯罪，法律规定法官可以用禁止令的方式，对于被宣告缓刑的犯罪分子有针对性地在缓刑考验期限内进行一定的约束。禁止令的内容应体现在判决中，具有强制性的法律效力，犯罪分子必须遵守。"根据犯罪情况"主要是指根据犯罪分子的犯罪情节、生活环境、是否有不良癖好等确定禁止令的内容。禁止令限定的"特定活动""特定区域、场所""特定的人"应当与原犯罪有关联，防止引发被宣告缓刑犯罪分子的再次犯罪，或者是为了确保犯罪分子履行非监禁刑所要求的相关义务。总之，禁止令的内容应当有正当理由或者是基于合理推断，而不能是随意规定。比如，"特定的活动"是与原犯罪行为相关联的活动，"特定的人"是原犯罪行为的被害人及其近亲属、特定的证人等，"特定区域、场所"是原犯罪的区域、场所以及与原犯罪场所、区域相类似的场所、区域等。本款为选择性适用规定，由法官决定在宣告缓刑的同时是否有必要规定禁止令，如果法官认为没有必要则可以不作规定。

第三款是关于被宣告缓刑的犯罪分子，如果被判处附加刑，附加刑仍须执行的规定。根据本款的规定，缓刑的效力不及于附加刑，无论缓刑是否撤销，也不论是何种附加刑，附加刑都不能免除执行。

【适用中需要注意的问题】

1. 缓刑不同于死刑缓期执行。二者虽然都是有条件地不执行原判刑罚，都不是独立的刑种，但在适用对象、执行方法、考验期限和法律后果等方面存在本质区别：一是缓刑适用于被判处拘役或者三年以下有期徒刑的犯罪人；死缓适用于应当判处死刑但不是必须立即执行的犯罪人。二是对于宣告缓刑的犯罪人不予关押；对于宣告死缓的犯罪人必须予以监禁，并强迫劳动改造，以观后效。三是缓刑的考验期限，依所判处的刑种与刑期不同而有不同的法定期限；死缓的考验期为二年。四是缓刑的后果要么是原判刑罚不再执行，要么是执行原判刑罚乃至数罪并罚；死缓的后果根据情况既可能是减为无期徒刑或有期徒刑，也可能是执行死刑。

2. 缓刑与对军人的战时缓刑也有区别。刑法第四百四十九条规定："在战时，对被判处三年以下有期徒刑没有现实危险宣告缓刑的犯罪军人，允许其戴罪立功，确有立功表现时，可以撤销原判刑罚，不以犯罪论处。"可以看出，战时缓刑虽然属于一种特殊缓刑，但实际上是刑事责任消灭的一种特殊方式。缓刑与战时缓刑在适用的时间、适用的对象、适用的条件、考验的内容、法律后果等方面存在相当明显的区别。

第七十三条 【缓刑考验期限】拘役的缓刑考验期限为原判刑期以上一年以下，但是不能少于二个月。

有期徒刑的缓刑考验期限为原判刑期以上五年以下，但是不能少于一年。

缓刑考验期限，从判决确定之日起计算。

【释解与适用】

本条是关于缓刑考验期限的规定。

"缓刑考验期限"是指人民法院在宣告缓刑时，依照法律的规定并结合案件的具体情况，对犯罪分子暂缓执行原判刑罚，放在社会上进行考察的期限。决定缓刑考验期限，应当根据犯罪分子犯罪的情节、悔罪的表现以及判处的刑期，在法律规定的幅度内决定犯罪分子的考验期限。在缓刑考验期对犯罪分子的人身危险性进行考察，如果没有刑法第七十七条规定情形的，就不再执行原判刑罚。

本条共分为三款。第一款规定了被判处拘役的犯罪分子的缓刑考验期限为原判刑期以上一年以下，但不能少于二个月。根据刑法第四十二条的规定，拘役的期限为一个月以上六个月以下，数罪并罚不能超过一年。即使犯罪分子被判处一个月的拘役，拘役的缓刑考验期限也不能少于二个月；如果实行数罪并罚，犯罪分子被判处一年的拘役，缓刑的考验期限可以确定为一年。

第二款规定了对被判处有期徒刑的犯罪分子的缓刑考验期限为原判刑期以上五年以下，但是不能少于一年。根据刑法第四十五条的规定，有期徒刑的期限，一般为六个月以上十五年以下。对于犯罪分子被判处一年以下有期徒刑的，缓刑考验期限也不能少于一年；犯罪分子被判处五年以上有期徒刑的，缓刑考验期限也不能超过五年。

第三款规定了缓刑考验期限，应当从判决确定之日起计算。所谓"判决确定之日"，即判决发生法律效力之日。如果提出上诉或抗诉后，则应从终审判决确定之日起计算。判决确定以前先行羁押的日期不能折抵缓刑考验期限，因为缓刑期间并未执行刑罚。如果撤销缓刑，执行原判刑罚的，则之前的羁押日期可以折抵刑期。

【适用中需要注意的问题】

人民法院应当在本条规定的法定期限内酌情裁量考验期限的长短，缓刑考验期可以等于原判刑期，也可以高于原判刑期，但不能低于原判刑期。考验期限过长或过短，都不能充分有效地发挥缓刑制度的作用：考验期限过长，会给犯罪人造成不必要的精神压力，不利于其改过自新；考验期限过短，难以考察犯罪人是否得到改造，也有失刑罚的严肃性。

第七十四条 **【累犯、犯罪集团的首要分子不适用缓刑】** 对于累犯和犯罪集团的首要分子，不适用缓刑。

【释解与适用】

本条是关于累犯、犯罪集团的首要分子不适用缓刑的规定。

累犯的概念在刑法第六十五条已经阐述过。由于累犯主观恶性大，具有屡教不改的特点，对社会危害性很大，如果不关押执行，而适用缓刑任其在社会上游荡，会有再次危害社会的危险性。因此，本条规定，对于累犯不适用缓刑，体现了对累犯从严管理、从重打击的精神。这样规定并不意味着累犯就没有出路了，累犯可以在狱中好好改造，认真悔过，如果表现良好，还可以获得减刑等。

本条规定的"犯罪集团"，是指刑法第二十六条中规定的，三人以上为共同实施犯罪而组成的较为固定的犯罪组织。"犯罪集团的首要分子"，是指在犯罪集团进行犯罪活动中起组织、领导作用的主要犯罪分子。犯罪集团的首要分子在犯罪集团中起组织、领导作用，这类犯罪集团经常多次犯罪，有些犯罪行为性质恶劣，对社会危害严重，犯罪集团的首要分子主观恶性大，需要依法予以严惩，如果构成犯罪，即便被判处三年以下有期徒刑，也不能适用缓刑。

【适用中需要注意的问题】

根据本条的规定，对于本法第六十五条规定的一般累犯和第六十六条规定的特殊累犯，都不能适用缓刑。由于2011年刑法修正案（八）对特殊累犯的对象范围作了扩大，由"危害国家安全的犯罪分子"扩大到"危害国家安全犯罪、恐怖活动犯罪、黑社会性质的组织犯罪的犯罪分子"，所以不适用缓刑的累犯范围实际上有所扩大。

第七十五条　**【被宣告缓刑的犯罪分子应当遵守的规定】** 被宣告缓刑的犯罪分子，应当遵守下列规定：

（一）遵守法律、行政法规，服从监督；
（二）按照考察机关的规定报告自己的活动情况；
（三）遵守考察机关关于会客的规定；
（四）离开所居住的市、县或者迁居，应当报经考察机关批准。

【释解与适用】

本条是关于被宣告缓刑的犯罪分子，在缓刑考验期限内应当遵守的规定的规定。

根据本条规定，被宣告缓刑的犯罪分子，应当遵守下列规定。

1. 遵守法律、行政法规，服从监督，是指遵守国家法律、国务院行政法规等规范性文件，自觉服从社区矫正机构、所在单位以及基层组织的监督考察。遵守法律、行政法规是每个公民都应当履行的法律义务，无论是否在缓刑考验期间，缓刑对象都应当自觉遵守法律、行政法规，这是预防其再次违法犯罪的有效途径，也是监督其是否改过自新的重要标准。这样规定也与社区矫正法等有关法律规定的要求是一致的。

2. 按照考察机关的规定报告自己的活动情况，是指按照社区矫正机构的规定，定期或不定期地报告自己的活动情况，如报告自己的思想、改造和遵纪守法的情况等。这样规定主要是为了及时了解、掌握缓刑对象的现实情况，以便更好地为其提供教育帮扶。

3. 遵守考察机关关于会客的规定，是指遵守社区矫正机构向其宣布的有关会客的要求和规定。规定缓刑对象应当遵守会客的监督管理规定，主要是为了防止其受外界的不良影响、干扰，以致继续犯罪或重新违法犯罪。

4. 离开所居住的市、县或者迁居，应当报经社区矫正机构批准。未经批准不得擅自离开所居住的市、县或者迁居。结合刑法和社区矫正法的相关规定，缓刑对象未经批准不得擅自离开所居住的市、县或者迁居，因故需要离开的应当履行必要的请假、变更手续。社区矫正法第二十七条规定："社区矫正对象离开所居住的市、县或者迁居，应当报经社区矫正机构批准。社区矫正机构对于有正当理由的，应当批准；对于因正常工作和生活需要经常性跨市、县活动的，可以根据情况，简化批准程序和方式。因社区矫正对象迁居等原因需要变更执行地的，社区矫正机构应当按照有关规定作出变更决定。社区矫正机构作出变更决定后，应当通知社区矫正决定机关和变更后的社区矫正机构，并将有关法律文书抄送变更后的社区矫正机构。变更后的社区矫正机构应当将法律文书转送所在地的人民检察院、公安机关。"

【适用中需要注意的问题】

刑法对包含缓刑犯在内的社区矫正对象的报告、会客、外出、迁居等监督管理措施作了规定，但总体比较原则。2019年12月，十三届全国人大常委会第十五次会议审议通过了社区矫正法。社区矫正是贯彻宽严相济刑事政策、推进国家治理体系和治理能力现代化的一项重要制度，是立足我国国情和长期刑事司法实践经验基础上，借鉴吸收其他国家有益做法，逐步发展起来的具有中国特色的非监禁的刑事执行制度。社区矫正法明确社区矫正机构负责社区矫正工作的具体实施，社区矫正机构特别是基层社区矫正机构对社区矫正对象直接负有监督管理和教育帮扶的职责，社区矫正对象应当自觉服从其管理。实践中，作为社区矫正对象重要组成部分的缓刑犯，不仅要遵守刑法关于监督考察的规定，同时也要遵守社区矫正法的规定。相较于刑法，社区矫正法的规定更为具体、详细，但两者规定的精神和基本要求是一致的，执行机关和缓刑对象应将两部法律的规定和要求结合起来理解和适用。

第七十六条　【对缓刑犯实行社区矫正和缓刑考验期满的处理】对宣告缓刑的犯罪分子，在缓刑考验期限内，依法实行社区矫正，如果没有本法第七十七条规定的情形，缓刑考验期满，原判的刑罚就不再执行，并公开予以宣告。

【释解与适用】

本条是关于对被宣告缓刑的犯罪分子实行社区矫正，以及缓刑考验期满应如何处理的规定。

本条主要有两层意思。第一层意思是对于被宣告缓刑的犯罪分子，在缓刑考验期限内依法实行社区矫正。

缓刑是对符合条件的犯罪分子在一定期限内暂不关押，予以考察的刑罚执行制度。作为一种非监禁的刑罚执行方式，缓刑充分体现了宽严相济的刑事政策，对于教育改造犯罪情节相对较轻的犯罪分子，鼓励其回归社会，最大限度化消极因素为积极因素，促进社会和谐，具有重要意义。缓刑要取得好的社会效果，一个很重要的方面在于对处于缓刑考验期的犯罪分子进行有效监督、管理和教育改造，而不是一放了之。近年来社区矫正执行中，由社区矫正组织对缓刑的犯罪分子进行监督和管理，是新的社会条件下探索改进缓刑犯罪分子监督管理工作的有益尝试，实际上加强了对这部分犯罪分子的管理和教育改造的力度，这也为进一步扩大缓刑适用范围创造了条件。自2020年7月1日起施行的社区矫正法是关于社区矫正的基础性法律，社区矫正法总结实践经验、坚持问题导向，构建了社区矫正制度的总体框架，为社区矫正工作提供了法律依据和支持。从具体内容看，社区矫正法明确了社区矫正工作的目标和原则，对社区矫正机构设置、工作程序等作了原则规定，明确了监督管理和教育帮扶具体措施，对未成年人社区矫正作了专章规定。对于缓刑犯适用社区矫正，应当严格依照社区矫正法的规定进行。需要注意的是，刑法关于缓刑考察机关的修改，并不是简单地将考察机关由一个部门更换为另一个部门。虽然刑法修正案（八）将刑法原来规定的"由公安机关考察"修改为"依法实行社区矫正"，但这并非意味着公安机关不再承担对被适用缓刑的犯罪分子的监督管理职责。社区矫正是一项综合性很强的工作，仅靠社区矫正机构或者司法行政部门是不够的，要注重发挥各相关部门的合力作用。社区矫正法第八条中规定，人民法院、人民检察院、公安机关和其他有关部门依照各自职责，依法做好社区矫正工作。具体而言，人民法院需要把好社区矫正的入口关，做好对社区矫正对象的教育工作，确保社区矫正对象自觉接受监管；公安机关要依法为社区矫正工作提供警务保障；人民检察院要依法对社区矫正工作实行法律监督。因此，在社区矫正工作中，公安机关作为主要的社会治安管理部门，依旧承担着重要的监督管理职责，发挥重要作用。

本条的第二层意思规定了缓刑考验期正常结束的情形，即被宣告缓刑的犯罪分子如果没有刑法第七十七条规定的情形，缓刑考验期满，原判的刑罚就不再执行，并公开予以宣告。适用缓刑的罪犯在缓刑考验期内如果没有发生刑法第七十七条规定的情形，表明其在考验期间的教育改造取得了成效，人身危险性得以消除，原判刑罚就不需要再执行。对此，有关方面应当向犯罪分子及其所在单位、居住地的居委会或村委会公开予以宣告。同时，刑法第七十七条规定了缓刑考验期被撤销的两种情形。

第七十七条　【缓刑的撤销】被宣告缓刑的犯罪分子，在缓刑考验期限内犯新罪或者发现判决宣告以前还有其他罪没有判决的，应当撤销缓刑，对新犯的罪或者新发现的罪作出判决，把前罪和后罪所判处的刑罚，依照本法第六十九条的规定，决定执行的刑罚。

被宣告缓刑的犯罪分子，在缓刑考验期限内，违反法律、行政法规或者国务院有关部门关于缓刑的监督管理规定，或者违反人民法院判决中的禁止令，情节严重的，应当撤销缓刑，执行原判刑罚。

【释解与适用】

本条是关于撤销缓刑的规定。

本条共分为两款。第一款是关于犯罪分子在缓刑考验期间再犯新罪或者发现漏罪的如何处理的规定。

根据本款的规定，只要被宣告缓刑的犯罪分子在缓刑考验期限内犯新罪或者发现判决宣告以前还有其他罪没有判决的，就应当撤销缓刑，然后对新犯的罪和发现的漏罪作出判决，依照刑法第六十九条数罪并罚的规定，决定执行的刑罚。根据刑法第七十三条的规定，缓刑考验期从判决确定之日起计算。所谓判决确定之日就是指判决生效之日。这里所说的"在考验期限内犯新罪"，是指缓刑犯在缓刑考验期限内又实施了新的犯罪行为。所说的"发现判决宣告以前还有其他罪没有判决的"，是指对犯罪分子宣告缓刑后，发现有漏罪没有判决的情况。缓刑犯在缓刑考验期限内犯新罪，说明犯罪分子仍然具有较高的人身危险性，不再符合刑法第七十二条规定的适用缓刑的条件，因此应当撤销缓刑。缓刑犯在缓刑考验期内被发现存在漏罪情形，说明在对犯罪分子适用缓刑时，关于悔罪表现和人身危险性等的判断根据不全面，因此应当撤销缓刑。关于如何处理新罪、漏罪与原来被判处缓刑罪并罚问题，由于缓刑是附条件的不执行刑罚，缓刑犯并未实际执行刑罚，因此，可以依照刑法第六十九条的规定处理："除判处死刑和无期徒刑的以外，应当在总和刑期以下、数刑中最高刑期以上，酌情决定执行的刑期，但是管制最高不能超过三年，拘役最高不能超过一年，有期徒刑总和刑期不满三十五年的，最高不能超过二十年，总和刑期在三十五年以上的，最高不能超过二十五年。数罪中有判处有期徒刑和拘役的，执行有期徒刑。数罪中有判处有期徒刑和管制，或者拘役和管制的，有期徒刑、拘役执行完毕后，管制仍须执行。数罪中有判处附加刑的，附加刑仍须执行，其中附加刑种类相同的，合并执行，种类不同的，分别执行。"

第二款是关于缓刑考验期间因违反有关监管规定，撤销缓刑的规定。根据本款规定，被判处缓刑的犯罪分子，在缓刑考验期限内违反法律、行政法规或者国务院有关部门关于缓刑的监督管理的规定，或者违反人民法院判决中的禁止令，情节严重但还未构成犯罪的，也应当撤销缓刑，收监执行原判刑罚。这一规定促使犯罪分子遵纪守法、接受改造，也解决了实践中对于大错不犯、小错不断的缓刑犯如何处理的法律依据问题。

【适用中需要注意的问题】

除本条的规定外，刑事诉讼法、社区矫正法也对撤销缓刑的条件、撤销缓刑的程序等作了规定，需要结合适用。例如，社区矫正法第二十三条规定，社区矫正对象在社区矫正期间应当遵守法律、行政法规，履行判决、裁定、暂予监外执行决定等法律文书确定的义务，遵守国务院司法行政部门关于报告、会客、外出、迁居、保外就医等监督管理规定，服从社区矫正机构的管理。对于缓刑对象违反上述规定的，可能存在符合撤销缓刑的情形。此外，社区矫正法第六章专门对撤销缓刑等的条件作了较为详细的规定。

第六节 减 刑

第七十八条　【减刑的条件和最低服刑期】被判处管制、拘役、有期徒刑、无期徒刑的犯罪分子，在执行期间，如果认真遵守监规，接受教育改造，确有悔改表现的，或者有立功表现的，可以减刑；有下列重大立功表现之一的，应当减刑：

（一）阻止他人重大犯罪活动的；

（二）检举监狱内外重大犯罪活动，经查证属实的；

（三）有发明创造或者重大技术革新的；

（四）在日常生产、生活中舍己救人的；

（五）在抗御自然灾害或者排除重大事故中，有突出表现的；

（六）对国家和社会有其他重大贡献的。

减刑以后实际执行的刑期不能少于下列期限：

（一）判处管制、拘役、有期徒刑的，不能少于原判刑期的二分之一；

（二）判处无期徒刑的，不能少于十三年；

（三）人民法院依照本法第五十条第二款规定限制减刑的死刑缓期执行的犯罪分子，缓期执行期满后依法减为无期徒刑的，不能少于二十五年，缓期执行期满后依法减为二十五年有期徒刑的，不能少于二十年。

【释解与适用】

本条是关于减刑条件以及减刑后实际应执行刑期的规定。

刑罚目的包括一般预防与特殊预防，刑罚的执行则侧重于特殊预防，减刑制度是犯罪人人身危险性变化和罪刑相适应原则在刑罚执行中的具体体现，也是惩办与宽大相结合政策在刑罚执行中具体运用。人民法院的裁判生效之后，刑罚并非固定不变。在刑罚执行过程中，犯罪人的人身危险性会随着执行情况发生变化。如果犯罪人积极改过，认真遵守监规、接受教育改造，确有悔改表现或者有立功表现，说明其人身危险性不断降低。在这种情况下，就可以对原判的刑罚进行调整，适当缩短刑罚执行期限，以体现刑罚与犯罪人人身危险性的动态适应；同时，减刑制度也有利于激励犯罪人积极改造，早日重返社会。

为了规范减刑适用，刑法作了本条规定。本条共分为两款。

第一款是关于减刑对象和条件的规定。

1. 减刑的对象是被判处管制、拘役、有期徒刑、无期徒刑的犯罪分子，也就是说，被判处这类刑罚的犯罪分子，在执行刑罚期间只要符合减刑条件的都可能成为减刑的对象。这一规定有利于犯罪分子认罪服法，接受改造。

2. 减刑的条件分为两类：第一类是有悔改或者立功表现可以减刑的。"遵守监规，接受教育改造，确有悔改表现的"，是指在服刑期间积极参加政治、文化、技术学习，积极参加生产劳动，完成或者超额完成生产任务，认罪服法等。根据自2017年1月1日起施行的《最高人民法院关于办理减刑、假释案件具体应用法律的规定》第三条的规定，"确有悔改表现"是指同时具备以下四个方面情形：认罪悔罪；遵守法律法规及监规，接受教育改造；积极参加思想、文化、职业技术教育；积极参加劳动，努力完成劳动任务。对职务犯罪、破坏金融管理秩序和金融诈骗犯罪、组织（领导、参加、包庇、纵容）黑社会性质组织犯罪等罪犯，不积极退赃、协助追缴赃款赃物、赔偿损失，或者服刑期间利用个人影响力和社会关系等不正当手段意图获得减刑、假释的，不认定其"确有悔改表现"。罪犯在刑罚执行期间的申诉权利应当依法保护，对其正当申诉不能不加分析地认为是不认罪悔罪。上述司法解释第四条第一款规定，"立功表现"包括下列情形：（一）阻止他人实施犯罪活动的；（二）检举、揭发监狱内外犯罪活动，或者提供重要的破案线索，经查证属实的；（三）协助司法机关抓捕其他犯罪嫌疑人的；（四）在生产、科研中进行技术革新，成绩突出的；（五）在抗御自然灾害或者排除重大事故中，表现积极的；（六）对国家和社会有其他较大贡献的。"该条第一款第四项、第六项中的技术革新或者其他较大贡献应当由罪犯在刑罚执行期间独立或者为主完成，并经省级主管部门确认。犯罪分子在执行期间符合上述减刑条件，就可以减刑。第二类是属于重大立功表现应当减刑的。根据本条第一款的规定，有下列重大立功表现之一的，应当予以减刑："（一）阻止他人重大犯罪活动的；（二）检举监狱内外重大犯罪活动，经查证属实的；（三）有发明创造或者重大技术革新的；（四）在日常生产、生活中舍己救人的；（五）在抗御自然灾害或者排除重大事故中，有突出表现的；（六）对国家和社会有其他重大贡献的。"此外，根据上述司法解释第五条的规定，协助司法机关抓捕其他重大犯罪嫌疑人的也应当认定为有"重大立功表现"。上述本条第一款第三项中的发明创造或者重大技术革新应当是罪犯在刑罚执行期间独立或者为主完成并经国家主管部门确认的发明专利，且不包括实用新型专利和外观设计专利；第六项中的其他重大贡献应当由罪犯在刑罚执行期间独立或者为主完成，并经国家主管部门确认。

第二款是关于减刑后实际执行刑期的具体规定。本款规定包括三个方面。

1. 判处管制、拘役、有期徒刑的，最低实际执行刑期不能少于原判刑期的二分之一。

2. 判处无期徒刑的，最低实际执行刑期不能少于十三年。刑法修正案（八）对无期徒刑减刑后最低实际执行的刑期作了修改，由十年提高到十三年。这样修改的原因有两个：一是判处无期徒刑的罪犯属严重犯罪的罪犯，根据罪责刑相适应原则，可以适当将最低执行期限提高到十三年。二是刑法修正案（八）对刑法第六十九条作了修改，对数罪并罚后有期徒刑总和刑期在三十五年以上的，执行的刑期最高可达二十五年，其减刑后实际执行的刑期就要超过十年。本项如果不作修改，将会出现被判处无期徒刑的犯罪分子的实际执行刑期比被判处有期徒刑的犯罪分子的实际执行刑期短的情况。从罪责刑相适应原则以及维护刑罚结构合理性的角度，有必要提高被判处无期徒刑的犯罪分子的最低实际执行刑期。

3. 人民法院依照刑法第五十条第二款规定限制减刑的死刑缓期执行的犯罪分子，缓期执行期满后依法减为无期徒刑的，最低实际执行刑期不能少于二十五年，缓期执行期满后依法减为二十五年有期徒刑的，最低实际执行刑期不能少于二十年。结合刑法修正案（八）对刑法第五十条的修改,这部分人是指被判处死刑缓期执行并被限制减刑的累犯以及实施故意杀人、强奸、抢劫、绑架、放火、爆炸、投放危险物质或者有组织的暴力性犯罪的罪犯。本项规定是刑法修正案(八)所增加的内容。在研究过程中,有的意见提出,1997年刑法对死刑缓期执行罪犯减刑后的最低实际执行刑期未作规定,在实际执行中,死缓罪犯平均执行的刑期与无期徒刑罪犯平均执行刑期相差无几,建议明确被判处死刑缓期执行的罪犯的最低实际执行刑期。经反复慎重研究,根据宽严相济刑事政策的要求,延长死缓罪犯被减刑后的实际执行刑期,应主要针对被判处死刑缓期执行并被限制减刑的累犯以及实施故意杀人、强奸、抢劫、绑架、放火、爆炸、投放危险物质或者有组织的暴力性犯罪的罪犯,不宜普遍提高死缓期满后被减刑的罪犯的刑罚执行期限,因此,对其他死缓罪犯被减刑后的最低实际执行刑期未作规定。

应当特别指出的是,本法第二款规定的减刑后实际执行的刑期,是实际执行的最低刑期,即不能少于这个刑期,而不是只要执行了这些刑期,就释放犯罪分子。对犯罪分子的实际执行刑期,应在遵循本款规定的基础上,根据犯罪分子接受教育改造等具体情况确定。《最高人民法院关于办理减刑、假释案件具体应用法律的规定》对减刑起始时间、间隔时间、减刑幅度等作了进一步具体规定。

第七十九条 【减刑的程序】对于犯罪分子的减刑,由执行机关向中级以上人民法院提出减刑建议书。人民法院应当组成合议庭进行审理,对确有悔改或者立功事实的,裁定予以减刑。非经法定程序不得减刑。

【释解与适用】

本条是关于减刑程序的规定。

为使司法机关在办理减刑案件时有章可循、有法可依,减刑程序更加规范,刑法专门就减刑应当遵循的程序作出了规定。规定减刑建议必须由执行机关向中级以上人民法院提出,人民法院必须组成合议庭进行审理,主要是考虑到实践中存在着执行机关和人民法院对提请和裁定减刑案件把关不严,也有的由于受到社会不正之风的影响,对不符合减刑条件的人予以减刑,在社会上造成不良影响的情况,除从法律上和实践中加强管理外，有必要从程序上加以规范。

根据本条规定，对于符合减刑条件的犯罪分子，应当由执行机关向其所在地的中级以上人民法院提交减刑建议书。减刑建议书是执行机关制作的，建议人民法院予以减刑的正式书面文件，也是人民法院启动减刑程序的依据；没有执行机关的减刑建议书，人民法院不能受理减刑案件，也不能制作减刑裁定书。这里的"执行机关"是指依法执行相关刑罚的机关，如公安机关和监狱。

人民法院收到执行机关的减刑建议书后，应当组成合议庭对减刑案件进行审理。审理的内容主要是执行机关申报的程序是否合法、手续是否完备和根据执行机关申报的材料，审查罪犯是否有悔改表现或者立功表现的事实等。根据《最高人民法院关于减刑、假释案件审理程序的规定》第六条的规定，下列减刑、假释案件，应当开庭审理：一是因罪犯有重大立功表现报请减刑的；二是报请减刑的起始时间、间隔时间或者减刑幅度不符合司法解释一般规定的；三是公示期间收到不同意见的；四是人民检察院有异议的；五是被报请减刑、假释罪犯系职务犯罪罪犯，组织（领导、参加、包庇、纵容）黑社会性质组织犯罪罪犯，破坏金融管理秩序和金融诈骗犯罪罪犯及其他在社会上有重大影响或社会关注度高的；六是人民法院认为其他应当开庭审理的。经过审理，合议庭认为犯罪分子确有悔改或者立功事实，符合减刑法定条件的，应当裁定减刑；认为没有悔改或者立功事实的或者不符合法定减刑条件的，不予减刑。

对于可以减刑的，应当制作裁定书，裁定书应当送达提出减刑建议书的执行机关。不经过上述法定的减刑程序，不得减刑。

【适用中需要注意的问题】

1. 减刑不同于改判。改判是指原判决有错误，撤销原判决而重新作出判决；改判的结果多种多样。减刑并不改变原判决，而是在肯定原判决的基础上，基于法定原因将原判决的刑罚予以减轻。

2. 关于减刑后的刑期计算方法，因原判刑罚的种类不同而有所区别：对于原判刑罚为管制、拘役、有期徒刑的，减刑后的刑期应从原判决执行之日起计算；原判刑期已经执行的部分时间，应计算到减刑后的刑期以内。对于无期徒刑减为有期徒刑的，有期徒刑的刑期从裁定减刑之日起计算；已经执行的刑期以及判决宣告以前先行羁押的日期，不计算在裁定减刑后的有期徒刑的刑期以内。对于无期徒刑减为有期徒刑以后再次减刑的，其刑期的计算，则应按照有期徒刑减刑的方法计算。对于曾被依法适用减刑，后因原判决有误，经再审后改判的，原来的减刑所减刑期应从改判后的刑期中扣除。

第八十条　【无期徒刑减刑的计算】无期徒刑减为有期徒刑的刑期，从裁定减刑之日起计算。

【释解与适用】

本条是关于无期徒刑减为有期徒刑的刑期从何时起计算的规定。

无期徒刑是自由刑中最严厉的刑罚方法，主要表现在剥夺犯罪人终身人身自由。不过，由于法律同时规定了减刑、假释、赦免等制度，事实上被判处无期徒刑的犯罪人很少有终身服刑的，因此就涉及无期徒刑的减刑问题。刑法对被判处无期徒刑罪犯裁定减刑的起算日期加以明确规定，是为了便于司法实践中具体执行，同时也使刑罚的执行更加准确。

根据本条规定，被判处无期徒刑的犯罪分子，裁定减为有期徒刑，其有期徒刑的服刑日期，应当从人民法院裁定减刑之日起计算。裁定减刑之日，即减刑裁定发生法律效力之日。由于无期徒刑是剥夺终身自由，故裁定减刑前罪犯已经执行的刑期以及判决宣告以前先行羁押的日期，不得计算在裁定减刑后的有期徒刑的刑期以内。根据刑法规定，无期徒刑是剥夺犯罪分子终身自由的刑罚方法，是仅次于死刑的一种严厉的刑罚方法。如果没有减刑，无期徒刑的本意就是要终身进行监禁。将罪犯的无期徒刑减为有期徒刑，已经是对罪犯的宽大处理和奖励，之前执行的刑期自然不能再用来折抵有期徒刑的刑期。对于无期徒刑减为有期徒刑以后再次减刑的，其刑期则应按照有期徒刑减刑的方法计算。

【适用中需要注意的问题】

根据刑法第五十七条的规定，对于被判处死刑、无期徒刑的犯罪分子，应当剥夺政治权利终身。在死刑缓期执行减为有期徒刑或者无期徒刑减为有期徒刑的时候，应当把附加剥夺政治权利的期限改为三年以上十年以下。

第七节 假 释

第八十一条 【假释的条件】被判处有期徒刑的犯罪分子，执行原判刑期二分之一以上，被判处无期徒刑的犯罪分子，实际执行十三年以上，如果认真遵守监规，接受教育改造，确有悔改表现，没有再犯罪的危险的，可以假释。如果有特殊情况，经最高人民法院核准，可以不受上述执行刑期的限制。

对累犯以及因故意杀人、强奸、抢劫、绑架、放火、爆炸、投放危险物质或者有组织的暴力性犯罪被判处十年以上有期徒刑、无期徒刑的犯罪分子，不得假释。

对犯罪分子决定假释时，应当考虑其假释后对所居住社区的影响。

【释解与适用】

本条是关于假释的对象和条件的规定。

所谓"假释"，是指对于被判处有期徒刑、无期徒刑的犯罪分子，在执行期间确有悔改表现不致再危害社会的，执行一定的刑期后，附条件地将其提前释放的一种制度。假释对于教育改造罪犯，鼓励犯罪分子认罪服法，充分发挥刑罚的教育、改造功能起到了积极的作用。实践证明，这也是一项行之有效的制度。

假释制度同缓刑制度都是近现代刑罚制度的重大改革。一般认为假释的优点体现在以下几点：一是判处长时间有期徒刑的罪犯，易自暴自弃，甚至产生"监狱型人格"，而假释制度可给予他们提前出狱的希望和引导其改恶从善。二是刑罚目的之一是改造罪犯，执行一定期限的监禁刑罚后，如果犯人人身危险性显著降低，有改过自新之意，刑罚就没有继续执行的必要。三是通过假释可以减轻监狱的压力，节约财政资金。

本条共分为三款。第一款是关于适用假释的条件的规定。根据本款的规定，假释必须符合以下条件。

1. 适用假释的对象有三种人：一是被判处有期徒刑的犯罪分子；二是被判处无期徒刑的犯罪分子；三是原判死刑缓期执行，被依法减刑的犯罪分子。

2. 对于被假释的犯罪分子，必须实际执行一定的刑期。被判处有期徒刑的犯罪分子，实际执行刑期二分之一以上；被判处无期徒刑的犯罪分子，实际执行原判刑期十三年以上。这样规定主要是为了维护法律的严肃性，保证被判刑的犯罪分子得到必要的改造；同时，也只有对被判刑的人实际执行一定的刑期，经过一段时间的改造，执行机关和司法机关才能据此判断出其是否会再危害社会。

刑法修正案（八）将无期徒刑犯假释的前提条件"实际执行十年以上"修改为"实际执行十三年以上"，是因为有期徒刑的最高刑期在特定情况下可达到二十五年，该刑期的罪犯假释所要求的实际执行刑期为二分之一以上，即十二年半以上；无期徒刑犯假释所要求的实际执行刑期应高于有期徒刑犯，故将实际执行刑期由十年以上改为十三年以上，以保持二者的平衡。

有关假释前的实际执行刑期还有一个例外规定，即"如果有特殊情况，经最高人民法院核准，可以不受上述执行刑期的限制"。据此，对实际服刑不足法律规定期限的犯罪分子需要予以假释的，都必须报请最高人民法院核准；不经最高人民法院核准，任何法院都无权批准假释。这样可以防止有的司法机关执法不严，滥用假释情况的发生。所谓"特殊情况"，主要是指涉及政治或者外交等从国家整体利益考虑的情况。自 2017 年 1 月 1 日起施行的《最高人民法院关于办理减刑、假释案件具体应用法律的规定》第二十四条也对这里所说的"特殊情况"作了明确，即"有国家政治、国防、外交等方面特殊需要的情况"。遇有这类特殊情况，即使实际服刑不足本款规定的期限，经过最高人民法院核准后，也可以假释。

3. 必须认真遵守监规，接受教育改造，确有悔改表现，没有再犯罪的危险。所谓"确有悔改表现、没有再犯罪的危险"，是指犯罪分子在刑罚执行期间遵守监规，接受教育改造，并通过教育、改造和学习，对自己所犯罪行有较深刻的认识，且以实际行动痛改前非，改恶从善，释放后不会重操旧业或从事违法犯罪活动。根据《最高人民法院关于办理减刑、假释案件具体应用法律的规定》第二十二条的规定，办理假释案件，认定"没有再犯罪的危险"，除符合刑法第八十一条规定的情形外，还应当根据犯罪的具体情节、原判刑罚情况，在刑罚执行中的一贯表现，罪犯的年龄、身体状况、性格特征，假释后生活来源以及监管条件等因素综合考虑。应当注意的是，对罪犯在刑罚执行期间提出申诉的，要依法保护其申诉权利。对罪犯申诉应当具体情况具体分析，不应一概认为是没有悔改，不认罪服法。

在一般情况下，上述三个条件必须同时具备，缺一不可。对于同时具备上述条件的，依据本款规定，可以假释。

第二款是关于不得假释的情形的规定。关于不得假释的规定主要包括两个方面的内容：一是累犯不得假释，因为累犯主观恶性较深、再犯的可能性较大；二是严重犯罪不得假释。关于严重犯罪的范围，刑法修正案（八）对原规定的范围作了修改。原规定为："因杀人、爆炸、抢劫、强奸、绑架等暴力性犯罪被判处十年以上有期徒刑、无期徒刑的犯罪分子，不得假释。"刑法修正案（八）修改为："故意杀人、强奸、抢劫、绑架、放火、爆炸、投放危险物质或者有组织的暴力性犯罪被判处十年以上有期徒刑、无期徒刑的犯罪分子，不得假释。"和原规定相比，增加了对投放危险物质以及有组织的暴力性犯罪不得假释的规定。其中"有组织的暴力性犯罪"是指有组织地进行黑社会性质犯罪、恐怖活动犯罪等暴力性犯罪的情形。需要指出的是，对不得假释的犯罪分子，本款规定还必须是被判处十年以上有期徒刑或者无期徒刑的犯罪分子。因为这类犯罪分子罪行严重，主观恶性深，社会危害性大，所以对于这类犯罪分子不适用假释。

第三款是关于对犯罪分子决定假释时，应当考虑其假释后对所居住社区的影响的规定。如前所述，假释制度有助于减少长期监禁刑对罪犯回归社会造成的不利影响。一般来说，被假释的犯罪分子大多会回到原来所居住的社区，会对原来的社区造成一定的影响，如果犯罪分子假释后对所居住社区的影响不好，势必影响其融入社会，甚至会诱发新的犯罪，不利于社会的稳定与安宁。因此，刑法修正案（八）增加规定对犯罪分子决定假释时，应当考虑其假释后对所居住社区的影响。

【适用中需要注意的问题】

根据《最高人民法院关于办理减刑、假释案件具体应用法律的规定》第二十八条的规定，罪犯减刑后又假释的，间隔时间不得少于一年；对一次减去一年以上有期徒刑后，决定假释的，间隔时间不得少于一年六个月。罪犯减刑后余刑不足二年，决定假释的，可以适当缩短间隔时间。

第八十二条 【假释的程序】对于犯罪分子的假释，依照本法第七十九条规定的程序进行。非经法定程序不得假释。

【释解与适用】

本条是关于假释程序的规定。

对于犯罪分子的假释，必须依照法律规定的程序进行，非经法定程序不得假释。根据本条规定，假释的程序依照刑法第七十九条规定的减刑程序进行。刑法第七十九条规定："对于犯罪分子的减刑，由执行机关向中级以上人民法院提出减刑建议书。人民法院应当组成合议庭进行审理，对确有悔改或者立功事实的，裁定予以减刑……"据此，对于犯罪分子的假释，应当由执行机关向所在地的中级以上人民法院提出假释建议书，中级以上人民法院应当组成合议庭审理假释案件。人民法院应当依照刑法第八十一条的规定对犯罪分子是否符合假释条件进行审查：被判处有期徒刑的犯罪分子，是否已经实际执行原判刑罚二分之一以上刑期；被判处无期徒刑的犯罪分子，是否已经实际执行十三年以上刑期；更重要的是应审查罪犯在狱中是否认真遵守监规，接受教育改造，确有悔改表现，假释后有没有再犯罪危险。经过审理，人民法院认为符合假释条件的，应当作出假释的裁定。对于不符合假释条件的，不予假释。

对于决定假释的，应当制作裁定书，裁定书应当送达提出假释建议的执行机关。不经过上述法定的假释程序，不得假释。

第八十三条 【假释考验期限】有期徒刑的假释考验期限，为没有执行完毕的刑期；无期徒刑的假释考验期限为十年。

假释考验期限，从假释之日起计算。

【释解与适用】

本条是关于假释考验期的规定。

本条共分为两款。第一款是关于假释考验期限的规定。根据本款规定，假释考验期限分为以下两类：一是有期徒刑的假释考验期限为没有执行完毕的刑期，也就是说被判处有期徒刑的犯罪分子的假释考验期限为没有执行完毕的刑罚期限或者剩余刑罚的期限；二是无期徒刑的考验期限为十年，即不论被判处无期徒刑的犯罪分子实际执行刑罚多少年，其假释考验期限都应从人民法院裁定其假释之日起计算，一律为十年。

第二款是关于假释的考验期限计算的规定。根据本款规定，考验期限从人民法院依法裁定假释之日起计算。

【适用中需要注意的问题】

本条第一款规定的无期徒刑的假释考验期为十年，是指无期徒刑没有减刑而直接适用假释的情况；对于原判无期徒刑，后减为有期徒刑的假释考验期限，应为减刑以后没有执行完毕的刑期。

第八十四条 **【被宣告假释的犯罪分子应当遵守的规定】** 被宣告假释的犯罪分子，应当遵守下列规定：

（一）遵守法律、行政法规，服从监督；

（二）按照监督机关的规定报告自己的活动情况；

（三）遵守监督机关关于会客的规定；

（四）离开所居住的市、县或者迁居，应当报经监督机关批准。

【释解与适用】

本条是关于被假释的犯罪分子在假释考验期限内应当遵守规定的规定。

被宣告假释的犯罪分子在假释考验期限内，应当遵守下列规定。

1. 遵守法律、行政法规，服从监督。这是指遵守国家法律、国务院行政法规，自觉服从监督机关对其的监督。遵守法律、行政法规是每个公民都应当履行的法律义务，无论是否在假释考验期间，假释对象都应当自觉遵守法律、行政法规，这是预防其再次违法犯罪的有效途径，也是监督其是否改过自新的重要标准。这样规定也与社区矫正法等有关法律规定的要求是一致的。

2. 按照监督机关的规定报告自己的活动情况。这是指按照社区矫正机构的要求，定期或不定期地报告自己在假释期间的活动情况，如报告自己的工作情况和遵纪守法情况等。这样规定主要是为了及时了解、掌握假释对象的现实情况，以便更好地为其提供教育帮扶。

3. 遵守监督机关关于会客的规定。这是指遵守监督机关向其宣布的有关会客的要求和规定，结合本法和社区矫正法的相关规定，主要是要遵守社区矫正机构向其宣布的有关会客的要求和规定。规定假释对象应当遵守会客的监督管理规定，主要是为了防止其受外界的不良影响、干扰，以致继续犯罪或重新违法犯罪。

4. 离开所居住的市、县或者迁居，应当报经监督机关批准。结合本法和社区矫正法的相关规定，假释对象未经批准不得擅自离开所居住的市、县或者迁居，因故需要离开的应当履行必要的请假、变更手续。具体可参见社区矫正法第二十七条规定。

【适用中需要注意的问题】

刑法对包含假释犯在内的社区矫正对象的报告、会客、外出、迁居等监督管理措施作了规定，但总体比较原则。2019年12月，十三届全国人大常委会第十五次会议审议通过了社区矫正法。社区矫正是贯彻宽严相济刑事政策、推进国家治理体系和治理能力现代化的一项重要制度，是立足我国国情和长期刑事司法实践经验基础上，借鉴吸收其他国家有益做法，逐步发展起来的具有中国特色的非监禁的刑事执行制度。社区矫正法明确社区矫正机构负责社区矫正工作的具体实施，社区矫正机构特别是基层社区矫正机构对社区矫正对象直接负有监督管理和教育帮扶的职责，社区矫正对象应当自觉服从其管理。实践中，作为社区矫正对象重要组成部分的假释犯，不仅要遵守刑法关于监督考察的规定，同时也要遵守社区矫正法的规定。相较于刑法，社区矫正法的规定更为具体、详细，但两者规定的精神和基本要求是一致的，执行机关和假释对象应将两部法律的规定和要求结合起来理解和适用。

第八十五条　【假释考验期满的处理】对假释的犯罪分子，在假释考验期限内，依法实行社区矫正，如果没有本法第八十六条规定的情形，假释考验期满，就认为原判刑罚已经执行完毕，并公开予以宣告。

【释解与适用】

本条是关于对假释的犯罪分子实行社区矫正以及假释考验期满如何处理的规定。

对假释犯的考验制度是假释制度的重要内容。假释考验有一定期限，只有在这个期限届满之前遵守了特定的条件，才能宣告假释的结束。本条主要规定了两层意思。

1. 规定了被假释的犯罪分子，在假释考验期内，依法实行社区矫正。对符合条件的罪犯依法实行社区矫正，促其在社会化开放环境下顺利回归社会，有利于减少监狱羁押，避免交叉感染，节约行刑成本，是法治文明和进步的体现；也有利于化解消极因素，缓和社会矛盾，预防和减少犯罪，维护社会和谐稳定，提高社会治理体系和治理能力现代化水平。对于假释犯的监督考察，应当结合社区矫正法的具体内容开展。社区矫正机构应当按照刑法第八十四条和有关部门关于假释的监督管理规定，认真履行社区矫正职责，加强对被假释犯罪分子的监督管理和教育改造，督促他们在考验期间改恶从善，重新做人。

2. 规定了假释考验期满的处理。本法第八十六条规定了撤销假释的具体情形："被假释的犯罪分子，在假释考验期限内犯新罪，应当撤销假释，依照本法第七十一条的规定实行数罪并罚；在假释考验期限内，发现被假释的犯罪分子在判决宣告以前还有其他罪没有判决的，应当撤销假释，依照本法第七十条的规定实行数罪并罚；被假释的犯罪分子，在假释考验期限内，有违反法律、行政法规或者国务院有关部门关于假释的监督管理规定的行为，尚未构成新的犯罪的，应当依照法定程序撤销假释，收监执行未执行完毕的刑罚。"如果在假释考验期内，被假释的犯罪分子没有刑法第八十六条规定的情形，即犯罪分子在假释考验期内没有再犯新罪，没有发现在判决宣告前还有漏罪没有判决，没有严重的违法行为，假释考验期满的，就认为犯罪分子的原判刑罚已经执行完毕。同时，有关方面应当向犯罪分子和当地群众、组织或其所在单位公开予以宣告假释期满、执行完毕。这里的"执行完毕"与缓刑期满原判刑罚"不再执行"的法律效果是不同的。被假释的犯罪分子在假释考验期满以后，如果五年以内再犯应当判处有期徒刑以上刑罚之罪的，仍能构成累犯；而被宣告缓刑的犯罪分子，在缓刑期满以后五年以内再犯应当判处有期徒刑以上刑罚之罪的，则不能构成累犯（因为缓刑期满，原判刑罚并没有实际执行，不构成累犯的条件）。

【适用中需要注意的问题】

2011年刑法修正案（八）关于假释监督机关的修改，并不是简单地将监督机关由一个部门更换为另一个部门。社区矫正是一项综合性很强的工作，需要各有关部门分工配合，并充分动员社会各方面力量，共同做好工作。虽然刑法修正案（八）将刑法原来规定的"由公安机关监督"修改为"依法实行社区矫正"，但这并非意味着公安机关不再承担对被假释的犯罪分子的监督管理职责。根据社区矫正法的规定，在社区矫正工作中，公安机关承担着为社区矫正机构开展社会矫正活动提供警务保障的重要职责。

第八十六条 **【假释的撤销】**被假释的犯罪分子，在假释考验期限内犯新罪，应当撤销假释，依照本法第七十一条的规定实行数罪并罚。

在假释考验期限内，发现被假释的犯罪分子在判决宣告以前还有其他罪没有判决的，应当撤销假释，依照本法第七十条的规定实行数罪并罚。

被假释的犯罪分子，在假释考验期限内，有违反法律、行政法规或者国务院有关部门关于假释的监督管理规定的行为，尚未构成新的犯罪的，应当依照法定程序撤销假释，收监执行未执行完毕的刑罚。

【释解与适用】

本条是关于撤销假释的规定。

本条共分为三款。第一款是关于在假释考验期间犯新罪如何处理的规定。根据本款规定，对在假释考验期间犯新罪的犯罪分子，应当撤销假释，依照刑法第七十一条确定的先减后并原则实行并罚，也就是将前罪没有执行完的刑罚和后罪新判处的刑罚依照刑法第六十九条的规定确定应当执行的刑期。

第二款是关于假释考验期间发现漏罪如何处理的规定。根据本款规定，在假释考验期内，如果发现被假释的犯罪分子在判决宣告以前还有其他罪没有判决的，应当撤销假释，依照刑法第七十条先并后减的原则实行数罪并罚，即将前后两罪的判决依照刑法第六十九条的规定确定刑罚，扣除已执行完的刑期后，剩余刑期为仍需执行的刑期。

第三款是关于有违反法律、行政法规或者国务院有关部门关于假释的监督管理规定的行为如何处理的规定。根据本款规定，在假释考验期内，犯罪分子实施了违反法律、行政法规或者国务院有关部门关于假释的监督管理规定的行为，但尚未构成新的犯罪的，有关部门应当依法定程序对其撤销假释，并收监执行其未执行完毕的剩余刑罚。需要注意的是，犯罪分子违反的规定应当是法律、行政法规或者国务院有关部门规章中与假释监管相关的规定。一般的违法行为不应成为撤销假释的条件。根据《最高人民法院关于办理减刑、假释案件具体应用法律的规定》第二十九条的规定，罪犯在假释考验期内违反法律、行政法规或者国务院有关部门关于假释的监督管理规定的，作出假释裁定的人民法院，应当在收到报请机关或者检察机关撤销假释建议书后及时审查，作出是否撤销假释的裁定，并送达报请机关，同时抄送人民检察院、公安机关和原刑罚执行机关。罪犯在逃的，撤销假释裁定书可以作为对罪犯进行追捕的依据。需要注意的是，根据上述司法解释第三十条的规定，依照刑法第八十六条规定被撤销假释的罪犯，一般不得再假释。但依照该条第二款被撤销假释的罪犯，如果罪犯对漏罪曾作如实供述但原判未予认定，或者漏罪系其自首，符合假释条件的，可以再假释。被撤销假释的罪犯，收监后符合减刑条件的，可以减刑，但减刑起始时间自收监之日起计算。

【适用中需要注意的问题】

除本条的规定外，刑事诉讼法、社区矫正法也对撤销假释的条件、撤销假释的程序等作了规定，需要结合适用。此外，社区矫正法第六章专门对撤销假释等的条件、程序等作了较为详细的规定。

第八节 时　　效

第八十七条　【追诉期限】犯罪经过下列期限不再追诉：

（一）法定最高刑为不满五年有期徒刑的，经过五年；

（二）法定最高刑为五年以上不满十年有期徒刑的，经过十年；

（三）法定最高刑为十年以上有期徒刑的，经过十五年；

（四）法定最高刑为无期徒刑、死刑的，经过二十年。如果二十年以后认为必须追诉的，须报请最高人民检察院核准。

【释解与适用】

本条是关于犯罪追诉时效期限的规定。

追诉时效是指依照法律规定对犯罪分子追究刑事责任的有效期限。在法定的追诉期限内,司法机关有权依法追究犯罪分子的刑事责任;超过法定追诉时限,不应再追究犯罪分子的刑事责任。根据刑法关于追诉时效制度的规定,刑事诉讼法第十六条对已过追诉时效案件的处理程序也作出了规定:犯罪已过追诉时效期限的,不追究刑事责任,已经追究的,应当撤销案件,或者不起诉,或者终止审理,或者宣告无罪。

本条针对不同的犯罪行为分别规定了四种不同的追诉期限。

1. 法定最高刑为不满五年有期徒刑的,经过五年。就是说刑法对犯罪分子所犯罪行规定的刑罚,最高不超过五年有期徒刑的,如果犯罪人在五年之内没有追究刑事责任的,不再追究。刑法修正案(八)增加了危险驾驶罪,刑法修正案(九)增加了使用虚假身份证件、盗用身份证件罪,以及代替考试罪等较轻犯罪,这类犯罪的最高刑为拘役。最高刑为拘役的,应当理解为最高刑不满五年有期徒刑,适用本项规定的五年追诉期限。

2. 法定最高刑为五年以上不满十年有期徒刑的,经过十年。根据刑法第九十九条的规定,"以上"包括本数。因此,法定最高刑为五年有期徒刑的,适用十年追诉期限。

3. 法定最高刑为十年以上有期徒刑的,经过十五年。同样,根据刑法第九十九条的规定,"以上"包括本数在内。因此,最高刑为十年有期徒刑的,也按照十五年的追诉期处理。

4. 法定最高刑为无期徒刑、死刑的,经过二十年。如果二十年以后认为必须追诉的,须报请最高人民检察院核准。也就是说,虽然已经经过二十年,但由于案件后果特别严重、情节特别恶劣和社会影响特别重大等特殊原因,不追究刑事责任严重违反公平正义,严重影响国家安全、重大社会公共利益,必须予以追究的,经最高人民检察院核准同意,可以不受追诉时效期限的限制。这就是通常所说的核准追诉。这一制度规定对于弥补特殊情形下追诉期限规定的缺陷具有重要意义。既坚持追诉时效制度的基本定位,又为实践留有余地,由最高人民检察院根据案件情况、社会影响等因素决定是否核准,能最大限度发挥刑法惩处犯罪、平衡维护公平正义与保持社会关系平稳的关系。2012年《最高人民检察院关于办理核准追诉案件若干问题的规定》、2019年《人民检察院刑事诉讼规则》等对核准追诉的条件和程序作了具体规定,"涉嫌犯罪的行为应当适用的法定量刑幅度的最高刑为无期徒刑或者死刑的,涉嫌犯罪的性质、情节和后果特别严重,虽然已过二十年追诉期限,但社会危害性和影响依然存在,不追诉会严重影响社会稳定或者产生其他严重后果,而必须追诉的",最高人民检察院依法核准追诉,并对有关报请核准的具体程序作了规定。近些年来,随着DNA检测和信息系统建设等技术手段应用于刑侦领域,一些二十年以前发生的重大案件不断破获,对此一方面应当依照刑法追诉期限的规定精神处理,另一方面必须追诉的应当报请核准,进一步发挥好核准追诉制度的作用和意义。实践中,最高人民检察院公布了一些核准追诉的指导案例。

【适用中需要注意的问题】

1. 在确定追究时效的法定最高刑时,需注意以下两个问题:首先,法定最高刑不是指罪犯应判决的具体刑期,而是根据犯罪分子的犯罪性质和法定情节,与其所犯罪行相对应的刑法分则条文规定的处刑档次中的最高刑。其次,法定最高刑也不是指某种性质犯罪全部刑罚的最高刑,而是指某种性质犯罪中与该犯罪情况基本相适应的某一档处罚的最高刑。即对犯罪分子应在该档量刑幅度内处刑的档次最高刑。例如,犯故意杀人罪,法定最高刑有两档:一档的最高刑是死刑,而情节较轻的另一档最高刑为十年有期徒刑。在确定追诉时效期限时,应首先根据犯罪情节确定行为人应当适用的量刑幅度是"死刑、无期徒刑或者十年以上有期徒刑",还是"三年以上十年以下有期徒刑",然后确定其追诉时效期限是二十年,还是十五年。

2. 关于追诉时效计算截止点。刑法第八十七条根据犯罪轻重规定了不再追诉的具体期限。对何为追诉、不再追诉期限的计算以何时间点截止没有明确规定。理论上对于追诉期限截止点的理解也不一致。多数观点认为,"追诉"是指进入刑事诉讼程序,即立案侦查是追诉期限的截止点;也有国家如日本刑事诉讼法,将提起公诉作为追诉时效计算的截止点;还有国家如德国,以及我国的一些学者和在有的法院审判实践中,将人民法院立案审查或者审理作为截止点。上述对追诉以及追诉期限计算截止点的不同理解,对一些即将到追诉期限案件的处理会有不同结论。应当说,刑法追诉时效制度中的"追诉",应是指国家追究犯罪人刑事责任的活动。根据刑事诉讼法有关规定,立案侦查、审查起诉和审判是刑事诉讼活动的不同阶段,人民法院、人民检察院和公安机关在进行刑事诉讼活动中分工负责,互相配合,互相制约,立案侦查是追诉活动的一部分,在刑法规定的追诉时效期限以内立案侦查表明国家已经开始行使对犯罪人的追诉权,依法不应当再计算追诉时效期限。如果立案侦查、审查起诉期间继续计算追诉时效期限,如何实现刑法惩罚犯罪、保护人民的目的,如何保证办案质量,与刑事诉讼法规定的办案期限是否协调等都需要进一步研究。但是,将立案侦查作为追诉时效期限计算的终止点,也还有一些问题需要进一步研究。如侦查机关立案后,不采取实质措施追究犯罪,久拖不办,犯罪嫌疑人又没有逃避侦查的,这种情况下无论经过多长时间都要追究刑事责任,是否符合追诉时效制度的目的等,也都还需要进一步研究。

第八十八条 【不受追诉期限限制的情形】在人民检察院、公安机关、国家安全机关立案侦查或者在人民法院受理案件以后,逃避侦查或者审判的,不受追诉期限的限制。

被害人在追诉期限内提出控告,人民法院、人民检察院、公安机关应当立案而不予立案的,不受追诉期限的限制。

【释解与适用】

本条是关于不受追诉时效限制的特别规定。

根据本条规定,不受追诉时效限制的情况包括两种。

1. 人民检察院、公安机关、国家安全机关立案侦查或者在人民法院受理案件以后,逃避侦查或者审判的,不受追诉期限的限制。

1979年刑法规定的是"采取强制措施以后"。一般认为,采取强制措施以后,既适用于已经执行强制措施后逃避侦查或者审判的,也适用于人民法院、人民检察院、公安机关决定(批准)采取强制措施后,由于犯罪分子逃避而无法执行,以及犯罪分子在逃,经决定(批准)逮捕并发布通缉令后拒不到案的情况。这里修改为"立案侦查"以后,是指人民检察院、公安机关、国家安全机关依照刑事诉讼法的规定按照自己的管辖范围,对发现犯罪事实或者犯罪嫌疑人的案件予以立案,进行侦查,收集、调取犯罪嫌疑人有罪或无罪、罪轻或罪重的证据材料之日起。需要注意的是，刑事诉讼法规定，发现犯罪事实或者犯罪嫌疑人的，应当立案侦查。立案侦查包括因事立案和因人立案，当然也有人和事均发现后立案。本条规定了"立案侦查"以后，逃避侦查的，不受追诉期限的限制。如何理解这里的"立案侦查"，是指在程序上有立案就可以，还是要求对犯罪嫌疑人因人立案，并采取了一定的侦查措施活动？对于因事立案后，办案机关没有采取实质侦查活动的，犯罪嫌疑人也未逃跑的，是不是也不受追诉期限的限制，存在不同观点。一种意见认为，这里的"立案侦查"没有限定因人立案还是因事立案，侧重点在于"立案"，只要立案就可以，既包括因人立案，也包括因事立案，这样理解与刑事诉讼法的规定一致。另一种意见认为，"立案侦查"是指因人立案，仅有犯罪事实而立案，没有采取实质侦查活动，并没有确定犯罪嫌疑人的，不属于这里的"立案侦查"，否则就会导致案件事实一旦被发现，即使完全不知道嫌疑人是谁，就不适用追诉时效制度，会导致追诉时效制度事实上被架空。还有意见认为，"立案侦查"是指侦查机关已经发现犯罪事实和犯罪嫌疑人，并且针对犯罪嫌疑人展开了侦查活动，对于单纯因事立案或者因人立案后未采取任何侦查措施的，追诉时效应当继续计算。对此，需要结合追诉时效制度目的和各类复杂案件的情况进一步研究。

"受理案件以后"，是指人民法院依照刑事诉讼法关于审判管辖的规定，接受人民检察院提起公诉或被害人自诉案件之日起。

关于"逃避侦查或者审判"的理解。一种观点认为，"逃避侦查或者审判"，应限于积极的、明显的、致使侦查和审判工作无法进行的逃避行为，主要是指积极逃跑、畏罪潜逃或者藏匿，且主观上应当知道自己可能已经被发现涉嫌犯罪、可能被列为犯罪嫌疑人，具有逃避侦查的故意。如果对逃避作过于宽泛的理解，追诉时效制度会丧失应有的意义。另一种观点认为，"逃避侦查或者审判"除了积极的逃跑或者藏匿以外，还包括虽然人身没有离开相关地方，但是实施串供、毁灭犯罪证据、到案后不如实供述等妨碍侦查或者审判的行为，也包括主观上不是出于逃避侦查或者审判，而是因为工作生活的需要而有变更住所、单位等情况，客观上对侦查、审判造成妨碍的，甚至还有认为应当包括没有主动投案，只是消极不到案的情况。根据刑法的规定和追诉时效制度的立法目的，以及关于不受追诉时效期限限制的条件设定本身所要解决的问题，"逃避侦查或者审判"主要是指以逃避、隐藏的方法逃避刑事追究，不应包括消极不到案等情况。犯罪嫌疑人在人民检察院、公安机关和国家安全机关立案侦查或者被告人在人民法院受理案件以后，如果其从拘留所、看守所中逃跑，从自家中潜逃、隐藏起来或者采用其他方法逃避侦查或者审判的，在任何时候将其追捕归案后，都可以进行追诉，不再受刑法第八十七条规定的追诉时效期限的限制。

2. 被害人在追诉期限内提出控告，人民法院、人民检察院、公安机关应当立案而不予立案的，不受追诉时效期限的限制。

"被害人"是指遭受犯罪行为侵害的自然人和单位。"控告"是指被害人对侵犯本人、本单位合法权益的犯罪行为向司法机关告诉，要求追究侵害人的法律责任的行为。关于"应当立案"的理解：刑事诉讼法第一百一十条、第一百一十二条和第一百一十三条规定，被害人对侵犯其人身、财产权利的犯罪事实或者犯罪嫌疑人，有权向公安机关、人民检察院或者人民法院报案或者控告。人民法院、人民检察院或者公安机关对于报案、控告、举报和自首的材料，应当按照管辖范围，迅速进行审查，认为有犯罪事实需要追究刑事责任的时候，应当立案；认为没有犯罪事实，或者犯罪事实显著轻微，不需要追究刑事责任的时候，不予立案，并且将不立案的原因通知控告人。人民检察院认为公安机关对应当立案侦查的案件而不立案侦查的，或者被害人认为公安机关对应当立案侦查的案件而不立案侦查，向人民检察院提出的，人民检察院应当要求公安机关说明不立案的理由。人民检察院认为公安机关不立案理由不能成立的，应当通知公安机关立案，公安机关接到通知后应当立案。对于自诉案件，被害人有权向人民法院直接起诉。因此，"应当立案"是指符合刑事诉讼法第一百一十二条规定的"有犯罪事实需要追究刑事责任"的立案条件，应当立案侦查的。"不予立案"是指对符合立案条件的，不属于刑事诉讼法第一百一十二条规定的"没有犯罪事实，或者犯罪事实显著轻微，不需要追究刑事责任"不予立案的情况，但人民法院、人民检察院、公安机关却未予立案。"不予立案"包括立案后又撤销案件的情况。根据本款规定，只要被害人在追诉期限内提出控告的，遇有该立案而不予立案的情况，对犯罪分子的追诉就不受刑法第八十七条规定的追诉期限的限制。

【适用中需要注意的问题】

1. 不能简单地理解为只要人民检察院、公安机关、国家安全机关对案件进行立案，或者人民法院对案件予以受理后，就可不受追诉时效的限制。上述机关对案件进行立案或受理后，犯罪嫌疑人或被告人必须具有"逃避侦查或者审判"的情况。如果没有逃避侦查和审判的行为，而是有的司法机关立案或受理后，因某些原因又未继续采取侦查或追究措施，以致超过追诉期限的，不应适用本条规定。另外，本条规定"立案侦查"和"受理案件"是指在追诉时效的期限内，对于已过了追诉时效才开始的立案侦查和审判活动，不适用本条规定，而是应分别采取撤销案件、不起诉或者宣告无罪的方法处理，不再追究刑事责任。对于其中法定最高刑为无期徒刑、死刑的，如果认为确实需要追诉的，应当报请最高人民检察院核准后再行追诉。

2. 本条规定在"人民检察院、公安机关、国家安全机关"立案侦查以后，逃避侦查的，不受追诉期限的限制，没有明确规定军事犯罪的军队保卫部门的侦查活动。1993年12月通过的《全国人民代表大会常务委员会关于中国人民解放军保卫部门对军队内部发生的刑事案件行使公安机关的侦查、拘留、预审和执行逮捕的职权的决定》规定："中国人民解放军保卫部门承担军队内部发生的刑事案件的侦查工作，同公安机关对刑事案件的侦查工作性质是相同的，因此，军队保卫部门对军队内部发生的刑事案件，可以行使宪法和法律规定的公安机关的侦查、拘留、预审和执行逮捕的职权。"刑事诉讼法第三百零八条第一款规定，军队保卫部门对军队内部发生的刑事案件行使侦查权。因此，对于军队保卫部门立案侦查以后，逃避侦查或者审判的，也是应当适用本条规定的。此外，关于海警立案侦查权，2018年通过的《全国人民代表大会常务委员会关于中国海警局行使海上维权执法职权的决定》规定"中国海警局履行海上维权执法职责，包括执行打击海上违法犯罪活动、维护海上治安和安全保卫……中国海警局执行打击海上违法犯罪活动、维护海上治安和安全保卫等任务，行使法律规定的公安机关相应执法职权"。刑事诉讼法第三百零八条第二款规定："中国海警局履行海上维权执法职责，对海上发生的刑事案件行使侦查权。"因此，对于海警部门立案侦查以后，逃避侦查的，也应适用本条追诉时效规定。

3. 关于共同犯罪追诉时效的确定。共同犯罪案件中，有的犯罪分子作案后逃跑，如主犯逃跑，有的犯罪分子，如从犯未逃跑，侦查机关针对主犯立案后没有发现未逃跑的人参与案件，如果主犯不受追诉时效期限限制,从犯是否应当一并不受追诉期限限制予以追究,即共同犯罪案件是一体确定追诉时效,还是可以分别计算追诉时效?一种意见认为,共同犯罪案件应当一体确定追诉时效,共同犯罪人之间的追诉时效判断应当一致,保证案件公正审判;另一种意见认为,共同犯罪中,犯罪是共同的,责任是分别的,对是否"逃避侦查或者审判"、是否经过追诉时效的判断应当是个别判断,这样处理符合罪责自负的原则,如同共同犯罪中坦白、自首分别判断一样,是否逃避侦查的判断应当根据个人情况判断,符合罪责自负的责任归责原理。2015年最高人民检察院发布的有关追诉时效的指导案例(检例第23号)则持对共犯人追诉时效个别认定的立场,裁判说明中指出:"1997年9月30日以前实施的共同犯罪,已被司法机关采取强制措施的犯罪嫌疑人逃避侦查或者审判的,不受追诉期限限制。司法机关在追诉期限内未发现或者未采取强制措施的犯罪嫌疑人,应当受追诉期限限制……"另外,需要注意的是,在确定共同犯罪的具体追诉期限时,按照主犯的法定刑确定,如共同犯罪主犯的最高法定刑是无期徒刑、死刑的,追诉期限为二十年,那么全体共同犯罪人的追诉期限均应当确定为二十年。

第八十九条　【追诉期限的计算】追诉期限从犯罪之日起计算;犯罪行为有连续或者继续状态的,从犯罪行为终了之日起计算。

在追诉期限以内又犯罪的,前罪追诉的期限从犯后罪之日起计算。

【释解与适用】

本条是关于追诉期限起算的规定。

本条规定的追诉期限有两种起算情况。

1. 一般情况下追诉期限的起算时间是从犯罪之日起计算。"犯罪之日"是指犯罪行为完成或停止之日。例如,运输毒品,在路途上用了三天,应以第三天将毒品运到转交他人起开始计算运输毒品犯罪的追诉期限。对于以危害结果作为构成要件的犯罪,如一些过失犯罪(如玩忽职守罪),结果发生之日为犯罪完成之日,自该日起算。在共同犯罪的场合,一般以所有共犯人中的最终的行为终了之日,计算对所有共犯人的追诉期限。

2. 特殊情况下追诉期限的起算时间,有三种情形。

(1)犯罪行为处于连续状态的,从犯罪行为终了之日起计算。就是说，犯罪人连续实施同一罪名的犯罪，时效期限从其最后一个犯罪行为施行完毕时开始计算。"连续状态"是指犯罪人在一定时期，以一个故意连续实施数个独立的犯罪行为触犯同一罪名的。例如，某罪犯多次在汽车上扒窃，其连续扒窃行为即是盗窃罪的连续状态。

（2）犯罪行为处于继续状态的，从犯罪行为终了之日起计算。就是说，犯罪人的犯罪行为在一定时间处于持续状态的，时效期限自这种持续状态停止的时候起开始计算。"继续状态"也就是持续状态，是指犯罪人实施的同一犯罪行为在一定时间内处于接连不断的状态，不法行为与不法状态同时继续。例如，非法拘禁他人，在被害人脱离拘禁以前，该犯罪就一直属于继续状态。对于脱逃罪、重婚罪等，是否只要犯罪处于继续状态，都属于在时效以内，司法实践中持肯定态度。如《最高人民法院研究室关于重婚案件的被告人长期外逃法院能否中止审理和是否受追诉时效限制问题的电话答复》对此持肯定态度。

（3）在追诉期限内又犯罪的，前一犯罪的追诉期限从后罪的犯罪行为完成或停止之日起计算。这里的前罪和后罪并未限定为同一种罪名，只要构成犯罪即可。只要再犯新罪，前罪开始计算的时效期限就归于无效，而从犯后罪之日起计算。这样规定是考虑到行为人犯罪后追诉时效尚未过去又再次犯罪，说明其人身危险性较大，经过一段时间以后，本人并没有悔过和完成自我改造重新回归社会，因而如果不中断其追诉时效的计算，从性质上不符合设置时效制度的目的。如果被告人此前犯有多个罪的，多个罪的追诉期限都属于前罪，都应该重新计算，而不是各个前罪依照后一个罪的完成之日重新计算；换句话说，前罪不是前一个罪，而是之前的罪。

第五章 其他规定

第九十条 【民族自治地方的变通规定】民族自治地方不能全部适用本法规定的，可以由自治区或者省的人民代表大会根据当地民族的政治、经济、文化的特点和本法规定的基本原则，制定变通或者补充的规定，报请全国人民代表大会常务委员会批准施行。

【释解与适用】

本条是关于民族自治地方在不能全部适用刑法规定的情况下，可以制定变通或者补充规定的规定。

本条所说的"民族自治地方"，是指在我国领域内少数民族聚居的地方，根据当地的实际情况，依照宪法和法律建立的民族自治县、自治州或者自治区。"不能全部适用本法规定"是指根据民族自治地方的少数民族群众在长期的历史发展过程中所形成的一些风俗习惯、传统的特殊性而不能完全适用刑法的有关规定。"根据当地民族的政治、经济、文化的特点"是指根据民族自治地方的少数民族在政治、经济、文化方面的特殊性。"制定变通或者补充的规定"是指民族自治区或省一级的人民代表大会根据当地民族的政治、经济、文化的特点和刑法规定的基本原则，对刑法的有关规定作一些变通或者补充的规定。我国是统一的多民族国家，基于少数民族聚居地方经济、文化特点的现实情况，国家在一些地方实行民族区域自治。也是考虑到有的少数民族可能因为长期历史形成的习惯和传统，完全执行刑法的有些规定可能存在一定的困难，刑法中专门规定了可以依法作出变通和补充规定的制度。

根据本条规定，对刑法制定变通或者补充的规定，必须符合以下条件。

1. 制定变通或者补充的规定，必须根据刑法规定的基本原则，即刑法对犯罪及其刑罚规定的原则。制定变通或者补充规定的依据，是由于少数民族特点不能全部适用刑法，而不是由于其他原因。

2. 变通或者补充的规定，应由自治区或者省一级的人民代表大会制定，并报全国人大常委会批准后方可施行，其他任何机关都无权制定或批准变通、补充的规定。

3. 制定变通或者补充的规定，既要考虑当地民族的政治、经济、文化的特点，还要考虑当地政治、经济、文化的进步和发展。

【适用中需要注意的问题】

刑法作为国家基本法律，原则上必须保证其在全国范围内统一施行，这是我国作为单一制国家的必然要求。同时，刑法作为规定犯罪与刑罚的法律，其所确立的规则都是基本的行为规范，所禁止的行为都是具有严重社会危害性的犯罪行为。因此，对于刑法的规定，公民基本上都应当能够理解和适用。这也是本条之所以规定，不能全部适用刑法规定时，根据刑法规定的原则，可以制定变通或者补充规定全部的主要考虑，即变通或者补充规定不能与刑法的原则精神相抵触，不能在"大是大非"问题上出现不一致。为此，在实践中需要注意以下问题。

1. 关于变通和补充规定。就变通和补充的内容而言，变通和补充的目的是处理及协调好刑法规定统一适用这一原则问题，与更好适应民族自治地方特殊情况这一灵活性问题之间的关系，因此，变通和补充内容应该考虑民族区域自治地方的政治、经济、文化等实际情况及刑法与民族习惯的冲突等问题。不同民族、不同区域的法律变通的需求不一样，甚至是相同民族在不同区域的变通情况也不一定一样，所以说，其变通的内容主要是针对本地区本民族的实际情况来定。就变通或者补充规定的效力范围而言，仅适用于本民族自治区域内，不得适用于该区域之外的地方。至于在本民族区域内是否都要按照变通或者补充的规定执行，也需要根据具体情况，由自治区或者省人民代表大会在制定具体规定时确定。

2. 民族自治地方的司法机关在具体案件处理当中，也要注意正确处理少数民族习惯与刑法具体适用的关系问题。从我国的实际情况看，民族习惯在少数民族地区的生活和社会交往以及纠纷解决中仍然有一定的影响力，这些习惯对于刑法的具体适用也会带来一些影响，在具体案件处理中，需要妥善处理好刑法适用与民族习惯之间的关系。例如，在婚姻家庭领域，重婚、早婚、抢婚等，与刑法规定的重婚罪、强奸罪、暴力干涉婚姻自由罪等的适用问题。在有的民族习俗中还存在除魔驱鬼的习惯，一些被认为是带来灾难或招致疾病的人会被毁坏财物甚至被殴打，这些行为与故意毁损公私财物罪、故意伤害罪等的适用问题。上述问题表明，即使是在没有制定变通或者补充规定的领域，刑法在少数民族地区实施过程中，也可能面临与当地风俗习惯的不一致问题；特别是相关风俗习惯的长期存在，可能会对当地少数民族群众关于某些行为的社会危害性的大小和应予谴责性的强烈程度的认识不可避免带来影响。对此，需要司法机关在对具体案件处理时注意把握好法律和政策。

第九十一条 【公共财产的范围】本法所称公共财产，是指下列财产：

（一）国有财产；
（二）劳动群众集体所有的财产；
（三）用于扶贫和其他公益事业的社会捐助或者专项基金的财产。

在国家机关、国有公司、企业、集体企业和人民团体管理、使用或者运输中的私人财产，以公共财产论。

【释解与适用】

本条是关于公共财产范围的界定。

本条共分两款。第一款对公共财产的范围和种类作了明确。本条规定的公共财产包括以下三种情况。

1. 国有财产，即国家所有的财产，主要包括国家机关、国有公司、企业、国有事业单位、人民团体中的属于国家所有的财产。国有财产的范围十分广泛，根据我国宪法和有关法律的规定，国有财产主要有：（1）国家机关及所属事业单位的财产；（2）军队财产，如军事设施等；（3）全民所有制企业；（4）国家所有的公共设施、文物古迹等；（5）国家在国外的财产；（6）国家对非国有单位的投资以及债权等其他财产权等。

2. 劳动群众集体所有的财产，主要包括集体所有制的公司、企业、事业单位、经济组织中的财产。在经济活动中，公民多人合伙经营积累的财产，属于合伙人共有，不属于集体所有的财产。民法典第二百六十一条第一款规定，农民集体所有的不动产和动产，属于本集体成员集体所有；第二百六十三条规定,城镇集体所有的不动产和动产,依照法律、行政法规的规定由本集体享有占有、使用、收益和处分的权利。关于集体所有的财产的范围,根据民法典第二百六十条规定,包括:(1)法律规定属于集体所有的土地和森林、山岭、草原、荒地、滩涂;(2)集体所有的建筑物、生产设施、农田水利设施;(3)集体所有的教育、科学、文化、卫生、体育等设施;(4)集体所有的其他不动产和动产。根据民法典第二百六十二条、第二百六十五条等的规定对于集体所有的土地和森林、山岭、草原、荒地、滩涂等,属于村农民集体所有的,由村集体经济组织或者村民委员会依法代表集体行使所有权;分别属于村内两个以上农民集体所有的,由村内各该集体经济组织或者村民小组依法代表集体行使所有权;属于乡镇农民集体所有的,由乡镇集体经济组织代表集体行使所有权。集体所有的财产受法律保护,禁止任何组织或者个人侵占、哄抢、私分、破坏或者非法查封、扣押、冻结、没收。

3. 用于扶贫和其他公益事业的社会捐助或者专项基金的财产。"公益事业"主要是指服务于社会公益的非营利性事项。根据公益事业捐赠法第三条的规定,公益事业是指非营利的下列事项:(1)救助灾害、救济贫困、扶助残疾人等困难的社会群体和个人的活动;(2)教育、科学、文化、卫生、体育事业;(3)环境保护、社会公共设施建设;(4)促进社会发展和进步的其他社会公共和福利事业。"社会捐助"是指个人、组织或单位向社会公益事业以及向贫困地区所捐赠、赞助的款物。"专项基金"是指专门用于上述公益事业的各种基金。

第二款规定了在国家机关、国有公司、企业、集体企业和人民团体管理、使用或者运输中的私人财产,以公共财产对待,按公共财产予以保护。因为这部分财产虽然属于私人所有,但当交由国家机关、国有公司、企业、集体企业和人民团体管理、使用或者运输时,上述单位就有义务保护该财产,如果丢失、损毁,需要依法承担赔偿责任。对于第二款规定中的"管理、使用或者运输"应作实质理解,特别是对"管理"的理解不能与"占有"简单等同,只要事实上处于支配或管有状态即可。对这些财产进行侵害,其法律后果就相当于对公共财产造成了损害。因此,法律规定这些财产以公共财产论。对于国有财产和个人财产混同的情况要作好区分,特别是涉及与国有企业改制相关的问题时,既有国有资产被侵吞、侵占的情况,也有改制过程中因各种复杂情况造成的权属界限不明晰、账目不清、制度不规范等情况，需要结合案件的具体情况，根据法律和有关政策规定，妥善处理。

第九十二条 【公民私人所有财产的范围】本法所称公民私人所有的财产，是指下列财产：

（一）公民的合法收入、储蓄、房屋和其他生活资料；
（二）依法归个人、家庭所有的生产资料；
（三）个体户和私营企业的合法财产；
（四）依法归个人所有的股份、股票、债券和其他财产。

【释解与适用】

本条是关于公民私人所有的财产具体范围的规定。

本条规定的公民私人所有的合法财产，包括以下四种情况。

1. 公民的合法收入、储蓄、房屋和其他生活资料。"合法收入"是指公民个人的工资收入、劳动所得、资产性收入以及其他各种依法取得的收入，如接受继承、馈赠而获得的财产等。"储蓄"是指公民将其合法的收入存入银行、信用社及其所得的利息。"房屋"是指公民私人所有的住宅。"其他生活资料"主要是指公民的各种生活用品，如家具、交通工具、图书资料等。上述生活资料的获得必须符合法律的规定，非法占有的生活资料不受法律保护，如贪污受贿得到的钱财，法律不予保护，应当没收。

2. 依法归个人、家庭所有的生产资料。包括各种劳动工具和劳动对象，如拖拉机、插秧机等机器设备，耕种的庄稼，用于耕种的牲畜，饲养的家禽、家畜，自己种植的林木以及其他用于生产的原料等生产资料。

3. 个体户和私营企业的合法财产。个体户包括个体工商户和农村承包经营户。民法典保留了民法通则第二十六条、第二十七条的规定，延续了个体工商户和农村承包经营户的分类。民法典第五十四条规定："自然人从事工商业经营，经依法登记，为个体工商户。个体工商户可以起字号。"第五十五条规定："农村集体经济组织的成员，依法取得农村土地承包经营权，从事家庭承包经营的，为农村承包经营户。"第五十六条规定："个体工商户的债务，个人经营的，以个人财产承担；家庭经营的，以家庭财产承担；无法区分的，以家庭财产承担。农村承包经营户的债务，以从事农村土地承包经营的农户财产承担；事实上由农户部分成员经营的，以该部分成员的财产承担。"总之,个体户是以个人或家庭为生产单位的,其合法财产属于该个人或者家庭所有。根据有关法律、行政法规,私营企业主要包括四类:(1)独资企业,是指一个自然人独家投资经营的企业。(2)合伙企业,根据合伙企业法第二条规定,是指自然人、法人和其他组织依法在中国境内设立的普通合伙企业和有限合伙企业。普通合伙企业由普通合伙人组成,合伙人对合伙企业债务承担无限连带责任;有限合伙企业由普通合伙人和有限合伙人组成,普通合伙人对合伙企业债务承担无限连带责任,有限合伙人以其认缴的出资额为限对合伙企业债务承担责任。(3)有限责任公司,是指若干个投资者以其出资额对公司负责,公司以其全部资产对公司债务承担责任的企业。(4)股份有限公司,是指依法由若干个人出资认股,公司以其全部资产对公司债务承担责任的企业。

4. 依法归个人所有的股份、股票、债券和其他财产。"个人所有的股份",是指公民个人出资认购的股份。公民个人出资认购的股份属于个人所有的财产。"股票"是指股份有限公司依法发行的表明股东权利的有价证券。"债券"是指国家或企业依法发行的,约定到期时向持券人还本付息的有价证券,分为公债券、金融债券和企业债券。公债券是指国家发行的债券,国库券就是一种公债券。金融债券是指由金融机构直接发行的债券。企业债券即由企业发行的债券。"个人所有的股票、债券",是指由公民个人购买的依法向社会公开发行的股票和债券。公民个人合法购买或通过继承、馈赠等合法获取的股票、债券,也属于公民私人所有的财产。

第九十三条 【国家工作人员的含义】本法所称国家工作人员,是指国家机关中从事公务的人员。

国有公司、企业、事业单位、人民团体中从事公务的人员和国家机关、国有公司、企业、事业单位委派到非国有公司、企业、事业单位、社会团体从事公务的人员,以及其他依照法律从事公务的人员,以国家工作人员论。

【释解与适用】

本条是关于国家工作人员范围的规定。

本条共分两款。第一款是关于国家工作人员的概念的规定。本条规定的"国家机关",是指国家的权力机关、行政机关、监察机关、司法机关以及军事机关。国家机关是依据宪法和法律设立的，依法承担一定的国家和社会公共事务的管理职责和权力的组织。一般而言，国家机关的性质是比较容易确定的，但由于我国目前正在进行政治、经济体制的改革，改革中出现的一些特殊情况需要加以特别注意。比如，目前有些机关在编制上属于事业编制而不是行政编制，如中国证券监督管理委员会。虽然其编制属于国有事业单位，但实际上行使了国家机关的职责，依照法律对全国证券市场进行统一监管，并具有行政处罚权。有的国家机关内部既包括一部分行政编制，又含有一部分事业编制，而且各地的具体做法也不尽相同。对于这些组织是否属于国家机关，实践中存在不同认识。国家机关的设立和对国家机关中工作人员的编制管理是性质不同的两个问题，因此只要是依法设立的行使一定国家管理职权的组织就是国家机关，至于组织人事部门在编制上对其是按照行政编制还是事业编制进行管理，并不影响刑法上将其作为国家机关性质，从严要求，以体现权责一致。"从事公务的人员"，是指在上述国家机关中行使一定管理职权、履行一定职务的人员。在上述国家机关中从事劳务性工作的人员，如司机、门卫、炊事员、清洁工等勤杂人员以及部队战士等，不属于国家工作人员范畴。

　　第二款是关于"以国家工作人员论"的规定。"以国家工作人员论"主要包括三种：一是在国有公司、企业、事业单位、人民团体中从事公务的人员。这里规定的"从事公务的人员"，是指在国有公司、企业等单位中具有经营、管理职责或履行一定管理职务的人员，在国有公司、企业等上述单位中不具有管理职责的一般工人、临时工等其他劳务人员，不属于本条规定的从事公务的人员。二是国家机关、国有公司、企业、事业单位委派到非国有公司、企业、事业单位、社会团体从事公务的人员。"委派"主要是指在一些具有国有资产成分的中外合资企业、合作企业、股份制企业当中，国有公司、企业或其他有关国有单位为了行使对所参与的国有资产的管理权而派驻的管理人员。这里也包括有的国家机关、国有事业单位委派一些人员到非国有事业单位、社会团体中从事公务的人员。三是其他依照法律从事公务的人员。这些人虽不是上述单位的人员，但是依照法律规定从事国家事务工作的人员。

　　在认定国家工作人员身份的问题上，实践中存在不同认识。一种观点可称为"身份论"，即只有依照法定程序任命，具有国家工作人员身份的人才属于国家机关工作人员；另一种观点可称为"职责论"，这种观点认为，一般情况下国家工作人员是指上述具有正式国家工作人员身份的人，但是在特殊情况下，一些虽不具有正式国家工作人员身份的人员，如果因临时委托、授权等法律上的原因而实际上依法承担了国家事务的管理职责的，在其依法履行该职责时，应作为国家工作人员看待，如果有贪污贿赂、渎职等犯罪行为的，应依法追究相应的刑事责任。显然，"职责论"更符合刑法的立法本意，也更符合我国目前的实际情况。因此，对于那些虽不具有正式的国家工作人员身份，但因委托等法定原因实际享有国家工作人员的管理职权的人员，应当以国家工作人员论。例如，协助人民政府从事行政管理事务的村民委员会等村基层组织人员等，只要实际负有国家管理职责，在依法履行相应的职责的过程中有受贿、非法占有公共财物等行为，均应以国家工作人员论，构成犯罪的，依法追究相应的刑事责任。根据《全国人民代表大会常务委员会关于〈中华人民共和国刑法〉第九十三条第二款的解释》的规定，村民委员会等村基层组织人员协助人民政府从事下列行政管理工作时，属于刑法第九十三条第二款规定的"其他依照法律从事公务的人员"：（1）救灾、抢险、防汛、优抚、扶贫、移民、救济款物的管理；（2）社会捐助公益事业的款物的管理；（3）国有土地的经营和管理；（4）土地征收、征用补偿费用的管理；（5）代征、代缴税款；（6）有关计划生育、户籍、征兵工作；（7）协助人民政府从事其他行政管理工作。同时规定，村民委员会等村基层组织人员从事前述的公务，利用职务上的便利，非法占有公共财物、挪用公款、索取他人财物或者非法收受他人财物，构成犯罪的，适用刑法第三百八十二条和第三百八十三条贪污罪、第三百八十四条挪用公款罪、第三百八十五条和第三百八十六条受贿罪的规定。

2002年《全国人民代表大会常务委员会关于〈中华人民共和国刑法〉第九章渎职罪主体适用问题的解释》规定，在依照法律、法规规定行使国家行政管理职权的组织中从事公务的人员，或者在受国家机关委托代表国家机关行使职权的组织中从事公务的人员，或者虽未列入国家机关人员编制但在国家机关中从事公务的人员，在代表国家机关行使职权时，有渎职行为，构成犯罪的，依照刑法关于渎职罪的规定追究刑事责任。这也体现了"依职责定责任"的立法精神。"依照法律、法规"是指其从事公务的根据来源于相关法律法规。由于有相关法律、法规的授权规定，这些组织本身就是依法从事特定领域公共管理事务的机构，在其中依法履职的工作人员，就应当作为"其他依照法律从事公务的人员"。比如，各级疾控中心不属于行政机关，但传染病防治法对疾控中心依法开展相关工作作了明确规定，疾控中心就相应具有了法律所赋予的特定公共事务管理职权，其工作人员在依法履行这些公共事务管理职权过程中，就属于本条规定的"其他依照法律从事公务的人员"。传染病防治法第七条第一款规定，各级疾病预防控制机构承担传染病监测、预测、流行病学调查、疫情报告以及其他预防、控制工作。第十八条第一款进一步规定，各级疾病预防控制机构在传染病预防控制中履行下列职责：（1）实施传染病预防控制规划、计划和方案；（2）收集、分析和报告传染病监测信息，预测传染病的发生、流行趋势；（3）开展对传染病疫情和突发公共卫生事件的流行病学调查、现场处理及其效果评价；（4）开展传染病实验室检测、诊断、病原学鉴定；（5）实施免疫规划，负责预防性生物制品的使用管理；（6）开展健康教育、咨询，普及传染病防治知识；（7）指导、培训下级疾病预防控制机构及其工作人员开展传染病监测工作；（8）开展传染病防治应用性研究和卫生评价，提供技术咨询。上述职责有的就涉及对相关人员、事项采取相应措施的职权，如第三项中对传染病疫情和突发公共卫生事件的流行病学调查、现场处理。如果疾控中心履行相关职责的人员在从事公务过程中有渎职、侵吞公共财物、索取或收受贿赂等行为的，就要按照国家工作人员的相关犯罪规定处理。

第九十四条 【司法工作人员的含义】本法所称司法工作人员，是指有侦查、检察、审判、监管职责的工作人员。

【释解与适用】

本条是关于司法工作人员的概念的规定。

本条规定的"司法工作人员"的概念不同于一般所说的司法机关工作人员的概念。不是所有在公安机关、国家安全机关、人民检察院、人民法院以及看守所、监狱等监管机关工作的人员都属于司法工作人员，只有担负本条规定的四种职责之一的，才能被认定为是刑法所说的"司法工作人员"。主要包括以下四种人员。

1.担任侦查职责的人员，主要是指公安机关、国家安全机关依照刑事诉讼法规定的管辖分工，对犯罪嫌疑人的犯罪行为进行侦查的人员。另外，根据刑事诉讼法的规定，还有一些机构也承担特定刑事案件的侦查职责，对此需要注意：一是根据刑事诉讼法第十九条第二款的规定，人民检察院在对诉讼活动实行法律监督中发现的司法工作人员利用职权实施的非法拘禁、刑讯逼供、非法搜查等侵犯公民权利、损害司法公正的犯罪，可以由人民检察院立案侦查。对于公安机关管辖的国家机关工作人员利用职权实施的重大犯罪案件，需要由人民检察院直接受理的时候，经省级以上人民检察院决定，可以由人民检察院立案侦查。根据以上规定，人民检察院依照刑事诉讼法规定直接侦查的案件中，承担相应侦查工作的人员，也属于本条规定的有侦查职责的工作人员。二是根据刑事诉讼法第三百零八条规定，军队保卫部门对军队内部发生的刑事案件行使侦查权；中国海警局履行海上维权执法职责，对海上发生的刑事案件行使侦查权；对罪犯在监狱内犯罪的案件由监狱进行侦查。因此，上述机构中的人员在承办相关刑事案件中，也属于有侦查职责的工作人员。

2. 担任检察职责的人员，主要是指检察机关担任批准逮捕、审查起诉、出庭支持公诉、法律监督工作职责的人员。

3. 担任审判职责的人员，主要是指在人民法院担任与审判工作有关的职务的人员，包括正副院长、正副庭长、审判委员会委员、审判员，以及其他依法负有审判辅助职责的法官助理、书记员等人员。

4. 担任监管职责的人员，主要是指公安机关、国家安全机关以及司法行政部门所属的有关羁押场所（监狱、看守所等）中担任监管犯罪嫌疑人、被告人、罪犯职责的人员。

【适用中需要注意的问题】

需要注意的是，本条所说的具有侦查、检察、审判、监管职责的人员不是只限于直接做上述工作的人员，在公安机关、国家安全机关、人民检察院、人民法院以及看守所、监狱等监管机关中负责侦查、检察、审判、监管工作的领导人员，也都属于司法工作人员。

第九十五条 【重伤的规定】本法所称重伤，是指有下列情形之一的伤害：

（一）使人肢体残废或者毁人容貌的；

（二）使人丧失听觉、视觉或者其他器官机能的；

(三)其他对于人身健康有重大伤害的。

【释解与适用】

本条是关于重伤概念的规定。

关于"重伤"的概念和范围,2013年8月30日最高人民法院、最高人民检察院、公安部、国家安全部、司法部发布《人体损伤程度鉴定标准》,自2014年1月1日起施行。该标准对人体损伤程度鉴定的原则、方法、内容和等级划分作了详细的规定,将重伤分为重伤一级和重伤二级,分别针对不同情况,制定了具体的认定标准。办理关于重伤的刑事案件,应以本条和该文件作为衡量是否构成重伤的具体标准。最高人民法院、最高人民检察院、公安部、国家安全部、司法部2016年4月18日颁布、2017年1月1日起施行的《人体损伤致残程度分级》明确规定了人体损伤致残程度分级的原则、方法、内容和等级划分。该规定将人体损伤致残程度划分为十个等级,从一级(人体致残率100%)到十级(人体致残率10%),每级致残率相差10%。

本条规定了属于重伤的三种情况。

1. 使人肢体残废或者毁人容貌的。"肢体残废"是指由各种致伤因素致使肢体缺失,或者肢体虽然完整但已丧失功能。例如,按照实践中掌握的重伤害标准,二肢以上离断或者缺失(上肢腕关节以上、下肢踝关节以上),二肢六大关节功能完全丧失,四肢任一大关节强直畸形或者功能丧失50%以上,膝关节挛缩畸形屈曲30°以上,一足离断或者缺失50%以上,足跟离断或者缺失50%以上,一足第一趾及其相连的跖骨离断或者缺失,双手离断、缺失或者功能完全丧失,手功能丧失累计达一手功能36%等。"毁人容貌"是指毁损他人面容,致使面容显著变形、丑陋或者功能障碍。根据有关规定,面部瘢痕畸形,并有以下六项中四项者,属于重度容貌毁损:(1)眉毛缺失;(2)双睑外翻或者缺失;(3)外耳缺失;(4)鼻缺失;(5)上、下唇外翻或者小口畸形;(6)颈颏粘连。具有以下六项中三项者,属于中度容貌毁损;具有以下六项中二项者,属于轻度容貌毁损:(1)眉毛部分缺失;(2)双睑外翻或者部分缺失;(3)耳郭部分缺失;(4)鼻翼部分缺失;(5)唇外翻或者小口畸形;(6)颈部瘢痕畸形。

2. 使人丧失听觉、视觉或者其他器官机能的。"丧失听觉"是指损伤后,一耳听力障碍(≥91dB HL);一耳听力障碍(≥81dB HL),另一耳听力障碍（≥41dB HL）；一耳听力障碍（≥81dB HL），伴同侧前庭平衡功能障碍；双耳听力障碍（≥61dB HL）；双侧前庭平衡功能丧失，睁眼行走困难，不能并足站立等。"丧失视觉"，是指损伤后，一眼盲目3级；双眼盲目4级等。丧失"其他器官机能"是指丧失听觉、视觉之外的其他器官的功能或者功能严重障碍。例如，女性两侧乳房损伤丧失哺乳能力；肾损伤并发肾性高血压、肾功能严重障碍等。

3. 其他对于人身健康有重大伤害的。这种情况主要是指上述几种重伤之外的，在受伤当时危及生命或者在损伤过程中能够引起威胁生命的并发症，以及其他严重影响人体健康的损伤。例如，开放性颅脑损伤，心脏损伤，胸部大血管损伤，胃、肠、胆道系统穿孔、破裂，烧、烫伤后出现休克等。

【适用中需要注意的问题】

需要注意的是，在办理刑事案件中，应注意对于有多处损伤的，其中必须有一处符合重伤鉴定标准的规定才能构成重伤，而不能简单以多处轻伤相加，作为重伤看待。

第九十六条 【违反国家规定的含义】本法所称违反国家规定，是指违反全国人民代表大会及其常务委员会制定的法律和决定，国务院制定的行政法规、规定的行政措施、发布的决定和命令。

【释解与适用】

本条是关于违反国家规定的解释性规定。

根据本条规定，"违反国家规定"主要包括两个方面。

1. 违反全国人大及其常委会制定的法律和决定，包括：由全国人大通过的法律，如宪法及其他基本法律；由全国人大常委会通过的法律、决定以及对现行法律的修改和补充的规定。宪法规定，立法权必须由全国人大及其常委会行使，法律是全国人民的意志表现，所以只有代表全体人民的最高国家权力机关才可以制定。

2. 违反国务院制定的行政法规、规定的行政措施、发布的决定和命令。宪法规定，国务院是最高国家权力机关的执行机关，是最高国家行政机关，可以根据宪法和法律，制定行政法规、规定行政措施、发布决定和命令。这里需要注意的是，实践中除了由国务院直接制定行政法规、规定行政措施、发布决定和命令以外，还有一些国务院发布的规范性文件，是由国务院有关部委制定，经国务院批准后以国务院名义发布的。对于这些规范性文件的层级是属于国务院还是属于部委，存在不同认识。多数意见认为，由国务院批准发布是实践中长期存在的一种规范性文件制定和发布方式，虽然其制定主体是国务院部委，但是发布主体是国务院，而且从发布程序看，国务院在批准之前，一般是有经过征求其他部委和各有关方面意见的过程，将其作为国务院的发布规范性文件的行为，是符合实际的。这样的规范性文件也不是很多，作为刑法规定的"国家规定"，是严格审慎的，总体上也是符合罪刑法定原则的要求的。

【适用中需要注意的问题】

本条仅限于全国人大及其常委会制定的法律和决定，国务院制定的行政法规、规定的行政措施、发布的决定和命令。各级地方人大及其常委会制定的地方性法规以及国务院各部委制定的规章和发布的决定和命令都不属于刑法所指的国家规定。

第九十七条 【首要分子的含义】本法所称首要分子，是指在犯罪集团或者聚众犯罪中起组织、策划、指挥作用的犯罪分子。

【释解与适用】

本条是关于首要分子的概念的规定。

根据本条规定，本法所说的首要分子主要包括两类。

1. 在犯罪集团中起组织、策划、指挥作用的犯罪分子。

"组织"，主要是指将其他犯罪人纠集在一起。"策划"，主要是指为犯罪活动如何实施拟订办法、方案。"指挥"，是指在犯罪的各个阶段指使、命令其他犯罪人去实施犯罪行为等。

"犯罪集团"是指三人以上为共同实施犯罪而组成的较为固定的犯罪组织。其主要具有以下特征：(1) 人数在三人以上，主要成员固定或基本固定。(2) 经常纠集在一起共同进行一种或数种犯罪活动。(3) 有明显的首要分子。有的首要分子是在纠集过程中形成的，有的首要分子则在纠集开始时就是组织者和领导者。(4) 有预谋地实施犯罪活动。(5) 不论作案次数多少，对社会造成的危害或其具有的危险性都很严重。

2. 在聚众犯罪中起组织、策划、指挥作用的犯罪分子。"聚众犯罪"，是指纠集多人共同实施的犯罪活动，如聚众斗殴、聚众哄抢公私财物的犯罪等。与"犯罪集团"不同，"聚众犯罪"是因进行犯罪将众人聚集起来的，而不具有较固定的犯罪组织和成员。

由于首要分子在犯罪集团或者聚众犯罪中起组织、策划、指挥作用，罪恶比较严重，因此，刑法分则对首要分子规定的处刑都比较重。

【适用中需要注意的问题】

需要注意的是，对首要分子的认定要结合其在实际案件中所起的具体作用，特别是在犯罪集团中，往往组织、策划的人在犯罪中起到重要的谋划、指挥作用，而并未实际参与犯罪行为中，但这并不影响对于首要分子的认定。

第九十八条　【告诉才处理的含义】本法所称告诉才处理，是指被害人告诉才处理。如果被害人因受强制、威吓无法告诉的，人民检察院和被害人的近亲属也可以告诉。

【释解与适用】

本条是关于告诉才处理的概念及如何适用的规定。

根据办理刑事案件实际的需要，刑法规定了一些告诉才处理的犯罪。根据刑法分则的规定，主要包括第二百四十六条侮辱、诽谤罪，第二百五十七条暴力干涉婚姻自由罪，第二百六十条虐待罪，第二百七十条侵占罪，等等。由于对犯罪行为的刑事追究或对行为人的处理往往涉及被害人的利益，所以法律允许被害人权衡利弊，作出是否提起刑事诉讼的决定。"告诉才处理"，是指只有被害人提出控告，要求对犯罪人追究刑事责任时，司法机关才能受理，如果有权进行告诉的人不告诉，司法机关则不能主动追诉犯罪。

根据本条规定，有权进行告诉的有三种人。

1. 告诉才处理的刑事案件的被害人。

2. 人民检察院在被害人因受强制、威吓而无法告诉的情况下可以告诉。"受强制"是指被害人受到暴力的控制或者阻碍，如被捆绑、拘禁等。"威吓"是指被害人受到威胁、恐吓，不敢向人民法院提出控告。

3. 告诉才处理的刑事案件中被害人的近亲属在被害人因受强制、威吓而无法告诉的情况下也可以告诉。"被害人的近亲属"是指被害人的父母、子女、配偶、同胞兄弟姊妹。

【适用中需要注意的问题】

需要注意的是，2015年8月29日第十二届全国人民代表大会常务委员会第十六次会议通过的刑法修正案（九），对刑法第二百六十条原第三款作了修改，将该条中"告诉的才处理"的规定修改为"告诉的才处理，但被害人没有能力告诉，或者因受到强制、威吓无法告诉的除外"。

第九十九条 【以上、以下、以内的含义】本法所称以上、以下、以内，包括本数。

【释解与适用】

本条是关于刑法所称的"以上、以下、以内"的概念如何理解的规定。

根据本条规定，刑法所称的"以上""以下""以内"都包括本数在内。例如，规定对某种犯罪行为判处三年以下有期徒刑，判处的最高刑可以是三年。

第一百条 【前科报告义务及例外规定】依法受过刑事处罚的人，在入伍、就业的时候，应当如实向有关单位报告自己曾受过刑事处罚，不得隐瞒。

犯罪的时候不满十八周岁被判处五年有期徒刑以下刑罚的人，免除前款规定的报告义务。

【释解与适用】

本条是关于前科报告义务的规定。
本条共分为两款。
第一款是关于前科报告义务的一般规定。主要有两个方面内容：一是依法受过刑事处罚的人，应当如实向有关单位报告自己曾受过刑事处罚，不得隐瞒。"依法受过刑事处罚的人"，是指依照我国的刑事法律，行为人的行为构成犯罪，并经人民法院判处刑罚。经人民法院判处刑罚，包括被人民法院依法判处刑法规定的各种主刑和附加刑。例如，某犯罪分子被人民法院判处有期徒刑一年，宣告缓刑一年，在缓刑考验期内遵守刑法的有关规定，缓刑考验期满，原判的刑罚不再执行，这种情况也属于依法受过刑事处罚。如果某行为人虽曾受到司法机关的追诉，但其行为符合刑法规定的不需要判处刑罚或者免除刑罚的情况，因而人民法院决定免予刑罚处罚的，则不属于"受过刑事处罚的人"。同样，如果检察机关对上述情况依照刑事诉讼法的规定决定不予起诉的，也不在"受过刑事处罚"之列。二是如实报告仅限于在入伍、就业的时候。"入伍"是指加入中国人民解放军或者中国人民武装警察部队。"就业"包括参加任何种类的工作，如进入国家机关，各种公司、企业、事业单位，各种团体等。"向有关单位报告"，是指向征兵部门和自己参加工作的单位报告。法律这样规定，是为了便于用人单位掌握本单位职工的情况，便于安置工作以及对该有关人员开展帮助和教育。

第二款是对不满十八周岁的未成年人免除报告义务的规定。这有两个条件：一是被免除前科报告义务的主体是犯罪时不满十八周岁的人，既包括入伍、就业时未满十八周岁的未成年人，也包括入伍、就业时已满十八周岁的成年人，只要其犯罪时不满十八周岁，就构成适用本款规定的条件之一。二是被判处五年有期徒刑以下刑罚，包括被判处五年以下有期徒刑的情形，也包括被判处拘役、管制、单处附加刑的情形，以及适用缓刑的情形。需要注意的是，以上两个条件需同时具备才能适用本款的规定，犯罪时不满十八周岁的人如果被判处超过五年有期徒刑的刑罚（不包括五年有期徒刑）的，则不适用本款的规定。

【适用中需要注意的问题】

需要注意的是，本款的规定只是免除了犯罪的时候不满十八周岁、被判处五年有期徒刑以下刑罚的人的前科报告义务，这些人在入伍和就业时，征兵部门和招录单位依照招录的有关规定仍然可以对其进行考察。

2012年修改后刑事诉讼法明确规定了未成年人犯罪记录封存制度。现行刑事诉讼法第二百八十六条规定："犯罪的时候不满十八周岁，被判处五年有期徒刑以下刑罚的，应当对相关犯罪记录予以封存。犯罪记录被封存的，不得向任何单位和个人提供，但司法机关为办案需要或者有关单位根据国家规定进行查询的除外。依法进行查询的单位，应当对被封存的犯罪记录的情况予以保密。"

第一百零一条 【总则的适用】本法总则适用于其他有刑罚规定的法律，但是其他法律有特别规定的除外。

【释解与适用】

本条是关于刑法总则的规定适用于其他有刑罚规定的法律的规定。

本条包括两个方面的内容。

1. 本法总则适用于其他有刑罚规定的法律。主要是指刑法总则规定的原则对于其他有定罪处刑规定的法律也适用，在依照其他法律规定对犯罪人判处刑罚时，也要依照刑法总则的规定。

"其他有刑罚规定的法律"，是指除刑法以外的其他有定罪处刑规定的法律，理论上包括全国人大常委会通过的对刑法所作的决定或者补充规定，以及其他法律中对刑法补充规定的犯罪行为及其刑罚的规定。1997年刑法施行以来，"其他有刑罚规定的法律"已经比较少见。比较典型的是1998年12月29日第九届全国人民代表大会常务委员会第六次会议通过的《全国人民代表大会常务委员会关于惩治骗购外汇、逃汇和非法买卖外汇犯罪的决定》，这是1997年刑法修订以后全国人大常委会第一次对刑法作修改补充，由于当时还没有就以修正案的方式修改刑法达成共识，就仍旧按照1979年刑法施行期间的做法，通过单行决定的方式对刑法作出了修改和补充。该决定属于典型的在刑法典之外"有刑罚规定的法律"。另外，2014年11月1日第十二届全国人民代表大会常务委员会第十一次会议通过的反间谍法是另外一种比较特别的情况，该法虽然没有直接规定罪名和刑罚，但是对于有特定情节的间谍行为的处理，作出了明确的规定，而该规定与刑法总则的相应规定有所不同。一是反间谍法第五十五条第一款规定："实施间谍行为，有自首或者立功表现的，可以从轻、减轻或者免除处罚；有重大立功表现的，给予奖励。"这一规定与刑法第六十七条、第六十八条关于自首、立功的规定相比，从宽的幅度更大。二是反间谍法第五十五条第二款规定："在境外受胁迫或者受诱骗参加间谍组织、敌对组织，从事危害中华人民共和国国家安全的活动，及时向中华人民共和国驻外机构如实说明情况，或者入境后直接或者通过所在单位及时向国家安全机关如实说明情况，并有悔改表现的，可以不予追究。"这一规定相比刑法总则的规定，增加了被诱骗实施犯罪的情形，可以不予追究的处理，也体现了更大力度的从宽政策。此外，2020年6月30日，第十三届全国人民代表大会常务委员会第二十次会议通过的香港特别行政区维护国家安全法性质比较特殊，其中对危害国家安全的四类犯罪行为及其处罚作了规定，可以作为"其他有刑罚规定的法律"。

2. 其他法律有特别规定的除外。这是指在其他有刑罚规定的法律中，对于涉及刑法总则的有关问题又作出了特殊规定，即在一定范围、一定限度内对刑法总则的有关规定不再适用，而依照该法律的特别规定执行。

第二编

分 则

第一章　危害国家安全罪

第一百零二条　【背叛国家罪】勾结外国，危害中华人民共和国的主权、领土完整和安全的，处无期徒刑或者十年以上有期徒刑。

与境外机构、组织、个人相勾结，犯前款罪的，依照前款的规定处罚。

【释解与适用】

本条是关于背叛国家罪及其刑罚的规定。

背叛国家罪，是指中国公民勾结外国，或者与境外机构、组织、个人相勾结，危害中华人民共和国的主权、领土完整和安全的行为。这里的"勾结"，是指与外国或者境外的机构、组织、个人进行公开的或者秘密的联系，以共同谋划，表现方式多种多样，可以是主动投靠、建立联系，也可以是国外的机构、组织、个人与国内的机构、组织、个人进行策划、帮助或提供资助；可以是直接接触，也可以是信件往来，应当结合其客观行为与主观目的进行认定。这里的"危害"并不要求已经着手实施行为，或者造成实际发生国家主权、领土完整和安全的损害结果。只要行为人就危害中华人民共和国的主权、领土完整和安全进行谋议、策划就构成犯罪的既遂。

本条共分两款。第一款是对背叛国家罪及其处罚的规定。根据本款规定，背叛国家罪具有以下特征：

1. 构成本罪的犯罪主体必须是具有中华人民共和国国籍的公民，即中国公民。

2. 行为人在客观上必须实施了勾结外国，危害国家主权、领土完整和安全的行为。这里所说的"勾结外国"，是指行为人通过各种方式与外国政府、政党、政治集团以及他们的代表人物联络，进行组织、策划危害国家安全行为等活动。这里的"外国"应作广义理解，主要是指具有独立主权的国家，但也可以包括其他虽未被广泛承认但以国家名义活动的实体，以及某些国家联盟性质的国际组织。"危害国家主权、领土完整和安全"，是指行为人勾结外国的直接目的和实施的行为，必须是危害了中华人民共和国的国家主权、领土完整和安全。勾结外国是危害国家主权、领土完整和安全的手段，危害国家主权、领土完整和安全是勾结外国的直接目的，这两个行为必须同时具备，才能构成本罪。根据本条的规定，背叛国家罪的构成，并不要求造成危害国家主权、领土完整和安全的实际后果，只要实施了勾结外国，危害国家主权、领土完整和安全的行为，即构成本罪。无论是在暗中策划、信电往来秘密接触的阴谋阶段，还是已经将形成的计划付诸实施，都不影响构成本罪。

根据本款规定，行为人实施勾结外国，危害中华人民共和国的主权、领土完整和安全的行为，处无期徒刑或者十年以上有期徒刑。同时，根据本法第一百一十三条的规定，构成本罪，对国家和人民危害特别严重、情节特别恶劣的，可以判处死刑；构成本罪，还可以并处没收财产。依照刑法第五十六条规定，犯危害国家安全罪的，应当附加剥夺政治权利。

第二款明确规定，与境外机构、组织、个人相勾结，实施危害中华人民共和国的主权、领土完整和安全的犯罪行为的，依照第一款的规定处罚。这里所说的"境外机构、组织"，是指中华人民共和国边境以外的国家或者地区的机构、组织，也包括其在中华人民共和国境内设立的分支（代表）机构和分支组织等。"境外个人"，是指我边境以外的人员；同时，在我国境内的外国公民、无国籍人，也属于境外人员。"与境外机构、组织、个人相勾结"实施本条第一款规定的行为，主要是指通过与境外机构、组织、个人相互勾结，共同策划或者进行危害我国家主权、领土完整和安全的活动；接受外国或者境外机构、组织、人员资助或者指使，进行危害中华人民共和国的主权、领土完整和安全的活动；与外国或者境外机构、组织、人员建立联系，取得支持、帮助，进行危害中华人民共和国的主权、领土完整与安全的活动等情况。根据各国的司法实践，背叛国家行为往往要通过一些组织、个人进行，外国政府的活动也往往在一些民间组织及个人身份的掩护下进行。本款的规定充分考虑了维护国家安全的需要以及国际上政治斗争的特点。

根据本款规定，行为人与境外机构、组织、个人相勾结，实施危害中华人民共和国的主权、领土完整和安全的行为，依照第一款的规定处罚，即处无期徒刑或者十年以上有期徒刑。同时，根据本法第一百一十三条的规定，对国家和人民危害特别严重、情节特别恶劣的，可以判处死刑，还可以并处没收财产。依照刑法第五十六条规定，犯危害国家安全罪的，应当附加剥夺政治权利。

【适用中需要注意的问题】

需要注意的是，本章规定的其他危害国家安全犯罪，如间谍罪、为境外窃取、刺探、收买、非法提供国家秘密情报罪等，也存在与境外势力勾结的情况，也对国家安全造成危害。因此，本罪与其他危害国家安全犯罪的关键不同，在于本罪在性质属于直接从根本上危害国家的主权领土完整，从而危害到国家的安全；从行为表现上看，往往是通过与外国通谋，出卖国家领土和主权，勾结外国反动势力，对我国发动侵略战争，掠夺我国领土，破坏我国领土完整等。这些行为直接危害我国的国家主权和领土完整的行为，体现的是对国家安全的根本的、整体的危害，直接威胁到国家的外部安全，因而也有的国家称之为外患或者诱致外患犯罪。至于那些具体危害到国家安全某一方面的犯罪行为，则属于本章规定的其他相关危害国家安全犯罪，如危害国家政权和社会主义制度的行为，触犯的是刑法第一百零五条颠覆国家政权罪、煽动颠覆国家政权罪。

第一百零三条 **【分裂国家罪】**组织、策划、实施分裂国家、破坏国家统一的，对首要分子或者罪行重大的，处无期徒刑或者十年以上有期徒刑；对积极参加的，处三年以上十年以下有期徒刑；对其他参加的，处三年以下有期徒刑、拘役、管制或者剥夺政治权利。

【煽动分裂国家罪】煽动分裂国家、破坏国家统一的，处五年以下有期徒刑、拘役、管制或者剥夺政治权利；首要分子或者罪行重大的，处五年以上有期徒刑。

【释解与适用】

本条是关于分裂国家罪和煽动分裂国家罪及其刑罚的规定。

本条共分两款。第一款是对分裂国家罪及其处罚的规定。根据本款规定，构成本罪必须具备以下几个条件。

1. 构成本罪的主体是一般主体，即任何人都可以构成本罪的犯罪主体。本罪处罚的是"首要分子或者罪行重大的""积极参加的"和"其他参加的"犯罪分子。其中，"首要分子"的范围在刑法总则中已作了明确的界定。"罪行重大"是指虽不是首要分子，但在犯罪活动中起了十分恶劣的作用或者直接参与实施主要犯罪活动的骨干分子；"积极参加的"，是指那些主动参加犯罪集团并多次参与犯罪活动的；"其他参加的"，即指一般参加者。分裂国家、破坏国家统一是一种严重的危害国家安全犯罪，往往靠个人难以达到目的，一般要组成一定的集团进行长期的犯罪活动。而且中国是一个多民族的国家，犯罪分子往往利用并激化民族矛盾，挑起事端，较其他犯罪更具有欺骗性和危险性。所以，这种犯罪有可能会因某一突发性事件或者在一些特定的社会环境下，出现聚众犯罪的情况。对此，本款根据犯罪分子参与犯罪的情节及其所起的作用，对"首要分子或者罪行重大的""积极参加的"和"其他参加的"分别规定了处刑。应当注意的是，在严厉打击分裂国家、破坏国家统一的犯罪活动的同时，对这种有可能参加人数较多的聚众犯罪，要把那些受欺骗蒙蔽、不明真相的群众与犯罪分子区别开。

2. 必须是实施了分裂国家、破坏国家统一的行为。这里所说的"分裂国家、破坏国家统一"，是指以各种手段和方式，企图将我国领土的一部分分离出去，另立政府，制造割据局面和分裂我国统一的多民族国家，破坏民族团结，制造民族分裂等行为。所谓"组织"，是指分裂国家的犯罪集团和分裂活动的组织人所进行的纠集行为，行为人在组织过程中手段具有多样性，包括采用招募、雇佣、强迫、威胁、勾引、收买等多种手段，既包括将本来就具有分裂国家倾向的人员纠集起来，也包括采用名利、地位、金钱、色情甚至强迫手段聚集人员实施分裂国家活动；所谓"策划"，是指对分裂国家、破坏国家统一的活动进行谋划的行为，如制定实施分裂国家的犯罪行动计划、方案，确定参加犯罪活动的人员名单和具体实施步骤等；所谓"实施"，就是实际着手实施分裂国家、破坏国家统一的行为，既包括组织、策划者将其策划的内容付诸实施，也包括组织、策划者以外的其他人在组织、策划者的组织、指挥下参与实施分裂国家、破坏国家统一的活动。

根据本款规定，组织、策划、实施分裂国家、破坏国家统一的，对首要分子或者罪行重大的，处无期徒刑或者十年以上有期徒刑；根据刑法第一百一十三条的规定，对国家和人民危害特别严重、情节特别恶劣的，可以判处死刑。对积极参加的，处三年以上十年以下有期徒刑；对其他参加的，处三年以下有期徒刑、拘役、管制或者剥夺政治权利。

第二款是对煽动分裂国家罪及其处罚的规定。这里所说的"煽动"，是指以语言、文字、图像等方式对他人进行鼓动、宣传，意图使他人相信其所煽动的内容，进而使他人去实施所煽动的行为，客观行为表现为对不特定人或者多数人实施的，使其产生分裂国家的犯罪意思，或者刺激、助长、坚定已经产生的分裂国家的犯罪意思的行为，实践中应当注意与分裂国家罪的教唆行为之间的区别。根据本款规定，行为人实施了煽动分裂国家、破坏国家统一的行为，并不以被煽动者实施分裂国家行为，即具体地着手组织、策划、实施分裂国家、破坏国家统一的行为为必要，即构成犯罪，处五年以下有期徒刑、拘役、管制或者剥夺政治权利；对首要分子或者罪行重大的，处五年以上有期徒刑。根据刑法第一百一十三条的规定，构成本罪，还可以并处没收财产。

第一百零四条 【武装叛乱、暴乱罪】组织、策划、实施武装叛乱或者武装暴乱的，对首要分子或者罪行重大的，处无期徒刑或者十年以上有期徒刑；对积极参加的，处三年以上十年以下有期徒刑；对其他参加的，处三年以下有期徒刑、拘役、管制或者剥夺政治权利。

策动、胁迫、勾引、收买国家机关工作人员、武装部队人员、人民警察、民兵进行武装叛乱或者武装暴乱的，依照前款的规定从重处罚。

【释解与适用】

本条是关于武装叛乱、暴乱罪及其刑罚的规定。

本条共分两款。第一款是对武装叛乱、暴乱罪及其处罚的规定。"武装叛乱"，是指采取武装对抗的形式，以投靠境外组织或境外敌对势力为背景，或者意图投靠境外组织或境外敌对势力，反叛国家和政府的行为。"武装暴乱"，是指采取武装的形式，与国家和政府进行对抗或者烧杀抢掠等集体暴行的行为。根据本款规定，武装叛乱、暴乱罪具有以下特征：(1) 构成犯罪的主体是一般主体，即达到刑事责任年龄，具有刑事责任能力，实施了武装叛乱、暴乱行为的一切自然人都是本罪的犯罪主体。实践中多为我国公民，但不排除外国人、无国籍人犯本罪的可能性。(2) 必须实施了"组织、策划、实施"的具体行为。其中，本条规定的"组织、策划、实施"的基本含义与刑法第一百零三条的规定是一致的，故不再赘述。(3) 必须是具有"武装"性质。所谓"武装"，是指叛乱者或者暴乱者在实施犯罪行为中，装备了各种具有杀伤力的武器，携带或使用了各种军用、警用武器装备、民用枪械、刀、矛、棍棒、炸药、雷管、手榴弹等武器，与国家和政府进行对抗。只要是叛乱、暴乱分子持有上述武器即可，持有武器的多少均不影响本罪的成立。如果行为人没有携带或使用武器，只是使用一般性的暴力，如扔石块等，则不能构成武装叛乱、暴乱罪。武装叛乱行为与武装暴乱行为的主要区别，就是在于行为人是否以境外组织或者境外敌对势力为背景。如果行为人的目的是投靠境外组织或境外敌对势力，或者与之相勾结的而与国家和政府进行武装对抗的，就是武装叛乱；如果行为人没有上述意图和目的，只是直接与国家和政府武装对抗的，则是武装暴乱。当然，在武装暴乱的犯罪过程中，犯罪分子可能也会与境外的一些敌对势力相勾结，但其叛乱活动主要是针对政府；而武装叛乱，犯罪分子的主要目的是投靠、勾结境外组织或境外敌对势力。

根据本款规定，组织、策划、实施武装叛乱或武装暴乱的，对其首要分子或者罪行重大的，处无期徒刑或者十年以上有期徒刑；根据本法第一百一十三条的规定，对国家和人民危害特别严重、情节特别恶劣的，可以判处死刑。对积极参加的，处三年以上十年以下有期徒刑；对其他参加的，处三年以下有期徒刑、拘役、管制或者剥夺政治权利。

第二款是对策动、胁迫、勾引、收买国家机关工作人员、武装部队人员、人民警察、民兵进行武装叛乱或者武装暴乱的处罚规定。这里所说的"策动"，是指策划鼓动他人进行某项活动的行为，具体指通过进行叛乱、暴乱的宣传、鼓动而使之产生背叛意图，参加武装叛乱或者暴乱活动；"胁迫"，是指以暴力或者其他手段威胁、强迫他人实施某种行为，具体指以实施暴力侵害、揭露隐私或者对家庭成员实施侵害行为等手段，使得国家机关工作人员、武装警察部队、人民警察、民兵等不敢反抗，被迫进行武装叛乱、暴乱；"勾引"，是指以名利、地位、职务或者女色等各种利益对上述人员进行引诱，使之服从其领导、控制，为其所用，进而进行武装叛乱、暴乱犯罪的行为；"收买"，是指以金钱、财物或者其他物质利益诱使上述人员为其所用，进行武装叛乱、暴乱的行为。"国家机关工作人员"，是指在国家立法机关、行政机关、监察机关、司法机关、军事机关从事公务的人员，国家机关工作人员是国家政权机构的组成人员，发动他们进行武装叛乱、暴乱，对国家政权的危害更为直接和严重。同时，上述人员或掌握国家秘密，或拥有武器装备，一旦进行叛乱、暴乱，其破坏能力非一般犯罪主体可比，将严重危及国家安全。故本款将策动、威胁、勾引、收买等武装叛乱、暴乱罪的预备行为纳入该罪的规制范围，体现对此种行为严厉处罚的精神。

根据本款的规定，策动、胁迫、勾引、收买国家机关工作人员、武装部队人员、人民警察、民兵进行武装叛乱或者武装暴乱的，依照第一款的规定，从重处罚。

第一百零五条 【颠覆国家政权罪】组织、策划、实施颠覆国家政权、推翻社会主义制度的，对首要分子或者罪行重大的，处无期徒刑或者十年以上有期徒刑；对积极参加的，处三年以上十年以下有期徒刑；对其他参加的，处三年以下有期徒刑、拘役、管制或者剥夺政治权利。

【煽动颠覆国家政权罪】以造谣、诽谤或者其他方式煽动颠覆国家政权、推翻社会主义制度的，处五年以下有期徒刑、拘役、管制或者剥夺政治权利；首要分子或者罪行重大的，处五年以上有期徒刑。

【释解与适用】

本条是关于颠覆国家政权罪、煽动颠覆国家政权罪及其刑罚的规定。

本条共分两款。第一款是对颠覆国家政权罪的处罚规定。根据本款规定，颠覆国家政权罪，是指行为人组织、策划、实施颠覆国家政权、推翻社会主义制度的行为。其中，"组织、策划、实施"与前两条规定的"组织、策划、实施"的含义是一致的，这里不再赘述。本条规定的"颠覆国家政权、推翻社会主义制度"，是指以除武装暴动外的各种非法手段推翻国家政权，改变人民民主专政的政权性质和社会主义制度的行为。我国宪法明确规定，中华人民共和国是工人阶级领导的、以工农联盟为基础的人民民主专政的社会主义国家。社会主义制度是国家的根本制度，所以说，任何企图以各种手段颠覆国家政权、推翻社会主义制度的行为，都是对我国国家安全的严重危害，必须受到我国法律的严厉制裁。应当注意的是，颠覆国家政权在手段上通常有使用暴力的情况，刑法第一百零四条明确规定了武装叛乱、暴乱罪，并规定了更重的刑罚。以武装暴乱形式颠覆国家政权的，构成武装叛乱、暴乱罪。本款所规定的是指以非武装暴乱方式颠覆国家政权的行为。这里的"国家政权"包括中央政权和地方政权机关，具体包括我国各级权力机关、行政机关、司法机关、军事机关等。

根据本款规定，颠覆国家政权罪的构成不要求有颠覆国家政权、推翻社会主义制度的实际危害结果的发生，只要行为人进行了组织、策划、实施颠覆国家政权、推翻社会主义制度的行为，即构成本罪，对首要分子或者罪行重大的，处无期徒刑或者十年以上有期徒刑；对积极参加的，处三年以上十年以下有期徒刑；对其他参加的，处三年以下有期徒刑、拘役、管制或者剥夺政治权利。

第二款是对煽动颠覆国家政权罪的处罚规定。这里所说的"煽动"，是指以造谣、诽谤或者其他方式诱惑、鼓动群众颠覆国家政权和社会主义制度的行为。其中，"造谣"，主要是指出于颠覆国家政权和社会主义制度之目的，制造并散布各种谣言，以混淆视听，迷惑群众。"诽谤"，主要是指捏造事实并予以散布，诋毁、攻击国家政权和社会主义制度。例如，利用文化传媒煽动颠覆国家政权；在公共场所书写、张贴含有颠覆国家政权、推翻社会主义制度内容的传单、大小字报或投寄煽动信件；以诗歌、漫画等形式进行宣传煽动；组织、参加相关组织，进行煽动、呼喊活动等。根据本款规定，构成本罪的，行为人在主观上必须具有颠覆国家政权、推翻社会主义制度的故意。本款对煽动颠覆国家政权罪规定了两档刑，只要行为人实施了以造谣、诽谤或者其他方式煽动颠覆国家政权、推翻社会主义制度行为的，就构成本罪，处五年以下有期徒刑、拘役、管制或者剥夺政治权利；对首要分子或者罪行重大的，处五年以上有期徒刑。

根据刑法第一百一十三条的规定，构成本罪，还可以并处没收财产。

第一百零六条 【与境外勾结的从重处罚】与境外机构、组织、个人相勾结，实施本章第一百零三条、第一百零四条、第一百零五条规定之罪的，依照各该条的规定从重处罚。

【释解与适用】

本条是对与境外机构、组织、个人相勾结，进行危害国家安全犯罪的，予以从重处罚的规定。

近些年来，境外一些敌对势力为达到"西化""分化"我国的目的，以各种手段、方式对我国进行渗透、干扰，与境内不法分子相勾结，进行危害我国国家安全的犯罪活动。而我国国内的犯罪分子在进行危害国家安全的犯罪活动中，也往往与境外机构、组织、个人相勾结，取得他们的援助、资助等。这是很多危害国家安全犯罪的一个重要特点。为了更有力地维护国家安全，打击危害国家安全的犯罪，刑法特别作了关于与境外机构、组织、个人相勾结实施分裂国家罪、煽动分裂国家罪、武装叛乱、暴乱罪、颠覆国家政权罪、煽动颠覆国家政权罪应从重处罚的规定。这几种犯罪都是对我国国家安全危害最为严重、危险性最大的犯罪。本条规定的"相勾结"，是指境内的犯罪分子与境外机构、组织、个人通过各种途径联络，共同策划、密谋，以实施本章第一百零三条、第一百零四条、第一百零五条规定的有关危害国家安全的犯罪行为。

根据本条规定，境内人员与境外机构、组织、个人相勾结，实施本章第一百零三条、第一百零四条、第一百零五条规定之罪的，对其依照上述有关条文规定的刑罚从重处罚。

第一百零七条 【资助危害国家安全犯罪活动罪】境内外机构、组织或者个人资助实施本章第一百零二条、第一百零三条、第一百零四条、第一百零五条规定之罪的，对直接责任人员，处五年以下有期徒刑、拘役、管制或者剥夺政治权利；情节严重的，处五年以上有期徒刑。

【释解与适用】

本条是关于资助危害国家安全犯罪活动罪及其刑罚的规定。

根据本条规定，任何机构、组织或者个人资助实施本条所规定的危害中华人民共和国国家安全犯罪活动的，都将适用本条定罪量刑。"境内外机构、组织或者个人"，包括境内外一切机构、组织和个人。这里所说的"资助"，是指明知他人进行危害国家安全的犯罪活动，而向其提供金钱、物资、通信器材、交通工具等，使犯罪分子得到物质上的帮助。如果境内外机构、组织或者个人没有提供物质上的帮助，仅是在精神、宣传舆论等方面给予帮助、支持，则不能适用本条，而应适用其他危害国家安全犯罪的规定处理。

本条将资助行为限定于资助实施本章第一百零二条规定的背叛国家罪，第一百零三条规定的分裂国家罪和煽动分裂国家罪，第一百零四条规定的武装叛乱、暴乱罪，第一百零五条规定的颠覆国家政权罪和煽动颠覆国家政权罪的范围。之所以这样规定，主要是因为这几种犯罪对国家安全最具危险性，同时，也是根据维护国家安全的实际需要。

根据本条规定，犯本条规定之罪的，对直接责任人员，处五年以下有期徒刑、拘役、管制或者剥夺政治权利；情节严重的，即具有多次资助、资助多人，或者资助金额巨大，或者被资助者的行为造成严重后果等情形的，处五年以上有期徒刑。直接责任人员包括资助行为的决策人以及实际实施的人员。如果资助属个人行为，行为人即为直接责任人员。根据刑法第一百一十三条的规定，对犯本罪的，还可以并处没收财产。

第一百零八条　【投敌叛变罪】投敌叛变的，处三年以上十年以下有期徒刑；情节严重或者带领武装部队人员、人民警察、民兵投敌叛变的，处十年以上有期徒刑或者无期徒刑。

【释解与适用】

本条是关于投敌叛变罪及其刑罚的规定。

根据本条规定，无论行为人出于何种目的或动机，只要实施投敌叛变行为的，即构成本罪。这里所说的"投敌叛变"，是指背叛国家，投靠敌国、敌方，出卖国家和人民利益的变节行为，包括投入敌人营垒、为敌人效力行为、被敌人俘虏后投降敌人进行危害国家安全的行为等。其中，所谓"敌"是广义的，既包括在交战状态下公开宣布的敌国、敌方等敌人，也包括其他公然敌视中华人民共和国的政权和制度的敌对营垒。本条没有区分平时与战时，在战时"敌"的概念非常明确，只要与我国正式交战的即是敌，也就是说，行为人只要是投奔或者投靠敌方的，就构成本罪；但在和平时期，特别是在目前世界处于相对和平、稳定、发展的时代，我国的对外交往十分广泛，所以在确定"敌"时应非常慎重。

本条对投敌叛变罪规定了两档刑：对构成本罪的一般投敌叛变行为，处三年以上十年以下有期徒刑；对情节严重或者带领武装部队人员、人民警察、民兵投敌叛变的，处十年以上有期徒刑或者无期徒刑。根据刑法第一百一十三条的规定，对国家和人民危害特别严重、情节特别恶劣的，可以判处死刑。构成本罪，还可以并处没收财产。这里所说的"情节严重"，主要是指带领众人投敌叛变的手段特别恶劣，给国家和人民利益造成严重损失或者造成恶劣的政治影响等情况。"带领武装部队人员、人民警察、民兵投敌叛变的"，是指带领成建制的武装部队，如一个班、一个排或者更多的部队、武警投敌叛变，或者是带领人数较多的武装部队人员、人民警察、民兵投敌叛变的行为。武装部队、人民警察、民兵是国家的武装力量和专政机关，负有巩固国防、抵抗侵略、保卫祖国、保卫人民和平劳动的职责，带领这些人员投敌叛变比带领其他人员投敌叛变，对国家安全和社会稳定具有更大的危害性，故必须予以严惩。

第一百零九条 【叛逃罪】国家机关工作人员在履行公务期间，擅离岗位，叛逃境外或者在境外叛逃的，处五年以下有期徒刑、拘役、管制或者剥夺政治权利；情节严重的，处五年以上十年以下有期徒刑。

掌握国家秘密的国家工作人员叛逃境外或者在境外叛逃的，依照前款的规定从重处罚。

【释解与适用】

本条是关于叛逃罪及其刑罚的规定。

本条共分两款。第一款是国家机关工作人员叛逃罪的规定。根据本款规定，构成本罪的，必须具备以下两个条件。

1. 构成本罪的主体是特殊主体，为"国家机关工作人员"，即在国家权力机关、行政机关、监察机关、司法机关以及军事机关中从事公务的人员。

2. 必须是在履行公务期间，擅离岗位，叛逃境外或者在境外叛逃的。这里所说的"履行公务期间"，主要是指在职的国家机关工作人员在执行公务期间，如国家机关代表团在外访问期间、我国驻外使领馆的外交人员以及国家派驻国外执行任务的人员履行职务期间等。国家机关工作人员离职在境外学习，或者到境外探亲访友的，则不属于本款规定中的"履行公务期间"。"擅离岗位"，是指违反规定私自离开岗位的行为。"叛逃境外"，是指同境外的相关机构、组织联络，由境内逃离到境外的行为；"在境外叛逃的"，是指国家机关工作人员在境外履行公务期间擅自不归国，投靠境外的有关机构、组织，或者直接投奔国外的有关机构、组织，背叛国家的行为。

根据本款的规定，构成本罪的，处五年以下有期徒刑、拘役、管制或者剥夺政治权利；情节严重的，处五年以上十年以下有期徒刑。根据刑法第一百一十三条的规定，构成本罪，还可以并处没收财产。

第二款是关于掌握国家秘密的国家工作人员犯叛逃罪如何处罚的规定。根据保守国家秘密法的规定，"国家秘密"，是指关系国家的安全和利益，依照法定程序确定，在一定时间内只限一定范围的人员知悉的事项。以下涉及国家安全和利益的事项，泄露后可能损害国家在政治、经济、国防、外交等领域的安全和利益的，应当确定为国家秘密：（1）国家事务重大决策中的秘密事项；（2）国防建设和武装力量活动中的秘密事项；（3）外交和外事活动中的秘密事项以及对外承担保密义务的秘密事项；（4）国民经济和社会发展中的秘密事项；（5）科学技术中的秘密事项；（6）维护国家安全活动和追查刑事犯罪中的秘密事项；（7）经国家保密行政管理部门确定的其他秘密事项。政党的秘密事项中符合上述规定的，属于国家秘密。"掌握国家秘密"应当是指由于职务关系、工作关系而知悉国家秘密或者本人就是专兼职保密工作人员而保管、知悉国家秘密的情形。如果是采用非法手段如窃取、利诱等而知悉国家秘密的，不属于"掌握国家秘密"国家工作人员的范围，对其行为可以依照其他有关规定处理。

第二款较第一款的规定有以下几点不同。

1. 犯罪主体范围更大，为国家工作人员。随着现代经济的发展，国家秘密占很大比重的是科技、经济领域的秘密，而掌握这一部分国家秘密的人员，不一定全都是国家机关工作人员。如果这些人中有人叛逃境外或在境外叛逃，同样会给国家安全造成严重的危害。而根据刑法第九十三条的规定，国家工作人员除国家机关工作人员之外，还包括"国有公司、企业、事业单位、人民团体中从事公务的人员和国家机关、国有公司、企业、事业单位委派到非国有公司、企业、事业单位、社会团体从事公务的人员，以及其他依照法律从事公务的人员"。

2. 客观行为与第一款规定比较，没有在"履行公务期间，擅离岗位"的限制条件。这样规定，主要是由于掌握国家秘密的国家工作人员，一旦叛逃，将有可能对国家安全造成更大的危害，因此，对这些人员叛逃，没有规定时间等情形的限制。

3. 量刑上从重处罚。掌握国家秘密的国家工作人员叛逃境外或者在境外叛逃对国家安全具有更大的危害性,因此,第二款规定,对上述人员叛逃境外或者在境外叛逃的,依照第一款的规定从重处罚。根据第一款的规定,情节一般的,最高可被处以五年有期徒刑,而情节严重的,则面临最高十年有期徒刑的刑罚。

第一百一十条 【间谍罪】有下列间谍行为之一,危害国家安全的,处十年以上有期徒刑或者无期徒刑;情节较轻的,处三年以上十年以下有期徒刑:

(一)参加间谍组织或者接受间谍组织及其代理人的任务的;
(二)为敌人指示轰击目标的。

【释解与适用】

本条是关于间谍罪及其刑罚的规定。

根据本条规定,间谍行为主要包括以下三种行为。

1. 参加间谍组织。"间谍组织",一般是指一国建立的旨在收集他国政治、经济、文化等各方面的国家秘密或者情报或者收集他国情报、对敌国进行颠覆、破坏作为其主要任务的组织。"参加间谍组织",就是通过一定的程序和手续正式加入境外的间谍组织而成为其中的一员。只要是正式参加间谍组织,就构成本罪,不以接受间谍组织任务,实施具体的危害行为为成立的要求。

2. 接受间谍组织及其代理人的任务的。"接受间谍组织及其代理人的任务",是指受间谍组织或者其成员的命令、派遣、指使、委托、资助,进行危害中华人民共和国国家安全活动的行为。其中,间谍组织的"代理人",是指受间谍组织委托、指派或者授意,下达间谍组织的任务指令的人,他们虽不属于间谍组织,但接受间谍组织的指使、委托、组织从事危害我国家安全的行为。只要是接受间谍组织及其代理人的任务,无论是否在组织上参加间谍组织成为间谍组织成员,均不影响间谍罪的成立。

3. 为敌人指示轰击目标的。这里所说的"敌人",主要是指战时与我方交战的敌对国或敌方,也包括平时采用轰击方式袭击我国领土的敌国、敌方。"指示",包括用各种手段向敌人明示所要轰击的目标,如发电报、写信、点火堆、放信号弹、报告目标的地理方位数据等,以使敌人能够准确地打击我方目标。"轰击",包括各类武器轰炸、炮击、爆炸以及导弹袭击等。只要是实施了为敌人指示轰击目标的行为，无论是否参加了间谍组织或者接受间谍组织及其代理人的任务，均不影响间谍罪的成立。

反间谍法第四条对间谍行为的含义作了明确规定。根据该条规定，间谍行为是指下列行为：（1）间谍组织及其代理人实施或者指使、资助他人实施，或者境内外机构、组织、个人与其相勾结实施的危害中华人民共和国国家安全的活动；（2）参加间谍组织或者接受间谍组织及其代理人的任务，或者投靠间谍组织及其代理人；（3）间谍组织及其代理人以外的其他境外机构、组织、个人实施或者指使、资助他人实施，或者境内机构、组织、个人与其相勾结实施的窃取、刺探、收买、非法提供国家秘密、情报以及其他关系国家安全和利益的文件、数据、资料、物品，或者策动、引诱、胁迫、收买国家工作人员叛变的活动；（4）间谍组织及其代理人实施或者指使、资助他人实施，或者境内外机构、组织、个人与其相勾结实施针对国家机关、涉密单位或者关键信息基础设施等的网络攻击、侵入、干扰、控制、破坏等活动；（5）为敌人指示攻击目标；（6）进行其他间谍活动。这是正确认定刑法中间谍罪的重要根据，但是需要特别注意的是，这是从国家防范和制止间谍行为的角度作的规定，相关行为都可以构成犯罪，但是具体属于刑法中规定的哪一个罪名，还需要依据刑法的规定，结合具体案件的情况确定。例如，其中第三项规定的，间谍组织及其代理人以外的其他境外机构、组织、个人实施或者指使、资助他人实施，或者境内机构、组织、个人与其相勾结实施的"窃取、刺探、收买或者非法提供国家秘密或者情报"的行为，在刑法第一百一十一条中作了专门的规定；"策动、引诱、收买国家工作人员叛变的活动"，根据情况，可以分别适用刑法第一百零四条策动、胁迫、勾引、收买国家机关工作人员、武装部队人员、人民警察、民兵进行武装叛乱或者暴乱的规定处理，或者以刑法第一百零八条投敌叛变罪、第一百零九条叛逃罪的教唆犯、帮助犯处理。

根据本条规定，对犯间谍罪，危害国家安全的，处十年以上有期徒刑或者无期徒刑；情节较轻的，即尚未对国家安全造成严重危害的，处三年以上十年以下有期徒刑。同时，根据刑法第一百一十三条的规定，构成本罪，对国家和人民危害特别严重、情节特别恶劣的，可以判处死刑。构成本罪，还可以并处没收财产。

为了有利于防范和打击间谍行为，反间谍法还对追究间谍行为的法律责任作了特别规定。反间谍法第五十五条第一款规定："实施间谍行为，有自首或者立功表现的，可以从轻、减轻或者免除处罚；有重大立功表现的，给予奖励。"第五十五条第二款规定："在境外受胁迫或者受诱骗参加敌对组织、间谍组织，从事危害中华人民共和国国家安全的活动，及时向中华人民共和国驻外机构如实说明情况，或者入境后直接或者通过所在单位及时向国家安全机关、公安机关如实说明情况，并有悔改表现的，可以不予追究。"

第一百一十一条 【为境外窃取、刺探、收买、非法提供国家秘密、情报罪】为境外的机构、组织、人员窃取、刺探、收买、非法提供国家秘密或者情报的，处五年以上十年以下有期徒刑；情节特别严重的，处十年以上有期徒刑或者无期徒刑；情节较轻的，处五年以下有期徒刑、拘役、管制或者剥夺政治权利。

【释解与适用】

本条是关于为境外窃取、刺探、收买、非法提供国家秘密、情报罪及其刑罚的规定。

根据本条规定，构成本罪的，必须符合以下四个条件：（1）构成本罪的主体是一般主体，即无论其是中国公民还是非中国公民，都可能构成本罪；（2）必须是为境外的机构、组织和人员实施本条规定的犯罪行为；（3）必须是采取了窃取、刺探、收买、非法提供的方法；（4）行为人实施的犯罪对象只限于"国家秘密"或"情报"。

"境外机构"，是指中华人民共和国边境以外的国家和地区的机构。如外国和地区政府、军队以及其他由官方设置的机构等，也包括外国官方机构驻我国境内的代表机构、办事机构等。"境外组织"，主要是指中华人民共和国边境以外的国家和地区的政党、社会团体以及相关国际组织等，也包括企业等经济组织以及宣传组织。"境外人员"，主要是指在我国边境外居住的人员，在我国境内的外国公民、无国籍人也属于"境外人员"。"窃取"，是指行为人采用各种秘密手段，如盗窃、偷拍、偷录等行为而取得国家秘密或情报的行为；"刺探"，是指行为人通过各种途径和手段非法探知国家秘密或情报的行为；"收买"，是指行为人以给予财物或者其他物质性利益的方法非法得到国家秘密或情报的行为；"非法提供"，是指国家秘密或情报的持有人，将自己知悉、管理、持有的国家秘密或情报非法出售、交付、告知其他不应知悉该秘密或情报的境外机构、组织、人员的行为。"国家秘密",是指关系国家的安全和利益,依照法定程序确定,在一定时间内只限一定范围的人员知悉的事项。根据保守国家秘密法的规定,国家秘密分为绝密、机密和秘密三级。而这里所说的"情报",是指除国家秘密以外的关系国家安全和利益、尚未公开或者依照有关规定不应公开的事项。应当注意的是,对于情报的范围,法律并没有作出具体规定,在司法实践中要根据具体案件作具体分析,从严掌握:一是不能把所有未公开的内部情况,都列入"情报"范围,以免扩大打击面;二是要注意与正常的信息情报交流区别。

根据本条的规定,为境外窃取、刺探、收买、非法提供国家秘密或者为境外窃取、刺探、收买、非法提供情报,对国家安全和利益造成严重损害的,构成本条规定的犯罪,处五年以上十年以下有期徒刑;情节特别严重的,即为境外窃取、刺探、收买、非法提供国家秘密或者情报,对国家安全和利益造成特别严重损害的,处十年以上有期徒刑或者无期徒刑;为境外窃取、刺探、收买、非法提供国家秘密或者情报情节较轻的,处五年以下有期徒刑、拘役、管制或者剥夺政治权利。同时,根据刑法第一百一十三条的规定,构成本罪,对国家和人民危害特别严重、情节特别恶劣的,可以判处死刑。构成本罪,还可以并处没收财产。

【适用中需要注意的问题】

一是行为人知道或者应当知道没有标明密级的事项关系国家安全和利益,而为境外窃取、刺探、收买、非法提供的,依照本条的规定定罪处罚。二是通过互联网将国家秘密或者情报非法发送给境外的机构、组织、个人的,依照本条的规定定罪处罚。而因渎职行为将国家秘密通过互联网传送,因而造成泄露,情节严重的,依照刑法第三百九十八条的规定定罪处罚。

第一百一十二条 【资敌罪】战时供给敌人武器装备、军用物资资敌的,处十年以上有期徒刑或者无期徒刑;情节较轻的,处三年以上十年以下有期徒刑。

【释解与适用】

本条是关于资敌罪及其刑罚的规定。

根据本条规定，构成本罪的，必须具备以下三个条件：（1）任何人都可以构成本罪的主体。（2）必须是在"战时"。所谓"战时"，是指国家宣布进入战争状态、部队接受作战任务或者遭受敌人突然袭击时。根据我国宪法的规定，宣布进入战争状态是全国人民代表大会的职权；在全国人民代表大会闭会期间，如果遇到国家遭受武装侵犯或者必须履行国家间共同防止侵略的条约的情况，则由全国人大常委会决定战争状态的宣布。当国家遭受外国突然袭击，来不及由国家的权力机关宣布进入战争状态，自遭受突然袭击时起，国家就自然进入战争状态。（3）必须具有供给敌人武器装备、军用物资的行为。

这里所说的"供给"，是指非法向敌人提供，包括非法出售或者无偿提供。"武器装备"，主要是指各种武器、弹药、坦克车、飞机、舰艇、军用通信设备等；"军用物资"，主要是指武器装备以外的其他军用物品，如医疗用品、军服、军被等。

根据本条规定，构成本条规定犯罪的，处十年以上有期徒刑或者无期徒刑；情节较轻的，即没有使国家安全和利益遭受重大损失的，处三年以上十年以下有期徒刑。同时，根据刑法第一百一十三条的规定，构成本罪，对国家和人民危害特别严重、情节特别恶劣的，可以判处死刑。构成本罪，还可以并处没收财产。

第一百一十三条　【危害国家安全罪适用死刑、没收财产的规定】 本章上述危害国家安全罪行中，除第一百零三条第二款、第一百零五条、第一百零七条、第一百零九条外，对国家和人民危害特别严重、情节特别恶劣的，可以判处死刑。

犯本章之罪的，可以并处没收财产。

【释解与适用】

本条是关于对犯危害国家安全罪适用死刑及没收财产的刑罚的规定。

本条共分两款。第一款是关于犯危害国家安全罪适用死刑的规定。危害国家安全的犯罪，是对国家危害最严重的犯罪，是刑法首要打击的犯罪。本款对本章所规定的危害国家安全的犯罪，集中规定了最高刑可以判处死刑。根据本款规定，下列对国家和人民危害特别严重、情节特别恶劣的危害国家安全的犯罪，最高刑可以判处死刑：（1）第一百零二条规定的背叛国家罪；（2）第一百零三条第一款规定的分裂国家罪；（3）第一百零四条规定的武装叛乱、暴乱罪；（4）第一百零八条规定的投敌叛变罪；（5）第一百一十条规定的间谍罪；（6）第一百一十一条规定的为境外窃取、刺探、收买、非法提供国家秘密、情报罪；（7）第一百一十二条规定的资敌罪。根据本款规定，危害国家安全罪不适用死刑的有：（1）第一百零三条第二款规定的煽动分裂国家罪；（2）第一百零五条规定的颠覆国家政权罪和煽动颠覆国家政权罪；（3）第一百零七条规定的资助危害国家安全犯罪活动罪；（4）第一百零九条规定的叛逃罪。其中颠覆国家政权罪之所以未规定死刑，主要是考虑到对于以武装暴乱形式颠覆国家政权的行为，应按照武装暴乱罪处罚，该条已有死刑规定，颠覆国家政权罪所规定的主要是以非暴力形式进行的犯罪行为。

第二款是对犯危害国家安全罪适用没收财产的规定。"没收财产"，是指没收犯罪分子个人所有财产的一部分或全部。本条规定，对犯有危害国家安全罪的，可以并处没收财产。这就是说，对犯有危害国家安全罪的犯罪分子，除依法判处主刑外，根据其罪行和财产状况，可以并处没收财产。因此，本款规定的没收财产是作为附加刑的，不能独立适用。本款在规定没收财产时，使用的是"可以"，而不是"应当"，也就是说，在人民法院审理危害国家安全的犯罪案件时，应当根据案件的具体情况运用法律，对有必要判处没收财产的犯罪分子，可以并处没收财产，而不是一律并处没收财产。

第二章 危害公共安全罪

第一百一十四条 【放火罪】【决水罪】【爆炸罪】【投放危险物质罪】【以危险方法危害公共安全罪】放火、决水、爆炸以及投放毒害性、放射性、传染病病原体等物质或者以其他危险方法危害公共安全，尚未造成严重后果的，处三年以上十年以下有期徒刑。

【释解与适用】

本条是关于放火罪、决水罪、爆炸罪、投放危险物质罪、以危险方法危害公共安全罪及其刑罚的规定。

本条列举了在危害公共安全的犯罪中最常见、最具危险性的四种犯罪手段，即放火、决水、爆炸和投放毒害性、放射性、传染病病原体等物质。但以放火、爆炸等方法进行的犯罪，并不都是危害公共安全罪，只有以这几种危险方法用于危害不特定的多数人的生命、健康以及重大财产的安全时，才能构成本罪。所谓"放火"，是指故意纵火焚烧公私财物，严重危害公共安全的行为；"决水"，是指故意破坏堤防、大坝、防水、排水设施，制造水患危害公共安全的行为；"爆炸"，是指故意引起爆炸物爆炸，危害公共安全的行为；"投放毒害性、放射性、传染病病原体等物质"，是指向公共饮用水源、食品或者公共场所、设施投放能够致人死亡或者严重危害人体健康的上述几种物质的行为。这里的"毒害性"物质，是指能对人或者动物产生毒害的有毒物质，包括化学性毒物、生物性毒物和微生物类毒物等；"放射性"物质，是指具有危害人体健康的放射性的物质，国家一直对这些极具危险性的物质实行严格的管理；"传染病病原体"，是指能在人体或动物体内生长、繁殖，通过空气、饮食、接触等方式传播，能对人体健康造成危害的传染病菌种和毒种。按照我国传染病防治法的相关规定，传染病分为甲、乙、丙三类，甲类传染病是指：鼠疫、霍乱；乙类传染病是指：传染性非典型肺炎、艾滋病、病毒性肝炎、脊髓灰质炎、人感染高致病性禽流感、麻疹、流行性出血热、狂犬病、流行性乙型脑炎、登革热、炭疽、细菌性和阿米巴性痢疾、肺结核、伤寒和副伤寒、流行性脑脊髓膜炎、百日咳、白喉、新生儿破伤风、猩红热、布鲁氏菌病、淋病、梅毒、钩端螺旋体病、血吸虫病、疟疾；丙类传染病是指：流行性感冒、流行性腮腺炎、风疹、急性出血性结膜炎、麻风病、流行性和地方性斑疹伤寒、黑热病、包虫病、丝虫病，除霍乱、细菌性和阿米巴性痢疾、伤寒和副伤寒以外的感染性腹泻病。其中，对乙类传染病中传染性非典型肺炎、炭疽中的肺炭疽和人感染高致病性禽流感，可以采取传染病防治法所称甲类传染病的预防、控制措施。其他乙类传染病和突发原因不明的传染病需要采取本法所称甲类传染病的预防、控制措施的，由国务院卫生行政部门及时报经国务院批准后予以公布、实施。省、自治区、直辖市人民政府对本行政区域内常见、多发的其他地方性传染病，可以根据情况决定按照乙类或者丙类传染病管理并予以公布，报国务院卫生行政部门备案。"其他危险方法"，是指除放火、决水、爆炸以及投放毒害性、放射性、传染病病原体等物质以外的其他任何足以造成不特定的多数人的伤亡或者公私财产重大损失的行为。根据本条规定，构成本罪的主体是一般主体；行为人主观上必须是故意；本条处罚的是，以放火、决水、爆炸以及投放毒害性、放射性、传染病病原体等物质或者以其他危险方法危害公共安全犯罪中，尚未造成严重后果的犯罪行为，处三年以上十年以下有期徒刑。所谓"尚未造成严重后果"，是指行为人实施了本条所列的危害公共安全的行为，但尚未造成他人重伤、死亡或者公私财产重大损失等情况。若行为人的行为造成了严重后果的发生，则不能适用本条的规定，而应依照刑法第一百一十五条的规定处刑。

【适用中需要注意的问题】

1. 本条是把多个罪名规定在同一个条文中，形式上是选择性罪名，但实质上是并列罪名，不能作为选择性罪名适用。

2. 关于本条与刑法第一百一十五条共同构成危险方法危害公共安全的罪名。对于实施了放火、决水、爆炸等危险行为，尚未造成严重后果的，依照本条处罚；致人重伤、死亡或者使公私财产遭受重大损失的，依照刑法第一百一十五条的规定定罪处罚。

对于"其他危险方法",不是指任何具有危害公共安全可能性的方法,而是在危险程度上与放火、决水、爆炸、投放危险物质等行为的危险性具有相当或者超过上述行为危险性的方法。行为客观上必须对不特定多数人的生命、健康或者重大公私财产安全产生了威胁,具有发生危险后果的现实可能性。没有这种现实可能性,就不能认定为"其他方法"。本罪的法定最低刑是三年有期徒刑,是比较严重的犯罪,执行中注意不宜泛化,甚至作为一个"口袋罪"适用,对一些予以治安管理处罚即可的行为追究刑事责任,违背罪责刑相适应的刑法基本原则。司法解释中有不少适用以危险方法危害公共安全定罪的细化规定,执行中也应注意把握好罪与非罪的界限。例如:2003年《最高人民法院、最高人民检察院关于办理妨害预防、控制突发传染病疫情等灾害的刑事案件具体应用法律若干问题的解释》第一条规定,故意传播突发传染病病原体,危害公共安全的行为;2009年《最高人民法院关于印发醉酒驾车犯罪法律适用问题指导意见及相关典型案例的通知》规定,行为人明知酒后驾车违法、醉酒驾车会危害公共安全的行为;2013年《公安部关于公安机关处置信访活动中违法犯罪行为适用法律的指导意见》规定,为制造社会影响、发泄不满情绪、实现个人诉求,驾驶机动车在公共场所任意冲闯,危害公共安全的行为;2020年《最高人民法院、最高人民检察院、公安部关于办理涉窨井盖相关刑事案件的指导意见》规定,盗窃、破坏人员密集往来的非机动车道、人行道以及车站、码头、公园、广场、学校、商业中心、厂区、社区、院落等生产生活、人员聚集场所的窨井盖,足以危害公共安全的行为。如果某种行为符合其他犯罪的犯罪构成,以其他犯罪论处符合罪刑相适应原则,应尽量认定为其他犯罪,不宜认定为以危险方法危害公共安全罪定罪处罚。

第一百一十五条 【放火罪】【决水罪】【爆炸罪】【投放危险物质罪】【以危险方法危害公共安全罪】放火、决水、爆炸以及投放毒害性、放射性、传染病病原体等物质或者以其他危险方法致人重伤、死亡或者使公私财产遭受重大损失的,处十年以上有期徒刑、无期徒刑或者死刑。

【失火罪】【过失决水罪】【过失爆炸罪】【过失投放危险物质罪】【过失以危险方法危害公共安全罪】过失犯前款罪的,处三年以上七年以下有期徒刑;情节较轻的,处三年以下有期徒刑或者拘役。

【释解与适用】

本条是关于放火罪、决水罪、爆炸罪、投放危险物质罪、以其他危险方法危害公共安全罪以及失火罪、过失决水罪、过失爆炸罪、过失投放危险物质罪、过失以危险方法危害公共安全罪及其刑罚的规定。

本条共分两款。第一款是对放火、决水、爆炸以及投放毒害性、放射性、传染病病原体等物质或者以其他危险方法致人重伤、死亡或者使公私财产遭受重大损失的处罚规定。其中本条所规定的"放火""决水""爆炸"和"投放毒害性、放射性、传染病病原体等物质"与第一百一十四条的规定是一致的，前面已有论述，这里不再赘述。本款规定的是对放火、决水、爆炸以及投放毒害性、放射性、传染病病原体等物质或者以其他危险方法危害公共安全罪，造成严重后果的犯罪行为的处刑。与第一百一十四条规定的"尚未造成严重后果"的处刑是相对应的。这里所说的"造成严重后果"，就是本款规定的"致人重伤、死亡或者使公私财产遭受重大损失"的结果。根据本款规定，对造成上述危害后果的，处十年以上有期徒刑、无期徒刑或者死刑。

第二款是关于失火罪、过失决水罪、过失爆炸罪、过失投放危险物质罪、过失以危险方法危害公共安全罪及其处罚的规定。其中，"过失犯前款罪的"，是指由于行为人主观上的过失而引起的火灾、决水、爆炸以及投放毒害性、放射性、传染病病原体等物质，造成致人重伤、死亡或者使公私财产遭受重大损失的严重后果，危害公共安全的行为。根据本款规定，上述过失行为必须是造成了严重后果，才构成犯罪。2008年《最高人民检察院、公安部关于公安机关管辖的刑事案件立案追诉标准的规定（一）》第一条第一款规定："过失引起火灾，涉嫌下列情形之一的，应予立案追诉：（一）导致死亡一人以上，或者重伤三人以上的；（二）造成公共财产或者他人财产直接经济损失五十万元以上的；（三）造成十户以上家庭的房屋以及其他基本生活资料烧毁的；（四）造成森林火灾，过火有林地面积二公顷以上，或者过火疏林地、灌木林地、未成林地、苗圃地面积四公顷以上的；（五）其他造成严重后果的情形。"根据本款的规定，由于过失行为构成本款所规定的犯罪的，处三年以上七年以下有期徒刑；情节较轻的，处三年以下有期徒刑或者拘役。

第一百一十六条 【破坏交通工具罪】破坏火车、汽车、电车、船只、航空器，足以使火车、汽车、电车、船只、航空器发生倾覆、毁坏危险，尚未造成严重后果的，处三年以上十年以下有期徒刑。

【释解与适用】

本条是关于破坏交通工具罪及其刑罚的规定。

破坏交通工具罪，是指故意破坏火车、汽车、电车、船只、航空器，足以使火车、汽车、电车、船只、航空器发生倾覆、毁坏危险，尚未造成严重后果或者造成严重后果，危害公共安全的行为。本条与刑法第一百一十九条共同构成对破坏交通工具的行为的处罚。根据本条规定，构成本罪必须符合以下条件。

1. 行为人主观上必须是具有破坏的故意。

2. 必须是破坏火车、汽车、电车、船只、航空器这五种特定的交通工具。随着社会发展和科学技术的进步，新型交通工具不断出现，如高速铁路、地铁、无人机以及无人驾驶的公共汽车等。这些交通工具不仅要耗费大量的资金生产或购置，而且承担着大量的客运、货运任务，对它们进行破坏会造成旅客的重大伤亡和财产的重大损失，对社会公共安全具有极大的危险性和危害性，对于破坏这些新型的交通工具的行为，也可以认定为破坏交通工具罪。这里所规定的"航空器"，包括飞机和除飞机以外的其他飞行工具。这里所说的"破坏"，是指以各种手段和方法破坏交通工具，危害公共安全的行为。

3. 破坏行为必须是足以使这几种交通工具发生倾覆、毁坏的危险。这里所说的"倾覆"，是指火车出轨、颠覆，汽车、电车翻车，船只翻沉，航空器坠毁等情况；"毁坏"，是指上述交通工具由于遭到人为破坏而不能正常行驶，危及运载的人、物品及交通工具自身的安全。"足以使火车、汽车、电车、船只、航空器发生倾覆、毁坏危险"，是指该种破坏行为有造成火车、汽车、电车、船只、航空器的倾覆、毁坏的现实可能性和威胁。应当注意的是，在实践中如何判断某种破坏行为是否已达到"现实可能性和威胁"的程度，主要应从以下几个方面来判定：（1）交通工具是否在使用过程中。这不仅包括正在行驶和飞行期间，也包括使用过程中的待用期间。如果破坏的是尚未交付使用或者正在修理的交通工具，一般不会危及公共安全，故不构成本罪。（2）破坏的是不是交通工具的关键部位。

如果行为人破坏的是交通工具的次要部位，如破坏的是交通工具的座椅、卫生设备或者其他不影响安全行驶的辅助设备等，则不足以使火车、汽车、电车、船只、航空器发生倾覆、毁坏危险，故同样不能构成本罪。
（3）破坏交通工具所采用的破坏方法。行为人所采用的破坏方法应达到足以造成交通运输工具发生倾覆、毁坏危险的，才构成本罪。

4. 必须是尚未造成严重后果的。所谓"尚未造成严重后果的"，是指该种破坏交通工具的行为，没有造成任何危害后果或者只造成了轻微的危害后果。根据本条规定，对这种没有造成严重后果的破坏交通工具的行为，处三年以上十年以下有期徒刑。

只要行为人实施完毕破坏公共交通工具的行为，足以导致发生交通工具倾覆的危险，即构成本罪的既遂，并不要求出现实际的严重后果。对于造成人员伤亡、财产损失等严重后果的，应当依照刑法第一百一十九条的规定，处十年以上有期徒刑、无期徒刑或者死刑。

第一百一十七条 【破坏交通设施罪】破坏轨道、桥梁、隧道、公路、机场、航道、灯塔、标志或者进行其他破坏活动，足以使火车、汽车、电车、船只、航空器发生倾覆、毁坏危险，尚未造成严重后果的，处三年以上十年以下有期徒刑。

【释解与适用】

本条是关于破坏交通设施罪及其刑罚的规定。

根据本条规定，破坏交通设施罪，是指破坏轨道、桥梁、隧道、公路、机场、航道、灯塔、标志或者进行其他破坏活动，足以使火车、汽车、电车、船只、航空器发生倾覆、毁坏危险，尚未造成严重后果的行为。构成本罪必须同时符合以下条件。

1. 行为人主观上必须具有破坏的故意。

2. 破坏行为必须是针对涉及交通安全的设施的。如果破坏的是与交通安全无关的设施，不影响车辆行驶、船只航行、航空器飞行安全，则不构成本罪。这里所说的"其他破坏活动"，是指破坏上述列举以外的其他交通设施和虽然没有直接破坏上述交通设施，但却足以使火车、汽车、电车、船只、航空器发生倾覆、毁坏危险的行为，如乱发指示信号、干扰无线电通信、导航，在铁轨上放置障碍物等。应当强调的是，这里所说的

"破坏",不仅包括使交通设施遭受有形的损坏,也包括对交通设施正常功能的损害,如发出无线电干扰信号,使正常行驶中的交通工具与指挥、导航系统不能联系,致使该交通工具处于极大风险之中的行为等。

3. 破坏行为必须是足以使火车、汽车、电车、船只、航空器发生倾覆、毁坏危险的。这里所说的"足以",是指行为人对交通设施的破坏程度,已达到可以使交通工具发生倾覆或者毁坏的现实可能性和威胁。如果其破坏交通设施的程度不会造成这种现实危险的,则不构成本罪。主要应从以下几个方面来判定:(1)犯罪对象是正在使用中的直接关系交通运输安全的交通设施,不是正在建设中或者正在修理且未交付使用的交通设施或者已废弃不用的交通设施;(2)从破坏的手段、部位等进行分析,对于破坏交通设施的重要部位会危及交通工具的行驶安全,足以造成交通工具的倾覆、毁坏危险的应当认定为本罪,如果行为人破坏的只是交通设施的附属部分,如破坏的是火车道旁的沙石,这些行为与交通运输安全没有直接联系,不足以发生交通工具倾覆、毁坏危险的,不构成本罪。

4. 根据本条规定,本条处罚的是"尚未造成严重后果"的破坏交通设施的犯罪,规定处三年以上十年以下有期徒刑。对于已造成严重后果的破坏交通设施的犯罪,适用刑法第一百一十九条的规定处罚。

第一百一十八条　【破坏电力设备罪】【破坏易燃易爆设备罪】**破坏电力、燃气或者其他易燃易爆设备,危害公共安全,尚未造成严重后果的,处三年以上十年以下有期徒刑。**

【释解与适用】

本条是关于破坏电力设备罪、破坏易燃易爆设备罪及其刑罚的规定。

根据本条规定,破坏电力设备罪和破坏易燃易爆设备罪,是指破坏电力、燃气或者其他易燃易爆等设备,危害公共安全的行为。构成本罪必须同时具备以下几个条件。

1. 行为人主观上必须具有破坏的故意。

2. 必须实施了破坏电力、燃气或者其他易燃易爆设备的行为。其中,"电力"设备是指用来发电和供电的公用设备,如发电厂、供电站、高压输电线路等。需要注意的是,这里的电力设备,包括处于运行、应急等使用中的电力设备,已经通电使用而只是由于枯水季节或电力不足等原因暂停使用的电力设备，已经交付使用但尚未通电的电力设备，不包括尚未安装完毕或者已经安装完毕但尚未交付使用的电力设备。"燃气"设备是指生产、贮存、输送各种燃气的设备，如煤气管道、煤气罐、天然气管道等；"其他易燃易爆设备"，是指除燃气设备以外的生产、贮存和输送易燃易爆物品的设备，如石油管道、汽车加油站、火药及易燃易爆的化学物品的生产、贮存、运输设备等。这里的犯罪对象是易燃易爆设备，而不是易燃易爆物品。对违反易燃易爆危险物品管理规定而造成火灾、爆炸等严重后果的，不构成本罪，应以刑法第一百三十六条危险物品肇事罪定罪处罚。

3. 破坏易燃易爆设备的行为，必须是危害了公共安全，如果上述破坏行为仅局限在一些特定的范围，没有危及公共安全，则不应按本罪处罚。情节严重的，可依法以其他犯罪处罚。

根据本条的规定，本条处罚的是"尚未造成严重后果的"破坏电力、燃气或者其他易燃易爆设备，危害公共安全的行为，规定处三年以上十年以下有期徒刑。对于造成严重后果的破坏电力设备、易燃易爆设备的犯罪，则应依照其他有关条款的规定处罚。

第一百一十九条 【破坏交通工具罪】【破坏交通设施罪】【破坏电力设备罪】【破坏易燃易爆设备罪】破坏交通工具、交通设施、电力设备、燃气设备、易燃易爆设备，造成严重后果的，处十年以上有期徒刑、无期徒刑或者死刑。

【过失损坏交通工具罪】【过失损坏交通设施罪】【过失损坏电力设备罪】【过失损坏易燃易爆设备罪】过失犯前款罪的，处三年以上七年以下有期徒刑；情节较轻的，处三年以下有期徒刑或者拘役。

【释解与适用】

本条是关于破坏交通工具罪、破坏交通设施罪、破坏电力设备罪、破坏易燃易爆设备罪以及过失损坏交通工具罪、过失损坏交通设施罪、过失损坏电力设备罪、过失损坏易燃易爆设备罪及其刑罚的规定。

本条共分两款。第一款是对破坏交通工具、交通设施、电力、燃气或者其他易燃易爆设备造成严重后果的处罚规定。刑法第一百一十六条规定的破坏交通工具罪、第一百一十七条规定的破坏交通设施罪、第一百一十八条规定的破坏电力设备罪和破坏易燃易爆设备罪规定的处罚，都是对上述破坏行为尚未造成严重后果的情况下规定的刑罚。而本款则是综合了这几条规定的犯罪行为，对这几条规定的犯罪行为造成严重后果的，规定了更为严厉的处罚。这里所说的"造成严重后果的"，主要是指犯罪分子实施上述几种犯罪行为，导致了火车、汽车、电车、船只、航空器倾覆、毁坏的结果发生或者电厂、供电设备失火、天然气管道爆炸，发生重大火灾等，造成了人员的死亡或者造成公私财产的重大毁损，从而危害公共安全的行为。本款所规定的"交通工具"，是指第一百一十六条所规定的火车、汽车、电车、船只、航空器；"交通设施"，是指第一百一十七条规定的轨道、桥梁、隧道、公路、机场、航道、灯塔、标志等；"电力设备""燃气设备"和"易燃易爆设备"，与本法第一百一十八条规定的范围是一致的，因在前面已有解释，这里不再赘述。根据本款的规定，对实施第一百一十六条规定的破坏交通工具罪、第一百一十七条规定的破坏交通设施罪、第一百一十八条规定的破坏电力设备罪和破坏易燃易爆设备罪，造成严重后果的，处十年以上有期徒刑、无期徒刑或者死刑。

第二款是关于过失损坏交通工具罪、过失损坏交通设施罪、过失损坏电力设备罪、过失损坏易燃易爆设备罪的规定。这里所说的"过失犯前款罪"，是指由于行为人主观上疏忽大意或者轻信能够避免的过失而损坏交通工具、交通设施、电力设备、燃气设备、易燃易爆设备造成严重后果、危害公共安全的行为。根据本款规定，构成过失破坏交通工具罪、过失破坏交通设施罪、过失破坏电力设备罪、过失破坏易燃易爆设备罪必须同时具备以下条件：（1）行为人在主观上是过失，而不是故意。如果行为人故意实施破坏行为，则应按第一款的规定处罚，不能适用本款。（2）行为人的过失行为必须实际造成了严重后果的，才能构成犯罪，适用本款规定。根据本款规定，过失破坏交通工具、破坏交通设施、破坏电力、燃气设备或者其他易燃易爆设备，造成严重后果的，处三年以上七年以下有期徒刑；情节较轻的，处三年以下有期徒刑或者拘役。对于何为"造成严重后果"，可以根据各种因素综合认定。比如，有盗窃油气、破坏油气设备的行为，造成人员死亡或者多人重伤、轻伤的，造成井喷或者重大环境污染事故的，造成直接经济损失数额巨大，或者造成其他严重后果的。再如，破坏电力设备造成人员死亡或者多人重伤、轻伤的，造成长时间断电致使生产、生活受到严重影响的，造成直接经济损失数额巨大的，以及造成其他危害公共安全严重后果的。

如果本条所规定的犯罪行为同时构成其他犯罪的,属于刑法中的竞合情形,应当按照从重原则处罚。比如,盗窃油气等同时构成盗窃罪和破坏易燃易爆设备罪的,依照刑法处罚较重的规定定罪处罚;同时构成盗窃罪和破坏电力设备罪的,依照刑法处罚较重的规定定罪处罚。

第一百二十条 【组织、领导、参加恐怖组织罪】组织、领导恐怖活动组织的,处十年以上有期徒刑或者无期徒刑,并处没收财产;积极参加的,处三年以上十年以下有期徒刑,并处罚金;其他参加的,处三年以下有期徒刑、拘役、管制或者剥夺政治权利,可以并处罚金。

犯前款罪并实施杀人、爆炸、绑架等犯罪的,依照数罪并罚的规定处罚。

【释解与适用】

本条是关于组织、领导、参加恐怖组织罪及其刑罚的规定。

本条共分两款。第一款是关于组织、领导、参加恐怖组织罪及其处罚的规定。这里所说的"组织",是指鼓动、召集若干人建立或者安排为从事某一特定活动的比较稳定的组织或者集团。"领导",是指在某一组织或者集团中起指挥、决定作用。"积极参加的",是指对参与恐怖活动态度积极,并起主要作用的成员。"其他参加的",主要是指恐怖组织中的一般成员。根据反恐怖主义法的规定,恐怖主义,是指通过暴力、破坏、恐吓等手段,制造社会恐慌、危害公共安全、侵犯人身财产,或者胁迫国家机关、国际组织,以实现其政治、意识形态等目的的主张和行为。"恐怖活动",是指恐怖主义性质的下列行为:(1)组织、策划、准备实施、实施造成或者意图造成人员伤亡、重大财产损失、公共设施损坏、社会秩序混乱等严重社会危害的活动的;(2)宣扬恐怖主义,煽动实施恐怖活动,或者非法持有宣扬恐怖主义的物品,强制他人在公共场所穿戴宣扬恐怖主义的服饰、标志的;(3)组织、领导、参加恐怖活动组织的;(4)为恐怖活动组织、恐怖活动人员、实施恐怖活动或者恐怖活动培训提供信息、资金、物资、劳务、技术、场所等支持、协助、便利的;(5)其他恐怖活动。"恐怖活动组织"是指三人以上为实施恐怖活动而组成的犯罪组织。恐怖活动组织一般具备以下特征:一是成员必须是三人以上,这是恐怖活动组织在人数上的最低限制。实践中，恐怖活动组织的规模大小不一，有的几人，有的几十人，有的甚至成百上千人，在具体把握上，对于其中成员数量达到三人以上的，即可认定为恐怖活动组织。二是恐怖活动组织必须具有特定的目的，一般带有政治、意识形态等性质，不具有这方面的目的，仅是为实施普通犯罪而结合起来的犯罪集团，与恐怖活动组织是有明显区别的。三是属于犯罪组织，既包括为实施恐怖活动而组成的较为固定的犯罪集团，也包括组织形态相对松散，人员不太固定的犯罪团伙。根据反恐怖主义法的规定，对恐怖活动组织有两种认定渠道：一是由国家反恐怖主义工作领导机构认定，二是由人民法院在刑事诉讼中依法认定。

根据《最高人民法院、最高人民检察院、公安部、司法部关于办理恐怖活动和极端主义犯罪案件适用法律若干问题的意见》的有关规定，具有下列情形之一的，应当认定为本条规定的"组织、领导恐怖活动组织"，以组织、领导恐怖组织罪定罪处罚：（1）发起、建立恐怖活动组织的；（2）恐怖活动组织成立后，对组织及其日常运行负责决策、指挥、管理的；（3）恐怖活动组织成立后，组织、策划、指挥该组织成员进行恐怖活动的；（4）其他组织、领导恐怖活动组织的情形。具有下列情形之一的，应当认定为本条规定的"积极参加"，以参加恐怖组织罪定罪处罚：（1）纠集他人共同参加恐怖活动组织的；（2）多次参加恐怖活动组织的；（3）曾因参加恐怖活动组织、实施恐怖活动被追究刑事责任或者二年内受过行政处罚，又参加恐怖活动组织的；（4）在恐怖活动组织中实施恐怖活动且作用突出的；（5）在恐怖活动组织中积极协助组织、领导者实施组织、领导行为的；（6）其他积极参加恐怖活动组织的情形。参加恐怖活动组织，但不具有前两款规定情形的，应当认定为本条规定的"其他参加"，以参加恐怖组织罪定罪处罚。

根据本款规定，对组织、领导、积极参加和参加恐怖活动组织的，除判处主刑外，还要区别情形判处财产刑。具体而言：对组织、领导恐怖活动组织的，处十年以上有期徒刑或者无期徒刑，并处没收财产；对积极参加的，处三年以上十年以下有期徒刑，并处罚金；对其他参加的，处三年以下有期徒刑、拘役、管制或者剥夺政治权利，可以并处罚金。

第二款是关于参加恐怖活动组织又实施恐怖活动的处罚规定。恐怖主义犯罪是极其严重的犯罪，因此，刑法将有组织、领导、积极参加或者参加恐怖活动组织行为之一的，即规定为犯罪，将刑法的防线提前，不等到有其他更严重危害行为时才作犯罪处理。但对犯罪分子而言，组织、领导、参加恐怖活动组织只是手段不是目的。他们的目的是要借助其组织实施暴力恐怖行为，因而往往同时又实施了具体的恐怖活动。对于在组织、领导或者参加恐怖活动组织后又借助其组织实施其他犯罪行为的情况如何处理，本款作了明确规定。根据本款规定，犯组织、领导、参加恐怖组织罪同时又实施了杀人、爆炸、绑架等犯罪的，依照数罪并罚的规定处罚。本款列举的"杀人、爆炸、绑架"三种犯罪，是根据实际情况和国际反恐怖主义工作的经验看，恐怖活动组织经常实施的几种犯罪活动。这些犯罪活动都是严重危害人身安全、公共安全的严重刑事犯罪，必须予以严惩。对于恐怖活动组织实施的这三种犯罪以外的其他犯罪，如劫持航空器、以危险方法危害公共安全等其他犯罪的，根据本款规定，也要依照数罪并罚的规定处罚。即以本罪与所犯其他暴力性犯罪，分别定罪量刑，然后依照刑法第六十九条的规定，决定应执行的刑罚。

需要注意的是：（1）本罪是选择性罪名，行为人只要实施了组织、领导、积极参加或者参加恐怖活动组织行为之一的，便构成本罪。行为人实施本条第一款规定的两个或者两个以上的行为，比如，既组织又领导恐怖组织的，也只成立一罪，不实行数罪并罚。（2）关于本罪的财产刑的适用问题。对犯本罪的，除判处主刑外，还要区别情形判处不同财产刑。对其中组织、领导恐怖活动组织的，并处没收财产；对积极参加的，并处罚金；对参加的，可以并处罚金。

【适用中需要注意的问题】

1. 对于恐怖活动犯罪，要注意做好案件侦办、证据固定等工作，用好用足刑法相关规定，不放纵犯罪。既要注意适用本条中有关数罪并罚的规定，对具体的恐怖活动犯罪行为，根据情况分别适用刑法有关杀人、爆炸、绑架等规定，也要考虑刑法总则第五十条有关限制减刑的规定、第六十六条有关特殊累犯的规定。对于组织、领导恐怖活动组织，符合刑法总则有关犯罪集团的规定的，对组织、领导犯罪集团的首要分子，按照集团所犯的全部罪行处罚。

2. 掌握好罪与非罪的界限。本罪的主观方面是故意，一般具有借助恐怖活动组织实施恐怖活动的目的。实践中，对于参加恐怖活动组织而言，行为人必须明知是恐怖活动组织而自愿参加的，才能构成本罪。对于那些因不明真相，因受蒙蔽、欺骗而参加恐怖活动组织，一经发现即脱离关系，实际上也没有参与实施恐怖活动的，不能认定为犯罪。

3. 掌握好本罪与组织、领导、参加黑社会性质组织罪的界限。刑法第二百九十四条规定了组织、领导、参加黑社会性质组织罪，并明确了黑社会性质组织应当同时具备的特征。这两种犯罪在客观方面的行为方式上非常相近，在人员构成、犯罪方式、活动形式等方面也很相似。但两者的区别也是明显的：一是类罪名不同。组织、领导、参加恐怖组织罪是危害公共安全的犯罪，而组织、领导、参加黑社会性质组织罪是破坏社会管理秩序的犯罪。二是犯罪组织的性质不同。恐怖组织具有较浓的政治色彩，而黑社会性质组织更多的是为了追求非法经济利益，主要构成对经济、社会生活秩序的严重破坏。

4. 对恐怖活动组织和人员的认定与救济。根据反恐怖主义法与刑法的规定，恐怖活动组织的认定包括行政认定与司法认定。行政认定是由国家反恐怖主义工作领导机构认定，司法认定是由人民法院在刑事诉讼中依法认定。根据刑事诉讼法的规定，有管辖权的中级以上人民法院在审判刑事案件的过程中，可以依法认定恐怖活动组织和人员。在具体的恐怖活动案件中可能两种认定方式并存。对于被认定为恐怖活动组织和人员不服的，应当按照各自的规定申请救济，其中根据反恐怖主义法认定的恐怖活动组织和人员，被认定的恐怖活动组织和人员对认定不服的，可以通过国家反恐怖主义工作领导机构的办事机构申请复核。

第一百二十条之一 【帮助恐怖活动罪】资助恐怖活动组织、实施恐怖活动的个人的，或者资助恐怖活动培训的，处五年以下有期徒刑、拘役、管制或者剥夺政治权利，并处罚金；情节严重的，处五年以上有期徒刑，并处罚金或者没收财产。

为恐怖活动组织、实施恐怖活动或者恐怖活动培训招募、运送人员的，依照前款的规定处罚。

单位犯前两款罪的，对单位判处罚金，并对其直接负责的主管人员和其他直接责任人员，依照第一款的规定处罚。

【释解与适用】

本条是关于帮助恐怖活动罪及其刑罚的规定。

本条共分三款。第一款是关于资助恐怖活动组织、实施恐怖活动的个人以及资助恐怖活动培训的犯罪及其处罚的规定。构成本罪必须符合以下条件：一是主观上必须是故意，即犯罪分子明知对方是恐怖活动组织、是实施恐怖活动的个人或者从事、参加恐怖活动培训而予以资助。不知道对方是恐怖活动组织、实施恐怖活动的个人、恐怖活动培训，而是由于受欺骗而为其提供资助的，不构成本罪。这是区分罪与非罪的重要界限。二是必须是实施了相应的资助行为，即实施了为恐怖活动组织、实施恐怖活动的个人或者恐怖活动培训筹集、提供经费、物资或者提供场所以及其他物质便利的行为。提供资助的犯罪动机是多种多样的，但不同动机不影响本罪的构成。三是资助的对象必须是恐怖活动组织、实施恐怖活动的个人或者恐怖活动培训。其中的"恐怖活动组织"，是指刑法第一百二十条和反恐怖主义法第三条规定的恐怖活动组织，既包括在我国境内的恐怖活动组织，也包括在境外其他国家或者地区的恐怖活动组织；既包括由官方名单确认的恐怖活动组织，也包括未经官方名单确认，但符合其实质特征的恐怖活动组织。"实施恐怖活动的个人"，包括预谋实施、准备实施和实际实施恐怖活动的个人；既包括在我国境内实施恐怖活动的个人，也包括在其他国家和地区实施恐怖活动的个人；既包括我国公民，也包括外国人和无国籍人。"恐怖活动培训"，既包括为实施恐怖活动而进行的培训活动，也包括去参加或者接受恐怖活动培训的行为；既包括在我国境内开展的恐怖活动培训，也包括在我国境外开展的恐怖活动培训。根据本款的规定，只要实施了资助恐怖活动组织、实施恐怖活动的个人，或者资助恐怖活动培训的，就构成犯罪，处五年以下有期徒刑、拘役、管制或者剥夺政治权利，并处罚金；情节严重的，处五年以上有期徒刑，并处罚金或者没收财产。实践中，对于有多次资助、持续资助、提供大量资金资助等情形的，可以认定为本款规定的"情节严重"。

第二款是关于为恐怖活动组织、实施恐怖活动或者恐怖活动培训招募、运送人员的犯罪及其处罚的规定。这里所规定的"招募"，是指通过所谓"合法"或者非法途径，面向特定或者不特定的群体募集人员的行为。"运送"，是指用各种交通工具运输人员。这些行为，在本质上也属于资助行为。根据本款规定，只要为恐怖活动组织、实施恐怖活动或者恐怖活动培训招募、运送人员的，就构成犯罪，依照本条第一款的规定处罚，即处以五年以下有期徒刑、拘役、管制或者剥夺政治权利，并处罚金；情节严重的，处五年以上有期徒刑，并处罚金或者没收财产。实践中，对于有多次招募、运送人员，招募、运送人员众多等情形的，可以认定为本款规定的"情节严重"。实践中需要注意的是，本罪在主观上必须是故意，即犯罪分子知道或者应当知道对方是恐怖活动组织、实施恐怖活动或者恐怖活动培训而为其招募、运送人员。对于不明真相，或者因上当受骗而为其提供招募、运送服务的，不构成本条规定的犯罪。

根据《最高人民法院、最高人民检察院、公安部、司法部关于办理恐怖活动和极端主义犯罪案件适用法律若干问题的意见》的有关规定，具有下列情形之一的，依照本条规定，以帮助恐怖活动罪定罪处罚：（1）以募捐、变卖房产、转移资金等方式为恐怖活动组织、实施恐怖活动的个人、恐怖活动培训筹集、提供经费，或者提供器材、设备、交通工具、武器装备等物资，或者提供其他物质便利的；（2）以宣传、招收、介绍、输送等方式为恐怖活动组织、实施恐怖活动、恐怖活动培训招募人员的；（3）以帮助非法出入境，或者为非法出入境提供中介服务、中转运送、停留住宿、伪造身份证明材料等便利，或者充当向导、帮助探查偷越国（边）境路线等方式，为恐怖活动组织、实施恐怖活动、恐怖活动培训运送人员的；（4）其他资助恐怖活动组织、实施恐怖活动的个人、恐怖活动培训，或者为恐怖活动组织、实施恐怖活动、恐怖活动培训招募、运送人员的情形。

第三款是关于单位犯资助恐怖活动组织、实施恐怖活动的个人或者恐怖活动培训，以及为恐怖活动组织、实施恐怖活动或者恐怖活动培训招募、运送人员的犯罪及其处罚的规定。根据本款规定，单位犯本条规定之罪的，对单位判处罚金，并对其直接负责的主管人员和其他直接责任人员，处五年以下有期徒刑、拘役、管制或者剥夺政治权利，并处罚金；情节严重的，处五年以上有期徒刑，并处罚金或者没收财产。

另外，根据反恐怖主义法第八十条的规定，实施本条规定的行为，情节轻微，尚不构成犯罪的，由公安机关处十日以上十五日以下拘留，可以并处一万元以下罚款。

【适用中需要注意的问题】

1. 要注意本罪与参加恐怖活动组织、实施恐怖活动犯罪的区别。构成本罪的主观故意只是资助恐怖活动组织、实施恐怖活动的个人和恐怖活动培训，而不是作为恐怖活动组织的成员负责有关筹集资金、物资的活动，也不是直接资助恐怖活动组织或者个人所实施的恐怖犯罪活动，其主观故意与被资助对象的犯罪故意是不一致的。如果行为人与恐怖活动组织或者实施恐怖活动的个人通谋，为其提供物资、资金、账号、证明，或者为其提供运输、保管或者其他方便的，属于共同犯罪，根据刑法总则关于共同犯罪的有关规定进行惩处。

2. 资助只能是以有形的物质性利益进行帮助，即只能是提供经费、活动场所、训练基地、各种宣传通信设备和设施等，如果行为人不是提供物质上的帮助，仅是在精神上、舆论宣传等方面给予支持帮助，不能认定为本款规定的资助行为。

3. 要注意本罪的罪名被确定为帮助恐怖活动罪，但具体的构成行为应该严格按照刑法本条的规定具体确定，要注意和共同犯罪中的帮助犯相区分。本条是在刑法修正案（三）中增加的资助恐怖活动组织或者实施恐怖活动的个人的基础上，根据实践需要，增加了资助恐怖活动培训，以及为恐怖活动组织、实施恐怖活动或者恐怖活动培训招募、运送人员的情形，并非所有的帮助犯都要按照本罪追究。

第一百二十条之二　【准备实施恐怖活动罪】有下列情形之一的，处五年以下有期徒刑、拘役、管制或者剥夺政治权利，并处罚金；情节严重的，处五年以上有期徒刑，并处罚金或者没收财产：

（一）为实施恐怖活动准备凶器、危险物品或者其他工具的；

（二）组织恐怖活动培训或者积极参加恐怖活动培训的；

（三）为实施恐怖活动与境外恐怖活动组织或者人员联络的；

（四）为实施恐怖活动进行策划或者其他准备的。

有前款行为，同时构成其他犯罪的，依照处罚较重的规定定罪处罚。

【释解与适用】

本条是关于准备实施恐怖活动罪及其刑罚的规定。

第一款是关于准备实施恐怖活动罪及其处罚的规定。本款规定了以下几种准备实施恐怖活动的犯罪行为。

1. 为实施恐怖活动准备凶器、危险物品或者其他工具的。这一行为的前提是"为实施恐怖活动"。这里规定的"凶器",是指用来实施犯罪行为,能够对人身健康、生命等造成危险的枪支等武器、刀具、棍棒、爆炸物等物品。这里所说的"危险物品",是指具有燃烧性、爆炸性、腐蚀性、毒害性、放射性等特性,能够引起人身伤亡,或者造成公共利益和人民群众重大财产损害的物品,如剧毒物品、放射性物品和其他易燃易爆物品等。"其他工具"是指能够为恐怖活动犯罪提供便利,或者有利于提高实施暴力恐怖活动能力的物品,如汽车等交通工具、手机等通信工具、地图、指南针等。

2. 组织恐怖活动培训或者积极参加恐怖活动培训的。恐怖活动培训可以使恐怖活动人员形成更顽固的恐怖主义思想,熟练掌握残忍的恐怖活动技能,并在培训过程中加强恐怖活动人员之间的联系而促使他们协同配合进行恐怖活动,具有极大的社会危害性。为此,《上海合作组织反恐怖主义公约》等相关国际公约明确要求将组织恐怖活动培训或者积极参加恐怖活动培训的行为规定为犯罪。一些国家也直接对这种组织培训或者接受培训的行为规定了刑事责任。比如,法国刑法规定了"赴恐怖训练营受训罪",对公民或者常驻居民赴境外参加、接受恐怖主义训练的,予以刑事惩处。这里所说的"恐怖活动培训",在内容上,既可以是传授、灌输恐怖主义思想、主张,使恐怖活动人员形成更顽固的思想,也可以是进行心理、体能训练或者传授、训练制造工具、武器、炸弹等方面的犯罪技能和方法,还可以是进行恐怖活动的实战训练等。在具体的组织方式上,包括当面讲授、开办培训班、组建训练营、开办论坛、组织收听观看含有恐怖主义内容的音视频材料、在网上注册成员建立共同的交流指导平台等。

3. 为实施恐怖活动与境外恐怖活动组织或者人员联络的。近些年,国际恐怖主义日益猖獗,境内恐怖活动组织、人员与境外恐怖活动组织、人员之间相互勾连的情形日益严重。联络的目的,有的是为了参加境外的恐怖活动组织,有的是为了出境接受培训,有的是为了寻求支持、支援或者帮助,有的是要求对方提供情报信息,有的是为了协同发动恐怖袭击以制造更大的恐慌和影响等。进行联络的方式也多种多样,包括直接见面、写信、打电话、发电子邮件等。只要是为实施恐怖活动而与境外恐怖活动组织或者人员联络的,都要依照本款规定追究刑事责任。

4. 为实施恐怖活动进行策划或者其他准备的。这里的"策划",是指制定恐怖活动计划,选择实施恐怖活动的目标、地点、时间,分配恐怖活动任务等行为。"其他准备"是关于准备实施恐怖活动犯罪的兜底性规定，指上述规定的四种准备行为之外的其他为实施恐怖活动而进行的准备活动。

根据《最高人民法院、最高人民检察院、公安部、司法部关于办理恐怖活动和极端主义犯罪案件适用法律若干问题的意见》的有关规定，具有下列情形之一的，依照本条的规定，以准备实施恐怖活动罪定罪处罚：（1）为实施恐怖活动制造、购买、储存、运输凶器，易燃易爆易制爆品，腐蚀性、放射性、传染性、毒害性物品等危险物品，或者其他工具的；（2）以当面传授、开办培训班、组建训练营、开办论坛、组织收听收看音频视频资料等方式，或者利用网站、网页、论坛、博客、微博客、网盘、即时通信、通讯群组、聊天室等网络平台、网络应用服务组织恐怖活动培训的，或者积极参加恐怖活动心理体能培训，传授、学习犯罪技能方法或者进行恐怖活动训练的；（3）为实施恐怖活动，通过拨打电话、发送短信、电子邮件等方式，或者利用网站、网页、论坛、博客、微博客、网盘、即时通信、通讯群组、聊天室等网络平台、网络应用服务与境外恐怖活动组织、人员联络的；（4）为实施恐怖活动出入境或者组织、策划、煽动、拉拢他人出入境的；（5）为实施恐怖活动进行策划或者其他准备的情形。

根据本款的规定，对于有上述情形之一的，处五年以下有期徒刑、拘役、管制或者剥夺政治权利，并处罚金；情节严重的，处五年以上有期徒刑，并处罚金或者没收财产。这里所说的"情节严重"，是指准备凶器、危险品数量巨大，培训人员数量众多，与境外恐怖活动组织频繁联络，策划袭击可能造成重大人员伤亡以及重大目标破坏等情形。在司法实践中，可由司法机关根据案件的具体情节予以认定，必要的时候也可以通过制定相关的司法解释作出具体的规定。

本条第二款是关于实施本条第一款规定的犯罪同时构成其他犯罪如何处理的规定。犯罪分子实施本条第一款规定的犯罪行为，也可能同时触犯刑法的其他规定，构成刑法规定的其他犯罪。比如，行为人为了准备实施恐怖活动犯罪而制造、买卖、运输、储存枪支、弹药、爆炸物或者危险物质；在培训过程中煽动被培训对象实施分裂国家、颠覆国家政权的犯罪；传授制枪制爆技术或者传授其他犯罪方法；在进行策划以及其他准备过程中以窃取、刺探、收买等方式非法获取国家秘密、情报等。对于这些犯罪行为，如果与本款规定的犯罪行为出现了竞合的情形，应当依照处罚较重的规定定罪处罚。

【适用中需要注意的问题】

1. 本条为适应与日益猖獗的恐怖主义犯罪活动作斗争的需要，将刑法惩治的防线提前，将以往按照法律规定属于犯罪预备阶段的一些行为规定为独立的犯罪，司法机关要把握好本条规定的精神，用好法律武器，对这些行为总体上从严惩治。与此同时，也要注意把握好法律和政策的界限，处理好惩治极少数与教育挽救大多数的关系。特别是在受恐怖主义、极端主义思想影响较深的地区，还是要综合运用多种手段做好反恐和去极端化工作，不能单纯依靠刑事手段进行打击。对于受蒙蔽、裹挟参与了一些涉恐活动，但情节显著轻微危害不大的，可以依法不认定为犯罪。

2. 适用中要注意把握此罪与彼罪的界限。本条主要针对"独狼式"暴恐等组织程度较低的恐怖活动犯罪所增加的规定，要准确界定是组织程度较低还是属于大的恐怖活动组织犯罪的一个环节或准备阶段，两者虽然在表现形式上有相似之处，但严重程度明显不同，对于后者，符合刑法第一百二十条规定的，应该按照组织、领导、参加恐怖组织罪的规定依法追究刑事责任。要避免因为查证不深入等原因轻纵了犯罪，放松对此类犯罪的打击。

第一百二十条之三 【宣扬恐怖主义、极端主义、煽动实施恐怖活动罪】以制作、散发宣扬恐怖主义、极端主义的图书、音频视频资料或者其他物品，或者通过讲授、发布信息等方式宣扬恐怖主义、极端主义的，或者煽动实施恐怖活动的，处五年以下有期徒刑、拘役、管制或者剥夺政治权利，并处罚金；情节严重的，处五年以上有期徒刑，并处罚金或者没收财产。

【释解与适用】

本条是关于宣扬恐怖主义、极端主义、煽动实施恐怖活动罪及其刑罚的规定。

本条规定了宣扬恐怖主义、极端主义、煽动实施恐怖活动罪及其处罚。这里所规定的"宣扬"，是指以各种方式散布、传播恐怖主义、极端主义观念、思想和主张的行为。这里规定的"恐怖主义"的含义，与第一百二十条中阐释的相同。"极端主义"，根据反恐怖主义法第四条第二款的规定，是指以歪曲宗教教义或者其他方法煽动仇恨、煽动歧视、鼓吹暴力等主张和行为。这里所规定的"煽动"，是指以各种方式对他人进行要求、鼓动、怂恿，意图使他人产生犯意，去实施所煽动的行为。煽动的具体内容，主要是煽动实施暴力恐怖活动，包括煽动参加恐怖活动组织，也包括煽动资助或者以其他方式帮助暴力恐怖活动。对于煽动类的犯罪来说，只要行为人实施了煽动行为就构成犯罪，被煽动人是否接受煽动而实施恐怖活动犯罪，不影响犯罪的构成。

本条主要包括两类犯罪：一是宣扬恐怖主义、极端主义；一是煽动实施恐怖活动。本条第一款具体列举了宣扬恐怖主义、极端主义常见的一些形式。

1. 制作、散发宣扬恐怖主义、极端主义的图书、音频视频资料或者其他物品方式。这里所说的"制作"，是指编写、出版、印刷、复制载有恐怖主义、极端主义思想内容的图书、音频视频资料或者其他物品的行为。"散发"，是指通过发行、当面散发，以邮寄、手机短信、电子邮件等方式发送，或者通过网络、微信等即时通信工具、聊天软件、移动存储介质公开发帖、转载、传输，以使他人接触到恐怖主义、极端主义信息的行为。散发的目标可以是明确、具体的，也可以是针对不特定的多数人的。"图书、音频视频资料或者其他物品"，包括图书、报纸、期刊、音像制品、电子出版物，载有恐怖主义、极端主义思想内容的传单、图片、标语等，在手机、移动存储介质、电子阅读器、网络上展示的图片、文稿、音频、视频、音像制品，以及带有恐怖主义、极端主义标记、符号、文字、图像的服饰、纪念品、生活用品等。需要注意的是，制作、散发恐怖主义、极端主义的图书、音频视频资料或者其他物品的行为，是宣扬恐怖主义、极端主义活动的重要环节，因此，即使只实施了制作、寄递、出售等行为，也应当依照本条规定定罪处罚。比如，工厂明知所制作、印刷的是宣扬恐怖主义、极端主义图书、音频视频资料而制作的，寄递企业明知道是宣扬恐怖主义、极端主义图书、音频视频资料而寄递的，书店明知道是宣扬恐怖主义、极端主义图书、音频视频资料而出售的，也属于宣扬恐怖主义、极端主义的行为。

2. 讲授、发布信息等方式。这里所说的"讲授"，是指为宣扬对象讲解、传授恐怖主义、极端主义思想、观念、主张的。讲授的对象,可以是明确的一人或者数人,也可以是一定范围内的不特定的人,比如,在广场上针对围观的人群进行讲解。"发布信息",则是面向特定个人或者不特定个人,通过手机短信、电子邮件等方式宣扬恐怖主义、极端主义,也可以是在网络平台上发布相关信息,使特定人或者不特定人看到这些信息的行为。

3. 其他方式。本条在列举宣扬恐怖主义、极端主义的具体方式中使用了"等方式"的表述。在本条中列举宣扬的具体方式,主要是为了对司法执法活动提供指导,同时也向社会警示宣扬恐怖主义、极端主义在实践中常见的方式,发挥刑法对社会行为的引导和教育作用。这里所规定的"等方式",意思是说宣扬恐怖主义、极端主义的方式不限于本条所列举的情形。例如,在私人场合或者秘密场合,在家庭、朋友之间,或者通过投寄信件、利用不开放的网络论坛或者聊天室等进行的煽动行为,也属于本条规定的犯罪,应当依法追究其刑事责任。

本条规定的另一类犯罪是煽动实施恐怖活动的犯罪,对具体行为方式本条未作限定,在煽动的时间、场合、方式等和宣扬恐怖主义、极端主义的犯罪有一定重合。比如,近些年来,我国部分地区利用地下讲经点煽动实施恐怖活动的情况比较严重,甚至有相当一部分未成年人进入这些秘密的地下"讲经点",接受恐怖主义、极端主义的灌输、洗脑,成为"独狼式"的恐怖活动人员。宣扬恐怖主义、极端主义犯罪和煽动实施恐怖活动的区别主要在于前者重在思想上的洗脑,煽动则侧重于具体的恐怖活动行为。

根据《最高人民法院、最高人民检察院、公安部、司法部关于办理恐怖活动和极端主义犯罪案件适用法律若干问题的意见》的有关规定,实施下列行为之一,宣扬恐怖主义、极端主义或者煽动实施恐怖活动的,依照本条的规定,以宣扬恐怖主义、极端主义、煽动实施恐怖活动罪定罪处罚:(1)编写、出版、印刷、复制、发行、散发、播放载有宣扬恐怖主义、极端主义内容的图书、报刊、文稿、图片或者音频视频资料的;(2)设计、生产、制作、销售、租赁、运输、托运、寄递、散发、展示带有宣扬恐怖主义、极端主义内容的标识、标志、服饰、旗帜、徽章、器物、纪念品等物品的;(3)利用网站、网页、论坛、博客、微博客、网盘、即时通信、通讯群组、聊天室等网络平台、网络应用服务等登载、张贴、复制、发送、播放、演示载有恐怖主义、极端主义内容的图书、报刊、文稿、图片或者音频视频资料的;(4)网站、网页、论坛、博客、微博客、网盘、即时通信、通讯群组、聊天室等网络平台、网络应用服务的建立、开办、经营、管理者,明知他人利用网络平台、网络应用服务散布、宣扬恐怖主义、极端主义内容,经相关行政主管部门处罚后仍允许或者放任他人发布的;(5)利用教经、讲经、解经、学经、婚礼、葬礼、纪念、聚会和文体活动等宣扬恐怖主义、极端主义、煽动实施恐怖活动的;(6)其他宣扬恐怖主义、极端主义、煽动实施恐怖活动的行为。

根据本条规定,宣扬恐怖主义、极端主义,或者煽动实施恐怖活动的,处五年以下有期徒刑、拘役、管制或者剥夺政治权利,并处罚金;情节严重的,处五年以上有期徒刑,并处罚金或者没收财产。在实践中,对于是否属于"情节严重",可以根据制作、散布的图书、音像制品等物品的数量,讲授、发布信息的次数和数量,宣扬、煽动的内容、场所和对象范围,以及引起恐怖活动发生的现实危险程度等因素综合进行衡量。比如,制作、散发宣扬恐怖主义、极端主义图书、音频视频资料数量特别巨大的,散布范围广大或者造成广泛影响的,接受讲授和信息的人员数量巨大的,在公共场所、人员密集场所公然散布图书、音频视频资料或者讲授、发布信息的,造成他人实施恐怖活动、极端主义行为的等,可以认定为情节严重的行为。

另外,根据反恐怖主义法第八十一条的规定,实施本条规定的行为,情节轻微,尚不构成犯罪的,由公安机关处十日以上十五日以下拘留,可以并处一万元以下罚款。

【适用中需要注意的问题】

在实践中,应当注意本罪名属于选择性罪名。从司法实践情况看,宣扬恐怖主义、极端主义和煽动实施恐怖活动往往交织在一起。有些犯罪分子在宣扬恐怖主义、极端主义的同时,也会煽动被宣传对象去实施恐怖活动。因此,在适用本条规定时,任何人无论是同时实施了宣扬恐怖主义、极端主义和煽动实施恐怖活动的行为,还是仅仅实施了宣扬恐怖主义、极端主义或者煽动实施恐怖活动行为中的某一种行为,都构成本罪,应当依法追究刑事责任。

第一百二十条之四 【利用极端主义破坏法律实施罪】利用极端主义煽动、胁迫群众破坏国家法律确立的婚姻、司法、教育、社会管理等制度实施的，处三年以下有期徒刑、拘役或者管制，并处罚金；情节严重的，处三年以上七年以下有期徒刑，并处罚金；情节特别严重的，处七年以上有期徒刑，并处罚金或者没收财产。

【释解与适用】

本条是关于利用极端主义破坏法律实施罪及其刑罚的规定。

构成本条规定的犯罪，需要符合以下几个方面的条件。

1. 本罪的行为方式，表现为利用极端主义煽动、胁迫群众。只有利用极端主义实施本条规定的煽动、胁迫行为的，才构成本罪。这里规定的"极端主义"的含义，与第一百二十条之三中阐释的相同，经常表现为对其他文化、宗教、观念、族群等的完全歧视和排斥。在日常生活中，极端主义的具体形态多种多样，有的打着宗教的旗号，歪曲宗教教义，强制他人信仰宗教或者不信仰宗教，歧视信仰其他宗教或者不信仰宗教的人，破坏宪法规定的宗教信仰自由制度的实施。也有的披着民族传统、风俗习惯的外衣，打着"保护民族文化"的招牌，煽动仇恨与其民族、风俗习惯不同的群体，主张民族隔离，煽动抗拒现有法律秩序等。这里所说的"煽动"，是指利用极端主义，以各种方式对他人进行要求、鼓动、怂恿，意图使他人产生犯意，去实施所煽动的行为。煽动和胁迫的内容也多种多样。实践中，这种煽动经常表现为无中生有，编造不存在的事情，或者通过造谣、诽谤对事实进行严重歪曲，或者通过对被煽动对象的情绪进行挑拨，使被煽动者丧失对事实的正常感受和判断能力，丧失对自己行为的理性控制，从而去从事违法犯罪行为，达到破坏国家法律制度实施的目的。这里所说的"胁迫"，是指通过暴力、威胁或者以给被胁迫人或者其亲属等造成人身、心理、经济等方面的损害为要挟，对他人形成心理强制，迫使其从事胁迫者希望其实施的特定行为。胁迫的方式可以是通过暴力手段，也可以是通过言语威胁或者对被胁迫者的利益进行限制、剥夺等方式。实践中，还出现以关爱朋友、亲情等为借口，或者以孤立、排斥等方法施加压力的情况。虽然被胁迫者仍然具有一定的意志自由，能够理解自己的行为是违法行为，主观上也不愿意实施这些行为，但由于受到精神的强制而处于恐惧状态之下，因而不得已按照胁迫者的要求行事。

2. 本罪中煽动、胁迫的目的，是破坏国家法律制度的实施。国家法律确立的婚姻、司法、教育、社会管理等方面的制度，涉及社会的基本生活，是国家对社会进行管理的基本形式和内容。我国宪法和法律保障公民的宗教信仰自由，保障各民族平等、团结共同发展和共同繁荣，尊重各民族的风俗习惯，并为保障这些权利制定了相应的法律制度。尊重宗教信仰自由和民族风俗习惯，与遵守国家法律制度本身是一致的。但很多极端主义分子歪曲宗教教义或者民族风俗习惯，假借宗教信仰或者民族风俗习惯等煽动歧视、煽动仇恨、崇尚、鼓吹、挑动暴力，本身就与宗教信仰自由和民族风俗习惯背道而驰，是对国家相关法律制度的破坏。虽然他们在进行煽动、胁迫时经常打着维护宗教教义或者民族风俗习惯的旗号，但其背后的真实目的是要煽动歧视、煽动仇恨、崇尚、鼓吹、挑动暴力，煽动、胁迫人们对政府管理活动的抵制甚至对抗，蛊惑人们不遵守国家法律确立的婚姻、司法、教育、社会管理等制度，制造国家对社会管理的真空，引起社会秩序的混乱。

3. 本罪的直接危害，是破坏国家法律规定的管理制度，使国家法律确定的婚姻、司法、教育、社会管理等制度得不到有效实施。同时，本罪的危害还在于，这一行为还会使被煽动、胁迫的特定对象产生认识混乱或者恐惧心理，损害其个人的合法权益，进而危及公共利益、社会安全和秩序。本罪不以被煽动、胁迫者实施破坏国家法律制度的具体行为为必要条件，只要行为人实施了煽动、胁迫的行为，就已经构成本罪。

根据《最高人民法院、最高人民检察院、公安部、司法部关于办理恐怖活动和极端主义犯罪案件适用法律若干问题的意见》的有关规定，利用极端主义，实施下列行为之一的，依照本条的规定，以利用极端主义破坏法律实施罪定罪处罚：（1）煽动、胁迫群众以宗教仪式取代结婚、离婚登记，或者干涉婚姻自由的；（2）煽动、胁迫群众破坏国家法律确立的司法制度实施的；（3）煽动、胁迫群众干涉未成年人接受义务教育，或者破坏学校教育制度、国家教育考试制度等国家法律规定的教育制度的；（4）煽动、胁迫群众抵制人民政府依法管理，或者阻碍国家机关工作人员依法执行职务的；（5）煽动、胁迫群众损毁居民身份证、居民户口簿等国家法定证件以及人民币的；（6）煽动、胁迫群众驱赶其他民族、有其他信仰的人员离开居住地，或者干涉他人生活和生产经营的；（7）其他煽动、胁迫群众破坏国家法律制度实施的行为。

根据本条规定，利用极端主义煽动、胁迫群众破坏国家法律确立的婚姻、司法、教育、社会管理等制度实施的，处三年以下有期徒刑、拘役或者管制，并处罚金；情节严重的，处三年以上七年以下有期徒刑，并处罚金；情节特别严重的，处七年以上有期徒刑，并处罚金或者没收财产。对于"情节严重"和"情节特别严重"，可以根据其煽动、胁迫行为所使用的手段、涉及的人员多少和区域大小、造成的危害程度和影响等各方面因素综合考虑，分别适用不同的刑罚。必要的时候，也可以由有关部门制定司法解释，进一步作出具体的规定。

另外，根据反恐怖主义法第八十一条的规定，实施本条规定的行为，情节轻微，尚不构成犯罪的，由公安机关处五日以上十五日以下拘留，可以并处一万元以下罚款。

【适用中需要注意的问题】

1. "利用极端主义"是构成本罪的一个要件。对于煽动、胁迫他人破坏国家法律制度实施但没有利用极端主义的，应当根据具体情况分别处理。对于组织、利用会道门、邪教组织或者利用迷信破坏国家法律、行政法规实施，构成犯罪的，依照刑法第三百条的规定定罪处罚。有些人由于狭隘思想或者愚昧等原因，对宗教教义、民族风俗习惯产生不正确的理解，并进而破坏国家法律制度实施的，如果构成犯罪，可以按照刑法的其他规定定罪处罚。不构成犯罪的，依法予以行政处罚或者进行批评、教育。

2. 在处理这类犯罪时，应当正确区分敌我矛盾和人民内部矛盾，处理好依法打击和分化瓦解的关系，在依法严厉打击少数极端分子的同时，对受裹挟、蒙蔽的一般群众，应当最大限度地进行区分，进行团结和教育。

3. 要注意罪与非罪的界限。本条规定的是煽动、胁迫"群众"破坏国家相关制度实施而不是煽动他人。对于家长出于极端主义考虑干涉未成年子女接受义务教育，或者干涉子女婚姻自由的一般不宜按照本条规定的煽动、胁迫破坏国家制度的犯罪追究，必要时可以根据反恐怖主义法的规定予以行政处罚。

第一百二十条之五 【强制穿戴宣扬恐怖主义、极端主义服饰、标志罪】以暴力、胁迫等方式强制他人在公共场所穿着、佩戴宣扬恐怖主义、极端主义服饰、标志的,处三年以下有期徒刑、拘役或者管制,并处罚金。

【释解与适用】

本条是关于强制穿戴宣扬恐怖主义、极端主义服饰、标志罪及其刑罚的规定。

本条规定的犯罪主体为一般主体,即任何强制他人在公共场所穿着、佩戴宣扬恐怖主义、极端主义服饰、标志的人。犯罪侵害的客体是多重客体,既在社会范围内渗透恐怖主义、极端主义思想,又侵犯被害人的人身权利、民主权利,同时也妨害社会管理秩序。犯罪的主观要件为故意,对强制他人在公共场所穿着、佩戴宣扬恐怖主义、极端主义服饰、标志的行为和结果都是明知并且希望结果的发生。

本条所说的"暴力",是指以殴打、捆绑、伤害他人身体的方法,使被害人不能抗拒。"胁迫",是指对被害人施以威胁、恐吓,进行精神上的强制,迫使被害人就范,不敢抗拒,包括以杀害被害人、加害被害人的亲属相威胁,威胁要对被害人、被害人的亲属施以暴力,以披露被害人的隐私相威胁,利用职权、教养关系、从属关系或者被害人孤立无援的环境迫使被害人服从等。恐怖主义、极端主义犯罪中比较常见的胁迫包括以死后不能进天堂等相胁迫。除了暴力、胁迫手段以外,通过采用对被害人产生肉体强制或者精神强制的其他手段,强制他人在公共场所穿着、佩戴宣扬恐怖主义、极端主义服饰、标志的,也构成本罪。例如,限制被害人的人身自由,利用被害人的宗教信仰施加精神强制,强迫被害人长时间暴露在高温或者严寒中,负有监护责任的人对被监护人不给饭吃、不给衣穿等。这里的"公共场所"包括群众进行公开活动的场所,如商店、影剧院、体育场、街道等;也包括各类单位,如机关、团体、事业单位的办公场所,企业生产经营场所,医院、学校、幼儿园等;还包括公共交通工具,如火车、轮船、长途客运汽车、公共电车、汽车、民用航空器等。

本条规定的"宣扬恐怖主义、极端主义服饰、标志",指的是穿着、佩戴的服饰、标志包含了恐怖主义、极端主义的符号、旗帜、徽记、文字、口号、标语、图形或者带有恐怖主义、极端主义的色彩,容易使人联想到恐怖主义、极端主义。实践中比较普遍的是穿着模仿恐怖活动组织统一着装的衣物，穿着印有恐怖主义、极端主义符号、旗帜等标志的衣物，佩戴恐怖活动组织标志或者恐怖主义、极端主义标志等。具体哪些服饰、标志属于"宣扬恐怖主义、极端主义服饰、标志"，可由有关主管部门根据国际国内反恐、去极端化斗争实际认定和掌握。从实践情况看，恐怖主义、极端主义势力通过强制他人在公共场所穿着、佩戴宣扬恐怖主义、极端主义服饰、标志等手段，在社会上强化了人们的身份差别意识，用异类的标志或者身份符号，刻意地制造出隔膜和距离感，以达到其渲染恐怖主义、极端主义氛围甚至宣扬恐怖主义、极端主义的目的，社会危害是很大的。

根据《最高人民法院、最高人民检察院、公安部、司法部关于办理恐怖活动和极端主义犯罪案件适用法律若干问题的意见》的有关规定，具有下列情形之一的，依照本条规定，以强制穿戴宣扬恐怖主义、极端主义服饰、标志罪定罪处罚：（1）以暴力、胁迫等方式强制他人在公共场所穿着、佩戴宣扬恐怖主义、极端主义服饰的；（2）以暴力、胁迫等方式强制他人在公共场所穿着、佩戴含有恐怖主义、极端主义的文字、符号、图形、口号、徽章的服饰、标志的；（3）其他强制他人穿戴宣扬恐怖主义、极端主义服饰、标志的情形。

根据本条规定，对以暴力、胁迫等方式强制他人在公共场所穿着、佩戴宣扬恐怖主义、极端主义服饰、标志的，应当视情节的轻重，处以三年以下有期徒刑、拘役或者管制，并处罚金。

另外，根据反恐怖主义法第八十条的规定，实施本条规定的行为，情节轻微，尚不构成犯罪的，由公安机关处十日以上十五日以下拘留，可以并处一万元以下罚款。

【适用中需要注意的问题】

本条规定追究刑事责任的是以暴力、胁迫等方式强制他人在公共场所穿着、佩戴宣扬恐怖主义、极端主义服饰、标志的行为人。对于受裹挟、蒙蔽，或者受极端主义思想影响，在公共场所穿着、佩戴宣扬恐怖主义、极端主义服饰、标志的群众，应当加强教育、劝阻，促进他们转变思想观念，通过多种途径做好去极端化工作，并可以根据有关地方性法规等禁止其在公共场所穿着、佩戴有关服饰、标志。

第一百二十条之六 【非法持有宣扬恐怖主义、极端主义物品罪】明知是宣扬恐怖主义、极端主义的图书、音频视频资料或者其他物品而非法持有，情节严重的，处三年以下有期徒刑、拘役或者管制，并处或者单处罚金。

【释解与适用】

本条是关于非法持有宣扬恐怖主义、极端主义物品罪及其刑罚的规定。

根据本条规定，非法持有宣扬恐怖主义、极端主义物品罪，是指明知是宣扬恐怖主义、极端主义的图书、音频视频资料或者其他物品而非法持有，情节严重的行为。本罪在主观上要求是故意，即行为人明知是宣扬恐怖主义、极端主义的图书、音频视频资料或者其他物品而非法持有的，才能构成本罪。这里所说的"明知"，是指知道或者应当知道。实践中，行为人有可能会辩解其"不明知"所持有物品的性质和内容。在这种情况下，不能仅听行为人本人的辩解，对是否"明知"的认定，应当结合案件的具体情况和有关证据材料进行全面分析。要坚持重证据、重调查研究，以行为人实施的客观行为为基础，结合其一贯表现、具体行为、手段、事后态度，以及年龄、认知和受教育程度、所从事的职业、所生活的环境、所接触的人群等综合作出判断。比如，对曾因实施暴力恐怖活动、极端主义违法犯罪行为受过行政、刑事处罚的，或者被责令改正后又实施的，应当认定为明知。有其他共同犯罪嫌疑人、被告人或者其他知情人供认、指证，虽然行为人不承认其主观上"明知"，但又不能作出合理解释的，依据其行为本身和认知程度，足以认定其确实知道或者应当知道的，应当认定为明知。但是，结合行为人的认知程度和客观条件，如果确实属于不明知所持有物品为宣扬恐怖主义、极端主义图书、音频视频资料等物品的，不能认定为本罪。比如，捡拾到保存有宣扬恐怖主义、极端主义音频视频资料的手机、U盘或者其他存储介质的；维修电脑的人员为修理电脑而暂时保管他人送修的存有宣扬恐怖主义、极端主义音频视频资料，而事先未被告知，待公安机关查办案件时才发现的等。对于不属于明知而持有宣扬恐怖主义、极端主义的图书、音频视频资料等其他物品的，一旦发现后，就应当立即予以销毁、删除，个人无法销毁、删除的，应当将含有恐怖主义、极端主义的图书、音频视频资料或者其他物品交由公安机关或者基层组织，请求帮助销毁、删除。对此问题，《最高人民法院、最高人民检察院、公安部、司法部关于办理恐怖活动和极端主义犯罪案件适用法律若干问题的意见》作了一些具体规定。

本罪在客观上要求行为人有非法持有的行为。这里所规定的"持有"，是指行为人对恐怖主义、极端主义宣传品处于占有、支配、控制的一种状态。不仅随身携带可以认定为持有，在其住所、驾驶的运输工具上发现的恐怖主义、极端主义宣传品也可以认定为持有。持有型犯罪以行为人持有特定物品或者财产的不法状态为基本的构成要素。我国刑法设置的持有型犯罪有巨额财产来源不明罪，非法持有毒品罪，非法持有、私藏枪支、弹药罪，非法持有假币罪，非法持有国家绝密、机密文件、资料、物品罪，非法持有毒品原植物种子、幼苗罪等。在持有型犯罪中，有的持有物本身不具有危害性，如巨额财产、绝密和机密文件等；有的本身就是违禁品，如毒品、枪支、弹药、毒品原植物种子、幼苗等。无论是否为违禁品，构成犯罪的前提都是非法持有。实践中有一些合法持有的情形，如查办案件的人民警察查封、扣押宣扬恐怖主义、极端主义的图书、音频视频资料等物品因而持有的，研究反恐怖主义问题的专家学者为进行学术研究而持有少量恐怖主义、极端主义宣传品的，则不能认定为犯罪。

从实践情况看，宣扬恐怖主义、极端主义的图书、音频视频资料和其他物品主要包含了两类内容：一是含有恐怖主义、极端主义的思想、观念和主张，煽动以暴力手段危害他人生命和公私财产安全，破坏法律实施等内容的；二是含有传授制造、使用炸药、爆炸装置、枪支、管制刀具、危险物品实施暴力恐怖犯罪的方法、技能等内容的。这些宣传品在形式上和内容上均表现多样。比如，有的宣扬参加暴力恐怖活动，有的利用地理环境相对闭塞地区的一些信教民众对外部正确信息了解甚少，辨别意识不强，借助区域经济差异、社会竞争压力等社会问题，对国家民族政策大肆诋毁，破坏民族关系。有的通过编造谣言或者炒作个别案例，将社会成员划分为不同群体，刻意制造不同信仰者、不同民族之间的隔阂和对立，煽动仇恨、歧视，争取民众对暴恐分子的同情。有的表面上是宣传宗教教义，但在内容上对宗教教义进行歪曲，或者在其中夹杂恐怖主义、极端主义的内容，诱骗一些对宗教教义知之甚少的群众将一些错误观点奉为经典，造成思想混乱，为暴恐活动披上"宗教"的合法外衣。本条中规定的

"其他物品",是指除图书、音频视频资料外的其他恐怖主义、极端主义宣传品,如含有宣扬恐怖主义、极端主义内容的文稿、图片、存储介质、电子阅读器等。实践中,在网络存储空间内储存宣扬恐怖主义、极端主义的资料的,本质上与存储在个人电脑、手机、移动硬盘中没有区别,且更容易造成大面积传播,情节严重的,也构成本罪。对涉案物品因涉及专门知识或者语言文字等内容难以鉴别的,可商请有关主管部门提供鉴别意见。

根据《最高人民法院、最高人民检察院、公安部、司法部关于办理恐怖活动和极端主义犯罪案件适用法律若干问题的意见》的有关规定,明知是载有宣扬恐怖主义、极端主义内容的图书、报刊、文稿、图片、音频视频资料、服饰、标志或者其他物品而非法持有,达到下列数量标准之一的,依照刑法本条规定,以非法持有宣扬恐怖主义、极端主义物品罪定罪处罚:(1)图书、刊物二十册以上,或者电子图书、刊物五册以上的;(2)报纸一百份(张)以上,或者电子报纸二十份(张)以上的;(3)文稿、图片一百篇(张)以上,或者电子文稿、图片二十篇(张)以上,或者电子文档五十万字符以上的;(4)录音带、录像带等音像制品二十个以上,或者电子音频视频资料五个以上,或者电子音频视频资料二十分钟以上的;(5)服饰、标志二十件以上的。非法持有宣扬恐怖主义、极端主义的物品,虽未达到前款规定的数量标准,但具有多次持有,持有多类物品,造成严重后果或者恶劣社会影响,曾因实施恐怖活动、极端主义违法犯罪被追究刑事责任或者二年内受过行政处罚等情形之一的,也可以定罪处罚。

根据本条规定,明知是宣扬恐怖主义、极端主义的图书、音频视频资料或者其他物品而非法持有的行为,只有达到情节严重的,才构成犯罪。对于是否属于"情节严重",可以根据所持有的恐怖主义、极端主义宣传品的数量多少,所包含的内容的严重程度,曾经因类似行为受到处罚的情况,以及其事后的态度等因素作出认定。对于因为好奇或者思想认识不清楚,非法持有少量的恐怖主义、极端主义宣传品,没有其他的恐怖主义、极端主义违法行为,经发现后及时销毁、删除的,不作为犯罪追究。

实践中认定本罪需要注意的是,本罪作为持有型犯罪,是一项补充性罪名,目的是严密法网,防止放纵犯罪分子。在实践中,对于被查获的非法持有恐怖主义、极端主义宣传品的人,应当尽力调查其犯罪事实,如果经查证是为通过散发、讲授等方式宣扬恐怖主义、极端主义,煽动实施恐怖活动而非法持有的，是为利用极端主义煽动群众破坏国家法律制度实施而非法持有的，应当依照刑法第一百二十条之三、第一百二十条之四的规定定罪处罚。

另外，根据反恐怖主义法第八十条的规定，实施本条规定的行为，情节轻微，尚不构成犯罪的，由公安机关处十日以上十五日以下拘留，可以并处一万元以下罚款。

第一百二十一条 【劫持航空器罪】以暴力、胁迫或者其他方法劫持航空器的，处十年以上有期徒刑或者无期徒刑；致人重伤、死亡或者使航空器遭受严重破坏的，处死刑。

【释解与适用】

本条是关于劫持航空器罪及其刑罚的规定。

根据本条规定，行为人构成本罪必须是实施了以暴力、威胁或者其他方法劫持航空器的行为。这里所说的"暴力"，主要是指犯罪分子使用强暴手段，如杀害、殴打等方法劫持航空器的行为。"胁迫"，主要是指犯罪分子以爆炸飞机、枪杀旅客等手段要挟、强迫机组人员服从其劫持航空器的命令的行为。"其他方法"，是指犯罪分子使用除暴力、威胁方法以外的方法劫持航空器的行为。例如，航空器的驾驶人员，利用驾驶航空器的便利条件，违反规定直接驾机非法出逃境外，危害公众安全的行为。本罪侵犯的对象是使用中的航空器。这里规定的"航空器"，是指各种运送旅客和运输物资的空中运输工具。《关于在航空器内犯罪和其他某些行为的公约》（以下简称《东京公约》）和《禁止非法劫持航空器公约》（以下简称《海牙公约》）中规定的都是在飞行中的航空器。所谓在飞行中是指航空器从装载结束、机舱外部各门均已关闭时起，直到打开任一机舱门以便卸载时为止的任何时间；而如果飞机是强迫降落的，则是在主管当局接管该航空器及其所载人员和财产以前。《关于制止危害民用航空安全的非法行为的公约》（以下简称《蒙特利尔公约》）中扩大了罪行的范围，它不仅包括在飞行中，而且包括在使用中的航空器内所犯罪行。而所谓使用中是指从地面人员或机组对某一特定飞行器开始进行飞行前准备起，直到降落后二十四小时止。因此，我们不能狭义地把本罪的侵犯对象理解为飞行中的航空器。

根据航空服务的目的不同，航空器可分为国家航空器和民用航空器。国家航空器的概念最早于1919年《关于管理空中航行的公约》（以下简称《巴黎公约》）中正式出现。其中，第30条规定："下列为国家航空器：(a) 军用航空器。(b) 专为国家目的服务的航空器，如邮政、海关、警用航空器。除此之外任何其他航空器都应当被认定为是私人航空器。除军用、海关和警用航空器外，所有国家航空器均应视为私人航空器，并应遵守本公约的所有规定。"这里使用的是"私人航空器（private aircraft）"的概念，而不是"民用航空器（civil aircraft）"。第31条还进一步解释了军用航空器的定义："具体来讲，每架由服役人员指挥的航空器，均应视为军用航空器。"确定航空器是否是国家航空器的决定因素是有关航空器是否受雇于国家服务部门。1919年《巴黎公约》不仅给国家航空器和私人航空器下了定义，还清晰地确定了两者定义的边界。1944年《国际民用航空公约》（《芝加哥公约》）第3条规定："(a) 本公约只适用于民用航空器，不适用于国家航空器。(b) 用于军事、海关和警察的航空器，应视为国家航空器。"这里开始出现"民用航空器"的概念，这一概念在随后的航空法律文书中继续使用。此外，与1919年《巴黎公约》不同，对于军用航空器这一特定类型没有给出明确的定义，而军用航空器往往是受到特别规则管制的一类。对于劫持航空器罪是否包括国家航空器，有不同认识：一种观点认为，从国际公约和我国承担的义务来看，本罪中的航空器仅指民用航空器；另一种观点认为，本罪侵犯的对象是航空器，至于是民用的，还是供军事、海关等使用，均不影响本罪的成立。从刑法规定看，我国刑法并没有对航空器作出任何限制，劫持用于军事、海关、警察等领域的航空器的犯罪行为也可能发生，依法应予以惩治。

根据本条的规定，对以暴力、胁迫或者其他方法劫持航空器的犯罪的处刑分为两档，即一般情况下，处十年以上有期徒刑或者无期徒刑；致人重伤、死亡或者使航空器遭受严重破坏的，处死刑（这一情况主要是指犯罪分子在劫持航空器的过程中，造成旅客或者机组人员重伤、死亡或者使航空器上的重要设施、设备遭受严重破坏等）。

需要注意的是，关于管辖权，刑法第九条规定："对于中华人民共和国缔结或者参加的国际条约所规定的罪行，中华人民共和国在所承担条约义务的范围内行使刑事管辖权的，适用本法。"据此，我国作为相关公约的缔约国，对劫持航空器的犯罪行为，不论航空器是哪国的，不论犯罪行为人是哪国的或无国籍,也不论犯罪行为发生在何地,我国都可以行使刑事管辖权。

关于本条规定中的"死刑"的理解。本条规定的刑罚中的"死刑",包括死刑立即执行和死刑缓期二年执行。对于有本条规定的犯罪行为,但不是必须立即执行的,可以依法判处死刑缓期二年执行。

第一百二十二条 【劫持船只、汽车罪】以暴力、胁迫或者其他方法劫持船只、汽车的,处五年以上十年以下有期徒刑;造成严重后果的,处十年以上有期徒刑或者无期徒刑。

【释解与适用】

本条是关于劫持船只、汽车罪及其刑罚的规定。

劫持船只、汽车罪,是指以暴力、胁迫或者其他方法劫持船只、汽车,危害公共安全的行为。其中"以暴力、胁迫或者其他方法"规定的含义与第一百二十一条规定的劫持航空器罪中的"以暴力、胁迫或者其他方法"的基本含义是一致的。"暴力"可以理解为对船只、汽车的驾驶、操作人员实施打击或身体强制,使其不能反抗、不敢反抗或无力反抗,从而使船只、汽车按照行为人意志行驶或者行为人自己控制船只、汽车;"胁迫"是指对船只、汽车的驾驶、操作人员等以事实伤害、杀害等暴力手段相威胁,对其实施精神强制,使其恐惧不敢反抗的手段;"其他方法"是暴力、胁迫以外的,与此相当的犯罪方法,如用药物麻醉、致昏等。本条所说的"船只",是指各种运送旅客或者物资的水上运输工具;"汽车"主要是指公共汽车、电车等机动车辆,包括内燃机、柴油机、电机等机械为动力的车辆。

根据本条规定,只要行为人实施了以暴力、胁迫或者其他方法劫持船只、汽车的,即构成本罪,处五年以上十年以下有期徒刑;造成严重后果的,即造成人员伤亡或者使国家和人民的财产遭受重大损失的,处十年以上有期徒刑或者无期徒刑。需要指出的是,本条规定的劫持船只、汽车行为的目的不是为了抢劫或者实施海盗行为,对于以抢劫为目的劫持船只、汽车的,应当依照抢劫罪的规定定罪处罚。本条规定的劫持船只、汽车的目的与第一百二十一条规定的劫持航空器的目的是基本一致的,主要是为了逃避法律追究,让船只、汽车开往其指定的地点,或者以劫持车船作为要挟手段，让政府答应其提出的某项条件等。

【适用中需要注意的问题】

需要注意的是，对于劫持的理解，如果仅有对船只、汽车的驾驶、操作人员等使用暴力、胁迫或者其他方法的行为，无非法且劫夺、控制船只、汽车的行为，不是"劫持"。另外，所谓"劫持"，应是非法的，因执行公务、紧急避险等情况而强行控制船只、汽车的，不是劫持。劫持的对象，必须是正在使用中的船只、汽车，包括正在行驶和停放码头、车站等停机待用、准备随时执行运输任务的船只、汽车。至于船只、汽车是否正在行驶中，本条没有明文规定，如果行为人在船只、汽车停机、待用时，以暴力、胁迫或者其他方法强制驾驶、操作人员等上船、上车而进行劫持的，也应按本罪处理。

第一百二十三条 **【暴力危及飞行安全罪】**对飞行中的航空器上的人员使用暴力，危及飞行安全，尚未造成严重后果的，处五年以下有期徒刑或者拘役；造成严重后果的，处五年以上有期徒刑。

【释解与适用】

本条是关于暴力危及飞行安全罪及其刑罚的规定。

1. 根据本条规定，构成本罪的主体是一般主体，即任何在飞行中的航空器上的人员都可以构成本罪的主体。

2. 构成本罪还必须具有以下条件：（1）必须使用暴力。即对飞行中航空器上的人员使用暴力，如使用凶器行凶或者斗殴等。这里所说的使用暴力，较劫持航空器罪的范围要宽，包括对飞行中的航空器上的人员脚踢、使用凶器进行行凶，以及乘客之间、乘客与机组人员之间的暴力事件。（2）危及飞行安全。在飞行中的航空器上，任何使用暴力的情况都会危及飞行安全，但本罪在处刑上区分了两种情况，一是尚未造成严重后果的；二是造成严重后果的。其中，"尚未造成严重后果的"，是指使用暴力对飞行安全没有造成直接的危害后果。"造成严重后果的"，主要是指因行为人在航空器中使用暴力的行为，致使航空器不能正常航行，以致迫降、坠毁等。

3. 本条规定的航空器仅限于"飞行中"的航空器。关于"飞行中"，根据《蒙特利尔公约》的规定，航空器从装载完毕、机舱外部各门均已关闭时起，直至打开任一机舱门以便卸载时为止，应被认为是在飞行中；航空器强迫降落时，在主管当局接管对该航空器及其所载人员和财产以前，应被认为仍在飞行中。对于不在"飞行中"的航空器及相关人员使用暴力的，构成犯罪的，可以根据故意伤害、毁损财物等相关犯罪依法追究刑事责任。

根据本条规定，对暴力危及飞行安全罪，尚未造成严重后果的，处五年以下有期徒刑或者拘役；造成严重后果的，处五年以上有期徒刑。

【适用中需要注意的问题】

需要注意的是，是否处于"飞行中"是确定罪与非罪的关键，根据《东京公约》《海牙公约》中规定的飞行中的航空器是指航空器在装载结束，机舱外部各门均已关闭时起，直到打开任一机门以便卸载时为止的任何时间；而如果飞机是强迫降落的，则在主管当局接管该航空器及其所载人员和财产以前。实践中应严格把握是否为飞行中的状态，如果是对处于待飞行状态航空器上的人员使用暴力，原则上不适用本条。"待飞行"应以实质的飞行状态判断，如经停，航行前检测、维修，航空管制待飞等均应属于"待飞行"。对于不在"飞行中"的航空器及相关人员使用暴力，构成犯罪的，可以根据故意伤害、毁损财物等相关犯罪依法追究刑事责任。例如，在飞机上、候机厅、安检处等殴打安检人员、飞机乘务人员、其他旅客等造成人身伤害的以故意伤害罪追究刑事责任，毁坏机场设备或飞机上的设备等情形可以故意毁坏财物罪追究刑事责任。

第一百二十四条 【破坏广播电视设施、公用电信设施罪】破坏广播电视设施、公用电信设施，危害公共安全的，处三年以上七年以下有期徒刑；造成严重后果的，处七年以上有期徒刑。

过失犯前款罪的，处三年以上七年以下有期徒刑；情节较轻的，处三年以下有期徒刑或者拘役。

【释解与适用】

本条是关于破坏广播电视设施、公用电信设施罪及其刑罚的规定。

本条规定的是以广播电视设施、公用电信设施为侵害对象的危害公共安全犯罪，1979年刑法就有规定，1997年刑法修订时作了个别文字调整。广播电视设施、公用电信设施是关系到国家经济建设和人民生活的重要基础设施，破坏广播、电视、公用电信设施会严重危及通信方面的公共安全，严重影响人民群众的生产生活，往往会造成巨大的直接和间接经济损失。此外，鉴于此类犯罪所具有的严重的社会危害性，还应当追究其过失犯罪的刑事责任。

本条共分两款。第一款是故意破坏广播电视设施、公用电信设施犯罪的规定。这里所说的"广播设施"，包括发射无线电广播信号的发射台站等；"电视设施"，主要是指传播新闻信息的电视发射台、转播台等；公用电信设施主要包括：(1) 通信线路类，包括光（电）缆、电力电缆等，交接箱、分（配）线盒等，管道、槽道、人井（手孔）、电杆、拉线、吊线、挂钩等支撑加固和保护装置，标石、标志标牌、井盖等附属配套设施。(2) 通信设备类，包括基站、中继站、微波站、直放站、室内分布系统、无线局域网（WLAN）系统、有线接入设备、公用电话终端等。(3) 其他配套设备类，包括通信铁塔、收发信天（馈）线，公用电话亭，用于维系通信设备正常运转的通信机房、空调、蓄电池、开关电源、不间断电源（UPS）、太阳能电池板、油机、变压器、接地铜排、消防设备、安防设备、动力环境设备等附属配套设施。(4) 电信主管部门认定的其他电信设施。例如，国家电信部门的无线电发报设施、设备（如发射机、天线等），还有电话交换局、交换站以及有关国家重要部门的电话交换台、无线电通信网络，如在航空、航海交通工具及交通设施中使用的无线电通信、导航设施等。总之，电信设施，既包括各种机器设备，也包括其组成部分的线路等。应当注意的是，对于那些不可能影响公共安全的通信服务设备，如城市大街上的公用电话亭、一般的民用家庭电话等，不属于本条规定的"公用电信设施"的范围。如对其破坏，可按故意毁坏财物罪处理。根据本款的规定，行为人破坏广播电视设施、公用电信设施的行为，必须达到"危害公共安全"的程度，才能构成本罪。本款对破坏广播电视设施、公用电信设施的犯罪行为规定了两档刑：危害公共安全的，处三年以上七年以下有期徒刑或者拘役；造成严重后果的，处七年以上有期徒刑。"造成严重后果的"，是指由于行为人破坏广播电视设施、公用电信设施的行为，致使广播电视传播或者公用通信中断，不能及时排除险情或者疏散群众，因而导致人员伤亡或者使公私财产遭受重大损失等情况。

关于"危害公共安全"和"严重后果"的理解,2004年8月《最高人民法院关于审理破坏公用电信设施刑事案件具体应用法律若干问题的解释》第一条规定:"采用截断通信线路、损毁通信设备或者删除、修改、增加电信网计算机信息系统中存储、处理或者传输的数据和应用程序等手段,故意破坏正在使用的公用电信设施,具有下列情形之一的,属于刑法第一百二十四条规定的'危害公共安全',依照刑法第一百二十四条第一款规定,以破坏公用电信设施罪处三年以上七年以下有期徒刑:(一)造成火警、匪警、医疗急救、交通事故报警、救灾、抢险、防汛等通信中断或者严重障碍,并因此贻误救助、救治、救灾、抢险等,致使人员死亡一人、重伤三人以上或者造成财产损失三十万元以上的;(二)造成二千以上不满一万用户通信中断一小时以上,或者一万以上用户通信中断不满一小时的;(三)在一个本地网范围内,网间通信全阻、关口局至某一局向全部中断或网间某一业务全部中断不满二小时或者直接影响范围不满五万(用户×小时)的;(四)造成网间通信严重障碍,一日内累计二小时以上不满十二小时的;(五)其他危害公共安全的情形。"第二条规定:"实施本解释第一条规定的行为,具有下列情形之一的,属于刑法第一百二十四条第一款规定的'严重后果',以破坏公用电信设施罪处七年以上有期徒刑:(一)造成火警、匪警、医疗急救、交通事故报警、救灾、抢险、防汛等通信中断或者严重障碍,并因此贻误救助、救治、救灾、抢险等,致使人员死亡二人以上、重伤六人以上或者造成财产损失六十万元以上的;(二)造成一万以上用户通信中断一小时以上的;(三)在一个本地网范围内,网间通信全阻、关口局至某一局向全部中断或网间某一业务全部中断二小时以上或者直接影响范围五万(用户×小时)以上的;(四)造成网间通信严重障碍,一日内累计十二小时以上的;(五)造成其他严重后果的。"

第二款是关于过失损坏广播电视设施、公用电信设施罪及其处罚的规定。所谓"过失犯前款罪的",是指由于行为人主观上的疏忽大意或者过于轻信等过失,造成广播电视设施、公用电信设施被损坏,危害公共安全的行为。根据本款规定,构成过失损坏广播电视设施、公用电信设施罪的,处三年以上七年以下有期徒刑;情节较轻的,即广播电视设施、公用电信设施被损坏的程度不太严重,对公共安全危害不大的,处三年以下有期徒刑或者拘役。

第一百二十五条 【非法制造、买卖、运输、邮寄、储存枪支、弹药、爆炸物罪和非法制造、买卖、运输、储存危险物质罪】非法制造、买卖、运输、邮寄、储存枪支、弹药、爆炸物的，处三年以上十年以下有期徒刑；情节严重的，处十年以上有期徒刑、无期徒刑或者死刑。

非法制造、买卖、运输、储存毒害性、放射性、传染病病原体等物质，危害公共安全的，依照前款的规定处罚。

单位犯前两款罪的，对单位判处罚金，并对其直接负责的主管人员和其他直接责任人员，依照第一款的规定处罚。

【释解与适用】

本条是关于非法制造、买卖、运输、邮寄、储存枪支、弹药、爆炸物罪和非法制造、买卖、运输、储存危险物质罪及其刑罚的规定。

本条共分三款。第一款是对非法制造、买卖、运输、邮寄、储存枪支、弹药、爆炸物的犯罪及其处罚的规定。这里所说的"非法"，既包括违反法律、法规，也包括违反国家有关部门发布的规章、通告等规范性文件。"制造"，是指以各种方法生产枪支、弹药、爆炸物的行为，包括变造、装配；"买卖"，是指行为人购买或者出售枪支、弹药、爆炸物的行为；"运输"，是指通过各种交通工具移送枪支、弹药、爆炸物的行为；"邮寄"，是指通过邮局、快递等将枪支、弹药、爆炸物寄往目的地的行为；"储存"，包括明知是他人非法制造、买卖、运输、邮寄的枪支、弹药、爆炸物而为其存放的行为，也包括自己储存的情况。应当注意的是，这里所说的"运输"与"邮寄"的主要区别是运输的方式不同，一个通过交通工具，另一个通过邮政、快递系统，"运输"一般较"邮寄"的数量要多。本款规定的"枪支"，根据枪支管理法的规定，是指以火药或者压缩气体等为动力，利用管状器具发射金属弹丸或者其他物质，足以致人伤亡或者丧失知觉的各种枪支，包括军用的手枪、步枪、冲锋枪、机枪以及射击运动用的各种枪支，还有各种民用的狩猎用枪等。"弹药"，是指上述枪支所使用的子弹、火药等。"爆炸物"，是指具有爆破性并对人体造成杀伤的物品，如手榴弹、炸药以及雷管、爆破筒、地雷等。根据本款规定，最高人民法院2001年5月15日发布了《关于审理非法制造、买卖、运输枪支、弹药、爆炸物等刑事案件具体应用法律若干问题的解释》，2009 年 11 月 16 日，最高人民法院公布了《关于修改〈关于审理非法制造、买卖、运输枪支、弹药、爆炸物等刑事案件具体应用法律若干问题的解释〉的决定》，对该解释进行了修改，在适用中应当按照修改后的司法解释执行。

第二款是对非法制造、买卖、运输、储存毒害性、放射性、传染病病原体等物质，危害公共安全犯罪的处罚规定。这里所说的"毒害性、放射性、传染病病原体等物质"，前面第一百一十四条中已有论述，不再赘述。根据本款规定，非法制造、买卖、运输、储存毒害性、放射性、传染病病原体等物质，必须是危害公共安全的，才构成犯罪。

根据本条规定，非法制造、买卖、运输、邮寄、储存枪支、弹药、爆炸物的，以及非法制造、买卖、运输、储存毒害性、放射性、传染病病原体等物质，危害公共安全的，处三年以上十年以下有期徒刑；情节严重的，处十年以上有期徒刑、无期徒刑或者死刑。另外，本条规定了单位犯罪，单位犯前两款罪的，对单位判处罚金，并对其直接负责的主管人员和其他直接责任人员，依照第一款的规定处罚，即一般情形处三年以上十年以下有期徒刑；情节严重的，处十年以上有期徒刑、无期徒刑或者死刑。

第一百二十六条 【违规制造、销售枪支罪】依法被指定、确定的枪支制造企业、销售企业，违反枪支管理规定，有下列行为之一的，对单位判处罚金，并对其直接负责的主管人员和其他直接责任人员，处五年以下有期徒刑；情节严重的，处五年以上十年以下有期徒刑；情节特别严重的，处十年以上有期徒刑或者无期徒刑：

（一）以非法销售为目的，超过限额或者不按照规定的品种制造、配售枪支的；

（二）以非法销售为目的，制造无号、重号、假号的枪支的；

（三）非法销售枪支或者在境内销售为出口制造的枪支的。

【释解与适用】

本条是关于违规制造、销售枪支罪及其刑罚的规定。

根据本条的规定，构成本罪的主体只能是单位，即依法被指定、确定的枪支制造企业、销售企业。枪支是涉及国家安全、公共安全的特殊物品，国家对枪支的制造、销售等实行严格的管制。枪支管理法第十三条明确规定："国家对枪支的制造、配售实行特别许可制度。未经许可，任何单位或者个人不得制造、买卖枪支。"只有经国家专门指定或确定的企业才能从事枪支的制造或销售。这里所说的"依法"，是指枪支管理法和有关部门依据枪支管理法制定的有关规定。所谓"被指定、确定的枪支制造企业"，是指根据枪支管理法由国家和有关部门指定、确定的允许制造枪支的企业。根据枪支管理法第十四条及第十五条的规定，公务用枪，即部队、警察、民兵以及其他特殊部门所装备的各种军用、警用等公务使用枪支，由国家指定的企业制造；民用枪支，即猎枪、麻醉注射枪、射击运动枪等其他非军用枪支的制造企业，由国务院有关主管部门提出，由国务院公安部门确定。同时，制造民用枪支的企业，由国务院公安部门核发民用枪支制造许可证件，有效期三年，期满需要继续制造民用枪支的，应当重新申请领取许可证件。所谓"被指定、确定的枪支销售企业"，是指根据枪支管理法及国家有关部门的规定，由国务院有关部门确定的有权销售枪支的企业。根据枪支管理法第十五条的规定，配售民用枪支的企业，由省级人民政府公安机关确定；由省级人民政府的公安机关核发民用枪支配售许可证件，有效期为三年，期满需继续配售民用枪支的，应当重新申请领取许可证件。

本条规定的犯罪行为主要包括三种情形。

1. 以非法销售为目的，超过限额或者不按规定的品种制造、配售枪支的。其中，"以非法销售为目的"，是指其生产活动、经营活动以非法出售枪支获得非法利润为目的。这里的"超过限额制造、配售枪支的"，是指枪支制造企业、销售企业超过国家有关主管部门下达的生产或配售枪支的数量指标或者任务，而擅自制造、配售枪支的行为。根据枪支管理法及有关主管部门的规定，制造、销售枪支的企业，每年的生产任务、销售总数都由各级公安部门及其他有关主管部门统一下达任务指标。"不按照规定的品种"，是指生产枪支的企业没有按照国家规定的技术标准生产枪支或者配售枪支的企业不按照国家规定的配售枪支的品种、型号去配售枪支。例如，枪支管理法第十六条规定："国家对制造、配售民用枪支的数量，实行限额管理。制造民用枪支的年度限额，由国务院林业、体育等有关主管部门、省级人民政府公安机关提出，由国务院公安部门确定并统一编制民用枪支序号，下达到民用枪支制造企业。配售民用枪支的年度限额，由国务院林业、体育等有关主管部门、省级人民政府公安机关提出，由国务院公安部门确定并下达到民用枪支配售企业。"第十七条规定："制造民用枪支的企业不得超过限额制造民用枪支，所制造的民用枪支必须全部交由指定的民用枪支配售企业配售，不得自行销售。配售民用枪支的企业应当在配售限额内，配售指定的企业制造的民用枪支。"第十八条中规定："制造民用枪支的企业，必须严格按照国家规定的技术标准制造民用枪支，不得改变民用枪支的性能和结构。"如果枪支制造企业、销售企业在制造、销售民用枪支时，违反枪支管理法上述规定的，就属于这里的"超过限额或者不按照规定的品种制造、配售枪支"。

2. 以非法销售为目的，制造无号、重号、假号的枪支。所谓"制造无号、重号、假号的枪支"，是指生产枪支的企业，为了逃避检查，规避法律，在生产枪支过程中有意制造一批没有编号、重复编号或者虚假编号的枪支，用以非法销售牟利的行为。根据枪支管理法第十八条的规定，公安部门对生产的民用枪支必须在生产前确定并统一编制枪支的序号，下达到制造民用枪支的企业。生产企业必须在民用枪支指定的部位铸印制造厂的厂名、枪种代码和公安部门统一编制的枪支序号。如果制造无号、重号或者假号的枪支，就可以逃避有关主管机关的检查，而达到非法牟利的目的。

3. 非法销售枪支或者在境内销售为出口制造的枪支。这里所说的"非法销售枪支"，是指违反枪支管理的规定，销售枪支的行为。根据枪支管理法第十九条的规定，配售民用枪支，必须核对配购证件，严格按照配购证件载明的品种、型号和数量配售；配售弹药，必须核对持枪证件。这里"非法销售枪支"既包括根本没有配售许可资格的销售行为，如私自销售等，也包括没有枪支制造资格的企业制造后销售枪支或者从该企业进货后销售枪支的行为。"在境内销售为出口制造的枪支"，是指生产、销售出口枪支的企业将为出口制造的枪支，在境内销售牟利，包括出口退货后转内销，以出口为名生产后内销以及在完成出口任务后，将剩余的枪支非法在境内销售牟利等。根据本条规定和2009年《最高人民法院关于审理非法制造、买卖、运输枪支、弹药、爆炸物等刑事案件具体应用法律若干问题的解释》第三条的规定，依法被指定、确定的枪支制造企业、销售企业有下列行为之一，即违规制造枪支五支以上的，违规销售枪支两支以上的，或者虽未达到上述最低数量标准，但具有造成严重后果等其他恶劣情节的，对单位判处罚金，并对直接负责的主管人员和其他直接责任人员，处五年以下有期徒刑；情节严重的，即违规制造枪支二十支以上的，违规销售枪支十支以上的，或者违规制造枪支五支以上，违规销售枪支两支以上，并具有造成严重后果等其他恶劣情节的，处五年以上十年以下有期徒刑；情节特别严重的，即违规制造枪支五十支以上的，违规销售枪支三十支以上的，或者违规制造枪支二十支以上，违规销售枪支十支以上，并具有造成严重后果等其他恶劣情节的，处十年以上有期徒刑或者无期徒刑。该解释第七条同时规定，成套枪支散件，以相应数量的枪支计；非成套枪支散件以每三十件为一成套枪支散件计。

根据本条规定，构成本罪的，对单位判处罚金，并对其直接负责的主管人员和其他直接责任人员，处五年以下有期徒刑；情节严重的，处五年以上十年以下有期徒刑；情节特别严重的，处十年以上有期徒刑或者无期徒刑。

【适用中需要注意的问题】

本条规定的是违反枪支管理规定，制造、销售枪支的犯罪。枪支管理法第二条规定："中华人民共和国境内的枪支管理，适用本法。对中国人民解放军、中国人民武装警察部队和民兵装备枪支的管理，国务院、中央军事委员会另有规定的，适用有关规定。"考虑到枪支管理法第十三条"国家对枪支的制造、配售实行特别许可制度。未经许可，任何单位或者个人不得制造、买卖枪支"的规定，对于军用枪支的制造、配售也同样适用，因此，依法被指定、确定从事军用枪支的制造企业、销售企业，如果存在本条规定的违规制造、销售枪支的行为，也应依照本条规定定罪处罚。如果被依法指定、确定从事非军用枪支的制造、销售企业，违规制造、销售军用枪支的，同样依法适用本条规定定罪处罚。

第一百二十七条　【盗窃、抢夺枪支、弹药、爆炸物、危险物质罪】盗窃、抢夺枪支、弹药、爆炸物的，或者盗窃、抢夺毒害性、放射性、传染病病原体等物质，危害公共安全的，处三年以上十年以下有期徒刑；情节严重的，处十年以上有期徒刑、无期徒刑或者死刑。

【抢劫枪支、弹药、爆炸物、危险物质罪】抢劫枪支、弹药、爆炸物的，或者抢劫毒害性、放射性、传染病病原体等物质，危害公共安全的，或者盗窃、抢夺国家机关、军警人员、民兵的枪支、弹药、爆炸物的,处十年以上有期徒刑、无期徒刑或者死刑。

【释解与适用】

本条是关于盗窃、抢夺枪支、弹药、爆炸物、危险物质罪和抢劫枪支、弹药、爆炸物、危险物质罪及其刑罚的规定。

本条共分两款。第一款是对盗窃、抢夺枪支、弹药、爆炸物或者盗窃、抢夺毒害性、放射性、传染病病原体等物质的犯罪及其处罚的规定。所谓"盗窃枪支、弹药、爆炸物、危险物质",是指秘密窃取枪支、弹药、爆炸物或者毒害性、放射性、传染病病原体等危险物质的犯罪行为;"抢夺枪支、弹药、爆炸物、危险物质",是指乘人不备,公开夺取枪支、弹药、爆炸物或者毒害性、放射性、传染病病原体等危险物质的行为。根据本款的规定,只要行为人实施了盗窃、抢夺枪支、弹药、爆炸物的行为或者毒害性、放射性、传染病病原体等危险物质危害公共安全的,就构成犯罪,处三年以上十年以下有期徒刑;对情节严重的,即盗窃、抢夺枪支、弹药、爆炸物或者毒害性、放射性、传染病病原体等物质数量较大、手段恶劣或者造成严重后果的等,处十年以上有期徒刑、无期徒刑或者死刑。这里所说的"枪支、弹药、爆炸物""毒害性、放射性、传染病病原体等物质"的含义、范围与本法第一百二十五条的规定是一致的。2009年《最高人民法院关于审理非法制造、买卖、运输枪支、弹药、爆炸物等刑事案件具体应用法律若干问题的解释》第四条对本条的规定作了进一步细化:"盗窃、抢夺枪支、弹药、爆炸物,具有下列情形之一的,依照刑法第一百二十七条第一款的规定,以盗窃、抢夺枪支、弹药、爆炸物罪定罪处罚:(一)盗窃、抢夺以火药为动力的发射枪弹非军用枪支一支以上或者以压缩气体等为动力的其他非军用枪支二支以上的;(二)盗窃、抢夺军用子弹十发以上、气枪铅弹五百发以上或者其他非军用子弹一百发以上的;(三)盗窃、抢夺爆炸装置的;(四)盗窃、抢夺炸药、发射药、黑火药一千克以上或者烟火药三千克以上,雷管三十枚以上或者导火索、导爆索三十米以上的;(五)虽未达到上述最低数量标准,但具有造成严重后果等其他恶劣情节的。具有下列情形之一的,属于刑法第一百二十七条第一款规定的'情节严重':(一)盗窃、抢夺枪支、弹药、爆炸物的数量达到本条第一款规定的最低数量标准五倍以上的;(二)盗窃、抢夺军用枪支的;(三)盗窃、抢夺手榴弹的;(四)盗窃、抢夺爆炸装置,危害严重的；（五）达到本条第一款规定的最低数量标准，并具有造成严重后果等其他恶劣情节的。"

第二款是对抢劫枪支、弹药、爆炸物或者抢劫毒害性、放射性、传染病病原体等物质，危害公共安全或者盗窃、抢夺国家机关、军警人员、民兵的枪支、弹药、爆炸物的犯罪和处罚的规定。盗窃、抢夺国家机关、军警人员、民兵的枪支、弹药、爆炸物的行为，具有更大的社会危害性，因此单独规定了更重的处罚。这里规定的"抢劫"，是指以暴力或者以暴力相威胁劫取枪支、弹药、爆炸物或者毒害性、放射性、传染病病原体等物质的行为。这里的"国家机关"，是指依法允许装备、使用枪支的国家机关，如公安机关、国家安全机关、人民检察院、人民法院、监狱、海关等；"军警人员"，是指军队、武警部队及人民警察中的人员。需要注意的是，根据2018年中共中央《深化党和国家机构改革方案》的精神，军队、武装警察部队等进行了相应的改革，如消防部队经过改革已不再属于武装警察部队。实践中应根据从旧兼从轻的精神，准确把握本条规定的"军警人员"的范围。"民兵"，是指依照有关法律规定组成的不脱离生产的群众武装组织成员。本款规定，抢劫枪支、弹药、爆炸物或者抢劫毒害性、放射性、传染病病原体等物质，危害公共安全或者盗窃、抢夺国家机关、军警人员、民兵的枪支、弹药、爆炸物的，处十年以上有期徒刑、无期徒刑或者死刑。

第一百二十八条 【非法持有、私藏枪支、弹药罪】违反枪支管理规定，非法持有、私藏枪支、弹药的，处三年以下有期徒刑、拘役或者管制；情节严重的，处三年以上七年以下有期徒刑。

【非法出租、出借枪支罪】依法配备公务用枪的人员，非法出租、出借枪支的，依照前款的规定处罚。

依法配置枪支的人员，非法出租、出借枪支，造成严重后果的，依照第一款的规定处罚。

单位犯第二款、第三款罪的，对单位判处罚金，并对其直接负责的主管人员和其他直接责任人员，依照第一款的规定处罚。

【释解与适用】

本条是关于非法持有、私藏枪支、弹药罪和非法出租、出借枪支罪及其刑罚的规定。

本条共分四款。第一款是关于非法持有、私藏枪支、弹药罪的处罚规定。本款规定的"枪支管理规定",是指枪支管理法及国家有关主管部门对枪支、弹药管理等方面作的规定,如枪支管理法中对哪些部门、哪些单位、哪些人员可以配备、使用枪支,都作了明确规定。"非法持有",是指不符合配备、配置枪支、弹药条件的人员,违反枪支管理法律、法规的规定,擅自持有枪支、弹药的行为;"私藏",是指依法配备、配置枪支、弹药的人员,在配备、配置枪支、弹药的条件消失后,违反枪支管理法律、法规的规定,私自藏匿所配备、配置的枪支、弹药且拒不交出的行为。根据本款规定和2009年《最高人民法院关于审理非法制造、买卖、运输枪支、弹药、爆炸物等刑事案件具体应用法律若干问题的解释》第五条的规定,违反枪支管理规定,非法持有、私藏军用枪支一支的;非法持有、私藏以火药为动力发射枪弹的非军用枪支一支或者以压缩气体等为动力的其他非军用枪支两支以上的;非法持有、私藏军用子弹二十发以上,气枪铅弹一千发以上或者其他非军用子弹二百发以上的;非法持有、私藏手榴弹一枚以上的;非法持有、私藏的弹药造成人员伤亡、财产损失的,构成犯罪,处三年以下有期徒刑、拘役或者管制;情节严重的,即非法持有、私藏军用枪支两支以上的;非法持有、私藏以火药为动力发射枪弹的非军用枪支两支以上或者以压缩气体等为动力的其他非军用枪支五支以上的;非法持有、私藏军用子弹一百发以上,气枪铅弹五千发以上或者其他非军用子弹一千发以上的;非法持有、私藏手榴弹三枚以上的;非法持有、私藏枪支达到构成犯罪的最低数量标准,并具有造成严重后果等其他恶劣情节的,处三年以上七年以下有期徒刑。

第二款是关于配备公务用枪的人员非法出租、出借枪支罪的处罚规定。这里所说的"依法配备公务用枪的人员",一般是指公安机关、国家安全机关、监狱的人民警察,人民法院、人民检察院的司法警察,以及海关的缉私人员,在依法履行职责时确有必要使用枪支的人员,还有国家重要的军工、金融、仓储、科研等单位的专职守护、押运人员在执行守护、押运任务时确有必要使用枪支的人员。这里所说的"依法配备",主要是指根据枪支管理法规定的审批权配备。1996年枪支管理法第七条第一款规定:"配备公务用枪,由国务院公安部门统一审批。"考虑到国务院公安部门可以利用信息化手段,对公务用枪配备、领取、交还、使用等环节进行动态监管，对公务用枪购置实行统一渠道订购，依法查纠超范围、超标准配枪行为，因此，2015年4月24日第十二届全国人民代表大会常务委员会第十四次会议通过《全国人民代表大会常务委员会关于修改〈中华人民共和国港口法〉等七部法律的决定》，修改了1996年枪支管理法第七条第一款规定，将其修改为"配备公务用枪，由国务院公安部门或者省级人民政府公安机关审批"，将除公安部机关及所属部门外的配备公务用枪审批权下放到省级人民政府公安机关。这里所说的"公务用枪"，即指各种军用枪支，如手枪、冲锋枪、机枪等。"非法出租"，是指以牟利为目的，将配备给自己的枪支租给他人的行为；"非法出借"，是指擅自将配备给自己的枪支借给他人的行为。根据本款的规定，行为人在主观上对出租、出借的行为是明知的。有的是为牟利，有的是供给他人娱乐，但若明知他人使用枪支进行犯罪活动仍出租、出借的，则应定为共犯，不能适用本款定罪处刑。根据本款规定，构成犯罪的，处三年以下有期徒刑、拘役或者管制；情节严重的，处三年以上七年以下有期徒刑。

第三款是关于依法配置枪支的人员，非法出租、出借枪支罪的处罚规定。本款与第二款在犯罪行为的表述和处刑上是一致的，但在犯罪构成上有两点不同：一是这里所说的"枪支"，是指民用枪支，如猎枪、麻醉注射枪、射击运动枪等。对于配置上述民用枪支的范围，枪支管理法已作了明确规定。二是构成本款之罪的，必须是造成严重后果的非法出租、出借行为，如使用人利用该枪支打伤、打死人等情况。也就是说，如果非法出租、出借民用枪支的行为没有造成严重后果的，则应按有关规定处理，不构成犯罪。根据本款规定，构成犯罪的，处三年以下有期徒刑、拘役或者管制；情节严重的，处三年以上七年以下有期徒刑。

第四款是关于单位非法出租、出借枪支罪的处罚规定。这里的单位为依法配备、配置公务用枪的单位和依法配备、配置民用枪支的单位。单位犯非法出租、出借枪支罪，是指单位作为犯罪主体实施的非法出租、出借枪支的犯罪行为。单位构成犯罪的，对单位判处罚金，相关责任人员根据情节轻重，处三年以下有期徒刑、拘役或者管制；情节严重的，处三年以上七年以下有期徒刑。

【适用中需要注意的问题】

我国枪支管理法第二十二条规定："禁止制造、销售仿真枪。"随着我国枪支、弹药管理逐步严格，仿真枪成为行政执法的重点。有的全国人大代表提出，我国对枪支实行严格的管制制度是合适和必要的，也赞同对仿真枪从严管理，但是建议规范和提高仿真枪的入刑标准。

司法实践中产生上述问题的主要原因在于如何认定刑法上的"枪支"。关于枪支的定义，枪支管理法第四十六条有明确规定，即"以火药或者压缩气体等为动力，利用管状器具发射金属弹丸或者其他物质，足以致人伤亡或者丧失知觉的各种枪支"。有的仿真枪不仅与枪支外形相似，而且也具有一定杀伤力，符合枪支管理法规定的"足以致人伤亡或者丧失知觉"的条件。但是枪支管理法并未规定更明确的认定标准，特别是对于"足以致人伤亡或者丧失知觉"的条件，缺乏参考依据。实践中，公安机关颁布的规范性文件对"足以致人伤亡或者丧失知觉"的条件作了补充。2008年公安部发布的《枪支致伤力的法庭科学鉴定判据》规定，未造成人员伤亡的非制式枪支致伤力判据为枪口比动能大于等于1.8焦耳/平方厘米；2010年《公安机关涉案枪支弹药性能鉴定工作规定》进一步认定，"对不能发射制式弹药的非制式枪支，按照《枪支致伤力的法庭科学鉴定判据》（GA/T 718—2007）的规定，当所发射弹丸的枪口比动能大于等于1.8焦耳/平方厘米时，一律认定为枪支"。基于此，行政执法对枪支的认定标准简单化为：发射弹丸的枪口比动能大于等于1.8焦耳/平方厘米的就是枪支。而根据行政执法上对"枪支"的认定标准直接认定构成刑法上的"枪支"，则可能出现刑法关于"枪支"犯罪的适用范围扩大，打击面过大等问题。

考虑到涉枪案件的情况非常复杂，在追究法律责任特别是刑事责任方面需要非常慎重，以确保罪责刑相适应，避免出现与社会公众认识严重背离的情况，影响司法的公信力。针对实践中出现的问题，有的学者提出，公安部制定的1.8焦耳/平方厘米的标准，达不到枪支管理法第四十六条规定的"足以致人伤亡或者丧失知觉"的程度。建议公安机关修改关于"枪支"的认定标准，提高处罚门槛。也有的建议提出，可以通过最高人民法院、最高人民检察院颁布司法解释或者规范性文件的方式，对涉及"枪支"的刑事案件作出规范性指引。2018年《最高人民法院、最高人民检察院关于涉以压缩气体为动力的枪支、气枪铅弹刑事案件定罪量刑问题的批复》规定了处理以压缩气体为动力的枪支、气枪铅弹刑事案件的具体要求：一是对于非法制造、买卖、运输、邮寄、储存、持有、私藏、走私以压缩气体为动力且枪口比动能较低的枪支的行为，在决定是否追究刑事责任以及如何裁量刑罚时，不仅应当考虑涉案枪支的数量，而且应当充分考虑涉案枪支的外观、材质、发射物、购买场所和渠道、价格、用途、致伤力大小、是否易于通过改制提升致伤力，以及行为人的主观认知、动机目的、一贯表现、违法所得、是否规避调查等情节，综合评估社会危害性，坚持主客观相统一，确保罪责刑相适应。二是对于非法制造、买卖、运输、邮寄、储存、持有、私藏、走私气枪铅弹的行为，在决定是否追究刑事责任以及如何裁量刑罚时，应当综合考虑气枪铅弹的数量、用途以及行为人的动机目的、一贯表现、违法所得、是否规避调查等情节，综合评估社会危害性，确保罪责刑相适应。

第一百二十九条　【丢失枪支不报罪】依法配备公务用枪的人员，丢失枪支不及时报告，造成严重后果的，处三年以下有期徒刑或者拘役。

【释解与适用】

本条是关于丢失枪支不报罪及其刑罚的规定。

根据本条的规定，构成本罪的主体是特殊主体，即"依法配备公务用枪的人员"。这里所说的"依法配备公务用枪的人员"的范围与本法第一百二十八条规定的依法配备公务用枪的人员的范围是一致的，即公安机关、国家安全机关、监狱的人民警察，人民法院、人民检察院的司法警察，以及海关的缉私人员，在依法履行职责时确有必要使用枪支的人员，以及国家重要的军工、金融、仓储、科研等单位的专职守护、押运人员在执行守护、押运任务时确有必要使用枪支的人员。构成本罪的行为人必须具有丢失枪支不及时报告的行为。这里所说的"枪支"，即指依法配备、配置的公务用枪，不包括民用枪支；"丢失枪支"，主要是指依法配备公务用枪的人员的枪支被盗、被抢或者遗失等情况。现实中丢失枪支的情况很复杂，有的行为人有过错，有的行为人没有过错，但无论枪支如何丢失，都构成犯罪的前提条件。为了划清罪与非罪的界限，本条规定，构成本罪必须具备以下两个条件：一是丢枪后"不及时报告"。即行为人丢失枪支后未及时向本单位或者有关部门报告。如果行为人及时、如实报告自己丢失枪支的情况，则不能适用本条的规定。二是丢枪的行为造成了严重后果。所谓"造成严重后果",是指枪支丢失后被实施犯罪的行为人用于犯罪活动等情况。2002年《最高人民法院关于加强人民法院司法警察使用枪支管理工作的通知》第一条规定:"人民法院在职司法警察是人民法院惟一具备公务用枪使用资格的人员。"第五条规定:"对违反规定使用枪支造成枪支丢失、被盗、被抢,滥用枪支致人重伤、死亡以及造成其他后果的,必须严格按照《中华人民共和国枪支管理法》和其他有关使用枪支管理法律法规,追究主管负责人和直接责任人的责任。"这里的法律责任就包括本条规定的刑事责任。关于本条规定的立案追诉标准,《最高人民检察院、公安部关于公安机关管辖的刑事案件立案追诉标准的规定(一)》第六条规定:"依法配备公务用枪的人员,丢失枪支不及时报告,涉嫌下列情形之一的,应予立案追诉:(一)丢失的枪支被他人使用造成人员轻伤以上伤亡事故的;(二)丢失的枪支被他人利用进行违法犯罪活动的;(三)其他造成严重后果的情形。"

根据本条的规定,构成丢失枪支不报犯罪的,处三年以下有期徒刑或者拘役。

第一百三十条 【非法携带枪支、弹药、管制刀具、危险物品危及公共安全罪】非法携带枪支、弹药、管制刀具或者爆炸性、易燃性、放射性、毒害性、腐蚀性物品,进入公共场所或者公共交通工具,危及公共安全,情节严重的,处三年以下有期徒刑、拘役或者管制。

【释解与适用】

本条是关于非法携带枪支、弹药、管制刀具、危险物品危及公共安全罪及其刑罚的规定。

根据本条规定,构成本罪的,必须具备以下几个条件。

1. 行为人具有非法携带枪支、弹药、管制刀具或者其他危险物品,进入公共场所或进入公共交通工具的行为。这里所说的"枪支、弹药"及"爆炸性、易燃性、放射性、毒害性、腐蚀性物品"的含义与范围与本章其他条文所规定的内容是一致的。本条规定的"管制刀具",是指国家依法进行管制,只能由特定人员持有、使用,禁止私自生产、买卖、持有的刀具,如匕首、三棱刮刀、弹簧刀以及类似的单刃刀、双刃刀和三棱尖刀等。管制刀具的具体认定,由有关部门具体规定。2007年公安部制定了

《管制刀具认定标准》，对匕首、三棱刮刀、弹簧刀等规定了认定标准，同时规定，少数民族使用的藏刀、腰刀、靴刀、马刀等刀具的管制范围认定标准，由少数民族自治区（自治州、自治县）人民政府公安机关参照该标准制定。2011年，公安部就海关缉私部门认定管制刀具问题的批复规定，同意海关缉私部门对海关监管区内查获的管制刀具进行认定，由隶属海关缉私分局以上缉私部门依据公安部制定的《管制刀具认定标准》组织实施。对难以作出准确认定或有争议的，由上一级海关缉私部门会同当地公安机关治安管理部门认定。对送检认定和收缴的管制刀具，由隶属海关缉私分局以上缉私部门登记造册，妥善保管，适时集中销毁。本条规定的"公共场所"，主要是指大众进行公开活动的场所，如商店、影剧院、体育场、街道等。"公共交通工具"，是指火车、轮船、长途客运汽车、公共电车、汽车、民用航空器、城市轨道交通等。

2. 必须危及公共安全，且是情节严重的行为，才能构成本罪。一般而言，非法携带枪支、弹药、管制刀具或者其他危险物品进入公共场所或者公共交通工具，行为本身就危及公共安全，使广大公民及国家财产处于危险之中，但根据本条规定，只有上述行为达到情节严重的程度，才能构成本罪。根据《最高人民检察院、公安部关于公安机关管辖的刑事案件立案追诉标准的规定（一）》的规定，非法携带枪支、弹药、爆炸物进入公共场所或者公共交通工具，危及公共安全，具有下列情形之一的，属于"情节严重"：（1）携带枪支或者手榴弹的；（2）携带爆炸装置的；（3）携带炸药、发射药、黑火药五百克以上或者烟火药一千克以上，雷管二十枚以上或者导火索、导爆索二十米以上的；（4）携带的弹药、爆炸物在公共场所或者公共交通工具上发生爆炸或者燃烧，尚未造成严重后果的；（5）具有其他严重情节的。此外，行为人非法携带上述第三项规定的爆炸物进入公共场所或者公共交通工具，虽未达到上述数量标准，但拒不交出的，依照本条的规定定罪处罚；携带的数量达到最低数量标准，能够主动、全部交出的，可不以犯罪论处。

根据本条的规定，构成非法携带枪支、弹药、管制刀具、危险物品危及公共安全犯罪的，处三年以下有期徒刑、拘役或者管制。

【适用中需要注意的问题】

实践中，对于本罪的适用需要特别注意罪与非罪的界限。对于虽具有非法携带枪支、弹药、管制刀具或者爆炸性、易燃性、放射性、毒害性、腐蚀性物品的行为，进入公共场所或者公共交通工具，但是尚未达到危及公共安全，情节严重的程度的，不宜定罪处罚，应适用行政管理和行政处罚的方式处理。此外，由于相关法律法规或者规范性文件尚不能对所有的管制刀具、危险物品作详尽列举，对于实践中出现的法规和规范性文件以外的刀具和物品，认为需要按照管制刀具、危险物品管控的，宜先适用行政管理和行政处罚的方式处理，不能一进入公共场所或者公共交通工具，就追究刑事责任。

第一百三十一条 【重大飞行事故罪】航空人员违反规章制度，致使发生重大飞行事故，造成严重后果的，处三年以下有期徒刑或者拘役；造成飞机坠毁或者人员死亡的，处三年以上七年以下有期徒刑。

【释解与适用】

本条是关于重大飞行事故罪及其刑罚的规定。

根据本条规定，构成本罪必须符合以下条件。

1. 构成本罪的主体必须是"航空人员"。非航空人员不能构成本罪的犯罪主体。这里所说的"航空人员"，根据民用航空法第三十九条规定，是指从事民用航空活动的空勤人员和地面人员。其中，空勤人员包括驾驶员、飞行机械人员、乘务员；地面人员包括民用航空器维修人员、空中交通管制员、飞行签派员和航空电台通信员。

2. 行为人必须是实施了违反规章制度的行为，致使发生重大飞行事故。这里所说的"违反规章制度"，是指违反了对民用航空器的维修、操作管理、空域管理、运输管理及安全飞行管理等方面的规章制度。例如，民用航空器不按照空中交通管制单位指定的航路和飞行高度飞行；民用航空器机组人员的飞行时间、执勤时间大大超过国务院民用航空主管部门规定的时限；民用航空器维护人员不按照规定维修、检修航空器等。"重大飞行事故"，是指在航空器飞行过程中发生的航空器严重毁坏、破损，或者造成人身伤亡的事件等。

3. 必须是造成严重后果，这是构成本罪的必要条件。这里所说的"造成严重后果"，是指造成人员重伤或者航空器严重损坏以及承运的货物毁坏等重大损失的情形。

本条规定了两档刑。第一档刑：构成本罪的，处三年以下有期徒刑或者拘役。第二档刑：造成飞机坠毁或者人员死亡的，处三年以上七年以下有期徒刑。这里所说的"造成飞机坠毁或者人员死亡"，是指造成飞机坠落、机毁人亡，或者飞机虽未坠毁，但由于重大飞行事故造成人员死亡。

【适用中需要注意的问题】

1. 实践中，飞行事故发生的原因很多，往往并非单一原因造成的，也就是说飞行事故的发生不仅仅由于航空人员违反规章制度的原因，还有其他诸如恶劣天气、机械故障、航空管理疏忽等原因。因此，本条规定的发生重大飞行事故必须是由航空人员违反规章制度的行为引起的，即违反规章制度与重大飞行事故之间存在因果关系，如果重大飞行事故不是由于行为人违反规章制度的行为引起的，而是由于暴雨、雷电等自然原因引起的，则不构成本罪。

2. 本罪与重大责任事故罪的区别。两者都是过失犯罪，且都是实施了违反有关安全管理规定的行为，并且都以发生重大事故，造成严重后果作为构成犯罪的必要条件。但两者也有区别：一是犯罪主体不同。本罪的犯罪主体是航空人员，而重大责任事故的犯罪主体是从事生产、作业的人员。二是发生的场所不同。本罪发生在航空器的飞行过程中，而重大责任事故罪则发生在生产、作业过程中。

第一百三十二条 【铁路运营安全事故罪】铁路职工违反规章制度，致使发生铁路运营安全事故，造成严重后果的，处三年以下有期徒刑或者拘役；造成特别严重后果的，处三年以上七年以下有期徒刑。

【释解与适用】

本条是关于铁路运营安全事故罪及其刑罚的规定。

根据本条规定，构成本罪，必须符合以下条件。

1. 构成本罪的主体必须是"铁路职工"。非铁路职工不构成本罪。所谓"铁路职工"，是指从事铁路管理、运输、维修等工作的人员，既包括工人，也包括管理人员。根据铁路法第二条规定，铁路包括国家铁路、地方铁路、专用铁路和铁路专用线。其中专用铁路是指由企业或者其他单位管理，专为本企业或者本单位内部提供运输服务的铁路；铁路专用线是指由企业或者其他单位管理的与国家铁路或者其他铁路线路接轨的岔线。实践中,有的大型工矿企业有自备的专用铁路和铁路专用线,既有自己的机车、自备车辆,又有自己的调度员、机车乘务员等。因此,铁路职工既包括铁路企业及其所属单位的工作人员,也包括使用专用铁路和铁路专用线的企业中从事铁路运营相关工作人员。

2. 行为人实施了违反规章制度的行为,致使发生铁路运营安全事故。这里所说的"违反规章制度",是指违反法律、行政法规或者有关主管部门制定、颁布的保证铁路运输安全的各种规章和制度,包括交通法规、技术操作规程、运输管理工作制度等。例如,违反操作规程冒险作业,不按时发出火车进出站信号或发错信号,错扳道岔,不按规定放下道口栏杆,值班时睡觉等。"铁路运营安全事故",是指铁路在运输过程中发生的火车倾覆、出轨、撞车等造成人员伤亡、机车毁坏以及致使公私财产遭受重大损失的严重事件。这里规定的"铁路运营安全事故"不包括列车晚点、不能正点发车或者到达等非安全事故。

3. 由于行为人的行为,造成了严重后果。这是构成本罪的必要条件,即铁路职工不仅要实施违反规章制度的行为,而且还要发生铁路运营安全事故,造成严重后果的,才构成本罪。这里所说的"造成严重后果的",是指造成人员伤亡和公私财产遭受重大损失等结果。根据2015年《最高人民法院、最高人民检察院关于办理危害生产安全刑事案件适用法律若干问题的解释》第六条的规定,具有下列情形之一的,应当认定为"造成严重后果":(1)造成死亡一人以上,或者重伤三人以上的;(2)造成直接经济损失一百万元以上的;(3)其他造成严重后果或者重大安全事故的情形。

本条规定了两档刑。第一档刑:构成本罪的,处三年以下有期徒刑或者拘役。第二档刑:造成特别严重后果的,处三年以上七年以下有期徒刑。这里所说的"造成特别严重后果的",是指造成多人伤亡或者使公私财产遭受特别重大损失等情形。根据《最高人民法院、最高人民检察院关于办理危害生产安全刑事案件适用法律若干问题的解释》第七条的规定,具有下列情形之一,处三年以上七年以下有期徒刑:(1)造成死亡三人以上或者重伤十人以上,负事故主要责任的;(2)造成直接经济损失五百万元以上,负事故主要责任的;(3)其他造成特别严重后果、情节特别恶劣或者后果特别严重的情形。

【适用中需要注意的问题】

铁路运输涉及人员较多，既有直接参与铁路安全运营的人员，如行车指挥调度人员、车站作业人员、设备操作人员、列车乘务员等，也有与保障铁路运营安全直接相关的人员，如铁道线路工、桥梁工、隧道工、钢轨探伤工、道口工、路基工、供电安装维护工、铁路信号工、车辆维修工、乘务检车员、货车列检员等，还有为铁路提供后勤保障的人员，如从事环保生活、医疗卫生、餐饮服务等人员。铁路运输人员多、线路长、运输车站多，铁路发生运营安全事故后，可能会涉及每个作业环节和人员，因此在追究刑事责任时，要全面、具体地分析情况，正确把握每个相关责任人员与铁路事故发生之间的因果关系，以及对发生事故所起的作用大小，分清主要责任和次要责任，重点追究直接相关责任人员，对于不相关人员或者关联度较小人员不应予以处罚。

第一百三十三条 **【交通肇事罪】** 违反交通运输管理法规，因而发生重大事故，致人重伤、死亡或者使公私财产遭受重大损失的，处三年以下有期徒刑或者拘役；交通运输肇事后逃逸或者有其他特别恶劣情节的，处三年以上七年以下有期徒刑；因逃逸致人死亡的，处七年以上有期徒刑。

【释解与适用】

本条是关于交通肇事罪及其刑罚的规定。

根据本条规定，构成本罪的，必须符合以下条件。

1. 本条规定的犯罪主体为一般主体，任何人只要从事机动车船驾驶的，均可成为本罪的主体。本罪的主体既包括车辆、船舶的驾驶员、车长、船长等，也包括对上述交通运输的正常、安全运行负有职责的其他有关人员。对于没有合法证件、手续而从事交通运输的人员，如无证驾驶车辆、船舶人员，也属于本罪的犯罪主体。由于刑法第一百三十一条、第一百三十二条已对航空人员、铁路职工违反规章制度，致使发生重大飞行事故、铁路运营安全事故作了专门的规定，所以本条不再包括上述两种人员。

2. 行为人主观上是出于过失。如果行为人故意造成交通事故的发生则应按其他有关条款定罪量刑，不能适用本条。例如，行为人利用交通工具故意杀人、故意伤害他人的，则应当适用刑法有关故意杀人罪、故意伤害罪的规定定罪处罚。

3. 行为人必须实施了违反交通运输法规的行为。这里所说的"违反交通运输法规"，是指违反国家有关交通运输管理方面的法律、法规。"交通运输法规"，包括道路交通安全法、海上交通安全法、《道路交通安全法实施条例》《内河交通安全管理条例》《渔港水域交通安全管理条例》《铁路道口管理暂行规定》以及其他有关道路、海运、船运等方面的法律法规。例如，道路交通安全法对机动车、非机动车的通行规则作了规定；海上交通安全法对在沿海水域航行、停泊和作业的船舶等的通行、安全保障作了规定；《内河交通安全管理条例》对在内河通航水域从事航行、停泊和作业以及与内河交通安全有关的活动作了规定；《渔港水域交通安全管理条例》对渔港和渔港水域航行、停泊、作业的船舶等通行作了规定；《铁路道口管理暂行规定》对道路与铁路相关的道口、人行过道、平过道的设置、安全通行、管理等作了规定。

4. 行为人的行为必须造成了重大事故，致人重伤、死亡或者使公私财产遭受重大损失的，才能构成本罪。这是区分交通肇事罪与一般交通事故的主要标准，如果行为人违反有关交通法规的过失行为未造成上述危害后果的，就不构成犯罪，而应按交通事故由有关主管部门处理。根据2000年《最高人民法院关于审理交通肇事刑事案件具体应用法律若干问题的解释》第二条的规定，交通肇事具有下列情形之一的，处三年以下有期徒刑或者拘役：（1）死亡一人或者重伤三人以上，负事故全部或者主要责任的；（2）死亡三人以上，负事故同等责任的；（3）造成公共财产或者他人财产直接损失，负事故全部或者主要责任，无能力赔偿数额在三十万元以上的。交通肇事致一人以上重伤，负事故全部或者主要责任，并具有下列情形之一的，以交通肇事罪定罪处罚：（1）酒后、吸食毒品后驾驶机动车辆的；（2）无驾驶资格驾驶机动车辆的；（3）明知是安全装置不全或者安全机件失灵的机动车辆而驾驶的；（4）明知是无牌证或者已报废的机动车辆而驾驶的；（5）严重超载驾驶的；（6）为逃避法律追究逃离事故现场的。

本条规定了三档刑。第一档刑：构成本罪的，处三年以下有期徒刑或者拘役。第二档刑：对交通运输肇事后逃逸或者有其他特别恶劣情节的，处三年以上七年以下有期徒刑。本条所规定的"交通运输肇事后逃逸"，是指行为人交通肇事构成犯罪,在发生交通事故后,为逃避法律追究而逃跑的行为。行为人交通肇事未造成严重后果而逃逸的,不属于本条所规定的情况,可作为行政处罚的从重情节考虑。这里所说的"有其他特别恶劣情节",根据2000年《最高人民法院关于审理交通肇事刑事案件具体应用法律若干问题的解释》第四条的规定,是指:(1)死亡二人以上或者重伤五人以上,负事故全部或者主要责任的;(2)死亡六人以上,负事故同等责任的;(3)造成公共财产或者他人财产直接损失,负事故全部或者主要责任,无能力赔偿数额在六十万元以上的。第三档刑:对因逃逸致人死亡的,处七年以上有期徒刑。这里所说的"因逃逸致人死亡",是指行为人在交通肇事后为逃避法律追究而逃跑,致使被害人因得不到救助而死亡的情形。

【适用中需要注意的问题】

1. 由于发生重大交通事故的原因是多方面的,实践中需要注意分清造成事故的原因以及各自的责任,正确定罪量刑。对于完全由于行为人违反交通运输管理法规造成重大交通事故,构成犯罪的,应当依照本罪予以处罚;对于完全由被害人自己的故意如常见的"碰瓷"等造成重大交通事故的,则应由被害人负完全责任,不应当追究行为人的责任;对于行为人与被害人双方均有过错而引发的重大交通事故,则应查清双方的责任的主次以及责任大小,各自承担相应的责任。考虑到交通肇事犯罪的社会危害性主要体现在伤亡人数、财产损失等危害后果以及是否逃逸等方面,对需要追究行为人刑事责任的,量刑时应当注意交通事故被害人的伤亡人数、被害人受伤的程度,或者财产损失的数额等危害后果以及逃逸等情节确定适用的刑罚。

2. 驾驶非机动车发生交通事故是否构成本罪。非机动车,根据道路交通安全法第一百一十九条的规定,是指以人力或者畜力驱动,上道路行驶的交通工具,以及虽有动力装置驱动但设计最高时速、空车质量、外形尺寸符合有关国家标准的残疾人机动轮椅车、电动自行车等交通工具。实践中对于驾驶非机动车肇事是否构成交通肇事罪存在不同认识:有的认为,本罪的犯罪主体没有限制,驾驶非机动车从事交通运输,发生重大交通事故的,也应当构成本罪;而有的认为,交通肇事罪本质上是危害公共安全的犯罪,驾驶非机动车肇事的,不足以危及不特定多数人的生命、健康和财产安全,不构成本罪。我们认为,不能一概而论,如果驾驶非机动车不具有危害公共安全的性质,如在行人稀少、没有车辆来往的道路上违章骑自行车等,则不能以本罪论处,如果符合刑法第二百三十三条规定的过失致人死亡的,可以依照过失致人死亡罪定罪处罚。实践中由于非机动车的种类很多,包括自行车、马车、残疾人机动轮椅车、电动自行车等,有的非机动车的速度并不低于机动车,如果行为人驾驶非机动车具有危害公共安全的性质,如在人员密集的场所驾驶非机动车,或者驾驶速度较快的电动自行车等,构成犯罪的,应当依照本条的规定处罚。

3. 交通肇事后逃逸犯罪行为与故意杀人、故意伤害犯罪的界限。根据2000年《最高人民法院关于审理交通肇事刑事案件具体应用法律若干问题的解释》第六条的规定,行为人在交通肇事后为逃避法律追究,将被害人带离事故现场后隐藏或者遗弃,致使被害人无法得到救助而死亡或者严重残疾的,应当分别依照刑法第二百三十二条、第二百三十四条第二款的规定,以故意杀人罪或者故意伤害罪定罪处罚。

第一百三十三条之一 【危险驾驶罪】在道路上驾驶机动车,有下列情形之一的,处拘役,并处罚金:

(一)追逐竞驶,情节恶劣的;

(二)醉酒驾驶机动车的;

(三)从事校车业务或者旅客运输,严重超过额定乘员载客,或者严重超过规定时速行驶的;

(四)违反危险化学品安全管理规定运输危险化学品,危及公共安全的。

机动车所有人、管理人对前款第三项、第四项行为负有直接责任的,依照前款的规定处罚。

有前两款行为,同时构成其他犯罪的,依照处罚较重的规定定罪处罚。

【释解与适用】

本条是关于危险驾驶罪及其刑罚的规定。

本条共分三款。第一款是关于危险驾驶罪及其处罚的规定。本款规定的犯罪主体为一般主体,即任何在道路上行驶的机动车的驾驶人。本罪侵害的是双重客体,主要是道路交通秩序,同时也威胁到不特定多数人的生命、财产安全。行为人在主观上应当为故意，尽管犯罪人在主观上并没有追求交通事故、人员伤亡等后果的发生，但是对于危险驾驶的行为是明知或者放任发生的。

构成危险驾驶罪的前提是在道路上驾驶机动车。本款规定的"道路"，根据道路交通安全法第一百一十九条的规定，是指公路、城市道路和虽在单位管辖范围但允许社会机动车通行的地方，包括广场、公共停车场等用于公众通行的场所。公路法第二条、第六条规定，公路按其在公路路网中的地位分为国道、省道、县道和乡道。公路包括公路桥梁、公路隧道和公路渡口。《城市道路管理条例》第二条规定，城市道路，是指城市供车辆、行人通行的，具备一定技术条件的道路、桥梁及其附属设施。本款规定的"机动车"，根据道路交通安全法第一百一十九条的规定，是指以动力装置驱动或者牵引，上道路行驶的供人员乘用或者用于运送物品以及进行工程专项作业的轮式车辆。其包括汽车、挂车、无轨电车、摩托车、三轮摩托车、农用运输车、农用拖拉机以及轮式专用机械车等，不包括在轨道上运行的车辆，如有轨电车。

根据本款规定，构成危险驾驶罪的行为有以下四种。

1."追逐竞驶，情节恶劣的"。这里规定的"追逐竞驶"，就是平常所说的"飙车"，是指在道路上，以在较短的时间内通过某条道路为目标或者以同行的其他车辆为竞争目标，追逐行驶。具体情形包括在道路上进行汽车驾驶"计时赛"，或者若干车辆在同时行进中互相追赶等，既包括超过限定时速的追逐竞驶，也包括未超过限定时速的追逐竞驶。根据本款规定，在道路上追逐竞驶，情节恶劣的才构成犯罪。判断是否"情节恶劣"，应结合追逐竞驶所在的道路、时段、人员流量，追逐竞驶造成的危害程度以及危害后果等方面进行认定。

2."醉酒驾驶机动车的"。道路交通安全法第九十一条规定了饮酒和醉酒两种情形。根据原国家质量监督检验检疫总局2011年1月27日发布的《车辆驾驶人员血液、呼气酒精含量阈值与检验》（GB 19522—2010）的规定，饮酒后驾车是指车辆驾驶人员血液中的酒精含量大于或者等于20毫克/100毫升、小于80毫克/100毫升的驾驶行为；醉酒后驾车是指车辆驾驶人员血液中的酒精含量大于或者等于80毫克/100毫升的驾驶行为。实践中，执法部门也是依据这一标准来判断酒后驾车和醉酒驾车两种行为。

醉酒驾驶机动车的行为不一定造成交通事故、人员伤亡的严重后果，只要行为人血液中的酒精含量大于或者等于80毫克/100毫升，即构成危险驾驶的行为。根据2023年《最高人民法院、最高人民检察院、公安部、司法部关于办理醉酒危险驾驶刑事案件的意见》第十条的规定，醉驾具有下列情形之一尚不构成其他犯罪的，从重处罚：醉驾具有下列情形之一，尚不构成其他犯罪的，从重处理：（1）造成交通事故且负事故全部或者主要责任的；（2）造成交通事故后逃逸的；（3）未取得机动车驾驶证驾驶汽车的；（4）严重超员、超载、超速驾驶的；（5）服用国家规定管制的精神药品或者麻醉药品后驾驶的；（6）驾驶机动车从事客运活动且载有乘客的；（7）驾驶机动车从事校车业务且载有师生的；（8）在高速公路上驾驶的；（9）驾驶重型载货汽车的；（10）运输危险化学品、危险货物的；（11）逃避、阻碍公安机关依法检查的；（12）实施威胁、打击报复、引诱、贿买证人、鉴定人等人员或者毁灭、伪造证据等妨害司法行为的；（13）二年内曾因饮酒后驾驶机动车被查获或者受过行政处罚的；（14）五年内曾因危险驾驶行为被判决有罪或者作相对不起诉的；（15）其他需要从重处理的情形。

3. "从事校车业务或者旅客运输，严重超过额定乘员载客，或者严重超过规定时速行驶的"。这里所规定的"校车"，主要是指依照国家规定取得使用许可，用于接送接受义务教育的学生上下学的七座以上的载客汽车。依照国务院颁布的《校车安全管理条例》的有关规定，从事校车业务应当取得许可。学校或者校车服务提供者申请取得校车使用许可，应当向县级或者设区的市级人民政府教育行政部门提交书面申请和证明其符合该条例第十四条规定条件的材料。教育行政部门应当自收到申请材料之日起三个工作日内，分别送同级公安机关交通管理部门、交通运输部门征求意见，公安机关交通管理部门和交通运输部门应当在三个工作日内回复意见。教育行政部门应当自收到回复意见之日起五个工作日内提出审查意见，报本级人民政府。本级人民政府决定批准的，由公安机关交通管理部门发给校车标牌，并在机动车行驶证上签注校车类型和核载人数；不予批准的，书面说明理由。校车标牌应当载明本车的号牌号码、车辆的所有人、驾驶人、行驶线路、开行时间、停靠站点以及校车标牌发牌单位、有效期等事项。禁止使用未取得校车标牌的车辆提供校车服务。

关于这里规定的"从事旅客运输的车辆"，主要是指从事旅客运输的营运机动车。根据《道路交通管理机动车类型》（GA 802—2019）的规定，机动车按结构可以分为载客汽车、载货汽车、专项作业车等类型；按使用性质分为营运、非营运和运送学生。营运机动车是指个人或者单位以获取利润为目的而使用的机动车，具体包括公路客运、旅游客运、公交客运、出租客运、租赁以及教练车等，实践中问题比较突出的是公路客运、旅游客运中的危险驾驶问题。根据国务院《道路运输条例》和有关规定，从事旅客运输的驾驶人员需要具备一定的资质，由有关部门颁发准驾证明；客运经营者应当持道路运输经营许可证依法向市场监督管理部门办理有关登记手续；客运车辆不得超过核定的载客人数，但按照规定免票的儿童除外，在载客人数已满的情况下，按照规定免票的儿童不得超过核定载客人数的10%等。

道路交通安全法第四十九条规定，机动车载人不得超过核定的人数；第四十二条规定，机动车上道路行驶，不得超过限速标志标明的最高时速。从事校车业务的机动车和旅客运输车辆严重超员、超速的危害性很大。超员会导致车辆超出其载质量，增加行车的不稳定性，引发爆胎、偏驶、制动失灵、转向失控等危险。超速行驶会降低驾驶人的判断能力，使反应距离和制动距离延长。这两种做法，都容易造成群死群伤的重、特大交通事故，且会加大事故的伤亡后果。这里所规定的"严重"超员、超速的具体界限，需要由有关部门通过制定衔接性规定加以明确。只要从事校车业务的机动车和旅客运输车辆严重超员、超速的，无论是否造成严重后果，都应当追究危险驾驶罪的刑事责任。

4."违反危险化学品安全管理规定运输危险化学品，危及公共安全的"。根据国务院发布的《危险化学品安全管理条例》的规定，危险化学品是指具有毒害、腐蚀、爆炸、燃烧、助燃等性质，对人体、设施、环境具有危害的剧毒化学品和其他化学品。根据规定，从事危险化学品道路运输的，应当取得危险货物道路运输许可，并向工商行政管理部门办理登记手续。危险化学品道路运输企业应当配备专职安全管理人员。驾驶人员、装卸管理人员、押运人员应当经交通运输主管部门考核合格，取得从业资格。运输危险化学品，应当根据危险化学品的危险特性采取相应的安全防护措施，并配备必要的防护用品和应急救援器材。用于运输危险化学品的槽罐以及其他容器应当封口严密，能够防止危险化学品在运输过程中因温度、湿度或者压力的变化发生渗漏、洒漏；槽罐以及其他容器的溢流和泄压装置应当设置准确、起闭灵活。运输危险化学品的驾驶人员、装卸管理人员、押运人员应当了解所运输的危险化学品的危险特性及其包装物、容器的使用要求和出现危险情况时的应急处置方法。通过道路运输危险化学品的，托运人应当委托依法取得危险货物道路运输许可的企业承运，应当按照运输车辆的核定载质量装载危险化学品，不得超载。危险化学品运输车辆应当符合国家标准要求的安全技术条件，并按照国家有关规定定期进行安全技术检验，应当悬挂或者喷涂符合国家标准要求的警示标志。通过道路运输危险化学品的，应当配备押运人员，并保证所运输的危险化学品处于押运人员的监控之下。运输危险化学品途中因住宿或者发生影响正常运输的情况，需要较长时间停车的，驾驶人员、押运人员应当采取相应的安全防范措施；运输剧毒化学品或者易制爆危险化学品的，还应当向当地公安机关报告。未经公安机关批准，运输危险化学品的车辆不得进入危险化学品运输车辆限制通行的区域。危险化学品运输车辆限制通行的区域由县级人民政府公安机关划定，并设置明显的标志。根据本款规定，违反上述规定，危及公共安全的，应当依法追究刑事责任，尚未危及公共安全的，也应当依法予以行政处罚。这里所规定的"危及公共安全的"，是划分罪与非罪的重要界限。在实践中，对于是否危及公共安全，应当结合运输的危险化学品的性质、品种及数量，运输的时间、路线，违反安全管理规定的具体内容及严重程度，一旦发生事故可能造成的损害后果等综合作出判断。

根据本款规定，构成犯罪的，处拘役，并处罚金。

第二款是关于机动车所有人、管理人对危险驾驶行为承担刑事责任的规定。一般情况下，危险驾驶罪的行为主体为机动车的驾驶人。但是，从实践情况看，对于从事校车业务或者旅客运输，严重超过额定乘员载客，或者严重超过规定时速行驶的，违反危险化学品安全管理规定运输危险化学品，危及公共安全的，有时机动车的所有人、管理人也会成为共同的犯罪主体。比如，学校、校车服务提供者或者从事旅客运输的企业、车辆所有人、实际管理人强令、指使或者放任车辆驾驶人超过额定乘员载客或者严重超过规定时速行驶的；危险化学品运输企业、车辆所有人、实际管理人要求或者放任车辆驾驶人违反危险化学品安全管理规定运输危险化学品，危及公共安全的。这种情况，实际上是很多危险驾驶行为发生的直接原因，性质是很恶劣的，应当依法予以惩治，从根源上防范危险驾驶行为的发生。根据本款规定，机动车所有人、管理人对从事校车业务或者旅客运输的车辆驾驶人严重超过额定乘员载客，或者严重超过规定时速行驶负有直接责任的，对运输危险化学品的车辆驾驶人违反危险化学品安全管理规定，危及公共安全负有直接责任的，依照本条第一款关于危险驾驶罪的规定追究刑事责任，即处拘役，并处罚金。

第三款是关于有危险驾驶行为，同时又构成其他犯罪如何适用法律的规定。根据本条规定，犯危险驾驶罪的，处拘役，并处罚金。本条是刑法中第一个最高刑为拘役的犯罪。根据本款规定，具有第一款、第二款规定的上述竞合情形的，应当依照处罚较重的规定定罪处罚。这里主要涉及如何处理好本条规定的犯罪与交通肇事罪等其他罪名的关系。如果行为人有第一款规定的危险驾驶行为，造成人员伤亡或者公私财产重大损失，符合刑法第一百三十三条交通肇事罪构成要件或者构成其他犯罪的，根据本款规定的原则，应当依照刑法第一百三十三条的规定以交通肇事罪定罪处罚，或者依照刑法其他有关规定定罪处罚，而行为人危险驾驶的行为，将会被作为处罚的量刑情节予以考虑。

【适用中需要注意的问题】

1. 危险驾驶罪与刑法总则相关规定的关系。根据刑法第十三条规定，情节显著轻微危害不大的，不认为是犯罪；第三十七条规定，对于犯罪情节轻微不需要判处刑罚的，可以免予刑事处罚。本条规定的危险驾驶罪总体上是可以适用刑法总则的规定予以相应的从宽处理的。但考虑到本条在修改时，配套修改了道路交通安全法，取消了后者对醉驾行为予以拘留处罚的精神，一定时期内，对上述从宽情形应当严格掌握。《最高人民法院关于常见犯罪的量刑指导意见（二）（试行）》规定，对于醉酒驾驶机动车的被告人，应当综合考虑被告人的醉酒程度、机动车类型、车辆行驶道路、行车速度、是否造成实际损害以及认罪悔罪等情况，准确定罪量刑。对于情节显著轻微危害不大的，不予定罪处罚；犯罪情节轻微不需要判处刑罚的，可以免予刑事处罚。

2. 实践中，有的从事校车业务的车辆并未取得许可，有的从事旅客运输的车辆不具备营运资格，还有一些未取得客运道路运输经营许可非法从事旅客运输的车辆，甚至还有货车违反规定载人、拖拉机载人的；有的从业人员并不具备相关资质，如有的校车驾驶员就是由幼儿园的管理人员担任的，有的客运车辆驾驶员并不具备相应的驾驶资格。但是，未取得许可或者不具备相关资质，不影响本罪刑事责任的认定，只要是从事了校车业务或者旅客运输，严重超过额定乘员载客，或者严重超过规定时速行驶的，都应当依照本条规定追究刑事责任。

3. 关于醉酒驾驶超标电动自行车是否构成危险驾驶罪。根据道路交通安全法第一百一十九条的规定，符合国家标准的电动自行车属于非机动车，醉酒驾驶符合标准的电动自行车不能构成危险驾驶罪，但醉酒驾驶超标电动自行车是否构成危险驾驶罪，实践中存在不同认识：一种意见认为，醉酒驾驶超标电动自行车应当按照危险驾驶罪处罚。主要理由是：目前，电动自行车已成为人民群众重要的日常交通工具，有的超标电动自行车已经达到摩托车的速度，与摩托车没有什么区别，应当属于机动车，醉酒驾驶这类车辆上道路行驶带来的危险性与醉驾机动车没有区别，符合危险驾驶罪的立法精神。另一种意见认为，不宜将醉酒驾驶超标电动自行车按照危险驾驶罪处罚。主要理由是：电动自行车的技术性规范是针对生产、经营活动而设定的标准，对于超标电动自行车是否属于机动车，并无明确规定，因此，不能认定超标电动自行车属于刑法意义上的机动车。2019年4月15日《电动自行车安全技术规范》强制性国家标准实施，该规范进一步规范了电动车的生产经营活动。但由于对电动自行车长期缺乏有效规范，大量超标自行车仍然继续在上路行驶，有关方面在认定时应当慎重，综合考虑电动自行车对群众生活的影响，电动自行车发展不规范的深层次原因，道路的状况以及行为人醉驾电动自行车行为可能造成的危害程度等因素。

第一百三十三条之二 【妨害安全驾驶罪】对行驶中的公共交通工具的驾驶人员使用暴力或者抢控驾驶操纵装置，干扰公共交通工具正常行驶，危及公共安全的，处一年以下有期徒刑、拘役或者管制，并处或者单处罚金。

前款规定的驾驶人员在行驶的公共交通工具上擅离职守，与他人互殴或者殴打他人，危及公共安全的，依照前款的规定处罚。

有前两款行为，同时构成其他犯罪的，依照处罚较重的规定定罪处罚。

【释解与适用】

本条是关于妨害安全驾驶罪及其刑罚的规定。

2020年12月26日，第十三届全国人民代表大会常务委员会第二十四次会议通过的刑法修正案（十一）增加了本条规定。近年来，全国各地发生了多起因乘客侵扰司机的驾驶行为而造成的危及公共安全的事件，有的甚至造成了严重的后果，引起了社会各界的高度关注。例如，2018年10月28日，重庆市一辆公交车在行驶中因乘客与司机激烈争执互殴致使车辆失控，撞上一辆正常行驶的小轿车后坠江，导致数人死亡的严重后果。殴打司机、抢夺控制方向盘或者乘客与司机互殴等干扰安全驾驶的行为，具有相当的社会危险性，我国法律对这类行为的惩处，是有追究法律责任规定的。例如，道路交通安全法对行人、乘车人、非机动车驾驶人违反道路交通安全法律、法规关于道路通行规定的行为的处罚作了规定。治安管理处罚法第二十三条规定，扰乱公共汽车、电车、火车、船舶、航空器或者其他公共交通工具上的秩序的，处警告或者二百元以下罚款；情节较重的，处五日以上十日以下拘留，可以并处五百元以下罚款。对于妨害安全驾驶行为中有的引发严重后果，给人民群众生命财产安全造成严重威胁，严重危害公共交通安全，实践中主要以危险方法危害公共安全罪、故意伤害罪、寻衅滋事罪、交通肇事罪等追究刑事责任。根据2018年11月司法大数据专题报告《关于公交车司乘冲突引发刑事案件分析》，2016年1月1日至2018年10月31日，全国各级人民法院一审审结的公交车司乘冲突刑事案件共223件，判处的罪名，以危险方法危害公共安全罪占比39.01%、故意伤害罪占比30.04%、寻衅滋事罪占比10.31%、交通肇事罪占比3.59%；判处的刑罚，90.57%为有期徒刑，其中一年以下有期徒刑占8.42%、一年至三年占38.95%、三年至五年占47.37%、五年至十年占4.21%、十年以上占1.05%。针对近年来实践中出现的新情况、新问题，为有效惩治妨害公共交通工具安全驾驶违法犯罪行为，维护公共交通安全秩序，保护人民群众生命财产安全，2019年1月发布的《最高人民法院、最高人民检察院、公安部关于依法惩治妨害公共交通工具安全驾驶违法犯罪行为的指导意见》对此进一步明确了法律的适用。该意见第一条规定，有下述行为，尚未造成严重后果的，依照刑法第一百一十四条的规定，以危险方法危害公共安全罪定罪处罚；致人重伤、死亡或者使公私财产遭受重大损失的，依照刑法第一百一十五条第一款的规定，以危险方法危害公共安全罪定罪处罚：乘客在公共交通工具行驶过程中，抢夺方向盘、变速杆等操纵装置，殴打、拉拽驾驶人员，或者有其他妨害安全驾驶行为，危害公共安全；驾驶人员在公共交通工具行驶过程中，与乘客发生纷争后违规操作或者擅自职守，与乘客厮打、互殴，危害公共安全。

刑法修正案（十一）在研究起草阶段，有关部门提出，实践中将在公交车上发生的纠纷，尚未造成严重后果的行为以危险方法危害公共安全罪定罪处罚过于宽泛，无法精确反映此犯罪行为的特点。同时，实践中以危险方法危害公共安全罪定罪处罚也存在一些问题。

第一，在公交车上发生的纷争与放火、决水、爆炸、投放危险物质这四类行为性质不同。刑法第一百一十四条规定以其他危险方法应当是与放火、决水、爆炸、投放危险物质性质相当的危害公共安全行为，司乘人员在公交车上发生的纷争，虽然存在危害公共安全的可能性，即危害不特定多数人的生命、健康或重大公私财产安全，但由于该罪规定的危害公共安全的表述过于抽象，标准也比较模糊，实践中需要进一步对危险性的程度进行判断，即判断是否对公共安全具有现实的、紧迫的高度危险性。而在公交车上发生纷争的起因多是由于坐过站、车费缴纳等鸡毛蒜皮的琐事，导致乘客或者对司机拳脚相加或者强行拖拽方向盘，实际上乘客的目的大多是要求停车或解决车费问题，并没有直接想要危害公共安全。虽然由于车辆行驶在公共道路上，乘客的不当行为很有可能会导致车辆失控，进而危害到不特定人的生命、健康，可能发生危害后果，但仅以可能发生的危害后果来判断公交车上发生的纷争构成以危险方法危害公共安全罪，实际上混淆了结果危险性与方法危险性的判断方法，也与放火、决水、爆炸、投放危险物质这四类行为性质相差较大。

第二，在公交车上发生的纷争较容易制止，不具有危害公共安全的高度危险性。在公交车上还有其他乘客、售票员、安保员，行为人实施一些不当的行为时，其他人员可以马上出手制止，从而能够有效阻止事态的进一步恶化。另外，司机也肩负着安全驾驶的职责，在遇到乘客的无理取闹甚至出手相向时，也会采取一些紧急措施，如采取紧急制动措施停车等，来避免损害结果的发生；公交车上乘客的一些危险举措可以及时得到其他人员和司机的有效控制，并不具有导致危害公共安全的高度危险性。

第三，以危险方法危害公共安全罪，法定刑过高。刑法第一百一十四条规定的以危险方法危害公共安全罪起刑点为三年有期徒刑，对于在公交车上发生的司乘人员之间的纠纷，有的只是发生车辆剐蹭，并未造成严重后果，判处三年以上有期徒刑，处刑过重，不符合宽严相济刑事政策的要求。考虑到在行驶的公交车上发生的妨害安全驾驶的行为一般情节较轻，不具有危害公共安全的现实危险性，为体现刑法罪刑相适应的原则，2020年6月提请全国人大常委会审议的刑法修正案（十一）草案增加规定："对行驶中的公共交通工具的驾驶人员使用暴力或者抢夺驾驶操纵装置，干扰公共交通工具正常行驶，危及公共安全的，处一年以下有期徒刑、拘役或者管制，并处或者单处罚金。""前款规定的驾驶人员与他人互殴，危及公共安全的，依照前款的规定处罚。""有前两款行为，致人伤亡或者造成其他严重后果，同时构成其他犯罪的，依照处罚较重的规定定罪处罚。"

刑法修正案（十一）草案在征求意见过程中，对本条规定有两个问题存在较大争议。

第一，是否有必要单设妨害安全驾驶的犯罪。有意见提出，建议删去本条规定。主要理由：一是本条所规定的内容完全可以采用物理手段解决（如在公交车驾驶席旁边安装物理护栏，将驾驶员与乘客隔开，就很容易解决这个问题），没有必要采用刑法手段。二是这类行为一般都不具有危及公共安全的现实危险性，可不增加新罪名，如果发生严重后果的，可以适用刑法第一百一十四条、第一百一十五条以危险方法危害公共安全罪定罪处罚。赞成增加本条规定的认为，这一规定既惩罚暴力侵害驾驶人员的行为，也惩治驾驶人员擅离职守，不采取有效安全措施，与他人发生肢体冲突等行为，能够准确评价这类违法犯罪行为，起到威慑作用。建议进一步予以完善，草案仅限定为两类行为。实践中，对驾驶员实施胁迫、辱骂以及捂眼睛、喷洒辣椒水，或用物品遮挡驾驶员视线等其他手段破坏、干扰安全驾驶行为，也会影响公共安全工具的正常行驶，应当增加相关情形的规定。

第二，是否有必要增加驾驶人员的犯罪。有意见提出，建议删去第二款规定。主要理由：一是该规定妨碍驾驶人员行使正当防卫权。这一规定在实践中可能导致驾驶人员只会选择躲避，大大限缩了驾驶人员进行有效的正当防卫，影响驾驶人员履行职责的积极性。二是该规定容易引起歧义。在驾驶交通工具的过程中，如果遭受暴力袭击或者抢夺驾驶操纵装置时，驾驶人员是否能够反击？如果进行反击的话，是否属于互殴？如果驾驶员只能忍受而不能进行反击的话，可能使公共交通安全处于更加危险的境地。三是从已经发生的案例来看，驾驶人员与乘客互殴的情况极少发生，没有必要作出规定。

立法机关经与有关方面共同认真研究,进行了相关数据分析。2018年11月司法大数据专题报告《关于公交车司乘冲突引发刑事案件分析》有关情况为:2016年1月1日至2018年10月31日,全国各级人民法院一审审结的公交车司乘冲突223件刑事案件中,被告人身份为乘客的占69.96%,司机占22.87%。司机和乘客冲突纠纷起因多为车费、上下车地点等小事,占比近六成;近四成案件有人员伤亡的情况,其中死亡人数占伤亡人数的19.61%;行为人的违法犯罪行为主要有攻击司机(占54.72%)、抢夺车辆操纵装置(占27.36%)、持刀威胁司机(占2.83%)、盗窃司机财物(2.83%)、与司机口角(1.89%)等;约有88.79%的案件发生在车辆运营过程中,面对纠纷,有的司机选择避让或防御,有的司机采取主动还手或攻击乘客,有的乘客出面制止,有的报警等;纠纷结果导致有的公交车撞击道旁静物(占33.96%)、未造成重大不良后果(占19.81%)、司机受伤(占11.32%)、乘客受伤(占11.32%)、公交车撞击行驶车辆或行人(占8.49%)、车辆剧烈摇晃等危险运行状态(占7.55%)、财物损失(占2.83%);司机在纠纷中的举动,避让或防御(占27.36%)、仅停车(占19.81%)、与乘客口角(占15.09%)、主动或还手攻击乘客(占10.38%)、报警(占7.55%)等。由于没有明确的法律依据,司法实践中各地对此类行为处罚不同,有的只是对当事人进行批评教育,有的则是处以行政拘留,有的以危险方法危害公共安全罪追究刑事责任,造成相同行为处罚轻重不统一。根据各方面的意见和实践情况,考虑到行驶中的公共交通工具安全关乎乘客的生命健康利益,对道路运输的安全性有着极大的影响,妨害公共交通工具安全驾驶行为具有一定的危险性,极易诱发重大交通事故,造成重大人身伤亡和财产损失,威胁公共安全,为维护人民群众出行安全,惩治妨害公共交通工具安全驾驶行为,积极回应社会关切,有必要将妨害安全驾驶的行为单独规定为犯罪。同时,考虑到司机在公交车上负有安全驾驶的职责,如果司机在驾驶公交车行驶过程中,不顾整车人的安全,撤离职守,与乘客进行互殴、厮打,极易导致车辆失控,发生交通事故,造成人员伤亡和财产损失,对这种行为也有必要予以惩处。增加本条规定,一方面警示规范乘客,乘坐公共交通工具应当自觉遵守有关规定,尊重驾驶人员,对驾驶人员使用暴力或者抢控驾驶操纵装置,将会受到法律惩处;另一方面也对驾驶人员的驾驶行为进行警示规范,要求驾驶人员以安全驾驶为先,不能撤离职守,让乘客和驾驶人员树立法律红线，营造安全有序、宽容和谐的空间，降低公共交通安全事故。同时，根据各方面的意见对草案作了以下修改：一是将"抢夺驾驶操纵装置"修改为"抢控驾驶操纵装置"。这样规定主要是考虑到，刑法第二百六十七条规定了抢夺罪，该条的"抢夺"行为，是指乘人不备，出其不意，将他人的财物占为己有。而本条规定的抢夺驾驶操纵装置行为，并不是要把这个操作装置变为自己的财产，其主观意图是要争抢或者控制方向盘，使用"抢夺"容易引起误解，修改为"抢控"，表述更准确。二是增加了"在行驶的公共交通工具上擅自职守"的规定。这样规定，主要是考虑到驾驶人员在对车辆采取安全措施后，有权作出正当防卫行为。三是根据实践情况，将"与他人互殴"修改为"与他人互殴或者殴打他人"。四是删去了"致人伤亡或者造成其他严重后果"。

本条共分三款。第一款是关于对行驶中的公共交通工具的驾驶人员使用暴力或者抢控驾驶操纵装置，危及安全驾驶的犯罪及其处刑的规定。

构成本款规定的犯罪应当具备以下条件：（1）犯罪的主体主要是公共交通工具上的乘客等人员。在公共交通工具行驶过程中，与驾驶员发生冲突的一般都是乘客，个别情况下，车辆上的售票员或者安保员也有可能会与驾驶员发生冲突。（2）行为发生在行驶的公共交通工具上。这里所说的"公共交通工具"，主要是指公共汽车、公路客运车，大、中型出租车等车辆。司乘人员冲突事件大多发生在上述这几类公共交通工具上。此外，公共交通工具还有从事空中运输的飞机，铁路运输的火车、地铁、轻轨，水路运输的客运轮船、摆渡船、快艇等。（3）行为人实施了对驾驶人员使用暴力或者抢控驾驶操纵装置的行为。这里所说的"对驾驶人员使用暴力或者抢控驾驶操纵装置"，主要是指行为人对公共交通工具的驾驶人员实施殴打、推搡拉拽等暴力行为，或者实施抢夺控制方向盘、变速杆等驾驶操纵装置的行为。"驾驶操纵装置"，主要是指供驾驶人员控制车辆行驶的装置，包括方向盘、离合器踏板、加速踏板、制动踏板、变速杆、驻车制动手柄等。本款所说的"抢控驾驶操作装置"并不需要行为人实际控制驾驶操作装置，只要实施了争抢行为即可。（4）行为人的行为干扰公共交通工具的正常行驶，危及公共安全，这是划分罪与非罪的重要界限。这样规定主要是考虑到此类行为主要危害公共安全的犯罪，其危害性主要体现在危及公共交通工具上不特定多数人的人身和财产安全，以及道路和周边环境中不特定多数人的人身和财产安全。这里所说的"干扰公共交通工具正常行驶，危及公共安全的"，主要是指行为人的行为足以导致公共交通工具不能安全行驶，车辆失控，随时可能发生乘客、道路上的行人、车辆伤亡或者财产损失的现实危险。如果行为人只是辱骂、轻微拉扯驾驶员或者轻微争抢方向盘，并没有影响车辆的正常行驶，不宜作为犯罪处理，但违反治安管理处罚法规定的，应当依法予以治安处罚。

根据本款规定，构成犯罪的，处一年以下有期徒刑、拘役或者管制，并处或者单处罚金。

第二款是关于驾驶人员擅离职守，与他人互殴或者殴打他人，危及安全驾驶的犯罪及其处罚的规定。构成本款规定的犯罪，应当符合以下特征：（1）犯罪的主体是公共交通工具的驾驶人员。（2）行为发生在行驶的公共交通工具上，这是构成本款规定犯罪的前提条件。关于公共交通工具在第一款已经叙述，这里不再赘述。（3）行为人实施了擅离职守，与他人互殴或者殴打他人的行为。这里所说的"擅离职守"，主要是指驾驶人员未采取任何安全措施控制车辆，擅自离开驾驶位置，或者双手离开方向盘等。"与他人互殴或者殴打他人"，是指驾驶人员与乘客等进行互相殴打，或者驾驶人员殴打乘客等行为。（4）行为人的行为危及公共安全，这是划分罪与非罪的重要界限。这里所说的"危及公共安全的"，主要是指行为人的行为足以导致公共交通工具不能安全行驶，车辆失控，随时可能发生乘客、道路上的行人、车辆伤亡或者财产损失的现实危险。如果行为人只是辱骂或者轻微拉扯乘客等，并没有影响车辆的正常行驶，不宜作为犯罪处理，但违反治安管理处罚法规定的，应当依照治安管理处罚法予以治安处罚。

构成本款规定的犯罪，依照前款的规定处罚，即处一年以下有期徒刑、拘役或者管制，并处或者单处罚金。

第三款是关于实施本条规定的犯罪同时构成其他犯罪如何处理的规定。行为人实施本条第一款、第二款规定的犯罪行为，也可能同时触犯刑法的其他规定，构成刑法规定的其他犯罪，如果与本条规定的犯罪行为出现了竞合的情形，应当依照处罚较重的规定定罪处罚。这里主要涉及如何处理好本条规定的犯罪与故意伤害罪、故意杀人罪、以危险方法危害公共安全罪等其他罪名的关系。如果行为人有第一款、第二款规定的妨害安全驾驶的犯罪行为，造成人员伤亡、公私财产重大损失或者车辆倾覆等，符合刑法第一百一十五条以危险方法危害公共安全罪、第一百三十三条交通肇事罪、第二百三十二条故意杀人罪、第二百三十四条故意伤害罪、第二百七十五条故意毁坏财物罪构成要件或者构成其他犯罪的，根据本款的规定，采取从一重罪处罚的原则，即依照处罚较重的规定定罪处罚。由于本条规定的刑罚较轻，一般情况下，应当依照交通肇事罪、故意伤害罪、故意杀人罪、以危险方法危害公共安全罪、故意毁坏财物罪等定罪处罚，而行为人妨害公共交通工具安全驾驶的行为，将会作为处罚的量刑情节予以考虑。这里需要注意的是，本条第三款规定的"同时构成其他犯罪"中的其他犯罪，应当是与妨害公共交通工具安全驾驶行为直接相关的罪名；如果行为人实施了本款的犯罪行为，在行驶中的公共交通工具上又实施其他与妨害公共交通工具安全驾驶行为不相关的犯罪行为，如行为人明显具有伤害、杀人的恶意殴打、杀害司机或乘客，或者盗窃、抢劫乘客财物、强制猥亵乘客等行为，应当根据情况适用故意伤害罪、故意杀人罪、盗窃罪、抢劫罪、强制猥亵罪与本罪实行数罪并罚。

【适用中需要注意的问题】

1. 把握好妨害安全驾驶罪与以危险方法危害公共安全罪的界限。两罪虽然都是危害公共安全的犯罪，但两罪的行为性质不同，刑法第一百一十四条规定以其他危险方法应当是与放火、决水、爆炸、投放危险物质性质相同的危害公共安全行为，而妨害公共交通工具安全驾驶虽然存在危害公共安全的可能性，但一般情况下不具有现实的危险性，实践中乘客与司机往往因琐事发生口角争执，进而动手，多数乘客主观恶性并不大，只是因一时冲动殴打司机，抢夺方向盘，并非故意要将公交车置于危险境地，且多数并未造成危害后果，有的虽然造成一定危害后果，但后果也不严重，如发生车辆剐蹭。为体现宽严相济刑事政策和刑法罪刑相适应原则，避免适用以危险方法危害公共安全罪而导致刑罚过重，刑法修正案（十一）增加了妨害安全驾驶罪。实践中，对于在行驶中的公共交通工具上发生的因司乘纠纷而引发的互殴、厮打等妨害安全驾驶行为一般不宜再适用刑法第一百一十四条规定的以危险方法危害公共安全罪。对于个别情况下，行为人妨害公共交通工具安全驾驶行为，判处一年有期徒刑明显偏轻，符合刑法第一百一十四条规定的，可以按照以危险方法危害公共安全罪追究。

2. 把握好妨害公共交通安全行驶的犯罪与正当防卫、紧急避险的界限。根据《最高人民法院、最高人民检察院、公安部关于依法惩治妨害公共交通工具安全驾驶违法犯罪行为的指导意见》的规定，对正在进行的妨害安全驾驶的违法犯罪行为，乘客等人员有权采取措施予以制止，制止行为造成违法犯罪行为人损害，符合法定条件的，应当认定为正当防卫。正在驾驶公共交通工具的驾驶人员遭到妨害安全驾驶行为侵害时，为避免公共交通工具倾覆或者人员伤亡等危害后果发生，采取紧急制动或者躲避措施，造成公共交通工具、交通设施损坏或者人身损害，符合法定条件的，应当认定为紧急避险。实践中需要注意的是，驾驶人员有权采取措施对乘客妨害安全驾驶行为予以制止，但首先必须要保障车辆行驶的安全，也就是说驾驶人员必须首先采取制动措施，让车辆停止在安全地带，才可以采取措施制止乘客的违法行为，不能在车辆行驶的过程中与乘客进行厮打。

3. 在适用本条时要注意把握罪与非罪的界限。对于妨害安全驾驶罪，其行为不仅要干扰公共交通工具正常行驶，而且还要达到危及公共安全的后果，对于情节轻微、危害不大的行为，不宜按照犯罪处理。《最高人民法院、最高人民检察院、公安部关于依法惩治妨害公共交通工具安全驾驶违法犯罪行为的指导意见》对此也有规定：在办理案件过程中，人民法院、人民检察院和公安机关要综合考虑公共交通工具行驶速度、通行路段情况、载客情况、妨害安全驾驶行为的严重程度及对公共交通安全的危害大小、行为人认罪悔罪表现等因素，全面准确评判，充分彰显强化保障公共交通安全的价值导向。

第一百三十四条 【重大责任事故罪】在生产、作业中违反有关安全管理的规定，因而发生重大伤亡事故或者造成其他严重后果的，处三年以下有期徒刑或者拘役；情节特别恶劣的，处三年以上七年以下有期徒刑。

【强令、组织他人违章冒险作业罪】强令他人违章冒险作业，或者明知存在重大事故隐患而不排除，仍冒险组织作业，因而发生重大伤亡事故或者造成其他严重后果的，处五年以下有期徒刑或者拘役；情节特别恶劣的，处五年以上有期徒刑。

【释解与适用】

本条是关于重大责任事故罪，强令、组织他人违章冒险作业罪及其刑罚的规定。

重大责任事故罪是刑法中比较常见的危害公共安全的犯罪，1979年刑法就有规定，1997年修订刑法时基本延续了原来的规定。随着经济和社会的发展，由于整个经济领域生产范围的扩大和生产规模的增长，重大责任事故罪出现了一些新的问题。一是原刑法规定的犯罪主体范围较窄，不适应经营主体日益多元化的情况。除了1997年刑法规定的工厂、矿山、林场、建筑企业或者其他企业、事业单位的职工等特殊主体外，一些个体生产经营单位和个人，甚至违法生产经营的单位和个人，如包工头、无证矿主等在生产、作业中违反安全管理规定，不顾工人生命安全，违章生产、作业，导致重大责任事故的情况时有发生。二是一些生产、经营单位或者个人，为了追求经济利益，不顾法律的制约，采取各种手段强令生产、作业人员违章冒险作业，因而发生重大责任事故，给人民群众生命健康和国家、集体、个人财产造成重大损失，群众反映非常强烈。这种强令工人违章冒险作业的行为，比一般的违章生产、作业的性质更为恶劣、危害更为严重，原刑法的有关规定已经不能满足打击犯罪、遏制犯罪的需要，有必要进行修改。为此，2006年通过的刑法修正案（六）对原规定作了两个方面的修改：首先，将犯罪主体从原来的企业、事业单位的职工扩大到从事生产、作业的所有人员；其次，增加了强令他人违章冒险作业罪，将"强令他人违章冒险作业"与一般的违章生产、作业分开，作为第二款单独规定，并将其刑罚从最高七年有期徒刑提高到十五年有期徒刑。

近年来，在安全生产形势取得好转的同时，一些重特大安全生产事故仍然时有发生，给国家和人民群众生命、财产安全带来难以挽回的特别重大损失，对安全生产综合治理提出了更高要求。2015年8月12日，天津市滨海新区天津港某公司危险品仓库发生火灾爆炸事故，造成165人遇难、8人失踪、798人受伤、304幢建筑物、12428辆汽车、7533个集装箱受毁。2015年8月，全国人大常委会对刑法修正案（九）进行第三次审议期间，有的常委会组成人员提出，鉴于天津港爆炸事件的重大损害和惨痛教训，建议提高刑法第一百三十六条危险物品肇事罪等安全生产事故犯罪的刑罚，以更为有效预防和惩治重特大安全生产犯罪。当时，法律委员会对此问题进行了认真研究，认为："危险物品肇事罪是刑法危害公共安全罪一章规定的责任事故类犯罪之一，这类犯罪还涉及很多同类条款，其量刑幅度基本都是相同的，提高这一犯罪的刑罚需同时考虑其他条款，在具体刑罚的设置上也需要根据司法实践情况，在充分听取相关部门意见的基础上作出评估。对这一问题，需要进一步深入调查研究，可在今后修改刑法时统筹考虑。"近年来又发生了一些重特大事故，特别是2019年3月21日发生了江苏盐城响水某化工企业特大爆炸事故，事故造成78人死亡、76人重伤。国务院调查组认定，江苏响水某化工企业"3·21"特别重大爆炸事故是一起长期违法贮存硝化危险废物导致自燃引发的特别重大事故，企业明知存在重大隐患，甚至在原国家安全监管总局对企业检查中责令整改的十三项安全隐患问题未整改、企业负责人因违法违规堆放处置危险废物被行政处罚和刑事处罚的情况下，对重大隐患仍不落实责任、有效整改，继续冒险组织作业，酿成惨剧。有关方面提出，目前刑法有关责任事故类的犯罪最高刑一般只有七年，不足以预防惩治安全生产事故犯罪，当前一些重大安全生产事故一旦发生都是群死群伤，后果特别严重，建议进一步提高安全生产犯罪的刑罚，加大预防惩治。根据各方面意见，刑法修正案（十一）在刑法第一百三十四条第二款中增加了"明知存在重大隐患而不排除，仍冒险组织作业"，造成严重后果的犯罪。这一规定的主要考虑有：一是传统安全生产事故犯罪为过失犯罪，过失犯罪的刑罚配置一般较之于故意犯罪要轻，普遍提高过失犯罪的刑罚还需要慎重。上述新增的规定区分情况，主要对那些特别轻率、鲁莽冒险作业，情节特别恶劣，发生的后果特别严重的情况加重刑罚，只针对主观上鲁莽、客观上又造成特大损害的责任事故类犯罪。二是如各个提高刑分则第二章中安全生产事故类犯罪的刑罚，将涉及第一百三十四条至第一百三十九条共七条。修改七条法律在立法技术上需要进一步扩大刑法修正案（十一）的容量，因此仅修改第一百三十四条第二款。原第二款规定的是强令违章冒险作业罪，刑罚在刑法修正案（六）时已经修改为最高十五年有期徒刑，在其中增加组织冒险作业犯罪的情形，对其他第一百三十五条至第一百三十九条规定的犯罪领域中，如果出现明知有重大隐患而不排除，仍冒险组织作业的情况，也可适用这一新增加的规定。

　　本条分为两款。第一款是关于重大责任事故罪及其处罚的规定。根据本款的规定，认定重大责任事故罪应当注意以下三个方面的问题。

　　1. 该罪的主体是在各类生产经营活动中从事生产、作业及其指挥管理的人员，既包括1997年刑法规定的工厂、矿山、林场、建筑企业或者其他企业、事业单位的职工，也包括其他生产、经营单位的人员、个体经营户、群众合作经营组织的生产、管理人员，甚至违法经营单位、无照经营单位的生产、作业及其指挥管理人员等。只要在生产、作业中违反有关安全管理的规定，造成不特定人员伤亡或者公私财产重大损害的，无论其生产、作业性质，均可以构成该罪。

2. 本罪在客观方面表现为在生产、作业中违反有关安全管理的规定，因而发生重大伤亡事故或者造成严重后果。具体表现为：（1）行为人违反了有关安全管理的规定。这里所说的"有关安全管理的规定"，既包括国家制定的关于安全管理的法律、法规，比如安全生产法等，也包括行业或者管理部门制定的关于安全生产、作业的规章制度、操作章程等。违反安全管理规定的行为往往具有不同的形式。普通职工主要表现为不服管理、不听指挥、不遵守操作规程和工艺设计要求或者盲目蛮干、擅离岗位等。生产管理人员主要表现为违背客观规律在现场盲目指挥，或者作出不符合安全生产、作业要求的工作安排等。（2）行为人违反有关安全管理规定的行为引起了重大伤亡事故，造成严重后果。本条规定了"重大伤亡"和"严重后果"两个标准，但只要具备其一便构成犯罪。其中，"其他严重后果"，是指除重大伤亡事故以外的其他后果，包括重大财产损失等。关于重大伤亡或者其他严重后果的认定标准，由于生产领域、地域、时间等情况的不同，一般由相关领域的管理规定作出规定。司法实践中，司法机关可以根据犯罪的具体情节、造成的后果、社会影响等综合认定。

3. 在主观方面本罪表现为过失。这种过失，是指对造成的重大人身伤亡或者其他严重后果由于疏忽大意没有预见，或者虽然预见但轻信可以避免而没有采取相应的措施。而对违反安全管理规定本身，则既可以是过失，也可以是故意，这对认定本罪没有影响，但在量刑时可以作为一个情节予以考虑。如果行为人对危害结果出于故意的心理状态，则不构成本罪，应当按照其他相应的犯罪定罪处罚。实践中，有些企业、事业单位或者群众合作经营组织、个体经营户招用从业人员，不进行技术培训，也不进行必要的安全教育，直接安排其从事生产、作业，使职工在不了解安全管理规定的情况下违反安全管理规定，因而发生重大责任事故，对于生产、作业人员不宜认定为犯罪，但对发生事故的单位和经营组织、经营户的直接责任人员，则应当按照本罪定罪处罚。

根据本款的规定，在生产、作业中违反有关安全管理的规定，因而发生重大伤亡事故或者造成其他严重后果的，处三年以下有期徒刑或者拘役。根据 2015 年《最高人民法院、最高人民检察院关于办理危害生产安全刑事案件适用法律若干问题的解释》第六条的规定，实施本款规定的行为，因而发生安全事故，具有下列情形之一的，应当认定为"发生重大伤亡事故或者造成其他严重后果"，对相关责任人员，处三年以下有期徒刑或者拘役：（1）造成死亡一人以上，或者重伤三人以上的；（2）造成直接经济损失一百万元以上的；（3）其他造成严重后果或者重大安全事故的情形。情节特别恶劣的，处三年以上七年以下有期徒刑。这里规定的"情节特别恶劣"，是指造成伤亡人数特别多，造成直接经济损失特别大，或者其他违反安全管理规定非常恶劣的情况。比如，经常违反规章制度，屡教不改；明知没有安全保证，不听劝阻；发生过事故不引以为戒，继续蛮干；违章行为特别恶劣，如已因违反规章制度受到批评教育或行政处罚而不改正，再次违反安全管理规定，造成重大事故等。根据上述司法解释的规定，实施本款规定的行为，因而发生安全事故，具有下列情形之一的，对相关责任人员，处三年以上七年以下有期徒刑：（1）造成死亡三人以上或者重伤十人以上，负事故主要责任的；（2）造成直接经济损失五百万元以上，负事故主要责任的；（3）其他造成特别严重后果、情节特别恶劣或者后果特别严重的情形。

第二款是关于强令违章冒险作业、冒险组织作业的处罚的规定。

1. 强令违章冒险作业罪。这种情况，主要是指那些负有生产、作业指挥和管理职责的人员，为了获取高额利润，明知存在安全生产隐患，或者为了获得高额利润，采取违反安全管理规定的行为，在生产、作业人员拒绝的情况下，利用职权或者其他强制手段强令工人违章冒险作业，因而发生重大伤亡事故或者造成其他严重后果的。这种情况，首先表现在工人不愿听从生产、作业指挥管理人员违章冒险作业的命令，其次是生产、作业指挥管理人员利用自己的职权或者其他手段强迫命令工人在违章的情况下冒险作业，即强迫工人服从其错误的指挥，而工人不得不违章作业。这种"强令"，不一定表现在恶劣的态度、强硬的语言或者行动，只要是利用组织、指挥、管理职权，能够对工人产生精神强制，使其不敢违抗命令，不得不违章冒险作业的，均构成"强令"。根据 2022 年《最高人民法院、最高人民检察院关于办理危害生产安全刑事案件适用法律若干问题的解释（二）》第一条第一款的规定，明知存在事故隐患，继续作业存在危险，仍然违反有关安全管理的规定，有下列情形之一的，属于刑法第一百三十四条第二款规定的"强令他人违章冒险作业"：（1）以威逼、胁迫、恐吓等手段，强制他人违章作业的；（2）利用组织、指挥、管理职权，强制他人违章作业的；（3）其他强令他人违章冒险作业的情形。根据本款的规定，对于强令他人违章冒险作业，因而发生重大伤亡事故或者造成严重后果的，处五年以下有期徒刑或者拘役；情节特别恶劣的，处五年以上有期徒刑。这里所说的"情节特别恶劣"，包括用恶劣手段强令工人违章冒险作业等。根据2015年《最高人民法院、最高人民检察院关于办理危害生产安全刑事案件适用法律若干问题的解释》第六条、第七条的规定，强令违章冒险作业，因而发生安全事故，具有下列情形的，应当认定为"发生重大伤亡事故或者造成其他严重后果"，对相关责任人员，处五年以下有期徒刑或者拘役：（1）造成死亡一人以上，或者重伤三人以上的；（2）造成直接经济损失一百万元以上的；（3）其他造成严重后果或者重大安全事故的情形。有下列情形的，应当认定为"情节特别恶劣"，处五年以上有期徒刑：（1）造成死亡三人以上或者重伤十人以上，负事故主要责任的；（2）造成直接经济损失五百万元以上，负事故主要责任的；（3）其他造成特别严重后果、情节特别恶劣或者后果特别严重的情形。

2. 冒险组织作业犯罪。刑法修正案（十一）在本条第二款中增加规定了"明知存在重大事故隐患而不排除，仍冒险组织作业"的情形。理解该规定，需要注意以下问题：（1）关于重大事故隐患。本款规定的"重大事故隐患"具有相应的标准，应当按照法律、行政法规或者安全生产监督管理部门发布的有关国家、行业标准确定。例如，根据安全生产法和《中共中央、国务院关于推进安全生产领域改革发展的意见》，原国家安全监督管理总局于2015年发布了《煤矿重大生产安全事故隐患判定标准》，其后分别制定发布了金属、非金属矿山、化工和危险化学品生产经营单位、烟花爆竹生产经营单位、工贸行业重大生产安全事故隐患判定标准。此外，还有公安部制定的《重大火灾隐患判定方法》，水利部制定的《水利工程生产安全重大事故隐患判定标准（试行）》，交通运输部制定的《危险货物港口作业重大事故隐患判定指南》等。安全生产法第一百一十八条第二款也规定："国务院应急管理部门和其他负有安全生产监督管理职责的部门应当根据各自的职责分工，制定相关行业、领域重大危险源的辨识标准和重大事故隐患的判定标准。"需要注意的是，重大事故隐患判断标准中的内容情形也比较复杂，既包括可能直接导致、引发重大事故发生的直接重大隐患,也有属于管理培训制度、项目建设规范等方面的间接隐患。比如,厂房安全距离设置不符合要求,主要负责人、安全生产管理人员未依法经考核合格,作业人数超过标准人数等,尚不足以直接导致事故的发生。因此,实践中在适用本款规定判处更重刑罚时也应当考虑重大隐患的不同情况。(2)要求"明知"存在重大事故隐患而不排除。虽然对危害结果的发生不是积极追求的故意(否则就可能构成其他故意危害公共安全的犯罪),但在对重大隐患的认识上是明知的,主观上存在一种鲁莽、轻率心态,即意欲完全凭借侥幸或者为了生产作业而不管不问的心态。"不排除"是指对重大隐患不采取有效措施予以排除危险。根据安全生产法第四十一条、第四十六条、第七十条等的规定,生产经营单位应当建立健全生产安全事故隐患排查治理制度,采取技术、管理措施,及时发现并消除事故隐患;生产经营单位的安全生产管理人员应当根据本单位的生产经营特点,对安全生产状况进行经常性检查,对检查中发现的安全问题,应当立即处理,不能处理的,应当及时报告本单位有关负责人,有关负责人应当及时处理;负有安全生产监督管理职责的部门依法对存在重大事故隐患的生产经营单位作出停产停业、停止施工、停止使用相关设施或者设备的决定,生产经营单位应当依法执行,及时消除事故隐患。对此,立法过程中曾表述为"拒不排除",有意见提出,这一表述可能暗含需经安全生产监督管理部门等检查指出后,拒不执行监管指令的"不排除",会造成适用面太窄,因此删去了"拒"。(3)仍然冒险组织作业。这是本罪的客观行为。即在明知具有重大事故隐患未排除的情况下,仍然组织冒险作业。如已发现事故苗头,仍然不听劝阻、一意孤行,拒不采纳工人和技术人员的意见,导致事故发生的;通过恶劣手段掩盖安全生产隐患,蒙骗工人作业,在出现险情的情况下仍然继续生产、作业或者指挥工人生产、作业的等。组织冒险作业的主体是冒险作业的组织者、指挥者,对一般的从事、参与冒险作业的不适用本款规定。根据本款规定,犯冒险组织作业罪,发生重大伤亡事故或者造成其他严重后果的,处五年以下有期徒刑或者拘役;情节特别恶劣的,处五年以上有期徒刑。有关具体标准由司法解释或者司法实践中把握。

【适用中需要注意的问题】

1.关于本条规定犯罪主体的问题。与刑法第一百三十五条、第一百三十五条之一、第一百三十七条、第一百三十八条、第一百三十九条等安全事故犯罪明确规定了犯罪主体，如直接负责的主管人员和其他直接责任人员、直接责任人员等不同，本条规定没有明确规定犯罪主体。本条犯罪既可以是单位直接责任人员，也可以是个人、个体经营者等。在单位实施重大责任事故罪、强令违章冒险作业罪、冒险组织作业犯罪的情况下，根据有关法律解释的规定，对企业负责人等直接责任人员可依法追究刑事责任。2014年《全国人民代表大会常务委员会关于〈中华人民共和国刑法〉第三十条的解释》规定，公司、企业、事业单位、机关、团体等单位实施刑法规定的危害社会的行为，刑法分则和其他法律未规定追究单位的刑事责任的，对组织、策划、实施该危害社会行为的人依法追究刑事责任。因此，由单位实施的有关安全生产事故犯罪，可以依法追究负有直接责任的企业负责人刑事责任。另外，2015年《最高人民法院、最高人民检察院关于办理危害生产安全刑事案件适用法律若干问题的解释》对此作了进一步明确规定：本条第一款规定的犯罪主体，包括对生产、作业负有组织、指挥或者管理职责的负责人、管理人员、实际控制人、投资人等人员，以及直接从事生产、作业的人员。第二款规定的犯罪主体，包括对生产、作业负有组织、指挥或者管理职责的负责人、管理人员、实际控制人、投资人等人员。根据安全生产法的规定，安全生产实行企业等生产经营单位主体责任制，生产经营单位的主要负责人对本单位的安全生产工作全面负责。实践中，企业负责人对安全生产事故发生负有直接责任的，适用本条规定处罚。

2. 在认定重大责任事故罪时，应当注意区分重大责任事故和自然事故的界限。所谓自然事故，是指不以人的意志为转移的自然原因造成的事故，如雷电、暴风雨造成电路故障而引起的人员伤亡或经济损失。如果无人违章，纯属自然事故，不构成犯罪。此外，也应当区分重大责任事故罪与技术事故的界限。所谓技术事故，是指由于技术手段或者设备条件所限而无法避免的人员伤亡或经济损失。比如，在生产和科学实验中，总会因为科技水平和设备条件的限制，不可避免地出现一些事故，造成一些损失，这不是犯罪问题。但是，如果凭借现有的科技和设备条件，经过努力本来可以避免事故发生，由于疏忽大意或者过于自信未能避免的，则可能构成重大责任事故罪。

3. 注意处理好相关规定适用情形。一是刑法修正案（十一）在本条中增加冒险组织作业，与强令违章冒险作业的关系。二者的区别主要在于是否具有"强令"行为，对于企业负责人、管理人员利用组织、指挥、管理职权，强制他人违章作业的，或者采取威逼、胁迫、恐吓等手段，强制他人违章作业的情形，应当认定为"强令"违章冒险作业。二是冒险组织作业与重大劳动安全事故罪、危险物品肇事罪、工程重大安全事故罪等其他安全生产犯罪的关系。刑法修正案（十一）增加"冒险组织作业"的一个主要考虑是对安全生产领域造成重大事故、情节特别严重的加重处罚，但是没有提高各个罪的刑罚，在这些各个罪涉及的具体领域，如工程建设领域、危险物品生产经营领域等，如果符合明知有重大隐患而不排除，仍组织冒险作业情况的，可适用本款规定，判处更重刑罚。

第一百三十四条之一 【危险作业罪】在生产、作业中违反有关安全管理的规定，有下列情形之一，具有发生重大伤亡事故或者其他严重后果的现实危险的，处一年以下有期徒刑、拘役或者管制：

（一）关闭、破坏直接关系生产安全的监控、报警、防护、救生设备、设施，或者篡改、隐瞒、销毁其相关数据、信息的；

（二）因存在重大事故隐患被依法责令停产停业、停止施工、停止使用有关设备、设施、场所或者立即采取排除危险的整改措施，而拒不执行的；

（三）涉及安全生产的事项未经依法批准或者许可，擅自从事矿山开采、金属冶炼、建筑施工，以及危险物品生产、经营、储存等高度危险的生产作业活动的。

【释解与适用】

本条是关于危险作业罪及其刑罚的规定。

安全生产事关人民群众生命财产安全，事关改革开放、经济发展和社会稳定大局。近年来安全生产形势总体平稳，但重特大事故仍时有发生，还处于易发多发期，特别是重特大事故尚未得到有效遏制，给国家和人民生命财产造成特别重大损失。安全生产治理工作是一项系统性、综合性治理工作，法治在其中发挥着重要作用。2009年、2014年、2021年全国人大常委会三次修改安全生产法，进一步加强了对安全生产各方面的监管和责任落实。我国刑法高度重视安全生产违法犯罪的惩治，全国人大常委会对安全生产犯罪规定多次作出修改完善。特别是刑法修正案（六）修改补充了重大责任事故罪、强令违章冒险作业罪、重大劳动安全事故罪、大型群众性活动重大安全事故罪、不报、谎报安全事故罪等。经过上述修改补充，我国刑法有关安全生产犯罪惩治的行为范围的规定已经较为完善了。既有一般性的重大责任事故罪等概括性罪名，也有危险物品肇事等具体安全生产领域的专门罪名。由于安全生产事故类犯罪为过失犯罪，所以构成这些犯罪都要求造成重大伤亡事故或者其他严重后果。近年来，一些重特大事故如天津港某公司危险品爆炸事故案、江苏响水"3·21"特大爆炸事故案等，使人们认识到等到发生事故后再治理为时已晚。有关方面提出，对一些虽尚未发生严重后果，但具有导致重大事故发生现实危险的重大隐患行为，刑法也应当提前介入，预防惩治这类犯罪。2016年发布的《中共中央关于推进安全生产领域改革发展的意见》提出"研究修改刑法有关条款，将生产经营过程中极易导致重大生产安全事故的违法行为列入刑法调整的范围"。根据各方面意见和实践情况，刑法修正案（十一）增加了本条规定。本罪在立法过程中总体上注意把握以下方面：一是入罪范围上严格限定条件，将那些只是由于救援及时或者其他完全侥幸、纯粹客观原因才避免重大伤亡事故或者其他严重后果发生，但甚至已经出现一些小事故、重大事故前兆而极易导致重大事故发生的情形纳入刑事制裁范围。因此，构成本罪，首先要求"具有发生重大伤亡事故或者其他严重后果的现实危险"。二是对重大危险作业行为明确列举。总结司法实践经验，将其中最为严重的情形分项列举，这样处理也是考虑到企业生产经营的实际情况，在强化企业安全生产主体责任、保障安全生产的同时，避免对企业的生产经营造成过度负担和正常生产经营的不当干扰。对一般违反安全生产管理的情况不作为犯罪处理。三是构成本罪不要求造成实际危害结果，属于较轻的犯罪，刑罚设置为一年以下有期徒刑、拘役或者管制。

本条共三项，这三项行为是实践中多发易发的重大安全生产违法违规情形。

1. 第一项"关闭、破坏直接关系生产安全的监控、报警、防护、救生设备、设施，或者篡改、隐瞒、销毁其相关数据、信息的"。该项针对的是生产、作业中已经发现危险如瓦斯超标，但故意关闭、破坏报警、监控设备，或者修改设备阈值，破坏检测设备正常工作条件，使有关监控、监测设备不能正常工作，而继续冒险作业，逃避监管。关闭、破坏设备、设施或者篡改、隐瞒、销毁相关数据、信息的行为是故意的，但对结果不是希望或者追求结果，否则可能构成其他犯罪如以危险方法危害公共安全罪等。关闭、破坏的"设备、设施"属于"直接关系生产安全"的设备、设施，这是限定条件。"直接关系生产安全"，是指设备、设施的功能直接检测安全环境数据，关闭、破坏后可能直接导致事故发生，具有重大危险。关闭、破坏与安全生产事故发生不具有直接性因果关系的设备、设施的，不能认定为本项犯罪。立法过程中有意见提出，将应当配置而没有配置直接关系生产安全的监控、报警、防护、救生设备、设施，或者配置不合格的上述设备、设施的情形也增加规定为犯罪，如故意不安装切断阀、防静电装置，防爆、通风系统和装置，未建立瓦斯抽采系统等，或者为了降低企业成本，在安全生产设备设施投入中偷工减料或者故意使用不合格产品等。考虑到实践中这类情况比较复杂，安全生产标准和要求较为全面、严格，有的不安装行为并非具有直接导致重大危害结果的危险性，且涉及企业安全生产的投入，因此未作专门规定。对这类情况是否构成危险作业犯罪，需要结合实践情况慎重把握。

2. 第二项 "因存在重大事故隐患被依法责令停产停业、停止施工、停止使用有关设备、设施、场所或者立即采取排除危险的整改措施，而拒不执行的"。这是本条危险作业犯罪的核心条款。第一项和第三项规定的行为都是具体的、明确的，入罪情形是清晰和限定的，这两项情况在实践中确有发生，但还不是重大隐患入刑想要解决的主体性问题。立法过程中如果采取"其他违反有关安全管理规定行为，可能直接导致重大事故发生的"这种兜底项，不好判断，范围可能过大。但同时如果没有兜底条款，可能无法适应安全生产各方面违法违规的复杂情况。因此，本项规定在违反安全生产管理规定的行为范围上是开放的，可以涵盖安全生产领域各类违反规定的行为，同时本项在标准条件上又是极为严格的：第一，存在重大事故隐患，重大事故隐患具有明确的国家标准、行业标准。安全生产法第一百一十八条第二款规定："国务院应急管理部门和其他负有安全生产监督管理职责的部门应当根据各自的职责分工，制定相关行业、领域重大危险源的辨识标准和重大事故隐患的判定标准。"目前主要安全生产领域如煤矿、金属非金属矿山、化工和危险化学品、烟花爆竹、工贸行业、火灾隐患、水利工程、危险货物港口作业等领域，制定了重大隐患判断标准。从具体规定看，重大隐患判断标准中的内容涵盖的范围和要求较多，有的重大危险行为，可能直接导致危害后果发生，如瓦斯超标作业；也有一些内容属于管理培训制度、项目建设规范等方面的隐患，尚不足以直接导致事故的发生，因此，仅存在重大事故隐患还不足以纳入刑事处罚，本条规定还需经执法部门依法责令停产停业、停止施工、停止使用相关设施设备或者责令采取整改措施，拒不执行的，同时要求具备发生严重后果的现实危险的才纳入刑法；第二，被依法责令整改，而拒不执行。本条规定时强调因存在重大事故隐患被"依法"责令停产停业等措施，之所以强调依法，是指监管部门必须依照安全生产法律法规等规定，依法责令，不能超越职权、随意责令停产停业等措施；作出停产停业等决定通常是企业安全生产出现高度危险时，对于没有执法依据的责令停产停业而拒不执行的，不构成本条规定的犯罪。责令整改包括两种情况：一是被执法部门依法责令停产停业，停止施工，停止使用有关设备、设施、场所。安全生产法第七十条规定，执法部门对存在重大事故隐患的，依法作出停产停业等决定，生产经营单位拒不执行，有发生生产安全事故的现实危险的，可以采取通知有关单位停止供电、停止供应民用爆炸物品等措施，强制生产经营单位履行决定。这种情况下冒险作业极易发生事故。例如，2013年吉林某煤矿瓦斯爆炸事故，不执行停产停业禁止人员下井决定，多次擅自违规安排人员施工，造成后续重大事故发生。二是不采取排除危险的整改措施。监管部门虽未责令停产停业，但对采取排除危险的整改措施、期限等作出明确规定，而拒不执行，有发生生产安全事故危险的情况。例如，江苏响水"3·21"特别重大爆炸事故案，原国家安全监管总局对江苏响水某化工企业检查中责令整改的十三项安全隐患问题，未整改。因违法违规堆放处置危险废物被行政处罚后，仍不落实责任有效整改。这一构成犯罪的条件是递进的。本项规定实际上要求附加行政部门前置处罚的规定，给予监管部门强有力刑法手段的同时，促使监管部门履职到位。这样既控制了处罚范围，又适应了实践情况和加强安全生产监管的实际需要。

3. 第三项涉及安全生产的事项未经依法批准或者许可，擅自从事矿山开采、金属冶炼、建筑施工，以及危险物品生产、经营、储存等高度危险的生产作业活动的。本项规定的是安全生产的事项未经批准擅自生产经营的，即通常所说的"黑矿山""黑加油站"等。安全生产法第六十三条规定："负有安全生产监督管理职责的部门依照有关法律、法规的规定，对涉及安全生产的事项需要审查批准（包括批准、核准、许可、注册、认证、颁发证照等，下同）或者验收的，必须严格依照有关法律、法规和国家标准或者行业标准规定的安全生产条件和程序进行审查；不符合有关法律、法规和国家标准或者行业标准规定的安全生产条件的，不得批准或者验收通过。对未依法取得批准或者验收合格的单位擅自从事有关活动的，负责行政审批的部门发现或者接到举报后应当立即予以取缔，并依法予以处理。对已经依法取得批准的单位，负责行政审批的部门发现其不再具备安全生产条件的，应当撤销原批准。"同时，根据矿山安全法、《危险化学品安全管理条例》等法律法规的规定，从事矿山开采、金属冶炼、建筑施工、危险物品等行业生产经营，应当依法取得有关安全生产事项的批准。本项规定的行业是具有高度危险性的安全生产领域，在安全监管方面实行严格的批准或者许可制度。没有经过安全生产批准或者许可的，一般来说，安全生产条件不符合法定要求，极易导致重大事故发生。如矿山开采，需要建立一系列矿山安全规程和行业技术规范，未经审查的私自煤矿等开采行为，具有重大安全隐患，必须严加监管和追究法律责任。需要注意的是，本项规定的未经安全生产批准的领域要求是高度危险的生产作业活动，一般的安全生产行业、领域有关事项未经安全监管部门批准的，不构成本罪。第三项中列举的行业包括矿山开采、金属冶炼、建筑施工和危险物品等，需要注意的是建筑施工领域情况复杂，范围不能把握过宽，对于农村建房等施工领域，未取得有关安全生产事项批准的，不宜作为本罪处理。

4. 关于本条项前主文中"具有发生重大伤亡事故或者其他严重后果的现实危险的"理解。关于本罪门槛的规定及其准确表述是一个重要问题。在立法过程中曾反复研究，目的是控制好处罚范围，将那种特别危险、极易导致结果发生的重大隐患行为列入犯罪，而不能将一般的、数量众多的其他违反安全生产管理规定的行为纳入刑事制裁，毕竟本罪不要求发生现实危害结果。有的称之为过失犯罪的危险犯，在立法中是这种情况是极少的。本条没有使用"情节严重"，而是使用了"现实危险"的概念，这在刑法其他条文中是没有的，采用这一概念的目的是准确表述行为的性质和危险性。安全生产法第七十条中使用了这一概念，"生产经营单位拒不执行，有发生生产安全事故的现实危险的，在保证安全的前提下，经本部门主要负责人批准，负有安全生产监督管理职责的部门可以采取通知有关单位停止供电、停止供应民用爆炸物品等措施，强制生产经营单位履行决定"，在安全生产工作实践中对"现实危险"也有相应的判断标准。"现实危险"主要是指，已经出现了重大险情，或者出现了"冒顶""渗漏"等"小事故"，虽然最终没有发生重大严重后果，但这种没有发生的原因，有的是因为被及时制止了，有的是因为开展了有效救援，有的完全是偶然性的客观原因而未发生，对这"千钧一发"的危险才能认定为"具有发生现实危险"。具体判断标准将来还需要在进一步总结司法实践经验的基础上，在案件中把握或者出台有关司法解释等作出进一步明确。立法规定的这一要件为司法适用在总体上明确了指引和方向，防止将这类过失的危险犯罪的范围过于扩大，防止对企业正常生产经营的不当重大影响。

【适用中需要注意的问题】

1. 妥善把握好犯罪界限和范围。认定本罪时，应当严格按照本条规定的条件认定。注意把握好不能因为企业存在重大事故隐患就予以刑事处罚，还要看重大安全隐患的具体情况，是否经责令整改而拒不执行，是否属于具有"现实危险"的行为等进行综合判断。

2. 在适用本条第一项、第三项的规定时，注意区分与其他犯罪的界限和罪数适用。特别是第三项的有关行为，可能同时构成非法采矿罪、非法运输、储存危险物质等其他犯罪，应当根据案件具体情况从一重罪处罚或者数罪并罚。

3. 符合本条规定的行为，如果发生了安全事故，达到重大责任事故罪等定罪量刑标准时，适用重大责任事故罪等相关犯罪处罚，不适用本条规定。如果发生的后果是小事故，尚不够重大责任事故罪等定罪量刑的标准，如重伤人数、经济损失数额没有达到标准，但同时具有造成更大事故的现实危险，符合本条规定的，仍应适用本条规定处罚。

第一百三十五条　【重大劳动安全事故罪】安全生产设施或者安全生产条件不符合国家规定，因而发生重大伤亡事故或者造成其他严重后果的，对直接负责的主管人员和其他直接责任人员，处三年以下有期徒刑或者拘役；情节特别恶劣的，处三年以上七年以下有期徒刑。

【释解与适用】

本条是关于重大劳动安全事故罪及其刑罚的规定。

重大劳动事故罪侵犯劳动者的生命、健康和重大公私财产安全。在社会主义现代化建设中，劳动者作为生产力中的决定因素，对经济、社会的发展起着非常重要的作用。我国政府部门历来坚持"安全第一"的生产方针，重视生产安全和安全生产。刑法修正案（六）对本条进行修改完善后，安全生产法、劳动法、建筑法等法律法规，从用人单位、主管部门等多个方面对劳动安全予以规范和保护。对侵犯劳动安全的行为要充分发挥刑法作用，切实保护劳动者生命、健康和公私财产安全。根据本条规定，构成重大劳动安全事故罪应当具备以下条件。

1. 本罪规定的刑罚适用对象是"直接负责的主管人员和其他直接责任人员"。根据《最高人民法院、最高人民检察院关于办理危害生产安全刑事案件适用法律若干问题的解释》第三条的规定，"直接负责的主管人员和其他直接责任人员"包括对安全生产设施或者安全生产条件不符合国家规定负有直接责任的生产经营单位负责人、管理人员、实际控制人、投资人以及其他对安全生产设施或者安全生产条件负有管理、维护职责的人员。需要说明的是，和大部分安全事故类犯罪一样，本条规定的适用对象限定在"直接负责"的主管人员和"其他直接责任"人员。所谓"直接负责"的主管人员，是指在单位实施的犯罪中起了决定、批准、授意、纵容、指挥等作用的主管人员；所谓"其他直接责任"人员，是指在直接负责的主管人员之外其他具体实施犯罪的人员等责任人员。

2. 构成重大劳动安全事故需要"安全生产设施或者安全生产条件不符合国家规定"。"安全生产设施"，主要是指为了防止和消除在生产过程中的伤亡事故，防止生产设备遭到破坏，用以保障劳动者安全的技术设备、设施和各种用品。主要包括：一是防护装置，即用屏护方法使人体与生产中危险部分相隔离的装置；二是保险装置，即能自动消除生产中由于设备故障和部件损害而引起的人身事故危险的装置；三是信号装置，即应用信号警告、预防危险的装置；四是危险牌示和识别标志，即危险告示标志和借助醒目颜色或者图形判断是否安全的标志。本条规定的"安全生产条件"，主要是指劳动生产者在进行劳动生产时所处的环境条件及用于保护劳动者安全生产作业的安全防护措施、安全防护用品等。特别是从事某种特殊或者危险工作的劳动生产，如从事某种有毒、高空作业等，都必须配备相应的、符合国家有关生产安全标准的防毒设备和高空安全防护用具；又如用于防毒、绝缘、防火、避雷、防暴、通风等用品和措施，确保劳动者在一个安全的劳动条件或者具备安全防护措施的条件下进行劳动生产。另外，安全生产法第二十九条规定，生产经营单位采用新工艺、新技术、新材料或者使用新设备，必须了解、掌握其安全技术特性，采取有效的安全防护措施，并对从业人员进行专门的安全生产教育和培训。第三十一条规定，生产经营单位新建、改建、扩建工程项目的安全设施，必须与主体工程同时设计、同时施工、同时投入生产和使用。由此可见，生产经营过程中的安全防护设施、安全教育培训、安全措施保障等尤其是这些组合形成的安全生产环境，在符合条件的情况下也可以纳入"安全生产条件"的范畴。

本条规定的"不符合国家规定"，主要是指用于劳动生产的安全生产设施或者安全生产条件，不符合国家的有关安全标准或者有关安全要求的规定。这些规定包括全国人大及其常委会在安全生产方面颁布实施的法律和决定，国务院在安全生产方面颁布实施的行政法规、行政措施以及发布的决定和命令等。实践中，有的生产经营单位新建、改建、扩建工程的安全设施未依法经有关部门审查批准，擅自投入生产或使用；有的生产经营单位不按照国家有关法律、法规的规定为工人提供必要的劳动保护用品；有的生产经营单位由于不具备安全生产条件或者存在重大事故隐患，被行政执法机关责令停产、停业或者取缔、关闭后，仍强行生产经营等，均属于"不符合国家规定"的情形。另外，为了确保劳动生产的安全，国家对劳动生产设施采取国家统一的安全技术标准认定，并对生产设施、设备的安全使用期限都有严格的规定。劳动生产部门应当使用具有国家有关部门经过技术标准认定的生产设施和设备，严禁使用不符合技术标准的或者超过使用期限而应当报废的生产设施和设备。实践中，有的生产经营单位擅自使用不符合国家规定的安全设施、设备或者使用超过安全使用期限的生产设施、设备，也属于"不符合国家规定"的情形。再者，对劳动生产条件的安全，有关法律、法规也都有明确的规定，特别是从事有毒有害或者危险作业的行业。如安全生产法第三十七条规定，生产经营单位使用的危险物品的容器、运输工具，以及涉及人身安全、危险性较大的海洋石油开采特种设备和矿山井下特种设备，必须按照国家有关规定，由专业生产单位生产，并经具有专业资质的检测、检验机构检测、检验合格，取得安全使用证或者安全标志，方可投入使用。第三十八条规定，国家对严重危及生产安全的工艺、设备实行淘汰制度，具体目录由国务院应急管理部门会同国务院有关部门制定并公布。生产经营单位不得使用应当淘汰的危及生产安全的工艺、设备。实践中，有些生产经营单位不按规定给工人配备必要的安全防护用品和设备都是不符合国家规定的。

3. 构成重大劳动安全事故罪要"发生重大伤亡事故或者造成其他严重后果"。根据司法解释有关规定，"重大伤亡事故"是指造成死亡一人以上，或者重伤三人以上的情形。"造成其他严重后果"，是指造成直接经济损失一百万元以上或者其他严重后果的情况，如造成国家有关的重要工程、生产计划不能如期完工的严重后果等。

此外，根据上述司法解释的规定，本条规定的"情节特别恶劣"，是指造成死亡三人以上或者重伤十人以上，负事故主要责任的；或者造成直接经济损失五百万元以上，负事故主要责任的；或者其他造成特别严重后果、情节特别恶劣或者后果特别严重的情形，如经有关部门多次要求整改而拒不执行、曾发生过劳动安全事故仍不重视劳动安全设施造成严重后果的、事故发生后未采取积极措施阻止危害结果扩大蔓延造成严重后果的或者事故发生后为逃避责任而故意破坏现场、毁灭证据等行为的。

根据本条规定，构成犯罪的，对直接负责的主管人员和其他直接责任人员，处三年以下有期徒刑或者拘役；情节特别恶劣的，处三年以上七年以下有期徒刑。对单位犯罪的处罚，刑法第三十一条规定："单位犯罪的，对单位判处罚金，并对其直接负责的主管人员和其他直接责任人员判处刑罚。本法分则和其他法律另有规定的，依照规定。"据此，对单位犯罪的处罚是以双罚制为原则，单罚制为例外。本条没有规定罚金刑，主要是考虑：一是发生安全事故的单位应立即整改使安全生产设施、安全生产条件达到国家规定，以及对安全事故伤亡人员进行治疗、赔偿，因此，在处罚上只追究"直接负责的主管人员和其他直接责任人员"的刑事责任。二是此类犯罪主要是过失犯罪，不属于贪利性犯罪。包括安全生产法在内的大量法律法规，已经对安全生产事故类犯罪中的单位主体和直接责任人员规定了具体的罚款等经济处罚措施。

【适用中需要注意的问题】

实际执行中应当注意本罪和第一百三十四条重大责任事故罪的区别。刑法第一百三十四条、第一百三十五条都是涉及违反安全生产规定的犯罪，两者都有重大事故的发生，且行为人对重大事故的发生通常都是一种过失的心理状态。但两者有明显区别：（1）刑罚适用对象不同。本条规定的重大劳动安全事故罪适用的主体主要是对安全生产设施和安全生产条件不符合规定负有"直接责任"的主管和其他人员；而第一百三十四条重大责任事故罪适用的主体则主要是对生产、作业过程负有"领导或管理责任"的相关人员，以及直接违规从事生产、作业的人员。（2）客观方面的行为方式不同。本条规定的重大劳动安全事故罪具体表现为不提供安全生产设施、对劳动安全隐患不采取整改措施或者提供的安全生产条件不符合国家规定等；而第一百三十四条重大责任事故罪主要表现在主管领导指示或者工人自行违反安全管理规定生产作业、强令他人违章冒险作业等。需要注意的是，由于安全生产设施或者安全生产条件不符合国家规定本身就属于违反安全管理规定的内容，对于在生产、作业中安全生产设施或者安全生产条件不符合国家规定，因而发生重大事故，造成严重后果的，存在重大劳动安全事故罪与重大责任事故罪竞合的情形，对符合本条规定情形的行为人应当适用本罪定罪处罚。

第一百三十五条之一　【大型群众性活动重大安全事故罪】举办大型群众性活动违反安全管理规定，因而发生重大伤亡事故或者造成其他严重后果的，对直接负责的主管人员和其他直接责任人员，处三年以下有期徒刑或者拘役；情节特别恶劣的，处三年以上七年以下有期徒刑。

【释解与适用】

本条是关于大型群众性活动重大安全事故罪及其刑罚的规定。

根据本条的规定，构成这一犯罪需要符合以下几个条件。

1. 本罪主体是特殊主体，包括大型群众性活动举办单位及相关人员。需要注意的是，我国大型群众性活动的安全管理实行承办者负责、政府监管的原则，县级以上人民政府公安机关负责大型群众性活动的安全管理工作，县级以上人民政府其他有关主管部门按照各自的职责，负责大型群众性活动的其他安全工作。实践中，我国许多大型集会、体育赛事、文艺演出等群众性活动是由地方政府主办或者政府部门协调举办的，但承办者才是大型群众性活动的实际组织者，根据国务院2007年颁布施行的《大型群众性活动安全管理条例》有关规定，承办者对其承办活动的安全负责，承办者的主要负责人为大型群众性活动的安全责任人。对负有安全监管职责的有关主管部门的工作人员在履行大型群众性活动安全管理职责中，有滥用职权、玩忽职守、徇私舞弊行为，构成犯罪的，应当依据刑法第九章渎职罪的相关规定追究刑事责任。

实际执行中还是应当注意本罪的适用主体问题。本条规定的犯罪属于单位犯罪，这里的"单位"既包括法人组织也包括非法人组织，既包括国家机关，也包括非国家机关性质的公司和企事业单位。因此，在适用本罪时要注意以下几种情形：一是承办者是国家机关尤其是政府部门，因违反安全管理规定举办大型群众性活动导致发生重大伤亡事故或其他严重后果的，对安全事故直接负责的主管人员及其他直接责任人员也应当适用本罪。二是承办者虽然是普通的公司、企事业单位，但是有国家工作人员违反规定投资入股甚至生产经营的，对依法应当承担本条规定法律责任的国家工作人员，可考虑从重处罚。三是承办者对其承办活动的安全负责，承办者的主要负责人为大型群众性活动的安全责任人。活动的其他参与者，如主办方、协办方、赞助商等不实际承担安全事务的，不适用本条规定。对负有安全监管职责的有关主管部门的工作人员在履行大型群众性活动安全管理职责中，有滥用职权、玩忽职守、徇私舞弊行为，构成犯罪的，应当依据刑法第九章的相关规定追究刑事责任。

2. 行为人主观上是过失。即行为人对自己违反有关安全管理规定举办大型群众性活动的行为，可能发生的危害社会的结果，因为疏忽大意而没有预见，或者已经预见而轻信能够避免，以致发生这种结果。

3. 行为人客观上实施了违反安全管理规定，举办大型群众性活动的行为。大型活动的举办，其特点是在一定时期和有限的空间内，人员众多，身份复杂，物资汇聚，极易发生重大伤亡事故。针对这一特点，为预防和减少事故的发生，确保人民群众的生命和财产安全，我国法律、法规对举办大型群众性活动规定了明确的条件。《大型群众性活动安全管理条例》对大型群众性活动有关人员的安全责任和安全管理要求作了明确规定。根据该规定，大型群众性活动的预计参加人数在一千人以上五千人以下的，由活动所在地县级人民政府公安机关实施安全许可；预计参加人数在五千人以上的，由活动所在地设区的市级人民政府公安机关或者直辖市人民政府公安机关实施安全许可；跨省、自治区、直辖市举办大型群众性活动的，由国务院公安部门实施安全许可。举办大型群众性活动，承办者应当制定大型群众性活动安全工作方案。根据本条的规定，构成这一犯罪的客观行为要同时具备两个条件：一是"违反安全管理规定"。这里的"安全管理规定"是广义的，不仅包括举办大型群众性活动应当具备的各种安全防范设施，还包括举办大型群众性活动涉及的人员管理的各种安全规定。例如，参加者人数大大超出场地人员的核定容量，没有迅速疏散人员的应急预案等存在严重安全隐患，不符合举办大型群众性活动的安全要求，可能危及参加者人身财产安全等情况。二是举办的是"大型群众性活动"。所谓"大型群众性活动"，一般是指法人或者其他组织面向社会公众举办的每场次预计参加人数达到一千人以上的各种群众活动，如体育比赛活动、演唱会、音乐会等文艺演出活动，展览、展销活动等。

4. 举办大型群众性活动违反安全管理规定的行为导致了"发生重大伤亡事故或者造成其他严重后果"的危害结果的发生。这是区分罪与非罪的重要界限，且举办大型群众性活动违反安全管理规定的行为与发生重大伤亡事故或者造成其他严重后果之间要有直接因果关系。根据《最高人民法院、最高人民检察院关于办理危害生产安全刑事案件适用法律若干问题的解释》有关规定，举办大型群众性活动违反安全管理规定，涉嫌下列情形之一的，应当认定为"发生重大伤亡事故或者造成其他严重后果"：（1）造成死亡一人以上，或者重伤三人以上的；（2）造成直接经济损失一百万元以上的；（3）其他造成严重后果或者重大安全事故的情形。具有下列情形之一的，应当视为"情节特别恶劣"：（1）造成死亡三人以上或者重伤十人以上，负事故主要责任的；（2）造成直接经济损失五百万元以上，负事故主要责任的；（3）其他造成特别严重后果、情节特别恶劣或者后果特别严重的情形。

对构成本条规定之罪的，法律对直接负责的主管人员和其他直接人员，规定了两档刑：发生重大伤亡事故或者造成其他严重后果的，处三年以下有期徒刑或者拘役；情节特别恶劣的，处三年以上七年以下有期徒刑。这主要是考虑到刑法关于过失犯罪的量刑平衡问题。我国刑法对过失罪的处刑大多数条款规定的最高刑都为七年有期徒刑。

第一百三十六条　【危险物品肇事罪】违反爆炸性、易燃性、放射性、毒害性、腐蚀性物品的管理规定，在生产、储存、运输、使用中发生重大事故，造成严重后果的，处三年以下有期徒刑或者拘役；后果特别严重的，处三年以上七年以下有期徒刑。

【释解与适用】

本条是关于危险物品肇事罪及其刑罚的规定。

1. 构成本条规定的危险物品肇事罪的主体为从事生产、储存、运输、使用危险物品的工作人员。由于他们在工作中负有遵守、执行危险物品管理规定的职责，如果违规并发生重大事故，造成严重后果的，当然要依法追究刑事责任。

2. 行为人在主观上是出于过失。若行为人是故意制造爆炸等事故的，则不适用本条定罪处刑，而应适用其他有关条款定罪处罚，如刑法第一百一十四条规定的危害公共安全犯罪等。

3. 本罪在客观方面实施了违反爆炸性、易燃性、放射性、毒害性、腐蚀性物品的管理规定的行为。根据安全生产法第一百一十七条的规定，该法规定的危险物品，是指易燃易爆物品、危险化学品、放射性物品等能够危及人身安全和财产安全的物品。与本条规定的爆炸性、易燃性、放射性、毒害性、腐蚀性物品在范围上大致相同，构成危险物品肇事罪首先是违反了有关上述危险物品的相关管理规定。这里的危险物品包括：（1）"爆炸性"物品，是指多种具有爆炸性能的物品，如各种炸药、雷管、非电导爆系统、起爆药和爆破剂以及黑火药、烟火剂、信号弹和烟花爆竹等；（2）"易燃性"物品，是指汽油、煤油、酒精、丙酮、橡胶水以及各种很容易燃烧的化学物品和液剂；（3）"放射性"物品，是指铀、镭以及其他各种具有放射性能，并对人体或牲畜能够造成严重损害的物品；（4）"毒害性"物品，是指如氰化钾等其他各种对人体或牲畜能够造成严重毒害的物品；（5）"腐蚀性"物品，是指硫酸、盐酸等能够严重毁坏其他物品以及人身的物品。这些物品本身具有很大的危险性，国家有关主管部门为保证这些物品的安全生产、储存、运输、使用，都有严格的管理规定，以确保人身和财产安全，防止危害公共安全。在正常情况下，只要严格遵守国家有关部门制定的各种规定，是可以避免发生危险事故的。

本条规定的违反危险物品"管理规定"，是指行为人必须有违反国家有关部门颁布实施的危险物品管理规定的行为。为了保障安全生产、储存、运输、使用本条规定的危险物品，不仅我国安全生产法作了规定，要求有关主管部门依照有关法律、法规的规定和国家标准或者行业标准审批并实施监督管理；国家有关部门也陆续颁发了一系列危险物品管理规定，如《危险化学品安全管理条例》《道路危险货物运输管理规定》《民用爆炸物品安全管理条例》等，对危险物品的种类、范围以及生产、储存、运输、使用的具体管理办法都作了明确而具体的规定。在判定行为人是否构成本罪时，必要严格按照该行为是否明确违反了有关危险物品的管理规定来判断，这是构成本罪的前提条件。这些安全管理规定涵盖了危险物品生产、储存、运输、使用的各个环节，包括以下具体情形：在生产方面，通常表现为不按规定要求设置相应的通风、防火、防爆、防毒、监测、报警、防潮、避雷、防静电、隔离操作等安全设施；在储存方面，如不按规定设专人管理，不设置相应的防爆、泄压、防火、防雷、灭火、防晒、调温、消除静电、防护围堤等安全设施；在运输方面，如违反有关规定，将客货混装，不按规定分运、分卸、不限速行驶，货物的容器和包装不符合安全规定，押运员擅离职守等；在使用方面不按规定的剂量、范围、方法使用或者不采取必要的防护措施；等等。行为人只有在生产、储存、运输、使用危险物品的过程中，违反危险物品的管理规定，才能构成本罪。如果行为人在其他场合发生与危险物品有关的重大事故，如已经到达目的地的烟花爆竹货运司机，携带少量烟花爆竹回家途中发生意外导致爆炸发生重大事故的，可能构成过失致人死亡罪、过失致人重伤罪或者危害公共安全等犯罪，但一般不按照本罪处理。

另外，还要注意危险物品肇事罪与自然事故、技术事故的区别。自然事故是指由于行为人不能预见或不能抗拒的自然条件的变化而导致的事故；技术事故是指由于技术条件和设备条件未达到应有水平和性能而造成的事故。如果在生产、储存、运输、使用危险物品过程中发生的重大事故不是由于行为人的违章违规行为所引起的，而是由于自然原因或者技术原因引起的，则属于自然事故或技术事故。例如，因暴雨或山洪导致库房倒塌，致使毒害性、腐蚀性物品扩散造成环境污染、财产损失等严重后果的，如果储存条件和设施等合法合规，事故是由因不可抗力的自然原因造成的，那么就属于自然事故，一般不构成犯罪。但是，在安全事故发生后，负有报告职责的人员不报或者谎报事故情况，贻误事故抢救，情节严重的，可能构成不报、谎报安全事故罪。

4. 根据本条规定，行为人违反危险物品管理规定的行为必须"发生重大事故，造成严重后果的"，才构成犯罪，即必须因违反危险物品管理规定而发生重大事故，造成严重后果，这是构成本罪的结果条件。其中，根据《最高人民法院、最高人民检察院关于办理危害生产安全刑事案件适用法律若干问题的解释》的相关规定，发生重大事故，"造成严重后果的"，是指：（1）造成死亡一人以上，或者重伤三人以上的；（2）造成直接经济损失一百万元以上的；（3）其他造成严重后果或者重大安全事故的情形。对相关责任人员，处三年以下有期徒刑或者拘役。"后果特别严重的"，是指：（1）造成死亡三人以上或者重伤十人以上，负事故主要责任的；（2）造成直接经济损失五百万元以上，负事故主要责任的；（3）其他造成特别严重后果、情节特别恶劣或者后果特别严重的情形。对相关责任人员，处三年以上七年以下有期徒刑。其中，未依法取得安全许可证件或者安全许可证件过期、被暂扣、吊销、注销后从事生产经营活动的，依法从重处罚。

【适用中需要注意的问题】

1. 危险物品肇事罪与本法第一百二十五条规定的非法制造、买卖、运输、邮寄、储存枪支、弹药、爆炸物罪和非法制造、买卖、运输、储存危险物质罪的区别。本法第一百二十五条第一款和第二款规定，非法制造、买卖、运输、邮寄、储存枪支、弹药、爆炸物的，处三年以上十年以下有期徒刑；情节严重的，处十年以上有期徒刑、无期徒刑或者死刑。非法制造、买卖、运输、储存毒害性、放射性、传染病病原体等物质，危害公共安全的，依照前款的规定处罚。危险物品肇事罪与刑法第一百二十五条的主要区别：一是主观方面不同。前者是过失犯罪；后者是故意犯罪。二是构成犯罪的要求不同。前者要求必须发生重大事故并造成严重后果，是结果犯；后者则不要求发生实际的危害结果。三是犯罪对象不完全相同。本条规定的是危险物品，具体包括爆炸性、易燃性、放射性、毒害性、腐蚀性物品等物品。第一百二十五条第一款规定的是枪支、弹药、爆炸物，第二款规定的是毒害性、放射性、传染病病原体等物质。

2. 本罪与重大责任事故罪的关系。根据刑法第一百三十四条第一款的规定，在生产、作业中违反有关安全管理的规定，因而发生重大伤亡事故或者造成其他严重后果的，构成重大责任事故罪。该条中的"违反有关安全管理的规定"可以包括违反危险物品管理规定在内的所有有关安全生产的规章制度。鉴于本条属于重大责任事故犯罪的特殊规定，在生产中违反危险物品管理规定，因而发生重大事故，造成严重后果的，应当适用本罪定罪处罚。

第一百三十七条 【工程重大安全事故罪】建设单位、设计单位、施工单位、工程监理单位违反国家规定,降低工程质量标准,造成重大安全事故的,对直接责任人员,处五年以下有期徒刑或者拘役,并处罚金;后果特别严重的,处五年以上十年以下有期徒刑,并处罚金。

【释解与适用】

本条是关于工程重大安全事故罪及其刑罚的规定。

根据本条规定,构成本罪必须具备以下条件。

1. 构成本罪的主体是单位,即建设单位、设计单位、施工单位及工程监理单位。工程建设是一项对质量要求相当严格的工作,要求设计科学、施工认真、建筑材料合格等,任何一个环节出差错都可能对国家、集体和个人带来严重后果。由于这类事故往往是人为原因导致,要求建设单位、设计单位、施工单位及工程监理单位遵守国家规定的质量标准,不仅是建筑行业的基本要求,也是维护社会公共安全的应有之义。根据建筑法及相关规定,"建设单位",是具有开发、建设、经营工程项目的权利或资格的单位;"设计单位",是指专门承担勘察设计任务的勘察设计单位以及其他承担勘察设计任务的勘察设计单位;"施工单位",是指从事土木建筑、线路管道、设备安装和建筑装饰装修等工程新建、扩建、改建活动的建筑业企业,其中包括工程施工总承包企业、施工承包企业;"工程监理单位"是指对建筑工程专门进行监督管理,以保证质量、安全的单位。所谓"直接责任人员",一般是指对建筑工程质量安全负有直接责任的人员,包括对是否降低工程质量标准有权作出决定的有关领导人员,建设单位的建设人员、设计单位的设计人员、施工单位的施工人员和监理单位的监理人员等。对直接责任人员范围的掌握,应本着直接因果关系的原则,合理确定。

2. 本罪在客观方面表现为违反国家规定、降低工程质量标准、造成重大安全事故的行为。"违反国家规定"是指违反国家有关建筑工程质量监督管理方面的法律法规,包括安全生产法、建筑法、《建设工程质量管理条例》和《建设工程安全生产管理条例》等。"降低工程质量标准",是指建设单位、设计单位、施工单位和工程监理单位违反国家规定,以低于国家规定的质量标准进行工程的建设、设计、施工、监理的行为。主要体现为：（1）建设单位违反规定，要求设计单位或施工单位压缩工程造价、增加建房层数、降低工程标准、提供不合规格质量的建筑材料、建筑构件、配件和设备强迫施工单位使用，造成工程质量下降的行为；（2）设计单位不按建筑工程质量标准、技术规范以及建设单位的特别质量要求对工程进行设计，造成工程质量下降的行为；（3）施工单位在施工中偷工减料，擅自使用不合规格的建筑材料、建筑构件、配件和设备，或者不按照设计图纸或者施工技术标准施工，造成工程质量下降的行为；（4）工程监理单位不认真履行监理职责，对有损工程质量的设计和施工行为不监督、不指出、不制止、不提出规范和整改措施的行为等。

3. 构成犯罪需要造成重大安全事故。"重大安全事故"是指该建筑工程在建设中以及交付使用后，由于达不到质量标准或者存在严重问题，导致建筑工程坍塌、机械设备损毁、安全设施失当，造成人员伤亡或重大经济损失的事故。根据《最高人民法院、最高人民检察院关于办理危害生产安全刑事案件适用法律若干问题的解释》相关规定，具有下列情形之一的，应当认定为"重大安全事故"：（1）造成死亡一人以上，或者重伤三人以上的；（2）造成直接经济损失一百万元以上的；（3）其他造成严重后果或者重大安全事故的情形。具有下列情形之一的，应当认定为"造成严重后果"：（1）造成死亡三人以上或者重伤十人以上，负事故主要责任的；（2）造成直接经济损失五百万元以上，负事故主要责任的；（3）其他造成特别严重后果、情节特别恶劣或者后果特别严重的情形。

根据本条规定，建设单位、设计单位、施工单位、工程监理单位违反国家规定，降低工程质量标准，造成重大安全事故的，对直接责任人员，处五年以下有期徒刑或者拘役，并处罚金；后果特别严重的，处五年以上十年以下有期徒刑，并处罚金。

【适用中需要注意的问题】

实际执行中应当注意无法定工程资格、无相关工程资质、非法设立的单位能否成为本罪的犯罪主体问题。根据建筑法和《建设工程质量管理条例》的规定，建设单位必须领取施工许可证与开工报告；设计单位应当依法取得相应等级的资质证书，并在其资质等级许可范围内承揽工程；施工单位应当依法取得相应等级的资质证书，并在其资质等级许可的范围内承揽工程；工程监理单位应当依法取得相应等级的资质证书，并在其资质等级许可的范围内承担工程监理业务。对未取得法定工程资格，而从事相关工程的建设、设计、施工、监理的单位能否认定为本罪犯罪主体的问题，本条仅从形式上规定了工程重大安全事故罪的单位主体，并未对此类单位的法定工程资格作出规定。有无法定工程资格，并不妨碍相关单位成为本罪的犯罪主体。虽然这些单位系非法成立，但是只要它们是以建设、设计、施工、监理的身份作用于工程建设，无论它们名义上是否具有相应称呼、法律上是否具有相应资质，都可以成为本罪的犯罪主体。当然，不具有单位属性的，纯粹是个人或多数人集体建设、设计、施工、监理工程的，降低工程质量标准而造成重大安全事故的，不能构成本罪，可依其他相关罪名追究责任人的刑事责任。

第一百三十八条 【教育设施重大安全事故罪】明知校舍或者教育教学设施有危险，而不采取措施或者不及时报告，致使发生重大伤亡事故的，对直接责任人员，处三年以下有期徒刑或者拘役；后果特别严重的，处三年以上七年以下有期徒刑。

【释解与适用】

本条是关于教育设施重大安全事故罪及其刑罚的规定。

本条主要包括三个方面：一是构成本罪的主体主要是对学校校舍及其他教育教学设施的安全负有责任的党校领导和学校上级机关、有关房管部门的主管人员；特殊情况下，也可能包括未经允许擅自使用有危险性的校舍或者教育教学设施的一般教师。二是本罪在主观方面表现为过失，可以是疏忽大意的过失，也可以是过于自信的过失。这里所说的过失，是指行为人对其所造成的危害结果的心理状态，即行为人明知校舍或者教育教学设施有危险，但却未预料到会因此立即产生严重后果，或者轻信能够避免，以致发生了重大安全事故。三是本罪在客观方面表现为明知校舍或者教育教学设施具有危险而仍不采取措施或者不及时报告，致使发生重大事故的行为。教育是社会主义现代化建设基础，而校舍和教育教学设施则是进行教育的最基本条件。本罪严重危害学校等教育教学机构的正常活动秩序和师生员工的人身安全。如果校舍、教育教学设施不符合安全标准，一旦发生教育教学设施重大安全事故，不仅会造成不特定师生员工的重伤、死亡和国家财产的重大损失，而且还会扰乱正常的教学秩序，造成恶劣的社会影响。因此，对校舍、教育教学设施负有安全责任的主管人员和直接责任人员必须正确履行职责，维护教学活动的正常进行和师生员工的人身安全。

1. 所谓"校舍"，主要是指各类学校及其他教育机构的教室、教学楼、行政办公室、宿舍、图书阅览室等；"教育教学设施"，是指用于教育教学的各类设施、设备，如实验室及实验设备、体育活动场地及器械等。"明知校舍或者教育教学设施有危险"，一般是指知道校舍或者教育教学设施有倒塌或者发生人身伤害的危险。行为人负有保障校舍或者教育教学设施安全的责任，有义务排除校舍或者教育教学设施上存在的危险，却不履行职责，对既存危险不采取措施或者不及时报告，以致发生重大伤亡事故。"明知校舍或者教育教学设施有危险，而不采取措施或者不及时报告"，是指明知道校舍或者教育教学设施有倒塌或者发生人身伤害事故的危险、隐患，不履行自己应当履行的职责，采取有效的措施或者向有关主管部门、上级领导报告，以防止事故发生的行为。在现实生活中，校舍及教育教学设施发生重大伤亡事故的原因很多。例如，现有的校舍及教育教学设施，有的已十分陈旧，但由于资金有限，非主观愿望就可以改变现状。立法时充分考虑到这类实际情况，明确规定本罪打击的重点是那些负有领导责任的人员，对学校的危房及存在危险的教育教学设施，漠不关心，发现问题不及时采取防范措施，自己不能解决时，也不向上级领导及有关主管机关及时报告的行为。

2. 这里的"不采取措施"，通常包括三种情形：一是行为人明知校舍或者教育教学设施有危险，却对危险视而不见，不采取任何措施排除危险；二是虽然对危险有能力采取行动也采取了一定行动，但是措施并没有落到实处，敷衍了事，不足以消除危险；三是措施并非有效措施，无法消除既存的危险，即对于行为人主观上误认为自己已采取了有效的措施足以防止重大伤亡事故发生，而客观上采取的措施不足以有效地防止重大伤亡事故发生的情况，仍属于"不采取措施"的行为，存在着以教育设施重大安全事故罪论处的可能性。"不采取措施"的具体表现方式多种多样。例如，各级人民政府中分管教育的领导和教育行政部门的领导对学校的危房情况漠不关心，应当投入危房改造维修资金但不及时投入，或者虽然知道危房情况，不及时组织、协调各方面的力量进行维修、改造；学校校长和分管教育教学设施的副校长对校舍或教育教学设施的情况不过问，不进行检查，发现了问题也不及时采取防范措施，对已经确定为危房的校舍仍然使用，对有严重隐患的，不安排人员进行加固处理，对有危险的教学设备、仪器、器械不及时更换；有关维修人员不按自己职责对校舍等进行正常检查、维修或者对应该立即维修的校舍、教育教学设施故意拖延时间不立即采取维修措施；等等。"不及时报告"，是指行为人在没有能力排除危险的情况下，不及时向当地人民政府、教育行政部门或学校领导报告校舍、教育教学设施存在的危险，以致延误了上级单位采取措施的时机，致使发生重大伤亡事故。行为人能够采取措施而不采取、不能采取措施而又不及时报告，是本罪在客观方面的两种行为表现，行为人只需具备其中之一，就可构成本罪。关于报告的及时性，要视实践中的具体情形而定。通常来讲，如果上级主管部门在接到行为人的报告之后，有能力立即采取措施却未及时排除危险，造成重大伤亡事故的，一般以本罪追究上级主管部门相关责任人员的刑事责任；如果行为人在不能排除危险的情况下，虽然向上级报告了危险情况，但不及时，以致延误上级单位采取相关措施的时机，导致发生重大伤亡事故，则行为人相关行为依然构成本罪。

3. 必须导致重大伤亡事故的发生。这里的"重大伤亡事故"，根据《最高人民法院、最高人民检察院关于办理危害生产安全刑事案件适用法律若干问题的解释》相关规定，一般是指造成死亡一人以上，或者重伤三人以上的。"后果特别严重"，是指：（1）造成死亡三人以上或者重伤十人以上，负事故主要责任的；（2）具有造成死亡一人以上，或者重伤三人以上的情形，同时造成直接经济损失五百万元以上并负事故主要责任的，或者同时造成恶劣社会影响的。

根据本条规定，构成犯罪的，处三年以下有期徒刑或者拘役；后果特别严重的，即造成人员伤亡众多，国家财产遭受特别重大损失，社会影响极为恶劣的情形，处三年以上七年以下有期徒刑。

第一百三十九条 【消防责任事故罪】违反消防管理法规，经消防监督机构通知采取改正措施而拒绝执行，造成严重后果的，对直接责任人员，处三年以下有期徒刑或者拘役；后果特别严重的，处三年以上七年以下有期徒刑。

【释解与适用】

本条是关于消防责任事故罪及其刑罚的规定。

本条主要包括三个方面。

第一，本罪主体是一般主体，主要是负有防火安全职责的单位负责人员、主管人员或者其他直接责任人员。

第二，本罪在主观方面表现为过失，可以是疏忽大意的过失，也可以是过于自信的过失。这里所说的过失，是指行为人对其所造成的危害结果的心理状态而言。行为人主观上并不希望火灾事故发生，但就其违反消防管理法规，经消防机构通知采取改正措施而拒绝执行而言，则是存在主观故意的。行为人明知是违反了消防管理法规，但却未想到会因此立即产生严重后果，或者轻信能够避免，以致发生了严重后果。

第三，本罪在客观方面表现为违反消防管理法规，经消防监督机构通知采取改正措施而拒绝执行，造成严重后果的。

本罪严重侵犯国家的消防监督检查制度和公共安全。消防工作涉及各行各业，关系国计民生和社会安定。我国对消防工作实行严格的监督管理，专门制定了消防法及与之相配套的《建筑工程消防监督审核管理规定》《火灾事故调查规定》《消防监督检查规定》《机关、团体、企业、事业单位消防安全管理规定》等规章制度。

1. "违反消防管理法规"，是指违反国家有关消防方面的法律、法规以及有关主管部门为保障消防安全所作的规定。如消防法、《烟草行业消防安全管理规定》和《高层建筑消防安全管理规定》等。根据上述法律法规，违反消防管理法规的行为包括：不执行国务院有关主管部门关于建筑设计防火规范的规定；不经允许在森林、草原野外用火；不按规定，在非安全地点新建生产、储存和装卸易燃易爆化学物品的工厂、仓库和专用车站、码头；人员集中的公共场所、安全出口、疏散通道无法保证畅通无阻；没有建立用火用电与易燃易爆物品的管理制度以及加强值班和巡逻的制度；应当配置消防器材、设备、设施而没有配置等。

2. "消防监督机构"，根据消防法有关规定，国务院应急管理部门对全国的消防工作实施监督管理。县级以上地方人民政府应急管理部门对本行政区域内的消防工作实施监督管理，并由本级人民政府消防救援机构负责实施。县级以上地方人民政府应急管理部门对本行政区域内的消防工作实施监督管理，并由本级人民政府消防救援机构负责实施。军事设施的消防工作，由其主管单位监督管理，消防救援机构协助；矿井地下部分、核电厂、海上石油天然气设施的消防工作，由其主管单位监督管理。县级以上人民政府其他有关部门在各自的职责范围内做好消防工作。法律、行政法规对森林、草原的消防工作另有规定的，从其规定。

我国综合性消防救援队伍由应急管理部管理，应急管理部由公安消防部队（武警消防部队）、武警森林部队退出现役，成建制划归应急管理部后组建成立。省、市、县级分别设消防救援总队、支队、大队，城市和乡镇根据需要按标准设立消防救援站；森林消防总队以下单位保持原建制。

3. 关于"经消防监督机构通知采取改正措施而拒绝执行"，一是根据消防法第四条的规定，我国消防监督管理工作由国务院和县级以上地方人民政府应急管理部门负责，并由本级人民政府消防救援机构负责实施。消防救援机构应当对机关、团体、企业、事业等单位遵守消防法律、法规的情况依法进行监督检查，在消防监督检查中发现火灾隐患的，应及时向被检查的单位或居民以及上级主管部门发出《火险隐患整改通知书》。被通知单位的防火负责人或公民，应当采取有效措施，消除火灾隐患，并将整改的情况及时告诉消防监督机构。不及时消除隐患可能严重威胁公共安全的，消防救援机构应当依照规定对危险部位或者场所采取临时查封措施。二是行为人经消防监督机构通知采取改正措施而拒绝执行，既包括对火险隐患视而不见、不实施改正措施，也包括未按照要求采取改正措施或者其采取的改正措施不到位，不足以消除火险隐患。如果行为人有违反消防管理法规的行为，但是没有接到过消防监督机构关于采取改正措施的通知，即使造成严重后果，也不宜以本罪论处。

4. 必须造成严重后果。根据《最高人民法院、最高人民检察院关于办理危害生产安全刑事案件适用法律若干问题的解释》相关规定，这里所说的"造成严重后果"包括以下几种情形：（1）造成死亡一人以上，或者重伤三人以上的（2）造成直接经济损失一百万元以上的；（3）其他造成严重后果或者重大安全事故的情形。"后果特别严重"包括以下几种情形：（1）造成死亡三人以上或者重伤十人以上，负事故主要责任的；（2）造成直接经济损失五百万元以上，负事故主要责任的；（3）其他造成特别严重后果、情节特别恶劣或者后果特别严重的情形。

根据本条规定，犯本罪，对直接责任人员，处三年以下有期徒刑或者拘役；后果特别严重的，处三年以上七年以下有期徒刑。

【适用中需要注意的问题】

实际执行中，应当注意本罪与玩忽职守罪的关系。一方面，由于本罪涉及消防监督管理职责，根据《最高人民法院、最高人民检察院关于办理危害生产安全刑事案件适用法律若干问题的解释》相关规定，国家机关工作人员在履行安全监督管理职责时滥用职权、玩忽职守，致使公共财产、国家和人民利益遭受重大损失的，依照刑法第三百九十七条规定，以滥用职权罪、玩忽职守罪定罪处罚。公司、企业、事业单位的工作人员在依法或者受委托行使安全监督管理职责时滥用职权或者玩忽职守，构成犯罪的，适用刑法关于渎职罪的规定追究刑事责任。因此，本条对消防监督机构积极正确履职也提出了相应要求。另一方面，如果事故单位的负责人或直接责任人员是国家机关工作人员，违反消防管理法规，经消防监督机构通知采取改正措施而拒绝执行，致使发生火灾事故，造成严重后果的，则属于法条竞合，同时触犯本条和刑法第三百九十七条的规定，一般应择一重处罚。

第一百三十九条之一 【不报、谎报安全事故罪】在安全事故发生后，负有报告职责的人员不报或者谎报事故情况，贻误事故抢救，情节严重的，处三年以下有期徒刑或者拘役；情节特别严重的，处三年以上七年以下有期徒刑。

【释解与适用】

本条是关于不报、谎报安全事故罪及其刑罚的规定。

本条包括三个方面。

第一，本条规定的犯罪主体是对安全事故的发生负有报告职责的人员。这里的"安全事故"是指环境污染、水灾、矿难、大型群众性活动中发生的重大伤亡事故等各种安全事故。"负有报告职责的人员"，是指负有组织、指挥或者管理职责的负责人、管理人员、实际控制人、投资人，以及其他负有报告职责的人员，包括生产经营单位的主要负责人、负有安全生产监督管理职责部门的主要负责人员和有关地方人民政府的直接责任人员、直接造成安全事故的责任人员等。

第二，本罪在主观方面表现为故意，即明知安全事故的发生而不报、迟报、谎报事故情况的情形。对安全事故造成的人身伤亡和财产损失，则可能处于过失。

第三，本罪在客观方面表现为安全事故发生后，负有报告职责的人员不报或者谎报事故情况，贻误事故抢救，情节严重的情形。本罪严重破坏安全事故监管制度，危害公共安全。在客观方面应当注意以下两个方面。

1. 行为人实施了不报或者谎报的行为。"不报"，是指行为人不按照规定及时报告。实践中，有的行为人一开始隐瞒了事故真实情况，被发现后不得已再报告，这种情况应视为不报。"谎报"，是指行为人虽然将发生安全事故这件事按照规定向有关部门作了报告，但对事故的真实情况如人员伤亡、财产损失、事故原因等作了虚假的描述或隐瞒了某些情况，作避重就轻的描述。

2. 行为人不报或者谎报事故情况的行为，导致贻误事故抢救，且情节严重才构成犯罪。这是罪与非罪的界限。"贻误事故抢救"包括贻误对受伤人员的救治，也包括贻误对财产的抢救。根据《最高人民法院、最高人民检察院关于办理危害生产安全刑事案件适用法律若干问题的解释》第八条规定，具有下列情形之一的，应当认定为"情节严重"：（1）导致事故后果扩大，增加死亡一人以上，或者增加重伤三人以上，或者增加直接经济损失一百万元以上的。（2）实施下列行为之一，致使不能及时有效开展事故抢救的：一是决定不报、迟报、谎报事故情况或者指使、串通有关人员不报、迟报、谎报事故情况的；二是在事故抢救期间擅离职守或者逃匿的；三是伪造、破坏事故现场，或者转移、藏匿、毁灭遇难人员尸体，或者转移、藏匿受伤人员的；四是毁灭、伪造、隐匿与事故有关的图纸、记录、计算机数据等资料以及其他证据的。（3）其他情节严重的情形。具有下列情形之一的，应当认定为"情节特别严重"：一是导致事故后果扩大，增加死亡三人以上，或者增加重伤十人以上，或者增加直接经济损失五百万元以上的；二是采用暴力、胁迫、命令等方式阻止他人报告事故情况，导致事故后果扩大的；三是其他情节特别严重的情形。需要注意的是，在安全事故发生后，与负有报告职责的人员串通，不报或者谎报事故情况，贻误事故抢救，情节严重的，依照刑法的规定，以共犯论处。

本条作为重大责任事故类犯罪的最后一条，根据《最高人民法院、最高人民检察院关于办理危害生产安全刑事案件适用法律若干问题的解释》十二条规定，第一百三十四条至第一百三十九条之一规定的犯罪行为，具有下列情形之一的，从重处罚：（1）未依法取得安全许可证件或者安全许可证件过期、被暂扣、吊销、注销后从事生产经营活动的；（2）关闭、破坏必要的安全监控和报警设备的；（3）已经发现事故隐患，经有关部门或者个人提出后，仍不采取措施的；（4）一年内曾因危害生产安全违法犯罪活动受过行政处罚或者刑事处罚的；（5）采取弄虚作假、行贿等手段，故意逃避、阻挠负有安全监督管理职责的部门实施监督检查的；（6）安全事故发生后转移财产意图逃避承担责任的；（7）其他从重处罚的情形。实施刑法第一百三十四条至第一百三十九条之一规定的犯罪行为，在安全事故发生后积极组织、参与事故抢救，或者积极配合调查、主动赔偿损失的，可以酌情从轻处罚。

根据本条规定，构成本罪的，处三年以下有期徒刑或者拘役；情节特别严重的，处三年以上七年以下有期徒刑。

【适用中需要注意的问题】

实践中应当注意把握不报、谎报行为与安全事故损失扩大的因果关系，本条主要是针对由于行为人不报或者谎报的行为致使贻误了事故抢救的最佳时机，造成事故进一步扩大的情况。

另外，要注意本罪与玩忽职守罪的区别，负有安全生产监督管理职责的部门的检查人员不报、谎报、迟报安全事故的，有可能同时构成本罪和玩忽职守罪，在实践中应当注意区分具体的犯罪情节。

第三章 破坏社会主义市场经济秩序罪

第一节 生产、销售伪劣商品罪

第一百四十条 【生产、销售伪劣产品罪】生产者、销售者在产品中掺杂、掺假,以假充真,以次充好或者以不合格产品冒充合格产品,销售金额五万元以上不满二十万元的,处二年以下有期徒刑或者拘役,并处或者单处销售金额百分之五十以上二倍以下罚金;销售金额二十万元以上不满五十万元的,处二年以上七年以下有期徒刑,并处销售金额百分之五十以上二倍以下罚金;销售金额五十万元以上不满二百万元的,处七年以上有期徒刑,并处销售金额百分之五十以上二倍以下罚金;销售金额二百万元以上的,处十五年有期徒刑或者无期徒刑,并处销售金额百分之五十以上二倍以下罚金或者没收财产。

【释解与适用】

本条是关于生产、销售伪劣产品罪及其刑罚的规定。

根据本条的规定,生产、销售伪劣产品罪必须具备以下四个条件。

1. 生产者、销售者的主观方面是故意,如果行为人在主观上不是故意的,不知所售产品是次品,而当作正品出售了,应承担民事责任,不能作为犯罪处理。

2. 生产者、销售者在客观上实施了"在产品中掺杂、掺假,以假充真,以次充好或者以不合格产品冒充合格产品"等行为。所谓"生产者",既包括产品的制造者,也包括产品的加工者;"销售者",包括批量生产者、零散销售者以及生产后的直接销售者;"产品",是指经过加工、制作、用于销售的产品,包括工业用品、农业用品以及生活用品。所谓"掺杂、掺假",是指在产品中掺入杂质或者异物,致使产品质量不符合国家法律、法规或者产品明示质量标准规定的质量要求,降低、失去其应有使用性能的行为。"以假充真",是指以不具有某种使用性能的产品冒充具有该种使用性能的产品的行为。"以次充好",是指以低等级、低档次产品冒充高等级、高档次产品,或者以残次、废旧零配件组合、拼装后冒充正品或者新产品的行为。"不合格产品",是指不符合产品质量法规定的质量要求的产品。

3. 生产者、销售者在产品中掺杂、掺假,以假充真,以次充好或者以不合格产品冒充合格产品,销售金额必须达到五万元以上,才构成犯罪,如果销售金额不足五万元的,不构成犯罪。

4. 生产、销售伪劣产品的犯罪主体是生产者、销售者,消费者不能构成本罪的主体。

本条对于生产、销售伪劣产品罪的处罚,根据其销售金额的不同,分为四个档次,对犯罪者在适用自由刑的同时,也注重财产刑的适用。本条所说的"销售金额",是指生产者、销售者出售伪劣产品后所得和应得的全部违法收入。多次实施生产、销售伪劣产品行为,未经处理的,伪劣产品的销售金额累计计算。根据本条规定,销售金额五万元以上不满二十万元的,处二年以下有期徒刑或者拘役,并处或者单处销售金额百分之五十以上二倍以下罚金;销售金额二十万元以上不满五十万元的,处二年以上七年以下有期徒刑,并处销售金额百分之五十以上二倍以下罚金;销售金额五十万元以上不满二百万元的,处七年以上有期徒刑,并处销售金额百分之五十以上二倍以下罚金;销售金额二百万元以上的,处十五年有期徒刑或者无期徒刑,并处销售金额百分之五十以上二倍以下罚金或者没收财产。

【适用中需要注意的问题】

1. 关于立案追诉标准问题。根据 2008 年《最高人民检察院、公安部关于公安机关管辖的刑事案件立案追诉标准的规定(一)》第十六条的规定,生产者、销售者在产品中掺杂、掺假,以假充真,以次充好或者以不合格产品冒充合格产品,涉嫌下列情形之一的,应予立案追诉:(1)伪劣产品销售金额五万元以上的；（2）伪劣产品尚未销售，货值金额十五万元以上的；（3）伪劣产品销售金额不满五万元，但将已销售金额乘以三倍后，与尚未销售的伪劣产品货值金额合计十五万元以上的。其中，"销售金额"，包括生产者、销售者出售伪劣产品后所得和应得的全部违法收入。"货值金额"，以违法生产、销售的伪劣产品的标价计算；没有标价的，按照同类合格产品的市场中间价格计算。货值金额难以确定的，按照《扣押、追缴、没收物品估价管理办法》的规定，委托估价机构进行确定。

2. 关于伪劣产品的认定问题。在生产、销售伪劣产品中，有的纯属伪劣产品，有的则只是侵犯知识产权的非伪劣产品。对"以假充真""以次充好""以不合格产品冒充合格产品"的认定，直接影响对被告人的定罪量刑，2001年《最高人民法院关于生产、销售伪劣商品刑事案件有关鉴定问题的通知》规定，上述情形难以确定的，由公诉机关委托法律、行政法规规定的产品质量检验机构进行鉴定。

3. 关于罪数问题。2001年《最高人民法院、最高人民检察院关于办理生产、销售伪劣商品刑事案件具体应用法律若干问题的解释》对本罪的共犯、数罪并罚问题进行了规定。例如，知道或者应当知道他人实施生产、销售伪劣商品犯罪，而为其提供贷款、资金、账号、发票、证明、许可证件，或者提供生产、经营场所或者运输、仓储、保管、邮寄等便利条件，或者提供制假生产技术的，以生产、销售伪劣商品犯罪的共犯论处；实施生产、销售伪劣商品犯罪，同时构成侵犯知识产权、非法经营等其他犯罪的，依照处罚较重的规定定罪处罚；实施刑法第一百四十条至第一百四十八条规定的犯罪，又以暴力、威胁方法抗拒查处，构成其他犯罪的，依照数罪并罚的规定处罚。此外，国家机关工作人员参与生产、销售伪劣商品犯罪的，从重处罚。

4. 关于本罪与本节其他罪名的关系问题。本罪是本节的一般性罪名，在生产、销售伪劣产品构成本罪，又构成本节其他罪名的情形下，一般应按照特殊罪名定罪处罚。如果生产、销售伪劣商品罪处罚较重，应依照生产、销售伪劣商品罪定罪处罚。

第一百四十一条 【生产、销售提供假药罪】生产、销售假药的，处三年以下有期徒刑或者拘役，并处罚金；对人体健康造成严重危害或者有其他严重情节的，处三年以上十年以下有期徒刑，并处罚金；致人死亡或者有其他特别严重情节的，处十年以上有期徒刑、无期徒刑或者死刑，并处罚金或者没收财产。

药品使用单位的人员明知是假药而提供给他人使用的，依照前款的规定处罚。

【释解与适用】

本条是关于生产、销售提供假药罪及其刑罚的规定。

1. 1979年立法的情况。1979年刑法第一百六十四条规定："以营利为目的，制造、贩卖假药危害人民健康的，处二年以下有期徒刑、拘役或者管制，可以并处或者单处罚金；造成严重后果的，处二年以上七年以下有期徒刑，可以并处罚金。"药品安全直接关系人民群众生命安全和身体健康，国家历来重视对药品生产、销售的监督和管理。生产、销售假药犯罪危害严重，为加强民生保护，1979年刑法对生产、销售假药罪作出处罚规定，放在1979年刑法分则第六章妨害社会管理秩序罪中，维护人民群众用药安全。

2. 1979年之后至1997年刑法修订前的立法情况。随着我国市场经济的建设发展，一些犯罪分子受到生产、销售假药暴利的诱惑，将生产、销售假药视为发财的捷径。在一定时期内，此类犯罪数量日益增多，社会危害严重，损害人民群众身体健康和用药安全。立法机关通过决定和法律对实践中出现的生产、销售假药行为进行惩治。一是在总结司法实践经验基础上，1993年7月2日第八届全国人民代表大会常务委员会第二次会议通过的《全国人民代表大会常务委员会关于惩治生产、销售伪劣商品犯罪的决定》（已失效）对1979年刑法第一百六十四条作了修改，删除"以营利为目的"的入刑条件；完善刑罚结构，将"二年以下有期徒刑""二年以上七年以上有期徒刑"，提高为"三年以下有期徒刑""三年以上十年以下"，并增加"处十年以上有期徒刑、无期徒刑或者死刑"这一档法定刑；增加单位犯罪进行处罚的规定，完善生产、销售假药的犯罪，以加大对生产、销售假药犯罪行为的惩处力度。该决定第二条第一款规定，生产、销售假药，足以危害人体健康的，处三年以下有期徒刑或者拘役，并处罚金；对人体健康造成严重危害的，处三年以上十年以下有期徒刑，并处罚金；致人死亡或者对人体健康造成其他特别严重危害的，处十年以上有期徒刑、无期徒刑或者死刑，并处罚金或者没收财产，并规定假药是指依照药品管理法的规定属于假药和按假药处理的药品、非药品。二是 1984 年 9 月第六届全国人民代表大会第七次会议通过药品管理法，这是我国第一部比较完备、比较系统的有关药品管理方面的专门法律。该法第三十三条规定，禁止生产、销售假药。第五十条规定了生产、销售假药行为的行政处罚。对生产、销售假药的，没收假药和违法所得，处以罚款，并可以责令该单位停产、停业整顿或者吊销《药品生产企业许可证》《药品经营企业许可证》《制剂许可证》。对于构成犯罪的，依照刑法有关规定追究生产、销售假药行为的刑事责任。

3. 1997 年修订刑法的情况。1997 年修订刑法时对决定中生产、销售假药犯罪的规定作了修改，将"足以危害人体健康"修改为"足以严重危害人体健康"，并增加了单处罚金的规定。

4. 2011 年刑法修正案（八）对本条作了修改。为加强对民生的保护，刑法修正案（八）对生产、销售假药犯罪的处刑作了修改，加大了对这类犯罪的惩处力度。本条修改共有三处：一是降低了本罪的入罪门槛。根据原规定，生产、销售假药"足以严重危害人体健康"的才构成犯罪，在修改后的规定中，本罪为行为犯，只要实施生产、销售假药的行为就构成犯罪。这样修改是考虑到药品的主要功能是治疗疾病，保护人体健康，生产、销售假药的行为已经构成对人体健康的威胁。二是在加重处罚的情节中增加了关于有其他严重情节和特别严重情节的规定，主要是考虑到除对人体健康造成严重危害和致人死亡的情节外，司法实践中还存在其他严重情节和特别严重情节，如生产、销售假药数量巨大、对人体健康具有严重的潜在危害等，也需予以严惩。三是删除了罚金刑中关于数额的具体规定，既解决了在实践中假药销售金额难以认定的问题，也避免了与 2015 年药品管理法第七十三条关于生产、销售假药处违法生产、销售药品货值金额二倍以上五倍以下的罚款规定的不协调，有利于实践中根据案件具体情况决定需要判处的罚金数额。此外，考虑到生产、销售假药的行为危险性较大，一些全国人大常委会委员和相关部门提出，对这种犯罪单独判处罚金，不足以发挥刑法的惩戒作用，刑法修正案（八）采纳了上述意见，删除了本条中单处罚金的规定。

5. 2020年刑法修正案（十一）对本条作了第二次修改。一是删除原条文第二款"本条所称假药，是指依照《中华人民共和国药品管理法》的规定属于假药和按假药处理的药品、非药品"的规定。2019年药品管理法对假劣药的范围进行了调整，缩小了假药定义范围，删除按照假药论处情形。为与药品管理法做好衔接，同时考虑到行政法律修改频繁的具体情况，2020年修正刑法时删除该款规定。对于假药，还应依照药品管理法相关规定作出认定。二是增加药品使用单位的人员明知是假药而提供他人使用，依照生产、销售假药罪处罚的规定。对于药品使用单位使用假劣药的行为，2019年药品管理法第一百一十九条规定，按照销售假药、劣药的规定处罚。2014年《最高人民法院、最高人民检察院关于办理危害药品安全刑事案件适用法律若干问题的解释》第六条第二款规定，医疗机构、医疗机构工作人员明知是假药、劣药而有偿提供给他人使用，或者为出售而购买、储存的行为，应当认定为刑法第一百四十一条、第一百四十二条规定的"销售"。为明确对此类行为的惩治，刑法修正案（十一）对此类行为进行了明确。有的意见反映，实践中也存在捐赠、义诊等活动中将假劣药无偿提供给他人使用的情形。对于此类情形，也应适用此款规定，并不限于药品使用单位的人员以有偿为目的提供给他人使用的情形。2022年《最高人民法院、最高人民检察院关于办理危害药品安全刑事案件适用法律若干问题的解释》第六条第二款规定："药品使用单位及其工作人员明知是假药、劣药而有偿提供给他人使用的，应当认定为刑法第一百四十一条、第一百四十二条规定的'销售'；无偿提供给他人使用的，应当认定为刑法第一百四十一条、第一百四十二条规定的'提供'。"

本条共分两款。第一款是对生产、销售假药罪的构成要件及其刑事处罚的规定。根据本款的规定，生产、销售假药罪有以下构成要件：一是本罪不仅侵害了正常的药品生产、销售监管秩序，而且危及不特定多数人的生命健康。二是本罪的主体可以是自然人，也可以是单位。根据刑法第一百五十条的规定，单位犯本罪的，对单位判处罚金，并对其直接负责的主管人员和其他直接责任人员，依照该条的规定处罚。三是行为人在主观上只能是故意。四是行为人必须实施了生产、销售假药的行为。根据2019年药品管理法第二条的规定，药品，是指用于预防、治疗、诊断人的疾病，有目的地调节人的生理机能并规定有适应症或者功能主治、用法和用量的物质，包括中药、化学药和生物制品等。本款中的"假药"，依照2019年药品管理法第九十八条的规定，有下列情形之一的，为假药：（1）药品所含成份与国家药品标准规定的成份不符；（2）以非药品冒充药品或者以他种药品冒充此种药品；（3）变质的药品；（4）药品所标明的适应症或者功能主治超出规定范围。在办理生产、销售假药罪案件中，应当依照药品管理法来认定假药。根据2022年《最高人民法院、最高人民检察院关于办理危害药品安全刑事案件适用法律若干问题的解释》的规定，以生产、销售、提供假药、劣药为目的，合成、精制、提取、储存、加工炮制药品原料，或者在将药品原料、辅料、包装材料制成成品过程中，进行配料、混合、制剂、储存、包装的，应当认定为刑法第一百四十一条、第一百四十二条规定的"生产"。

根据本款规定，只要实施了生产、销售假药的行为，即构成犯罪，并不要求一定要有实际的危害结果发生。鉴于生产、销售假药罪的极大危害性，刑法把对人体健康已造成严重危害后果的，作为一个加重处罚的情节。本条规定中的"有其他严重情节"和"其他特别严重情节"主要应当根据行为人生产、销售假药的数量、被害人的人数以及其他严重危害人体健康的情节进行认定。

根据本款规定，对生产、销售假药的犯罪行为，分为三档刑。第一档刑：生产、销售假药的，处三年以下有期徒刑或者拘役，并处罚金。第二档刑：对人体健康造成严重危害或者有其他严重情节的，处三年以上十年以下有期徒刑，并处罚金。根据2022年《最高人民法院、最高人民检察院关于办理危害药品安全刑事案件适用法律若干问题的解释》第二条、第三条的规定，生产、销售、提供假药，具有下列情形之一的，应当认定为"对人体健康造成严重危害"：（1）造成轻伤或者重伤的；（2）造成轻度残疾或者中度残疾的；（3）造成器官组织损伤导致一般功能障碍或者严重功能障碍的；（4）其他对人体健康造成严重危害的情形。具有下列情形之一的，应当认定为"其他严重情节"：（1）引发较大突发公共卫生事件的；（2）生产、销售、提供假药金额二十万元以上不满五十万元的；（3）生产、销售、提供假药金额十万元以上不满二十万元，并具有该司法解释第一条规定情形之一的；（4）根据生产、销售、提供的时间、数量、假药种类、对人体健康危害程度等，应当认定为情节严重的。第三档刑，致人死亡或者有其他特别严重情节的，处十年以上有期徒刑、无期徒刑或者死刑，并处罚金或者没收财产。根据2022年《最高人民法院、最高人民检察院关于办理危害药品安全刑事案件适用法律若干问题的解释》第四条规定，生产、销售、提供假药，具有下列情形之一的，应当认定为本条规定的"其他特别严重情节"：(1) 致人重度残疾以上的；(2) 造成三人以上重伤、中度残疾或者器官组织损伤导致严重功能障碍的；(3) 造成五人以上轻度残疾或者器官组织损伤导致一般功能障碍的；(4) 造成十人以上轻伤的；(5) 引发重大、特别重大突发公共卫生事件的；(6) 生产、销售、提供假药的金额五十万元以上的；(7) 生产、销售、提供假药的金额二十万元以上不满五十万元，并具有该司法解释第一条规定情形之一的；(8) 根据生产、销售、提供的时间、数量、假药种类、对人体健康危害程度等，应当认定为情节特别严重的。

关于本罪与其他相关罪名的关系等适用问题。2022年《最高人民法院、最高人民检察院关于办理危害药品安全刑事案件适用法律若干问题的解释》对以下问题作了专门规定：第一，明知他人生产、销售假药、劣药，而有下列情形之一的，以共同犯罪论处：(1) 提供资金、贷款、账号、发票、证明、许可证件的；(2) 提供生产、经营场所、设备或者运输、储存、保管、邮寄、销售渠道等便利条件的；(3) 提供生产技术或者原料、辅料、包装材料、标签、说明书的；(4) 提供虚假药物非临床研究报告、药物临床试验报告及相关材料的；(5) 提供广告宣传的；(6) 提供其他帮助行为的。第二，依照处罚较重的规定定罪处罚的情形：(1) 实施生产、销售假药、劣药犯罪，同时又构成生产、销售伪劣产品罪、以危险方法危害公共安全罪等犯罪的；(2) 实施生产、销售假药、劣药犯罪，同时构成生产、销售伪劣产品、侵犯知识产权、非法经营、非法行医、非法采供血等犯罪的。第三，广告主、广告经营者、广告发布者违反国家规定，利用广告对药品作虚假宣传，情节严重的，依照刑法第二百二十二条的规定以虚假广告罪定罪处罚。

【适用中需要注意的问题】

本条第二款是关于药品使用单位的人员明知是假药而提供给他人使用进行处罚的规定。医院、疾病预防控制中心、防疫站、乡镇卫生院等药品使用单位人员具有药品专业知识，在日常工作中承担治疗疾患、疾病预防控制、卫生防疫等特殊职责，从事药品购进、储存、调配以及应用等活动，有的还直接面对人民群众，负有救死扶伤等特定义务。这些单位人员明知是假药而有偿销售、无偿提供给他人使用的行为，严重损害人民群众生命和身体健康，影响职业公信，社会危害严重。2019年药品管理法第一百一十九条规定，药品使用单位使用假药、劣药的，按照销售假药、零售劣药的规定处罚。为与药品管理法做好衔接，2020年刑法修正案（十一）增加了本款规定，将对生产销售假药、劣药的处罚，延伸到使用环节。医疗机构等药品使单位使用假劣药，明确按生产、销售假劣药追究刑事责任。

一是关于生产、销售假劣药行为的行政处罚与刑事责任衔接问题。2011年刑法修正案（八）修改入刑条件，删除"足以严重危害人体健康的"入刑条件，生产、销售假药行为即构成犯罪。根据《药品行政执法与刑事司法衔接工作办法》的规定，在查办药品违法案件过程中，发现涉嫌犯罪，依法需要追究刑事责任的，应及时将案件移送公安机关。二是关于销售少量根据民间传统配方私自加工的药品或者销售少量未经批准进口的国外、境外药品的行为。依照《最高人民法院、最高人民检察院关于办理危害药品安全刑事案件适用法律若干问题的解释》的规定，上述行为没有造成他人伤害后果或者延误诊治，情节显著轻微危害不大的，不认为是犯罪。

第一百四十二条　【生产、销售提供劣药罪】生产、销售劣药，对人体健康造成严重危害的，处三年以上十年以下有期徒刑，并处罚金；后果特别严重的，处十年以上有期徒刑或者无期徒刑，并处罚金或者没收财产。

药品使用单位的人员明知是劣药而提供给他人使用的，依照前款的规定处罚。

【释解与适用】

本条是关于生产、销售提供劣药罪及其刑罚的规定。

1.1979年之后至1997年刑法修订前的立法情况。药品直接关系到人民群众生命安全和身体健康，特别是与患者的生命紧密联系。1979年刑法一百六十四条规定了制造、贩卖假药罪，该条规定在实践中发挥了较大作用。对于生产、销售劣药行为，在实践中有的按制造、销售假药罪处理，有的则按一般违法行为处理。1989年药品管理法第五十一条第二款把生产、销售劣药，危害人民健康，造成严重后果的行为规定比照刑法第一百六十四条规定追究刑事责任。1993年7月2日第八届全国人民代表大会常务委员会第二次会议通过的《全国人民代表大会常务委员会关于惩治生产、销售伪劣商品犯罪的决定》（已失效）补充规定了生产、销售劣药罪。

2. 1997年修订刑法的情况。1997年修订刑法在吸收上述决定内容的基础上明确了生产、销售劣药罪，单独规定为一条，将决定中"违法所得"修改为"销售金额"，同时明确规定了罚金的具体幅度和量刑标准，加强药品管理，惩处生产、销售假劣药行为，保护人民的生命健康安全。

3. 2020年刑法修正案（十一）对本条作了修改。一是删除原条文第二款中"本条所称劣药，是指依照《中华人民共和国药品管理法》的规定属于劣药的药品"的规定。2019年药品管理法对假劣药的范围进行了调整，删除按照劣药论处情形。为与药品管理法做好衔接，同时，考虑到行政法律修改频繁情况，2020年修正刑法时删除该款规定。对于劣药，应依照药品管理法相关规定作出认定。二是增加药品使用单位的人员明知是劣药而提供他人使用，依照生产、销售劣药罪处罚的规定。对于药品使用单位使用假劣药的行为，2019年药品管理法第一百一十九条规定，按照销售假药、劣药的规定处罚。2014年《最高人民法院、最高人民检察院关于办理危害药品安全刑事案件适用法律若干问题的解释》第六条第二款规定："药品使用单位及其工作人员明知是假药、劣药而有偿提供给他人使用的，应当认定为刑法第一百四十一条、第一百四十二条规定的'销售'；无偿提供给他人使用的，应当认定为刑法第一百四十一条、第一百四十二条规定的'提供'。"为明确对此类行为的惩治，刑法修正案（十一）对此类行为进行了明确。有的意见反映，实践中也存在捐赠、义诊等活动中将假劣药提供无偿提供给他人使用的情形。对于此类情形，也适用此款规定，并不限于药品使用单位的人员以有偿为目的提供给他人使用。2022年《最高人民法院、最高人民检察院关于办理危害药品安全刑事案件适用法律若干问题的解释》第六条第二款规定："药品使用单位及其工作人员明知是假药、劣药而有偿提供给他人使用的，应当认定为刑法第一百四十一条、第一百四十二条规定的'销售'；无偿提供给他人使用的，应当认定为刑法第一百四十一条、第一百四十二条规定的'提供'。"

本条共分为两款。第一款是对生产、销售劣药罪的构成要件及其刑事处罚的规定。根据本款规定，生产、销售劣药罪有以下构成要件：一是行为人在主观上只能是故意。二是行为人必须有生产、销售劣药的行为。本条规定的药品，仅限于人用药品，不包括兽用药品。所谓"劣药"，根据药品管理法第九十八条第三款的规定，有下列情形之一的，为劣药：（1）药品成份的含量不符合国家药品标准；（2）被污染的药品；（3）未标明或者更改有效期的药品；（4）未注明或者更改产品批号的药品；（5）超过有效期的药品；（6）擅自添加防腐剂和辅料的药品；（7）其他不符合药品标准规定，影响药品质量的药品。

生产、销售劣药，必须要有对人体健康造成严重危害的后果，才构成犯罪，这也是生产、销售劣药罪与生产、销售假药罪在犯罪构成上最大的不同。生产、销售假药，只要实施了生产、销售假药的行为，不必有危害人体健康的结果发生，就构成犯罪；而生产、销售劣药，必须对人体造成严重危害的才能构成犯罪。

生产、销售假药的犯罪行为，分为两档刑。第一档刑：生产、销售劣药，对人体健康造成严重危害的，处三年以上十年以下有期徒刑，并处罚金。根据司法实践，"对人体健康造成严重危害"，是指生产、销售的劣药被使用后，造成轻伤、重伤或者其他严重后果的。根据2022年《最高人民法院、最高人民检察院关于办理危害药品安全刑事案件适用法律若干问题的解释》第五条第二款的规定，生产、销售劣药，具有下列情形之一的，应当认定为"对人体健康造成严重危害"：（1）造成轻伤或者重伤的；（2）造成轻度残疾或者中度残疾的；（3）造成器官组织损伤导致一般功能障碍或者严重功能障碍的；（4）其他对人体健康造成严重危害的情形。第二档刑：后果特别严重的，处十年以上有期徒刑或者无期徒刑，并处罚金或者没收财产。"后果特别严重"，主要是指致人死亡或者对人体健康造成特别严重危害的情况。根据2022年《最高人民法院、最高人民检察院关于办理危害药品安全刑事案件适用法律若干问题的解释》第五条第三款规定，下列情形应当认定为"后果特别严重"：（1）致人重度残疾以上的；（2）造成三人以上重伤、中度残疾或者器官组织损伤导致严重功能障碍的；（3）造成五人以上轻度残疾或者器官组织损伤导致一般功能障碍的；（4）造成十人以上轻伤的；（5）引发重大、特别重大突发公共卫生事件的。

第一百四十二条之一 【妨害药品管理罪】违反药品管理法规，有下列情形之一，足以严重危害人体健康的，处三年以下有期徒刑或者拘役，并处或者单处罚金；对人体健康造成严重危害或者有其他严重情节的，处三年以上七年以下有期徒刑，并处罚金：

（一）生产、销售国务院药品监督管理部门禁止使用的药品的；

（二）未取得药品相关批准证明文件生产、进口药品或者明知是上述药品而销售的；

（三）药品申请注册中提供虚假的证明、数据、资料、样品或者采取其他欺骗手段的；

（四）编造生产、检验记录的。

有前款行为，同时又构成本法第一百四十一条、第一百四十二条规定之罪或者其他犯罪的，依照处罚较重的规定定罪处罚。

【释解与适用】

本条是关于妨害药品管理罪及其刑罚的规定。

药品关系人民群众生命健康，要加强药品安全监管，用最严谨的标准、最严格的监管、最严厉的处罚、最严肃的问责，保障人民群众用药安全。药品作为特殊物品，既要保障药品具有功效，同时要严格依照《药品生产质量管理规范》进行生产，按照《药品经营质量管理规范》进行经营，以确保药品生产质量。对于违反药品管理法律法规的行为，本条增加了违反药品管理法规，应当追究刑事责任的具体情形。对于增加的具体情形，2019年修订药品管理法时，主要按照药品功效，重新调整假劣药范围，不再保留按假劣药论处的概念，将原来的假药、劣药和按假药、劣药论所列的十五种情形，分三种情况处理：一是列为假药，共四种；二是列为劣药，共七种；三是将违反药品管理秩序的行为单独规定，相应规定法律责任。本条将按假药论处中"生产、销售国务院药品监督管理部门禁止使用的药品的""未取得药品批准证明文件生产、进口药品或者明知是上述药品而销售的"等严重违反药品监管秩序的行为纳入规制范围。关于药品申请注册中提供虚假的证明、数据、资料、样品或者采取其他欺骗手段，获得或者意图获得药品批准证明文件的行为，欺骗药品监督管理部门，损害药品监管秩序，影响其他申请单位权益，在违反药品监管秩序犯罪中增加提供虚假证明文件的行为。生产、检验记录是药品生产管理的基础性资料，建立完整准确的药品生产、检验记录，真实地反映企业生产全过程的实际情况，有利于药品生产单位加强对药品生产质量的控制，也有利于药品监督管理部门对药品生产质量实施监督。编造生产、检验记录的行为，不能反映药品真实生产过程，不利于对药品生产质量的监督管理，刑法修正案（十一）将此类行为作为违反药品监管秩序犯罪行为的一种情形加以规定。

本条共分为两款。第一款是违反药品管理秩序的行为及其刑罚的规定。根据本款规定，违反药品管理秩序的犯罪行为，有以下构成要件：一是行为人在主观上只能是故意。二是本罪的犯罪主体包括单位和个人。依照本法第一百五十条的规定，单位犯本罪的，可以对单位判处罚金，并对其直接负责的主管人员和其他直接责任人员，依照本罪定罪处罚。三是行为人有违反药品管理法规的行为。这里所说的"药品管理法规"，是指违反国家有关药品监督管理方面的法律、法规，如药品管理法、中医药法、《药品管理法实施条例》以及其他有关药品监管方面的法律、法规。

根据本款规定，构成本罪的行为有以下四种。

1. "生产、销售国务院药品监督管理部门禁止使用的药品的"。这里的"禁止使用的药品"，包括按照2019年药品管理法第八十三条的规定，属于疗效不确切、不良反应大或者因其他原因危害人体健康的情形，被依法注销药品注册证书，禁止使用的药品。由于科学技术发展水平的局限和人类对自身认识的不足，人们对一些药品的疗效、作用机制等的认识可能是不全面的，有时甚至是错误的，一些经过严格审批投入临床使用的药品也可能会对人们的身体健康造成损害。对于发现药品生产、使用中存在的问题并采取相应的改正措施，对于保证药品使用的安全有效、保证人体健康和生命安全，是非常有必要的。对国务院药品监督管理部门禁止使用的药品，药品生产企业、批发单位等应当严格遵守禁止规定，不得生产、销售和使用。如果继续生产、销售和这类药品，应按2019年药品管理法第一百二十四条的规定，给予行政处罚。符合本条规定的入刑条件的，依法追究刑事责任。

2. "未取得药品相关批准证明文件生产、进口药品或者明知是上述药品而销售的"。按照2019年药品管理法第二十四条、第四十一条的规定，从事药品生产、经营活动，应当取得药品生产、经营许可证。在中国境内上市的药品，应当经国务院药品监管部门批准，取得药品注册证书；医疗机构配制制剂,按照2019年药品管理法第七十四条、2016年中医药法第三十二条的规定,应当取得医疗机构制剂许可证、制剂批准文号;进口药品,按照2019年《药品管理法实施条例》第三十五条、2012年《药品进口管理办法》第五条规定,必须取得国务院药品监督管理部门核发的《进口药品注册证》《医药产品注册证》或者《进口药品批件》后,方可进口。未得到上述药品相关批准证明文件,生产、进口药品的行为及销售上述药品的行为,既不能保证所生产、进口的物品具有药品预防、治疗、诊断疾病的功能,有可能延误病情诊治,损害人民群众身体健康、生命安全,又严重违反药品监督管理秩序,造成药品监管市场秩序混乱,可以按照2019年药品管理法第一百二十四条的规定,给予行政处罚。符合本条规定的入刑条件的,依法追究刑事责任。

对于本项行为,应当根据具体情况,区分不同情形依法处理。2019年药品管理法第一百二十一条规定,关于对假药、劣药的处罚决定,应当依法载明药品检验机构的质量检验结论的规定。如果依照药品管理法的规定属于假药、劣药的,可以适用生产、销售假、劣药罪。如果不属于的,则不适用生产、销售假、劣药罪。对"足以严重危害人体健康"的认定,可以通过相关司法解释作类型化处理,有的可以直接界定为"足以严重危害人体健康"。

3. "药品申请注册中提供虚假的证明、数据、资料、样品或者采取其他欺骗手段的"。药品注册申请,是指药品注册申请人依照法定程序和相关要求提出药物临床试验、药品上市许可、再注册等申请以及补充申请的行为。依照2019年药品管理法第二十四条规定,申请药品注册,应当提供真实、充分、可靠的数据、资料和样品。这里的数据、资料和样品,包括药物临床试验、药品上市许可、再注册等申请以及补充申请的数据、资料和样品。对于在药品申请注册中提供虚假的证明、数据、资料、样品或者采取其他欺骗手段的,可以按照2019年药品管理法第一百二十三条的规定,给予行政处罚。符合本条规定的入刑条件的,依法追究刑事责任。

4. "编造生产、检验记录的"。生产、检验记录是药品生产管理、质量管理的实施过程的重要记载,有利于实现生产过程的可追溯,是实现药品按照国家药品标准和经药品监督管理部门核准的生产工艺进行生产,实现药品质量可控的重要手段。依照2019年药品管理法第四十四条规定,生产、检验记录应当完整准确,不得编造。对于编造生产、检验记录的行为，可以按照2019年药品管理法第一百二十四条的规定，给予行政处罚。符合本条规定的入刑条件的，依法追究刑事责任。

根据本款规定，违反药品管理法规的犯罪行为，有两档刑。第一档刑：违反药品管理法规，足以严重危害人体健康的，处三年以下有期徒刑或者拘役，并处或者单处罚金；第二档刑：对人体健康造成严重危害或者有其他严重情节的，处三年以上七年以下有期徒刑，并处罚金。"足以严重危害人体健康""对人体健康造成严重危害""其他严重情节"的认定，可由司法机关在总结经验的基础上，通过制定相关的司法解释作出具体的规定。

第二款是构成妨害药品监管秩序的犯罪，又构成其他犯罪的，如何适用法律的规定。根据本款规定，具有上述竞合情形的，应当依照处罚较重的规定定罪处罚。这里主要涉及的是如何处理好本条规定的犯罪与刑法第一百四十一条生产、销售假药罪，第一百四十二条生产、销售劣药罪等其他罪名的关系。如果违反药品管理法规的行为，生产、销售的药品为假劣药，符合生产、销售假劣药罪构成要件或者生产、销售伪劣产品、侵犯知识产权、非法经营、非法行医、非法采供血等其他犯罪的，根据本款规定的原则，应当依照生产、销售假劣药的规定定罪处罚，或者依照生产、销售伪劣商品罪、侵犯知识产权犯罪、非法经营罪等刑法其他有关规定定罪处罚。

第一百四十三条 【生产、销售不符合安全标准的食品罪】生产、销售不符合食品安全标准的食品，足以造成严重食物中毒事故或者其他严重食源性疾病的，处三年以下有期徒刑或者拘役，并处罚金；对人体健康造成严重危害或者有其他严重情节的，处三年以上七年以下有期徒刑，并处罚金；后果特别严重的，处七年以上有期徒刑或者无期徒刑，并处罚金或者没收财产。

【释解与适用】

本条是关于生产、销售不符合安全标准的食品罪及其刑罚的规定。

根据本条规定，生产、销售不符合安全标准的食品罪必须具备以下三个构成要件。

一是行为人在主观上是故意，即故意生产、销售不符合食品安全标准的食品。

二是行为人有生产、销售不符合食品安全标准的食品的行为。这里的"食品",是指各种供人食用或者饮用的成品和原料以及按照传统既是食品又是药品的物品,但是不包括以治疗为目的的物品。根据食品安全法的规定,食品安全标准是强制执行的标准,应当以保障公众身体健康为宗旨,做到科学合理、安全可靠。食品安全标准包括下列内容:(1)食品、食品添加剂、食品相关产品中的致病性微生物、农药残留、兽药残留、生物毒素、重金属等污染物质以及其他危害人体健康物质的限量规定;(2)食品添加剂的品种、使用范围、用量;(3)专供婴幼儿和其他特定人群的主辅食品的营养成分要求;(4)对与卫生、营养等食品安全要求有关的标签、标志、说明书的要求;(5)食品生产经营过程的卫生要求;(6)与食品安全有关的质量要求;(7)与食品安全有关的食品检验方法与规程;(8)其他需要制定为食品安全标准的内容。根据食品安全法的规定,食品安全标准分为食品安全国家标准、食品安全地方标准和企业标准。关于食品安全国家标准,应当依据食品安全风险评估结果并充分考虑食用农产品安全风险评估结果,参照相关的国际标准和国际食品安全风险评估结果,并将食品安全国家标准草案向社会公布,广泛听取食品生产经营者、消费者、有关部门等方面的意见的基础上确定;关于食品安全地方标准,对地方特色食品,没有食品安全国家标准的,省、自治区、直辖市人民政府卫生行政部门可以制定并公布食品安全地方标准,报国务院卫生行政部门备案。食品安全国家标准制定后,该地方标准即行废止;关于企业标准,国家鼓励食品生产企业制定严于食品安全国家标准或者地方标准的企业标准,在本企业适用,并报省、自治区、直辖市人民政府卫生行政部门备案。"不符合食品安全标准的食品"根据食品安全法的规定,主要是指:(1)用非食品原料生产的食品或者添加食品添加剂以外的化学物质和其他可能危害人体健康物质的食品,或者用回收食品作为原料生产的食品;(2)致病性微生物、农药残留、兽药残留、生物毒素、重金属等污染物质以及其他危害人体健康的物质含量超过食品安全标准限量的食品、食品添加剂、食品相关产品;(3)用超过保质期的食品原料、食品添加剂生产的食品、食品添加剂;(4)超范围、超限量使用食品添加剂的食品;(5)营养成分不符合食品安全标准的专供婴幼儿和其他特定人群的主辅食品;(6)腐败变质、油脂酸败、霉变生虫、污秽不洁、混有异物、掺假掺杂或者感官性状异常的食品、食品添加剂；（7）病死、毒死或者死因不明的禽、畜、兽、水产动物肉类及其制品；（8）未按规定进行检疫或者检疫不合格的肉类，或者未经检验或者检验不合格的肉类制品；（9）被包装材料、容器、运输工具等污染的食品、食品添加剂；（10）标注虚假生产日期、保质期或者超过保质期的食品、食品添加剂；（11）无标签的预包装食品、食品添加剂；（12）国家为防病等特殊需要明令禁止生产经营的食品；（13）其他不符合法律、法规或者食品安全标准的食品、食品添加剂、食品相关产品。

三是生产、销售不符合安全标准的食品，足以造成严重食物中毒事故或者其他食源性疾病。根据食品安全法的规定，"食物中毒"，是指食用了被有毒有害物质污染的食品或者食用了含有毒有害物质的食品后出现的急性、亚急性疾病。"食源性疾病"，是指食品中致病因素进入人体引起的感染性、中毒性等疾病，包括食物中毒。2001年《最高人民法院、最高人民检察院关于办理生产、销售伪劣商品刑事案件具体应用法律若干问题的解释》规定，经省级以上卫生行政部门确定的机构鉴定，食品中含有可能导致严重食物中毒事故或者其他严重食源性疾患的超标准的有害细菌或者其他污染物的，应认定为"足以造成严重食物中毒事故或者其他严重食源性病"。

对生产、销售不符合食品安全标准的食品罪的处罚，根据其危害的不同，分为三个量刑档次。第一档刑：足以造成严重食物中毒事故或者其他严重食源性疾病的，处三年以下有期徒刑或者拘役，并处罚金。第二档刑：对人体健康造成严重危害或者有其他严重情节的，处三年以上七年以下有期徒刑，并处罚金。这里的"对人体健康造成严重危害"，是指对人体器官造成严重损伤以及其他严重损害人体健康的情节。2021《最高人民法院、最高人民检察院关于办理危害食品安全刑事案件适用法律若干问题的解释》第二条规定，生产、销售不符合食品安全标准的食品，具有下列情形之一的，应当认定为刑法第一百四十三条规定的"对人体健康造成严重危害"：（1）造成轻伤以上伤害的；（2）造成轻度残疾或者中度残疾的；（3）造成器官组织损伤导致一般功能障碍或者严重功能障碍的；（4）造成十人以上严重食物中毒或者其他严重食源性疾病的；（5）其他对人体健康造成严重危害的情形。2021《最高人民法院、最高人民检察院关于办理危害食品安全刑事案件适用法律若干问题的解释》第三条规定，生产、销售不符合食品安全标准的食品，具有下列情形之一的，应当认定为刑法第一百四十三条规定的"其他严重情节"：（1）生产、销售金额二十万元以上的；(2) 生产、销售金额十万元以上不满二十万元，不符合食品安全标准的食品数量较大或者生产、销售持续时间六个月以上的；(3) 生产、销售金额十万元以上不满二十万元，属于特殊医学用途配方食品、专供婴幼儿的主辅食品的；(4) 生产、销售金额十万元以上不满二十万元，且在中小学校园、托幼机构、养老机构及周边面向未成年人、老年人销售的；(5) 生产、销售金额十万元以上不满二十万元，曾因危害食品安全犯罪受过刑事处罚或者二年内因危害食品安全违法行为受过行政处罚的；(6) 其他情节严重的情形。2021《最高人民法院、最高人民检察院关于办理危害食品安全刑事案件适用法律若干问题的解释》第四条规定，生产、销售不符合食品安全标准的食品，具有下列情形之一的，应当认定为刑法第一百四十三条规定的"后果特别严重"：(1) 致人死亡的；(2) 造成重度残疾以上的；(3) 造成三人以上重伤、中度残疾或者器官组织损伤导致严重功能障碍的；(4) 造成十人以上轻伤、五人以上轻度残疾或者器官组织损伤导致一般功能障碍的；(5) 造成三十人以上严重食物中毒或者其他严重食源性疾病的；(6) 其他特别严重的后果。

【适用中需要注意的问题】

1. 关于足以造成严重食物中毒事故或者其他严重食源性疾病的认定。根据 2021 年《最高人民法院、最高人民检察院关于办理危害食品安全刑事案件适用法律若干问题的解释》第一条的规定，生产、销售不符合食品安全标准的食品，具有下列情形之一的，应当认定为本条规定的"足以造成严重食物中毒事故或者其他严重食源性疾病"：(1) 含有严重超出标准限量的致病性微生物、农药残留、兽药残留、重金属、污染物质以及其他危害人体健康的物质的；(2) 属于病死、死因不明或者检验检疫不合格的畜、禽、兽、水产动物及其肉类、肉类制品的；(3) 属于国家为防控疾病等特殊需要明令禁止生产、销售的；(4) 婴幼儿食品中生长发育所需营养成分严重不符合食品安全标准的；(5) 其他足以造成严重食物中毒事故或者严重食源性疾病的情形。实践中难以确定的，司法机关可以根据检验报告并结合专家意见等相关材料进行认定。必要时，人民法院可以依法通知有关专家出庭作出说明。

2. 关于滥用食品添加剂、农药、兽药问题。在食品加工、销售、运输、贮存等过程中，违反食品安全标准，超限量或超范围滥用食品添加剂，足以造成严重食物中毒事故或者其他严重食源性疾病，依照本罪定罪处罚。在食用农产品种植、养殖、销售、运输、贮存等过程中，违反食品安全标准，超限量或者超范围滥用添加剂、农药、兽药等，足以造成严重食物中毒或者其他严重食源性疾病的，依照本罪定罪处罚。

3. 对于生产、销售不符合食品安全标准的食品，无证据证明足以造成严重食物中毒事故或者其他严重食源性疾病的，不构成本罪，但是销售金额在五万元以上，构成生产、销售伪劣产品罪犯罪的，依照生产、销售伪劣商品罪定罪处罚。

第一百四十四条 【生产、销售有毒、有害食品罪】在生产、销售的食品中掺入有毒、有害的非食品原料的，或者销售明知掺有有毒、有害的非食品原料的食品的，处五年以下有期徒刑，并处罚金；对人体健康造成严重危害或者有其他严重情节的，处五年以上十年以下有期徒刑，并处罚金；致人死亡或者有其他特别严重情节的，依照本法第一百四十一条的规定处罚。

【释解与适用】

本条是关于生产、销售有毒、有害食品罪及其刑罚的规定。

根据本条规定，生产、销售有毒、有害食品罪必须具备以下两个构成要件。

一是行为人在主观方面是故意犯罪，即故意往食品中掺入有毒、有害非食品原料或者明知是有毒、有害食品而销售的行为。

二是行为人在客观上实施了在生产、销售的食品中掺入有毒、有害的非食品原料或者明知是掺有有毒、有害的非食品原料的食品而销售的行为，至于销售后有无具体危害后果的发生并不影响本罪的成立。所谓"有毒、有害的非食品原料"，是指对人体具有生理毒性，食用后会引起不良反应，损害机体健康的不能食用的原料。例如，制酒时加入工业酒精，在饮料中加入国家严禁使用的非食用色素等。如果掺入的是食品原料，由于污染、腐败变质而具有了毒害性，不构成本罪。

对生产、销售有毒、有害的食品罪的处罚，根据危害程度的不同，分为三个量刑档次。第一档刑：在生产、销售的食品中掺入有毒、有害的非食品原料的，或者销售明知掺有有毒、有害的非食品原料的食品的，处五年以下有期徒刑，并处罚金。第二档刑：对人体健康造成严重危害或者有其他严重情节的，处五年以上十年以下有期徒刑，并处罚金。"对人体健康造成严重危害"，是指对人体器官造成严重损伤以及其他严重损害人体健康的情节。根据2021年《最高人民法院、最高人民检察院关于办理危害食品安全刑事案件适用法律若干问题的解释》第六条的规定，具有下列情形之一的，应当认定为"对人体健康造成严重危害"：（1）造成轻伤以上伤害的；（2）造成轻度残疾或者中度残疾的；（3）造成器官组织损伤导致一般功能障碍或者严重功能障碍的；（4）造成十人以上严重食物中毒或者其他严重食源性疾病的；（5）其他对人体健康造成严重危害的情形。"其他严重情节"，是指具有大量生产、销售有毒、有害食品等情节，根据2021年《最高人民法院、最高人民检察院关于办理危害食品安全刑事案件适用法律若干问题的解释》第七条的规定，生产、销售有毒、有害食品，具有下列情形之一的，应当认定为刑法第一百四十四条规定的"其他严重情节"：（1）生产、销售金额二十万元以上不满五十万元的；（2）生产、销售金额十万元以上不满二十万元，有毒、有害食品数量较大或者生产、销售持续时间六个月以上的；（3）生产、销售金额十万元以上不满二十万元，属于特殊医学用途配方食品、专供婴幼儿的主辅食品的；（4）生产、销售金额十万元以上不满二十万元，且在中小学校园、托幼机构、养老机构及周边面向未成年人、老年人销售的；（5）生产、销售金额十万元以上不满二十万元，曾因危害食品安全犯罪受过刑事处罚或者二年内因危害食品安全违法行为受过行政处罚的；（6）有毒、有害的非食品原料毒害性强或者含量高的；（7）其他情节严重的情形。第三档刑：致人死亡或者有其他特别严重情节的，依照刑法第一百四十一条生产、销售假药罪的规定处罚，即处十年以上有期徒刑、无期徒刑或者死刑。"致人死亡或者有其他特别严重情节"，是指生产、销售的有毒、有害食品被食用后，造成他人死亡或者致使多人严重残疾，以及具有生产、销售特别大量有毒、有害食品情节的。根据2021年《最高人民法院、最高人民检察院关于办理危害食品安全刑事案件适用法律若干问题的解释》第八条的规定："生产、销售有毒、有害食品，生产、销售金额五十万元以上，或者具有本解释第四条第二项至第六项规定的情形之一的，应当认定为刑法第一百四十四条规定的'其他特别严重情节'"。

【适用中需要注意的问题】

1. 在实际适用中，应当注意生产、销售有毒、有害食品罪与其他罪的区别：一是与生产、销售不符合安全标准的食品罪的区别。生产、销售不符合安全标准的食品罪在食品中掺入的原料也可能有毒有害，但其本身是食品原料，其毒害性是由于食品原料污染或者腐败变质所引起的，而生产、销售有毒、有害食品罪往食品中掺入的则是有毒、有害的非食品原料。二是与故意投放危险物质罪的区别。投放危险物质罪的目的是造成不特定多数人死亡或伤亡，而生产、销售有毒、有害食品罪的目的则是获取非法利润，行为人对在食品中掺入有毒、有害非食品原料虽然是明知的，但并不追求致人伤亡的危害结果的发生。三是与过失投放危险物质罪的区别。两者主要在于主观心理状态不同。过失投放危险物质罪不是故意在食品中掺入有毒害性的非食品原料，而是疏忽大意或者过于自信造成的；而生产、销售有毒、有害食品罪则是故意在食品中掺入有毒害性的非食品原料。

2. 关于职业禁止。2015年刑法修正案（九）增加刑法第三十七条之一关于职业禁止的规定。对于因利用职业便利实施犯罪，或者实施违背职业要求的特定义务的犯罪被判处刑罚的，人民法院可以根据犯罪情况和预防再犯罪的需要，禁止其自刑罚执行完毕之日或者假释之日起从事相关职业，期限为三年至五年。其他法律、行政法规对其从事相关职业另有禁止或者限制性规定的，从其规定。2021年食品安全法第一百三十五条第二款规定："因食品安全犯罪被判处有期徒刑以上刑罚的，终身不得从事食品生产经营管理工作，也不得担任食品生产经营企业食品安全管理人员。"食品安全监督管理工作中应注意是否存在因食品安全犯罪被禁止从业的罪犯从事食品行业工作的情况。对于食品安全犯罪被判处其他刑罚的，可以依照刑法第三十七条之一的规定，禁止其自刑罚执行完毕之日或者假释之日起从事食品行业，期限为三年至五年。

第一百四十五条 【生产、销售不符合标准的医用器材罪】生产不符合保障人体健康的国家标准、行业标准的医疗器械、医用卫生材料，或者销售明知是不符合保障人体健康的国家标准、行业标准的医疗器械、医用卫生材料，足以严重危害人体健康的，处三年以下有期徒刑或者拘役，并处销售金额百分之五十以上二倍以下罚金；对人体健康造成严重危害的，处三年以上十年以下有期徒刑，并处销售金额百分之五十以上二倍以下罚金；后果特别严重的，处十年以上有期徒刑或者无期徒刑，并处销售金额百分之五十以上二倍以下罚金或者没收财产。

【释解与适用】

本条是关于生产、销售不符合标准的医用器材罪及其刑罚的规定。

根据本条的规定，生产、销售不符合标准的医用器材罪有以下构成要件。

一是行为人在主观上是故意的。国家对于医疗器械、医用卫生材料的生产单位有严格的审批程序，还制定了严格的国家标准、行业标准，产品不符合标准的，不准出厂。作为生产者，对于所生产的医疗器械、医用卫生材料是否达到国家标准、行业标准是十分清楚的，如果生产不符合标准的医疗器材，其主观故意是明显的。作为销售者，本条规定是在明知是不符合标准的医疗器械、医用卫生材料的情况下销售的，才构成本罪，这种情况下销售者当然在主观上是故意的。如果销售者不知道是不符合标准的医疗器械、医用卫生材料而销售的，不构成本罪。

二是生产者在客观上具有生产不符合保障人体健康的国家标准、行业标准的医疗器械、医用卫生材料的行为，销售者在客观上具有明知是不符合保障人体健康的国家标准、行业标准的医疗器械、医用卫生材料而予以销售的行为。这里规定的"国家标准、行业标准"，主要是指国家卫生主管部门或者医疗器械、医用卫生材料生产行业制定的旨在保障人们使用安全的有关质量与卫生标准。根据2001年4月发布的《最高人民法院、最高人民检察院关于办理生产、销售伪劣商品刑事案件具体应用法律若干问题的解释》的规定，没有国家标准、行业标准的医疗器械，其注册产品标准可视为"保障人体健康的行业标准"。"医疗器械"，是指用于人体疾病诊断、治疗、预防，调节人体生理功能或者替代人体器官的仪器、设备、材料、植入物和相关物品，如注射器、心脏起搏器、超声波诊断仪等。"医用卫生材料"，是指用于诊断、治疗、预防人的疾病，调节人的生理功能的辅助材料，如医用纱布、药棉等。

三是生产、销售不符合标准的医疗器械、医用卫生材料，只要足以严重危害人体健康，就构成犯罪。

对生产不符合保障人体健康的国家标准、行业标准的医疗器械、医用卫生材料，或者销售明知是不符合保障人体健康的国家标准、行业标准的医疗器械、医用卫生材料的处罚，根据危害程度的不同，分为三个量刑档次。第一档刑：足以严重危害人体健康的，处三年以下有期徒刑或者拘役，并处销售金额百分之五十以上二倍以下罚金。2008年《最高人民检察院、公安部关于公安机关管辖的刑事案件立案追诉标准的规定（一）》第二十一条第一款规定，生产不符合保障人体健康的国家标准、行业标准的医疗器械、医用卫生材料，或者销售明知是不符合保障人体健康的国家标准、行业标准的医疗器械、医用卫生材料，涉嫌下列情形之一的，应予立案追诉：(1) 进入人体的医疗器械的材料中含有超过标准的有毒有害物质的；(2) 进入人体的医疗器械的有效性指标不符合标准要求，导致治疗、替代、调节、补偿功能部分或者全部丧失，可能造成贻误诊治或者人体严重损伤的；(3) 用于诊断、监护、治疗的有源医疗器械的安全指标不合符强制性标准要求，可能对人体构成伤害或者潜在危害的；(4) 用于诊断、监护、治疗的有源医疗器械的主要性能指标不合格，可能造成贻误诊治或者人体严重损伤的；(5) 未经批准，擅自增加功能或者适用范围，可能造成贻误诊治或者人体严重损伤的；(6) 其他足以严重危害人体健康或者对人体健康造成严重危害的情形。第二档刑：对人体健康造成严重危害的，处三年以上十年以下有期徒刑，并处销售金额百分之五十以上二倍以下罚金。2001年《最高人民法院、最高人民检察院关于办理生产、销售伪劣商品刑事案件具体应用法律若干问题的解释》第六条第一款规定，致人轻伤或者其他严重后果的，应认定为"对人体健康造成严重危害"。第三档刑：后果特别严重的，处十年以上有期徒刑或者无期徒刑，并处销售金额百分之五十以上二倍以下罚金或者没收财产。2001年《最高人民法院、最高人民检察院关于办理生产、销售伪劣商品刑事案件具体应用法律若干问题的解释》第六条第二款规定，造成感染病毒性肝炎等难以治愈的疾病、一人以上重伤、三人以上轻伤或者其他严重后果的，应认定为"后果特别严重"。

【适用中需要注意的问题】

对于医疗机构或者个人知道或者应当知道是不符合保障人体健康的国家标准、行业标准的医疗器械、医用卫生材料而购买并有偿使用的行为的定性。按照2008年《最高人民检察院、公安部关于公安机关管辖的刑事案件立案追诉标准的规定（一）》第二十一条的规定，将医疗机构或者个人知道或者应当知道是不符合保障人体健康的国家标准、行业标准的医疗器械、医用卫生材料而购买并有偿使用的认定为"销售"，以本罪定罪处罚。

第一百四十六条 【生产、销售不符合安全标准的产品罪】生产不符合保障人身、财产安全的国家标准、行业标准的电器、压力容器、易燃易爆产品或者其他不符合保障人身、财产安全的国家标准、行业标准的产品，或者销售明知是以上不符合保障人身、财产安全的国家标准、行业标准的产品，造成严重后果的，处五年以下有期徒刑，并处销售金额百分之五十以上二倍以下罚金；后果特别严重的，处五年以上有期徒刑，并处销售金额百分之五十以上二倍以下罚金。

【释解与适用】

本条是关于生产、销售不符合安全标准的产品罪及其刑罚的规定。

根据本条规定，生产、销售不符合安全标准的产品罪有以下构成要件。

1. 行为人在主观方面为故意。由于电器、压力容器、易燃易爆产品使用危险性大，破坏性强，一旦发生爆炸、漏电、燃烧等，会给人的生命、健康和财产造成很大损失，因此，国家对电器、压力容器、易燃易爆产品规定了严格的国家标准和行业标准，不符合标准的，不准出厂。生产者对所生产的电器、压力容器、易燃易爆产品没有达到保障人身、财产安全的国家标准、行业标准是十分清楚的，但仍然生产，其行为故意显而易见。销售者是在明知是不符合安全标准的电器、压力容器、易燃易爆产品的情况下而销售，也具备故意心理状态。如果销售者不知是不符合安全标准的产品而销售，不构成此罪。

2. 生产者在客观上有生产不符合保障人身、财产安全的国家标准、行业标准的电器、压力容器、易燃易爆产品或者其他不符合保障人身、财产安全的国家标准、行业标准的产品的行为；销售者有销售明知是以上不符合保障人身、财产安全的国家标准、行业标准的产品的行为。"电器"，包括家用电器，如电视机、电冰箱、电热器、微波炉等各种电信、电力器材等;"压力容器",是指锅炉、氧气瓶、煤气罐、压力锅等高压容器;"易燃易爆产品",是指烟花爆竹、雷管、民用炸药等容易燃烧爆炸的产品。

3. 生产、销售不符合安全标准的电器、压力容器、易燃易爆产品或者其他不符合保障人身、财产安全的国家标准、行业标准的产品,造成严重后果的,才构成犯罪。这也是划分罪与非罪的重要界限。如果没有造成严重后果,不构成此罪。根据2008年《最高人民检察院、公安部关于公安机关管辖的刑事案件立案追诉标准的规定(一)》第二十二条的规定:"生产不符合保障人身、财产安全的国家标准、行业标准的电器、压力容器、易燃易爆或者其他不符合保障人身、财产安全的国家标准、行业标准的产品,或者销售明知是以上不符合保障人身、财产安全的国家标准、行业标准的产品,涉嫌下列情形之一的,应予立案追诉:(一)造成人员重伤或者死亡的;(二)造成直接经济损失十万元以上的;(三)其他造成严重后果的情形。"

对生产不符合保障人身、财产安全的国家标准、行业标准的电器、压力容器、易燃易爆产品或者其他不符合保障人身、财产安全的国家标准、行业标准的产品,或者销售明知是以上不符合保障人身、财产安全的国家标准、行业标准的产品的处罚,规定了两档刑。第一档刑:造成严重后果的,处五年以下有期徒刑,并处销售金额百分之五十以上二倍以下罚金。第二档刑:后果特别严重的,处五年以上有期徒刑,并处销售金额百分之五十以上二倍以下罚金。

【适用中需要注意的问题】

在实际适用中,应当注意区分生产、销售不符合安全标准的产品罪与其他罪的不同。(1)本罪与爆炸罪、放火罪的区别:本罪的目的是非法牟利,没有致人伤亡或造成财产损失的犯罪目的,而爆炸罪、放火罪则是通过制造爆炸、放火等方式以求直接达到致人伤亡或造成财产损失的目的。(2)本罪与生产、销售伪劣产品罪的界限:生产、销售不符合安全标准的电器、压力容器、易燃易爆产品的行为,同时触犯两个罪名的,按处刑较重的罪处罚。如果生产、销售不符合安全标准的电器、压力容器、易燃易爆产品的行为没有造成严重后果,不构成本罪,但销售金额在五万元以上的,应按生产、销售伪劣产品罪处罚。

本罪中的产品包括安全设备。2015年《最高人民法院、最高人民检察院关于办理危害生产安全刑事案件适用法律若干问题的解释》第十一条规定："生产不符合保障人身、财产安全的国家标准、行业标准的安全设备，或者明知安全设备不符合保障人身、财产安全的国家标准、行业标准而进行销售，致使发生安全事故，造成严重后果的，依照刑法第一百四十六条的规定，以生产、销售不符合安全标准的产品罪定罪处罚。"

第一百四十七条 【生产、销售伪劣农药、兽药、化肥、种子罪】生产假农药、假兽药、假化肥，销售明知是假的或者失去使用效能的农药、兽药、化肥、种子，或者生产者、销售者以不合格的农药、兽药、化肥、种子冒充合格的农药、兽药、化肥、种子，使生产遭受较大损失的，处三年以下有期徒刑或者拘役，并处或者单处销售金额百分之五十以上二倍以下罚金；使生产遭受重大损失的，处三年以上七年以下有期徒刑，并处销售金额百分之五十以上二倍以下罚金；使生产遭受特别重大损失的，处七年以上有期徒刑或者无期徒刑，并处销售金额百分之五十以上二倍以下罚金或者没收财产。

【释解与适用】

本条是关于生产、销售伪劣农药、兽药、化肥、种子罪及其刑罚的规定。

根据本条规定，生产、销售伪劣农药、兽药、化肥、种子罪有以下三个构成要件。

1. 行为人在主观上为故意。无论是生产假农药、假兽药、假化肥，还是销售明知是假的或者失去使用效能的农药、兽药、化肥、种子，或是生产者、销售者以不合格的农用生产资料冒充合格的农用生产资料生产、销售的，其行为的故意是十分清楚的，生产者、销售者对生产、销售对象的性质是明知的，目的都是为了非法牟利。

2. 行为人在客观上必须实施了下列行为之一：（1）生产假农药、假兽药、假化肥。所谓"假农药、假兽药、假化肥"，是指所含的成分与国家标准、行业标准不相符合或者以非农药、非化肥、非兽药冒充农药、化肥、兽药。（2）销售明知是假的或者失去使用效能的农药、兽药、化肥、种子。所谓"失去使用效能的农药、兽药、化肥、种子"，是指因为过期、受潮、腐烂、变质等原因失去了原有功效和使用效能，丧失了使用价值的农药、兽药、化肥、种子。（3）生产者、销售者以不合格的农药、兽药、化肥、种子冒充合格的农药、兽药、化肥、种子。所谓"不合格"，是指不具备应当具备的使用性能或者没有达到应当达到的质量标准。

3. 生产、销售上述伪劣农用生产资料，使生产遭受较大损失的，才构成本罪，这也是区分罪与非罪的主要界限。由于上述各项生产资料的功效、作用不同，可能造成的损害也不一样，一般来说，"使生产遭受较大损失"，实践中一般是指造成比较严重的或者比较大范围的粮食减产、较多的牲畜的病患或死亡等。2008年《最高人民检察院、公安部关于公安机关管辖的刑事案件立案追诉标准的规定（一）》第二十三条规定："生产假农药、假兽药、假化肥，销售明知是假的或者失去使用效能的农药、兽药、化肥、种子，或者生产者、销售者以不合格的农药、兽药、化肥、种子冒充合格的农药、兽药、化肥、种子，涉嫌下列情形之一的，应予立案追诉：（一）使生产遭受损失二万元以上的；（二）其他使生产遭受较大损失的情形。"

对生产、销售伪劣农药、兽药、化肥、种子行为的处罚，本罪规定有三档刑。使生产遭受较大损失的，处三年以下有期徒刑或者拘役，并处或者单处销售金额百分之五十以上二倍以下罚金；使生产遭受重大损失的，处三年以上七年以下有期徒刑，并处销售金额百分之五十以上二倍以下罚金；使生产遭受特别重大损失的，处七年以上有期徒刑或者无期徒刑，并处销售金额百分之五十以上二倍以下罚金或者没收财产。根据2001年《最高人民法院、最高人民检察院关于办理生产、销售伪劣商品刑事案件具体应用法律若干问题的解释》第七条的规定，本条规定的生产、销售伪劣农药、兽药、化肥、种子罪中"使生产遭受较大损失"，一般以二万元为起点；"重大损失"，一般以十万元为起点；"特别重大损失"，一般以五十万元为起点。

【适用中需要注意的问题】

在实际适用中，应当注意区分生产、销售伪劣农药、兽药、化肥、种子罪与其他罪的区别。

1. 与破坏生产经营罪的区别：本罪的目的是非法牟利，采取的方式是生产、销售伪劣农药、兽药、化肥和种子；而破坏生产经营罪则是出于泄愤报复或者其他个人目的，采取的方式是毁坏机器设备、残害耕畜或其他方法。

2. 与生产、销售伪劣产品罪的区别：生产、销售伪劣农药、兽药、化肥、种子行为，如果同时触犯两个罪名，按处刑较重的罪处罚。如果实施以上行为，未使生产遭受较大损失，但销售金额在五万元以上的，按生产、销售伪劣产品罪定罪处罚。

第一百四十八条　【生产、销售不符合卫生标准的化妆品罪】生产不符合卫生标准的化妆品，或者销售明知是不符合卫生标准的化妆品，造成严重后果的，处三年以下有期徒刑或者拘役，并处或者单处销售金额百分之五十以上二倍以下罚金。

【释解与适用】

本条是关于生产、销售不符合卫生标准的化妆品罪及其刑罚的规定。

根据本条规定，生产、销售不符合卫生标准的化妆品罪有以下几个构成要件。

1. 行为人在主观上有犯罪的故意。鉴于化妆品在人们生活中的地位愈来愈重要，国家制定了《化妆品卫生标准》，详细规定了化妆品的各项卫生标准，不符合卫生标准的化妆品不准出厂。生产者对所生产的化妆品不符合卫生标准，应当是十分清楚的，在这种情况下，仍然进行生产，无疑是故意。销售者对明知是不符合卫生标准的化妆品仍然予以销售，其行为的故意也十分清楚。

2. 行为人在客观上具有生产不符合卫生标准的化妆品，或者销售明知是不符合卫生标准的化妆品的行为。这里的"化妆品"，是指以涂擦、喷洒或者其他类似的方法，散布于人体表面的任何部位（皮肤、毛发、指甲、口唇等），以达到清洁、消除不良气味、护肤、美容和装饰作用的日用化学工业品，如护发素、洗发水、护肤霜、美容霜等日用化妆品，也包括染发剂、祛斑霜、脱毛剂等特殊用途的化妆品。"不符合卫生标准"，是指不符合国家制定的各种化妆品的强制性标准。

3. 生产、销售不符合卫生标准的化妆品，必须造成严重后果，才构成本罪。如果生产、销售不符合卫生标准的化妆品，使用以后没有任何效果，根本不起作用，或者没有造成严重后果，不构成本罪。在司法实践中，"严重后果"一般是指：（1）致人毁容，或者严重皮肤损伤的；

(2) 生产、销售不符合卫生标准的化妆品，数量大的；（3）虽然没有致人毁容，但受害人数多、受害地域广，在社会上造成恶劣影响的；（4）导致其他严重后果，如受害人精神失常、自杀等。2008年《最高人民检察院、公安部关于公安机关管辖的刑事案件立案追诉标准的规定（一）》第二十四条规定："生产不符合卫生标准的化妆品，或者销售明知是不符合卫生标准的化妆品，涉嫌下列情形之一的，应予立案追诉：（一）造成他人容貌毁损或者皮肤严重损伤的；（二）造成他人器官组织损伤导致严重功能障碍的；（三）致使他人精神失常或者自杀、自残造成重伤、死亡的；（四）其他造成严重后果的情形。"

【适用中需要注意的问题】

在实际适用中，应当注意区分本罪与生产、销售伪劣产品罪的区别，正确适用法律。生产、销售不符合卫生标准的化妆品，如果没有造成严重后果，但销售金额在五万元以上的，虽不构成本罪，但仍构成生产、销售伪劣产品罪。如果生产、销售不符合卫生标准的化妆品，同时触犯两种罪名的，则应按处刑较重的罪处罚。

第一百四十九条　**【对生产销售伪劣商品行为的法条适用】**生产、销售本节第一百四十一条至第一百四十八条所列产品，不构成各该条规定的犯罪，但是销售金额在五万元以上的，依照本节第一百四十条的规定定罪处罚。

生产、销售本节第一百四十一条至第一百四十八条所列产品，构成各该条规定的犯罪，同时又构成本节第一百四十条规定之罪的，依照处罚较重的规定定罪处罚。

【释解与适用】

本条是关于生产销售伪劣产品的犯罪的其他情形及其刑罚的规定。

本条第一款是关于对生产、销售特殊伪劣产品行为，不构成有特殊规定的各有关犯罪，而销售金额却在五万元以上，如何正确适用法律的规定。刑法除第一百四十条对生产、销售伪劣产品罪作了一般规定外，为了对群众反映强烈的一些生产、销售直接危害人民生命健康和严重影响生产安全的特定的假冒伪劣产品犯罪行为进行严厉打击，法律又对生产、销售一些特定伪劣产品专门规定了罪名,构成这些生产、销售特殊伪劣产品犯罪的要件又各有不同。有的要以"对人体健康造成严重危害"为犯罪构成要件,有的则要求"造成严重后果",还有的以"使生产遭受较大损失"为必要条件。这样在有些情况下,即使生产、销售了某些特定伪劣产品,销售金额已在五万元以上,但由于构成这些犯罪所必需的"严重后果"还没有发生或者难以确定,则难以定罪。为了不影响对于这些犯罪行为的打击,根据本款规定,对于"生产、销售本节第一百四十一条至第一百四十八条所列产品,不构成各该条规定的犯罪,但是销售金额在五万元以上的,依照本法第一百四十条的规定定罪处罚",即可按生产、销售伪劣产品罪追究刑事责任。

本条第二款是对生产、销售特殊伪劣产品行为,如果同时触犯了两个罪名,如何正确适用法律的规定。生产、销售假药、劣药,不符合安全标准的食品,有毒、有害食品,不符合标准的医疗器械、医用卫生材料,不符合安全标准的电器、压力容器、易燃易爆产品,伪劣农药、兽药、化肥、种子,不符合卫生标准的化妆品等行为,有的时候不仅构成了刑法规定的生产、销售特定伪劣产品的犯罪,如果销售金额在五万元以上,也同时构成了一般的生产、销售伪劣产品罪,对于这种情况本款采取了从一重罪处罚的原则,即依照处刑较重的规定定罪处罚。

第一百五十条 【单位犯罪的规定】单位犯本节第一百四十条至第一百四十八条规定之罪的,对单位判处罚金,并对其直接负责的主管人员和其他直接责任人员,依照各该条的规定处罚。

【释解与适用】

本条是关于单位实施相关犯罪的刑罚规定。

根据本条规定,单位如果犯第一百四十条至第一百四十八条规定的生产、销售伪劣产品罪,生产、销售假药罪,生产、销售劣药罪,生产、销售不符合安全标准的食品罪,生产、销售有毒、有害食品罪,生产、销售不符合标准的医用器材罪,生产、销售不符合安全标准的产品罪,生产、销售伪劣农药、兽药、化肥、种子罪,生产、销售不符合卫生标准的化妆品罪的,对单位判处罚金,并对其直接负责的主管人员和其他直接责任人员,依照各该条对于个人犯罪的规定处罚。

第二节 走私罪

第一百五十一条 【走私武器、弹药罪】【走私核材料罪】【走私假币罪】走私武器、弹药、核材料或者伪造的货币的,处七年以上有期徒刑,并处罚金或者没收财产;情节特别严重的,处无期徒刑,并处没收财产;情节较轻的,处三年以上七年以下有期徒刑,并处罚金。

【走私文物罪】【走私贵重金属罪】【走私珍贵动物、珍贵动物制品罪】走私国家禁止出口的文物、黄金、白银和其他贵重金属或者国家禁止进出口的珍贵动物及其制品的,处五年以上十年以下有期徒刑,并处罚金;情节特别严重的,处十年以上有期徒刑或者无期徒刑,并处没收财产;情节较轻的,处五年以下有期徒刑,并处罚金。

【走私国家禁止进出口的货物、物品罪】走私珍稀植物及其制品等国家禁止进出口的其他货物、物品的,处五年以下有期徒刑或者拘役,并处或者单处罚金;情节严重的,处五年以上有期徒刑,并处罚金。

单位犯本条规定之罪的,对单位判处罚金,并对其直接负责的主管人员和其他直接责任人员,依照本条各款的规定处罚。

【释解与适用】

本条是关于走私武器、弹药罪,走私核材料罪,走私假币罪,走私文物罪,走私贵重金属罪,走私珍贵动物、珍贵动物制品罪,走私国家禁止进出口的货物、物品罪及其刑罚的规定。

本条第一款是关于走私武器、弹药罪、走私核材料罪、走私假币罪及其处罚的规定。本款主要规定了两个方面的内容:第一,明确了第一类走私物品的具体内容,即走私武器、弹药、核材料或者伪造的货币。其中"武器、弹药",是指各种军用武器、弹药和爆炸物以及其他类似军用武器、弹药和爆炸物等。武器、弹药的种类,参照海关进出口税则及禁止进出境物品表的有关规定确定。"核材料",是指铀、钚等可以发生原子核变或聚合反应的放射性材料。2017年9月全国人大常委会通过的核安全法第二条中作了具体规定:"核材料,是指:(一)铀-235材料及其制品;(二)铀-233材料及其制品;(三)钚-239材料及其制品;(四)法律、行政法规规定的其他需要管制的核材料。""伪造的货币",是指伪造可在国内市场流通或者兑换的人民币、境外货币。根据2014年8月12日《最高人民法院、最高人民检察院关于办理走私刑事案件适用法律若干问题的解释》第七条规定,本款规定的"货币",包括正在流通的人民币和境外货币。伪造的境外货币数额,折合成人民币计算。伪造不流通或者并不存在的人民币,如伪造三十元面值人民币的,不属于伪造的"货币"。第二,对走私上述物品的犯罪行为的处罚规定。根据本款的规定,对于走私武器、弹药、核材料或者伪造的货币的行为,根据情节轻重规定了三个量刑档次。

第一档刑:走私武器、弹药、核材料或者伪造的货币的,处七年以上有期徒刑,并处罚金或者没收财产。根据《最高人民法院、最高人民检察院关于办理走私刑事案件适用法律若干问题的解释》第一条第二款的规定,具有下列情形之一的,依照本款的规定处七年以上有期徒刑,并处罚金或者没收财产:(1)走私以火药为动力发射枪弹的枪支一支,或者以压缩气体等非火药为动力发射枪弹的枪支五支以上不满十支的;(2)走私第一款第二项规定的弹药,数量在该项规定的最高数量以上不满最高数量五倍的;(3)走私各种口径在六十毫米以下常规炮弹、手榴弹或者枪榴弹等分别或者合计达到五枚以上不满十枚,或者各种口径超过六十毫米以上常规炮弹合计不满五枚的;(4)达到第一款第一项、第二项、第四项规定的数量标准,且属于犯罪集团的首要分子,使用特种车辆从事走私活动,或者走私的武器、弹药被用于实施犯罪等情形的。根据《最高人民法院、最高人民检察院关于办理走私刑事案件适用法律若干问题的解释》第六条第二款的规定,走私伪造的货币具有下列情形之一的,依照本款的规定处七年以上有期徒刑,并处罚金或者没收财产:(1)走私数额在二万元以上不满二十万元,或者数量在二千张(枚)以上不满二万张(枚)的;(2)走私数额或者数量达到第一款规定的标准,且具有走私的伪造货币流入市场等情节的。

第二档刑:情节特别严重的,处无期徒刑,并处没收财产。根据《最高人民法院、最高人民检察院关于办理走私刑事案件适用法律若干问题的解释》第一条第三款的规定,具有下列情形之一的,应当认定为本款规定的"情节特别严重":(1)走私第二款第一项规定的枪支,数量超过该项规定的数量标准的;(2)走私第一款第二项规定的弹药,数量在该项规定的最高数量标准五倍以上的；（3）走私第二款第三项规定的弹药，数量超过该项规定的数量标准，或者走私具有巨大杀伤力的非常规炮弹一枚以上的；（4）达到第二款第一项至第三项规定的数量标准，且属于犯罪集团的首要分子，使用特种车辆从事走私活动，或者走私的武器、弹药被用于实施犯罪等情形的。根据《最高人民法院、最高人民检察院关于办理走私刑事案件适用法律若干问题的解释》第六条第三款的规定，走私伪造的货币具有下列情形之一的，应当认定为本款规定的"情节特别严重"：（1）走私数额在二十万元以上，或者数量在二万张（枚）以上的；（2）走私数额或者数量达到第二款第一项规定的标准，且属于犯罪集团的首要分子，使用特种车辆从事走私活动，或者走私的伪造货币流入市场等情形的。

第三档刑：情节较轻的，处三年以上七年以下有期徒刑，并处罚金。根据《最高人民法院、最高人民检察院关于办理走私刑事案件适用法律若干问题的解释》第一条第一款的规定，走私武器、弹药，具有下列情形之一的，可以认定为本款规定的"情节较轻"：（1）走私以压缩气体等非火药为动力发射枪弹的枪支二支以上不满五支的；（2）走私气枪铅弹五百发以上不满二千五百发，或者其他子弹十发以上不满五十发的；（3）未达到上述数量标准，但属于犯罪集团的首要分子，使用特种车辆从事走私活动，或者走私的武器、弹药被用于实施犯罪等情形的；（4）走私各种口径在六十毫米以下常规炮弹、手榴弹或者枪榴弹等分别或者合计不满五枚的。根据《最高人民法院、最高人民检察院关于办理走私刑事案件适用法律若干问题的解释》第三条的规定，走私枪支散件，构成犯罪的，依照本款的规定，以走私武器罪定罪处罚。成套枪支散件以相应数量的枪支计，非成套枪支散件以每三十件为一套枪支散件计。根据《最高人民法院、最高人民检察院关于办理走私刑事案件适用法律若干问题的解释》第四条的规定，走私各种弹药的弹头、弹壳，构成犯罪的，依照本款的规定，以走私弹药罪定罪处罚。具体的定罪量刑标准，按照本解释第一条规定的数量标准的五倍执行。弹头、弹壳是否属于前款规定的"报废或者无法组装并使用"或者"废物"，由国家有关技术部门进行鉴定。根据《最高人民法院、最高人民检察院关于办理走私刑事案件适用法律若干问题的解释》第六条第一款的规定，走私伪造的货币，数额在二千元以上不满二万元，或者数量在二百张（枚）以上不满二千张（枚）的，可以认定为本款规定的"情节较轻"。

本条第二款是关于走私文物罪、走私贵重金属罪、走私珍贵动物、珍贵动物制品罪及其处罚的规定。本款主要规定了两个方面的内容。第一，规定了第二类走私物品的具体内容，即走私国家禁止出口的文物、黄金、白银和其他贵重金属或者国家禁止进出口的珍贵动物及其制品。其中"国家禁止出口的文物"，是指国家馆藏一、二、三级文物及其他国家禁止出口的文物。文物保护法第六十条规定："国有文物、非国有文物中的珍贵文物和国家规定禁止出境的其他文物，不得出境；但是依照本法规定出境展览或者因特殊需要经国务院批准出境的除外。"根据2005年12月29日第十届全国人民代表大会常务委员会第十九次会议通过《全国人民代表大会常务委员会关于〈中华人民共和国刑法〉有关文物的规定适用于具有科学价值的古脊椎动物化石、古人类化石的解释》的规定，刑法有关文物的规定，适用于具有科学价值的古脊椎动物化石、古人类化石。因此，走私古脊椎动物化石、古人类化石的依照走私文物处理。"珍贵动物"，是指列入《国家重点保护野生动物名录》中的国家一、二级保护野生动物和列入《濒危野生动植物种国际贸易公约》附录一、附录二中的野生动物以及驯养繁殖的上述物种，主要有大熊猫、金丝猴、白唇鹿、扬子鳄、丹顶鹤、白鹤、天鹅、野骆驼等。珍贵动物的"制品"，是指珍贵野生动物的皮、毛、骨等制成品。本条珍贵动物的范围与刑法第三百四十一条有关野生动物犯罪中的"国家重点保护的珍贵、濒危野生动物"的范围应当是一样的。"其他贵重金属"，是指铂、铱、铑、钛等金属以及国家规定禁止出口的其他贵重金属。第二，对走私上述物品的犯罪行为的处罚规定。根据本款规定，对于走私国家禁止出口的文物、黄金、白银和其他贵重金属或者国家禁止进出口的珍贵动物及其制品的行为，根据情节轻重规定了三个量刑档次。

第一档刑：对于走私国家禁止出口的文物、黄金、白银和其他贵重金属或者国家禁止进出口的珍贵动物及其制品的，处五年以上十年以下有期徒刑，并处罚金。2014年《最高人民法院、最高人民检察院关于办理走私刑事案件适用法律若干问题的解释》第九条第二款规定："具有下列情形之一的依照刑法第一百五十条第二款的规定，依照第一百五十一条第二款的规定处五年以上十年以下有期徒刑，并处罚金：（一）走私国家一、二级保护动物达到本解释附表中（一）规定的数量标准的；（二）走私珍贵动物制品数额在二十万元以上不满一百万元的；（三）走私国家一、二级保护动物未达到本解释附表中（一）规定的数量标准，但具有造成该珍贵动物死亡或者无法追回等情节的。"

第二档刑：情节特别严重的，处十年以上有期徒刑或者无期徒刑，并处没收财产。《最高人民法院、最高人民检察院关于办理走私刑事案件适用法律若干问题的解释》第九条第三款规定："具有下列情形之一的，应当认定为刑法第一百五十一条第二款规定的'情节特别严重'：（一）走私国家一、二级保护动物达到本解释附表中（二）规定的数量标准的；（二）走私珍贵动物制品数额在一百万元以上的；（三）走私国家一、二级保护动物达到本解释附表中（一）规定的数量标准，且属于犯罪集团的首要分子，使用特种车辆从事走私活动，或者造成该珍贵动物死亡、无法追回等情形的。"《最高人民法院、最高人民检察院关于办理走私刑事案件适用法律若干问题的解释》第十条规定："刑法第一百五十一条第二款规定的'珍贵动物'，包括列入《国家重点保护野生动物名录》中的国家一、二级保护野生动物，《濒危野生动植物种国际贸易公约》附录Ⅰ、附录Ⅱ中的野生动物，以及驯养繁殖的上述动物。走私本解释附表中未规定的珍贵动物的，参照附表中规定的同属或者同科动物的数量标准执行。走私本解释附表中未规定珍贵动物的制品的，按照《最高人民法院、最高人民检察院、国家林业局、公安部、海关总署关于破坏野生动物资源刑事案件中涉及的CITES附录Ⅰ和附录Ⅱ所列陆生野生动物制品价值核定问题的通知》（林濒发〔2012〕239号）的有关规定核定价值。"

第三档刑：情节较轻的，处五年以下有期徒刑，并处罚金。《最高人民法院、最高人民检察院关于办理走私刑事案件适用法律若干问题的解释》第九条第一款规定："走私国家一、二级保护动物未达到本解释附表中（一）规定的数量标准，或者走私珍贵动物制品数额不满二十万元的，可以认定为刑法第一百五十一条第二款规定的'情节较轻'。"

需要说明的是，有关走私文物犯罪定罪量刑标准，2014年《最高人民法院、最高人民检察院关于办理走私刑事案件适用法律若干问题的解释》第八条的规定，与2015年10月《最高人民法院、最高人民检察院关于办理妨害文物管理等刑事案件适用法律若干问题的解释》的规定不完全一致。根据后一司法解释的规定，走私国家禁止出口的二级文物的，应当依照刑法第一百五十一条第二款的规定，以走私文物罪处五年以上十年以下有期徒刑，并处罚金；走私国家禁止出口的一级文物的，应当认定为刑法第一百五十一条第二款规定的"情节特别严重"；走私国家禁止出口的三级文物的,应当认定为刑法第一百五十一条第二款规定的"情节较轻"。走私国家禁止出口的文物,无法确定文物等级,或者按照文物等级定罪量刑明显过轻或者过重的,可以按照走私的文物价值定罪量刑。走私的文物价值在二十万元以上不满一百万元的,应当依照刑法第一百五十一条第二款的规定,以走私文物罪处五年以上十年以下有期徒刑,并处罚金;文物价值在一百万元以上的,应当认定为刑法第一百五十一条第二款规定的"情节特别严重";文物价值在五万元以上不满二十万元的,应当认定为刑法第一百五十一条第二款规定的"情节较轻"。

本条第三款是关于走私国家禁止进出口的货物、物品罪及其处罚的规定。本款规定了两个方面的内容。

第一,规定了第三类走私的物品和范围,即走私珍稀植物及其制品等国家禁止进出口的其他货物、物品。关于其中规定的"珍稀植物及其制品",《最高人民法院、最高人民检察院关于办理走私刑事案件适用法律若干问题的解释》第十二条第一款规定:"刑法第一百五十一条第三款规定的'珍稀植物',包括列入《国家重点保护野生植物名录》《国家重点保护野生药材物种名录》《国家珍贵树种名录》中的国家一、二级保护野生植物、国家重点保护的野生药材、珍贵树木,《濒危野生动植物种国际贸易公约》附录Ⅰ、附录Ⅱ中的野生植物,以及人工培育的上述植物。"珍稀植物的"制品",是指用珍稀植物制成的药材、木材、标本、器具等制成品。"其他国家禁止进出口的货物、物品",是指本条所列货物、物品以外的,被列入国家禁止进出口物品目录或者法律规定禁止进出口的货物、物品,如来自疫区的动植物及其制品、古植物化石等。2019年11月发布的《最高人民法院关于审理走私、非法经营、非法使用兴奋剂刑事案件适用法律若干问题的解释》第一条第一款规定:"运动员、运动员辅助人员走私兴奋剂目录所列物质,或者其他人员以在体育竞赛中非法使用为目的走私兴奋剂目录所列物质,涉案物质属于国家禁止进出口的货物、物品,具有下列情形之一的,应当依照刑法第一百五十一条第三款的规定,以走私国家禁止进出口的货物、物品罪定罪处罚:(一)一年内曾因走私被给予二次以上行政处罚后又走私的;(二)用于或者准备用于未成年人运动员、残疾人运动员的;(三)用于或者准备用于国内、国际重大体育竞赛的;(四)其他造成严重恶劣社会影响的情形。"

第二,对走私上述物品的犯罪行为的处罚规定。其中,对于走私珍稀植物、珍稀植物制品罪等国家禁止进出口的其他货物、物品犯罪，本款规定了两个量刑档次：第一档刑，对走私珍稀植物及其制品等国家禁止进出口的其他货物、物品的，处五年以下有期徒刑或者拘役，并处或者单处罚金。根据《最高人民法院、最高人民检察院关于办理走私刑事案件适用法律若干问题的解释》第十一条规定，包括：(1) 走私国家一级保护野生植物五株以上不满二十五株，国家二级保护野生植物十株以上不满五十株，或者珍稀植物、珍稀植物制品数额在二十万元以上不满一百万元的；(2) 走私重点保护古生物化石或者未命名的古生物化石不满十件，或者一般保护古生物化石十件以上不满五十件的；(3) 走私禁止进出口的有毒物质一吨以上不满五吨，或者数额在二万元以上不满十万元的；(4) 走私来自境外疫区的动植物及其产品五吨以上不满二十五吨，或者数额在五万元以上不满二十五万元的；(5) 走私木炭、硅砂等妨害环境、资源保护的货物、物品十吨以上不满五十吨，或者数额在十万元以上不满五十万元的；(6) 走私旧机动车、切割车、旧机电产品或者其他禁止进出口的货物、物品二十吨以上不满一百吨，或者数额在二十万元以上不满一百万元的；(7) 数量或者数额未达到本款第一项至第六项规定的标准，但属于犯罪集团的首要分子，使用特种车辆从事走私活动，造成环境严重污染，或者引起甲类传染病传播、重大动植物疫情等情形的。第二档刑，情节严重的，处五年以上有期徒刑，并处罚金。包括：(1) 走私数量或者数额超过前款第一项至第六项规定的标准的；(2) 达到前款第一项至第六项规定的标准，且属于犯罪集团的首要分子，使用特种车辆从事走私活动，造成环境严重污染，或者引起甲类传染病传播、重大动植物疫情等情形的。

本条第四款是对单位走私国家禁止进出口物品罪的处罚规定。依照本款的规定，单位犯本条规定之罪的，对单位判处罚金，并对直接负责的主管人员和其他直接责任人员依照本条各款的规定处罚。

【适用中需要注意的问题】

1. 犯本条所列走私国家禁止进出口物品罪，行为人主观上必须具有犯罪故意，客观上必须有逃避海关监管，非法运输、携带、邮寄国家禁止进出口的物品进出口的行为。由于本条所列物品有的是违禁品，有的是国家严禁出口的物品，对走私本条所列物品犯罪的条件，在数量上一般没有限制，凡是走私本条所列物品，原则上都构成犯罪。在实际适用中应当注意区分罪与非罪的界限，如行为人不知其所携带出境的文物是国家禁止出口的文物的，且如实申报而没有逃避海关监管，即使其运输、携带或者邮寄的属于禁止出口的文物，也不应作为犯罪处理。

2. 关于走私限制进出口货物、物品犯罪问题。2014年《最高人民法院、最高人民检察院关于办理走私刑事案件适用法律若干问题的解释》第二十一条规定："未经许可进出口国家限制进出口的货物、物品，构成犯罪的，应当依照刑法第一百五十一条、第一百五十二条的规定，以走私国家禁止进出口的货物、物品罪等罪名定罪处罚；偷逃应缴税额，同时又构成走私普通货物、物品罪的，依照处罚较重的规定定罪处罚。取得许可，但超过许可数量进出口国家限制进出口的货物、物品，构成犯罪的，依照刑法第一百五十三条的规定，以走私普通货物、物品罪定罪处罚。租用、借用或者使用购买的他人许可证，进出口国家限制进出口的货物、物品的，适用本条第一款的规定定罪处罚。"另外，对于违反2020年10月全国人大常委会通过的出口管制法规定，出口国家禁止出口的管制物项，包括出口禁止出口的相关货物、技术、服务或者相关技术资料等数据，构成犯罪的，依照本条各款相关规定处罚。

第一百五十二条 【走私淫秽物品罪】以牟利或者传播为目的，走私淫秽的影片、录像带、录音带、图片、书刊或者其他淫秽物品的，处三年以上十年以下有期徒刑，并处罚金；情节严重的，处十年以上有期徒刑或者无期徒刑，并处罚金或者没收财产；情节较轻的，处三年以下有期徒刑、拘役或者管制，并处罚金。

【走私废物罪】逃避海关监管将境外固体废物、液态废物和气态废物运输进境，情节严重的，处五年以下有期徒刑，并处或者单处罚金；情节特别严重的，处五年以上有期徒刑，并处罚金。

单位犯前两款罪的，对单位判处罚金，并对其直接负责的主管人员和其他直接责任人员，依照前两款的规定处罚。

【释解与适用】

本条是关于走私淫秽物品罪、走私废物罪及其刑罚的规定。

根据第一款的规定，走私淫秽物品罪有以下三个构成要件。

1. 行为人在主观上有犯罪故意，即以牟利或者传播为目的，这是构成本罪的一个必备条件。以牟利为目的，是指行为人走私淫秽物品是为了出卖、出租或者通过其他方式牟取非法利益；以传播为目的，是指行为人走私淫秽物品是为了在社会上传播、扩散。不具有上述目的的不应认定为本罪，如果行为人携带少量的淫秽物品入境，目的是自己使用，则不应按走私淫秽物品罪论处。

2. 行为人在客观上有逃避海关监管、运输、携带、邮寄淫秽物品的行为。根据本法第三百六十七条的规定，本法所称淫秽物品，是指具体描绘性行为或者露骨宣扬色情的淫秽性的书刊、影片、录像带、录音带、图片及其他淫秽物品。有关人体生理、医学知识的科学著作不是淫秽物品。包含有色情内容的有艺术价值的文学、艺术作品不视为淫秽物品。

3. 本罪的犯罪主体为一般主体，单位或者自然人都可以成为本罪的犯罪主体。

对于走私淫秽物品罪的处罚，根据本款的规定，以牟利或者传播为目的，走私淫秽物品的，处三年以上十年以下有期徒刑，并处罚金；情节严重的，处十年以上有期徒刑或者无期徒刑，并处罚金或者没收财产；情节较轻的，处三年以下有期徒刑、拘役或者管制，并处罚金。实践中办理走私淫秽物品的案件，涉及具体的数额标准，可以参照2014年《最高人民法院、最高人民检察院关于办理走私刑事案件适用法律若干问题的解释》中关于"情节较轻""情节严重"等解释内容办理。《最高人民法院、最高人民检察院关于办理走私刑事案件适用法律若干问题的解释》第十三条规定："以牟利或者传播为目的，走私淫秽物品，达到下列数量之一的，可以认定为刑法第一百五十二条第一款规定的'情节较轻'：（一）走私淫秽录像带、影碟五十盘（张）以上不满一百盘（张）的；（二）走私淫秽录音带、音碟一百盘（张）以上不满二百盘（张）的；（三）走私淫秽扑克、书刊、画册一百副（册）以上不满二百副（册）的；（四）走私淫秽照片、画片五百张以上不满一千张的；（五）走私其他淫秽物品相当于上述数量的。走私淫秽物品在前款规定的最高数量以上不满最高数量五倍的，依照刑法第一百五十二条第一款的规定处三年以上十年以下有期徒刑，并处罚金。走私淫秽物品在第一款规定的最高数量五倍以上，或者在第一款规定的最高数量以上不满五倍，但属于犯罪集团的首要分子，使用特种车辆从事走私活动等情形的，应当认定为刑法第一百五十二条第一款规定的'情节严重'。"

第二款是 2002 年 12 月 28 日第九届全国人大常委会第三十一次会议通过的刑法修正案（四）新增加和修改的内容，即将 1997 年刑法第一百五十五条第三项"逃避海关监管将境外固体废物运输进境的"内容移到本款，并根据海关法的规定和实践中的具体情况，增加了将液态废物和气态废物运输进境的规定。原第一百五十五条第三项没有单独规定刑罚，而是规定以走私罪论处，依照刑法关于走私罪的有关规定处罚。由于刑法关于走私罪一章，除第一百五十一条、第一百五十二条明确规定走私几类违禁品的处罚以外，对走私罪是按照行为人偷逃应缴税额的多少规定刑罚的，而在司法实践中，对有些走私固体废物的行为无法计算应缴税额，因此，司法机关对本罪在量刑上存在一定的困难。该次修改，对逃避海关监管将境外固体废物、液态废物和气态废物运输进境的行为规定为犯罪并单独规定了两档刑罚。本款所说的"固体废物"，是指国家禁止进口的固体废物和国家限制进口的可用作原料的固体废物。2017 年我国发布《禁止洋垃圾入境推进固体废物进口管理制度改革实施方案》，明确提出"分批分类调整进口固体废物管理目录"，逐步有序减少固体废物进口种类和数量。国家限制进口的可用作原料的固体废物，按照《限制进口类可用作原料的固体废物目录》执行，2019 年，国家调整公布了新的《限制进口类可用作原料的固体废物目录》，将废钢铁、铜废碎料、铝废碎料等调入。本款所说的"液态废物"，是指区别于固体废物的液体形态的废物，是有一定的体积但没有一定的形状，可以流动的物质。"气态废物"，是指放置在容器中的气体形态的废物。我国对于境外固体废物、液态废物和气态废物入境有严格的限制和批准程序，近年来，国内一些单位或者个人见利忘义，以各种方式逃避海关监管，向海关隐瞒、掩饰，擅自将境外固体废物、液态废物和气态废物偷运入境。对于这种危害国家和人民利益的走私行为，给予严厉打击是完全必要的。

根据本款规定，走私固体废物、液态废物、气态废物，情节严重的，处五年以下有期徒刑，并处或者单处罚金；情节特别严重的，处五年以上有期徒刑，并处罚金。根据《最高人民法院、最高人民检察院关于办理走私刑事案件适用法律若干问题的解释》的规定，走私国家禁止进口的废物或者国家限制进口的可用作原料的废物，具有下列情形之一的，应当认定为"情节严重"：（1）走私国家禁止进口的危险性固体废物、液态废物分别或者合计达到一吨以上不满五吨的；（2）走私国家禁止进口的非危险性固体废物、液态废物分别或者合计达到五吨以上不满二十五吨的；（3）走私国家限制进口的可用作原料的固体废物、液态废物分别或者合计达到二十吨以上不满一百吨的；（4）未达到上述数量标准，但属于犯罪集团的首要分子，使用特种车辆从事走私活动，或者造成环境严重污染等情形的。具有下列情形之一的，应当认定为本条第二款规定的"情节特别严重"：（1）走私数量超过前款规定的标准的；（2）达到前款规定的标准，且属于犯罪集团的首要分子，使用特种车辆从事走私活动，或者造成环境严重污染等情形的；（3）未达到前款规定的标准，但造成环境严重污染且后果特别严重的。走私置于容器中的气态废物，构成犯罪的，参照前两款规定的标准处罚。

第三款是对单位犯走私淫秽物品罪、走私废物罪的处罚规定。本款也由刑法修正案（四）作了修改，虽只是文字修改，但修改后的内容却有了实质的变化。原来只规定对单位犯走私淫秽物品罪的处罚，现在增加了单位犯走私废物罪的处罚。对单位犯上述罪行的，采用双罚制原则。对单位判处罚金，并对其直接负责的主管人员和其他直接责任人员，依照前两款的规定处罚。

【适用中需要注意的问题】

本罪在实际适用中要注意正确把握罪与非罪的界限。是否"以牟利或者传播为目的"，是区分罪与非罪的界限，判断是否具有牟利或者传播的目的，不能只凭行为人的口供或者辩解，要具体情况具体分析，根据各种证据，加以分析判断。如果行为人走私大量淫秽物品，显然超出了自用的范围，就可以认定是以牟利或者传播为目的，至于"牟利"或者"传播"的目的是否实现，并不影响本罪的成立。

第一百五十三条　【走私普通货物、物品罪】走私本法第一百五十一条、第一百五十二条、第三百四十七条规定以外的货物、物品的，根据情节轻重，分别依照下列规定处罚：

（一）走私货物、物品偷逃应缴税额较大或者一年内曾因走私被给予二次行政处罚后又走私的，处三年以下有期徒刑或者拘役，并处偷逃应缴税额一倍以上五倍以下罚金。

（二）走私货物、物品偷逃应缴税额巨大或者有其他严重情节的，处三年以上十年以下有期徒刑,并处偷逃应缴税额一倍以上五倍以下罚金。

(三)走私货物、物品偷逃应缴税额特别巨大或者有其他特别严重情节的,处十年以上有期徒刑或者无期徒刑,并处偷逃应缴税额一倍以上五倍以下罚金或者没收财产。

单位犯前款罪的,对单位判处罚金,并对其直接负责的主管人员和其他直接责任人员,处三年以下有期徒刑或者拘役;情节严重的,处三年以上十年以下有期徒刑;情节特别严重的,处十年以上有期徒刑。

对多次走私未经处理的,按照累计走私货物、物品的偷逃应缴税额处罚。

【释解与适用】

本条是关于走私普通货物、物品罪及其刑罚的规定。

本条第一款是对走私普通货物、物品的处罚规定。构成本罪必须具备以下几个要件。

1. 行为人主观方面是故意犯罪,通常都具有逃避海关监管,偷逃关税的目的。

2. 行为人在客观上具有逃避海关监管,走私普通货物、物品,偷逃应缴税额,应当追究刑事责任的行为。刑法第一百五十一条规定了对走私武器、弹药、核材料、伪造的货币、国家禁止出口的文物、黄金、白银和其他贵重金属、国家禁止进出口的珍贵动物及其制品、国家禁止进出口的珍稀植物及其制品等国家禁止进出口的其他货物、物品的刑事处罚。第一百五十二条规定了走私淫秽物品的刑事处罚。第三百四十七条规定了走私、贩卖、运输、制造毒品的刑事处罚。本款规定的"本法第一百五十一条、第一百五十二条、第三百四十七条规定以外的货物、物品",实践中主要包括两类:一类是国家对其进口或者出口实行配额或者许可证管理的货物、物品。例如,烟、酒、贵重中药材及其成药、汽车、摩托车等。另一类是应纳税货物、物品。例如,玻璃制品、造纸材料、塑料等进口货物和钨矿砂及精矿、淡水鱼、虾、海蜇等出口物品。本条之所以要把走私一般货物、物品同走私国家禁止进出口物品、走私淫秽物品以及走私毒品分开来规定,是因为走私物品的种类不同,其社会危害性也不同,在处罚上也应有所区别。第一百五十一条、第一百五十二条和第三百四十七条所列物品，都是国家禁止进出口的物品，走私这类物品，对社会的危害性大，往往难以用物品的价额或者偷逃应缴税额来计算。因此，对于走私国家禁止进出口物品和淫秽物品的处刑，都没有规定价额或者数额标准。但走私普通货物、物品，其危害程度主要是根据偷逃应缴税额的大小来决定的，这里的"应缴税额"，是指进出口货物、物品应当缴纳的进出口关税和进口环节、海关代征代扣的其他税款，偷逃应缴税额越大，危害性也就越大。考虑到普通货物、物品的进出口税率是不一样的，走私相同价额不同种类的货物、物品，由于国家规定的税率不同，所以可能偷逃的关税和可能给国家造成的损失也不同。因此，本条将衡量定罪处罚的标准规定为"应缴税额"。

对于走私普通货物、物品的处罚，本款根据偷逃应缴税的大小规定了三个量刑档次。第一档刑：走私货物、物品偷逃应缴税额较大或者一年内曾因走私被给予二次行政处罚后又走私的，处三年以下有期徒刑或者拘役，并处偷逃应缴税额一倍以上五倍以下罚金。2014年2月24日《最高人民法院、最高人民检察院关于办理走私刑事案件适用法律若干问题的解释》第十八条规定，本条规定的"应缴税额"，包括进出口货物、物品应当缴纳的进出口关税和进口环节海关代征的税额。应缴税额以走私行为实施时的税则、税率、汇率和完税价格计算；多次走私的，以每次走私行为实施时的税则、税率、汇率和完税价格逐票计算；走私行为实施时间不能确定的，以案发时的税则、税率、汇率和完税价格计算。根据《最高人民法院、最高人民检察院关于办理走私刑事案件适用法律若干问题的解释》第十六条第一款规定，"偷逃应缴税额较大"是指偷逃应缴税额在十万元以上不满五十万元。第二档刑：走私货物、物品偷逃应缴税额巨大或者有其他严重情节的，处三年以上十年以下有期徒刑，并处偷逃应缴税额一倍以上五倍以下罚金。偷逃应缴税额在五十万元以上不满二百五十万元的，应当认定为"偷逃应缴税额巨大"。第三档刑：走私货物、物品偷逃应缴税额特别巨大或者有其他特别严重情节的，处十年以上有期徒刑或者无期徒刑，并处偷逃应缴税额一倍以上五倍以下罚金或者没收财产。偷逃应缴税额在二百五十万元以上的，应当认定为"偷逃应缴税额特别巨大"。根据《最高人民法院、最高人民检察院关于办理走私刑事案件适用法律若干问题的解释》第十六条第二款规定，走私普通货物、物品，具有下列情形之一，偷逃应缴税额在三十万元以上不满五十万元的，应当认定为第二档刑中规定的"其他严重情节";偷逃应缴税额在一百五十万元以上不满二百五十万元的,应当认定为第三档刑中规定"其他特别严重情节":(1)犯罪集团的首要分子;(2)使用特种车辆从事走私活动的;(3)为实施走私犯罪,向国家机关工作人员行贿的;(4)教唆、利用未成年人、孕妇等特殊人群走私的;(5)聚众阻挠缉私的。

本条第二款是对单位犯走私普通货物、物品罪的处罚规定。单位走私普通货物、物品的,根据本款规定对单位判处罚金,并对其直接负责的主管人员和直接责任人员,处三年以下有期徒刑或者拘役;情节严重的,处三年以上十年以下有期徒刑;情节特别严重的,处十年以上有期徒刑。《最高人民法院、最高人民检察院关于办理走私刑事案件适用法律若干问题的解释》对单位犯罪规定了不同于自然人的定罪量刑标准,单位犯走私普通货物、物品罪,偷逃应缴税额在二十万元以上不满一百万元的,应当依照刑法第一百五十三条第二款的规定,对单位判处罚金,并对其直接负责的主管人员和其他直接责任人员,处三年以下有期徒刑或者拘役;偷逃应缴税额在一百万元以上不满五百万元的,应当认定为"情节严重";偷逃应缴税额在五百万元以上的,应当认定为"情节特别严重"。

本条第三款是对多次走私未经处理的如何处罚的规定。"多次走私未经处理",是指走私未受到行政执法机关或者司法机关处理的,如果其走私行为受到过某一机关处理,不管是行政处罚还是刑事处罚,就不属于未经处理之列。根据本款规定,对多次走私未经处理的,按照累计走私货物、物品的偷逃应缴税额处罚。

【适用中需要注意的问题】

1. 在适用中,应注意在走私本条规定的货物、物品同时,走私刑法第一百五十一条、第一百五十二条、第三百四十七条、第三百五十条规定的物品的正确处理问题。《最高人民法院、最高人民检察院关于办理走私刑事案件适用法律若干问题的解释》第二十二条规定:"在走私的货物、物品中藏匿刑法第一百五十一条、第一百五十二条、第三百四十七条、第三百五十条规定的货物、物品,构成犯罪的,以实际走私的货物、物品定罪处罚;构成数罪的,实行数罪并罚。"

2. 关于定罪量刑标准计算时适用行为时税率还是审判时税率,即税率发生变化时如何适用的问题。这一问题实践中有不同认识。2014年《最高人民法院、最高人民检察院关于办理走私刑事案件适用法律若干问题的解释》第十八条规定，刑法第一百五十三条规定的"应缴税额"，包括进出口货物、物品应当缴纳的进出口关税和进口环节海关代征税的税额。应缴税额以走私行为实施时的税则、税率、汇率和完税价格计算；多次走私的，以每次走私行为实施时的税则、税率、汇率和完税价格逐票计算；走私行为实施时间不能确定的，以案发时的税则、税率、汇率和完税价格计算。

第一百五十四条　【走私保税货物和特定减免税货物犯罪】下列走私行为，根据本节规定构成犯罪的，依照本法第一百五十三条的规定定罪处罚：

（一）未经海关许可并且未补缴应缴税额，擅自将批准进口的来料加工、来件装配、补偿贸易的原材料、零件、制成品、设备等保税货物，在境内销售牟利的；

（二）未经海关许可并且未补缴应缴税额，擅自将特定减税、免税进口的货物、物品，在境内销售牟利的。

【释解与适用】

本条是关于走私保税货物和特定减免税货物犯罪及其刑罚的规定。

根据本条第一项规定，"未经海关许可并且未补缴应缴税额，擅自将批准进口的来料加工、来件装配、补偿贸易的原材料、零件、制成品、设备等保税货物，在境内销售牟利"的行为，是走私行为。依照本法第一百五十三条走私普通货物、物品罪定罪处罚，定罪量刑标准也应当适用该罪标准。本条规定的"保税货物"，根据海关法第一百条的规定，是指经海关批准未办理纳税手续进境，在境内储存、加工、装配后复运出境的货物。保税货物包括通过加工贸易、补偿贸易等方式进口的货物，以及在保税仓库、保税工厂、保税区或者免税商店等储存、加工、寄售的货物。保税货物进境时未缴纳关税，如从境外进口原料、部件，在境内加工制成成品后，复运出境，海关按实际加工出口的数量免征进口税。这部分料件，有的所有权属于境外，有的虽经我方买入，但目的不是消费，而是加工成成品在境外销售，以赚取外汇收入。如果对这部分料件入境时征收关税，出境时再退税，难免手续繁杂，不利于开展对外贸易。为了保证保税货物能复运出境，国家规定由海关对其储存、加工、装配过程进行监管。进口多少料件，出口多少成品，不允许采取隐瞒、欺骗的方法擅自在境内销售。如果情况发生变化，需要转入国内市场销售的，必须经过海关批准并补缴应缴税额。

本条第二项所列的走私行为是"未经海关许可并且未补缴应缴税额，擅自将特定减税、免税进口的货物、物品，在境内销售牟利的"，海关法第五十七条规定："特定地区、特定企业或者有特定用途的进出口货物，可以减征或者免征关税。特定减税或者免税的范围和办法由国务院规定。依照前款规定减征或者免征关税进口的货物，只能用于特定地区、特定企业或者特定用途，未经海关核准并补缴关税，不得移作他用。"因此本项所说的"特定减税、免税进口的货物、物品"，主要是指：经济特区等特定地区进口的货物；三资企业进口的货物；为特定用途进口的货物，以及海关法第五十六条、第五十八条规定的其他减征、免征关税的其他货物、物品、临时减征或者免征关税货物、物品。根据本条规定，个人或者单位如果有上述行为，偷逃应缴税款在十万元以上，就构成犯罪，应分别依照本法第一百五十三条的规定定罪处罚。

本条第一项、第二项规定的"销售牟利"，是指行为人主观上为了牟取非法利益而擅自销售海关监管的保税货物、特定减免税货物。该种行为是否构成犯罪，应当根据偷逃的应缴税额是否达到刑法第一百五十三条及相关司法解释规定的数额标准予以认定。实际获利与否或者获利多少并不影响其定罪。

第一百五十五条 【以走私罪论处的情形】下列行为，以走私罪论处，依照本节的有关规定处罚：

（一）直接向走私人非法收购国家禁止进口物品的，或者直接向走私人非法收购走私进口的其他货物、物品，数额较大的；

（二）在内海、领海、界河、界湖运输、收购、贩卖国家禁止进出口物品的，或者运输、收购、贩卖国家限制进出口货物、物品，数额较大，没有合法证明的。

【释解与适用】

本条是关于对直接向走私人非法收购走私进口的货物、物品以及在内海、领海、界河、界湖运输、收购、贩卖国家禁止进出口或者限制进出口货物、物品的行为以走私罪论处的规定。

本条第一项所列行为，要以走私罪论处必须符合以下两个条件。

1. 行为人在境内必须直接向走私人非法收购国家禁止进口或者走私进口的其他货物、物品，即所谓的"第一手交易"。如果不是直接向走私分子收购走私进境的货物、物品，而是经过第二手、第三手甚至更多的收购环节后收购的，即使收购人明知是走私货物、物品，也不能以走私罪论处。

2. 直接向走私人非法收购武器、弹药、核材料或者伪造的货币和淫秽物品等禁止进口物品的，没有规定数额的限制，定罪量刑标准依照2014年《最高人民法院、最高人民检察院关于办理走私刑事案件适用法律若干问题的解释》对刑法第一百五十一条、第一百五十二条的规定确定；但收购走私进口的其他货物、物品，必须达到数额较大，才能构成犯罪。根据刑法第一百五十三条和上述司法解释的规定，个人收购走私货物、物品偷逃应缴税额在十万元以上，即为"数额较大"。

本条第二项所列行为，要以走私罪论处必须符合以下两个条件。

1. 行为人必须在内海、领海、界河、界湖运输、收购、贩卖国家禁止进出口物品或者国家限制进出口的货物、物品。"内海"，是指我国领海基线以内包括海港、领海、海峡、直基线与海岸之间的海域，还包括内河的入海口水域，它属于我国内水的范围。"领海"，是指邻接我国陆地领土和内水的一带海域。我国的领海宽度从领海基线量起为十二海里。这里所说的"界河"，是指我国与另一国家之间的分界河流。"界湖"，是指我国与另一国家之间的分界湖泊。界河和界湖都是可航水域。如果行为人不是在内海、领海、界河、界湖，而是在内地运输、收购、贩卖国家禁止进出口的货物、物品或者国家限制进出口的货物、物品，不能以走私罪论处。

2. 在内海、领海、界河、界湖运输、收购、贩卖国家限制进出口的货物、物品，必须达到数额较大，没有合法证明，才能构成犯罪。本项所称"国家限制进出口的货物、物品"，是指国家对进口或者出口实行配额或者许可证管理的货物、物品，其他一般应纳税物品不包括在内。本条所说的"合法证明"，是指有关主管部门颁发的进出口货物、物品许可证、准运证等能证明其来源、用途合法的证明文件。只有数额达到较大，又无合法证明的，才能以走私罪论处。

根据本条规定，直接向走私人非法收购走私进口的货物、物品，在内海、领海、界河、界湖运输、收购、贩卖国家禁止进出口的物品，或者没有合法证明，在内海、领海、界河、界湖运输、收购、贩卖国家限制进出口的货物、物品，构成犯罪的，应当按照走私货物、物品的种类，分别依照刑法第一百五十一条、第一百五十二条、第一百五十三条、第三百四十七条、第三百五十条等走私罪相关条文的规定定罪处罚。

第一百五十六条　【走私罪共犯】与走私罪犯通谋，为其提供贷款、资金、帐号、发票、证明，或者为其提供运输、保管、邮寄或者其他方便的，以走私罪的共犯论处。

【释解与适用】

本条是关于走私罪共犯的规定。

本条规定了以走私罪的共犯论处的几种情形。本条规定的以走私罪论处的行为应当具备以下两个条件。

1. 行为人在主观上有犯罪故意，"与走私罪犯通谋"，是指行为人有犯罪故意的外在表现形式，主要是指事前、事中与走私罪犯共同商议，制定走私计划以及进行走私分工等活动。根据 2002 年《最高人民法院、最高人民检察院、海关总署办理走私刑事案件适用法律若干问题的意见》第十五规定，通谋是指犯罪行为人之间事先或者事中形成的共同的走私故意。下列情形可以认定为通谋：（1）对明知他人从事走私活动而同意为其提供贷款、资金、账号、发票、证明、海关单证，提供运输、保管、邮寄或者其他方便的；（2）多次为同一走私犯罪分子的走私行为提供前项帮助的。

2. 行为人在客观上有为走私罪犯"提供贷款、资金、账号、发票、证明，或者为其提供运输、保管、邮寄或者其他方便"等行为。"提供贷款、资金"，是指金融机构或者其他单位的工作人员，提供贷款、资金给走私分子从事犯罪活动；提供"帐号"，是指将本人或者单位在银行或者金融机构中设立的账号提供给走私分子，供其在走私中使用；提供"发票"，是指为走私分子提供可作为记账、纳税、报销等凭据的写有售出商品名称、数量、价格、金额、日期等内容的发货票或者空白发票等；提供"证明"，是指非法为走私分子提供运输、收购、贩卖走私货物、物品所需要的有关证明，如进出口许可证、商检证明等；"提供运输"方便，是指为犯罪分子运输走私货物、物品提供各种运输工具;"提供保管"方便,是指为犯罪分子存放走私货物、物品提供存放仓库、场所或者代为储存、保管等便利;"提供邮寄"方便,是指海关、邮电工作人员明知他人邮寄的物品是国家禁止进出口的物品,或者是超过国家规定的进出境限额的物品而准予邮寄的行为;"其他方便",是指除上述所列情形以外的其他各种帮助,如为犯罪分子传递重要信息等。这些行为都是当时实践中帮助走私行为的有针对性规定。

根据本条规定,行为人如果与走私罪犯通谋,为其提供贷款、资金、账号、发票、证明,或者为其提供运输、保管、邮寄或者其他方便的,以走私罪的共犯论处。量刑依照刑法总则有关共同犯罪的规定处理。

第一百五十七条 【武装掩护走私和以暴力、威胁方法抗拒缉私的刑罚】武装掩护走私的,依照本法第一百五十一条第一款的规定从重处罚。

以暴力、威胁方法抗拒缉私的,以走私罪和本法第二百七十七条规定的阻碍国家机关工作人员依法执行职务罪,依照数罪并罚的规定处罚。

【释解与适用】

本条是对武装掩护走私和以暴力、威胁方法抗拒缉私犯罪刑罚的规定。

本条第一款是关于武装掩护走私刑事处罚的规定。"武装掩护走私",是指行为人携带武器用以保护走私活动的行为。在实践中,有的犯罪分子在遇到缉私检查时,公然持武器进行抵抗,有的没有用武器进行抵抗或者没有来得及用武器进行抵抗,便被捕获。只要犯罪分子携带武器武装掩护,无论是否使用武器,都不影响本条的适用。武装掩护走私,是最严重的走私行为之一,社会危害性极大,所以本款规定,对武装掩护走私的,依照本法第一百五十一条第一款的规定从重处罚。第一百五十一条第一款将量刑幅度分为三个档次:走私武器、弹药、核材料或者伪造的货币的,处七年以上有期徒刑,并处罚金或者没收财产;情节特别严重的,处无期徒刑,并处没收财产;情节较轻的,处三年以上七年以下有期徒刑,并处罚金。本款所说的从重处罚,是指根据情节轻重,在相应的量刑档次内从重,而不是在该档的量刑幅度以外从重。另外,应当注意的是,刑法对武装掩护走私有特别规定的,根据特别规定处罚。比如,对于武装掩护走私、贩卖、运输、制造毒品的,应当根据刑法第三百四十七条第二款的规定,处十五年有期徒刑、无期徒刑或者死刑,并处没收财产,而不是适用本条的规定进行处罚。武装掩护走私,同时构成故意杀人、故意伤害、非法持有枪支等其他犯罪的,根据案件情况应当数罪并罚或者从一种重罪处理。

第二款是对以暴力、威胁方法抗拒缉私行为刑事处罚的规定。"暴力",一般是指使用有形的力量,如殴打、捆绑等。"威胁",一般是指使用无形的力量,使对方在精神上形成压力,在心理上造成一种恐惧感。例如,扬言对他人使用暴力,或以杀害、毁坏财产、报复家人、破坏名誉等相威胁。如果走私分子使用暴力、威胁手段抗拒缉私,根据本款的规定,应当以走私罪和刑法第二百七十七条规定的阻碍国家机关工作人员依法执行职务犯罪,即妨害公务罪数罪并罚。

【适用中需要注意的问题】

行为人必须是走私分子,而且其走私行为已经构成犯罪,又有以暴力、威胁方法抗拒缉私的行为,才能以数罪并罚的规定处罚。根据刑法第六十九条的规定,数罪并罚,是指对两个以上独立的犯罪实行并罚。如果行为人的走私行为尚不构成走私罪,但使用暴力、威胁方法抗拒缉私的,则只能按刑法第二百七十七条妨害公务罪定罪处罚。

第三节 妨害对公司、企业的管理秩序罪

第一百五十八条 【虚报注册资本罪】申请公司登记使用虚假证明文件或者采取其他欺诈手段虚报注册资本,欺骗公司登记主管部门,取得公司登记,虚报注册资本数额巨大、后果严重或者有其他严重情节的,处三年以下有期徒刑或者拘役,并处或者单处虚报注册资本金额百分之一以上百分之五以下罚金。

单位犯前款罪的,对单位判处罚金,并对其直接负责的主管人员和其他直接责任人员,处三年以下有期徒刑或者拘役。

【释解与适用】

本条是关于虚报注册资本罪及其刑罚的规定。

本条第一款是对申请公司登记的个人犯虚报注册资本骗取公司登记罪的刑事处罚规定。根据本条规定，本罪有以下几个构成要件。

1. 犯罪主体是特殊主体，即必须是申请公司登记的个人或者单位。这里所说的"公司"，是指公司法规定的有限责任公司和股份有限公司。根据2014年第十二届全国人民代表大会常务委员会第八次会议通过了《全国人民代表大会常务委员会关于刑法第一百五十八条、第一百五十九条的解释》，应当限定为法律、行政法规和国务院规定实行注册资本实缴登记制的公司。根据2014年《国务院关于印发注册资本登记制度改革方案的通知》规定，现行法律、行政法规以及国务院决定明确规定实行注册资本实缴登记制的公司包括银行业金融机构、证券公司、期货公司、基金管理公司、保险公司、保险专业代理机构和保险经纪人、直销企业、对外劳务合作企业、融资性担保公司、募集设立的股份有限公司，以及劳务派遣企业、典当行、保险资产管理公司、小额贷款公司等。

2. 行为人在客观上必须实施了使用虚假证明文件或者采取其他欺诈手段虚报注册资本，欺骗公司登记主管部门的行为。这里所说的"证明文件"，主要是指依法设立的注册会计师事务所和审计师事务所等法定验资机构依法对申请公司登记的人的出资所出具的验资报告、资产评估报告、验资证明等材料。"其他欺诈手段"，主要是指采取贿赂等非法手段收买有关机关和部门的工作人员，恶意串通，虚报注册资本，或者采用其他隐瞒事实真相的方法欺骗公司登记主管部门的行为。"公司登记主管部门"，是指市场监督管理机关。这里需要指出的是，无论使用虚假证明文件还是采取其他欺诈手段，其目的是虚报注册资本，欺骗公司登记主管机关。如果使用虚假证明文件或者其他欺诈手段是为了夸大公司员工的人数或生产经营条件，虚构生产经营场所等，与虚报注册资本无关，不构成本罪。如果使用虚假的证明文件或者采取其他欺诈手段，没有到市场监督管理机关去申请公司设立登记，而是去欺骗另一方当事人，签订经济合同，诈骗钱财，也不构成本罪，对其行为应当依照刑法其他有关条款进行处罚。

3. 行为人必须取得了公司登记，而且虚报注册资本数额巨大、后果严重或者有其他严重情节的，才构成犯罪。"取得公司登记"，是指经市场监督管理部门核准并发给《企业法人营业执照》，还包括取得公司设立登记和变更登记的情况。如果在申请登记过程中，市场监督管理部门发现其使用的是虚假的证明文件或者采取了欺诈手段，没有予以登记，不构成本罪。因此"取得公司登记"是区分罪与非罪的一个重要界限。虚报注册资本必须有"数额巨大"、后果严重或者有其他严重情节的，才构成犯罪，这是本罪区分罪与非罪的另一界限。如果虚报注册资本，欺骗公司登记主管机关，数额不大，后果不严重，也没有其他严重情节，就不构成犯罪。至于什么是"数额巨大""后果严重""其他严重情节"，本条未作具体规定，这主要是考虑到，实际发生的公司注册资本虚报的情况比较复杂，要由司法解释作出具体规定。根据2022年《最高人民检察院、公安部关于公安机关管辖的刑事案件立案追诉标准的规定（二）》第三条的规定："申请公司登记使用虚假证明文件或者采取其他欺诈手段虚报注册资本，欺骗公司登记主管部门，取得公司登记，涉嫌下列情形之一的，应予立案追诉：（一）法定注册资本最低限额在六百万元以下，虚报数额占其应缴出资数额百分之六十以上的；（二）法定注册资本最低限额超过六百万元，虚报数额占其应缴出资数额百分之三十以上的；（三）造成投资者或者其他债权人直接经济损失累计数额在五十万元以上的；（四）虽未达到上述数额标准，但具有下列情形之一的：1. 二年内因虚报注册资本受过二次以上行政处罚，又虚报注册资本的；2. 向公司登记主管人员行贿的；3. 为进行违法活动而注册的。（五）其他后果严重或者有其他严重情节的情形。本条只适用于依法实行注册资本实缴登记制的公司。"对于个人犯虚报注册资本骗取公司登记罪的处罚，本条规定为处三年以下有期徒刑或者拘役，并处或者单处虚报注册资本金额百分之一以上百分之五以下罚金。

第二款是对单位犯虚报注册资本骗取公司登记罪的处罚规定。本款所说"单位"，是指不是以个人名义而是代表一个单位去申请登记的情况。根据公司法的规定，以发起设立方式设立股份有限公司的，发起人认足公司章程规定的出资后，应当选举董事会和监事会，由董事会向公司登记机关报送设立公司的批准文件、公司章程、验资证明等文件，申请设立登记。设立有限责任公司，则是由全体股东指定的代表或者共同委托的代理人去申请公司登记。对单位犯虚报注册资本骗取公司登记罪的处罚，本款的规定体现了双罚原则，即对单位判处罚金，并对其直接负责的主管人员和其他直接责任人员，处三年以下有期徒刑或者拘役。

【适用中需要注意的问题】

1. 准确理解和适用法律解释，按照解释的精神把握好犯罪界限。实践中在适用本条虚报注册资本罪和刑法第一百五十九条虚假出资、出逃出资罪时，应当根据2013年公司法修改和《全国人民代表大会常务委员会关于刑法第一百五十八条、第一百五十九条的解释》的精神，把握好犯罪范围。除依法实行注册资本实缴登记制的公司以外，对申请公司登记的单位和个人不得以虚报注册资本罪追究刑事责任；对公司股东、发起人不得以虚假出资、抽逃出资罪追究刑事责任。根据2014年5月《最高人民检察院、公安部关于严格依法办理虚报注册资本和虚假出资抽逃出资刑事案件的通知》的规定，对依法实行注册资本实缴登记制的公司涉嫌虚报注册资本和虚假出资、抽逃出资的，在依照刑法和《最高人民检察院、公安部关于公安机关管辖的刑事案件立案追诉标准的规定（二）》的相关规定追究刑事责任时，应当认真研究行为性质和危害后果，确保执法办案的法律效果和社会效果。

2. 依法妥善处理以往案件。根据上述通知的规定，对发生在2013年修正公司法施行以前尚未处理或者正在处理的虚报注册资本和虚假出资、抽逃出资刑事案件，应当按照刑法第十二条规定从旧兼从轻的精神处理，对此前的虚报注册资本、虚假出资抽逃出资不再作为犯罪处理。根据公司法的规定，按照相关违约责任处理。

第一百五十九条 **【虚假出资、抽逃出资罪】** 公司发起人、股东违反公司法的规定未交付货币、实物或者未转移财产权，虚假出资，或者在公司成立后又抽逃其出资，数额巨大、后果严重或者有其他严重情节的，处五年以下有期徒刑或者拘役，并处或者单处虚假出资金额或者抽逃出资金额百分之二以上百分之十以下罚金。

单位犯前款罪的，对单位判处罚金，并对其直接负责的主管人员和其他直接责任人员，处五年以下有期徒刑或者拘役。

【释解与适用】

本条是关于虚假出资、抽逃出资罪及其刑罚的规定。

第一款是对自然人犯虚假出资、抽逃出资罪及其刑事处罚的规定。根据本条规定，虚假出资、抽逃出资罪的构成要件有以下几个。

1. 此罪的犯罪主体是特殊主体，即公司的发起人或者股东。根据2013年修正的公司法和2014年第十二届全国人民代表大会常务委员会第八次会议通过的《全国人民代表大会常务委员会关于刑法第一百五十八条、第一百五十九条的解释》，这里的"公司"，应当限定为公司法所规定的仍然实行注册资本实缴登记制的有限责任公司和股份有限公司。"公司发起人"，是指依法创立筹办股份有限公司的人。"股东"，是指公司的出资人，包括有限责任公司的股东和股份有限公司的股东。

2. 行为人必须有违反公司法的规定，未交付货币、实物或者未转移财产权，虚假出资，或者在公司成立后又抽逃其出资的行为。这里的"违反公司法规定"，主要是指违反了公司法，以及其他法律、行政法规或者国务院决定有关仍实行注册资本实缴登记制管理的规定。2014年国务院《注册资本登记制度改革方案》规定，现行法律、行政法规以及国务院决定明确规定实行注册资本实缴登记制的银行业金融机构、证券公司、期货公司、基金管理公司、保险公司、保险专业代理机构和保险经纪人、直销企业、对外劳务合作企业、融资性担保公司、募集设立的股份有限公司，以及劳务派遣企业、典当行、保险资产管理公司、小额贷款公司实行注册资本认缴登记制问题，另行研究决定。在法律、行政法规以及国务院决定未修改前，暂按现行规定执行。例如，商业银行法第十三条第一款规定："设立全国性商业银行的注册资本最低限额为十亿元人民币。设立城市商业银行的注册资本最低限额为一亿元人民币，设立农村商业银行的注册资本最低限额为五千万元人民币。注册资本应当是实缴资本。"因此，设立这类公司应足额缴纳注册资本。其中有限责任公司股东应当按期足额缴纳公司章程中规定的各自所认缴的出资额。股东以货币出资的，应当将货币出资足额存入有限责任公司在银行开设的账户；以非货币财产出资的，应当依法办理其财产权的转移手续。股份有限公司以发起设立方式设立股份有限公司的，发起人应当书面认足公司章程规定其认购的股份，并按照公司章程规定缴纳出资。以非货币财产出资的，应当依法办理其财产权的转移手续。以募集设立方式设立股份有限公司的，发起人认购的股份不得少于公司股份总数的百分之三十五，法律、行政法规另有规定的从其规定。"未交付货币"，是指没有按规定交付其所认缴的出资额或者根本就没有交付任何货币。"未交付实物或者未转移财产权"，是指以实物、工业产权、非专利技术或者土地使用权出资的，根本没有实物移交或者没有办理所有权、土地使用权转让手续。"虚假出资"，主要是指对以实物、工业产权、非专利技术或者土地使用权出资的，在评估作价时，故意高估或者低估作价，然后再作为出资等情况。在实践中发生最多的是对个人或非国有资产作为出资额时高估作价，而对国有资产故意低估作价。这样做不仅损害了国家和人民的利益，也是一种虚假出资的行为。"公司成立后又抽逃其出资"一般包括两种情况：一种是为达到设立公司的目的，通过向其他企业借款或者向银行贷款等手段取得资金，作为自己的出资，待公司登记成立后，又抽回这些资金；另一种是在公司设立时，依法缴纳了自己的出资，但当公司成立后，又将其出资撤回。

3. 虚假出资、抽逃出资的数额巨大、后果严重或者有其他严重情节的，才构成犯罪。这是划清罪与非罪的主要界限。如果股东、公司发起人虽有未交付货币、实物或未转移财产权，虚假出资，或者在公司设立后又抽逃其出资等行为，但数额不大，或者情节、后果不严重，不构成犯罪，可用其他方式处理。由于在实际经济生活中发生的公司发起人、股东虚假出资、抽逃出资的情况非常复杂，对于"数额巨大""后果严重"，或者"有其他严重情节"如何掌握，由最高人民法院、最高人民检察院作出具体司法解释。2022年《最高人民检察院、公安部关于公安机关管辖的刑事案件立案追诉标准的规定（二）》第四条规定："公司发起人、股东违反公司法的规定未交付货币、实物或者未转移财产权，虚假出资，或者在公司成立后又抽逃其出资，涉嫌下列情形之一的，应予立案追诉：（一）法定注册资本最低限额在六百万元以下，虚假出资、抽逃出资数额占其应缴出资数额百分之六十以上的；（二）法定注册资本最低限额超过六百万元，虚假出资、抽逃出资数额占其应缴出资数额百分之三十以上的；（三）造成公司、股东、债权人的直接经济损失累计数额在五十万元以上的；（四）虽未达到上述数额标准，但具有下列情形之一的：1. 致使公司资不抵债或者无法正常经营的；2. 公司发起人、股东合谋虚假出资、抽逃出资的；3. 二年内因虚假出资、抽逃出资受过二次以上行政处罚，又虚假出资、抽逃出资的；4. 利用虚假出资、抽逃出资所得资金进行违法活动的。（五）其他后果严重或者有其他严重情节的情形。本条只适用于依法实行注册资本实缴登记制的公司。"需要注意的是，这一解释是在公司法修改和全国人大常委会法律解释以前的规定，在适用于仍实行注册资本实缴登记制公司时，也应注意妥善把握好犯罪界限。对于个人犯虚假出资、抽逃出资罪的处罚，本条规定，处五年以下有期徒刑或者拘役，并处或者单处虚假出资金额或者抽逃出资金额百分之二以上百分之十以下罚金。

第二款是对单位犯虚假出资、抽逃出资罪的处罚规定。这里所说的"单位"，是指有限责任公司、股份有限公司和其他企业。对单位犯本罪的，实行双罚原则，即对单位判处罚金，并对其直接负责的主管人员和其他直接责任人员，处五年以下有期徒刑或者拘役。

【适用中需要注意的问题】

在实际适用中应注意抽逃出资与转让出资的区别。公司发起人、股东在公司成立后如需收回或减少自己的资本，可以依照法律规定采取转让出资或适当减少注册资本的方式，这与抽逃出资的行为是根本不同的。另外，关于本罪界限范围，以及跨时限案件的处理，需要注意的问题与上述第一百五十八条中应当注意的问题是同样的。

第一百六十条　【欺诈发行证券罪】在招股说明书、认股书、公司、企业债券募集办法等发行文件中隐瞒重要事实或者编造重大虚假内容，发行股票或者公司债券、企业债券、存托凭证或者国务院依法认定的其他证券，数额巨大、后果严重或者有其他严重情节的，处五年以下有期徒刑或者拘役，并处或者单处罚金；数额特别巨大、后果特别严重或者有其他特别严重情节的，处五年以上有期徒刑，并处罚金。

控股股东、实际控制人组织、指使实施前款行为的，处五年以下有期徒刑或者拘役，并处或者单处非法募集资金金额百分之二十以上一倍以下罚金；数额特别巨大、后果特别严重或者有其他特别严重情节的，处五年以上有期徒刑，并处非法募集资金金额百分之二十以上一倍以下罚金。

单位犯前两款罪的，对单位判处非法募集资金金额百分之二十以上一倍以下罚金，并对其直接负责的主管人员和其他直接责任人员，依照第一款的规定处罚。

【释解与适用】

本条是关于欺诈发行证券罪及其刑罚的规定。

本条的立法背景主要有以下三个方面。

1. 1979年之后至1997年刑法修订前的立法情况。对制作虚假的招股说明书、认股书、公司、企业债券募集办法发行股票、公司企业债券的犯罪，1979年刑法没有规定。1995年2月28日第八届全国人民代表大会常务委员会第十二次会议通过的《全国人民代表大会常务委员会关于惩治违反公司法的犯罪的决定》（已失效）对本罪作了规定。该决定第三条规定："制作虚假的招股说明书、认股书、公司债券募集办法发行股票或者公司债券，数额巨大、后果严重或者有其他严重情节的，处五年以下有期徒刑或者拘役，可以并处非法募集资金金额百分之五以下罚金。单位犯前款罪的，对单位判处非法募集资金金额百分之五以下罚金，并对直接负责的主管人员和其他直接责任人员，依照前款的规定，处五年以下有期徒刑或者拘役。"

2. 1997年修订刑法的情况。1997年修改刑法将上述规定纳入刑法，并修改、补充了以下五点主要内容：一是将原来规定的"制作虚假的招股说明书、认股书、公司债券募集办法发行股票或者公司债券"修改为"在招股说明书、认股书、公司、企业债券募集办法中隐瞒重要事实或者编造重大虚假内容，发行股票或者公司、企业债券"。1993年通过的公司法实施过程中，实践部门反映，制作虚假的招股说明书、认股书等发行股票、债券的犯罪确实存在，但是，由于《全国人民代表大会常务委员会关于惩治违反公司法的犯罪的决定》（已失效）对此规定较为笼统，尤其是"制作虚假"的内容不具体，对有些案件难以追究。由于招股说明书、认股书、公司、企业债券募集办法是公司、企业向社会筹集资金的重要书面文件，向公众公布的目的是使公众了解公司、企业的真实情况，保护投资者和社会公众的利益，维护正常的市场经济秩序，因此，其内容应当真实可靠，否则，就会使投资者不明真相，作出错误的选择，使投资者处于极大的风险之中，这不仅会给投资者带来重大的经济损失，还会扰乱正常的股票、证券市场。鉴于此，将"制作虚假"更加具体化了，即"隐瞒重要事实"或"编造重大虚假内容"。这样规定既有利于打击犯罪，又有利于司法机关掌握。二是《全国人民代表大会常务委员会关于惩治违反公司法的犯罪的决定》（已失效）仅规定公司债券，没有规定企业债券。1997年刑法增加规定了"企业"债券。主要是考虑到1993年国务院颁布的《企业债券管理条例》对企业债券作了规定，并且企业在发行债券的过程中也确实存在着同样类似的问题，应当将其规定为犯罪。三是增加了单处罚金的规定。四是将罚金由原来的"并处非法募集资金金额百分之五以下罚金"，修改为"并处或者单处非法募集资金金额百分之一以上百分之五以下罚金"。五是调整了对单位判处罚金的规定，将"对单位判处非法募集资金净额金额百分之五以下罚金"修改为"对单位判处罚金"。

3. 2020年刑法修正案（十一）对本条作了修改。一是增加了"等发行文件"的规定。二是增加了"存托凭证或者国务院依法认定的其他证券"的规定。三是对控股股东、实际控制人组织、指使实施欺诈发行行为增加了一款专门规定。四是提高了本罪的刑罚，将法定最高刑提高至有期徒刑十五年。五是完善了罚金刑，将董事、监事、高级管理人员等一般主体实施欺诈发行行为与控股股东、实际控制人实施欺诈发行行为的罚金，予以区分。六是修改了单位犯罪的规定。作出上述修改的主要考虑有以下几点。

一是与以信息披露为核心的证券发行注册制改革相适应，与修订后的证券法相衔接。2020年3月1日起施行的证券法确立了证券发行注册制度。注册制以信息披露为核心，通过交易所审核和证券监督管理部门注册两个环节完成股票、债券等发行。交易所审核主要通过向发行人提出问题、发行人回答问题的方式来进行，督查发行人"讲清楚"、中介组织"核清楚"，使投资者"看清楚"，就企业是否符合发行上市条件和信息披露要求向证券监督管理部门报送审核意见。证券监督管理部门对交易所审核质量及发行条件、信息披露的重要方面进行把关并监督，以完成注册。基于此，通过发行人提出审核问询、发行人回答问题所披露的财务、业务资料及反馈意见回复等内容，不但构成了发行人申请发行的重要文件，而且是投资者判断公司价值的重要依据，将直接影响发行的结果。有的部门提出，刑法第一百六十条规定的"招股说明书、认股书、公司、企业债券募集办法"难以涵盖注册制施行后"问答"环节所形成的文件。除刑法规定的发行文件外，实践中还有一些发行文件也具有十分重要的作用。以《公开发行证券的公司信息披露内容与格式准则第59号——上市公司发行证券申请文件》的规定为例，发行人关于本次证券发行的申请报告，发行人关于本次发行方案的论证分析报告，监事会的书面审核意见，本次募集资金使用的可行性报告等，都载有发行股票、债券等的关键内容和信息，与招股说明书、认股书等发行文件的重要性是一致的。此外，除首次公开发行外，其他发行行为的发行文件也具有重要性，如增发、发行可转换公司债券等涉及的相关文件。因此，建议对刑法本条发行文件的类型予以扩充。经研究，为与证券发行注册制改革相适应，有必要对发行文件的类型作进一步补充和完善。故在修改本条增加了"等发行文件"的规定。

此外，2018年国务院办公厅转发《证监会关于开展创新企业境内发行股票或存托凭证试点若干意见的通知》明确了存托凭证是一种新的证券品种。在证券法修订以前，存托凭证未被明确规定在证券法中，其性质属于"国务院依法认定的其他证券"，受证券法调整。2020年施行的证券法第二条第一款规定："在中华人民共和国境内，股票、公司债券、存托凭证和国务院依法认定的其他证券的发行和交易，适用本法；本法未规定的，适用《中华人民共和国公司法》和其他法律、行政法规的规定。"修订后的证券法将"存托凭证"作为法定证券品种在法律中予以列明。同时考虑到证券市场的发展和产品创新，依然保留了"国务院依法认定的其他证券"这一兜底性规定，授权国务院依法认定其他证券品种，为未来新的证券品种适用证券法留出空间。此次刑法修改，考虑到有必要与证券法做好衔接，在本条修改时也增加了"存托凭证""国务院依法认定的其他证券"的规定。

二是保障注册制顺利实施，加大对欺诈发行行为的惩治力度，提高违法成本。欺诈发行行为是金融资本市场最为严重的违法行为，实践中较为常见的欺诈发行行为主要包括虚增收入、利润、资产规模等财务数据造假，虚构专利技术等核心生产资料造假等情形，给不明真相的投资者造成巨大损失，严重影响金融资本市场的信誉和稳定。在证券发行注册制施行后，行政化干预进一步弱化，股票发行制度更加市场化，欺诈发行行为的危害性也容易进一步放大。经研究，为提高对欺诈发行行为的惩治力度，保障注册制顺利实施，刑法修正案（十一）对本罪规定的法定刑进行了修改，增加了一档刑，即"处五年以上有期徒刑"的规定，使本罪的法定最高刑提高到十五年有期徒刑。同时，调整了本罪的罚金刑。对原来本罪设置的"非法募集资金金额百分之一以上百分之五以下罚金"作了修改。据司法机关反映，原来本罪规定的罚金刑，虽然设置了比例罚金，但是因没有体现差异性,容易出现罚金刑畸轻畸重的情况。欺诈发行一般是单位作为发行人实施的,公司的控股股东、实际控制人是最终受益者,有的公司的董事、监事和高级管理人员是受控股股东、实际控制人操纵、指挥被动参与的。因非法募集资金的金额一般数额特别巨大,对明显受操纵、指挥的董事、监事、高级管理人员处以罚金金额的下限,即非法募集资金金额百分之一的罚金,也可能处罚较重。而对控股股东、实际控制人处以罚金金额的上限,即非法募集资金金额百分之五的罚金,仍属于处罚较轻。为此,此次修改针对不同主体,对其适用的"罚金刑"作了区分。对一般人员实施欺诈发行行为的规定处以不定额的"罚金",可以根据其参与犯罪的程度和作用大小灵活掌握;对控股股东、实际控制人规定处"非法募集资金金额百分之二十以上一倍以下罚金",以提高对该类人员的惩处力度。对实施欺诈发行的单位以及以单位形式作为控股股东、实际控制人的,同样处"非法募集资金金额百分之二十以上一倍以下罚金",对单位犯罪中的直接责任人员根据案件的实际情况,处以不定额的"罚金"。

三是精确惩处"幕后"的控股股东、实际控制人。有的部门反映,实践中控股股东、实际控制人是欺诈发行的主要策划者和受益者,其往往组织、指使、操纵公司的董事、监事、高级管理人员实施欺诈发行行为,并以发行人的名义启动募资发行行为。很多控股股东、实际控制人为规避法律责任,以隐名持股、交叉持股、他人代持等方式控制公司实质运行,但名义上与其没有关联。如果对实施欺诈发行的公司的董事、监事、高级管理人员予以处罚,而不能实质处罚到"始作俑者",不能真正发挥刑事问责的作用。经研究,为精准惩处欺诈发行的"首恶"和"幕后"人员,刑法修正案(十一)专门增加了一款规定,对控股股东、实际控制人组织、指使实施欺诈发行行为的,除最高可以处十五年有期徒刑以外,还配置了"非法募集资金金额百分之二十以上一倍以下罚金"。

本条共分三款。第一款是关于个人触犯欺诈发行股票、债券、存托凭证或者国务院依法认定的其他证券的犯罪及其处罚的规定。根据本款规定,构成本罪必须具备以下几个构成要件:一是行为人在主观方面有欺诈发行的故意。二是行为人"在招股说明书、认股书、公司、企业债券募集办法等发行文件中隐瞒重要事实或者编造虚假内容"。本款所称的"招股说明书、认股书、公司、企业债券募集办法等发行文件"是公司、企业设立和公司、企业向社会筹集资金的重要书面文件。公司法、证券法以及国家有关规定对制作这些文件的内容和要求都有明确具体的规定，目的是使社会公众了解公司、企业真实情况，保护投资者和社会公众的利益、维护正常的市场经济秩序。如果内容虚假，其实质就是欺骗投资者，使投资者在不明真相的情况下作出错误的判断和选择，使投资处于高风险之中，不仅会给投资者带来重大的经济损失，还会扰乱证券市场管理秩序，影响社会稳定。本款所称的"等发行文件"包含了在发行过程中与"招股说明书、认股书、公司、企业债券募集办法"重要性一样的其他发行文件，包括公司的监事会对募集说明书真实性、准确性、完整性的审核意见，募集资金使用的可行性报告，以及增发、发行可转换公司债券等涉及的发行文件。需要注意的是，注册制施行后，需要通过交易所审核和证券监督管理部门注册两个环节完成股票、债券等注册发行。交易所审核主要通过向发行人提出问题、发行人回答问题的方式来进行。这种"问答"环节所形成的文件也属于本款所称的发行文件。本款所称的"隐瞒重要事实或者编造虚假内容"，是指违反公司法、证券法及其有关法律、法规的规定，制作的招股说明书、认股书、公司、企业债券募集办法等发行文件的内容全部都是虚构的，或者对其中重要的事项和部分内容作虚假的陈述或记载，或者对某些重要事实进行夸大或者隐瞒，或者故意遗漏有关的重要事项等。例如，虚构发起人认购股份数额；故意夸大公司、企业生产经营利润和公司、企业净资产额；对所筹资金的使用提出虚假的计划和虚假的经营生产项目；故意隐瞒公司、企业所负债务和正在进行的重大诉讼；故意遗漏公司、企业签订的重要合同等。三是行为人实施了"发行股票或者公司、企业债券、存托凭证或者国务院依法认定的其他证券"的行为。本款所称的"发行股票或者公司、企业债券、存托凭证或者国务院依法认定的其他证券"，是指实际已经发行了股票或者公司、企业债券、存托凭证或者国务院依法认定的其他证券，如果制作或形成了虚假的招股说明书、认股书、公司、企业债券募集办法等发行文件，但只锁在办公室抽屉里，或者还未来得及发行就被阻止、不予注册或者主动撤回注册申请，未实施向社会发行股票或公司、企业债券、存托凭证或者国务院依法认定的其他证券的行为，不构成犯罪。需要说明的是，本款所称的"国务院依法认定的其他证券"并不是广义的兜底性规定，其与2020年施行的证券法第二条第一款中规定的"国务院依法认定的其他证券"的含义是一致的，只有经国务院的法定程序确认的新型证券品种才符合这一规定。四是需要满足"数额巨大、后果严重或者有其他严重情节"的入罪门槛，才构成犯罪。本款所称的"数额巨大"，是指欺诈发行的股票或者公司、企业债券、存托凭证或者国务院依法认定的其他证券的数额巨大，如果数额不大，且又无其他严重后果或严重情节，虽然违法，但不构成犯罪。本款所称的"后果严重"，主要是指造成了投资者或者其他债权人的重大经济损失；严重影响了投资人、债权人的生产、经营活动；破坏了投资人、债权人的正常生活，甚至激发了一些社会矛盾，影响了社会安定和正常的社会生活秩序；等等。本款所称的"其他严重情节"，主要是指除数额巨大和后果严重外，严重违反法律规定，扰乱金融和社会管理秩序的其他情节。本款规定的"数额特别巨大、后果特别严重或者有其他特别严重情节的"是欺诈发行行为具有更为严重社会危害性的情况，应适用更重的刑罚。对于"数额巨大、后果严重或者有其他严重情节"以及"数额特别巨大、后果特别严重或者有其他特别严重情节"的内容，可以由司法机关根据实际情况作出细化解释。根据本款规定，对个人实施欺诈发行的行为，规定了两档刑罚，符合"数额巨大、后果严重或者有其他严重情节的"，处五年以下有期徒刑或者拘役，并处或者单处罚金；符合"数额特别巨大、后果特别严重或者有其他特别严重情节的"，处五年以上有期徒刑，并处罚金。

第二款是关于控股股东、实际控制人组织、指使实施欺诈发行行为构成犯罪及其处罚的规定。控股股东是指其持有的股份占公司股本总额百分之五十以上的股东，或者其持有股份虽不足百分之五十，但持有股份所享有的表决权已足以对股东大会的决议产生重大影响的股东。实际控制人，是指虽不是公司的股东，但通过投资关系、协议或者其他安排，能够实际支配公司的人。根据刑法总则有关共同犯罪的规定，控股股东、实际控制人组织、指使公司、企业的董事、监事、高级管理人员以发行人的名义实施欺诈发行行为的，应当按照共同犯罪处理，通常情况下还应当作为主犯，追究其刑事责任。因此，本款即使未作规定，实际上也不应影响对相关人员刑事责任的追究。但是，考虑到实践中发行人实施欺诈发行行为不可能与控股股东、实际控制人的意志相违背，往往是董事、监事、高级管理人员等实际执行人员受控股股东、实际控制人的组织、指使。这些实际执行人员实际上只是控股股东、实际控制人利用以实施欺诈发行犯罪的工具。在幕后进行操纵的控股股东、实际控制人是欺诈发行行为的罪魁祸首和实际受益人。因此，有必要在法律中对这些人员的责任予以明确规定。

对其中符合刑法总则关于共同犯罪中主犯、首要分子规定的人员，能够查证属实的，应当同时依照有关追究主犯、首要分子刑事责任的规定，予以处罚。根据本款规定，控股股东、实际控制人组织、指使实施欺诈发行行为的，处五年以下有期徒刑或者拘役，并处或者单处非法募集资金金额百分之二十以上一倍以下罚金；数额特别巨大、后果特别严重或者有其他特别严重情节的，处五年以上有期徒刑，并处非法募集资金金额百分之二十以上一倍以下罚金。

第三款是对单位犯欺诈发行股票、债券、存托凭证或者国务院依法认定的其他证券的犯罪的处罚规定。本款所称的"单位"包括有限责任公司、股份有限公司和其他企业法人。对单位犯罪，本款包含了两种情形。一是单位直接构成欺诈发行犯罪的。这里对单位采取了双罚制原则，即对单位判处非法募集资金金额百分之二十以上一倍以下罚金，并对其直接负责的主管人员和其他直接责任人员，按照本条第一款的规定处罚，即处五年以下有期徒刑或者拘役，并处或者单处罚金；数额特别巨大、后果特别严重或者有其他特别严重情节的，处五年以上有期徒刑，并处罚金。二是控股股东、实际控制人是单位，组织、指使实施欺诈发行行为，构成欺诈发行犯罪的。实践中，确实存在控股股东、实际控制人是单位的情况，特别是上市公司的控股股东、实际控制人多数为单位。因此，如果单位作为控股股东、实际控制人组织、指使实施欺诈发行的，对该单位也应比照自然人是控股股东、实际控制人的情况予以处罚，即对单位处非法募集资金金额百分之二十以上一倍以下罚金，同时对单位的直接责任人员也按照本条第一款的规定处罚。

【适用中需要注意的问题】

1. 在实际执行中，如果有限责任公司、股份有限公司和其他企业法人的直接负责的主管人员和其他有直接责任的人员将非法募集的资金中饱私囊，落入个人腰包，则属于贪污行为或侵占行为，构成犯罪的，应当分别依照刑法中规定的贪污罪、职务侵占罪定罪处罚。

2. 关于本条第一款规定的不定额罚金的适用问题。本条对控股股东、实际控制人以及单位构成欺诈发行犯罪的，规定了倍比罚金，即处"非法募集资金金额百分之二十以上一倍以下罚金"。对自然人构成欺诈发行犯罪的，由原来规定的处"非法募集资金金额百分之一以上百分之五以下罚金"修改为处以不定额的"罚金"。主要是考虑,有的部门反映,控股股东、实际控制人以及作为发行人的单位是欺诈发行行为的实质获益方,应对欺诈发行行为负最主要的责任,承担较重的经济刑罚。但是,对于涉案的具体行为人来说,情况比较复杂。欺诈发行案件中非法募集资金金额一般特别巨大,按照刑法第一百六十条的规定,明确设置罚金下限的罚金数额往往也很大。如果对所有涉案人员均设置一样的罚金刑起点,有时存在过于严苛的情况。特别是有些董事、监事、高级管理人员往往受控股股东、实际控制人指挥、操纵,对其判处高额罚金刑不能更好地体现罪责刑相适应的原则,也容易出现罚金刑"空判"难以执行的问题。经过刑法修正案(十一)的修改后,将针对自然人的罚金刑调整为不定额的"罚金",司法机关可以根据案件的实际情况,各行为人在案件中具体发挥的作用,灵活确定罚金刑的数额,做到罪责刑相适应。

第一百六十一条 【违规披露、不披露重要信息罪】依法负有信息披露义务的公司、企业向股东和社会公众提供虚假的或者隐瞒重要事实的财务会计报告,或者对依法应当披露的其他重要信息不按照规定披露,严重损害股东或者其他人利益,或者有其他严重情节的,对其直接负责的主管人员和其他直接责任人员,处五年以下有期徒刑或者拘役,并处或者单处罚金;情节特别严重的,处五年以上十年以下有期徒刑,并处罚金。

前款规定的公司、企业的控股股东、实际控制人实施或者组织、指使实施前款行为的,或者隐瞒相关事项导致前款规定的情形发生的,依照前款的规定处罚。

犯前款罪的控股股东、实际控制人是单位的,对单位判处罚金,并对其直接负责的主管人员和其他直接责任人员,依照第一款的规定处罚。

【释解与适用】

本条是关于违规披露、不披露重要信息罪及其刑罚的规定。

本条的立法背景主要有以下几个方面。

1. 1979年之后至1997年刑法修订前的立法情况。1995年2月28日,第八届全国人民代表大会常务委员会第十二次会议通过的《全国人民代表大会常务委员会关于惩治违反公司法的犯罪的决定》(已失效)对刑法作了相应的补充。该决定第四条规定，公司向股东和社会公众提供虚假的或者隐瞒重要事实的财务会计报告，严重损害股东或者其他人利益的，对直接负责的主管人员和其他直接责任人员，处三年以下有期徒刑或者拘役，可以并处二十万元以下罚金。

2. 1997年修订刑法的情况。1997年修订刑法时对本条作了修改完善后纳入了刑法规定，将"可以并处二十万元以下罚金"修改为"并处或者单处二万元以上二十万元以下罚金"。1997年刑法第一百六十一条规定，公司向股东和社会公众提供虚假的或者隐瞒重要事实的财务会计报告，严重损害股东或者其他人利益的，对其直接负责的主管人员和其他直接责任人员，处三年以下有期徒刑或者拘役，并处或者单处二万元以上二十万元以下罚金。

3. 2006年刑法修正案（六）对本条作了第一次修改。2006年6月29日，第十届全国人民代表大会常务委员会第二十二次会议通过的刑法修正案（六）对本条作了修改。随着我国金融市场的发展和完善，出现了一些新情况，使得本条在执行中出现了以下问题：一是犯罪主体范围偏窄，根据2006年施行的证券法的规定，除上市公司外，公司债券上市交易的公司等其他实体同样负有信息披露义务，对这些组织不按照规定披露信息的行为缺乏刑事责任的规定；二是披露的对象仅局限于财务会计报告，根据2006年施行的证券法等法律的规定，应予以披露的还有招股说明书、债券募集办法等信息，实践中这些信息的重要性不亚于财务会计报告，却没有列入刑法保护范围；三是在披露方式上除虚假披露外，误导性陈述、重大遗漏等行为具有同等危害性，法律也应当作出规定；四是1997年刑法第一百六十条规定为结果犯，"严重损害股东或者其他人利益的"才构成犯罪，实践中的损失很难认定，给司法机关的侦查及法官定罪量刑带来了一定困难。针对这些问题，刑法修正案（六）对本条作了三处修改：第一，将主体扩大为"依法负有信息披露义务的公司、企业"；第二，增加了"对依法应当披露的其他重要信息不按照规定披露"的行为方式；第三，增设了"有其他严重情节"的定罪标准。

4. 2020年刑法修正案（十一）对本条作了第二次修改。2020年12月26日，第十三届全国人民代表大会常务委员会第二十四次会议通过的刑法修正案（十一）再次对本条作了修改。一是针对控股股东、实际控制人实施或者组织、指使实施违规披露或者不披露重要信息的行为作了明确规定，增加了第二款和第三款的规定；二是提高了本罪的刑罚，将"三年以下有期徒刑或者拘役，并处或者单处二万元以上二十万元以下罚金"修改为两档刑，第一档刑规定处五年以下有期徒刑或者拘役，并处或者单处罚金；第二档刑规定处五年以上十年以下有期徒刑，并处罚金。对本条作出修改基于以下考虑。

一是保障以信息披露为核心的注册制改革顺利实施，加大对信息违规披露、不披露行为的惩治力度，提高违法成本。2020年3月1日起施行的证券法确立了证券发行注册制度。信息披露是注册制的核心，要求发行人充分披露投资者作出价值判断和投资决策所必需的信息，确保信息披露真实、准确、完整。对此有的全国人大代表和有关部门提出，注册制施行后，信息披露的重要性进一步提升，违规披露或者不披露信息的危害性更大，需要加大刑法的保障力度。此外，一些社会关注的大案如康美药业案、獐子岛案等，均具有严重违反信息披露义务的行为，因违规披露、不披露信息造成了投资者的重大损失，严重动摇了资本市场的诚信基础和管理秩序，造成了极其恶劣的影响。但是根据1997年刑法第一百六十一条的规定，法定最高刑为三年有期徒刑，罚金为二万元以上二十万元以下，已不能更为准确地评价信息违规披露、不披露行为所造成的社会危害，有必要作出相应调整。经研究，对本条设置的刑罚作了调整，修改为两档刑，将法定最高刑提高至十年有期徒刑，同时将罚金修改为不定额罚金。

二是精确惩处"幕后"的控股股东、实际控制人。控股股东、实际控制人本身具有信息披露义务，控股股东、实际控制人的有关情况很多时候就属于股东和社会公众需要了解的重要信息，应当真实、准确、完整披露。同时，依法负有信息披露义务的公司、企业违规披露、不披露重要信息，在许多案例中也是受控股股东、实际控制人组织、指使的。对此，有的部门提出，2019年修订后的证券法对控股股东、实际控制人的信息披露义务及法律责任作了明确规定，建议对本条也作相应的修改完善，进一步明确控股股东、实际控制人在信息披露方面的刑事责任，与证券法的规定相衔接。经研究，对本条增加了第二款和第三款规定。第二款规定，对于公司、企业的控股股东、实际控制人实施或者组织、指使实施信息违规披露或者不披露的，或者隐瞒相关事项导致他人利益受损或者具有其他严重情节的，根据本条第一款中单位责任人员的规定处罚。第三款规定，公司、企业的控股股东、实际控制人本身是单位的，在处罚上不同于第一款中单位的法律责任，需要处以罚金刑，其责任人员根据本条第一款中单位的责任人员的规定处罚。

本条共分三款。第一款是关于依法负有信息披露义务的公司、企业违规披露或者不披露重要信息构成犯罪及其处罚的规定。根据本款规定，需要满足以下几个方面才能构成犯罪。

一是犯罪主体为"依法负有信息披露义务的公司、企业"。依据公司法、证券法、银行业监督管理法、商业银行法、证券投资基金法、保险法等法律、法规的规定，负有信息披露义务的公司、企业包括：公开发行证券的申请人，上市公司，公司、企业债券上市交易的单位，以及其他信息披露义务人，商业银行，基金管理人，基金托管人和其他基金信息披露义务人，保险公司等。另外，根据证券法第七十八条规定，国务院证券监督管理机构可以对其他信息披露义务人的范围作出规定。比如，中国证券监督管理委员会《上市公司收购管理办法》（2020年3月版）第三条规定，上市公司的收购及相关股份权益变动活动中的信息披露义务人，应当充分披露其在上市公司中的权益及变动情况，依法严格履行报告、公告和其他法定义务。

二是行为人实施了向股东和社会公众提供虚假的或者隐瞒重要事实的财务会计报告或者对依法应当披露的其他重要信息不按照规定披露的行为。

关于"虚假的或者隐瞒重要事实的财务会计报告"，根据公司法第六十二条、第一百六十四条、第一百六十五条的规定，公司应当在每一会计年度终了时，依照法律、行政法规和国务院财政部门的规定编制财务会计报告，并依法经会计师事务所审计。有限责任公司应当依照公司章程规定的期限将财务会计报告送交各股东。股份有限公司的财务会计报告应当在召开股东大会年会的二十日前置备于本公司，供股东查阅；公开发行股票的股份有限公司必须公告其财务会计报告。依照上述规定，制作并向股东和社会公众提供财务会计报告是公司的一项法定义务。客观地记录和反映公司经营情况，如实地制作财务会计报告，才能让股东准确地了解其出资或投资的收益情况。公司向股东和社会公众提供虚假的或者隐瞒重要事实的财务会计报告，对股东和社会公众的利益造成损害，应追究其相应的刑事责任。

关于"依法应当披露的其他重要信息不按照规定披露"的行为，是指违反法律、行政法规和国务院证券管理部门等对信息披露的规定，对除财务会计报告以外的其他重要信息不披露或者进行虚假披露，如作虚假记载、误导性陈述或者有重大遗漏等。根据公司法、证券法、银行业监督管理法、证券投资基金法等法律、法规的规定，"依法应当披露的其他重要信息"包括：招股说明书、债券募集办法、财务会计报告、上市报告等文件，上市公司年度报告、中期报告、临时报告及其他信息披露资料；金融机构的财务会计报告、风险管理状况、董事和高级管理人员变更以及其他重大事项等信息及基金信息、实际控制人、控股股东应当依法披露的重要信息等。如2020年施行的证券法第八十条规定，发生可能对上市公司、股票在国务院批准的其他全国性证券交易场所交易的公司的股票交易价格产生较大影响的重大事件，投资者尚未得知时，公司应当立即将有关该重大事件的情况向国务院证券监督管理机构和证券交易场所报送临时报告，并予公告，说明事件的起因、目前的状态和可能产生的法律后果。这里的重大事件包括：公司的经营方针和经营范围的重大变化；公司的重大投资行为，公司在一年内购买、出售重大资产超过公司资产总额百分之三十，或者公司营业用主要资产的抵押、质押、出售或者报废一次超过该资产的百分之三十；公司订立重要合同、提供重大担保或者从事关联交易，可能对公司的资产、负债、权益和经营成果产生重要影响；公司发生重大债务和未能清偿到期重大债务的违约情况；公司发生重大亏损或者重大损失；公司生产经营的外部条件发生的重大变化；公司的董事、三分之一以上监事或者经理发生变动，董事长或者经理无法履行职责；持有公司百分之五以上股份的股东或者实际控制人持有股份或者控制公司的情况发生较大变化，公司的实际控制人及其控制的其他企业从事与公司相同或者相似业务的情况发生较大变化；公司分配股利、增资的计划，公司股权结构的重要变化，公司减资、合并、分立、解散及申请破产的决定，或者依法进入破产程序、被责令关闭；涉及公司的重大诉讼、仲裁，股东大会、董事会决议被依法撤销或者宣告无效；公司涉嫌犯罪被依法立案调查，公司的控股股东、实际控制人、董事、监事、高级管理人员涉嫌犯罪被依法采取强制措施；国务院证券监督管理机构规定的其他事项。第八十一条规定，发生可能对上市交易公司债券的交易价格产生较大影响的重大事件，投资者尚未得知时，公司也应当立即将有关该重大事件的情况向国务院证券监督管理机构和证券交易场所报送临时报告，并予公告，说明事件的起因、目前的状态和可能产生的法律后果。这里的"重大事件"包括：公司股权结构或者生产经营状况发生重大变化；公司债券信用评级发生变化；公司重大资产抵押、质押、出售、转让、报废；公司发生未能清偿到期债务的情况；公司新增借款或者对外提供担保超过上年末净资产的百分之二十；公司放弃债权或者财产超过上年末净资产的百分之十；公司发生超过上年末净资产百分之十的重大损失；公司分配股利，作出减资、合并、分立、解散及申请破产的决定，或者依法进入破产程序、被责令关闭；涉及公司的重大诉讼、仲裁；公司涉嫌犯罪被依法立案调查，公司的控股股东、实际控制人、董事、监事、高级管理人员涉嫌犯罪被依法采取强制措施；国务院证券监督管理机构规定的其他事项。这些都属于"依法应当披露的其他重要信息"。

本款规定对"严重损害股东或者其他人利益的，或者有其他严重情节的"才追究刑事责任。关于损害标准可以参考2022年《最高人民检察院、公安部关于公安机关管辖的刑事案件立案追诉标准的规定（二）》的相关规定，如造成股东、债权人或者其他人直接经济损失数额累计在五十万元以上的；致使公司发行的股票、公司债券或者国务院依法认定的其他证券被终止上市交易或者多次被暂停上市交易；等等。关于"其他严重情节"，主要包括隐瞒多项应当披露的重要信息、多次虚假披露或者不按照规定披露、因不按照规定披露受到处罚后又违反等情形。

根据本款的规定，"依法负有信息披露义务的公司、企业"是本罪的犯罪主体。本款规定的是单位犯罪，但采用单罚制，只对公司、企业的直接负责的主管人员和其他直接责任人员判处刑罚，对公司、企业不再判处罚金。主要出于这样的考虑，即公司、企业的违法行为已经损害了股东和投资者的利益，如果再对其判处罚金，将会加重股东和其他投资者的损失程度。根据本款规定，公司、企业不按照规定披露信息，严重损害股东或者其他人利益的，或者有其他严重情节的，对其直接负责的主管人员和其他直接责任人员处五年以下有期徒刑或者拘役，并处或者单处罚金；情节特别严重的，处五年以上十年以下有期徒刑，并处罚金。本款规定的"情节严重""情节特别严重"，可以由司法机关通过司法解释作进一步细化。此外，还需要注意，不能因为本款规定了单罚制，仅对单位中直接负责的主管人员和其他直接责任人员设置了刑罚，就否认单位构成犯罪的实质。在司法实践中，应首先依法明确是单位构成了犯罪，再对有关责任人员予以处罚。

第二款是关于公司、企业的控股股东、实际控制人实施或者组织、指使实施违规披露、不披露重要信息构成犯罪及其处罚的规定。控股股东是指其持有的股份占公司股本总额百分之五十以上的股东,或者其持有股份虽不足百分之五十,但持有股份所享有的表决权已足以对股东大会的决议产生重大影响的股东。实际控制人是指虽不是公司的股东,但通过投资关系、协议或者其他安排,能够实际支配公司的人。本款含以下三层内涵。

一是公司、企业的控股股东、实际控制人实施不按照规定披露重要信息构成犯罪的情况。公司、企业的控股股东、实际控制人能够对发行人、公司、企业的行为产生重大影响或者实际支配公司、企业行为。实践中,出现了控股股东、实际控制人控制公司印章和信息披露渠道,绕开股东大会、董事会等法定机构,直接以公司名义实施披露虚假信息行为的情形。因此本款将控股股东、实际控制人直接实施不按照规定披露重要信息的行为规定为犯罪。

二是公司、企业的控股股东、实际控制人组织、指使实施不按照规定披露重要信息构成犯罪的情况。控股股东、实际控制人能够实际影响或者支配公司行为,其容易组织、指使其他信息披露义务人不按照规定披露重要信息,对股东等他人利益的危害极大。因此,本款将控股股东、实际控制人组织、指使实施不按照规定披露重要信息的行为规定为犯罪。

三是公司、企业的控股股东、实际控制人隐瞒相关事项导致公司、企业违规披露或者不披露重要信息构成犯罪的情况。公司、企业的控股股东、实际控制人对公司、企业具有较强的影响,甚至是拥有支配能力。这里的"隐瞒相关事项导致前款规定的情形发生",包含了两种情形:第一种情形是,控股股东、实际控制人隐瞒自身应当披露的重要信息导致公司、企业违规披露或者不披露重要信息,构成犯罪。控股股东、实际控制人本身就具有十分重要的信息披露义务,如对其拥有的公司股权进行大宗交易买卖、抵押等都属于足以影响公司、企业的重大活动。因此,证券法等法律、法规对公司、企业的控股股东、实际控制人的信息披露义务作了明确的规定。如果因控股股东、实际控制人违规披露或者不披露自身重要信息,导致公司、企业违规披露或者不披露重要信息构成犯罪的,其危害程度更大,对股东等他人利益所造成的损害也更重。虽然在公司、企业违规披露或者不披露重要信息构成犯罪的情况下,控股股东、实际控制人也能够作为单位犯罪的直接责任人员予以处罚。但是通过此款规定，强调控股股东、实际控制人的责任，特别是当控股股东、实际控制人是单位的情况下，能够对单位处以罚金，可以起到从重处罚的效果。因此，控股股东、实际控制人隐瞒自身应当披露的重要信息属于本款规定的"隐瞒相关事项"。第二种情形是，控股股东、实际控制人利用其控制公司、企业的权力，隐瞒一些其掌握的公司、企业的核心和关键性信息，如重大资产交易动向系虚构、进行关联交易实施损害公司、企业利益等。该行为导致公司、企业违规披露或者不披露重要信息构成犯罪的情况，也属于本款规定的"隐瞒相关事项"。基于此，本款将控股股东、实际控制人因隐瞒相关事项导致违规披露或者不披露重要信息的情形规定为犯罪。

根据本款规定，控股股东、实际控制人实施本款行为，严重损害股东或者其他人利益，或者有其他严重情节的，处五年以下有期徒刑或者拘役，并处或者单处罚金；情节特别严重的，处五年以上十年以下有期徒刑，并处罚金。

第三款是关于控股股东、实际控制人是单位，并构成第二款规定的犯罪及其处罚的规定。控股股东、实际控制人多数也是公司、企业。本款规定，对于控股股东、实际控制人是单位并构成第二款规定的犯罪的，如提供虚假的或者隐瞒重要事实的财务会计报告，实施或者组织、指使实施以及隐瞒相关事项导致违规披露、不披露重要信息等情形发生的，严重损害股东或者其他人利益，或者有其他严重情节的，对单位判处罚金，并对其直接负责的主管人员和其他直接责任人员，处五年以下有期徒刑或者拘役，并处或者单处罚金；情节特别严重的，对单位判处罚金，并对其直接负责的主管人员和其他直接责任人员处五年以上十年以下有期徒刑，并处罚金。

第一百六十二条 【妨害清算罪】公司、企业进行清算时，隐匿财产，对资产负债表或者财产清单作虚伪记载或者在未清偿债务前分配公司、企业财产，严重损害债权人或者其他人利益的，对其直接负责的主管人员和其他直接责任人员，处五年以下有期徒刑或者拘役，并处或者单处二万元以上二十万元以下罚金。

【释解与适用】

本条是关于妨害清算罪及其刑罚的规定。

公司、企业清算是公司、企业因解散、分立、合并或者破产，依照法律规定清理公司、企业的债权债务的活动。公司、企业决定停止对外经营活动，使其法人资格消失的行为，就是公司、企业的解散。根据公司法第一百八十条的规定，公司、企业因下列原因解散：公司章程规定的营业期限届满或者公司章程规定的其他解散事由出现；股东会或者股东大会决议解散；依法被吊销营业执照、责令关闭或者被撤销；公司经营管理发生严重困难，继续存续会使股东利益受到重大损失，通过其他途径不能解决的，持有公司全部股东表决权百分之十以上的股东，可以请求人民法院解散公司，人民法院据此予以解散的。因上述原因解散的，应当在解散事由出现之日起十五日内成立清算组，开始清算。有限责任公司的清算组由股东组成，股份有限公司的清算组由董事或者股东大会确定的人员组成。逾期不成立清算组进行清算的，债权人可以申请人民法院指定有关人员组成清算组进行清算。人民法院应当受理该申请，并及时组织清算组进行清算。此外，根据企业破产法的规定，公司、企业因不能清偿到期债务，被依法宣告破产，也需进行破产清算。由于清算活动与公司、企业、股东及其他债权人、债务人有直接的经济利益关系，因此，清算活动必须严格依照法律规定的程序和条件进行，以确保清算活动的公正性，维护公司、企业、股东、债权人、债务人等各方面的合法权益。根据本条规定，构成本罪必须具备以下几个要件。

1. 本罪的主体在一般情况下，是进行清算的公司、企业法人。但如果清算组成员与公司、企业相勾结共同实施本条规定的行为，也应以共同犯罪依照本条规定追究刑事责任。根据企业破产法第十三条规定，人民法院裁定受理破产申请的，应当同时指定管理人。破产管理人与公司、企业串通妨害清算的，应当依法追究刑事责任。

2. 本罪在客观方面表现为在公司、企业清算时，有隐匿财产、对资产负债表或者财产清单作虚伪记载，或者在公司、企业清偿债务前分配公司、企业财产的行为。本条所称的"隐匿财产"，是指将公司、企业财产予以转移、隐藏。公司、企业的财产既包括资金，也包括工具、设备、产品、货物等各种财物。"对资产负债表或者财产清单作虚伪记载"，是指公司、企业在制作资产负债表或者财产清单时，故意采取隐瞒或者欺骗等方法，对资产负债或者财产清单进行虚报，以达到逃避公司、企业债务的目的。虚报公司、企业的财产，有时可能采取少报、低报的手段，故意隐瞒或者缩小公司、企业的实际财产的数额；有时也可能采取夸大的手段，多报公司、企业的实际资产，如将公司、企业的厂房、设备、产品的实际价值高估、高报，用以抵销或者偿还债务；也有的对公司、企业现有债务状况进行夸张或不实记载；等等。总之，隐匿财产、虚报财产的目的是逃避公司、企业的债务，或者使少数股东、债权人在分配公司、企业财产或者清偿公司、企业债务时优于其他股东或者债权人分得财产或者得到抵偿，其后果将损害债权人和其他人的利益。"在未清偿债务前分配公司、企业财产"，是指在清算过程中，违反法律规定，在清偿债务之前，就分配公司、企业的财产，这样的结果会造成对公司、企业所欠债务不能履行，损害债权人的合法权益。

3. 行为人隐匿公司、企业的财产，在未清偿债务前分配公司、企业的财产，严重损害债权人或其他人利益的，才构成犯罪。"严重损害债权人"的利益，是指由于公司、企业的上述行为，使本应得到偿还的债权人的巨额债务无法得到偿还等；本条所称的严重损害"其他人利益"，是指严重损害实际债权人利益以外的其他人的利益，主要是指由于公司、企业的上述行为造成公司、企业长期拖欠的职工工资和社会保险费用、国家巨额税款得不到清偿等情形。如果公司、企业虽有隐瞒财产或在未清偿债务之前分配公司、企业财产等行为，并没有影响向债权人履行还债义务，或者对债权人或者其他人利益虽有损害，但尚未达到严重的程度，不能构成此罪。对于其违法行为可作其他处理。根据2022年《最高人民检察院、公安部关于公安机关管辖的刑事案件立案追诉标准的规定（二）》第七条的规定，妨害清算涉嫌下列情形之一的，应予立案追诉：（1）隐匿财产价值在五十万元以上的；（2）对资产负债表或者财产清单作虚伪记载涉及金额在五十万元以上的；（3）在未清偿债务前分配公司、企业财产价值在五十万元以上的；（4）造成债权人或者其他人直接经济损失数额累计在十万元以上的；（5）虽未达到上述数额标准，但应清偿的职工的工资、社会保险费用和法定补偿金得不到及时清偿，造成恶劣社会影响的；（6）其他严重损害债权人或者其他人利益的情形。

根据本条规定，犯妨害清算罪的，对其直接负责的主管人员和其他直接责任人员，处五年以下有期徒刑或者拘役，并处或者单处二万元以上二十万元以下罚金。在这里，没有规定对公司、企业处以罚金，这是考虑到如果采用双罚制，既处罚直接负责的主管人员和其他直接责任人员，又对公司、企业判处罚金，就可能使该公司、企业对所欠债务更加难以偿还，更不利于保护债权人和其他人的合法权益。

【适用中需要注意的问题】

在实际适用中应注意本罪与侵占罪、贪污罪的区别：尽管这几个罪名都可能有隐匿公司、企业财产的行为，但本罪的犯罪主体是公司和企业法人，其目的是逃避公司、企业债务；而侵占罪、贪污罪的主体是自然人，其目的是将公司、企业的财产非法占为己有。如果是清算组的成员利用职务上的便利，侵吞、窃取、骗取或者以其他手段非法将进行清算的公司、企业财物据为己有的，应当以侵占罪追究其刑事责任；国有公司、企业的工作人员有以上行为的，应当以贪污罪追究刑事责任。

第一百六十二条之一　**【隐匿、故意销毁会计凭证、会计账簿、财务会计报告罪】**隐匿或者故意销毁依法应当保存的会计凭证、会计帐簿、财务会计报告，情节严重的，处五年以下有期徒刑或者拘役，并处或者单处二万元以上二十万元以下罚金。

单位犯前款罪的，对单位判处罚金，并对其直接负责的主管人员和其他直接责任人员，依照前款的规定处罚。

【释解与适用】

本条是关于隐匿、故意销毁会计凭证、会计账簿、财务会计报告罪及其刑罚的规定。

本条共分两款。第一款是关于个人犯罪的处罚规定。本款对犯罪主体未作特别规定。任何人只要实施了本款规定的隐匿或者故意销毁依法应当保存的会计凭证、会计账簿、财务会计报告行为，情节严重的就构成犯罪。所谓隐匿，是指有关机关要求其提供会计凭证、会计账簿、财务会计报告，以便监督检查其会计工作，查找犯罪证据时，故意转移、隐藏应当保存的会计凭证、会计账簿、财务会计报告的行为。所谓故意销毁，是指故意将应当依法保存的会计凭证、会计账簿、财务会计报告予以毁灭、损毁的行为。会计凭证，是指记录经济业务发生和完成情况，明确经济责任，作为记账依据的书面证明。会计凭证包括原始凭证和记账凭证。会计账簿，是指由一定格式、相互联系的账页组成，以会计凭证为依据，用以序时地、分类地、全面地、系统地记录、反映和监督一个单位经济业务活动情况的会计簿籍。会计账簿按其不同用途和会计法的规定，可以分为总账、明细账、日记账和其他辅助性账簿。财务会计报告，是指根据会计账簿记录和有关会计核算资料编制的反映单位财务状况和经营成果的报告文书。根据会计法第二十三条的规定："各单位对会计凭证、会计帐簿、财务会计报告和其他会计资料应当建立档案，妥善保管。会计档案的保管期限和销毁办法，由国务院财政部门会同有关部门规定。"各单位应当对本单位的会计凭证、会计账簿、财务会计报告等会计资料，按照国家规定的期限、方法妥善保管，需要销毁时，应当按照规定的程序办理手续，由规定的人员进行销毁，不得违反国家规定予以隐匿或者故意销毁。如果行为人实施了上述行为，且达到情节严重的程度，无论其出于何种目的，均构成本罪，处五年以下有期徒刑或者拘役，并处或者单处二万元以上二十万元以下罚金。根据2022年《最高人民检察院、公安部关于公安机关管辖的刑事案件立案追诉标准的规定（二）》第八条规定，隐匿或者故意销毁依法应当保存的会计凭证、会计账簿、财务会计报告，涉嫌下列情形之一的，应予立案追诉：（1）隐匿、故意销毁的会计凭证、会计账簿、财务会计报告涉及金额在五十万元以上的；（2）依法应当向监察机关、司法机关、行政机关、有关主管部门等提供而隐匿、故意销毁或者拒不交出会计凭证、会计账簿、财务会计报告的；（3）其他情节严重的情形。

第二款是关于单位犯罪的规定。目前有些单位经济管理混乱，会计工作秩序一团糟，其原因是多方面的，有的是会计人员个人所为，但主要是单位行为，为明确单位负责人员对本单位会计工作和保证会计资料真实性、完整性的责任，会计法第四条明确规定："单位负责人对本单位的会计工作和会计资料的真实性、完整性负责。"根据本款的规定，单位隐匿或者故意销毁依法应当保存的会计凭证、会计账簿、财务会计报告构成犯罪的，除对单位判处罚金外，对单位直接负责的主管人员和其他直接责任人员还要依照第一款的规定处罚，即处五年以下有期徒刑或者拘役，并处或者单处二万元以上二十万元以下罚金。

应当指出的是，1999年刑法修正案将新增该条放在刑法第一百六十二条之后作为第一百六十二条之一，主要是考虑到新增加的内容与刑法第一百六十二条的内容最为接近。新增该条虽然放在刑法分则第三章第三节"妨害对公司、企业的管理秩序罪"一节中，并不意味着该条的犯罪主体仅限于公司、企业。对于该条的法律含义应从条文本身的内容去分析理解，而不能只从节名划定该条的犯罪主体。正如刑法第一百六十六条、第一百六十七条和第一百六十八条虽然也在刑法分则第三章第三节"妨害对公司、企业的管理秩序罪"一节中，但犯罪主体不仅包括国有公司、企业，也包括国有事业单位一样。按照刑法第一百六十二条之一的规定，所有必须依照会计法的规定办理会计事务的国家机关、社会团体、公司、企业、事业单位等组织和个人，都可以成为该罪的犯罪主体。

第一百六十二条之二 【虚假破产罪】公司、企业通过隐匿财产、承担虚构的债务或者以其他方法转移、处分财产，实施虚假破产，严重损害债权人或者其他人利益的，对其直接负责的主管人员和其他直接责任人员，处五年以下有期徒刑或者拘役，并处或者单处二万元以上二十万元以下罚金。

【释解与适用】

本条是关于虚假破产罪及其刑罚的规定。

根据本条规定，构成虚假破产罪必须具备以下几个要件：一是本罪的主体是公司、企业。"公司"是指依照公司法设立的有限责任公司和股份有限公司；"企业"是指依法设立的从事生产经营的法人实体。二是本罪的主观方面是故意犯罪，即具有通过虚假破产逃避债务的犯罪故意。三是本罪的客观方面表现为实施了通过隐匿财产、承担虚构的债务或者以其他方法转移、处分财产，实施虚假破产的行为，严重损害了债权人或者其他人利益。本条规定的"隐匿财产"，是指将公司、企业的财产予以转移、隐藏，或者对公司、企业的财产清单和资产负债表作虚假记载，或者采用少报、低报的手段，故意隐瞒、缩小公司、企业财产的实际数额。公司、企业的财产既包括资金，也包括工具、设备、产品、货物等各种财物。"承担虚构的债务"，是指夸大公司、企业的负债状况，目的是造成公司资不抵债的假象。"以其他方法转移、处分财产"，是指以隐匿财产、承担虚构的债务以外的方法转移、处分公司、企业的财产，如将公司、企业财产无偿或者以明显不合理的低价转让，以明显高于市场的价格受让财产，放弃公司、企业的债权等。"实施虚假破产"是"隐匿财产、承担虚构的债务或者以其他方法转移、处分财产"的目的，是本罪行为的本质特征，是指通过上述转移、处分财产的行为，造成本不符合法律规定的破产条件的公司、企业不能清偿到期债务或者资不抵债的假象，从而向人民法院申请宣告破产或者被债权人申请宣告破产，致使公司、企业进入有关法律规定的破产程序，实际上公司、企业并不符合法定破产条件，制造假象，欺骗人民法院实施虚假破产。"严重损害债权人"的利益，是指由于公司、企业的上述行为，使本应得到偿还的债权人的巨额债务无法得到偿还等。严重损害"其他人利益"，主要是指由于公司、企业的上述行为造成公司、企业拖欠的职工工资、社会保险费用和国家税款得不到清偿，或者使公司、企业的其他股东的合法权益受到损害等情形。需要注意的是，如果公司、企业虽然实施了通过隐匿财产、承担虚构的债务或者以其他方法转移、处分财产，实施虚假破产的行为，但尚未对债权人或者其他人的利益造成严重损害的，不能构成本条规定的犯罪，应当由有关主管部门对其违法行为进行处理。"严重损害"的具体含义，即本罪的追诉标准，可以由司法机关根据案件的实际情况确定或者通过作出司法解释来予以明确。根据2022年《最高人民检察院、公安部关于公安机关管辖的刑事案件立案追诉标准的规定（二）》第九条规定，实施虚假破产，涉嫌下列情形之一的，应予立案追诉：（1）隐匿财产价值在五十万元以上的；（2）承担虚构的债务涉及金额在五十万元以上的；（3）以其他方法转移、处分财产价值在五十万元以上的；（4）造成债权人或者其他人直接经济损失数额累计在十万元以上的；（5）虽未达到上述数额标准，但应清偿的职工的工资、社会保险费用和法定补偿金得不到及时清偿，造成恶劣社会影响的；（6）其他严重损害债权人或者其他人利益的情形。

本条规定的犯罪是单位犯罪，根据其规定，对犯本罪的公司、企业的直接负责的主管人员和其他直接责任人员，处五年以下有期徒刑或者拘役，并处或单处二万元以上二十万元以下罚金。在这里，没有规定对犯罪的公司、企业处以罚金。根据刑法第三十一条的规定，对于单位犯罪，一般情况下都实行既处罚犯罪单位，又处罚该单位直接负责的主管人员和其他直接责任人员的双罚制，只有在法律另有规定的例外情况下才实行只处罚直接负责的主管人员和其他直接责任人员，不处罚单位的单罚制。本条即属于此种例外情况，这里之所以没有规定对公司、企业判处罚金，是考虑到这可能使该公司、企业所欠债务更加难以偿还，更不利于保护债权人和其他人的合法权益。

【适用中需要注意的问题】

在实际适用中应注意本罪与刑法第一百六十二条规定的妨害清算罪的区别。这两个罪的主体都是公司、企业，犯罪目的可能都是逃避债务，行为上都可能有隐匿公司、企业财产的行为。但这两个罪有明显的区别，妨害清算罪的犯罪行为发生在公司、企业进入清算程序以后，破坏的是对公司、企业进行清算的正常秩序，至于公司、企业进行清算的原因则是真实的；而本罪的犯罪行为主要发生在公司、企业进入破产程序之前，是制造不符合破产条件的公司、企业不能清偿到期债务或者资不抵债，需要进行破产清算的假象。是否进入清算程序是区分本罪和妨害清算罪的关键。"实施虚假破产"的时间限于公司、企业提出破产申请并进入清算程序之前，或者因为公司、企业资不抵债，由债权人提出破产申请并进入清算程序之前。

第一百六十三条 【非国家工作人员受贿罪】公司、企业或者其他单位的工作人员，利用职务上的便利，索取他人财物或者非法收受他人财物，为他人谋取利益，数额较大的，处三年以下有期徒刑或者拘役，并处罚金；数额巨大或者有其他严重情节的，处三年以上十年以下有期徒刑，并处罚金；数额特别巨大或者有其他特别严重情节的，处十年以上有期徒刑或者无期徒刑，并处罚金。

公司、企业或者其他单位的工作人员在经济往来中，利用职务上的便利，违反国家规定，收受各种名义的回扣、手续费，归个人所有的，依照前款的规定处罚。

国有公司、企业或者其他国有单位中从事公务的人员和国有公司、企业或者其他国有单位委派到非国有公司、企业以及其他单位从事公务的人员有前两款行为的，依照本法第三百八十五条、第三百八十六条的规定定罪处罚。

【释解与适用】

本条是关于非国家工作人员受贿罪及其刑罚的规定。

1979 年刑法规定的受贿罪的主体是国家工作人员，对国家工作人员以外的人员利用职务便利收受贿赂的行为没有规定为犯罪。随着改革开放的深入和社会主义市场经济体制的建立，非国有的公司、企业等市场主体越来越多，公司、企业经营中的一些违法犯罪行为也逐渐暴露出来。为了保障公司法的贯彻实施，保护公司和投资者、债权人的合法权益，维护国家经济秩序的稳定和健康发展，1995年2月28日，第八届全国人民代表大会常务委员会第十二次会议通过了《全国人民代表大会常务委员会关于惩治违反公司法的犯罪的决定》（已失效，以下简称《决定》）。该《决定》第九条对公司、企业的工作人员的受贿犯罪作了规定，即公司董事、监事或者职工利用职务上的便利，索取或者收受贿赂，数额较大的，处五年以下有期徒刑或者拘役；数额巨大的，处五年以上有期徒刑，可以并处没收财产。《决定》第十二条还规定，国家工作人员犯该《决定》第九条规定之罪的，依照《全国人民代表大会常务委员会关于惩治贪污罪贿赂罪的补充规定》的规定处罚，即以受贿罪追究刑事责任。

1997年修订刑法时，根据司法实践需要和有关方面的意见对《决定》第九条的规定作了修改：一是将犯罪主体修改为"公司、企业的工作人员"；二是将"贿赂"明确为"他人财物"；三是增加了收受回扣、手续费归个人所有行为的处罚；四是整合《决定》第十二条的规定，增加了国有公司、企业中从事公务的人员等犯罪处罚的规定。

2006年刑法修正案（六）对本条作了第一次修改。根据1997年刑法的规定，对国家工作人员和公司、企业工作人员的受贿行为可依法追究刑事责任，但对除此以外其他单位工作人员有受贿行为的应当如何处罚没有明确规定。有关方面提出，对公司、企业以外的单位的非国家工作人员利用职务的便利进行"权钱交易"、危害社会利益的行为，如发生在事业单位中的商业贿赂行为，数额较大的，也应当追究刑事责任。刑法修正案（六）将本条规定的犯罪主体扩大到公司、企业以外的其他单位的工作人员。

2020年刑法修正案（十一）对本条作了第二次修改。党的十八届三中、四中全会和党的十九大对加强产权平等保护、优化营商环境作了重要部署。习近平总书记多次就加强产权保护、保护非公有制经济和民营企业家作出重要讲话、重要指示。2016年11月发布的《中共中央、国务院关于完善产权保护制度依法保护产权的意见》，强调平等保护非公有制经济的产权，加大对非公有财产的刑法保护力度。根据中央政策精神和宽严相济形势政策的要求，刑法修正案（十一）对本条作了进一步修改：一是提高了本条规定的非国家工作人员受贿罪的法定刑,将法定最高刑提高到无期徒刑,增加罚金刑;二是调整了刑罚档次配置,与贪污受贿罪的规定平衡,实现罪责刑相适应。

本条共分三款。第一款是关于公司、企业或者其他单位的工作人员受贿犯罪及其处罚的规定。本款有如下三层含义。

第一,明确了犯罪的主体范围,即"公司、企业或者其他单位的工作人员",包括非国有公司、企业、事业单位或者其他组织的工作人员。

第二,明确了犯罪的行为特征,即行为人必须实施利用职务上的便利,索取他人财物或者非法收受他人财物为他人谋取利益的行为。所谓"利用职务上的便利",是指公司、企业或者其他单位的工作人员利用自己职务上组织、领导、监管、主管、经管、负责某项工作的便利条件。"索取他人财物",主要是指公司、企业或者其他单位的工作人员以为他人谋取利益为条件,向他人索取财物。"非法收受他人财物",主要是指公司、企业或者其他单位的工作人员利用其职务上的便利或权力,接受他人主动送予的财物。"为他人谋取利益",从谋取利益的性质上看,既包括他人应当得到的合法的、正当的利益,也包括他人不应当得到的非法的、不正当的利益;从利益的实现方面看,包括已为他人谋取的利益、意图谋取或者正在谋取,但尚未谋取到的利益。根据2016年4月18日《最高人民法院、最高人民检察院关于办理贪污贿赂刑事案件适用法律若干问题的解释》第十三条第一款规定,具有下列情形之一的,应当认定为"为他人谋取利益",构成犯罪的,应当依照刑法关于受贿犯罪的规定定罪处罚:(1)实际或者承诺为他人谋取利益;(2)明知他人有具体请托事项;(3)履职时未被请托,但事后基于该履职事由收受他人财物。

第三,索取或者非法收受他人财物,必须达到数额较大,才构成犯罪。对受贿数额不大的,可以依照反不正当竞争法的规定处理。本款在罪状表述上,只原则规定了"数额较大""数额巨大或者有其他严重情节""数额特别巨大或者有其他特别严重情节",其具体数额和情节标准,可由司法机关根据实际情况制定司法解释确定。根据《最高人民法院、最高人民检察院关于办理贪污贿赂刑事案件适用法律若干问题的解释》第十一条第一款规定,非国家工作人员受贿罪中的"数额较大""数额巨大"的数额起点,按照该解释关于受贿罪、贪污罪相对应的数额标准规定的二倍、五倍执行。刑法修正案(十一)在本条规定的犯罪的第二档、第三档量刑标准中，在数额之外增加情节，是考虑到实践中非国家工作人员受贿的情况比较复杂，情节差别很大，单纯考虑数额，难以全面反映具体个罪的社会危害性，并与刑法修正案（九）对贪污受贿罪定罪量刑标准的修改相衔接。

根据本款规定，对公司、企业或者其他单位的工作人员受贿犯罪的处罚，分为三档刑：数额较大的，处三年以下有期徒刑或者拘役，并处罚金；数额巨大或者有其他严重情节的，处三年以上十年以下有期徒刑，并处罚金；数额特别巨大或者有其他特别严重情节的，处十年以上有期徒刑或者无期徒刑，并处罚金。刑法修正案（十一）修改后，除不能判处死刑以外，非国家工作人员受贿罪与国家工作人员受贿罪的刑罚已经基本接近，落实了平等保护的精神。

第二款是关于对公司、企业或者其他单位的工作人员收受回扣、手续费的处罚规定。根据本款规定，公司、企业或者其他单位的工作人员在经济往来中，利用职务上的便利，违反国家规定，收受各种名义的回扣、手续费，归个人所有的，即构成非国家工作人员受贿罪。这里所说的"回扣"，是指在商品或者劳务活动中，由卖方从所收到的价款中，按照一定的比例扣出一部分返还给买方或者其经办人的款项。"手续费"，是指在经济活动中，除回扣以外，其他违反国家规定支付给公司、企业或者其他单位的工作人员的各种名义的钱，例如，信息费、顾问费、劳务费、辛苦费、好处费等。违反国家规定，收取各种名义的回扣、手续费，是否归个人所有，是区分罪与非罪的主要界限，如果收取的回扣、手续费，都上交给公司、企业或者本单位的，不构成犯罪；只有将收取的回扣、手续费归个人所有的，才构成犯罪。根据本款规定，对收受各种名义的回扣、手续费，归个人所有的，按照第一款的规定处罚。

第三款是关于国有公司、企业或者其他国有单位中从事公务的人员和国有公司、企业或者其他国有单位委托到非国有公司、企业或者其他单位从事公务的人员有第一款、第二款犯罪行为如何定罪处罚的规定。根据本款规定，国有公司、企业或者其他国有单位中从事公务的人员和国有公司、企业或者其他国有单位委派到非国有公司、企业以及其他单位从事公务的人员，利用职务上的便利，索取他人财物或者非法收受他人财物为他人谋取利益，数额较大的，或者在经济往来中，利用职务便利，违反国家规定收受各种名义的回扣、手续费，归个人所有的，依照刑法第三百八十五条、第三百八十六条国家工作人员受贿罪的规定定罪处罚。根据刑法第三百八十六条的规定，应当依照刑法第三百八十三条的规定处罚。2015年8月29日，第十二届全国人民代表大会常务委员会第十六次会议通过的刑法修正案（九）对刑法第三百八十三条进行了修改。主要是对原来规定的贪污、受贿罪的处罚规定作了调整。由过去将贪污、受贿具体数额作为定罪量刑根据，修改为综合考虑数额和情节的原则性规定。本条这样规定，主要体现了对国家工作人员犯罪要比一般的公司、企业或者其他单位的工作人员从重处罚的立法精神。

【适用中需要注意的问题】

实践中应当注意准确理解本条规定的立法精神，1997年修订刑法增加本条规定和刑法修正案（十一）调整本条规定的法定刑，都是为了以刑法手段平等保护非公有制经济产权。司法机关在办理非公有制企业等单位中的贿赂犯罪时，要根据本条规定的精神，区分不同情况，把握好法律和政策界限，当严则严、当宽则宽。如对于建立了规范的法人治理结构，由职业经理人经营的企业，与股东兼任经营者的小型企业或者家族企业，在刑事政策掌握上应当有所区别。

第一百六十四条 【对非国家工作人员行贿罪】为谋取不正当利益，给予公司、企业或者其他单位的工作人员以财物，数额较大的，处三年以下有期徒刑或者拘役，并处罚金；数额巨大的，处三年以上十年以下有期徒刑，并处罚金。

【对外国公职人员、国际公共组织官员行贿罪】为谋取不正当商业利益，给予外国公职人员或者国际公共组织官员以财物的，依照前款的规定处罚。

单位犯前两款罪的，对单位判处罚金，并对其直接负责的主管人员和其他直接责任人员，依照第一款的规定处罚。

行贿人在被追诉前主动交待行贿行为的，可以减轻处罚或者免除处罚。

【释解与适用】

本条是关于对非国家工作人员行贿罪，对外国公职人员、国际公共组织官员行贿罪及其刑罚的规定。

本条分为四款。本条第一款是关于个人向公司、企业或者其他单位的工作人员行贿犯罪及其处罚的规定。本款以下包含三层含义。

第一，行为人必须具有谋取不正当利益的目的。根据2008年11月20日《最高人民法院、最高人民检察院关于办理商业贿赂刑事案件适用法律若干问题的意见》的规定，在行贿犯罪中"谋取不正当利益"，是指行贿人谋取违反法律、法规、规章或者政策规定的利益，或者要求对方违反法律、法规、规章、政策、行业规范的规定提供帮助或者方便条件。另外，在招标投标、政府采购等商业活动中，违背公平原则，给予相关人员财物以谋取竞争优势的，也属于"谋取不正当利益"。

第二，行为人必须实施了给予公司、企业或者其他单位的工作人员以财物的行为。这里的"给予"应当是实际给付行为，即作为贿赂物的财物已经从行贿人手中转移到受贿人控制之下。根据2008年《最高人民法院、最高人民检察院关于办理商业贿赂刑事案件适用法律若干问题的意见》、2016年《最高人民法院、最高人民检察院关于办理贪污贿赂刑事案件适用法律若干问题的解释》的规定，贿赂犯罪中的"财物"，包括货币、物品和财产性利益。财产性利益包括可以折算为货币的物质利益如房屋装修、债务免除等，以及需要支付货币的其他利益如会员服务、旅游等。后者的犯罪数额，以实际支付或者应当支付的数额计算。

第三，行贿的财物必须达到数额较大，才构成犯罪。本条在罪状表述上，只原则规定了"数额较大""数额巨大"，其具体数额标准，根据《最高人民法院、最高人民检察院关于办理贪污贿赂刑事案件适用法律若干问题的解释》第十一条第三款的规定，刑法第一百六十四条第一款规定的对非国家工作人员行贿罪中的"数额较大""数额巨大"的数额起点，按照该解释第七条、第八条第一款关于行贿罪的数额标准规定的二倍执行。需要注意的是，刑法修正案（十一）对有关非国家工作人员受贿罪、职务侵占罪、挪用资金罪作出修改后，进一步体现产权平等保护精神，现行司法解释规定的非国家工作人员和国家工作人员入罪标准按照二倍、五倍确定的办法，下一步可能将按照法律修改后的精神作出进一步调整，也可能涉及本条罪定罪量刑标准的调整。对行贿数额不大，不够司法解释标准的，可以通过其他方式予以处理。根据本款规定，对公司、企业或者其他单位的工作人员行贿犯罪的处罚，分为两档刑：数额较大的，处三年以下有期徒刑或者拘役，并处罚金；数额巨大的，处三年以上十年以下有期徒刑，并处罚金。

本条第二款是关于为谋取不正当商业利益，给予外国公职人员或者国际公共组织官员以财物的犯罪的规定。其中，"为谋取不正当商业利益"是指行为人谋取违反法律、法规、规章或者政策规定的利益，或者要求对方违反法律、法规等提供帮助或者各种便利条件，以获取私利的情况。另外，本款所称"外国公职人员"是指外国经任命或选举担任立法、行政、行政管理或者司法职务的人员，以及为外国国家及公共机构或者公营企业行使公共职能的人员；"国际公共组织官员"是指国际公务人员或者经国际组织授权代表该组织行事的人员；关于"财物"，是指不论是物质的还是非物质的、动产还是不动产、有形的还是无形的各种资产，以及证明对这种资产的产权或者权益的法律文件或者文书。根据本款规定，为谋取不正当商业利益，给予外国公职人员或者国际公共组织官员以财物的，依照第一款的规定处罚，即数额较大的，处三年以下有期徒刑或者拘役；数额巨大的，处三年以上十年以下有期徒刑，并处罚金。需要说明的是，本款在构成要件上没有明确规定"数额较大"，属于立法技术上的处理，依照前款的规定，包括依照前款两档刑罚的规定。

本条第三款是关于单位向非国家工作人员、外国公职人员、国际公共组织官员行贿的犯罪及其处罚的规定。对单位犯本罪的，本条采取了双罚制原则，即对单位判处罚金，并对其直接负责的主管人员和其他直接责任人员，依照本条第一款关于个人向公司、企业人员行贿的规定处罚。

对于向公司、企业人员行贿的追诉标准，2022年《最高人民检察院、公安部关于公安机关管辖的刑事案件立案追诉标准的规定（二）》第十一条规定，为谋取不正当利益，给予公司、企业或者其他单位的工作人员以财物，个人行贿数额在三万元以上的，单位行贿数额在二十万元以上的，应予立案追诉。

根据2022年《最高人民检察院、公安部关于公安机关管辖的刑事案件立案追诉标准的规定（二）》第十二条的规定，为谋取不正当商业利益，给予外国公职人员或者国际公共组织官员以财物，个人行贿数额在三万元以上的，单位行贿数额在二十万元以上的，应予立案追诉。根据《最高人民法院、最高人民检察院关于办理贪污贿赂刑事案件适用法律若干问题的解释》之规定，刑法第一百六十四条第一款规定的对非国家工作人员行贿罪中的"数额较大""数额巨大"的数额起点，按照该解释第七条、第八条第一款关于行贿罪的数额标准规定的二倍执行。因此，对个人行贿的应当为六万元以上，单位行贿的未作明确规定，仍可适用上述追诉标准的规定。

本条第四款是关于对行贿人可以减轻处罚或者免除处罚的条件的规定。根据本款规定，对行贿人减轻处罚或者免除处罚的，必须具备两个条件：一是必须主动交待行贿行为；二是交待的时间必须在被追诉之前，二者缺一不可。所谓"主动交待"，是指行贿人主动向司法机关或者其他有关部门如实交待其行贿事实。因司法机关调查或者其他有关部门查询而不得不交待的，或者为了避重就轻不如实交待的，均不属于本款中的"主动交待"。本款所称"在被追诉前"，是指在司法机关立案、开始追究刑事责任之前。如果司法机关已经发现了行贿事实，并认为应当追究刑事责任而立案后，行贿人交待行贿行为的，不适用本款规定。本款规定的目的，在于在刑事政策上给予行贿人从宽处理和出路，鼓励行贿人悔过，揭发检举受贿人，有利于节省司法资源，及时发现、惩罚贿赂犯罪。

本罪规定的行贿对象是公司、企业或者其他单位的"工作人员"，即个人，而不是单位自身，向非国有的公司、企业行贿的，不构成本条规定的犯罪。刑法第三百九十一条规定了对单位行贿罪，规定的是对国家机关、国有公司、企业、事业单位行贿。未规定对私有单位行贿的原因是考虑到市场经济中，私有单位经过集体研究决定"受贿"，将商品、服务提供他人，这种情况与市场交易中市场主体决定选择交易对象、交易条件不好区分。但这种行为显然也是违反市场公平竞争规则的，构成反不正当竞争法规定的不正当竞争行为的，应依法追究其他法律责任。

第一百六十五条　【非法经营同类营业罪】国有公司、企业的董事、监事、高级管理人员，利用职务便利，自己经营或者为他人经营与其所任职公司、企业同类的营业，获取非法利益，数额巨大的，处三年以下有期徒刑或者拘役，并处或者单处罚金；数额特别巨大的，处三年以上七年以下有期徒刑，并处罚金。

其他公司、企业的董事、监事、高级管理人员违反法律、行政法规规定，实施前款行为，致使公司、企业利益遭受重大损失的，依照前款的规定处罚。

【释解与适用】

本条是关于非法经营同类营业罪及其处罚的规定。

国企、民企在管理体制、发展程度、治理机构上有很大不同，损害国企、民企利益客体内容不同；现阶段民营企业发展不平衡，有的是管理规范、内部防范腐败机制健全的上市公司，有的是还处于发展阶段的中小微企业，各种规章制度还不健全，而且家族式企业数量在我国占很大比例，将同类业务或者产业上下游业务交给家族成员经营的情况也较为常见。根据民营企业当前发展程度，可能造成入罪门槛过低，打击面范围过宽问题；作为公诉案件，办案机关可以主动到公司、企业进行检查、侦查，但可能会干扰企业的正常经营，刑法作出修改应予慎重研究。一段时间以来，不少公司、企业反映，随着民营经济的发展壮大，民营企业内部人员腐败出现一些新情况、新问题，现行刑法对国有企业人员非法经营同类营业、为亲友非法牟利等相关腐败犯罪作出规定，这些行为也逐渐在民营企业中出现和增长，需要依法惩治。自2013年以来，共有65件全国人大代表建议、政协委员提案提出，行为人利用职务便利，通过同类营业将原公司利益、商业机会等转嫁到同类营业的公司，转移利润或者转嫁损失，获取非法利益，原公司、企业由此遭受重大损失，建议将民营公司、企业内部人员的同样行为也规定为犯罪，进一步加强平等保护，其中不少建议来自民营公司、企业代表。党中央始终高度重视民营企业发展工作，要求依法保护民营企业产权和企业家权益，从法律和制度上把对国企民企平等对待的要求落下来。2023年7月14日《中共中央、国务院关于促进民营经济发展壮大的意见》对民营企业内部腐败的防范治理提出明确要求。立足民营企业发展中的情况和特点作出规定，惩治民营企业内部人员、关键岗位人员通过各种非法手段进行的"损企肥私"行为，加强对民营企业、民营企业家的保护，将非法经营同类营业、为亲友非法牟利、徇私舞弊低价折股、出售企业资产犯罪扩大到民营企业，十分有必要，为民营企业有效预防惩治内部腐败犯罪提供法律手段，进一步增强民营企业家信心。刑法修正案（十二）对本条作了修改。一是修改完善第一款的犯罪主体规定，将"董事、经理"修改为"董事、监事、高级管理人员"，与公司、企业治理法律法规做好衔接；二是增加规定将"其他公司、企业"内部工作人员实施的非法经营同类营业，造成公司、企业重大损失的行为依法追究刑事责任,将对国企、民企刑事法治上平等保护的要求落下来。

本条共分为两款。第一款是关于国有公司、企业的董事、监事、高级管理人员非法经营同类营业的处罚规定。

根据本款规定,国有公司、企业的董事、监事、高级管理人员非法经营同类营业罪在犯罪构成上具有以下特征:(1)本罪主体是特殊主体,即国有公司、企业的董事、监事和高级管理人员。这里的国有公司、企业包括国有独资、全资公司、企业和国有控股、参股公司、企业等。董事、监事和高级管理人员的具体范围,与公司法等公司、企业管理法律法规的规定范围是一致的。考虑到非法经营同类营业的危害性体现在董事、监事和高级管理人员利用职权便利可能带来的损害,一般的工作人员实施的,不作为本罪处理。(2)本罪在客观方面表现为行为人利用职务便利,自己经营或者为他人经营与所任职公司、企业同类的营业,获取非法利益的行为。2023年修订的公司法第一百七十九条规定,董事、监事、高级管理人员应当遵守法律、行政法规和公司章程。第一百八十条第一款、第二款规定,董事、监事、高级管理人员对公司负有忠实义务,应当采取措施避免自身利益与公司利益冲突,不得利用职权牟取不正当利益。董事、监事、高级管理人员对公司负有勤勉义务,执行职务应当为公司的最大利益尽到管理者通常应有的合理注意。第一百八十四条规定,董事、监事、高级管理人员未向董事会或者股东会报告,并按照公司章程的规定经董事会或者股东会决议通过,不得自营或者为他人经营与其任职公司同类的业务。所谓"利用职务便利",是指利用自己在国有公司、企业任董事、监事、高级管理人员掌管材料、物资、市场、计划、销售等便利条件,既包括本人在经营、管理国家出资企业事务中的职权,也包括利用在职务上有隶属、制约关系的他人的职权。"自己经营"包括以私人名义另行注册公司,有的是以亲友的名义注册公司、企业,或者是在他人经办的公司、企业中入股进行经营。"为他人经营"是指行为人虽未参与投资和利润分配,但被雇佣、聘用担任他人公司、企业的管理人员参与管理,或者幕后为他人的公司、企业的业务进行策划、指挥,并领取一定报酬的行为。所谓"同类的营业",是指从事与其所任职国有公司、企业相同或者相近似的业务。实践中,对于同类的营业中的"类",需要结合国民经济行业分类标准中的"小类"、国家统计局发布的统计用产品分类目录以及具体案情确定。行为人利用其在国有公司任职所获得的在产、供、销、市场、物资、信息等方面的优势,利用其所任职公司、企业的人力、资金、物资、信息资源、客户渠道等,有可能在市场竞争中占据有利地位,排挤所任职的国有公司、企业,损害国有公司、企业的利益。(3)国有公司、企业董事、监事、高级管理人员非法经营同类营业行为,获取非法利益,数额巨大的,才构成犯罪。所谓"非法利益",是指行为人获取的与其非法经营所得,包括金钱、物品和可折算为金钱的财产性利益。所谓"数额巨大",是指通过上述手段,转移利润或者转嫁损失,获取了大量非法利润,国有公司、企业由此遭受重大损失。对于非法经营同类营业罪的追诉标准,2010年《最高人民检察院、公安部关于公安机关管辖的刑事案件立案追诉标准的规定(二)》(已失效)第十二条规定,国有公司、企业的董事、经理利用职务便利,自己经营或者为他人经营与其所任职公司、企业同类的营业,获取非法利益,数额在十万元以上的,应予立案追诉。刑法修正后,需要由主管部门根据法律的修改精神和实践情况,出台具体标准。

第二款是关于其他公司、企业的董事、监事和高级管理人员非法经营同类营业的处罚规定。

根据本款规定,其他公司、企业的董事、监事和高级管理人员非法经营同类营业罪在犯罪构成上具有以下特征:(1)本罪的主体是其他公司、企业的董事、监事和高级管理人员。这里的其他公司、企业比较广泛,是除国有公司、企业之外的所有公司、企业。董事、监事和高级管理人员的具体范围,与公司法等公司、企业管理法律法规的规定范围是一致的。考虑到非法经营同类营业的危害性体现在董事、监事和高级管理人员利用职权便利可能带来的损害,对一般的工作人员实施的不宜作为本罪处理。(2)本罪在客观方面表现为行为人利用职务便利,自己经营或者为他人经营与所任职公司、企业同类的营业,获取非法利益的行为。"利用职务便利""自己经营""为他人经营""同类的营业"等的理解参见第一款中的解释,这里不再赘述。(3)违反法律、行政法规规定,致使公司、企业利益遭受重大损失的,才构成犯罪。依照公司法等公司、企业治理的法律法规规定,非法经营同类营业并不是完全禁止的,依照公司法,刑法作出上述规定,对于违反法律、行政法规规定的非法经营同类营业行为,应予追究刑事责任的行为。立法过程中曾考虑采用"未经公司、企业同意"的表述,有的意见提出,未经公司、企业同意,在实践中谁代表公司、企业同意不明确,也会存在开始时同意后又不同意而要求追究行为人刑事责任的情况，故作出上述违反法律、行政法规规定作为入罪的一个条件。实践中，公司、企业治理通常以公司章程为依据，属于企业自治范畴。对于自营或者与他人经营与所任职公司同类的营业，有些情况下公司企业章程允许或者对作出允许有具体规定。对于符合公司、企业章程规定的这些经营同类营业行为，也不是刑事惩治范围。所谓"致使公司、企业利益遭受重大损失"，是指通过上述手段，转移利润或者转嫁损失，使得原公司、企业由此遭受重大损失。这里的"重大损失"，是由行为人的非法经营同类行为造成的，执法中要注意正确认定行为与结果之间的因果关系，与正常的市场经营风险之间做好区分，对于"重大损失"的认定，需要办案机关及时出台配套规定，明确具体情形。这里规定的"依照前款的规定处罚"，是指依照第一款的两档刑罚处罚，具体是指，对于致使公司、企业利益遭受重大损失的，处三年以下有期徒刑或者拘役，并处或者单处罚金；致使公司、企业利益遭受特别重大损失的，处三年以上七年以下有期徒刑，并处罚金。

【适用中需要注意的问题】

1. 办案机关及时出台最新的立案追诉标准。2023年7月14日《中共中央、国务院关于促进民营经济发展壮大的意见》中第（十一）项构建民营企业源头防范和治理腐败的体制机制提出，出台司法解释，依法加大对民营企业工作人员职务侵占、挪用资金、受贿等腐败行为的惩处力度。纪检监察、检察、公安等部门应当尽快制定有关配套规定、追诉标准和典型案例，加大执法力度，促进法律全面准确实施。

2. 2023年7月14日《中共中央、国务院关于促进民营经济发展壮大的意见》中第（十）项依法保护民营企业产权和企业家权益提出，防止和纠正利用行政或刑事手段干预经济纠纷，以及执法司法中的地方保护主义。进一步规范涉产权强制性措施，避免超权限、超范围、超数额、超时限查封扣押冻结财产。对不宜查封、扣押、冻结的经营性涉案财物，在保证侦查活动正常进行的同时，可以允许有关当事人继续合理使用，并采取必要的保值保管措施，最大限度地减少侦查办案对正常办公和合法生产经营的影响。完善涉企案件申诉、再审等机制，健全冤错案件有效防范和常态化纠正机制。立法过程中，有些意见反映办案机关存在保护民营企业产权和民营企业家权益不力的问题。有关机关应当严格、公正执法，加强公司、企业权益保护。同时要严格区分经济纠纷与追究刑事责任之间的界限，不得干预经济纠纷，在执行中可能涉及家族企业内其他成员、股东之间的"内斗"，在具体执法和司法过程中要准确区分民事案件、经济纠纷与刑事案件的界限，防止公权力插手民营企业自主经营权。

第一百六十六条　【为亲友非法牟利罪】国有公司、企业、事业单位的工作人员，利用职务便利，有下列情形之一，致使国家利益遭受重大损失的，处三年以下有期徒刑或者拘役，并处或者单处罚金；致使国家利益遭受特别重大损失的，处三年以上七年以下有期徒刑，并处罚金：

（一）将本单位的盈利业务交由自己的亲友进行经营的；

（二）以明显高于市场的价格从自己的亲友经营管理的单位采购商品、接受服务或者以明显低于市场的价格向自己的亲友经营管理的单位销售商品、提供服务的；

（三）从自己的亲友经营管理的单位采购、接受不合格商品、服务的。

其他公司、企业的工作人员违反法律、行政法规规定，实施前款行为，致使公司、企业利益遭受重大损失的，依照前款的规定处罚。

【解释与适用】

本条是关于为亲友非法牟利罪及其处罚的规定。

党中央始终高度重视民营企业发展工作，特别是党的十八大以来，强调"两个毫不动摇""三个没有变""两个健康"，依法保护民营企业产权和企业家权益。从实践反映看，民营企业内部人员腐败问题较为普遍，越来越严重，与这些年我国民营企业的发展有关，迫切需要加强这方面的治理应对。此次修改聚焦实践中反映较为突出、典型的行为，重点惩治为亲友非法牟利等行为在内的公司、企业内部人员利用职务便利实施的"损企肥私"行为。刑法修正案（十二）增加了第二款规定，通过修改进一步加强对企业和企业家财产的保护，加强对民营企业财产平等保护力度。其他修改包括，根据有的部门提出的意见，随着市场经济的发展，除了商品之外，接受相关"服务"也是为亲友非法牟利的重要交易标的，刑法修正案（十二）增加了有关"服务"的规定。此外，还作了个别文字修改。

本条共分两款。第一款是关于国有公司、企业、事业单位的工作人员为亲友非法牟利的定罪处罚规定。根据本条规定，为亲友非法牟利罪具有以下特征。

1. 本款的主体是国有公司、企业、事业单位的工作人员。规定国有单位的经营主体是考虑到国有公司、企业、事业单位的财产属于国家，所有权与具体管理权分离，个别管理人员容易产生"损公肥私"、利用职权便利损害国有单位利益的情况，在此与非公有制企业中的非法牟利有所不同，非公有制企业的财产与管理人员往往是同一的，处于财产所有人的监督之下，私有单位的股东在职权范围内有权决定与什么样的公司以什么样的条件进行交易。

2. 行为人具有利用职务便利为亲友非法牟利的行为。2023年公司法第一百八十三条规定："董事、监事、高级管理人员，不得利用职务便利为自己或者他人谋取属于公司的商业机会。但是，有下列情形之一的除外：（一）向董事会或者股东会报告，并按照公司章程的规定经董事会或者股东会决议通过；（二）根据法律、行政法规或者公司章程的规定，公司不能利用该商业机会。"本条列举了三项具体的行为：（1）将本单位的盈利业务交由自己的亲友经营的。这是指行为人利用自己决定、参与经贸项目、购销往来掌握经贸信息市场行情的职务便利，将明知是可以盈利的业务项目交给自己的亲友去经营。这里的"交由自己的亲友进行经营"包括交给由其亲友投资、管理、控股的单位经营。（2）以明显高于市场的价格从自己的亲友经营管理的单位采购商品、接受服务或者以明显低于市场的价格向自己的亲友经营管理的单位销售商品、提供服务的。如果行为人向其亲友采购或者销售的商品、服务不是明显地背离市场价格，则不构成犯罪。（3）从自己的亲友经营管理的单位采购不合格商品、接受不合格服务的。这表现在国有公司、企业、事业单位购进原材料时，从自己的亲友经营管理的单位购入质次价高的商品。应当说这三类行为都是当时国有公司、企业、事业单位实际经营中较多发生的，具有很强的针对性，列举明确，未作兜底性规定。

3. 行为人的为亲友非法牟利行为，致使国家利益遭受重大损失的，才构成犯罪。本条所称"致使国家利益遭受重大损失的"，是指通过上述手段，转移国有公司、企业、事业单位的利润或者转嫁自己亲友经营的损失，数额巨大的。

对于为亲友非法牟利罪的追诉标准，2010年《最高人民检察院、公安部关于公安机关管辖的刑事案件立案追诉标准的规定（二）》（已失效）第十三条规定，国有公司、企业、事业单位的工作人员，利用职务便利，为亲友非法牟利，涉嫌下列情形之一的，应予立案追诉：（1）造成国家直接经济损失数额在十万元以上的；（2）使其亲友非法获利数额在二十万元以上的；（3）造成有关单位破产、停业、停产六个月以上，或者被吊销许可证和营业执照、责令关闭、撤销、解散的；（4）其他致使国家利益遭受重大损失的情形。

本条对于国有公司、企业、事业单位工作人员为亲友牟利罪，规定了两档刑：致使国家利益遭受重大损失的，处三年以下有期徒刑或者拘役，并处或者单处罚金；致使国家利益遭受特别重大损失的，处三年以上七年以下有期徒刑，并处罚金。

第二款是关于其他公司、企业的工作人员为亲友非法牟利的定罪处罚规定。

1. 关于"其他公司、企业"的理解。刑法修正案（十二）出台前，刑法只对国有公司、企业、事业单位中存在的为亲友非法牟利行为作出规定，此次修改进一步加强对民营企业的平等保护，对于国有公司、企业、事业单位之外的其他公司、企业内部实施的为亲友非法牟利行为作出规定。这里"其他公司、企业"在范围上是除了国有公司、企业、事业单位之外的其他公司、企业，在类型上包括但不限于有限责任公司、股份有限公司、合伙企业等。

2. 关于"违反法律、行政法规"的理解。此次修改，与公司法等法律作了衔接，进一步明确符合法律、行政法规规定的条件或者程序作出的同类营业和有关关联交易不构成犯罪，比如经过公司、企业同意的等情形不宜作为犯罪处理。根据2023年公司法第一百八十三条规定，充分考虑公司法等法律关于非法经营同类营业、有关关联交易行为治理的规定，如向董事会或者股东会报告，并按照公司章程的规定经董事会或者股东会决议通过的情形，不属于"违反法律、行政法规"。

3. 关于"致使公司、企业利益遭受重大损失"的理解。一是"其他公司、企业的工作人员"实施为亲友非法牟利的行为，如果没有给公司、企业造成重大损失的，不适用本款追究责任。实践中，个别案件存在实施为亲友非法牟利的行为后，公司、企业并没有造成损失反而获得一定利益的情况，也不宜依据本款追究刑事责任。上述情况可根据公司法等其他法律依法追究责任。二是公司、企业利益要遭受"重大"损失，并非造成所有的损失都绝对追究刑事责任。"重大损失"的判定，也要结合公司、企业的规模、经营情况等综合判断，具体标准需要相关司法解释予以明确。三是损失原则上以实际造成的损失为判断标准，如营业收入、额外支出费用、货物损失等。对于客户资源、商业机会等难以量化或者非短期可见的损失是否属于损失范围，还要通过证据情况及因果关系等角度综合判断。

【适用中需要注意的问题】

1. 准确把握政策尺度。我国民营企业发展不平衡的情况比较复杂，很多企业治理结构和日常管理不规范，其中有不少家族企业。一些地区在某些行业领域内同类营业的情况较为普遍，实践中要对合法与非法等情况作出准确判断。案件处理上要充分考虑企业的实际情况和企业意愿，特别是涉及股东或者家族内部的矛盾纠纷，要注意把握犯罪界限和民营企业民刑交叉法律问题。执法部门要对涉及民营企业的相关案件加强立案，把握好民刑案件的界限同时，不得人为增加立案门槛。

2. 案件办理中要准确理解和把握非法为亲友牟利罪的追诉标准，在新的司法解释、指导性意见尚未出台前，对于"其他公司、企业"的立案追诉标准要根据实践情况，结合公司、企业特点等综合考虑。

第一百六十七条 【签订、履行合同失职被骗罪】国有公司、企业、事业单位直接负责的主管人员，在签订、履行合同过程中，因严重不负责任被诈骗，致使国家利益遭受重大损失的，处三年以下有期徒刑或者拘役；致使国家利益遭受特别重大损失的，处三年以上七年以下有期徒刑。

【释解与适用】

本条是关于签订、履行合同失职被骗罪及其刑罚的规定。

根据本条规定，签订、履行合同失职被骗罪有如下特征：（1）犯罪主体是特殊主体，即国有公司、企业、事业单位直接负责的主管人员。（2）行为人在签订、履行合同过程中，因严重不负责任被诈骗。应当注意的是，本条规定的犯罪是以单位作为受害人的。这是因为订立合同、履行合同的行为都是以单位名义实施的，同时所产生的经济后果也是由单位来承担的。但另一方面，单位的上述行为又是由于直接负责的主管人员的严重不负责任造成的。因此，对这种犯罪行为，本条规定，只追究直接负责的主管人员的刑事责任。本条中的"严重不负责任"在实践中表现为各种各样的行为：有的盲目轻信，不认真审查对方当事人的合同主体资格、资信情况；有的不认真审查对方的履约能力和货源情况；有的贪图个人私利，关心的不是产品的质量和价格，而是个人能否得到回扣、从中得到多少好处，在得到好处后，在质量上舍优求劣，在价格上舍低就高，在路途上舍近求远；有的在销售商品时，对并非滞销甚至是紧俏的商品让价出售或赊销，以权谋私，导致被骗；有的无视规章制度和工作纪律，擅自越权，签订或者履行合同；有的急于推销产品，上当受骗；有的不辨真假，盲目吸收投资，同假外商签订引资合作协议等；有的违反规定为他人签订合同提供担保，导致发生纠纷时承担保证责任。（3）本罪须以致使国家利益遭受重大损失为条件，所谓"国家利益遭受重大损失"包括造成大量财物被诈骗；因为被骗，对方根本无法供货，造成停产、企业濒临破产倒闭等。

对于签订、履行合同失职被骗罪的处罚，本条根据后果规定了两档刑：致使国家利益遭受重大损失的，对其直接负责的主管人员，处三年以下有期徒刑或者拘役；致使国家利益遭受特别重大损失的，处三年以上七年以下有期徒刑。本罪将直接负责的主管人员作为处罚的对象，是因为他们对于本单位被诈骗负有不可推卸的责任。

应当指出的是，在外汇业务中，一些外汇交易中心、国家指定的商业银行工作人员，不认真审查、核定购汇公司、企业和单位提供的凭证的单据是否真实就售汇或者付汇；或一些从事对外贸易经营活动的公司、企业的工作人员，不认真审查要求其作为购汇单位是否实际进行了对外贸易经营活动，就拿着要求其代为购汇的单位提供的虚假的购汇凭证和单据到银行和外汇交易中心购汇，致使国家大量外汇被骗购或者逃汇，使国家利益遭受重大损失。为了更有力地打击骗汇、逃汇活动，惩治严重渎职行为，1998年12月29日第九届全国人民代表大会常务委员会第六次会议通过了《全国人民代表大会常务委员会关于惩治骗购外汇、逃汇和非法买卖外汇犯罪的决定》（以下简称《决定》），其中第七条明确规定："金融机构、从事对外贸易经营活动的公司、企业的工作人员严重不负责任，造成大量外汇被骗购或者逃汇，致使国家利益遭受重大损失的，依照刑法第一百六十七条的规定定罪处罚。"《决定》的这一规定，扩大了刑法第一百六十七条犯罪主体的范围。其中所称的"金融机构"，是指经外汇管理机关批准，有权经营外汇业务的商业银行和外汇交易中心。"从事对外贸易经营活动的公司、企业"，即对外贸易经营者，是指有权从事货物进出口与技术进出口的外贸单位以及国际服务贸易企业和组织。行为人在客观方面实施了严重不负责任，造成大量外汇被骗购或者逃汇的行为。所谓"严重不负责任"，是指违反国家有关外汇管理的法律、法规和规章制度，放弃职责，不履行、不正确履行应当履行的职责，或者在履行职责中马虎草率，敷衍塞责，不负责任，或者放弃职守，对自己应当负责的工作撒手不管等。行为人实施上述行为，还必须"致使国家利益遭受重大损失的"才能构成本罪，是否"致使国家利益遭受重大损失"是区分罪与非罪的界限，如果未使国家利益遭受重大损失的，可以由有关部门给予批评教育或者行政处分。所谓"致使国家利益遭受重大损失"，主要是指使国家外汇造成大量流失。

根据《决定》的规定，金融机构、从事对外贸易经营活动的公司、企业的工作人员具有上述行为的，应当依照刑法第一百六十七条的规定定罪处罚，即处三年以下有期徒刑或者拘役；致使国家利益遭受特别重大损失的，处三年以上七年以下有期徒刑。

【适用中需要注意的问题】

在实践中适用本条，应正确区分罪与非罪的界限，其中十分重要的是看行为人是正确履行职责还是严重不负责任，主观上是否具有重大过失。这关键看行为人应尽的职责和义务，在有条件、有可能履行的情况下，是正确履行，还是放弃职守、不积极履行、放任自流；看行为人是否滥用职权、超越职权、擅自作出决定；看行为人是否违反国家法律、政策、企业管理规章制度和经商原则。

第一百六十八条　【国有公司、企业、事业单位人员失职罪】【国有公司、企业、事业单位人员滥用职权罪】国有公司、企业的工作人员，由于严重不负责任或者滥用职权，造成国有公司、企业破产或者严重损失，致使国家利益遭受重大损失的，处三年以下有期徒刑或者拘役；致使国家利益遭受特别重大损失的，处三年以上七年以下有期徒刑。

国有事业单位的工作人员有前款行为，致使国家利益遭受重大损失的，依照前款的规定处罚。

国有公司、企业、事业单位的工作人员，徇私舞弊，犯前两款罪的，依照第一款的规定从重处罚。

【释解与适用】

本条是关于国有公司、企业、事业单位人员失职罪和国有公司、企业、事业单位人员滥用职权罪及其刑罚的规定。

本条共分三款。第一款是关于对国有公司、企业的工作人员，由于严重不负责任或者滥用职权，造成国有公司、企业破产或者严重损失，致使国家利益遭受重大损失追究刑事责任的规定。本款规定的犯罪主体与1997年刑法第一百六十八条相比，由原来的"国有公司、企业直接负责的主管人员"修改为"国有公司、企业的工作人员"，范围上有较大的扩大。根据2010年11月《最高人民法院、最高人民检察院关于办理国家出资企业中职务犯罪案件具体应用法律若干问题的意见》第四条的规定，国家出资企业中的国家工作人员在公司、企业改制或者国有资产处置过程中严重不负责任或者滥用职权，致使国家利益遭受重大损失的，依照本条规定处罚。在行为的构成要件上，由原来的"徇私舞弊，造成国有公司、企业破产或者严重亏损，致使国家利益遭受重大损失"修改为"由于严重不负责任或者滥用职权，造成国有公司、企业破产或者严重损失，致使国家利益遭受重大损失"。本款列举了国有公司、企业渎职犯罪两种常见的行为，即严重不负责任和滥用职权。有关司法解释确定的本条罪名包括两个：国有公司、企业、事业单位人员失职罪和国有公司、企业、事业单位人员滥用职权罪。"严重不负责"客观上表现为不履行、不正确履行或者放弃履行自己的职责，通常表现为工作马马虎虎，草率行事，或公然违反职责规定，或放弃职守，对自己负责的工作撒手不管等。"滥用职权"，通常表现为行为人超越职责权限或违反行使职权所应遵守的程序。根据本款规定，如果行为人严重不负责任或者滥用职权的行为，造成国有公司、企业破产或严重损失，致使国家利益遭受重大损失的就构成犯罪。行为如果没有达到致使国家利益遭受重大损失的，则不构成犯罪。这是区分罪与非罪的重要界限。"破产"，是指国有公司、企业由于到期债务无法偿还而宣告倒闭。本款将原条文中的"严重亏损"改为"严重损失",意思更加明确。"严重损失"既包括直接经济损失,也包括间接的或者其他方面的损失,如企业的名声、品牌的信誉等;既包括给国有公司、企业造成亏损,也包括造成赢利减少,即虽然总体上经营没有出现亏损,但使本应获得的利润大量减少,也属于造成严重损失。"致使国家利益遭受重大损失",包括国家经济利益等造成严重损失。根据本款规定,构成国有公司、企业、事业单位人员失职罪、滥用职权罪的,处三年以下有期徒刑或者拘役。"致使国家利益遭受特别重大损失的",处三年以上七年以下有期徒刑。

第二款是关于国有事业单位的工作人员有第一款规定行为的如何定罪处罚的规定。根据本款规定,国有事业单位的工作人员严重不负责任或者滥用职权,造成国有事业单位严重损失,致使国家利益遭受重大损失的,依照第一款的规定处罚,即处三年以下有期徒刑或者拘役;致使国家利益遭受特别重大损失的,处三年以上七年以下有期徒刑。

第三款是关于国有公司、企业、事业单位的工作人员,徇私舞弊,犯前两款罪的如何定罪处罚的规定。徇私舞弊,是指行为人徇个人私情、私利的行为。由于这种行为是从个人利益出发,置国家利益于不顾,主观恶性较大,因此本款规定依照第一款的规定从重处罚。

另外,需要说明的是,刑法第一百六十五条至第一百六十九条规定了有关国有公司、企业相关人员的失职渎职犯罪,即通常所说的公司、企业人员违背对公司忠实、勤勉义务的背信犯罪。刑法第一百六十五条、第一百六十六条、第一百六十七条规定的是具体的失职渎职犯罪,而本条规定的是除此以外的概括性的失职、渎职犯罪。这几条规定的犯罪主体都不包括非国有公司、企业,即非公有制企业相关人员的上述行为不属于这几条规定的犯罪。刑法修正案(六)增加的背信损害上市公司利益罪的犯罪主体是上市公司的董事、监事、高级管理人员,将非公有制企业中上市公司的背信犯罪作了规定。近年来随着市场主体的发展,民营企业内部人员背信损害民营企业的案件时有发生,有关方面提出将刑法中国有公司、企业、事业单位人员渎职犯罪扩大到各类公司、企业。这一问题在立法过程中也作过研究。1997年修订刑法时,针对当时有的国企负责人利用职务便利,化公为私、损公肥私,致使国家利益遭受重大损失的情况较为突出,社会反响强烈的情况,在刑法中有针对性地规定了国企人员失职渎职犯罪,如非法经营同类营业,为亲友非法牟利,签订、履行合同失职被骗等。当时对非公有制经济未作类似规定,一方面,非公有制企业的这类情况不突出;另一方面,非公有制企业所有人往往亲自参与经营,监督保护更到位,不像国有企业所有者与管理者分离,财产易受侵害。近年来,民营企业不断发展壮大,现代企业制度日趋完善,职业经理人制度广泛运用,较1997年修订刑法时的情况发生了变化,是否有条件区分不同情况作一些规定,如将国企人员失职渎职的行为增加到民营企业中,值得重视和研究。暂未作出规定,是考虑到有关方面提出如下意见:(1)我国当前民营企业发展不平衡,规模、组织形式、管理水平等差异较大。有的已成长为对国计民生具有重要影响的公众性公司、跨国公司,但还有大量的仍是个人企业、家族企业,产权不清晰、经营不规范、资产处置随意等问题较为普遍。研究中有的意见提出,许多经营管理者本身就是企业所有人或者其亲属等,因其失职渎职造成企业损失主要也是自己承担,这与国有企业干部失职渎职造成公共利益损失是不一样的,是否还要追究刑事责任,需要慎重。(2)有的意见担心"一刀切",将民营企业内部发生的失职渎职都规定为犯罪,公权力特别是刑事司法力量深度介入民营经济经营管理活动,是否会对民营企业正常生产经营活动造成不当干涉。(3)有的意见提出,民营企业在财务制度、收益分配等诸多方面与国家对国有企业的要求存在很大差异,对其失职渎职定为犯罪,能否划清罪与非罪的界限等,都还需要深入研究。以往查处企业案件中不能正确区分经济纠纷和刑事犯罪的情况多有发生,近来要求纠正的一批产权保护冤假错案,有的也与犯罪界限把握不准,公权力过度介入企业经营活动、滥用公权力有关。因此,刑法暂未修改。这个问题还需要随着我国市场经济和市场主体的发展,随着民营企业内部治理和执法规范化建设的不断增加,进一步加强研究。

第一百六十九条 【徇私舞弊低价折股、出售公司、企业资产罪】国有公司、企业或者其上级主管部门直接负责的主管人员,徇私舞弊,将国有资产低价折股或者低价出售,致使国家利益遭受重大损失的,处三年以下有期徒刑或者拘役;致使国家利益遭受特别重大损失的,处三年以上七年以下有期徒刑。

其他公司、企业直接负责的主管人员,徇私舞弊,将公司、企业资产低价折股或者低价出售,致使公司、企业利益遭受重大损失的,依照前款的规定处罚。

【释解与适用】

本条是徇私舞弊低价折股、出售公司、企业资产罪及其处罚的规定。

对国有资产低价折股、低价出售的犯罪，1979年刑法没有作专门规定。1997年刑法第一百六十九条规定："国有公司、企业或者其上级主管部门直接负责的主管人员，徇私舞弊，将国有资产低价折股或者低价出售，致使国家利益遭受重大损失的，处三年以下有期徒刑或者拘役；致使国家利益遭受特别重大损失的，处三年以上七年以下有期徒刑。"国有公司、企业代表国家经营管理国有资产，对国有资产的保值、增值负有责任。一些国有公司、企业或者上级主管部门直接负责的主管人员，在国有企业改革的过程中，利用承包租赁、合营、合资、股份制改造等机会，违反国家规定，将国有资产低价折股或者低价出售，为自己或者他人牟取利益，而导致国有资产严重流失，给国家利益造成重大损害。在1979年刑法中，规定了国家工作人员的玩忽职守罪，对这类行为是可以按照玩忽职守罪追究刑事责任的。1993年全国人民代表大会常务委员会通过的公司法第二百一十三条规定："违反本法规定，将国有资产低价折股、低价出售或者无偿分给个人的，对直接负责的主管人员和其他直接责任人员依法给予行政处分。构成犯罪的，依法追究刑事责任。"对此作了规定。1997年修订刑法时将公司法这一规定修改后，明确规定到刑法中。同时，1997年修订刑法时，将渎职犯罪的主体规定为国家机关工作人员，对公司、企业、事业单位工作的国家工作人员的玩忽职守行为，则在破坏市场经济秩序的有关犯罪中作了规定。2023年刑法修正案（十二）对本条作了第一次修改。近年来，民营企业内部人员腐败问题多发、易发，主要表现在侵占、挪用、受贿和背信等方面。这些民营企业内部治理不规范，缺乏有效监督，迫切需要加强治理应对，完善刑法相应规定。有不少意见提出，低价出售公司资产等行为对民营企业发展损害很大，民事诉讼难以有效维护企业权益，建议将刑法本条相关犯罪规定适用范围扩大至民营企业，在罪名设立和立案标准上给予同等保护。一直以来，刑事立法高度重视惩治侵害民营企业权益犯罪，为更好保护民营企业发展、治理民营企业腐败提供刑事法治保障，刑法修正案（十二）对本条作出修改，增加一款作为第二款："其他公司、企业直接负责的主管人员，徇私舞弊，将公司、企业资产低价折股或者低价出售，致使公司、企业利益遭受重大损失的，依照前款的规定处罚。"将犯罪主体由原来的国有公司、企业或者其上级主管部门直接负责的主管人员扩展到其他公司、企业直接负责的主管人员，将民营企业内部人员实施徇私舞弊低价折股、出售企业资产的行为也相应规定为犯罪。

本条共分两款。第一款是关于国有公司、企业或者其上级主管部门直接负责的主管人员徇私舞弊，将国有资产低价折股或者低价出售的规定。本款有以下特征：（1）本罪主体是国有公司、企业或者其上级主管部门直接负责的主管人员。（2）行为人在客观上有徇私舞弊，将国有资产低价折股或者低价出售的行为。本条中的"国有资产"，是指国家以各种形式对国有公司、企业投资和投资收益形成的财产，以及依据法律、行政法规认定的公司、企业国有财产。所谓"将国有资产低价折股或者低价出售"，其表现形式是多种多样的：有的是在合资、合营、股份制改革过程，对国有财产不进行资产评估，或者虽进行资产评估，但背离所评估资产的价值低价折股；有的低估实物资产；有的国有资产未按重置价格折股，未计算其增值部分，只是按账面原值折股；有的对公司、企业的商标、信誉等无形资产未计入国家股；有的不经主管部门批准，不经评估组织作价，擅自将属于企业的土地、厂房低价卖给私营业主等，从中收取回扣。（3）行为人有以上行为，致使国家利益遭受重大损失的，才构成犯罪。本条中"致使国家利益遭受重大损失"，一般是指造成国有公司、企业财产流失严重或造成国有公司、企业严重亏损，无法进行生产经营，濒临倒闭等。对于将国有资产低价折股、低价出售罪的处罚，本条根据致使国家利益遭受的损失不同规定了两档刑：对致使国家利益遭受重大损失的，处三年以下有期徒刑或者拘役；致使国家利益遭受特别重大损失的，处三年以上七年以下有期徒刑。

第二款是关于其他公司、企业直接负责的主管人员将公司、企业资产低价折股或者低价出售的规定。本款有以下特征：（1）本罪主体是国有公司、企业以外的其他公司、企业直接负责的主管人员。（2）行为人在客观上有徇私舞弊，将公司、企业资产低价折股或者低价出售的行为。实践中，公司内部腐败案件通常发生在采购、销售、财务岗位中，如销售环节多报、虚报或者销售主管人员利用负责销售、市场营销、代收货款的机会，通过设立"皮包公司"或谎称收不到款、伪造对账单等方式，侵占和挪用资金等。本次刑法修正案（十二）只将徇私舞弊，故意背信损害公司利益,且行为方式为低价折股、出售企业资产的相对具体行为规定为犯罪,主要考虑是实践中民营企业中主管人员徇私舞弊从而损害公司、企业利益的情况,是实践中反映最突出、迫切的行为。(3)行为人有以上行为,致使公司、企业利益遭受重大损失的,才构成犯罪。本条中"致使公司、企业利益遭受重大损失",一般是指造成公司、企业资产流失严重或造成公司、企业严重亏损,无法进行生产经营,让公司经营停摆等。对于将公司、企业资产低价折股、低价出售行为的处罚,本条根据致使公司、企业利益遭受的损失不同规定了两档刑:对致使公司、企业遭受重大损失的,处三年以下有期徒刑或者拘役;致使公司、企业利益遭受特别重大损失的,处三年以上七年以下有期徒刑。本款通过惩治民营企业关键岗位人员通过各种非法手段进行的"损企肥私"行为,加强对民营企业、民营企业家的保护,进一步增强民营企业家信心,为民营企业有效预防惩治内部腐败犯罪提供法律手段。

【适用中需要注意的问题】

本条第二款新增的"其他公司、企业直接负责的主管人员,徇私舞弊,将公司、企业资产低价折股或者低价出售,致使公司、企业利益遭受重大损失的,依照前款的规定处罚",具体的立案追诉标准、定罪量刑标准等需要通过相关司法规范性文件予以明确。

另外,此类案件民刑交织情形多,第二款关于其他公司、企业直接负责的主管人员,要求其有徇私舞弊将公司、企业资产低价折股或者低价出售的行为,实践中也要防止通过刑事立案方式介入企业内部利益纠纷,借用公权力争夺企业控制权,重新分配企业利益等情况。

民营企业内部腐败问题不仅是民营企业内部治理的问题,也是一个复杂的社会治理问题,民营企业内部腐败问题的治理需要企业、政府以及社会各方的共同参与。公司、企业也要不断推进体制机制改革,完善企业自身治理结构,形成不能腐的内部制度环境。

第一百六十九条之一 【背信损害上市公司利益罪】上市公司的董事、监事、高级管理人员违背对公司的忠实义务,利用职务便利,操纵上市公司从事下列行为之一,致使上市公司利益遭受重大损失的,处三年以下有期徒刑或者拘役,并处或者单处罚金;致使上市公司利益遭

受特别重大损失的,处三年以上七年以下有期徒刑,并处罚金:

(一)无偿向其他单位或者个人提供资金、商品、服务或者其他资产的;

(二)以明显不公平的条件,提供或者接受资金、商品、服务或者其他资产的;

(三)向明显不具有清偿能力的单位或者个人提供资金、商品、服务或者其他资产的;

(四)为明显不具有清偿能力的单位或者个人提供担保,或者无正当理由为其他单位或者个人提供担保的;

(五)无正当理由放弃债权、承担债务的;

(六)采用其他方式损害上市公司利益的。

上市公司的控股股东或者实际控制人,指使上市公司董事、监事、高级管理人员实施前款行为的,依照前款的规定处罚。

犯前款罪的上市公司的控股股东或者实际控制人是单位的,对单位判处罚金,并对其直接负责的主管人员和其他直接责任人员,依照第一款的规定处罚。

【释解与适用】

本条是关于背信损害上市公司利益罪及其刑罚的规定。

本条第一款是对上市公司的董事、监事、高级管理人员违背对公司的忠实义务,损害上市公司利益的犯罪及其处罚的规定。根据本款规定,损害上市公司利益犯罪具有以下特征:(1)犯罪主体是上市公司的董事、监事、高级管理人员。根据公司法的规定,上市公司的董事会由股东大会选举产生,对股东大会负责,代表股东大会行使对公司的管理权。上市公司的监事会则承担对公司财务活动,以及公司董事、高级管理人员执行公司职务的行为等情况进行监督的职权。上市公司的董事作为董事会的成员,具体承担着对公司各项重要经营管理事项的决策职责;而上市公司的监事,则具体承担监事会的监督职责。上市公司的高级管理人员,是指公司的经理、副经理、财务负责人、董事会秘书和公司章程规定的其他人员。(2)本罪客观方面表现为行为人违背对公司的忠实义务,利用职务便利,操纵上市公司从事有损自身利益的活动,给公司造成重大损失。违背对公司的忠实义务,是指上市公司的董事、监事、高级管理人员,在代表上市公司从事经营活动或者履行相关职责时,违背其对公司负有的忠实于公司利益的义务,损害公司权益的行为。实践中,行为人之所以在公司经营活动中千方百计损害本公司利益,往往是因为其为交易对方所收买、控制,或者其本身就是交易对方利用大股东地位或者控制关系安排到上市公司中的,实际代表的正是上市公司的大股东或者实际控制人的利益。但认定本罪并不需要证明行为人的动机,只要行为人有利用职务便利,操纵上市公司损害自身利益的行为即可。

操纵公司从事有损自身利益的行为,是这种行为在形式上的重要特点。与公司、企业的经营管理人员个人利用职务之便,收受贿赂、侵占公司资产,以牟取私利不同,本罪中损害上市公司利益的行为总是以公司行为的形式出现,是上市公司"自己损害自身的利益"。而本罪的行为人,上市公司的董事、监事、高级管理人员,则是以履行相关经营管理职责的名义,从事决策、执行等"职务行为",形式上并不存在牟取个人私利的表象。但是,从行为人代表上市公司所进行的经营活动的本质看,则是严重损害上市公司自身利益的,行为人是利用其代表上市公司从事经营管理活动的身份,故意为上市公司安排不公平交易,将上市公司的资金、利益向外输送到其他公司、企业或个人中去。根据本条的规定,行为人利用职务便利,操纵上市公司损害自身利益,主要有以下几种表现形式。

第一,无偿向其他单位或者个人提供资金、商品、服务或者其他资产的。这种行为对上市公司利益的损害是显而易见的,但实践中这种行为是比较常见的。例如,将上市公司募集来的资金直接划拨给其他单位或者个人使用,或者替其他单位、个人偿还债务;将公司的产品无偿提供给其他公司、个人等;进行没有实际交易的资金划拨;由上市公司代为支付费用;为其他公司、个人提供服务不收费用的等。认定这种行为,要注意与一些企业正常的捐赠行为相区别。在现代社会中,企业在追求自身经济利益之外,积极地承担一定的社会责任也是越来越为企业和社会所认可的。适当的捐助行为,还可以改善企业形象,提高企业的美誉度,对企业开拓市场、提高品牌竞争力是有帮助的,因而在总体上是有利于企业利益的。捐赠行为在形式上也符合无偿提供资金、商品、服务的特征,但是,捐赠在性质上是一种慈善活动,捐助的对象一般是有特殊困难的弱势群体,或者是社会公益组织。而本罪中的无偿提供资金、商品、服务的行为,是一种利益输送行为，是上市公司的董事、监事、高级管理人员利用职务便利，让上市公司从事损己利人的"自杀行为"，是"掏空"上市公司的一种手段，无论是其提供资产的对象、数额、目的、对上市公司的影响，都与正常的企业捐赠行为有明显区别。

第二，以明显不公平的条件，提供或者接受资金、商品、服务或者其他资产的。这种行为带有一定隐蔽性，行为人安排的利益输送是以交易的形式进行的，如表面上是在进行资金的有偿借贷、商品的买卖等，也约定有价款等交易条件，貌似正常交易。但是，分析实际交易条件，则是明显不公平的。实质是上市公司以明显不公平的高价收购他人的资产或者接受他人提供的商品、服务，或者使上市公司以明显不公平的低价转让资产，提供商品、服务给他人，从而"掏空"上市公司。这种利益输送在进、出两个环节都可以实现。在进的环节，有意高估交易对价，接受他人的资金、商品、服务，如在商品、服务采购过程中，以明显高于市场的价格采购商品，接受服务；在接受资产转让时，故意高估对方资产的实际价值，多支付对价。在出的环节，以明显低于市场的价格出售商品，或者将公司优良资产、预期良好的赢利项目，低价转让等。明显不公平的条件，主要是指交易价格明显高于、低于市场价格或者资产的实际价值。此外，在付款时间、付款方式等其他交易条件方面，故意做不利于上市公司的安排，也可以达到利益输送的目的。例如，在借贷资金给他人的活动中，除了采用故意约定极低利息这种方式外，也可能存在约定的利息并不明显过低，但是对还款时间和支付利息的时间故意不做要求，由借款人随意使用的情况。这种情况只要符合本条的规定，也可以依法追究。

第三，向明显不具有清偿能力的单位或者个人提供资金、商品、服务或者其他资产的。这种行为的特点是，行为人为上市公司安排的交易活动从表面上看，不存在"无偿"或者"明显不公平的条件"，如签订有买卖合同，合同的价款也是合乎市场价格的。但是，从交易对象的偿付能力看，对方明显不具有支付货款的可能性，向其提供商品、服务属于"肉包子打狗——有去无回"。任何一个公司，在了解交易对象无偿付能力的情况下，都不会与其从事这种交易活动。因此，行为人操纵上市公司向明显不具有清偿能力的单位或者个人提供资金、商品、服务或者其他资产，对上市公司利益的损害是显而易见的。

第四，为明显不具有清偿能力的单位或者个人提供担保，或者无正当理由为其他单位或者个人提供担保的。故意让上市公司为他人提供担保，也是"掏空"上市公司的一种常见方式。一些上市公司的控股股东、实际控制人，利用这种方式，故意让上市公司为其他单位或者个人，甚至是明显不具有清偿能力的单位提供担保，取得贷款后迅速将贷款以各种方式转移，偿还责任则由上市公司承担。这样，上市公司成了骗取银行信用的工具，间接地成为其"取款机"。为他人的债务进行担保，担保人是要承担债务人不履行债务的法律责任的，因此，担保本身实际上是承担风险的活动。上市公司的董事、监事、高级管理人员，让上市公司为明显没有清偿能力的单位或者个人提供担保，或者在没有正当理由的情况下，让上市公司为他人提供担保，是不适当地让上市公司承担本不应承担的风险，承受本不应承受的损失，从而损害了上市公司和公众投资人的利益。从实践中的情况看，利用这种手段"掏空"上市公司的案件相当多，给上市公司造成的损失往往也是巨额的，很多上市公司因此而陷入绝境。

第五，无正当理由放弃债权、承担债务的。上市公司的债权是公司资产的重要构成部分，其利益归于上市公司的全体股东；而上市公司的债务则需要以公司的资产偿还。没有正当理由而放弃债权，会导致公司资产的直接减少，从而损害上市公司和公众投资人的利益。同样，没有正当理由而随意承担债务，也会导致上市公司的负担加重，间接减少公司资产，从而损害上市公司和公众投资人的利益。上市公司董事、监事、高级管理人员的职责是通过勤勉的经营管理活动，使公司的资产保值、增值。这些人员随意放弃应收债权，增加公司不应有的债务，违背了对公司的忠实义务，严重损害了上市公司的利益，应当承担法律责任。

第六，采用其他方式损害上市公司利益的。这是一项兜底性规定。为了便于司法实践中准确认定本罪，本款采用列举的方式，明确规定了比较常见的五种损害上市公司利益的行为方式。同时，考虑到实践中"掏空"上市公司的情况比较复杂，法律上难以列举穷尽；也不排除一些行为人为了逃避法律追究，采用其他更为隐蔽的手段，损害上市公司利益，本款又在明确列举的同时，规定了这一兜底性规定。这样，除上述五种明确列举的损害上市公司利益的行为外，其他符合本款规定的特征的行为，也可以依法追究。对于依照兜底项追究的行为在对上市公司的危害性上应当与前五项具有相当性，都属于通过关联交易等损害公司利益、违背对公司忠实义务的行为。

犯本款罪，需致使上市公司利益遭受重大损失。根据2022年《最高人民检察院、公安部关于公安机关管辖的刑事案件立案追诉标准的规定（二）》第十三条规定，上市公司的董事、监事、高级管理人员违背对公司的忠实义务，利用职务便利，操纵上市公司从事损害上市公司利益的行为，以及上市公司的控股股东或者实际控制人，指使上市公司董事、监事、高级管理人员实施损害上市公司利益的行为，涉嫌下列情形之一的，应予立案追诉：（1）无偿向其他单位或者个人提供资金、商品、服务或者其他资产，致使上市公司直接经济损失数额在一百五十万元以上的；（2）以明显不公平的条件，提供或者接受资金、商品、服务或者其他资产，致使上市公司直接经济损失数额在一百五十万元以上的；（3）向明显不具有清偿能力的单位或者个人提供资金、商品、服务或者其他资产，致使上市公司直接经济损失数额在一百五十万元以上的；（4）为明显不具有清偿能力的单位或者个人提供担保，或者无正当理由为其他单位或者个人提供担保，致使上市公司直接经济损失数额在一百五十万元以上的；（5）无正当理由放弃债权、承担债务，致使上市公司直接经济损失数额在一百五十万元以上的；（6）致使公司、企业发行的股票或者公司、企业债券、存托凭证或者国务院依法认定的其他证券被终止上市交易的；（7）其他致使上市公司利益遭受重大损失的情形。

第二款是关于上市公司的控股股东或者实际控制人，指使上市公司董事、监事、高级管理人员实施损害上市公司利益的行为的处罚的规定。上市公司的控股股东是指其持有的股份占上市公司股本总额百分之五十以上的股东，或者其持有股份虽不足百分之五十，但持有股份所享有的表决权已足以对股东大会的决议产生重大影响的股东。上市公司的实际控制人，是指虽不是公司的股东，但通过投资关系、协议或者其他安排，能够实际支配公司行为的人。根据刑法总则有关共同犯罪的规定，上市公司的控股股东、实际控制人指使上市公司的董事、监事、高级管理人员，利用职务便利，操纵上市公司从事损害自身利益行为的，应当按照共犯，通常情况下还应当作为主犯，追究其刑事责任。因此，本款即使未作规定，实际上也不应影响对相关人员刑事责任的追究。但是，考虑到实践中上市公司的董事、监事、高级管理人员，之所以实施这种"吃里扒外"的犯罪，往往是因为受上市公司控股股东、实际控制人的唆使、控制。这些人员实际上只是上市公司控股股东、实际控制人利用以实施犯罪的工具，在幕后进行操纵的控股股东、实际控制人，在许多情况下就是"掏空"上市公司的罪魁祸首和实际受益人。因此，有必要在法律中对这些人员的责任予以明确规定。对其中符合刑法总则关于共同犯罪中主犯、首要分子规定的人员，应当依照有关追究主犯、首要分子刑事责任的规定，予以处罚。

第三款是关于单位指使上市公司的董事、监事、高级管理人员，实施损害上市公司利益行为的处罚规定。实践中"掏空"上市公司的行为，多为上市公司的控股股东或者实际控制人指使，而上市公司的控股股东、实际控制人又多为单位。因此，本款明确规定，上市公司的控股股东、实际控制人是单位的，对该单位判处罚金；对单位直接负责的主管人员和其他直接责任人员，依照本条第一款关于上市公司的董事、监事、高级管理人员的处罚规定处罚。

第四节 破坏金融管理秩序罪

第一百七十条 【伪造货币罪】伪造货币的，处三年以上十年以下有期徒刑，并处罚金；有下列情形之一的，处十年以上有期徒刑或者无期徒刑，并处罚金或者没收财产：

（一）伪造货币集团的首要分子；

（二）伪造货币数额特别巨大的；

（三）有其他特别严重情节的。

【释解与适用】

本条是关于伪造货币罪及其刑罚的规定。

根据本条规定，构成本罪，应当具备以下条件。

一是行为人实施了伪造货币的行为。本条规定的"伪造货币"，是指仿照人民币或者外币的图案、色彩、形状等，使用印刷、复印、描绘、拓印等各种制作方法，将非货币的物质非法制造为假货币，冒充真货币的行为。同时，还包括实践中出现的制造货币版样的行为。制造货币版样的行为，是伪造货币活动中的一部分，这种行为为大量伪造货币提供了条件。至于行为人出于何种目的，是否牟利，使用何种方法，并不影响本罪的构成。只要行为人实施了制造货币版样或将非货币的物质非法制造为假货币，冒充真货币的行为，即构成本罪。

二是本罪的犯罪对象是人民币和外币。本条规定的"货币"，是指可在国内市场流通或者兑换的人民币和外币。根据中国人民银行法第十六条的规定，中华人民共和国的法定货币是人民币。根据《人民币管理条例》第十八条的规定，中国人民银行可以根据需要发行纪念币。纪念币是具有特定主题的限量发行的人民币，包括普通纪念币和贵金属纪念币。因此，普通纪念币、贵金属纪念币也是本罪的犯罪对象。所谓"外币"，是广义的，是指正在流通使用的境外货币。就是说，既包括我国港、澳、台地区的货币，还包括美元、英镑等正在境外流通的货币。中国人民银行法第十八条规定，人民币由中国人民银行统一印制、发行。中国人民银行发行新版人民币，应当将发行时间、面额、图案、式样、规格予以公告。随着我国经济的发展，一些国内外不法分子把人民币作为犯罪的侵害对象。近年来，伪造人民币的犯罪也不断出现。犯罪分子出于各种非法目的，通过各种非法手段伪造人民币，而且这类犯罪呈现愈演愈烈的趋势。这些犯罪通过伪造人民币或者进行假币交易，或者向社会投放伪造的假币的犯罪活动，严重损害了人民币的信誉，扰乱了国家正常的金融秩序和人民群众的生活秩序。该种犯罪社会影响面大，社会危害性大，针对这种情况，刑法对伪造货币罪作了专门规定。在涉案货币金额计算方面，根据2010年《最高人民法院关于审理伪造货币等案件具体应用法律若干问题的解释（二）》第三条的规定，假境外货币犯罪的数额，按照案发当日中国外汇交易中心或者中国人民银行授权机构公布的人民币对该货币的中间价折合成人民币计算。中国外汇交易中心或者中国人民银行授权机构未公布汇率中间价的境外货币，按照案发当日境内银行人民币对该货币的中间价折算成人民币，或者该货币在境内银行、国际外汇市场对美元汇率，与人民币对美元汇率中间价进行套算。第四条规定，假普通纪念币犯罪的数额，以面额计算；假贵金属纪念币犯罪的数额，以贵金属纪念币的初始发售价格计算。此外，如果是以使用为目的，伪造停止流通的货币的，根据该司法解释第五条的规定，依照刑法第二百六十六条的规定，以诈骗罪定罪处罚。

三是行为人在主观上是故意的。伪造货币是一种故意犯罪，在实际发生的案件中，犯罪分子的犯罪目的可能有所不同，如有的是为了某种政治目的，有的是为了牟取暴利，但在主观上具有犯罪的故意则是相同的。

本条列举了三种加重处罚的犯罪情形。第一种情形是"伪造货币集团的首要分子"。本条所称的"伪造货币集团的首要分子",是指在伪造货币集团中起组织、领导、策划作用的犯罪分子。依照本条规定,伪造货币集团的首要分子应当处十年以上有期徒刑或者无期徒刑,并处罚金或者没收财产。如果该犯罪集团还同时触犯其他犯罪的,根据刑法第二十六条第三款的规定,对组织、领导犯罪集团的首要分子,按照集团所犯的全部罪行处罚。

第二种情形是"伪造货币数额特别巨大的"。关于伪造货币构成犯罪的具体数额,根据2000年《最高人民法院关于审理伪造货币等案件具体应用法律若干问题的解释》第一条规定,伪造货币的总面额在二千元以上不满三万元或者币量在二百张(枚)以上不足三千张(枚)的,处三年以上十年以下有期徒刑,并处五万元以上五十万元以下罚金。伪造货币的总面额在三万元以上的,属于"伪造货币数额特别巨大"。依照本条规定,应当处十年以上有期徒刑或者无期徒刑,并处罚金或者没收财产。

第三种情形是"有其他特别严重情节的"。"其他特别严重情节",主要是指以伪造货币为常业的,伪造货币技术特别先进、规模特别巨大等情况。实践中,从被捣毁的制造假币的犯罪窝点可以看出,有些犯罪活动呈现出专业化很强、技术化程度很高、分工很细致的情况,有些制造的假币几乎乱真,日常生活中很难加以辨别,危害性极大。依照本条规定,应处十年以上有期徒刑或者无期徒刑,并处罚金或者没收财产。对实践中出现的制造货币版样或者与他人事前通谋,为他人伪造货币提供版样的行为,规定依照本条规定定罪处罚。

【适用中需要注意的问题】

实践中对于伪造货币是否必须以伪造真货币为前提,存在一定的分歧。有的意见认为,对伪造货币行为如果限制在真货币,会缩小伪造货币的范围,放纵犯罪,不利于依法惩治伪造货币犯罪行为。如有的行为人伪造面额为三百元人民币后谎称其为中国人民银行新发行的货币;有的行为人在伪造外币时,凭空想象设计假外币或者利用被害人不知情等情况欺诈对方出售、使用该货币。上述行为均没有以真币为版样来制作假币,同样应当认定构成本罪。也有的意见认为,"伪"相对于"真"才能存在,在真实货币都不存在的情况下,伪造不真实的所谓"货币"与本罪保护的对象相违背,容易将本罪与诈骗罪相混淆。总的来看,后一种意见更具有合理性,如果伪造的是不存在的货币,如"月球币"等,并未对真实货币的流通秩序产生影响,如果构成诈骗罪的,可以按照诈骗罪定罪处罚。

第一百七十一条 【出售、购买、运输假币罪】出售、购买伪造的货币或者明知是伪造的货币而运输,数额较大的,处三年以下有期徒刑或者拘役,并处二万元以上二十万元以下罚金;数额巨大的,处三年以上十年以下有期徒刑,并处五万元以上五十万元以下罚金;数额特别巨大的,处十年以上有期徒刑或者无期徒刑,并处五万元以上五十万元以下罚金或者没收财产。

【金融机构工作人员购买假币、以假币换取货币罪】银行或者其他金融机构的工作人员购买伪造的货币或者利用职务上的便利,以伪造的货币换取货币的,处三年以上十年以下有期徒刑,并处二万元以上二十万元以下罚金;数额巨大或者有其他严重情节的,处十年以上有期徒刑或者无期徒刑,并处二万元以上二十万元以下罚金或者没收财产;情节较轻的,处三年以下有期徒刑或者拘役,并处或者单处一万元以上十万元以下罚金。

伪造货币并出售或者运输伪造的货币的,依照本法第一百七十条的规定定罪从重处罚。

【释解与适用】

本条是关于出售、购买、运输假币罪和金融机构工作人员购买假币、以假币换取货币罪及其刑罚的规定。

本条共分三款。本条第一款是关于出售、购买、运输假币罪及其处罚的规定。本款规定的"出售伪造的货币",是指以营利为目的,以一定的价格卖出伪造的货币的行为。"购买伪造的货币",是指行为人以一定的价格用货币换取伪造的货币的行为。"明知是伪造的货币而运输",是指行为人主观上明明知道是伪造的货币,而使用汽车、飞机、火车、轮船等交通工具或者以其他方式将伪造的货币从甲地携带到乙地的行为。本款共规定了以下三个罪名。

一是出售假币罪。出售假币罪具有以下特征:其一,行为人在主观上必须是故意的。人民币不是一般的商品，是不能出售的，在现实生活中更不可能存在用低于某种货币的面值出售该种货币的情况，只有在所持有的"货币"是伪造的，不具有其票面所标明价值的情况下，才可能出现某些不法分子为牟取不义之财进行出售的情况。在这种情况下，行为人主观上的故意是不言而喻的。其二，行为人必须实施了出售伪造货币的行为。其三，行为人出售伪造货币要达到一定的数量。根据本款规定，出售伪造货币的数额较大，即构成本罪。根据《最高人民法院关于审理伪造货币等案件具体应用法律若干问题的解释》第三条之规定，出售假币总面额在四千元以上不满五万元的，属于"数额较大"；总面额在五万元以上不满二十万元的，属于"数额巨大"；总面额在二十万元以上的，属于"数额特别巨大"，依照本条第一款的规定定罪处罚。对于出售了少量伪造的货币，没有达到数额较大的，应当按照有关规定，给予相应的行政处罚。

二是购买假币罪。构成购买假币罪，应具备以下特征：其一，行为人在主观上是故意，一般都以牟取非法利益为目的，如购买后冒充货币使用或者行骗；购买后再进行贩卖以牟取暴利等。其二，行为人必须实施了以一定的价格购买伪造货币的行为，在通常情况下，其买入的价格一般远远低于票面所印价格。其三，购买的伪造货币的数额较大。这里"数额较大"的标准与《最高人民法院关于审理伪造货币等案件具体应用法律若干问题的解释》第三条规定的出售假币罪的标准一致。

三是运输假币罪。根据本款规定，构成本罪应当具备以下特征：其一，行为人首先要具有运输伪造货币的行为。其二，行为人在主观上必须是明知的，即行为人清楚知道其运输的货物是伪造的货币。从实际情况看，运输伪造货币的行为与出售伪造货币的行为、购买伪造的货币的行为不同。出售、购买伪造货币的，行为人具有主观上的故意是不言而喻的；运输伪造货币的案件，主观状态则比较复杂，在有些情况下，托运人并未向承运人如实告知所运货物的情况，承运人也无法了解所运货物的真实情况。在这种情况下，承运人是被蒙骗的，对这种因受蒙骗等原因在不知道运输的是伪造的货币的情况下而运输的，不能作为犯罪处理。因此本款明确将"明知"规定为构成犯罪的要件。其三，运输的伪造的货币的数额较大。这里"数额较大"的标准也与《最高人民法院关于审理伪造货币等案件具体应用法律若干问题的解释》第三条规定的出售假币罪的标准一致。

根据本款和最高人民法院相关司法解释的规定，对出售、购买伪造的货币或者明知是伪造的货币而运输，数额较大的，即总面额在四千元以上不满五万元的，处三年以下有期徒刑或者拘役，并处二万元以上二十万元以下罚金；数额巨大的，即总面额在五万元以上不满二十万元的，处三年以上十年以下有期徒刑，并处五万元以上五十万元以下罚金；数额特别巨大的，即总面额在二十万元以上的，处十年以上有期徒刑或者无期徒刑，并处五万元以上五十万元以下罚金或者没收财产。对于行为人购买伪造的货币后使用，构成犯罪的，依照本条规定的购买假币罪定罪，并从重处罚。对于行为人出售、运输假币构成犯罪，同时有使用假币行为进行犯罪的，应当分别依照本条和刑法第一百七十二条的规定，实行数罪并罚。

第二款是关于银行或者其他金融机构的工作人员购买伪造的货币，或者利用职务上的便利以伪造的货币换取货币的犯罪及处罚的规定。这里所说的"银行"，指开发性金融机构（国家开发银行）、住房储蓄银行、政策性银行、商业银行、农村合作银行、村镇银行、农村和城市的信用合作社、农村资金互助社等。"其他金融机构"，是指除银行以外的信托公司、证券公司、期货经纪公司、保险公司、金融资产管理公司、企业集团财务公司、金融租赁公司、汽车金融公司、货币经纪公司、消费金融公司、境外非银行金融机构驻华代表处等金融机构。"利用职务上的便利，以伪造的货币换取货币"，是指银行或者其他金融机构的工作人员，利用职务上管理金库、出纳现金、吸收付出存款等便利条件，以伪造的货币换取货币的行为。银行及其他金融机构从事货币流通及其相关的业务活动，其工作人员出于工作性质和工作的需要，有更多的机会和条件接触货币。一些银行或者其他金融机构的工作人员购买伪造货币或者以伪造货币换取货币的案件，往往涉及的犯罪金额巨大，不仅给国家造成了严重的经济损失，而且严重影响了银行及其他金融机构的声誉，严重扰乱了国家的金融秩序，也违背了他们维护货币的正常流通及金融秩序稳定的职责，他们的行为较一般公民购买伪造货币或者以伪造的货币换取货币的行为具有更为严重的社会危害性。因此，本款对银行或者其他金融机构工作人员购买伪造货币和银行或者其他金融机构的工作人员利用职务上的便利，以伪造的货币换取货币的行为，规定了比一般公民更为严厉的刑罚。

本款规定的银行或者其他金融机构的工作人员购买假币罪，其犯罪构成在主观方面和行为特征上与普通人购买伪造的货币是一样的。所不同的是普通人购买伪造的货币数额较大的才构成犯罪，本款规定没有这一限制。也就是说，银行或者其他金融机构的工作人员，只要实施了购买伪造货币的行为，不论数额大小都可构成犯罪。

本款规定的银行或者其他金融机构的工作人员以假币换取货币罪，其犯罪构成具有以下特征：第一，犯罪主体必须是特定的，即必须是银行或者其他金融机构的工作人员。第二，行为人必须实施了用伪造的货币换取货币的行为，即以假币换真币的行为。第三，行为人必须利用了职务上的便利。如果行为人没有利用职务上的便利，而是在私下场合用自己所持有的假币向别人换取真币，不能构成本罪。第四，行为人在主观上必须是故意的。如果行为人在工作中误将假币支付给他人，不能视为利用职务便利以假币换真币。

根据本款和前述最高人民法院司法解释的规定，银行或者其他金融机构工作人员购买假币或者利用职务上的便利，以假币换取货币，总面额在四千元以上不满五万元或者币量在四百张（枚）以上不足五千张（枚）的，处三年以上十年以下有期徒刑，并处二万元以上二十万元以下罚金；数额巨大即总面额在五万元以上或者币量在五千张（枚）以上或者有其他严重情节的，处十年以上有期徒刑或者无期徒刑，并处二万元以上二十万元以下罚金或者没收财产；情节较轻即总面额不满四千元或者币量不足四百张（枚）或者具有其他较轻情节的，处三年以下有期徒刑或者拘役，并处或者单处一万元以上十万元以下罚金。

本条第三款是关于伪造货币并出售或者运输伪造货币的，依照刑法第一百七十条伪造货币罪的规定定罪从重处罚的规定。根据本款的规定，行为人伪造货币，并将伪造的货币出售的；或者伪造货币，并将伪造的货币运输到他处的，应当以伪造货币罪定罪，并根据行为人所犯罪行的具体情节，在本法第一百七十条规定的伪造货币罪的量刑幅度内从重处罚。

关于本条规定的立案追诉标准，2022年《最高人民检察院、公安部关于公安机关管辖的刑事案件立案追诉标准的规定（二）》第十五条规定，出售、购买伪造的货币或者明知是伪造的货币而运输，涉嫌下列情形之一的，应予立案追诉：（1）总面额在四千元以上或者币量在四百张（枚）以上的；（2）总面额在二千元以上或者币量在二百张（枚）以上，二年内因出售、购买、运输假币受过行政处罚，又出售、购买、运输假币的；（3）其他出售、购买、运输假币应予追究刑事责任的情形。在出售假币时被抓获的，除现场查获的假币应认定为出售假币的数额外，现场之外在行为人住所或者其他藏匿地查获的假币，也应认定为出售假币的数额。第十六条规定，银行或者其他金融机构的工作人员购买伪造的货币或者利用职务上的便利，以伪造的货币换取货币，总面额在二千元以上或者币量在二百张（枚）以上的，应予立案追诉。

第一百七十二条 【持有、使用假币罪】明知是伪造的货币而持有、使用，数额较大的，处三年以下有期徒刑或者拘役，并处或者单处一万元以上十万元以下罚金；数额巨大的，处三年以上十年以下有期徒刑，并处二万元以上二十万元以下罚金；数额特别巨大的，处十年以上有期徒刑，并处五万元以上五十万元以下罚金或者没收财产。

【释解与适用】

本条是关于持有、使用假币罪及其刑罚的规定。

本条规定的"明知是伪造的货币而持有"，是指行为人在主观上明确地知道所持有的货币是伪造的人民币或者外币的情况下而违反国家的有关规定非法持有的行为。本条规定的"明知是伪造的货币而使用"，是指行为人明确地知道是伪造的人民币或者外币而以真货币的名义进行支付、汇兑、储蓄等使用的行为。

本条规定了两个罪名。

1. 持有假币罪。考虑到故意持有伪造的货币的行为不仅可能构成伪造货币、运输、出售、走私、购买伪造货币等犯罪，而且这种行为本身对国家正常的金融秩序造成了一定的危害，具有社会危害性，因而本条将明知是伪造的货币而持有的行为规定为犯罪。构成本罪应当具备下列条件：其一，行为人具有持有伪造的货币的行为。这里所说的"持有"的概念是广义的，不仅仅是指行为人随身携带伪造的货币，而且包括行为人在自己家中、亲属朋友处保存伪造的货币，自己或者通过他人传递伪造的货币等行为。其二，行为人在主观上明知其所持有的是伪造的货币。如果行为人在主观上不知道其所持有的是伪造的货币，则不构成本罪。其三，行为人所持有的伪造货币的数额要达到较大的程度。这里所说的"数额较大"，是指在客观方面行为人的行为构成伪造货币罪的条件。如果行为人持有的伪造货币的数额没有达到"数额较大"的条件，则不构成本罪。

根据本条和《最高人民法院关于审理伪造货币等案件具体应用法律若

干问题的解释》第五条的规定，明知是伪造的货币而持有，数额较大的，即总面额在四千元以上不满五万元的，处三年以下有期徒刑或者拘役，并处或者单处一万元以上十万元以下罚金；数额巨大的，即总面额在五万元以上不满二十万元的，处三年以上十年以下有期徒刑，并处二万元以上二十万元以下罚金；数额特别巨大的，即总面额在二十万元以上的，处十年以上有期徒刑，并处五万元以上五十万元以下罚金或者没收财产。

2. 使用假币罪。使用伪造货币的行为，为伪造货币的继续流通、泛滥全国提供了条件，严重扰乱了国家的金融秩序，影响了人民群众的正常生活。同时，通过使用伪造货币行为，也使伪造货币、走私、运输、购买、出售伪造货币等犯罪活动的有利可图成为可能。因此，应当予以刑事处罚。本条在将使用伪造的货币规定为犯罪的同时，对构成这种犯罪的条件也作了规定。根据本条规定，构成使用假币罪应当具备下列条件：其一，行为人实施了明知是伪造的货币而使用的行为。这里所说的"使用"，包括行为人出于各种目的，以各种方式将伪造的货币作为货币流通的行为，如使用伪造的货币购买商品、将伪造的货币存入银行、用伪造的外币在境内进行兑换、以伪造的货币清偿债务等。其二，行为人在主观上明知其使用的是伪造的货币。行为人在主观上是否明知，是区分罪与非罪的标准之一，如果行为人不知是伪造的货币而使用的，不能构成本罪。其三，行为人所使用的伪造的货币的数额较大。行为人使用伪造的货币如果不是数额较大，不能构成犯罪。这里规定的"数额较大"，是区分行为人是否构成本罪的标准。另外，本条还规定行为人使用伪造货币"数额巨大"或者"数额特别巨大"的，作为加重刑事处罚的情节。如果行为人使用伪造的货币，没有达到"数额较大"的，不能构成犯罪。

根据本条和前述最高人民法院司法解释的规定，行为人明知是伪造的货币而持有、使用，涉嫌下列情形之一的，应予立案追诉：（1）总面额在四千元以上或者币量在四百张（枚）以上的；（2）总面额在二千元以上或者币量在二百张（枚）以上，二年内因持有、使用假币受过行政处罚，又持有、使用假币的；（3）其他持有、使用假币应予追究刑事责任的情形。

【适用中需要注意的问题】

实践中还需要注意以下情况。

1. 如果行为人出售、运输假币构成犯罪，同时有使用假币行为的，根据《最高人民法院关于审理伪造货币等案件具体应用法律若干问题的解释》第二条的规定，依照刑法第一百七十一条出售、运输假币罪和本条的规定，实行数罪并罚。

2. 如果行为人以使用为目的，使用伪造的停止流通的货币的，根据《最高人民法院关于审理伪造货币等案件具体应用法律若干问题的解释（二）》第五条的规定，该种行为依照刑法第二百六十六条的规定，以诈骗罪定罪处罚。

第一百七十三条　【变造货币罪】变造货币，数额较大的，处三年以下有期徒刑或者拘役，并处或者单处一万元以上十万元以下罚金；数额巨大的，处三年以上十年以下有期徒刑，并处二万元以上二十万元以下罚金。

【释解与适用】

本条是关于变造货币罪及其刑罚的规定。

本条规定的"变造货币"，是指行为人在真人民币或外币的基础上或者以真货币为基本材料，通过挖补、剪贴、涂改、揭层等加工处理，使原货币改变数量、形态和面值的行为。

根据本条规定，构成变造货币罪应当具备以下条件。

1. 行为人必须具有变造货币的行为。变造货币的行为表现为剪贴、挖补、揭层、涂改、移位、重印等各种不同方式。不论行为人以其中何种方式变造货币，都可构成本罪。变造货币的行为与伪造货币的行为是不同的，变造货币是在真币的基础上进行的加工处理，以增加原货币的面值，伪造货币则不是对真币进行加工处理，而是将非货币的一些物质经过加工后伪造成为货币，有的伪造货币的行为要利用货币，如采用彩色复印机伪造货币的。变造的货币在某种程度上有原货币的成分，如原货币的纸张、金属防伪线、油墨等。伪造的货币则不具有原货币的成分。根据《最高人民法院关于审理伪造货币等案件具体应用法律若干问题的解释（二）》第一条规定，对真货币采用剪贴、挖补、揭层、涂改、移位、重印等方法加工处理，改变真币形态、价值的行为，应当认定为本条规定的"变造货币"。

2. 行为人在主观上是故意的，主要是以非法牟利为目的。如果行为人不具有非法牟利的目的，如出于好奇等原因对货币进行了涂改，改变了货币的金额，但并未进行使用，且不具有使用的意图，不能构成本罪。

3. 行为人变造货币的数额要达到一定的标准，即"数额较大"。本条所称的"数额较大"，是构成本罪的要件之一。变造货币的数额是衡量该行为社会危害性的主要标准。一般来说，变造货币的数额小，其社会危害性也比较小；变造货币的数额大，社会危害性也大。本条以"数额较大"作为构成犯罪的条件。同时，本条还对变造货币数额巨大的，规定了较重的处罚。行为人变造货币的数额不大的，如剪贴了几张小面额的货币等，不构成犯罪，可以由公安机关处罚。

根据本条和《最高人民法院关于审理伪造货币等案件具体应用法律若干问题的解释》第六条的规定，行为人变造货币，数额较大的，即总面额在二千元以上不满三万元的，处三年以下有期徒刑或者拘役，并处或单处一万元以上十万元以下罚金；数额巨大的，即总面额在三万元以上的，处三年以上十年以下有期徒刑，并处二万元以上二十万元以下罚金。

本条对变造货币罪规定了比伪造货币罪较轻的刑罚，主要是考虑这类犯罪由于受到行为方式的限制，一般情况下变造的货币的数额要远远小于伪造的货币的数额，而且变造货币的犯罪是在货币的基础上进行加工处理，犯罪分子还需要先投入一部分真的货币才能进行这种犯罪活动，从这个角度上讲，这类犯罪所能牟取的非法利益也要相对小于伪造货币的犯罪，而伪造货币的犯罪有时则是成批、大量地生产"货币"，对国家的金融秩序的危害要比变造货币严重，为了体现区别对待、罪刑相适应的原则，本法对变造货币的犯罪和伪造货币的犯罪规定了不同的刑罚。

【适用中需要注意的问题】

实践中，对于货币面额的计算标准，特别是外币面额的计算标准，直接影响犯罪的量刑档次。根据《最高人民法院关于审理伪造货币等案件具体应用法律若干问题的解释》第七条和《最高人民法院关于审理伪造货币等案件具体应用法律若干问题的解释（二）》第三条的规定，司法部门在办案涉及上述第一百七十条至第一百七十三条犯罪案件时，货币面额应当以人民币计算，计算人民币以外的其他币种的数额，按照案发当日中国外汇交易中心或者中国人民银行授权机构公布的人民币对该货币的中间价折合成人民币计算。中国外汇交易中心或者中国人民银行授权机构未公布汇率中间价的境外货币，按照案发当日境内银行人民币对该货币的中间价折算成人民币，或者该货币在境内银行、国际外汇市场对美元汇率，与人民币对美元汇率中间价进行套算。

第一百七十四条　【擅自设立金融机构罪】未经国家有关主管部门批准，擅自设立商业银行、证券交易所、期货交易所、证券公司、期货经纪公司、保险公司或者其他金融机构的，处三年以下有期徒刑或者拘役，并处或者单处二万元以上二十万元以下罚金；情节严重的，处三年以上十年以下有期徒刑，并处五万元以上五十万元以下罚金。

【伪造、变造、转让金融机构经营许可证、批准文件罪】伪造、变造、转让商业银行、证券交易所、期货交易所、证券公司、期货经纪公司、保险公司或者其他金融机构的经营许可证或者批准文件的，依照前款的规定处罚。

单位犯前两款罪的，对单位判处罚金，并对其直接负责的主管人员和其他直接责任人员，依照第一款的规定处罚。

【释解与适用】

本条是关于擅自设立金融机构罪和伪造、变造、转让金融机构经营许可证、批准文件罪及其刑罚的规定。

本条共分三款。本条第一款是关于擅自设立商业银行、证券交易所、期货交易所、证券公司、期货经纪公司、保险公司或者其他金融机构的构成犯罪的规定。具体具有以下特征。

一是犯罪的主体包括自然人和单位。

二是犯罪的主观方面为具有非法设立商业银行、证券交易所、期货交易所、证券公司、期货经纪公司、保险公司或者其他金融机构的主观故意，即行为人主观上明知设立上述金融机构应当经过有关主管机关的审查和批准，但是为了达到获取非法利益的目的，而故意违反有关的法律、法规擅自设立从事金融业务的机构。

三是本罪所侵犯的客体，是国家对商业银行、证券交易所、期货交易所、证券公司、期货经纪公司、保险公司和其他金融机构的审批管理制度。国家相关部门根据各部门的职责和权限进行审批，并因部门职责的调整同步调整审批权限。在2018年国务院机构改革中，中国银行业监督管理委员会和中国保险监督管理委员会的职责又进一步整合,组建中国银行保险监督管理委员会(以下简称中国银保监会)。目前,设立商业银行、证券交易所、期货交易所、证券公司、期货经纪公司、保险公司和其他金融机构必须由中国人民银行、中国证监会、中国银保监会等国家指定的主管机关进行审批和监督管理。这是国家对金融业进行宏观调控的一个主要方面,特别是我国社会主义经济建设逐步进入社会主义市场经济的轨道后,在建立健全完善的金融运作体系和管理秩序的过程中,加强对金融业的监督和管理,显得尤为重要。而违反国家的法律、法规的规定,擅自设立这些金融机构的行为,则破坏了国家规定的审批管理制度,必然会严重损害国家的金融管理秩序,也会给整个国民经济建设造成严重的破坏。

四是本罪的客观方面表现为行为人实施了非法设立商业银行、证券交易所、期货交易所、证券公司、期货经纪公司、保险公司和其他金融机构的犯罪行为。这种行为具有以下两个方面的特点:其一,实施了相应的行为,即行为人必须有设立这些机构的具体行为;其二,事实上已经设立了这些机构。根据银行业监督管理法和商业银行法的有关规定,商业银行依法接受中国银保监会的监督管理,商业银行的设立及其经营范围都必须经过中国银保监会的审查和批准。未经批准,任何单位和个人如果擅自设立商业银行,就是"擅自设立商业银行"的行为。其中"商业银行"是指根据商业银行法和公司法成立的,经中国银保监会批准的,并以"银行"名义对外吸收公众存款、发放贷款、办理结算以及开展其他金融业务、具有法人资格、以实现利润为其经营目的的金融机构。根据相关法律法规和中国证监会的有关规定,证券交易所、期货交易所、证券公司、期货经纪公司等接受中国证监会的监督管理。这些交易所及其公司的设立和经营范围都必须经过中国证监会的审查、批准。这里所说的"证券交易所"是指经中国证监会审查批准设立的专门从事买卖股票、公债、公司债券等有价证券的交易场所;"期货交易所"是指经中国证监会审查批准设立的以期货为主要交易内容的交易场所;"证券公司"是指经中国证监会审查批准设立的经营股票、债券等上市证券业务的企业法人;"期货经纪公司"是指经中国证监会审查批准设立的,主要从事代理期货上市交易的经纪公司。此外,还有基金管理公司等,如根据证券投资基金法第十三条规定,设立管理公开募集基金的基金管理公司,应当经国务院证券监督管理机构批准。根据中国银保监会的有关规定,保险公司接受中国银保监会的监督管理。保险公司的设立及其经营范围必须经中国银保监会审查和批准。这里所说的"保险公司"是指经中国银保监会审查批准设立的经营保险业务的具有法人资格的企业。另外，本款所说的"其他金融机构"是指除上述规定的商业银行、证券交易所、期货交易所、证券公司、期货经纪公司、保险公司以外的，经国家有关主管部门批准设立的其他依法参与金融活动、开展金融业务的，具有法人资格的组织。从我国目前的情况来看，"其他金融机构"主要有以下几类：信托公司、金融租赁公司、企业集团财务公司等。

根据本款规定，擅自设立商业银行、证券交易所、期货交易所、证券公司、期货经纪公司、保险公司或者其他金融机构的，处三年以下有期徒刑或者拘役，并处或者单处二万元以上二十万元以下罚金；情节严重的，处三年以上十年以下有期徒刑，并处五万元以上五十万元以下罚金。

第二款是关于伪造、变造、转让金融机构经营许可证或者批准文件的犯罪及其处罚的规定。本款规定的伪造、变造和转让金融机构经营许可证或者批准文件的犯罪具有以下特征。

一是犯罪主体是自然人和单位。由于伪造、变造、转让经营许可证或者批准文件这三种犯罪的行为有其各自的特征，所以从事这种犯罪的主体成分也会有所区别。就一般而言，伪造、变造经营许可证或者批准文件的行为一般是个人所为，当然也不排除个别单位从事这类犯罪活动的可能性。而转让经营许可证或者批准文件的犯罪，则一般都是由该许可证的所有者，即单位所为。但在实践中也会有个人未经单位同意，或者通过窃取手段将许可证私下转让的行为的发生。

二是犯罪行为侵犯的客体是国家对商业银行、证券交易所、期货交易所、证券公司、期货经纪公司、保险公司和其他金融机构的管理秩序。

三是行为人在主观方面都具有伪造、变造和转让经营许可证或者批准文件的主观故意。从这类犯罪行为的方法可以看出，行为人都是在明知其行为是法律严格禁止的情况下，为了达到使自己或他人非法经营金融业务的目的，而故意实施伪造、变造和转让经营许可证或者批准文件的危害社会的行为。

四是行为人必须实施了伪造、变造或转让经营许可证或者批准文件的行为。其中"商业银行的经营许可证或者批准文件"，是指由中国银保监会审查批准的商业银行经营金融业务及其经营范围的具有法律意义的证明文件及批准文件，如金融许可证等。证券交易所、期货交易所、证券公司、期货经纪公司的"经营许可证或者批准文件"，是指由中国证监会审查批准的这些机构经营有关金融业务及其经营范围的证明文件，如经营证券期货业务许可证等。保险公司的"经营许可证或者批准文件"，是指由中国银保监会审查批准的经营保险业务及其经营范围的证明文件，如保险许可证等。"其他金融机构的经营许可证或者批准文件"，是指根据有关法律、法规的规定，由有关主管部门审查批准的经营金融业务及其经营范围的证明文件。

本款规定的"伪造"金融机构经营许可证或者批准文件，是指仿照经营许可证或者批准文件的形状、特征、色彩、样式，非法制造假的经营许可证或者批准文件的行为。"变造"金融机构经营许可证或者批准文件，是指通过涂改、拼改、挖补等手段，改变经营许可证或者批准文件内容的行为，如通过上述手段改变原许可证或者批准文件上的经营业务的范围、单位的名称、批准的日期、批准的单位等。"转让"金融机构经营许可证或者批准文件，是指行为人将自己的经营许可证或者批准文件通过出售、出租、出借、赠与等方式有偿或者无偿转与或者让与其他的机构或者个人使用的行为。在实际发生的案件中，伪造、变造、转让经营许可证或者批准文件的行为，从方式上讲可能是多种多样的，但无论行为人采取什么方式、方法，均不影响犯罪的成立。这里应当注意的是，本款在罪状的表述上没有将伪造、变造或者转让经营许可证的数量或者其他情节作为定罪的界限。根据本款的规定，行为人只要实施了伪造、变造或转让经营许可证或者批准文件的行为，就构成犯罪。当然，对于个别"情节显著轻微、危害不大"的，可以依照刑法总则的有关规定不予刑事处罚。

对构成伪造、变造、转让金融机构经营许可证或者批准文件的犯罪的，应当依照本条第一款规定的刑罚处罚，即对伪造、变造、转让商业银行、证券交易所、期货交易所、证券公司、期货经纪公司、保险公司和其他金融机构的经营许可证或者批准文件的犯罪，应当处以三年以下有期徒刑或者拘役，并处或者单处二万元以上二十万元以下罚金。对"情节严重"的，处以三年以上十年以下有期徒刑，并处五万元以上五十万元以下罚金。其中"情节严重"主要是指行为人实施本款规定的犯罪行为情节恶劣或者造成严重后果，如通过伪造、变造、转让经营许可证或者批准文件，使自己或者他人开始非法经营大量的金融业务，严重干扰了国家金融秩序，或者给客户、经营单位造成重大经济损失等严重后果的；或者多次从事这类犯罪行为，屡教不改又再次从事这类犯罪活动的；或者利用伪造、变造、转让的经营许可证或者批准文件，进行诈骗活动的；等等。

第三款是关于单位犯本条第一款、第二款犯罪的规定。根据本款规定，单位犯前两款罪的，对单位判处罚金，并对其直接负责的主管人员和其他直接责任人员，依照第一款的规定处罚。经济活动中，存在着有些单位从事擅自设立商业银行、证券交易所、期货交易所、证券公司、期货经纪公司、保险公司或者其他金融机构，以及伪造、变造、转让商业银行、证券交易所、期货交易所、证券公司、期货经纪公司、保险公司或者其他金融机构的经营许可证或者批准文件的违法犯罪行为。由于单位从事这类违法犯罪活动，从某种意义上讲要比个人从事这类违法犯罪活动的社会危害程度更严重，特别是单位擅自设立商业银行、证券交易所、期货交易所、证券公司、期货经纪公司、保险公司的违法犯罪行为，给国家的金融管理秩序造成的危害后果更大，因此有必要对单位犯罪作出单独的规定。

根据第三款的规定，对单位犯罪采取双罚原则，即如果单位构成本条前两款规定的擅自设立金融机构、证券交易所、期货交易所、证券公司、期货经纪公司、保险公司的犯罪和伪造、变造、转让商业银行、证券交易所、期货交易所、证券公司、期货经纪公司、保险公司或者其他金融机构的经营许可证或者批准文件的犯罪的，对单位直接负责的主管人员和其他直接责任人员依照本条第一款的规定判处三年以下有期徒刑或者拘役，并处或者单处二万元以上二十万元以下罚金；情节严重的，处三年以上十年以下有期徒刑，并处五万元以上五十万元以下罚金。同时对单位判处罚金。

【适用中需要注意的问题】

在实践中，有些商业银行、证券公司、期货经纪公司、保险公司或者其他金融机构，为了扩展业务，不向主管机关申报而擅自扩建营业网点、增设分支机构，或者虽向主管机关申报，但在主管机关尚未批准前就擅自设立分支机构进行营业活动。虽然这些行为都是违法行为，但与那些未取得金融业务经营资格的单位或者个人违反法律、法规的规定擅自设立商业银行、证券交易所、期货交易所、证券公司、期货经纪公司、保险公司或者其他金融机构的行为在本质上是有区别的。前者应由有关主管部门查处后予以纪律或行政处理，如责令取消未经批准设立和扩建的营业网点和分支机构，给予行政处罚等，而不应当按照犯罪处理。

第一百七十五条 【高利转贷罪】以转贷牟利为目的，套取金融机构信贷资金高利转贷他人，违法所得数额较大的，处三年以下有期徒刑或者拘役，并处违法所得一倍以上五倍以下罚金；数额巨大的，处三年以上七年以下有期徒刑，并处违法所得一倍以上五倍以下罚金。

单位犯前款罪的，对单位判处罚金，并对其直接负责的主管人员和其他直接责任人员，处三年以下有期徒刑或者拘役。

【释解与适用】

本条是关于高利转贷罪及其刑罚的规定。

本条共分两款。第一款是个人套取金融机构贷款转贷他人非法牟利犯罪及其处罚的规定。根据本条的规定，本罪在构成要件上有以下特征：一是本条第一款的主体为自然人。二是行为人在客观上实施了套取金融机构信贷资金并高利转贷给他人以牟利的行为。本条所称"套取金融机构信贷资金高利转贷他人"是指编造虚假理由，从银行、信托公司、农村信用社、农村合作银行等金融机构获得信贷资金后又转贷给第三人。行为人转贷给他人的资金必须是金融机构的信贷资金。如果行为人只是将自己的剩余资金借贷给他人，不构成犯罪。本条所称的"高利转贷他人"，是指行为人以比金融机构贷款利率高的利率将套取的金融机构的信贷资金转贷他人，从中获取不法利益。三是行为人在主观上有转贷牟利的目的。如果行为人在主观上有非法占有信贷资金的目的，则可能构成他罪。四是行为人将金融机构信贷资金转贷他人，获取非法利益，数额较大的，才构成犯罪，这是区分罪与非罪的重要界限。

对于个人犯本罪，本条根据违法所得数额的大小，规定了两档处罚：违法所得数额较大的，处三年以下有期徒刑或者拘役，并处违法所得一倍以上五倍以下罚金；数额巨大的，处三年以上七年以下有期徒刑，并处违法所得一倍以上五倍以下罚金。

第二款是关于单位将金融机构的信贷转贷他人，非法牟利犯罪及其处罚的规定。这里的"单位"，不仅包括非金融系统的公司、企业或者其他单位，也包括金融系统本身办的一些所谓三产企业、单位。有些银行或者其他金融机构办的所谓"三产单位",利用自身为金融机构下属单位的有利条件,低息从金融机构获取贷款后,高息转贷他人,获取非法利益,严重地破坏了金融秩序,必须给予坚决打击,根据本条规定,单位犯本条规定之罪的,对单位判处罚金,并对其直接负责的主管人员和其他直接责任人员,处三年以下有期徒刑或者拘役。

【适用中需要注意的问题】

实践中,需要注意我国利率的改革和发展对具体案件中"高利"的认定所产生的影响。对于本罪来说,只要高于为行为人提供信贷资金来源的金融机构的贷款利率,就符合这里的"高利"。考虑到我国金融改革的进程有所变化,不同时期、不同性质的金融机构贷款利率有时不同。因此,不能以不高于同期其他金融机构的贷款利率而否定构成"高利",需要具体情况具体分析。

从我国利率改革和发展的过程上看,中国人民银行法第五条规定,中国人民银行就年度货币供应量、利率、汇率和国务院规定的其他重要事项作出的决定,报国务院备案。商业银行法第三十八条规定,商业银行应当按照中国人民银行规定的贷款利率的上下限,确定贷款利率。一段时期以来,金融领域的利率市场化改革稳步推进。原先中国人民银行施行金融机构贷款利率管制,对金融机构贷款利率设置浮动区间,同时根据金融改革和市场发展的需要,不断扩大浮动区间,如在1998年至1999年间,中国人民银行三次扩大了金融机构贷款利率浮动区间。2004年1月,经国务院批准,中国人民银行进一步扩大了金融机构贷款利率浮动区间。金融机构不再根据规模和所有制性质,而是根据信誉、风险等因素确定合理的贷款利率。2004年10月,中国人民银行对金融机构存贷款利率进一步作出调整,不再对贷款利率设定上限,仅设定下限为贷款基准利率的0.9倍。此外,考虑到城乡信用社的金融竞争环境尚不完善,一段时期内,中国人民银行仍对其贷款利率实行上限管理,最高上浮系数为贷款基准利率的2.3倍。2013年7月20日,经国务院批准,中国人民银行全面开放金融机构贷款利率管制,包括取消已下调至贷款基准利率0.7倍的贷款利率下限、农村信用社贷款利率上限等。2013年10月,中国人民银行正式运行贷款基础利率(LPR)集中报价和发布机制。目前,各金融机构开展贷款基准利率转换贷款基础利率的改革工作仍在进行。由此,实践中需要根据案件的具体情况，如行为人向金融机构贷款的时间、金融机构的性质、金融机构确定的贷款利率等确定是否为"高利"。如根据政策要求，行为人按照农村信用社贷款利率上限贷出信贷资金，转贷他人的利率高于农村信用社的贷款利率但是仍低于同期其他金融机构的贷款利率的，仍构成"高利转贷"行为。

第一百七十五条之一 【骗取贷款、票据承兑、金融票证罪】以欺骗手段取得银行或者其他金融机构贷款、票据承兑、信用证、保函等，给银行或者其他金融机构造成重大损失的，处三年以下有期徒刑或者拘役，并处或者单处罚金；给银行或者其他金融机构造成特别重大损失或者有其他特别严重情节的，处三年以上七年以下有期徒刑，并处罚金。

单位犯前款罪的，对单位判处罚金，并对其直接负责的主管人员和其他直接责任人员，依照前款的规定处罚。

【释解与适用】

本条是关于骗取贷款、票据承兑、金融票证罪及其刑罚的规定。

2006年6月29日，第十届全国人民代表大会常务委员会第二十二次会议审议通过了刑法修正案（六），对刑法的有关内容进行了修改、补充。本条所规定的行为是一种新的犯罪行为，是对1997年刑法条文的补充。当前社会上以虚构事实、隐瞒真相等欺骗手段骗取银行等金融机构的贷款及其他信用的现象比较严重，严重危害了我国金融安全。加上我国诚信体系建设尚待完善，严重制约了对失信行为的惩戒，培育全社会的信用文化和加强诚信立法已成为打击金融欺诈的当务之急。刑法修正案（六）的这一规定，正是为了解决这一问题。

刑法修正案（六）增加的骗取贷款类犯罪对于保护银行等金融机构信贷资金的安全，保障银行等金融机构的信誉体系发挥了重要作用。同时，适用中也出现了一些不当适用、扩大适用的情况：有的提出，本罪规定的"其他严重情节"的门槛低，按照有关司法解释的规定，融资数额超过一百万或者多次骗贷的即构成犯罪，导致入罪范围过宽，涉及很多民营企业，不利于破解融资难等问题；有的提出，本罪并非诈骗银行资金，具有诈骗目的应当认定为刑法另外规定的贷款诈骗罪、票据诈骗罪、信用证诈骗罪、金融凭证诈骗罪等，本罪主要是从融资程序环节更好地保护银行资金安全和信用作出的规定，对此应当通盘考虑融资环境的实际和当前信用体系制度建设的实际情况；有的提出，由于"融资门槛高""融资难"等原因，民营企业因生产经营需要，在融资过程中虽然有一些违规行为，但并没有诈骗目的，最后未给银行造成重大损失的，一般可不作为犯罪处理；有的反映，造成"骗贷"的原因和情况复杂，银行在融资中处于"强势"地位，适用格式条款，融资条件严格，借款人对资金需求大，有的很难完全符合贷款条件要求，有的在一些材料上存在虚假提供的情况，从实践情况看甚至有的提供了真实的担保，因存在欺骗手段和涉及数额较大，也面临刑事案件风险；有的"骗取"行为是在银行人员授意、指导、帮助下进行的；有的"骗贷"案件由于竞争对手打压、股东斗争等被举报，个别执法力量借此不当介入民营经济活动，成为民营企业家涉嫌较多的罪名，成为民营企业生产经营过程中的一个刑事风险点。根据各方面意见，刑法修正案（十一）对本罪入罪门槛作了适当调整，将给银行或者其他金融机构"造成重大损失或者有其他严重情节"修改为"造成重大损失"，删去了"其他严重情节"的规定。这一修改有利于正确区分违约与违法、违法与犯罪的关系，审慎处理涉民营企业融资案件，更好地落实党中央、国务院关于完善产权保护制度的精神。同时，也需要注意的是，修改后本罪原则上要求给银行等金融机构造成一定损失，以适当缩小打击面，但另外保留了第二档刑中情节犯的规定，主要是考虑到对特别重大的骗取融资行为，例如有的案件中特别重大损失一时还不好认定，或者给国家金融安全、银行资金安全造成特别重大风险，或者骗取手段极其恶劣，或者骗开数额特别巨大信用证等，可依法适用本罪，目的是维护重大金融安全和信用安全。

本条第一款是关于个人骗取银行或者其他金融机构的贷款及其他信用的犯罪行为及刑事处罚的规定。根据本条的规定，构成这一犯罪需要符合以下几个条件：（1）犯罪的主体。构成本罪的犯罪主体既包括个人，也包括单位。第一款是关于个人犯罪的规定。（2）犯罪人必须采取了欺骗的手段。所谓"欺骗手段"，是指行为人在取得银行或者其他金融机构的贷款、票据承兑、信用证、保函等信贷资金、信用时，采用的是虚构事实、隐瞒真相等手段，掩盖了客观事实，骗取了银行或者其他金融机构的信任。申请人在申请贷款的过程中有虚构事实、掩盖真相的情节，或者在申请贷款过程中提供假证明、假材料。需要注意的是，对"欺骗手段"的理解不能过于宽泛，欺骗手段应当是严重影响银行对借款人资信状况、还款能力判断的实质性事项，这类事项应当属于银行等金融机构一旦知晓真实情况就会基于风险控制而不会为其融资的事项。如行为人编造虚假的资信证明、资金用途、抵押物价值等虚假材料，导致银行或者其他金融机构高估其资信现状的，可以认定为使用"欺骗手段"。（3）犯罪的对象是银行或者其他金融机构的贷款、票据承兑、信用证、保函等。这里所说的"银行"，包括中国人民银行和各类商业银行。"其他金融机构"，是指除银行以外的各种开展金融业务的机构，如证券、保险、期货、外汇、融资租赁、信托投资公司等。"贷款"，是指贷款人向借款人提供的、按照借款合同的约定还本付息的货币资金。"信用证"，是指开证银行根据客户（申请开证人）的请求或者自己主动向一方（受益人）所签发的一种书面约定，如果受益人满足了该书面约定的各项条款，开证银行即向受益人支付该书面约定的款项的凭证。实际上，信用证就是开证行有条件地向受益人付款的书面凭证。"票据承兑"，是指汇票付款人承诺在汇票到期日支付汇票金额的票据行为，其目的在于使承兑人依票据载明的义务承担支付票据金额的义务。"保函"，是指银行以自身的信用为他人承担责任的担保文件，是重要的银行资信文件。（4）给银行或者其他金融机构造成重大损失，这是区分是否构成本罪的界限。刑法修正案（十一）对本罪入罪门槛作了修改，删去了原规定的"其他严重情节"，规定为"造成重大损失"的条件。因此，一般来说，对于并非出于诈骗银行资金目的，在向银行等金融机构融资过程中存在违规行为，使用了"欺骗手段"获得资金，但归还了银行资金，未给银行造成重大损失的，不作为犯罪处理。"给银行或者其他金融机构造成重大损失"是一个客观标准，指的是上述行为直接造成的经济损失，如贷款无法追回，银行由于出具的信用所承担的还款或者付款等实际经济损失。2022年《最高人民检察院、公安部关于公安机关管辖的刑事案件立案追诉标准的规定（二）》第二十二条对修改前本条的"造成重大损失"作了规定，"以欺骗手段取得银行或者金融机构贷款、票据承兑、信用证、保函等，给银行或者其他金融机构造成直接经济损失数额在五十万元以上的"，应予立案追诉。"直接经济损失"是指侦查机关立案时逾期未偿还银行或者其他金融机构的信贷资金。实践中对于偿还了银行贷款，或者提供了足额真实担保，未给银行造成直接损失的，一般不应追究骗取贷款、票据承兑、金融票证罪刑事责任。需要注意的是，实践中对是否造成"重大损失"的判断时点和标准不能过于拘泥，不能要求穷尽一切法律手段后才确定是否造成损失，如行为人采取欺骗手段骗取贷款，不能按期归还资金，也没有提供有效担保，就应认定给银行等金融机构造成重大损失，而不能要求银行等在采取诉讼等法律手段追偿行为人房产等财产不能清偿之后，才判定其遭到重大损失。对于后期在判决前通过法律手段获得清偿的，可酌定从宽处罚。

对于构成本罪的，本款规定了两档刑，即给银行或者其他金融机构造成重大损失的，处三年以下有期徒刑或者拘役，并处或者单处罚金；给银行或者其他金融机构造成特别重大损失或者有其他特别严重情节的，处三年以上七年以下有期徒刑，并处罚金。需要注意的是，本条第二档刑罚中保留了"特别严重情节"的规定。这种立法体例在刑法其他条文规定中也存在，如诈骗罪、贷款诈骗罪等。"其他特别严重情节"一般也应当以"造成重大损失"为条件，如果具有欺骗手段特别严重或者涉嫌数额极其巨大，给国家金融安全造成特别重大风险的，也可依法追究刑事责任。

第二款是对单位从事第一款的行为追究刑事责任的规定。根据本款的规定，单位犯前款罪的，对单位判处罚金，并对其直接负责的主管人员和其他直接责任人员，依照前款的规定处罚。

【适用中需要注意的问题】

本条的规定是立法机关针对实践中出现的新情况，为保障我国金融安全，维护社会稳定，而新增加的一种犯罪。同时，根据有关方面意见和实践情况，在定罪量刑上又作了进一步调整完善，更好地把握犯罪界限，防止走偏，因此在适用这一条款惩治此类犯罪活动时，要注意以下几个问题。

1. 刑法修正案（六）增加了骗取贷款罪，刑法修正案（十一）对定罪标准作了适当调整，并非意味着放松对骗取银行贷款等行为的惩治，在贷款等融资过程中采取欺骗手段，给银行等金融机构造成重大损失的，仍应当依法追究刑事责任。同时，在办理骗取贷款等犯罪案件时，在涉及企业生产经营领域，要充分考虑企业"融资难""融资贵"的实际情况，注意从借款人采取的欺骗手段是否属于明显虚构事实或者隐瞒真相，是否与银行工作人员合谋、受其指使，是否非法影响银行放贷决策、危及信贷资金安全,是否造成重大损失等方面,合理判断其行为危害性,不苛求企业等借款人。对于借款人因生产经营需要,在贷款过程中虽有违规行为,但未造成实际损失的,一般不作为犯罪处理。另外,需要注意的是,对并非出于生产经营需要融资,而是具有非法占有资金目的,采取诈骗手段骗取银行贷款等资金的,无论是否给银行造成损失,都应当按照贷款诈骗罪、票据诈骗罪、信用证诈骗罪等依法追究刑事责任。

2. 本罪与刑法第一百九十三条贷款诈骗罪的关系。本罪与刑法第一百九十三条规定的贷款诈骗罪是两个不同的独立的罪。本条所规定的骗取贷款罪,在构成要件上与刑法第一百九十三条的贷款诈骗罪有很大的区别,构成本罪不要求行为人以"非法占有为目的",降低了打击这类犯罪的门槛。需要注意的是,不能因此忽视对以非法占有为目的,诈骗银行或者其他金融机构贷款行为的打击。对在司法实践中能够认定的行为人以"非法占有为目的"的诈骗贷款行为,应依照刑法第一百九十三条贷款诈骗罪追究其刑事责任。另外,两个罪在法定最高刑上也是不同的,贷款诈骗罪最高可以判处无期徒刑,而骗取贷款罪最高法定刑仅为七年有期徒刑。

3. 准确认定和惩治有关共同犯罪。一是关于银行等金融机构人员明知他人实施骗取贷款等行为,仍为其提供帮助或者合谋、指导等,构成犯罪的,依法追究刑事责任。在常委会审议和调研过程中,有意见提出,在本罪中增加"银行或者其他金融机构人员明知行为人采取欺骗手段,仍为其贷款、票据承兑、开具信用证保函等,依照前款处罚"的规定。刑法第一百八十六规定了违法发放贷款罪,第一百八十八条规定了违规出具金融票证罪,第一百八十九条规定了对违法票据承兑、付款、保证罪等,银行等金融机构工作人员构成上述犯罪的,应依法追究刑事责任。二是担保人明知他人实施骗取贷款、票据承兑、金融票证行为而为其提供虚假担保,不履行担保责任,给银行等金融机构造成损失的,可以按照共同犯罪处理。担保人明知他人有采取欺骗手段骗取贷款等行为,仍为其担保的,甚至担保人为免除其担保责任而故意举报行为人骗取贷款的,并不必然免除其担保责任,担保合同、担保责任是否有效依照民法有关规定处理。

第一百七十六条 【非法吸收公众存款罪】非法吸收公众存款或者变相吸收公众存款,扰乱金融秩序的,处三年以下有期徒刑或者拘役,并处或者单处罚金;数额巨大或者有其他严重情节的,处三年以上十年以下有期徒刑，并处罚金；数额特别巨大或者有其他特别严重情节的，处十年以上有期徒刑，并处罚金。

单位犯前款罪的，对单位判处罚金，并对其直接负责的主管人员和其他直接责任人员，依照前款的规定处罚。

有前两款行为，在提起公诉前积极退赃退赔，减少损害结果发生的，可以从轻或者减轻处罚。

【释解与适用】

本条是关于非法吸收公众存款罪及其刑罚的规定。

改革开放以来，随着经济的发展，社会各方面对资金的需求不断扩大，产生了建设规模扩大与资金供应不足的矛盾。一些单位或者个人为了筹集资金，违反国家规定，采用发行内部股票、集资入股，或者擅自提高利率等手段吸收社会公众资金。这种行为，既不利于国家集中有限资金用于大规模亟须项目的建设，又破坏了利率的统一，严重妨碍了国家利用这些手段进行宏观调控的作用与效果，并可能诱发通货膨胀，影响金融安全。同时，非法吸收公众存款行为缺乏监管机制，行为人的风险承担能力亦缺乏保障，无法确保投资者的资金安全。这种行为通常所涉金额特别巨大，受害人员范围广，易给公民、法人以及其他组织造成巨额财产损失，由此引发的群体性事件屡有发生，严重影响社会稳定。为打击非法吸收公众存款的行为，维护正常的金融秩序，1995年6月30日第八届全国人民代表大会常务委员会第十四次会议通过的《全国人民代表大会常务委员会关于惩治破坏金融秩序犯罪的决定》将非法吸收公众存款或者变相吸收公众存款，扰乱金融秩序的行为规定为犯罪。该决定第七条规定，非法吸收公众存款或者变相吸收公众存款，扰乱金融秩序的，处三年以下有期徒刑或者拘役，并处或者单处二万元以上二十万元以下罚金；数额巨大或者有其他严重情节的，处三年以上十年以下有期徒刑，并处五万元以上五十万元以下罚金。单位犯前款罪的，对单位判处罚金，并对直接负责的主管人员和其他直接责任人员，依照前款的规定处罚。

1997年3月14日，第八届全国人民代表大会第五次会议修订刑法时对本条作了个别文字修改。

2020年12月26日，第十三届全国人民代表大会常务委员会第二十四次会议通过的刑法修正案（十一）对本条作了修改。为了进一步防范化解金融风险，保障金融改革，维护金融秩序，保护人民群众切身利益，针对实践中不法分子借互联网金融名义从事网络非法集资，严重扰乱经济金融秩序和极大危害人民群众财产的情况，同时注重区别不同情形，贯彻宽严相济的刑事政策，减少对受害群众财产的损害，刑法修正案（十一）对本条作了修改：一是将非法吸收公众存款罪的法定最高刑由十年有期徒刑提高到十五年有期徒刑，删去罚金具体数额的规定，加大惩处力度；二是增加在提起公诉前积极退赃退赔，减少损害结果发生的，可以从轻或者减轻处罚的规定。

本条共分三款。第一款是关于非法吸收公众存款和变相吸收公众存款的犯罪及其处罚的规定。"非法吸收公众存款"，是指行为人违反国家法律、法规的规定在社会上以存款的形式公开吸收公众资金的行为。广义的非法吸收公众存款，包含两种情况：一是行为人不具有吸收存款的主体资格而吸收公众存款，破坏金融秩序；二是行为人具有吸收存款的主体资格，但是，其吸收公众存款所采用的方法是违法的。例如，有的银行或其他金融机构为争揽储户，违反中国人民银行关于利率的规定，采用擅自提高利率的方式吸收存款，进行恶意竞争，破坏了国家的利率政策，扰乱了金融秩序。对后一种情况，商业银行法已具体规定了行政处罚，一般不宜作为犯罪处理。

通常所说的"存款"，是指存款人将资金存入银行或者其他金融机构，银行或者其他金融机构向存款人支付利息，使其得到收益的一种经济活动。"公众存款"，指的是存款人是不特定的群体的存款，如果存款人只是少数个人或者属于特定的范围，如仅限本单位的人员等，不能认为是公众存款。

本款所称的"变相吸收公众存款"，是指行为人不以存款的名义而是通过其他形式吸收公众资金，从而达到吸收公众存款的目的的行为。例如，有些单位和个人，未经批准成立各种基金会吸收公众的资金，或者以投资、集资入股等名义吸收公众资金，但并不按正常投资的形式分配利润、股息，而是以一定的利息进行支付的行为。变相吸收公众存款规避国家对吸收公众存款的监督管理，其危害和犯罪的性质与非法吸收公众存款是相同的。根据本条的规定，构成非法吸收公众存款罪应符合以下条件：（1）非法吸收公众存款罪的主体可以是自然人，也可以是单位。（2）行为人在主观上具有非法吸收公众存款或者变相吸收公众存款的故意。行为人一般都要千方百计冒充银行或者其他金融机构，或者谎称金融机构授权，或者变换手法、巧立名目，变相地吸收公众存款，以逃避法律的追究。(3) 在客观方面，行为人实施了非法向公众吸收存款或者变相吸收存款的行为。实践中，行为人吸收存款的手段可能是多种多样的，无论其采取什么方法，只要其行为具有非法吸收公众存款的特征，即符合本条规定的条件。至于采取什么样的手段、吸收的存款的人数、存款的数量，均不影响本罪的构成。特别是随着互联网的发展，互联网金融成为新型的金融业务模式。互联网金融涉及 P2P 网络借贷、股权众筹、第三方支付、互联网保险以及通过互联网开展资产管理及跨界从事金融业务等多个金融领域，行为方式多样，所涉法律关系复杂。部分机构、业态偏离了正确方向，有些甚至打着"金融创新"的幌子进行非法集资等违法犯罪活动，严重扰乱了金融管理秩序，侵害了人民群众合法权益。根据 2017 年 6 月《最高人民检察院关于办理涉互联网金融犯罪案件有关问题座谈会纪要》，对于涉互联网金融活动在未经有关部门依法批准的情形下，公开宣传并向不特定公众吸收资金，承诺在一定期限内还本付息的，应当依法追究刑事责任。其中，应重点审查互联网金融活动相关主体是否存在归集资金、沉淀资金，致使投资人资金存在被挪用、侵占等重大风险等情形，以准确适用法律。(4) 本罪侵犯了国家的金融管理秩序。非法吸收公众存款或者变相吸收公众存款的行为，一般都是通过采取提高利率的方式或手段，将大量的资金集中到自己手中，从而造成大量社会闲散资金失控。同时，行为人任意提高利率，形成在吸收存款上的不正当竞争，破坏了利率的统一，影响币值的稳定，严重扰乱国家金融秩序。

根据本款规定，对非法吸收公众存款或者变相吸收公众存款、扰乱金融秩序的，处三年以下有期徒刑或者拘役，并处或者单处罚金；数额巨大或者有其他严重情节的，处三年以上十年以下有期徒刑，并处罚金；数额特别巨大或者有其他特别严重情节的，处十年以上有期徒刑，并处罚金。这里所说的"数额巨大""数额特别巨大"的具体数额和"其他严重情节""其他特别严重情节"的具体情节，可由最高人民法院、最高人民检察院通过司法解释明确。"其他严重情节"一般是指：吸收公众存款或者变相吸收公众存款的犯罪手段恶劣；屡教不改；吸收的公众存款用于违法活动；给储户造成重大损失的，以及具有其他属于严重危害国家金融秩序的情况。

本条第二款是关于单位非法吸收公众存款和变相吸收公众存款犯罪及其处罚的规定。本款规定对于单位犯前款罪的，采取双罚原则，即对单位判处罚金，对单位直接负责的主管人员和其他直接责任人员根据犯罪的不同情节，分别依照第一款规定的刑罚处罚。

本条第三款是关于在提起公诉前积极退赃退赔可以从轻处理的规定。本款是刑法修正案（十一）在加大对非法吸收公众存款罪惩治力度的同时，为贯彻宽严相济形势政策，促使犯非法吸收公众存款罪的人员积极退赃退赔，减少和挽回社会公众损失增加的规定。根据本款规定，对非法吸收公众存款犯罪从宽处理必须同时符合以下条件：一是在提起公诉前。"提起公诉"是人民检察院对公安机关移送起诉的非法吸收公众存款案件，经全面审查，对事实清楚，证据确实充分，依法应当判处刑罚的，提交人民法院审判的诉讼活动。二是行为人必须积极退赃退赔。"退赃"是指将非法吸收的存款退回原所有人。"退赔"是指在非法吸收的存款无法直接退回的情况下，赔偿等值财产。三是减少损害结果的发生。行为人积极退赃退赔的表现，必须要达到避免或者减少损害结果发生的实际效果。在同时具备以上前提的条件下，对犯非法吸收公众存款罪的行为人，可以根据不同情形，从轻或者减轻处罚。

【适用中需要注意的问题】

实践中适用本条规定应当注意，刑法修正案（十一）为依法惩治金融乱象，从严惩治非法集资犯罪，对本条规定的非法吸收公众存款罪和刑法第一百九十二条规定的集资诈骗罪都加大了惩处力度，特别是本条规定的非法吸收公众存款罪法定刑提高后，除不能判处无期徒刑外，与集资诈骗罪的最高刑已差别不大。实践中，司法机关对于非法集资类犯罪，还是应当根据犯罪事实和是否具有非法占有目的等情节准确定性，做到罚当其罪。

第一百七十七条　【伪造、变造金融票证罪】有下列情形之一，伪造、变造金融票证的，处五年以下有期徒刑或者拘役，并处或者单处二万元以上二十万元以下罚金；情节严重的，处五年以上十年以下有期徒刑，并处五万元以上五十万元以下罚金；情节特别严重的，处十年以上有期徒刑或者无期徒刑，并处五万元以上五十万元以下罚金或者没收财产：

（一）伪造、变造汇票、本票、支票的；

（二）伪造、变造委托收款凭证、汇款凭证、银行存单等其他银行结算凭证的；

（三）伪造、变造信用证或者附随的单据、文件的；

（四）伪造信用卡的。

单位犯前款罪的，对单位判处罚金，并对其直接负责的主管人员和其他直接责任人员，依照前款的规定处罚。

【释解与适用】

本条是关于伪造、变造金融票证罪及其刑罚的规定。

本条共分两款。第一款是关于伪造、变造汇票、本票、支票、信用证等金融票证犯罪及其处罚的规定。本款规定中的"金融票证"，主要包括汇票、本票、支票、信用证或者附随的单据、文件、信用卡以及委托收款凭证、汇款凭证、银行存单等其他银行结算凭证等。对伪造、变造金融票证的行为，第一款具体规定了四项。

第一项规定了伪造、变造汇票、本票、支票的行为。"汇票"，根据票据法第十九条的规定是指出票人签发的，委托付款人在见票时或者在指定日期无条件支付确定的金额给收款人或者持票人的票据。汇票分为银行汇票和商业汇票。"本票"，根据票据法第七十三条的规定是指出票人签发的，承诺自己在见票时无条件支付确定的金额给收款人或者持票人的票据。"支票"，根据票据法第八十一条的规定是指出票人签发的，委托办理支票存款业务的银行或者其他金融机构在见票时无条件支付确定的金额给收款人或者持票人的票据。"伪造"，是指行为人仿照真实的汇票、本票或者支票的形式、图案、颜色、格式，通过印刷、复印、绘制等制作方法非法制造以上票据的行为。"变造"，是指行为人在真实的汇票、本票或者支票的基础上或以真实的票据为基本材料，通过剪接、挖补、覆盖、涂改等方法，对票据的主要内容，非法加以改变的行为，如改变出票人名称、持票人名称、金额、有效期等。

第二项规定了伪造、变造银行结算凭证的行为。"银行结算凭证"，是指银行办理支付结算过程中用以表明结算法律关系的各种凭据和证明，主要分为有价单证、重要空白凭证和一般结算凭证三种，包括汇票、本票、支票以及委托收款凭证、汇款凭证、进账单等银行、单位和个人填写的各种结算凭证。其中，"委托收款凭证"，是指收款人在委托银行向付款人收取款项时，所填写提供的凭据和证明。委托收款凭证分为邮寄和电报划回两种，由收款人选择。"汇款凭证"，是指汇款人委托银行将款项汇给收款人时，所填写的凭据和证明。"银行存单"，既是一种信用凭证，也是一种银行结算凭证。"其他银行结算凭证"为委托收款凭证、汇款凭证、银行存单凭证以外的其他结算凭证，主要有进账单、联行报单、限额结算凭证、债券收款单证、内部往来凭证等。"伪造"主要是指行为人印刷、复印、绘制银行结算凭证的行为。实践中，较多的是未经国家有关主管部门的批准，非法印制银行结算凭证的行为。"变造"主要是指以真实的银行结算凭证为基础或基础性材料，通过剪贴、挖补、覆盖、涂改等方法对其进行加工、修改的行为。

　　第三项规定了伪造、变造信用证或者附随的单据、文件的行为。信用证是国际贸易结算的一种方式，是银行有条件地保证付款的凭证。规范的信用证有标准的格式和内容。"伪造"信用证，是指行为人采用描绘、复制、印刷等方法仿照信用证的格式、内容制造假信用证的行为或以编造、冒用某银行的名义开出假信用证的行为。"变造信用证"，是指行为人在原信用证的基础上，采用涂改、剪贴、挖补等方法改变原信用证的内容和主要条款使其成为虚假的信用证的行为。作为国际贸易结算手段的依据的绝大多数是跟单信用证。按照这种结算方式，开证银行根据买方的资信情况，要求其提供一定的抵押或缴纳一定的保证金，也可以要求其先将货款存入开证银行后，开证银行按照买方的要求开具信用证，通知卖方或卖方的开户银行，卖方按买卖合同和信用证规定的条款组织发运货物，同时备齐所有单据，议付银行对卖方所提交的单据进行审查后，如认为符合信用证的规定即代付款行垫付款项，同时向开证行或者其他特定的付款行索偿，开证行核对单据无误后付款给议付行，并通知买方备款赎单。从信用证的交易过程看，信用证交易实际上就是单据买卖，信用证各当事人所处理的是单据而不是货物。单据是卖方对买方履行了合同义务的证明文件，买方也只能通过单据了解货物的情况。因此，单据是否真实，是否真正代表了符合要求的货物就显得尤为重要。可见，信用证附随的单据在信用证交易中起着十分重要的作用。信用证附随的单据主要有运输单据、商业发票和保险单据三种。运输单据是表明运送人已将货物装船或发运或接受监管的单据，包括海运提单、不可转让的海运提单、租船合同提单、空运单据、公路、铁路或内陆水运单据、快递收据、邮政收据或投邮证明等。保险单据是关于货物运输保险的单据。商业发票是证明卖方已履行了合同的凭证，也是海关实行货物进出口管理的依据，是买方验收货物是否完全符合合同规定的数量、质量、品种等的依据。此外，有的信用证还需要附其他的单据，如领事发票、海关发票、出口许可证、产地证明书等。伪造、变造附随的单据、文件是指行为人在使用信用证时伪造、变造提单等必须附随信用证的单据的行为。

　　第四项规定了伪造信用卡的行为。伪造信用卡的犯罪主要分为两种情况：一是非法制造信用卡，即模仿信用卡的质地、模式、版块、图样以及磁条密码等制造信用卡；二是在真卡的基础上进行伪造，即信用卡本身是合法制造出来的，但是未经银行或者信用卡发卡机构发行给用户正式使用，即在信用卡面上未加打卡号或者姓名，在磁条上也未输入一定的密码等信息，但是通过复制他人信用卡，或者将他人信用卡的信息资料写入磁条介质、芯片等使这种空白的信用卡能够使用的，也属于伪造信用卡。这种信用卡的伪造，多发生在银行内部或者发行信用卡机构的内部，不少为这些机构内部的工作人员所为。根据《最高人民法院、最高人民检察院关于办理妨害信用卡管理刑事案件具体应用法律若干问题的解释》第一条的规定，复制他人信用卡、将他人信用卡信息资料写入磁条介质、芯片或者以其他方法伪造信用卡一张以上的，应当认定为刑法第一百七十七条第一款第四项规定的"伪造信用卡"，以伪造金融票证罪定罪处罚。伪造空白信用卡十张以上的，应当认定为刑法第一百七十七条第一款第四项规定的"伪造信用卡"，以伪造金融票证罪定罪处罚。伪造信用卡，有下列情形之一的，应当认定为刑法第一百七十七条规定的"情节严重"：（1）伪造信用卡五张以上不满二十五张的；（2）伪造的信用卡内存款余额、透支额度单独或者合计数额在二十万元以上不满一百万元的；（3）伪造空白信用卡五十张以上不满二百五十张的；（4）其他情节严重的情形。伪造信用卡，有下列情形之一的，应当认定为刑法第一百七十七条规定的"情节特别严重"：（1）伪造信用卡二十五张以上的；（2）伪造的信用卡内存款余额、透支额度单独或者合计数额在一百万元以上的；（3）伪造空白信用卡二百五十张以上的；（4）其他情节特别严重的情形。本款所称"信用卡内存款余额、透支额度"，以信用卡被伪造后发卡行记录的最高存款余额、可透支额度计算。根据本款规定，对伪造、变造金融票证的处五年以下有期徒刑或者拘役，并处或者单处二万元以上二十万元以下罚金；情节严重的，处五年以上十年以下有期徒刑，并处五万元以上五十万元以下罚金；情节特别严重的，处十年以上有期徒刑或者无期徒刑，并处五万元以上五十万元以下罚金或者没收财产。

本条第二款是对单位犯本条之罪时进行处罚的规定。根据本款规定，单位犯伪造、变造金融票证罪的，对单位判处罚金，并对其直接负责的主管人员和其他直接责任人员，根据案件的具体情况依照前款个人犯此罪的三个量刑档次进行处罚。

关于本条规定的立案追诉标准，2022年《最高人民检察院、公安部关于公安机关管辖的刑事案件立案追诉标准的规定（二）》第二十四条规定，伪造、变造金融票证，涉嫌下列情形之一的，应予立案追诉：（1）伪造、变造汇票、本票、支票，或者伪造、变造委托收款凭证、汇款凭证、银行存单等其他银行结算凭证，或者伪造、变造信用证或者附随的单据、文件，总面额在一万元以上或者数量在十张以上的；（2）伪造信用卡一张以上，或者伪造空白信用卡十张以上的。

第一百七十七条之一　【妨害信用卡管理罪】有下列情形之一，妨害信用卡管理的，处三年以下有期徒刑或者拘役，并处或者单处一万元以上十万元以下罚金；数量巨大或者有其他严重情节的，处三年以上十年以下有期徒刑，并处二万元以上二十万元以下罚金：

（一）明知是伪造的信用卡而持有、运输的，或者明知是伪造的空白信用卡而持有、运输，数量较大的；

（二）非法持有他人信用卡，数量较大的；

（三）使用虚假的身份证明骗领信用卡的；

（四）出售、购买、为他人提供伪造的信用卡或者以虚假的身份证明骗领的信用卡的。

【窃取、收买、非法提供信用卡信息罪】窃取、收买或者非法提供他人信用卡信息资料的，依照前款规定处罚。

银行或者其他金融机构的工作人员利用职务上的便利，犯第二款罪的，从重处罚。

【释解与适用】

本条是关于妨害信用卡管理罪和窃取、收买、非法提供信用卡信息罪及其刑罚的规定。

本条共分三款。第一款是关于妨害信用卡管理的犯罪及其处罚的规定。根据本条的规定，构成妨害信用卡管理的犯罪，必须符合以下构成要件。

一是行为人主观上为故意，即明知自己的行为会发生妨害信用卡管理的后果，并希望这种结果发生。

二是行为人客观上实施了妨害信用卡管理的行为。根据本条的规定，行为人实施的妨害信用卡管理的行为主要有以下形式：第一，明知是伪造的信用卡而持有、运输的，或者明知是伪造的空白信用卡而持有、运输，数量较大的。近年来，为了逃避打击，许多犯罪组织之间形成了细致的分工。从空白银行卡的印制、运输、买卖，到写入磁条信息完成假卡制作，再到使用假卡取现或骗取财物的各个环节往往由不同犯罪组织的人员承担。除了在伪造和使用环节查获的案件以外，对其他环节查获的人员，如果要按照共同犯罪来追究，则行为人之间的共同犯罪故意很难查证。实践中查获的一些案件，行为人持有、运输大量伪造的银行卡或者伪造的空白银行卡，但如果不能查明该银行卡系其本人伪造，或者要用于实施诈骗，就很难追究刑事责任。因此，修改后的刑法，在妨害信用卡管理的犯罪行为中，规定了非法持有、运输伪造的信用卡或者伪造的空白信用卡的行为。值得注意的是，持有、运输伪造的信用卡，无论数量多少，均可构成犯罪；而持有、运输伪造的空白信用卡，必须达到数量较大，才能构成犯罪。根据《最高人民法院、最高人民检察院关于办理妨害信用卡管理刑事案件具体应用法律若干问题的解释》第二条第一款的规定，明知是伪造的空白信用卡而持有、运输十张以上不满一百张的，应当认定为刑法第一百七十七条之一第一款第一项规定的"数量较大"。第二，非法持有他人信用卡，数量较大的。根据《最高人民法院、最高人民检察院、公安部关于办理电信网络诈骗等刑事案件适用法律若干问题的意见》的规定，非法持有他人信用卡，没有证据证明从事电信网络诈骗犯罪活动，但符合非法持有他人信用卡数量较大的，以妨害信用卡管理罪追究刑事责任。根据《最高人民法院、最高人民检察院关于办理妨害信用卡管理刑事案件具体应用法律若干问题的解释》第二条第一款的规定，非法持有他人信用卡五张以上不满五十张的，应当认定为刑法第一百七十七条之一第一款第二项规定的"数量较大"。第三，使用虚假的身份证明骗领信用卡的。使用虚假的身份证明、资信证明等，骗领信用卡后大量透支诈骗银行贷款的犯罪，是当前多发的一种信用卡诈骗活动。有的行为人使用伪造的身份证明、任职证明、收入证明骗领信用卡；有的假借招聘，骗取求职者身份资料后，使用真实的身份证复印件，伪造在职证明、收入证明等一次骗领大量信用卡；有的公司冒用员工名义骗领信用卡后供公司使用；有的不法分子以信用卡代理公司的名义，专门帮助他人骗领信用卡牟利，这些人员利用熟悉银行内部发卡审核程序的便利，替申请人伪造各种资信证明文件和资料，向多个发卡银行骗领多张信用卡，有的甚至为一个申请人一次申领十余张信用卡，这些申请人往往资信状况较差，骗取信用卡就是为了透支取现；有的代理公司还以各种手段骗取银行授权，成为特约商户，然后帮助申请人在其POS机上取现，并收取高额手续费。针对这种情况，有必要将使用虚假身份证明骗领信用卡的行为规定为犯罪，因为这种行为人主观上非法占有的目的是很明显的。至于一些申请人为了顺利取得信用卡，或者获得较高的授信额度，在申请信用卡时对自己的收入状况等作了不实陈述的行为，因为其主观上并无非法占有的目的，性质是不同于上述骗领信用卡的，应不属于本项规定的情形。此外，《最高人民法院、最高人民检察院关于办理妨害信用卡管理刑事案件具体应用法律若干问题的解释》第二条第三款对本项又作了进一步细化规定，即违背他人意愿，使用其居民身份证、军官证、士兵证、港澳居民往来内地通行证、台湾居民来往大陆通行证、护照等身份证明申领信用卡的，或者使用伪造、变造的身份证明申领信用卡的，应当认定为刑法第一百七十七条之一第一款第三项规定的"使用虚假的身份证明骗领信用卡"。第四，出售、购买、为他人提供伪造的信用卡或者以虚假的身份证明骗领的信用卡的。这些行为往往是洗钱、信用卡诈骗等犯罪的重要环节，属于该类犯罪的上游犯罪，其危害性不言而喻，必须运用刑罚的手段予以惩治，以维护我国的金融安全。

根据本款的规定，妨害信用卡管理的，处三年以下有期徒刑或者拘役，并处或者单处一万元以上十万元以下罚金；数量巨大或者有其他严重情节的，处三年以上十年以下有期徒刑，并处二万元以上二十万元以下罚金。根据《最高人民法院、最高人民检察院关于办理妨害信用卡管理刑事案件具体应用法律若干问题的解释》第二条第二款的规定，有下列情形之一的，应当认定为刑法第一百七十七条之一第一款规定的"数量巨大"：（1）明知是伪造的信用卡而持有、运输十张以上的；（2）明知是伪造的空白信用卡而持有、运输一百张以上的；（3）非法持有他人信用卡五十张以上的；（4）使用虚假的身份证明骗领信用卡十张以上的；（5）出售、购买、为他人提供伪造的信用卡或者以虚假的身份证明骗领的信用卡十张以上的。

本条第二款是关于窃取、收买、非法提供他人信用卡信息罪及其处罚的规定。伪造银行卡的最后也是最关键的环节，是在银行卡的磁条或者芯片上写入事先非法获取的他人银行卡的磁条或芯片信息。银行卡的磁条或者芯片信息，是一组有关发卡行代码、持卡人账户、账号、密码等内容的加密电子数据，由发卡行在发卡时使用专用设备写入银行卡的磁条或者芯片中。银行卡磁条或者芯片信息是 POS 机、ATM 机等终端机器识别合法用户的依据，没有这些信息，伪造的银行卡是无法使用的。银行卡犯罪集团非法获取他人银行卡磁条或者芯片信息的一种方式是自行窃取，主要是使用望远镜偷窥，在 ATM 机上安装摄像头偷录，或者安装吞卡装置并张贴假的客服电话骗取持卡人信息等方式，获取有自设密码保护的借记卡的磁条或者芯片信息。另一种方式就是收买特约商户的收银员、金融机构的工作人员，利用受理银行卡业务之际盗录他人银行卡磁条或者芯片信息。这成为伪造信用卡集团获取信用卡磁条或者芯片信息的主要来源。磁条或者芯片信息本身只是一组加密数据，除了用于伪造他人银行卡外别无他用。但如果要将非法获取、向他人非法提供银行卡磁条或者芯片信息的行为人按照伪造银行卡的共犯处理，就需要查明行为人非法获取他人银行卡磁条或者芯片信息是否要用于伪造银行卡，或者非法提供他人银行卡磁条或者芯片信息的行为人与伪造银行卡者之间有无共同犯罪的故意。这一点很难查证。在刑法中明确规定非法获取、非法提供他人银行卡磁条或者芯片信息的行为为犯罪，有利于从源头上打击银行卡犯罪活动。

根据本款的规定，窃取、收买或者非法提供他人信用卡信息资料的，处三年以下有期徒刑或者拘役，并处或者单处一万元以上十万元以下罚金；数量巨大或者有其他严重情节的，处三年以上十年以下有期徒刑，并处二万元以上二十万元以下罚金。根据《最高人民法院、最高人民检察院关于办理妨害信用卡管理刑事案件具体应用法律若干问题的解释》第三条的规定,窃取、收买、非法提供他人信用卡信息资料,足以伪造可进行交易的信用卡,或者足以使他人以信用卡持卡人名义进行交易,涉及信用卡一张以上不满五张的,依照刑法第一百七十七条之一第二款的规定,以窃取、收买、非法提供信用卡信息罪定罪处罚;涉及信用卡五张以上的,应当认定为刑法第一百七十七条之一第一款规定的"数量巨大"。

本条第三款是关于银行或者其他金融机构的工作人员利用职务上的便利,犯窃取、收买、非法提供他人信用卡信息罪的,从重处罚的规定。在实际工作中,银行或者其他金融机构的工作人员接触他人信用卡的机会较多,也容易获取他人的信用卡资料。而这些信用卡资料属于信用卡管理系统中的核心环节,更是犯罪分子千方百计想要得到的东西。因为凭借这些信用卡资料,犯罪分子伪造信用卡或者利用伪造的信用卡诈骗将比较容易。而获取信用卡资料的最佳来源就是银行或者其他金融机构。这样,一些经常接触他人信用卡资料的银行或者其他金融机构工作人员就成为犯罪分子的目标,他们往往以财物的形式向这些工作人员提出收购要求。某些银行或者其他金融机构的工作人员为了牟取利益,利用接触他人信用卡资料的职务之便,实施窃取、收买、非法提供他人信用卡信息行为。上述行为的存在严重影响了我国银行或者其他金融机构的信誉,危及我国的金融安全,必须予以严厉的惩处。因此,本条规定,对银行或者其他金融机构的工作人员利用职务上的便利,犯窃取、收买、非法提供信用卡信息罪的,从重处罚。

【适用中需要注意的问题】

实践中还需要注意以下情况:不少犯罪团伙通过网络、邮递等方式,向他人购买银行卡及身份证复印件、网上银行数字证书、银行卡密码和绑定手机卡等信息资料,组成所谓的"几件套",以控制相关银行账户,进行赃款转移,从事电信网络诈骗、赌博、洗钱等犯罪。对于行为人非法收买、转卖他人真实信用卡的行为如何定性,在司法实践中还存在不同认识。第一种意见认为,收买、非法提供他人真实信用卡及含有信用卡信息的套件的行为,足以使他人以信用卡持卡人名义进行交易,应当以本条第二款规定的收买、非法提供信用卡信息罪定罪处罚。可参考《最高人民法院、最高人民检察院关于办理妨害信用卡管理刑事案件具体应用法律若干问题的解释》第三条规定,窃取、收买、非法提供他人信用卡信息资料,足以伪造可进行交易的信用卡，或者足以使他人以信用卡持卡人名义进行交易，涉及信用卡一张以上不满五张的，依照刑法第一百七十七条之一第二款的规定，以窃取、收买、非法提供信用卡信息罪定罪处罚；涉及信用卡五张以上的，应当认定为刑法第一百七十七条之一第一款规定的"数量巨大"。第二种意见认为，该种行为等同于实质持有他人信用卡，根据本条第一款第二项规定，非法持有他人信用卡，数量较大，妨害信用卡管理的，构成妨害信用卡管理罪。第三种意见认为，该种行为属于明知他人利用信息网络犯罪，为其犯罪提供技术服务、支付结算等帮助行为，构成刑法第二百八十七条之二规定的帮助信息网络犯罪活动罪。总体看，该类行为情况较为复杂，办理案件时需要结合证据情况认定与上下游犯罪之间的关系，准确定罪处罚。

第一百七十八条　【伪造、变造国家有价证券罪】伪造、变造国库券或者国家发行的其他有价证券，数额较大的，处三年以下有期徒刑或者拘役，并处或者单处二万元以上二十万元以下罚金；数额巨大的，处三年以上十年以下有期徒刑，并处五万元以上五十万元以下罚金；数额特别巨大的，处十年以上有期徒刑或者无期徒刑，并处五万元以上五十万元以下罚金或者没收财产。

【伪造、变造股票、公司、企业债券罪】伪造、变造股票或者公司、企业债券，数额较大的，处三年以下有期徒刑或者拘役，并处或者单处一万元以上十万元以下罚金；数额巨大的，处三年以上十年以下有期徒刑，并处二万元以上二十万元以下罚金。

单位犯前两款罪的，对单位判处罚金，并对其直接负责的主管人员和其他直接责任人员，依照前两款的规定处罚。

【释解与适用】

本条是关于伪造、变造国家有价证券罪和伪造、变造股票、公司、企业债券罪及其刑罚的规定。

本条共分三款。第一款是关于伪造、变造国家有价证券罪及其刑事处罚的规定。主要规定了以下几个要件：一是行为人在主观上有犯罪故意，即有伪造、变造国家发行的有价证券的故意，通常有牟取非法利益的目的。二是行为人在客观上实施了伪造、变造国库券或者国家发行的有价证券的行为。本款所称"伪造",是指行为人仿照真实的有价证券的形式、图案、颜色、格式、面额,通过印刷、复印、绘制等制作方法非法制造有价证券的行为。本款所称"变造",是指行为人在真实的有价证券的基础上或者以真实的有价证券为基本材料,通过剪贴、挖补、覆盖、涂改等方法,对有价证券的主要内容,非法加以改变的行为,如改变有价证券的面额、发行期限等。本款所称"国家发行的其他有价证券",是指国家发行的除国库券以外的其他国家有价证券以及国家银行金融债券,如财政债券、国家建设债券、保值公债、国家重点建设债券等。本罪犯罪行为所指向的对象是国库券和国家发行的其他有价证券。这是本罪区别于伪造、变造金融票证罪的主要区别。三是行为人伪造、变造国库券或者国家发行的有价证券的行为,数额较大的,才构成犯罪,这是区别罪与非罪的重要界限。对于什么是"数额较大",本条没作具体规定,可由司法机关总结司法实践经验作出司法解释。

对于伪造、变造国家有价证券罪的处罚,本款根据数额规定了三档刑:数额较大的,处三年以下有期徒刑或者拘役,并处或者单处二万元以上二十万元以下罚金;数额巨大的,处三年以上十年以下有期徒刑,并处五万元以上五十万元以下罚金;数额特别巨大的,处十年以上有期徒刑或者无期徒刑,并处五万元以上五十万元以下罚金或者没收财产。

本条第二款是关于伪造、变造股票、公司、企业债券罪及其刑事处罚的规定。本罪在主观方面、行为特点上与伪造、变造国家有价证券罪区别不大,最大的不同在于本罪的行为对象是股票、公司债券、企业债券,而不是国家债券。本款所称的"股票"是股份有限公司为筹集资金发给股东的入股凭证,是代表股份资本所有权的证书和股东借以取得股息和红利的一种有价证券。所谓"公司、企业债券",是指公司、企业依照法定程序发行的、约定在一定期限还本付息的有价证券。随着资本市场的发展,公司、企业债券的类型还在不断丰富。

对伪造、变造股票、公司、企业债券罪的处罚,本款根据数额规定了两档刑:数额较大的,处三年以下有期徒刑或者拘役,并处或者单处一万元以上十万元以下罚金;数额巨大的,处三年以上十年以下有期徒刑,并处二万元以上二十万元以下罚金。

本条第三款是关于单位犯伪造、变造国家有价证券罪及伪造、变造股票、公司、企业债券罪及其刑事处罚的规定。根据本款规定,单位犯前两款罪的,对单位判处罚金,并对其直接负责的主管人员和其他直接责任人员,根据案件的具体情况,分别依照本条第一款、第二款的规定处罚。

关于本条规定的立案追诉标准,2022年《最高人民检察院、公安部关于公安机关管辖的刑事案件立案追诉标准的规定(二)》第二十七条、第二十八条分别作出了规定。对于本条第一款"伪造、变造国家有价证券罪",伪造、变造国库券或者国家发行的其他有价证券,总面额在二千元以上的,应予立案追诉。对于本条第二款"伪造、变造股票、公司、企业债券罪",伪造、变造股票或者公司、企业债券,总面额在三万元以上的,应予立案追诉。

第一百七十九条 【擅自发行股票、公司、企业债券罪】未经国家有关主管部门批准,擅自发行股票或者公司、企业债券,数额巨大、后果严重或者有其他严重情节的,处五年以下有期徒刑或者拘役,并处或者单处非法募集资金金额百分之一以上百分之五以下罚金。

单位犯前款罪的,对单位判处罚金,并对其直接负责的主管人员和其他直接责任人员,处五年以下有期徒刑或者拘役。

【释解与适用】

本条是关于擅自发行股票、公司、企业债券罪及其刑罚的规定。

本条共分为两款。第一款是对自然人擅自发行股票、公司、企业债券犯罪及其刑事处罚的规定。根据本条规定,擅自发行股票、公司、企业债券罪有以下几个构成要件。

一是本罪的犯罪主体是一般主体,即自然人或单位。既包括那些根本不具备发行股票、公司、企业债券条件的单位和个人,也包括那些具备了发行股票、公司、企业债券条件,但还没有得到国家有关主管部门批准,而擅自发行股票、公司、企业债券的单位和个人。

二是实施了未经国家有关主管部门批准,擅自发行股票、公司、企业债券的行为。发行股票、公司、企业债券是市场经济条件下的一种有效的集资手段。但由于面向社会公众,这种大规模的集资方式并非只是一家公司、企业自己筹措资金的简单行为,而是事关广大股票、债券投资者的切身利益。因为发行股票、公司、企业债券的单位要向投资者负责。发行股票要定期付给股东红利,发行公司、企业债券要按时归还本金及利息,这依赖于发行公司、企业的生产经营管理及其经济效益的好坏,具有一定风险性,同时由于这种活动涉及面广,事关大量资金的流向,与社会金融秩序的稳定甚至社会安定密切相关。因此,证券法、公司法、全民所有制工业企业法等法律、法规和部门规章对发行股票、公司、企业债券规定了明确的条件和准许程序。随着我国金融体制改革不断深入,国家批准发行股票、公司、企业债券的主管部门和程序也在发生变化。目前"国家有关主管部门批准"主要指两种方式:核准制与注册制。

首先,关于核准制。核准制是传统意义上国家金融主管部门对股票、公司、企业债券发行实施的审查批准制度。需要注意的是,2019年修订后的证券法已经明确了证券发行注册制,其中第九条规定:"证券发行注册制的具体范围、实施步骤,由国务院规定。"根据注册制改革过渡期的安排,核准制与注册制仍将在一段时期内同时存在。核准制的相关标准和要求,仍按照以前的法律、法规执行。核准制主要有以下几种情况:其一,采用募集设立形式设立股份有限公司需向社会发行股票募集股份的,或者股份有限公司成立后公开发行或者非公开发行新股的,都必须根据公司法和证券法的规定,符合国务院证券管理部门规定的发行股票的条件,并报国务院证券管理部门核准。根据2014年证券法第二十三条的规定,国务院证券监督管理机构依照法定条件负责核准股票发行申请。核准程序应当公开,依法接受监督。此外,该法第三十六条规定,公开发行股票,代销、包销期限届满,发行人还应当在规定的期限内将股票发行情况报国务院证券监督管理机构备案。其二,公司发行公司债券的,根据2014年证券法第十七条的规定,应当向国务院证券监督管理机构报送相关文件,并由其核准;国有独资公司要发行公司债券的,根据2018年公司法第六十六条的规定,必须由国有资产监督管理机构决定。此外,根据2018年公司法第一百六十一条和2014年证券法第十六条的规定,上市公司发行可转换为股票的公司债券,应当报国务院证券监督管理机构核准。上述规定,体现了国家对发行股票、公司债券活动的严格监督和管理。其三,企业发行企业债券的。这里的企业绝大多数具有法人资格,也有一些企业不具有董事会、监事会、股东大会等法人制度,仍保留党委会、职工代表大会、工会的企业组织形式,如全民所有制企业,其发行企业债券时应符合全民所有制工业企业法的规定。负责监管企业发行企业债券的国家监管部门,在较长时间的金融改革中也有过变化。根据《国务院批准中国人民银行〈关于企业债券改由国家计委审批的请示〉》（银发〔1999〕364号）的规定，国家监管企业债券的部门由中国人民银行变更为国家发展计划委员会负责。2011年修订后的《企业债券管理条例》第十条规定，国家计划委员会会同中国人民银行、财政部、国务院证券委员会拟订全国企业债券发行的年度规模和规模内的各项指标，报国务院批准后，下达各省、自治区、直辖市、计划单列市人民政府和国务院有关部门执行。未经国务院同意，任何地方、部门不得擅自突破企业债券发行的年度规模，并不得擅自调整年度规模内的各项指标。该条例第十一条规定，企业发行企业债券必须按照本条例的规定进行审批；未经批准的，不得擅自发行和变相发行企业债券。中央企业发行企业债券，由中国人民银行会同国家计划委员会审批；地方企业发行企业债券，由中国人民银行省、自治区、直辖市、计划单列市分行会同同级计划主管部门审批。需要注意的是，国家计划委员会的职能经多次国务院机构改革后现已由国家发展和改革委员会承担。

其次，关于注册制。注册制是比核准制更加市场化的股票、债券发行制度。从国际上看，成熟市场普遍实行注册制，但没有统一的模式。注册制的核心是信息披露，发行人要充分披露供投资者作出价值判断和投资决策所需的信息，确保信息披露真实、准确、完整。主管机构负责审核注册，落实发行人信息披露责任，提高信息披露质量。2015年12月，第十二届全国人民代表大会常务委员会第十八次会议通过了授权国务院在实施股票发行注册制改革中调整适用证券法有关规定的决定，为在证券法修订前推行注册制改革提供了法律依据。2018年2月，第十二届全国人民代表大会常务委员会第三十三次会议决定将上述授权延期两年。2019年12月，第十三届全国人民代表大会常务委员会第十五次会议通过了修订后的证券法，正式确立证券发行注册制度。修订后的证券法第九条规定，公开发行证券，必须符合法律、行政法规规定的条件，并依法报经国务院证券监督管理机构或者国务院授权的部门注册。未经依法注册，任何单位和个人不得公开发行证券。证券发行注册制的具体范围、实施步骤，由国务院规定。具体内容包括以下几种情况：其一，设立股份有限公司公开发行股票的。修订后的证券法第十一条规定，设立股份有限公司公开发行股票，应当符合公司法规定的条件和经国务院批准的国务院证券监督管理机构规定的其他条件，向国务院证券监督管理机构报送募股申请和发起人协议、招股说明书等文件。其二，上市公司发行新股的。修订后的证券法第十三条规定，公司公开发行新股，应当报送募股申请和招股说明书等相关文件。其三，公司公开发行公司债券的。修订后的证券法第十六条规定，申请公开发行公司债券，应当向国务院授权的部门或者国务院证券监督管理机构报送公司债券募集办法等文件。此外，修订后的证券法第二十一条进一步明确，国务院证券监督管理机构或者国务院授权的部门依照法定条件负责证券发行申请的注册。证券公开发行注册的具体办法由国务院规定。按照国务院的规定，证券交易所等可以审核公开发行证券申请，判断发行人是否符合发行条件、信息披露要求，督促发行人完善信息披露内容。其四，企业发行企业债券。2020年3月《国家发展改革委关于企业债券发行实施注册制有关事项的通知》（发改财金〔2020〕298号）第一条规定，企业债券发行由核准制改为注册制。国家发展改革委为企业债券的法定注册机关，发行企业债券应当依法经国家发展改革委注册。国家发展改革委指定相关机构负责企业债券的受理、审核。其中，中央国债登记结算有限责任公司为受理机构，中央国债登记结算有限责任公司、中国银行间市场交易商协会为审核机构。企业债券发行人直接向受理机构提出申请，国家发展改革委对企业债券受理、审核工作及两家指定机构进行监督指导，并在法定时限内履行发行注册程序。该通知第四条同时规定，债券募集资金用于固定资产投资项目的，省级发展改革部门应对募投项目出具符合国家宏观调控政策、固定资产投资管理法规制度和产业政策的专项意见，并承担相应责任。省级发展改革部门要发挥属地管理优势，通过项目筛查、风险排查、监督检查等方式，做好区域内企业债券监管工作，防范化解企业债券领域风险。

综上所述，1997年修订刑法后，股票、债券市场经过持续改革和完善，将全面完成核准制向注册制的转变。根据股票、债券的具体情况，核准制和注册制都属于"国家有关主管部门批准"的一种方式。未经国家有关主管部门核准和注册，是不允许擅自发行股票和公司、企业债券的。

此外，行为人是否实际上已经发行了股票、公司、企业债券，是区分罪与非罪的主要界限之一。如果不是采取发行股票、公司、企业债券的方式，而是采取其他方法非法筹集资金的，不构成本罪。

擅自发行股票、公司、企业债券，必须达到数额巨大，或者造成严重后果或者有其他严重情节的，才构成犯罪，这是区分罪与非罪的另一主要界限。本条对什么是"数额巨大""后果严重"和"其他严重情节"，没有作具体规定，可由最高人民法院、最高人民检察院根据司法实践情况作出司法解释。

对于擅自发行股票、公司、企业债券罪的处罚，本款规定处五年以下有期徒刑或者拘役，并处或者单处非法募集资金金额百分之一以上百分之五以下罚金。

本条第二款是对单位犯擅自发行股票、公司、企业债券罪的处罚规定。单位犯本罪的，对单位判处罚金，并对其直接负责的主管人员和其他直接责任人员，处五年以下有期徒刑或者拘役。

关于本条规定的立案追诉标准，根据2022年《最高人民检察院、公安部关于公安机关管辖的刑事案件立案追诉标准的规定（二）》第二十九条规定，未经国家有关主管部门批准或者注册，擅自发行股票或者公司、企业债券，涉嫌下列情形之一的，应予立案追诉：(1) 非法募集资金金额在一百万元以上的；(2) 造成投资者直接经济损失数额累计在五十万元以上的；(3) 募集的资金全部或者主要用于违法犯罪活动的；(4) 其他后果严重或者有其他严重情节的情形。本条规定的"擅自发行股票或者公司、企业债券"，是指向社会不特定对象发行、以转让股权等方式变相发行股票或者公司、企业债券，或者向特定对象发行、变相发行股票或者公司、企业债券累计超过二百人的行为。

第一百八十条 【内幕交易、泄露内幕信息罪】证券、期货交易内幕信息的知情人员或者非法获取证券、期货交易内幕信息的人员，在涉及证券的发行，证券、期货交易或者其他对证券、期货交易价格有重大影响的信息尚未公开前，买入或者卖出该证券，或者从事与该内幕信息有关的期货交易，或者泄露该信息，或者明示、暗示他人从事上述交易活动，情节严重的，处五年以下有期徒刑或者拘役，并处或者单处违法所得一倍以上五倍以下罚金；情节特别严重的，处五年以上十年以下有期徒刑，并处违法所得一倍以上五倍以下罚金。

单位犯前款罪的，对单位判处罚金，并对其直接负责的主管人员和其他直接责任人员，处五年以下有期徒刑或者拘役。

内幕信息、知情人员的范围，依照法律、行政法规的规定确定。

【利用未公开信息交易罪】证券交易所、期货交易所、证券公司、期货经纪公司、基金管理公司、商业银行、保险公司等金融机构的从业人员以及有关监管部门或者行业协会的工作人员，利用因职务便利获取的内幕信息以外的其他未公开的信息，违反规定，从事与该信息相关的证券、期货交易活动，或者明示、暗示他人从事相关交易活动，情节严重的，依照第一款的规定处罚。

【释解与适用】

本条是关于内幕交易、泄露内幕信息罪和利用未公开信息交易罪及其刑罚的规定。

本条共分四款。第一款是关于个人犯内幕交易罪、泄露内幕信息罪的处罚规定。根据本款的规定，构成内幕交易罪、泄露内幕信息罪必须符合下列构成要件。

第一，主体符合本款的规定。该罪的主体是特殊主体，即证券、期货交易内幕信息的知情人员和非法获取证券、期货交易内幕信息的人员。根据本条第三款的规定，内幕信息、知情人员的范围，依照法律、行政法规的规定确定。由于证券、期货交易的差异，二者所指向的内幕信息和知情人员也有所不同。

根据2019年修订后的证券法第五十二条的规定，"内幕信息"具体指证券交易活动中，涉及发行人的经营、财务或者对该发行人证券的市场价格有重大影响的尚未公开的信息。证券法第八十条第二款和第八十一条第二款所列的重大事件也属于内幕信息。证券法第八十条规定，投资者尚未得知的，发生可能对上市公司、股票在国务院批准的其他全国性证券交易场所的公司的股票交易价格产生较大影响的重大事件，包括以下内容：(1) 公司的经营方针和经营范围的重大变化；(2) 公司的重大投资行为，公司在一年内购买、出售重大资产超过公司资产总额百分之三十，或者公司营业用主要资产的抵押、质押、出售或者报废一次超过该资产的百分之三十；(3) 公司订立重要合同、提供重大担保或者从事关联交易，可能对公司的资产、负债、权益和经营成果产生重要影响；(4) 公司发生重大债务和未能清偿到期重大债务的违约情况；(5) 公司发生重大亏损或者重大损失；(6) 公司生产经营的外部条件发生的重大变化；(7) 公司的董事、三分之一以上监事或者经理发生变动，董事长或者经理无法履行职责；(8) 持有公司百分之五以上股份的股东或者实际控制人持有股份或者控制公司的情况发生较大变化，公司的实际控制人及其控制的其他企业从事与公司相同或者相似业务的情况发生较大变化；（9）公司分配股利、增资的计划，公司股权结构的重要变化，公司减资、合并、分立、解散及申请破产的决定，或者依法进入破产程序、被责令关闭；（10）涉及公司的重大诉讼、仲裁，股东大会、董事会决议被依法撤销或宣告无效；（11）公司涉嫌犯罪被依法立案调查，公司的控股股东、实际控制人、董事、监事、高级管理人员涉嫌犯罪被依法采取强制措施；（12）国务院证券监督管理机构规定的其他事项。证券法第八十一条规定，投资者尚未得知的，发生可能对上市交易公司债券的交易价格产生较大影响的重大事件，包括以下内容：（1）公司股权结构或者生产经营状况发生重大变化；（2）公司债券信用评级发生变化；（3）公司重大资产抵押、质押、出售、转让、报废；（4）公司发生未能清偿到期债务的情况；（5）公司新增借款或者对外提供担保超过上年末净资产的百分之二十；（6）公司放弃债权或者财产超过上年末净资产的百分之十；（7）公司发生超过上年末净资产百分之十的重大损失；（8）公司分配股利，作出减资、合并、分立、解散及申请破产的决定，或者依法进入破产程序、被责令关闭；（9）涉及公司的重大诉讼、仲裁；（10）公司涉嫌犯罪被依法立案调查，公司的控股股东、实际控制人、董事、监事、高级管理人员涉嫌犯罪被依法采取强制措施；（11）国务院证券监督管理机构规定的其他事项。根据修订后的证券法第五十一条规定，"知情人员"包括下列人员：（1）发行人及其董事、监事、高级管理人员；（2）持有公司百分之五以上股份的股东及其董事、监事、高级管理人员，公司的实际控制人及其董事、监事、高级管理人员；（3）发行人控股或者实际控制的公司及其董事、监事、高级管理人员；（4）由于所任公司职务或者因与公司业务往来可以获取公司有关内幕信息的人员；（5）上市公司收购人或者重大资产交易方及其控股股东、实际控制人、董事、监事和高级管理人员；（6）因职务、工作可以获取内幕信息的证券交易场所、证券公司、证券登记结算机构、证券服务机构的有关人员；（7）因职责、工作可以获取内幕信息的证券监督管理机构工作人员；（8）因法定职责对证券的发行、交易或者对上市公司及其收购、重大资产交易进行管理可以获取内幕信息的有关主管部门、监管机构的工作人员；（9）国务院证券监督管理机构规定的可以获取内幕信息的其他人员。

在期货交易中，根据《期货交易管理条例》的规定，"内幕信息"，是指可能对期货交易价格产生重大影响的尚未公开的信息，包括：国务院期货监督管理机构以及其他相关部门制定的对期货交易价格可能发生重大影响的政策，期货交易所作出的可能对期货交易价格发生重大影响的决定，期货交易所会员、客户的资金和交易动向以及国务院期货监督管理机构认定的对期货交易价格有显著影响的其他重要信息。"内幕信息的知情人员"，是指由于其管理地位、监督地位或者职业地位，或者作为雇员、专业顾问履行职务，能够接触或者获得内幕信息的人员，包括：期货交易所的管理人员以及其他由于任职可获取内幕信息的从业人员，国务院期货监督管理机构和其他有关部门的工作人员以及国务院期货监督管理机构规定的其他人员。本条所称的"非法获取证券、期货交易内幕信息的人员"，是指利用骗取、套取、偷听、监听或者私下交易等手段获取证券、期货交易内幕信息的人员。

第二，行为人在主观上有犯罪的故意，通常有让自己或者他人从中牟利的目的，过失不构成本罪。

第三，在客观上，行为人实施了在涉及证券的发行，证券、期货交易或者其他对证券、期货交易价格有重大影响的信息尚未公开前，买入或者卖出该证券，或者从事与该内幕信息有关的期货交易，或者泄露该信息，或者明示、暗示他人从事上述交易活动的行为。在证券、期货交易中，信息披露制度是公开、公平、公正原则的具体体现和要求，是确保证券、期货市场公平交易的一项重要制度。而且，在信息披露过程中，要求有关方面必须及时、准确地将证券、期货信息公布于众，才能保证投资者都能够平等地获取信息。而少数人利用获取内幕信息的有利地位或者非法获取的内幕信息进行内幕交易，不但违背了市场规则，更主要的是在这种情况下，证券、期货交易价格失去了客观公正性和真实性，从而破坏了证券、期货市场的正常运行程序。同时，这种行为侵犯了其他投资者的合法权益。因此，为维护证券、期货市场的公平、公正运行，对内幕交易及泄露内幕信息的行为必须予以严惩。本条所称的"泄露该信息"，主要是指将内幕信息透露、提供给不应知道该信息的人，让他人利用该信息买入、卖出股票或者进行期货交易，获取不正当利益。

第四，必须是情节严重的行为。内幕交易行为及泄露内幕信息行为是否构成犯罪，主要在于其行为情节的轻重。根据《最高人民法院、最高人民检察院关于办理内幕交易、泄露内幕信息刑事案件具体应用法律若干问题的解释》第六条规定，在内幕信息敏感期内从事或者明示、暗示他人从事或者泄露内幕信息导致他人从事与该内幕信息有关的证券、期货交易，具有下列情形之一的，应当认定为刑法第一百八十条第一款规定的"情节严重"：（1）证券交易成交额在五十万元以上的；（2）期货交易占用保证金数额在三十万元以上的；（3）获利或者避免损失数额在十五万元以上的；（4）三次以上的；（5）具有其他严重情节的。该解释第七条规定，在内幕信息敏感期内从事或者明示、暗示他人从事或者泄露内幕信息导致他人从事与该内幕信息有关的证券、期货交易，具有下列情形之一的，应当认定为刑法第一百八十条第一款规定的"情节特别严重"：（1）证券交易成交额在二百五十万元以上的；（2）期货交易占用保证金数额在一百五十万元以上的；（3）获利或者避免损失数额在七十五万元以上的；（4）具有其他特别严重情节的。

　　本款根据情节轻重，对内幕交易、泄露内幕信息罪的处罚，规定了两档刑：对情节严重的，处五年以下有期徒刑或者拘役，并处或者单处违法所得一倍以上五倍以下罚金；情节特别严重的，处五年以上十年以下有期徒刑，并处违法所得一倍以上五倍以下罚金。

　　本条第二款是关于单位犯内幕交易罪、泄露内幕信息罪的处罚规定。知悉证券、期货交易内幕信息的单位或者非法获取证券、期货交易内幕信息的单位，在涉及证券的发行，证券、期货交易或者其他对证券、期货交易价格有重大影响的信息尚未公开前，买入或者卖出该证券，或者从事与该内幕信息有关的期货交易，或者泄露该信息，或者建议他人从事上述交易活动，情节严重的，根据本款的规定，对单位判处罚金，并对其直接负责的主管人员和其他直接责任人员，处五年以下有期徒刑或者拘役。

　　本条第三款是对"内幕信息、知情人员"的范围作出的原则规定，在本条第一款内容说明中已作了解释，在此不再赘述。

　　在实际适用中，内幕交易罪与侵犯商业秘密罪侵害的对象具有一定的相似性，都属于尚未公开的，可能给当事人带来经济利益的有关信息。但是在侵害对象、客体、行为主体等方面存在区别：一是从侵害对象而言，内幕信息是尚未公开的，涉及证券的发行，证券、期货交易或者其他对证券、期货交易价格有重大影响的信息；而商业秘密，是指不为公众所知悉，具有商业价值并经权利人采取相应保密措施的技术信息、经营信息等商业信息。二是内幕交易罪侵犯的客体是国家金融管理秩序的正常运行，而侵犯商业秘密罪侵犯的是企事业单位经营活动的正常进行，二者侵犯的客体属于不同的领域和范畴。三是内幕交易罪的主体为证券、期货交易内幕信息的知情人员或者非法获取证券、期货交易内幕信息的人员，具有相对的特殊性，而侵犯商业秘密罪的主体为一般主体。

泄露内幕信息罪与泄露国家秘密的犯罪也存在不同之处：一是行为人的主观心态不同。泄露内幕信息罪只能由主观故意构成，过失不构成本罪，而泄露国家秘密的犯罪的主观方面包括故意和过失。二是侵犯的对象不同。泄露内幕信息罪侵犯的是证券、期货交易中的内幕信息，而泄露国家秘密的犯罪侵犯的是国家秘密。三是侵害的客体不同。泄露内幕信息罪侵害的是证券、期货市场的管理秩序，泄露国家秘密的犯罪侵害的是国家的安全和重大利益。

本条第四款是关于利用未公开信息交易罪及其处罚的规定构成本款规定的犯罪，需注意以下两方面。

一是本罪属于特殊主体，即证券交易所、期货交易所、证券公司、期货经纪公司、基金管理公司、商业银行、保险公司等金融机构的从业人员以及有关监管部门或者行业协会的工作人员。这些金融机构大都开展代客理财的业务，手中握有大量的客户资金，可以投向证券、期货等市场。这部分人员在证券、期货交易中具有信息优势，其利用职务便利可以先行知悉一些内幕信息以外的其他未公开的信息。同时，这部分人员一旦利用这些信息从事证券、期货交易，对市场的危害性将是十分严重的，必须予以惩处。

二是犯罪分子所利用的信息不属于内幕信息的范畴，但属于未公开的信息，如基金投资公司即将建仓、出仓的信息等。

根据本款规定，上述人员违反规定，从事与该信息相关的证券、期货交易活动，或者明示、暗示他人从事相关交易活动，情节严重的，依照第一款的规定处罚。

【适用中需要注意的问题】

1. 关于本条规定的理解，相关司法解释也具有一定的借鉴作用，可结合2019年修订的证券法、即将颁布的期货法的有关规定一并理解和掌握。例如《最高人民法院、最高人民检察院关于办理内幕交易、泄露内幕信息刑事案件具体应用法律若干问题的解释》第二条规定，具有下列行为的人员应当认定为本条第一款规定的"非法获取证券、期货交易内幕信息的人员"：(1) 利用窃取、骗取、套取、窃听、利诱、刺探或者私下交易等手段获取内幕信息的；(2) 内幕信息知情人员的近亲属或者其他与内幕信息知情人员关系密切的人员，在内幕信息敏感期内，从事或者明示、暗示他人从事，或者泄露内幕信息导致他人从事与该内幕信息有关的证券、期货交易，相关交易行为明显异常，且无正当理由或者正当信息来源的；(3) 在内幕信息敏感期内，与内幕信息知情人员联络、接触，从事或者明示、暗示他人从事，或者泄露内幕信息导致他人从事与该内幕信息有关的证券、期货交易，相关交易行为明显异常，且无正当理由或者正当信息来源的。

2. 《最高人民法院、最高人民检察院关于办理利用未公开信息交易刑事案件适用法律若干问题的解释》对本条第四款规定的"内幕信息以外的其他未公开的信息""违反规定""明示、暗示他人从事相关交易活动"等规定作了进一步细化。特别是该解释第六条、第七条对本条第四款规定的"依照第一款的规定处罚"作了具体的说明。其中，第六条规定，利用未公开信息交易，违法所得数额在五十万元以上，或者证券交易成交额在五百万元以上，或者期货交易占用保证金数额在一百万元以上，具有下列情形之一的，应当认定为本条第四款规定的"情节严重"：(1) 以出售或者变相出售未公开信息等方式，明示、暗示他人从事相关交易活动的；(2) 因证券、期货犯罪行为受过刑事追究的；(3) 二年内因证券、期货违法行为受过行政处罚的；(4) 造成恶劣社会影响或者其他严重后果的。第七条规定，本条第四款规定的"依照第一款的规定处罚"，包括本条第一款关于"情节特别严重"的规定。利用未公开信息交易，违法所得数额在一千万元以上的，应当认定为"情节特别严重"。违法所得数额在五百万元以上，或者证券交易成交额在五千万元以上，或者期货交易占用保证金数额在一千万元以上，具有本解释第六条规定的四种情形之一的，应当认定为"情节特别严重"。

第一百八十一条 【编造并传播证券、期货交易虚假信息罪】编造并且传播影响证券、期货交易的虚假信息，扰乱证券、期货交易市场，造成严重后果的，处五年以下有期徒刑或者拘役，并处或者单处一万元以上十万元以下罚金。

【诱骗投资者买卖证券、期货合约罪】证券交易所、期货交易所、证券公司、期货经纪公司的从业人员，证券业协会、期货业协会或者证券期货监督管理部门的工作人员，故意提供虚假信息或者伪造、变造、销毁交易记录，诱骗投资者买卖证券、期货合约，造成严重后果的，处五年以下有期徒刑或者拘役，并处或者单处一万元以上十万元以下罚金；情节特别恶劣的，处五年以上十年以下有期徒刑，并处二万元以上二十万元以下罚金。

单位犯前两款罪的，对单位判处罚金，并对其直接负责的主管人员和其他直接责任人员，处五年以下有期徒刑或者拘役。

【释解与适用】

本条是关于编造并传播证券、期货交易虚假信息罪和诱骗投资者买卖证券、期货合约罪及其刑罚的规定。

本条共分三款。第一款是关于编造并传播证券、期货交易虚假信息罪的规定。根据本款的规定，构成编造并传播证券、期货交易虚假信息罪必须符合下列条件。

第一，犯罪主体为自然人。主要是证券交易所、期货交易所、证券公司、期货经纪公司、证券登记结算机构、期货登记结算机构、为公开或非公开募集资金设立的证券投资基金的从业人员，证券业协会、期货业协会或者证券期货监督管理部门的工作人员，证券、期货咨询服务机构及相关机构的人员，以及证券、期货交易的客户、从事证券市场信息报道的工作人员、行情分析人员等。

第二，行为人主观上具有犯罪故意，即明知编造并且传播影响证券、期货交易的虚假信息，会扰乱证券、期货交易市场秩序，仍实施该行为，并希望危害结果出现。

第三，行为人客观上实施了编造并且传播影响证券、期货交易的虚假信息，扰乱证券、期货交易市场的行为。本条所称的影响证券交易的虚假信息，主要是指可能对上市公司股票交易价格产生较大影响的虚假信息，如涉及公司分配股利或者增资的计划；公司债务担保的重大变更；公司发生重大亏损或者遭受重大损失；公司减资、合并、分立、解散等虚假信息。影响期货交易的虚假信息，主要是指可能对期货合约的交易产生较大影响的虚假信息，如金融银根政策、有关会议内容、市场整顿措施、新品种上市、税率调整、大户入市、保证金比例的提高、交易头寸变化、仓量调整、新法规新措施的出台等。值得注意的是，这里的"虚假信息"，是指凭空捏造的、歪曲事实的或者有误导性的，能引起市场行情变化的信息，如引起价格上涨或者下跌，大量抛售或者吸纳等。行为人必须既具有编造，又具有传播影响证券、期货交易的虚假信息的行为。至于行为人是否从中牟利，不影响本罪的构成。如果行为人只编造而没有传播，或者道听途说又散布给他人，不能以犯罪论处。行为人编造并传播的必须是能够影响证券、期货交易的虚假信息，如该虚假信息对证券、期货交易无影响，也不构成本罪。

第四，构成本罪必须是扰乱证券、期货交易市场，造成严重后果的行为。所谓"扰乱证券、期货交易市场，造成严重后果"，是指虚假信息引起股票价格、期货交易价格重大波动，或者在股民、期货交易客户中引起了心理恐慌，大量抛售或者买进某种股票、期货交易品种，给股民、投资者造成重大经济损失，或者造成恶劣的社会影响，等等。

对于编造并传播影响证券、期货交易虚假信息罪的处罚，根据本款的规定，处五年以下有期徒刑或者拘役，并处或者单处一万元以上十万元以下罚金。

本条第二款是关于诱骗投资者买卖证券、期货合约罪的规定。根据本款的规定，构成本罪须符合以下条件：第一，本罪是特殊主体，即证券交易所、期货交易所、证券公司、期货经纪公司的从业人员，证券业协会、期货业协会或者证券期货监督管理部门的工作人员，其他人不能成为本罪的主体。第二，行为人主观上具有犯罪故意，即故意提供虚假信息，诱骗投资者买卖证券、期货合约。本款所称的"期货合约"，是指由期货交易所统一制定的、规定在将来某一特定的时间和地点交割一定数量和质量商品的标准化合约。第三，行为人客观上实施了提供虚假信息或者伪造、变造、销毁交易记录的行为。本款所称的"伪造交易记录"，是指制作假的交易记录，即原来未进行交易，在交易记录中谎报进行了交易，原来未进行大量交易，而在交易记录中谎报进行了大量交易。所谓"变造"，是指用涂改、擦消、拼接等方法，对真实的业务记录文件进行篡改，变更其内容的行为。所谓"销毁"，是指把真实的交易记录加以毁灭的行为。第四，构成本罪的必须是故意提供虚假信息或者伪造、变造、销毁交易记录，诱骗投资者买卖证券、期货合约，造成严重后果的行为。"造成严重后果"，主要是指使投资者造成重大经济损失，造成证券、期货市场秩序严重混乱等。

对于诱骗投资者买卖证券、期货合约罪的处罚，本款规定了两档刑：造成严重后果的，处五年以下有期徒刑或者拘役，并处或者单处一万元以上十万元以下罚金；情节特别恶劣的，处五年以上十年以下有期徒刑，并处二万元以上二十万元以下罚金。

本条第三款是关于单位犯编造并传播证券、期货交易虚假信息罪和诱骗投资者买卖证券、期货合约罪的处罚规定。本款对单位犯前两款罪的处罚采取了双罚制原则，即对单位判处罚金，并对其直接负责的主管人员和其他直接责任人员，处五年以下有期徒刑或者拘役。

【适用中需要注意的问题】

本条在适用中，需要注意以下两个方面的情况。

1. 要正确划清市场行情分析失误与编造并传播虚假信息的界限。在证券、期货市场中，一些经纪人、咨询人员、行情分析人员等业内人士或者专家学者经常对证券、期货市场的行情发表评论。这种评论往往是依据个人的经验和知识、结合市场行情的走向、有关的数据资料、技术分析作出的判断或者预测。这只是个人之见，其目的是为投资者正确决策提供参考。因此，判断失误在所难免。而编造并传播虚假信息是通过虚构事实、隐瞒真相等欺诈手段散布信息，造成严重后果的行为。因此，二者的主要区别在于是否具有故意编造虚假信息的行为。

2. 对于编造并传播虚假的"内幕信息"的行为如何定性，实践中存在争议。有观点认为，内幕信息必须是真实的，不真实的信息属于虚假信息。如果行为人编造、传播所谓的"内幕信息"是虚假信息的，应构成本条规定的编造并传播证券、期货交易虚假信息罪。也有观点认为，内幕信息不以最终真实性为要件。实践中，内幕信息仅代表一段时间内尚未公开的可能重大影响证券、期货市场价格的信息，这些信息最终可能具有临时性，也不完全准确、真实、完整。而且就算国务院证券监督管理机构等指定的报刊、媒体、平台披露的信息也未必都是真实的，事后有可能会被证明为虚假信息披露。因此，真实性不影响对"内幕信息"的判断。只要信息一旦向社会公开，会对证券、期货交易价格或者交易量产生重大影响的，就应当认定为内幕信息。行为人泄露虚假的"内幕信息"的，可能构成刑法第一百八十条规定的泄露内幕信息罪，而不是本条规定的编造并传播证券、期货交易虚假信息罪。从整体来看，信息相对真实应属于"内幕信息"的认定标准。一方面,刑法惩治内幕交易和泄露内幕信息行为,主要是为了惩治通过内幕信息"占得先机"的市场投机行为。虽然从事后看,相关信息可能不是完全准确、真实、完整,但是只要相关信息与指定报刊、媒体、平台首次公开的信息基本一致,就应当认定其具有真实性,属"内幕信息"。泄露"内幕信息"的,应当构成泄露内幕信息罪。另一方面,对于虚假"内幕信息"而言,获取了该类信息而实施的市场投机行为无法牟取非法利益,但是编造、传播该类信息仍然具有社会危害性。行为人故意编造并传播虚假"内幕信息"的,可能构成编造并传播证券、期货交易虚假信息罪或者操纵证券、期货市场罪。

第一百八十二条 【操纵证券、期货市场罪】有下列情形之一,操纵证券、期货市场,影响证券、期货交易价格或者证券、期货交易量,情节严重的,处五年以下有期徒刑或者拘役,并处或者单处罚金;情节特别严重的,处五年以上十年以下有期徒刑,并处罚金:

(一)单独或者合谋,集中资金优势、持股或者持仓优势或者利用信息优势联合或者连续买卖的;

(二)与他人串通,以事先约定的时间、价格和方式相互进行证券、期货交易的;

(三)在自己实际控制的帐户之间进行证券交易,或者以自己为交易对象,自买自卖期货合约的;

(四)不以成交为目的,频繁或者大量申报买入、卖出证券、期货合约并撤销申报的;

(五)利用虚假或者不确定的重大信息,诱导投资者进行证券、期货交易的;

(六)对证券、证券发行人、期货交易标的公开作出评价、预测或者投资建议,同时进行反向证券交易或者相关期货交易的;

(七)以其他方法操纵证券、期货市场的。

单位犯前款罪的,对单位判处罚金,并对其直接负责的主管人员和其他直接责任人员,依照前款的规定处罚。

【释解与适用】

本条是关于操纵证券、期货市场罪及其刑罚的规定。

关于本条的立法背景，主要有以下几个方面。

1. 1997年修订刑法的情况。1997年修订刑法时增加了本条规定。为了使证券交易市场健康有序的发展，一方面，需要建立健全证券交易规则和各项证券交易规章制度，采取加强行政干预手段管理和规范证券交易行为；另一方面，还需要采取刑事处罚手段。所以惩治各类发生在证券交易过程中的犯罪，保障证券交易秩序，就成了增加这方面内容规定的客观要求。操纵证券市场行为属于最为严重的破坏证券交易秩序的行为之一，需要刑法对此作出专门规定。

2. 刑法修正案对本条作了第一次修改。将操纵期货交易价格，情节严重的行为规定为犯罪。1997年修改刑法时，由于期货市场建立不久，情况比较复杂，而且各种规章制度不健全，期货业存在的违规违法现象也没有充分显露出来，所以1997年刑法第一百八十二条只将操纵证券交易价格的行为规定为犯罪，对操纵期货交易价格的行为未作规定。1999年国务院颁布了《期货交易管理暂行条例》，以保障期货交易的正常秩序。为此，1999年12月25日第九届全国人民代表大会常务委员会第十三次会议通过的刑法修正案对本条作了修改完善，将操纵期货交易价格，情节严重的行为规定为犯罪。

3. 刑法修正案（六）对本条作了第二次修改。一是将本罪罪状规定的"操纵证券、期货交易价格，获取不正当利益或者转嫁风险"修改为"操纵证券、期货交易市场"。二是提高了一档刑，即情节特别严重的，处五年以上十年以下有期徒刑，并处罚金。三是完善了罚金刑，将原条文第一款中规定的"一倍以上五倍以下罚金"修改为"罚金"。四是调整了相关罪状的表述，以与2005年修订后的证券法的有关规定作衔接，删去了原第一款第二项中"或者相互买卖并不持有的证券"的规定；在原第一款第三项中增加了"在自己实际控制的帐户之间进行证券交易"，同时，删去了"以自己为交易对象，进行不转移证券所有权的自买自卖"行为的规定。五是将第二款对单位犯罪的直接负责的主管人员和其他直接责任人员的处罚，由原来直接规定的处自由刑修改为依照自然人犯罪的规定处罚，既处自由刑也处财产刑。作出上述修改主要基于以下考虑。

首先，有关部门提出，刑法原第一百八十二条罪状中规定，操纵证券、期货交易价格，获得不正当利益或者转嫁风险，情节严重的，才构成犯罪。但考虑到操纵者能否实际获利取决于市场等多方面因素。操纵行为对证券、期货市场秩序和其他投资者的危害,不在于操纵者本人是否能从操纵行为中获利,而在于人为操纵的、扭曲的证券、期货价格欺骗了公众投资者,扰乱了证券、期货市场秩序。因此,刑法修正案(六)将本罪原规定的"操纵证券、期货交易价格,获取不正当利益或者转嫁风险"修改为"操纵证券、期货交易市场"。

其次,进一步加大对操纵证券、期货市场行为的惩处力度。随着证券、期货交易市场的不断成熟,刑法中的有些规定已不能适应市场的发展形势,有必要加大对操纵证券、期货市场行为的惩处力度。为此,刑法修正案(六)对本条的修改增加了一档刑,将法定最高刑提至十年有期徒刑。同时,司法实践中对"违法所得一倍以上五倍以下罚金"的规定有一些误解,认为操纵证券、期货市场的行为必须要以获利为前提,如果没有获利,就不构成犯罪。司法机关和有关部门还提出,根据条文规定,按违法所得的倍数处罚金,而实际执行中违法所得的数额往往难以查处和计算。为了灵活地掌握和有力地打击操纵证券、期货市场的犯罪行为,规范证券、期货市场秩序,建议笼统规定为好,具体可由司法机关根据案件的不同情况作出司法解释。经研究,将"一倍以上五倍以下罚金"修改为"罚金",并对单位犯罪中直接负责的主管人员和其他直接责任人员的处罚增加罚金刑。

最后,为了与修订后的证券法相衔接。2005年证券法作了全面的修订。为了更好地适应不断发展的证券、期货交易市场,刑法修正案(六)在对本条修改时,在操纵行为的规定上与修订后的证券法中相关规定的表述相衔接。

4. 刑法修正案(十一)对本条作了第三次修改。一是完善了本罪的罪状表述,对原来分散在各项中规定的"影响证券、期货交易价格或者证券、期货交易量"的入罪条件在本条罪状中作统一规定。二是将"虚假申报操纵""蛊惑交易操纵""抢帽子交易操纵"等三种操纵证券、期货市场的行为明确规定为犯罪。作出这些修改主要的考虑是,有的部门提出,操纵证券、期货市场犯罪行为具有专业性强、犯罪手段隐蔽、操纵方法多样等特点。刑法原第一百八十二条有关操纵证券、期货市场犯罪所列举的三类操纵情形是较为传统的犯罪形态。一些新型操纵证券、期货市场犯罪,在刑法上没有规定,一般需要适用"以其他方法操纵证券、期货市场的"兜底规定予以惩治。建议对一些新型操纵证券、期货市场的行为予以明确。经研究，证券、期货市场发展迅速，操纵证券、期货市场的行为也在发生变化，对一些新型操纵证券、期货市场行为在刑法上作出明确，有利于更好地惩治此类犯罪，维护证券、期货市场秩序。同时，考虑到证券、期货市场会进一步发展，对以后再出现的新型操纵证券、期货市场的行为仍然可以通过本条规定的"兜底"条款予以惩治，因此刑法修正案（十一）在对本条修改时，将"虚假申报操纵""蛊惑交易操纵""抢帽子交易操纵"等三种操纵证券、期货市场的行为明确规定为犯罪。

本条共分两款。第一款是关于个人操纵证券、期货市场的犯罪及其处罚的规定。惩治操纵证券、期货市场的犯罪行为，既是我国证券、期货市场规范化建设的一个重要内容，也是我国证券、期货市场健康发展的客观需要。"操纵证券、期货交易市场"的行为，是背离市场自由竞争和供求关系原则，人为地操纵证券、期货交易价格，或者制造证券、期货交易的虚假价格或者交易量，引诱他人参与证券、期货交易，为自己牟取不正当利益或者转嫁风险的市场欺诈行为。这种行为既损害投资者的利益，同时也对证券、期货市场的秩序造成极大的危害，所以，必须严厉打击。

根据本款规定，构成操纵证券、期货市场罪，必须同时具备以下条件。

一是具有操纵证券、期货市场的行为。本款具体列举了七种操纵证券、期货交易市场的行为，只要实施了七种行为之一，影响证券、期货交易价格或者证券、期货交易量，情节严重的，就构成操纵证券、期货市场罪。七种行为分别如下。

（1）单独或者合谋，集中资金优势、持股或者持仓优势或者利用信息优势联合或者连续买卖。所谓"单独或者合谋"，是指操纵证券、期货交易价格的行为人既可以是买方也可以是卖方，甚至既是买方又是卖方，可以是一个人所为也可以是多人联合所为。"集中资金优势、持股或者持仓优势或者利用信息优势"，是指证券、期货的投资大户、会员单位等利用手中持有的大量资金、股票、期货合约或者利用了解某些内幕信息等优势，进行证券、期货交易。"联合买卖"，是指行为人在一段时间内共同对某种股票或者期货合约进行买进或者卖出的行为。"连续买卖"即连续交易，是指行为人在短时间内对同一股票或者期货合约反复进行买进又卖出的行为。这种操纵方式一般是行为人先筹足一大笔资金，并锁定某种具有炒作潜力且易操作的股票或者期货合约，暗中利用不同账户在市场上吸足筹码，然后配合各式炒作题材连续拉抬股价或期货价格，制造多头行情，以诱使投资人跟进追小涨，使股价或期货价格一路攀升，等股价或期货价格上涨到一定高度时，暗中释放出手中所持股票或期货合约，甚至融券卖空，此时交易量明显放大，价格出现剧烈震荡；行为人出清所持股票或期货合约后，交易量萎缩，股票或期货价格丧失支撑旋即暴跌，等价格回跌再乘低补进，以便为下次操作准备筹码，以此方式循环操作，操纵证券、期货交易价格，从上涨和下跌中两面获利。

（2）与他人串通，以事先约定的时间、价格和方式相互进行证券、期货交易。这种操纵证券价格的方式又称为"对敲"，主要表现为行为人与他人通谋，在事先以约定的时间、约定的价格在自己卖出或者买入股票或者期货合约时，另一约定人同时实施买入或者卖出股票或者期货合约，或者相互买卖证券或者期货合约，通过几家联手反复实施买卖行为，目的在于虚假造势，从而可能抬高或者打压某种股票或者期货的价格，最后，行为人乘机建仓或者平仓，以获取暴利或者转嫁风险。这种行为会使其他投资者对证券、期货市场产生极大误解，导致错误判断而受损，对证券、期货市场的破坏力很大。这种操纵行为方式主要表现为相互交易，即与他人串通，以事先约定的时间、价格和方式相互进行证券、期货交易。在现行集中交易市场计算机竞价撮合成交的交易状态下，串通者所买进与卖出的证券、期货要完全相同，几乎是不可能的。只要串通双方的委托在时间上和价格上具有相似性，数量上具有一致性，即可成立，也不要求必须以整个市场价格为对象，只要影响了某种股票或者期货品种的交易价格即可。

（3）在自己实际控制的账户之间进行证券交易，或者以自己为交易对象，自买自卖期货合约。"在自己实际控制的帐户之间进行证券交易"，是指将预先配好的委托分别下达给两个证券公司，由一个证券公司买进，另一个证券公司卖出，实际上是自买自卖证券的行为，其所有权并没有发生转移。这种行为实际上也对证券的交易价格和交易量产生着很大的影响。"以自己为交易对象，自买自卖期货合约"，主要是指以不转移期货合约形式进行虚假买卖。这种情况也称为虚假交易，主要包括两种情况：一种是自我买卖，即会员单位或者客户在期货交易中既作卖方又作买方，形式上买进卖出，实际上期货合约的所有人并没有发生变化，实践中这种人往往在开设账户时一客多户，或假借他人账户，或用假名虚设账户，在买卖期货过程中，形式上是多个客户在交易，实质为同一客户；另一种是不同行为人之间进行的交易,他们事先合谋,相互买卖期货合约,但事后买进的一方,返还给另一方。这种不转移合约所有权形式的虚假交易行为,显然会影响期货行情,制造出虚假价格。例如,行为人通过反复的虚假买卖,引发期货价格的波动,蒙蔽其他投资者入市,当期货价格上涨或下跌到一定价位后,操纵者乘机建仓或平仓,牟取不法利益。所谓"期货合约",是指由期货交易所统一制定的、规定在将来某一特定的时间和地点交割一定数量和质量商品的标准化合约。行为人实施了以自己为交易对象,进行不转移证券所有权的自买自卖。

(4)不以成交为目的,频繁或者大量申报买入、卖出证券、期货合约并撤销申报。这种操纵方式通常称为"虚假申报操纵"或者"恍骗交易操纵",具体包括分层挂单、反向交易等行为,其核心特征是通过不以成交为目的挂单,诱骗其他投资者交易或者放弃交易,从而实现对证券、期货交易价格或者交易量的影响。随着计算机程序交易的普及,通过计算机程序快速下单和撤单已经具备了可能性。该种操纵方式多利用程序化交易等技术手段进行,以实现高频交易或者大量申报,但最终不成交,进而影响证券交易的数据,从而抬高股价,谋取非法利益。

(5)利用虚假或者不确定的重大信息,诱导投资者进行证券、期货交易。这种操纵证券、期货市场的行为通常称为"蛊惑交易操纵"。实践中,该种行为通过公开传播虚假、重大误导性信息来影响投资者的判断和交易,并进而影响特定证券、期货交易的价格、交易量。实施该类操纵行为的犯罪行为人利用许多投资者存在迷信内部消息、追捧热点信息的心理,通过"编故事、画大饼"等方式,传播公司重组意图、投资意向、行业信息等所谓重大信息,引起证券、期货市场关注和反应,吸引大量投资者跟风交易,以达到行为人操纵证券、期货市场的目的。

(6)对证券、证券发行人、期货交易标的公开作出评价、预测或者投资建议,同时进行反向证券交易或者相关期货交易。这种操纵证券、期货市场的行为通常称为"抢帽子交易操纵"。这里作出公开评价、预测或者投资建议的主体是不特定主体,既有证券公司、证券咨询机构、专业中介机构及其工作人员等,也有各种所谓炒股专家、专业分析师等,其往往预先买入证券、期货合约,然后利用其身份在互联网、电视等平台对其买入的股票、证券发行人、期货标的进行公开评价、预测及推荐,影响股票、期货的价格以及交易量,并通过操作以获利。需要注意的是,这里行为人所进行的交易对于证券要求是"反向证券交易",即"言行不一致"从中获取不法利益,而对期货交易没有相关要求,这是因为期货为双向交易,既可以买入开仓以看涨,也可以卖出开仓以看跌,同时各种期货品种之间具有一定的关联性,行为人实施操纵行为后获利的方式多样,例如可能暗中开仓,公开作出对自己市场有利的评价,诱导他人对其进行相同方向的交易,影响期货价格或者交易量,最后通过实际交割或者行权了结获利,因此这里规定的是行为人进行"相关"期货交易。

(7) 以其他方法操纵证券、期货市场,即除上述六种情形以外其他操纵证券、期货市场的方法。行为人不管采用什么手法,也不问其主观动机是什么,只要客观上造成了操纵证券、期货市场的结果,就属于操纵证券、期货市场的行为。这样规定主要是考虑在上述六种操纵证券、期货市场的形式以外,操纵者还会采用许多新的手法,法律难以一一列全,作出这一概括性的规定,可以适应复杂的实际情况,有利于严厉打击操纵证券、期货市场的行为。以其他方法操纵证券、期货市场的行为,目前有利用职务便利操纵证券、期货市场,主要是证券交易所、期货交易所、证券公司、期货经纪公司及其从业人员,利用手中掌握的证券、期货委托、报价交易等职务便利,人为地压低或者抬高证券、期货价格,从中牟取暴利,其表现形式包括:擅自篡改证券、期货行情记录,引起证券、期货价格波动;在委托交易中,利用时间差,进行强买强卖故意引起价格波动;串通客户共同操纵证券、期货价格;在证券、期货代理过程中,违反规定取得多个客户的全权委托,并实际操作客户账户,实施操纵交易;会员单位或客户利用多个会员或客户的账户与注册编码,规避交易所持股、持仓量或交易头寸的限制超量持股、持仓以及借股、借仓交易等操纵价格的行为;交易所会员或客户在现货市场上超越自身经营范围或实际需求,囤积居奇,企图或实际严重影响期货市场价格的;交易所会员或客户超越自身经营范围或实际要求,控制大量交易所指定仓库标准仓单,企图或实际严重影响期货市场价格的;交易所会员故意阻止、延误或改变客户某一方向的交易指令,或擅自下达交易指令或诱导、强制客户按照自己的意志进行交易,操纵证券、期货交易价格的;等等。

二是操纵行为要符合"影响证券、期货交易价格或者证券、期货交易量"的要求。操纵行为必然表现为影响了证券、期货交易价格或者证券、期货交易量。实践中,对认定构成操纵证券、期货市场犯罪的,一般都需要从"证券、期货交易价格或者证券、期货交易量"是否被影响的角度固定证据，如持有或者实际控制证券的流通股份数量、数个交易日总成交量等。

三是行为人有操纵证券、期货市场的行为，情节严重的才构成犯罪。"情节严重"，主要是指行为人获取不正当利益巨大的；多次操纵证券、期货市场的；造成恶劣社会影响的；造成股票、期货价格暴涨暴跌，严重影响证券、期货市场交易秩序的；给其他投资者造成巨大经济损失的等。

根据本款规定，构成操纵证券、期货市场罪的，处五年以下有期徒刑或者拘役，并处或者单处罚金；情节特别严重的，处五年以上十年以下有期徒刑，并处罚金。

本条第二款是关于单位操作证券、期货市场的犯罪及其处罚的规定。根据本款规定，单位有前款行为的，对单位判处罚金，并对其直接负责的主管人员和其他直接责任人员，依照前款的规定处罚，即采取了双罚制原则。这样，单位操纵证券、期货市场，情节严重的，对单位判处罚金，并对单位直接负责的主管人员和其他直接责任人员，处五年以下有期徒刑或者拘役，并处或者单处罚金；情节特别严重的，处五年以上十年以下有期徒刑，并处罚金。

【适用中需要注意的问题】

实践中还需要注意以下情况：2019年《最高人民法院、最高人民检察院关于办理操纵证券、期货市场刑事案件适用法律若干问题的解释》对本条规定中的一些内容作了进一步细化，具有一定的参考价值。如该解释第二条对本条第一款中"情节严重"作了列举，包括："（一）持有或者实际控制证券的流通股份数量达到该证券的实际流通股份总量百分之十以上，实施本条第一款第一项操纵证券市场行为，连续十个交易日的累计成交量达到同期该证券总成交量百分之二十以上的；（二）实施刑法第一百八十二条第一款第二项、第三项操纵证券市场行为，连续十个交易日的累计成交量达到同期该证券总成交量百分之二十以上的；（三）实施本解释第一条第一项至第四项操纵证券市场行为，证券交易成交额在一千万元以上的；（四）实施刑法第一百八十二条第一款第一项及本解释第一条第六项操纵期货市场行为，实际控制的账户合并持仓连续十个交易日的最高值超过期货交易所限仓标准的二倍，累计成交量达到同期该期货合约总成交量百分之二十以上，且期货交易占用保证金数额在五百万元以上的；（五）实施刑法第一百八十二条第一款第二项、第三项及本解释第一条第一项、第二项操纵期货市场行为，实际控制的账户连续十个交易日的累计成交量达到同期该期货合约总成交量百分之二十以上，且期货交易占用保证金数额在五百万元以上的；（六）实施本解释第一条第五项操纵证券、期货市场行为，当日累计撤回申报量达到同期该证券、期货合约总申报量百分之五十以上，且证券撤回申报额在一千万元以上、撤回申报的期货合约占用保证金数额在五百万元以上的；（七）实施操纵证券、期货市场行为，违法所得数额在一百万元以上的。"该解释第三条对本条第一款规定的"情节严重"作了进一步列举，包括：（1）发行人、上市公司及其董事、监事、高级管理人员、控股股东或者实际控制人实施操纵证券、期货市场行为的；（2）收购人、重大资产重组的交易对方及其董事、监事、高级管理人员、控股股东或者实际控制人实施操纵证券、期货市场行为的；（3）行为人明知操纵证券、期货市场行为被有关部门调查，仍继续实施的；（4）因操纵证券、期货市场行为受过刑事追究的；（5）二年内因操纵证券、期货市场行为受过行政处罚的；（6）在市场出现重大异常波动等特定时段操纵证券、期货市场的；（7）造成恶劣社会影响或者其他严重后果的。该解释第四条对本条第一款规定的"情节特别严重"作了具体列举，包括："（一）持有或者实际控制证券的流通股份数量达到该证券的实际流通股份总量百分之十以上，实施本条第一款第一项操纵证券市场行为，连续十个交易日的累计成交量达到同期该证券总成交量百分之五十以上的；（二）实施刑法本条第一款第二项、第三项操纵证券市场行为，连续十个交易日的累计成交量达到同期该证券总成交量百分之五十以上的；（三）实施本解释第一条第一项至第四项操纵证券市场行为，证券交易成交额在五千万元以上的；（四）实施刑法第一百八十二条第一款第一项及本解释第一条第六项操纵期货市场行为，实际控制的账户合并持仓连续十个交易日的最高值超过期货交易所限仓标准的五倍，累计成交量达到同期该期货合约总成交量百分之五十以上，且期货交易占用保证金数额在二千五百万元以上的；（五）实施刑法第一百八十二条第一款第二项、第三项及本解释第一条第一项、第二项操纵期货市场行为，实际控制的账户连续十个交易日的累计成交量达到同期该期货合约总成交量百分之五十以上，且期货交易占用保证金数额在二千五百万元以上的；（六）实施操纵证券、期货市场行为，违法所得数额在一千万元以上的。实施操纵证券、期货市场行为，违法所得数额在五百万元以上，并具有本解释第三条规定的七种情形之一的，应当认定为'情节特别严重'。"此外，该解释还注意到了市场间的差别，其第十条规定，对于在全国中小企业股份转让系统中实施操纵证券市场行为，社会危害性大，严重破坏公平公正的市场秩序的，比照该解释的规定执行，但该解释第二条第一项、第二项和第四条第一项、第二项除外。因此，在具体适用中，需要注意不同市场间的差异性，以准确认定操纵证券、期货市场的犯罪行为。

第一百八十三条　【保险公司工作人员虚假理赔的犯罪及其刑罚】保险公司的工作人员利用职务上的便利，故意编造未曾发生的保险事故进行虚假理赔，骗取保险金归自己所有的，依照本法第二百七十一条的规定定罪处罚。

国有保险公司工作人员和国有保险公司委派到非国有保险公司从事公务的人员有前款行为的，依照本法第三百八十二条、第三百八十三条的规定定罪处罚。

【释解与适用】

本条是关于保险公司工作人员虚假理赔的犯罪及其刑罚的规定。

本条共分两款。第一款是关于保险公司的工作人员进行虚假理赔犯罪及其处罚的规定。根据本款规定，保险工作人员虚假理赔犯罪有以下几个构成要件：一是本罪的犯罪主体是特殊主体，即保险公司的工作人员。如果是非保险公司的工作人员故意编造未曾发生的保险事故，进行虚假理赔，不构成此罪，而构成保险诈骗罪。二是行为人在主观上有犯罪故意。行为人有故意编造未曾发生的保险事故进行虚假理赔，骗取保险金的目的。三是行为人实施了利用职务上的便利，故意编造未曾发生的保险事故进行虚假理赔，并将骗取的保险金归自己所有的行为。本款所说的"保险"，根据保险法第二条的规定，是指投保人根据合同约定，向保险人支付保险费，保险人对于合同约定的可能发生的事故因其发生所造成的财产损失承担赔偿保险金责任，或者当被保险人死亡、伤残、疾病或者达到合同约定的年龄、期限等条件时承担给付保险金责任的商业保险行为。"保险公司"，是指与投保人订立保险合同，并承担赔偿或者给付保险金责任的保险人。"保险公司的工作人员利用职务上的便利，故意编造未曾发生的保险事故进行虚假理赔"，是指保险公司的工作人员利用他们直接负责保险事故的理赔工作的便利条件，利用投保人与保险公司签订的保险合同关系，谎称发生保险事故，利用职务进行"理赔"，并将理赔款据为己有，从而骗取保险金的犯罪活动。本款所称的"保险事故"，是指保险合同约定的保险责任范围内的事故。是否骗取了保险金是构成犯罪的重要条件。如果行为人虽然有利用职务上的便利，故意编造未曾发生的保险事故进行虚假理赔，但其虚假理赔的行为被及时揭穿，骗取保险金的阴谋未能得逞，属于犯罪未遂，可以比照既遂犯从轻或者减轻处罚。如果行为人将骗取的保险金归自己所有，依照本款规定，应当依照本法第二百七十一条职务侵占罪的规定定罪处罚。

本条第二款是关于国有保险公司工作人员和国有保险公司委派到非国有保险公司从事公务的人员犯虚假理赔犯罪的处罚规定。本款规定，对于国有保险公司工作人员和国有保险公司委派到非国有保险公司从事公务的人员犯此罪，依照刑法第三百八十二条、第三百八十三条贪污罪的规定定罪处罚。法律作这样的规定，体现了对国家工作人员犯罪从重处罚的立法精神。需要注意的是，2015年8月29日，第十二届全国人民代表大会常务委员会第十六次会议审议通过的刑法修正案（九）对刑法第三百八十三条作了修改完善：一是修改了贪污犯罪的定罪量刑标准，取消了刑法第三百八十三条对贪污犯罪定罪量刑的具体数额标准，采用数额加情节的标准，同时增加了罚金刑；二是进一步明确、严格了对贪污犯罪从轻、减轻、免除处罚的条件；三是增加一款规定，对犯贪污罪，被判处死刑缓期执行的，人民法院根据犯罪情节等情况可以同时决定在其死刑缓期执行二年期满依法减为无期徒刑后，终身监禁，不得减刑、假释。《最高人民法院、最高人民检察院关于办理贪污贿赂刑事案件适用法律若干问题的解释》，对刑法第三百八十三条的具体数额、情节标准予以明确规定，指导司法实践。

第一百八十四条 【金融机构工作人员受贿的犯罪及其刑罚】银行或者其他金融机构的工作人员在金融业务活动中索取他人财物或者非法收受他人财物，为他人谋取利益的，或者违反国家规定，收受各种名义的回扣、手续费，归个人所有的，依照本法第一百六十三条的规定定罪处罚。

国有金融机构工作人员和国有金融机构委派到非国有金融机构从事公务的人员有前款行为的，依照本法第三百八十五条、第三百八十六条的规定定罪处罚。

【释解与适用】

本条是关于金融机构工作人员受贿的犯罪及其刑罚的规定。

本条共分两款。本条第一款是关于银行或者其他金融机构工作人员受贿及其处罚的规定。本款所称"银行"，包括政策性银行、商业银行以及其他在我国境内设立的合资、外资银行等。本款所称"其他金融机构"，是指除银行以外的其他经营保险、信托、证券、外汇、期货、金融租赁等金融业务的机构。金融机构工作人员受贿有以下特征：一是主体是银行或者其他金融机构的工作人员，其他人员不能成为本罪的行为主体。二是行为人在办理金融业务的活动中有索取、收受贿赂的行为。本款所称"金融业务活动"，是指银行办理的吸收公众存款，发放短期、中期和长期贷款，办理国内外结算，办理票据贴现，发行金融债券，代理发行、代理兑付、承销政府债券，买卖政府债券，从事同业拆借，买卖、代理外汇，提供信用证服务及担保，代理收付款项及代理保险业务，提供保管箱服务等业务，以及其他金融机构办理的保险、信托、证券、外汇、期货、金融租赁等业务。本款所称"索取他人财物"，是指行为人向他人索要财物及财产性利益，或者以各种方式提示对方行贿。所谓"非法收受他人财物"，是指行为人接受对方给予的财物及财产性利益。本款所称"违反国家规定，收受各种名义的回扣、手续费"，是指银行或者其他金融机构的工作人员违反国家规定，以收取回扣或者其他各种名义的手续费的形式变相收取贿赂的行为。实践中，一些银行、金融机构工作人员将自己手中的贷款权、结算权视为特权，公然向贷款申请人索取、收受贿赂；也有的在发放贷款时，不按应付的贷款金额发放，而是予以克扣；还有的在贷款利率之外，或者在国家规定收取的手续费之外，又额外地收取费用归个人所有；有的公然向贷款人、客户要房子、车子等归个人使用。这些行为严重破坏了正常金融秩序，败坏了金融机构的声誉，损害了国家和人民的利益，应当予以严厉打击。需要注意的是，行为人收受各种回扣、手续费要"归个人所有"。

本款规定，对银行或者其他金融机构的工作人员索取、收受贿赂，或者收受各种名义的回扣、手续费的，依照刑法第一百六十三条的规定定罪处罚。

本条第二款是对国有金融机构工作人员和国有金融机构委派到非国有金融机构从事公务的人员受贿的，依照刑法第三百八十五条、第三百八十六条定罪处罚的规定。本款所称的"国有金融机构工作人员和国有金融机构委派到非国有金融机构从事公务的人员"，主要是指中国人民银行、国家政策性银行、国有商业银行或者其他国有金融机构的工作人员以及受国有银行委派到非国有商业银行和金融机构从事公务的人员。如果他们在金融业务活动中索取、收受贿赂，或者违反国家规定收受各种名义的回扣、手续费的，定受贿罪，并根据受贿所得数额及情节轻重处罚。法律作这样的规定，体现了对国家工作人员犯罪从严惩处的立法精神。

【适用中需要注意的问题】

需要注意的是，刑法修正案（十一）对刑法第一百六十三条作了修改完善，将原来第一款规定的"公司、企业或者其他单位的工作人员利用职务上的便利，索取他人财物或者非法收受他人财物，为他人谋取利益，数额较大的，处五年以下有期徒刑或者拘役；数额巨大的，处五年以上有期徒刑，可以并处没收财产"，修改为"公司、企业或者其他单位的工作人员，利用职务上的便利，索取他人财物或者非法收受他人财物，为他人谋取利益，数额较大的，处三年以下有期徒刑或者拘役，并处罚金；数额巨大或者有其他严重情节的，处三年以上十年以下有期徒刑，并处罚金；数额特别巨大或者有其他特别严重情节的，处十年以上有期徒刑或者无期徒刑，并处罚金"。

第一百八十五条【金融机构工作人员挪用资金、公款的犯罪及其刑罚】商业银行、证券交易所、期货交易所、证券公司、期货经纪公司、保险公司或者其他金融机构的工作人员利用职务上的便利，挪用本单位或者客户资金的，依照本法第二百七十二条的规定定罪处罚。

国有商业银行、证券交易所、期货交易所、证券公司、期货经纪公司、保险公司或者其他国有金融机构的工作人员和国有商业银行、证券交易所、期货交易所、证券公司、期货经纪公司、保险公司或者其他国有金融机构委派到前款规定中的非国有机构从事公务的人员有前款行为的，依照本法第三百八十四条的规定定罪处罚。

【释解与适用】

本条是关于金融机构工作人员挪用本单位、客户资金和国有金融机构的工作人员挪用公款以及国有金融机构委派到非国有金融机构中从事公务的人员挪用公款的犯罪及其刑罚的规定。

本条共分两款。第一款是关于金融机构工作人员挪用本单位或者客户资金的犯罪及其处罚的规定。根据本款规定，构成挪用本单位资金或者客户资金罪必须同时具备以下四个条件：第一，犯罪主体必须是商业银行、证券交易所、期货交易所、证券公司、期货经纪公司、保险公司或者其他金融机构的工作人员。"其他金融机构的工作人员"，是指除本款明确规定的商业银行、证券交易所、期货交易所、证券公司、期货经纪公司、保险公司外从事信托、金融租赁等金融业务的机构，如信托公司、金融租赁公司、财务公司等机构的工作人员。第二，行为人在主观方面必须具有故意，而不是由于工作的过失或者因业务不熟而造成的失误。其挪用资金是为个人使用或者借贷给他人。第三，行为人挪用本单位或者客户资金的行为利用了职务上的便利。"利用职务上的便利"，是指本款所列主体利用分管、负责或者办理某项业务的权力或者职权所形成的便利条件。"挪用本单位或者客户资金"，是指个人利用职务之便，擅自挪用本单位所有或者有权支配的资金以及本单位客户存入本单位或者委托本单位办理结算、转汇、保管等业务的资金。第四，行为人擅自挪用本单位或者客户资金，必须达到法定的条件，才能构成犯罪。

根据本款规定，商业银行、证券交易所、期货交易所、证券公司、期货经纪公司、保险公司或者其他金融机构的工作人员利用职务上的便利，挪用本单位或者客户资金的，依照刑法第二百七十二条的规定定罪处罚。本款"依照本法第二百七十二条的规定定罪处罚"，就是指构成犯罪的条件、定罪量刑的情节和具体的处罚幅度按第二百七十二条挪用资金罪的规定执行。

本条第二款是关于国有金融机构的工作人员以及国有金融机构委派到非国有金融机构中从事公务的人员挪用公款的犯罪及其处罚的规定。

本款规定的犯罪主体与第一款规定的犯罪主体是不同的，有两种：一种是国有商业银行、证券交易所、期货交易所、证券公司、期货经纪公司、保险公司或者其他国有金融机构的工作人员；另一种是国有商业银行、证券交易所、期货交易所、证券公司、期货经纪公司、保险公司或者其他国有金融机构委派到非国有的商业银行、证券交易所、期货交易所、证券公司、期货经纪公司、保险公司或者其他金融机构中从事公务的人员。根据本款规定，构成挪用公款罪的犯罪构成与挪用资金罪是相似的，对有挪用本单位或者客户资金行为的犯罪分子，应当依照刑法第三百八十四条挪用公款罪的规定定罪处罚。也就是说，国有商业银行、证券交易所、期货交易所、证券公司、期货经纪公司、保险公司或者其他国有金融机构的工作人员和上述机构委派到非国有的商业银行、证券交易所、期货交易所、证券公司、期货经纪公司、保险公司或者其他金融机构中从事公务的人员，如果利用职务上的便利挪用本单位或者客户资金的，将以国家工作人员论处，按照刑法第三百八十四条的规定追究刑事责任。本款所称的"依照本法第三百八十四条的规定定罪处罚"，是指构成犯罪的条件，定罪量刑的情节和具体的处罚幅度按第三百八十四条的规定执行。

【适用中需要注意的问题】

1. 需要将用账外客户资金非法拆借、发放贷款的行为与挪用公款罪和挪用资金罪予以区分。对此，可以参考《全国法院审理金融犯罪案件工作座谈会纪要》的相关规定。该纪要规定，银行或者其他金融机构及其工作人员用账外客户资金非法拆借、发放贷款，对于利用职务上的便利，挪用已经记入金融机构法定存款账户的客户资金归个人使用的，或者吸收客户资金不入账，却给客户开具银行存单，客户也认为该款已存入银行，该款却被行为人以个人名义借贷给他人的，均应认定为挪用公款罪或者挪用资金罪。

2. 刑法修正案（十一）对刑法第二百七十二条作了修改完善，将该条修改为"公司、企业或者其他单位的工作人员，利用职务上的便利，挪用本单位资金归个人使用或者借贷给他人，数额较大、超过三个月未还的，或者虽未超过三个月，但数额较大、进行营利活动的，或者进行非法活动的，处三年以下有期徒刑或者拘役；挪用本单位资金数额巨大的，处三年以上七年以下有期徒刑；数额特别巨大的，处七年以上有期徒刑。国有公司、企业或者其他国有单位中从事公务的人员和国有公司、企业或者其他国有单位委派到非国有公司、企业以及其他单位从事公务的人员有前款行为的，依照本法第三百八十四条的规定定罪处罚。有第一款行为，在提起公诉前将挪用的资金退还的，可以从轻或者减轻处罚。其中，犯罪较轻的，可以减轻或者免除处罚"。需要注意的是，刑法修正案（十一）对刑法第二百七十二条增加规定了第三款，即"有第一款行为，在提起公诉前将挪用的资金退还的，可以从轻或者减轻处罚。其中，犯罪较轻的，可以减轻或者免除处罚"，以鼓励犯罪行为人将挪用资金主动退还，减少单位或者客户的损失。

第一百八十五条之一 【背信运用受托财产罪】商业银行、证券交易所、期货交易所、证券公司、期货经纪公司、保险公司或者其他金融机构，违背受托义务，擅自运用客户资金或者其他委托、信托的财产，情节严重的，对单位判处罚金，并对其直接负责的主管人员和其他直接责任人员，处三年以下有期徒刑或者拘役，并处三万元以上三十万元以下罚金；情节特别严重的，处三年以上十年以下有期徒刑，并处五万元以上五十万元以下罚金。

【违法运用资金罪】社会保障基金管理机构、住房公积金管理机构等公众资金管理机构，以及保险公司、保险资产管理公司、证券投资基金管理公司，违反国家规定运用资金的，对其直接负责的主管人员和其他直接责任人员，依照前款的规定处罚。

【释解与适用】

本条是关于背信运用受托财产罪、违法运用资金罪及其刑罚的规定。

本条共分两款。第一款是关于背信运用受托财产罪及其处罚的规定。该罪应当符合如下条件：第一，本罪的犯罪主体是单位，即商业银行、证券交易所、期货交易所、证券公司、期货经纪公司、保险公司或者其他金融机构。所谓"其他金融机构"，是指除上述规定的商业银行、证券交易所、期货交易所、证券公司、期货经纪公司、保险公司以外的，经国家有关主管部门批准有资格从事委托理财等金融业务的金融机构，如信托公司、金融资产管理公司等。第二，行为人在主观方面必须是故意，过失实施本款规定行为的不构成本罪。第三，必须实施了违背受托义务，擅自运用客户资金或者其他委托、信托的财产的行为。所谓"违背受托义务"，不仅限于违背委托人与受托人之间具体约定的义务，还包括违背法律、行政法规、部门规章规定的法定义务。这是因为，法律、行政法规、部门规章规定的法定义务一般就受托人在受托理财实践中出现的损害委托人利益的突出问题，对受托人必须履行的职责和禁止行为作了明确规定。有些情况下，普通委托人对受托人应当遵守的这些法定义务，难以了解得十分清楚，也难以在合同中约定得十分具体，但受托人必须受相关法律法规规定的调整。例如，《证券公司客户资产管理业务管理办法》规定，证券公司从事客户资产管理业务不得挪用客户资产；不得以转移资产管理账户收益或者亏损为目的，在自营账户与资产管理账户之间或者不同的资产管理账户之间进行买卖，损害客户的利益；不得以获取佣金或者其他利益为目的，用客户资产进行不必要的证券交易；等等。本款所称的"客户资金"是指客户存入上述金融机构的资金。所谓"委托、信托的财产"，主要是指在当前的委托理财业务中，存放在各类金融机构中的以下财产：（1）证券投资业务中的客户交易结算资金；（2）委托理财业务中的客户资产；（3）信托业务中的信托财产；（4）证券投资基金。第四，构成本款规定的犯罪，必须达到情节严重的程度。2022年《最高人民检察院、公安部关于公安机关管辖的刑事案件立案追诉标准的规定（二）》第三十五条规定，商业银行、证券交易所、期货交易所、证券公司、期货公司、保险公司或者其他金融机构，违背受托义务，擅自运用客户资金或者其他委托、信托的财产，涉嫌下列情形之一的，应予立案追诉：（1）擅自运用客户资金或者其他委托、信托的财产数额在三十万元以上的；（2）虽未达到上述数额标准，但多次擅自运用客户资金或者其他委托、信托的财产，或者擅自运用多个客户资金或者其他委托、信托的财产的；（3）其他情节严重的情形。

　　本条第二款是关于违法运用资金罪及其处罚的规定。该罪应当符合如下条件：第一，本款规定的犯罪主体是单位，包括社会保障基金管理机构、住房公积金管理机构等公众资金经营、管理机构，以及保险公司、保险资产管理公司、证券投资基金管理公司。第二，主观方面是故意的。第三，必须实施了违反国家规定运用资金的行为。根据刑法第九十六条的规定，所谓"违反国家规定"，是指违反全国人民代表大会及其常务委员会制定的法律和决定，国务院制定的行政法规、规定的行政措施、发布的决定和命令。本款与前款不同，本款对于公众资金等的运用违背的并不是受托义务，而是违反了国家对资金运用的条件、程序等的规定。例如，《住房公积金管理条例》第五条规定，住房公积金应当用于职工购买、建造、翻建、大修自住住房，任何单位和个人不得挪作他用。如果相关住房公积金管理机构违反上述规定，挪用住房公积金从事其他用途的活动的，属于这里规定的违法运用资金的行为。第四，必须达到情节严重的程度，如擅自动用的资金的数额比较大，社会影响比较恶劣，影响了社会的稳定等，具体如何认定情节严重，需要最高人民法院和最高人民检察院在总结司法实践经验的基础上，就这一问题作出司法解释。2022年《最高人民检察院、公安部关于公安机关管辖的刑事案件立案追诉标准的规定（二）》中对违法运用资金罪的立案追诉标准作了规定，根据该规定第三十六条，社会保障基金管理机构、住房公积金管理机构等公众资金管理机构，以及保险公司、保险资产管理公司、证券投资基金管理公司，违反国家规定运用资金数额在三十万元以上的；或者虽未达到上述数额标准，但多次违反国家规定运用资金的；或者有其他情节严重情形的，予以立案追诉。实践中在定罪量刑时，可以参照上述规定的数额，根据具体案件的性质、情节和危害后果，裁量刑罚。

本条根据情节轻重，对两个犯罪规定了两档刑，对情节严重的，对单位判处罚金，并对其直接负责的主管人员和其他直接责任人员，处三年以下有期徒刑或者拘役，并处三万元以上三十万元以下罚金；情节特别严重的，处三年以上十年以下有期徒刑，并处五万元以上五十万元以下罚金。

【适用中需要注意的问题】

随着经济社会不断发展，实践中有一些单位实质上不具备接受委托资金的资质，也未按规定接受金融监管并违规从事金融业务。这些单位通过各种变相公开宣传、承诺保本保收益、向社会不特定对象集资等形式与委托人订立合同，募集资金，同时实施相关违法行为，完全违背了与委托人订立合同中规定的权利义务。包括以虚构事实，隐瞒真相的方式伪造、编造投资行为；或者违规挪用、侵占，甚至挥霍受委托资金；或者将受委托资金直接进行非法活动等，造成委托人、投资人的极大损失。这些行为，表面上是该类单位的责任人员违背受托义务，擅自运用客户资金和受托财产的行为，实质上属于非法集资类犯罪，应根据案件的具体情况，依照刑法第一百七十六条非法吸收公众存款罪、第一百九十二条集资诈骗罪等，依法定罪处罚。

第一百八十六条 【违法发放贷款罪】银行或者其他金融机构的工作人员违反国家规定发放贷款，数额巨大或者造成重大损失的，处五年以下有期徒刑或者拘役，并处一万元以上十万元以下罚金；数额特别巨大或者造成特别重大损失的，处五年以上有期徒刑，并处二万元以上二十万元以下罚金。

银行或者其他金融机构的工作人员违反国家规定，向关系人发放贷款的，依照前款的规定从重处罚。

单位犯前两款罪的，对单位判处罚金，并对其直接负责的主管人员和其他直接责任人员，依照前两款的规定处罚。

关系人的范围，依照《中华人民共和国商业银行法》和有关金融法规确定。

【释解与适用】

本条是关于违法发放贷款罪及其刑罚的规定。

本条共分四款。第一款是关于违法发放贷款罪及其处罚的规定。贷款是银行或者其他金融机构通过一定的程序将资金附条件地借给单位和个人使用的一种金融活动。根据贷款用途，贷款可分为：经营性贷款、消费性贷款等；根据贷款的偿还期限，贷款可分为：活期贷款、定期贷款、透支等；根据贷款的保障程度，贷款可分为：抵押贷款、信用贷款；等等。加强信贷管理，对盘活经济、加强宏观调控十分重要。一些银行和其他金融机构的工作人员，违反国家规定，发放人情贷款、关系贷款，给国家和金融机构造成重大经济损失，严重扰乱了国家的正常金融秩序，为严厉打击这类犯罪，刑法规定了非法发放贷款罪。刑法修正案（六）作出了相应的修改。根据本款规定，该罪有以下几个构成要件：一是本罪的犯罪主体是特殊主体，即银行或者其他金融机构的工作人员，非上述人员，不能构成本罪。本款所称的"银行"，是广义的，包括政策性银行、商业银行以及其他在我国境内设立的合资、外资银行等。本款所称的"其他金融机构"，是指除银行以外的其他经营保险、信托、证券、外汇、期货、金融租赁等金融业务的机构。二是行为人必须实施了违反国家规定发放贷款的行为。本款所称的"违反国家规定"，主要是指违反有关贷款的法律、行政法规，例如商业银行法等。关于发放贷款，商业银行法规定，商业银行贷款，应当对借款人的借款用途、偿还能力、还款方式等情况进行严格审查。商业银行贷款，应当实行审贷分离、分级审批的制度。商业银行贷款，借款人应当提供担保。商业银行应当对保证人的偿还能力，抵押物、质权的权属和价值以及实现抵押权、质权的可行性进行严格审查。经商业银行审查、评估，确认借款人资信良好，确能偿还贷款的，可以不提供担保。商业银行贷款，应当与借款人订立书面合同。合同应当约定贷款种类、借款用途、金额、利率、还款期限、还款方式、违约责任和双方认为需要约定的其他事项。如果行为人违反国家规定发放贷款，如不严格审查借款人的借款目的、是否存在真实交易，是否具有偿还能力、保证人的偿还能力、抵押物的权属以及实现抵押权、质权的可行性等，就属于违反国家规定发放贷款。三是行为人非法发放贷款行为，必须数额巨大或者造成了重大损失的，才构成犯罪。这是违法发放贷款罪修改后的犯罪构成的重要变化。相对于原条文的犯罪构成，又增加了"数额巨大"的规定。也就是说，违法发放贷款罪的犯罪构成条件有两个结果性条款，任何一项结果成就，都可能构成本罪。这主要是考虑到实践中认定因违法发放贷款所造成的损失特别困难，单一以造成重大损失来认定犯罪，难以定性。所谓"重大损失"，是指银行或者其他金融机构由于行为人非法发放贷款的行为，致使贷款全部或者部分不能收回的情况。根据本款的规定，银行或者其他金融机构的工作人员违反国家规定发放贷款，数额巨大或者造成重大损失的，处五年以下有期徒刑或者拘役，并处一万元以上十万元以下罚金；数额特别巨大或者造成特别重大损失的，处五年以上有期徒刑，并处二万元以上二十万元以下罚金。

本条第二款是对违法向关系人发放贷款从重处罚的规定。根据本款的规定，违法向关系人发放贷款的予以从重处罚。根据商业银行法的规定，"关系人"是指：（1）商业银行的董事、监事、管理人员、信贷业务人员及其近亲属。（2）前项所列人员投资或者担任高级管理职务的公司、企业和其他经济组织。关于向关系人发放贷款，商业银行法规定："商业银行不得向关系人发放信用贷款；向关系人发放担保贷款的条件不得优于其他借款人同类贷款的条件。"行为人违反国家规定向关系人发放贷款，即指违反上述规定，向关系人发放信用贷款，或者向关系人发放担保贷款的条件优于其他借款人同类贷款的条件。本款所称的"信用贷款"，是指银行不要求借款人提供任何的经济担保，只凭借款人可靠的信用发放的贷款。本款所称的"借款人可靠的信用"，主要是指：借款人有雄厚的物质基础；具有健全的管理制度，能合理地、高效益地使用资金；有能力及时、足额地归还以往贷款，并能保证按期还本付息。本款所称的"担保贷款"，是指借款人向银行提供具有相应经济实力的单位或者个人的经济担保，或者向银行提供物资，以银行票据、股票等实物抵押，以取得银行贷款。总体上，只要是向关系人提供信用贷款，或者在向关系人提供担保贷款时采用了比普通贷款人更为优惠的条件，如要求关系人提供担保的数额低于对其他人要求的数额，或者对关系人发放的担保贷款所收取的利率比其他借款人低，贷款期限比其他借款人长等，都属于"违反国家规定，向关系人发放贷款"。根据本款的规定，银行或者其他金融机构的工作人员违反国家规定，向关系人发放贷款的，依照第一款的规定从重处罚，即根据具体犯罪情节，在第一款规定的两个量刑幅度内处以较违法向非关系人发放贷款行为更重的刑罚。

本条第三款是关于单位犯违法发放贷款罪的处罚的规定。本款对单位违法发放贷款罪的处罚采用双罚制原则，既对单位判处罚金，也对其直接负责的主管人员和其他直接责任人员，依照本条第一、二款的规定判处刑罚。本款所称的"单位"，是指银行或者其他金融机构等有信贷业务的单位。"直接负责的主管人员"，一般是指对本单位违反法律、行政法规非法发放贷款的犯罪负有直接责任的单位领导人员，如银行的行长、信托公司的经理等。"其他直接责任人员"，一般是指具体实施非法发放贷款犯罪活动的主要执行人，如信贷员等。

本条第四款是关于关系人的范围的规定。根据本款的规定，关系人的范围，依照商业银行法和有关金融法规确定。如前所述，根据商业银行法的规定，商业银行的关系人是指：（1）商业银行的董事、监事、管理人员、信贷业务人员及其近亲属；（2）前项所列人员投资或者担任高级管理职务的公司、企业和其他经济组织。至于其他金融机构的关系人的情况比较复杂，还需要由有关金融法规予以明确。这里所说的法规是指法律和行政法规。

【适用中需要注意的问题】

需要注意的是：实践中存在银行或者其他金融机构的工作人员教唆、

主动帮助不符合放贷条件的主体获取贷款的情况。为了在形式上满足发放贷款的相关规定，规避金融监管，有的银行或者其他金融机构的工作人员教唆、帮助贷款申请主体伪造资质、合同、贸易背景等材料，以便于通过银行或者其他金融机构的内控合规审核。因贷款申请主体实质不符合放贷条件，在贷款发放后，常造成贷款无法收回等重大损失。贷款申请主体还可能涉嫌骗取贷款、票据承兑、金融票证罪。对于这种教唆、帮助不符合放贷条件的主体骗取贷款的情况，司法机关应严格依照本条的规定，追究银行或者其他金融机构的工作人员的刑事责任。

第一百八十七条 【吸收客户资金不入账罪】银行或者其他金融机构的工作人员吸收客户资金不入帐，数额巨大或者造成重大损失的，处五年以下有期徒刑或者拘役，并处二万元以上二十万元以下罚金；数额特别巨大或者造成特别重大损失的，处五年以上有期徒刑，并处五万元以上五十万元以下罚金。

单位犯前款罪的，对单位判处罚金，并对其直接负责的主管人员和其他直接责任人员，依照前款的规定处罚。

【释解与适用】

本条是关于吸收客户资金不入账罪及其刑罚的规定。

本条共分两款。第一款是关于吸收客户资金不入账罪及其处罚的规定。

本款具有以下特征：一是犯罪主体是特殊主体，即银行或者其他金融机构的工作人员。本款所称"银行"，主要是指商业银行等；"其他金融机构"，是指除银行以外的保险、外汇、证券、金融租赁等具有货币资金融通职能的机构。二是行为人客观上实施了吸收客户资金不入账的行为。"吸收客户资金不入帐"，是指违反金融法律、法规，对收受客户的存款资金不如实记入银行或者其他金融机构存款账目，账目上反映不出这笔新增款项业务，或者账目上的记载与出具给储户的存单、存折上的记载不相符。三是行为人吸收客户资金不入账，数额巨大或者造成重大损失的才构成犯罪。这是罪与非罪的界限。至于什么是"数额巨大"，什么是"重大损失"，需要在总结实践经验的基础上，由司法解释加以规定。对金融机构工作人员犯本款规定之罪的，根据其行为造成的损失和数额规定了两档刑罚；数额巨大或者造成重大损失的，处五年以下有期徒刑或者拘役，并处二万元以上二十万元以下罚金；数额特别巨大或者造成特别重大损失的，处五年以上有期徒刑，并处五万元以上五十万元以下罚金。

本条第二款是对单位犯本罪的规定。实践中存在一些银行或者其他非银行金融机构为本单位的小集体利益而违反规定以单位名义吸收客户资金不入账的情况。根据本款的规定，对单位犯此罪的，对单位判处罚金，并对其直接负责的主管人员或者其他直接责任人员根据其犯罪情节依照第一款的规定处罚。

关于本条规定的立案追诉标准，2022年《最高人民检察院、公安部关于公安机关管辖的刑事案件立案追诉标准的规定（二）》第三十八条规定，银行或者其他金融机构及其工作人员吸收客户资金不入账，涉嫌下列情形之一的，应予立案追诉：（1）吸收客户资金不入账，数额在二百万元以上的；（2）吸收客户资金不入账，造成直接经济损失数额在五十万元以上的。

第一百八十八条　【违规出具金融票证罪】银行或者其他金融机构的工作人员违反规定，为他人出具信用证或者其他保函、票据、存单、资信证明，情节严重的，处五年以下有期徒刑或者拘役；情节特别严重的，处五年以上有期徒刑。

单位犯前款罪的，对单位判处罚金，并对其直接负责的主管人员和其他直接责任人员，依照前款的规定处罚。

【释解与适用】

本条是关于违规出具金融票证罪及其刑罚的规定。

本条共分两款。第一款是对个人违规出具金融票证罪及其处罚的规定。1997年刑法第一百八十八条第一款规定："银行或者其他金融机构的工作人员违反规定，为他人出具信用证或者其他保函、票据、存单、资信证明，造成较大损失的，处五年以下有期徒刑或者拘役；造成重大损失的，处五年以上有期徒刑。"根据本款规定，构成该罪必须具备以下几个条件。

一是行为人必须是银行或者其他金融机构的工作人员。本款所称"银行"主要是指政策性银行、各类商业银行等；"其他金融机构"包括除银行以外的各种开展金融业务的机构，比如信托、保险、企业集团财务公司、金融租赁公司等。

二是行为人必须有违反规定，为他人出具信用证或者其他保函、票据、存单、资信证明的行为。本款所称的"违反规定"，是指违反了有关金融法律、行政法规、规章以及银行金融机构内部规定的一些重要业务规则和规章制度。"他人"不仅包括自然人，也包括单位。"信用证"是指开证银行根据客户（申请开证人）的请求或者自己主动向一方（受益人）所签发的一种书面约定，如果受益人满足了该书面约定的各项条款，开证银行即向受益人支付该书面约定的款项的凭证。简单地说，信用证就是开证银行有条件地向受益人付款的书面凭证。"保函"是指银行以其自身的信用为他人承担责任的担保文件，是重要的银行资信文件。根据商业银行法的规定，商业银行可以提供担保服务，但是商业银行的工作人员不得违反规定徇私向亲属朋友提供担保；中国人民银行法规定："中国人民银行不得向任何单位和个人提供担保。"如果人民银行或者商业银行的工作人员违反规定擅自为他人出具保函，都属于本条所说的违反规定为他人出具"保函"。违反规定出具"票据"，是指违反票据法、行政法规和其他各项业务管理的规定，为他人非法出具汇票、本票、支票的行为。"资信证明"是指证明个人或者单位经济实力的文件，广义的资信证明包括票据、银行存单、房契、地契以及其他各种产权证明等，此外，还包括由银行出具的有关财产方面的委托书、协议书等。

三是行为人违规为他人出具金融票据，情节严重的，才构成犯罪。"情节严重"不仅包括给金融机构造成了较大损失，还包括虽然还没有造成较大损失，但非法出具金融票证涉及金额巨大，或者多次非法出具金融票证等情形。如果行为人有以上违反规定的行为，但被及时发现并制止，情节不严重的，可作为违法行为处理，不宜以犯罪论处。至于具体什么是"情节严重"，由于各案情况不同，实践情况比较复杂，本条没有作出具体规定，可以由司法机关根据案件的具体情况确定，也可以在总结司法实践经验的基础上作出司法解释。此外，关于本罪的追诉条件，2022年《最高人民检察院、公安部关于公安机关管辖的刑事案件立案追诉标准的规定（二）》第三十九条规定，银行或者其他金融机构及其工作人员违反规定，为他人出具信用证或者其他保函、票据、存单、资信证明，涉嫌下列情形之一的，应予立案追诉：（1）违反规定为他人出具信用证或者其他保函、票据、存单、资信证明，数额在二百万元以上的；（2）违反规定为他人出具信用证或者其他保函、票据、存单、资信证明，造成直接经济损失数额在五十万元以上的；（3）多次违规出具信用证或者其他保函、票据、存单、资信证明的；（4）接受贿赂违规出具信用证或者其他保函、票据、存单、资信证明的；（5）其他情节严重的情形。

对本罪的处罚，本款根据情节严重程度规定了两档刑罚：情节严重的，处五年以下有期徒刑或者拘役；情节特别严重的，处五年以上有期徒刑。

本条第二款是关于单位犯违规出具金融票据罪及其处罚的规定。本条采用了双罚制原则，单位犯本罪，对单位判处罚金，并对其直接负责的主管人员和其他直接责任人员，根据其犯罪情节，依照本条第一款的规定判处刑罚，即情节严重的，处五年以下有期徒刑或者拘役；情节特别严重的，处五年以上有期徒刑。

实践中，对于本条规定的违规"出具"是否包含"付款、承兑、保证"的含义，认识上存在分歧。一种意见提出，1998年《国务院办公厅转发中国人民银行整顿银行帐外帐及违规经营工作实施方案的通知》中提到"违规开具银行承兑汇票，是指违反银行承兑汇票有关管理规定的行为，包括违规承兑和违规贴现""违规开具信用证，是指违反信用证管理有关规定，无贸易背景开证、越权开证、保证金不足开证和未落实担保开证等行为"等。该通知对违规"开具"的适用，也可以用于理解刑法本条中规定的"出具"，即"出具"除了具有开具的文意外，包含对票据的"付款、承兑、保证"等行为。另一种意见提出，本条规定的"出具"的对象，包含了对信用证、保函、票据、存单、资信证明。就"出具"票据来说，不宜将"出具"作扩大解释包含"付款、承兑、保证"行为。如作扩大解释，不仅无法将该条与刑法第一百八十九条对违法票据承兑、付款、保证罪作出区分，而且会将一般的提供、交付行为也理解为签发、开立法律文书的行为，与实际不符。将本条规定的"开具"扩大解释到"付款、承兑、保证"，其实质是在司法适用中，因较难满足刑法第一百八十九条"对违法票据承兑、付款、保证罪"规定的"造成重大损失"的入罪条件，进而转向适用本条违规出具金融票证罪，似不符合法律适用原理，有违罪刑法定原则。

票据法第二十条规定，出票是指出票人签发票据并将其交付给收款人的票据行为。票据法第六十二条规定，持票人行使追索权时，应当提供被拒绝承兑或者被拒绝付款的有关证明。持票人提示承兑或者提示付款被拒绝的，承兑人或者付款人必须出具拒绝证明，或者出具退票理由书。未出具拒绝证明或者退票理由书的，应当承担由此产生的民事责任。由此可见，票据法中同时使用了"出票"和"出具"两种表述。票据法中的"出具"的对象不是法定票据，而是与票据有关的证明文书，如退票理由书等。刑法本条规定的"出具"票据的含义应与票据法中"出票"的含义一致，与背书、承兑、保证、付款等同属票据行为。对于违法进行票据承兑、付款、保证等行为，可通过刑法第一百八十九条"对违法票据承兑、付款、保证罪"惩治。因此，根据刑法本条和第一百八十九条的规定，本条规定的"出具"票据应理解为票据法上规定的出票行为。对于非法承兑等其他票据行为，可以结合具体案件情况，分别适用刑法第一百八十九条对违法票据承兑、付款、保证罪、第一百七十五条高利转贷罪、第一百七十五条之一骗取贷款、票据承兑、金融票证罪等规定处罚。

第一百八十九条 【对违法票据承兑、付款、保证罪】银行或者其他金融机构的工作人员在票据业务中，对违反票据法规定的票据予以承兑、付款或者保证，造成重大损失的，处五年以下有期徒刑或者拘役；造成特别重大损失的，处五年以上有期徒刑。

单位犯前款罪的，对单位判处罚金，并对其直接负责的主管人员和其他直接责任人员，依照前款的规定处罚。

【释解与适用】

本条是关于对违法票据承兑、付款、保证罪及其刑罚的规定。

本条共分两款。第一款是关于个人犯对违法票据承兑、付款、保证罪及其处罚的规定。对于个人犯对违法票据承兑、付款、保证罪的构成要件，本款作了以下规定：一是本罪的犯罪主体是特殊主体，即只能是银行或者其他金融机构的工作人员，其他人不能成为本罪的主体。所谓"其他金融机构"，主要指可以经营金融业务的信托公司、保险公司、企业集团财务公司、金融租赁公司等金融机构。二是行为人在主观上主要表现为过失，即由于工作不负责，审查不严所致。三是行为人在客观上实施了对违反票据法规定的票据予以承兑、付款或者保证的行为。票据法明确规定：

汇票的出票人必须与付款人具有真实的委托付款关系，并且具有支付汇票金额的可靠资金来源。付款人及其代理付款人付款时，应当审查汇票背书的连续，并审查提示付款人的合法身份证明和有效证件。如果行为人不认真审查，对违反票据法规定的票据予以承兑、付款或者保证，即构成本罪的犯罪行为。本款所称票据"承兑"，是指汇票付款人承诺在汇票到期日支付汇票金额的票据行为，承兑系汇票所特有的一种法律制度，仅适用于汇票，其目的在于使承兑人依票据载明的义务承担支付票据金额的义务。本款所称"付款"，是指汇票的付款人或者代理付款人支付汇票金额以消灭票据关系的附属票据行为。四是行为人对违反票据法规定的票据予以承兑、付款或者保证，造成重大损失的，才构成犯罪，这是划分罪与非罪的重要界限。票据法第一百零四条规定，金融机构工作人员在票据业务中玩忽职守，对违反本法规定的票据予以承兑、付款或者保证的，给予处分；造成重大损失，构成犯罪的，依法追究刑事责任。由于金融机构工作人员因前款行为给当事人造成损失的，由该金融机构和直接责任人员依法承担赔偿责任。本款所称的"重大损失"，是指由于行为人的违法承兑、付款、保证，使银行或者其他金融机构被骗，造成重大经济损失。

对于个人犯对违法票据承兑、付款、保证罪的处罚，本款根据造成的损失，规定了两档刑罚：造成重大损失的，处五年以下有期徒刑或者拘役；造成特别重大损失的，处五年以上有期徒刑。

本条第二款是关于单位犯对违法票据承兑、付款、保证罪及其处罚的规定。对单位犯本罪，本款采取了双罚制原则，即对单位判处罚金，并对其直接负责的主管人员和其他直接责任人员，依照本条第一款的规定处罚：造成重大损失的，处五年以下有期徒刑或者拘役；造成特别重大损失的，处五年以上有期徒刑。

关于本条规定的立案追诉标准，2022年《最高人民检察院、公安部关于公安机关管辖的刑事案件立案追诉标准的规定（二）》第四十条规定，银行或者其他金融机构及其工作人员在票据业务中，对违反票据法规定的票据予以承兑、付款或者保证，造成直接经济损失数额在五十万元以上的，应予立案追诉。

第一百九十条 【逃汇罪】公司、企业或者其他单位，违反国家规定，擅自将外汇存放境外，或者将境内的外汇非法转移到境外，数额较大的，对单位判处逃汇数额百分之五以上百分之三十以下罚金，并对其直接负责的主管人员和其他直接责任人员处五年以下有期徒刑或者拘役；数额巨大或者有其他严重情节的，对单位判处逃汇数额百分之五以上百分之三十以下罚金，并对其直接负责的主管人员和其他直接责任人员处五年以上有期徒刑。

【释解与适用】

本条是关于逃汇罪及其刑罚的规定。

根据本条规定，逃汇罪包含两种情况：第一种情况是公司、企业或者其他单位，违反国家规定，擅自将外汇存放境外，数额较大的。本条所称的违反国家规定，"擅自将外汇存放境外"，是指违反了国家有关外汇管理的规定，将应调回国内的外汇不调回国内，而存放境外的行为。根据《外汇管理条例》第九条的规定，境内机构、境内个人的外汇收入可以调回境内或者存放境外；调回境内或者存放境外的条件、期限等，由国务院外汇管理部门根据国际收支状况和外汇管理的需要作出规定。此外，我国对境内机构资本项目外汇收入的管理，按照现行的有关规定，主要是《外汇管理条例》第二十一条的规定，资本项目外汇收入保留或者卖给经营结汇、售汇业务的金融机构，应当经外汇管理机关批准，但国家规定无需批准的除外。

第二种情况是公司、企业或者其他单位，违反国家规定，将境内的外汇非法转移到境外，数额较大的，依法追究刑事责任。本条所称的违反国家规定，"将境内的外汇非法转移到境外"，是指违反国家有关规定，未经批准将境内外汇非法转移到境外的行为。

根据本条规定，对于犯逃汇罪的，对单位判处逃汇数额百分之五以上百分之三十以下罚金，并对其直接负责的主管人员和其他直接责任人员处五年以下有期徒刑或者拘役；数额巨大或者有其他严重情节的，对单位判处逃汇数额百分之五以上百分之三十以下罚金，并对其直接负责的主管人员和其他直接责任人员处五年以上有期徒刑。

【适用中需要注意的问题】

本条规定在实际适用中应当注意以下两点。

1. 本条规定的构成犯罪的条件是，擅自将外汇存放境外，或者将境内的外汇非法转移到境外，数额较大的行为。未达到数额较大的逃汇行为不能作为犯罪处理，应当依照《外汇管理条例》的规定由外汇管理机关责令限期调回外汇，处逃汇金额百分之三十以下的罚款；情节严重的，处逃汇金额百分之三十以上等值以下的罚款。对于什么是"数额较大"，本条没作具体规定，可由最高人民法院在总结司法实践经验的基础上作出司法解释。根据 2022 年《最高人民检察院、公安部关于公安机关管辖的刑事案件立案追诉标准的规定（二）》第四十一条规定，公司、企业或者其他单位，违反国家规定，擅自将外汇存放境外，或者将境内的外汇非法转移到境外，单笔在二百万美元以上或者累计数额在五百万美元以上的，应予立案追诉。

2. 本条规定的犯罪是单位犯罪，犯罪主体限于公司、企业或者其他单位，个人不能成为逃汇罪的犯罪主体，不能构成逃汇罪。对于个人携带大量外汇或外币支付凭证、有价证券等出境，逃避海关监管，构成走私等行为的，应当按照国家有关规定处理。

根据《全国人民代表大会常务委员会关于惩治骗购外汇、逃汇和非法买卖外汇犯罪的决定》第五条的规定，海关、外汇管理部门以及金融机构、从事对外贸易经营活动的公司、企业或者其他单位的工作人员与本条规定的逃汇行为人通谋，为其提供购买外汇的有关凭证或者其他便利的，或者明知是伪造、变造的凭证和单据而售汇、付汇的，以逃汇罪的共犯论处，并从重处罚。这里所说的"从重处罚"，是指在本条规定的罚金幅度内和量刑幅度内从重处罚。对于刑罚的从重，既可以选择较重的刑期，也可以选择较重的刑种。

第一百九十一条 【洗钱罪】为掩饰、隐瞒毒品犯罪、黑社会性质的组织犯罪、恐怖活动犯罪、走私犯罪、贪污贿赂犯罪、破坏金融管理秩序犯罪、金融诈骗犯罪的所得及其产生的收益的来源和性质，有下列行为之一的，没收实施以上犯罪的所得及其产生的收益，处五年以下有期徒刑或者拘役，并处或者单处罚金；情节严重的，处五年以上十年以下有期徒刑，并处罚金：

（一）提供资金帐户的；

（二）将财产转换为现金、金融票据、有价证券的；

（三）通过转帐或者其他支付结算方式转移资金的；

（四）跨境转移资产的；
（五）以其他方法掩饰、隐瞒犯罪所得及其收益的来源和性质的。

单位犯前款罪的，对单位判处罚金，并对其直接负责的主管人员和其他直接责任人员，依照前款的规定处罚。

【释解与适用】

本条是关于洗钱罪及其刑罚的规定。

关于本条的立法背景，主要有以下几个方面。

1. 1979年之后至1997年刑法修订前的立法情况。1990年12月28日，第七届全国人民代表大会常务委员会第十七次会议通过的《全国人民代表大会常务委员会关于禁毒的决定》第四条规定，包庇走私、贩卖、运输、制造毒品的犯罪分子的，为犯罪分子窝藏、转移、隐瞒毒品或者犯罪所得的财物的，掩饰、隐瞒出售毒品获得财物的非法性质和来源的，处七年以下有期徒刑、拘役或者管制，可以并处罚金。犯前款罪事先通谋的，以走私、贩卖、运输、制造毒品罪的共犯论处。这是我国首次在刑事法律中规定洗钱罪。

2. 1997年修订刑法的情况。《全国人民代表大会常务委员会关于禁毒的决定》对洗钱行为作出规定后，从司法实践看，洗钱已不限于毒品犯罪。为了遏制洗钱行为，防止罪犯逃避法律制裁，维护金融管理秩序，有必要对此予以专门规定。1997年修订刑法时，将洗钱犯罪单独规定为犯罪，洗钱犯罪的上游犯罪规定为毒品犯罪、黑社会性质的组织犯罪和走私罪。1997年刑法第一百九十一条规定："明知是毒品犯罪、黑社会性质的组织犯罪、走私犯罪的违法所得及其产生的收益，为掩饰、隐瞒其来源和性质，有下列行为之一的，没收实施以上犯罪的违法所得及其产生的收益，处五年以下有期徒刑或者拘役，并处或者单处洗钱数额百分之五以上百分之二十以下罚金；情节严重的，处五年以上十年以下有期徒刑，并处洗钱数额百分之五以上百分之二十以下罚金：（一）提供资金帐户的；（二）协助将财产转换为现金或者金融票据的；（三）通过转帐或者其他结算方式协助资金转移的；（四）协助将资金汇往境外的；（五）以其他方法掩饰、隐瞒犯罪的违法所得及其收益的来源和性质的。单位犯前款罪的，对单位判处罚金，并对其直接负责的主管人员和其他直接责任人员，处五年以下有期徒刑或者拘役。"

3. 2001年刑法修正案（三）对本条作了修改：一是将恐怖活动犯罪纳入该罪的"上游犯罪"，二是加重了单位犯罪中直接责任人员的法定刑，即增加规定"情节严重的，处五年以上十年以下有期徒刑"。这样修改主要是为了适应打击恐怖活动犯罪的需要。事实表明，国际恐怖组织与洗钱有着密切联系，为加大对恐怖活动组织的打击力度，2001年刑法修正案（三）将恐怖活动犯罪增加为洗钱罪的上游犯罪，同时考虑到洗钱行为很多是单位实施的，因此提升了单位犯罪中直接责任人员的法定刑。修改后的刑法第一百九十一条规定："明知是毒品犯罪、黑社会性质的组织犯罪、恐怖活动犯罪、走私犯罪的违法所得及其产生的收益，为掩饰、隐瞒其来源和性质，有下列行为之一的，没收实施以上犯罪的违法所得及其产生的收益，处五年以下有期徒刑或者拘役，并处或者单处洗钱数额百分之五以上百分之二十以下罚金；情节严重的，处五年以上十年以下有期徒刑，并处洗钱数额百分之五以上百分之二十以下罚金：（一）提供资金帐户的；（二）协助将财产转换为现金或者金融票据的；（三）通过转帐或者其他结算方式协助资金转移的；（四）协助将资金汇往境外的；（五）以其他方法掩饰、隐瞒犯罪的违法所得及其收益的来源和性质的。单位犯前款罪的，对单位判处罚金，并对其直接负责的主管人员和其他直接责任人员，处五年以下有期徒刑或者拘役；情节严重的，处五年以上十年以下有期徒刑。"

4. 2006年刑法修正案（六）对本条作了第二次修改。一段时期以来，对贪污贿赂犯罪、破坏金融管理秩序犯罪和金融诈骗犯罪的所得及其收益进行洗钱的犯罪活动日益频繁，不仅破坏了我国金融秩序，而且危害到经济安全和社会稳定。同时，在经济全球化和资本流动国际化的背景下，洗钱活动具有跨国（境）性，国际社会也加强了反洗钱的国际合作。我国已经批准加入的《联合国禁止非法贩运麻醉药品和精神药物公约》《联合国打击跨国有组织犯罪公约》《联合国反腐败公约》等，均明确要求各成员国将对毒品犯罪、腐败犯罪以及一些严重犯罪的所得及收益进行掩饰、隐瞒的行为在国内法中列为犯罪予以惩处。为了适应打击洗钱犯罪的需要，更好地承担国际义务，刑法修正案（六）将贪污贿赂犯罪、破坏金融管理秩序犯罪、金融诈骗犯罪规定为洗钱罪的上游犯罪，加大了对这些洗钱犯罪的打击力度。同时，在本条第一款第二项中明确地将"协助将财产转换为……有价证券"的行为列为洗钱方式之一。刑法原第一百九十一条只是将"协助将财产转换为现金或者金融票据"列为洗钱的行为之一，而刑法中规定的金融票据一般特指汇票、本票、支票这三种银行票据，在司法实践中对于协助将财产转换为股票、债券等有价证券的行为是否属于洗钱行为的认识不一致，本条进一步予以明确。修改后的刑法第一百九十一条规定，明知是毒品犯罪、黑社会性质的组织犯罪、恐怖活动犯罪、走私犯罪、贪污贿赂犯罪、破坏金融管理秩序犯罪、金融诈骗犯罪的所得及其产生的收益，为掩饰、隐瞒其来源和性质，有下列行为之一的，没收实施以上犯罪的所得及其产生的收益，处五年以下有期徒刑或者拘役，并处或者单处洗钱数额百分之五以上百分之二十以下罚金；情节严重的，处五年以上十年以下有期徒刑，并处洗钱数额百分之五以上百分之二十以下罚金：（1）提供资金账户的；（2）协助将财产转换为现金、金融票据、有价证券的；（3）通过转账或者其他结算方式协助资金转移的；（4）协助将资金汇往境外的；（5）以其他方法掩饰、隐瞒犯罪所得及其收益的来源和性质的。单位犯前款罪的，对单位判处罚金，并对其直接负责的主管人员和其他直接责任人员，处五年以下有期徒刑或者拘役；情节严重的，处五年以上十年以下有期徒刑。

5. 2020年刑法修正案（十一）对本条作了第三次修改。一是将行为人"明知"上游犯罪的规定和"为掩饰、隐瞒犯罪所得及其产生的收益的来源和性质"的行为目的在表述上一并作了修改完善。将"明知是……犯罪的所得及其产生的收益，为掩饰、隐瞒其来源和性质"修改为"为掩饰、隐瞒……犯罪的所得及其产生的收益的来源和性质"。二是删去了本条第一款第二项、第三项、第四项中规定的"协助"，通过修改，将行为人自己实施特定上游犯罪并掩饰、隐瞒其犯罪所得及产生的收益的来源和性质的行为规定为犯罪，即将"自洗钱"行为规定为犯罪。三是在本条第一款第三项规定中增加以"支付"方式转移资金的犯罪行为，以加大对"地下钱庄"的惩处。四是将本条第一款第四项"将资金汇往境外"修改为"跨境转移资产"。五是将比例罚金刑"洗钱数额百分之五以上百分之二十以下罚金"修改为不定额罚金刑。六是对单位犯罪中直接责任人员的处罚增加规定了罚金刑。

刑法修正案（十一）对本条作出修改，主要有以下考虑。

一是有关部门反映，行为人对特定上游犯罪具备"明知"是认定洗钱罪的一个重要要件。然而证明行为人对某一具体上游犯罪具备"明知"，在司法实践中有难度。从事洗钱的犯罪行为人常抗辩其不深究经手资金的来源，以此否认对某一种具体上游犯罪具备"明知"。司法机关在能够认定犯罪嫌疑人具有掩饰、隐瞒犯罪所得及其收益的行为，但是难以认定行为人"明知"某一具体上游犯罪的时候，常以刑法第三百一十二条"掩饰、隐瞒犯罪所得、犯罪所得收益罪"定罪处罚。如果犯罪所得及其收益确实来源于恐怖活动犯罪、走私犯罪、贪污贿赂犯罪等特定上游犯罪，最终不能以洗钱罪定罪处罚，不能充分体现罚当其罪，与罪责刑相适应原则也不一致。此外，"掩饰、隐瞒"行为本身就带有故意实施相关行为的意思，在具体认定上，与"明知"要件存在一定程度的重复。经研究，采纳了有关意见。此次修改将原规定"明知是……犯罪的所得及其产生的收益，为掩饰、隐瞒其来源和性质"修改为"为掩饰、隐瞒……犯罪的所得及其产生的收益的来源和性质"。

二是有的全国人大代表和有关部门提出，司法实践反映，洗钱案件不仅有为他人进行洗钱，而且有为自己的犯罪行为进行洗钱的情况。在行为性质上，为自己的上游犯罪进行洗钱，属于实施上游犯罪后的额外行为，不仅放大了上游犯罪的危害后果，而且对国家的金融稳定等产生了额外伤害。对于这种行为应当单独认定，即将行为人自己实施上游犯罪并掩饰、隐瞒其犯罪所得及产生的收益的来源和性质的行为单独规定为犯罪，也就是对"自洗钱"行为追究刑事责任。还有的意见提出，我国是反洗钱金融行动特别工作组（FATF）的成员，该组织的《四十项建议》中规定，"除非有悖于该国的基本法律原则，洗钱罪应适用于实施上游犯罪的人"，这里涵盖了将"自洗钱"行为认定构成洗钱犯罪的建议。一些FATF成员国（如德国），近些年也通过修改法律将"自洗钱"行为规定为犯罪。我国若将"自洗钱"行为规定为犯罪，与世界上其他国家在惩治洗钱犯罪上的立场一致，将更有利于我国依法惩治洗钱违法犯罪，开展国际刑事司法协助，推动境外追逃追赃工作。经研究，此次修改删去了本条原第一款第二项、第三项、第四项中规定的"协助"，在行为方式上将为他人从事洗钱行为修改为既可以为他人，也可以为行为人自己进行洗钱。从而将实施一些严重犯罪后的"自洗钱"行为规定为洗钱罪。

三是有的部门和地方提出，实践中一些地方从事"地下钱庄"的非法活动较为猖獗，且经常涉及洗钱行为。"地下钱庄"如果通过转账、汇兑、委托收款等方式进行资金结算，协助资金转移的，可以依法按照洗钱罪惩处。但是当"地下钱庄"提供支付工具协助资金转移的，则较难予以惩处。有的部门反映，涉嫌洗钱犯罪的支付工具和方式既有传统模式，如搬运现金货币、运输现金货币出入境等，也有通过信息网络进行的网络支付。经研究，此次修改在本条原第一款第三项中增加以其他"支付"方式协助资金转移的规定，将该种行为认定构成洗钱罪。

四是有的部门反映，实践中不仅有将资金汇往境外的洗钱行为，也有将资金从境外汇往境内进行洗钱的情况。在洗钱的对象上，不仅限于资金，也出现有价证券、珠宝、艺术品、不动产等资产。经研究，此次修改将本条原第四项规定的"协助将资金汇往境外"修改为"跨境转移资产"。

五是有的部门提出，洗钱罪原来规定了比例罚金刑，即"洗钱数额百分之五以上百分之二十以下罚金"。实践中，当上游犯罪的所得及其收益是资金时，可以根据比例直接确定罚金；当属于非资金形式的其他资产时，需要估算后再按照比例确定罚金。在诉讼过程中，相关资产的估算价格随着时间变化也会产生变化，往往不利于罚金的最终确定。经研究，此次修改将本罪原来规定的比例罚金修改为不定额罚金。司法机关可以根据案件的实际情况，自主确定罚金数额，做到罪责刑相适应。

六是有的部门和地方提出，原来本条规定的单位犯罪，对单位判处罚金，并对其直接负责的主管人员和其他直接责任人员判处自由刑，没有规定罚金刑。实践中，单位犯洗钱罪的情况越来越多，洗钱罪属于破坏金融管理秩序的犯罪，有必要对单位的相关责任人员也处以罚金刑。经研究，此次对单位犯罪的直接负责的主管人员和其他直接责任人员增加了罚金刑，以加大对洗钱犯罪的惩处力度。

本条共分两款。第一款是关于个人犯洗钱罪的处罚规定。根据本条第一款的规定，构成洗钱罪必须具备以下条件。

一是主观上是为掩饰、隐瞒上游犯罪的所得及其产生的收益的来源和性质。这里的"掩饰、隐瞒"是指行为人以窝藏、转移、转换、收购等方法将自己或者他人实施上游犯罪的所得及其产生的收益予以掩盖或洗白，本条对"掩饰、隐瞒"的方法作了具体列举。行为人的主观方面，可以通过行为人的认知能力，接触和掌握上游犯罪及其犯罪所得和收益的情况、犯罪所得及其收益的种类、数额，掩饰、隐瞒犯罪所得及其收益的方式等，结合客观实际情况与犯罪意图综合判断。本条规定的上游犯罪，为"毒品犯罪、黑社会性质的组织犯罪、恐怖活动犯罪、走私犯罪、贪污贿赂犯罪、破坏金融管理秩序犯罪、金融诈骗犯罪"。这里规定的是某一类犯罪，例如"贪污贿赂犯罪"是指刑法分则第八章"贪污贿赂罪"一章中的所有犯罪；"破坏金融管理秩序犯罪"和"金融诈骗犯罪"包括刑法分则第三章第四节"破坏金融管理秩序罪"和第五节"金融诈骗罪"两节中规定的所有犯罪。这里的类罪也应包括基于实施"毒品犯罪"等七类犯罪的目的而实施其他犯罪的情况，具体确定的罪名不一定是这七类罪。如为参加恐怖活动组织、接受恐怖活动培训或者实施恐怖活动，偷越国（边）境的，当行为人因涉恐怖活动而触犯刑法第三百二十二条"偷越国（边）境罪"时，该罪也应属于本罪规定的"恐怖活动犯罪"。这里的犯罪"所得及其产生的收益的来源和性质"，是指上游犯罪行为人犯罪所获得的非法利益以及利用犯罪所得的非法利益所生产的孳息或者进行经营活动所产生的经济利益的来源和性质。

二是行为人实施了掩饰、隐瞒毒品犯罪、黑社会性质的组织犯罪、恐怖活动犯罪、走私犯罪、贪污贿赂犯罪、破坏金融管理秩序犯罪、金融诈骗犯罪的所得及其产生收益的来源和性质的行为。洗钱罪的本质在于为特定上游犯罪的犯罪所得披上合法外衣，消灭犯罪线索和证据，逃避法律追究和制裁，实现犯罪所得的安全循环使用。本条列举了五种洗钱行为：（1）提供资金账户，是指为犯罪行为人提供金融机构账户等的行为，包括提供各种真名账户、匿名账户、假名账户等，为其转移犯罪所得及其收益提供方便。（2）将财产转换为现金、金融票据或者有价证券，是指犯罪行为人本人或者协助他人将犯罪所得及其收益的财产通过交易等方式转换为现金或者汇票、本票、支票等金融票据或者股票、债券等有价证券，以掩饰、隐瞒犯罪所得财产的真实所有权关系。（3）通过转账或者其他支付结算方式转移资金。这种行为的目的是犯罪行为人为自己或者为他人掩盖犯罪所得资金的来源、去向。这里的支付结算方式包括转账、票据承兑和贴现等资金支付结算业务。（4）跨境转移资产，是指以各种方式将犯罪所得的资产转移到境外的国家或地区，兑换成外币、动产、不动产等；或者将犯罪所得的资产从境外转移到境内，兑换成人民币、动产、不动产等。实践中，跨境转移资产有直接跨境实施的，如通过运输、邮寄、携带等方式跨越国（边）境实现资产转移，以投资等方式购买境外资产等；也有间接跨境实施的，如犯罪集团控制境内、境外分别设立两个资金池，当境内完成收款后，通知境外资金向外放款，实现跨境转移资产。(5)以其他方法掩饰、隐瞒犯罪所得及其收益的来源和性质，是一个兜底性规定，包括将犯罪所得投资于各种行业进行合法经营，将非法获得的收入注入合法收入中，或者用犯罪所得购买不动产等各种手段，掩饰、隐瞒犯罪所得及其收益的来源和性质的行为。《最高人民法院关于审理洗钱等刑事案件具体应用法律若干问题的解释》第二条对该款原规定又作了进一步细化，包括(1)通过典当、租赁、买卖、投资等方式，协助转移、转换犯罪所得及其收益的；(2)通过与商场、饭店、娱乐场所等现金密集型场所的经营收入相混合的方式，协助转移、转换犯罪所得及其收益的；(3)通过虚构交易、虚设债权债务、虚假担保、虚报收入等方式，协助将犯罪所得及其收益转换为"合法"财物的；(4)通过买卖彩票、奖券等方式，协助转换犯罪所得及其收益的；(5)通过赌博方式，协助将犯罪所得及其收益转换为赌博收益的；(6)协助将犯罪所得及其收益携带、运输或者邮寄出入境的；(7)通过前述规定以外的方式协助转移、转换犯罪所得及其收益的。

对于个人犯洗钱罪的处罚，本款根据情节轻重规定了两档刑罚：构成洗钱犯罪的，没收犯罪的所得及其产生的收益，处五年以下有期徒刑或者拘役，并处或者单处罚金；情节严重的，没收犯罪的所得及其产生的收益，处五年以上十年以下有期徒刑，并处罚金。

本条第二款是关于单位犯洗钱罪的处罚规定。对单位犯洗钱罪，本条规定实行双罚制原则，既处罚单位又处罚有关的责任人员。本条根据犯罪情节规定了两档刑罚：对于单位实施洗钱行为构成犯罪的，对单位判处罚金，并对其直接负责的主管人员和其他直接责任人员，没收犯罪的所得及其产生的收益，处五年以下有期徒刑或者拘役，并处或者单处罚金。情节严重的，除对单位判处罚金外，对其直接负责的主管人员和其他直接责任人员，没收犯罪的所得及其产生的收益，处五年以上十年以下有期徒刑，并处罚金。

【适用中需要注意的问题】

实践中还需要注意以下情况。

1. 关于洗钱罪是否需要在上游犯罪判决之后才能认定的问题。对此，《最高人民法院关于审理洗钱等刑事案件具体应用法律若干问题的解释》

第四条规定了下述三种情形不影响洗钱犯罪的审判和认定：（1）上游犯罪尚未依法裁判，但查证属实的；（2）上游犯罪事实可以确认，因行为人死亡等原因依法不予追究刑事责任的；（3）上游犯罪事实可以确认，依法以其他罪名定罪处罚的。

2. 关于修改本条后，"自洗钱"可以独立定罪，刑法第三百一十二条"掩饰、隐瞒犯罪所得、犯罪所得收益罪"是否也适用"自洗钱"独立定罪的问题。根据刑法修正案（十一）对洗钱罪的修改，"自洗钱"行为可以按照本条洗钱罪定罪处罚。同样，作为广义的洗钱犯罪，刑法第三百一十二条"掩饰、隐瞒犯罪所得、犯罪所得收益罪"也适用"自洗钱"行为可以独立定罪。从文意表述看，刑法第三百一十二条"掩饰、隐瞒犯罪所得、犯罪所得收益罪"的规定与"自洗钱"单独定罪并不存在矛盾。因此，刑法修正案（十一）没有对其进行修改。"自洗钱"行为可以按照洗钱罪定罪处罚后，"自洗钱"独立定罪处罚也一并适用于刑法第三百一十二条"掩饰、隐瞒犯罪所得、犯罪所得收益罪"。对此，第十三届全国人民代表大会常务委员会第二十二次会议《全国人民代表大会宪法和法律委员会关于〈中华人民共和国刑法修正案（十一）（草案）〉修改情况的汇报》对此作了明确规定："宪法和法律委员会经同有关方面研究，建议对草案作以下修改补充……修改洗钱罪，将实施一些严重犯罪后的'自洗钱'明确为犯罪，同时完善有关洗钱行为方式，增加地下钱庄通过'支付'结算方式洗钱等。作上述修改以后，我国刑法第一百九十一条、第三百一十二条等规定的洗钱犯罪的上游犯罪包含所有犯罪，'自洗钱'也可单独定罪，为有关部门有效预防、惩治洗钱违法犯罪以及境外追逃追赃提供充足的法律保障。"

《全国人民代表大会常务委员会关于惩治骗购外汇、逃汇和非法买卖外汇犯罪的决定》[①]：

一、【骗购外汇罪】有下列情形之一，骗购外汇，数额较大的，处五年以下有期徒刑或者拘役，并处骗购外汇数额百分之五以上百分之三

---

① 根据1998年12月29日第九届全国人民代表大会常务委员会第六次会议通过的《全国人民代表大会常务委员会关于惩治骗购外汇、逃汇和非法买卖外汇犯罪的决定》增加，自1998年12月29日起施行。

十以下罚金；数额巨大或者有其他严重情节的，处五年以上十年以下有期徒刑，并处骗购外汇数额百分之五以上百分之三十以下罚金；数额特别巨大或者有其他特别严重情节的，处十年以上有期徒刑或者无期徒刑，并处骗购外汇数额百分之五以上百分之三十以下罚金或者没收财产：

（一）使用伪造、变造的海关签发的报关单、进口证明、外汇管理部门核准件等凭证和单据的；

（二）重复使用海关签发的报关单、进口证明、外汇管理部门核准件等凭证和单据的；

（三）以其他方式骗购外汇的。

伪造、变造海关签发的报关单、进口证明、外汇管理部门核准件等凭证和单据，并用于骗购外汇的，依照前款的规定从重处罚。

明知用于骗购外汇而提供人民币资金的，以共犯论处。

单位犯前三款罪的，对单位依照第一款的规定判处罚金，并对其直接负责的主管人员和其他直接责任人员，处五年以下有期徒刑或者拘役；数额巨大或者有其他严重情节的，处五年以上十年以下有期徒刑；数额特别巨大或者有其他特别严重情节的，处十年以上有期徒刑或者无期徒刑。

【释解与适用】

本条是关于骗购外汇罪及其刑罚的规定。

本条共分四款。根据第一款的规定，构成骗购外汇罪，需要符合以下两个条件：一是行为人主观上具有犯罪的故意；二是行为人客观上实施了骗购外汇的行为。

骗购外汇，主要是行为人通过使用伪造或者变造相关的凭证和单据等方法，虚构进口业务、夸大进口数量等方式，利用人民币资金，购买国家外汇资金的行为。根据本款的规定，主要采用以下几种方式。

其一，使用伪造、变造的海关签发的报关单、进口证明、外汇管理部门核准件等凭证和单据的。这是骗购外汇犯罪的最主要的一种表现方式。行为人的目的是想通过我国外汇管理制度中不严密的售付汇程序，蒙骗过关,骗购外汇。本条所称的"报关单",是指进出口货物的收发货人或者其代理人向海关递交的申报货物情况,以及海关依法监管货物进出口的重要凭证,报关单位必须认真如实填写,并对所填写的报关单的真实性、合法性负责,承担相应的法律和经济责任。根据海关的有关规定,报关单位依进出口货物的不同,填写不同颜色的报关单,同时,又按贸易方式的不同填制不同份数的报关单。而只有经过海关签发,才具有国家机关公文的性质,并且才能成为申请付汇、购汇的有效凭证。"伪造"海关签发的报关单,是指行为人依照海关签发的报关单的颜色、式样、形状等,通过印刷、复印、描绘等方法,制作假的报关单,以冒充真的报关单的行为。"变造"海关签发的报关单,主要是指行为人在真的海关签发的报关单的基础上,通过涂改、添加数额等方式进行加工处理,使海关签发的报关单的数量、金额、单价、税率等改变的行为。如在报关单上涂改、添加数额等。"海关签发的报关单",是指海关接受报关单位的报关申请后,依照有关法律、行政法规的规定,对报关单及其随附有关单证进行检查,经检查确定该项进出口业务符合海关法和国家的有关政策、法令的规定而签发的报关单,如签盖"放行"章或者"验讫"章等。经过海关签发的报关单,即为具有相应的国家公文性质的文书。本条所称的"进口证明",是指报关单位在申请进口付汇时,按照有关法律、法规和政策的规定,所提交的除进口货物报关单以外的相关单据和凭证。在一般情况下,根据对外结算方式及费用的不同,除进口付汇核销单外,申请购汇单位还须持有的证明,如:用跟单信用证、保函方式结算的贸易进口,持进口合同、开证申请书;用跟单托收方式结算的贸易进口,持进口合同、进口付汇通知书;用汇款方式结算的贸易进口,持进口合同、发票、正本报关单、正本运输单据等。"伪造、变造的进口证明",是指伪造、变造国家规定的,进口货物所应当具备的有关证明材料。本条所称的"外汇管理部门",根据《外汇管理条例》的规定,主要是指国务院外汇管理部门及其分支机构。"外汇管理部门核准件",主要是指在出口收汇和进口付汇过程中,由外汇管理部门制发的,进出口单位及受委托单位所填写的,海关凭以受理报关,外汇管理部门凭以核销收汇或者付汇的凭证。这是当前外汇管理制度中最重要的一份单证,也是国家为了保障充足的外汇来源,满足用汇需要的一项重要手段。这里所说的伪造、变造的外汇管理部门核准件,主要指伪造、变造的进口收汇核销单等。

其二，重复使用海关签发的报关单、进口证明、外汇管理部门核准件等凭证和单据的。这也是骗购外汇的犯罪行为的一种主要形式。重复使用，主要是使用已经使用完毕，并已用于进口付汇的海关签发的报关单、进口证明、外汇管理部门核准件等凭证和单据。

其三，以其他方式骗购外汇的。考虑到发生的骗购外汇的犯罪案件中，骗购外汇的方式很多，犯罪分子为了逃避追究，也在不断地变换犯罪方式，犯罪手段层出不穷，为了有利于及时根据犯罪情况的变化，对犯罪进行打击，本款在具体列举了前两项犯罪方式的同时，还规定了"以其他方式骗购外汇"，例如，行为人以对外宣传费、对外援助费、对外捐赠用汇、国际组织会费、参加国际会议的注册费、报名费；在境外举办展览、招商、培训及拍摄影视片等用汇；在境外设立代表处或者办事机构的开办费和经费为名进行骗购国家外汇等行为。

行为人骗购外汇"数额较大"，这是区别罪与非罪的重要界限。如果行为人所骗购的外汇未达到数额较大标准，则不构成犯罪，应当按照相关的法律、法规予以行政处罚。至于"数额较大""数额巨大""数额特别巨大"的具体数额为多少，应当根据与实际犯罪做斗争的需要，结合经济发展形势，通过司法解释作出具体的规定。根据本条第一款的规定，对犯骗购外汇罪的，处五年以下有期徒刑或者拘役，并处骗购外汇数额百分之五以上百分之三十以下罚金；数额巨大或者有其他严重情节的，处五年以上十年以下有期徒刑，并处骗购外汇数额百分之五以上百分之三十以下罚金；数额特别巨大或者有其他特别严重情节的，处十年以上有期徒刑或者无期徒刑，并处骗购外汇数额百分之五以上百分之三十以下罚金或者没收财产。

本条第二款是关于行为人伪造、变造海关签发的报关单、进口证明、外汇管理部门核准件等凭证和单据并用于骗购外汇如何处罚的规定。这是骗购外汇犯罪中经常出现的一种形式。在这种情况下，犯罪行为侵犯的客体，既包括国家外汇管理秩序，也包括国家机关公文、证件、印章的管理秩序，对于这种竞合的情况，根据刑法理论和司法实践的惯例，对行为人应当从一重罪进行处罚。第九届全国人民代表大会常务委员会第六次会议在审议《全国人民代表大会常务委员会关于惩治骗购外汇、逃汇和非法买卖外汇犯罪的决定（草案）》时，有的常委委员和部门提出，伪造、变造有关凭证和单据骗购外汇比单纯使用这些凭证、单据骗购外汇危害更大，在刑罚上应分别规定。考虑到这类犯罪的危害性和犯罪情节确实比单纯实施伪造、变造有关凭证和单据或者骗购外汇的行为要严重，因此，本款规定依照骗购外汇罪处罚的同时，还必须从重处罚。这里所说的"从重处罚"，是指根据行为人所犯罪行的数额、情节，在本条第一款规定的量刑幅度内从重处罚。

本条第三款是关于明知是骗购外汇而提供人民币资金的，以共犯论处的规定。骗购外汇与其他诈骗犯罪不同之处在于，其必须用人民币资金购买国家外汇，所需的人民币资金往往也是数额巨大的。为了取得一定数额的人民币资金，行为人除了自筹资金外，还往往需要通过其他方式筹集资金，如向他人借贷、向银行等其他金融机构申请贷款等。考虑到在经济生活中，向他人提供资金的情况是十分复杂的，为了划清罪与非罪的界限，本款规定"明知用于骗购外汇而提供人民币资金的，以共犯论处"，这里所说的"明知"，是指提供资金人明知其所提供的资金将被用于骗购外汇。根据本款规定，如果他人或者有关单位明知行为人筹集资金是用于骗购外汇，而仍然向其提供的，应当构成骗购外汇犯罪的共犯。如果行为人不知道自己所提供的资金被用于骗购外汇，主观上没有犯罪的故意，则不构成犯罪。

本条第四款是关于单位犯骗购外汇罪的处罚规定。从实际查处的骗购外汇的案件来看，骗购外汇的犯罪往往与单位联系在一起，因为骗购外汇所需要的一些凭证和单据必须是有关单位才能拥有的。特别是单位犯罪的形式复杂多样，有的是为本单位骗购外汇，也有的是代理他人骗购外汇。为了有效惩处骗购外汇的行为，对单位犯罪行为必须予以惩处。这里所说的单位范围既包括国有公司、企业，私营公司、企业，也包括外商投资企业、股份制企业、集体企业，以及其他单位，如科研院所等。

根据本条第四款的规定，对单位骗购外汇，数额较大的，对单位依照本条第一款的规定，判处罚金，即处骗购外汇数额百分之五以上百分之三十以下罚金；并对其直接负责的主管人员和其他直接责任人员，处五年以下有期徒刑或者拘役；单位骗购外汇数额巨大或者有其他严重情节的，处骗购外汇数额百分之五以上百分之三十以下罚金，并对其直接负责的主管人员和其他直接责任人员处五年以上十年以下有期徒刑；数额特别巨大或者有其他特别严重情节的，处骗购外汇数额百分之五以上百分之三十以下罚金或者没收财产，并对其直接负责的主管人员和其他直接责任人员，处十年以上有期徒刑或者无期徒刑。

此外，根据《全国人民代表大会常务委员会关于惩治骗购外汇、逃汇和非法买卖外汇的决定》第五条的规定，海关、外汇管理部门以及金融机构、从事对外贸易经营活动的公司、企业或者其他单位的工作人员与骗购外汇的行为人通谋，为其提供购买外汇的有关凭证或者其他便利的，或者明知是伪造、变造的凭证和单据而售汇、付汇的，以共犯论，依照本决定从重处罚。

关于本条的立案追诉标准，根据2022年《最高人民检察院、公安部关于公安机关管辖的刑事案件立案追诉标准的规定（二）》第四十二条的规定，骗购外汇，数额在五十万美元以上的，应予立案追诉。

第五节 金融诈骗罪

第一百九十二条 【集资诈骗罪】以非法占有为目的，使用诈骗方法非法集资，数额较大的，处三年以上七年以下有期徒刑，并处罚金；数额巨大或者有其他严重情节的，处七年以上有期徒刑或者无期徒刑，并处罚金或者没收财产。

单位犯前款罪的，对单位判处罚金，并对其直接负责的主管人员和其他直接责任人员，依照前款的规定处罚。

【释解与适用】

本条是关于集资诈骗罪及其刑罚的规定。

我国金融诈骗犯罪相关刑事立法的发展完善，是随着我国刑法的发展完善不断变迁的。我国关于打击金融诈骗犯罪活动的立法，大致可以分为以下几个阶段。第一阶段：囿于当时的立法条件和经济发展水平，特别是当时实践中此类犯罪的实际情况，1979年刑法没有就金融诈骗犯罪问题作出专门规定。对于金融诈骗犯罪行为，是依照诈骗罪定罪处罚的。第二阶段：1995年6月30日第八届全国人民代表大会常务委员会第十四次会议通过的《关于惩治破坏金融秩序犯罪的决定》，明确列举出六种金融诈骗犯罪形式，即集资诈骗、贷款诈骗、票据诈骗、信用证诈骗、信用卡诈骗和保险诈骗，并且将集资诈骗罪、票据诈骗罪、信用证诈骗罪的法定最高刑规定为死刑。这主要是针对当时金融领域违法犯罪活动严重的实际情况，为依法治理金融"三乱"，严厉惩治金融领域内的诈骗犯罪活动提供有力法律武器。第三阶段：1997年刑法在分则第三章第五节专门规定了金融诈骗罪，在基本保留《全国人民代表大会常务委员会关于惩治骗购外汇、逃汇和非法买卖外汇犯罪的决定》有关内容的基础上，又增加规定了金融凭证诈骗罪、有价证券诈骗罪两种新型诈骗犯罪。第四阶段：根据适当减少死刑罪名的要求，通过2011年刑法修正案（八）、2015年刑法修正案（九）逐步废除了金融诈骗罪这一节所有罪名的死刑，从而在我国刑法中总体上对于经济犯罪不再保留死刑。

总体上来看，我国惩治金融诈骗犯罪的刑事立法不断适应经济社会发展和建设社会主义法治国家的需要，在保障金融安全，防范和化解金融风险中发挥了重要作用。近年来，我国经济持续快速发展、改革不断深化、对外开放进一步扩大，但是，包括集资诈骗在内的各种金融诈骗犯罪情况依然严峻，如案件数量居高不下；涉案金额越来越大；金融机构工作人员作案和内外勾结共同作案的现象突出；单位犯罪和跨国（境）、跨区域作案增多；犯罪手段趋向专业化、智能化，其利用金融监管漏洞和各种新型金融工具进行犯罪活动，极具隐蔽性和欺骗性；犯罪分子作案后大肆挥霍、转移赃款或携款外逃的情况时有发生，危害后果越来越严重等。因此，依法严厉惩处各种金融犯罪依然是我国一项长期重要任务，对金融诈骗犯罪活动必须保持高度警惕。

本条立法主要经历了以下几个阶段。

1. 1979年之后至1997年刑法修订前的立法情况。1979年刑法只规定了诈骗罪，对于金融领域的诈骗犯罪，是按照诈骗罪处理的。为了适应社会主义市场经济的发展和在新的形势下进一步保障国家金融秩序的实际需要，立法机关通过决定对破坏金融秩序的犯罪进行了修改和补充。1995年6月30日通过的《全国人民代表大会常务委员会关于惩治破坏金融秩序犯罪的决定》第八条规定："以非法占有为目的，使用诈骗方法非法集资的，处三年以下有期徒刑或者拘役，并处二万元以上二十万元以下罚金；数额巨大或者有其他严重情节的，处三年以上十年以下有期徒刑，并处五万元以上五十万元以下罚金；数额特别巨大或者有其他特别严重情节的，处十年以上有期徒刑、无期徒刑或者死刑，并处没收财产。单位犯前款罪的，对单位判处罚金，并对直接负责的主管人员和其他直接责任人员，依照前款的规定处罚。"该决定的颁布施行，对从严打击金融犯罪，维护金融秩序，保障金融体制改革和社会主义现代化建设的顺利进行，具有十分重要的意义。

2. 1997 年修订刑法的情况。1997 修订刑法时，在吸收了《全国人民代表大会常务委员会关于惩治破坏金融秩序犯罪的决定》中第八条规定的基础上，对本条作了进一步的修改：一是修改了入罪门槛，由"以非法占有为目的，使用诈骗方法非法集资的"修改为"以非法占有为目的，使用诈骗方法非法集资，数额较大的"，明确集资诈骗达到数额较大的标准才作为犯罪处理，以解决实践中入刑标准不统一的问题；二是将三档法定刑分别调整为"五年以下有期徒刑或者拘役""处五年以上十年以下有期徒刑""处十年以上有期徒刑或者无期徒刑"；三是将第三档财产刑由"并处没收财产"修改为"并处五万元以上五十万元以下罚金或者没收财产"；四是关于本罪的死刑不再直接在本条中规定，而是与金融诈骗犯罪一节中其他几种金融诈骗犯罪的死刑统一规定在第一百九十九条中，这有利于减少死刑条文的数量。此外，对本罪的单位犯罪也不再直接在本条中作规定，而是与金融诈骗犯罪一节中其他几种金融诈骗犯罪的单位犯罪一起，统一规定在第二百条中。

3. 2015 年刑法修正案（九）对本罪死刑的修改。1997 年刑法规定的本罪的最高刑为死刑。如上所述，立法技术上本罪的死刑与金融诈骗罪一节中其他几种金融诈骗犯罪的死刑一起，统一规定在刑法第一百九十九条中。刑法修正案（九）根据适当减少死刑罪名的要求，删去了刑法第一百九十九条，这也就废止了本罪的死刑，将本罪的最高刑调整为了无期徒刑。

4. 2020 年刑法修正案（十一）对本条作了修改。近年来实践中集资诈骗犯罪出现了一些新的情况，犯罪多发，且数额特别巨大，涉及人数特别众多，严重影响金融安全和社会稳定。为了严厉惩处集资诈骗犯罪，根据各方面提出的加大集资诈骗惩处力度的意见,刑法修正案(十一)对本条作了进一步的修改:一是为体现对集资诈骗犯罪从严惩处,将本罪的法定刑由原来的三档调整为两档,对于数额较大的,由原来的五年以下有期徒刑或者拘役,调整为"三年以上七年以下有期徒刑";对于数额巨大或者有其他情节严重的,调整为"七年以上有期徒刑或者无期徒刑",这样就提高了本罪刑罚的严厉程度。二是由于不同案件间涉案金额差距较大,可供执行的财产状况不同,在实践中根据不同案情确定具体罚金数额更为合理和具可操作性,故删除了罚金刑的罚金数额标准,改为原则规定并处罚金。三是增加一款作为第二款,对本条单位犯罪的内容专门作出规定,不再与金融诈骗罪一节中其他几种金融诈骗罪的单位犯罪,共同在第二百条中作规定。

本条共分为两款。本条第一款是关于个人犯集资诈骗罪及其处罚的规定。对于本条的含义,主要可以从以下几个方面加以理解和把握。

首先,本罪行为人在主观上具有"非法占有"目的。非法占有目的是成立集资诈骗罪的法定要件,是区分集资诈骗罪与其他非法集资类犯罪的关键所在,同时又是集资诈骗罪司法认定当中的难点。这里的"非法占有"是广义的,通常是指将非法募集的资金的所有权转归为自己所有,或任意挥霍,或占有资金后携款潜逃等。在司法实践中,认定是否具有非法占有为目的,应当坚持主客观相一致的原则,既要避免单纯根据损失结果客观归罪,也不能仅凭被告人自己的供述,而应当根据案件具体情况具体分析。根据 2022 年《最高人民法院关于审理非法集资刑事案件具体应用法律若干问题的解释》第七条第二款,具有下列情形之一的,可以认定为具有非法占有的目的:(1)集资后不用于生产经营活动或者用于生产经营活动与筹集资金规模明显不成比例,致使集资款不能返还的;(2)肆意挥霍集资款,致使集资款不能返还的;(3)携带集资款逃匿的;(4)将集资款用于违法犯罪活动的;(5)抽逃、转移资金、隐匿财产,逃避返还资金的;(6)隐匿、销毁账目,或者搞假破产、假倒闭,逃避返还资金的;(7)拒不交代资金去向,逃避返还资金的;(8)其他可以认定非法占有目的的情形。此外,考虑到非法集资犯罪活动往往持续时间较长,有的行为人在非法集资之初,不一定具有非法占有目的;非法集资犯罪活动参与实施人员众多,实践中部分参与非法集资活动的人员,主观上不一定具有非法占有目的。因此，集资诈骗罪中的非法占有目的，需要区分情形进行具体认定。行为人部分非法集资行为具有非法占有目的的，对该部分非法集资行为所涉集资款以集资诈骗罪定罪处罚；非法集资共同犯罪中部分行为人具有非法占有目的，其他行为人没有非法占有集资款的共同故意和行为的，对具有非法占有目的的行为人以集资诈骗罪定罪处罚。

对筹集的资金是否具有"非法占有"的目的，也是本罪与非法吸收公众存款罪的最主要区别。二者均属于非法集资类犯罪。在客观行为方面，非法吸收公众存款罪，通常表现为违反法律法规，以存款的形式吸收公众资金；未经过中国人民银行或者国务院批准，擅自以"基金"或"基金会"等名义吸收公众资金；以投资、集资入股名义吸收公众资金，但并不按正常投资的形式分配利润、股息，而是支付一定利息的行为。非法吸收公众存款罪，不以使用欺骗方法作为犯罪的构成要件，欺骗手段一般仅是行为人为了保证非法吸收公众资金能够顺利进行，伪造的一些资质、证明文件或者虚假陈述等。而集资诈骗罪是以使用诈骗方法为犯罪构成要件的，包括使用虚假的身份信息、虚假合同、虚假宣传、虚构资金用途等，是骗取集资额的一种非法手段。刑法第一百七十六条规定了非法吸收公众存款罪，对于非法吸收或者变相吸收公众存款，扰乱金融秩序的，处三年以下有期徒刑或者拘役，并处或者单处二万元以上二十万元以下罚金；数额巨大或者有其他严重情节的，处三年以上十年以下有期徒刑，并处五万元以上五十万元以下罚金。单位犯非法吸收公众存款罪的，对单位判处罚金，并对其直接负责的主管人员和其他直接责任人员，依照自然人犯罪的规定处罚。可以看到，经刑法修正案（十一）修改后的集资诈骗罪与非法吸收公众存款罪在法定刑上形成了较为明显的差异，集资诈骗罪的第一档刑罚为三年以上七年以下有期徒刑，而非法吸收公众存款罪的第一档刑罚为三年以下有期徒刑或者拘役，且集资诈骗罪不再限定具体的罚金数额标准。比较而言，非法吸收公众存款罪的量刑较轻。准确区分和认定二者具有重要的现实意义。

其次，行为人实施了"使用诈骗方法非法集资"的行为。本条所规定的"使用诈骗方法"是指行为人以非法占有为目的，通过编造谎言、捏造或者隐瞒事实真相等欺骗的方法，骗取他人资金的行为。不论其采取什么欺骗手段，实质都是为了隐瞒事实真相，诱使公众信以为真，错误地相信非法集资者的谎言，以达到其进行非法集资进而非法占有集资款的目的。"非法集资"，是指违反国家金融管理法规，向社会公众（包括单位和个人）吸收资金的行为。一般来说，应同时具备下列四个条件：（1）未经有关部门依法批准，或者以合法经营的形式掩盖非法吸收资金的实质；（2）通过媒体、推介会、传单、手机短信等途径向社会公开宣传；（3）承诺在一定期限内以货币、实物、股权等方式还本付息或者给付回报；（4）向社会公众即社会不特定对象吸收资金。本条关于非法集资的"非法性"认定，即违反国家金融管理法规，包括未经有关部门依法批准和以合法经营的形式掩盖非法吸收资金的实质两种。对于实践中形式复杂且国家金融管理法规仅作原则性规定的，可以根据金融管理法规的精神，并结合中国人民银行、中国银行保险监督管理委员会、中国证券监督管理委员会等金融监管部门依照国家金融管理法律法规制定的部门规章或者国家有关金融管理的规定、办法、实施细则等规范性文件的规定予以认定。根据本条的规定，行为人在客观方面缺少上述任何一个条件，都不符合该罪行为的特征。至于行为人是否已实际将他人的资金占为己有，并不影响本罪的成立。

最后，本罪的犯罪主体既包括自然人，也包括公司、企业等单位。从司法实践的情况看，集资诈骗行为多是以单位的名义实施的，即使是自然人作为犯罪主体时，很多也都以公司、企业或其他组织的名义进行。究其原因，主要是以单位名义实施，更具有可信性、资金筹措规模更大、更容易使人受骗上当。司法实践中正确认定案件的主体，关键在于准确认定犯罪行为所体现出的是个人的意志，还是单位的意志。对于受个人意志支配而实施的集资诈骗行为，应当按照刑法中有关自然人犯罪的规定处理；对于受单位意志支配而实施的集资诈骗行为，则应当按照刑法关于单位犯罪的规定处理。在《最高人民法院、最高人民检察院、公安部关于办理非法集资刑事案件若干问题的意见》中，司法机关认为，单位实施非法集资犯罪活动，全部或者大部分违法所得归单位所有的，应当认定为单位犯罪。个人为进行非法集资犯罪活动而设立的单位实施犯罪的，或者单位设立后，以实施非法集资犯罪活动为主要活动的，不以单位犯罪论处，对单位中组织、策划、实施非法集资犯罪活动的人员应当以自然人犯罪依法追究刑事责任。判断单位是否以实施非法集资犯罪活动为主要活动，应当根据单位实施非法集资的次数、频度、持续时间、资金规模、资金流向、投入人力物力情况、单位进行正当经营的状况以及犯罪活动的影响、后果等因素综合考虑认定。综上所述，认定非法集资的行为是否构成本条规定的犯罪，应当从行为人的主观目的、行为方式、后果等方面的具体情节综合研究确定。

本条第一款对集资诈骗罪规定了两个档次的处刑：数额较大的，处三年以上七年以下有期徒刑，并处罚金；对诈骗数额巨大或者有其他严重情节的，处七年以上有期徒刑或者无期徒刑，并处罚金或者没收财产。另外，由于这类犯罪案件情况较为复杂，从实际发生的案例来看，涉案数额一般都很大，有的数额在数千万、数亿元，有的甚至达到数十亿、数百亿元。实践中对集资诈骗数额的认定，在新司法解释出台前，可参考2022年《最高人民法院关于审理非法集资刑事案件具体应用法律若干问题的解释》第八条第三款的规定，集资诈骗的数额以行为人实际骗取的数额计算，在案发前已归还的数额应予扣除。行为人为实施集资诈骗活动而支付的广告费、中介费、手续费、回扣，或者用于行贿、赠与等费用，不予扣除。行为人为实施集资诈骗活动而支付的利息，除本金未归还可予折抵本金以外，应当计入诈骗数额。

本条第二款是关于单位犯集资诈骗罪的规定。根据本款规定，单位犯第一款罪的，对单位判处罚金，并对其直接负责的主管人员和其他直接责任人员，依照第一款的规定处罚。具体分为两档刑：集资诈骗数额较大的，处三年以上七年以下有期徒刑；数额巨大或者有其他严重情节的，处七年以上有期徒刑或者无期徒刑。

根据2022年《最高人民检察院、公安部关于公安机关管辖的刑事案件立案追诉标准的规定（二）》第四十四条规定，以非法占有为目的，使用诈骗方法非法集资，数额在十万元以上的，应予立案追诉。

【适用中需要注意的问题】

实际适用中应当特别注意刑事诉讼中集资参与人的权利保护。根据《最高人民法院、最高人民检察院、公安部关于办理非法集资刑事案件若干问题的意见》中有关规定，集资参与人，是指向非法集资活动投入资金的单位和个人。不包括为非法集资活动提供帮助并获取经济利益的单位和个人。从实践中的情况看，集资参与人往往人数众多，有的集资参与人为了追回损失，不惜采取各种极端方式，造成社会不稳定。因此，对这种涉众型犯罪，在惩治罪犯的同时，如何妥善处理与集资参与人有关的追缴和责令退赔工作，也是处理集资诈骗罪中较为重要，并具有一定复杂性的实务问题。

1. 在程序选择上，根据《最高人民法院关于适用〈中华人民共和国刑事诉讼法〉的解释》第一百三十八条、第一百三十九条等规定，集资参与人的损害赔偿应当通过刑事追赃、退赔的方式解决。对于提起附带民事诉讼，或者另行提起民事诉讼请求返还被非法占有、处置的财产的，人民法院不予受理。上述规定有利于含集资参与人在内的涉众型经济犯罪案件受害人统一受偿，避免个别清偿导致的与刑事诉讼法关于财产保全和执行规定的冲突和结果上的不公正。

2. 在追缴范围上，根据《最高人民法院关于刑事裁判涉财产部分执行的若干规定》第十条、第十一条规定，判处追缴或者责令退赔的，人民法院应当明确追缴或者退赔的金额或财物的名称、数量等相关情况。对赃款赃物及其收益，赃款赃物投资或者置业后形成的财产及其收益，人民法院应当予以追缴。第三人明知是涉案财物、无偿或者以不合理低价取得涉案财物、通过非法手段等恶意方式取得涉案财物的，人民法院也应当予以追缴。

3. 在诉讼过程中，人民法院、人民检察院、公安机关应当通过及时公布案件进展、涉案资产处置情况等方式，依法保障集资参与人的知情权。集资参与人可以推选代表人向人民法院提出相关意见和建议；推选不出代表人的，人民法院可以指定代表人。人民法院可以视案件情况决定集资参与人代表人参加或者旁听庭审，以有利于集资参与人原则保障其参与权。对审判时尚未追缴到案或者尚未足额退赔的违法所得，人民法院应当判决继续追缴或者责令退赔，并由人民法院负责执行，人民检察院、公安机关、国家安全机关、司法行政机关等应当予以配合，退赔集资参与人的损失一般优先于其他民事债务以及罚金、没收财产的执行，从程序机制上保障集资参与人的求偿权。

4. 在权利救济上，集资参与人对判决中涉案财物处理决定不服的，可以请求人民检察院抗诉。在执行中认为有关财物应当认定为赃款赃物而实际未予认定的，可以向执行法院提出书面异议；可以通过裁定补正的，执行机构应当将异议材料移送刑事审判部门处理；无法通过裁定补正的，应当告知异议人通过审判监督程序处理。人民法院、人民检察院、公安机关、国家安全机关应当建立有效的权利救济机制，对集资参与人提出异议、复议、申诉、投诉或者举报的，应当依法及时受理并反馈处理结果。

第一百九十三条 【贷款诈骗罪】有下列情形之一，以非法占有为目的，诈骗银行或者其他金融机构的贷款，数额较大的，处五年以下有期徒刑或者拘役，并处二万元以上二十万元以下罚金；数额巨大或者有其他严重情节的，处五年以上十年以下有期徒刑，并处五万元以上五十万元以下罚金；数额特别巨大或者有其他特别严重情节的，处十年以上有期徒刑或者无期徒刑，并处五万元以上五十万元以下罚金或者没收财产：

（一）编造引进资金、项目等虚假理由的；
（二）使用虚假的经济合同的；
（三）使用虚假的证明文件的；
（四）使用虚假的产权证明作担保或者超出抵押物价值重复担保的；
（五）以其他方法诈骗贷款的。

【释解与适用】

本条是关于贷款诈骗罪及其刑罚的规定。

贷款诈骗的对象是依法取得贷款资质的银行或者其他金融机构。在我国，贷款业务是上述金融机构的基本业务，是其重要的收入来源。同时，由于信贷业务是国家用有偿方式动员和分配资金的重要形式，贷款诈骗行为的存在，妨碍了贷款的正常职能和作用，不利于我国维护金融市场秩序和正常市场经济活动。因此，贷款诈骗罪不仅侵犯了财产所有权，还侵犯了国家的金融管理秩序。具体而言，本罪主要从以下几个方面加以理解。

首先，本罪在主观方面表现为"以非法占有为目的"。非法占有目的是成立贷款诈骗罪的法定要件，是区分贷款诈骗罪与骗取贷款罪的关键所在，也是司法实践中认定的难点。至于行为人非法占有贷款是为了挥霍享受,还是为了转移隐匿,都不影响本罪的构成。在认定诈骗贷款罪时,不能简单地认为,只要贷款到期不能偿还,就以贷款诈骗罪论处。实际生活中,贷款不能按期偿还的情况时有发生,其原因也很复杂,如有的因为经营不善或者市场行情的变动,使营利计划无法实现不能按时偿还贷款。这种情况中,行为人虽然主观有过错,但其没有非法占有贷款的目的,故不能以本罪认定。如果行为人虽然在向银行或者其他金融机构申请贷款的过程中使用了规避贷款审核的一些欺骗手段,但其目的不是非法占有贷款,而是因为要解决生产经营的一时急需等,以后还要想方设法归还贷款,也不能构成本罪。

关于如何认定"以非法占有为目的",在《全国法院审理金融犯罪案件工作座谈会纪要》中曾经提到,金融诈骗犯罪都是以非法占有为目的的犯罪。在司法实践中,认定是否具有非法占有为目的,应当坚持主客观相一致的原则,既要避免单纯根据损失结果客观归罪,也不能仅凭被告人自己的供述,而应当根据案件具体情况具体分析。根据司法实践,对于行为人通过诈骗的方法非法获取资金,造成数额较大资金不能归还,并具有下列情形之一的,可以认定为具有非法占有的目的:(1)明知没有归还能力而大量骗取资金的;(2)非法获取资金后逃跑的;(3)肆意挥霍骗取资金的;(4)使用骗取的资金进行违法犯罪活动的;(5)抽逃、转移资金、隐匿财产,以逃避返还资金的;(6)隐匿、销毁账目,或者搞假破产、假倒闭,以逃避返还资金的;(7)其他非法占有资金、拒不返还的行为。上述纪要精神在《最高人民法院关于审理非法集资刑事案件具体应用法律若干问题的解释》中对集资诈骗罪"非法占有为目的"的认定规定中有所体现。司法实践中,可以借鉴上述纪要精神和非法集资相关司法解释的规定,坚持主客观相统一的原则,严格以事实为依据,综合行为人事前的经济状况,为犯罪实施的准备活动和取得贷款后资金的使用、去向,事后是否有偿还贷款的意愿等因素予以认定。

其次,行为人实施了"诈骗银行或者其他金融机构的贷款"的行为。这里所说的"银行",主要是指政策性银行和各类商业银行。商业银行又分为国有独资商业银行、股份制商业银行、外资银行、中外合资银行等。"其他金融机构",是指除银行以外的保险公司、信托投资公司、城市信用社、农村信用社等具有信贷业务的非银行金融机构。

本条明确列举了四种具体诈骗手段：（1）编造引进资金、项目等虚假理由骗取银行或者其他金融机构贷款。（2）使用虚假的经济合同诈骗银行或者其他金融机构的贷款。这里所说的"虚假的经济合同"，是指伪造的合同、变造的合同（如篡改原合同的标的、价款等）、无效的合同（如采取欺诈手段签订的合同），以及伪造印章虚制的合同等。（3）使用虚假的证明文件诈骗银行或者其他金融机构的贷款。这里所说的"证明文件"，包括银行的存款证明、公司和金融机构的担保函、划款证明等向银行或者其他金融机构申请贷款时所需要的文件。（4）使用虚假的产权证明作担保，骗取银行或者其他金融机构贷款。这里所说的"产权证明"，是指能够证明行为人对房屋等不动产或者汽车、货币，可即时兑付的票据等动产具有所有权的一切文件，以及以其他方法诈骗银行或者其他金融机构贷款。同时，由于犯罪行为方式复杂多样，在法律中难以将所有的诈骗银行或者其他金融机构贷款的行为都具体列举并予以规定，因而本条规定了"以其他方法诈骗贷款的"作为兜底条款，包括伪造单位公章、印鉴骗取贷款；以非法占有为目的，贷款到期后采用欺诈手段拒不还贷等情况。

最后，行为人诈骗银行或者其他金融机构的贷款数额较大。本条规定了三档法定刑，分别是：数额较大的，处五年以下有期徒刑或者拘役，并处二万元以上二十万元以下罚金；数额巨大或者有其他严重情节的，处五年以上十年以下有期徒刑，并处五万元以上五十万元以下罚金；数额特别巨大或者有其他特别严重情节的，处十年以上有期徒刑或者无期徒刑，并处五万元以上五十万元以下罚金或者没收财产。根据2022年《最高人民检察院、公安部关于公安机关管辖的刑事案件立案追诉标准的规定（二）》第四十五条规定，以非法占有为目的，诈骗银行或者其他金融机构的贷款，数额在五万元以上的，应予立案追诉。对于"其他严重情节"和"其他特别严重情节"，在实践中主要考虑行为人的诈骗手段或诈骗行为给银行或其他金融机构造成的损失等情况。

综上所述，认定本条规定的贷款诈骗罪，应当结合行为人的主观目的、行为方式、损害后果等方面综合认定。同时，处理贷款诈骗案件应当贯彻宽严相济刑事政策，以犯罪行为对金融秩序的破坏程度和金融机构的实际损失两个方面综合考虑，综合运用刑事手段和行政手段处置和化解风险，综合判断行为人的责任轻重和刑事追究的必要性，做到罪责刑相适应。对于涉案人员积极配合调查、主动退赃退赔、真诚认罪悔罪的，可以依法从轻处罚。其中，情节轻微的，可以免除处罚；情节显著轻微、危害不大的，不作为犯罪处理。

关于贷款诈骗的单位犯罪问题。根据本条规定，贷款诈骗罪主体为自然人，刑法条文并未将单位规定为贷款诈骗罪的主体。实践中，单位已成为银行以及其他金融机构主要的贷款对象，从贷款资金上来看，单位贷款额度要远高于自然人。与此相对应的则是单位涉贷款诈骗案件的增加，且涉案金额巨大、诈骗手段多样化。这给银行等金融机构造成了严重的损失，无论是实践中还是法律上均应对单位涉贷款诈骗案件的情形予以明确。

在《全国法院审理金融犯罪案件工作座谈会纪要》中，司法机关认为单位不能构成贷款诈骗罪。该纪要提到，根据刑法第三十条和本条的规定，单位不能成为贷款诈骗罪的主体。对于单位实施的贷款诈骗行为，不能以贷款诈骗罪定罪处罚，也不能以贷款诈骗罪追究直接负责的主管人员和其他直接责任人员的刑事责任。但是，在司法实践中，对于单位十分明显地以非法占有为目的，利用签订、履行借款合同诈骗银行或其他金融机构贷款，符合刑法第二百二十四条规定的合同诈骗罪构成要件的，应当以合同诈骗罪定罪处罚。《全国人民代表大会常务委员会关于〈中华人民共和国刑法〉第三十条的解释》，对公司、企业、事业单位、机关、团体等单位实施刑法规定的危害社会的行为，法律未规定追究单位的刑事责任的，如何适用刑法有关规定的问题，作出了如下解释：公司、企业、事业单位、机关、团体等单位实施刑法规定的危害社会的行为，刑法分则和其他法律未规定追究单位的刑事责任的，对组织、策划、实施该危害社会行为的人依法追究刑事责任。根据该立法解释，单位依然不能成为贷款诈骗罪的主体，但以单位作为行为主体进行贷款诈骗的，可以对组织、策划、实施贷款诈骗的行为人以贷款诈骗罪追究刑事责任。上述行为人一般是指公司的法定代表人、实际控制人、股东高管和财务主管人员等能够对外代表公司的相关人员。

此外，单位涉贷款诈骗的案件，符合合同诈骗构成要件的，也可以以合同诈骗罪追究单位的刑事责任，对其直接负责的主管人员和其他直接责任人员判处自由刑并对单位判处罚金。

【适用中需要注意的问题】

实际适用中还应当注意把握贷款诈骗罪与骗取贷款罪的区别。刑法第一百七十五条之一规定了骗取贷款罪,即以欺骗手段取得银行或者其他金融机构贷款,给银行或者其他金融机构造成重大损失的,处三年以下有期徒刑或者拘役,并处或者单处罚金;给银行或者其他金融机构造成特别重大损失或者有其他特别严重情节的,处三年以上七年以下有期徒刑,并处罚金。单位犯前款罪的,对单位判处罚金,并对其直接负责的主管人员和其他直接责任人员,依照前款的规定处罚。从上述规定可以看出,贷款诈骗罪和骗取贷款罪在客观行为上均表现为以虚构事实或者隐瞒真相等欺骗手段取得银行或者其他金融机构的贷款。二者区别的关键在于行为人是否具有非法占有的目的。骗取贷款罪不是以非法占有为目的,只因在不符合贷款条件的情况下为取得贷款而采用了欺骗手段。而贷款诈骗罪的主观意图就是通过非法手段骗取贷款并非法占有。在办理具体案件时,要注意以下两点:一是不能仅凭较大数额的贷款不能返还的客观结果,推定行为人具有非法占有的目的。在《全国法院审理金融犯罪案件工作座谈会纪要》中曾提到,要严格区分贷款诈骗与贷款纠纷,对于合法取得贷款后,没有按规定的用途使用贷款,到期没有归还贷款的,不能以贷款诈骗罪定罪处罚;对于确有证据证明行为人不具有非法占有的目的,因不具备贷款的条件采取了欺骗手段获取贷款,案发后有能力履行还贷义务,或者案发时不能归还是因为意志以外的原因,如因经营不善、被骗、市场风险等,不宜以贷款诈骗罪定罪处罚。二是行为人虽然以欺骗手段取得贷款资金,但将大部分资金用于投资或生产经营活动等正常贷款用途的,而将少量资金用于个人消费或挥霍的,不应仅以此便认定具有非法占有的目的。

第一百九十四条 【票据诈骗罪】有下列情形之一,进行金融票据诈骗活动,数额较大的,处五年以下有期徒刑或者拘役,并处二万元以上二十万元以下罚金;数额巨大或者有其他严重情节的,处五年以上十年以下有期徒刑,并处五万元以上五十万元以下罚金;数额特别巨大或者有其他特别严重情节的,处十年以上有期徒刑或者无期徒刑,并处五万元以上五十万元以下罚金或者没收财产:

（一）明知是伪造、变造的汇票、本票、支票而使用的；

（二）明知是作废的汇票、本票、支票而使用的；

（三）冒用他人的汇票、本票、支票的；

（四）签发空头支票或者与其预留印鉴不符的支票，骗取财物的；

（五）汇票、本票的出票人签发无资金保证的汇票、本票或者在出票时作虚假记载，骗取财物的。

【金融凭证诈骗罪】使用伪造、变造的委托收款凭证、汇款凭证、银行存单等其他银行结算凭证的，依照前款的规定处罚。

【释解与适用】

本条是关于票据诈骗罪和金融凭证诈骗罪及其刑罚的规定。

本条共分两款。本条第一款是关于票据诈骗罪的规定。这里所说的"金融票据诈骗"，是指使用虚构事实或者隐瞒真相的方法，利用汇票、本票、支票进行诈骗的行为。本款具体列举了五项金融票据诈骗的行为。

本款第一项规定了明知是伪造、变造的汇票、本票、支票而使用的诈骗行为。根据本项规定，明知是伪造、变造的汇票、本票、支票而使用进行诈骗，应当具备以下两个条件：（1）行为人在主观上对其所使用的汇票、本票、支票，必须"明知"是伪造、变造的。在主观上是否明知所使用的汇票、本票、支票是伪造、变造的，是判断是否构成此项犯罪的重要界限。如果行为人在使用汇票、本票、支票时，在主观上确实不知道该票据是伪造、变造的，则不构成此项犯罪。（2）行为人必须使用了明知是伪造、变造的汇票、本票、支票。这里所说的"使用"，是指行为人以伪造、变造的金融票据冒充真票据，以非法占有他人财物为目的，进行诈骗活动的行为。是否实际实施了使用伪造、变造票据的行为，是区分此罪与彼罪的界限。如果行为人仅是伪造、变造了汇票、本票、支票，而没有使用，则构成了刑法第一百七十七条规定的伪造、变造金融票证罪，不构成此项犯罪。

本款第二项规定了明知是作废的汇票、本票、支票而使用的诈骗行为。根据本项规定，使用作废的汇票、本票、支票进行诈骗犯罪应当符合以下两个条件：（1）行为人主观上必须"明知"。在主观上是否明知其使用的汇票、本票、支票是作废的，是构成本项犯罪的罪与非罪的主要界限之一。如果行为人在使用汇票、本票、支票时，在主观上确实不知道该票据已作废的，则不构成此项犯罪。（2）行为人实施了使用作废的汇票、本票、支票的行为。这里所说的"作废"票据，是指根据法律和有关规定不能使用的汇票、本票、支票。这里的"作废"应当从广义上理解，它既包括票据法中所说的"过期"的票据，也包括无效的以及被依法宣布作废的票据。具体而言，"过期"的票据主要是指根据票据法第十七条规定，在法定期限内不行使票据权利而使得权利消灭的下列票据，包括：（1）持票人自票据到期日起二年不行使对票据的出票人和承兑人权利的；（2）见票即付的汇票、本票，持票人自出票日起二年不行使票据权利的；（3）支票自出票日起六个月，持票人不行使对出票人权利的。票据的出票日、到期日由票据当事人依法确定。无效的票据是指根据票据法相关规定，因不符合法定形式而绝对无效的票据，主要包括以下几类：（1）票据金额以中文大写和数码同时记载，二者不一致的。（2）更改票据金额、日期、收款人名称。（3）汇票未记载下列事项：①表明"汇票"的字样；②无条件支付的委托；③确定的金额；④付款人名称；⑤收款人名称；⑥出票日期；⑦出票人签章。（4）本票未记载下列事项：①表明"本票"的字样；②无条件支付的承诺；③确定的金额；④收款人名称；⑤出票日期；⑥出票人签章。（5）支票未记载下列事项：①表明"支票"的字样；②无条件支付的委托；③确定的金额；④付款人名称；⑤出票日期；⑥出票人签章。作废的票据主要是指根据票据法第十五条规定，票据丧失后，失票人向人民法院申请公示催告或者提起诉讼，人民法院依法作出宣告票据无效的判决的情形。另外，也包括银行根据国家有关规定予以作废的票据，如国家规定更换票据版本，而旧的不得再行使用的票据版本就是作废的票据。

本款第三项规定了冒用他人的汇票、本票、支票进行诈骗的行为。根据本项规定构成冒用他人金融票据进行诈骗的行为应当具备以下特征：一是行为人实施了冒用他人票据的行为。"冒用"，是指行为人擅自以合法持票人的名义，支配、使用、转让自己不具备支配权利的他人的票据的行为。这里所说的"冒用"通常表现为以下几种情况：（1）行为人以非法手段获取的票据，如以欺诈、偷盗或者胁迫等手段取得的票据，或者明知是以上述手段取得的票据而使用，进行欺诈活动；（2）没有代理权而以代理人名义或者代理人超越代理权限的行为；（3）用他人委托代为保管的或者捡拾他人遗失的票据进行使用，骗取财物的行为。二是行为人冒用他人票据的行为必须是故意的。对于冒用他人票据骗取财物的行为人来说，其主观上具有进行诈骗的故意是不言而喻的。但是在有些情况下，可能会出现有些行为人冒用他人的票据是在不知情的情况下所为的，如持票人所持票据是其前手诈骗或者窃取的；有的行为人是受他人委托并使用委托人提供的票据，进行购物、支付、结算等活动，而该票据本身是冒用的；委托人为了逃避追查，隐瞒了该票据持有人的真实情况；请他人代为使用等情况。在这些行为人不知票据是冒用的情况下，主观上当然也就不具有诈骗的故意。因此，就不应承担本项规定的法律责任。

　　本款第四项规定了签发空头支票或者与其预留印鉴不符的支票，骗取财物的行为。根据本项规定，构成签发空头支票或者与预留印鉴不符的支票进行诈骗行为，应当符合以下几个条件：（1）行为人主观上是故意的。在实践中出现签发空头支票或者与其预留印鉴不符的支票的情况比较复杂，造成这种情况的原因很多。有些是由于企业内部缺乏管理的原因；有些则是由于资金转让、结算等方法的原因，如有的银行、金融机构在办理结算、汇款等业务中"压单""压票"情况比较严重，使原本按正常期限应当到账的款项被拖延，单位在这种情况下，可能会误认为钱已到账而开出空头支票。在这种情况下，行为人主观方面不具有犯罪的故意，不可能构成本款所说的票据诈骗罪。（2）行为人必须实施了签发空头支票或者与其预留的本人签名式样或者印鉴不符的支票的行为。这里所说的"空头支票"，是指出票人所签发的支票金额超过其付款时在付款人处实有的存款金额的支票。所谓付款人，就是指签发空头支票人开立账户的银行或者其他金融机构。简单地说，出票人签发的支票金额超过其在银行现有的存款金额，这样的支票就是空头支票。本项所说的签发与其预留印鉴不符的支票，就是指票据签发人在其签发的支票上加盖与其预留存在银行或者其他金融机构处印鉴不一致的财务公章或者支票签发人的名章。这里所说的"与其预留印鉴"不符，可以是与其预留的某一个印鉴不符，也可以是与所有的预留印鉴都不符。（3）行为人的目的是骗取财物。这是区分罪与非罪的界限。也就是说，要求行为人故意签发空头支票或者与其预留印鉴不符的支票。行为人的目的如果不是骗取财物的，不构成犯罪。例如，有的企业因一时资金周转不过来签发了空头支票，事后及时在账上补充资金。

在这种情况下，行为人主观上没有骗取财物的目的，只是违反了票据法及有关行政法规，应受到行政处罚，但不构成犯罪。

本款第五项规定了汇票、本票的出票人签发无资金保证的汇票、本票或者在出票时作虚假记载、骗取财物的行为。构成此项犯罪行为，应当符合以下几个条件：（1）构成本罪的行为主体必须是汇票、本票的出票人。汇票、本票的出票人是票据的当事人。这里所说的"出票人"，是指依法定方式制作汇票、本票并在这些票据上签章，将汇票、本票交付给收款人的人。对于出票人承担的责任，票据法第四条第一款作了规定："票据出票人制作票据，应当按照法定条件在票据上签章，并按照所记载的事项承担票据责任。"根据票据法的规定，所谓票据责任，就是指票据债务人向持票人支付票据金额的义务。（2）行为人必须实施了签发无资金保证的汇票、本票或者在出票时作虚假记载的行为。出票人签发汇票、本票时，必须具有可靠的资金保证。这是其承担票据责任的基础和保证。这里所说的"资金保证"，是指票据的出票人在承兑票据时具有按票据支付的能力。由于汇票许多不是即时支付的，有的是远期汇票。因此，汇票的出票人在出票时并不要求其当时即具有支付能力，而是要求其保证在汇票到期日具有支付能力即可。"虚假记载"，是指出票人对票据上除签章以外的其他事项，如付款人、收款人、票据金额、付款地所作的不真实记载。（3）行为人签发的无资金保证的对象必须是汇票和本票。这里所说的汇票，包括银行汇票和商业汇票两种。其中"银行汇票"，是指汇款人将款项交存银行，由银行签发给汇款人持往异地办理转账结算或者支取现金的票据。"商业汇票"，是指由企业、事业、机关、团体等单位签发的汇票。商业汇票按其承兑人的不同，又可分为商业承兑汇票和银行承兑汇票两种。其中，由收款人签发，经付款人承兑或者由付款人签发并承兑的票据是商业承兑汇票；而银行承兑汇票，是指以银行为付款人并由付款银行承兑的远期汇票。这里所说的"本票"，就是指银行本票。所谓"银行本票"，是指由申请人将款项交存银行，由银行签发给其凭以办理转账结算和支取现金的票据。（4）行为人具有骗取财物的目的。是否以非法占有他人财物为目的，是构成此项犯罪与否的重要界限之一。如果汇票、本票的出票人签发无资金保证的汇票、本票或者在出票时作虚假记载，是出于过失或者其他原因，而不具有骗取财物的目的，则不构成此项犯罪。

根据本款规定，有上述五类行为之一，数额较大的，处五年以下有期徒刑或者拘役，并处二万元以上二十万元以下罚金；数额巨大或者有其他严重情节的，处五年以上十年以下有期徒刑，并处五万元以上五十万元以下罚金；数额特别巨大或者有其他特别严重情节的，处十年以上有期徒刑或者无期徒刑，并处五万元以上五十万元以下罚金或者没收财产。

在司法实践中，行为人主观上是否明知、是否以骗取他人财物为目的是区别罪与非罪的重要标准。本条为避免混淆罪与非罪的界限，对行为人主观方面作出了明确规定。一是伪造、变造的汇票、本票、支票，行为人在主观上必须是"明知"而使用的，隐含了骗取财物的目的。应当注意的是，在司法实践中判断行为人主观上是否明知，不能仅依据行为人自己的供述，而是要在全面了解整个案件的基础上进行综合分析后得出结论。二是冒用他人票据的，即故意冒充并使用，本身也隐含了骗取财物的目的。三是对于签发空头支票或者与其预留印鉴不符的支票、签发无资金保证的汇票、本票或者在出票时作虚伪记载以及使用伪造、变造的其他银行结算凭证的，这些行为本身就是弄虚作假，故要求行为人必须具有诈骗他人财物的故意和目的。从本条规定可以看出，行为人必须被动接受（明知）或者主动采取弄虚作假行为，并有骗取财物故意的，方能构成本条规定的犯罪。在实践中，要注意审查行为人是否存在不知是伪造、变造、作废的金融票据而使用的，不知存款已不足而误签空头支票或者误签与其预留印鉴不符的支票的，签发汇票、本票时因过失而作错误记载的等情形。根据票据法第一百零三条规定，有票据欺诈行为，情节轻微，不构成犯罪的，依照国家有关规定给予行政处罚。

本条第二款是关于金融凭证诈骗罪及其处罚的规定。根据本款规定，构成金融凭证诈骗罪，应符合以下条件。

一是行为人使用的银行结算凭证，必须是伪造、变造的。这里所说的"伪造"，是指行为人未经国家有关主管部门批准，非法印制银行结算凭证的行为；所谓"变造"，是指行为人在真实、合法的银行结算凭证的基础上或者以真实的银行结算凭证为基本材料，通过剪贴、挖补、涂改等手段，对银行结算凭证的主要内容，非法加以改变的行为。

二是行为人必须实施了"使用"伪造、变造的委托收款凭证、汇款凭证、银行存单等其他银行结算凭证的行为。这里所说的"使用"，是指以非法占有他人财物为目的，进行诈骗活动。如果行为人仅是伪造、变造了委托收款凭证、汇款凭证、银行存单等其他银行结算凭证，而没有使用的，则不构成此款犯罪行为。这里所说的"银行结算凭证"，是指办理银行结算的凭据和证明。其中"委托收款凭证"，是指收款人在委托银行向付款人收取款项时，所填写提供的凭据和证明。这里所说的"汇款凭证"，是指汇款人委托银行将款项汇给外地收款人时，所填写的凭据和证明。这里所说的"银行存单"，既是一种信用凭证，也是一种银行结算凭证。银行凭此办理收付次数比较少、具有固定性的储蓄业务，如一次存取的整存整取和定活两便储蓄存款等。它是由储户向银行交存款项，办理开户，银行签发载有户名、账号、存款金额、存期、存入日、到期日、利率等内容的存单，凭以办理存款的取存。存款到期后，银行有到期绝对付款的责任，可以挂失。因此，可以说银行存单是一种重要的信用和结算凭证。

根据本款规定，对本款规定的犯罪行为依照票据诈骗罪的量刑规定处罚。

单位犯上述两款规定之罪的，根据本法第二百条规定，对单位判处罚金，并对其直接负责的主管人员和其他直接责任人员，处五年以下有期徒刑或者拘役，可以并处罚金；数额巨大或者有其他严重情节的，处五年以上十年以下有期徒刑，并处罚金；数额特别巨大或者有其他特别严重情节的，处十年以上有期徒刑或者无期徒刑，并处罚金。

【适用中需要注意的问题】

实际适用中应当注意区分本罪与伪造、变造金融票证罪。刑法第一百七十七条规定了伪造、变造金融票证罪，对伪造、变造汇票、本票、支票以及其他银行结算凭证的行为定罪处罚。两罪的根本区别在于，伪造、变造金融票证罪惩治的是伪造、变造行为本身，而金融票据诈骗罪惩治的是使用这些金融票据进行诈骗的行为。如果行为人仅仅是伪造、变造金融票证，而没有使用的，则这种行为仅构成伪造、变造金融票证罪。但司法实践中，这两种犯罪往往又是联系在一起的，通常表现为行为人先伪造、变造汇票、本票、支票或者其他银行结算凭证，然后使用该伪造、变造的票证进行诈骗活动，既构成本罪又构成伪造、变造金融票证罪的，应当从一重罪处罚，而不实行数罪并罚。

第一百九十五条 【信用证诈骗罪】有下列情形之一，进行信用证诈骗活动的，处五年以下有期徒刑或者拘役，并处二万元以上二十万元以下罚金；数额巨大或者有其他严重情节的，处五年以上十年以下有期徒刑，并处五万元以上五十万元以下罚金；数额特别巨大或者有其他特别严重情节的，处十年以上有期徒刑或者无期徒刑，并处五万元以上五十万元以下罚金或者没收财产：

（一）使用伪造、变造的信用证或者附随的单据、文件的；
（二）使用作废的信用证的；
（三）骗取信用证的；
（四）以其他方法进行信用证诈骗活动的。

【释解与适用】

本条是关于信用证诈骗罪及其刑罚的规定。

信用证是指开证银行根据作为进口商的开证申请人的请求，开给受益人（通常情况下为出口商）的一种在其具备了约定的条件以后，即可得到由开证银行或支付银行支付的约定金额的保证付款的凭证。信用证支付的一般程序是：进口商向所在地银行（即开证行）提出开立信用证申请；开证行开立以出口商为受益人的信用证；开证行请求出口商所在地的银行通知卖方；该出口商所在地的银行，对信用证提供承兑、议付或者付款；出口商根据符合信用证要求的单据，向出口商所在地的该承兑、议付或者付款银行请求付款；该承兑、议付或者付款银行对单据审核后，向出口商付款，并持单据向开证行申请偿付；开证行审核单据无误后对该付款行偿付；开证行在进口商付款后交单，进口商凭单提货。信用证是以买卖合同的确立为基础和前提，同时又不依附于买卖合同而独立于其之外的一个凭证，信用证一经开出就成为信用证中规定的各当事人之间达成一致的承诺和约定。针对信用证诈骗活动的不同情况，本条具体列举了以下四项信用证诈骗犯罪行为。

一是使用伪造、变造的信用证或者附随的单据、文件的。所谓"伪造的信用证"是指行为人采用描绘、复制、印刷等方法仿照信用证的格式、内容制造假信用证的行为或以其编造、冒用的某银行的名义开出假信用证的行为。所谓"变造的信用证",是指行为人在原信用证的基础上,采用涂改、剪贴、挖补等方法改变原信用证的内容和主要条款使其成为虚假的信用证的行为。

伪造、变造"附随的单据、文件",是指伪造、变造开立信用证时约定受益人必须提交方能取得货款的单据,如装船提单、出口证、产地证、质量证书、装货单、仓库收据等,从而骗取信用证项下货款。由于信用证是独立于买卖合同之外的银行信用,银行在付款时,只凭单据,不看货物,即银行在审查单据时强调的是信用证与基础贸易相分离的书面形式的认证。犯罪分子利用信用证支付方式的这一特点,在货物根本不存在的情况下,伪造各种单据,使开证银行因全部单据与信用证在形式上相符合而无条件付款,从而达到诈骗货款的目的。这种犯罪有的是伪造提单;有的是伪造签字;有的是采用空头提单;有的则是对提单上所载明的货物作假,如提单所载明的货物与实际货物不相符或者伪造根本不存在的货物。

使用伪造、变造的信用证或者附随的单据、文件,既包括行为人自己伪造、变造后自己使用,又包括明知他人提供的信用证或附随的单据、文件是伪造、变造的而使用。

二是使用作废的信用证的。"作废的信用证",一般是指失去效用的、银行不再负有承兑义务的信用证。在这里应当作广义理解,包括已过到期日或交单日的信用证、不具备有效条件的信用证、已经撤销或注销的信用证等。"使用作废的信用证",主要是指使用过期的信用证、使用无效的信用证、使用已撤销或注销的信用证等,从而骗取信用证项下的货款。

根据本条和刑法关于伪造、变造金融票证罪的有关解释,"变造"是指行为人在原金融票证的基础上,采用涂改、剪贴、挖补等方法改变其主要内容的行为,"经他人涂改的信用证",一般是未经开证行修改程序而由行为人自行修改的,既属于作废的信用证,同时又可能构成变造的信用证。在司法实践中,要准确界定"使用明知是经他人涂改的信用证"的行为性质,对于经涂改后,改变信用证主要内容从而使得受害人因为相信涂改后的内容而作出相应行为的,以及对于仅仅因涂改票面或者其他信息导致信用证作废的,要区分不同情况处理。

三是骗取信用证的。所谓"骗取信用证",是指行为人编造虚假的事实或隐瞒事实真相,欺骗银行为其开具信用证的行为。包括行为人编造虚假的不存在的交易事实，欺骗开证银行为其开立信用证，或者行为人根本无货或没有符合要求的货物、隐瞒企业经营不佳状况或者以投资为名等，诱使他人向银行开立以其本人为受益人的信用证的情形。

四是以其他方法进行信用证诈骗活动的。考虑到利用信用证诈骗的情况较为复杂，表现形式多样，在法律上难以具体一一列举，因此，本条在列举了几种常见的诈骗行为的同时，还规定了"以其他方法进行信用证诈骗"。以其他方法进行信用证诈骗的手段很多，如有的利用"软条款"信用证进行诈骗活动。所谓"软条款"信用证，是指在开立信用证时，故意制造一些隐蔽性的条款，这些条款实际上赋予了开证人或开证行单方面的主动权，从而使信用证随时因开证行或开证申请人单方面的行为而解除，以达到骗取财物的目的。例如，有些不法分子利用远期信用证诈骗。由于采用远期信用证支付时，进口商是先取货后付款，在信用证到期付款前存有一段时间，犯罪分子就利用这段时间，制造付款障碍，以达到骗取货物的目的。有的是取得货物后，将财产转移，宣布企业破产；有的则是与银行勾结，在信用证到期付款前，将银行资金转移，宣布银行破产；甚至有的国外小银行，其本身的资金就少于信用证所开出的金额，仍以开证行名义为进口商开具信用证，待进口商取得货物后，宣告资不抵债。

根据本条规定，有上述四项行为之一构成犯罪的，处五年以下有期徒刑或者拘役，并处二万元以上二十万元以下罚金；数额巨大或者有其他严重情节的，处五年以上十年以下有期徒刑，并处五万元以上五十万元以下罚金；数额特别巨大或者有其他特别严重情节的，处十年以上有期徒刑或者无期徒刑，并处五万元以上五十万元以下罚金或者没收财产。这里的情节严重、情节特别严重，主要应从犯罪行为所使用的手段、造成的后果和影响等多种因素来考虑。

单位犯本条规定之罪的，根据刑法第二百条规定，对单位判处罚金，并对其直接负责的主管人员和其他直接责任人员，处五年以下有期徒刑或者拘役，可以并处罚金；数额巨大或者有其他严重情节的，处五年以上十年以下有期徒刑，并处罚金；数额特别巨大或者有其他特别严重情节的，处十年以上有期徒刑或者无期徒刑，并处罚金。

【适用中需要注意的问题】

实际适用中应当注意区分罪与非罪的界限。按照本条规定，实施本条规定的信用证诈骗活动的，即构成信用证诈骗罪，无须达到"数额较大"等诈骗金额上的标准。该规定包含两层含义：一是行为人在行为上实施了信用证诈骗活动，二是其主观上具有非法占有信用证项下财物的目的。二者缺一不可，这是区分罪与非罪的关键。由于信用证结算与审单规则较为专业，国际贸易下权利义务受当地法律政策、仓储运输风险等事件影响较大，贸易纠纷时有发生，对于行为人因疏忽大意或者业务不熟悉等原因导致在使用信用证过程中存在违法违规行为的，以及因贸易纠纷导致出现违法违规使用信用证的，即使因此实际取得了财物也不能轻易认定为犯罪，要看行为人主观上是否具有非法占有公私财物的目的，是否符合构成犯罪的其他要件。

关于本罪与伪造、变造金融票证罪的区别。刑法第一百七十七条规定了伪造、变造金融票证罪。对于单纯伪造、变造信用证或者附随的单据、文件，而并未使用的行为，应当按照伪造、变造金融票证罪定罪处罚。同时，伪造、变造信用证或者附随的单据、文件的行为，是构成信用证诈骗犯罪的法定行为要件之一，在实践中，一些犯罪分子为了进行信用证诈骗活动，而先自行伪造、变造信用证或者附随的单据、文件的，触犯了两个罪名，应当择一重罪定罪处罚。

第一百九十六条　【信用卡诈骗罪】有下列情形之一，进行信用卡诈骗活动，数额较大的，处五年以下有期徒刑或者拘役，并处二万元以上二十万元以下罚金；数额巨大或者有其他严重情节的，处五年以上十年以下有期徒刑，并处五万元以上五十万元以下罚金；数额特别巨大或者有其他特别严重情节的，处十年以上有期徒刑或者无期徒刑，并处五万元以上五十万元以下罚金或者没收财产：

（一）使用伪造的信用卡，或者使用以虚假的身份证明骗领的信用卡的；

（二）使用作废的信用卡的；

（三）冒用他人信用卡的；

（四）恶意透支的。

前款所称恶意透支，是指持卡人以非法占有为目的，超过规定限额或者规定期限透支，并且经发卡银行催收后仍不归还的行为。

盗窃信用卡并使用的，依照本法第二百六十四条的规定定罪处罚。

【释解与适用】

本条是关于信用卡诈骗罪及其刑罚的规定和关于盗窃信用卡并使用的如何定罪处罚的规定。

2004年12月29日第十届全国人民代表大会常务委员会第十三次会议通过的《全国人民代表大会常务委员会关于〈中华人民共和国刑法〉有关信用卡规定的解释》中规定，刑法规定的"信用卡"，是指由商业银行或者其他金融机构发行的具有消费支付、信用贷款、转账结算、存取现金等全部功能或者部分功能的电子支付卡。利用信用卡进行诈骗的行为，不仅侵害了公私财物的财产权，还妨碍了信用卡管理制度，扰乱了我国市场经济管理秩序。

本条共分三款。第一款是关于信用卡诈骗罪及其处罚的规定。本款列举了以下四种信用卡诈骗的犯罪行为。

一是使用伪造的信用卡，或者使用以虚假的身份证明骗领的信用卡的。"伪造的信用卡"，是指仿照信用卡的材料、图案、磁性等，使用各种方法制造的假信用卡。根据2018年12月1日起实施的《最高人民法院、最高人民检察院关于办理妨害信用卡管理刑事案件具体应用法律若干问题的解释》第一条的相关规定，复制他人信用卡、将他人信用卡信息资料写入磁条介质、芯片或者以其他方法伪造信用卡、伪造空白信用卡的，应当认定为"伪造信用卡"。"虚假的身份证明"，是指不能反映信用卡申领人真实身份信息的居民身份证、护照、军官证等身份证件，既包括伪造的假身份证明，也包括与信用卡申领人真实身份不符的其他人的身份证明。根据《最高人民法院、最高人民检察院关于办理妨害信用卡管理刑事案件具体应用法律若干问题的解释》第二条第三款规定，违背他人意愿，使用其居民身份证、军官证、士兵证、港澳居民往来内地通行证、台湾居民来往大陆通行证、护照等身份证明申领信用卡的，或者使用伪造、变造的身份证明申领信用卡的，应当认定为刑法第一百七十七条之一第一款规定的"使用虚假的身份证明骗领信用卡"。以虚假的身份证明骗领信用卡的情形是刑法修正案（五）新增的规定。

这里规定的"使用伪造的信用卡，或者使用以虚假的身份证明骗领的信用卡"中的使用行为,包括用伪造的信用卡或者以虚假的身份证明骗领的信用卡购买商品、在银行或者自动柜员机上支取现金以及接受用信用卡进行支付结算的各种服务等。使用伪造的信用卡或者以虚假的身份证明骗领的信用卡,既包括自己伪造或者骗领后供自己使用,也包括明知是他人伪造或者骗领后自己使用。使用伪造的信用卡或者以虚假的身份证明骗领的信用卡,无论是进行购物或者接受各种有偿性的服务,在性质上都属于诈骗行为。

二是使用作废的信用卡的。这里规定的"使用作废的信用卡",包括用作废的信用卡购买商品、在银行或者自动柜员机上支取现金以及接受用信用卡进行支付结算的各种服务等。"作废的信用卡",是指因法定的原因失去效用的信用卡。信用卡作废主要有以下几种情况:(1)信用卡超过有效使用期而自动失效。(2)信用卡持卡人在信用卡有效期限内中途停止使用信用卡,并将信用卡交回发卡机构。由于种种原因,有的持卡人决定不再使用某种信用卡,而该信用卡还在有效使用期限内,持卡人可将该信用卡退回发卡机构办理退卡手续。此时,该信用卡有效期虽未到,但在办理退卡手续后即属于作废的信用卡。(3)因挂失而使信用卡失效。现实生活中,信用卡丢失的情况经常发生,有的是因为被盗,有的是不慎遗失,或者因其他种种原因使持卡人失去信用卡。所以,任何一个发卡机构对于信用卡的丢失都规定有挂失的制度,以防止在信用卡丢失的情况下被他人冒用而使持卡人遭受经济损失。

三是冒用他人信用卡的。"冒用他人信用卡",是指非持卡人以持卡人名义使用持卡人的信用卡骗取财物的行为,如使用捡得的信用卡的、未经持卡人同意使用为持卡人代为保管的信用卡的。构成本项规定的冒用他人信用卡的犯罪,行为人主观上必须具备骗取他人财物的目的。只有主观上具备诈骗的故意,客观上有冒用他人信用卡的行为,才构成本项规定的犯罪。实践中,有的信用卡持有人将自己的信用卡借给他人使用,如借给自己的亲属、朋友等,虽然这种行为是违反信用卡使用规定的,但是使用人在主观上不是以非法占有持卡人财物为目的,因此不具备诈骗罪的本质特征。在这种情况下,可以对其进行纠正或者按照有关规定处理,不能适用本项规定作为犯罪处理。根据《最高人民法院、最高人民检察院关于办理妨害信用卡管理刑事案件具体应用法律若干问题的解释》第五条第二款的规定,具有下列情形的,属于"冒用他人信用卡":(1)拾得他人信用卡并使用的；（2）骗取他人信用卡并使用的；（3）窃取、收买、骗取或者以其他非法方式获取他人信用卡信息资料，并通过互联网、通讯终端等使用的；（4）其他冒用他人信用卡的情形。

四是恶意透支的。这里规定的"透支"是指在银行设立账户的客户在账户上已无资金或者资金不足的情况下，经过银行批准，以超过其账上资金的额度支用款项的行为。信用卡基本上都有透支功能，只有持卡人恶意透支，数额较大的，才构成本项规定的犯罪。本条第二款对恶意透支的含义进行了解释。根据《最高人民法院、最高人民检察院关于办理妨害信用卡管理刑事案件具体应用法律若干问题的解释》第六条第一款的规定，持卡人以非法占有为目的，超过规定限额或者规定期限透支，并且经发卡银行两次催收后超过三个月仍不归还的，应当认定为"恶意透支"。

根据本条第一款规定，行为人有上述行为之一，数额较大的，处五年以下有期徒刑或者拘役，并处二万元以上二十万元以下罚金；数额巨大或者有其他严重情节的，处五年以上十年以下有期徒刑，并处五万元以上五十万元以下罚金；数额特别巨大或者有其他特别严重情节的，处十年以上有期徒刑或者无期徒刑，并处五万元以上五十万元以下罚金或者没收财产。结合《最高人民法院、最高人民检察院关于办理妨害信用卡管理刑事案件具体应用法律若干问题的解释》第五条规定，使用伪造的信用卡、以虚假的身份证明骗领的信用卡、作废的信用卡或者冒用他人信用卡，进行信用卡诈骗活动，数额在五千元以上不满五万元的，应当认定为刑法第一百九十六条规定的"数额较大"；数额在五万元以上不满五十万元的，应当认定为刑法第一百九十六条规定的"数额巨大"；数额在五十万元以上的，应当认定为刑法第一百九十六条规定的"数额特别巨大"。需要注意的是，该司法解释第八条对"恶意透支"的量刑情节规定为：恶意透支数额在五万元以上不满五十万元的，应当认定为刑法第一百九十六条规定的"数额较大"；数额在五十万元以上不满五百万元的，应当认定为刑法第一百九十六条规定的"数额巨大"；数额在五百万元以上的，应当认定为刑法第一百九十六条规定的"数额特别巨大"。该司法解释第九条第一款规定，恶意透支的数额，是指公安机关刑事立案时尚未归还的实际透支的本金数额，不包括利息、复利、滞纳金、手续费等发卡银行收取的费用。归还或者支付的数额，应当认定为归还实际透支的本金。

本条第二款是对第一款第四项"恶意透支"含义的解释。按照本款的规定，利用信用卡进行恶意透支的诈骗犯罪活动，行为人在主观上应当具有非法占有的目的，这是恶意透支与善意透支的本质区别。根据《最高人民法院、最高人民检察院关于办理妨害信用卡管理刑事案件具体应用法律若干问题的解释》第六条第二款、第三款的规定，对于是否以非法占有为目的，应当综合持卡人信用记录、还款能力和意愿、申领和透支信用卡的状况、透支资金的用途、透支后的表现、未按规定还款的原因等情节作出判断。不得单纯依据持卡人未按规定还款的事实认定非法占有目的。具有以下情形之一的，应当认定为刑法第一百九十六条第二款规定的"以非法占有为目的"，但有证据证明持卡人确实不具有非法占有目的的除外：（1）明知没有还款能力而大量透支，无法归还的；（2）使用虚假资信证明申领信用卡后透支，无法归还的；（3）透支后通过逃匿、改变联系方式等手段，逃避银行催收的；（4）抽逃、转移资金，隐匿财产，逃避还款的；（5）使用透支的资金进行犯罪活动的；（6）其他非法占有资金，拒不归还的情形。恶意透支在客观上表现为超过规定限额或者规定期限透支，并且经发卡银行催收后仍不归还。"规定限额或者规定期限"，是指有关主管部门规章和发卡银行规定中规定的透支限额或者透支期限。"催收"，是指发卡银行以函件、电话、电子邮件等各种方式催促持卡人归还透支款项的行为。《最高人民法院、最高人民检察院关于办理妨害信用卡管理刑事案件具体应用法律若干问题的解释》第七条规定，催收同时符合下列条件的，应当认定为该司法解释第六条规定的"有效催收"：（1）在透支超过规定限额或者规定期限后进行；（2）催收应当采用能够确认持卡人收悉的方式，但持卡人故意逃避催收的除外；（3）两次催收至少间隔三十日；（4）符合催收的有关规定或者约定。对于是否属于有效催收，应当根据发卡银行提供的电话录音、信息送达记录、信函送达回执、电子邮件送达记录、持卡人或者其家属签字以及其他催收原始证据材料作出判断。发卡银行提供的相关证据材料，应当有银行工作人员签名和银行公章。

本条第三款是关于盗窃信用卡并使用的犯罪如何处理的规定。"盗窃信用卡并使用"，是指盗窃他人信用卡后使用该信用卡购买商品、在银行或者自动柜员机上支取现金以及接受用信用卡进行支付结算的各种服务，诈骗财物的行为。根据本款规定，对这种犯罪行为，应当依照刑法第二百六十四条的规定以盗窃罪定罪处罚。

近年来，信用卡诈骗罪呈现恶意透支型诈骗案件数量增多、恶意透支刑事案件量刑整体偏重的特点。恶意透支型信用卡诈骗罪，根据法律规定，非法占有目的的有无，是判断罪与非罪的关键。

【适用中需要注意的问题】

需要注意的是，在实践中，"非法占有目的"的认定较为复杂，需要对信用卡使用的事前、事中、事后等不同阶段作出区分，且信用卡透支行为的发生原因是复杂和多元的，一方面，行为人因经营不善、资金周转困难、重大灾害、意外事件等原因，导致不能及时归还信用卡透支金额的情形并不罕见；另一方面，发卡银行等金融机构也存在信用卡违规办理、未能充分履行监管义务等诱发信用卡透支的情形。

在处理这类案件时，一定要注意避免客观归罪和事后倾向性评价。所谓客观归罪，一般指仅因行为人透支消费数额较大、经银行多次催收拒不还款的结果，就认定行为构成信用卡诈骗罪，而未能证明行为人的透支行为是否出于"恶意"。所谓事后倾向性评价，一般是指仅仅依据事后产生的后果，去评价行为发生时的主观意图。以上述司法解释第六条关于"以非法占有目的"的情形中第一项"明知没有还款能力而大量透支，无法归还的"为例，若行为人在使用信用卡透支消费时，将透支的钱款用于存在一定风险的投资经营，即使其事后投资失败，无法归还钱款，也不能仅仅因此认定其对于没有还款能力属于"明知"，而应该结合其他因素，如犯罪嫌疑人申领信用卡时是否有伪造手段、投资经营项目是否正当等予以确定。

之所以要在恶意透支信用卡行为入罪上采取相对谨慎的态度，主要是考虑到恶意透支信用卡行为本身的民事违约与行政违法性，立法机关在条文设计上也做了充分的政策考虑，比如，明确要求"经发卡银行催收后仍不归还的"，这既是对银行等金融机构义务的规范性要求，也是对信用卡透支行为人的善意提醒。在司法实践中，应当充分运用好民事、行政手段解决信用卡纠纷，对于恶意透支型信用卡诈骗罪，则要准确认定行为人主观意图，对透支数额较大的行为人，根据《最高人民法院、最高人民检察院关于办理妨害信用卡管理刑事案件具体应用法律若干问题的解释》第十条规定，在提起公诉前全部归还或者具有其他情节轻微情形的，可以不起诉；在一审判决前全部归还或者具有其他情节轻微情形的，可以免予刑事处罚。但是，曾因信用卡诈骗受过两次以上处罚的除外。

第一百九十七条 【有价证券诈骗罪】使用伪造、变造的国库券或者国家发行的其他有价证券，进行诈骗活动，数额较大的，处五年以下有期徒刑或者拘役，并处二万元以上二十万元以下罚金；数额巨大或者有其他严重情节的，处五年以上十年以下有期徒刑，并处五万元以上五十万元以下罚金；数额特别巨大或者有其他特别严重情节的，处十年以上有期徒刑或者无期徒刑，并处五万元以上五十万元以下罚金或者没收财产。

【释解与适用】

本条是关于有价证券诈骗罪及其刑罚的规定。

飞速发展的社会主义现代化建设需要大量的资金，当国家财政收入尚不富裕、资金比较短缺的情况下，为了给国家的经济建设筹集资金，就需要发行国库券和其他有价证券。国库券不仅可以向银行贴现和抵押，而且可以在指定机构进行买卖，是当前债券市场上的重要债券形式。因此，使用伪造、变造的国库券或国家发行的其他有价证券，是对包括债券市场在内的金融市场和金融秩序的破坏。同时，由于国库券和国家发行的其他有价证券具有较强的变现能力和一定的资本性质，使用伪造、变造的国库券或国家发行的其他有价证券，就意味着使用人能够以非法的形式取得物质利益，同时侵犯了他人财产的所有权。

对于使用伪造、变造的国家有价证券进行诈骗犯罪，可以从以下几个方面加以理解。

一是行为人必须明知是伪造、变造的国库券或者国家发行的其他有价证券而使用，这是区分罪与非罪的关键。明知而使用的，即在主观上有犯罪故意，通常存在获取不法利益的目的。

二是行为人在客观上实施了使用伪造、变造的国库券或者国家发行的其他有价证券，进行诈骗活动的行为。本条所称"伪造、变造"行为，已在刑法第一百七十八条作了解释，在此不再赘述。本条所称"国家发行的其他有价证券"，是指国家发行的除国库券以外的其他国家有价证券，以及国家银行金融债券，如财政债券、国家建设债券、保值公债、国家重点建设债券等。本罪犯罪行为所指向的对象是国库券和国家发行的其他有价证券，这是本罪与票据诈骗罪、金融凭证诈骗罪的主要区别。本条所称"使用"，是指行为人将伪造、变造的国库券或者国家发行的其他有价证券用于兑换现金、抵销债务等获取财物或者财产性利益的活动。需要注意的是，如果行为人仅仅使用作废、无效的有价证券进行诈骗活动的，不构成本条规定的使用伪造、变造有价证券进行诈骗的，数额较大的，应当认定为诈骗罪，而不能以本罪定罪处罚。

三是行为人骗取财物数额较大的才构成犯罪。这是区分罪与非罪的重要界限。本条所称"数额较大"，是指行为人因使用伪造、变造的有价证券而实际骗取的金额。根据2022年《最高人民检察院、公安部关于公安机关管辖的刑事案件立案追诉标准的规定（二）》第五十条的规定，使用伪造、变造的国库券或者国家发行的其他有价证券进行诈骗活动，数额在五万元以上的，应予立案追诉。

对于使用伪造、变造的国家有价证券进行诈骗犯罪的处罚，本条根据数额规定了三档刑罚：数额较大的，处五年以下有期徒刑或者拘役，并处二万元以上二十万元以下罚金；数额巨大或者有其他严重情节的，处五年以上十年以下有期徒刑，并处五万元以上五十万元以下罚金；数额特别巨大或者有其他特别严重情节的，处十年以上有期徒刑或者无期徒刑，并处五万元以上五十万元以下罚金或者没收财产。

【适用中需要注意的问题】

实际适用中，应当注意本罪与伪造、变造国家有价证券罪的区别。刑法第一百七十八条第一款规定了伪造、变造国家有价证券罪。二者的区别主要在于本罪是以非法占有为目的，使用伪造、变造的国库券或者国家发行的其他有价证券，骗取公私财物。而伪造、变造国家有价证券罪强调伪造、变造有价证券行为本身，侵害的是国家金融管理秩序。如果行为人自行伪造、变造了有价证券，而后又使用这些伪造、变造的有价证券实施诈骗行为的，应当依照刑法择一重罪定罪处罚；如果行为人伪造、变造了数额较大的有价证券，但自己并未使用，而是将这些有价证券以出售、转让等形式提供给别人使用的，对其伪造、变造有价证券的行为，则应当依伪造、变造有价证券罪定罪处罚。

第一百九十八条 【保险诈骗罪】有下列情形之一，进行保险诈骗活动，数额较大的，处五年以下有期徒刑或者拘役，并处一万元以上十万元以下罚金；数额巨大或者有其他严重情节的，处五年以上十年以下有期徒刑，并处二万元以上二十万元以下罚金；数额特别巨大或者有其他特别严重情节的，处十年以上有期徒刑，并处二万元以上二十万元以下罚金或者没收财产：

（一）投保人故意虚构保险标的，骗取保险金的；

（二）投保人、被保险人或者受益人对发生的保险事故编造虚假的原因或者夸大损失的程度，骗取保险金的；

（三）投保人、被保险人或者受益人编造未曾发生的保险事故，骗取保险金的；

（四）投保人、被保险人故意造成财产损失的保险事故，骗取保险金的；

（五）投保人、受益人故意造成被保险人死亡、伤残或者疾病，骗取保险金的。

有前款第四项、第五项所列行为，同时构成其他犯罪的，依照数罪并罚的规定处罚。

单位犯第一款罪的，对单位判处罚金，并对其直接负责的主管人员和其他直接责任人员，处五年以下有期徒刑或者拘役；数额巨大或者有其他严重情节的，处五年以上十年以下有期徒刑；数额特别巨大或者有其他特别严重情节的，处十年以上有期徒刑。

保险事故的鉴定人、证明人、财产评估人故意提供虚假的证明文件，为他人诈骗提供条件的，以保险诈骗的共犯论处。

【释解与适用】

本条是关于保险诈骗罪及其刑罚的规定。

保险在稳定企业经营、维护个人生活安定，尤其是社会保障方面，发挥着十分重要的作用。同时，我国保险业务由经国务院保险监督管理机构批准设立的保险公司以及法律、行政法规规定的其他保险组织经营，投保人与保险公司签订保险合同并支付保险费，只有在约定的条件下发生保险事故时，才有权向保险公司索取保险金。行为人实施保险诈骗的行为，侵犯了我国的保险制度和公私财产所有权。

本条共分四款。第一款具体规定了保险诈骗的犯罪行为及其处罚。根据近些年来发生在保险业中诈骗犯罪案的情况，针对保险活动各个环节可能发生的问题，本条具体规定了保险诈骗罪的五种表现形式。

一是投保人故意虚构保险标的，骗取保险金的。本款所称的"投保人"，是指与保险人订立保险合同，并根据保险合同负支付保险费义务的人；"保险人"，是指与投保人订立保险合同，并根据保险合同收取保险费，在保险事故发生或者约定的保险期间届满时，承担赔偿或者给付保险金责任的保险公司。一般情况下，保险合同还涉及另外两种人，即被保险人和受益人。"被保险人"，是指在保险事故发生或者约定的保险期间届满时，依据保险合同，有权向他人请求补偿损失或者领取保险金的人。"受益人"，则是指由保险合同明确指定的或者依照法律规定有权取得保险金的人。"保险标的"，是指作为保险对象的物质财富及有关利益、人的生命或健康。保险标的，从某种意义上讲是订立保险合同的核心内容。可以说，保险活动的当事人所进行的保险活动都是围绕着保险标的而开展的，或者与保险标的有着直接或间接的关系。本款所称"投保人故意虚构保险标的"，是指投保人违背法律关于诚实信用的原则，在与他人订立保险合同时，故意虚构保险标的的行为。从行为特征上看，投保人是出于故意，即明知这样做是违法的而故意为之。虚构保险标的，是指投保人为骗取保险金，虚构了一个根本不存在的保险对象与保险人订立保险合同的行为。

二是投保人、被保险人或者受益人对发生的保险事故编造虚假的原因或者夸大损失的程度，骗取保险金的。本项所称的"对发生的保险事故编造虚假的原因"，主要是指投保人、被投保人或者受益人，为了骗取保险金，在发生保险事故后，对造成保险事故的原因作虚假的陈述或者隐瞒真实情况的行为。一般来说，保险合同中关于保险事故发生后的赔偿约定都是有条件的，保险人不是对任何原因引起的保险事故都负赔偿责任的。在我国，有关保险方面的法律、法规一般都明确规定了某种保险赔偿的责任范围以及除外条款，以明确保险人在什么情况下才负有保险赔偿的责任、在什么情况下则不予赔偿。在许多情况下，发生保险事故后，引起保险事故发生的原因，是确定保险合同双方当事人的责任，以及是否予以理赔的一个重要依据。"编造虚假的原因"，主要是指编造使保险人承担保险赔偿责任的虚假原因。所谓"夸大损失的程度，骗取保险金的"，是指投保人、被保险人或者受益人对发生的保险事故，故意夸大由于保险事故造成保险标的的损失程度，从而更多地取得保险赔偿金的行为。应当明确的是，本项规定的"对发生的保险事故编造虚假的原因或者夸大损失的程度"是两种行为，行为人只要实施了其中的一个行为，就构成犯罪，就应当依本条的规定追究其刑事责任。

三是投保人、被保险人或者受益人编造未曾发生的保险事故，骗取保险金的。所谓编造未曾发生的保险事故，是指投保人、被保险人或者受益人在未发生保险事故的情况下，虚构事实，谎称发生保险事故，骗取保险金的行为。

四是投保人、被保险人故意造成财产损失的保险事故，骗取保险金的。所谓故意造成财产损失的保险事故，是指投保财产险的投保人、被保险人，在保险合同的有效期内，故意人为地制造保险标的出险的保险事故，造成财产损失，从而骗取保险金的行为。根据保险法的规定，对投保人、被保险人或者受益人故意制造保险事故的，他人不负赔偿责任。保险人对投保人、被保险人或者受益人的赔偿以在保险合同有效期间，发生了保险事故为前提条件的。因此，在没有发生保险事故的情况下，故意制造财产损失的保险事故，骗取保险金，就成为一些不法的投保人、被保险人或者受益人骗取保险金的一种手段。

五是投保人、受益人故意造成被保险人死亡、伤残或者疾病，骗取保险金的。这种情况发生于人身保险，因为人身保险是以人的生命以及健康为保险内容的保险。这类保险除个别的具有"两全"储蓄性质的险种外，一般都是以被保险人的死亡、伤残或者发生疾病为赔偿条件的。在这种情况下，有些投保人、受益人为了取得保险金，就会千方百计地促成赔偿条件的实现。这里所说的"故意造成被保险人死亡、伤残或者疾病，骗取保险金的"，是指投保人、受益人采取杀害、伤害、虐待、遗弃、投毒、传播传染病以及利用其他方法故意造成人身事故，致使被保险人死亡、伤残或者生病，以取得保险金的行为。

需要指出的是，本款所列五项情形，从主体上看是有区别的。这主要是根据保险活动的各个阶段的特点和保险当事人参与保险活动的情况来确定的。如第一项规定的情形只列举了投保人，这是因为这类犯罪行为发生在保险活动的开始，一般只能由投保人所为。第二项和第三项所规定的情形则列举了投保人、被保险人和受益人，因为对发生保险事故编造虚假的原因或者夸大损失的程度和编造未曾发生的保险事故，这三种人都可能有条件实施此种行为。第四项规定的情形列举了投保人、被保险人，因为在一般情况下，对财产的投保，被保险人就是受益人。第五项规定的情形比较复杂，虽然也涉及投保人、受益人和被保险人，但故意造成被保险人死亡、伤残或者疾病的，通常情况下，多是投保人和受益人所为。当然也不排除实践中会发生被保险人为使受益人取得保险金而自杀、自残的情况。这类情况按照保险法的规定是不予赔偿的，可不作为犯罪处理。因此，本项只列举了投保人和受益人为犯罪主体。掌握了本条所列五项情形中有关主体的规定，对有效地防止和查清这类诈骗犯罪活动，有着重要意义。

根据本款规定，有上述所列五项行为之一，数额较大的，处五年以下有期徒刑或者拘役，并处一万元以上十万元以下罚金；数额巨大或者有其他严重情节的，处五年以上十年以下有期徒刑，并处二万元以上二十万元以下罚金；数额特别巨大或者有其他特别严重情节的，处十年以上有期徒刑，并处二万元以上二十万元以下罚金或者没收财产。

根据本条第二款的规定，行为人为骗取保险金而故意造成财产损失的保险事故，或者故意造成被保险人死亡、伤残或者疾病，同时构成其他犯罪的，依照数罪并罚的规定处罚。保险诈骗犯罪的突出特点就是其犯罪手段可能会触犯其他罪名，构成另一独立犯罪，如第四项规定的"造成财产损失的保险事故，骗取保险金的"，如果行为人采取纵火、爆炸等方法制造保险事故的，无论其保险诈骗行为是否继续实施，是否得逞，其所实施的纵火、爆炸行为已触犯了刑法关于危害公共安全罪的规定。又如第五项规定的"投保人、受益人故意造成被保险人死亡、伤残或者疾病"，如果行为人采取伤害或谋杀等手段，就同时构成保险诈骗罪和故意杀人、故意伤害罪，对这种情况，根据本款的规定，应当数罪并罚。需要注意的是，在有些情况下，行为人为达到保险诈骗的目的，其采取的方法已构成独立的犯罪，如杀人、纵火等。其所要进行的保险诈骗行为由于各种原因没有或者未能继续实施下去，或者未能得逞，在这种情况下，其保险诈骗罪未完成，但并不因此而影响对其实施的杀人、纵火等行为追究刑事责任。

本条第三款是关于单位犯罪的规定。根据本款规定单位犯第一款罪的，对单位判处罚金，并对其直接负责的主管人员和其他直接责任人员，依照本款的规定处罚。具体分为三档刑：对于数额较大的，处五年以下有期徒刑或者拘役；数额巨大或者有其他严重情节的，处五年以上十年以下有期徒刑；数额特别巨大或者有其他特别严重情节的，处十年以上有期徒刑。

本条第四款是关于保险事故的鉴定人、证明人、财产评估人故意提供虚假的证明文件，为他人诈骗提供条件的，以保险诈骗的共犯论处的规定。其中，保险事故的鉴定人、证明人、财产评估人，是指在保险事故发生后，参与保险事故调查工作的人员。根据保险法第一百二十九条规定，保险活动当事人可以委托保险公估机构等依法设立的独立评估机构或者具有相关专业知识的人员，对保险事故进行评估和鉴定。根据本款规定，保险事故的鉴定人、证明人、财产评估人构成保险诈骗共犯要符合以下两个条件：一是必须明知是虚假文件而提供；二是其所提供的虚假证明文件在客观上起到了影响保险事故调查结果的作用，也就是说，在客观上为他人实施保险诈骗行为提供了便利条件。

根据2022年《最高人民检察院、公安部关于公安机关管辖的刑事案件立案追诉标准的规定（二）》第五十一条的规定，进行保险诈骗活动，数额在五万元以上的，应予立案追诉。

【适用中需要注意的问题】

在实践中，需要注意以下两点：一是不能仅凭其出具的鉴定报告等意见有错误，就认定保险事故的鉴定人、证明人、财产评估人具有主观故意；二是本条第四款规定的"以共犯论"不需要保险事故的鉴定人、证明人、财产评估人与保险诈骗者"通谋"，即保险事故的鉴定人、证明人、财产评估人在明知保险诈骗者诈骗故意和诈骗行为的情况下，单方面为其提供虚假的证明文件，为其诈骗提供条件的，也以保险诈骗罪的共犯论处。对于他人实施的保险诈骗行为尚不构成犯罪的，对保险事故的鉴定人、证明人、财产评估人也就无所谓以共犯处罚之说，但其提供虚假证明文件的行为仍有可能构成刑法规定的提供虚假证明文件罪等其他犯罪。

第一百九十九条　【犯本节规定之罪的死刑规定】（根据《中华人民共和国刑法修正案（九）》删去本条内容）。

【释解与适用】

1997年刑法第一百九十九条规定："犯本节第一百九十二条、第一百九十四条、第一百九十五条规定之罪，数额特别巨大并且给国家和人民利益造成特别重大损失的，处无期徒刑或者死刑，并处没收财产。"

我国刑法对金融诈骗犯罪的死刑规定，经历了从有选择地适用死刑到保留但严格限制死刑到取消死刑的过程，是随着社会经济的发展而不断演变的。为惩治破坏金融秩序的犯罪活动，1995年6月30日第八届全国人民代表大会常务委员会第十四次会议通过了《全国人民代表大会常务委员会关于惩治破坏金融秩序犯罪的决定》，该决定的第八项、第十二项、第十三项将使用诈骗方法非法集资的、进行金融票证诈骗的、进行信用证诈骗的犯罪，作为一种特殊的诈骗犯罪加以规定，同时规定对这些犯罪最高可以判处死刑。1997年修订刑法时吸收了上述决定规定，并单独设立一条予以统一规范。1997年刑法第一百九十九条规定，犯刑法第一百九十二条、第一百九十四条、第一百九十五条规定之罪，即集资诈骗罪、票据诈骗罪、金融凭证诈骗罪和信用证诈骗罪，数额特别巨大并且给国家和人民利益造成特别重大损失的，处无期徒刑或者死刑，并处没收财产。在当时的社会经济发展形势下，对于这几种严重破坏国家金融秩序，危害国家和人民利益的金融诈骗犯罪，规定在犯罪数额特别巨大并且给国家和人民利益造成特别重大损失的情况下，判处无期徒刑或者死刑，对于严厉打击和震慑金融诈骗犯罪活动，维护社会主义市场经济秩序，有十分重要的意义。在十几年来的司法实践中，司法机关对于这些金融诈骗犯罪适用死刑，是十分慎重的。

2011年刑法修正案（八）对本条作了第一次修改。删除了对第一百九十四条、第一百九十五条，即票据诈骗罪、金融凭证诈骗罪和信用证诈骗罪适用死刑的规定，仅保留集资诈骗罪适用死刑的规定。

随着我国社会主义市场经济体制建设不断推进，金融监管、风险防范的制度日臻完善，金融诈骗犯罪的势头得到了有效的遏制。有关部门、一些全国人大代表和专家多次提出，我国刑法规定的死刑罪名较多，对于一些社会危害性没有达到极其严重，判处生刑足以起到惩罚和震慑作用的犯罪，可以考虑不再规定死刑。《中央政法委员会关于深化司法体制和工作机制改革若干问题的意见》要求，适当减少死刑罪名。立法机关经研究认为，刑法第一百九十四条、第一百九十五条规定的票据诈骗罪、金融凭证诈骗罪和信用证诈骗罪，属于非暴力的经济性犯罪，社会危害性不是最严重的，取消其死刑，符合宪法尊重和保障人权的要求，不会给社会稳定大局和治安形势带来负面影响。对于犯这些罪，数额特别巨大或者有其他特别严重情节的，依照刑法第一百九十四条、第一百九十五条规定判处无期徒刑，足以起到惩罚和震慑的作用。为此，刑法修正案（八）对本条进行了修改，删去了这三个罪名可以判处死刑的规定。在刑法修正案（八）草案的起草和审议过程中，有些部门和专家学者建议，一并取消刑法第一百九十二条规定的集资诈骗罪的死刑。当时考虑到刑法修正案（八）是1997年刑法修订以来第一次较多地取消部分罪名的死刑，其社会效果和法律效果尚需评估、总结，同时考虑到，集资诈骗罪虽然与票据诈骗罪、金融凭证诈骗罪和信用证诈骗罪同属金融诈骗犯罪，但该罪的被害人往往是不特定的人民群众，受害者人数众多，涉案金额惊人，不仅侵犯人民群众的财产权益，扰乱金融秩序，还严重影响社会稳定。这类犯罪在当时尚未得到有效遏制，在一些地方仍然时有发生。因此，在这种情况下，对于集资诈骗数额特别巨大并且给国家和人民利益造成特别重大损失的犯罪，是否取消死刑采取了审慎的态度，刑法修正案（八）保留了对集资诈骗犯罪可以判处死刑的规定。

根据我国慎用死刑的一贯政策，对犯集资诈骗罪可以判处死刑的条件作了非常严格的限制，即犯集资诈骗罪，"数额特别巨大并且给国家和人民利益造成特别重大损失的，处无期徒刑或者死刑，并处没收财产"。根据这一规定，犯集资诈骗罪判处死刑，不仅要看数额是否达到特别巨大，还要看是否给国家和人民利益造成特别重大损失。而且即使以上两个条件都符合，也不一定都必须判处死刑，还可以判处无期徒刑。

2015年刑法修正案（九）对本条作了第二次修改，删除了本条规定。党的十八届三中全会提出，逐步减少适用死刑罪名。中央关于深化司法体制和社会体制改革的任务中也要求，完善死刑法律规定，逐步减少适用死刑的罪名。为了落实上述要求，同时考虑到近年来国家对民间集资进行了有效的清理，通过政府加强监管，拓宽民间资本投资渠道，加强对中小企业的资金支持，加大对非法集资的打击力度，已有效遏止了非法集资诈骗犯罪，并且集资诈骗也是非暴力的经济性犯罪，最高处以无期徒刑也可以做到罪刑相适应。因此，在总结刑法修正案（八）取消部分死刑罪名的效果和经验的基础上，经与各方面研究一致，2015年8月29日，第十二届全国人民代表大会常务委员会第十六次会议通过的刑法修正案（九）取消了集资诈骗罪的死刑。

第二百条　【单位犯罪的刑罚】单位犯本节第一百九十四条、第一百九十五条规定之罪的，对单位判处罚金，并对其直接负责的主管人员和其他直接责任人员，处五年以下有期徒刑或者拘役，可以并处罚金；数额巨大或者有其他严重情节的，处五年以上十年以下有期徒刑，并处罚金；数额特别巨大或者有其他特别严重情节的，处十年以上有期徒刑或者无期徒刑，并处罚金。

【释解与适用】

本条是关于单位犯票据诈骗罪、金融凭证诈骗罪和信用证诈骗罪及其刑罚的规定。

"直接负责的主管人员"，是在单位实施的犯罪中起决定、批准、授意、指挥等作用的人员，一般是单位的主管负责人，包括法定代表人。"其他直接责任人员"，是在单位犯罪中具体实施犯罪并起较大作用的人员。

根据本条的规定，对于单位犯票据诈骗罪、金融凭证诈骗罪和信用证诈骗罪的，采用双罚制原则，即对单位判处罚金，并对其直接负责的主管人员和其他直接责任人员，处五年以下有期徒刑或者拘役，可以并处罚金；数额巨大或者有其他严重情节的，处五年以上十年以下有期徒刑，并处罚金；数额特别巨大或者有其他特别严重情节的，处十年以上有期徒刑或者无期徒刑，并处罚金。

对个人犯票据诈骗罪、金融凭证诈骗罪和信用证诈骗罪的，根据刑法

第一百九十四条和第一百九十五条规定，罚金刑有明确的数额限制。起刑点为二万元以上二十万元以下罚金；数额巨大或者有其他严重情节的，为五万元以上五十万元以下罚金；数额特别巨大或者有其他特别严重情节的，为五万元以上五十万元以下罚金或者没收财产。而本条规定的单位犯罪的罚金刑，无论是对单位判处罚金，还是对其直接负责的主管人员和其他直接责任人员，罚金刑都没有具体数额限制，需要在实践中根据犯罪情节依法裁量决定。

【适用中需要注意的问题】

实践中，要注意正确认定单位犯罪。刑法第三十条规定："公司、企业、事业单位、机关、团体实施的危害社会的行为，法律规定为单位犯罪的，应当负刑事责任。"《最高人民法院、最高人民检察院、公安部关于办理非法集资刑事案件若干问题的意见》在"关于单位犯罪的认定问题"中提到，单位实施非法集资犯罪活动，全部或者大部分违法所得归单位所有的，应当认定为单位犯罪。个人为进行非法集资犯罪活动而设立的单位实施犯罪的，或者单位设立后，以实施非法集资犯罪活动为主要活动的，不以单位犯罪论处，对单位中组织、策划、实施非法集资犯罪活动的人员应当以自然人犯罪依法追究刑事责任。判断单位是否以实施非法集资犯罪活动为主要活动，应当根据单位实施非法集资的次数、频度、持续时间、资金规模、资金流向、投入人力物力情况、单位进行正当经营的状况以及犯罪活动的影响、后果等因素综合考虑认定。

第六节　危害税收征管罪

第二百零一条　【逃税罪】纳税人采取欺骗、隐瞒手段进行虚假纳税申报或者不申报，逃避缴纳税款数额较大并且占应纳税额百分之十以上的，处三年以下有期徒刑或者拘役，并处罚金；数额巨大并且占应纳税额百分之三十以上的，处三年以上七年以下有期徒刑，并处罚金。

扣缴义务人采取前款所列手段，不缴或者少缴已扣、已收税款，数额较大的，依照前款的规定处罚。

对多次实施前两款行为，未经处理的，按照累计数额计算。

有第一款行为，经税务机关依法下达追缴通知后，补缴应纳税款，缴纳滞纳金，已受行政处罚的，不予追究刑事责任；但是，五年内因逃避缴纳税款受过刑事处罚或者被税务机关给予二次以上行政处罚的除外。

【释解与适用】

本条是关于逃税罪及其刑罚的规定。

本条共分四款。根据第一款的规定，逃税罪具有以下特征。

一是犯罪主体必须是纳税人。这里规定的"纳税人"，是指根据法律和行政法规的规定负有纳税义务的单位和个人，包括未按照规定办理税务登记的从事生产、经营的纳税人以及临时从事经营的纳税人。二是行为人实施了逃税行为，主要通过虚假纳税申报，或者不申报手段进行。其中，"虚假纳税申报"，是指纳税人在进行纳税申报过程中，制造虚假情况，如不如实填写或者提供纳税申报表、财务会计报表及其他的纳税资料等。实践中，虚假纳税申报主要有以下手段：（1）伪造、变造、隐匿和擅自销毁账簿、记账凭证，如设立虚假的账簿、记账凭证；对账簿、记账凭证进行挖补、涂改等；未经税务主管机关批准而擅自将正在使用中或尚未过期的账簿、记账凭证销毁处理等行为。（2）在账簿上多列支出或者不列、少列收入，如在账簿上大量填写超出实际支出的数额以冲抵或减少实际收入的数额。这里的"不申报"，是指应依法办理纳税申报的纳税人，不按照法律、行政法规的规定办理纳税申报的行为。三是逃避缴纳税额达到一定数额并达到本款规定的所占应纳税额的比例。

根据本款规定，逃税数额较大并且占应纳税额的百分之十以上的，处三年以下有期徒刑或者拘役，并处罚金。数额巨大并且占应纳税额的百分之三十以上的，处三年以上七年以下有期徒刑，并处罚金。应当注意的是，逃税数额占应纳税额的比例和实际逃税的数额这两种数额必须都达到本条规定的标准，才构成逃税罪。这是根据逃税罪本身的特点来制定的。因为逃税数额所占应纳税额的比例大小，从一定程度上反映了行为人的主观恶性程度的大小，逃税数额多少实际上反映了客观的社会危害程度。规定一个百分比，同时规定一个数额作为基数，这样从这两方面来确定是否构成犯罪及处罚比较科学和严谨。本款所称"逃避缴纳税款数额"，是指行为人在一个纳税期间所逃的各种税的总额。本款所称"应纳税额"，是指某一法定纳税期限或者税务机关依法核定的纳税期间内应纳税额的总和。逃避缴纳税款行为涉及两个以上税种的，只要其中一个税种的逃税数额、比例达到法定标准的，即可构成逃税罪。

值得注意的是，无论是构成逃税罪的数额还是判处罚金的数额，本条只是作出原则规定，具体数额可由司法机关根据社会经济发展状况等因素通过司法解释规定。根据2022年《最高人民检察院、公安部关于公安机关管辖的刑事案件立案追诉标准的规定（二）》第五十二条第一款第一项规定，纳税人采取欺骗、隐瞒手段进行虚假纳税申报或者不申报，逃避缴纳税款，数额在十万元以上并且占各税种应纳税总额百分之十以上，经税务机关依法下达追缴通知后，不补缴应纳税款、不缴纳滞纳金或者不接受行政处罚的，应予立案追诉。

本条第二款是关于扣缴义务人采取第一款所列手段，不缴或者少缴已扣、已收税款的行为及处罚的规定。本款规定的"扣缴义务人"，是指根据不同的税种，由有关的法律、行政法规规定的，负有代扣代缴、代收代缴税收义务的单位和个人，由其所代扣代缴和代收代缴的税款，应依法上缴税务机关。如果扣缴义务人采取第一款规定的"虚假纳税申报或者不申报"手段，不缴或者少缴已扣、已收税款，实际上是一种截留国家税款的行为。对这类行为，数额较大的，应当依照前款的规定处罚。根据2022年《最高人民检察院、公安部关于公安机关管辖的刑事案件立案追诉标准的规定（二）》第五十二条第一款第三项的规定，扣缴义务人采取欺骗、隐瞒手段，不缴或者少缴已扣、已收税款，数额在十万元以上的，应予立案追诉。

本条第三款是对多次犯有前两款规定的违法行为未经处理的，按照累计数额计算的规定。本款规定的"未经处理"，是指未经税务机关或者司法机关处理的，既包括行政处罚，也包括刑事处罚。"按照累计数额计算"，是指按照行为人历次逃税的数额累计相加。多次犯有逃税行为，不管每次的数额多少，只要累计达到了法定起刑数额标准，即应按本条的规定追究刑事责任。

本条第四款是对逃税犯罪不予追究刑事责任的特殊规定。根据本款规定，当发现纳税人具有虚假纳税申报或者不申报行为后，税务机关应当根据纳税人的逃税事实依法下达追缴通知，要求其补缴应纳税款，缴纳滞纳金，并且接受行政处罚。如果当事人按照税务机关下发的追缴通知和行政处罚决定书的规定，积极采取措施，补缴应纳税款，缴纳滞纳金，接受行政处罚的，则不作为犯罪处理；如果当事人拒不配合税务机关的上述要求，或者仍逃避自己的纳税义务的，则税务机关有权将此案件转交公安机关立案侦查进入刑事司法程序。应当指出的是，本条宽大处理的规定仅针对初犯者，五年内曾因逃避缴纳税款受过刑事处罚或者被税务机关给予二次以上行政处罚的除外，如果达到第一款规定的逃税数额和比例，即作为涉嫌犯罪移交公安机关立案处理。

考虑到打击逃税犯罪的主要目的是维护税收征管秩序，保证国家税收收入，刑法修正案（七）规定了逃税罪对初犯不予追究刑事责任的例外情形。对属于初犯，经税务机关指出后积极补缴税款和滞纳金，履行了纳税义务，已受行政处罚的，可不再作为犯罪追究刑事责任，这样处理也体现了宽严相济的刑事政策。

【适用中需要注意的问题】

具体适用中应当注意如下问题。

1. 不予追究刑事责任的适用条件是经税务机关依法下达追缴通知后，补缴应纳税款，缴纳滞纳金，已受行政处罚的。这里的"依法下达追缴通知"，是对税务机关征税行为的合法性说明，该规定不影响行为人在法定期限内对税务机关的相关追缴行为依法提起复议和诉讼，但是要注意根据税收征收管理法第八十八条规定，纳税人、扣缴义务人、纳税担保人同税务机关在纳税上发生争议时，必须先依照税务机关的纳税决定缴纳或者解缴税款及滞纳金或者提供相应的担保，然后可以依法申请救济；这里的"已受行政处罚"，不仅指行政机关已经作出了行政处罚，还要求行为人已经履行了行政处罚的内容。需要说明的是，根据税收征收管理法第八十六条规定，违反税收法律、行政法规应当给予行政处罚的行为，在五年内未被发现的，不再给予行政处罚。对于行政机关因该逃避缴纳税款行为超过五年而依法不再给予行政处罚，但行为人根据追缴通知已经补缴应纳税款和滞纳金的，也可以适用本款规定。

2. 税务机关的行政处罚程序是对纳税人有利的保护程序，是逃避缴纳税款处理的一般程序原则。涉嫌逃税罪的纳税人应由税务机关先行行政处罚。对于税务机关税务人员徇私舞弊或者玩忽职守，不依法履职的，构成犯罪的，依法追究刑事责任，尚不构成犯罪的，依法给予行政处分。

3. 关于不予追究刑事责任的例外情形。本款规定了两个限制性条件：（1）五年内曾因逃避缴纳税款受过刑事处罚的，实践中这里的"受过刑事处罚"通常不包括免予刑事处罚的情形；（2）被税务机关给予二次以上行政处罚的，是指因纳税人的逃避缴纳税款行为被给予二次以上行政处罚的，包含二次，且该行政处罚必须是针对逃避缴纳税款行为作出的。

第二百零二条 【抗税罪】以暴力、威胁方法拒不缴纳税款的，处三年以下有期徒刑或者拘役，并处拒缴税款一倍以上五倍以下罚金；情节严重的，处三年以上七年以下有期徒刑，并处拒缴税款一倍以上五倍以下罚金。

【释解与适用】

本条是关于抗税罪及其刑罚的规定。

抗税罪是危害税收征管罪中唯一的暴力犯罪，特别是那些以暴力方法对税务人员进行人身伤害的抗税行为，不仅侵害了国家的税收管理制度，还侵害了正在执行征税职务的税务人员的人身权利。本罪可以从以下几个方面加以理解。

本条规定的抗税罪，是指负有缴纳税款义务的纳税义务人，以暴力、威胁方法拒不缴纳税款的犯罪。"以暴力"方法拒不缴纳税款，是指行为人对税务人员采用暴力方法，包括殴打、推搡、伤害等直接侵害人身安全的暴力方法拒不缴纳税款的行为；以"威胁方法拒不缴纳税款"，是指纳税人采用威胁的方法拒不缴纳税款，如扬言以拼命的威胁方法拒缴税款，或扬言对税务人员及亲属的人身、财产的安全采取伤害、破坏手段，威胁税务人员，达到拒不缴税的目的。其中，威胁方法包括当面直接威胁，也包括采取其他间接的威胁方法，如打恐吓电话、寄恐吓信件等。

虽然根据本条的规定，只要行为人实施了以暴力、威胁方法抗拒纳税的行为，就构成犯罪，但是在司法实践中，并不意味着对所有的抗税行为都不分具体情节，一律定罪处罚，同样也需要区分罪与非罪的界限问题。在税收征管中，有的纳税人或扣缴义务人出于一时冲动，或者出于对事实或法律的误解，在与税务人员争辩、口角中实施了阻拦、推挡、拉扯行为，甚至到税务机关吵闹，或者一气之下说了一些威胁的言辞等，或者动作虽较大，但经批评教育后及时改正等。这些行为不足以阻碍税务机关的正常征管活动，从结果上看没有造成明显的危害后果，就可以认为是情节显著轻微危害不大的行为，一般不宜以抗税罪追究刑事责任，可以按税收征收管理法第四十五条的规定予以处罚。据此，区分罪与非罪的界限，可从以下两方面考虑：一是暴力程度、后果及威胁的内容，如只是一般的争执、推搡，或只是一般的威胁、情节较轻的，不按犯罪处理较妥；二是抗拒的税款数额，如数额较小，也不宜以抗税罪论处。

本条对抗税罪，规定处三年以下有期徒刑或者拘役，并处拒缴税款一倍以上五倍以下罚金，这是对一般的抗税罪的处罚规定。另外，对情节严重的，规定处三年以上七年以下有期徒刑，并处拒缴税款一倍以上五倍以下罚金。这里所说的"情节严重"，主要是指暴力抗税的方法特别恶劣、造成严重后果或者抗税数额巨大等。根据《最高人民法院关于审理偷税抗税刑事案件具体应用法律若干问题的解释》第五条的规定，具有下列情形的属于刑法第二百零二条规定的"情节严重"：（1）聚众抗税的首要分子；（2）抗税数额在十万元以上的；（3）多次抗税的；（4）故意伤害致人轻伤的；（5）具有其他严重情节。对于实施抗税行为致人重伤、死亡的，构成故意伤害罪、故意杀人罪的，分别依照刑法第二百三十四条第二款、第二百三十二条的规定定罪处罚。

【适用中需要注意的问题】

在实践中，要注意对抗税罪与妨害公务罪进行区分。刑法第二百七十七条规定的妨害公务罪，是指以暴力、威胁方法阻碍国家机关工作人员依法执行职务的行为。妨害公务罪与抗税罪在行为表现上具有相似之处，且二者主观上都出于故意，容易在司法实践中混淆。二者的犯罪行为均表现为采取暴力、威胁等方式阻碍对方依法执行公务，包括采取殴打、推搡、伤害等直接侵害人身安全的暴力方法和扬言对工作人员及亲属的人身、财产的安全采取伤害、破坏手段的威胁。只不过抗税罪一般仅针对税务工作人员实施上述行为，以拒不缴纳税款。抗税罪是一种特殊的妨害公务犯罪，刑法对抗税罪规定了独立且重于妨害公务罪一般情形的法定刑。在通常情况下，符合抗税罪构成要件的，应当依照抗税罪定罪处罚。

特别需要注意的是，抗税罪的主体是特殊主体，即必须是负有缴纳税款义务的纳税义务人才能构成抗税罪。妨害公务罪的主体是一般主体，即任何有刑事责任能力的自然人，只要以暴力、威胁方法阻碍国家工作人员依法执行职务的，均可以构成妨害公务罪，这是抗税罪区别于妨害公务罪的最显著特征。在司法实践中，常出现纳税义务人与非纳税义务人共同暴力抗税的情形，如纳税义务人纠集家人、村民等暴力抗税的，根据《最高人民法院关于审理偷税抗税刑事案件具体应用法律若干问题的解释》第六条的规定，按照抗税罪的共犯依法处罚；如纳税义务人与他人无共谋或通谋，他人出于打击报复、私人利益等原因加入暴力抗税行为的，构成犯罪的，应当以妨害公务罪定罪处罚。

第二百零三条 【逃避追缴欠税罪】纳税人欠缴应纳税款，采取转移或者隐匿财产的手段，致使税务机关无法追缴欠缴的税款，数额在一万元以上不满十万元的，处三年以下有期徒刑或者拘役，并处或者单处欠缴税款一倍以上五倍以下罚金；数额在十万元以上的，处三年以上七年以下有期徒刑，并处欠缴税款一倍以上五倍以下罚金。

【释解与适用】

本条是关于逃避追缴欠税罪及其刑罚的规定。

本条规定的逃避追缴欠税罪，是指负有纳税义务的单位或个人，欠缴应纳税款，并采取转移或者隐匿财产的手段，逃避税务机关追缴，数额较大的犯罪。逃避追缴欠税罪是故意犯罪，根据本条规定，行为人必须具有以下行为，才构成本罪。

一是行为人有欠缴税款的事实。"欠缴应纳税款"是指纳税单位或个人超过税务机关核定的纳税期限，没有按时缴纳，拖欠税款的行为。欠缴应纳税款是行为人明知未纳税或未纳足税款而故意拖欠的行为。拖欠的原因可能是其确实暂时无力缴纳，也可能是不愿缴纳。认定是否存在欠缴应纳税款这一事实，关键是看行为人未缴纳应纳税款的事实是否已过纳税期限。

至于具体的法定期限，各个税种规定不尽一致，应依据具体的税收法规来确定。另外，法律也对确有困难的纳税人作了延期缴纳税款的规定，税收征收管理法第三十一条第二款的规定，纳税人因有特殊困难，不能按期缴纳税款的，经省、自治区、直辖市国家税务局、地方税务局批准，可以延期缴纳税款，但是最长不得超过三个月。本罪规定的逃避追缴欠税，主要是指行为人有能力缴纳而故意拖欠的情形。

二是行为人采取了转移或者隐匿财产的手段。这里所说的"采取转移或者隐匿财产的手段"，是指负有纳税义务的单位或个人在欠缴应纳税款的情况下将其财产转移或隐藏起来，使税务机关无法根据法律、行政法规的有关规定，对其采取相应的行政强制措施而追缴其欠缴的税款。行为人采取转移或者隐匿财产的手段包括转移开户行、提走存款、运走商品、隐匿存货等。如果行为人只是公开拖欠、消极地不予缴纳欠税款，或者采取自身逃匿，或者实施暴力、威胁等方式抵制追缴的，均不能构成本罪，但可能构成本法规定的逃税罪、抗税罪等。

需要注意的是，本条规定的行为人欠缴应纳税款和转移或者隐匿财产二者之间并无绝对的先后顺序。如果行为人在纳税期限届满前即欠缴税款前就转移或隐匿财产，意图以后逃避纳税的，税务机关可以先行采取措施。根据税收征收管理法第三十八条的规定，税务机关有根据认为从事生产、经营的纳税人有逃避纳税义务行为的，可以责令其限期缴纳税款；在限期内发现纳税人有明显的转移、隐匿其应纳税的商品、货物以及其他财产或者应纳税的收入的迹象的，可以责令纳税人提供纳税担保；如其拒绝，可对其采取税收保全措施。若纳税期届满后，行为人仍欠缴税款，且因其之前的转移隐匿财产行为致使税务机关无法追缴欠税款的，依法可以适用本罪。

三是行为人转移或者隐匿财产致使税务机关无法追缴的。这是逃避追缴欠税罪所要求的客观结果。在实践中，纳税人拖欠税款致使税务机关无法追缴的，一般有两种情形：一是纳税人财力不支、资金短缺，其商品、货物或者其他财产不足以支付欠缴的应纳税款，也不能提供纳税担保，即使对其执行强制措施也无法追缴所欠缴的税款；二是纳税人既不提供纳税担保，又以采取转移或者隐匿财产的手段，使税务机关强制执行等追缴措施难以奏效。上述第一种情形属于单纯拖欠税款，当然不构成本罪；而第二种情形是行为人有能力缴纳欠税，但却不愿缴纳，并采取转移或者隐匿财产手段，致使税务机关无法追缴，实质上妨碍了税务机关的职能活动，可以构成本罪。

四是无法追缴的欠税数额需达法定的数额标准。根据本条规定，无法追缴的欠税数额应该在一万元以上。该罪是结果犯，如果不足一万元，即便具备前述要素，也不构成犯罪，这里的数额指税务机关无法追回的欠税数额，亦即国家税款的损失数额，而非行为人转移或隐匿的财产数额，也不是行为人的实际欠税数额。无法追缴的欠税达不到法定数额的，由税务部门依法作行政处罚。

根据本条规定，数额在一万元以上不满十万元的，处三年以下有期徒刑或者拘役，并处或者单处欠缴税款一倍以上五倍以下罚金。数额在十万元以上的，处三年以上七年以下有期徒刑，并处欠缴税款一倍以上五倍以下罚金。

【适用中需要注意的问题】

在实践中，应当注意区分本罪和逃税罪，虽然二者在本质上都属于不履行纳税义务，但仍存在以下区别。（1）在主观方面，两种犯罪故意产生的阶段和内容不同。逃税罪的犯意，通常是在纳税人的应税行为发生之后，税务机关确定其纳税义务之前产生，其目的是不缴或少缴应纳税款；逃避追缴欠税罪的犯意通常是纳税人在税务机关已经确定其应税数额和缴税期限之后产生，目的是拖欠应纳税款，使得税务机关无法追缴。（2）在犯罪主体上，逃避追缴欠税罪的主体只能由纳税人构成，该纳税人还必须是欠税人；而逃税罪除纳税人以外还可由扣缴义务人构成。（3）在客观方面，两种犯罪行为的表现形式不同。逃避追缴欠税罪采取的是转移、隐匿财产的手段，在此之前行为人一般没有使用偷税的手段（可能是正常欠税款或漏税款）。而逃税罪往往采取利用账簿、记账凭证作假等隐瞒、欺骗手段进行虚假纳税申报或者不申报从而达到偷税目的，其行为具有隐蔽性。

值得注意的是，有的纳税人在实施逃税犯罪行为之后，受到税务、司法机关查处，为了继续逃避纳税义务，往往采取转移或者隐匿财产的方法，致使税务、司法机关无法追缴其所应纳的税款。在这种情况下，行为人的转移、隐匿财产行为已经成为逃税行为下的一个继续手段，不再单独评价，以逃税罪论处。

第二百零四条 【骗取出口退税罪、偷税罪】以假报出口或者其他欺骗手段，骗取国家出口退税款，数额较大的，处五年以下有期徒刑或者拘役，并处骗取税款一倍以上五倍以下罚金；数额巨大或者有其他严重情节的，处五年以上十年以下有期徒刑，并处骗取税款一倍以上五倍以下罚金；数额特别巨大或者有其他特别严重情节的，处十年以上有期徒刑或者无期徒刑，并处骗取税款一倍以上五倍以下罚金或者没收财产。

纳税人缴纳税款后，采取前款规定的欺骗方法，骗取所缴纳的税款的，依照本法第二百零一条的规定定罪处罚；骗取税款超过所缴纳的税款部分，依照前款的规定处罚。

【释解与适用】

本条是关于骗取出口退税罪、偷税罪及其刑罚，以及纳税人缴纳税款后骗取出口退税的刑罚的规定。

本条共分两款。第一款是关于以假报出口或者其他欺骗手段骗取国家出口退税款犯骗取出口退税罪及处刑的规定。骗取出口退税罪同其他诈骗罪一样是故意犯罪，行为人具有非法牟利的目的，行为人实施了假报出口或者其他欺骗手段。根据有关规定，申请退税，必须提供海关盖有"验讫章"的产品出口报关单、出口销售发票、出口产品购进发票和银行的出口结汇单。税务机关正是根据上述有关凭证、单据，依法对出口企业办理退税。而"假报出口"，则是行为人根本没有出口产品，但为了骗取国家的出口退税款而采取伪造合同、有关单据、凭证等手段，假报出口的行为。根据《最高人民法院关于审理骗取出口退税刑事案件具体应用法律若干问题的解释》第一条规定，以虚构已税货物出口事实为目的，具有下列情形之一的行为，可认定为"假报出口"：（1）伪造或者签订虚假的买卖合同；（2）以伪造、变造或者其他非法手段取得出口货物报关单、出口收汇核销单、出口货物专用缴款书等有关出口退税单据、凭证；（3）虚开、伪造、非法购买增值税专用发票或者其他可以用于出口退税的发票；（4）其他虚构已税货物出口事实的行为。"其他欺骗手段"，是指除了"假报出口"以外的所有为骗取国家出口退税而采取的欺骗手段。根据《最高人民法院关于审理骗取出口退税刑事案件具体应用法律若干问题的解释》第二条的规定，"其他欺骗手段"包括：（1）骗取出口货物退税资格的；（2）将未纳税或者免税货物作为已税货物出口的；（3）虽有货物出口，但虚构该出口货物的品名、数量、单价等要素，骗取未实际纳税部分出口退税款的；（4）以其他手段骗取出口退税款的。

本款关于处刑的规定分为三档刑：第一档刑是数额较大的，处五年以下有期徒刑或者拘役，并处骗取税款一倍以上五倍以下罚金；第二档刑是数额巨大或者有其他严重情节的，处五年以上十年以下有期徒刑，并处骗取税款一倍以上五倍以下罚金；第三档刑为数额特别巨大或者有其他特别严重情节的，处十年以上有期徒刑或者无期徒刑，并处骗取税款一倍以上五倍以下罚金或者没收财产。根据《最高人民法院关于审理骗取出口退税刑事案件具体应用法律若干问题的解释》，第一档刑的"数额较大"为骗取国家出口退税款五万元以上的；第二档刑的"数额巨大"为骗取国家出口退税款五十万元以上的。"有其他严重情节的"包括：（1）造成国家税款损失三十万元以上并且在第一审判决宣告前无法追回的；（2）因骗取国家出口退税行为受过行政处罚，两年内又骗取国家出口退税款数额在三十万元以上的；（3）情节严重的其他情形。第三档刑的"数额特别巨大"为骗取国家出口退税款二百五十万元以上的。"有其他特别严重情节的"包括：（1）造成国家税款损失一百五十万元以上并且在第一审判决宣告前无法追回的；（2）因骗取国家出口退税行为受过行政处罚，两年内又骗取国家出口退税款数额在一百五十万元以上的；（3）情节特别严重的其他情形。

本条第二款是关于纳税人缴纳税款后，采取前款规定的欺骗方法，骗取所缴纳的税款及处刑的规定。本款与前款规定的不同之处在于本款所规定的犯罪主体仅限于纳税人，"纳税人缴纳税款后"，是指纳税人骗取税款的行为是发生在缴纳税款后。"采取前款规定的欺骗方法"，是指采取本条第一款规定的"以假报出口或者其他欺骗手段"。"骗取所缴纳的税款"，是指纳税人将已缴纳的税款骗回的行为。

在实际发生的案件中，这类情况的骗税人往往超过其所缴纳的税额骗取退税。为了区别情况，真正做到罪刑相当，本款规定，骗取所缴纳的税款的，依照刑法第二百零一条的规定定罪处罚，即按照逃税罪的规定处罚。骗取税款超过所缴纳的税款的部分，依照前款关于骗税罪的规定处罚。这是考虑到骗取自己所缴纳的税款，实际上等于没有缴纳，性质与逃税差不多；而超过所缴纳的税款骗取税款，其所骗取的超过所缴纳的税款部分，实际是国家金库中的财产，将这部分财产占为己有的，与第一款规定的骗取国家出口退税罪的性质是一样的。所以对"超过所缴纳的税款部分"，本款规定依照前款规定处罚。

【适用中需要注意的问题】

在实际适用中应当注意分辨本罪与诈骗罪的区别。根据刑法第二百六十六条的规定,诈骗罪是指以非法占有为目的,用虚构事实或者隐瞒真相的方法,骗取数额较大的公私财物的行为。欺骗性是诈骗罪的本质特征。骗取出口退税罪是指单位或个人以骗取国家出口退税款为目的,采用虚开增值税专用发票、搞假货物报关出口骗取货物出口报关单、内外勾结提供出口收汇单证等欺骗手段,非法组织虚假的出口退税凭证,在根本未缴纳税款的情况下,从税务机关或出口企业骗取出口退税款的行为。因此,骗取出口退税行为实质上是一种诈骗的行为。近些年来,诈骗犯罪的手段越来越多,诈骗的对象也越来越广,如信用证诈骗、金融票据诈骗、保险诈骗、合同诈骗、骗取出口退税等,为了有效地惩治这些犯罪行为,刑法规定了专门的犯罪,凡符合骗取出口退税犯罪构成要件的,直接以骗取出口退税定罪处罚,不再以一般诈骗罪定罪处罚。

关于本罪与虚开增值税专用发票罪的界限。根据刑法第二百零五条规定,虚开增值税专用发票罪是指单位和个人违反国家税收征管和发票管理制度,为他人虚开、为自己虚开、让他人为自己虚开、介绍他人虚开增值税专用发票的行为。骗取出口退税罪与虚开增值税专用发票罪同属危害税收征管类犯罪,虚开增值税专用发票罪本身是行为人实施骗取出口退税罪的重要手段之一,骗取出口退税罪的实施以行为人实施虚开增值税专用发票为必要环节。当行为人将虚开的增值税专用发票用于向税务机关申请出口退税,数额较大时,该行为人就同时触犯了骗取出口退税和虚开增值税专用发票两个罪名,但应从一重罪处罚,不适用数罪并罚。

第二百零五条 【虚开增值税专用发票、用于骗取出口退税、抵扣税款发票罪】虚开增值税专用发票或者虚开用于骗取出口退税、抵扣税款的其他发票的,处三年以下有期徒刑或者拘役,并处二万元以上二十万元以下罚金;虚开的税款数额较大或者有其他严重情节的,处三年以上十年以下有期徒刑,并处五万元以上五十万元以下罚金;虚开的税款数额巨大或者有其他特别严重情节的,处十年以上有期徒刑或者无期徒刑,并处五万元以上五十万元以下罚金或者没收财产。

单位犯本条规定之罪的,对单位判处罚金,并对其直接负责的主管人员和其他直接责任人员，处三年以下有期徒刑或者拘役；虚开的税款数额较大或者有其他严重情节的，处三年以上十年以下有期徒刑；虚开的税款数额巨大或者有其他特别严重情节的，处十年以上有期徒刑或者无期徒刑。

虚开增值税专用发票或者虚开用于骗取出口退税、抵扣税款的其他发票，是指有为他人虚开、为自己虚开、让他人为自己虚开、介绍他人虚开行为之一的。

【释解与适用】

本条是关于虚开增值税专用发票、用于骗取出口退税、抵扣税款发票罪及其刑罚的规定。

虚开增值税专用发票或用于骗取出口退税、抵扣税款的其他发票的行为违反了发票管理制度，同时虚开增值税专用发票或用于骗取出口退税、抵扣税款的其他发票，可以抵扣大量税款，造成国家税款的大量流失，这种行为也严重地破坏了社会主义经济秩序，应当予以严惩。

本条共分三款。第一款是关于虚开增值税专用发票、用于骗取出口退税、抵扣税款发票罪及其处罚的规定。本条规定的"增值税专用发票"，是指国家税务部门根据增值税征收管理需要，兼记货物或劳务所负担的增值税税额而设定的一种专用发票。根据第十届全国人民代表大会常务委员会第十九次会议2005年12月29日所作《全国人大常委会关于〈中华人民共和国刑法〉有关出口退税、抵扣税款的其他发票规定的解释》之规定，"出口退税、抵扣税款的其他发票"，是指除增值税专用发票以外的，具有出口退税、抵扣税款功能的收付款凭证或者完税凭证。目前，在我国的税收征管制度中，除增值税专用发票以外，还有其他几种发票也具有抵扣税款的功能，主要是农林牧水产品收购发票、废旧物品收购发票、运输发票以及海关出具的代征增值税专用缴款书等，还有课征消费税的产品出口所开具的发票也可以作为出口退税的凭证。随着税收征管工作的进一步加强，今后还可能会出现一些具有抵扣税款或者退税功能的专用发票。另外，从是否有商品交易来看，本款规定的"虚开"主要有两种情况：一种是根本不存在商品交易，无中生有，虚构商品交易内容和税额开具发票，然后利用虚开的发票抵扣税款；另一种是虽然存在真实的商品交易，但是以少开多，达到偷税的目的。

根据本款规定，凡有本款所规定行为的，即构成犯罪，处三年以下有期徒刑或者拘役，并处二万元以上二十万元以下罚金；虚开的税款数额较大或者有其他严重情节的，处三年以上十年以下有期徒刑，并处五万元以上五十万元以下罚金；虚开的税款数额巨大或者有其他特别严重情节的，处十年以上有期徒刑或者无期徒刑，并处五万元以上五十万元以下罚金或者没收财产。

本条第二款是关于单位犯本条规定之罪及刑罚的规定。本款中"单位犯本条规定之罪的"是指单位触犯本条关于虚开发票罪的规定而构成犯罪的情况，在司法实践中，单位触犯本条罪名的情形更为普遍，案涉金额也更大。"直接负责的主管人员和其他直接责任人员"主要是指法定代表人、控股股东、实际控制人、财务主管人员等。本款对单位犯本条规定之罪的刑罚规定采取了双罚制，即对单位判处罚金，同时规定对单位直接负责的主管人员和其他直接责任人员，处三年以下有期徒刑或者拘役；虚开的税款数额较大或者有其他严重情节的，处三年以上十年以下有期徒刑；虚开的税款数额巨大或者有其他特别严重情节的，处十年以上有期徒刑或者无期徒刑。

本条第三款是关于"虚开"行为的定义。本款规定，虚开增值税专用发票或者虚开用于骗取出口退税、抵扣税款的其他发票，是指有为他人虚开、为自己虚开、让他人为自己虚开、介绍他人虚开行为之一的行为。"为他人虚开"是指开票人与他人无商品交易活动，但利用所持有的上述发票，采用无中生有或者以少开多的手段，为他人虚开发票的行为。其中也包括以往所说的"代开"发票的行为。这里规定的"他人"既包括企业、事业单位、机关团体，也包括个人。"为自己虚开"，是指利用自己所持有的上述发票，虚开以后自己使用，如进行抵扣税款或者骗取出口退税。"让他人为自己虚开"是指要求或者诱骗收买他人为自己虚开上述发票的行为。"介绍他人虚开"是指在虚开上述发票的犯罪过程中起牵线搭桥、组织策划作用的犯罪行为。

根据本条的规定，虚开增值税专用发票、用于骗取出口退税、抵扣税款发票罪属于行为犯，即只要具有上述虚开行为之一，便可构成本条犯罪，没有"数额""情节"的限定。同时实践中，构成虚开增值税专用发票、用于骗取出口退税、抵扣税款发票罪，也存在定罪的标准。1996年颁布的《最高人民法院关于适用〈全国人大常委会关于惩治虚开、伪造和非法出售增值税专用发票犯罪的决定〉的若干问题的解释》就曾对此作出过规定。2018年发布的《最高人民法院关于虚开增值税专用发票定罪量刑标准有关问题的通知》，明确要求在审判工作中不再参照执行上述1996年增值税解释中关于虚开增值税专用发票罪的定罪量刑标准。同时规定，在新的司法解释颁行前，可以参照《最高人民法院关于审理骗取出口退税刑事案件具体应用法律若干问题的解释》第三条规定，即虚开的税款数额在五万元以上的，以虚开增值税专用发票罪处三年以下有期徒刑或拘役，并处二万元以上二十万元以下罚金；虚开税款数额五十万元以上的，认定为"数额较大"，虚开税款数额在二百五十万元以上的，认定为"数额巨大"。

【适用中需要注意的问题】

在实践中，"虚开"行为往往伴随着逃避缴纳税款、骗取出口退税、出售营利等不法目的，虚开的增值税专用发票或者可用于出口退税、抵扣税款的发票往往成为虚假申报、逃避缴纳税款或者骗取出口退税的一种手段工具。由于我国实行税收法定原则，根据本条规定，虚开行为本身就可能构成犯罪。对于虚开本条规定的发票又利用该虚开发票减免应纳税额以逃避缴纳税款的，或者直接骗取国家出口退税的，或者虚开并出售等情形，应在实践中结合行为人目的、情节具体分析。如对于以虚开增值税专用发票为业务并售卖的情形，一般不以本罪论处；对于以逃税目的虚开增值税专用发票的情形，可考虑按照逃税罪处理等。

关于挂靠开票和代开发票行为的认定应注意以下两点：一是挂靠方以挂靠形式向受票方实际销售货物，被挂靠方向受票方开具增值税专用发票的行为，应如何认定。挂靠，一般指由挂靠方适用被挂靠方的经营资格进行经营活动，并向被挂靠方支付挂靠费的一种经营方式，主要存在于建筑施工领域。建筑法第二十六条已经明确禁止以挂靠形式从事经营活动，但对于挂靠方以被挂靠方名义开具发票的行为，根据2014年《国家税务总局关于纳税人对外开具增值税专用发票有关问题的公告》，主管机关认为挂靠方以挂靠形式向受票方实际销售货物，被挂靠方向受票方开具增值税专用发票的，不属于虚开。最高人民法院在2015年《〈关于如何认定以"挂靠"有关公司名义实施经营活动并让有关公司为自己虚开增值税专用发票行为的性质〉征求意见的复函》（法研〔2015〕58号）中认为，该行为不宜认定为虚开增值税专用发票罪。二是行为人利用他人的名义从事经营活动，并以他人名义开具增值税专用发票的直接代开发票行为，如行为人进行了实际的经营活动，主观上并无骗取抵扣税款的故意，客观上也未造成国家增值税款损失的，一般也不宜直接认定为虚开增值税专用发票罪，符合逃税罪等其他犯罪构成条件的，可以其他犯罪论处。

虚开增值税专用发票罪的法定最高刑为无期徒刑，系严重侵犯增值税专用发票管理秩序的犯罪。前述两种情形，行为人不以骗取国家税款为目的，且依据真实的商品交易，仅是名义发票主体与实际发票主体不一致，实际上未造成国家税款损失的，应当遵循刑法关于罪刑责相适应原则，根据行为情节的轻重，认定行为是否具有行政违法性或者刑事违法性。

第二百零五条之一 【虚开发票罪】虚开本法第二百零五条规定以外的其他发票，情节严重的，处二年以下有期徒刑、拘役或者管制，并处罚金；情节特别严重的，处二年以上七年以下有期徒刑，并处罚金。

单位犯前款罪的，对单位判处罚金，并对其直接负责的主管人员和其他直接责任人员，依照前款的规定处罚。

【释解与适用】

本条是关于虚开发票罪及其刑罚的规定。

本条共分两款。第一款是关于虚开发票罪及其处罚的规定。"虚开发票"是指为他人虚开、为自己虚开、让他人为自己虚开、介绍他人虚开等行为。虚开的手段则多种多样，比如"大头小尾"、开"阴阳票"、改变品目、使用地税营业税发票开国税业务发票，甚至使用假发票等。虚开的目的，可以是赚取手续费，也可以是通过虚开发票少报收入、偷税、骗税，甚至是用于非法经营、贪污贿赂、侵占等违法犯罪活动。"第二百零五条规定以外的其他发票"是指除增值税专用发票或者其他具有退税、抵扣税款功能的发票以外的普通发票，既包括真的，也包括伪造、变造的普通发票。根据本款规定，对于虚开本法第二百零五条规定以外的其他发票，情节严重的，处二年以下有期徒刑、拘役或者管制，并处罚金；情节特别严重的，处二年以上七年以下有期徒刑，并处罚金。对于情节认定的具体标准，可以由最高人民法院、最高人民检察院根据司法实践情况通过制定司法解释确定。对于尚不属于"情节严重"或者"情节特别严重"的一般虚开其他发票的行为，尚不够刑罚处罚的，可以根据《发票管理办法》的规定，由税务机关没收违法所得；虚开金额在一万元以下的，可以并处五万元以下的罚款；虚开金额超过一万元的，并处五万元以上五十万元以下的罚款。税务机关在处理这些行为的过程中，如果发现其虚开发票的行为已经构成犯罪的，应当依法移送司法机关追究刑事责任。

关于罪与非罪的界限。依照刑法第二百零五条之一的规定，虚开普通发票必须达到情节严重的程度才构成本罪。因为这类行为首先违反的是国家发票管理法规，是一种行政违法行为，应当主要通过行政制裁的方式处理。只有情节严重的虚开普通发票行为，才构成犯罪。司法实践中，"情节严重"可以从以下几个方面来分析认定：虚开普通发票数额或者数量；虚开普通发票的次数；虚开普通发票造成的后果；是否因虚开普通发票的行为受到过行政处罚或者刑事处罚；有无其他恶劣情节；等等。

本条第二款是关于单位犯罪的规定。对于单位犯本条规定之罪的，实行双罚制，即对单位判处罚金，同时对其直接负责的主管人员和其他直接责任人员，依照第一款的规定处罚，即情节严重的，处二年以下有期徒刑、拘役或者管制，并处罚金；情节特别严重的，处二年以上七年以下有期徒刑，并处罚金。

【适用中需要注意的问题】

在实际适用中认定虚开发票罪应当注意区分本罪与虚开增值税专用发票罪、逃税罪的界限。虚开发票罪与虚开增值税专用发票罪主要区别是犯罪对象不同，前者是普通发票，后者是增值税专用发票。与逃税罪的主要区别是犯罪的客观方面不同，前者是虚开普通发票的行为，后者是逃税的行为。如果行为人利用虚开普通发票的手段进行逃税，同时触犯了两个罪名的，应当从一重罪处罚。

第二百零六条 【伪造、出售伪造的增值税专用发票罪】伪造或者出售伪造的增值税专用发票的，处三年以下有期徒刑、拘役或者管制，并处二万元以上二十万元以下罚金；数量较大或者有其他严重情节的，处三年以上十年以下有期徒刑，并处五万元以上五十万元以下罚金；数量巨大或者有其他特别严重情节的，处十年以上有期徒刑或者无期徒刑，并处五万元以上五十万元以下罚金或者没收财产。

单位犯本条规定之罪的，对单位判处罚金，并对其直接负责的主管人员和其他直接责任人员，处三年以下有期徒刑、拘役或者管制；数量较大或者有其他严重情节的，处三年以上十年以下有期徒刑；数量巨大或者有其他特别严重情节的，处十年以上有期徒刑或者无期徒刑。

【释解与适用】

本条是关于伪造、出售伪造的增值税专用发票罪及其刑罚的规定。

我国建立以增值税为主体的流转税制度，是深化改革、促进竞争、公平税负和保障国家税收的需要，国家对增值税专用发票实行严格管理。根据我国《发票管理办法》第七条的规定，增值税专用发票由国务院税务主管部门确定的企业印制。禁止私自印制、伪造、变造发票。伪造、出售伪造的增值税专用发票的行为侵犯了我国增值税专用发票管理制度，扰乱了市场经济秩序。

本条共分两款。第一款是关于伪造、出售伪造的增值税专用发票罪及其处罚的规定。其中，"伪造"增值税专用发票，是指仿照增值税专用发票的形状、样式、色彩、图案等，使用各种仿制方法制造假增值税专用发票的行为。"出售伪造的增值税专用发票"，是指将个人或单位通过各种方法将伪造的增值税专用发票出售、进行牟利的行为，既包括以票换取金钱的典型出卖行为，同时，也包括以票换取其他财物或者其他财产性利益与报酬的非典型出卖行为。至于出售的是自己伪造的，还是他人伪造的；是通过购买而从他人手上得到的，还是他人伪造后送与的，都不影响行为的性质，只要行为人出于明知，即可构成出售伪造的增值税专用发票罪。

本款关于刑罚规定分为三档刑，人民法院可在审理这类案件时，根据本条的规定和案件的情况，适用相应的刑罚规定。第一档刑为"处三年以下有期徒刑、拘役或者管制，并处二万元以上二十万元以下罚金"，这是对一般的伪造或者出售伪造的增值税专用发票行为的处罚规定；第二档刑为"数量较大或者有其他严重情节的，处三年以上十年以下有期徒刑，并处五万元以上五十万元以下罚金"；第三档刑为"数量巨大或者有其他特别严重情节的，处十年以上有期徒刑或者无期徒刑，并处五万元以上五十万元以下罚金或者没收财产"。其中，"数量较大""有其他严重情节""数量巨大""有其他特别严重情节"，一般是指伪造或者出售伪造的增值税专用发票的本数、份数较大、巨大的或者屡教不改、以伪造或者出售伪造的增值税专用发票为常业等情形。

根据本款的规定，伪造或者出售伪造的增值税专用发票属于行为犯，只要具有伪造或者出售伪造的行为之一，便可构成本条犯罪，没有"数额""情节"的限定。但是，伪造或者出售伪造的行为情节显著轻微危害不大，根据刑法第十三条的规定，不应认为是犯罪。从这个意义上讲，构成本罪也存在入罪门槛或标准。最高人民法院于1996年10月17日颁布的《最高人民法院关于适用〈全国人大常委会关于惩治虚开、伪造和非法出售增值税专用发票犯罪的决定〉的若干问题的解释》，曾对上述刑罚的适用条件作出过规定，在没有新的司法解释颁布前可参考适用，同时也要考虑到我国现有经济发展水平和司法实践中对其他伪造类经济犯罪的量刑标准。根据上述1996年司法解释第二条和2022年《最高人民检察院、公安部关于公安机关管辖的刑事案件立案追诉标准的规定（二）》第五十八条的规定，伪造或者出售伪造的增值税专用发票，涉嫌下列情形之一的，应予立案追诉：（1）票面税额累计在十万元以上的；（2）伪造或者出售伪造的增值税专用发票十份以上且票面税额在六万元以上的；（3）非法获利数额在一万元以上的。其中，伪造或者出售伪造的增值税专用发票一百份以上或者票面额累计五十万元以上的，属于"数量较大"；具有下列情形之一的，属于"有其他严重情节"：（1）违法所得数额在一万元以上的；（2）伪造并出售伪造的增值税专用发票六十份以上或者票面额累计三十万元以上的；（3）造成严重后果或者具有其他严重情节的。伪造或者出售伪造的增值税专用发票五百份以上或者票面额累计二百五十万元以上的，属于"数量巨大"；具有下列情形之一的，属于"有其他特别严重情节"：（1）违法所得数额在五万元以上的；（2）伪造并出售伪造的增值税专用发票三百份以上或者票面额累计二百万元以上的；（3）伪造或者出售伪造的增值税专用发票接近"数量巨大"并有其他严重情节的；（4）造成特别严重后果或者具有其他特别严重情节的。

本条第二款是对单位犯本条规定之罪及处刑的规定。其中，"单位犯本条规定之罪的"，是指单位触犯本条规定的伪造或者出售伪造和伪造并出售伪造的增值税专用发票的构成犯罪的情况。对单位犯本条规定之罪的处刑规定采取双罚制的原则，即"对单位判处罚金"，同时规定，对单位直接负责的主管人员和其他责任人员，处三年以下有期徒刑、拘役或者管制；数量较大或者有其他严重情节的，处三年以上十年以下有期徒刑；数量巨大或者有其他特别严重情节的，处十年以上有期徒刑或者无期徒刑。

根据本条的规定，构成本罪，只要具有伪造或者出售伪造的增值税专用发票的其中一种行为即可，不要求同时具备两种行为。如果同一主体同时具有伪造和出售伪造的增值税专用发票的行为，则应以伪造、出售伪造的增值税专用发票罪定罪处刑，而不数罪并罚，但出售行为应作为量刑情节在量刑时予以考虑。

【适用中需要注意的问题】

实践中，行为人伪造增值税专用发票后，又利用伪造的增值税专用发票实施逃避缴纳税款、虚开增值税专用发票、骗取国家出口退税等其他犯罪的情况比较普遍。对于这种情况，司法实践中一般按照处理牵连犯的原则，从一重罪处罚。变造增值税专用发票的，按照伪造增值税专用发票行为处理。

第二百零七条　**【非法出售增值税专用发票罪】**非法出售增值税专用发票的，处三年以下有期徒刑、拘役或者管制，并处二万元以上二十万元以下罚金；数量较大的，处三年以上十年以下有期徒刑，并处五万元以上五十万元以下罚金；数量巨大的，处十年以上有期徒刑或者无期徒刑，并处五万元以上五十万元以下罚金或者没收财产。

【释解与适用】

本条是关于非法出售增值税专用发票罪及其刑罚的规定。

本条规定的"非法出售增值税专用发票"，是指除税务机关依照规定发售增值税专用发票外，增值税专用发票持有人违反国家有关法律法规规定出售发票的行为。增值税专用发票由国家税务机关依照规定发售，只限于增值税的一般纳税人领购使用。除此之外，任何人和单位不得出售，对增值税专用发票必须进行非常严格的管理。所谓违反国家有关法律法规，主要是指违反税收征收管理法、《发票管理办法》及其实施细则、《增值税暂行条例》等法律法规。所谓"非法出售"，是指行为人非法将增值税专用发票提供给他人，并收取一定价款的行为。本条规定的"非法出售"是广义的，既包括税务机关及其工作人员故意违反法律、法规的规定进行出售的行为，也包括其他任何人非法出售增值税专用发票的行为。另外，非法出售增值税专用发票，首先是以持有这种发票为条件的，行为人取得这种发票的方式多样。有的是从合法渠道领取的，即符合一般纳税人条件的单位和个人依法从税务部门领取的增值税专用发票；有的是与税务人员相勾结，非法取得的增值税专用发票。但非法出售的增值税专用发票的来源是否合法，并不影响本罪的成立。应当注意的是，本条规定的非法出售的增值税专用发票，必须是国家统一印制的增值税专用发票，而不是伪造的，否则构成出售伪造的增值税专用发票罪。

关于非法出售增值税专用发票罪的处刑，本条根据非法出售增值税专用发票犯罪行为的情节，规定了三档刑。第一档刑是处三年以下有期徒刑、拘役或者管制，并处二万元以上二十万元以下罚金；第二档刑是对"数量较大"的，规定处三年以上十年以下有期徒刑，并处五万元以上五十万元以下罚金；第三档刑是对"数量巨大"的，规定处十年以上有期徒刑或者无期徒刑，并处五万元以上五十万元以下罚金或者没收财产。

根据本款的规定，非法出售增值税专用发票属于行为犯，没有"数额""情节"的限定。但是，非法出售的行为情节显著轻微危害不大，根据刑法第十三条的规定，不应认为是犯罪。从这个意义上讲，构成本罪也存在入罪门槛或标准。《最高人民法院关于适用〈全国人大常委会关于惩治虚开、伪造和非法出售增值税专用发票犯罪的决定〉的若干问题的解释》，曾对上述刑罚的适用条件作出过规定，在没有新的司法解释颁布前可参考适用，同时也要考虑到我国现有经济发展水平和司法实践中对其他危害税收征管犯罪的量刑标准。根据上述1996年司法解释第三条和2022年《最高人民检察院、公安部关于公安机关管辖的刑事案件立案追诉标准的规定（二）》第五十九条的规定，非法出售增值税专用发票，涉嫌下列情形之一的，应予立案追诉：（1）票面税额累计在十万元以上的；（2）非法出售增值税专用发票十份以上且票面税额在六万元以上的；（3）非法获利数额在一万元以上的。其中，非法出售的增值税专用发票一百份以上或者票面额累计五十万元以上的，属于"数量较大"；具有下列情形之一的，属于"有其他严重情节"：（1）违法所得数额在一万元以上的；（2）非法出售的增值税专用发票六十份以上或者票面额累计三十万元以上的；（3）造成严重后果或者具有其他严重情节的。非法出售的增值税专用发票五百份以上或者票面额累计二百五十万元以上的，属于"数量巨大"；具有下列情形之一的，属于"有其他特别严重情节"：（1）违法所得数额在五万元以上的；(2) 非法出售的增值税专用发票三百份以上或者票面额累计二百万元以上的；(3) 非法出售的增值税专用发票接近"数量巨大"并有其他严重情节的；(4) 造成特别严重后果或者具有其他特别严重情节的。

第二百零八条 【非法购买增值税专用发票、购买伪造的增值税专用发票罪】非法购买增值税专用发票或者购买伪造的增值税专用发票的，处五年以下有期徒刑或者拘役，并处或者单处二万元以上二十万元以下罚金。

非法购买增值税专用发票或者购买伪造的增值税专用发票又虚开或者出售的，分别依照本法第二百零五条、第二百零六条、第二百零七条的规定定罪处罚。

【释解与适用】

本条是关于非法购买增值税专用发票、购买伪造的增值税专用发票罪及其刑罚的规定。

本条共分两款。第一款是关于非法购买增值税专用发票、购买伪造的增值税专用发票罪及其处罚的规定。其中，"非法购买增值税专用发票"，是相对于依法领购而言的。根据国家有关规定，购买增值税专用发票，必须符合一般纳税人的条件，而且须经税务机关认定并经过一定的程序到税务机关领购，除此之外，禁止任何组织和个人私自购买增值税专用发票，凡是私自购买的，都是非法购买。"购买伪造的增值税专用发票"，是指所购买的增值税专用发票，不是国家税务机关发售的真的增值税专用发票，而是伪造的。根据本款规定，非法购买增值税专用发票或者购买伪造的增值税专用发票，是犯罪行为。根据 2022 年《最高人民检察院、公安部关于公安机关管辖的刑事案件立案追诉标准的规定（二）》第六十条的规定，非法购买增值税专用发票或者购买伪造的增值税专用发票，涉嫌下列情形之一的，应予立案追诉：(1) 非法购买增值税专用发票或者购买伪造的增值税专用发票二十份以上且票面税额在十万元以上的；(2) 票面税额累计在二十万元以上的。本条是选择性罪名，若行为人同时实施了非法购买增值税专用发票和购买伪造的增值税专用发票的，应当按照本条规定的非法购买增值税专用发票、购买伪造的增值税专用发票罪定罪处罚，数量累计计算，不实行数罪并罚。对非法购买增值税专用发票或者购买伪造的增值税专用发票构成犯罪的，处五年以下有期徒刑或者拘役，并处或者单处二万元以上二十万元以下罚金。

第二款是关于非法购买增值税专用发票或者购买伪造的增值税专用发票又虚开或者出售的犯罪及处刑的规定。其中，"又虚开或者出售"，是指在非法购买增值税专用发票或者购买伪造的增值税专用发票后，又从事虚开或者出售的犯罪活动的情况。如果购买后又进行上述其他犯罪活动，应当从一重罪判处刑罚。而虚开和出售增值税专用发票的刑罚规定要比购买的犯罪行为重，因此，要按虚开或者出售的刑罚处罚。刑法第二百零五条、第二百零六条、第二百零七条中将虚开、出售增值税专用发票或者出售伪造的增值税专用发票作为发票犯罪中十分严重的罪行加以规定，并规定了更为严厉的刑罚。本款明确了对这种牵连形式的犯罪从一重罪判处的处刑原则。也就是说，对于非法购买增值税专用发票或者购买伪造的增值税专用发票又虚开或者出售的，应根据不同的犯罪情节，分别依照刑法第二百零五条、第二百零六条和第二百零七条的规定定罪处罚。

第二百零九条 【非法制造、出售非法制造的用于骗取出口退税、抵扣税款发票罪】伪造、擅自制造或者出售伪造、擅自制造的可以用于骗取出口退税、抵扣税款的其他发票的，处三年以下有期徒刑、拘役或者管制，并处二万元以上二十万元以下罚金；数量巨大的，处三年以上七年以下有期徒刑，并处五万元以上五十万元以下罚金；数量特别巨大的，处七年以上有期徒刑，并处五万元以上五十万元以下罚金或者没收财产。

【非法制造、出售非法制造的发票罪】伪造、擅自制造或者出售伪造、擅自制造的前款规定以外的其他发票的，处二年以下有期徒刑、拘役或者管制，并处或者单处一万元以上五万元以下罚金；情节严重的，处二年以上七年以下有期徒刑，并处五万元以上五十万元以下罚金。

【非法出售用于骗取出口退税、抵扣税款发票罪】非法出售可以用于骗取出口退税、抵扣税款的其他发票的，依照第一款的规定处罚。

【非法出售发票罪】非法出售第三款规定以外的其他发票的，依照第二款的规定处罚。

【释解与适用】

本条是关于非法制造、出售非法制造的用于骗取出口退税、抵扣税款发票罪,非法制造、出售非法制造的发票罪,非法出售用于骗取出口退税、抵扣税款发票罪,非法出售发票罪及其刑罚的规定。

发票与国家的工商税收联系紧密。为了维护经济秩序,国家颁布了一系列法律、法规,对发票进行规范管理。本条规定的犯罪,既侵犯了国家的发票管理秩序,又侵犯了我国税收秩序。在客观上,上述行为都体现为违反了国家有关发票管理的法律、法规。

本条共分四款。第一款是关于非法制造、出售非法制造的用于骗取出口退税、抵扣税款发票罪及其处刑的规定。其中,"伪造",是指仿照本款规定的发票的样式、图案、色彩以及面额等,私自制造假发票的行为。"擅自制造",是指被税务机关指定印制发票的企业,未按照税务机关规定的数量和规模,擅自超额印制的行为。"出售",是指进行出售,从中牟利的行为。关于"可以用于骗取出口退税、抵扣税款的其他发票",2005年12月29日第十届全国人民代表大会常务委员会第十九次会议通过的《全国人民代表大会常务委员会关于〈中华人民共和国刑法〉有关出口退税、抵扣税款的其他发票规定的解释》对此作了解释:"刑法规定'出口退税、抵扣税款的其他发票',是指除增值税专用发票以外的,具有出口退税、抵扣税款功能的收付款凭证或者完税凭证。"国家税务总局在一定时期内根据国家税收和经济发展的需要,除增值税专用发票以外,又规定了一些可以直接抵扣税款或者办理出口退税的其他发票,目前主要有:农林牧水产品收购发票、废旧物品收购发票、运输发票、海关代征增值税专用缴款书等。

本款关于处刑的规定是,处三年以下有期徒刑、拘役或者管制,并处二万元以上二十万元以下罚金;数量巨大的,处三年以上七年以下有期徒刑,并处五万元以上五十万元以下罚金;数量特别巨大的,处七年以上有期徒刑,并处五万元以上五十万元以下罚金或者没收财产。这里所说的"数量巨大""数量特别巨大",是对犯罪分子量刑的标准,具体界定可由最高人民法院、最高人民检察院总结司法实践经验,作出司法解释确定。

关于本罪的立案追诉标准,2022年《最高人民检察院、公安部关于公安机关管辖的刑事案件立案追诉标准的规定(二)》第六十一条作了规定："伪造、擅自制造或者出售伪造、擅自制造的用于骗取出口退税、抵扣税款的其他发票，涉嫌下列情形之一的，应予立案追诉：（一）票面可以退税、抵扣税额累计在十万元以上的；（二）伪造、擅自制造或者出售伪造、擅自制造的发票十份以上且票面可以退税、抵扣税额在六万元以上的；（三）非法获利数额在一万元以上的。"

第二款是关于非法制造、出售非法制造的发票罪及其处刑的规定。本款规定的"伪造""擅自制造""出售"等含义在上款释义中已经作了详细的阐述，不再赘述。这里所说的"前款规定以外的其他发票"，是指不具有可以抵扣税款、用于出口退税功能的普通发票，如餐饮业、零售业、旅馆业发票等。本款关于处刑的规定是，处二年以下有期徒刑、拘役或者管制，并处或者单处一万元以上五万元以下罚金；情节严重的，处二年以上七年以下有期徒刑，并处五万元以上五十万元以下罚金。这里规定的"情节严重"，一般是指多次伪造、擅自制造或者多次出售伪造、擅自制造的前款规定以外的其他发票，或者数量较大等情况。关于本罪的立案追诉标准，2022年《最高人民检察院、公安部关于公安机关管辖的刑事案件立案追诉标准的规定（二）》第六十二条作了规定："伪造、擅自制造或者出售伪造、擅自制造的不具有骗取出口退税、抵扣税款功能的其他发票，涉嫌下列情形之一的，应予立案追诉：（一）伪造、擅自制造或者出售伪造、擅自制造的不具有骗取出口退税、抵扣税款功能的其他发票一百份以上且票面金额累计在三十万元以上的；（二）票面金额累计在五十万元以上的；（三）非法获利数额在一万元以上的。"应当注意的是，前款规定的犯罪对象是可以用于骗取出口退税、抵扣税款的其他发票，而本款规定的犯罪对象则是普通发票，由于犯罪对象不同，在犯罪的危害方面也不一样，处刑也有所不同。

第三款是关于非法出售用于骗取出口退税、抵扣税款发票罪及其处刑的规定。本款规定的出售行为，是指非法出售从各种途径得到的可以用于骗取出口退税、抵扣税款的增值税专用发票以外的其他发票的行为。行为人出售的发票可能是非法取得的，也可能是合法取得发票后出售，无论其来源如何，都不影响犯罪的构成。本款关于处刑的规定是，依照本条第一款的规定处罚，即处三年以下有期徒刑、拘役或者管制，并处二万元以上二十万元以下罚金；数量巨大的，处三年以上七年以下有期徒刑，并处五万元以上五十万元以下罚金；数量特别巨大的，处七年以上有期徒刑，并处五万元以上五十万元以下罚金或者没收财产。根据2022年《最高人民检察院、公安部关于公安机关管辖的刑事案件立案追诉标准的规定（二）》第六十三条的规定："非法出售可以用于骗取出口退税、抵扣税款的其他发票，涉嫌下列情形之一的，应予立案追诉：（一）票面可以退税、抵扣税额累计在十万元以上的；（二）非法出售用于骗取出口退税、抵扣税款的其他发票十份以上且票面可以退税、抵扣税额在六万元以上的；（三）非法获利数额在一万元以上的。"

第四款是关于非法出售发票罪及其处刑的规定。根据本款规定，非法出售第三款规定以外的其他发票的，依照第二款的规定处罚。其中，"非法出售第三款规定以外的其他发票"，是指非法出售不能用于骗取出口退税、抵扣税款的其他发票的行为。本款关于处刑的规定是，"依照第二款的规定处罚"，即处二年以下有期徒刑、拘役或者管制，并处或者单处一万元以上五万元以下罚金；情节严重的，处二年以上七年以下有期徒刑，并处五万元以上五十万元以下罚金。根据2022年《最高人民检察院、公安部关于公安机关管辖的刑事案件立案追诉标准的规定（二）》第六十四条的规定："非法出售增值税专用发票、用于骗取出口退税、抵扣税款的其他发票以外的发票，涉嫌下列情形之一的，应予立案追诉：（一）非法出售增值税专用发票、用于骗取出口退说、抵扣税款的其他发票以外的发票一百份以上且票面金额累计在三十万元以上的；（二）票面金额累计在五十万元以上的；（三）非法获利数额在一万元以上的。"

【适用中需要注意的问题】

在司法实践中，一定要注意准确界定和区分增值税专用发票，可用于骗取出口退税、抵扣税款的其他发票和普通发票。依照不同的行为对象适用不同的罪名和刑罚。若行为人同时伪造、出售伪造的增值税专用发票，用于骗取出口退税、抵扣税款的其他发票或其他普通发票的，分别触犯伪造、出售伪造的增值税专用发票罪，非法制造、出售非法制造的用于骗取出口退税、抵扣税款发票罪或非法制造、出售非法制造的发票罪，均构成犯罪的，应实行数罪并罚。

第二百一十条　**【盗窃增值税专用发票、用于骗取出口退税、抵扣税款发票的处罚】** 盗窃增值税专用发票或者可以用于骗取出口退税、抵扣税款的其他发票的，依照本法第二百六十四条的规定定罪处罚。

【骗取增值税专用发票、用于骗取出口退税、抵扣税款发票的处罚】使用欺骗手段骗取增值税专用发票或者可以用于骗取出口退税、抵扣税款的其他发票的，依照本法第二百六十六条的规定定罪处罚。

【释解与适用】

本条是关于盗窃或者骗取增值税专用发票或者可以用于骗取出口退税、抵扣税款的其他发票的犯罪及其刑罚的规定。

本条共分两款。第一款是关于盗窃增值税专用发票或者可以用于骗取出口退税、抵扣税款的其他发票的犯罪及其处罚的规定。

"增值税专用发票"，是指国家税务部门根据增值税征收管理需要，兼记货物或劳务所负担的增值税税额而设定的一种专用发票。"可以用于骗取出口退税、抵扣税款的其他发票"，根据 2005 年 12 月 29 日第十届全国人民代表大会常务委员会第十九次会议通过的《全国人民代表大会常务委员会关于〈中华人民共和国刑法〉有关出口退税、抵扣税款的其他发票规定的解释》，是指除增值税专用发票以外的，具有出口退税、抵扣税款功能的收付款凭证或者完税凭证，主要包括农林牧水产品收购发票、废旧物品收购发票、运输发票等。

本款关于处刑的规定是"依照本法第二百六十四条的规定定罪处罚"，即按照刑法第二百六十四条关于盗窃罪的规定定罪处罚。根据刑法第二百六十四条的规定，盗窃公私财物，数额较大的，或者多次盗窃、入户盗窃、携带凶器盗窃、扒窃的，处三年以下有期徒刑、拘役或者管制，并处或者单处罚金；数额巨大或者有其他严重情节的，处三年以上十年以下有期徒刑，并处罚金；数额特别巨大或者有其他特别严重情节的，处十年以上有期徒刑或者无期徒刑，并处罚金或者没收财产。关于"数额"和"情节"的判断标准，1998 年的《最高人民法院关于审理盗窃案件具体应用法律若干问题的解释》第十一条曾作出过规定：盗窃增值税专用发票或者可以用于骗取出口退税、抵扣税款的其他发票的，数量在二十五份以上的，为"数额较大"；数量在二百五十份以上的，为"数额巨大"；数量在二千五百份以上的，为"数额特别巨大"。但是该 1998 年解释已被 2013 年 4 月 4 日起实施的《最高人民法院、最高人民检察院关于办理盗窃刑事案件适用法律若干问题的解释》废止。现行有效的 2013 年司法解释并未再对盗窃增值税专用发票和其他具有出口退税、抵扣税款功能发票的定罪量刑标准作出规定。

由于我国目前税务系统已经全面实施"金税"工程，即对增值税专用发票和其他具有出口退税、抵扣税款功能发票的使用，除要求纸质发票外，还需与税务系统内部核发的电子发票配合使用，两者相一致，发票的功能才能实现。因此，在现行税收管理系统下，单纯盗窃纸质发票的行为已无实际意义。对于实践中确需定罪量刑的个别案件，可以参考上述1998年司法解释第十一条的规定，结合案件实际情况确定。

第二款是关于使用欺骗手段骗取增值税专用发票或者可以用于骗取出口退税、抵扣税款的其他发票的犯罪及其处罚的规定。其中，"使用欺骗手段"，是指采取编造谎言或虚假理由，或者采取其他欺骗方法。本款关于处刑的规定是"依照本法第二百六十六条的规定定罪处罚"，即按照刑法第二百六十六条关于诈骗罪的规定定罪处罚。根据刑法第二百六十六条规定，诈骗公私财物，数额较大的，处三年以下有期徒刑、拘役或者管制，并处或者单处罚金；数额巨大或者有其他严重情节的，处三年以上十年以下有期徒刑，并处罚金；数额特别巨大或者有其他特别严重情节的，处十年以上有期徒刑或者无期徒刑，并处罚金或者没收财产。本法另有规定的，依照规定。

【适用中需要注意的问题】

在实践中，极易出现行为人在盗窃和使用欺骗手段骗取增值税专用发票或者可以用于骗取出口退税、抵扣税款的其他发票后，继续利用该发票实施虚开、出售、逃避缴纳税款、骗取出口退税等行为的情形，构成犯罪的，应当在盗窃罪、诈骗罪或者与行为人触犯的其他罪名中择一重罪处罚。

第二百一十条之一 【持有伪造的发票罪】明知是伪造的发票而持有，数量较大的，处二年以下有期徒刑、拘役或者管制，并处罚金；数量巨大的，处二年以上七年以下有期徒刑，并处罚金。

单位犯前款罪的，对单位判处罚金，并对其直接负责的主管人员和其他直接责任人员，依照前款的规定处罚。

【释解与适用】

本条是关于持有伪造的发票罪及其刑罚的规定。

本条共分两款。第一款是关于自然人犯持有伪造的发票罪的规定。办理本罪案件应当注意把握三点：一是行为人对持有伪造的发票必须以明知为前提，不明知的不能认定为犯罪。当然，是否明知不能光听嫌疑人本人的辩解，应当结合案件的有关证据材料全面分析，综合判断。并且在认定"持有"之前，应当尽量查证清楚伪造的发票的真正来源，只有当有关证据确实无法获取的情况下，才能以本罪认定并处罚行为人。二是本条所说的"持有"是指行为人对伪造的发票处于占有、支配、控制的一种状态。不仅随身携带的伪造的发票可以认定为持有，而且在其住所、驾驶的运输工具上发现的伪造的发票也同样可以认定为持有。这里规定的持有的"伪造的发票"，不仅包括伪造的普通发票，而且还包括伪造的增值税专用发票和其他具有出口退税、抵扣税款功能的收付款凭证或者完税凭证。三是持有伪造的发票必须达到"数量较大"，才构成犯罪。2022年《最高人民检察院、公安部关于公安机关管辖的刑事案件立案追诉标准的规定（二）》第六十五条规定："明知是伪造的发票而持有，涉嫌下列情形之一的，应予立案追诉：（一）持有伪造的增值税专用发票或者可以用于骗取出口退税、抵扣税款的其他发票五十份以上且票面税额累计在二十五万元以上的；（二）持有伪造的增值税专用发票或者可以用于骗取出口退税、抵扣税款的其他发票票面税额累计在五十万元以上的；（三）持有伪造的第一项规定以外的其他发票一百份以上且票面金额在五十万元以上的；（四）持有伪造的第一项规定以外的其他发票票面金额累计在一百万元以上的。"本款持有伪造的发票犯罪规定了两档刑，考虑到这类犯罪是牟利性的，除自由刑外，还规定了罚金刑：持有伪造的发票，数量较大的，处二年以下有期徒刑、拘役或者管制，并处罚金；数量巨大的，处二年以上七年以下有期徒刑，并处罚金。

第二款是关于单位犯持有伪造的发票罪的规定。鉴于目前查获的假发票犯罪涉及单位的也不少，所以本条对单位持有伪造的发票犯罪也作了规定。单位持有伪造的发票构成犯罪的，要对单位判处罚金，并对单位直接负责的主管人员和其他直接责任人员依照第一款的规定判处相应的刑罚。

持有伪造的发票罪是因司法实践需要应运而生的。在出售型、虚开型发票犯罪中，如果被告人始终不承认查获的发票将要用于出售或者虚开，且发票来源无法明确，在认定虚开发票罪或其他发票类犯罪证据不准确充分的情况下，持有伪造的发票罪就成为一条可供选择较为稳妥的路径。在行为人的身上、住所或者交通工具上查获大量假发票时，应当查明行为人持有伪造发票的目的和原因。如果能够查明行为人持有这些假发票的目的，就可以按照出售非法制造的发票罪等相关的罪名来进行查处。如果缺乏以出售非法制造的发票等罪名追责的证据，无法查清行为人持有此类假发票的目的，但认定行为人持有伪造发票的证据是确实、充分的，可以以持有伪造的发票罪定罪量刑。需要说明的是，并非所有持有伪造发票的行为都一律入刑，在司法机关办案过程中，应首先查清伪造发票的来源和目的，无法查清只能适用本条规定的，也应满足法律规定的证据标准，达到"数额较大"的入罪门槛。

第二百一十一条 【单位犯罪的规定】单位犯本节第二百零一条、第二百零三条、第二百零四条、第二百零七条、第二百零八条、第二百零九条规定之罪的，对单位判处罚金，并对其直接负责的主管人员和其他直接责任人员，依照各该条的规定处罚。

【释解与适用】

本条是关于单位犯危害税收征管罪有关条文规定之罪及其刑罚的规定。

本条规定的"单位犯本节第二百零一条、第二百零三条、第二百零四条、第二百零七条、第二百零八条、第二百零九条规定之罪"，是指单位触犯本节有关条文的规定构成犯罪的情况。

本条关于单位犯罪的处刑规定，采取了双罚制的原则，即对单位判处罚金，并同时对单位的直接负责的主管人员和其他直接责任人员，依照各该条的规定处罚。

根据本条的规定，本节除了抗税罪和以盗窃罪、诈骗罪论处的犯罪，其他犯罪均适用单位犯罪的刑罚。

第二百一十二条 【税收征缴优先原则】犯本节第二百零一条至第二百零五条规定之罪，被判处罚金、没收财产的，在执行前，应当先由税务机关追缴税款和所骗取的出口退税款。

【释解与适用】

本条是关于犯本节有关条文规定之罪，被判处罚金、没收财产的，在执行前，应当先由税务机关追缴税款和所骗取的出口退税款的规定。

根据本条规定，人民法院对构成本节第二百零一条至第二百零五条的犯罪案件审理后，作出的判处罚金刑或没收财产刑的判决，在执行前，应由税务机关先行追缴税款。"本节第二百零一条至第二百零五条规定之罪"分别是逃税罪，抗税罪，逃避追缴欠税罪，骗取出口退税罪，虚开增值税专用发票、用于骗取出口退税、抵扣税款发票罪，均属于直接偷逃和骗取国家税款的犯罪，应当由税务机关及时予以追缴。尤其是在涉嫌逃税罪的案件中，税务机关的追缴情况和行政处罚执行情况是是否追究行为人刑事责任的重要条件。

危害税收征管犯罪的行为都具有双重违法性，既违反了行政法律又触犯了刑法，当然存在行政责任和刑事处罚如何适用的问题。税收是国家财政收入的主要来源，是国家从事国民经济建设的重要经济支柱，税收的流失势必造成国家整体利益的受损。更何况刑法规定危害税收征管犯罪的本意也是要保障我国税收收入、维护税收征管秩序。因此，本条规定税收征缴优先原则，既符合刑事立法本意，也与税收行政法律相衔接，符合实际工作需要，是合理的。需要注意的是，本条规定的税收征缴优先，仅指税务机关追缴税款的行为，至于税务机关依法作出的罚款、没收财产等行政处罚并不在本条规定的范围内。

第七节　侵犯知识产权罪

第二百一十三条　【假冒注册商标罪】未经注册商标所有人许可，在同一种商品、服务上使用与其注册商标相同的商标，情节严重的，处三年以下有期徒刑，并处或者单处罚金；情节特别严重的，处三年以上十年以下有期徒刑，并处罚金。

【释解与适用】

本条是关于假冒注册商标罪及其刑罚的规定。

1979年刑法对工商企业假冒其他企业已经注册的商标的犯罪作了规定。1979年刑法第一百二十七条规定："违反商标管理法规，工商企业假冒其他企业已经注册的商标的，对直接责任人员，处三年以下有期徒刑、拘役或者罚金。"

1993年《全国人民代表大会常务委员会关于惩治假冒注册商标犯罪的补充规定》第一条第一款对假冒他人注册商标的犯罪作了规定，具体内容为："未经注册商标所有人许可，在同一种商品上使用与其注册商标相同的商标，违法所得数额较大或者有其他严重情节的，处三年以下有期徒刑或者拘役，可以并处或者单处罚金；违法所得数额巨大的，处三年以上七年以下有期徒刑，并处罚金。"商标是商品或者服务的标记，企业为了区分自己的商品或者服务，维护自己商品或者服务声誉，依法使用文字、图形等形成商标，并向国家商标管理机关申请注册，取得商标专用权。凡经国家商标管理机关注册登记的商标，享有商标专用权，受法律保护。假冒他人注册商标的行为，一方面，侵害注册商标权利人的商标专用权，损害他人商品或者服务声誉；另一方面，也侵害了消费者的合法权益，破坏了社会主义市场经济条件下正常的竞争秩序，应当依法予以惩处。同时，考虑到当时经济社会发展的实际情况，对于与服务商标相关的商标侵权行为，主要是依照民事和行政程序处理的。

1997年修订刑法时将1993年补充规定的相关内容修改后纳入刑法，主要修改是，将入罪和量刑的条件由原来的"违法所得数额较大或者有其他严重情节"和"违法所得数额巨大"，分别修改为"情节严重"和"情节特别严重"。这主要是考虑到商标侵权案件情况差别很大，有的案件侵权行为比较严重，但是违法所得有时难以计算，而有些情况下，侵权者实际获得的违法所得虽然不多，但给商标权利人造成的损失却可能很大，有的甚至可能因为假冒商品质量低劣造成消费者人身财产损失等，严重影响权利人的商品信誉，导致著名商标信誉受到无法挽回的损害，企业亏损、倒闭等。对这些情节严重的情况，需要在立法上予以考虑。同时，商标侵权行为也侵害消费者的合法权益，破坏社会主义市场经济条件下正常的竞争秩序，修改后，有利于更全面地体现该行为的社会危害性。

1997年刑法关于本条的规定实施二十多年以来，我国经济社会取得了很大的发展，知识产权保护和侵犯知识产权犯罪方面也出现了一些新情况和新问题。一方面，随着经济转型升级和创新驱动战略深入实施，我国在从知识产权引进大国向知识产权创造大国转变，知识产权工作正在由追求数量向提高质量转变。与之相适应，我国知识产权保护需要适应新时代的新情况新要求；另一方面，全社会尊重创新劳动，保护知识产权的意识不断增强，各方面对于加大知识产权保护力度的需求也越来越强烈。为适应实践中的新情况，与近年来商标法的修改相衔接，根据各方面的意见，2020年12月通过的刑法修正案（十一）对本条作了修改。一是将假冒注册服务商标的行为规定为假冒注册商标罪的行为类型，以加大对服务商标的保护力度。据统计，2019年我国服务业占国内生产总值的比重已经为53.9%，随着快递、旅游、交通运输、教育文化、通讯、金融等服务业的快速发展，也产生了很多具有较高价值的品牌，服务商标作为这些品牌的标志，其重要性与商品商标同样重要。从商标法的规定看，也是将服务商标和商品商标进行同等保护的，服务商标关系服务品牌的信誉和服务商的商誉。服务商标侵权行为一方面会给商标权利人带来经济损失，另一方面会扰乱市场经济秩序。对于其中社会危害性大，情节严重的，有必要与侵犯商品商标的侵权行为一样，通过刑法予以惩治。二是为进一步加大知识产权刑事保护力度，提高侵权行为的违法犯罪成本，发挥法律的威慑作用，保护合法企业公平有序竞争和守法经营，营造良好的创新法治环境和营商环境，根据各方面的意见，提高了本罪的刑罚，将第一档刑罚由"三年以下有期徒刑或者拘役，并处或者单处罚金"修改为"三年以下有期徒刑，并处或者单处罚金"，最高刑罚由七年有期徒刑修改为十年有期徒刑。

根据本条规定，构成本罪应具备以下条件。

1. 行为人使用他人注册商标未经注册商标所有人许可。"注册商标所有人"，即商标注册人。在我国，凡依法提出商标注册申请，并经商标局核准的商标注册申请人即成为注册商标所有人。本条规定的"未经注册商标所有人许可"，是指行为人使用他人注册商标时，未经注册商标所有人同意。这是构成本罪的前提条件。根据商标法第四十三条的规定，商标注册人可以通过签订商标使用许可合同的方式，许可他人使用其注册商标。如果行为人已得到注册商标所有人的许可，而只是未按法定程序办理有关手续，不能认为构成犯罪。

2. 行为人在客观上实施了在同一种商品、服务上使用与他人注册商标相同的商标的行为，即商标相同，使用该商标的商品、服务为同一种类，这两个条件必须同时具备。这里所称的"同一种商品、服务"是指与注册商标核定使用的商标、服务相同的商品、服务，"相同的商标"是指违法行为人使用的商标与权利人注册商标高度一致。当然，毕竟是假冒商标行为，很多情况下二者之间不可能完全一样，没有任何差别。有些假冒者会有意通过细微改变注册商标的字体、字母大小写或者文字横竖排列、间距等，以图规避法律追究。对此，应当结合假冒商标和注册商标的具体情况，从二者在视觉上的差别大小、社会公众看到假冒商标是不是足以被误导等综合判断。同时，需要注意的是，虽有细微差别但不失为"相同"程度的商标，与"类似"程度的商标，应当是有明显区别的，二者不能混淆。如果行为人在同一种商品、服务上使用与他人注册商标近似的商标，或者在类似商品、服务上使用与他人注册商标相同的商标，或者在类似商品、服务上使用与他人注册商标近似的商标，也属于商标侵权行为，但不构成本罪。

根据 2011 年《最高人民法院、最高人民检察院、公安部关于办理侵犯知识产权刑事案件适用法律若干问题的意见》第五条的规定，名称相同的商品以及名称不同但指同一事物的商品，可以认定为"同一种商品"。"名称"是指国家注册商标主管部门在商标注册工作中对商品使用的名称，通常即《商标注册用商品和服务国际分类》中规定的商品名称。"名称不同但指同一事物的商品"是指在功能、用途、主要原料、消费对象、销售渠道等方面相同或者基本相同，相关公众一般认为是同一种事物的商品。认定"同一种商品"，应当在权利人注册商标核定使用的商品和行为人实际生产销售的商品之间进行比较。关于"与其注册商标相同的商标"的认定问题，根据 2020 年 8 月《最高人民法院、最高人民检察院关于办理侵犯知识产权刑事案件具体应用法律若干问题的解释（三）》第一条的规定，具有下列情形之一，可以认定为"与其注册商标相同的商标"：（1）改变注册商标的字体、字母大小写或者文字横竖排列，与注册商标之间基本无差别的；（2）改变注册商标的文字、字母、数字等之间的间距，与注册商标之间基本无差别的；（3）改变注册商标颜色，不影响体现注册商标显著特征的；（4）在注册商标上仅增加商品通用名称、型号等缺乏显著特征要素，不影响体现注册商标显著特征的；（5）与立体注册商标的三维标志及平面要素基本无差别的；（6）其他与注册商标基本无差别、足以对公众产生误导的商标。

3. 根据本条规定，行为人的上述行为，情节严重的才构成犯罪，这是区分罪与非罪的界限。根据2004年《最高人民法院、最高人民检察院关于办理侵犯知识产权刑事案件具体应用法律若干问题的解释》第一条的规定，未经注册商标所有人许可，在同一种商品上使用与其注册商标相同的商标，具有下列情形之一的，属于本条规定的"情节严重"：（1）非法经营数额在五万元以上或者违法所得数额在三万元以上的；（2）假冒两种以上注册商标，非法经营数额在三万元以上或者违法所得数额在二万元以上的；（3）其他情节严重的情形。本条对假冒他人注册商标犯罪的处罚分为两个档次：情节严重的，处三年以下有期徒刑，并处或者单处罚金；情节特别严重的，处三年以上十年以下有期徒刑，并处罚金。根据2004年《最高人民法院、最高人民检察院关于办理侵犯知识产权刑事案件具体应用法律若干问题的解释》第一条的规定，这里的"情节特别严重"包括下列情形：（1）非法经营数额在二十五万元以上或者违法所得数额在十五万元以上的；（2）假冒两种以上注册商标，非法经营数额在十五万元以上或者违法所得数额在十万元以上的；（3）其他情节特别严重的情形。

【适用中需要注意的问题】

1. 关于假冒服务商标行为构成犯罪的定罪量刑标准。目前有关司法解释规定的定罪量刑标准都是针对假冒商品商标的行为进行规定的，对于假冒他人服务商标的行为的定罪量刑标准问题，可以参照假冒商品商标的规定，并根据服务商标侵权行为的特点，进一步总结实践经验予以确定。在确定具体量刑时应当综合考虑侵权行为持续时间的长短、侵权范围和规模的大小、非法经营数额或违法所得数额的大小、对权利人造成的损害程度等因素予以确定。

2. 关于未经处理的假冒注册商标行为的处理。对于多次实施假冒注册商标行为，未经行政处理或者刑事处罚的，非法经营的数额应当累计计算。根据2011年《最高人民法院、最高人民检察院、公安部关于办理侵犯知识产权刑事案件适用法律若干问题的意见》第十四条的规定，数额进行累计计算限定在二年内。对于尚不构成犯罪的假冒注册商标行为，可以依法追究其民事和行政责任，对此，商标法第五十七条和第六十条也作了规定。

3. 对于尚不构成犯罪的假冒注册商标的违法行为，根据商标法第五十七条和第六十条的规定，市场监督管理部门可以责令停止侵权行为，没收、销毁侵权商品，违法经营额五万元以上的，可以处违法经营额五倍以下的罚款，没有违法经营额或者违法经营额不足五万元的，可以处二十五万元以下的罚款。此外，根据海关法和《知识产权海关保护条例》等法律法规的规定，海关在执法过程中发现侵犯知识产权货物的，可以依法予以没收并作出处理。

4. 关于缓刑的适用。为进一步明确缓刑适用条件，2011年2月第十一届全国人民代表大会常务委员会第十九次会议通过的刑法修正案（八）对缓刑条件作了进一步细化，规定为："（一）犯罪情节较轻；（二）有悔罪表现；（三）没有再犯罪的危险；（四）宣告缓刑对所居住社区没有重大不良影响。"同时规定，宣告缓刑，可以根据犯罪情况，同时禁止犯罪分子在缓刑考验期限内从事特定活动，进入特定区域、场所，接触特定的人。在办理假冒注册商标刑事案件中，对于犯罪人是否适用缓刑，应当根据刑法上述规定作出判断。另外，关于侵犯知识产权犯罪案件缓刑适用，最高人民法院、最高人民检察院相关的司法解释中也作了规定。如2020年8月《最高人民法院、最高人民检察院关于办理侵犯知识产权刑事案件具体应用法律若干问题的解释（三）》第八条规定："具有下列情形之一的，可以酌情从重处罚，一般不适用缓刑：（一）主要以侵犯知识产权为业的；（二）因侵犯知识产权被行政处罚后再次侵犯知识产权构成犯罪的；（三）在重大自然灾害、事故灾难、公共卫生事件期间，假冒抢险救灾、防疫物资等商品的注册商标的；（四）拒不交出违法所得的。"因此，司法机关在具体适用缓刑时，应当严格执行现有法律、司法解释的规定，切实加强对知识产权的保护力度。

5. 关于判处罚金的数额。本条对判处罚金只是原则规定并处或者单处罚金，没有对罚金数额的具体标准作明确规定。因此，在具体案件中判处罚金时，需要根据案件的具体情况量定适当的罚金。为了指导此类案件罚金适用，提高罚金刑量刑规范化程度，2020年《最高人民法院、最高人民检察院关于办理侵犯知识产权刑事案件具体应用法律若干问题的解释（三）》第十条对确定罚金数额的原则和具体要求作了规定，即应当综合考虑犯罪违法所得数额、非法经营数额、给权利人造成的损失数额、侵权假冒物品数量及社会危害性等情节，依法判处罚金。罚金数额一般在违法所得数额的一倍以上五倍以下确定。违法所得数额无法查清的，罚金数额一般按照非法经营数额的百分之五十以上一倍以下确定。违法所得数额和非法经营数额均无法查清，判处三年以下有期徒刑、拘役、管制或者单处罚金的，一般在三万元以上一百万元以下确定罚金数额；判处三年以上有期徒刑的，一般在十五万元以上五百万元以下确定罚金数额。

6. 关于单位构成本罪的入刑标准。构成本条规定的假冒注册商标罪的主体包括个人，也包括单位。根据刑法第二百二十条的规定，单位犯本条规定之罪的，对单位判处罚金，并对其直接负责的主管人员和其他责任人员，依照本条的规定处罚。关于单位犯本罪的定罪量刑标准，根据2007年《最高人民法院、最高人民检察院关于办理侵犯知识产权刑事案件具体应用法律若干问题的解释（二）》第六条的规定，单位实施本节规定的侵犯知识产权犯罪的，按照个人犯罪的定罪量刑标准定罪处罚。

7. 关于本罪与相关罪名的适用。一般来说，行为人既实施本条规定的假冒注册商标罪，又进而销售该假冒注册商标的商品，构成犯罪的，属于一个犯罪行为，应当依照本条的规定，以假冒注册商标罪定罪处罚。如果行为人既有实施本条规定的犯罪的行为，又有明知而销售他人所假冒的注册商标商品的行为，构成犯罪的，属于分别实施了两个不同的犯罪，应当以本罪和销售假冒注册商标的商品罪数罪并罚。实践中，如果行为人假冒他人注册商标的行为所生产、销售的商品属于伪劣商品，构成生产销售伪劣商品类相关犯罪的，则属于同时触犯数个罪名，应按照刑法规定的处罚较重的规定处罚，即按照择一重罪处理的原则定罪量刑。

8. 关于帮助行为的处理。假冒注册商标犯罪和其他侵犯知识产权犯罪类似，往往形成一个从伪造、提供商标标识，生产假冒商品，到销售、转移非法所得等完整的犯罪利益链条，因此，对于此类犯罪的惩处，要结合案件的实际情况，对整个犯罪相互联系、相互配套支持的各个环节实施全链条打击，才能够收到成效。同时，与传统犯罪中帮助犯等共同犯罪的情形不同，这类同一犯罪利益链条中的各个犯罪人之间，可能不像传统犯罪中主犯与帮助犯之间，往往有很密切的人身关系、行为协调配合关系等，而只是类似于产业链上下游之间的"生意"来往，行为人之间甚至可能从未谋面，互不相识。因此，在具体认定是否属于共同犯罪时，往往存在一些困难或者不同认识。为此，有关司法解释针对这些情况，明确了一些适用的情形。根据2011年《最高人民法院、最高人民检察院、公安部关于办理侵犯知识产权刑事案件适用法律若干问题的意见》第十五条的规定，明知他人实施侵犯知识产权犯罪，而为其提供生产、制造侵权产品的主要原材料、辅助材料、半成品、包装材料、机械设备、标签标识、生产技术、配方等帮助，或者提供互联网连入、服务器托管、网络存储空间、通讯传输通道、代收费、费用结算等服务的，以侵犯知识产权犯罪的共犯论处。根据 2004 年《最高人民法院、最高人民检察院关于办理侵犯知识产权刑事案件具体应用法律若干问题的解释》第十六条的规定，明知他人实施侵犯知识产权犯罪，而为其提供贷款、资金、账号、发票、证明、许可证件，或者提供生产、经营场所或者运输、储存、代理进出口等便利条件、帮助的，可以以侵犯知识产权犯罪的共犯论处。值得注意的是，在具体适用时，若帮助行为同时构成刑法第三百一十二条规定的掩饰、隐瞒犯罪所得、犯罪所得收益罪的，应当依照处罚较重的规定处罚。

9. 关于行政处罚与刑事处罚的衔接程序。根据我国商标法、著作权法、反不正当竞争法等法律的规定，对尚不构成犯罪的侵犯知识产权的违法行为，依法给予行政处罚，构成犯罪的，依法追究刑事责任。为了做好行政处罚与刑事处罚的衔接，2020 年修订的国务院《行政执法机关移送涉嫌犯罪案件的规定》对有关程序问题作了规定，其中明确知识产权领域的违法案件，行政执法机关根据调查收集的证据和查明的案件事实，认为存在犯罪的合理嫌疑，需要公安机关采取措施进一步获取证据以判断是否达到刑事立案追诉标准的，应当向公安机关移送。

第二百一十四条 【*销售假冒注册商标的商品罪*】**销售明知是假冒注册商标的商品，违法所得数额较大或者有其他严重情节的，处三年以下有期徒刑，并处或者单处罚金；违法所得数额巨大或者有其他特别严重情节的，处三年以上十年以下有期徒刑，并处罚金。**

【释解与适用】

本条是关于销售假冒注册商标的商品罪及其刑罚的规定。

1979 年刑法对销售假冒注册商标的商品罪未作专门规定。随着我国商品经济的不断发展，销售假冒注册商标商品的情况日益突出，严重损害了注册商标权利人的权利，大量伪、劣产品进入市场，对合法经营者的正当竞争造成冲击，也严重损害了消费者的合法权益。为了更加准确、及时、有效地打击这种犯罪，1993 年 2 月《全国人民代表大会常务委员会关于惩治假冒注册商标犯罪的补充规定》第一条第二款对销售假冒注册商标的商品罪作了专门规定，具体内容为："销售明知是假冒注册商标的商品，违法所得数额较大的，处三年以下有期徒刑或者拘役，可以并处或者单处罚金；违法所得数额巨大的，处三年以上七年以下有期徒刑，并处罚金。"

1997年修订刑法时将该规定的上述内容修改后纳入刑法，主要是将作为定罪量刑标准的"违法所得"修改为"销售金额"，以进一步明确犯罪构成的数额界限，便于司法机关查处和认定犯罪事实。

为加大知识产权保护力度，提高违法犯罪成本，进一步对知识产权违法犯罪行为形成威慑，根据各方面意见，2020年12月通过的刑法修正案（十一）对本条作了以下修改：一是将定罪量刑标准由"销售金额数额较大""销售金额数额巨大"，分别修改为"违法所得数额较大或者有其他严重情节""违法所得数额巨大或者有其他特别严重情节"。将"销售金额"修改为"违法所得"，主要是为了与本节第二百一十七条侵犯著作权罪和第二百一十八条销售侵权复制品罪的有关规定相一致。增加"有其他严重情节"，主要是考虑到司法实践中此类犯罪往往持续一定时间，商品销售去向涉及的地方和人员可能比较广，要一一查清其所有的违法所得，在有的案件中往往比较困难。另外，有的销售假冒注册商标的商品案件，行为人违法所得金额可能并不大，但可能具有长期从事非法经营活动、销售金额很大、给权利人造成的损失很大、严重扰乱市场秩序等情节，也需要给予刑事处罚。因此，对于通过对违法所得金额之外的，其他有助于准确衡量和揭示犯罪行为危害性的情节的认定，能够更准确地做到罪责刑相适应。二是加大了刑事打击力度，提高了本罪的刑罚，将第一档刑罚由"三年以下有期徒刑或者拘役，并处或者单处罚金"修改为"三年以下有期徒刑，并处或者单处罚金"，将最高刑罚由七年有期徒刑修改为十年有期徒刑。

构成本条规定的犯罪，应具备以下条件。

1. 行为人主观上必须是明知，即明知是假冒他人注册商标的商品仍然销售，从中牟取非法利益。行为人是否明知，是本罪罪与非罪的重要界限。适用本条规定时，必须有证据证明行为人明知其销售的商品是假冒他人注册商标的商品，如果行为人不知是假冒注册商标的商品而销售，不构成本罪。我国商标法第六十四条规定，销售不知道是侵犯注册商标专有权的商品，能证明该商品是自己合法取得并说明提供者的，不承担赔偿责任。实践中，主要从以下几个方面判断行为人是否明知：（1）根据行为人所销售商品的来源、渠道、本人的经验和知识，能够知道自己销售的是假冒注册商标的商品；（2）销售商品进货价格和质量明显低于市场上被假冒的注册商标商品的进货价格和质量；（3）行为人是否曾被告知所销售的商品是假冒注册商标的商品。根据2004年《最高人民法院、最高人民检察院关于办理侵犯知识产权刑事案件具体应用法律若干问题的解释》第九条的规定，具有下列情形之一的，应当认定为属于刑法第二百一十四条规定的"明知"：（1）知道自己销售的商品上的注册商标被涂改、调换或者覆盖的；（2）因销售假冒注册商标的商品受到过行政处罚或者承担过民事责任，又销售同一种假冒注册商标的商品的；（3）伪造、涂改商标注册人授权文件或者知道该文件被伪造、涂改的；（4）其他知道或者应当知道是假冒注册商标的商品的情形。

2. 行为人在客观上实施了销售明知是假冒注册商标的商品的行为。这里的"销售"应是广义的，包括批发、零售、代售、贩卖等各个销售环节。"假冒注册商标"是指假冒他人已经注册了的商标。如果将还未有人注册过的商标冒充已经注册的商标在商品上使用，不构成本条规定的犯罪，而是属于违反注册商标管理的行为。

3. 违法所得必须达到数额较大或者有其他严重情节的，才构成犯罪，这也是罪与非罪的重要界限。这里规定的"其他严重情节"，主要是指违法所得金额较大之外的情形，其他如销售金额数额较大、销售侵权商品持续时间长、数量大，给权利人造成的损失大，给消费者造成了人身、财产等方面较大的损失等。具体认定时，可以根据侵权行为持续的时间长短、销售能力和销售规模的大小、犯罪的组织化程度等因素综合进行判断。

需要注意的是，虽然刑法修正案（十一）将入罪标准由"销售金额数额较大"修改为"违法所得数额较大或者有其他严重情节"，但由于新的入罪标准增加了"其他严重情节"作为兜底性规定，因此，销售金额本身的大小仍然应当属于衡量行为人所实施的犯罪行为的情节是否达到了严重的重要参照。所以，此前司法解释关于"销售金额数额较大"的规定，依然可以作为认定行为人犯罪行为情节严重程度的参考标准。根据2004年《最高人民法院、最高人民检察院关于办理侵犯知识产权刑事案件具体应用法律若干问题的解释》第二条的规定，销售金额在五万元以上的，可以构成本罪。根据2011年《最高人民法院、最高人民检察院、公安部关于办理侵犯知识产权刑事案件适用法律若干问题的意见》第八条的规定，假冒注册商标的商品尚未销售，货值金额在十五万元以上的；或者已销售金额不满五万元,但已销售金额与尚未销售的货值金额合计在十五万元以上的,应当以销售假冒注册商标的商品罪(未遂)定罪处罚。

本条对销售明知是假冒注册商标商品的犯罪,规定了两档刑:违法所得数额较大或者有其他严重情节的,处三年以下有期徒刑,并处或者单处罚金;违法所得数额巨大或者有其他特别严重情节的,处三年以上十年以下有期徒刑,并处罚金。这里的"其他特别严重情节"也需根据侵权行为持续的时间长短、销售能力和销售规模的大小、犯罪的组织化程度、违法所得的大小等因素综合进行判断。根据 2004 年《最高人民法院、最高人民检察院关于办理侵犯知识产权刑事案件具体应用法律若干问题的解释》第二条的规定,销售金额在二十五万元以上的,属于"有其他特别严重情节"。

【适用中需要注意的问题】

1. 关于销售假冒注册商标的商品犯罪案件中尚未销售或者部分销售情形的定罪量刑问题。根据 2011 年《最高人民法院、最高人民检察院、公安部关于办理侵犯知识产权刑事案件适用法律若干问题的意见》第八条的规定,(1)销售明知是假冒注册商标的商品,具有下列情形之一的,依照刑法第二百一十四条的规定,以销售假冒注册商标的商品罪(未遂)定罪处罚:①假冒注册商标的商品尚未销售,货值金额在十五万元以上的;②假冒注册商标的商品部分销售,已销售金额不满五万元,但与尚未销售的假冒注册商标的商品的货值金额合计在十五万元以上的。(2)假冒注册商标的商品尚未销售,货值金额分别达到十五万元以上不满二十五万元、二十五万元以上的,分别依照本条规定的各法定刑幅度定罪处罚。(3)销售金额和未销售货值金额分别达到不同的法定刑幅度或者均达到同一法定刑幅度的,在处罚较重的法定刑或者同一法定刑幅度内酌情从重处罚。

2. 关于本罪与相关罪名的适用。如果行为人销售的假冒注册商标的商品,是其本人实施假冒注册商标行为而来的商品,构成犯罪的,以假冒注册商标罪定罪处罚。如果行为人既有销售本人假冒注册商标的商品的行为,又有销售他人的假冒注册商标的商品的行为,分别构成犯罪的,应当以假冒注册商标罪和本罪数罪并罚。另外,如果行为人销售的商品假冒了他人的注册商标,同时商品本身是伪劣产品,构成生产、销售伪劣商品罪的,应依照刑法规定的处罚较重的规定处罚。

3. 对于尚不构成犯罪的销售假冒注册商标的商品的违法行为，根据商标法第五十七条和第六十条的规定，市场监督管理部门可以责令停止侵权行为，没收、销毁侵权商品，违法经营额五万元以上的，可以处违法经营额五倍以下的罚款，没有违法经营额或者违法经营额不足五万元的，可以处二十五万元以下的罚款。此外，《知识产权海关保护条例》第二十七条对海关扣留的侵犯知识产权货物的处理也作了规定。

4. 关于未经处理的销售假冒注册商标的商品行为的处理、缓刑的适用、判处罚金的数额、单位构成犯罪的入罪标准、帮助行为的处理、行政处罚与刑事处罚的衔接程序等问题，第二百一十三条的"适用中需要注意的问题"部分对此已有阐述，这里不再重复。

第二百一十五条　【非法制造、销售非法制造的注册商标标识罪】伪造、擅自制造他人注册商标标识或者销售伪造、擅自制造的注册商标标识，情节严重的，处三年以下有期徒刑，并处或者单处罚金；情节特别严重的，处三年以上十年以下有期徒刑，并处罚金。

【释解与适用】

本条是关于非法制造、销售非法制造的注册商标标识罪及其刑罚的规定。

1979年刑法对伪造、擅自制造他人注册商标标识或者销售伪造、擅自制造的注册商标标识的行为没有专门规定。1993年《全国人民代表大会常务委员会关于惩治假冒注册商标犯罪的补充规定》第二条对伪造、擅自制造他人注册商标标识或者销售伪造、擅自制造的注册商标标识的行为作了规定，具体内容为："伪造、擅自制造他人注册商标标识或者销售伪造、擅自制造的注册商标标识，违法所得数额较大或者有其他严重情节的，依照第一条第一款的规定处罚。"即依照第一条第一款关于假冒注册商标罪的规定处罚。

1997年修订刑法时将该补充规定的上述内容修改后纳入刑法，并主要作了两处修改。一是单独作为一条作了规定，这主要是考虑到，实践中假冒注册商标的行为逐渐出现链条化的情况，有的造假人员专门进行注册商标标识的假冒、仿制、销售活动，有必要进一步将其作为独立的罪名加以惩处。二是将本罪的构罪要件由"违法所得数额较大或者有其他严重情节"修改为"情节严重"。这是统筹刑法第二百一十三条假冒注册商标罪的规定，一并作出的修改。主要是考虑到伪造、擅自制造、销售伪造、擅自制造的注册商标标识的侵权案件，情况比较复杂，有的案件侵权行为持续很长时间，危害严重但违法所得不好计算，有的违法所得虽然不多，但给商标权利人造成的损失可能很大，有的可能还会给消费者带来大的人身财产损害等，对于这些情节严重的情况，需要在立法上予以考虑。

为了进一步加大知识产权刑事保护力度，提高违法犯罪成本，发挥法律的威慑作用，保护合法企业公平有序竞争和守法经营，营造良好的创新法治环境和营商环境，根据各方面的意见，2020年12月通过的刑法修正案（十一）对本条作了进一步修改，主要是提高了本罪的刑罚，将第一档刑罚由"三年以下有期徒刑、拘役或者管制，并处或者单处罚金"修改为"三年以下有期徒刑，并处或者单处罚金"，将最高刑罚由七年有期徒刑修改为十年有期徒刑。

本条规定了两种行为。第一种行为是伪造、擅自制造他人注册商标标识的行为。构成这一犯罪，行为人必须实施了伪造、擅自制造他人注册商标标识的行为。商标作为区别商品、服务来源的标识，它的有形载体是商标标识。"商标标识"，是指在商品、商品的包装上，或者在服务场所、招牌、广告及其他宣传用品中使用的附有商标图案的物质实体，具体包括带有商标的包装物、标签、封签、说明书、合格证等物品。"伪造"，是指未经商标注册人许可而仿照他人注册商标的图样及物质实体制造出的与该注册商标标识相同的商标标识，商标标识本身就是假的。"擅自制造"，是指未经商标注册人许可在商标印制合同规定的印数之外，又私自加印商标标识的行为，商标标识本身是真的。第二种行为是销售伪造、擅自制造的注册商标标识的行为。这里的"销售"包括批发、零售、代售、贩卖等各个销售环节，既包括在内部销售，也包括在市场上销售。

伪造他人注册商标标识、销售伪造的他人注册商标标识，这些行为都是进一步实施假冒他人注册商标商品的前提条件。近年来，随着经济社会发展和情况的变化，假冒他人注册商标商品的犯罪活动也出现了新的情况。针对注册商标权利人越来越注意对商标权益保护，不断提高商标印制防伪措施的情况，一些不法分子专门从事假冒商标标识的印制、销售等活动，形成"制假贩假一条龙"。由于这种"专业化分工"的出现，假冒注册商标标识"以假乱真"的程度越来越高，制假者制假成本降低，逃避打击能力增强,给权利人维权、消费者辨识假冒伪劣产品、执法机关依法查处带来更大困难。针对这种情况,有必要采取更为有力和更具针对性的措施给予惩处。

上述行为,必须达到"情节严重"的程度才构成犯罪,这是罪与非罪的重要界限。根据2004年《最高人民法院、最高人民检察院关于办理侵犯知识产权刑事案件具体应用法律若干问题的解释》第三条的规定,伪造、擅自制造他人注册商标标识或者销售伪造、擅自制造的注册商标标识,具有下列情形之一的,属于本条规定的"情节严重":(1)伪造、擅自制造或者销售伪造、擅自制造的注册商标标识数量在二万件以上,或者非法经营数额在五万元以上,或者违法所得数额在三万元以上的;(2)伪造、擅自制造或者销售伪造、擅自制造两种以上注册商标标识数量在一万件以上,或者非法经营数额在三万元以上,或者违法所得数额在二万元以上的;(3)其他情节严重的情形。

对非法制造、销售非法制造的注册商标标识的犯罪,本条规定了两个处罚档次:对情节严重的,处三年以下有期徒刑,并处或者单处罚金;情节特别严重的,处三年以上十年以下有期徒刑,并处罚金。根据2004年《最高人民法院、最高人民检察院关于办理侵犯知识产权刑事案件具体应用法律若干问题的解释》第三条的规定,这里的"情节特别严重"包括下列情形:(1)伪造、擅自制造或者销售伪造、擅自制造的注册商标标识数量在十万件以上,或者非法经营数额在二十五万元以上,或者违法所得数额在十五万元以上的;(2)伪造、擅自制造或者销售伪造、擅自制造两种以上注册商标标识数量在五万件以上,或者非法经营数额在十五万元以上,或者违法所得数额在十万元以上的;(3)其他情节特别严重的情形。

【适用中需要注意的问题】

1. 关于销售他人非法制造的注册商标标识犯罪案件中尚未销售或者部分销售情形的定罪问题。根据2011年《最高人民法院、最高人民检察院、公安部关于办理侵犯知识产权刑事案件适用法律若干问题的意见》第九条的规定,销售他人伪造、擅自制造的注册商标标识,具有下列情形之一的,以销售非法制造的注册商标标识罪(未遂)定罪处罚:(1)尚未销售他人伪造、擅自制造的注册商标标识数量在六万件以上的;(2)尚未销售他人伪造、擅自制造的两种以上注册商标标识数量在三万件以上的;

(3) 部分销售他人伪造、擅自制造的注册商标标识,已销售标识数量不满二万件,但与尚未销售标识数量合计在六万件以上的;(4) 部分销售他人伪造、擅自制造的两种以上注册商标标识,已销售标识数量不满一万件,但与尚未销售标识数量合计在三万件以上的。

2. 对于尚不构成犯罪的非法制造、销售非法制造的注册商标标识的违法行为,根据商标法第五十七条和第六十条的规定,市场监督管理部门可以责令停止侵权行为,没收、销毁主要用于制造侵权商品、伪造注册商标标识的工具,违法经营额五万元以上的,可以处违法经营额五倍以下的罚款,没有违法经营额或者违法经营额不足五万元的,可以处二十五万元以下的罚款。此外,我国《知识产权海关保护条例》第二十七条对海关扣留的侵犯知识产权货物的处理也作了规定。

3. 关于未经处理的非法制造、销售非法制造的注册商标标识行为的处理、缓刑的适用、判处罚金的数额、单位构成犯罪的入罪标准、帮助行为的处理、行政处罚与刑事处罚的衔接程序等问题,第二百一十三条的"适用中需要注意的问题"部分对此已有阐述,这里不再重复。

第二百一十六条 【假冒专利罪】假冒他人专利,情节严重的,处三年以下有期徒刑或者拘役,并处或者单处罚金。

【释解与适用】

本条是关于假冒专利罪及其刑罚的规定。

专利权是国家专利机关依据专利法授予专利申请人或其他权利继承人,在法定期限内对其发明创造享有的制造、使用或销售的专有权利。专利权一经授予,任何单位、个人未经许可都不得实施其专利。专利作为一项工业产权,是技术、经济和法律相结合的整体。具有以下特点:第一,它是一种具备创造性并能够解决生产实际问题的新技术方案。第二,它是发明创造者的一种无形财产。专利权人依法保护其专利不受侵占,并有义务在法定有效期内对其专利技术加以推广应用。第三,它是专利权人在法定有效期内对发明创造享有的专有权。专利必须向社会公开,并记载于将专利公开、公告的专利证书和专利文献上。

本条规定的"假冒他人专利",是指侵权人在自己产品上加上他人的专利标记和专利号,或使其与专利产品相类似,使公众认为该产品是他人的专利产品，以假乱真，侵害他人合法权利的行为。专利侵权，主要是指未经专利权人许可，使用其专利的行为。"专利权人"包括单位和个人，也包括在我国申请专利的国外的单位和个人。"使用其专利"，是指行为人为生产经营目的，将他人专利用于生产、制造产品的行为。根据专利法的规定，任何单位或者个人实施他人专利，必须与专利权人订立书面实施许可合同，向专利权人支付专利使用费。被许可人无权允许合同规定以外的任何单位或个人实施该专利。这里规定的"许可"不是一般的口头同意，而是要签订专利许可合同。专利许可意味着专利权人允许被许可人在专利权期限内，在其效力所及的范围内对该发明创造加以利用。如果行为人已经得到专利权人同意，只是还未签订书面许可合同，或者还未向专利权人支付使用费，不构成犯罪。

根据 2004 年《最高人民法院、最高人民检察院关于办理侵犯知识产权刑事案件具体应用法律若干问题的解释》第十条的规定，实施下列行为之一的，属于刑法第二百一十六条规定的"假冒他人专利"的行为：(1) 未经许可，在其制造或者销售的产品、产品的包装上标注他人专利号的；(2) 未经许可，在广告或者其他宣传材料中使用他人的专利号，使人将所涉及的技术误认为是他人专利技术的；(3) 未经许可，在合同中使用他人的专利号，使人将合同涉及的技术误认为是他人专利技术的；(4) 伪造或者变造他人的专利证书、专利文件或者专利申请文件的。

根据本条规定，对假冒他人专利，情节严重的，处三年以下有期徒刑或者拘役，并处或者单处罚金。行为人的假冒专利行为必须达到"情节严重"的程度，才构成犯罪，这是罪与非罪的界限。根据 2004 年《最高人民法院、最高人民检察院关于办理侵犯知识产权刑事案件具体应用法律若干问题的解释》第四条的规定，这里的"情节严重"包括如下情形：(1) 非法经营数额在二十万元以上或者违法所得数额在十万元以上的；(2) 给专利权人造成直接经济损失五十万元以上的；(3) 假冒两项以上他人专利，非法经营数额在十万元以上或者违法所得数额在五万元以上的；(4) 其他情节严重的情形。

【适用中需要注意的问题】

1. 关于对冒充专利行为的处理。对于冒充专利行为，编造不存在的专利，不是专利产品而冒充专利产品的，我国刑法没有规定为犯罪，但行为若符合诈骗罪、合同诈骗罪、虚假广告罪等犯罪的构成要件的，可以依照相关规定定罪处罚。此外，对于假冒专利的行为，可以依法追究行为人的行政和民事责任。根据我国专利法第六十八条的规定，假冒专利的，除依法承担民事责任外，由负责专利执法的部门责令改正并予公告，没收违法所得，可以处违法所得五倍以下的罚款，没有违法所得或者违法所得在五万元以下的，可以处二十万以下的罚款。

2. 关于未经处理的假冒他人专利行为的处理、缓刑的适用、判处罚金的数额、单位构成犯罪的入刑标准、帮助行为的处理、行政处罚与刑事处罚的衔接程序等问题，第二百一十三条"适用中需要注意的问题"部分已有阐述，这里不再重复。

第二百一十七条 【侵犯著作权罪】以营利为目的，有下列侵犯著作权或者与著作权有关的权利的情形之一，违法所得数额较大或者有其他严重情节的，处三年以下有期徒刑，并处或者单处罚金；违法所得数额巨大或者有其他特别严重情节的，处三年以上十年以下有期徒刑，并处罚金：

（一）未经著作权人许可，复制发行、通过信息网络向公众传播其文字作品、音乐、美术、视听作品、计算机软件及法律、行政法规规定的其他作品的；

（二）出版他人享有专有出版权的图书的；

（三）未经录音录像制作者许可，复制发行、通过信息网络向公众传播其制作的录音录像的；

（四）未经表演者许可，复制发行录有其表演的录音录像制品，或者通过信息网络向公众传播其表演的；

（五）制作、出售假冒他人署名的美术作品的；

（六）未经著作权人或者与著作权有关的权利人许可，故意避开或者破坏权利人为其作品、录音录像制品等采取的保护著作权或者与著作权有关的权利的技术措施的。

【释解与适用】

本条是关于侵犯著作权罪及其刑罚的规定。

1979年刑法没有将侵犯他人著作权的行为规定为犯罪。1994年《全国人民代表大会常务委员会关于惩治侵犯著作权的犯罪的决定》第一条规定了侵犯著作权罪，具体规定为："以营利为目的，有下列侵犯著作权情形之一，违法所得数额较大或者有其他严重情节的，处三年以下有期徒刑、拘役，单处或者并处罚金；违法所得数额巨大或者有其他特别严重情节的，处三年以上七年以下有期徒刑，并处罚金：（一）未经著作权人许可，复制发行其文字作品、音乐、电影、电视、录像作品、计算机软件及其他作品的；（二）出版他人享有专有出版权的图书的；（三）未经录音录像制作者许可，复制发行其制作的录音录像的；（四）制作、出售假冒他人署名的美术作品的。"

1997年修订刑法时，将上述规定的内容纳入刑法规定中。著作权是法律赋予作者因创作文学、艺术和科学作品而享有的专有权利。这项权利既包括人身权，也包括财产权。20世纪90年代初，我国的文化事业发展很快，图书音像市场不断繁荣，出版活动十分活跃。与此同时，一些犯罪分子为牟取非法利益，侵犯他人著作权的行为也越来越严重，这些行为不仅侵犯了著作权人的合法权益，同时也破坏了国家对文化市场的管理秩序。一般来说，民事主体因著作权问题产生的纠纷，主要是通过民事法律调整，有一些侵犯著作权行为，需依法追究行政法律责任，对其中一些情节严重、社会危害性大的行为，也有必要依法追究刑事责任。

1997年刑法关于本条的规定实施二十多年以来，我国经济社会持续快速发展，知识产权的重要性和全社会对于知识产权保护的意识和需求大为提升，需要进一步强化知识产权保护。随着以网络化、数字化为代表的新技术的高速发展和应用，知识产权保护和侵犯知识产权犯罪方面出现了一些新情况和新问题，为营造良好创新法治环境和营商环境，并适应实践中的新情况，与著作权法的修改相衔接，根据各方面的意见，2020年12月通过的刑法修正案（十一）对本条作了修改：一是与著作权法相衔接，增加了与著作权有关的权利的表述，完善了作品的类型，在犯罪情形中增加了侵犯表演者权利，以及避开或者破坏技术保护措施的两种侵权行为方式，并增加了通过信息网络向公众传播作品、录音录像制品、表演的规定。从实践中的情况看，随着信息技术的发展和普及，越来越多的作品、录音录像、表演等通过信息网络传播，与之相伴生的是，通过信息网络传播这种方式侵权的行为也越来越多，需要予以重视。另外，很多权利人为了保护著作权及相关权利，对作品采取了技术加密等保护措施，实践中通过避开、破坏技术保护措施，侵犯著作权或者与之有关的权利的行为，也越来越多，需要予以重视。为此，刑法修改对上述情况专门作出规定，明确可以依照本条的规定予以惩治。二是知识产权是公司企业发展的重要资源和竞争力的核心要素，为了激励创新，加大知识产权保护力度，提高侵权代价和违法犯罪成本，对知识产权犯罪形成威慑，根据各方面的意见，加大了刑事打击力度，提高了本罪的刑罚，将第一档刑罚由"三年以下有期徒刑或者拘役，并处或者单处罚金"修改为"三年以下有期徒刑，并处或者单处罚金"，将最高刑罚由七年有期徒刑修改为十年有期徒刑。

根据本条规定，构成侵犯著作权罪必须具备以下条件。

1. 行为人在主观上是故意的，并且以营利为目的。这是罪与非罪的界限。"以营利为目的"，是指行为人侵犯他人权利的行为是为了获取非法利益。本条规定的以营利为目的，主要区别于其他目的，如2020年修正著作权法第二十四条规定了合理使用作品的十三种情形，包括有些教学科研单位未经权利人许可少量复制他人作品供教学、科研之用；图书馆、档案馆、纪念馆等为了陈列或保存版本的需要，复制本馆收藏的作品；为个人学习、研究或者欣赏，使用他人已经发表的作品等，这些情形都是作品的合理使用，属于非以营利为目的，不构成犯罪。判断行为人是否是以营利为目的，需要根据行为人的具体行为表现、实际意图等因素进行综合判断。需要注意的是，是否以营利为目的，是就行为人相关行为的目的和性质而言，并不意味着行为人的行为一定要有即期获利或者直接从中取得经济收入。如有的行为人虽然出于商业目的实施侵权行为，但开始阶段可能因为吸引"流量""促销"等原因，并没有实现盈利，甚至"赔本赚吆喝"，但就其行为的实质来看，属于为了远期营利，而以营利为目的实施侵犯他人著作权的行为，这不影响其行为被认定为"以营利为目的"。还有的行为人虽然表面上并没有直接从被侵权作品获得经济利益，但是，通过广告等其他方式间接获得收益，这也是以营利为目的侵犯他人著作权的一种情况。

根据2011年《最高人民法院、最高人民检察院、公安部关于办理侵犯知识产权刑事案件适用法律若干问题的意见》第十条的规定，除销售外，具有下列情形之一的，可以认定为"以营利为目的"：（1）以在他人作品中刊登收费广告、捆绑第三方作品等方式直接或者间接收取费用的；

(2) 通过信息网络传播他人作品，或者利用他人上传的侵权作品，在网站或者网页上提供刊登收费广告服务，直接或者间接收取费用的；(3) 以会员制方式通过信息网络传播他人作品，收取会员注册费或者其他费用的；(4) 其他利用他人作品牟利的情形。

2. 行为人在客观上实施了本条规定的侵犯他人著作权的行为。本条对侵犯他人著作权的行为具体规定为以下六种情形：

(1) 未经著作权人许可，复制发行、通过信息网络向公众传播其文字作品、音乐、美术、视听作品、计算机软件及法律、行政法规规定的其他作品。"著作权人"，是指著作权的主体，即著作权权利义务的承受者。根据著作权法的规定，著作权人可以是作者本人，也可以是其他依照著作权法享有著作权的公民、法人或者其他组织。"未经著作权人许可"，是指没有得到著作权人授权，或者伪造、涂改著作权人授权许可文件或者超出授权许可范围的情形。一般来说，只有经过著作权人的许可，才能以复制发行等方式使用其作品，著作权法第二十四条规定的合理使用情形除外。"复制"，是指以印刷、复印、拓印、录音、录像、翻录、翻拍等方式将作品制作一份或多份的行为。"发行"是指以出售或者赠与的方式向公众提供作品的原件或者复制件的行为。"复制发行"，包括复制、发行或者既复制又发行的行为。随着侵权行为网络化，通过信息网络向公众传播作品也成为侵犯著作权的重要途径和方式。"复制发行、通过信息网络向公众传播"的行为未得到著作权人的许可，是构成犯罪的必备条件。这里规定的"作品"包括法律、行政法规规定的所有作品类型，包括著作权法第三条规定的文字作品，口述作品，音乐、戏剧、曲艺、舞蹈、杂技艺术作品，美术、建筑作品；摄影作品，视听作品，工程设计图、产品设计图、地图、示意图等图形作品和模型作品，计算机软件等作品类型。本条选择性地明确规定了文字作品、音乐、美术、视听作品、计算机软件等几种常见的作品类型，并作了"法律、行政法规规定的其他作品"的兜底性规定。

(2) 出版他人享有专有出版权的图书。"出版"，是指将作品编辑加工后，通过复制向公众发行。"专有出版权"，是指图书出版者依据其与著作权人之间订立的出版合同而享有独家出版权，著作权法第三十三条对此作了规定。擅自出版他人享有专有出版权的图书的行为，既损害了享有专有出版权的图书出版者和著作权人的合法权益，也会给文化市场造成混乱，情节严重的，需要给予刑事处罚。

（3）未经录音录像制作者许可，复制发行、通过信息网络向公众传播其制作的录音录像。录音录像制作者，通过对原著作品编辑加工，以声音图像直观感性的形式把抽象的原著作品再现出来，对再现出来的作品形式享有专有出版权。未经录音录像制作者许可，复制发行、通过信息网络向公众传播其制作的录音录像，是一种侵犯他人著作权的行为，需要予以处罚。一般来说，只有经过录音录像制作者许可，才能以复制发行等方式使用其制作的录音录像，但著作权法第四十二条作了除外规定，即录音制作者使用他人已经合法录制为录音制品的音乐作品制作录音制品，可以不经著作权人许可，但应当按照规定支付报酬。

（4）未经表演者许可，复制发行录有其表演的录音录像制品，或者通过信息网络向公众传播其表演。根据著作权法第三十九条第一款第五项和第六项的规定，表演者有许可他人复制发行录有其表演的录音录像制品，通过信息网络向公众传播其表演，并获得报酬的权利，这是表演者的一项重要权利，行为人未经表演者许可，擅自复制发行录有其表演的录音录像制品，或者通过信息网络向公众传播其表演的，是一种严重的侵权行为，以营利为目的，违法所得数额较大或者有其他严重情节的，应当依照本条规定追究刑事责任。

（5）制作、出售假冒他人署名的美术作品。"美术作品"，是指以线条、色彩或其他方式构成的有审美意义的平面或立体的造型艺术作品，包括绘画、书法、雕塑、工艺美术等。制作出售假冒他人署名的美术作品，包括以下两种方式：一是把自己制作的美术作品署上他人的名，假冒他人的作品出售；二是将第三人的美术作品署上他人的姓名，假冒他人的作品出售，从中牟利。实践中，被假冒署名的人一般文学艺术水平较高，在社会上有一定的声望和影响，这种侵权行为，会损害被假冒署名的人的声誉，也会扰乱文化市场秩序，情节严重的，需要予以刑事处罚。

（6）未经著作权人或者与著作权有关的权利人许可，故意避开或者破坏权利人为其作品、录音录像制品等采取的保护著作权或者与著作权有关的权利的技术措施。这里的"技术措施"是指用于防止、限制未经权利人许可浏览、欣赏作品、表演、录音录像制品或者通过信息网络向公众提供作品、表演、录音录像制品的有效技术、装置或者部件。当前，通过信息网络向公众传播作品、录音录像已经成为普遍现象，行为人采取加密保护等技术措施，是为了防止、限制他人不经其许可的使用和传播。行为人为了实施侵犯他人著作权的行为，对于他人采取的加密保护技术措施，通过解密等方式加以避开或者破坏的行为，实际上为侵权行为清除了障碍，同样是损害权利人利益，扰乱市场秩序的违法行为。比如，实践中一些行为人开发聚合链接类盗版视频平台，就是典型的避开或者破坏权利人的技术保护措施，侵犯权利人的著作权，同时也占用权利人视频网站的带宽资源的违法行为。对于该类行为，以营利为目的，违法所得数额较大或者有其他严重情节的，明确规定可以依照本条规定追究刑事责任。值得一提的是，著作权法第五十条对可以避开技术措施的五种情形作了规定，包括为学校课堂教学或科学研究，无法通过正常途径获取；国家机关执行公务；进行加密研究或者计算机软件反向工程研究等，上述情形属于合理地避开，不属于违法行为。

3. 行为人的上述行为，必须是违法所得数额较大或者有其他严重情节的，才构成犯罪。对侵犯著作权罪，本条规定了两档处罚：即违法所得数额较大或者有其他严重情节的，处三年以下有期徒刑，并处或者单处罚金；违法所得数额巨大或者有其他特别严重情节的，处三年以上十年以下有期徒刑，并处罚金。根据 2004 年 12 月《最高人民法院、最高人民检察院关于办理侵犯知识产权刑事案件具体应用法律若干问题的解释》第五条的规定，违法所得数额在三万元以上的，属于"违法所得数额较大"；具有下列情形之一的，属于"有其他严重情节"：（1）非法经营数额在五万元以上的；（2）未经著作权人许可，复制发行其文字作品、音乐、电影、电视、录像作品、计算机软件及其他作品，复制品数量合计在一千张（份）以上的；（3）其他严重情节的情形。根据上述司法解释的规定，违法所得数额在十五万元以上的，属于"违法所得数额巨大"；具有下列情形之一的，属于"有其他特别严重情节"：（1）非法经营数额在二十五万元以上的；（2）未经著作权人许可，复制发行其文字作品、音乐、电影、电视、录像作品、计算机软件及其他作品，复制品数量合计在五千张（份）以上的；（3）其他特别严重情节的情形。之后，2007 年《最高人民法院、最高人民检察院关于办理侵犯知识产权刑事案件具体应用法律若干问题的解释（二）》第一条降低了复制发行侵权产品的数量标准，规定：以营利为目的，未经著作权人许可，复制发行其文字作品、音乐、电影、电视、录像作品、计算机软件及其他作品，复制品数量合计在五百张（份）以上的，属于刑法本条规定的"有其他严重情节"；复制品数量在二千五百张（份）以上的，属于刑法第二百一十七条规定的"有其他特别严重情节"。该解释自2007年4月5日实施以后，复制发行侵权复制品构成刑法本条规定之罪的，应适用新解释规定的数量标准。上述入罪标准与2008年《最高人民检察院、公安部关于公安机关管辖的刑事案件立案追诉标准的规定（一）》第二十六条规定的立案追诉标准是一致的。2011年《最高人民法院、最高人民检察院、公安部关于办理侵犯知识产权刑事案件适用法律若干问题的意见》对通过信息网络传播侵权作品行为的定罪处罚作了进一步明确：以营利为目的，未经著作权人许可，通过信息网络向公众传播他人文字作品、音乐、电影、电视、美术、摄影、录像作品、录音录像制品、计算机软件及其他作品，具有下列情形之一的，属于本条规定的"其他严重情节"：（1）非法经营数额在五万元以上的；（2）传播他人作品的数量合计在五百件（部）以上的；（3）传播他人作品的实际被点击数达到五万次以上的；（4）以会员制方式传播他人作品，注册会员达到一千人以上的；（5）数额或者数量虽未达到第（1）项至第（4）项规定标准，但分别达到其中两项以上标准一半以上的；（6）其他严重情节的情形。实施上述行为，数额或者数量达到第（1）项至第（5）项规定标准五倍以上的，属于本条规定的"其他特别严重情节"。

【适用中需要注意的问题】

1. 关于本条第一项规定的"法律、行政法规规定的其他作品"的认定。这一规定属于兜底性规定，主要是考虑到随着文化和科学事业的发展，实践中可能还会出现一些新的思想表达形式，如果这些新的形式的作品属于著作权法规定的符合作品特征的智力成果，且有关法律、行政法规明确予以规定并加以保护的，就可以依法认定为属于本条规定的作品。著作权属于一种法定权利，如果一种所谓新的作品形式并不被著作权法、《著作权法实施条例》等法律、行政法规作为一种作品类型予以保护的，则不在本条规定的作品的保护范围。这样规定是为了依法明确作品的范围，从而准确界定罪与非罪的界限，以防止刑事打击范围过于宽泛。

2. 关于本条第五项规定的"美术作品"的认定。刑法关于美术作品的范围，与著作权法的规定是一致的。根据著作权法等的有关规定，美术作品主要包括绘画、书法、雕塑、工艺美术等。值得一提的是，这里的"工艺美术"通常分为两类，一类是陈设工艺，即专供陈设欣赏用的工艺美术品,如象牙雕刻、泥塑等;另一类是日用工艺,即经过装饰加工可供人们日常生活用的实用艺术品,如家居工艺、陶瓷工艺中的碗、杯等。需要指出的是,著作权法所保护的工艺美术,只保护工艺美术品中具有创造性的造型或美术图案,不保护生产过程中的工艺;只保护具有创造性的造型艺术,不保护日常生活中使用的实用功能,首创的具有实用功能的实用品,可以受到其他有关法律的保护。

3. 关于"以营利为目的"的认定。当前,网络侵犯著作权行为的营利方式呈现出多样化的特点,营利可能仅体现在犯罪的某一阶段。如有的为了提高网站的知名度、吸引更多网民或者提高点击率,许可他人免费使用自己侵犯第三人著作权而得到的作品,有的以免费的形式将盗版作品通过网络进行分发,积累到一定的用户流量和会员数量后,便将网站或者 App 打包出售以获取利益。此类行为在前期,不投放广告、不收取会员费,都完全是以免费、非营利的表象出现的,只有在打包出售时才能体现出其主观营利的目的。对于前期的侵犯著作权的行为,是否能认定为"以营利为目的",应当结合行为人的行为表现、意图、远期目标等进行综合判断,行为人是为了远期获利的,即使当前尚未实际获利甚至亏损,但符合"以营利为目的"的条件的,可以依照本条规定的犯罪予以处罚。

4. 关于本罪与相关罪名的适用。实施本条规定的侵犯著作权的行为,又销售该侵权复制品,构成犯罪的,以侵犯著作权罪定罪处罚。实施本条规定的侵犯著作权的行为,又明知是他人的侵权复制品而予以销售,分别构成数个犯罪,依照刑法规定应当予以数罪并罚的,以销售侵权复制品罪和本罪数罪并罚。

5. 对于本条规定的侵权行为,尚不构成犯罪的,可以依法追究侵权人的民事和行政责任。著作权法第五十三条规定,有本条规定的侵权行为的,侵权人应当根据情况,承担停止侵害、消除影响、赔礼道歉、赔偿损失等民事责任;侵权行为同时损害公共利益的,由主管著作权的部门责令停止侵权行为,予以警告,没收违法所得,没收、无害化销毁处理侵权复制品以及主要用于制作侵权复制品的材料、工具、设备等,违法经营额五万元以上的,可以并处违法经营额一倍以上五倍以下的罚款;没有违法经营额、违法经营额难以计算或者不足五万元的,可以并处二十五万元以下的罚款。根据该规定,侵权行为损害公共利益的,才需要追究侵权人的行政责任。同理,只有损害公共利益,达到一定严重程度,构成犯罪的,才能追究刑事责任。

6. 关于未经处理的侵犯著作权的行为的处理、缓刑的适用、判处罚金的数额、单位构成犯罪的入罪标准、帮助行为的处理、行政处罚与刑事处罚的衔接程序等问题，第二百一十三条"适用中需要注意的问题"部分对此已有阐述，这里不再重复。

第二百一十八条 【销售侵权复制品罪】以营利为目的，销售明知是本法第二百一十七条规定的侵权复制品，违法所得数额巨大或者有其他严重情节的，处五年以下有期徒刑，并处或者单处罚金。

【释解与适用】

本条是关于销售侵权复制品罪及其刑罚的规定。

1979 年刑法没有将销售侵权复制品的行为规定为犯罪。为更有力地打击侵犯知识产权犯罪，1994 年 7 月《全国人民代表大会常务委员会关于惩治侵犯著作权的犯罪的决定》第二条规定了销售侵权复制品罪，具体内容为："以营利为目的，销售明知是第一条规定的侵权复制品，违法所得数额较大的，处二年以下有期徒刑、拘役，单处或者并处罚金；违法所得数额巨大的，处二年以上五年以下有期徒刑，并处罚金。"

1997 年修订刑法时，将上述内容修改完善后纳入刑法中，主要修改是对刑罚幅度进行了调整，将"违法所得数额较大的，处二年以下有期徒刑、拘役，单处或者并处罚金"和"违法所得数额巨大的，处二年以上五年以下有期徒刑，并处罚金"修改为"违法所得数额巨大的，处三年以下有期徒刑或者拘役，并处或者单处罚金"。这样，本罪的刑罚由原来的两档调整为一档，最高刑罚由五年有期徒刑调整为三年有期徒刑。

为加大知识产权保护力度，提高违法犯罪成本，进一步对知识产权违法犯罪行为形成威慑，根据各方面意见，2020 年 12 月通过的刑法修正案（十一）对本条作了以下修改：一是将入罪门槛由"违法所得数额巨大"修改为"违法所得数额巨大或者有其他严重情节"。这主要是考虑在某些情况下，销售侵权复制品案件的侵权者获得的违法所得并不多，但可能具有非法经营数额、销售量、给权利人造成的损失很大，严重扰乱市场秩序等严重情节，需要给予刑事处罚。二是加大了刑事打击力度，提高了销售侵权复制品罪的刑罚，将本罪的刑罚由"三年以下有期徒刑或者拘役，并处或者单处罚金"修改为"五年以下有期徒刑,并处或者单处罚金"。

构成本条规定的犯罪,必须具备以下条件。

1. 行为人主观上必须:一是以营利为目的;二是明知是侵权复制品而销售,这是罪与非罪的重要界限。如果行为人不知其销售的是侵权复制品,不构成犯罪。

2. 行为人实施了销售侵权复制品的行为,并且其所销售的复制品必须是第二百一十七条规定的侵权复制品,即未经著作权人许可,复制发行、通过信息网络向公众传播其作品;出版他人享有专有出版权的图书;未经录音录像作者许可,复制发行、通过信息网络向公众传播其制作的录音录像等六种情形产生的侵权复制品。这里的"销售"应当是广义的,包括批发、零售、代售、贩卖等各个销售环节。

3. 销售本条规定的侵权复制品必须是违法所得数额巨大或者有其他严重情节的,才构成犯罪。根据2004年《最高人民法院、最高人民检察院关于办理侵犯知识产权刑事案件具体应用法律若干问题的解释》第六条的规定,违法所得数额在十万元以上的,属于"违法所得数额巨大"。如果销售量很小,违法所得数额不大,不构成犯罪。此外,根据2008年《最高人民检察院、公安部关于公安机关管辖的刑事案件立案追诉标准的规定(一)》第二十七条的规定,违法所得数额未达到十万元,但尚未销售的侵权复制品货值金额达到三十万元的,也应予立案追诉。

这里的"其他严重情节",可以包括非法经营数额巨大,销售金额巨大,销售的侵权复制品的数量多,给权利人造成很大的损失等情形,具体认定时,可以根据侵权行为持续的时间长短、销售能力和销售规模的大小、犯罪的组织化程度等综合进行判断。

根据本条规定,对销售侵权复制品违法所得数额巨大或者有其他严重情节,构成犯罪的,依法应当判处五年以下有期徒刑,并处或者单处罚金。

【适用中需要注意的问题】

1. 关于本罪与相关罪名的适用。实施刑法第二百一十七条规定的侵犯著作权的行为,又销售该侵权复制品,构成犯罪的,以侵犯著作权罪定罪处罚。实施第二百一十七条规定的侵犯著作权的行为,又明知是他人的侵权复制品而予以销售,分别构成数个犯罪,依照刑法规定应当予以数罪并罚的，以侵犯著作权罪和本罪数罪并罚。

2. 对于本条规定的侵权行为，尚不构成犯罪的，可以依法追究侵权人的民事和行政责任。根据著作权法第五十三条的规定，侵权行为同时损害公共利益的，由主管著作权的部门责令停止侵权行为，予以警告，没收违法所得，没收、无害化销毁处理侵权复制品以及主要用于制作侵权复制品的材料、工具、设备等，违法经营额五万元以上的，可以并处违法经营额一倍以上五倍以下的罚款；没有违法经营额、违法经营额难以计算或者不足五万元的，可以并处二十五万元以下的罚款。

3. 关于未经处理的销售侵权复制品行为的处理、缓刑的适用、判处罚金的数额、单位构成犯罪的入罪标准、帮助行为的处理、行政处罚与刑事处罚的衔接程序等问题，第二百一十三条"适用中需要注意的问题"和"适用中需要注意的问题"部分对此已有阐述，这里不再重复。

第二百一十九条 【侵犯商业秘密罪】有下列侵犯商业秘密行为之一，情节严重的，处三年以下有期徒刑，并处或者单处罚金；情节特别严重的，处三年以上十年以下有期徒刑，并处罚金：

（一）以盗窃、贿赂、欺诈、胁迫、电子侵入或者其他不正当手段获取权利人的商业秘密的；

（二）披露、使用或者允许他人使用以前项手段获取的权利人的商业秘密的；

（三）违反保密义务或者违反权利人有关保守商业秘密的要求，披露、使用或者允许他人使用其所掌握的商业秘密的。

明知前款所列行为，获取、披露、使用或者允许他人使用该商业秘密的，以侵犯商业秘密论。

本条所称权利人，是指商业秘密的所有人和经商业秘密所有人许可的商业秘密使用人。

【释解与适用】

本条是关于侵犯商业秘密罪及其刑罚的规定。

1979年刑法没有将侵犯商业秘密的行为规定为犯罪。随着经济发展，有些企业采取盗窃、利诱、胁迫等不正当手段，非法获取竞争企业的商业秘密，以取得竞争优势的不正当竞争行为时有发生，有的给相关企业造成重大损失，同时，这种行为也严重违反公平竞争原则，扰乱市场秩序。针对这种情况，1993年9月全国人民代表大会常务委员会通过了反不正当竞争法，该法对侵犯商业秘密的行为规定了行政处罚。该法第十条对侵犯商业秘密的具体行为作了规定，内容为："经营者不得采用下列手段侵犯商业秘密：（一）以盗窃、利诱、胁迫或者其他不正当手段获取权利人的商业秘密；（二）披露、使用或者允许他人使用以前项手段获取的权利人的商业秘密；（三）违反约定或者违反权利人有关保守商业秘密的要求，披露、使用或者允许他人使用其所掌握的商业秘密。第三人明知或者应知前款所列违法行为，获取、使用或者披露他人的商业秘密，视为侵犯商业秘密。本条所称的商业秘密，是指不为公众所知悉、能为权利人带来经济利益、具有实用性并经权利人采取保密措施的技术信息和经营信息。"该法第二十五条规定了对上述行为的行政处罚，内容为："违反本法第十条规定侵犯商业秘密的，监督检查部门应当责令停止违法行为，可以根据情节处以一万元以上二十万元以下的罚款。"

1997年修订刑法时，为鼓励创新，维护社会主义市场经济条件下公平竞争的经济秩序，将反不正当竞争法上述内容纳入了刑法，对侵犯商业秘密的行为作出刑法上的规定，并对"权利人"的范围作出了明确规定。

1997年刑法关于本条的规定实施二十多年以来，我国经济社会取得了很大发展，随着我国市场经济的发展和各类市场主体的壮大，知识产权的重要性和全社会对于知识产权保护的意识和需求大为提升，需要进一步强化知识产权保护。其中，商业秘密是经营者知识和智慧的结晶，是企业无形资产的重要组成部分，商业秘密作为具有商业价值并经权利人采取相应保密措施的技术信息、经营信息等商业信息，对企业的生存和发展，在市场竞争中取得一定的优势地位和竞争力，是相当重要的，有的商业秘密甚至会影响到一个企业的生死存亡，需要在法律上给予严格的保护。为营造良好的创新法治环境和营商环境，并适应实践中的新情况，与近年来反不正当竞争法关于商业秘密条文的修改相衔接，进一步总结司法实践中的经验，根据各方面的意见，2020年刑法修正案（十一）对本条作了修改：一是与反不正当竞争法关于商业秘密条文的修改相衔接，对有关侵权行为方式进行了完善，将第一款第一项中的"利诱"修改为"贿赂"，增加规定了"欺诈""电子侵入"的不正当手段，并将第三项中的"违反约定"修改为"违反保密义务"；在第二款中增加了允许他人使用商业秘密的情形。

二是将第二款中的"明知或者应知前款所列违法行为"修改为"明知",这主要是考虑到根据刑法规定,故意犯罪,行为人主观上都是出于明知,而所谓"应知",实际上是指在认定行为人主观上是否处于"明知"状态时的一种推理依据和方法。这样修改后也与其他罪名的表述统一起来。三是删去了第三款关于商业秘密定义的表述,依照反不正当竞争法关于商业秘密的定义进行认定即可,这也是为了保持刑法条文稳定性的需要。四是根据进一步加大知识产权保护力度,提高侵权代价和违法犯罪成本,对知识产权犯罪形成威慑的需要以及各方面的意见,加大了刑事打击力度,修改了入罪门槛和判处第二档刑罚的情形,并提高了本罪的刑罚。具体包括:将入罪门槛由"给商业秘密的权利人造成重大损失的"修改为"情节严重的",并将判处第二档刑罚的情形由"造成特别严重后果的"修改为"情节特别严重的";还将第一档刑罚由"三年以下有期徒刑或者拘役,并处或者单处罚金"修改为"三年以下有期徒刑,并处或者单处罚金",将最高刑罚由七年有期徒刑修改为十年有期徒刑。

  本条共分三款。第一款是关于侵犯他人商业秘密的行为的规定。本条具体列举了三种侵犯商业秘密的行为:(1)以盗窃、贿赂、欺诈、胁迫、电子侵入或者其他不正当手段获取权利人的商业秘密。实施这一行为的人,一般是享有商业秘密的权利人的竞争对手。"贿赂"是指通过给予因工作关系等,实际知悉商业秘密的人以财物,以获取权利人的商业秘密;"胁迫"是指通过声称对他人本人或者亲友等实施人身伤害、披露隐私等方式,迫使他人向其提供商业秘密;"电子侵入"是指的通过技术手段侵入计算机网络等信息系统,非法获取他人的商业秘密;"其他不正当手段",是兜底性规定,是指行为人采取以上明确列举的行为之外的,其他属于不正当竞争行为的方式,非法获取他人的秘密的各种行为。"权利人",是指商业秘密的所有人和经商业秘密所有人许可的商业秘密使用人。(2)披露、使用或者允许他人使用以前项手段获取的权利人的商业秘密。"披露",是指向他人透露行为人以盗窃、贿赂、欺诈、胁迫、电子侵入或者其他不正当手段获取的他人商业秘密的行为,将权利人的商业秘密披露公开,会破坏权利人的竞争优势;"使用",是指自己使用;"允许他人使用",是指将非法手段获取的商业秘密,提供给其他人使用的行为。无论是行为人自己使用或者允许他人使用上述商业秘密,都是侵犯权利人商业秘密的非法行为。(3)违反保密义务或者违反了权利人有关保守商业秘密的要求，披露、使用或者允许他人使用其所掌握的商业秘密。主要是指行为人所掌握的商业秘密虽然是先前合法获取的，但是违反了保密义务或者违反了权利人有关保守商业秘密的要求，向第三人披露、使用或者允许第三人使用其所获取的商业秘密。例如，经营者通过与权利人签署合作协议取得商业秘密，之后违反与权利人关于保守商业秘密的约定或者权利人对保守商业秘密的要求，擅自向第三人披露该商业秘密，或者自己以权利人的身份又与他人签订技术转让合同等，允许他人使用其所掌握的商业秘密的行为。

第二款是关于以侵犯商业秘密论的行为的规定。根据这一规定，第三人自己虽未直接实施上述侵权行为，但如果明知他人具有上述三种侵犯商业秘密的行为，仍然从他那里获取、披露、使用或者允许他人使用该商业秘密的，以侵犯商业秘密论。由于第三人不是非法获取商业秘密的直接责任人，因此，第三人主观上必须是明知，才构成犯罪。如果第三人不知道该信息是他人非法获取、披露、使用的商业秘密的，则不是本条这里规定的侵犯商业秘密的行为。

第三款是关于权利人范围的规定。根据这一规定，权利人包括商业秘密所有人和经商业秘密所有人许可的商业秘密使用人。商业秘密使用人，是与商业秘密所有人订立商业秘密使用许可合同的人。

根据本条规定，对侵犯他人商业秘密，情节严重的，处三年以下有期徒刑，并处或者单处罚金；情节特别严重的，处三年以上十年以下有期徒刑，并处罚金。这里的"情节严重"可以综合给商业秘密的权利人造成的损失、权利人公司因而发生经营困难、行为人是否多次实施上述侵犯商业秘密的行为、行为人侵权所得数额等情形，加以判断。"情节特别严重"包括给商业秘密的权利人造成的损失数额巨大；或者侵权人违法所得数额巨大等情形。2020年8月《最高人民法院、最高人民检察院关于办理侵犯知识产权刑事案件具体应用法律若干问题的解释（三）》第四条对"给商业秘密的权利人造成重大损失"的认定作出了规定，具体情形包括：(1) 给商业秘密的权利人造成损失数额或者因侵犯商业秘密违法所得数额在三十万元以上的；(2) 直接导致商业秘密的权利人因重大经营困难而破产、倒闭的；(3) 造成商业秘密的权利人其他重大损失的。此外，还规定，给商业秘密的权利人造成损失数额或者因侵犯商业秘密违法所得数额在二百五十万元以上的，应当认定为"造成特别严重后果"。

【适用中需要注意的问题】

1. 关于"明知"的理解。刑法条文中有很多关于明知的规定,如第一百二十条之六非法持有宣扬恐怖主义、极端主义物品罪要求明知是宣扬恐怖主义、极端主义的图书、音频视频资料或者其他物品而非法持有,第一百四十四条销售有毒、有害食品罪要求销售的是明知掺有有毒、有害的非食品原料的食品,第一百四十八条销售不符合卫生标准的化妆品罪要求销售的是明知不符合卫生标准的化妆品,第二百一十八条销售侵权复制品罪要求销售的是明知是第二百一十七条规定的侵权复制品,第三百一十二条掩饰、隐瞒犯罪所得、犯罪所得收益罪要求明知是犯罪所得及其产生的收益。本条规定的"明知"和上述条文中的"明知"一样,是指行为人主观上知道或者根据各方面情况足以认定行为人主观上应当是知道的。具体在认定行为人是否明知时,不能仅凭其口供,还需要根据行为人的客观行为、主观状态、平时表现等因素综合作出判断。

2. 关于"贿赂"手段的理解。"贿赂"指的是通过给予因工作关系等而知悉商业秘密的人以财物,以获取权利人的商业秘密。关于用于贿赂的财物的范围,可以参考2016年4月《最高人民法院、最高人民检察院关于办理贪污贿赂刑事案件适用法律若干问题的解释》的规定。按照该解释第十二条的规定,财物的范围包括货币、物品和财产性利益,其中,财产性利益包括可以折算为货币的物质利益如房屋装修、债务免除等,以及需要支付货币的其他利益如会员服务、旅游等,后者的犯罪数额,以实际支付或者应当支付的数额计算。

3. 关于"盗窃"手段的认定。根据2020年8月《最高人民法院、最高人民检察院关于办理侵犯知识产权刑事案件具体应用法律若干问题的解释(三)》第三条的规定,采取非法复制、未经授权或者超越授权使用计算机信息系统等方式窃取商业秘密的,应当认定为本条第一款第一项规定的"盗窃"。

4. 关于"商业秘密"的概念。刑法修正案(十一)删去了原条文关于商业秘密概念的规定,这主要是为了与其他相关法律中商业秘密的规定保持一致。反不正当竞争法对于商业秘密的概念作了规定,本条中的商业秘密的认定,可以依照反不正当竞争法关于商业秘密的定义进行。实际上反不正当竞争法关于商业秘密的规定,也是根据我国经济社会发展和实践中通过侵犯商业秘密实施不正当竞争等行为的情况的变化，分别于2017年、2019年作出了两次修改。因此，通过刑法修正案（十一）的修改，在刑法中不再具体规定商业秘密的定义，具体认定商业秘密时，由司法机关根据反不正当竞争法等法律规定进行，这样更有利于维护刑法条文的稳定性。根据反不正当竞争法第九条的规定，商业秘密是指不为公众所知悉、具有商业价值并经权利人采取相应保密措施的技术信息、经营信息等商业信息。据此，商业秘密有以下特点：（1）商业秘密不为公众所知悉，具有秘密性，只限于一部分人知道。如果通过公开的或者其他类似渠道可以获得的信息，不能认为是商业秘密。（2）商业秘密应当具有商业价值，该秘密信息能够给经营者带来经济利益或者竞争优势，可以是能够带来直接的、现实的经济利益或者竞争优势的信息，如产品配方、技术改良方案，也可以是能够带来间接的、潜在的经济利益或者竞争优势的信息，如客户资料信息等。甚至包括一些有关技术开发或者生产经营过程中经验教训的总结和积累的资料，如企业技术改造过程中一些能够证明某些工艺等不可行的科研资料。因为这些资料可以帮助经营者调整研发思路、缩短研发周期、降低研发成本。（3）权利人对商业秘密采取了相应的保密措施，以防止他人未经授权获取。具体的保密措施可以是多种多样的，如制定保密规则，向员工提出保密要求，签订保密协议，对涉密信息采取加密、加锁、限定知悉范围、控制接触人群等措施。一般来说，企业对商业秘密采取的保密措施与该商业秘密的商业价值具有相称性，商业秘密的价值越大，经营者可能采取的保密措施越严格。（4）商业秘密是指技术信息、经营信息等商业信息。"技术信息"包括产品配方、设计方案、技术诀窍、工艺流程等信息；"经营信息"包括有关经营的重要决策、产销策略、客户信息、货源情报、招投标中的标底等信息。

5. 关于本条规定的行为造成的损失数额或者违法所得数额的认定。2020年8月《最高人民法院、最高人民检察院关于办理侵犯知识产权刑事案件具体应用法律若干问题的解释（三）》第五条对侵权行为造成的损失数额或者违法所得数额如何认定作出了详细规定。如尚未披露、使用或者允许他人使用的，可以根据该项商业秘密的合理许可使用费确定损失数额；披露、使用或者允许他人使用的，可以根据权利人因被侵权造成销售利润的损失确定损失数额，但该损失数额低于商业秘密合理使用许可费的，根据合理许可使用费确定；因侵犯商业秘密行为导致商业秘密已为公众所知悉或者灭失的，损失数额可以根据该项商业秘密的商业价值确定，商业秘密的价值，可以根据该项商业秘密的研究开发成本、实施该项商业秘密的收益综合确定；因披露或者允许他人使用商业秘密而获得的财物或者其他财产性利益的，应当认定为违法所得；等等。

6. 关于侵犯商业秘密一般违法行为的处理。对于尚不构成犯罪的侵犯商业秘密的行为，根据反不正当竞争法第二十一条的规定，应当由监督检查部门责令停止违法行为，没收违法所得，处十万元以上一百万元以下的罚款；情节严重的，处五十万元以上五百万元以下的罚款。

7. 关于涉及商业秘密的证据的保密和案件审理。我国刑事诉讼法第五十四条规定，对涉及国家秘密、商业秘密、个人隐私的证据，应当保密。第一百五十二条规定，侦查人员对采取技术侦查措施过程中知悉的商业秘密，应当保密。第一百八十八条规定，涉及商业秘密的案件，当事人申请不公开审理的，可以不公开审理。此外，根据2020年8月《最高人民法院、最高人民检察院关于办理侵犯知识产权刑事案件具体应用法律若干问题的解释（三）》第六条的规定，在刑事诉讼程序中，当事人、辩护人、诉讼代理人或者案外人书面申请对有关商业秘密的证据、材料采取保密措施的，应当根据案件情况组织诉讼参与人签署保密承诺书等必要的保密措施。

8. 关于未经处理的侵犯商业秘密行为的处理、缓刑的适用、判处罚金的数额、单位构成犯罪的入罪标准、帮助行为的处理、行政处罚与刑事处罚的衔接程序等问题，第二百一十三条"适用中需要注意的问题"部分对此已有阐述，这里不再重复。

第二百一十九条之一　【为境外窃取、刺探、收买、非法提供商业秘密罪】为境外的机构、组织、人员窃取、刺探、收买、非法提供商业秘密的，处五年以下有期徒刑，并处或者单处罚金；情节严重的，处五年以上有期徒刑，并处罚金。

【释解与适用】

本条是关于为境外的机构、组织、人员窃取、刺探、收买、非法提供商业秘密罪及其刑罚的规定。

为进一步加强企业产权保护和优化营商环境，刑法修正案（十一）对涉及商业秘密的犯罪作了修改：一是修改了侵犯商业秘密犯罪，调整了入罪门槛，并对侵犯商业秘密的行为方式作了调整；二是增加了本条关于为境外窃取、刺探、收买、非法提供商业秘密罪的规定。随着我国改革开放的不断扩大深入，国内外交流越来越频繁，境外机构、组织、个人在我国境内开展投资活动越来越多，并购、合资等各种投资活动成为外资在中国市场开展业务，获取收益的重要途径。境外投资对于我国引进资金、技术、先进管理经验，促进经济社会发展，实现经济转型升级发挥了重要作用。因此，我们必须坚持对外开放政策不动摇，推动形成全面开放新格局，在更深层次、更高水平的对外开放的过程中，促进社会主义市场经济健康发展。

需要强调的是，国家坚持对外开放的基本国策，致力于建立和完善外商投资促进机制，营造稳定、透明、可预期和公平竞争的市场环境，依法保护外国投资者在中国境内的投资、收益和其他合法权益。同时，在中国境内进行投资活动的外国投资者、外商投资企业，应当遵守中国法律法规，不得危害中国国家安全、损害社会公共利益。从实践中的情况看，外国机构、组织、个人在我国投资经营活动总体上能够依法进行，但是以各种不正当手段包括非法获取竞争对手商业秘密，严重损害相关权利人利益的案件也是时有发生，如力拓矿业公司员工胡士泰等人窃取我国钢铁企业商业秘密案等。对此，必须予以足够重视，并依法予以惩处。为打击境外针对我企业的商业间谍行为，刑法修正案（十一）借鉴有关国家刑事立法，根据各方面意见，增加规定了为境外窃取、刺探、收买、非法提供商业秘密犯罪，以维护正常的市场竞争秩序，保护我国企业合法权益。

构成本条规定的犯罪，需具备以下条件。

其一，行为人必须实施了窃取、刺探、收买、非法提供商业秘密的行为。其中，"窃取"是指行为人采用各种秘密手段非法获取，如通过盗窃、偷拍、偷录等行为而取得商业秘密的行为；"刺探"是指行为人通过各种途径和手段非法探知商业秘密的行为；"收买"是指行为人以给予财物或者其他财产性利益等好处，或者通过提供工作机会、拉拢人心等手段非法得到商业秘密的行为；"非法提供"是指知悉、保管、持有商业秘密的人，将自己知悉、管理、持有的商业秘密非法出售、交付、披露给其他不应知悉该秘密的境外机构、组织、人员的行为。这几种行为方式是针对商业间谍行为的特点规定的。

其二，行为人为境外的机构、组织和人员实施了本条规定的窃取、刺探、收买、非法提供商业秘密的行为。这里的"境外的机构、组织"包括境外机构、组织及其在中华人民共和国境内设立的分支（代表）机构和分支组织，"境外的个人"包括该个人身处境外，也包括虽然身处境内但身份属于外国人或者其他境外个人的情况。如果是为境内的公司、企业等实施窃取、刺探、收买、非法提供商业秘密的行为，与境外的机构、组织和人员没有关联的，不构成本条规定的为境外窃取、刺探、收买、非法提供商业秘密犯罪，若其行为构成第二百一十九条规定的侵犯商业秘密罪的，依照该规定定罪处罚。

此外，构成本条规定的犯罪的主体是一般主体，包括自然人和单位，包括中国公民和非中国公民，只要实施了本条规定的行为的，都可能构成本罪。

根据本条规定，构成为境外窃取、刺探、收买、非法提供商业秘密罪的，应当处以五年以下有期徒刑，并处或者单处罚金；情节严重的，处五年以上有期徒刑，并处罚金。这里的"情节严重"是指给商业秘密的权利人造成的损失数额很大；侵权人违法所得数额很大；多次实施犯罪行为；导致权利人公司失去核心竞争力或者因经营困难而破产、倒闭等情形。为境外窃取、刺探、收买、非法提供商业秘密行为，一方面，侵犯了企业的商业秘密，破坏了公平竞争的市场环境；另一方面，损害我国企业国际竞争力。因此，刑法对这类犯罪规定了比侵犯商业秘密罪更重的刑罚。

【适用中需要注意的问题】

1. 关于本条规定的"窃取、刺探、收买、非法提供"商业秘密的行为方式与第二百一十九条规定的侵犯商业秘密罪的行为方式之间的关系。"窃取、刺探、收买、非法提供"这几种行为方式是针对商业间谍行为的特点而专门规定的，这与第二百一十九条规定的侵犯商业秘密罪具体行为方式并不矛盾。行为人窃取、刺探商业秘密的，可能会采用盗窃、欺诈、胁迫、电子侵入等不正当手段；行为人通过收买获得商业秘密的，可能会采用贿赂的不正当手段；行为人为境外的机构、组织、人员非法提供商业秘密的，也可能会通过不正当手段获得商业秘密，再披露给他人。

2. 关于本条规定的"商业秘密"的概念。本条规定中的商业秘密与第二百一十九条中的规定相同,都应当根据反不正当竞争法第九条关于商业秘密的定义进行认定,即商业秘密是指不为公众所知悉、具有商业价值并经权利人采取相应保密措施的技术信息、经营信息等商业信息。商业秘密具有秘密性,只限于一部分人知道,可以直接或者间接给权利人带来经济利益或者竞争优势,权利人对商业秘密也采取了相应的保密措施。这里的权利人也是指第二百一十九条规定的商业秘密的所有人和经商业秘密所有人许可的商业秘密使用人。

3. 关于单位能否构成本罪。根据刑法第二百二十条的规定,单位犯本条规定之罪的,对单位判处罚金,并对其直接负责的主管人员和其他直接责任人员,依照本条的规定处罚。据此,单位也能构成本罪的犯罪主体,单位实施本条规定的行为,构成犯罪的,应当依法追究刑事责任。

4. 关于缓刑的适用、判处罚金的数额、单位构成犯罪的入罪标准、帮助行为的处理等问题,第二百一十三条"适用中需要注意的问题"部分对此已有阐述,这里不再重复。

第二百二十条 【单位犯罪的规定】单位犯本节第二百一十三条至第二百一十九条之一规定之罪的,对单位判处罚金,并对其直接负责的主管人员和其他直接责任人员,依照本节各该条的规定处罚。

【释解与适用】

本条是关于单位侵犯他人知识产权犯罪及其刑罚的规定。

1979年刑法对侵犯知识产权罪的单位犯罪没有规定。1993年《全国人民代表大会常务委员会关于惩治假冒注册商标犯罪的补充规定》第三条规定了单位假冒注册商标,销售假冒注册商标的商品,以及伪造、擅自制造他人注册商标标识或者销售伪造、擅自制造的注册商标标识等行为的刑事责任。具体规定为:"企业事业单位犯前两条罪的,对单位判处罚金,并对直接负责的主管人员和其他直接责任人员依照前两条的规定追究刑事责任。"1994年《全国人民代表大会常务委员会关于惩治侵犯著作权的犯罪的决定》第三条规定了单位侵犯著作权,以及以营利为目的,销售侵权复制品的刑事责任。具体规定为:"单位有本决定规定的犯罪行为的,对单位判处罚金,并对其直接负责的主管人员和其他直接责任人员,依照本决定的规定处罚。"

1997年修订刑法时，对上述规定修改完善后纳入了刑法，将单位实施本节规定的侵犯知识产权的行为全部规定为犯罪，规定单位实施本节规定的侵犯知识产权犯罪的行为的，应当依法追究单位、直接负责的主管人员和其他直接责任人员的刑事责任。实践中一些单位参与侵犯他人知识产权的犯罪活动，牟取非法利益较为突出。为加大对侵犯知识产权犯罪的打击力度，进一步维护权利人的合法权利，有必要对单位犯罪作专门的规定。

2020年刑法修正案（十一）对本条作了修改。为打击境外针对我境内的商业间谍活动，刑法修正案（十一）借鉴有关国家刑事立法，根据各方面意见，增加规定了为境外窃取、刺探、收买、非法提供商业秘密犯罪，作为刑法第二百一十九条之一。为境外窃取、刺探、收买、非法提供商业秘密犯罪和其他侵犯知识产权犯罪一样，犯罪主体同样可以为单位，因此，刑法修正案（十一）对本条作了修改，将"单位犯本节第二百一十三条至第二百一十九条规定之罪"修改为"单位犯本节第二百一十三条至第二百一十九条之一规定之罪"，以明确单位可以构成为境外窃取、刺探、收买、非法提供商业秘密罪，并明确了对单位及其直接负责的主管人员和其他直接责任人员的刑事处罚。

根据本条规定，本节规定的犯罪，犯罪主体除自然人外，还包括单位。"单位犯本节第二百一十三条至二百一十九条之一规定之罪"是指单位犯本法分则第三章第七节侵犯知识产权罪中规定的任何一罪的情形，包括第二百一十三条规定的假冒注册商标罪，第二百一十四条规定的销售假冒注册商标的商品罪，第二百一十五条规定的非法制造、销售非法制造的注册商标标识罪，第二百一十六条规定的假冒专利罪，第二百一十七条规定的侵犯著作权罪，第二百一十八条规定的销售侵权复制品罪，第二百一十九条规定的侵犯商业秘密罪，第二百一十九条之一规定的为境外窃取、刺探、收买、非法提供商业秘密罪。

依照本条规定，对单位犯本节规定的上述之罪的，实行双罚制，对犯罪的单位判处罚金，同时，对直接负责的主管人员和其他直接责任人员，依照本节各该罪规定的处刑标准处罚。如单位构成假冒注册商标罪的，根据第二百一十三条的规定，情节严重的，处三年以下有期徒刑，并处或者单处罚金；情节特别严重的，处三年以上十年以下有期徒刑，并处罚金。单位构成销售假冒注册商标的商品罪，根据第二百一十四条的规定，销售金额数额较大或者有其他严重情节的，处三年以下有期徒刑，并处或者单处罚金；销售金额数额巨大或者有其他特别严重情节的，处三年以上十年以下有期徒刑，并处罚金。

【适用中需要注意的问题】

实践适用中需要注意的是：关于单位犯本节规定的侵犯知识产权罪的入罪标准问题。2007年4月《最高人民法院、最高人民检察院关于办理侵犯知识产权刑事案件具体应用法律若干问题的解释（二）》第六条规定："单位实施刑法第二百一十三条至第二百一十九条规定的行为，按照《最高人民法院、最高人民检察院关于办理侵犯知识产权刑事案件具体应用法律若干问题的解释》和本解释规定的相应个人犯罪的定罪量刑标准定罪处罚。"据此，单位实施本节规定的侵犯知识产权犯罪的，按照个人犯罪的定罪量刑标准定罪处罚，即单位与个人构成各犯罪的入罪门槛和定罪量刑标准是一致的。

第八节 扰乱市场秩序罪

第二百二十一条 【损害商业信誉、商品声誉罪】捏造并散布虚伪事实，损害他人的商业信誉、商品声誉，给他人造成重大损失或者有其他严重情节的，处二年以下有期徒刑或者拘役，并处或者单处罚金。

【释解与适用】

本条是关于损害商业信誉、商品声誉罪及其刑罚的规定。

本条具体规定了"捏造并散布虚伪事实，损害他人的商业信誉、商品声誉"的行为。这里所称的"捏造"，既包括无中生有、完全虚构、凭空编造虚假事实，也包括在真实情况的基础上的部分虚构、恶意歪曲、夸大部分事实真相。"散布"，既包括口头散布，也包括以书面方式散布，如通过宣传媒介、信函等。在信息时代，还包括通过信息网络等进行散布。行为人只有同时具备"捏造"和"散布"虚伪事实的行为，才构成本罪。这里规定的"他人的商业信誉"，主要是指他人在从事商业活动中的信用程度和名誉等，如他人在信守合约或履行合同中的信誉度，他人在金融机构的信贷信誉是否较高，他人的生产能力和资金状况是否良好等；他人的

"商品声誉"，主要是指他人商品在质量等方面的可信赖程度、提供商品服务及售后服务的质量和经过长期良好的生产、经营所形成的知名度等。造成损害他人的商业信誉、商品声誉的后果是多方面的，既可以是直接的，也可以是潜在的，如使他人的商业信用降低，无法签订合同，无法获得贷款以保障资金链，或无法开展正常的商业活动等；或者使他人的商品声誉遭到破坏，产品大量积压，无法销售，被集中取消订单、退货等。这些损害要满足"给他人造成重大损失或者有其他严重情节的"条件，才能定罪处罚。这里的"给他人造成重大损失"一般认为是因商业信誉、商品声誉受损而产生的直接经济损失，如商品严重滞销、产品被大量退回、合同被停止履行、企业商誉显著降低、驰名产品声誉受到严重侵损，销售额和利润严重减少、应得收入大量减少、上市公司股票价格大幅度下跌、商誉以及其他无形资产的价值显著降低等产生的损失。需要注意的是，直接经济损失既包括有形的、可直接计算的财产损失，也包括无形的、需加以评估的财产损失。在具体认定损害行为所造成的经济损失时，应特别注意损害行为与经济损失之间的因果关系。不能将与捏造并散布虚伪事实的行为无因果关系和不是行为必然造成的损失计算在内。这里的"其他严重情节"一般是指行为人在捏造并散布虚假事实、损害他人的商业信誉和商品声誉的过程中的除"重大损失"以外的严重情节。例如，多次损害他人商业信誉和商品声誉；因损害他人商业信誉和商品声誉被有关主管部门处罚后又损害他人商业信誉和商品声誉；虚构并散布的虚伪事实传播面较广、在消费者中产生严重的不良影响；使用恶劣的手段、捏造恶毒事实；等等。

本条对损害商业信誉、商品声誉罪的处刑规定是，"给他人造成重大损失或者有其他严重情节的，处二年以下有期徒刑或者拘役，并处或者单处罚金"。鉴于这类犯罪往往具有贪利性质，本条在规定对行为人判自由刑的同时，还规定"并处或者单处罚金"。此外，根据本法第二百三十一条的规定，单位犯本条规定之罪的，对单位判处罚金，并对其直接负责的主管人员和其他直接责任人员，依照本条的规定，定罪处罚。根据2022年《最高人民检察院、公安部关于公安机关管辖的刑事案件立案追诉标准的规定（二）》第六十六条的规定，捏造并散布虚伪事实，损害他人的商业信誉、商品声誉，涉嫌下列情形之一的，应予立案追诉：（1）给他人造成直接经济损失数额在五十万元以上的；（2）虽未达到上述数额标准，但造成公司、企业等单位停业、停产六个月以上，或者破产的；（3）其他给他人造成重大损失或者有其他严重情节的情形。

【适用中需要注意的问题】

1. 在司法实践中处理损害他人商业信誉、商品声誉的案件时，他人的"间接损失"能否计算入"给他人造成重大损失"，存在一定的分歧。一般在司法实践中，对于被害人为了恢复受到损害的商业信誉和商品声誉所投入的资金（如广告费用等）或者为制止不法侵害事件而扩大的开支（如律师费用、诉讼费用等）间接经济损失，不认定为损害商业信誉、商品声誉所造成的损失。间接损失一般在量刑或者附带民事诉讼赔偿时酌情加以考虑。

2. 在司法实践中处理损害他人商业信誉、商品声誉的案件时，对"他人"的理解也存在分歧。一般认为，这里的"他人"需要明确、特定，要有具体的被损害个体。同时，这里的"他人"也可能包括某一类的行业、领域，包含数个被损害个体。对于行为人在捏造并散布虚伪事实，虽然没有明确指出所损害的对象，没有提及某个生产者、经营者的名称或者其商品的名称，但是相关生产经营者和消费者从其捏造并散布的事实的内容上完全能够推测出是指向某一个或数个生产者、经营者的，也应认定为损害了特定的"他人"的商业信誉和商品声誉。反之，如果社会公众无法确认行为人的行为所指向的具体行业、领域或者个体，则不符合本罪中特定他人的构成要件。

第二百二十二条 **【虚假广告罪】**广告主、广告经营者、广告发布者违反国家规定，利用广告对商品或者服务作虚假宣传，情节严重的，处二年以下有期徒刑或者拘役，并处或者单处罚金。

【释解与适用】

本条是关于虚假广告罪及其刑罚的规定。

本条规定的虚假广告罪的犯罪主体是特殊主体，即"广告主、广告经营者、广告发布者"。根据广告法的规定，"广告主"，是指为推销商品或者服务，自行或者委托他人设计、制作、发布广告的自然人、法人或者其他组织；"广告经营者"，是指接受委托提供广告设计、制作、代理服务的自然人、法人或者其他组织；"广告发布者"，是指为广告主或者广告主委托的广告经营者发布广告的自然人、法人或者其他组织。

行为人实施了违反国家规定，利用广告对商品或者服务进行虚假宣传的行为。这里的"广告"，是指商品经营者或者服务提供者承担费用，通过一定媒介和形式直接或者间接地介绍自己所推销的商品或者所提供的服务的商业广告。"违反国家规定"，根据刑法第九十六条的规定，是指违反全国人民代表大会及其常务委员会制定的法律和决定，国务院制定的行政法规、规定的行政措施、发布的决定和命令。在这里主要是指违反了国家制定发布的有关广告管理的法律、行政法规。广告法规定，广告不得含有虚假或者引人误解的内容，不得欺骗和误导消费者。反不正当竞争法规定，经营者不得对其商品的性能、功能、质量、销售状况、用户评价、曾获荣誉等作假或者引人误解的商业宣传，欺骗、误导消费者。经营者不得通过组织虚假交易等方式，帮助其他经营者进行虚假或者引人误解的商业宣传。广告法对规范广告活动作了更为具体明确的规定，主要有：广告内容必须真实，广告不得含有虚假或者引人误解的内容，不得欺骗和误导社会公众；广告必须合法，不得损害国家、民族利益和尊严，不得损害社会公众利益、妨碍社会公共秩序和有悖社会善良习俗；广告内容必须准确、清晰；等等。例如，规定："广告中对商品的性能、功能、产地、用途、质量、成分、价格、生产者、有效期限、允诺等或者对服务的内容、提供者、形式、质量、价格、允诺等有表示的，应当准确、清楚、明白。""广告使用数据、统计资料、调查结果、文摘、引用语等引证内容的，应当真实、准确，并表明出处。引证内容有适用范围和有效期限的，应当明确表示。"本条规定的"利用广告对商品或者服务作虚假宣传"，就是指违反了上述法律及有关法律、行政法规规定，利用广告这种特殊的传播媒介，对所生产的产品或者提供的服务作夸张、虚伪和不实的宣扬或传播，足以产生使消费者受到欺骗或误导消费者的消费行为的行为。

有本条规定的行为，"情节严重的"才构成犯罪。根据2022年《最高人民检察院、公安部关于公安机关管辖的刑事案件立案追诉标准的规定（二）》第六十七的规定，广告主、广告经营者、广告发布者违反国家规定，利用广告对商品或者服务作虚假宣传，涉嫌下列情形之一的，应予立案追诉：（1）违法所得数额在十万元以上的；（2）假借预防、控制突发事件、传染病防治的名义，利用广告作虚假宣传，致使多人上当受骗，违法所得数额在三万元以上的；（3）利用广告对食品、药品作虚假宣传，违法所得数额在三万元以上的;(4)虽未达到上述数额标准,但二年内因利用广告作虚假宣传受过二次以上行政处罚,又利用广告作虚假宣传的;(5)造成严重危害后果或者恶劣社会影响的;(6)其他情节严重的情形。对行为人实施的一般虚假广告宣传行为,可以根据广告法或其他有关法律、法规的规定给予相应的行政处罚或者通过民事索赔的方法解决。

根据本条规定,对虚假广告罪,处二年以下有期徒刑或者拘役,并处或者单处罚金。此外,根据刑法第二百三十一条的规定,单位犯本条规定之罪的,对单位判处罚金,并对其直接负责的主管人员和其他直接责任人员,依照本条的规定,定罪处罚。

【适用中需要注意的问题】

虚假广告行为有时会放大其他犯罪的社会危害性,需要引起重视。在一些司法解释中,已经对相关犯罪中涉及的虚假广告犯罪作了进一步明确和细化,强化各种广告主、广告经营者、广告发布者的责任。例如,《最高人民法院、最高人民检察院关于办理危害食品安全刑事案件适用法律若干问题的解释》第十五条规定:"广告主、广告经营者、广告发布者违反国家规定,利用广告对保健食品或者其他食品作虚假宣传,情节严重的,依照刑法第二百二十二条的规定以虚假广告罪定罪处罚。"2022年《最高人民法院关于审理非法集资刑事案件具体应用法律若干问题的解释》第十二条规定:"广告经营者、广告发布者违反国家规定,利用广告为非法集资活动相关的商品或者服务作虚假宣传,具有下列情形之一的,依照刑法第二百二十二条的规定,以虚假广告罪定罪处罚:(一)违法所得数额在10万元以上的;(二)造成严重危害后果或者恶劣社会影响的;(三)二年内利用广告作虚假宣传,受过行政处罚二次以上的;(四)其他情节严重的情形。明知他人从事欺诈发行证券,非法吸收公众存款,擅自发行股票、公司、企业债券,集资诈骗或者组织、领导传销活动等集资犯罪活动,为其提供广告等宣传的,以相关犯罪的共犯论处。"

第二百二十三条 【串通投标罪】投标人相互串通投标报价,损害招标人或者其他投标人利益,情节严重的,处三年以下有期徒刑或者拘役,并处或者单处罚金。

投标人与招标人串通投标,损害国家、集体、公民的合法利益的,依照前款的规定处罚。

【释解与适用】

本条是关于串通投标罪及其刑罚的规定。

本条共分两款。第一款是关于投标人相互串通投标报价，损害招标人或者其他投标人利益的犯罪及其处罚的规定。其中，"投标人"，根据招标投标法的规定，是指响应招标、参加投标竞争的法人或者其他组织；"相互串通投标报价"，是指投标人在投标中，包括投标前和投标过程中，串通一气，商量好采取抬高标价或者压低标价等行为，既包括双方相互串通，也包括多方串通；"招标人"，根据招标投标法规定，是指提出招标项目、进行招标的法人或者其他组织。招标投标法规定，招标投标活动应当遵循公开、公平、公正和诚实信用的原则。投标人不得相互串通投标报价，不得排挤其他投标人，损害招标人或者其他投标人的合法权益。"损害招标人或者其他投标人利益"，是指由于投标人相互串通投标报价而使招标人无法达到最佳的竞标结果或者其他投标人无法在公平竞争的条件下参与投标竞争而受到损害的情况，包括已经造成损害和造成潜在的损害两种情况。根据本款规定，投标人相互串通投标报价，损害招标人或者其他投标人利益，"情节严重的"才构成犯罪。本款在处刑规定中，还规定了"并处或者单处罚金"，即人民法院在对罪犯依法科以自由刑外，还应当根据案件的情况和本条的规定，对罪犯并处或者单处罚金刑。

第二款是关于投标人与招标人串通投标，损害国家、集体、公民的合法利益的犯罪及其处刑的规定。根据招标投标法的规定，投标人不得与招标人串通投标，损害国家利益、社会公共利益或者他人的合法权益。本条中的"串通投标"是指投标人与招标人私下串通，事先根据招标底价确定投标报价、中标价格，而不是在公平竞争的条件下确定中标价格，从而破坏招标公正的行为。

根据本条规定，对投标人相互串通投标报价，损害招标人或者其他投标人利益，或者投标人与招标人串通投标，损害国家、集体、公民的合法利益的行为，处三年以下有期徒刑或者拘役，并处或者单处罚金。此外，根据刑法第二百三十一条的规定，单位犯本条规定之罪的，对单位判处罚金，并对其直接负责的主管人员和其他直接责任人员，依照本条的规定，定罪处罚。在具体立案标准上，根据2022年《最高人民检察院、公安部关于公安机关管辖的刑事案件立案追诉标准的规定（二）》的规定，投标人相互串通投标报价，或者投标人与招标人串通投标，涉嫌下列情形之一的，应予立案追诉：（1）损害招标人、投标人或者国家、集体、公民的合法利益，造成直接经济损失数额在五十万元以上的；（2）违法所得数额在二十万元以上的；（3）中标项目金额在四百万元以上的；（4）采取威胁、欺骗或者贿赂等非法手段的；（5）虽未达到上述数额标准，但二年内因串通投标受过二次以上行政处罚，又串通投标的；（6）其他情节严重的情形。

【适用中需要注意的问题】

实践中，除串通投标以外，还存在串通拍卖、串通挂牌等行为。对于串通拍卖、串通挂牌的行为能否按照本罪规定惩处，认识上存在一定的分歧。实质上，招投标、拍卖和挂牌是不同的交易方式和法律行为。招标投标法第五十条、第五十二条、第五十三条、第五十四条、第五十六条等都对追究刑事责任作了衔接性规定，而拍卖法和有关挂牌活动的规定（如《招标拍卖挂牌出让国有建设用地使用权规定》），则没有追究刑事责任的规定。从社会危害性来看，招投标主要适用于工程建设、购买设备等项目，串通投标的社会危害性一般大于串通拍卖、串通挂牌。对于在拍卖、挂牌过程中参与人相互串通竞买报价，违背公平竞争原则，给他人造成损害或者损失的，应依照拍卖法等有关法律法规予以处罚，不宜依照本条规定的串通投标罪定罪处罚。

此外，在拍卖、挂牌过程中有贿赂等其他犯罪行为的，依照刑法的有关规定追究刑事责任。相关监管人员，如土地行政主管工作人员在拍卖、挂牌过程中有玩忽职守、滥用职权、徇私舞弊犯罪行为的，依照刑法的相关规定追究刑事责任。

第二百二十四条　**【合同诈骗罪】**有下列情形之一，以非法占有为目的，在签订、履行合同过程中，骗取对方当事人财物，数额较大的，处三年以下有期徒刑或者拘役，并处或者单处罚金；数额巨大或者有其他严重情节的，处三年以上十年以下有期徒刑，并处罚金；数额特别巨大或者有其他特别严重情节的，处十年以上有期徒刑或者无期徒刑，并处罚金或者没收财产：

（一）以虚构的单位或者冒用他人名义签订合同的；

（二）以伪造、变造、作废的票据或者其他虚假的产权证明作担保的；

（三）没有实际履行能力，以先履行小额合同或者部分履行合同的方法，诱骗对方当事人继续签订和履行合同的；

（四）收受对方当事人给付的货物、货款、预付款或者担保财产后逃匿的；

（五）以其他方法骗取对方当事人财物的。

【释解与适用】

本条是关于合同诈骗罪及其刑罚的规定。

本条规定的犯罪是在签订合同或者履行合同过程中实施的。这里所讲的"合同"，主要是指受法律保护的各类经济合同，如供销合同、借贷合同等，只要行为人在签订、履行合同中，其行为特征符合本条规定，即构成合同诈骗罪。

根据本条规定，构成合同诈骗罪具有以下特征：一是行为人在主观上具有"非法占有"的目的，这是构成本条规定之罪的主观要件。非法占有的目的，一般来说，可以从行为人的行为判断出来，如行为人自始就根本没有履行合同的条件，也没有去创造履行合同的条件或者无意履行或者携款潜逃等。二是行为人实施了本条规定的诈骗行为。本条共列举了五项犯罪行为：（1）以虚构的单位或者冒用他人名义签订合同的，即虚构合同主体的情形。其中"虚构的单位"，是指采用根本不存在的单位的名义订立合同；"冒用他人名义"，是指未经他人允许或委托而采取他人的名义，即冒名订立合同的行为。（2）以伪造、变造、作废的票据或者其他虚假的产权证明作担保的，即虚构担保。在签订合同时，根据法律、法规的规定或者对方当事人的要求，出具合同担保，是减少合同风险和保障合同履行的常规做法。这里所说的"票据"，主要指的是汇票、本票、支票等金融票据。"产权证明"包括土地使用证，房屋所有权证，股权、期权证明以及其他能证明动产、不动产权属的各种有效证明文件。采用虚构的担保文件的方式欺骗对方当事人而与其签订、履行合同，是合同诈骗中一种常见的方式。（3）没有实际履行能力，以先履行小额合同或者部分履行合同的方法，诱骗对方当事人继续签订和履行合同的。这是通常讲的"钓鱼式合同",即行为人以履行小额合同或者部分履行合同为诱饵,骗取对方当事人的信任后,继续与其签订合同,以骗取更多的财物的情况。(4) 收受对方当事人给付的货物、货款、预付款或者担保财产后逃匿的。这是指行为人一旦收受了对方当事人按合同约定给付的上述财产后,一逃了之的行为。这里的"逃匿"即指行为人采取使对方当事人无法寻找到的任何逃跑、隐藏、躲避的方式。(5) 以其他方法骗取对方当事人财物的。这一项规定是指采取上述四项规定以外的其他方法骗取对方当事人财物的行为,也是为了适应这类犯罪的多样性、复杂性作的规定。三是行为人骗取对方当事人财物达到数额较大的才构成犯罪,数额不大的不构成犯罪。根据2022年《最高人民检察院、公安部关于公安机关管辖的刑事案件立案追诉标准的规定(二)》第六十九条的规定,以非法占有为目的,在签订、履行合同过程中,骗取对方当事人财物,数额在二万元以上的,应予立案追诉。

　　本条对合同诈骗罪处刑的规定分为三档刑。第一档刑为数额较大的,处三年以下有期徒刑或者拘役,并处或者单处罚金;第二档刑为数额巨大或者有其他严重情节的,处三年以上十年以下有期徒刑,并处罚金;第三档刑为数额特别巨大或者有其他特别严重情节的,处十年以上有期徒刑或者无期徒刑,并处罚金或者没收财产。此外,根据刑法第二百三十一条的规定,单位犯本条规定之罪的,对单位判处罚金,并对其直接负责的主管人员和其他直接责任人员,依照本条的规定,定罪处罚。

【适用中需要注意的问题】

　　1. 关于本条规定的"合同"的范围和订立形式存在一定的分歧。一般认为,构成合同诈骗罪的"合同"必须要能够体现一定的市场经济属性,体现财产转移或者交易功能,为行为人带来财产及财产性利益。对于一些非经济属性的合同,诸如监护、收养、抚养等有关身份关系的合同或协议,应当排除在外。同时,随着社会的发展,特别是在信息时代,订立合同的方式不断翻新。例如2020年5月28日十三届全国人民代表大会第三次会议审议通过的民法典第四百六十九条第三款规定,以电子数据交换、电子邮件等方式能够有形地表现所载内容,并可以随时调取查用的数据电文,视为书面形式。因此,对于"合同"的订立方式,不管是以口头形式、书面形式还是其他形式签订,只要能够具备合同的本质特征,即属于本罪中的"合同"。

2. 对于行为人是否具有非法占有目的，是认定合同诈骗罪的重点和难点。一般可以考虑从以下几个方面进行判断：其一，行为人是否具有签订、履行合同的条件，是否创造虚假条件；其二，行为人在签订合同时有无履约能力；其三，行为人在签订和履行合同过程中有无诈骗行为；其四，行为人在签订合同后有无履行合同的实际行为；其五，行为人对取得财物的处置情况，是否有挥霍、挪用及携款潜逃等行为；等等。实践中，对于符合本罪所列的具体情形的，在判断上比较容易。但是对于本罪规定的第五种情况，即"以其他方法骗取对方当事人财物的"规定，就需要根据案件的具体情况，综合判断行为人的非法占有目的，以确定诈骗行为。

第二百二十四条之一 【组织、领导传销活动罪】组织、领导以推销商品、提供服务等经营活动为名，要求参加者以缴纳费用或者购买商品、服务等方式获得加入资格，并按照一定顺序组成层级，直接或者间接以发展人员的数量作为计酬或者返利依据，引诱、胁迫参加者继续发展他人参加，骗取财物，扰乱经济社会秩序的传销活动的，处五年以下有期徒刑或者拘役，并处罚金；情节严重的，处五年以上有期徒刑，并处罚金。

【释解与适用】

本条是关于组织、领导传销活动罪及其刑罚的规定。

根据本条的规定，组织、领导传销活动犯罪中的传销活动具有以下特征。

第一，往往以从事商品、服务推销等经营活动为名，诱骗他人参加。传销活动一直为国家所禁止。一些不法分子为了逃避打击，诱骗不明真相的群众参加，往往利用一些群众急于"发财致富"的心理，编造各种名目的"经营项目"，如"种植""养殖""共销入股""网络倍增""消费联盟"等，有的甚至打广告，拉名人作宣传。不论行为人编造何种名目，其承诺或者宣传的高额回报是虚假的，至于其经营的商品，只是象征性的"道具"，有的甚至没有任何商品或者服务，而是纯粹欺骗参加者去"拉人头"。

第二，要求参加者以缴纳费用或者购买商品、服务等方式获得加入资格。传销活动的目的就是诱骗尽可能多的参加者加入传销组织，骗取参者缴纳的钱财。参加传销组织的条件,就是按照传销组织的要求,购买传销组织"经营"的"商品"或者"服务",又称"入门费"。需要注意的是,这里的所谓"商品"和"服务",有的具有真实内容,但物非所值,有的仅仅是名义上的,是虚拟的。无论以何种形式存在,其本质是只有在"购买"了一定数量或者金额的"商品"或者"服务"后,才能取得进一步发展其他成员加入传销组织并按照一定比例抽取报酬的资格。

第三,按照一定顺序组成层级,直接或者间接以发展人员的数量作为计酬或者返利的依据。这是关于传销组织在结构特征上的层级性的规定。各种传销活动不论名目如何,在组织结构上都是按照加入的顺序、发展人员的多少、"业绩"大小等因素组成"金字塔"形层级结构。尽管每一个传销组织具体确定层级所采用的计算方式和称谓可能各不相同,如有的实行"五级三阶制"等,但所有传销组织的共同特征是,参加传销者的回报取决于其在传销组织中的层级位置;而参加传销者的层级位置则取决于其直接或者间接发展的人员的数量。所谓"直接或者间接"以发展人员的数量作为计酬或者返利的依据,是指有的传销组织直接以参加者所发展的人员的数量作为计算其回报的依据;有的传销组织的"计酬规则"虽然没有明确规定直接以参加者发展人员的数量多少计算回报,但是以参加者的"业绩",或者参加者所发展的人员(下线)的"业绩"作为计算回报的依据,这实际上也是"间接"地以发展人员的数量计算回报。这样一种机制就诱使传销的参加者不断挖空心思,欺朋骗友地"发展"他人参加,使传销组织像滚雪球一样越滚越大。因此,也有将传销组织形象地称为"老鼠会"。这里的"计酬"与"返利",并无本质不同,是针对传销组织所采用的不同名目的回报计算方式所作的规定。

第四,传销活动最本质的特征在于其诈骗性。传销活动尽管名目繁多,组织内部的结构也不尽相同,但其共同点在于以高额回报为诱饵,对参加者进行精神乃至人身控制,诱骗甚至迫使其成员不断发展新成员(下线),以敛取成员缴纳的"入门费"。传销组织所虚假宣传的"经营"活动,根本不可能保持传销组织的运转。有的传销组织甚至没有任何实际经营活动。传销组织许诺或者支付给成员的回报,来自成员缴纳的"入门费",要保持传销组织的运转,必须使新成员以一定的倍数不断增加。由于其人员不可能无限增加,资金链必然断裂。由此可见,传销活动实际上是一种特殊的诈骗活动,传销组织是一种诈骗组织。这种诈骗的特殊性在于，传销组织实际上建立了一种诈骗机制。参与传销的人员不论对传销组织的诈骗本质是否有所认识，一旦加入传销组织，就成为这种诈骗组织的一部分，其不断发展下线的活动本身又导致更多的人卷入传销诈骗组织，骗取大量参加者的财物。因此，传销活动的参加者既是这种诈骗活动的受害者，又是使这种诈骗机制发挥作用的违法者。

第五，传销活动具有多方面的社会危害性。一方面，传销活动的组织者、领导者利用传销活动骗取参与传销者大量财产，给传销参与者造成重大财产损失；另一方面，从实际情况看，受蒙蔽参与传销的多是农民、下岗工人等低收入、不具有抗风险能力的群体，这些人受传销组织蛊惑，有的变卖家产，有的将失地补偿金、买断工龄补偿金等投入传销。传销活动使这些梦想暴富的传销痴迷者倾家荡产，生活无着，影响社会稳定。同时，传销活动往往打着从事各种"经营"活动的旗号，有的还借机销售假冒伪劣商品，严重干扰其他市场主体的正常经营活动，扰乱市场经济秩序。

关于组织、领导传销活动罪的犯罪主体，根据本条规定，只有传销活动的组织者、领导者才能构成本罪。其他参与传销活动的人员，如上所述，既是受害者，也是害人的违法者。本着教育、挽救大多数的原则，对其应当依法予以行政处罚或者批评教育。根据2022年《最高人民检察院、公安部关于公安机关管辖的刑事案件立案追诉标准的规定（二）》第七十条第二款的规定，下列人员可以认定为传销活动的组织者、领导者：（1）在传销活动中起发起、策划、操纵作用的人员；（2）在传销活动中承担管理、协调等职责的人员；（3）在传销活动中承担宣传、培训等职责的人员；（4）因组织、领导传销活动受过刑事追究，或者一年内因组织、领导传销活动受过行政处罚，又直接或者间接发展参与传销活动人员在十五人以上且层级在三级以上的人员；（5）其他对传销活动的实施、传销组织的建立、扩大等起关键作用的人员。根据2013年《最高人民法院、最高人民检察院、公安部关于办理组织领导传销活动刑事案件适用法律若干问题的意见》的规定，下列人员可以认定为传销活动的组织者、领导者：（1）在传销活动中起发起、策划、操纵作用的人员；（2）在传销活动中承担管理、协调等职责的人员；（3）在传销活动中承担宣传、培训等职责的人员；（4）曾因组织、领导传销活动受过刑事处罚，或者一年以内因组织、领导传销活动受过行政处罚，又直接或者间接发展参与传销活动人员在十五人以上且层级在三级以上的人员；（5）其他对传销活动的实施、传销组织的建立、扩大等起关键作用的人员。以单位名义实施组织、领导传销活动犯罪的，对于受单位指派，仅从事劳务性工作的人员，一般不予追究刑事责任。

关于组织、领导传销活动罪的处罚，本条规定了两档刑罚：对构成犯罪的，处五年以下有期徒刑或者拘役；情节严重的，处五年以上有期徒刑。同时，根据刑法第二百三十一条的规定，单位犯本条规定之罪的，对单位判处罚金，并对其直接负责的主管人员和其他直接责任人员，依照本条的规定，定罪处罚。根据2013年《最高人民法院、最高人民检察院、公安部关于办理组织领导传销活动刑事案件适用法律若干问题的意见》的规定，以推销商品、提供服务等经营活动为名，要求参加者以缴纳费用或者购买商品、服务等方式获得加入资格，并按照一定顺序组成层级，直接或者间接以发展人员的数量作为计酬或者返利依据，引诱、胁迫参加者继续发展他人参加，骗取财物，扰乱经济社会秩序的传销组织，其组织内部参与传销活动人员在三十人以上且层级在三级以上的，应当对组织者、领导者追究刑事责任。组织、领导多个传销组织，单个或者多个组织中的层级已达三级以上的，可将在各个组织中发展的人数合并计算。组织者、领导者形式上脱离原传销组织后，继续从原传销组织获取报酬或者返利的，原传销组织在其脱离后发展人员的层级数和人数，应当计算为其发展的层级数和人数。具有下列情形之一的，应当认定为"情节严重"：（1）组织、领导的参与传销活动人员累计达一百二十人以上的；（2）直接或者间接收取参与传销活动人员缴纳的传销资金数额累计达二百五十万元以上的；（3）曾因组织、领导传销活动受过刑事处罚，或者一年以内因组织、领导传销活动受过行政处罚，又直接或者间接发展参与传销活动人员累计达六十人以上的；（4）造成参与传销活动人员精神失常、自杀等严重后果的；（5）造成其他严重后果或者恶劣社会影响的。

此外，针对传销组织属于以骗取财物为目的的贪利性犯罪的特点，本条对组织、领导传销活动犯罪作了"并处罚金"的规定，即对于构成本罪的，均应当处以罚金。司法实践中应当注意对此类犯罪财产刑的适用，以剥夺犯罪行为人的犯罪收益，消除其再犯的经济基础。

【适用中需要注意的问题】

实践中，出现了一些借助信息网络的新型传销犯罪。组织者或者经营者利用信息网络发展会员，通过实物推销、广告点击、引荐网站加盟等方式，要求被发展人员缴纳或者变相缴纳"入门费"，并开始做任务、办活动，以获得提成和发展下线的资格。其实际计酬或者返利的标准，仍依靠发展更多的人员数量，引诱被发展人员继续发展他人参加，骗取财物，扰乱经济秩序。对于该类行为，符合传销犯罪构成要件的，应以组织、领导传销活动罪追究刑事责任。

第二百二十五条　【非法经营罪】违反国家规定，有下列非法经营行为之一，扰乱市场秩序，情节严重的，处五年以下有期徒刑或者拘役，并处或者单处违法所得一倍以上五倍以下罚金；情节特别严重的，处五年以上有期徒刑，并处违法所得一倍以上五倍以下罚金或者没收财产：

（一）未经许可经营法律、行政法规规定的专营、专卖物品或者其他限制买卖的物品的；

（二）买卖进出口许可证、进出口原产地证明以及其他法律、行政法规规定的经营许可证或者批准文件的；

（三）未经国家有关主管部门批准非法经营证券、期货、保险业务的，或者非法从事资金支付结算业务的；

（四）其他严重扰乱市场秩序的非法经营行为。

【释解与适用】

本条是关于非法经营罪及其刑罚的规定。

本条规定的非法经营罪，是指违反国家规定，有所列非法经营行为之一，扰乱市场秩序的犯罪。其中，"违反国家规定"，根据刑法规定，是指违反全国人民代表大会及其常务委员会制定的法律和决定，国务院制定的行政法规、规定的行政措施、发布的决定和命令。本条所列举的四项行为如下。

一是未经许可经营法律、行政法规规定的专营、专卖物品或者其他限制买卖的物品。其中，"未经许可"，是指未经国家有关主管部门批准；"法律、行政法规规定的专营、专卖物品"，是指由法律、行政法规明确规定的由专门的机构经营的专营、专卖的物品，如烟草等。"其他限制买卖的物品"，是指国家根据经济发展和维护国家、社会和人民群众利益的需要，规定在一定时期实行限制性经营的物品，如农药等。专营、专卖物品和限制买卖的物品的范围，不是固定不变的，随着社会主义市场经济的发展，法律、行政法规的规定，可以出现变化。

二是买卖进出口许可证、进出口原产地证明以及其他法律、行政法规规定的经营许可证或者批准文件。其中，"进出口许可证"是国家外贸主管部门对企业颁发的可以从事进出口业务的确认资格的文件。"进出口原产地证明"是从事进出口经营活动中，由法律规定的，进出口产品时必须附带的由原产地有关主管机关出具的证明文件，如进出口货物原产地证书。为维护市场经济有序和规范发展，国家对某些生产经营活动实行许可证管理制度或审批管理制度。这里规定的"其他法律、行政法规规定的经营许可证或者批准文件"，指的是法律、行政法规规定的所有的经营许可证或者批准文件，如林木采伐、矿产开采、野生动物狩猎许可证等。

三是未经国家有关主管部门批准非法经营证券、期货、保险业务的，或者非法从事资金支付结算业务。其中，"非法经营证券、期货"业务，主要是指以下几种行为：未经有关主管部门批准，擅自开展证券或者期货经纪业务；从事证券、期货咨询性业务的证券、期货咨询公司、投资服务公司擅自超越经营范围从事证券、期货业务等。非法经营"保险业务"，主要是指以下几种行为：未经授权进行保险代理业务；保险经纪人超越经营范围从事保险业务等。"非法从事资金支付结算业务"是针对非法为他人办理大额资金转移、非法套现等资金支付结算业务情节严重的行为所作的规定。支付结算是商业银行的一项最基本的业务。根据《支付结算办法》的规定，银行是支付结算和资金清算的中介机构。未经中国人民银行批准的非银行金融机构和其他单位不得作为中介机构经营支付结算业务。这里的"非法从事资金支付结算业务"，主要是指不具有法定的从事资金支付结算业务的资格，非法为他人办理资金支付结算业务和外币兑换的行为，如为他人非法提供境内资金转移、分散提取现金服务等。根据2017年《最高人民检察院关于办理涉互联网金融犯罪案件有关问题座谈会纪要》的规定，未取得支付业务许可从事该业务的行为，违反《非法金融机构和非法金融业务活动取缔办法》[①] 第四条第一款第三项、第四项的规定，破

[①] 已被《防范和处置非法集资条例》废止。——编者注

坏了支付结算业务许可制度，危害支付市场秩序和安全，情节严重的，适用刑法第二百二十五条第三项，以非法经营罪追究刑事责任。具体情形：（1）未取得支付业务许可经营基于客户支付账户的网络支付业务。无证网络支付机构为客户非法开立支付账户，客户先把资金支付到该支付账户，再由无证机构根据订单信息从支付账户平台将资金结算到收款人银行账户。（2）未取得支付业务许可经营多用途预付卡业务。无证发卡机构非法发行可跨地区、跨行业、跨法人使用的多用途预付卡，聚集大量的预付卡销售资金，并根据客户订单信息向商户划转结算资金。2019年2月1日施行的《最高人民法院、最高人民检察院关于办理非法从事资金支付结算业务、非法买卖外汇刑事案件适用法律若干问题的解释》第一条规定："违反国家规定，具有下列情形之一的，属于刑法第二百二十五条第三项规定的'非法从事资金支付结算业务'：（一）使用受理终端或者网络支付接口等方法，以虚构交易、虚开价格、交易退款等非法方式向指定付款方支付货币资金的；（二）非法为他人提供单位银行结算账户套现或者单位银行结算账户转个人账户服务的；（三）非法为他人提供支票套现服务的；（四）其他非法从事资金支付结算业务的情形。"

四是其他严重扰乱市场秩序的非法经营行为。这是针对现实生活中非法经营犯罪活动的复杂性和多样性所作的概括性规定，这里所说的其他非法经营行为应当具备以下条件：其一，这种行为发生在经营活动中，主要是生产、流通领域。其二，这种行为违反法律、法规的规定。其三，具有社会危害性，严重扰乱市场经济秩序。如《最高人民法院、最高人民检察院关于办理妨害预防、控制突发传染病疫情等灾害的刑事案件具体应用法律若干问题的解释》规定，违反国家在预防、控制突发传染病疫情等灾害期间有关市场经营、价格管理等规定，哄抬物价、牟取暴利，严重扰乱市场秩序，违法所得数额较大或者有其他严重情节的，依照刑法第二百二十五条第四项的规定，以非法经营罪定罪，依法从重处罚。《最高人民法院、最高人民检察院关于办理非法生产、销售、使用禁止在饲料和动物饮用水中使用的药品等刑事案件具体应用法律若干问题的解释》规定，在生产、销售的饲料中添加盐酸克仑特罗等禁止在饲料和动物饮用水中使用的药品，或者销售明知是添加有该类药品的饲料，情节严重的，依照刑法第二百二十五条第四项的规定，以非法经营罪追究刑事责任。《最高人民法院关于审理扰乱电信市场管理秩序案件具体应用法律若干问题的解释》规定，违反国家规定，采取租用国际专线、私设转接设备或者其他方法，擅自经营国际电信业务或者涉港澳台电信业务进行营利活动，扰乱电信市场管理秩序，情节严重的，依照刑法第二百二十五条第四项的规定，以非法经营罪定罪处罚。

此外，对于非法买卖外汇的行为，1998年《全国人民代表大会常务委员会关于惩治骗购外汇、逃汇和非法买卖外汇犯罪的决定》第四条规定："在国家规定的交易场所以外非法买卖外汇，扰乱市场秩序，情节严重的，依照刑法第二百二十五条的规定定罪处罚。"这里的"国家规定的交易场所"，是指根据国家有关法律、法规规定设立的外汇交易中心、外汇指定银行以及由国家外汇管理机构批准的具有外汇买卖业务资格的非银行金融机构。根据《最高人民法院、最高人民检察院关于办理非法从事资金支付结算业务、非法买卖外汇刑事案件适用法律若干问题的解释》第三条的规定，非法买卖外汇符合（1）非法经营数额在五百万元以上的；（2）违法所得数额在十万元以上的，构成"情节严重"。同时，非法经营数额在二百五十万元以上，或者违法所得数额在五万元以上，且具有下列情形之一的，也可以认定为非法经营行为"情节严重"：（1）曾因非法买卖外汇犯罪行为受过刑事追究的；（2）二年内因非法买卖外汇违法行为受过行政处罚的；（3）拒不交代涉案资金去向或者拒不配合追缴工作，致使赃款无法追缴的；（4）造成其他严重后果的。根据上述1998年《决定》规定，单位犯前款罪的，对单位判处罚金，并对其直接负责的主管人员和其他直接责任人员，依照第二百二十五条规定处罚。

本条对非法经营罪的处刑分为两档刑：第一档刑为情节严重的，处五年以下有期徒刑或者拘役，并处或者单处违法所得一倍以上五倍以下罚金；第二档刑为情节特别严重的，处五年以上有期徒刑，并处违法所得一倍以上五倍以下罚金或者没收财产。此外，根据刑法第二百三十一条的规定，单位犯本条规定之罪的，对单位判处罚金，并对其直接负责的主管人员和其他直接责任人员，依照本条的规定，定罪处罚。对于什么是"情节严重""情节特别严重"，可由司法解释根据司法实践作出规定。例如，根据2013年《最高人民法院、最高人民检察院关于办理利用信息网络实施诽谤等刑事案件适用法律若干问题的解释》第七条的规定，违反国家规定，以营利为目的，通过信息网络有偿提供删除信息服务，或者明知是虚假信息，通过信息网络有偿提供发布信息等服务，扰乱市场秩序，具有下列情形之一的，属于非法经营行为"情节严重"，依照刑法第二百二十五条第四项的规定，以非法经营罪定罪处罚：（1）个人非法经营数额在五万元以上，或者违法所得数额在二万元以上的；（2）单位非法经营数额在十五万元以上，或者违法所得数额在五万元以上的。实施前款规定的行为，数额达到前款规定的数额五倍以上的，应当认定为刑法第二百二十五条规定的"情节特别严重"。

根据2014年《最高人民法院、最高人民检察院、公安部关于办理利用赌博机开设赌场案件适用法律若干问题的意见》第四条的规定，以提供给他人开设赌场为目的，违反国家规定，非法生产、销售具有退币、退分、退钢珠等赌博功能的电子游戏设施设备或者其专用软件，情节严重的，依照刑法第二百二十五条的规定，以非法经营罪定罪处罚。实施前款规定的行为，具有下列情形之一的，属于非法经营行为"情节严重"：（1）个人非法经营数额在五万元以上，或者违法所得数额在一万元以上的；（2）单位非法经营数额在五十万元以上，或者违法所得数额在十万元以上的；（3）虽未达到上述数额标准，但两年内因非法生产、销售赌博机行为受过二次以上行政处罚，又进行同种非法经营行为的；（4）其他情节严重的情形。具有下列情形之一的，属于非法经营行为"情节特别严重"：（1）个人非法经营数额在二十五万元以上，或者违法所得数额在五万元以上的；（2）单位非法经营数额在二百五十万元以上，或者违法所得数额在五十万元以上的。

根据《最高人民法院、最高人民检察院关于办理非法生产、销售烟草专卖品等刑事案件具体应用法律若干问题的解释》第三条的规定，非法经营烟草专卖品，具有下列情形之一的，应当认定为刑法第二百二十五条规定的"情节严重"：（1）非法经营数额在五万元以上的，或者违法所得数额在二万元以上的；（2）非法经营卷烟二十万支以上的；（3）曾因非法经营烟草专卖品三年内受过二次以上行政处罚，又非法经营烟草专卖品且数额在三万元以上的。具有下列情形之一的，应当认定为刑法第二百二十五条规定的"情节特别严重"：（1）非法经营数额在二十五万元以上，或者违法所得数额在十万元以上的；（2）非法经营卷烟一百万支以上的。

根据2017年《最高人民法院、最高人民检察院关于办理扰乱无线电通讯管理秩序等刑事案件适用法律若干问题的解释》第四条的规定，非法生产、销售"黑广播""伪基站"、无线电干扰器等无线电设备，具有下列情形之一的，应当认定为刑法第二百二十五条规定的"情节严重"：（1）非法生产、销售无线电设备三套以上的；（2）非法经营数额五万元以上的；（3）其他情节严重的情形。实施前款规定的行为，数量或者数额达到前款第一项、第二项规定标准五倍以上，或者具有其他情节特别严重的情形，应当认定为刑法第二百二十五条规定的"情节特别严重"。

【适用中需要注意的问题】

1. 关于"未经许可经营法律、行政法规规定的专营、专卖物品或者其他限制买卖的物品"的范围问题。对于专营、专卖以及限制买卖物品的范围，国家会根据市场成熟程度以及改革发展的需要作出适当调整。司法实践中，需要对政府及政府相关部门在市场经济领域的监管变化作出及时调整和反应。例如，长期以来，食盐是专营的。2002年9月4日，最高人民检察院颁布的《关于办理非法经营食盐刑事案件具体应用法律若干问题的解释》对办理非法经营食盐刑事案件适用非法经营罪等问题作出规定。2016年以来，国务院印发《盐业体制改革方案》，修订《食盐专营办法》，在坚持食盐专营制度的基础上推进供给侧结构性改革，主要有以下变化：其一，坚持完善食盐定点生产、定点批发制度；其二，取消食盐产、运、销等环节的计划管理，取消食盐准运证；其三，取消食盐产销隔离、区域限制制度，允许食盐生产企业进入流通和销售领域，允许食盐批发企业开展跨区域经营；其四，改革食盐定价机制，食盐价格由经营者自主确定。改革后，储运食盐不再被法律法规限制，不构成犯罪；对非法生产、销售食盐适用非法经营罪也已不能准确评价其行为性质，对其中危害食品安全的，应当适用危害食品安全的犯罪，没有危害食品安全的，仍可以根据修订后的《食盐专营办法》给予行政处罚。基于此，2020年4月1日，最高人民检察院作出《关于废止〈最高人民检察院关于办理非法经营食盐刑事案件具体应用法律若干问题的解释〉的决定》。该《决定》指出，为适应盐业体制改革，保证国家法律统一正确适用，根据《食盐专营办法》（国务院令696号）的规定，结合检察工作实际，最高人民检察院决定废止《最高人民检察院关于办理非法经营食盐刑事案件具体应用法律若干问题的解释》（高检发释字〔2002〕6号），同时规定，该解释废止后，对以非碘盐充当碘盐或者以工业用盐等非食盐充当食盐等危害食盐安全的行为，人民检察院可以依据《最高人民法院、最高人民检察院关于办理生产、销售伪劣商品刑事案件具体应用法律若干问题的解释》（法释〔2001〕10号）、《最高人民法院、最高人民检察院关于办理危害食品安全刑事案件适用法律若干问题的解释》（法释〔2013〕12号）的规定，分别不同情况，以生产、销售伪劣产品罪，或者生产、销售不符合安全标准的食品罪，或者生产、销售有毒、有害食品罪追究刑事责任。

2. 关于"其他严重扰乱市场秩序的非法经营行为"的理解问题。本条规定了四种情况，其中第四项"其他严重扰乱市场秩序的非法经营行为"属于兜底性的规定。实践中，对于该项规定的适用是否会被"扩大化"，各方面提出了一些担忧。对此，从严把握该项规定的适用是适当和必要的，符合法治精神的，也契合我国社会主义市场经济的发展进程。司法机关面对实践中出现的一些新情况和新问题，通过遵循立法关于非法经营罪的本意，以司法解释等方式，经过严格的程序，也对一些情况明确适用该项规定。总体上，对于该项的认定和理解，应考虑与前三项所列的违法经营专营、专卖等物品，买卖进出口许可证、进出口原产地证等批准文件，未经国家有关主管部门批准非法经营证券、期货、保险等业务的情形具有相当的社会危害程度。司法机关应根据案件的情况和需要，审慎判断适用非法经营罪。

第二百二十六条 【强迫交易罪】以暴力、威胁手段，实施下列行为之一，情节严重的，处三年以下有期徒刑或者拘役，并处或者单处罚金；情节特别严重的，处三年以上七年以下有期徒刑，并处罚金：

（一）强买强卖商品的；

（二）强迫他人提供或者接受服务的；

（三）强迫他人参与或者退出投标、拍卖的；

（四）强迫他人转让或者收购公司、企业的股份、债券或者其他资产的；

（五）强迫他人参与或者退出特定的经营活动的。

【释解与适用】

本条是关于强迫交易罪及其刑罚的规定。

本条规定了五种行为。第一种行为是以暴力、威胁手段强买强卖商品的犯罪行为。其中，"以暴力、威胁手段"，是指行为人采取了暴力方法或威胁手段。例如，在商品交易中，不是以公平自愿的方式，而是对交易对方采取殴打等暴力方法或者以人多力强等威胁方式迫使交易对方接受不公平的交易的行为；"强买强卖商品"，是指在商品交易中违反法律、法规和商品交易规则，不顾交易对方是否同意，以暴力、威胁手段强行买进或者强行卖出的行为。

第二种行为是以暴力、威胁手段强迫他人提供或者接受服务的行为。"强迫他人提供服务"，主要是指行为人在享受服务消费时，不遵守公平自愿的原则，不顾提供服务方是否同意，以暴力、威胁手段，强迫对方提供某种服务的行为；"强迫他人接受服务"，主要是指餐饮业、旅游业、娱乐业、美容服务业、维修业等服务性质的行业在营业中，违反法律、法规和商业道德及公平自愿的原则，不顾消费者是否同意，以暴力、威胁手段强迫消费者接受其服务的行为。

第三种行为是以暴力、威胁手段强迫他人参与或者退出投标、拍卖的行为。主要是指，在一些工程竞标、拍卖等活动中，使用暴力或者威胁手段施加压力迫使其他本不愿意参加投标或者拍卖的人参加投标或竞拍，旨在让他人作为陪衬，以此来掩饰自己或者其他第三者操纵投标或者竞拍的违法性；或者强迫参与竞标的参与者退出投标、拍卖活动，目的是使自己或者其他第三者中标或者在没有竞拍者竞拍的情况下以不公平的价格购买到拍卖品。按照正常的市场运作，竞标市场或者拍卖市场应当是在公平竞争的原则下，均以平等的身份参与竞标或竞拍活动的，也只有这样竞标和竞拍的最终结果才能使得具有真正实力和资质的竞标者或竞拍者胜出，以达到竞标项目或拍卖品竞拍的最终目的，使得竞标项目或工程得到符合要求的保证、高质量地完成以及竞拍的拍卖品能让有真正收藏实力的人收藏。而以暴力、威胁手段强迫他人参与或者退出投标、拍卖的行为，不但破坏了正常的竞标和竞拍的市场秩序，在不公平的情况下得到竞标结果和拍卖品，而且使得没有资质和实力的施工队伍或项目经营者混入了市场，使他人不能合法地参与竞争。

第四种行为是以暴力、威胁手段强迫他人转让或者收购公司、企业的股份、债券或者其他资产的行为。公司、企业的资产转让，应当按照正常的市场法则进行。以暴力、威胁手段强迫他人转让或者收购公司、企业的股份、债券或者其他资产的行为，就是为了获得不正当的利益，以暴力、威胁手段，强迫他人在不符合市场价值规律和不利于出让人、收购人的情况下转让、收购公司、企业的股份、债券或者其他资产，自己或者第三人从中获取不法利益，而使他人利益受损。

第五种行为是以暴力、威胁手段强迫他人参与或者退出特定的经营活动的行为。其中特定的经营活动，是指在不法分子指定的经营活动范围内，由于屈从于暴力、威胁手段，在没有选择的情况下，从事或者退出经营活动的情况。比如屈从于暴力、威胁手段，被迫投资、出资入股，但被给予的收益分成比例与其出资比例极不相称，或者以暴力、威胁手段强迫竞争对手退出特定的经营活动，以形成垄断地位轻易获取巨额不法利润等。

犯本条规定的犯罪，处二档刑："情节严重的"，处三年以下有期徒刑或者拘役，并处或者单处罚金；"情节特别严重的"，处三年以上七年以下有期徒刑，并处罚金。此外，根据刑法第二百三十一条的规定，单位犯本条规定之罪的，对单位判处罚金，并对其直接负责的主管人员和其他直接责任人员，依照本条的规定，定罪处罚。

关于本罪的立案追诉标准，《最高人民检察院、公安部关于公安机关管辖的刑事案件立案追诉标准的规定（一）的补充规定》第五条规定：以暴力、威胁手段强买强卖商品，强迫他人提供服务或者接受服务，涉嫌下列情形之一的，应按照强迫交易犯罪予立案追诉：（1）造成被害人轻微伤的；（2）造成直接经济损失二千元以上的；（3）强迫交易三次以上或者强迫三人以上交易的；（4）强迫交易数额一万元以上，或者违法所得数额二千元以上的；（5）强迫他人购买伪劣商品数额五千元以上，或者违法所得数额一千元以上的；（6）其他情节严重的情形。以暴力、威胁手段强迫他人参与或者退出投标、拍卖，强迫他人转让或者收购公司、企业的股份、债券或者其他资产，强迫他人参与或者退出特定的经营活动，具有多次实施、手段恶劣、造成严重后果或者恶劣社会影响等情形之一的，应予立案追诉。

【适用中需要注意的问题】

应当注意的是，实践中，如果行为人在强迫交易过程中使用暴力造成被害人重伤、死亡的，则应依照刑法故意杀人罪、故意伤害罪等有关规定定罪处罚。如果行为人以市场交易为借口，以暴力或者威胁的手段索取、强拿的财物，远远超过正常买卖、交易情况下被害人应支付的财物，可以根据刑法关于抢劫罪的规定，追究行为人的刑事责任。

第二百二十七条 【伪造、倒卖伪造的有价票证罪】伪造或者倒卖伪造的车票、船票、邮票或者其他有价票证，数额较大的，处二年以下有期徒刑、拘役或者管制，并处或者单处票证价额一倍以上五倍以下罚金；数额巨大的，处二年以上七年以下有期徒刑，并处票证价额一倍以上五倍以下罚金。

【倒卖车票、船票罪】倒卖车票、船票，情节严重的，处三年以下有期徒刑、拘役或者管制，并处或者单处票证价额一倍以上五倍以下罚金。

【释解与适用】

本条是关于伪造、倒卖伪造的有价票证罪，倒卖车票、船票罪及其刑罚的规定。

本条共分两款。第一款是关于伪造或者倒卖伪造的车票、船票、邮票或者其他有价票证的犯罪及其处刑的规定。其中，"伪造"，是指仿照车票、船票、邮票或者其他有价票证的样式、图案、规格，用印刷、描绘等手段，制作假车票、假船票、假邮票或者其他假有价票证的行为。这里的"伪造"含有"变造"的意思，即以拼接等方式变造车票、船票、邮票或者其他有价票证。"车票"，主要是指客运火车票、长途客运汽车票。"船票"，主要是指客船票。"邮票"，是指由邮电部发行的各类邮票。"其他有价票证"，是指除车票、船票、邮票以外的，由有关主管部门统一发行和管理的有价票证。有价票证的情况比较复杂，在不同时期有价票证的种类不同，且不同的有价票证的作用、价值也不同，法律很难列举全面。刑法只列举了实践中较常见的危害较为严重的伪造、倒卖伪造的车票、船票、邮票的行为，至于对伪造或者倒卖伪造的其他有价票证的行为，作了概括性的规定。这样规定也便于司法机关在查处这类犯罪活动时，灵活掌握。因为，随着形势的发展还会出现新的破坏有价票证的犯罪行为。例如，根据《最高人民检察院关于非法制作、出售、使用IC电话卡行为如何适用法律问题的答复》的规定，非法制作或者出售非法制作的IC电话卡，数额较大的，应当依照刑法第二百二十七条第一款的规定，以伪造、倒卖伪造的有价票证罪追究刑事责任，犯罪数额可以根据销售数额认定。

本款关于处刑的规定分为两档：第一档为数额较大的，处二年以下有期徒刑、拘役或者管制，并处或者单处票证价额一倍以上五倍以下罚金；第二档为数额巨大的，处二年以上七年以下有期徒刑，并处票证价额一倍以上五倍以下罚金。此外，根据刑法第二百三十一条的规定，单位犯本款规定之罪的，对单位判处罚金，并对其直接负责的主管人员和其他直接责任人员，依照本款的规定，定罪处罚。这里的"票证价额"，是指本条规定的伪造或者倒卖伪造的有价票证的票面价额。根据《最高人民检察院、公安部关于公安机关管辖的刑事案件立案追诉标准的规定（一）》第二十九条的规定，伪造或者倒卖伪造的车票、船票、邮票或者其他有价票证，涉嫌下列情形之一的，应予立案追诉：（1）车票、船票票面数额累计二千元以上，或者数量累计五十张以上的；（2）邮票票面数额累计五千元以上，或者数量累计一千枚以上的；（3）其他有价票证价额累计五千元以上，或者数量累计一百张以上的；（4）非法获利累计一千元以上的；（5）其他数额较大的情形。

第二款是关于倒卖车票、船票的犯罪及其处刑的规定。不同于第一款，本款规定的是倒卖真的车票、船票的犯罪行为。对于这种犯罪的处刑规定是，情节严重的，处三年以下有期徒刑、拘役或者管制，并处或者单处票证价额一倍以上五倍以下罚金。此外，根据刑法第二百三十一条的规定，单位犯本款规定之罪的，对单位判处罚金，并对其直接负责的主管人员和其他直接责任人员，依照本款的规定，定罪处罚。根据《最高人民检察院、公安部关于公安机关管辖的刑事案件立案追诉标准的规定（一）》第三十条的规定，倒卖车票、船票或者倒卖车票坐席、卧铺签字号以及订购车票、船票凭证，涉嫌下列情形之一的，应予立案追诉：（1）票面数额累计五千元以上的；（2）非法获利累计二千元以上的；（3）其他情节严重的情形。

【适用中需要注意的问题】

1. 本条第一款将伪造、倒卖伪造邮票的行为规定为犯罪。实践中，还出现了变造、倒卖变造邮票的情况。变造邮票也是一种伪造邮票的方式。2000年12月9日施行的《最高人民法院关于对变造、倒卖变造邮票行为如何适用法律问题的解释》对此作了进一步明确。该解释规定，对变造或者倒卖变造的邮票数额较大的，应当依照刑法第二百二十七条第一款的规定定罪处罚。

2. 关于如何认定"有价票证"的问题。实践中，票、证的表现形式多样。有的票、证具有临时性、赠与性、无流通性、票证价值难以计算等情况。相关案件中的票、证是否属于本条第一款规定的"有价票证"，在认定时需要慎重。司法机关根据实践中的情况，通过遵循立法原意，以司法解释等方式明确将一些票、证适用本罪。例如，最高人民法院1999年通过的《关于审理倒卖车票刑事案件有关问题的解释》，将倒卖火车票坐席、卧铺签字号、订购车票凭证这些无流通性质的票证视同倒卖火车票，予以定罪处罚。总体上，对于实践中出现的一些票、证是否属于"有价票证"，一般需要结合案件的具体情况，根据票、证的本质，以及是否具有与伪造、倒卖伪造的车票、船票、邮票等相当的危害程度综合认定。

第二百二十八条 【非法转让、倒卖土地使用权罪】以牟利为目的，违反土地管理法规，非法转让、倒卖土地使用权，情节严重的，处三年以下有期徒刑或者拘役，并处或者单处非法转让、倒卖土地使用权价额百分之五以上百分之二十以下罚金；情节特别严重的，处三年以上七年以下有期徒刑，并处非法转让、倒卖土地使用权价额百分之五以上百分之二十以下罚金。

【释解与适用】

本条是关于非法转让、倒卖土地使用权罪及其刑罚的规定。

本条规定的非法转让、倒卖土地使用权罪，是指以牟利为目的，违反土地管理法规，非法转让、倒卖土地使用权的犯罪行为。其中，"以牟利为目的"，是指以获取经济利益为目的。"违反土地管理法规"，根据2001年8月31日第九届全国人民代表大会常务委员会第二十三次会议通过的《全国人民代表大会常务委员会关于〈中华人民共和国刑法〉第二百二十八条、第三百四十二条、第四百一十条的解释》的规定，是指违反土地管理法、森林法、草原法等法律以及有关行政法规中关于土地管理的规定。"非法转让"土地使用权，是指将依法管理和持有的土地使用权违反上述法律、行政法规的有关规定，擅自转让给他人的行为。非法"倒卖土地使用权"，是指违反上述法律、行政法规的规定，将土地使用权进行倒卖，从而进行牟利的行为。土地管理法第二条第三款规定，任何单位和个人不得侵占、买卖或者以其他形式非法转让土地。土地使用权可以依法转让。

可见，土地使用权的享有和转让是由国家法律、行政法规明确规定的，不能随意买卖。即使进行土地使用权的有偿转让，也应根据有关法律、法规的规定和通过有关主管部门的审查和批准才能进行。

本条关于处刑的规定为两档刑：第一档刑为情节严重的，处三年以下有期徒刑或者拘役，并处或者单处非法转让、倒卖土地使用权价额百分之五以上百分之二十以下罚金；第二档刑为情节特别严重的，处三年以上七年以下有期徒刑，并处非法转让、倒卖土地使用权价额百分之五以上百分之二十以下罚金。此外，根据刑法第二百三十一条的规定，单位犯本条规定之罪的，对单位判处罚金，并对其直接负责的主管人员和其他直接责任人员，依照本条的规定，定罪处罚。根据2022年《最高人民检察院、公安部关于公安机关管辖的刑事案件立案追诉标准的规定（二）》第七十二条的规定，以牟利为目的，违反土地管理法规，非法转让、倒卖土地使用权，涉嫌下列情形之一的，应予立案追诉：（1）非法转让、倒卖永久基本农田五亩以上的；（2）非法转让、倒卖永久基本农田以外的耕地十亩以上的；（3）非法转让、倒卖其他土地二十亩以上的；（4）违法所得数额在五十万元以上的；（5）虽未达到上述数额标准，但因非法转让、倒卖土地使用权受过行政处罚，又非法转让、倒卖土地的；（6）其他情节严重的情形。根据2000年《最高人民法院关于审理破坏土地资源刑事案件具体应用法律若干问题的解释》第一条、第二条的规定，具有下列情形之一的，属于非法转让、倒卖土地使用权"情节严重"：（1）非法转让、倒卖基本农田五亩以上的；（2）非法转让、倒卖基本农田以外的耕地十亩以上的；（3）非法转让、倒卖其他土地二十亩以上的；（4）非法获利五十万元以上的；（5）非法转让、倒卖土地接近上述数量标准并具有其他恶劣情节的，如曾因非法转让、倒卖土地使用权受过行政处罚或者造成严重后果等。具有下列情形之一的，属于非法转让、倒卖土地使用权"情节特别严重"：（1）非法转让、倒卖基本农田十亩以上的；（2）非法转让、倒卖基本农田以外的耕地二十亩以上的；（3）非法转让、倒卖其他土地四十亩以上的；（4）非法获利一百万元以上的；（5）非法转让、倒卖土地接近上述数量标准并具有其他恶劣情节，如造成严重后果等。本条具体规定了罚金刑的处罚幅度，即"非法转让、倒卖土地使用权价额百分之五以上百分之二十以下"。这是根据这种犯罪具有牟利性的特点规定的。其中罚金数额的具体确定，是以实际转让、倒卖土地使用权的价额为计算基数，非法转让、倒卖土地使用权价额越高，应当判处的罚金数额也就越大。

第二百二十九条 【提供虚假证明文件罪】承担资产评估、验资、验证、会计、审计、法律服务、保荐、安全评价、环境影响评价、环境监测等职责的中介组织的人员故意提供虚假证明文件，情节严重的，处五年以下有期徒刑或者拘役，并处罚金；有下列情形之一的，处五年以上十年以下有期徒刑，并处罚金：

（一）提供与证券发行相关的虚假的资产评估、会计、审计、法律服务、保荐等证明文件，情节特别严重的；

（二）提供与重大资产交易相关的虚假的资产评估、会计、审计等证明文件，情节特别严重的；

（三）在涉及公共安全的重大工程、项目中提供虚假的安全评价、环境影响评价等证明文件，致使公共财产、国家和人民利益遭受特别重大损失的。

有前款行为，同时索取他人财物或者非法收受他人财物构成犯罪的，依照处罚较重的规定定罪处罚。

【出具证明文件重大失实罪】第一款规定的人员，严重不负责任，出具的证明文件有重大失实，造成严重后果的，处三年以下有期徒刑或者拘役，并处或者单处罚金。

【释解与适用】

本条是关于提供虚假证明文件罪和出具证明文件重大失实罪及其刑罚的规定。

关于本条的立法背景，主要有以下几个方面。

1. 1979年之后至1997年刑法修订前的立法情况。关于中介组织人员故意提供虚假证明文件罪，1979年刑法没有规定。随着市场经济的发展，中介组织发挥着越来越重要的作用。其主体资格的取得，对从事市场行为有着重要的影响，并直接关系到市场秩序。为此，在一系列法律、法规中都对中介组织的权利、义务、行为规范及中介组织违反这些规定所应负的法律责任作了规定。1995年2月28日第八届全国人民代表大会常务委员会第十二次会议通过的《全国人民代表大会常务委员会关于惩治违反公司法的犯罪的决定》第六条规定了提供虚假证明文件的犯罪，对刑法作了补充。该决定第六条规定：承担资产评估、验资、验证、审计职责的人员故意提供虚假证明文件，情节严重的，处五年以下有期徒刑或者拘役，可以并处二十万元以下罚金。单位犯前款罪的，对单位判处违法所得五倍以下罚金，并对直接负责的主管人员和其他直接责任人员，依照前款的规定，处五年以下有期徒刑或者拘役。

2. 1997年修订刑法的情况。1997年修订刑法时，将《全国人民代表大会常务委员会关于惩治违反公司法的犯罪的决定》（已失效）第六条的规定修改后纳入刑法。主要作了以下修改：一是扩大了本条犯罪主体的范围。在列举的中介组织人员中增加会计、法律服务人员，同时增加规定"等"，以起到兜底作用，即将除了明确列举的几类中介组织之外的，其他所有的中介机构的人员都纳入本罪犯罪主体。二是对罚金刑的数额标准作出修改，将处"二十万元以下罚金"修改为处"罚金"，即不再限定具体数额，由法官根据案件的具体情况确定具体的罚金数额，以更有利于实现罪责刑相适应。三是增加一款规定，对索取他人财物或者非法收受他人财物以提供虚假证明文件的中介组织的人员，明确规定处五年以上十年以下有期徒刑，并处罚金。四是增加过失犯罪的规定。对于严重不负责任，出具的证明文件有重大失实，造成严重后果的中介组织的人员，规定处三年以下有期徒刑或者拘役，并处或者单处罚金。五是调整了关于单位犯罪的位置，未对本罪的单位犯罪在本条中单独规定，而是在刑法第二百三十一条中对刑法分则破坏社会主义市场经济秩序罪一章中"扰乱市场秩序罪"一节的单位犯罪作出统一规定。同时，调整了单位犯罪的罚金刑标准，由"对单位判处违法所得五倍以下罚金"调整为"对单位判处罚金"。

3. 2020年刑法修正案（十一）对本条作了第二次修改。一是进一步增加列举了一些中介组织，以进一步明确本罪适用的主体范围，对从事保荐、安全评价、环境影响评价、环境监测职责的中介组织的人员适用本罪作了明确规定。二是增加了一档刑，即"处五年以上十年以下有期徒刑，并处罚金"，同时对加重处罚的情形作了明确列举，包括：提供与证券发行相关的虚假的资产评估、会计、审计、法律服务、保荐等证明文件，情节特别严重；提供与重大资产交易相关的虚假的资产评估、会计、审计等证明文件，情节特别严重；在涉及公共安全的重大工程、项目中提供虚假的安全评价、环境影响评价等证明文件，致使公共财产、国家和人民利益遭受特别重大损失。三是修改完善了中介组织人员受贿以提供虚假证明文件的处罚,将法定刑"处五年以上十年以下有期徒刑,并处罚金"修改为"依照处罚较重的规定定罪处罚"。作出以上修改,主要有以下考虑。

一是有的全国人大代表、有关部门建议,进一步明确本条的犯罪主体。例如,有的全国人大代表、有关部门提出,在公司上市和证券发行领域,保荐人是保障资本市场投融资功能有效发挥的关键一环,在信息披露真实性、投资者保护方面,相对于会计师和律师具有更高的勤勉尽责义务。保荐人除了要保障自己提供的发行文件真实、准确和完整以外,还需要对会计师事务所、律师事务所和评估机构提供的证明文件的真实性、准确性和完整性进行审慎核查。保荐人故意提供虚假证明文件或者出具证明文件重大失实,往往与欺诈发行股票、债券,违规披露、不披露重要信息等违法犯罪相关,具有严重的社会危害性。特别是在以信息披露为核心的证券发行注册制施行后,保荐人作为发行"担保方",其职责更重。保荐人出具有虚假记载、误导性陈述或者重大遗漏的保荐书,或者不履行其他法定职责的,依法给予行政处罚各方面认识是一致的。但是,在是否应当追究刑事责任问题上,有的地方司法机关认为还需要进一步明确。主要是无论从性质、职责、作用来看,保荐人都应当属于本条规定的"中介组织"。可是由于刑法在规定上采取了列举加兜底的规定方式,在明确列举的几类中介组织中,没有列举保荐人,导致有的对于保荐人是否属于本条规定的"中介组织"没有把握。为了解决这一认识上的分歧,确保刑法准确适用,建议此次修改刑法时,对保荐人严重违法违规出具虚假保荐书的情况,加以补充列举,以进一步明确法律责任。还有的部门和地方提出,因各地环保力度加大,环保考评制度严格落实等原因,环境影响评估结果造假、伪造监测数据的情况增多。一些负责环境监测的中介组织的人员故意伪造环境监测的情况、数据,提供虚假的环境监测报告;一些负责环境影响评价的中介组织的人员违法进行环境影响评价,有的甚至捏造环境影响评价书,有的直接抄袭其他项目的环境影响评价书,等等,这些造假行为使得环境影响评价形同虚设,严重损害社会公共利益。在司法适用中,根据2016年《最高人民法院、最高人民检察院关于办理环境污染刑事案件适用法律若干问题的解释》(已失效)第十条的规定,对环境质量监测系统采取修改参数、修改监测数据、干扰采样等破坏环境质量监测系统的行为,以破坏计算机信息系统罪定罪处罚,部分解决了针对计算机平台的环境监测数据造假行为追究刑事责任的问题。但是，对于计算机平台以外的环境影响评估造假、环境监测数据造假行为，还需要在刑法上进一步明确适用罪名。立法机关对于以上意见和建议进行了认真研究，总的看，刑法本条所规定的犯罪主体是涵盖了所有的中介机构的人员的。因此，承担保荐、环境影响评价、环境监测的中介组织的人员故意出具虚假证明文件或者出具重大失实证明文件，都应当适用本条规定定罪处罚。考虑到实践中对于上述保荐人等是否属于本罪规定的"中介组织的人员"，存在不同认识。同时，这些中介组织所负责的保荐、安全评价、环境影响评价、环境监测等活动，对相关事项具有非常重要的社会服务、监督职能，从事这些中介服务的人员故意出具虚假的证明文件，具有严重的危害性，明确对这些行为应当适用刑法予以惩治，有利于警示相关从业人员依法履职，恪尽职守。因此，对承担这些任务的中介组织在本条现有规定的基础上作进一步明确，也是可以的。为此，本条修改在罪状中增加规定了"保荐、安全评价、环境影响评价、环境监测"。

二是对一些承担特别重要职责的中介组织的人员故意提供虚假证明文件，明确规定适用更重一档的刑罚。本罪的犯罪主体涵盖所有中介机构的人员，适用范围较广。随着我国市场经济的持续发展，政府职能不断转变，"放管服"改革继续深化，各类中介组织将会进一步发展，并承担更多和更重的社会服务、监督等职责。有的意见提出，目前不少中介组织承担的职责曾是政府部门长期负责的重要职责。与政府部门时刻处于被监督的"聚光灯"下不同，中介组织反而更容易出现玩忽职守、滥用职权、徇私舞弊等情况，特别是在市场经济领域，中介组织提供虚假证明文件或者出具证明文件重大失实的较多，存在严重不负责任，只管"盖章收钱"的现象。因此，有必要对一些关键领域的中介组织，在"赋权"的同时作出"严管"的法律设计和安排。建议对本条增加一档刑罚，适用于所有中介组织的人员。也有的意见提出，考虑到承担各种职责的中介组织涉及领域很广，情况比较复杂，存在明显的发展不平衡，行业水平参差不齐的特点。从培育中介组织健康发展的角度，需要不同情况，区别对待，不宜简单作出"一刀切"的规定。有的中介组织提供服务的领域涉及民生、安全等重要事项，造假、"放水"可能造成特别严重的后果，对这些中介组织的人员增加一档更重的刑罚是必要的，对有些中介组织的人员，根据其违法犯罪行为的实际情况和造成的危害后果，适用第一档刑罚，总体上能够罚当其罪，也足以在行业里发挥教育警示等一般预防作用，可不必适用更重的刑罚。立法机关经认真研究，在本条修改中，对证券发行、重大资产交易以及与公共安全相关的重大工程、项目中从事安全评价、环境影响评价等职责的中介组织的人员，故意提供虚假证明文件的，增加规定了更重的一档刑罚，即法定最高刑可处以十年有期徒刑。

三是进一步完善了受贿并故意提供虚假证明文件行为的法律适用。有的部门提出，根据本条的规定，一般构成犯罪的，处五年以下有期徒刑或者拘役；有受贿情节的，一律处五年以上有期徒刑。这与刑法其他条款中，一般对于因为受贿而实施相关犯罪的，作为从重情节依法从重处罚的处理方式有较大差别，在刑罚衔接上存在一定的"跳档"情况，即如果不论行为人出具虚假证明造成危害后果的具体情况，也不论实际收取财物多少，一律处以五年以上有期徒刑，在有的案件中会出现轻重失衡，难以做到罪责刑相适应。也有的意见提出，对于因受贿而出具虚假证明文件的，相关人员可能同时构成刑法第一百六十三条"非国家工作人员受贿罪"或者第三百八十五条"受贿罪"，对此，有的情况下依照处罚较重的规定处罚，如定为受贿类犯罪可能更为合理。立法机关经研究，在对本条的修改中，采纳了上述意见。

本条共分三款。第一款是关于承担资产评估、验资、验证、会计、审计、法律服务、保荐、安全评价、环境影响评价、环境监测等职责的中介组织人员故意提供虚假证明文件及其处罚的规定。构成本款规定的犯罪，必须符合以下特征：一是主体特定，必须是中介机构的从业人员。随着我国经济社会生活不断发展，中介组织发挥着越来越重要的作用，其活动对市场行为、人民群众的社会生活等发挥着重要影响，并直接关系到市场秩序、社会生活秩序的正常进行。为此，在一系列法律、法规中都对中介组织的权利、义务、行为规范及中介组织违反这些规定所应负的法律责任作了规定。这里规定的"承担资产评估、验资、验证、会计、审计、法律服务、保荐、安全评价、环境影响评价、环境监测等职责的中介组织"，是指依法承担相关中介服务职责的资产评估机构、验资机构、验证机构、会计师事务所、审计师事务所、律师事务所、保荐机构、安全评价机构、环境影响评价机构、环境监测机构等。"人员"，是指在这些中介机构中，具有国家认可的专业资格的负有相关职责的专业从业人员。二是行为人实施了故意提供虚假证明文件的行为。这里所说的虚假证明文件，既包括伪造的证明文件，也包括内容虚假、有重大遗漏、误导性内容的文件。这些文件的载体有多种形式，如资产评估报告、验资报告、发行保荐书、安全评价报告、环境影响报告书（表）等。这些文件有时是单一文件，有时还含有其他附属材料以佐证其结论，包括数据、材料、资料、样本等。上述证明文件如果属于虚假文件，内容不真实，就违反了法律法规行业规则等对于资产评估、验资、验证、会计、审计、法律服务、保荐、安全评价、环境影响评价、环境监测等中介活动的要求，不能发挥证明作用。证明文件虚假，包括有关资料、报表、数据和各种结果、结论方面的报告和材料等不真实。三是构成本罪需要符合"情节严重"的要件。这里可以参考2022年《最高人民检察院、公安部关于公安机关管辖的刑事案件立案追诉标准的规定（二）》第七十三条的有关规定。根据该规定，承担资产评估、验资、验证、会计、审计、法律服务、保荐、安全评价、环境影响评价、环境监测等职责的中介组织的人员故意提供虚假证明文件，涉嫌下列情形之一的，应予立案追诉：（1）给国家、公众或者其他投资者造成直接经济损失数额在五十万元以上的；（2）违法所得数额在十万元以上的；（3）虚假证明文件虚构数额在一百万元以上且占实际数额百分之三十以上的；（4）虽未达到上述数额标准，但二年内因提供虚假证明文件受过二次以上行政处罚，又提供虚假证明文件的；（5）其他情节严重的情形。根据本款规定，对中介组织的人员故意提供虚假证明文件构成犯罪的，第一档可以处五年以下有期徒刑或者拘役，并处罚金。

刑法修正案（十一）对一些承担特别重要职责的中介组织的人员故意提供虚假证明文件的，还规定了更重一档刑罚。具体包括三种情形。

一是提供与证券发行相关的虚假的资产评估、会计、审计、法律服务、保荐等证明文件，情节特别严重的。依照证券法的规定，保荐机构、会计师事务所、律师事务所以及从事资产评估、资信评级等证券服务机构，应当提供相应的证明文件以支持证券发行。这些中介组织的人员所提供的证明文件对保障证券发行的真实性，具有非常重要的作用。特别是在以信息披露为核心的证券发行注册制施行后，中介组织出具的证明文件对投资者的价值判断和投资决策具有直接影响。根据2015年修正后的证券法第十条、第一百六十条、第一百六十三条、第一百八十二条、第二百一十三条等规定，保荐人、证券服务机构的人员为证券发行等证券业务活动制作、出具发行保荐书、审计报告及其他鉴证报告、资产评估报告、财务顾问报告、资信评级报告、法律意见书等文件，应当对文件的真实性、准确性、完整性进行核查和验证。如果制作、出具的文件有虚假记载、误导性陈述或者重大遗漏，对他人造成损失的，应当承担法律责任。本款该项规定的中介组织的范围是"资产评估、会计、审计、法律服务、保荐等"，只要是负责提供与证券发行相关的虚假证明文件的中介组织的人员，都属于本项规定的主体。本项规定，要"情节特别严重"才能适用第二档刑罚，如造成的损失特别巨大，手段特别恶劣等。如果故意提供与证券发行相关的虚假证明文件只具有一般情节的，适用本款第一档刑罚。

二是提供与重大资产交易相关的虚假的资产评估、会计、审计等证明文件，情节特别严重的。这里的"重大资产交易"主要是指相关资产交易事项重要、金额巨大、影响广泛等情况。如重大的资产重组、收购、出售、转让、受让或者以其他方式进行的各种资产交易活动。公司法、证券法、《上市公司重大资产重组管理办法》等法律法规对重大资产交易作了相应的规定。其中，"资产评估、会计、审计等"中介组织出具的证明文件，对重大资产交易的真实性具有直接证明作用，会影响重大资产交易双方的决策以及交易完成后相关主体的一系列商业行为。本款该项规定的中介组织的范围是"资产评估、会计、审计等"，只要是负责提供与重大资产交易相关的虚假证明文件的中介组织的人员都属于本项规定的主体。本项规定，要"情节特别严重"才能适用第二档刑罚，如造成的损失特别巨大，手段特别恶劣等。如果故意提供与重大资产交易相关的虚假证明文件只具有一般情节的，适用本款第一档刑罚。

三是在涉及公共安全的重大工程、项目中提供虚假的安全评价、环境影响评价等证明文件，致使公共财产、国家和人民利益遭受特别重大损失的。这里的"涉及公共安全的重大工程、项目"需要满足两个条件：其一，"涉及公共安全"。重大工程、项目的作用不一，有的与公共安全息息相关，如矿山、水电站、核电站、桥梁、隧道、大型运动场等；有的可能与公共安全不直接相关，只是涉及金额比较大。对于与公共安全不直接相关的重大工程、项目中提供虚假的安全评价、环境影响评价等证明文件的行为，仍可以适用本款第一档刑罚处罚。其二，应是"重大工程、项目"，主要是指与民生紧密相连的重大建筑工程、基础设施建设项目、矿山、金属冶炼建设项目等。如国家的国民经济和社会发展五年规划纲要中涉及的重大工程、项目，地方规划建设的重大工程、项目，涉及金额巨大，对一定区域商品和服务提供，生态环境等有重要影响的工程、项目等。根据本项规定，承担这些工程、项目的安全评价、环境影响评价等职责的中介机构提供虚假证明文件的，还需要符合"致使公共财产、国家和人民利益遭受特别重大损失"的条件，包括特别重大的经济损失、造成人员重大伤亡、环境受到特别严重破坏等。这里的"致使"，要求提供虚假证明文件的行为与"公共财产、国家和人民利益遭受特别重大损失"之间具有紧密的因果关系。如果承担重大工程、项目的安全评价、环境影响评价等职责的行为人故意提供虚假证明文件，但尚未"致使公共财产、国家和人民利益遭受特别重大损失"的，仍可以适用本款第一档刑罚处罚。

根据本款规定，中介组织的人员有上述三项规定的行为之一的，处五年以上十年以下有期徒刑，并处罚金。

第二款是关于有前款行为同时索取他人财物或者非法收受他人财物如何处罚的规定。本款规定的犯罪，从行为特征上看与第一款的规定基本一致。不同的是，增加了"索取他人财物或者非法收受他人财物"的客观要件。中介机构的性质决定了它所出具的证明文件应当公正，但实际上却提供了虚假的证明文件，如果其中存在利用履行职务行为的便利条件进行利益交换以后再出具虚假的证明文件的情况，危害性就更大。为了确保中介机构的公正性，对于中介机构的人员索取他人财物或者非法收受他人财物而故意提供虚假证明文件的行为，应当明确给予惩治。考虑到中介组织的人员一般属于非国家工作人员，其受贿行为往往还涉嫌构成刑法第一百六十三条"非国家工作人员受贿罪"（另外，其中如果有属于国家工作人员范围的情况，则还可能涉嫌构成刑法第三百八十五条"受贿罪"）。因此，可能出现以下两种情况：一是行为人触犯本罪的量刑较高，同时触犯刑法第一百六十三条"非国家工作人员受贿罪"的量刑较低；二是行为人触犯本罪的量刑较低，同时触犯刑法第一百六十三条"非国家工作人员受贿罪"的量刑较高（如果属于国家工作人员，涉嫌刑法第三百八十五条"受贿罪"的，也有类似情况）。对此，根据本款规定，有前款行为，同时索取他人财物或者非法收受他人财物构成犯罪的，依照处罚较重的规定定罪处罚。

第三款是关于第一款规定的人员严重不负责任，出具的证明文件有重大失实的犯罪及其处罚的规定。其中"第一款规定的人员"，是指第一款规定的中介组织的人员，包括"承担资产评估、验资、验证、会计、审计、法律服务、保荐、安全评价、环境影响评价、环境监测等职责的中介组织的人员";"出具的证明文件有重大失实",是指所出具的证明文件，在内容上存在重大的不符合实际的错误或者内容虚假。这里规定的"证明文件"与第一款规定的证明文件的内容和范围是相同的。本款规定的犯罪与第一款规定的犯罪的主要区别在于行为人主观方面不同，第一款规定的犯罪是故意犯罪，而本款规定的则是过失犯罪。因此，本款规定"造成严重后果的"，才负刑事责任。这里可以参考2022年《最高人民检察院、公安部关于公安机关管辖的刑事案件立案追诉标准的规定（二）》第七十四条的规定。根据该规定，承担资产评估、验资、验证、会计、审计、法律服务、保荐、安全评价、环境影响评价、环境监测等职责的中介组织的人员严重不负责任，出具的证明文件有重大失实，涉嫌下列情形之一的，应予立案追诉：（1）给国家、公众或者其他投资者造成直接经济损失数额在一百万元以上的；（2）其他造成严重后果的情形。由于本款规定的出具证明文件重大失实罪是一种过失犯罪，较提供虚假证明文件罪在主观恶性上要轻一些，因此，在处刑的规定上也较第一款规定的提供虚假证明文件罪的处刑要轻。对于造成严重后果的，处三年以下有期徒刑或者拘役，并处或者单处罚金。

【适用中需要注意的问题】

实践中，有些建设单位依法可以自行编制建设项目的环境影响评价文件。根据环境影响评价法第十九条的规定，建设单位具备环境影响评价技术能力的，可以自行对其建设项目开展环境影响评价，编制建设项目环境影响报告书、环境影响报告表。这类"自评自建"的建设单位不属于本条规定的承担环境影响评价职责的中介组织。当相关人员实施篡改、伪造环境影响报告书（表）的行为时，不属于本罪规定的中介组织人员提供虚假证明文件的情况，但是其篡改、伪造环境影响报告书（表）的行为，如果构成刑法规定的其他犯罪的，应当依照相应规定追究。如相关环境影响评价涉及的项目造成环境污染的，相关证明文件造假的行为人可以按照刑法第三百三十八条污染环境罪的共同犯罪定罪处罚。

第二百三十条 【逃避商检罪】违反进出口商品检验法的规定，逃避商品检验，将必须经商检机构检验的进口商品未报经检验而擅自销售、使用，或者将必须经商检机构检验的出口商品未报经检验合格而擅自出

□，情节严重的，处三年以下有期徒刑或者拘役，并处或者单处罚金。

【释解与适用】

本条是关于逃避商检罪及其刑罚的规定。

本条规定的逃避商检罪，是指违反进出口商品检验法的规定，逃避商品检验的犯罪。构成逃避商检罪应当具备以下特征：一是行为人主观上有逃避商检的故意。"逃避商品检验"，是指行为人通过自己的作为或者故意的不作为使应当经过进出口商品检验部门检验的商品，避开检验的行为。"必须经商检机构检验的进出口商品"，是指国家进出口商品检验主管部门依法列入必须实施检验的进出口商品目录中的商品。根据进出口商品检验法的规定，列入目录的进出口商品，由商检机构实施检验。进口商品未经检验的，不准销售、使用；出口商品未经检验合格的，不准出口。二是行为人实施了逃避海关监管的行为。根据本条规定，构成本条规定的犯罪行为主要有以下两种情况：其一，"未报经检验而擅自销售、使用"，是指行为人将进口商品未报经商检机构检验，就自行将商品在境内销售或者自行使用的情况。行为人未报经检验就自行销售、使用的行为，直接破坏了国家对进口商品的监督和管理。其二，"未报经检验合格而擅自出口"，是指没有经商检机构检验合格就自行出口的行为。因为出口商品是否符合国家规定的出口条件，应经商检机构通过出口商品的检验才能确定。三是逃避商检的行为"情节严重"。根据2022年《最高人民检察院、公安部关于公安机关管辖的刑事案件立案追诉标准的规定（二）》第七十五条的规定，违反进出口商品检验法的规定，逃避商品检验，将必须经商检机构检验的进口商品未报经检验而擅自销售、使用，或者将必须经商检机构检验的出口商品未报经检验合格而擅自出口，涉嫌下列情形之一的，应予立案追诉：（1）给国家、单位或者个人造成直接经济损失数额在五十万元以上的；（2）逃避商检的进出口货物货值金额在三百万元以上的；（3）导致病疫流行、灾害事故的；（4）多次逃避商检的；（5）引起国际经济贸易纠纷，严重影响国家对外贸易关系，或者严重损害国家声誉的；（6）其他情节严重的情形。应当注意的是，无论是未经检验自行销售或者使用进口商品，还是擅自出口商品，都是以所销售、使用、出口的商品是法律、法规规定的必须经过检验的商品为前提。如果不是必须经过检验的商品，不构成本罪。

本条对逃避商品检验构成犯罪的处刑规定是，处三年以下有期徒刑或者拘役，并处或者单处罚金。此外，根据刑法第二百三十一条的规定，单位犯本条规定之罪的，对单位判处罚金，并对其直接负责的主管人员和其他直接责任人员，依照本条的规定，定罪处罚。

第二百三十一条　【单位犯罪的规定】单位犯本节第二百二十一条至第二百三十条规定之罪的，对单位判处罚金，并对其直接负责的主管人员和其他直接责任人员，依照本节各该条的规定处罚。

【释解与适用】

本条是关于单位犯本节规定之罪及其刑罚的规定。

本条规定的"单位犯本节第二百二十一条至第二百三十条规定之罪的"，是指单位触犯刑法第三章第八节各条规定的犯罪。这里的"单位"，根据刑法第三十条的规定，是指公司、企业、事业单位、机关、团体。本条关于对单位犯罪的处刑规定，采取了双罚制的原则，即对单位判处罚金，并对其直接负责的主管人员和其他直接责任人员，依照本节各该条的规定处罚。

1998年12月29日第九届全国人民代表大会常务委员会第六次会议通过的《关于惩治骗购外汇、逃汇和非法买卖外汇犯罪的决定》第四条规定，在国家规定的交易场所以外非法买卖外汇，扰乱市场秩序，情节严重的，依照刑法第二百二十五条的规定定罪处罚。单位犯前款罪的，依照刑法第二百三十一条的规定处罚。因此，单位在国家规定的交易场所以外非法买卖外汇，扰乱市场秩序，情节严重的，应根据本条规定，对单位判处罚金，并对其直接负责的主管人员和其他直接责任人员，依照刑法第二百二十五条非法经营罪的规定处罚。

立法工作者权威释义版本
法律释解与适用丛书

《中华人民共和国刑法》
释解与适用

［第二版］

—— 根据刑法修正案（十二）修改 ——

（下）

王爱立　主编

人民法院出版社

目　　录

上　册

第一编　总　　则 …………………………………………………（1）
第一章　刑法的任务、基本原则和适用范围 …………………（3）
　　第 一 条　【立法目的和根据】………………………………（3）
　　第 二 条　【刑法任务】………………………………………（5）
　　第 三 条　【罪刑法定原则】…………………………………（8）
　　第 四 条　【法律面前人人平等原则】………………………（10）
　　第 五 条　【罪责刑相适应原则】……………………………（10）
　　第 六 条　【属地管辖】………………………………………（12）
　　第 七 条　【属人管辖】………………………………………（13）
　　第 八 条　【保护管辖】………………………………………（14）
　　第 九 条　【普遍管辖】………………………………………（16）
　　第 十 条　【域外刑事判决的消极承认】……………………（17）
　　第十一条　【外交豁免】………………………………………（18）
　　第十二条　【刑法的溯及力】…………………………………（19）
第二章　犯　　罪 ………………………………………………（24）
第一节　犯罪和刑事责任 ………………………………………（24）
　　第十三条　【犯罪概念】………………………………………（24）
　　第十四条　【故意犯罪】………………………………………（26）
　　第十五条　【过失犯罪】………………………………………（28）

第十六条 【不可抗力和意外事件】……………………………… (30)

第十七条 【刑事责任年龄】……………………………………… (31)

第十七条之一 【老年人从宽处罚】……………………………… (38)

第十八条 【精神病人、醉酒的人犯罪的刑事责任】…………… (39)

第十九条 【又聋又哑的人、盲人犯罪的刑事责任】…………… (41)

第二十条 【正当防卫】…………………………………………… (42)

第二十一条 【紧急避险】………………………………………… (45)

第二节 犯罪的预备、未遂和中止 …………………………… (47)

第二十二条 【犯罪预备】………………………………………… (47)

第二十三条 【犯罪未遂】………………………………………… (49)

第二十四条 【犯罪中止】………………………………………… (52)

第三节 共同犯罪 ……………………………………………… (55)

第二十五条 【共同犯罪】………………………………………… (55)

第二十六条 【主犯和犯罪集团及其处罚】……………………… (59)

第二十七条 【从犯及其处罚】…………………………………… (61)

第二十八条 【胁从犯及其处罚】………………………………… (62)

第二十九条 【教唆犯及其处罚】………………………………… (62)

第四节 单位犯罪 ……………………………………………… (65)

第三十条 【单位犯罪】…………………………………………… (65)

第三十一条 【单位犯罪的处罚】………………………………… (69)

第三章 刑　　罚 …………………………………………………… (71)

第一节 刑罚的种类 …………………………………………… (71)

第三十二条 【刑罚种类】………………………………………… (71)

第三十三条 【主刑种类】………………………………………… (71)

第三十四条 【附加刑种类】……………………………………… (73)

第三十五条 【驱逐出境】………………………………………… (74)

第三十六条 【赔偿经济损失与民事优先原则】………………… (75)

第三十七条 【非刑罚处置措施】………………………………… (77)

第三十七条之一 【从业禁止】…………………………………… (79)

第二节 管　　制 ……………………………………………… (82)

第三十八条 【管制的期限与执行】……………………………… (82)

第三十九条 【被管制罪犯的义务与权利】……………………… (84)

第四十条　【管制的解除】…………………………………… (86)
第四十一条　【管制刑期的计算与折抵】…………………… (87)
第三节　拘　　役 …………………………………………… (87)
第四十二条　【拘役的期限】………………………………… (87)
第四十三条　【拘役的执行】………………………………… (88)
第四十四条　【拘役刑期的计算与折抵】…………………… (90)
第四节　有期徒刑、无期徒刑 ……………………………… (92)
第四十五条　【有期徒刑的期限】…………………………… (92)
第四十六条　【有期徒刑与无期徒刑的执行】……………… (94)
第四十七条　【有期徒刑刑期计算与折抵】………………… (96)
第五节　死　　刑 …………………………………………… (98)
第四十八条　【死刑的适用条件和核准程序】……………… (98)
第四十九条　【死刑适用对象的限制】……………………… (99)
第 五 十 条　【死缓变更情形、死缓限制减刑】…………… (101)
第五十一条　【死缓期间的计算及死缓减为有期徒刑刑期的
　　　　　　　计算】…………………………………………… (103)
第六节　罚　　金 …………………………………………… (104)
第五十二条　【罚金数额的确定】…………………………… (104)
第五十三条　【罚金的缴纳】………………………………… (105)
第七节　剥夺政治权利 ……………………………………… (106)
第五十四条　【剥夺政治权利的内容】……………………… (106)
第五十五条　【剥夺政治权利的期限】……………………… (107)
第五十六条　【剥夺政治权利的适用对象】………………… (108)
第五十七条　【对死刑、无期徒刑罪犯剥夺政治权利的适用】… (110)
第五十八条　【剥夺政治权利的刑期计算、效力与执行】… (110)
第八节　没收财产 …………………………………………… (112)
第五十九条　【没收财产的范围】…………………………… (112)
第 六 十 条　【犯罪分子所负正当债务的偿还】…………… (114)

第四章　刑罚的具体运用 …………………………………… (115)
第一节　量　　刑 …………………………………………… (115)
第六十一条　【量刑的一般原则】…………………………… (115)
第六十二条　【从重处罚与从轻处罚】……………………… (119)

第六十三条　【减轻处罚】……………………………………（120）
第六十四条　【涉案财物的处理】……………………………（123）

第二节　累　犯

第六十五条　【一般累犯】……………………………………（124）
第六十六条　【特殊累犯】……………………………………（127）

第三节　自首和立功

第六十七条　【自首和坦白】…………………………………（129）
第六十八条　【立功】…………………………………………（133）

第四节　数罪并罚

第六十九条　【数罪并罚的一般规定】………………………（136）
第七十条　　【判决宣告后发现漏罪的并罚】………………（139）
第七十一条　【判决宣告后又犯新罪的并罚】………………（141）

第五节　缓　刑

第七十二条　【缓刑的条件】…………………………………（143）
第七十三条　【缓刑考验期限】………………………………（146）
第七十四条　【累犯、犯罪集团的首要分子不适用缓刑】………（147）
第七十五条　【被宣告缓刑的犯罪分子应当遵守的规定】……（148）
第七十六条　【对缓刑犯实行社区矫正和缓刑考验期满的处理】……………………………………………………（150）
第七十七条　【缓刑的撤销】…………………………………（151）

第六节　减　刑

第七十八条　【减刑的条件和最低服刑期】…………………（153）
第七十九条　【减刑的程序】…………………………………（156）
第八十条　　【无期徒刑减刑的计算】………………………（158）

第七节　假　释

第八十一条　【假释的条件】…………………………………（159）
第八十二条　【假释的程序】…………………………………（162）
第八十三条　【假释考验期限】………………………………（162）
第八十四条　【被宣告假释的犯罪分子应当遵守的规定】……（163）
第八十五条　【假释考验期满的处理】………………………（164）
第八十六条　【假释的撤销】…………………………………（166）

第八节　时　效……………………………………………（167）

第八十七条　【追诉期限】……………………………………（167）
　　第八十八条　【不受追诉期限限制的情形】…………………（170）
　　第八十九条　【追诉期限的计算】……………………………（174）
　第五章　其他规定………………………………………………（176）
　　第九十条　【民族自治地方的变通规定】……………………（176）
　　第九十一条　【公共财产的范围】……………………………（178）
　　第九十二条　【公民私人所有财产的范围】…………………（180）
　　第九十三条　【国家工作人员的含义】………………………（181）
　　第九十四条　【司法工作人员的含义】………………………（184）
　　第九十五条　【重伤的规定】…………………………………（185）
　　第九十六条　【违反国家规定的含义】………………………（187）
　　第九十七条　【首要分子的含义】……………………………（188）
　　第九十八条　【告诉才处理的含义】…………………………（189）
　　第九十九条　【以上、以下、以内的含义】…………………（190）
　　第一百条　【前科报告义务及例外规定】……………………（190）
　　第一百零一条　【总则的适用】………………………………（192）

第二编　分　　则…………………………………………………（195）
　第一章　危害国家安全罪………………………………………（197）
　　第一百零二条　【背叛国家罪】………………………………（197）
　　第一百零三条　【分裂国家罪】
　　　　　　　　　【煽动分裂国家罪】…………………………（199）
　　第一百零四条　【武装叛乱、暴乱罪】………………………（201）
　　第一百零五条　【颠覆国家政权罪】
　　　　　　　　　【煽动颠覆国家政权罪】……………………（203）
　　第一百零六条　【与境外勾结的从重处罚】…………………（204）
　　第一百零七条　【资助危害国家安全犯罪活动罪】…………（205）
　　第一百零八条　【投敌叛变罪】………………………………（206）
　　第一百零九条　【叛逃罪】……………………………………（207）
　　第一百一十条　【间谍罪】……………………………………（209）
　　第一百一十一条　【为境外窃取、刺探、收买、非法提供国家秘密、
　　　　　　　　　　情报罪】……………………………………（211）

第一百一十二条 【资敌罪】……………………………………(212)
第一百一十三条 【危害国家安全罪适用死刑、没收财产的规定】………………………………………………(213)

第二章 危害公共安全罪……………………………………(215)

第一百一十四条 【放火罪】【决水罪】【爆炸罪】【投放危险物质罪】【以危险方法危害公共安全罪】………(215)

第一百一十五条 【放火罪】【决水罪】【爆炸罪】【投放危险物质罪】【以危险方法危害公共安全罪】【失火罪】【过失决水罪】【过失爆炸罪】【过失投放危险物质罪】【过失以危险方法危害公共安全罪】………………………………………………(217)

第一百一十六条 【破坏交通工具罪】………………………(219)

第一百一十七条 【破坏交通设施罪】………………………(220)

第一百一十八条 【破坏电力设备罪】【破坏易燃易爆设备罪】…………………………………………(221)

第一百一十九条 【破坏交通工具罪】【破坏交通设施罪】【破坏电力设备罪】【破坏易燃易爆设备罪】【过失损坏交通工具罪】【过失损坏交通设施罪】【过失损坏电力设备罪】【过失损坏易燃易爆设备罪】……………………………………(222)

第一百二十条 【组织、领导、参加恐怖组织罪】…………(224)

第一百二十条之一 【帮助恐怖活动罪】……………………(227)

第一百二十条之二 【准备实施恐怖活动罪】………………(230)

第一百二十条之三 【宣扬恐怖主义、极端主义、煽动实施恐怖活动罪】………………………………(233)

第一百二十条之四 【利用极端主义破坏法律实施罪】……(237)

第一百二十条之五 【强制穿戴宣扬恐怖主义、极端主义服饰、标志罪】…………………………………(240)

第一百二十条之六 【非法持有宣扬恐怖主义、极端主义物品罪】………………………………………(242)

第一百二十一条 【劫持航空器罪】…………………………(245)

第一百二十二条 【劫持船只、汽车罪】……………………(247)

第一百二十三条 【暴力危及飞行安全罪】……………………（248）
第一百二十四条 【破坏广播电视设施、公用电信设施罪】……（249）
第一百二十五条 【非法制造、买卖、运输、邮寄、储存枪支、弹药、爆炸物罪和非法制造、买卖、运输、储存危险物质罪】……………………………………（252）
第一百二十六条 【违规制造、销售枪支罪】……………（253）
第一百二十七条 【盗窃、抢夺枪支、弹药、爆炸物、危险物质罪】【抢劫枪支、弹药、爆炸物、危险物质罪】……（256）
第一百二十八条 【非法持有、私藏枪支、弹药罪】【非法出租、出借枪支罪】……………………（258）
第一百二十九条 【丢失枪支不报罪】……………………（262）
第一百三十条 【非法携带枪支、弹药、管制刀具、危险物品危及公共安全罪】……………………（263）
第一百三十一条 【重大飞行事故罪】……………………（265）
第一百三十二条 【铁路运营安全事故罪】………………（266）
第一百三十三条 【交通肇事罪】…………………………（268）
第一百三十三条之一 【危险驾驶罪】……………………（271）
第一百三十三条之二 【妨害安全驾驶罪】………………（277）
第一百三十四条 【重大责任事故罪】【强令、组织他人违章冒险作业罪】………（285）
第一百三十四条之一 【危险作业罪】……………………（293）
第一百三十五条 【重大劳动安全事故罪】………………（298）
第一百三十五条之一 【大型群众性活动重大安全事故罪】…（302）
第一百三十六条 【危险物品肇事罪】……………………（304）
第一百三十七条 【工程重大安全事故罪】………………（308）
第一百三十八条 【教育设施重大安全事故罪】…………（310）
第一百三十九条 【消防责任事故罪】……………………（312）
第一百三十九条之一 【不报、谎报安全事故罪】………（315）

第三章 破坏社会主义市场经济秩序罪……………………（318）
　第一节 生产、销售伪劣商品罪………………………（318）
　　第一百四十条 【生产、销售伪劣产品罪】……………（318）
　　第一百四十一条 【生产、销售提供假药罪】…………（321）

第一百四十二条 【生产、销售提供劣药罪】……………………（326）

第一百四十二条之一 【妨害药品管理罪】………………（329）

第一百四十三条 【生产、销售不符合安全标准的食品罪】……（332）

第一百四十四条 【生产、销售有毒、有害食品罪】………（336）

第一百四十五条 【生产、销售不符合标准的医用器材罪】……（338）

第一百四十六条 【生产、销售不符合安全标准的产品罪】（341）

第一百四十七条 【生产、销售伪劣农药、兽药、化肥、种子罪】……………………………………（343）

第一百四十八条 【生产、销售不符合卫生标准的化妆品罪】………………………………（345）

第一百四十九条 【对生产销售伪劣商品行为的法条适用】…（346）

第一百五十条 【单位犯罪的规定】……………………（347）

第二节 走私罪………………………………………（348）

第一百五十一条 【走私武器、弹药罪】【走私核材料罪】【走私假币罪】【走私文物罪】【走私贵重金属罪】【走私珍贵动物、珍贵动物制品罪】【走私国家禁止进出口的货物、物品罪】……（348）

第一百五十二条 【走私淫秽物品罪】【走私废物罪】……………………………（355）

第一百五十三条 【走私普通货物、物品罪】……………（358）

第一百五十四条 【走私保税货物和特定减免税货物犯罪】…（362）

第一百五十五条 【以走私罪论处的情形】………………（363）

第一百五十六条 【走私罪共犯】…………………………（365）

第一百五十七条 【武装掩护走私和以暴力、威胁方法抗拒缉私的刑罚】……………………………（366）

第三节 妨害对公司、企业的管理秩序罪………………（367）

第一百五十八条 【虚报注册资本罪】……………………（367）

第一百五十九条 【虚假出资、抽逃出资罪】……………（370）

第一百六十条 【欺诈发行证券罪】………………………（373）

第一百六十一条 【违规披露、不披露重要信息罪】……（381）

第一百六十二条 【妨害清算罪】…………………………（388）

第一百六十二条之一　【隐匿、故意销毁会计凭证、会计账簿、
　　　　　　　　　　财务会计报告罪】……………………（391）
第一百六十二条之二　【虚假破产罪】………………………（393）
第一百六十三条　【非国家工作人员受贿罪】………………（395）
第一百六十四条　【对非国家工作人员行贿罪】
　　　　　　　　【对外国公职人员、国际公共组织官员
　　　　　　　　行贿罪】……………………………………（399）
第一百六十五条　【非法经营同类营业罪】…………………（402）
第一百六十六条　【为亲友非法牟利罪】……………………（407）
第一百六十七条　【签订、履行合同失职被骗罪】…………（410）
第一百六十八条　【国有公司、企业、事业单位人员失职罪】【国有
　　　　　　　　公司、企业、事业单位人员滥用职权罪】……（412）
第一百六十九条　【徇私舞弊低价折股、出售公司、企业资产罪】
　　　　　　　　………………………………………………（415）
第一百六十九条之一　【背信损害上市公司利益罪】…………（418）

第四节　破坏金融管理秩序罪……………………………（424）

第一百七十条　【伪造货币罪】………………………………（424）
第一百七十一条　【出售、购买、运输假币罪】
　　　　　　　　【金融机构工作人员购买假币、以假币换取
　　　　　　　　货币罪】……………………………………（427）
第一百七十二条　【持有、使用假币罪】……………………（431）
第一百七十三条　【变造货币罪】……………………………（433）
第一百七十四条　【擅自设立金融机构罪】
　　　　　　　　【伪造、变造、转让金融机构经营许可证、
　　　　　　　　批准文件罪】………………………………（435）
第一百七十五条　【高利转贷罪】……………………………（440）
第一百七十五条之一　【骗取贷款、票据承兑、金融票证罪】…（442）
第一百七十六条　【非法吸收公众存款罪】…………………（446）
第一百七十七条　【伪造、变造金融票证罪】………………（450）
第一百七十七条之一　【妨害信用卡管理罪】
　　　　　　　　　　【窃取、收买、非法提供信用卡信息罪】
　　　　　　　　　　………………………………………（454）

第一百七十八条 【伪造、变造国家有价证券罪】
　　　　　　　　【伪造、变造股票、公司、企业债券罪】……… (459)
第一百七十九条 【擅自发行股票、公司、企业债券罪】……… (461)
第一百八十条 【内幕交易、泄露内幕信息罪】
　　　　　　　　【利用未公开信息交易罪】……………… (465)
第一百八十一条 【编造并传播证券、期货交易虚假信息罪】
　　　　　　　　【诱骗投资者买卖证券、期货合约罪】……… (471)
第一百八十二条 【操纵证券、期货市场罪】……………… (475)
第一百八十三条 【保险公司工作人员虚假理赔的犯罪
　　　　　　　　及其刑罚】……………………………… (484)
第一百八十四条 【金融机构工作人员受贿的犯罪及其刑罚】
　　　　　　　　……………………………………………… (485)
第一百八十五条 【金融机构工作人员挪用资金、公款的
　　　　　　　　犯罪及其刑罚】………………………… (487)
第一百八十五条之一 【背信运用受托财产罪】
　　　　　　　　【违法运用资金罪】……………………… (490)
第一百八十六条 【违法发放贷款罪】……………………… (493)
第一百八十七条 【吸收客户资金不入账罪】……………… (496)
第一百八十八条 【违规出具金融票证罪】………………… (497)
第一百八十九条 【对违法票据承兑、付款、保证罪】……… (500)
第一百九十条 【逃汇罪】…………………………………… (501)
第一百九十一条 【洗钱罪】………………………………… (503)

第五节　金融诈骗罪……………………………………… (516)
第一百九十二条 【集资诈骗罪】…………………………… (516)
第一百九十三条 【贷款诈骗罪】…………………………… (524)
第一百九十四条 【票据诈骗罪】
　　　　　　　　【金融凭证诈骗罪】……………………… (528)
第一百九十五条 【信用证诈骗罪】………………………… (535)
第一百九十六条 【信用卡诈骗罪】………………………… (538)
第一百九十七条 【有价证券诈骗罪】……………………… (544)
第一百九十八条 【保险诈骗罪】…………………………… (546)
第一百九十九条 【犯本节规定之罪的死刑规定】………… (551)

第二百条 【单位犯罪的刑罚】……………………(553)
第六节 危害税收征管罪……………………………(554)
　第二百零一条 【逃税罪】…………………………(554)
　第二百零二条 【抗税罪】…………………………(558)
　第二百零三条 【逃避追缴欠税罪】………………(560)
　第二百零四条 【骗取出口退税罪、偷税罪】……(562)
　第二百零五条 【虚开增值税专用发票、用于骗取出口退税、
　　　　　　　　抵扣税款发票罪】……………………(565)
　第二百零五条之一 【虚开发票罪】………………(569)
　第二百零六条 【伪造、出售伪造的增值税专用发票罪】………(570)
　第二百零七条 【非法出售增值税专用发票罪】…(573)
　第二百零八条 【非法购买增值税专用发票、购买伪造的增值税
　　　　　　　　专用发票罪】……………………………(575)
　第二百零九条 【非法制造、出售非法制造的用于骗取出口退税、
　　　　　　　　抵扣税款发票罪】
　　　　　　　　【非法制造、出售非法制造的发票罪】
　　　　　　　　【非法出售用于骗取出口退税、抵扣税款发票罪】
　　　　　　　　【非法出售发票罪】……………………(576)
　第二百一十条 【盗窃增值税专用发票、用于骗取出口退税、
　　　　　　　　抵扣税款发票的处罚】
　　　　　　　　【骗取增值税专用发票、用于骗取出口退税、
　　　　　　　　抵扣税款发票的处罚】……………………(579)
　第二百一十条之一 【持有伪造的发票罪】………(581)
　第二百一十一条 【单位犯罪的规定】……………(583)
　第二百一十二条 【税收征缴优先原则】…………(583)
第七节 侵犯知识产权罪……………………………(584)
　第二百一十三条 【假冒注册商标罪】……………(584)
　第二百一十四条 【销售假冒注册商标的商品罪】………(591)
　第二百一十五条 【非法制造、销售非法制造的注册商标
　　　　　　　　标识罪】……………………………(595)
　第二百一十六条 【假冒专利罪】…………………(598)
　第二百一十七条 【侵犯著作权罪】………………(600)

第二百一十八条 【销售侵权复制品罪】……………………（608）

第二百一十九条 【侵犯商业秘密罪】……………………（610）

第二百一十九条之一 【为境外窃取、刺探、收买、非法提供
商业秘密罪】………………………（616）

第二百二十条 【单位犯罪的规定】………………………（619）

第八节 扰乱市场秩序罪……………………………………（621）

第二百二十一条 【损害商业信誉、商品声誉罪】………（621）

第二百二十二条 【虚假广告罪】…………………………（623）

第二百二十三条 【串通投标罪】…………………………（625）

第二百二十四条 【合同诈骗罪】…………………………（627）

第二百二十四条之一 【组织、领导传销活动罪】………（630）

第二百二十五条 【非法经营罪】…………………………（634）

第二百二十六条 【强迫交易罪】…………………………（640）

第二百二十七条 【伪造、倒卖伪造的有价票证罪】
【倒卖车票、船票罪】…………………（643）

第二百二十八条 【非法转让、倒卖土地使用权罪】……（645）

第二百二十九条 【提供虚假证明文件罪】
【出具证明文件重大失实罪】…………（647）

第二百三十条 【逃避商检罪】……………………………（655）

第二百三十一条 【单位犯罪的规定】……………………（657）

下　册

第四章 侵犯公民人身权利、民主权利罪……………………（659）

第二百三十二条 【故意杀人罪】…………………………（659）

第二百三十三条 【过失致人死亡罪】……………………（660）

第二百三十四条 【故意伤害罪】…………………………（661）

第二百三十四条之一 【组织出卖人体器官罪】…………（663）

第二百三十五条 【过失致人重伤罪】……………………（666）

第二百三十六条 【强奸罪】………………………………（668）

第二百三十六条之一 【负有照护职责人员性侵罪】……（671）

第二百三十七条 【强制猥亵、侮辱罪】
　　　　　　　　【猥亵儿童罪】……………………………………（674）
第二百三十八条 【非法拘禁罪】……………………………………（678）
第二百三十九条 【绑架罪】…………………………………………（681）
第二百四十条　 【拐卖妇女、儿童罪】……………………………（684）
第二百四十一条 【收买被拐卖的妇女、儿童罪】…………………（689）
第二百四十二条 【聚众阻碍解救被收买的妇女、儿童罪】………（692）
第二百四十三条 【诬告陷害罪】……………………………………（693）
第二百四十四条 【强迫劳动罪】……………………………………（696）
第二百四十四条之一 【雇用童工从事危重劳动罪】………………（698）
第二百四十五条 【非法搜查罪】【非法侵入住宅罪】……………（702）
第二百四十六条 【侮辱罪】【诽谤罪】……………………………（704）
第二百四十七条 【刑讯逼供罪】【暴力取证罪】…………………（708）
第二百四十八条 【虐待被监管人罪】………………………………（710）
第二百四十九条 【煽动民族仇恨、民族歧视罪】…………………（713）
第二百五十条　 【出版歧视、侮辱少数民族作品罪】……………（714）
第二百五十一条 【非法剥夺公民宗教信仰自由罪】【侵犯
　　　　　　　　少数民族风俗习惯罪】…………………………（715）
第二百五十二条 【侵犯通信自由罪】………………………………（717）
第二百五十三条 【私自开拆、隐匿、毁弃邮件、电报罪】………（718）
第二百五十三条之一 【侵犯公民个人信息罪】……………………（720）
第二百五十四条 【报复陷害罪】……………………………………（724）
第二百五十五条 【打击报复会计、统计人员罪】…………………（725）
第二百五十六条 【破坏选举罪】……………………………………（727）
第二百五十七条 【暴力干涉婚姻自由罪】…………………………（729）
第二百五十八条 【重婚罪】…………………………………………（731）
第二百五十九条 【破坏军婚罪】……………………………………（732）
第二百六十条　 【虐待罪】…………………………………………（733）
第二百六十条之一 【虐待被监护、看护人罪】……………………（736）
第二百六十一条 【遗弃罪】…………………………………………（738）
第二百六十二条 【拐骗儿童罪】……………………………………（740）
第二百六十二条之一 【组织残疾人、儿童乞讨罪】………………（741）

第二百六十二条之二 【组织未成年人进行违反治安管理
活动罪】……………………………………（743）

第五章 侵犯财产罪……………………………………（746）

第二百六十三条 【抢劫罪】…………………………（746）
第二百六十四条 【盗窃罪】…………………………（750）
第二百六十五条 【盗接通信线路、复制电信码号的处罚】……（754）
第二百六十六条 【诈骗罪】…………………………（755）
第二百六十七条 【抢夺罪】…………………………（759）
第二百六十八条 【聚众哄抢罪】……………………（761）
第二百六十九条 【转化的抢劫罪】…………………（762）
第二百七十条 【侵占罪】……………………………（763）
第二百七十一条 【职务侵占罪】……………………（765）
第二百七十二条 【挪用资金罪】……………………（771）
第二百七十三条 【挪用特定款物罪】………………（777）
第二百七十四条 【敲诈勒索罪】……………………（778）
第二百七十五条 【故意毁坏财物罪】………………（781）
第二百七十六条 【破坏生产经营罪】………………（783）
第二百七十六条之一 【拒不支付劳动报酬罪】……（785）

第六章 妨害社会管理秩序罪……………………………（789）

第一节 扰乱公共秩序罪……………………………（789）

第二百七十七条 【妨害公务罪】
【袭警罪】……………………………（789）
第二百七十八条 【煽动暴力抗拒法律实施罪】……（797）
第二百七十九条 【招摇撞骗罪】……………………（798）
第二百八十条 【伪造、变造、买卖国家机关公文、证件、印章罪】
【盗窃、抢夺、毁灭国家机关公文、证件、印章罪】
【伪造公司、企业、事业单位、人民团体印章罪】
【伪造、变造、买卖身份证件罪】……（801）
第二百八十条之一 【使用虚假身份证件、盗用
身份证件罪】………………（806）
第二百八十条之二 【冒名顶替罪】…………………（810）
第二百八十一条 【非法生产、买卖警用装备罪】…（816）

第二百八十二条 【非法获取国家秘密罪】
【非法持有国家绝密、机密文件、资料、
物品罪】……………………………………（817）

第二百八十三条 【非法生产、销售专用间谍器材、窃听、
窃照专用器材罪】……………………………（821）

第二百八十四条 【非法使用窃听、窃照专用器材罪】…………（823）

第二百八十四条之一 【组织考试作弊罪】
【非法出售、提供试题、答案罪】
【代替考试罪】………………………………（825）

第二百八十五条 【非法侵入计算机信息系统罪】
【非法获取计算机信息系统数据、非法控制
计算机信息系统罪】
【提供侵入、非法控制计算机信息系统程序、
工具罪】………………………………………（831）

第二百八十六条 【破坏计算机信息系统罪】………………（837）

第二百八十六条之一 【拒不履行信息网络安全管理
义务罪】………………………………………（841）

第二百八十七条 【利用计算机实施金融诈骗、盗窃等
犯罪的处理】…………………………………（848）

第二百八十七条之一 【非法利用信息网络罪】…………（848）

第二百八十七条之二 【帮助信息网络犯罪活动罪】………（853）

第二百八十八条 【扰乱无线电通讯管理秩序罪】…………（857）

第二百八十九条 【聚众"打砸抢"的定罪处罚规定】………（860）

第二百九十条 【聚众扰乱社会秩序罪】
【聚众冲击国家机关罪】
【扰乱国家机关工作秩序罪】
【组织、资助非法聚集罪】……………………（861）

第二百九十一条 【聚众扰乱公共场所秩序、交通秩序罪】……（866）

第二百九十一条之一 【投放虚假危险物质罪】【编造、故意传播
虚假恐怖信息罪】
【编造、故意传播虚假信息罪】…………（867）

第二百九十一条之二 【高空抛物罪】……………………（870）

第二百九十二条 【聚众斗殴罪】……………………………（875）

第二百九十三条 【寻衅滋事罪】……………………………（878）

第二百九十三条之一 【催收非法债务罪】……………………（881）

第二百九十四条 【组织、领导、参加黑社会性质组织罪】
【入境发展黑社会组织罪】
【包庇、纵容黑社会性质组织罪】………（886）

第二百九十五条 【传授犯罪方法罪】………………………（891）

第二百九十六条 【非法集会、游行、示威罪】………………（893）

第二百九十七条 【非法携带武器、管制刀具、爆炸物参加集会、游行、示威罪】……………………………（895）

第二百九十八条 【破坏集会、游行、示威罪】………………（896）

第二百九十九条 【侮辱国旗、国徽、国歌罪】………………（897）

第二百九十九条之一 【侵害英雄烈士名誉、荣誉罪】………（900）

第 三 百 条 【组织、利用会道门、邪教组织、利用迷信破坏法律实施罪】
【组织、利用会道门、邪教组织、利用迷信致人重伤、死亡罪】……………………………（904）

第三百零一条 【聚众淫乱罪】
【引诱未成年人聚众淫乱罪】……………（908）

第三百零二条 【盗窃、侮辱、故意毁坏尸体、尸骨、骨灰罪】…（910）

第三百零三条 【赌博罪】
【开设赌场罪】
【组织参与国（境）外赌博罪】……………（911）

第三百零四条 【故意延误投递邮件罪】………………………（919）

第二节 妨害司法罪………………………………………………（921）

第三百零五条 【伪证罪】………………………………………（921）

第三百零六条 【辩护人、诉讼代理人毁灭证据、伪造证据、妨害作证罪】……………………………（923）

第三百零七条 【妨害作证罪】
【帮助毁灭、伪造证据罪】………………（925）

第三百零七条之一 【虚假诉讼罪】……………………………（927）

第三百零八条 【打击报复证人罪】……………………………（932）

第三百零八条之一 【泄露不应公开的案件信息罪】
　　　　　　　　　　【披露、报道不应公开的案件信息罪】……（933）
第三百零九条 【扰乱法庭秩序罪】………………………………（936）
第三百一十条 【窝藏、包庇罪】…………………………………（939）
第三百一十一条 【拒绝提供间谍犯罪、恐怖主义犯罪、
　　　　　　　　极端主义犯罪证据罪】…………………………（941）
第三百一十二条 【掩饰、隐瞒犯罪所得、犯罪所得收益罪】…（943）
第三百一十三条 【拒不执行判决、裁定罪】……………………（947）
第三百一十四条 【非法处置查封、扣押、冻结的财产罪】……（951）
第三百一十五条 【破坏监管秩序罪】……………………………（952）
第三百一十六条 【脱逃罪】
　　　　　　　　【劫夺被押解人员罪】……………………………（954）
第三百一十七条 【组织越狱罪】
　　　　　　　　【暴动越狱罪】【聚众持械劫狱罪】……………（955）

第三节 妨害国（边）境管理罪……………………………………（956）

第三百一十八条 【组织他人偷越国（边）境罪】………………（956）
第三百一十九条 【骗取出境证件罪】……………………………（958）
第 三 百 二 十 条 【提供伪造、变造的出入境证件罪】【出售出入境
　　　　　　　　证件罪】……………………………………………（960）
第三百二十一条 【运送他人偷越国（边）境罪】………………（961）
第三百二十二条 【偷越国（边）境罪】…………………………（964）
第三百二十三条 【破坏界碑、界桩罪】【破坏永久性测量
　　　　　　　　标志罪】……………………………………………（966）

第四节 妨害文物管理罪……………………………………………（967）

第三百二十四条 【故意损毁文物罪】
　　　　　　　　【故意损毁名胜古迹罪】
　　　　　　　　【过失损毁文物罪】………………………………（967）
第三百二十五条 【非法向外国人出售、赠送珍贵文物罪】……（971）
第三百二十六条 【倒卖文物罪】…………………………………（973）
第三百二十七条 【非法出售、私赠文物藏品罪】………………（975）
第三百二十八条 【盗掘古文化遗址、古墓葬罪】
　　　　　　　　【盗掘古人类化石、古脊椎动物化石罪】……（977）

第三百二十九条 【抢夺、窃取国有档案罪】
　　　　　　　　【擅自出卖、转让国有档案罪】……………………（980）

第五节　危害公共卫生罪……………………………………（981）

第三百三十条　【妨害传染病防治罪】………………………（981）
第三百三十一条　【传染病菌种、毒种扩散罪】……………（987）
第三百三十二条　【妨害国境卫生检疫罪】…………………（989）
第三百三十三条　【非法组织卖血罪、强迫卖血罪】………（991）
第三百三十四条　【非法采集、供应血液、制作、供应血液制品罪】
　　　　　　　　【采集、供应血液、制作、供应血液制品事故罪】
　　　　　　　　……………………………………………（992）
第三百三十四条之一　【非法采集人类遗传资源、走私人类遗传
　　　　　　　　　资源材料罪】………………………………（994）
第三百三十五条　【医疗事故罪】……………………………（998）
第三百三十六条　【非法行医罪】
　　　　　　　　【非法进行节育手术罪】……………………（999）
第三百三十六条之一　【非法植入基因编辑、克隆胚胎罪】…（1002）
第三百三十七条　【妨害动植物防疫、检疫罪】……………（1005）

第六节　破坏环境资源保护罪………………………………（1007）

第三百三十八条　【污染环境罪】……………………………（1007）
第三百三十九条　【非法处置进口的固体废物罪】
　　　　　　　　【擅自进口固体废物罪】……………………（1015）
第三百四十条　【非法捕捞水产品罪】………………………（1017）
第三百四十一条　【危害珍贵、濒危野生动物罪】
　　　　　　　　【非法狩猎罪】
　　　　　　　　【非法猎捕、收购、运输、出售陆生野生
　　　　　　　　动物罪】……………………………………（1019）
第三百四十二条　【非法占用农用地罪】……………………（1028）
第三百四十二条之一　【破坏自然保护地罪】………………（1031）
第三百四十三条　【非法采矿罪】
　　　　　　　　【破坏性采矿罪】……………………………（1034）
第三百四十四条　【危害国家重点保护植物罪】……………（1037）

第三百四十四条之一 【非法引进、释放、丢弃外来入侵物种罪】……………………………（1039）

第三百四十五条 【盗伐林木罪】
【滥伐林木罪】
【非法收购、运输盗伐、滥伐的林木罪】……（1042）

第三百四十六条 【单位犯罪的规定】……………（1046）

第七节 走私、贩卖、运输、制造毒品罪……………（1046）

第三百四十七条 【走私、贩卖、运输、制造毒品罪】…………（1046）

第三百四十八条 【非法持有毒品罪】……………（1053）

第三百四十九条 【包庇毒品犯罪分子罪】【窝藏、转移、隐瞒毒品、毒赃罪】……………（1055）

第三百五十条 【非法生产、买卖、运输制毒物品、走私制毒物品罪】……………………………（1057）

第三百五十一条 【非法种植毒品原植物罪】……（1061）

第三百五十二条 【非法买卖、运输、携带、持有毒品原植物种子、幼苗罪】……………（1063）

第三百五十三条 【引诱、教唆、欺骗他人吸毒罪】
【强迫他人吸毒罪】……………（1064）

第三百五十四条 【容留他人吸毒罪】……………（1065）

第三百五十五条 【非法提供麻醉药品、精神药品罪】……（1066）

第三百五十五条之一 【妨害兴奋剂管理罪】……（1068）

第三百五十六条 【毒品犯罪的再犯】……………（1071）

第三百五十七条 【毒品的含义及毒品数量的计算】…………（1072）

第八节 组织、强迫、引诱、容留、介绍卖淫罪……（1075）

第三百五十八条 【组织卖淫罪、强迫卖淫罪】
【协助组织卖淫罪】……………（1075）

第三百五十九条 【引诱、容留、介绍卖淫罪】
【引诱幼女卖淫罪】……………（1080）

第三百六十条 【传播性病罪】……………………（1082）

第三百六十一条 【旅馆业、饮食服务业等单位组织、强迫、引诱、容留、介绍卖淫的处罚规定】………（1084）

第三百六十二条 【查处卖淫、嫖娼活动中通风报信的
处罚规定】……………………………（1085）

第九节 制作、贩卖、传播淫秽物品罪……………………（1087）

第三百六十三条 【制作、复制、出版、贩卖、传播淫秽物品牟利罪】
【为他人提供书号出版淫秽书刊罪】………（1087）

第三百六十四条 【传播淫秽物品罪】
【组织播放淫秽音像制品罪】……………（1092）

第三百六十五条 【组织淫秽表演罪】………………………（1095）

第三百六十六条 【单位犯罪的规定】………………………（1097）

第三百六十七条 【淫秽物品的含义】………………………（1098）

第七章 危害国防利益罪……………………………………（1100）

第三百六十八条 【阻碍军人执行职务罪】
【阻碍军事行动罪】………………………（1100）

第三百六十九条 【破坏武器装备、军事设施、军事通信罪】
【过失损坏武器装备、军事设施、
军事通信罪】………………………………（1102）

第三百七十条 【故意提供不合格武器装备、军事设施罪】
【过失提供不合格武器装备、军事设施罪】
………………………………………………（1105）

第三百七十一条 【聚众冲击军事禁区罪】
【聚众扰乱军事管理区秩序罪】…………（1107）

第三百七十二条 【冒充军人招摇撞骗罪】…………………（1110）

第三百七十三条 【煽动军人逃离部队罪】【雇用逃离部队
军人罪】……………………………………（1112）

第三百七十四条 【接送不合格兵员罪】……………………（1113）

第三百七十五条 【伪造、变造、买卖武装部队公文、证件、印章罪】
【盗窃、抢夺武装部队公文、证件、印章罪】
【非法生产、买卖武装部队制式服装罪】
【伪造、盗窃、买卖、非法提供、非法使用
武装部队专用标志罪】……………………（1115）

第三百七十六条 【战时拒绝、逃避征召、军事训练罪】
【战时拒绝、逃避服役罪】………………（1119）

第三百七十七条　【战时故意提供虚假敌情罪】……………… (1121)

第三百七十八条　【战时造谣扰乱军心罪】……………… (1122)

第三百七十九条　【战时窝藏逃离部队军人罪】……………… (1124)

第三百八十条　【战时拒绝、故意延误军事订货罪】……… (1125)

第三百八十一条　【战时拒绝军事征收、征用罪】……… (1127)

第八章　贪污贿赂罪 ……………………………………… (1129)

第三百八十二条　【贪污罪】……………………………… (1129)

第三百八十三条　【对贪污罪的处罚】…………………… (1134)

第三百八十四条　【挪用公款罪】………………………… (1138)

第三百八十五条　【受贿罪】……………………………… (1139)

第三百八十六条　【对受贿罪的处罚】…………………… (1143)

第三百八十七条　【单位受贿罪】………………………… (1144)

第三百八十八条　【斡旋受贿的处罚】…………………… (1146)

第三百八十八条之一　【利用影响力受贿罪】…………… (1147)

第三百八十九条　【行贿罪】……………………………… (1149)

第三百九十条　【对行贿罪的处罚】……………………… (1150)

第三百九十条之一　【对有影响力的人行贿罪】………… (1156)

第三百九十一条　【对单位行贿罪】……………………… (1158)

第三百九十二条　【介绍贿赂罪】………………………… (1159)

第三百九十三条　【单位行贿罪】………………………… (1160)

第三百九十四条　【国家工作人员在公务活动、对外交往中
　　　　　　　　　违规收受礼物不交公的处罚】……… (1164)

第三百九十五条　【巨额财产来源不明罪】
　　　　　　　　　【隐瞒境外存款罪】…………………… (1164)

第三百九十六条　【私分国有资产罪】
　　　　　　　　　【私分罚没财物罪】…………………… (1166)

第九章　渎职罪 …………………………………………… (1168)

第三百九十七条　【滥用职权罪】【玩忽职守罪】………… (1168)

第三百九十八条　【故意泄露国家秘密罪】【过失泄露国家
　　　　　　　　　秘密罪】………………………………… (1171)

第三百九十九条 【徇私枉法罪】
【民事、行政枉法裁判罪】
【执行判决、裁定失职罪】【执行判决、裁定
滥用职权罪】……………………………………（1174）
第三百九十九条之一 【枉法仲裁罪】……………………（1178）
第 四 百 条 【私放在押人员罪】
【失职致使在押人员脱逃罪】………………（1179）
第四百零一条 【徇私舞弊减刑、假释、暂予监外执行罪】……（1181）
第四百零二条 【徇私舞弊不移交刑事案件罪】……………（1184）
第四百零三条 【滥用管理公司、证券职权罪】……………（1186）
第四百零四条 【徇私舞弊不征、少征税款罪】……………（1188）
第四百零五条 【徇私舞弊发售发票、抵扣税款、出口退税罪】
【违法提供出口退税凭证罪】………………（1190）
第四百零六条 【国家机关工作人员签订、履行合同失职
被骗罪】……………………………………（1193）
第四百零七条 【违法发放林木采伐许可证罪】……………（1194）
第四百零八条 【环境监管失职罪】…………………………（1196）
第四百零八条之一 【食品、药品监管渎职罪】……………（1197）
第四百零九条 【传染病防治失职罪】………………………（1201）
第四百一十条 【非法批准征收、征用、占用土地罪】【非法
低价出让国有土地使用权罪】………………（1202）
第四百一十一条 【放纵走私罪】……………………………（1204）
第四百一十二条 【商检徇私舞弊罪】
【商检失职罪】……………………………（1205）
第四百一十三条 【动植物检疫徇私舞弊罪】
【动植物检疫失职罪】……………………（1207）
第四百一十四条 【放纵制售伪劣商品犯罪行为罪】………（1209）
第四百一十五条 【办理偷越国（边）境人员出入境证件罪】
【放行偷越国（边）境人员罪】…………（1210）
第四百一十六条 【不解救被拐卖、绑架妇女、儿童罪】
【阻碍解救被拐卖、绑架妇女、儿童罪】……（1212）
第四百一十七条 【帮助犯罪分子逃避处罚罪】……………（1214）

第四百一十八条 【招收公务员、学生徇私舞弊罪】 ………… (1215)
第四百一十九条 【失职造成珍贵文物损毁、流失罪】 ……… (1217)

第十章 军人违反职责罪 …………………………………… (1219)

第四百二十条 【军人违反职责罪的概念】 ………………… (1219)
第四百二十一条 【战时违抗命令罪】 ……………………… (1220)
第四百二十二条 【隐瞒、谎报军情罪】【拒传、假传军令罪】 … (1221)
第四百二十三条 【投降罪】 ………………………………… (1223)
第四百二十四条 【战时临阵脱逃罪】 ……………………… (1224)
第四百二十五条 【擅离、玩忽军事职守罪】 ……………… (1225)
第四百二十六条 【阻碍执行军事职务罪】 ………………… (1227)
第四百二十七条 【指使部属违反职责罪】 ………………… (1228)
第四百二十八条 【违令作战消极罪】 ……………………… (1230)
第四百二十九条 【拒不救援友邻部队罪】 ………………… (1231)
第四百三十条 【军人叛逃罪】 ……………………………… (1232)
第四百三十一条 【非法获取军事秘密罪】
【为境外窃取、刺探、收买、非法提供
军事秘密罪】 ……………………………… (1234)
第四百三十二条 【故意泄露军事秘密罪】【过失泄露军事
秘密罪】 …………………………………… (1238)
第四百三十三条 【战时造谣惑众罪】 ……………………… (1239)
第四百三十四条 【战时自伤罪】 …………………………… (1240)
第四百三十五条 【逃离部队罪】 …………………………… (1241)
第四百三十六条 【武器装备肇事罪】 ……………………… (1243)
第四百三十七条 【擅自改变武器装备编配用途罪】 ……… (1244)
第四百三十八条 【盗窃、抢夺武器装备、军用物资罪】 … (1245)
第四百三十九条 【非法出卖、转让武器装备罪】 ………… (1248)
第四百四十条 【遗弃武器装备罪】 ………………………… (1249)
第四百四十一条 【遗失武器装备罪】 ……………………… (1250)
第四百四十二条 【擅自出卖、转让军队房地产罪】 ……… (1251)
第四百四十三条 【虐待部属罪】 …………………………… (1252)
第四百四十四条 【遗弃伤病军人罪】 ……………………… (1253)
第四百四十五条 【战时拒不救治伤病军人罪】 …………… (1254)

第四百四十六条 【战时残害居民、掠夺居民财物罪】………(1254)
第四百四十七条 【私放俘虏罪】…………………………(1256)
第四百四十八条 【虐待俘虏罪】…………………………(1257)
第四百四十九条 【战时缓刑戴罪立功的规定】…………(1257)
第四百五十条　【本章适用的主体范围】…………………(1258)
第四百五十一条　【战时的含义】…………………………(1259)

附　　则………………………………………………………(1261)

第四百五十二条 【本法的施行日期、相关法律的废止与保留】……………………………………………(1263)

附　　录………………………………………………………(1267)

全国人民代表大会常务委员会关于惩治骗购外汇、逃汇和非法买卖外汇犯罪的决定
　　（1998年12月29日）……………………………(1269)
中华人民共和国刑法修正案
　　（1999年12月25日）……………………………(1271)
中华人民共和国刑法修正案（二）
　　（2001年8月31日）………………………………(1273)
中华人民共和国刑法修正案（三）
　　（2001年12月29日）……………………………(1274)
中华人民共和国刑法修正案（四）
　　（2002年12月28日）……………………………(1276)
中华人民共和国刑法修正案（五）
　　（2005年2月28日）………………………………(1278)
中华人民共和国刑法修正案（六）
　　（2006年6月29日）………………………………(1280)
中华人民共和国刑法修正案（七）
　　（2009年2月28日）………………………………(1285)
中华人民共和国刑法修正案（八）
　　（2011年2月25日）………………………………(1288)

中华人民共和国刑法修正案(九)
　　(2015年8月29日) …………………………………………(1297)
中华人民共和国刑法修正案(十)
　　(2017年11月4日) …………………………………………(1308)
中华人民共和国刑法修正案(十一)
　　(2020年12月26日) ………………………………………(1309)
中华人民共和国刑法修正案(十二)
　　(2023年12月29日) ………………………………………(1320)
全国人民代表大会常务委员会关于废止部分法律的
　　决定(节选)
　　(2009年6月27日) …………………………………………(1323)
全国人民代表大会常务委员会关于修改部分法律的
　　决定(节选)
　　(2009年8月27日) …………………………………………(1323)
全国人民代表大会常务委员会关于废止有关收容教育
　　法律规定和制度的决定
　　(2019年12月28日) ………………………………………(1325)
中华人民共和国禁毒法(节选)
　　(2007年12月29日) ………………………………………(1325)
全国人民代表大会常务委员会关于《中华人民共和国刑法》
　　第九十三条第二款的解释
　　(2000年4月29日　2009年8月27日修正) ……………(1326)
全国人民代表大会常务委员会关于《中华人民共和国刑法》
　　第二百二十八条、第三百四十二条、第四百一十条的解释
　　(2001年8月31日　2009年8月27日修正) ……………(1327)
全国人民代表大会常务委员会关于《中华人民共和国刑法》
　　第二百九十四条第一款的解释
　　(2002年4月28日) …………………………………………(1327)
全国人民代表大会常务委员会关于《中华人民共和国刑法》
　　第三百八十四条第一款的解释
　　(2002年4月28日) …………………………………………(1328)

全国人民代表大会常务委员会关于《中华人民共和国刑法》
　　第三百一十三条的解释
　　　　（2002年8月29日）……………………………………（1329）
全国人民代表大会常务委员会关于《中华人民共和国刑法》
　　第九章渎职罪主体适用问题的解释
　　　　（2002年12月28日）…………………………………（1330）
全国人民代表大会常务委员会关于《中华人民共和国刑法》
　　有关信用卡规定的解释
　　　　（2004年12月29日）…………………………………（1330）
全国人民代表大会常务委员会关于《中华人民共和国刑法》
　　有关出口退税、抵扣税款的其他发票规定的解释
　　　　（2005年12月29日）…………………………………（1331）
全国人民代表大会常务委员会关于《中华人民共和国刑法》
　　有关文物的规定适用于具有科学价值的古脊椎动物化石、
　　古人类化石的解释
　　　　（2005年12月29日）…………………………………（1331）
全国人民代表大会常务委员会关于《中华人民共和国刑法》
　　第三十条的解释
　　　　（2014年4月24日）……………………………………（1332）
全国人民代表大会常务委员会关于《中华人民共和国刑法》
　　第一百五十八条、第一百五十九条的解释
　　　　（2014年4月24日）……………………………………（1332）
全国人民代表大会常务委员会关于《中华人民共和国刑法》
　　第二百六十六条的解释
　　　　（2014年4月24日）……………………………………（1333）
全国人民代表大会常务委员会关于《中华人民共和国刑法》
　　第三百四十一条、第三百一十二条的解释
　　　　（2014年4月24日）……………………………………（1333）

第四章 侵犯公民人身权利、民主权利罪

第二百三十二条 【故意杀人罪】故意杀人的,处死刑、无期徒刑或者十年以上有期徒刑;情节较轻的,处三年以上十年以下有期徒刑。

【释解与适用】

本条是关于故意杀人罪及其刑罚的规定。

故意杀人罪,是指故意非法剥夺他人生命的行为,是一种最严重的侵犯公民人身权利的犯罪。本罪侵犯的客体是他人的生命权利。生命权是公民最重要的人身权利,根据我国的司法实践,胎儿脱离母体,能够独立呼吸,就有了生命,具有生命的权利,任何人也不能非法剥夺。本罪在客观方面表现为非法剥夺他人生命的行为,在实际发生的案件中,非法剥夺他人生命的方法是多种多样的,行为人采用何种方法,不影响本罪的成立。但是,正当防卫行为、人民警察依法执行职务的行为、依法对罪犯执行死刑的行为,不属于非法剥夺他人生命的行为,不构成本罪。本罪是故意犯罪,包括直接故意和间接故意。直接故意是有明确的杀人目的,并且希望其行为能致使被害人死亡;间接故意是对自己的行为可能造成被害人死亡的后果采取放任的态度。

关于故意杀人罪的刑罚,本条共规定了两档刑:(1)故意杀人的,处死刑、无期徒刑或者十年以上有期徒刑;(2)故意杀人情节较轻的,处三年以上十年以下有期徒刑。这里所规定的"情节较轻",实践中可以从犯罪的动机、原因、后果等方面加以考虑,如出于义愤杀人等情况。考虑到故意杀人罪是一种非常严重的侵犯公民人身权利的犯罪,必须予以严厉打击,本条对于刑罚作了比较特殊的表述,是按照从重刑到轻刑的顺序列举

的。首先是死刑，然后是无期徒刑或者十年以上有期徒刑，这样规定的目的在于显示刑法对故意杀人罪从严处罚的态度，维护公民的生命权利不受非法侵犯。其次，对情节较轻的可以处三年以上十年以下有期徒刑，这样规定，主要考虑是实践中故意杀人的情况比较复杂，如果一律处以重刑，既不符合罪责刑相适应原则，也有悖公平正义。同时，也是参考域外有些国家、地区对故意杀人罪区分不同的情节予以不同的处罚经验做法，如有的国家将故意杀人区分一级谋杀、二级谋杀等，并适用不同的刑罚。

认定故意杀人罪不能客观归罪，不能只看行为的后果，要根据行为人的故意内容来认定。如果行为人不是要故意非法剥夺他人生命，而是出于其他故意行为致人死亡的，如故意伤害致人死亡的，强奸妇女致使被害人死亡的，使用暴力进行抢劫致人死亡的，等等，不能认定为故意杀人罪，而应将致人死亡这一后果作为各该罪的量刑情节考虑。

【适用中需要注意的问题】

司法实践中应当注意，故意杀人侵犯的是人的生命和身体健康，社会危害大，直接影响到人民群众的安全感，应当作为刑法重点惩治的犯罪。但是，实践中的故意杀人案件复杂多样，处理时要注意分别案件的不同性质，做到区别对待。一般而言，故意杀人案件从性质上通常可分为两类：一类是严重危害社会治安、严重影响人民群众安全感的案件，如极端仇视国家和社会以不特定人为行凶对象的，针对妇女、儿童等弱势群体或在公共场所实施的杀人等；一类是因婚姻家庭、邻里纠纷等民间矛盾激化引发的案件。对于前者应当作为严惩的重点，依法判处被告人重刑直至判处死刑。对于后者，处理时应注意体现从严适用重刑的精神，在判处重刑尤其是适用死刑时应特别慎重。对于被害人在起因上存在过错，或者是被告人案发后积极赔偿，真诚悔罪，取得被害人或其家属谅解的，应依法从宽处罚，对同时有法定从轻、减轻处罚情节的，也应当予以考虑。同时，应重视此类案件中的附带民事调解工作，努力化解双方矛盾，实现积极的"案结事了"，增进社会和谐，达成法律效果与社会效果的有机统一。

第二百三十三条　【过失致人死亡罪】过失致人死亡的，处三年以上七年以下有期徒刑；情节较轻的，处三年以下有期徒刑。本法另有规定的，依照规定。

【释解与适用】

本条是关于过失致人死亡罪及其刑罚的规定。

过失致人死亡罪属于过失犯罪，是指由于过失导致他人死亡后果的行为。过失致人死亡，包括疏忽大意的过失致人死亡和过于自信的过失致人死亡。前者是指行为人应当预见自己的行为可能造成他人死亡的结果，由于疏忽大意而没有预见，以致造成他人死亡；后者是指行为人已经预见到其行为可能会造成他人死亡的结果，但由于轻信能够避免以致造成他人死亡。如果行为人主观上没有过失，而是由于其他无法预见的原因导致他人死亡的，属于意外事件，行为人不负刑事责任。

关于过失致人死亡罪的刑罚，本条规定，过失致人死亡的，处三年以上七年以下有期徒刑；情节较轻的，处三年以下有期徒刑。同时规定，"本法另有规定的，依照规定"，也就是说，过失致人死亡，除本条的一般规定外，刑法规定的其他犯罪中也有过失致人死亡的情况，根据特殊规定优于一般规定的原则，对于刑法另有特殊规定的，适用特殊规定，而不按本条定罪处罚，如刑法第一百一十五条关于失火、过失决水、过失爆炸、过失投放危险物质等的规定，第一百三十三条关于交通肇事致人死亡的规定，第一百三十四条关于重大责任事故致人死亡的规定等。

【适用中需要注意的问题】

实际适用中应当注意区分过于自信的过失致人死亡犯罪与间接故意杀人犯罪。上述两种犯罪中，行为人都预见到可能发生他人死亡的后果，但过失致人死亡犯罪的行为人并不希望或放任这种结果发生，而只是轻信能够避免；间接故意杀人犯罪的行为人则对结果的发生采取放任、听之任之和漠不关心的态度。

第二百三十四条 【故意伤害罪】故意伤害他人身体的，处三年以下有期徒刑、拘役或者管制。

犯前款罪，致人重伤的，处三年以上十年以下有期徒刑；致人死亡或者以特别残忍手段致人重伤造成严重残疾的，处十年以上有期徒刑、无期徒刑或者死刑。本法另有规定的，依照规定。

【释解与适用】

本条是关于故意伤害罪及其刑罚的规定。

本条共分两款。第一款是关于故意伤害他人，尚未致人重伤、死亡的犯罪及其处刑的规定。故意伤害，是指故意非法损害他人身体健康的行为，包括损害人体组织的完整性或者损害人体器官的正常功能。如果不是对他人的身体健康造成损害，而是损害他人的人格、名誉或者人身自由的，不构成本罪，而是构成其他犯罪。故意伤害的方法很多，行为人采用何种具体方法不影响本罪的构成。需要注意的是，对于故意伤害自己身体的，一般不构成犯罪，但是根据刑法第四百三十四条的规定，如果军人在战时逃避执行军事义务而自伤身体的，构成战时自伤罪。依据本款规定，故意伤害他人身体，尚未致人重伤、死亡的，处三年以下有期徒刑、拘役或者管制。

第二款是关于故意伤害他人，致人重伤或者死亡的犯罪及其处刑的规定。根据本款规定，故意伤害致人重伤的，处三年以上十年以下有期徒刑，这里所说的"致人重伤"，依照刑法第九十五条的规定，是指有下列情形之一的伤害：（1）使人肢体残废或者毁人容貌的；（2）使人丧失听觉、视觉或者其他器官机能的；（3）其他对于人身健康有重大伤害的。刑法第九十五条中的"其他对于人身健康有重大伤害的"，主要是指上述几种重伤之外的在受伤当时危及当事人生命或者在损伤过程中能够引起威胁生命的并发症，以及其他严重影响人体健康的损伤，主要包括颅脑损伤、颈部损伤、胸部损伤、腹部损伤、骨盆部损伤、脊柱和脊髓损伤以及烧伤、烫伤、冻伤、电击损伤、物理、化学或者生物等致伤因素引起的损伤等。

"致人死亡或者以特别残忍手段致人重伤造成严重残疾的，处十年以上有期徒刑、无期徒刑或者死刑"。这里所说的"特别残忍手段"，是指故意要造成他人严重残疾而采用毁容、挖人眼睛、砍掉人双脚等特别残忍的手段伤害他人的行为。以特别残忍手段致人重伤造成严重残疾的故意伤害案件，适用死刑时需要严格把握，并非只要达到"致人重伤造成严重残疾"的程度就必须判处死刑，还需要根据致人"严重残疾"的具体情况，综合考虑犯罪情节和危害后果来决定具体适用的刑罚。故意伤害致人重伤造成严重残疾，只有犯罪手段特别残忍，后果特别严重的，才能考虑适用死刑。

本款同时还规定，"本法另有规定的，依照规定"，这是指故意伤害他人身体，除本条的一般性规定外，刑法规定的其他犯罪中也有故意伤害他人身体的情况，根据特别规定优于一般规定的原则，对于本法另有特别规定的，适用特别规定，而不依照本条的规定定罪处罚。例如，放火、决水、爆炸、投放危险物质致人重伤的，按刑法第一百一十五条第一款定罪处刑；强奸妇女或者奸淫幼女致人重伤的，按刑法第二百三十六条第三款定罪处刑；非法拘禁致人重伤的，按刑法第二百三十八条第二款定罪处刑；抢劫致人重伤的，按刑法第二百六十三条定罪处刑；等等。

【适用中需要注意的问题】

1. 关于故意伤害罪与故意杀人罪的界限。两罪的主要区别在于是否以非法剥夺他人生命为故意内容，如果行为人没有非法剥夺他人生命的故意，而只有伤害他人身体健康的故意，即使行为导致了他人的死亡，也只能定故意伤害罪；如果行为人有非法剥夺他人生命的故意，即使其行为没有造成他人死亡的结果，也构成故意杀人罪（未遂）。实践中一些致人死亡的犯罪是故意杀人还是故意伤害往往难以区分，在认定时除从作案工具、打击的部位、力度等方面进行判断外，也要注意考虑犯罪的起因等因素。对于民间纠纷引发的案件，如果难以区分是故意杀人还是故意伤害时，一般可考虑定故意伤害罪。

2. 关于故意伤害罪与过失致人重伤罪的界限。过失致人重伤罪在主观上是过失的，而且法律要求必须造成他人重伤的结果才构成犯罪，而故意伤害罪在主观上是故意的，即使致人轻伤，也构成故意伤害罪。最高人民法院、最高人民检察院、公安部、国家安全部、司法部于2013年8月发布了《人体损伤程度鉴定标准》，自2014年1月1日起施行，在司法实践中，损伤程度的评定和认定主要是依据该标准进行的。

第二百三十四条之一　【组织出卖人体器官罪】组织他人出卖人体器官的，处五年以下有期徒刑，并处罚金；情节严重的，处五年以上有期徒刑，并处罚金或者没收财产。

未经本人同意摘取其器官，或者摘取不满十八周岁的人的器官，或者强迫、欺骗他人捐献器官的，依照本法第二百三十四条、第二百三十二条的规定定罪处罚。

违背本人生前意愿摘取其尸体器官，或者本人生前未表示同意，违反国家规定，违背其近亲属意愿摘取其尸体器官的，依照本法第三百零二条的规定定罪处罚。

【释解与适用】

本条是关于组织出卖人体器官罪及其刑罚的规定。

本条共分三款。第一款规定，组织他人出卖人体器官的，处五年以下有期徒刑，并处罚金；情节严重的，处五年以上有期徒刑，并处罚金或者没收财产。其中，组织他人出卖人体器官的，是指在违反国家有关规定的情况下，组织他人进行出卖人体器官的行为。国务院于2007年颁发的《人体器官移植条例》第三条规定："任何组织或者个人不得以任何形式买卖人体器官，不得从事与买卖人体器官有关的活动。"由此可见，组织他人出卖人体器官的行为严重破坏了国家对人体器官移植规范的正常秩序，严重损害他人的身体健康、侵犯了他人基本人权，具有严重的社会危害性，必须给予严厉打击。根据本款规定，首先，构成本罪必须实施了"组织行为"，实践中非法的人体器官移植已经由早期"供体"与"受体"直接联系交易，发展到由"黑市中介"控制整个非法的人体器官市场的供应，如：有的采取欺骗、利诱甚至强迫手段，寻找器官"捐献"者，同时为捐献者提供生活保障、医学检查；有的联系器官需求方；有的怕"捐献"者反悔派人监管、看管；等等。这就需要有人组织、指挥、协调。所谓组织行为，就是指以领导、策划、指挥、招募、雇用、控制出卖他人人体器官的行为。其次，行为人必须实施了"出卖行为"，即出卖他人人体器官的行为。"他人"是指捐献者。这种行为不仅违背了人体器官捐献坚持的自愿、无偿的原则，而且违反了人类基本的伦理道德，把人体器官变成"商品"，任意买卖，当然为法律所禁止。根据本条规定，构成组织他人出卖人体器官犯罪的，处五年以下有期徒刑，并处罚金；情节严重的，处五年以上有期徒刑，并处罚金或者没收财产。其中，"情节严重的"是指，多次组织他人出卖人体器官或者获利数额较大的等情况。具体还有哪些情况属于情节严重，可由司法机关根据司法实践作出具体的司法解释。

本条第二款规定，未经本人同意摘取其器官，或者摘取不满十八周岁的人的器官，或者强迫、欺骗他人捐献器官的，依照本法第二百三十四条、第二百三十二条的规定定罪处罚。首先,应当说明的是,本条的"摘取"不包括出于医学治疗需要摘取、切除,而是指违反国家规定,非医学治疗需要的摘取人体器官。"未经本人同意摘取其器官",是指在没有得到被摘取器官的本人的同意,就摘取其器官的行为,包括在本人不明真相的情况下摘取其器官和未经本人同意采取强制手段摘取其器官两种情况。根据《人体器官移植条例》的规定,严禁未经公民本人同意摘取其活体器官。因此,未经本人同意摘取其器官,根据本条的规定就已经构成了犯罪行为。"摘取不满十八周岁的人的器官",是指摘取未满十八周岁的未成年人的器官。未成年人的合法权利一向是被法律重点保护的对象。由于他们是社会中的弱体,处于身体发育阶段,对事物的判断能力还不成熟,更需要法律加以特殊的保护。因此,不论未成年人本人是否同意,只要是非出于医学救治的需要而摘取其器官就构成了犯罪。"强迫、欺骗他人捐献器官的",是指采取强迫、欺骗的手段,使他人捐献器官的行为。强迫包括使用暴力、胁迫或其他方法足以压制一般人的反抗,使他人器官被迫摘除,如采用麻醉手段摘除他人器官;欺骗包括虚构事实、隐瞒真相,使他人陷入认识错误,进而处分自己的器官,比如医师不履行告知义务,谎称器官病变需要摘除。公民捐献器官,一般是出于人道主义,自愿地对身患严重疾病或绝症的人给予人体器官捐赠的行为。《人体器官移植条例》第七条规定:"人体器官捐献应当遵循自愿、无偿的原则。公民享有捐献或者不捐献其人体器官的权利;任何组织或者个人不得强迫、欺骗或者利诱他人捐献人体器官。"根据本条的规定,强迫、欺骗他人捐献器官,违背了本人意愿,是对公民的人身权利的赤裸裸的侵犯。从本款规定的三种情形看,未经本人同意摘取其器官,或者摘取不满十八周岁的人的器官,或者强迫、欺骗他人捐献器官的行为,有一些共同特点:违背了器官被摘取者的意愿,行为人都知道摘取他人人体器官会对他人身体造成严重损害,甚至可能导致死亡。因此,对于上述行为的刑事责任,依据本款的规定,"依照本法第二百三十四条、第二百三十二条的规定定罪处罚"。即可依照故意伤害罪、故意杀人罪定罪处罚。最高刑可判处死刑。

本条第三款规定,违背本人生前意愿摘取其尸体器官,或者本人生前未表示同意,违反国家规定,违背其近亲属意愿摘取其尸体器官的,依照本法第三百零二条的规定定罪处罚。其中,"违背本人生前意愿摘取尸体其器官",是指虽然已故公民在生前已经明确表示死后不愿意捐献人体器官但仍违背其生前意愿摘取其器官的行为。"违反国家规定，违背其近亲属意愿摘取其尸体器官"，是指违反了《人体器官移植条例》第八条第二款的规定，即"公民生前未表示不同意捐献其人体器官的，该公民死亡后，其配偶、成年子女、父母可以以书面形式共同表示同意捐献该公民人体器官的意愿"。从这一规定可以看出，对没有在生前留下捐献器官意愿的死者，在没有其近亲属以书面形式共同表示同意摘取其器官的情况下，如果摘取其器官，也是被禁止的，也就构成了本条规定的犯罪。根据本款规定，构成本款规定犯罪的，依照本法第三百零二条的规定处罚。刑法第三百零二条规定："盗窃、侮辱、故意毁坏尸体、尸骨、骨灰的，处三年以下有期徒刑、拘役或者管制。"从本款规定的违背本人生前意愿摘取其尸体器官，或者本人生前未表示同意，违反国家规定，违背其近亲属意愿摘取其尸体器官的行为，对死者尸体的完整性造成了破坏，不仅是对死者的人格尊严的亵渎，也给死者近亲属带来极大的痛苦和伤害，属于刑法规定的有关侮辱、毁坏尸体行为，因此本款规定依照该罪定罪处罚。

【适用中需要注意的问题】

刑法修正案（八）实施前，司法实践中对组织他人出卖人体器官的行为，大多按非法经营罪中的"其他严重扰乱市场秩序的非法经营行为"来处理。刑法修正案（八）实施后，组织出卖人体器官罪是对组织他人出卖人体器官行为的专门规定，本罪与非法经营罪构成特殊与一般的法条竞合关系，根据罪刑法定原则，对组织他人出卖人体器官的行为就不能再按非法经营罪来定罪处罚了。

第二百三十五条 【过失致人重伤罪】过失伤害他人致人重伤的，处三年以下有期徒刑或者拘役。本法另有规定的，依照规定。

【释解与适用】

本条是关于过失致人重伤罪及其刑罚的规定。

过失致人重伤罪，是指过失伤害他人身体，致人重伤的行为。本罪是过失犯罪，行为人对于伤害他人的结果不是持希望或者放任的态度，而是由于疏忽大意或轻信能够避免而致使他人重伤的结果发生。其中疏忽大意的过失重伤他人，是指行为人应当预见自己的行为可能造成他人重伤的结果，由于疏忽大意而没有预见，以致造成他人重伤；过于自信的过失致人重伤，是指行为人已经预见到其行为可能会造成他人重伤的结果，但由于轻信能够避免以致造成他人重伤。行为人的过失行为，只有造成他人重伤的才能构成犯罪，造成他人轻伤的不构成犯罪。因此，对于行为人过失给他人造成的伤害结果，应当在专门鉴定的基础上，参照《人体损伤程度鉴定标准》，正确认定伤害的结果是否符合刑法第九十五条规定的重伤标准。如果行为人主观上没有过失，而是由于无法预见的原因导致他人重伤的，属于意外事故，行为人不负刑事责任。

依照本条规定，过失伤害他人致人重伤的，处三年以下有期徒刑或者拘役。本条同时还规定，"本法另有规定的，依照规定"，是指过失行为致人重伤的，除本条的一般性规定外，刑法规定的其他犯罪中也有过失致人重伤的情况，根据特别规定优于一般规定的原则，对于刑法另有特别规定的，适用特别规定，而不依照本条的规定定罪处罚，如刑法第一百三十三条关于交通肇事致人重伤的规定，第一百三十四条关于重大责任事故致人重伤的规定等。

【适用中需要注意的问题】

1. 划清本罪与意外事件的界限。一是要查明行为人主观上有无罪过，是否存在疏忽大意、过于自信的情况；二是对于因过失造成被害人重伤的，还要进一步查明行为人的过失行为与重伤结果之间有无刑法上的因果关系。如果经过调查，根据行为人的认识能力，行为时的具体时间、地点和条件，证明致人重伤是由于行为人不能预见的原因引起的，则属于意外事件，不能追究行为人的刑事责任。

2. 要划清本罪与故意伤害罪的界限。这两种犯罪在客观方面的表现相同，区别主要有两点：一是主观方面不同。一个是因过失致人重伤，主观上不希望伤害结果的发生；一个是故意伤害他人，积极追求或者放任伤害结果的发生。二是两个罪名对行为结果的要求不同。构成故意伤害罪，一般要求造成轻伤以上的结果，造成重伤结果的当然包括在内；而构成过失致人重伤罪，需要达到重伤的程度，如果过失致人轻伤，则不构成犯罪，但是需承担民事赔偿责任。

3. 在处理伤害案件时，往往附带有损害赔偿问题，对此首先要注意划清罪与非罪的界限，既不能把已构成伤害罪的案件当作损害赔偿的民事案件处理，也不能把轻微伤害引起的民事案件当作刑事案件处理，更不能把被告人赔偿的态度好坏作为划分罪与非罪的标准。

第二百三十六条 【强奸罪】以暴力、胁迫或者其他手段强奸妇女的，处三年以上十年以下有期徒刑。

奸淫不满十四周岁的幼女的，以强奸论，从重处罚。

强奸妇女、奸淫幼女，有下列情形之一的，处十年以上有期徒刑、无期徒刑或者死刑：

（一）强奸妇女、奸淫幼女情节恶劣的；
（二）强奸妇女、奸淫幼女多人的；
（三）在公共场所当众强奸妇女、奸淫幼女的；
（四）二人以上轮奸的；
（五）奸淫不满十周岁的幼女或者造成幼女伤害的；
（六）致使被害人重伤、死亡或者造成其他严重后果的。

【释解与适用】

本条是关于强奸罪及其刑罚的规定。

强奸罪，是指违背妇女的意志，以暴力、胁迫或者其他手段强行与妇女发生性关系的行为。强奸罪是一项性质恶劣的刑事犯罪，严重侵犯妇女人身权利及性自由权，使妇女的身心健康遭受严重摧残，有的甚至造成被害妇女死亡、伤残的后果，因此，强奸罪是刑法重点惩治的犯罪之一。我国1979年刑法第一百三十九条规定："以暴力、胁迫或者其他手段强奸妇女的，处三年以上十年以下有期徒刑。奸淫不满十四岁幼女的，以强奸论，从重处罚。犯前两款罪，情节特别严重的或者致人重伤、死亡的，处十年以上有期徒刑、无期徒刑或者死刑。二人以上犯强奸罪而共同轮奸的，从重处罚。"1997年修订刑法时对本条作了修改，删去第三款中"犯前两款罪，情节特别严重的"表述，对应处十年以上有期徒刑、无期徒刑或者死刑的情形作了具体列举，同时作了文字修改。

2020年刑法修正案（十一）对本条作了修改。一是将第三款第三项"在公共场所当众强奸妇女的"，修改为"在公共场所当众强奸妇女、奸淫幼女的"，将在公共场所当众奸淫幼女的行为明确为从重处罚的情形；二是在第三款中增加一项作为第五项，规定"奸淫不满十周岁的幼女或者造成幼女伤害的"。近年来，性侵未成年人犯罪案件（包括强奸罪、猥亵儿童罪以及强制猥亵、侮辱罪案件）不时引发社会舆论的广泛关注。根据最高人民检察院的统计，2017年至2019年全国检察机关共起诉性侵害未成年人犯罪案件3.88万件4.34万人。据全国公安刑侦部门统计的2017年以来强奸罪、猥亵儿童罪以及强制猥亵、侮辱罪等各类性侵犯罪案件情况看，未成年被害人在性侵案件被害人中占较大比重。在强奸案件中，十八岁以下的占41%，十四岁以下的占21%。针对上述情况，为了进一步加强对未成年人的刑法保护，根据有关方面的意见，刑法修正案（十一）对本罪第三款"处十年以上有期徒刑、无期徒刑或者死刑"的情形作了修改。

本条第一款对构成强奸罪如何处罚作了规定。本罪的犯罪主体一般是男子，教唆、帮助男子强奸妇女的女子，也可以成为强奸罪的共犯。本罪在客观方面表现为违背妇女意志强行与妇女发生性关系的行为。这种行为具有以下特征：（1）必须是违背了妇女的真实意愿。判断与妇女发生性关系是否违背妇女的意志，要结合性关系发生的时间、周围环境、妇女的性格、体质等各种因素进行综合分析，不能将妇女是否有明显的抗拒举动作为违背其意愿的唯一要件。对于有的被害妇女由于害怕等原因而不敢反抗、失去反抗能力的，也应认定是违背了妇女的真实意愿。同无责任能力的妇女（如呆傻妇女或精神病患者）发生性关系的，由于这些妇女无法正常表达自己的真实意愿，因此，无论其是否"同意"，均构成强奸妇女罪。（2）行为人必须以暴力、胁迫或者其他手段，强行与妇女发生性关系。这里所说的"暴力"手段，是指犯罪分子直接对被害妇女采取身体强制。例如，施以殴打等危害妇女人身安全和人身自由，使妇女不能抗拒的手段。"胁迫"手段，是指犯罪分子对被害妇女施以威胁、恫吓，进行精神上的强制，迫使妇女就范，不敢抗拒的手段。例如，以杀害被害人、加害被害人的亲属相威胁的；以揭发被害人的隐私相威胁的；利用职权、教养关系、从属关系等形成的优势地位，以及妇女孤立无援的环境相胁迫的；等等。"其他手段"，是指犯罪分子使用暴力、胁迫以外的使被害妇女不知抗拒、无法抗拒的手段。例如，假冒为妇女治病而进行奸淫的；利用妇女患病、熟睡之机进行奸淫的；将妇女灌醉、麻醉后进行奸淫的；等等。依照本款规定，对于犯强奸罪的，处三年以上十年以下有期徒刑。

本条第二款对奸淫幼女及其处罚作了规定。幼女身体发育尚不成熟，欠缺自我保护能力，为了加强对幼女的保护，刑法规定了奸淫幼女的犯罪。奸淫幼女，是指与不满十四周岁的幼女发生性关系的行为。奸淫幼女的，无论幼女是否"同意"，即构成强奸罪。构成本罪应具有两个要件：（1）被害人必须是不满十四周岁的幼女；（2）必须具有奸淫幼女的行为。不论行为人采用什么手段，也不论幼女是否同意，只要与幼女发生了性关系，就构成本罪。依照本款的规定，奸淫不满十四周岁的幼女的，以强奸论，从重处罚。

这里有一个问题需要注意，刑法第三百六十条第二款规定"嫖宿不满十四周岁的幼女的，处五年以上有期徒刑，并处罚金"，对刑法的这一规定，有意见提出删去，对实践中有此类行为的，按照本条第二款的规定处理。2015年8月29日，第十二届全国人民代表大会常务委员会第十六次会议通过的刑法修正案（九）删去了第三百六十条第二款关于嫖宿幼女罪的规定。这样修改的考虑是，嫖宿幼女从性质上讲，也是奸淫幼女的一种情形。刑法原来对嫖宿幼女的情形专门作出规定，是为了司法实践中更准确地适用法律，从严惩处这类犯罪。如嫖宿幼女的起刑点是五年有期徒刑，而强奸罪的起刑点为三年有期徒刑，这充分表明了刑法关于嫖宿幼女的刑罚设定与强奸罪规定的"奸淫不满十四周岁的幼女的，以强奸论，从重处罚"的精神相一致、刑罚相协调。但从实践中的情况看，由于各方面原因，对于嫖宿幼女行为的处理严厉程度不够；还有的提出，嫖宿幼女虽然针对的是现实存在的丑恶犯罪情况，但对被嫖宿的幼女而言，客观上会造成"污名化"的后果。应当说，对于嫖宿幼女犯罪的被害幼女的这些歧视等所谓"污名化"的行为，是极其错误并应予以严厉谴责的，但从有利于受害幼女权利保护的角度考虑，删去该罪的规定，对相关行为一律按奸淫幼女处理，也是可以的。虽然如此，有关司法机关在案件处理上，仍有必要强调对各类受害幼女都平等保护，不应因有的受害行为发生在所谓"嫖宿"的场合而有所从宽。

本条第三款规定了对犯强奸罪情节严重的应如何处罚。对于强奸妇女、奸淫幼女情节严重的，本款共列了六项情形：（1）"强奸妇女、奸淫幼女情节恶劣的"。这里的"情节恶劣"是指除本款已经列举之外的其他各种恶劣情节、欺凌等恶劣手段。（2）"强奸妇女、奸淫幼女多人的"。这是指强奸妇女、奸淫幼女人数比较多的情况，包括一次多人、多次累计多人等情况。司法实践中一般掌握为三人（含）以上的。（3）"在公共场所当众强奸妇女、奸淫幼女的"。这里所说的"公共场所"包括群众进行公开活动的场所，如商店、影剧院、体育场、街道等；也包括各类单位，如机关、团体、事业单位的办公场所，企业生产经营场所，医院、学校、幼儿园等；还包括公共交通工具，如火车、轮船、长途客运汽车、公共电车、汽车、民用航空器等。"当众"既包括故意使他人看到，也包括不避讳他人看到的情况。在公共场所强奸妇女、奸淫幼女，只要有其他人在场，不论在场人员是否实际看到，均可以认定为在公共场所"当众"强奸妇女、奸淫幼女。（4）"二人以上轮奸的"。这里所说的"轮奸"，是指两个以上的男子在同一犯罪活动中，以暴力、胁迫或者其他手段对同一妇女或幼女进行强奸或者奸淫的行为。（5）"奸淫不满十周岁的幼女或者造成幼女伤害的"。奸淫不满十周岁的幼女，通常会给幼女造成严重的身体伤害，同时对幼女的身心健康也会带来严重的不良影响，对于这种行为必须予以严惩。"造成幼女伤害的"是指因奸淫幼女行为给幼女造成身体、精神伤害结果的。这里所说的"奸淫不满十周岁的幼女"与"造成幼女伤害的"二者是并列的两种情形，行为人有奸淫幼女的行为，符合上述条件之一的，即应当处十年以上有期徒刑、无期徒刑或者死刑。（6）"致使被害人重伤、死亡或者造成其他严重后果的"。这里所说的"致使被害人重伤、死亡"，是指因强奸妇女、奸淫幼女导致被害人性器官严重损伤，或者造成其他严重伤害，甚至死亡的。强奸、奸淫幼女，只要具有上述所列六种情形之一的，就属于情节严重的情况，依法应当予以严惩。依照本款规定，属于上述情况的，处十年以上有期徒刑、无期徒刑或者死刑。

第二百三十六条之一 【负有照护职责人员性侵罪】对已满十四周岁不满十六周岁的未成年女性负有监护、收养、看护、教育、医疗等特殊职责的人员，与该未成年女性发生性关系的，处三年以下有期徒刑；情节恶劣的，处三年以上十年以下有期徒刑。

有前款行为，同时又构成本法第二百三十六条规定之罪的，依照处罚较重的规定定罪处罚。

【释解与适用】

本条是关于负有照护职责人员性侵罪及其刑罚的规定。

2020年12月26日第十三届全国人民代表大会常务委员会第二十四次

会议通过的刑法修正案（十一）增加了本条规定。实践中，监护人等特定身份的人员性侵未成年人犯罪案件时有发生。据最高人民检察院统计，2018年7月至2020年6月，全国检察机关批准逮捕监护人性侵未成年人案件1279件，其中强奸案件1013件，猥亵儿童案件214件，强制猥亵、侮辱案件52件；教师性侵害未成年人案件1059件，其中强奸242件，猥亵儿童679件，强制猥亵、侮辱138件。司法实践中，监护人等性侵未成年人案件多发于单亲、离异、收养家庭。例如，2015年至2017年浙江办理的15件监护人性侵案件中，均涉及强奸罪，被害人都未满十四周岁，发生在单亲、再婚、收养家庭中的占80%。由此可以看出，需要进一步保护未成年人免受监护人等具有特定身份的人性侵害。奸淫幼女罪的年龄界限为十四周岁。对于利用特定关系性侵已满十四周岁女性未成年人的，如果采取了暴力、胁迫等手段，可以强奸罪定罪处罚；未使用暴力、胁迫等手段的，难以依照刑法规定追究责任。从实际情况看，这种利用特定身份奸淫未成年人女性的行为，即使未使用暴力手段，但由于收养、监护等特定关系，对未成年人而言，往往会由于恐惧、不知所措等而不敢反抗。有的虽然表现为被害人"自愿"，但由于受害人毕竟尚未成年，尚不具备完全认知自己行为性质的能力。因此，从保护女性未成年人健康成长出发，有必要对此类行为作为犯罪加以规定。从国外的情况看，不少国家和地区将特定关系人与不满一定年龄的未成年人发生性关系规定为犯罪，《联合国儿童权利公约》也有相关规定。立法机关经广泛听取各方面意见并反复研究，规定了本条犯罪，将年龄界限划定在十六周岁。

  本条共分两款。第一款是关于特定身份人员性侵未成年女性的犯罪的规定。根据本款的规定，对已满十四周岁不满十六周岁的女性未成年人负有监护、收养、看护、教育、医疗等特殊职责的人员，与该女性未成年人发生性关系的，即构成本罪。这样规定主要是为了进一步保护未成年人的身心健康。已满十四周岁不满十六周岁的女性未成年人尚处于生长发育过程中，其生活经验、社会阅历尚浅，对性的认知能力尚存欠缺，在面对一些特定关系人利用特殊职责等便利条件侵扰时，尚不具备完全的自我保护能力。我国2020年修订的未成年人保护法第五十四条也规定禁止对未成年人实施性侵害、性骚扰。因此，刑法明确禁止负有监护、收养、看护、教育、医疗等特殊职责的人员与已满十四周岁不满十六周岁的女性未成年人发生性关系，即使是在该女性"同意"的情况下发生性关系的，也要追究行为人的刑事责任。

本罪的犯罪主体是特殊主体，即对已满十四周岁不满十六周岁的女性未成年人负有监护、收养、看护、教育、医疗等特殊职责的人员。这里的负有特殊职责的人员，是相对于女性未成年人具体而言的。这里的"监护"，是指行为人负有保障无民事行为能力人和限制民事行为能力人的权益，弥补其民事行为能力不足的职责。我国民法典第三十四条第一款规定："监护人的职责是代理被监护人实施民事法律行为，保护被监护人的人身权利、财产权利以及其他合法权益等。"关于负有监护职责的人的范围，民法典第二十七条规定："父母是未成年子女的监护人。未成年人的父母已经死亡或者没有监护能力的，由下列有监护能力的人按顺序担任监护人：（一）祖父母、外祖父母；（二）兄、姐；（三）其他愿意担任监护人的个人或者组织，但是须经未成年人住所地的居民委员会、村民委员会或者民政部门同意。"此外，民法典还对遗嘱指定监护人、协议确定监护人、监护人变更等作了规定。因此，可以根据上述法律规定，结合案件的具体情况，确定负有监护职责的人的范围。这里的"收养"，是指自然人依法领养他人子女为自己子女的民事法律行为。通过收养行为，原本没有父母子女关系的收养人与被收养人形成了法律上拟制的父母子女关系，被收养人与生父母及其亲属之间的关系则相应终止。根据本条的规定，收养人对其收养的已满十四周岁不满十六周岁的女性未成年人负有特殊职责，禁止与其发生性关系。这里的"看护"，是指对已满十四周岁不满十六周岁的女性未成年人负有看护职责的人，如雇用的服务人员、保安等。这种看护职责通常是基于合同、雇佣、服务等关系确定，也可以通过口头约定、志愿性的服务等形式确定，如邻居受托或自愿代人照顾。这里的"教育、医疗"，主要是指对已满十四周岁不满十六周岁的女性未成年人负有教育、医疗职责的人，如学校、培训机构、医院等机构的工作人员，包括教师、医生、护士等。这种教育、医疗职责通常是基于教育关系、医疗关系、服务合同等确定。上述负有特殊职责的人员与该已满十四周岁不满十六周岁的女性未成年人发生性关系的，构成本罪。

对于构成本罪的，处三年以下有期徒刑；情节恶劣的，处三年以上十年以下有期徒刑。这里的"情节恶劣"，主要是包括多人、多次、给遭受性侵害的未成年人造成重大伤害等。

本条第二款是关于有前款行为，同时又构成刑法第二百三十六条规定的强奸罪的，依照处罚较重的规定定罪处罚的规定。根据刑法第二百三十六条的规定，强奸罪是指违背妇女的意志，以暴力、胁迫或者其他手段强行与妇女发生性关系的行为。对已满十四周岁不满十六周岁的女性未成年人负有监护、收养、看护、教育、医疗等特殊职责的人员，如果行为人违背该女性未成年人的意志，以暴力、胁迫或者其他手段强行与该女性未成年人发生性关系的，属于强奸罪，应当依照处罚较重的规定定罪处罚。

【适用中需要注意的问题】

实际执行中应当注意本罪与强奸罪的区别，主要区别为：一是犯罪主体范围不同。强奸罪是一般主体，而本罪是特殊主体，即限于对已满十四周岁不满十六周岁的女性未成年人负有监护、收养、看护、教育、医疗等特殊职责的人员，不负有上述职责的人员与已满十四周岁不满十六周岁的女性未成年人发生性关系的，不构成本罪。二是客观表现不同。本罪一般表现为行为人未采用暴力、胁迫等手段；而强奸罪表现为违背妇女意志，以暴力、胁迫或者其他手段强行与女性发生性关系。但需要指出的是，如果对已满十四周岁不满十六周岁的女性未成年人负有监护、收养、看护、教育、医疗等特殊职责的人员，利用其优势地位或者被害人孤立无援的境地，违背其意愿，迫使被害人就范，而与其发生性关系的，构成强奸罪。

第二百三十七条　**【强制猥亵、侮辱罪】**以暴力、胁迫或者其他方法强制猥亵他人或者侮辱妇女的，处五年以下有期徒刑或者拘役。

聚众或者在公共场所当众犯前款罪的，或者有其他恶劣情节的，处五年以上有期徒刑。

【猥亵儿童罪】猥亵儿童的，处五年以下有期徒刑；有下列情形之一的，处五年以上有期徒刑：

（一）猥亵儿童多人或者多次的；

（二）聚众猥亵儿童的，或者在公共场所当众猥亵儿童，情节恶劣的；

（三）造成儿童伤害或者其他严重后果的；

（四）猥亵手段恶劣或者有其他恶劣情节的。

【释解与适用】

本条是关于强制猥亵、侮辱罪和猥亵儿童罪及其刑罚的规定。

1979年刑法第一百六十条规定："聚众斗殴，寻衅滋事，侮辱妇女或者进行其他流氓活动，破坏公共秩序，情节恶劣的，处七年以下有期徒刑、拘役或者管制。流氓集团的首要分子，处七年以上有期徒刑。"1983年《全国人民代表大会常务委员会关于严惩严重危害社会治安的犯罪分子的决定》第一条规定，流氓犯罪集团的首要分子或者携带凶器进行流氓犯罪活动，情节严重的，或者进行流氓犯罪活动危害特别严重的，可以在刑法规定的最高刑以上处刑，直至判处死刑。由此，将1979年刑法第一百六十条流氓罪最高刑提高至死刑。1997年修订刑法时，考虑到1979年刑法关于流氓罪的规定比较原则和概括，司法实践中把握标准也不统一，为防止执法的随意化，按照罪刑法定的要求，1997年修订刑法总结多年司法实践的情况，将流氓罪的规定进一步具体化，分解为几个不同的罪名。本条规定的犯罪属于其中之一。

2015年刑法修正案（九）对本条修改的情况。刑法修正案（九）针对1997年刑法实施以来实践中发生的猥亵他人不法行为的实际情况，为进一步加强对公民人身权利的保护，对强制猥亵、侮辱罪作了两处修改完善：一是将猥亵妇女改为猥亵他人。本条原第一款规定，以暴力、胁迫或者其他方法强制猥亵妇女或者侮辱妇女的，处五年以下有期徒刑或者拘役。该款着重强调了刑法对妇女这一群体的特殊保护。妇女、儿童虽然是猥亵行为的主要受害群体，但实践中猥亵男性的情况也屡有发生，猥亵十四周岁以上男性的行为如何适用刑法并不明确。对此，社会有关方面多次建议和呼吁，要求扩大猥亵罪适用范围，包括猥亵十四周岁以上男性的行为，以同等保护男性的人身权利。因此，刑法修正案（九）将第一款罪状中的"猥亵妇女"修改为"猥亵他人"，使该条保护的对象由妇女扩大到了年满十四周岁男性。二是增加规定了加重处罚情形，加大了对猥亵犯罪的惩治力度。实践中，仅对"聚众"或者在"公共场所当众"两种情况加重处罚已不能适应当前惩治、遏制猥亵犯罪的实际需要。例如，近来曝光的教师猥亵多名学生以及多次猥亵学生，造成严重后果等情形，仅按第一款规定处以五年以下有期徒刑或者拘役，有的案件中难以做到罪刑相适应。对此，各方面强烈建议加大对情节恶劣的猥亵犯罪的惩治力度。为此，立法机关经广泛听取意见，反复研究论证，在刑法修正案（九）中对刑法第二百三十七条作出补充和完善，在原第二款规定的基础上，增加了"有其他恶劣情节的"加重处罚的规定。第三款在刑法修正案（九）中并未修改，但由于第二款增加规定了猥亵的"其他恶劣情节"，因此，猥亵儿童具有上述情节的，也应依照第二款的规定从重处罚。这也体现了刑法对儿童人身权利的特殊保护。

2020年刑法修正案（十一）对本条第三款作了修改。对猥亵儿童行为从重处罚的情形作了明确列举。这样修改主要是基于以下几个方面：一是近年来，性侵未成年人犯罪案件（包括强奸罪，猥亵儿童罪以及强制猥亵、侮辱罪案件）引发社会舆论的广泛关注。根据最高人民检察院的统计，2017年至2019年全国检察机关共起诉上述性侵害未成年人犯罪案件3.88万件4.34万人。其中猥亵儿童1.07万件1.08万人；强制猥亵、侮辱未成年人案件2595件2863人。据全国公安刑侦部门统计的2017年以来强奸罪、猥亵儿童罪以及强制猥亵、侮辱罪等各类性侵犯罪案件情况看，未成年被害人在性侵案件被害人中占较大比重。猥亵儿童案件中，十岁以下的占59%，六岁以下的占19%。强制猥亵案件中，十八岁以下的占32%，十六岁以下的占18%。二是实践中猥亵犯罪也出现了一些新情况、新问题，案件情形、行为手段与过去有所不同，有的猥亵行为给受害人造成较大身心伤害，但是由于各方面对本条规定的"其他恶劣情节"的理解不够统一，司法实践中按这一加重情节处理的情况较少，导致一些案件中处刑较轻，不能体现罪责刑相适应。针对上述情况，为了进一步加强对未成年人的刑法保护，根据有关方面的意见，刑法修正案（十一）对本条第三款作了修改完善，对猥亵儿童的"恶劣情节"作了列举式规定，进一步细化猥亵儿童罪从重处罚的规定，从而加大了对猥亵儿童行为的惩处力度。

共分三款。第一款是关于强制猥亵他人或者侮辱妇女的犯罪及处刑规定。本款规定的"暴力"，是指行为人直接对他人或被害妇女施以伤害、殴打等危害他人或妇女人身安全和人身自由，使他人或妇女不能抗拒或者不敢反抗的方法。"胁迫"，是指行为人对他人或被害妇女虽未直接实施暴力，但施以威胁、恫吓，进行精神上的强制，迫使他人或妇女就范，不敢抗拒的方法。例如，以杀害被害人、加害被害人的亲属相威胁的；以揭发被害人的隐私相威胁的；利用职权、教养关系、从属关系及他人或妇女孤立无援的环境相胁迫的；等等。"其他方法"，是指行为人使用暴力、胁迫以外的使他人或被害妇女不能抗拒的方法。例如，利用他人或妇女患病、熟睡之机进行猥亵、侮辱的；用酒将他人或妇女灌醉、用药物将他人或妇女麻醉后进行猥亵、侮辱的；等等。本款规定的"强制猥亵"，主要是指违背他人的意愿,以搂抱、抠摸等淫秽下流的手段侵犯他人性权利的行为。"他人",是指年满十四周岁的人。本款的"侮辱妇女",主要是指对妇女实施猥亵行为以外的、损害妇女人格尊严的淫秽下流的、伤风败俗的行为。例如,以多次偷剪妇女的发辫、衣服,向妇女身上泼洒腐蚀物、涂抹污物,故意向妇女显露生殖器,追逐、堵截妇女等手段侮辱妇女的行为。行为人侮辱妇女的,既可能出于损害妇女的人格和名誉等目的,也可能出于寻欢作乐的淫秽下流心理。依照本款的规定,以暴力、胁迫或者其他方法强制猥亵他人或者侮辱妇女的,处五年以下有期徒刑或者拘役。

本条第二款是关于对猥亵罪加重处罚情形的规定。强制猥亵他人、侮辱妇女是对被害人的人格、尊严等人身权利的严重侵害,而聚众或者在公共场所实施强制猥亵、侮辱的行为,以及多次实施等情节恶劣的行为,对被害人造成的伤害更大,社会秩序受到的破坏更大,应当给予更为严厉的惩处。"其他恶劣情节",主要是指对多人实施猥亵或侮辱行为的,多次实施猥亵、侮辱行为的,造成被害人伤亡等严重后果的,以及手段特别恶劣的,等等。本款规定,聚众或者在公共场所当众犯前款罪,或者有其他恶劣情节的,处五年以上有期徒刑。

本条第三款是关于猥亵儿童罪的规定。这里所说的"猥亵",主要是指以抠摸、指奸等淫秽下流的手段猥亵儿童的行为。考虑到儿童的认识能力,尤其是对性的认识能力欠缺,为了保护儿童的身心健康,构成猥亵儿童罪并不要求以暴力、胁迫或者其他方法强制进行。只要对儿童实施了猥亵行为,就构成了本款规定的犯罪。根据本款规定,猥亵儿童的,处五年以下有期徒刑。有"(一)猥亵儿童多人或者多次的;(二)聚众猥亵儿童的,或者在公共场所当众猥亵儿童,情节恶劣的;(三)造成儿童伤害或者其他严重后果的;(四)猥亵手段恶劣或者有其他恶劣情节的"情形之一的,处五年以上有期徒刑。2020年12月26日十三届全国人民代表大会常务委员会第二十四次会议通过的刑法修正案(十一)对本款作了较大修改,对猥亵儿童的"恶劣情节"作了列举式规定。第二项中的"聚众"是指聚集多人。"公共场所"包括群众进行公开活动的场所,如商店、影剧院、体育场、街道等;也包括各类单位,如机关、团体、事业单位的办公场所,企业生产经营场所,医院、学校、幼儿园等;还包括公共交通工具,如火车、轮船、长途客运汽车、公共电车、汽车、民用航空器等。第三项中的"造成儿童伤害"是指猥亵行为造成儿童身体或精神伤害后果的;"其他严重后果"包括导致儿童自杀、严重残疾等后果的。第四项中的"猥亵手段恶劣或者有其他恶劣情节的",主要是指采取侵入身体等猥亵方式,以及猥亵过程中伴随对儿童进行摧残、凌辱等情况。

此外,行为人猥亵儿童时,如果造成儿童轻伤以上伤害、死亡等后果,同时符合刑法第二百三十四条或者第二百三十二条的规定,构成故意伤害罪、故意杀人罪的,应当依照处罚较重的规定定罪处罚。

【适用中需要注意的问题】

1. 要注意区分罪与非罪的界限,将强制猥亵他人、侮辱妇女行为与一般的猥亵他人、侮辱妇女的违法行为加以区分。具有"以暴力、胁迫或者其他方法强制"行为的,才能作为犯罪处理。

2. 要区分本罪与侮辱罪的区别。侮辱罪以败坏他人名誉为目的,必须是公然地针对特定的人实施;而强制猥亵、侮辱罪则是出于满足行为人的淫秽下流的欲望,不要求公然地针对特定的人实施。

3. 实际执行中应当注意区分猥亵儿童与一般的对儿童表示"亲昵"的行为。猥亵儿童的行为是出于行为人的淫秽下流的欲望,往往对儿童的身体或者思想、认识造成伤害或者不良影响,行为一般为当地的风俗、习惯所不容。

第二百三十八条 【非法拘禁罪】非法拘禁他人或者以其他方法非法剥夺他人人身自由的,处三年以下有期徒刑、拘役、管制或者剥夺政治权利。具有殴打、侮辱情节的,从重处罚。

犯前款罪,致人重伤的,处三年以上十年以下有期徒刑;致人死亡的,处十年以上有期徒刑。使用暴力致人伤残、死亡的,依照本法第二百三十四条、第二百三十二条的规定定罪处罚。

为索取债务非法扣押、拘禁他人的,依照前两款的规定处罚。

国家机关工作人员利用职权犯前三款罪的,依照前三款的规定从重处罚。

【释解与适用】

本条是关于非法拘禁罪及其刑罚的规定。

"非法拘禁罪",是指以拘禁或者其他强制方法非法剥夺他人人身自由的行为。非法拘禁是一种持续行为，该行为在一定时间内处于继续状态，使他人在一定时间内失去身体自由。非法拘禁表现在两个方面：首先是实施了拘禁他人的行为；其次是这种拘禁行为是非法的。拘禁行为的方法多种多样，如捆绑、关押、扣留等，其实质就是强制剥夺他人的人身自由。在我国，对逮捕、拘留等限制人身自由的措施有严格的法律规定，必须由专门机关按照法律规定的程序进行。例如，根据宪法和刑事诉讼法等法律规定，公民的人身自由不受侵犯；任何公民非经人民检察院批准或者决定或者人民法院决定，并由公安机关执行，不受逮捕；拘留只能由公安机关、人民检察院决定，并由公安机关执行。监察机关依法可以采取留置措施。因此，任何机关、团体、企业、事业单位和个人不依照法律规定或者不依照法律规定的程序拘禁他人都是非法的。对违法者，应当依法惩处。依照刑事诉讼法及有关法律的规定，公民对正在实行犯罪或者犯罪后被及时发觉的、通缉在案的、越狱逃跑的、正在被追捕的人有权立即扭送到司法机关。这种扭送行为，包括在途中实施的捆绑、扣留等行为，不能认为是非法拘禁行为。但是，如果司法工作人员滥用职权，非法拘禁他人，或者行为人以某种理由为借口私设公堂，非法拘禁他人，则是侵犯他人人身自由权利的行为。此外，构成非法拘禁罪的行为还必须是故意实施的，过失的不构成犯罪。这里所说的"具有殴打、侮辱情节"，是指在非法拘禁的过程中，对被害人实施了殴打、侮辱行为，如打骂、游街示众等。依照本条第一款的规定，非法拘禁他人或者以其他方法非法剥夺他人人身自由的，处三年以下有期徒刑、拘役、管制或者剥夺政治权利。具有殴打、侮辱情节的，从重处罚。

本条第二款是关于非法拘禁致人重伤、死亡和使用暴力致人伤残、死亡的应如何处罚的规定。这里所规定的"致人重伤"，是指在非法拘禁过程中，由于捆绑过紧、长期囚禁、进行虐待等致使被害人身体健康受到重大伤害的；被害人在被非法拘禁期间不堪忍受，自伤自残，身体健康受到重大伤害的。"致人死亡"，是指在非法拘禁过程中，由于捆绑过紧、用东西堵住嘴导致窒息等，致使被害人死亡的，以及被害人在被非法拘禁期间自杀身亡的。"使用暴力致人伤残、死亡"，是指在非法拘禁的同时，故意使用暴力损害被害人的身体健康或者杀害被害人致使被害人伤残、死亡的。这里的"暴力"是指超出非法拘禁目的的暴力，非法拘禁行为本身也可能存在附带的暴力行为，如本条第一款规定的殴打、侮辱等，但只有当使用非法拘禁目的以外的暴力致人伤残、死亡时，才能认定为故意伤害罪或者故意杀人罪。需要注意的是，实践中有的非法拘禁行为中轻微的推搡、拉扯行为不能认为使用了暴力，因为被害人被非法拘禁后会自然产生一种抵抗，行为人为了达到其拘禁的目的，不可避免地会与被害人发生身体上的接触。是否使用了暴力，可根据行为人的主观意志是否存在损害被害人身体的故意及当时案发情况等因素综合分析。依照本款的规定，非法拘禁他人或者以其他方法非法剥夺他人人身自由，致人重伤的，处三年以上十年以下有期徒刑；致人死亡的，处十年以上有期徒刑。使用暴力致人伤残、死亡的，依照刑法第二百三十四条关于故意伤害罪、第二百三十二条关于故意杀人罪的规定定罪处罚。

本条第三款是对为索取债务非法扣押、拘禁他人的犯罪及其处罚的规定。这里所说的"为索取债务非法扣押、拘禁他人"，是指为了胁迫他人履行合法的债务，而将他人非法扣留，剥夺其人身自由的行为。这种行为在特征上与一般的非法拘禁不同，其目的不在于剥夺他人的人身自由，而是以剥夺他人人身自由为手段，来胁迫他人履行债务。考虑到这类犯罪情况比较复杂，以索取合法的债务为目的，主观恶性与以勒索财物等为目的绑架他人有所不同，对被非法扣押、拘禁的人的人身危险性也要小一些，但不能放任这种非法行为，因此本条规定，这类犯罪也认定为非法拘禁罪，依照前两款的规定处罚，即处三年以下有期徒刑、拘役、管制或者剥夺政治权利。具有殴打、侮辱情节的，从重处罚。为索取债务非法扣押、拘禁他人，致人重伤的，处三年以上十年以下有期徒刑；致人死亡的，处十年以上有期徒刑。使用暴力致人伤残、死亡的，依照刑法第二百三十四条关于故意伤害罪、第二百三十二条关于故意杀人罪的规定处罚。

本条第四款是关于国家机关工作人员利用职权犯前三款罪应当从重处罚的规定。依照本款的规定，国家机关工作人员利用职权非法拘禁他人或者以其他方法非法剥夺他人人身自由的，利用职权非法拘禁他人或者以其他方法非法剥夺他人人身自由，致人重伤、死亡或者使用暴力致人伤残、死亡的，以及为索取债务拘禁他人的依照本条前三款的规定从重处罚。实践中要注意，根据本款的规定，国家机关工作人员只有利用职权犯非法拘禁罪的，才能依照本条前三款的规定从重处罚，对于未利用职权而犯非法拘禁罪的，应当分别依照本条第一款、第二款的规定处罚。

第二百三十九条 【绑架罪】以勒索财物为目的绑架他人的,或者绑架他人作为人质的,处十年以上有期徒刑或者无期徒刑,并处罚金或者没收财产;情节较轻的,处五年以上十年以下有期徒刑,并处罚金。

犯前款罪,杀害被绑架人的,或者故意伤害被绑架人,致人重伤、死亡的,处无期徒刑或者死刑,并处没收财产。

以勒索财物为目的偷盗婴幼儿的,依照前两款的规定处罚。

【释解与适用】

本条是关于绑架罪及其刑罚的规定。

本条共分三款。第一款是关于绑架罪的构成及其处刑的规定,规定了两种犯罪情形。第一,"以勒索财物为目的绑架他人的"勒索型绑架,即通常说的"绑票"或者"掳人勒赎"。"勒索财物"是指行为人在绑架他人以后,以不答应要求就杀害或伤害人质相威胁,勒令与人质有特殊关系的人于指定时间,以特定方式,在指定地点交付一定数量的金钱或财物。这里的"绑架"指行为人使用暴力、胁迫或者其他方法,完全控制了人质,人质被剥夺了人身自由。绑架的行为方式多样,可以是暴力劫持、强抢,如:直接对被害人进行捆绑、堵嘴、蒙眼、装麻袋等人身强制,或者对被害人进行伤害、殴打等人身攻击手段;也可以是暴力威胁,如对被害人实行精神强制,或者对被害人及其家属以实施暴力相威胁从而控制被害人;还可以是用欺骗、诱惑甚至麻醉的方法实施,如利用药物、醉酒等方法使被害人处于昏睡、昏迷状态等。行为人控制人质,常以非法将他人掳走、带离原来常在的处所的方法使他人丧失行动自由,但也不排除行为人将他人拘禁于原处所作为人质的情形。同时,绑架人质的行为人会向与人质有特殊关系的人或组织提出财物给付的要求。在勒索型绑架犯罪中,犯罪既遂与否的实质标准是看绑架行为是否实施,从而使被害人丧失行动自由并受到行为人的实际支配。至于勒索财物的行为是否来得及实施,以及虽实施了勒索行为,但由于行为人意志以外的原因而未达到勒索财物的目的,都不影响勒索型绑架既遂的成立。勒索财物目的是否实现仅是一个量刑加以考虑的情节,这里的"财物"不局限于现金财物,也包括其他财产性利益。现实生活中,与被害人有特殊关系的他人或组织会受到行为人将要杀死或伤害人质的威胁,但是人质自身可能仍处于平和的被控制状态,甚至都无从察觉其所陷入的危险，比如，孩童被行为人引诱去打游戏机的情形。因此，有的情况下，被害人自身是否认识到被绑架，并不影响绑架罪既遂的认定。

第二，绑架他人作为人质的情形。行为人实施绑架行为是为了要求对方作出妥协、让步或满足某种要求，有时还具有政治目的。绑架行为作为一种持续性犯罪，犯罪既遂以后所造成的不法状态在一段时间内仍然延续，会给被害人造成长期的身心折磨和伤害。应当注意的是，以出卖为目的，使用暴力、胁迫或者麻醉方法绑架妇女、儿童的行为不属于本条所规定的绑架罪的范围，而应当依照刑法第二百四十条关于拐卖妇女、儿童犯罪的规定处罚。

本条第一款对绑架罪规定了两档刑罚。第一档刑为"处五年以上十年以下有期徒刑，并处罚金"，需要符合"情节较轻"的条件，例如有些行为人没有伤害被绑架人的意图、勒索小额财物，绑架过程中没有使用暴力，绑架他人后善待人质，又主动释放的，控制被绑架人时间较短的，等等。第二档刑为"处十年以上有期徒刑或者无期徒刑，并处罚金或者没收财产"，适用于没有较轻情节的一般绑架犯罪。

第二款是关于对绑架罪加重处罚的规定。本款的"杀害被绑架人"即通常说的"撕票"，是指以剥夺被绑架人生命为目的实施的各种行为。"杀害"只需要行为人有故意杀人的故意及行为，并不要求"杀死"被绑架人的结果。"杀害"既可以是积极作为，也可以是消极不作为。积极作为指以杀害为目的，将被绑架人抛入深潭或水库中让其溺毙等情形；消极不作为，指以杀害为目的，将被绑架人抛入人迹罕至的地方等待其冻死、饿死等情形。实践中，杀害被绑架人未遂的情况时有发生。对于被绑架人基于各种原因最终生还的，并不影响"杀害"行为的认定。

本款经刑法修正案（九）修改，增加规定了"故意伤害被绑架人，致人重伤、死亡的"加重处罚情形。这里规定的"故意伤害"是指以伤害被绑架人的身体为目的实施的各种行为。"致人重伤、死亡"，是指造成被绑架人重伤、死亡的结果。依照本款规定，故意伤害被绑架人，致人重伤、死亡的，处无期徒刑或者死刑，并处没收财产。需要注意的是，这里的故意伤害被绑架人的行为应与被绑架人重伤、死亡的加重结果具有直接因果关系，两者仅具有间接关系的，如行为人实施故意伤害行为，被绑架人自杀而造成重伤或死亡结果的，可依本条第一款的规定处罚。此外，对行为人过失造成被绑架人重伤、死亡后果的,可以依照第一款规定,最高处以无期徒刑。

本条第三款是对"以勒索财物为目的偷盗婴幼儿的"行为应如何处罚的规定。这里所说的"以勒索财物为目的偷盗婴幼儿",是指以向婴幼儿的亲属或者其他监护人索取财物为目的,将被害婴幼儿秘密窃取并扣作人质的行为。"偷盗",主要是指趁被害婴幼儿亲属或者监护人不备,将该婴幼儿抱走、带走的行为,如潜入他人住宅将婴儿抱走,趁家长不备将正在玩耍的幼儿带走,以及采取利诱、拐骗方法将婴幼儿哄骗走等。婴幼儿的具体年龄界限,刑法未作具体规定,实践中一般是指未满六周岁的未成年人。需要特别注意的是,由于婴幼儿缺乏辨别是非的能力,无论是将其抱走、带走,还是哄骗走,都是偷盗婴幼儿的行为,都应当依照绑架罪的规定处罚。依照本款的规定,以勒索财物为目的偷盗婴幼儿的,处十年以上有期徒刑或者无期徒刑,并处罚金或者没收财产;情节较轻的,处五年以上十年以下有期徒刑,并处罚金;杀害被偷盗的婴幼儿或者故意伤害被偷盗的婴幼儿致使其重伤、死亡的,处无期徒刑或者死刑,并处没收财产。

【适用中需要注意的问题】

1. 应当注意行为人为索要债务而实施"绑架"行为的问题,涉及绑架罪与非法拘禁罪的区别。"索财型"绑架罪与"索债型"非法拘禁罪都实施了剥夺他人的人身自由并向他人索要财物的行为,但两罪主要有以下三方面区别:一是行为人非法限制他人人身自由的主观目的不同。绑架罪以勒索财物为目的,对财物无因而索;索要债务的非法拘禁行为,索债是事出有因。二是行为人侵犯的客体不同。"索财型"绑架罪侵犯的是复杂客体,即他人的人身权利和财产权利;"索债型"非法拘禁罪侵犯的客体是简单客体,即他人的人身权利。三是危险性不同。绑架罪需以暴力、胁迫等犯罪方法,对被害人的健康、生命有较大的危害;非法拘禁在实施扣押、拘禁他人的过程中也可能出现捆绑、推搡、殴打等行为,但更多的是侵害他人的人身自由,而非他人的生命健康。

2. 关于已满十四周岁不满十六周岁的人承担刑事责任范围是否包括绑架撕票行为。2002 年《全国人民代表大会常务委员会法制工作委员会关于已满十四周岁不满十六周岁的人承担刑事责任范围问题的答复意见》中指出:"刑法第十七条第二款规定的八种犯罪,是指具体犯罪行为而不是具体罪名。对于刑法第十七条中规定的'犯故意杀人、故意伤害致人重伤或者死亡',是指只要故意实施了杀人、伤害行为并且造成了致人重伤、死亡后果的,都应负刑事责任。而不是指只有犯故意杀人罪、故意伤害罪的,才负刑事责任,绑架撕票的,不负刑事责任。对司法实践中出现的已满十四周岁不满十六周岁的人绑架人质后杀害被绑架人、拐卖妇女、儿童而故意造成被拐卖妇女、儿童重伤或死亡的行为,依据刑法是应当追究其刑事责任的。"

3. 关于绑架罪与抢劫罪的界限。绑架罪是侵害他人人身自由权利的犯罪,其与抢劫罪的区别在于:第一,主观方面不尽相同。抢劫罪中,行为人一般出于非法占有他人财物的故意实施抢劫行为;绑架罪中,行为人既可能为勒索他人财物而实施绑架行为,也可能出于其他非经济目的实施绑架行为。第二,行为手段不尽相同。抢劫罪表现为行为人劫取财物一般应在同一时间、同一地点,具有"当场性";绑架罪表现为行为人以杀害、伤害等方式向被绑架人的亲属或其他人或单位发出威胁,索取赎金或提出其他非法要求,劫取财物一般不具有"当场性"。

第二百四十条 【拐卖妇女、儿童罪】拐卖妇女、儿童的,处五年以上十年以下有期徒刑,并处罚金;有下列情形之一的,处十年以上有期徒刑或者无期徒刑,并处罚金或者没收财产;情节特别严重的,处死刑,并处没收财产:

(一)拐卖妇女、儿童集团的首要分子;

(二)拐卖妇女、儿童三人以上的;

(三)奸淫被拐卖的妇女的;

(四)诱骗、强迫被拐卖的妇女卖淫或者将被拐卖的妇女卖给他人迫使其卖淫的;

(五)以出卖为目的,使用暴力、胁迫或者麻醉方法绑架妇女、儿童的;

(六)以出卖为目的,偷盗婴幼儿的;

(七)造成被拐卖的妇女、儿童或者其亲属重伤、死亡或者其他严重后果的;

(八)将妇女、儿童卖往境外的。

拐卖妇女、儿童是指以出卖为目的,有拐骗、绑架、收买、贩卖、接送、中转妇女、儿童的行为之一的。

【释解与适用】

本条是关于拐卖妇女、儿童罪及其刑罚的规定。

拐卖妇女、儿童犯罪严重侵犯妇女儿童人身权利,对被拐卖妇女儿童身心健康造成巨大伤害,并由此引发一系列社会问题,严重影响社会和谐稳定。2007年以来,我国政府加大了打击拐卖妇女、儿童犯罪活动的力度,公安部成立"打拐办",由专人负责这项工作。2008年1月1日,国务院出台了《中国反对拐卖妇女儿童行动计划(2008—2012)》,并建立了国务院反拐部际联席会议制度,反拐综合治理局面初步形成。为严厉打击拐卖妇女、儿童的犯罪活动,2009年以来公安机关开展了多次专项打拐行动,并采取了以下措施:(1)建立了全国失踪儿童DNA信息库,通过信息对比,查找解救被拐卖儿童;(2)建立儿童失踪快速查找机制,全国联网,只要发现案件线索,公安机关立即行动,争取在最短的时间内侦破案件;(3)成立以地方公安局局长、副局长负责的打拐专案组;(4)对来历不明的孩子进行重点摸底排查;(5)对在逃的拐卖人口的犯罪分子实行A级通缉令进行通缉。通过上述措施,有力惩治了拐卖妇女、儿童的犯罪分子,近几年拐卖妇女、儿童的犯罪活动有所收敛。

本条共分两款。第一款是关于对犯拐卖妇女、儿童罪的应如何处罚的规定。根据拐卖妇女、儿童罪的实际情况,本款具体规定了三个量刑档次:(1)拐卖妇女、儿童的,处五年以上十年以下有期徒刑,并处罚金。(2)拐卖妇女、儿童情节严重的,处十年以上有期徒刑或者无期徒刑,并处罚金或者没收财产。本款具体列举了八项适用上述刑罚的严重情形,即:①拐卖妇女、儿童集团的首要分子。集团作案是拐卖妇女、儿童犯罪的主要特点之一。在大量拐卖妇女、儿童的案件中,妇女、儿童拐出地和拐入地的犯罪分子相互勾结起来,结成团伙,拐骗、接送、中转、出卖,都有预谋并且分工明确,形成所谓的"一条龙",有的已形成职业性的犯罪集团。这种拐卖妇女、儿童的犯罪集团,社会危害性极大。因此,这种犯罪集团,特别是这种犯罪集团的首要分子属于重点打击的对象,应规定十分严厉的刑罚。这里所说的"拐卖妇女、儿童集团",是指有计划、有组织地进行拐卖妇女、儿童犯罪活动的犯罪集团;"首要分子",是指在犯罪集团中起组织、领导、指挥作用的犯罪分子，可能是一人，也可能是多人。②拐卖妇女、儿童三人以上的。这里所说的"三人以上"，是指犯罪分子直接参与拐卖的人数（包括本数在内）。"拐卖妇女、儿童三人以上"既包括以出卖为目的的拐骗妇女、儿童三人以上，也包括在拐卖妇女、儿童犯罪活动中中转、接送、收买、贩卖妇女、儿童三人以上；既包括在一次犯罪活动中拐卖妇女、儿童三人以上，也包括多次进行拐卖活动，累计拐卖妇女、儿童三人以上。需要特别注意的是，对于拐卖妇女、儿童集团的首要分子应依照本款第一项的规定处理，对于拐卖集团中的其他成员，则不应以整个犯罪集团拐卖的人数当作该犯罪分子拐卖的人数，而应以其直接参与拐卖的妇女、儿童的人数作为处罚的根据。③奸淫被拐卖的妇女的。这里所说的"奸淫被拐卖的妇女"，是指犯罪分子在拐卖过程中与被害妇女发生性关系的行为，这种行为既包括犯罪分子利用被害妇女处于孤立无援的境地和不敢反抗的心理与其发生性关系的行为，也包括以暴力、胁迫或者其他手段强奸被害妇女的行为。只要犯罪分子在拐卖过程中与被害妇女发生了性关系，无论其是否使用了暴力或者胁迫手段，也无论被害人是否有反抗的表示或行为，都应按照本项规定追究刑事责任。根据这一规定，拐卖人强奸被拐卖妇女的行为已作为处重刑的情节之一，所以对于犯罪分子不再适用数罪并罚。④诱骗、强迫被拐卖的妇女卖淫或者将被拐卖的妇女卖给他人迫使其卖淫的。这里所说的"诱骗"被拐卖的妇女卖淫，是指犯罪分子以金钱、物质或者某种许愿等方法引诱、欺骗被拐卖的妇女进行卖淫活动。"强迫"被拐卖的妇女卖淫，是指犯罪分子以暴力、威胁手段迫使被拐卖的妇女卖淫。"将被拐卖的妇女卖给他人迫使其卖淫"，是指犯罪分子明知收买人收买被拐卖的妇女后将迫使其卖淫，但出于营利等目的，仍将该妇女出卖的行为。⑤以出卖为目的，使用暴力、胁迫或者麻醉方法绑架妇女、儿童的。这里所规定的绑架妇女、儿童，只要求以出卖为目的，不论犯罪分子是否将被绑架的妇女、儿童卖掉，都构成本项规定的情形。⑥以出卖为目的，偷盗婴幼儿的。这里规定的偷盗婴幼儿，是以出卖为目的，如果偷盗婴幼儿是为了勒索婴幼儿的父母或者亲属的财物，则不能按照本罪定罪处罚，而应当根据刑法第二百三十九条第三款的规定，以绑架罪定罪处罚。根据有关司法解释的规定，对婴幼儿采取欺骗、利诱等手段使其脱离监护人或者看护人的，视为"偷盗婴幼儿"。⑦造成被拐卖的妇女、儿童或者其亲属重伤、死亡或者其他严重后果的，即在拐卖过程中，犯罪分子采用捆绑、殴打、虐待、侮辱等手段，造成被害人重伤、死亡等严重后果的，以及被害人及其亲属因犯罪分子的拐卖行为而自杀、精神失常或者造成其他严重后果的。需要特别注意的是，如果上述后果是因收买人对所收买的妇女、儿童在收买后实施虐待等行为所致，则不属于本项所列的情况，应依法追究收买人的相应责任。如果犯罪分子对被拐卖的妇女、儿童故意伤害、杀害的，则应以故意伤害罪、故意杀人罪与拐卖妇女、儿童罪实行数罪并罚。⑧将妇女、儿童卖往境外的，即犯罪分子为了牟取暴利，与境外的人贩子相勾结，将妇女、儿童卖往境外的行为。这里所说的"境外"，是指国境外和边境外，既包括中华人民共和国领土以外的其他国家、地区，也包括边境外的我国香港、澳门和台湾地区。（3）情节特别严重的，处死刑，并处没收财产。这里所规定的"情节特别严重"，是指拐卖妇女、儿童，具有本款所规定的八种严重情形之一，而且情节特别严重的。

第二款是关于拐卖妇女、儿童罪的定义的规定。依照本款规定，"拐卖妇女、儿童"，是指以出卖为目的，有拐骗、绑架、收买、贩卖、接送、中转妇女、儿童的行为之一的行为。规定"以出卖为目的"，主要是为了区别于以收养或者其他非营利的目的拐骗不满十四周岁的儿童脱离家庭或者监护人的行为，和以结婚、收养为目的收买被拐卖妇女、儿童的行为。后两种行为应当依照刑法第二百六十二条关于拐骗儿童罪或第二百四十一条关于收买被拐卖的妇女、儿童罪的规定定罪处罚。也就是说，这里所规定的"拐骗、绑架、收买、贩卖、接送、中转妇女、儿童行为"，都是为了将被害人出卖。根据《最高人民法院关于审理拐卖妇女案件适用法律有关问题的解释》的规定，拐卖妇女罪中的"妇女"，既包括具有中国国籍的妇女，也包括具有外国国籍和无国籍的妇女。被拐卖的外国妇女没有身份证明的，不影响对犯罪分子的定罪处罚。对于外国人或者无国籍人拐卖外国妇女到我国境内被查获的，应当根据刑法第六条的规定，适用我国刑法定罪处罚。对于外国籍被告人身份无法查明或者其国籍国拒绝提供有关身份证明，人民检察院根据刑事诉讼法第一百五十八条第二款的规定起诉的案件，人民法院应当依法受理。本罪规定的拐卖儿童罪中的"儿童"，是指不满十四周岁的人。其中，不满一周岁的为婴儿，一周岁以上不满六周岁的为幼儿。既包括中国儿童，也包括外国儿童。本款所规定的"拐骗"，是指犯罪分子以欺骗、引诱的方法带走妇女、儿童的行为；"绑架"，是指犯罪分子以暴力、胁迫或者麻醉等方法绑架妇女、儿童的行为；"收买"，是指犯罪分子为了以更高的价格出卖而以一定的钱物收买被拐卖、绑架的妇女、儿童的行为；"贩卖"，是指收买妇女、儿童后转手出卖的行为；"接送""中转"，则主要是指在拐卖妇女、儿童的共同犯罪活动中，分工接送被害人或者将被害人转手交给其他人贩子的行为，也包括为人贩子找买主、为人贩子在拐卖途中窝藏被拐卖的妇女、儿童的行为。上述几种行为均是以出卖为目的，只要有上述行为之一，即构成拐卖妇女、儿童罪。

【适用中需要注意的问题】

1. 要准确区分罪与非罪的界限。要把借介绍婚姻索取钱财的违法行为与以营利为目的拐卖妇女的犯罪行为区别开来，把妇女被拐骗与自愿外流区别开来。有的人受妇女本人或者他人请托，把妇女带到外地为其介绍婚姻，借以索取财物的，属于违法行为，一般不构成犯罪。这种行为与拐卖妇女的犯罪行为，虽然都具有牟利的目的，但牟利的内容、方法、手段及其产生的后果都是不相同的。前者"介绍婚姻"，妇女是自愿的，没有违背妇女的意志，行为人也没有采取欺骗或者胁迫手段；后者是行为人以欺骗、利诱或者胁迫手段实施拐骗、贩卖行为，违背了妇女意志。但是，如果行为人以介绍婚姻为名，采取非法扣押身份证件、限制人身自由等方式，或者利用妇女人地生疏、语言不通、孤立无援等境况，违背妇女意志，将其出卖给他人的，应当以拐卖妇女罪追究刑事责任。以介绍婚姻为名，与被介绍妇女串通骗取他人钱财，数额较大的，应当以诈骗罪追究刑事责任。

2. 划清借送养之名出卖亲生子女与民间送养行为的界限。实践中，有的行为人将生育作为非法获利手段，生育后即出卖儿女，对这种情况应当如何处理，能否认定为拐卖儿童罪？对此，2010年3月15日最高人民法院、最高人民检察院、公安部、司法部联合发布《关于依法惩治拐卖妇女儿童犯罪的意见》，该意见第十六条规定："以非法获利为目的，出卖亲生子女的，应当以拐卖妇女、儿童罪论处。"第十七条规定："要严格区分借送养之名出卖亲生子女与民间送养行为的界限。区分的关键在于行为人是否具有非法获利的目的。应当通过审查将子女'送'人的背景和原因、有无收取钱财及收取钱财的多少、对方是否具有抚养目的及有无抚养能力等事实，综合判断行为人是否具有非法获利的目的。具有下列情形之一的，可以认定属于出卖亲生子女，应当以拐卖妇女、儿童罪论处：(1)将生育作为非法获利手段，生育后即出卖子女的；(2)明知对方不具有抚养目的，或者根本不考虑对方是否具有抚养目的，为收取钱财将子女'送'给他人的；(3)为收取明显不属于'营养费'、'感谢费'的巨额钱财将子女'送'给他人的；(4)其他足以反映行为人具有非法获利目的的'送养'行为的。不是出于非法获利目的，而是迫于生活困难，或者受重男轻女思想影响，私自将没有独立生活能力的子女送给他人抚养，包括收取少量'营养费'、'感谢费'的，属于民间送养行为，不能以拐卖妇女、儿童罪论处。对私自送养导致子女身心健康受到严重损害，或者具有其他恶劣情节，符合遗弃罪特征的，可以遗弃罪论处；情节显著轻微危害不大的，可由公安机关依法予以行政处罚。"

3. 要正确贯彻刑事政策。拐卖妇女、儿童犯罪往往涉及多人、多个环节，要根据宽严相济刑事政策和罪责刑相适应的刑法基本原则，综合考虑犯罪分子在共同犯罪中的地位、作用及人身危险性的大小，依法准确量刑。对于犯罪集团的首要分子、组织策划者、多次参与者、拐卖多人者或者具有累犯等从严、从重处罚情节的，必须重点打击，坚决依法严惩。对于罪行严重，依法应当判处重刑乃至死刑的，坚决依法判处。要注重铲除"买方市场"，从源头上遏制拐卖妇女、儿童犯罪。对于收买被拐卖的妇女、儿童的，应当依法追究刑事责任。同时，对于具有从宽处罚情节的，要在综合考虑犯罪事实、性质、情节和危害程度的基础上，依法从宽，鼓励犯罪人悔过自新。

第二百四十一条 【收买被拐卖的妇女、儿童罪】收买被拐卖的妇女、儿童的，处三年以下有期徒刑、拘役或者管制。

收买被拐卖的妇女，强行与其发生性关系的，依照本法第二百三十六条的规定定罪处罚。

收买被拐卖的妇女、儿童，非法剥夺、限制其人身自由或者有伤害、侮辱等犯罪行为的，依照本法的有关规定定罪处罚。

收买被拐卖的妇女、儿童，并有第二款、第三款规定的犯罪行为的，依照数罪并罚的规定处罚。

收买被拐卖的妇女、儿童又出卖的，依照本法第二百四十条的规定定罪处罚。

收买被拐卖的妇女、儿童，对被买儿童没有虐待行为，不阻碍对其进行解救的，可以从轻处罚；按照被买妇女的意愿，不阻碍其返回原居住地的，可以从轻或者减轻处罚。

【释解与适用】

本条是关于收买被拐卖的妇女、儿童罪及其刑罚的规定。

本条共分六款。

第一款是关于收买被拐卖的妇女、儿童犯罪的处刑规定。这里所说的"收买被拐卖的妇女、儿童"，是指不是以出卖为目的，而用金钱财物收买被拐卖的妇女、儿童的行为。本罪的侵害对象只限于被拐卖的妇女、儿童。这里的"妇女"指年满十四周岁的女性；"儿童"指不满十四周岁的男女儿童。妇女和儿童包括具有中国国籍的妇女、儿童，也包括具有外国国籍和无国籍的妇女、儿童。被拐卖妇女、儿童没有身份证明的，不影响对行为人的定罪处罚。行为人收买是为了达到"结婚""收养"等目的。依照本款的规定，收买被拐卖的妇女、儿童的，处三年以下有期徒刑、拘役或者管制。

第二款是对收买人强行与被买妇女发生性关系的，依照刑法关于强奸罪的规定处罚。"强行发生性关系"，是指违背妇女意志，以暴力、胁迫或者其他手段与其发生性关系的行为。依照本款的规定，收买被拐卖的妇女，强行与其发生性关系的，定罪量刑均适用刑法第二百三十六条关于强奸罪的规定。

第三款是关于收买人对被买的妇女、儿童非法剥夺、限制其人身自由或者有故意伤害、侮辱等犯罪行为的，依照刑法有关规定定罪处罚的规定。这里所说的"非法剥夺、限制其人身自由"，是指收买人对被收买的妇女、儿童有刑法第二百三十八条非法拘禁罪规定的行为。"伤害"，是指收买人对被买的妇女、儿童有刑法第二百三十四条故意伤害罪规定的行为。"侮辱"，是指收买人对被买的妇女、儿童有刑法第二百四十六条侮辱罪规定的行为。

第四款是关于收买被拐卖的妇女、儿童，并有本条第二款、第三款规定的犯罪行为的，实行数罪并罚的规定。依照刑法总则第四章第四节的有关规定，数罪并罚是指对犯有两种以上罪行的人，就其所犯各罪分别定罪量刑后，按一定的原则合并执行刑罚。根据本款规定，如果收买人收买被拐卖的妇女、儿童后，强行与被买妇女发生性关系，非法剥夺、限制被收买妇女的人身自由，强制猥亵，强迫劳动，或者有伤害、侮辱等犯罪行为的，除按收买被拐卖的妇女、儿童罪定罪量刑外，还应根据其所犯其他各罪分别定罪量刑，实行数罪并罚。

第五款是关于收买被拐卖的妇女、儿童又出卖的，依照刑法第二百四十条关于拐卖妇女、儿童罪的规定定罪处罚的规定。这里所说的"收买被拐卖的妇女、儿童又出卖"，是指行为人同时具有收买和出卖两种行为，收买人收买被拐卖的妇女、儿童后，无论其收买时出于什么目的，只要又出卖被害妇女、儿童，即属于本款所规定的情况，依照本款规定，构成拐卖妇女、儿童罪，并依照刑法第二百四十条的规定定罪处罚。

第六款是关于对收买人在特定条件下予以从宽处罚的规定。本款是刑事政策性的规定，目的是促使收买人善待被拐卖的妇女、儿童，以更好地维护被害人的权益。本款对收买人所收买的是妇女还是儿童，在量刑适用上作出了区分。对于收买儿童犯罪分子，还需要具有"没有虐待行为"以及"不阻碍对其进行解救"的条件，才能按本款规定从轻处罚。这里所说的"没有虐待行为"，是指收买人对被买儿童没有进行打骂、冻饿、禁闭等在精神和肉体上对被害儿童进行摧残的行为。"不阻碍对其进行解救"，是指当国家机关工作人员、被害人家属对被买儿童进行解救时，收买人未采取任何方法阻止、妨碍国家机关工作人员、被害儿童家属的解救工作。本款规定对于收买被拐卖儿童，同时善待儿童，不阻碍解救的收买者，可以从轻处罚。对于收买妇女的犯罪分子，需要具有"按照被买妇女的意愿，不阻碍其返回原居住地"的条件，才能按照本款规定从轻或减轻处罚。这里所说的"被买妇女的意愿"，是指被买妇女以各种方式向收买人提出的愿望或者要求。"不阻碍其返回原居住地"，是指收买人提供路费或者交通工具，也包括不提任何要求，而让被买妇女返回其原居住地。"原居住地"，一般是指被买妇女被拐卖前的居住地。这里需要特别注意的是，有的妇女是在外出时遭到拐卖的，即"拐出地"和原居住地不一致。在这种情况下，如果收买人按照被买妇女的意愿，将其送到被"拐出地"的，也应视为被买妇女返回原居住地。还有的妇女要求到自己的亲友家，这种情况也应视为被买妇女返回了原居住地。除此之外，业已形成稳定的婚姻家庭关系，解救时被买妇女自愿继续留在当地共同生活的，可以视为"按照被买妇女的意愿，不阻碍其返回原居住地"。有关部门在解救工作中也应注意尊重被买妇女的意愿。根据最高人民法院、最高人民检察院、公安部、民政部、司法部、全国妇联会于2000年3月20日发布的《关于打击拐卖妇女儿童犯罪有关问题的通知》的规定，对于自愿留在现生活地生活的成年女性应尊重其本人意愿，愿在现住地结婚且符合法定结婚条件的应当依法办理结婚登记手续。依照本款规定，对于收买被拐卖的妇女，不阻碍其返回原居住地的，可以从轻或者减轻处罚。

第二百四十二条 以暴力、威胁方法阻碍国家机关工作人员解救被收买的妇女、儿童的，依照本法第二百七十七条的规定定罪处罚。

【聚众阻碍解救被收买的妇女、儿童罪】聚众阻碍国家机关工作人员解救被收买的妇女、儿童的首要分子，处五年以下有期徒刑或者拘役；其他参与者使用暴力、威胁方法的，依照前款的规定处罚。

【释解与适用】

本条是关于以暴力、威胁方法阻碍解救被收买的妇女、儿童犯罪行为及聚众阻碍解救被收买的妇女、儿童罪及其刑罚的规定。

收买被拐卖的妇女、儿童是严重侵犯公民人身自由权利的行为，任何个人或者组织不得阻碍对被拐卖的妇女、儿童进行解救，并不得向被收买的、拐卖的妇女、儿童及其家属索要费用。实践中，解救被收买的妇女、儿童的行动往往遇到来自各方面的阻力，一些收买妇女、儿童的人及其亲属以暴力、威胁方法阻碍国家机关工作人员解救被收买的妇女、儿童，还有的纠集多人，聚众阻碍解救被收买的妇女、儿童，有的甚至围攻、殴打从事解救工作的国家机关工作人员。对于上述行为，必须依法追究刑事责任。

本条共分两款。第一款是以暴力、威胁方法阻碍国家机关工作人员解救被收买的妇女、儿童的犯罪及其处刑规定。这里所规定的"暴力"，是指对解救被收买的妇女、儿童的国家机关工作人员的人身进行打击或者实行强制，如殴打、捆绑等。"威胁"，是指以杀害、伤害、毁坏财产、破坏名誉等手段进行要挟，迫使国家机关工作人员放弃执行解救被收买的妇女、儿童的职责。本款规定的犯罪必须具备以下两个条件：（1）犯罪人必须采用暴力、威胁方法实施了阻碍国家机关工作人员解救被收买的妇女、儿童的行为，如果行为人没有实施暴力、威胁的阻碍行为，只是吵闹、谩骂、不服管理等，不构成犯罪，可以依法进行治安管理处罚。（2）犯罪分子阻碍的对象必须是依法执行解救职责的国家机关工作人员。依照本款的规定，以暴力、威胁方法阻碍国家机关工作人员解救被收买的妇女、儿童的，依照刑法第二百七十七条关于妨害公务罪的规定定罪处罚，即处三年以下有期徒刑、拘役、管制或者罚金。

第二款是关于聚众阻碍解救被收买的妇女、儿童罪及其处刑规定。聚众阻碍解救被收买的妇女、儿童，是指有预谋、有组织、有领导地纠集多人阻碍国家机关工作人员解救被收买的妇女、儿童的行为。实践中，组织聚众阻碍解救被收买的妇女、儿童的首要分子，有的并不直接采用暴力、威胁的方法，而是在幕后策划、指挥、煽动，因此难以适用刑法第二百七十七条妨害公务罪。为了有力惩治聚众阻碍解救被收买的妇女、儿童的犯罪行为，刑法设专条作了规定。这里所说的"聚众"，是指聚集多人。"首要分子"，是指在聚众阻碍国家机关工作人员解救被收买的妇女、儿童的犯罪活动中起组织、策划、指挥、煽动等作用的犯罪分子，可能是一人，也可能是多人。"其他参与者"，是指首要分子以外的其他参与聚众阻碍国家机关工作人员解救被拐卖、绑架的妇女、儿童的人。依照本款规定，聚众阻碍国家机关工作人员解救被收买的妇女、儿童的首要分子，处五年以下有期徒刑或者拘役；其他参与者中使用暴力、威胁方法的，依照前款的规定处罚，即处三年以下有期徒刑、拘役、管制或者罚金。

【适用中需要注意的问题】

根据本条第二款的规定，对于聚众阻碍解救被收买的妇女、儿童的首要分子，不论其是否使用暴力、威胁方法，都按聚众阻碍解救被收买的妇女、儿童罪处罚。对于其他参与者，则只有使用暴力、威胁方法的，才能按照本条第一款的规定，以妨害公务罪定罪处罚；未使用暴力、威胁方法的，不构成犯罪。

第二百四十三条 【诬告陷害罪】捏造事实诬告陷害他人，意图使他人受刑事追究，情节严重的，处三年以下有期徒刑、拘役或者管制；造成严重后果的，处三年以上十年以下有期徒刑。

国家机关工作人员犯前款罪的，从重处罚。

不是有意诬陷，而是错告，或者检举失实的，不适用前两款的规定。

【释解与适用】

本条是关于诬告陷害罪及其刑罚的规定。

我国宪法第三十八条规定："中华人民共和国公民的人格尊严不受侵犯。禁止用任何方法对公民进行侮辱、诽谤和诬告陷害。"检举揭发违法犯罪行为是每个公民的权利，但实践中有些人往往利用该项权利滥用检举揭发权，无中生有，诬告陷害他人，严重影响社会和谐发展，破坏社会风气，应当予以惩处。由于行为人企图假手司法机关实现其诬陷无辜的目的，不仅侵犯了公民的人身权利，使无辜者的名誉受到损害，而且可能导致冤错案，造成错捕、错判甚至错杀的严重后果，干扰司法机关的正常活动，破坏司法机关的威信，因此必须依法予以严惩。

本条共分三款。第一款是关于诬告陷害罪的处刑规定。依照本款规定，诬告陷害罪，是指捏造事实，作虚假告发，意图陷害他人，使他人受刑事追究，情节严重的行为。这里所说的"他人"，既包括一般的干部、群众，也包括正在服刑的罪犯和其他在押的被告人和犯罪嫌疑人。本罪侵犯的客体是复杂客体，既侵犯了他人的人身权利，也侵犯了司法机关的正常活动。根据本款的规定，构成本罪必须具备以下条件：（1）诬告陷害他人，必须以使他人受刑事追究为目的。行为人诬陷他人可能出于不同的动机，有的是发泄私愤，有的是嫉贤妒能，有的是排除异己，但必须以使他人受刑事追究为目的，才能构成诬告陷害罪。如果不以使他人受刑事追究为目的而捏造事实诬告的，如以败坏他人名誉、阻止他人得到某种奖励或者提升等为目的而诬告他人有违法或不道德行为的，则不构成本罪。（2）捏造的事实必须是他人的犯罪事实，如果捏造的事实不足使他人受到刑事追究的，则不构成本罪。捏造事实，既包括无中生有，捏造犯罪事实陷害他人，也包括栽赃陷害，在确实发生了具体犯罪事实的情况下，捏造证据栽赃、嫁祸他人，还包括借题发挥，将不构成犯罪的事实夸大为犯罪事实，进而陷害他人等。（3）不仅捏造了他人的犯罪事实，而且将捏造的犯罪事实向有关机关进行了告发。行为人虽有捏造他人犯罪事实的行为，但如果没有进行告发，其诬陷的目的就无法实现，因而也不构成诬陷罪。告发的形式可以是书面告发，也可以是口头告发，可以是实名告发，也可以是匿名告发。(4)诬告陷害的行为必须有明确的对象,如果行为人只是捏造了某种犯罪事实,向有关机关告发,并没有具体的告发对象,这种行为虽然也侵犯了司法机关的正常活动,但并未直接侵犯他人的人身权利,也不构成本罪。有明确的对象并非要求行为人必须指名道姓告发,如果通过告发的事实可以明显地判断出告发对象,即使没有提出具体姓名,也属于有明确的对象。(5)诬告陷害情节严重的,这里所规定的"情节严重",主要是指捏造的犯罪事实情节严重、诬陷手段恶劣、严重影响了司法机关的正常工作、社会影响恶劣等。只要诬告陷害的行为符合以上条件,本罪就成立。本款所规定的"造成严重后果",主要是指被害人被错误地追究了刑事责任,或者使被诬陷人的人身权利、民主权利、财产权利等受到重大损害,或者使司法机关的正常工作遭受特别重大的损害。依照本款的规定,犯诬告陷害罪的,处三年以下有期徒刑、拘役或者管制;造成严重后果的,处三年以上十年以下有期徒刑。

第二款是关于国家机关工作人员犯诬告陷害罪从重处罚的规定。这里所规定的"国家机关工作人员",根据刑法第九十三条的规定,是指在国家权力机关、行政机关、监察机关、人民法院、人民检察院、军事机关等国家机关中从事公务的人员。国家机关工作人员由于其所处的地位和掌握的权力,如果捏造事实诬告陷害他人,往往会对被害人的合法权益和国家机关的声誉造成更大的损害,同时考虑到对国家机关工作人员的要求应当更加严格,因此,本款规定,国家机关工作人员犯诬告陷害罪的,从重处罚。

第三款是关于错告或者检举失实,不适用前款规定的规定。这样规定是为了正确区分诬告陷害与错告、检举失实的界限,以有利于打击犯罪,保护公民与违法犯罪作斗争的积极性。我国宪法第四十一条第一款规定:"中华人民共和国公民对于任何国家机关和国家工作人员,有提出批评和建议的权利;对于任何国家机关和国家工作人员的违法失职行为,有向有关国家机关提出申诉、控告或者检举的权利,但是不得捏造或者歪曲事实进行诬告陷害。"诬告与错告,二者在客观上都表现为向国家机关或有关单位告发的犯罪事实与客观事实不相符合。但在主观方面,二者有着质的不同:前者是故意捏造或者歪曲事实告发他人,具有陷害他人的故意;后者则是行为人认为自己告发的是真实犯罪事实,只是由于情况不明,或者认识片面而在控告、检举中发生差错,没有陷害他人的故意。由此可见,是否具有诬告陷害的故意，是区分诬告与错告的根本标志。实践中要准确区分诬告与错告，就必须根据行为人告发的背景、原因、告发的事实来源、告发人与被告人之间的关系等综合判定。

【适用中需要注意的问题】

1. 应当注意本罪与诽谤罪的区别。（1）诽谤罪的目的是损害他人的人格和名誉；而诬告陷害罪的目的是使被诬陷人受刑事追究。（2）诽谤罪捏造的事实不一定是他人犯罪的事实；而诬告陷害罪捏造的必须是他人犯罪的事实。（3）诽谤罪行为人的手段是散布其捏造的事实；诬告陷害罪行为人的手段是向有关机关告发其捏造的他人的犯罪事实。（4）诽谤罪属于亲告罪，即告诉的才处理，但是严重危害社会秩序和国家利益的除外；而诬告陷害罪不是亲告罪，属于国家公诉案件。

2. 应当注意诬告陷害罪与报复陷害罪的界限。（1）犯罪对象不同。诬告陷害罪的对象是非特定公民；报复陷害罪的对象是控告人、申诉人、批评人与举报人。（2）主体不同。诬告陷害罪是一般主体，只是规定国家机关工作人员犯罪要从重处罚；而报复陷害罪是特殊主体，限于国家机关工作人员。（3）行为表现不同。诬告陷害罪表现为捏造犯罪事实，作虚假告发；报复陷害罪表现为滥用职权、假公济私，进行报复陷害。（4）目的不同。诬告陷害罪的目的是意图使他人受刑事追究；报复陷害罪是一般报复的目的。

第二百四十四条　**【强迫劳动罪】**以暴力、威胁或者限制人身自由的方法强迫他人劳动的，处三年以下有期徒刑或者拘役，并处罚金；情节严重的，处三年以上十年以下有期徒刑，并处罚金。

明知他人实施前款行为，为其招募、运送人员或者有其他协助强迫他人劳动行为的，依照前款的规定处罚。

单位犯前两款罪的，对单位判处罚金，并对其直接负责的主管人员和其他直接责任人员，依照第一款的规定处罚。

【释解与适用】

本条是关于强迫劳动罪及其刑罚的规定。

本条共分三款。第一款是关于强迫劳动犯罪行为及其处刑的规定。根据本款规定，强迫劳动犯罪，是指以暴力、威胁或者限制人身自由的方法强迫他人劳动的行为。我国宪法第三十七条中规定"中华人民共和国公民的人身自由不受侵犯"，第四十二条中规定"中华人民共和国公民有劳动的权利和义务"，第四十三条中规定"中华人民共和国劳动者有休息的权利"。任何人都不能强迫他人劳动。所谓"暴力"是指犯罪分子直接对被害人实施殴打、伤害等危及其人身安全的行为，使其不能反抗、逃跑。"威胁"是指犯罪分子对被害人施以恫吓，进行精神强制，使其不敢反抗、逃跑。"限制人身自由的方法"则是指以限制离厂、不让回家，甚至雇用打手看管等方法非法限制被害人的人身自由，强迫其参加劳动。"他人"既包括与用人单位订有劳动合同的职工，也包括犯罪分子非法招募的工人、智障人等。本罪是故意犯罪。根据本款规定，实施强迫劳动犯罪的，处三年以下有期徒刑或者拘役，并处罚金；情节严重的，处三年以上十年以下有期徒刑，并处罚金。与刑法修正案（八）出台之前的刑法对强迫职工劳动罪的处刑相比，本款规定取消了第一档刑中单处罚金的规定，增加了第二档刑，体现了对强迫劳动犯罪严厉打击的精神。所谓"情节严重"，通常是指强迫多人劳动，长时间强迫他人劳动，以不人道手段对待被强迫劳动者等，具体标准应由司法机关根据实际情况通过司法解释确定。

第二款是关于协助强迫他人劳动行为处罚的规定。本款规定的协助强迫他人劳动行为，包括招募、运送人员和其他协助强迫他人劳动的行为。所谓"招募"，是指通过所谓"合法"或非法途径，面向特定或者不特定的群体募集人员的行为。实践中犯罪分子往往利用被害人求职心切，以合法就业岗位、优厚待遇等手段诱骗被害人。"运送"是指用各种交通工具运输人员。"其他协助强迫他人劳动行为"是指除招募、运送人员外，为强迫劳动的人转移、窝藏或接收人员等行为。上述协助强迫他人劳动的行为，助长了强迫劳动犯罪，严重侵犯公民的人身权利和社会秩序，应当予以刑事处罚。我国加入的国际公约也要求将这种行为规定为犯罪。根据本款规定，明知他人实施本条第一款规定的强迫劳动行为，为其招募、运送人员的或者有其他协助强迫他人劳动行为的，依照本条第一款的规定处罚，即处三年以下有期徒刑或者拘役，并处罚金；情节严重的，处三年以上十年以下有期徒刑，并处罚金。

第三款是关于单位犯强迫劳动罪的处罚规定。根据本款规定，单位犯本条第一款、第二款规定的以暴力、威胁或者限制人身自由的方法强迫他人劳动，或者明知他人实施强迫劳动行为，为其招募、运送人员或者有其他协助强迫他人劳动行为的犯罪的，对单位判处罚金，并对其直接负责的主管人员和其他直接责任人员，依照本条第一款的规定处罚，即处三年以下有期徒刑或者拘役，并处罚金；情节严重的，处三年以上十年以下有期徒刑，并处罚金。

第二百四十四条之一 【雇用童工从事危重劳动罪】违反劳动管理法规，雇用未满十六周岁的未成年人从事超强度体力劳动的，或者从事高空、井下作业的，或者在爆炸性、易燃性、放射性、毒害性等危险环境下从事劳动，情节严重的，对直接责任人员，处三年以下有期徒刑或者拘役，并处罚金；情节特别严重的，处三年以上七年以下有期徒刑，并处罚金。

有前款行为，造成事故，又构成其他犯罪的，依照数罪并罚的规定处罚。

【释解与适用】

本条是关于雇用童工从事危重劳动罪及其刑罚的规定。

本条共分两款。第一款是关于非法雇用童工罪的构成要件以及处罚的规定。根据本款规定，认定雇用童工从事危重劳动罪要注意以下三个问题。

第一，违反劳动管理法规，雇用未满十六周岁的未成年人从事劳动。这里所说的"劳动管理法规"，是指劳动法等法律和国务院颁布的与劳动保护有关的行政法规，以及其他法律、法规中关于劳动关系、劳动保护等的规定。我国劳动法明确规定，国家对未成年工实行特殊劳动保护的原则，在就业年龄、工种、工作时间、劳动强度等方面给予了特殊保护，如规定就业最低年龄为十六周岁，"不得安排未成年工从事矿山井下、有毒有害、国家规定的第四级体力劳动强度的劳动和其他禁忌从事的劳动"等。同时，根据劳动管理法规的规定，任何用人单位和个人，招用未满十六周岁的未成年人从事劳动的，属于使用童工的违法行为。但是，文艺、体育单位经未成年人的监护人同意，可以招用未满十六周岁的专业文艺工作者、运动员，学校、其他教育机构以及职业培训机构按照国家规定组织未满十六周岁的未成年人进行不影响其人身安全和身心健康的教育实践劳动、职业技能培训劳动的，不属于非法使用童工。一些单位和个人打着从事文艺、体育活动的招牌，非法雇用童工进行低俗、危险表演的，不属于招收文艺、体育工作者的情况，应当按照本条的规定定罪处罚。所谓"雇用"，一般是指在行为人和童工之间形成一定的劳动关系。雇用是通过支付工资使他人为自己提供劳动的行为。雇佣关系的形成并不要求双方有明确的时间约定，也不以签有书面合同为条件，只要雇用人与被雇用的童工之间形成事实上的劳动关系即可。但是，父母让未成年子女到自己的工厂、作坊等从事劳动的，不宜认定为雇佣关系。

第二，雇用未满十六周岁的未成年人从事超强度体力劳动、高空、井下作业，或者在爆炸性、易燃性、放射性、毒害性等危险环境下从事劳动。违反劳动管理法规的规定，雇用未满十六周岁的未成年人从事劳动的，都属于违法行为，但并非都属于犯罪行为。构成非法雇用童工罪的行为，仅限于非法雇用童工从事刑法明确规定的对未成年人身心健康危害较大的特定劳动的行为。"超强度体力劳动"，是指劳动强度超过劳动者正常体能承受程度的体力劳动。关于劳动强度，国家劳动保护部门有专门的规定和测算依据。根据规定，体力劳动强度的测定是通过测量某劳动工种平均劳动时间率和能量代谢率，计算出其劳动强度指数，然后根据指数将体力劳动按照强度由低到高分为四级。其中第四级强度的体力劳动属于强度最大的劳动。根据计算，八小时工作日平均耗能值为113044千焦耳/人，劳动时间率为77%，劳动强度显然很大。根据《保护未成年工特殊保护规定》的规定，对于未成年工（指十六周岁以上不满十八周岁），不得要求其从事第四级劳动强度的作业。需要特别说明的是，这里的劳动强度是国家劳动保护部门为了进行科学的劳动保护管理，针对正常的生产劳动作业所作的区分，并与相应的劳动保护措施和福利待遇相联系。因此，在具体认定童工所从事的体力劳动是否属于超强度体力劳动时，可以参考上述劳动保护部门用于测算正常生产劳动作业的分级标准，对童工所具体从事的劳动强度进行测算，但不能简单地认定某级以上强度的劳动就属于超强度体力劳动。因为对于童工而言，并没有所谓适合其身体发育状况的体力劳动的分级。雇用未满十六周岁的未成年人，无论从事何种强度体力劳动，都属于非法使用童工。当然，虽然雇用童工从事体力劳动行为本身就属于非法行为，但是其违法的程度与童工具体从事的劳动的强度大小是密切联系的。比如，雇用童工从事的体力劳动在劳动时间率、平均耗能值等方面相当于一级体力劳动强度的，其危害性显然要小于雇用童工从事劳动强度相当于二级或三级体力劳动强度的劳动。所谓"超强度"是指超过劳动者正常体能所能合理承受的强度，所以，在认定是否构成雇用童工从事超强度体力劳动时，还应结合被雇用童工的年龄、身体发育状况等因素。比如，根据国家劳动管理法规，用人单位可以安排未成年工（已满十六周岁不满十八周岁）从事四级强度体力劳动以下的劳动，那么用人单位安排未满十六周岁的未成年人从事四级体力劳动强度的劳动的，应当属于超强度体力劳动。但是安排即将年满十六周岁的未成年人从事一级体力劳动强度劳动的，是否属于超强度体力劳动，就不能一概而论了。由于童工的年龄跨度很大，雇用童工从事劳动的情况也很复杂，因此，法律无法具体规定雇用童工从事何种劳动就属于超强度体力劳动。具体认定需要由司法机关根据案件的具体情况，结合童工的年龄、身体发育状况、承受能力，童工所从事的劳动的性质等因素，综合考虑。除了超强度体力劳动外，本条还规定了高空作业和井下作业。高空作业具有一定的危险性，需要作业者具有专门的技术知识、自我保护意识和技能。井下作业不仅本身劳动强度较大，而且环境相对比较恶劣，在井下作业会严重损害未成年人的身体健康。而且，井下作业也需要一定的自我保护意识和技能。未成年人身心发育尚不成熟，自我保护意识和能力比较差。从事高空和井下作业，存在较大的危险性，因此刑法专门作了规定。对童工身心健康危害较大的几种危险劳动环境，本条也作了规定。这些危险环境主要包括爆炸性、易燃性、放射性、毒害性环境。这些环境本身对人体健康就具有危害性，未成年人身体发育尚不健全，更容易受到伤害。同时，这些环境由于具有高度危险，作业者必须具有专门的操作技能和安全知识，还需要作业者随时保持高度的警惕，由于未成年人的身心特点，在从事这些危险作业时，更容易发生危险，造成事故。需要特别说明的是，刑法虽然只是规定了爆炸性、易燃性、放射性、毒害性等危险环境，但是，除上述危险环境外，非法雇用童工在与上述具有相当危险性的环境下劳动的，也可以构成本罪。比如，雇用童工在严重的粉尘环境、极端低温或者高温环境下从事劳动。

第三，实施上述行为，情节严重。应当说雇用未满十六周岁的未成年人从事超强度体力劳动，或者从事高空、井下作业，或者在爆炸性、易燃性、放射性、毒害性等危险环境下从事劳动，其危害性比一般的非法雇用童工行为要严重。但是，根据刑法规定，并非实施上述行为就一律以犯罪追究。由于现实情况非常复杂，非法雇用童工从事上述劳动的，具体危害性可能存在很大的差异。这就需要司法机关根据案件的具体情节加以区别。具体情节是否严重，可以结合非法雇用童工的数量、童工所从事的劳动的种类和强度、童工的年龄及身体发育状况、劳动安全设施和劳动保护措施的状况、劳动环境危险性的高低等因素，综合衡量。

第一款规定了对非法雇用童工罪的处罚。根据该规定，非法雇用童工罪的刑罚幅度有两个：非法雇用童工情节严重的，对直接责任人员处三年以下有期徒刑或者拘役，并处罚金；情节特别严重的，处三年以上七年以下有期徒刑，并处罚金。这里的"直接责任人员"，是指对非法雇用童工负有直接责任的人员，既包括企事业单位或者其他组织中直接负责的主管人员和其他负有直接责任的人员，也包括个体户、农户、城镇居民等。无论该企事业单位或者其他组织是否依法成立，也无论其具体经营活动是否合法，只要实施非法雇用童工的行为并构成犯罪的，都应当按照上述规定予以处罚。

第二款是犯非法雇用童工罪，造成事故，同时构成其他犯罪，予以数罪并罚的规定。从实践情况看，非法雇用童工行为主要发生在一些个体、私营企业。这些企业在安全生产和劳动保护方面往往投入不足，劳动保护设施较差，安全生产制度不健全，工人和生产指挥人员缺乏安全生产意识，事故隐患较多。因此，非法雇用童工，又发生事故的情况时有发生。针对这种情况，为了保证依法追究非法雇用童工并造成事故者的刑事责任，本条第二款明确规定了予以数罪并罚的处罚原则。这是因为，非法雇用童工，造成事故并构成其他犯罪的，行为人实际上存在数个行为，分别触犯了刑法的数个条文的规定，在性质上属于数罪。如果按照非法雇用童工罪或者重大安全事故罪等一罪追究就放纵了犯罪分子。根据本款的规定，对被告人实行数罪并罚的条件有三个：第一，有非法雇用童工的犯罪行为。数罪并罚的前提条件是行为人的数个行为都构成犯罪，因此，行为人必须实施了本法第一款规定的非法雇用童工的行为，情节严重，构成犯罪。第二，造成了事故。造成事故是指过失造成被雇用的童工人身伤害、死亡等后果。因采用暴力手段强迫被雇用的童工劳动、体罚、虐待被雇用的童工，造成童工伤害或者死亡后果的，应当按照刑法有关规定处理，不属于这里所说的事故。需要说明的是，本条第二款是对非法雇用童工和造成事故这两种情况同时发生如何处理作出的规定，并不要求两者之间具有直接因果关系。事故的直接原因与非法雇用童工行为没有直接联系，但是发生重大责任事故或者重大安全事故，造成童工人身伤亡，符合本条第二款规定的，应当按照数罪进行并罚。第三，造成事故的行为构成了犯罪。这里的其他犯罪主要是指刑法第一百三十四条、第一百三十五条等有关安全生产事故的犯罪。

【适用中需要注意的问题】

实际执行中应当注意准确区分罪与非罪的界限。根据法律规定，情节是否严重，是区分违法与犯罪的关键。实践中，使用童工的情况比较复杂，要根据案件具体情况，严格区分罪与非罪、违法与犯罪的界限。2008年《最高人民检察院、公安部关于公安机关管辖的刑事案件立案追诉标准的规定（一）》第三十二条规定："违反劳动管理法规，雇用未满十六周岁的未成年人从事国家规定的第四级体力劳动强度的劳动，或者从事高空、井下劳动，或者在爆炸性、易燃性、放射性、毒害性等危险环境下从事劳动，涉嫌下列情形之一的，应予立案追诉：（一）造成未满十六周岁的未成年人伤亡或者对其身体健康造成严重危害的；（二）雇用未满十六周岁的未成年人三人以上的；（三）以强迫、欺骗等手段雇用未满十六周岁的未成年人从事危重劳动的；（四）其他情节严重的情形。"对情节不严重，不构成犯罪的违法行为，可由劳动行政部门给予行政处理或者行政处罚。

第二百四十五条　【非法搜查罪】【非法侵入住宅罪】非法搜查他人身体、住宅，或者非法侵入他人住宅的，处三年以下有期徒刑或者拘役。

司法工作人员滥用职权，犯前款罪的，从重处罚。

【释解与适用】

本条是关于非法搜查罪、非法侵入住宅罪及其刑罚的规定。

根据本条规定，非法搜查罪，是指非法对他人的身体、住宅进行搜查的行为。我国宪法第三十七条中规定，中华人民共和国公民的人身自由不受侵犯，禁止非法搜查公民的身体。第三十九条中规定，中华人民共和国公民的住宅不受侵犯。禁止非法搜查或者非法侵入公民的住宅。我国刑事诉讼法、监察法及其他有关法律规定，搜查只能由人民检察院、公安机关、国家安全机关、监察机关依照法律规定的程序进行。例如，我国刑事诉讼法第二编第二章第五节对"搜查"作了专门规定，为了收集犯罪证据、查获犯罪嫌疑人，侦查人员可以对犯罪嫌疑人以及可能隐藏罪犯或者犯罪证据的人的身体、物品、住处和其他有关的地方进行搜查，但必须严格依照法律规定的程序进行，如必须向被搜查人出示搜查证，搜查时应当有被搜查人或者他的家属、邻居或者其他见证人在场，搜查妇女身体，应当由女工作人员进行等。只有符合上述要求，搜查行为才是合法的。这里的"非法搜查"包括两层意思：一是指无权进行搜查的机关、团体、单位的工作人员或者个人，非法对他人人身、住宅进行搜查；二是指有搜查权的国家机关工作人员，滥用职权，非法对他人的人身、住宅进行搜查或者搜查的程序和手续不符合法律规定。具有其中之一的，即为非法搜查。本罪是故意犯罪，过失的不构成本罪。

非法侵入住宅罪，是指未经住宅主人同意，非法强行闯入他人住宅，或者经住宅主人要求其退出仍拒不退出的行为。这里的"非法"，主要是指无权或者无理进入他人住宅而强行闯入或者拒不退出。如果是事先征得住宅主人的同意的，或者是司法工作人员为依法执行搜查、逮捕、拘留等任务而进入他人住宅的，都不是非法侵入他人住宅。这里的"住宅"是指他人生活的与外界相对隔离的住所，包括封闭的院落、牧民的帐篷、渔民作为家庭生活场所的渔船、为生活租用的房屋等。非法侵入他人住宅行为是故意的，过失的不构成本罪。依照本条第一款的规定，非法搜查他人身体、住宅，或者非法侵入他人住宅的，处三年以下有期徒刑或者拘役。

本条第二款是关于司法工作人员滥用职权犯非法搜查、非法侵入住宅罪从重处罚的规定。这里所规定的"司法工作人员"，根据刑法第九十四条的规定，是指有侦查、检察、审判、监管职责的工作人员。这里所说的"滥用职权"，是指司法工作人员超越职权或者违背职责行使职权，非法搜查他人身体、住宅，或者非法侵入他人住宅的行为。依照本款的规定，司法工作人员滥用职权犯非法搜查罪、非法侵入住宅罪的，依照前款规定从重处罚。

参考2006年《最高人民检察院关于渎职侵权犯罪案件立案标准的规定》，国家机关工作人员利用职权非法搜查，涉嫌下列情形之一的，应予立案：（1）非法搜查他人身体、住宅，并实施殴打、侮辱等行为的；（2）非法搜查，情节严重，导致被搜查人或者其近亲属自杀、自残造成重伤、死亡，或者精神失常的；(3) 非法搜查，造成财物严重损坏的；(4) 非法搜查三人（户）次以上的；(5) 其他非法搜查应予追究刑事责任的情形。

此外，我国治安管理处罚法第四十条中规定，"非法侵入他人住宅或者非法搜查他人身体的"，处十日以上十五日以下拘留，并处五百元以上一千元以下罚款；情节较轻的，处五日以上十日以下拘留，并处二百元以上五百元以下罚款。对于非法侵入他人住宅或者非法搜查他人身体，尚不构成犯罪的，可以给予治安管理处罚。

第二百四十六条 【侮辱罪】【诽谤罪】以暴力或者其他方法公然侮辱他人或者捏造事实诽谤他人，情节严重的，处三年以下有期徒刑、拘役、管制或者剥夺政治权利。

前款罪，告诉的才处理，但是严重危害社会秩序和国家利益的除外。

通过信息网络实施第一款规定的行为，被害人向人民法院告诉，但提供证据确有困难的，人民法院可以要求公安机关提供协助。

【释解与适用】

本条是关于侮辱罪、诽谤罪及其刑罚的规定。

我国宪法第三十八条规定："中华人民共和国公民的人格尊严不受侵犯。禁止用任何方法对公民进行侮辱、诽谤和诬告陷害。"尊重他人的人格和名誉，是每一个公民应有的道德品质和必须遵循的共同生活准则。

本条共分三款。第一款是对侮辱罪、诽谤罪及其处罚的规定。依照本款的规定，侮辱罪，是指以暴力或者其他方法公然侮辱他人，情节严重的行为；诽谤罪，是指故意捏造事实，公然损害他人人格和名誉，情节严重的行为。

侮辱罪、诽谤罪侵犯的客体是他人的人格尊严和名誉权。人格尊严和名誉权是公民基本的人身权利。所谓人格尊严，是指公民基于自己所处的社会环境、地位、声望等客观条件而对自己或他人的人格价值和社会价值的认识和尊重。所谓名誉，是指公民在社会生活中所获得的名望声誉，是一个人的品德、才干、信誉等在社会生活中所获得的社会评价。所谓名誉权，是指以名誉的维护和安全为内容的人格权。侮辱罪、诽谤罪的犯罪对象只能是自然人，侮辱、诽谤法人以及其他团体、组织等单位，不构成侮辱罪和诽谤罪。需要注意的是，根据刑法第二百九十九条的规定，在公共场合故意以焚烧、毁损、涂划、玷污、践踏等方式侮辱中华人民共和国国旗、国徽的，应以侮辱国旗、国徽罪依法追究刑事责任。

在客观表现方面，侮辱罪和诽谤罪有所不同。侮辱罪客观方面主要表现为以暴力或其他方法公然贬损他人人格、破坏他人声誉，情节严重的行为。这里所说的侮辱行为，可以是暴力，也可以是暴力以外的其他方法。所谓"暴力"，是指以强制方法来损害他人人格和名誉，如强迫他人"戴高帽"游行、当众剥光他人衣服、以粪便泼人、强迫他人作出有辱人格的动作等。这里的暴力，其目的不是损害他人的身体健康，如果在实施暴力侮辱的过程中造成他人死亡或者伤害后果的，可能同时构成故意杀人罪或者故意伤害罪。所谓"其他方法"，是指以语言、文字等暴力以外的方法侮辱他人，语言侮辱如当众用恶毒刻薄的语言对被害人进行嘲笑、辱骂，使其当众出丑，散布被害人的生活隐私、生理缺陷等，文字侮辱如贴传单、漫画、书刊或者其他公开的文字等方式诋毁他人人格、侮辱他人。值得注意的是，随着信息网络的普及和发展，利用互联网侮辱、诽谤他人的行为也不断增多，如通过网络对他人进行辱骂攻击、发布涉及他人隐私信息或图片、捏造损害他人人格、名誉的事实等，这类行为借助互联网传播快、范围广的特点，往往给被害人造成更大伤害。本罪中侮辱他人的行为，必须是公然进行，如果不是公然，不构成本罪。所谓"公然"侮辱他人，是指当众或者利用能够使多人听到或看到的方式，对他人进行侮辱，公然侮辱并不一定要求被害人在场。如果行为人仅仅针对被害人进行侮辱，没有第三人在场，也不可能被第三者知悉，则不构成本罪，因为只有他人在场，被害人的名誉才会受到伤害。所谓"他人"，在这里是指特定的人，即侮辱他人的行为必须是明确地针对某特定的人实施，如果不是针对特定的人，而是一般的"骂街"、谩骂等，不构成侮辱罪。

诽谤罪在客观方面表现为行为人实施捏造并散布某种虚构的事实，足以贬损他人人格、名誉的行为。"诽谤"，是指故意捏造事实，并且进行散播；所谓"捏造事实"，就是无中生有，凭空制造虚假的事实，而且这些内容已经或足以给被害人的人格、名誉造成损害。诽谤除捏造事实外还要将该捏造的事实进行散播，散播包括使用口头方法和书面方法，口头方法是通过言论捏造事实并散布，书面方法包括用图画、报刊、书信或者通过互联网等方法,故意捏造事实并散布的行为。捏造事实的行为与散播行为必须同时具备才构成本罪。如果只是捏造事实与个别亲友私下议论,没有散播的,或者散播的是客观事实而不是捏造的虚假事实的,即使有损于他人的人格、名誉,也不构成本罪。与侮辱罪类似,诽谤罪也必须是针对特定的人实施,这种行为不一定公开地指明对方姓名,但是只要从内容上知道被害人是谁,就可以构成诽谤罪,如果行为人捏造并散布的内容不针对特定的对象,也不能构成本罪。

依照本款规定,构成侮辱罪、诽谤罪的行为,都必须是情节严重的行为,虽有侮辱、诽谤他人的行为,但情节不严重的,只属于一般的民事侵权行为。这里所说的"情节严重",主要是指侮辱、诽谤他人手段恶劣、后果严重或者影响很坏等情况,如:当众扯光被害人的衣服;强令被害人当众爬过自己胯下;当众向被害人身上泼粪便;给被害人脸上摸黑灰、挂破鞋并游街示众;捏造事实诽谤他人,致使被害人受到严重精神刺激而自伤、自残或者自杀;侮辱、诽谤执行公务的人员,造成恶劣影响;等等。

侮辱罪、诽谤罪都是故意犯罪,并有侮辱、诽谤他人的目的,过失的行为不构成犯罪。侮辱罪、诽谤罪属于一般主体犯罪,任何年满十六周岁,且具有刑事责任能力的人,均可成为侮辱罪、诽谤罪的主体。关于侮辱罪、诽谤罪的刑罚,依照本款的规定,以暴力或者其他方法公然侮辱他人或者捏造事实诽谤他人,情节严重的,处三年以下有期徒刑、拘役、管制或者剥夺政治权利。

本条第二款是关于侮辱罪、诽谤罪属于告诉才处理的犯罪及例外情形的规定。依照本款的规定,对于侮辱罪、诽谤罪,只有被侮辱人、被诽谤人亲自向人民法院控告的,人民法院才能受理,对于被侮辱人、被诽谤人不控告的,司法机关不能主动追究侮辱、诽谤行为人的刑事责任。法律之所以将这类案件规定为告诉才处理的犯罪,主要是为了更好地保护当事人的隐私,维护其合法权益。同时,侮辱罪、诽谤罪作为告诉才处理的犯罪也存在例外情形:一是根据刑法第九十八条的规定,如果被害人受强制或者威吓而无法告诉的,人民检察院和被害人的近亲属也可以告诉;二是依照本款的规定,严重危害社会秩序和国家利益的除外。需要指出的是,上述两种例外情形性质并不相同,对于被害人受强制或者威吓而无法告诉的,人民检察院和被害人近亲属的告诉,没有改变侮辱罪、诽谤罪告诉才处理的性质,只是由他人或者机关代被害人自己告诉,这里需要被害人有告诉的意愿,如果他人代为告诉后,被害人可以在人民法院宣判以前撤回告诉。但是对于严重危害社会秩序和国家利益的案件,根据本款规定不再适用告诉才处理的规定,而应作为公诉案件处理,由人民检察院提起公诉。这里所说的"严重危害社会秩序和国家利益",主要是指侮辱、诽谤行为严重扰乱社会秩序的,侮辱、诽谤外交使节造成恶劣国际影响的,侮辱、诽谤行为给国家形象造成恶劣影响的,等等。

本条第三款是关于对通过信息网络实施侮辱、诽谤行为,人民法院可以要求公安机关提供协助的规定。随着网络的普及和发展,通过信息网络实施侮辱、诽谤犯罪的案件开始增多,对此2009年修改的《全国人民代表大会常务委员会关于维护互联网安全的决定》第四条中规定,为了保护个人、法人和其他组织的人身、财产等合法权利,对利用互联网侮辱他人或者捏造事实诽谤他人,构成犯罪的,依照刑法有关规定追究刑事责任。由于法律将一般的侮辱、诽谤罪规定为告诉才处理的犯罪,根据2012年刑事诉讼法第二百零四条、第二百零五条规定,告诉才处理的犯罪属于自诉案件,人民法院对于自诉案件进行审查后,按照下列情形分别处理:(1)犯罪事实清楚,有足够证据的案件,应当开庭审判;(2)缺乏罪证的自诉案件,如果自诉人提不出补充证据,应当说服自诉人撤回自诉,或者裁定驳回。实践中,由于网络本身的虚拟性,被害人遭受网络侮辱、诽谤行为后,很难确认行为人身份,往往无法达到自诉案件法院开庭审理的要求。为了打击网络侮辱、诽谤行为,维护被害人权益,刑法修正案(九)根据实际需要和有关方面的建议,增加了本款规定。对于被害人向人民法院告诉的通过网络实施的侮辱、诽谤行为,被害人提供证据确有困难,受理被害人告诉的人民法院可以根据具体情况,要求公安机关提供协助。被害人"提供证据确有困难"是指被害人通过正常的途径难以查明犯罪嫌疑人身份,难以收集、固定相应的犯罪证据。由于实践中的情况复杂,对此法律规定的较为原则,需要司法机关在处理具体案件过程中根据情况确定。这里的"提供协助",主要是指由公安机关查明犯罪嫌疑人的身份信息,向互联网企业调取有关犯罪证据,协助人民法院查明有关案情,等等。根据人民警察法的规定,公安机关负有预防、制止和侦查违法犯罪活动的职责,在人民法院要求公安机关提供协助的情况下,公安机关可以行使法律赋予的职权,开展相应调查工作。

【适用中需要注意的问题】

1. 侮辱罪与诽谤罪的区别主要在于：侮辱罪不是用捏造的方式进行，而诽谤罪必须是捏造事实的方式；侮辱包含暴力侮辱行为，而诽谤罪一般不使用暴力手段。实践中侮辱罪往往是当着被害人的面进行的，而诽谤罪则是当众或者向第三者散布的，被害人不一定在场。

2. 关于侮辱罪与强制猥亵他人、侮辱妇女犯罪的界限。当行为人采用强扒妇女衣服、对女性身体进行某些猥亵、侮辱动作时，对行为人是定侮辱罪还是强制猥亵他人的犯罪、侮辱妇女犯罪，容易发生混淆。二者的区别在于，行为人的主观目的和动机不同，侮辱罪中的侮辱妇女，行为人的目的在于败坏妇女的名誉，贬低其人格，动机多出于私愤报复、发泄不满等，与侮辱男性没有什么区别；而猥亵他人、侮辱妇女行为，行为人的目的在于寻求畸形的性刺激，满足其下流的心理需求。此外，侮辱罪的对象一般是针对特定的人，而猥亵、侮辱妇女犯罪的对象具有不特定性。

3. 对于实施侮辱、诽谤行为，尚不构成犯罪的，可以依法给予治安管理处罚。治安管理处罚法第四十二条中规定，"公然侮辱他人或者捏造事实诽谤他人的"，处五日以下拘留或者五百元以下罚款；情节较重的，处五日以上十日以下拘留，可以并处五百元以下罚款。

第二百四十七条 【刑讯逼供罪】【暴力取证罪】司法工作人员对犯罪嫌疑人、被告人实行刑讯逼供或者使用暴力逼取证人证言的，处三年以下有期徒刑或者拘役。致人伤残、死亡的，依照本法第二百三十四条、第二百三十二条的规定定罪从重处罚。

【释解与适用】

本条是关于刑讯逼供罪、暴力取证罪及其刑罚的规定。

刑讯逼供、暴力取证在长期的封建专制历史中大量存在。在我国长达数千年的封建社会里，刑讯逼供曾经是公开、合法的审讯方式。受到这种消极司法文化传统的影响，刑讯逼供、暴力取证在当今个别司法人员身上也时有发生。刑讯逼供不仅使被审讯的人在肉体上、精神上遭受摧残和折磨，也是造成许多冤、错案件的重要原因。2010年最高人民法院、最高人民检察院、公安部、国家安全部、司法部联合印发《关于办理死刑案件审查判断证据若干问题的规定》和《关于办理刑事案件排除非法证据若干问题的规定》，2017年最高人民法院、最高人民检察院、公安部、国家安全部、司法部又联合印发《关于办理刑事案件严格排除非法证据若干问题的规定》。上述规范性文件明确了非法证据的内涵和外延，对审查和排除通过刑讯逼供、暴力取证等获取的非法证据的程序、证明责任等问题进行了具体规定。2012年修改刑事诉讼法，首次将"不得强迫任何人证实自己有罪"的原则写进刑事诉讼法，现行刑事诉讼法第五十六条第一款规定："采用刑讯逼供等非法方法收集的犯罪嫌疑人、被告人供述和采用暴力、威胁等非法方法收集的证人证言、被害人陈述，应当予以排除。收集物证、书证不符合法定程序，可能严重影响司法公正的，应当予以补正或者作出合理解释；不能补正或者作出合理解释的，对该证据应当予以排除。"上述规定为制度上进一步遏制刑讯逼供、暴力取证行为提供了法律规范依据。实践中，刑讯逼供、暴力取证行为的产生和存在与执法理念、历史文化、司法伦理、职业道德等因素密切相关，有其深刻的社会历史根源和思想根源，消除刑讯逼供、暴力取证，仍然任重道远。

依照本条规定，刑讯逼供罪，是指司法工作人员对犯罪嫌疑人、被告人使用肉刑或者变相肉刑逼取口供的行为。暴力取证罪，是指司法工作人员对证人使用暴力，逼取证言的行为。刑讯逼供罪和暴力取证罪的犯罪主体都必须是司法工作人员。根据刑法第九十四条的规定，司法工作人员是指有侦查、检察、审判、监管职责的工作人员。这两种犯罪都是故意犯罪，并且具有逼取犯罪嫌疑人、被告人口供或者逼取证人证言的目的。至于行为人的动机如何，逼取的口供、证人证言事后是否被证实符合事实，不影响本罪的构成。本条所规定的"犯罪嫌疑人、被告人"，根据我国刑事诉讼法的有关规定，是指在刑事诉讼中，被指控有犯罪行为而被司法机关依法追究刑事责任的人；公诉案件中在向人民法院提起公诉前称为犯罪嫌疑人，在向人民法院提起公诉后人民法院判决前称为被告人；自诉案件中，在人民法院判决前称为被告人。"使用暴力"，是指司法工作人员施以肉刑、伤害、殴打等危害证人人身的行为，暴力的范围包括采取捆绑、吊打、非法使用刑具等直接暴力手段，也包括采取长时间的晒、冻、饿等非直接暴力手段，使之遭受肉体痛苦和精神折磨的行为。"证人"，是指在刑事诉讼中，知道案件情况而向司法机关作证的人。应当特别注意的是，对于不知道案件情况或者知道案件情况但拒绝作证的人，司法工作人员使用暴力逼迫提供证言的人，也属于本条规定的"证人"。"致人伤残、死亡"，是指司法工作人员在刑讯逼供和逼取证人证言过程中，故意使用肉刑、变相肉刑或者使用暴力致使犯罪嫌疑人、被告人、证人身体健康受到严重伤害、残疾或者死亡。刑讯逼供和使用暴力逼取证人证言，不仅严重侵犯了公民的人身权利，也妨害了司法机关的正常司法活动，必须依法予以严惩。依照本条的规定，司法工作人员对犯罪嫌疑人、被告人实行刑讯逼供或者使用暴力逼取证人证言的，处三年以下有期徒刑或者拘役。致人伤残、死亡的，依照刑法第二百三十四条关于故意伤害罪、第二百三十二条关于故意杀人罪的规定定罪，并从重处罚。

【适用中需要注意的问题】

实践中应当注意区分刑讯逼供罪、暴力取证罪与非法拘禁罪的区别：一是二者的主体不同。刑讯逼供罪、暴力取证罪的犯罪主体必须是司法工作人员；非法拘禁罪的主体是一般主体，非司法工作人员也可成为犯罪主体。二是刑讯逼供罪、暴力取证罪所侵害的对象只限于被指控有犯罪行为的犯罪嫌疑人、被告人和刑事诉讼中的证人；而非法拘禁罪侵害的对象则是依法享有人身自由权利的任何公民。三是刑讯逼供罪、暴力取证罪在客观上表现为对犯罪嫌疑人、被告人使用肉刑、变相肉刑或者使用暴力逼取口供或者证人证言的行为；非法拘禁罪在客观上表现为以拘禁或者其他强制方法非法剥夺他人人身自由的行为。四是刑讯逼供罪、暴力取证罪要求行为人具有逼取口供、证人证言的目的；而非法拘禁罪的构成则没有这一要求。

第二百四十八条 【虐待被监管人罪】监狱、拘留所、看守所等监管机构的监管人员对被监管人进行殴打或者体罚虐待，情节严重的，处三年以下有期徒刑或者拘役；情节特别严重的，处三年以上十年以下有期徒刑。致人伤残、死亡的，依照本法第二百三十四条、第二百三十二条的规定定罪从重处罚。

监管人员指使被监管人殴打或者体罚虐待其他被监管人的，依照前款的规定处罚。

【释解与适用】

本条是关于虐待被监管人罪及其刑罚的规定。

2012年修订后的监狱法第七条中规定"罪犯的人格不受侮辱,其人身安全、合法财产和辩护、申诉、控告、检举以及其他未被依法剥夺或者限制的权利不受侵犯";《看守所条例》第四条规定:"看守所监管人犯,必须坚持严密警戒看管与教育相结合的方针,坚持依法管理、严格管理、科学管理和文明管理,保障人犯的合法权益。严禁打骂、体罚、虐待人犯。"监狱、拘留所、看守所等监管机构是国家法律的执行机关,是国家强制力的具体体现。监管机构代表国家依法执行法定职责,如羁押人犯、改造罪犯等。同时,它们也有义务维护国家机关的形象和法律的严肃性。被监管人员,具有双重身份,既是被监管的对象,也享有公民权利,并受到法律的保护,任何非法侵犯其权利的行为都是违法的。

本条共分两款。第一款是关于虐待被监管人罪及其处刑规定。根据本款的规定,虐待被监管人罪,是指监狱、拘留所、看守所等监管机构的监管人员对被监管人进行殴打或者体罚虐待,情节严重的行为。这里所规定的"监管人员",是指在监狱、拘留所、看守所等监管机构中行使监管职责的工作人员。"体罚虐待",是指监管人员违反监管法规规定,对被监管人实施任意殴打、捆绑、冻饿、强迫从事过度劳动、侮辱人格、滥施械具等行为。我国监狱法第十四条中规定,监狱的人民警察不得刑讯逼供或者体罚、虐待罪犯、不得侮辱罪犯的人格,不得殴打或者纵容他人殴打罪犯。但是,依照有关监管法规的规定,对被监管人采取的必要的监管措施,则不能认定为体罚虐待,不构成犯罪。如监狱法第四十五条中规定"监狱遇有下列情形之一的,可以使用戒具:(一)罪犯有脱逃行为的;(二)罪犯有使用暴力行为的;(三)罪犯正在押解途中的;(四)罪犯有其他危险行为需要采取防范措施的";监狱法第五十八条规定,罪犯聚众哄闹监狱、扰乱正常秩序,辱骂或者殴打人民警察,欺压其他罪犯等破坏监管秩序的,可以予警告、记过或者禁闭。对于监管人员依照上述规定采取的必要的禁闭、使用手铐或者其他械具等措施,属于依法执行职务的行为,不能认为是犯罪。"被监管人",是指在监狱等刑罚执行场所服刑的罪犯、在看守所中被监管的犯罪嫌疑人和被告人、在拘留所中被执行行政拘留处罚的人以及其他依法被监管的人。如果体罚虐待的不是被监管的人,则不能构成本罪,对构成其他犯罪的,应依照刑法有关规定追究刑事责任。"情节严重",主要是指经常殴打或者体罚虐待被监管人屡教不改,殴打或者体罚虐待被监管人手段恶劣,殴打或者体罚虐待被监管人造成恶劣影响,殴打或者体罚虐待被监管人造成严重后果等。"情节特别严重",是指手段特别残忍、影响特别恶劣或者造成特别的严重后果等。"致人伤残、死亡",是指监狱、拘留所、看守所等监管机构的监管人员殴打或者体罚虐待被监管人致使被监管人身体健康受到严重伤害、残疾或者死亡。本罪是故意犯罪,行为人明知自己的行为会造成侵犯被监管人人身权利的结果,并且希望或者放任这种结果发生,行为人一般是出于某种动机对被监管人进行肉体摧残与精神折磨。依照本款的规定,监狱、拘留所、看守所等监管机构的监管人员对被监管人进行殴打或者体罚虐待,情节严重的,处三年以下有期徒刑或者拘役;情节特别严重的,处三年以上十年以下有期徒刑。致人伤残、死亡的,依照刑法第二百三十四条关于故意伤害罪、第二百三十二条关于故意杀人罪的规定定罪,并从重处罚。

第二款是关于监管人员指使被监管人殴打或者体罚虐待其他被监管人的犯罪的处刑规定。这里所说的"指使",是指监管人员指挥、唆使、命令被监管人殴打或者体罚虐待其他被监管人。这种情况时有发生,实际是监管人员殴打或者体罚虐待被监管人的一种规避法律的做法,不仅影响恶劣,而且会因此使一些经常殴打、体罚虐待他人的被监管人成为"牢头狱霸",妨害正常的监管秩序。依照本款规定,监管人员指使被监管人殴打或者体罚虐待其他被监管人,情节严重的,处三年以下有期徒刑或者拘役;情节特别严重的,处三年以上十年以下有期徒刑;致人伤残、死亡的,依照刑法第二百三十四条关于故意伤害罪、第二百三十二条关于故意杀人罪的规定定罪,并从重处罚。

【适用中需要注意的问题】

实际执行中应当注意划清本罪与刑讯逼供罪的界限。两种犯罪在客观方面基本相同。它们之间的区别表现为:一是故意的内容不同。本罪一般是出于某种动机而体罚虐待被监管人,刑讯逼供罪是为了取得罪嫌疑人或者被告人的有罪供述。查明故意的具体内容,是区分两罪的关键。二是犯罪主体范围不完全相同。本罪的主体范围较小,一般限于监狱、拘留所、看守所等监管机构的监管人员,而刑讯逼供罪的犯罪主体较大,包括所有的司法工作人员。

第二百四十九条 【煽动民族仇恨、民族歧视罪】煽动民族仇恨、民族歧视，情节严重的，处三年以下有期徒刑、拘役、管制或者剥夺政治权利；情节特别严重的，处三年以上十年以下有期徒刑。

【释解与适用】

本条是关于煽动民族仇恨、民族歧视罪及其刑罚的规定。

根据本条规定，煽动民族仇恨、民族歧视，情节严重的行为，构成犯罪。这里所说的"煽动"，是指以激起民族之间的仇恨、歧视为目的，公然以语言、文字等方式诱惑、鼓动群众的行为，如书写、张贴、散发含有民族仇恨、民族歧视内容的标语、传单，印刷、出版、散发含有民族仇恨、民族歧视内容的非法刊物，通过音频、视频方式播放、传播含有民族仇恨、民族歧视内容的音像制品，发表含有民族仇恨、民族歧视内容的演讲、呼喊口号等。"煽动民族仇恨"，是指以激起不同民族间的仇恨为目的，利用各民族的来源、历史、风俗习惯等的不同，煽动民族间的相互敌对、仇视的行为。"煽动民族歧视"，是指以激起民族之间的歧视为目的，利用各民族的来源、历史、风俗习惯等的不同，煽动民族间的相互排斥和限制、损害民族平等地位的行为。"情节严重的"，是指煽动手段恶劣的，（如使用侮辱、造谣等手段），多次进行煽动的，造成严重后果或者影响恶劣的，等等。"情节特别严重的"，是指煽动手段特别恶劣，长期进行煽动的，引起民族纠纷、冲突或者民族地区骚乱后果特别严重的或者影响特别恶劣的，等等。关于煽动民族仇恨、民族歧视罪的刑罚，依照本条规定，情节严重的，处三年以下有期徒刑、拘役、管制或者剥夺政治权利；情节特别严重的，处三年以上十年以下有期徒刑。

【适用中需要注意的问题】

1. 正确掌握本罪的入罪标准。行为人实施了煽动民族仇恨、民族歧视的行为，情节严重的，就可以构成本罪，至于被煽动者是否进行了破坏民族团结的行为，不影响本罪的成立。此外，现行治安管理处罚法第四十七条规定："煽动民族仇恨、民族歧视，或者在出版物、计算机信息网络中刊载民族歧视、侮辱内容的，处十日以上十五日以下拘留，可以并处一千元以下罚款。"实践中，对于煽动民族仇恨、民族歧视，尚不构成犯罪的，可以给予治安管理处罚。

2. 划清本罪与煽动分裂国家罪、煽动颠覆国家政权罪的界限。根据刑法第一百零三条第二款的规定，煽动分裂国家罪，是指进行宣传煽动分裂国家、破坏国家统一的行为。根据刑法第一百零五条第二款的规定，煽动颠覆国家政权罪，是指以造谣、诽谤或者其他方式煽动颠覆国家政权，推翻社会主义制度的行为。本罪与煽动分裂国家罪、煽动颠覆国家政权罪的主要区别体现在以下两方面：一是侵犯的客体不同。本罪侵犯的是各民族的平等、团结，煽动分裂国家罪、煽动颠覆国家政权罪侵犯的是国家安全。二是主观方面的内容不同。本罪以破坏民族平等、民族团结为目的，煽动分裂国家罪、煽动颠覆国家政权罪则以分裂国家或者颠覆国家政权为目的。

第二百五十条 【出版歧视、侮辱少数民族作品罪】在出版物中刊载歧视、侮辱少数民族的内容，情节恶劣，造成严重后果的，对直接责任人员，处三年以下有期徒刑、拘役或者管制。

【释解与适用】

本条是关于出版歧视、侮辱少数民族作品罪及其刑罚的规定。

根据本条规定，出版歧视、侮辱少数民族作品罪，是指在出版物中刊载歧视、侮辱少数民族的内容，情节恶劣，造成严重后果的行为。构成本罪必须具备以下几个条件：（1）必须是在出版物中刊载歧视、侮辱少数民族的内容。这里所说的"出版物"，包括报纸、期刊、图书、音像制品和电子出版物等。"刊载"，包括发表、制作、转载等。如果不是在出版物上刊载，而只是口头表达的，不构成本罪。（2）刊载的必须是歧视、侮辱少数民族的内容。这里所说的"歧视、侮辱少数民族的内容"，是指针对少数民族的来源、历史、风俗习惯等，对少数民族进行贬低、诬蔑、嘲讽、辱骂以及其他歧视、侮辱的行为。（3）必须是情节恶劣的行为。这里所说的"情节恶劣"，主要是指刊载的内容歪曲历史或者制造谣言，内容污秽、恶毒以及多次刊载等。（4）必须是造成严重后果的。这里所说的"造成严重后果"，主要是造成恶劣的政治影响，引起民族骚乱、纠纷等。（5）本罪的犯罪主体是在出版物中刊载歧视、侮辱少数民族的内容的直接责任人员。这里所说的"直接责任人员"，主要包括作者、责任编辑以及其他对刊载上述内容负有直接责任的人员。根据本条规定，在出版物中刊载歧视、侮辱少数民族的内容，情节恶劣，造成严重后果的，对直接责任人员，处三年以下有期徒刑、拘役或者管制。

【适用中需要注意的问题】

1. 划清本罪与煽动民族仇恨、民族歧视罪的界限。构成本罪的行为，一般出于民族偏见、取笑、猎奇等目的，如果是以激起民族仇恨、民族歧视为目的而进行煽动的，应当依照刑法第二百四十九条关于煽动民族仇恨、民族歧视罪的规定定罪处罚。

2. 出版歧视、侮辱少数民族作品，尚不构成犯罪的，可以依照治安管理处罚法给予治安管理处罚。治安管理处罚法第四十七条规定："煽动民族仇恨、民族歧视，或者在出版物、计算机信息网络中刊载民族歧视、侮辱内容的，处十日以上十五日以下拘留，可以并处一千元以下罚款。"

第二百五十一条 **【非法剥夺公民宗教信仰自由罪】【侵犯少数民族风俗习惯罪】** 国家机关工作人员非法剥夺公民的宗教信仰自由和侵犯少数民族风俗习惯，情节严重的，处二年以下有期徒刑或者拘役。

【释解与适用】

本条是关于非法剥夺公民宗教信仰自由罪、侵犯少数民族风俗习惯罪及其刑罚的规定。

宗教信仰自由是我国公民一项重要的宪法权利，并涉及历史、民族、文化等社会问题。国家倡导宗教信仰自由，并由国家强制力保证这项权利的实施。我国是个多民族的国家，各民族都有自己独特的风俗习惯，国家尊重和保护这些风俗习惯的延续和发展。我国宪法第四条中规定，国家保障各少数民族的合法的权利和利益，维护和发展各民族的平等团结互助和谐关系；各民族都有使用和发展自己的语言文字的自由，都有保持或者改革自己的风俗习惯的自由。宪法第三十六条明确规定，中华人民共和国公民有宗教信仰自由。任何国家机关、社会团体和个人不得强制公民信仰宗教或者不信仰宗教，不得歧视信仰宗教的公民和不信仰宗教的公民；国家保护正常的宗教活动。

非法剥夺公民宗教信仰自由罪，是指国家机关工作人员非法剥夺公民的宗教信仰自由，情节严重的行为；侵犯少数民族风俗习惯罪，是指国家机关工作人员以强制手段非法干涉、破坏少数民族的风俗习惯，情节严重的行为。本条规定的非法剥夺公民宗教信仰自由罪和侵犯少数民族风俗习惯罪的犯罪主体都只能是国家机关工作人员。国家机关工作人员在执行国家宗教政策和少数民族政策中处于很重要的地位，有的则专门从事宗教、民族事务工作，一旦对宗教信仰自由或者少数民族风俗习惯进行干涉、破坏，危害后果往往非常严重，造成的影响也更坏，因此，本条将犯罪主体限定为国家机关工作人员。非国家机关工作人员实施非法剥夺公民宗教信仰自由或者侵犯少数民族风俗习惯的行为的，不构成上述犯罪；如果其行为触犯了刑法其他条文的，可按刑法的有关规定定罪处罚。本条规定的"非法剥夺"公民宗教信仰自由，是指采用强制等方法剥夺他人的宗教信仰自由，如非法干涉他人的合法宗教活动，强迫教徒退教或者改变信仰，强迫公民信教或者信某一教派，以及非法封闭或者捣毁合法宗教场所、设施等。关于"宗教信仰自由"，包括公民既有信仰宗教的自由，也有不信仰宗教的自由；既有信仰这种宗教的自由，也有信仰那种宗教的自由；有过去不信教、现在信教的自由，也有过去信教、现在不信教的自由。本条所规定的"少数民族风俗习惯"，是指我国各少数民族在长期的历史过程中形成的有本民族特色的风俗民情、伦理道德等。除了那些与社会主义公共道德相违背和与我国法律相抵触的陈规陋俗要摒弃外，根据宪法等法律规定，各少数民族有保持或者改革自己的风俗习惯的自由。因此，对于少数民族的风俗习惯应当尊重，对于侵犯少数民族风俗习惯，情节严重的行为，应当依法予以惩处。根据本条的规定，构成非法剥夺公民宗教信仰自由罪、侵犯少数民族风俗习惯罪的都必须是情节严重的行为。这里所说的"情节严重"，主要是指非法剥夺公民宗教信仰自由和侵犯少数民族风俗习惯的行为手段恶劣，后果严重，或者政治影响很坏等。依照本条的规定，国家机关工作人员犯非法剥夺公民宗教信仰自由罪、侵犯少数民族风俗习惯罪的，处二年以下有期徒刑或者拘役。

【适用中需要注意的问题】

实际执行中，应当注意划清正常的宗教活动与利用宗教从事非法活动的界限。我国宪法第三十六条第三款规定："国家保护正常的宗教活动。任何人不得利用宗教进行破坏社会秩序、损害公民身体健康、妨碍国家教育制度的活动。"宗教信仰自由，必须在不违反国家的法律，不危害国家利益和各民族团结的前提下进行宗教信仰活动。利用宗教信仰从事违法犯罪活动的行为，不属于宗教信仰自由的范围。

第二百五十二条 【侵犯通信自由罪】隐匿、毁弃或者非法开拆他人信件，侵犯公民通信自由权利，情节严重的，处一年以下有期徒刑或者拘役。

【释解与适用】

本条是关于侵犯通信自由罪及其刑罚的规定。

通信自由是宪法保护的公民基本权利之一，除依照法律规定由专门机关享有通信检查权外，其他任何单位和个人都无权检查公民的通信。根据本条的规定，侵犯通信自由罪，是指隐匿、毁弃或者非法开拆他人信件，侵犯公民通信自由权利，情节严重的行为。这里所规定的"隐匿"他人信件，是指将他人投寄的信件秘密隐藏起来，使收件人无法查收的行为；"毁弃"他人信件，是指将他人投寄的信件予以撕毁、烧毁、扔弃等，致使他人无法查收的行为；"非法开拆"，是指违反国家有关规定，未经投寄人或者收件人同意，私自开拆他人信件的行为。这里所说的"公民通信自由权利"，是指我国宪法和法律所赋予公民的通信自由不受侵犯的权利。我国宪法第四十条明确规定，中华人民共和国公民的通信自由和通信秘密受法律的保护，除因国家安全或者追查刑事犯罪的需要，由公安机关或者检察机关依照法律规定的程序对通信进行检查外，任何组织或者个人不得以任何理由侵犯公民的通信自由和通信秘密。现行刑事诉讼法第一百四十三条、第一百四十五条规定了检交扣押邮件的程序，即侦查人员认为需要扣押犯罪嫌疑人的邮件、电报的时候，经公安机关或者人民检察院批准，即可通知邮电机关将有关的邮件、电报检交扣押，不需要继续扣押的时候，应即通知邮电机关；对查封、扣押的财物、文件、邮件、电报等，经查明确实与案件无关的，应当在三日以内解除查封、扣押、冻结，予以退还。除依据法定事由、法定程序扣押、检查之外，任何机关、团体、单位和个人都不得侵犯公民的通信自由和通信秘密。对于侵犯公民通信自由权利情节严重的行为，应当依法予以惩处。根据本条的规定，构成侵犯通信自由罪的行为必须是情节严重的行为。这里所说的"情节严重"，主要是指多次、经常隐匿、毁弃、非法开拆他人信件或者隐匿、毁弃、非法开拆他人信件数量较多或者造成严重后果等。本罪是故意犯罪，如因过失而遗失、损毁、误拆他人信件的，不构成犯罪。关于侵犯公民通信自由的犯罪的刑罚，依照本条的规定，隐匿、毁弃或者非法开拆他人信件，侵犯公民通信自由权利，情节严重的，处一年以下有期徒刑或者拘役。

【适用中需要注意的问题】

实际执行中应当注意划清罪与非罪的界限。侵犯通信自由的行为如果情节不严重，则不构成犯罪，不能追究行为人的刑事责任，但可以依照治安管理处罚法第四十八条的规定给予治安处罚。我国治安管理处罚法第四十八条规定："冒领、隐匿、毁弃、私自开拆或者非法检查他人邮件的，处五日以下拘留或者五百元以下罚款。"

第二百五十三条　【私自开拆、隐匿、毁弃邮件、电报罪】邮政工作人员私自开拆或者隐匿、毁弃邮件、电报的，处二年以下有期徒刑或者拘役。

犯前款罪而窃取财物的，依照本法第二百六十四条的规定定罪从重处罚。

【释解与适用】

本条是关于私自开拆、隐匿、毁弃邮件、电报罪及其刑罚的规定。

我国公民享有通信自由的权利，国家对这一权利的行使予以保障。实践中有时发生有的邮政工作人员利用能够接触到邮件、电报的职务便利，私自开拆或者隐匿、毁弃邮件、电报的情形，为了保障公民的通信自由不受侵犯，刑法规定了本条犯罪。我国宪法第四十条明确规定，中华人民共和国公民的通信自由和通信秘密受法律的保护，除因国家安全或者追查刑事犯罪的需要，由公安机关或者检察机关依照法律规定的程序对通信进行检查外，任何组织或者个人不得以任何理由侵犯公民的通信自由和通信秘密。我国邮政法第三十五条第一款规定，任何单位和个人不得私自开拆、隐匿、毁弃他人邮件。刑事诉讼法第一百四十三条、第一百四十五条规定了检交扣押邮件的程序，即侦查人员认为需要扣押犯罪嫌疑人的邮件、电报的时候，经公安机关或者人民检察院批准，即可通知邮电机关将有关的邮件、电报检交扣押，不需要继续扣押的时候，应即通知邮电机关；对查封、扣押的财物、文件、邮件、电报等，经查明确实与案件无关的，应当在三日以内解除查封、扣押、冻结，予以退还。除依据法定事由、法定程序扣押、检查之外，任何机关、团体、单位和个人都不得侵犯公民的通信自由和通信秘密。

本条共分两款。第一款是关于私自开拆、隐匿、毁弃邮件、电报罪及其处刑规定。依照本款规定，私自开拆、隐匿、毁弃邮件、电报罪，是指邮政工作人员利用职务上的便利，私自开拆或者隐匿、毁弃邮件、电报的行为。本条所规定的"邮政工作人员"，是指邮政部门的营业员、分拣员、投递员、押运员以及其他从事邮政工作的人员。本罪的主体只能是邮政工作人员，而且私自开拆、隐匿、毁弃邮件、电报的行为必须是利用职务之便实施的。如果隐匿、毁弃或者非法开拆他人信件、电报的行为人不是邮政工作人员或者邮政工作人员不是利用职务之便而实施上述行为的，不构成本罪，情节严重的，构成刑法第二百五十二条规定的侵犯通信自由罪。本条规定了三种妨害邮政通信的行为，其中"私自开拆"，是指违反国家规定，未经投寄人或者收件人同意，在邮途中非法开拆他人邮件、电报的行为。"隐匿"，是指将他人投寄的邮件、电报予以截留藏匿而不递交给收件人的行为。"毁弃"，是指将他人投寄的邮件、电报予以撕毁、烧毁、抛弃等，致使他人无法查收的行为。私自开拆、隐匿、毁弃邮件、电报是妨害邮政通信的三种具体行为，只要邮政工作人员故意施行上述三种行为之一，就可构成本罪。邮政工作人员依法检查邮件的行为，属于正当的职务行为，不构成犯罪。这里所说的"邮件"，是指通过邮政部门递寄的信件、印刷品、包裹、汇票、报刊等；"电报"，包括明码、密码电报等。

本条第二款是对邮政工作人员私自开拆或者隐匿、毁弃邮件、电报而窃取财物的依照刑法关于盗窃罪的规定定罪从重处罚的规定。这里所规定的"窃取财物"，是指邮政工作人员在私自开拆或者隐匿、毁弃邮件的同时，从邮件中窃取财物的行为。这种行为既妨害了邮政通信，又侵犯了他人的合法财产。依照本款规定，邮政工作人员私自开拆或者隐匿、毁弃邮件、电报同时窃取财物的，构成盗窃罪，应依照本法第二百六十四条关于盗窃罪的规定从重处罚。

【适用中需要注意的问题】

本条第一款规定在适用中需要注意的是，私自开拆、隐匿、毁弃邮件、电报罪只能是故意犯罪，可能出于各种各样的动机，如报复、图财、逃避工作等。因过失而遗失、毁坏邮件、电报的，不构成本罪。依照本款规定，邮政工作人员犯私自开拆、隐匿、毁弃邮件、电报罪的，处二年以下有期徒刑或者拘役。

实际适用中还应当注意区分本罪与本法第二百五十二条规定的侵犯通信自由罪的区别：一是犯罪对象不完全相同。本罪的犯罪对象为邮件、电报，侵犯通信自由罪的犯罪对象为信件，本罪的犯罪对象比侵犯通信自由罪范围更大。二是犯罪主体不同。本罪的犯罪主体为特殊主体，即限于邮政工作人员；侵犯通信自由罪为一般主体，任何人都可以构成。三是构成犯罪的要求不同。本罪不以情节严重为构成要件；侵犯通信自由罪则必须是情节严重的才构成犯罪。

第二百五十三条之一 【侵犯公民个人信息罪】违反国家有关规定，向他人出售或者提供公民个人信息，情节严重的，处三年以下有期徒刑或者拘役，并处或者单处罚金；情节特别严重的，处三年以上七年以下有期徒刑，并处罚金。

违反国家有关规定，将在履行职责或者提供服务过程中获得的公民个人信息，出售或者提供给他人的，依照前款的规定从重处罚。

窃取或者以其他方法非法获取公民个人信息的，依照第一款的规定处罚。

单位犯前三款罪的，对单位判处罚金，并对其直接负责的主管人员和其他直接责任人员，依照各该款的规定处罚。

【释解与适用】

本条是关于侵犯公民个人信息罪及其刑罚的规定。

本条共分四款。第一款是关于违规向他人出售或者非法提供公民个人信息的犯罪和处罚的规定。这是刑法修正案（九）新增加的规定，主要是为了惩治违背公民个人意愿，出售、非法提供其个人信息和倒卖公民个人信息行为。刑法修正案（七）增加的第二百五十三条之一第一款规定了国家机关、金融等单位的工作人员违规出售、提供公民个人信息犯罪，属于特殊主体的犯罪，本款将犯罪主体扩大至一般主体，即任何年满十六周岁的人，违反国家有关规定，向他人出售或者非法提供公民个人信息的行为，不论来源如何，只要符合本款规定的，都可以定罪处罚予以惩治。本款规定犯罪的客体是公民对个人信息享有的权利,这里规定的"公民个人信息",是指以电子或者其他方式记录的能够单独或者与其他信息结合识别特定自然人身份或者反映特定自然人活动情况的各种信息,包括姓名、身份证件号码、通信联系方式、住址、账号密码、财产状况、行踪轨迹等。本款规定犯罪的主观方面是故意,即违反国家有关规定,故意出售和非法提供公民个人信息。这里所说的"违反国家有关规定",是指违反了有关法律、行政法规、部门规章等国家层面涉及公民个人信息管理方面的规定。例如,反洗钱法第五条规定:"对依法履行反洗钱职责或者义务获得的客户身份资料和交易信息,应当予以保密;非依法律规定,不得向任何单位和个人提供。反洗钱行政主管部门和其他依法负有反洗钱监督管理职责的部门、机构履行反洗钱职责获得的客户身份资料和交易信息,只能用于反洗钱行政调查。司法机关依照本法获得的客户身份资料和交易信息,只能用于反洗钱刑事诉讼。"此外,商业银行法、居民身份证法、护照法、消费者权益保护法、旅游法、社会保险法、统计法等法律也都有关于公民个人信息保护的规定。本款规定犯罪的客观方面表现为,向他人出售和非法提供公民个人信息,情节严重的行为。这里的"出售",是指将自己掌握的公民信息卖给他人,自己从中牟利的行为。"提供",是指违反国家有关规定,将自己掌握的公民信息提供给他人的行为,如现实生活中公民安装网络宽带,需将个人的身份证号提供给电信部门,电信部门只能以安装网络宽带的目的使用公民个人身份号码,如果电信部门的工作人员违反国家有关规定,将公民的身份证号提供给他人的,则属于非法提供。这里的"他人",包括单位和个人。根据本款规定,向他人出售和非法提供公民个人信息达到情节严重的程度,是构成本罪的条件,尚未达到情节严重的,可依据法律、法规有关规定予以行政处罚。"情节严重",一般是指大量出售公民个人信息的,多次出售公民个人信息的,出售公民个人信息获利数额较大的,以及公民个人信息被他人使用后,给公民造成了经济上的重大损失或者严重影响到公民个人的正常生活等情况,具体情节应当由司法机关依法根据案件的具体情况认定。对此,《最高人民法院、最高人民检察院关于办理侵犯公民个人信息刑事案件适用法律若干问题的解释》作了具体的规定。根据本款规定,对于情节严重构成犯罪的,处三年以下有期徒刑或者拘役,并处或者单处罚金;情节特别严重的,处三年以上七年以下有期徒刑,并处罚金。

第二款是关于对在履行职责或者提供服务过程中获得的公民个人信息，出售或者提供给他人，情节严重的从重处罚的规定。本款是原刑法第二百五十三条之一第一款的规定，刑法修正案（九）对本款作了修改：一是删去"国家机关或者金融、电信、交通、教育、医疗等单位的工作人员"和"将本单位在履行职责或者提供服务过程中获得的"中的"本单位"，扩大了犯罪主体的范围，即所有在履行职责或者提供服务过程中可以收集、获得公民个人信息的单位和个人，如果违反规定将公民个人信息出售或提供给他人，都可以适用本条规定追究刑事责任。二是将"违反国家规定"修改为"违反国家有关规定"，扩大了构成犯罪的范围。与"国家规定"相比，"国家有关规定"的范围更宽，包括法律、行政法规、部门规章等国家层面的涉及公民个人信息保护的规定，有利于根据不同行业、领域的特点有针对性地保护公民个人信息。三是加重了对本款犯罪的处罚，由于本款犯罪"依照前款规定从重处罚"，实施本款犯罪行为，情节严重的，处三年以下有期徒刑或者拘役，并处或者单处罚金；情节特别严重的，处三年以上七年以下有期徒刑，并处罚金。与刑法原条文规定的刑罚相比，法定刑由最高可以判处三年有期徒刑，提高至最高可以判处七年有期徒刑。

实践中，在政府行政管理以及金融、电信、交通、医疗、物业管理、宾馆住宿服务、快递等社会公共服务领域，收集和储存了大量的公民个人信息。这些信息为提高行政管理和各项公共服务的质量和效率提供了便利。但是，一些组织或个人，违反职业道德和保密义务，将公民个人的信息资料出售或泄露给他人，获取非法利益。这些侵害公民合法权益的现象时有发生，甚至个人信息被一些犯罪分子用于诈骗犯罪活动，对公民的人身、财产安全、个人隐私以及正常的工作、生活构成严重威胁。与普通向他人出售或者提供公民个人信息犯罪行为相比，出售或提供履职、提供服务过程中获得的公民个人信息的行为容易引发大范围的信息泄露，具有更大的社会危害性，而且违反了职业的操守，应当从严打击，从重惩处，因此，刑法修正案（九）规定对这种行为依照第一款的规定从重处罚。应当注意的是，本款中的信息必须是单位在履行职责或者提供服务过程中获得的信息，也就是说利用公权力或者在提供公共服务过程中依法获得的信息，如购买飞机票必须提供本人的身份证号码，在银行等金融机构办理金融业务必须提供个人的身份证号码等情况。

第三款是关于非法获取公民个人信息的犯罪和处罚的规定。本款是原刑法第二百五十三条第二款的规定,刑法修正案(九)将该款移作第三款,同时将"上述信息"修改为"公民个人信息",明确范围,避免产生歧义。根据本款规定,窃取或者以其他方法非法获取公民个人信息,情节严重的,构成非法获取公民个人信息罪,应当依照第一款的规定,情节严重的,处三年以下有期徒刑或者拘役,并处或者单处罚金;情节特别严重的,处三年以上七年以下有期徒刑,并处罚金。这里的"窃取",是指采用秘密的方法或不为人知的方法取得公民个人信息的行为,如在ATM机旁用望远镜偷看或用摄像机偷拍他人银行卡密码、卡号或身份证号或通过网络技术手段获得他人的个人信息等情况。"以其他方法非法获取",是指通过购买、欺骗等方式非法获取公民个人信息的行为。应当注意的是,本款规定的非法获取公民个人信息的行为,需达到情节严重的程度,才能构成非法获取公民个人信息的犯罪。情节严重是构成本罪的必要条件。这里的"情节严重",一般是指非法获取公民个人信息的手段恶劣、获取了公民个人大量的信息、多次窃取或非法获取公民个人信息后又出售给他人牟利等情节。

第四款是关于单位犯罪的处罚规定。本款规定的犯罪主体,是公司、企业、事业单位、机关、团体等单位。根据本款规定,单位有出售或者非法提供公民个人信息和非法获取公民个人信息的行为,构成犯罪的,对单位判处罚金,并对单位直接负责的主管人员和其他直接责任人员,分别依照前三款的规定处罚。本款对单位犯罪规定了双重处罚原则,即对单位判处罚金,罚金的具体数额法律未作规定,可由司法机关根据犯罪情节决定。在对单位判处罚金的同时,对单位直接负责的主管人员和其他直接责任人员,分别按照前三款关于自然人的犯罪处罚。需要指出的是,由于第二款规定,依照第一款的规定从重处罚,所以对直接负责的主管人员和其他直接责任人员犯本条第二款罪的,也应依照第一款的规定从重处罚。

【适用中需要注意的问题】

实践中需要注意,除本条规定外,刑法和其他法律法规还有一些规定可能涉及侵犯公民个人信息的行为。如刑法第二百五十二条规定的隐匿、毁弃或者非法开拆他人信件,侵犯公民通信自由权利犯罪;刑法第二百五十三条规定的邮政工作人员私自开拆或者隐匿、毁弃邮件、电报犯罪;刑法第一百七十七条之一规定的窃取、收买或者非法提供他人信用卡信息资料的犯罪；刑法第二百八十四条规定的非法使用窃听、窃照专用器材的犯罪等。如果行为人为非法获取公民个人信息而采用了侵犯公民通信自由权利、通信秘密、非法使用窃听、窃照专用器材的手段或者在实施上述犯罪的过程中同时窃取、获取了公民个人信息的，则可能同时构成本条规定的犯罪和其他罪名，应当根据案件的具体情况从一重罪处罚或者是数罪并罚。

第二百五十四条　【报复陷害罪】国家机关工作人员滥用职权、假公济私，对控告人、申诉人、批评人、举报人实行报复陷害的，处二年以下有期徒刑或者拘役；情节严重的，处二年以上七年以下有期徒刑。

【释解与适用】

本条是关于报复陷害罪及其刑罚的规定。

对国家机关及其工作人员控告、申诉、批评、举报的权利，既是我国公民的基本权利，也是公民履行社会责任，行使对国家机关及其工作人员监督权利的重要体现。保障这一公民权利的正常行使，有利于维护社会稳定和维护国家机关的形象，有利于和谐社会的建立。我国宪法第四十一条中规定："中华人民共和国公民对于任何国家机关和国家工作人员，有提出批评和建议的权利；对于任何国家机关和国家工作人员的违法失职行为，有向有关国家机关提出申诉、控告或者检举的权利，但是不得捏造或者歪曲事实进行诬告陷害。对于公民的申诉、控告或者检举，有关国家机关必须查清事实，负责处理。任何人不得压制和打击报复。"因此，对控告人、申诉人、批评人、举报人进行报复陷害，就是对公民民主权利的严重侵害，应当依法予以惩处。

依照本条规定，报复陷害罪，是指国家机关工作人员滥用职权、假公济私，对控告人、申诉人、批评人、举报人实行报复陷害的行为。本罪的犯罪主体是国家机关工作人员，非国家机关工作人员实施报复行为的，不构成本罪，应按其报复陷害的行为及后果等作其他处理。这里所规定的"滥用职权"，是指国家机关工作人员违背职责而行使职权。"假公济私"，是指国家机关工作人员以工作为名，为徇私情或者实现个人目的而利用职务上的便利。"报复陷害"，主要是指利用手中的权力，以种种借口进行政治上或者经济上的迫害，如降职、降级、调离岗位、经济处罚、开除公职、捏造事实诬陷其经济、生活作风上有问题等。报复陷害的行为，必须采取滥用职权或者假公济私的方法。如果行为人进行报复陷害与滥用职权、假公济私没有联系，则不构成本罪。根据本条规定，报复陷害的对象只能是控告人、申诉人、批评人和举报人。这里所规定的"控告人"，是指由于受到侵害而向司法机关或者其他机关、团体、单位告发他人违法犯罪或者违纪违章活动的人。"申诉人"，是指对司法机关已经发生法律效力的判决、裁定或者决定不服，对国家行政机关处罚的决定不服或者对其他纪律处分的决定不服而提出申诉意见的人。"批评人"，是指对他人包括国家机关的错误做法提出批评意见的人。"举报人"，是指向司法机关检举、揭发犯罪嫌疑人的犯罪事实或者犯罪嫌疑人线索的人。这里所说的"情节严重"，主要是指多次或者对多人进行报复陷害的，报复陷害手段恶劣的；报复陷害造成严重后果的，等等。依照本条的规定，国家机关工作人员滥用职权、假公济私，对控告人、申诉人、批评人、举报人实行报复陷害的，处二年以下有期徒刑或者拘役；情节严重的，处二年以上七年以下有期徒刑。

【适用中需要注意的问题】

实际执行中应当注意诬告陷害罪与报复陷害罪的区别：（1）犯罪对象不同。诬告陷害罪的对象是不特定的人；而报复陷害罪的对象是特定的，限于控告人、申诉人、批评人与举报人。（2）主体不同。诬告陷害罪是一般主体，只是规定国家机关工作人员犯罪要从重处罚；而报复陷害罪是特殊主体，限于国家机关工作人员。（3）行为表现不同。诬告陷害罪表现为捏造犯罪事实，作虚假告发意图使他人受到刑事追究；报复陷害罪表现为滥用职权、假公济私，进行报复陷害。

实践中，如果国家机关工作人员采取捏造犯罪事实的方法诬告陷害他人，意图使他人受刑事追究的，无论其是否滥用职权、假公济私，都应以诬告陷害罪论处，而不以本罪论处。

第二百五十五条　【打击报复会计、统计人员罪】公司、企业、事业单位、机关、团体的领导人，对依法履行职责、抵制违反会计法、统计法行为的会计、统计人员实行打击报复，情节恶劣的，处三年以下有期徒刑或者拘役。

【释解与适用】

本条是关于打击报复会计、统计人员罪及其刑罚的规定。

打击报复会计、统计人员罪，是指公司、企业、事业单位、机关、团体的领导人，对依法履行职责、抵制违反会计法、统计法行为的会计、统计人员实行打击报复，情节恶劣的行为。本罪的犯罪主体是特殊主体，即公司、企业、事业单位、机关、团体的领导人，上述人员以外的其他人对会计、统计人员实施报复行为的，不构成本罪，应按其报复的行为及后果等作其他处理。本罪的犯罪对象是依法履行职责、抵制违反会计法、统计法行为的会计、统计人员。根据我国会计法的有关规定，各单位根据会计业务的需要设置会计机构，或者在有关机构中设置会计人员并指定会计主管人员。会计机构、会计人员的主要职责是进行会计核算、会计监督等会计事务。这里所规定的"违反会计法"的行为，主要是指伪造、变造、隐匿、故意毁灭会计凭证、会计账簿、会计报表和其他会计资料的，利用虚假的会计凭证、会计账簿、会计报表和其他会计资料偷税或者损害国家利益、社会公众利益的，对不真实、不合法的原始凭证予以受理的，对违法的收支不提出书面意见或者不报告的，等等。根据我国统计法的有关规定，各级人民政府设立独立的统计机构或者统计员；各级人民政府的各部门、企业、事业组织根据统计任务的需要设立统计机构或者在有关机构中设置统计人员，并指定统计负责人。统计的基本职责是对国民经济和社会发展情况进行统计调查、统计分析，提供统计资料和统计咨询意见，实行统计监督。这里所规定的"违反统计法行为"，主要是指虚报、瞒报统计资料，伪造、篡改统计资料，编造虚假数据，等等。为了保障会计人员、统计人员依法行使职权，法律规定，各地方、各部门、各单位的行政领导人领导会计机构、会计人员执行会计法，保障会计人员的职权不受侵犯，任何人不得对会计人员打击报复。统计机构和统计人员依照统计法的规定独立行使统计调查、统计报告、统计监督的职权，不受侵犯。统计人员有权要求有关单位和人员依照国家规定提供资料；检查统计资料的准确性，要求改正不确实的统计资料；揭发和检举统计调查工作中违反国家法律和破坏国家计划的行为。对于违反会计法、统计法的行为，会计人员、统计人员有权利也有义务依法进行抵制。对会计人员、统计人员打击报复的行为是违法行为。这里所说的"打击报复",主要是对依法履行职责,抵制违反会计法、统计法行为的会计、统计人员,通过调动其工作、撤换其职务、进行处罚以及其他方法进行打击报复的行为。根据本条规定,打击报复会计、统计人员的行为必须是情节恶劣的,才构成犯罪。根据本条规定,公司、企业、事业单位、机关、团体的领导人,对依法履行职责、抵制违反会计法、统计法行为的会计、统计人员实行打击报复,情节恶劣的,处三年以下有期徒刑或者拘役。

【适用中需要注意的问题】

根据本条规定,打击报复会计、统计人员,必须是"情节恶劣的",才构成犯罪。这里所说的"情节恶劣",主要是指多次或者对多人进行打击报复的,打击报复手段恶劣的,打击报复造成严重后果的,打击报复影响恶劣的,等等。对于打击报复会计、统计人员,尚不构成犯罪的,会计法第四十六条中规定:"尚不构成犯罪的,由其所在单位或者有关单位依法给予行政处分。对受打击报复的会计人员,应当恢复其名誉和原有职务、级别。"统计法第三十七条中规定,"由任免机关或者监察机关依法给予处分,并由县级以上人民政府统计机构予以通报"。

第二百五十六条 【破坏选举罪】在选举各级人民代表大会代表和国家机关领导人员时,以暴力、威胁、欺骗、贿赂、伪造选举文件、虚报选举票数等手段破坏选举或者妨害选民和代表自由行使选举权和被选举权,情节严重的,处三年以下有期徒刑、拘役或者剥夺政治权利。

【释解与适用】

本条是关于破坏选举罪及其刑罚的规定。

选举权和被选举权是公民的一项基本权利,也是公民发扬民主,参与国家政治生活和民主生活的权利。公民参与选举是人民当家作主和社会主义民主的重要表现形式。实践中,个别人为了达到自己的个人目的,不惜以暴力、威胁、欺骗、贿赂、伪造选举文件、虚报选举票数等手段破坏选举或者妨害选民和代表自由行使选举权和被选举权,为此,刑法规定了本条犯罪。破坏选举罪,是指在选举各级人民代表大会代表和国家机关领导人员时,以暴力、威胁、欺骗、贿赂、伪造选举文件、虚报选举票数等手段破坏选举或者妨害选民和代表自由行使选举权和被选举权，情节严重的行为。选举权与被选举权是我国宪法赋予公民的重要基本权利。宪法规定，全国人民代表大会和地方各级人民代表大会都由民主选举产生，国家行政机关、审判机关、检察机关都由人民代表大会产生。选举各级人民代表大会代表和各级国家机关领导人员，是人民当家作主、参与管理国家事务的民主权利，受到国家法律的保护。对于破坏选举的行为，必须依法追究刑事责任。依照本条规定，构成破坏选举罪必须具备以下四个条件。

1. 破坏的选举活动必须是选举各级人民代表大会代表和国家机关领导人员的选举活动。这里所说的"选举各级人民代表大会代表和国家机关领导人员"，是指依照全国人民代表大会和地方各级人民代表大会选举法、《全国人民代表大会常务委员会关于县级以下人民代表大会代表直接选举的若干规定》、全国人民代表大会组织法、地方各级人民代表大会和地方各级人民政府组织法等有关法律，选举各级人民代表大会代表和国家机关领导人员的选举活动，包括选民登记、提出候选人、投票选举、补选、罢免等整个选举活动。

2. 破坏选举必须是以暴力、威胁、欺骗、贿赂、伪造选举文件、虚报选举票数等手段进行的。这里所说的"暴力"，是指对选民、各级人民代表大会代表、候选人、选举工作人员等进行人身打击或者实行强制，如殴打、捆绑等，也包括以暴力故意捣乱选举场所，使选举工作无法进行等情况。"威胁"，是指以杀害、伤害、毁坏财产、破坏名誉等手段进行要挟，迫使选民、各级人民代表大会代表、候选人、选举工作人员等不能自由行使选举权和被选举权或者在选举工作中不能正常履行组织和管理的职责。"欺骗"，是指捏造事实、颠倒是非，并加以散播、宣传，以虚假的事实扰乱正常的选举活动，影响选民、各级人民代表大会代表、候选人自由地行使选举权和被选举权。应当注意的是，这里所说的"欺骗"，必须是编造严重不符合事实的情况，或者捏造对选举有重大影响的情况等。对于在选举活动中介绍候选人或者候选人在介绍自己情况时对一些不是很重要的事实有所夸大或者隐瞒，不致影响正常选举的行为，不能认定为以欺骗手段破坏选举。"贿赂"，是指用金钱或者其他物质利益收买选民、各级人民代表大会代表、候选人、选举工作人员，使其违反自己的真实意愿参加选举或者在选举工作中进行舞弊活动。"伪造选举文件"，是指采用伪造选民证、选票等选举文件的方法破坏选举。"虚报选举票数"，是指选举工作人员对于统计出来的选票数、赞成票数、反对票数等选举票数进行虚报、假报的行为，既包括多报，也包括少报。对于上述列举的破坏选举的手段，行为人具体采用哪种，不影响本罪的构成。只要行为人在选举各级人民代表大会代表和国家机关领导人员时，采用了上述手段之一，破坏了选举或者妨害了选民和代表自由行使选举权和被选举权，情节严重的，就构成了本条所规定的犯罪。

3. 构成破坏选举罪必须是足以造成破坏选举或者妨害选民和代表自由行使选举权和被选举权的后果的行为。这里所说的"破坏选举"，是指破坏选举工作的正常进行。"妨害选民和代表自由行使选举权和被选举权"，是指非法阻止选民参加登记或者投票，或者迫使、诱骗选民违背自己的意志进行投票，以及使选民放弃自己的被选举权等。破坏选举的正常进行和妨害选民自由行使选举权和被选举权，是破坏选举罪的两个主要的表现形式。造成其中一种后果的，就构成本罪。

4. 构成破坏选举罪必须是情节严重的行为。这里所说的"情节严重"，主要是指破坏选举手段恶劣、后果严重或者造成恶劣影响的等。

依照本条的规定，在选举各级人民代表大会代表和国家机关领导人员时，以暴力、威胁、欺骗、贿赂、伪造选举文件、虚报选举票数等手段破坏选举或者妨害选民和代表自由行使选举权和被选举权，情节严重的，处三年以下有期徒刑、拘役或者剥夺政治权利。

【适用中需要注意的问题】

根据本条规定，破坏选举的行为，情节是否严重，是区分罪与非罪的关键。对于破坏选举或者妨害选民和代表自由行使选举权和被选举权的行为，如果不属于情节严重情形的，则属一般违法行为，应当依照全国人民代表大会和地方各级人民代表大会选举法第五十七条的规定，给予必要的行政处分，或者依照治安管理处罚法第二十三条的规定，给予治安管理处罚。

第二百五十七条 【暴力干涉婚姻自由罪】以暴力干涉他人婚姻自由的，处二年以下有期徒刑或者拘役。

犯前款罪，致使被害人死亡的，处二年以上七年以下有期徒刑。

第一款罪，告诉的才处理。

【释解与适用】

本条是关于暴力干涉婚姻自由罪及其刑罚的规定。

婚姻自由是我国公民享有的一项重要的权利。我国宪法第四十九条第四款规定，禁止破坏婚姻自由。我国民法典第一千零四十一条规定："婚姻家庭受国家保护。实行婚姻自由、一夫一妻、男女平等的婚姻制度。"第一千零四十二条中规定："禁止包办、买卖婚姻和其他干涉婚姻自由的行为。"根据上述法律规定，我国公民有权按照本人的意愿，在不违背国家法律的前提下，自主地决定自己的婚姻问题，任何人都不得横加干涉和强制。婚姻自由包括结婚自由和离婚自由。结婚自由，就是结婚必须出于男女双方完全自愿，不许一方强迫另一方，也不许任何第三者加以干涉。离婚自由，就是夫妻因感情破裂等原因不能继续维持夫妻关系，男女双方或者任何一方可以向有权机关提出解除婚姻关系的请求。根据本条的规定，暴力干涉婚姻自由罪，是指以暴力手段干涉他人行使婚姻自由权利的行为。这里所规定的"暴力"，是指使用捆绑、吊打、禁闭、强抢等手段，使被干涉者不能行使婚姻自由的权利。"暴力干涉"是构成本罪的主要特征，没有使用暴力的，不构成本罪；如果行为人采取的暴力行为，不足以干涉被害人行使婚姻自由权利的，也不构成本罪。依照本条第一款的规定，以暴力干涉他人婚姻自由，未造成被害人死亡的，处二年以下有期徒刑或者拘役。

关于犯暴力干涉婚姻自由罪致使被害人死亡的应如何处罚，本条第二款作了规定。这里所说的"致使被害人死亡"，主要是指行为人使用暴力干涉他人婚姻自由的犯罪行为致使被害人自杀身亡等。对于以暴力干涉他人婚姻自由，致使被害人死亡的，依照本款规定，处二年以上七年以下有期徒刑。

本条第三款是关于暴力干涉他人婚姻自由未致使被害人死亡的，属于告诉才处理的犯罪的规定。依照本款的规定，对于犯暴力干涉婚姻自由罪，在没有致使被害人死亡的情况下，只有被害人向司法机关提出控告的才处理，对于被害人不控告的，司法机关不能主动受理，追究行为人的刑事责任。但如果被害人受强制或者威吓而无法告诉的，人民检察院和被害人的近亲属也可以告诉。

【适用中需要注意的问题】

1. 本条第二款规定的致使被害人死亡的干涉婚姻自由的行为，行为人必须使用了暴力。如果行为人未使用暴力，而是由于被害人自己心胸狭隘而轻生自杀或因为其他原因自杀的，不应追究行为人的刑事责任。

2. 对行为人在暴力干涉婚姻自由过程中实施的故意伤害或杀害行为，应当按故意伤害罪或者故意杀人罪追究刑事责任。

第二百五十八条 【重婚罪】有配偶而重婚的，或者明知他人有配偶而与之结婚的，处二年以下有期徒刑或者拘役。

【释解与适用】

本条是关于重婚罪及其刑罚的规定。

我国民法典第一千零四十一条第二款中明确规定，我国"实行婚姻自由、一夫一妻、男女平等的婚姻制度"。重婚罪是对一夫一妻婚姻制度的严重破坏，践踏了法律基本制度，破坏了善良的风俗习惯和伦理道德，严重影响了社会主义精神文明建设，必须予以惩治。根据本条的规定，重婚罪是指有配偶而重婚，或者明知他人有配偶而与之结婚的行为。本条规定了两种重婚行为：一种是"有配偶而重婚"。所谓"有配偶"，是指行为人已经结婚，在婚姻关系存续期间又与他人结婚。另一种是"明知他人有配偶而与之结婚"，是指本人明知他人有配偶而仍然与之结婚。这里规定的"明知"是本罪的罪与非罪的重要界限，如果行为人是蒙受欺骗，不知道对方已有配偶而与之结婚的，则不构成本罪。本条所规定的"结婚"，既包括骗取合法手续登记结婚，又包括虽未登记结婚，但以夫妻名义共同生活。只要是有配偶而又结婚，或者是明知他人有配偶而与之结婚的，无论是骗取合法手续登记结婚，还是未登记结婚但以夫妻名义共同生活的，都构成重婚罪。依照本条规定，对犯重婚罪的，处二年以下有期徒刑或者拘役。

【适用中需要注意的问题】

实际执行中应当注意划清重婚与通奸的界限。所谓通奸，一般指已婚男女与第三者暗中发生不正当两性关系的行为。通奸行为违反道德伦理，但不构成犯罪，对于通奸者可以根据情况给予批评教育，或者党纪、政纪处分。

第二百五十九条 【破坏军婚罪】明知是现役军人的配偶而与之同居或者结婚的，处三年以下有期徒刑或者拘役。

利用职权、从属关系，以胁迫手段奸淫现役军人的妻子的，依照本法第二百三十六条的规定定罪处罚。

【释解与适用】

本条是关于破坏军婚罪及其刑罚的规定。

中国人民解放军担负着保卫祖国安全和社会主义现代化建设的重任。保护军婚对于保障军人安心服役，维护国防建设，保持和发扬我军的坚强战斗意志，意义重大。根据本条的规定，破坏军婚罪，是指明知是现役军人的配偶而与之同居或者结婚的行为。本条所规定的"明知"，是指本罪是直接故意犯罪，行为人在确切知道对方是现役军人的配偶的情况下，仍然与之同居或者结婚，才构成犯罪。如果行为人不知道对方是现役军人的配偶甚至受欺骗而与现役军人的配偶同居或者结婚的，不构成犯罪。"现役军人"，是指中国人民解放军或者人民武装警察部队的现役军官、文职干部、士兵及具有军籍的学员等。在军事部门或者人民武装警察部队中工作，但没有取得军籍的人员以及复员退伍军人、转业军人、残疾军人等，都不属于现役军人。"现役军人的配偶"，是指依法与现役军人存续婚姻关系的妻子或者丈夫。依据本条规定，破坏军人婚姻的行为有两种方式：一种是与现役军人的配偶同居。这里所说的"同居"，是指虽没有办理结婚登记手续，但以夫妻名义共同生活，或者在较长时间内共同生活。另一种是与现役军人的配偶结婚。这里所说的"结婚"，是指骗取合法手续登记结婚。对于破坏军人婚姻的犯罪，依照本条规定，明知是现役军人的配偶而与之同居或者结婚的，处三年以下有期徒刑或者拘役。

本条第二款是关于利用职权、从属关系，以胁迫手段奸淫现役军人的妻子的，依照本法关于强奸罪的规定定罪处罚的规定。构成本款规定的犯罪必须具备以下三个条件：（1）必须利用职权、从属关系。例如，司法工作人员利用其掌握的国家权力，企业领导利用其负责人事调动、工资分配的权力等。（2）必须使用胁迫手段。这里所说的"胁迫"，是指犯罪分子对现役军人的妻子施以威胁、恫吓,迫使现役军人的妻子就范,不敢抗拒的手段。例如,以辞退、开除、经济处罚相威胁,以揭发现役军人的妻子的隐私相威胁,利用现役军人的妻子孤立无援的环境相胁迫,等等,使其同意与自己发生性关系的行为。(3)奸淫的对象只能是现役军人的妻子。依照本款的规定,利用职权、从属关系,以胁迫手段奸淫现役军人的妻子的,构成强奸罪,依照刑法第二百三十六条关于强奸罪的规定定罪处罚。

【适用中需要注意的问题】

1. 要注意划清破坏军婚罪与重婚罪的界限。二者的区别主要表现在:一是破坏军婚罪中与行为人相对的另一方必须是现役军人的配偶,重婚罪则无这一要求;二是破坏军婚罪的行为包括与现役军人的配偶结婚或者同居的行为,重婚罪的行为是有配偶而重婚或者明知他人有配偶而与之结婚。

2. 破坏军婚罪中的现役军人的配偶一般不构成本罪,但如果现役军人的配偶隐瞒情况与他人结婚的,其有可能构成重婚罪。

第二百六十条 【虐待罪】虐待家庭成员,情节恶劣的,处二年以下有期徒刑、拘役或者管制。

犯前款罪,致使被害人重伤、死亡的,处二年以上七年以下有期徒刑。

第一款罪,告诉的才处理,但被害人没有能力告诉,或者因受到强制、威吓无法告诉的除外。

【释解与适用】

本条是关于虐待罪及其刑罚的规定。

家庭是社会的细胞,平等、友爱、和睦的家庭关系是构建和谐社会的基础。家庭成员之间尊老爱幼、相互扶助是中华民族的传统美德。新中国成立后,注意扫除封建残余思想,一直倡导人人平等的家庭关系。对此,我国宪法、民法典等一系列法律从公民权利、婚姻、财产权等方面在制度上加以规定和保障。如我国民法典第一千零四十二条中明确规定,禁止家庭暴力,禁止家庭成员间的虐待和遗弃。但在实际生活中,存在虐待家庭成员的行为,有的甚至手段恶劣,造成严重后果,受害人也多为妇女、儿童、老人等弱势群体。为惩治这类行为，保护公民权利，维护家庭关系，刑法规定了虐待罪。

本条共分三款。第一款是关于虐待罪及其处刑的规定。根据本款的规定，虐待罪是指虐待家庭成员，情节恶劣的行为。本条规定的"虐待"，是指折磨、摧残家庭成员身心健康的行为。虐待具有经常性和连续性的特点，行为人对共同生活的家庭成员在相当长的时间里，进行持续或连续的肉体摧残、精神折磨，致使被害人的身心遭受严重创伤，通常表现为打骂、冻饿、捆绑、强迫超体力劳动、限制自由、凌辱人格等行为。偶尔发生的打骂、冻饿等行为，不构成虐待罪。这里所说的"家庭成员"，是指在同一家庭中共同生活的成员，如夫妻、父母、子女、兄弟、姐妹等。根据我国有关法律的规定，家庭成员关系主要有以下四种情形：一是由婚姻关系形成的家庭成员关系，如丈夫和妻子，夫妻关系是父母、子女关系产生的前提和基础；二是有血缘关系形成的家庭成员关系，包括直系血亲关系而联系起来的父母、子女、孙子女、曾孙子女以及祖父母、曾祖父母、外祖父母等，也包括由旁系血亲而联系起来的兄、弟、姐、妹、叔、伯、姑、姨、舅等；三是由收养关系而形成的家庭成员关系，即养父母和养子女之间的关系；四是由其他关系所产生的家庭成员，现实生活中还存在区别于前三种情形而形成的非法定义务的扶养关系，如同居关系、对孤寡老人的自愿赡养关系等。非家庭成员间的虐待行为，不构成本罪。

虐待罪通常是在家庭中处于强势的一方虐待弱势的一方，如家长虐待未成年的子女、丈夫虐待妻子、成年子女虐待没有独立生活能力的老人等，被虐待的家庭成员是否有独立生活能力不影响本罪的成立。家长出于管教动机而偶有一些打骂或者体罚行为的，不属于虐待行为。虐待家庭成员必须是情节恶劣的才能构成犯罪，这里所说的"情节恶劣"，具体是指虐待的动机卑鄙、手段凶残的，虐待年老、年幼、病残的家庭成员的，或者长期虐待家庭成员屡教不改的，等等。依照本款的规定，虐待家庭成员，情节恶劣的，处二年以下有期徒刑、拘役或者管制。对于虐待家庭成员，尚未达到情节恶劣程度的，根据治安管理处罚法第四十五条规定，被虐待人要求处理的，处五日以下拘留或者警告。

第二款对犯虐待罪致使被害人重伤、死亡的应如何处罚作了规定。本款规定是关于虐待罪加重处罚的情形，这里所说的"致使被害人重伤、死亡"，是指由于被害人经常受到虐待，身体和精神受到严重的损害而导致死亡，或者不堪忍受而自杀造成死亡或重伤等情形。依照本款规定，对于犯虐待罪，致使被害人重伤、死亡的，处二年以上七年以下有期徒刑。虐待致使被害人重伤、死亡的案件不属于告诉才处理案件的范围，对这类案件，即使被害人不提出控告，检察机关也应提起公诉。

第三款是关于虐待家庭成员未致使被害人重伤、死亡的，属于告诉才处理的犯罪及例外情形的规定，即一般情况下适用告诉才处理的规定，但在特殊情况下不适用。本款包含两层意思：一是一般而言对于犯虐待罪，在没有致使被害人重伤、死亡的情况下，只有被害人向司法机关提出控告的才处理，对于被害人不控告的，司法机关不能主动受理，追究行为人的刑事责任。这样规定主要是因为本条规定的虐待行为发生在家庭成员之间，法律将是否告诉的选择权赋予被害人，这样有利于保护家庭关系，切实维护被害人权益。二是如果被害人没有能力告诉，或者因受到强制、威吓无法告诉的，不适用告诉才处理的规定，而应作为公诉案件处理。被虐待人的亲属、朋友、邻居等任何人发现被害人被虐待，没有能力告诉或者因受到强制、威吓无法告诉的，都可以向公安机关报案。公安机关应当立案进行侦查，由检察机关依法向人民法院提起公诉。作为公诉案件处理的情形是刑法修正案（九）新增加的规定。在刑法修正案（九）起草过程中，有关方面提出，对于没有能力告诉或者因受到强制、威吓不敢告诉的被害人而言，即使其有告诉的愿望，但因个人的困境而无法行使权利，为了保护这部分社会弱势群体的权益，建议将这些情形规定为公诉案件。经认真研究和征求各方面的意见，在达成共识的基础上，刑法修正案（九）对原条文作了修改。这里需要说明的是本款和刑法第九十八条规定的"告诉才处理"的关系，刑法第九十八条规定"本法所称告诉才处理，是指被害人告诉才处理。如果被害人因受强制、威吓无法告诉的，人民检察院和被害人的近亲属也可以告诉"，这是对告诉才处理犯罪规定的代为告诉的情形，与本款规定的告诉才处理的例外情形不同。根据本款规定，对于属于被害人没有能力告诉，或者因受到强制、威吓无法告诉的情形，应按照公诉案件处理，由人民检察院提起公诉，而不属于刑法第九十八条规定的代为告诉的情形。本款规定的"被害人没有能力告诉"是指被害人因病重、年幼、智力缺陷、精神障碍等没有能力向人民法院告诉。

【适用中需要注意的问题】

1. 关于虐待罪与故意伤害罪、故意杀人罪的异同。首先，犯罪的主观故意不同。虐待罪的行为人主观上不具有伤害或者杀害被害人的故意，而是出于追求被害人肉体和精神上的痛苦的目的；而故意伤害罪、故意杀人罪具有伤害、杀害的故意。在实践办理案件过程中，不能仅听信行为人的供述，还要结合行为人实施的暴力手段与方式、是否立即或者直接造成被害人伤亡后果等进行综合判断。其次，实施虐待过失导致被害人重伤或者死亡的，或者因虐待致使被害人自残、自杀导致重伤或者死亡的，是虐待罪的结果加重犯，属于本条第二款规定的虐待"致使被害人重伤、死亡"的情形。但是，如果在虐待的过程中，行为超过了虐待的限度，明显具有伤害、杀人的恶意且实施了严重的暴力行为，直接将被害人殴打成重伤，甚至直接杀害被害人的，应该认定为故意伤害罪或者故意杀人罪。

2. 实践中需要注意，办理虐待犯罪案件，应当首先保护被害人的安全，通过对被害人进行紧急救治、临时安置，对施暴者采取刑事强制措施等，制止家庭暴力并防止再次发生，消除家庭暴力的现实侵害和潜在危险，同时，对与案件有关的个人隐私应当保密。其次是要注意尊重被害人的意愿，应当充分听取被害人意见。对法律规定可以调解、和解的案件，促使当事人在双方自愿的基础上进行调解、和解。

第二百六十条之一 【虐待被监护、看护人罪】对未成年人、老年人、患病的人、残疾人等负有监护、看护职责的人虐待被监护、看护的人，情节恶劣的，处三年以下有期徒刑或者拘役。

单位犯前款罪的，对单位判处罚金，并对其直接负责的主管人员和其他直接责任人员，依照前款的规定处罚。

有第一款行为，同时构成其他犯罪的，依照处罚较重的规定定罪处罚

【释解与适用】

本条是关于虐待被监护、看护人罪及其刑罚的规定。

本条共分三款。第一款是关于虐待被监护、看护人犯罪及处刑的规定。根据本款规定，对未成年人、老年人、患病的人、残疾人等负有监

护、看护职责的人虐待被监护、看护的人，如幼儿园、中小学校、养老院、医院等机构的工作人员，对被监护、看护的人实施虐待行为，情节恶劣的，构成本罪。本罪的犯罪主体是负有监护、看护职责的人，如幼儿园的教师对在园幼儿、养老院的工作人员对在院老人、医生和护士对病人等负有监护、看护职责。这种监护、看护职责通常是基于合同、雇佣、服务等关系确定，也可以通过口头约定、志愿性的服务等形式确定，如邻居受托或自愿代人照顾老人、儿童。本罪的主观方面表现为故意，即行为人故意对被害人进行肉体或精神上的折磨和摧残，故意实施虐待行为，不论出于何种动机，均不影响本罪的成立。本罪侵犯的客体是被监护、看护的人的人身权利和监护、看护职责，未成年人、老年人、患病的人、残疾人等均是社会的弱势群体，行为人负有监护、看护职责，应尽职履责，做好照顾、服务工作，如果行为人对这些弱势群体实施虐待，会对他们的身心造成严重伤害。这里的"未成年人"，根据未成年人保护法的规定，是指不满十八周岁的少年、儿童和婴幼儿；根据老年人权益保障法第二条的规定，"老年人"是指六十周岁以上的公民；"患病的人"是指因病而处于被监护、看护状态的人；残疾人保障法第二条规定，"残疾人"是指在心理、生理、人体结构上，某种组织、功能丧失或者不正常，全部或者部分丧失以正常方式从事某种活动能力的人，包括视力残疾、听力残疾、言语残疾、肢体残疾、智力残疾、精神残疾、多重残疾和其他残疾的人。本罪的客观方面主要表现为"虐待"，即折磨、摧残被监护、看护人身心健康的行为。与刑法第二百六十条规定的虐待罪的客观表现相似，本条的虐待行为同样具有经常性和连续性的特点，行为人对被监护、看护的人在相当长的时间里，进行持续或连续的肉体摧残、精神折磨，致使被害人的身心遭受严重创伤，通常表现为打骂、冻饿、捆绑、强迫超体力劳动、限制自由、凌辱人格行为等。偶尔发生的打骂、冻饿等行为，不构成犯罪。根据本款规定，"情节恶劣"是构成本罪的必要条件，也是区分罪与非罪的界限，这里所说的"情节恶劣"，具体是指虐待的动机卑鄙、手段凶残，或者长期虐待被监护、看护人，等等。行为人虽有虐待被监护、看护的人的行为，尚不够恶劣，对被监护、看护的人的身心健康也没有造成严重损害的，不构成本罪。依照本款的规定，虐待被监护、看护的人，情节恶劣的，处三年以下有期徒刑或者拘役。

第二款是关于单位犯罪的规定。对未成年人、老年人、患病的人、残疾人等负有监护、看护职责的单位虐待被监护、看护的人，也应当承担刑事责任。当前随着社会服务业的迅速发展，产生了众多的提供包括住宿、饮食在内的照顾、陪护业务的社会服务机构，如寄宿制幼儿园、养老院、社会福利机构等，实践中也存在单位虐待被监护、看护人的情况。与个人虐待被监护、看护的人的情况有所不同，单位实施虐待行为主要是出于经济利益，或者是疏于管理导致，如养老院盘剥在院老人的生活费用，降低伙食标准，致使老年人长期处于营养不良状态，或者是对员工疏于管理，放任员工对未成年人、老年人、患病的人、残疾人等实施虐待行为。根据本款规定，单位犯本罪的，对单位判处罚金，并对其直接负责的主管人员和其他直接责任人员，依照第一款的规定处罚。需要指出的是，单位犯罪也要求"情节恶劣"的条件，单位犯罪的"情节恶劣"，是指虐待的动机卑鄙、手段凶残，遭受虐待的人数众多，或者长期虐待被监护、看护的人等，对此可以由司法机关根据案件具体情况掌握或者由司法解释进一步明确标准。

第三款是关于犯本罪，同时构成其他犯罪，从一重罪定罪处罚的规定。行为人实施虐待行为，往往导致被害人重伤、死亡的后果，可能同时构成伤害、杀人等其他犯罪。在这种情形下，应当依照本款规定，按照处罚较重的罪名定罪处罚。实际执行中应当注意，本款规定的"同时构成其他犯罪"中的其他犯罪，应是与虐待行为直接相关的罪名，如过失致人重伤罪、过失致人死亡罪等。如果行为人明显具有伤害、杀人的恶意且实施了严重的暴力行为，直接将被害人殴打成重伤，甚至直接将被害人杀害的，应当根据情况适用故意伤害罪、故意杀人罪定罪处罚或者与本罪实行数罪并罚。如果行为人在实施虐待行为的同时实施了盗窃、抢劫等其他与虐待行为性质不同的犯罪，应当与本罪数罪并罚。

第二百六十一条 【遗弃罪】对于年老、年幼、患病或者其他没有独立生活能力的人，负有扶养义务而拒绝扶养，情节恶劣的，处五年以下有期徒刑、拘役或者管制。

【释解与适用】

本条是关于遗弃罪及其刑罚的规定。

对于年老、年幼、患病或者其他没有独立生活能力的人，应当在经济、生活等方面予以供给、照顾、帮助，以维护其正常的生活，这是具有法定扶养义务的人的责任，也是中华民族的优良传统。对于有能力扶养而拒绝扶养的人，情节恶劣的，必须给予相应的法律惩处。根据本条规定，遗弃罪是指对于年老、年幼、患病或者其他没有独立生活能力的人，负有扶养义务而拒绝扶养，情节恶劣的行为。遗弃罪的犯罪对象，是年老、年幼、患病或者其他没有独立生活能力的人。这里所说的"没有独立生活能力"，是指不具备或者丧失劳动能力，无生活来源而需要他人在经济上予以供给扶养，或者虽有经济收入，但生活不能自理而需要他人照顾等情况。遗弃罪的犯罪主体，是对上述对象负有扶养义务的人。这里所规定的"负有扶养义务"，是指行为人对于年老、年幼、患病或者其他没有独立生活能力的人，依法负有的对上述被扶养人在经济、生活等方面予以供给、照顾、帮助，以维护其正常的生活的义务。扶养关系主要包括以下几个方面：夫妻间有相互扶养的义务；父母对子女有抚养教育的义务；子女对父母有赡养扶助的义务；养父母与养子女、继父母与继子女之间有相互扶养的义务；有负担能力的祖父母、外祖父母对父母已经死亡的未成年的孙子女、外孙子女有抚养义务；有负担能力的孙子女、外孙子女，对于子女已经死亡的祖父母、外祖父母有赡养义务；有负担能力的兄姐对父母已经死亡或者父母无力扶养的未成年弟妹有抚养的义务；等等。遗弃罪的犯罪主体是具有扶养义务的人，如果对没有独立生活能力的人不负有扶养义务，就不存在拒绝扶养的问题，也就不能构成本罪。本罪在客观方面表现为具有扶养义务而拒绝扶养。由于行为人不履行自己的法定义务，致使被扶养人得不到经济上的保障或者生活上的必要照顾和帮助，生命和健康受到较为严重的威胁和损害。根据本条规定，遗弃行为必须情节恶劣才能构成犯罪，这是划清本罪罪与非罪的重要界限之一。关于这里所规定的"情节恶劣"如何理解的问题，《最高人民法院、最高人民检察院、公安部、司法部关于依法办理家庭暴力犯罪案件的意见》中列举了一些常见的情形：对被害人长期不予照顾、不提供生活来源；驱赶、逼迫被害人离家，致使被害人流离失所或者生存困难；遗弃患严重疾病或者生活不能自理的被害人；遗弃致使被害人身体严重损害或者造成其他严重后果等情形。依照本条规定，对犯遗弃罪的，处五年以下有期徒刑、拘役或者管制。

【适用中需要注意的问题】

有遗弃行为，但未达到"情节恶劣"程度的一般遗弃行为也是违法的。我国治安管理处罚法第四十五条规定，"遗弃没有独立生活能力的被扶养人的"，处五日以下拘留或者警告。对此，可以依照治安管理处罚法第四十五条的规定，给予治安处罚。

第二百六十二条 【拐骗儿童罪】拐骗不满十四周岁的未成年人，脱离家庭或者监护人的，处五年以下有期徒刑或者拘役。

【释解与适用】

本条是关于拐骗儿童罪及其刑罚的规定。

儿童的身心发育未成熟，对周围事物缺乏判断能力和自我保护能力，因此应当加以特殊保护。拐骗儿童的行为，不仅给受害儿童的父母等监护人造成精神上的极大痛苦，而且使儿童失去父母等监护人的爱护和家庭温暖，严重损害儿童的身心健康，对此必须依法予以严惩。

根据本条的规定，拐骗儿童罪，是指拐骗不满十四周岁的未成年人，脱离家庭或者监护人的行为。这里所规定的"拐骗"，是指用欺骗、利诱或者其他手段，将不满十四周岁的未成年人带走。"脱离家庭或者监护人"，是指使不满十四周岁的未成年人脱离家庭或者离开父母或其他监护人，致使不满十四周岁的未成年人的父母或者监护人不能继续对该未成年人行使监护权。这里所规定的"监护人"，是指未成年人的父母以及其他依法履行监护职责，保护被监护人的人身、财产以及其他合法权益的人。民法典第二十七条规定："父母是未成年子女的监护人。未成年人的父母已经死亡或者没有监护能力的，由下列有监护能力的人按顺序担任监护人：（一）祖父母、外祖父母；（二）兄、姐；（三）其他愿意担任监护人的个人或者组织，但是须经未成年人住所地的居民委员会、村民委员会或者民政部门同意。"拐骗不满十四周岁的未成年人脱离家庭或者监护人的行为多种多样，既可以直接对不满十四周岁的未成年人本人进行，如利用物质好处进行引诱，骗得其好感后将其拐骗；也可以对其家长或者监护人进行，如假装为保姆，骗得家长信任后，寻机将不满十四周岁的未成年人带走。依照本条规定，拐骗不满十四周岁的未成年人，脱离家庭或者监护人的，处五年以下有期徒刑或者拘役。

【适用中需要注意的问题】

本条在实际执行中应当注意与拐卖妇女、儿童罪、绑架罪的区别。拐骗不满十四周岁的未成年人脱离家庭或者监护人的行为的目的，往往是出于收养，也可以是出于奴役等目的，如果是以出卖或勒索财物为目的而拐骗未成年人或者偷盗婴幼儿的，应依照刑法第二百四十条、第二百三十九条关于拐卖妇女、儿童罪或者绑架罪的规定定罪处罚。

第二百六十二条之一 【组织残疾人、儿童乞讨罪】以暴力、胁迫手段组织残疾人或者不满十四周岁的未成年人乞讨的，处三年以下有期徒刑或者拘役，并处罚金；情节严重的，处三年以上七年以下有期徒刑，并处罚金。

【释解与适用】

本条是关于组织残疾人、儿童乞讨罪及其刑罚的规定。

在实际生活中，有相当一部分乞讨者是残疾人和未成年人。残疾人由于生理缺陷或残障，谋生能力和自我保护能力较弱；未成年人由于尚不具备独立谋生的能力，心智发育尚不健全，认识社会事物和辨别善恶的能力有限，较容易成为犯罪分子侵害的对象，而且在被侵害时往往不敢反抗。在实际发生的案件中，一些道德败坏的不法分子，在牟利心理的驱使下，通过暴力、胁迫等手段组织残疾人和未成年人乞讨，强占他人乞讨所得。这些行为除侵犯被害人的人格尊严、人身自由及财产权，扰乱社会秩序外，还会给残疾人和未成年人造成更严重的伤害，如使残疾人的疾病拖延无法得到治疗，使未成年人丧失受教育的机会，使其在恶劣环境下成长，形成畸形世界观等。甚至有些犯罪人用残暴的手段强迫被害人乞讨，造成被害人人身伤亡等严重后果，对此必须予以严惩。

根据本条规定认定组织残疾人、儿童乞讨罪时，应当注意以下几个方面的问题。

第一，本罪的犯罪主体是一般主体。凡达到刑法规定的刑事责任年龄的自然人均可以构成本罪的犯罪主体。在司法实践中，对于父母、监护人或者近亲属因为生计所迫，带领残疾亲属或者未成年子女乞讨满足基本生活需要的，甚至为了筹集子女、亲属的医药费、学费等乞讨的，不应按照犯罪处理。但是，对于有的监护人，并非生活所迫而是因贪图钱财，不顾未成年人健康成长的利益，利用未成年人乞讨牟利的，应当根据未成年人保护法等的规定，考虑其是否适宜继续作为监护人，必要时，可依法撤销其监护人资格。对此问题，《最高人民法院、最高人民检察院、公安部、民政部关于依法处理监护人侵害未成年人权益行为若干问题的意见》中也有明确规定，父母或者其他监护人胁迫、诱骗、利用未成年人乞讨，经公安机关和未成年人救助保护机构等部门三次以上批评教育拒不改正，严重影响未成年人正常生活和学习的，人民法院可以判决撤销其监护资格。

第二，本罪客观上表现为以暴力、胁迫等手段组织残疾人或者不满十四周岁的未成年人乞讨的行为。所谓"暴力"，是指可以给被害人直接带来生理上的痛苦、伤害或者行为限制的侵袭及其他强制力。比如，对被害人实施伤害、殴打、体罚等身体打击、折磨，使其产生生理上的痛苦、伤害而丧失反抗能力，或者因此造成心理恐惧不敢反抗，以身体强制等方法剥夺被害人行为自由使其不敢反抗、不能反抗的情形等。所谓"胁迫"，是指行为人以当场实施暴力或其他有损身心健康的行为，以及其他对被害人心理造成强迫的行为相要挟，实施精神强制，使其产生恐惧，不敢反抗的情况。这种胁迫，既可以针对被强迫人自身的生理伤害，如不顺从就冻饿、体罚、殴打等，也可以是心理上的，如揭露隐私、公开侮辱使其丧失尊严等。胁迫的内容既可以针对被害人本人，也可以针对其亲属或者他人，只要足以对被害人造成心理上的强制，就可以构成胁迫。实践中，如果没有实施暴力、胁迫等强迫行为，不宜认定为组织残疾人、儿童乞讨罪。所谓"组织"，是指纠集或者控制一定数量的残疾人或者不满十四周岁的未成年人，指令或者要求他们乞讨的行为。

根据本条的规定，以暴力、胁迫手段组织残疾人或者不满十四周岁的未成年人乞讨的，处三年以下有期徒刑或者拘役，并处罚金；情节严重的，处三年以上七年以下有期徒刑，并处罚金。这里所说的"情节严重"，是指以暴力或者胁迫手段组织残疾人、未成年人乞讨，严重扰乱社会秩序或者造成其他恶劣影响的情形。比如，长期强迫他人乞讨，获利较大的；强迫乞讨导致残疾人、未成年人身体衰弱，得不到治疗，健康状况严重恶化的；被害人无法忍受折磨自杀、自残的；强迫残疾人、未成年人制造生理痛苦博取他人同情进行乞讨的；强迫被害人采用死缠硬要等方式野蛮乞讨的；强迫被害人采用可能造成伤亡（如在马路上拦车乞讨等）或有伤风化的方式乞讨的；组织乞讨人数较多，造成恶劣社会影响的；其他严重扰乱社会秩序或者影响恶劣的情形等。

【适用中需要注意的问题】

在适用本条的时候，应当注意掌握此罪与彼罪、一罪与数罪的界限，防止放纵或者量刑畸重的情况。比如，为了强迫而实施的暴力行为导致被害人伤亡的，应当根据刑法的规定，按照故意伤害罪或者故意杀人罪定罪处罚。为了达到长期强迫残疾人、未成年人乞讨的目的而限制被害人人身自由的，应当根据刑法的规定，在组织残疾人、儿童乞讨罪和非法拘禁罪中择一重罪处罚。对于那些为了组织他人乞讨而绑架、拐骗残疾人或者未成年人，或者收买被拐骗儿童的，为了博取人们同情达到乞取更多钱财目的而故意造成被害人伤残的，奸淫被强迫乞讨的残疾人、未成年人的，应当根据刑法的相关规定定罪，与组织残疾人、儿童乞讨罪数罪并罚。

第二百六十二条之二 【组织未成年人进行违反治安管理活动罪】组织未成年人进行盗窃、诈骗、抢夺、敲诈勒索等违反治安管理活动的，处三年以下有期徒刑或者拘役，并处罚金；情节严重的，处三年以上七年以下有期徒刑，并处罚金。

【释解与适用】

本条是关于组织未成年人进行违反治安管理活动罪及其刑罚的规定。

近年来，社会上一些不法分子利欲熏心，利用未成年人获取不法利益。他们往往是利用未成年人生理、心理的不成熟或因某种原因造成的精神上的空虚、物质上的缺乏等弱点，组织其从事一些牟利性的违法活动，如扒窃、诈骗、抢夺他人财物等违反治安管理的活动。这种组织他人进行违法活动的情况，甚至在一些地方的学校中比较突出，性质恶劣，影响很坏，严重危害社会治安秩序和学校的正常教学秩序。同时，对未成年人的身心健康造成极大的伤害，有的很可能因为一个小小的偷摸行为，慢慢发展成为犯罪行为，从而使一个健康向上的未成年人堕落为一个罪犯，不仅影响了个人的前途，而且对国家、对家庭都会造成不良的影响。为了打击这类行为，更好地维护社会治安秩序，保护公民的合法财产不受侵犯，保护未成年人，2009年2月28日第十一届全国人民代表大会常务委员会第七次会议通过的刑法修正案（七）增加了本条规定。

根据本条规定，构成本罪必须具备以下两个条件：第一，本罪的犯罪主体是一般主体。凡达到刑法规定的刑事责任年龄的自然人均可构成本罪的主体。组织未成年人进行违法活动的人，是本罪的主体。这里所说的"组织"，一般是指采取引诱、欺骗、威胁或者说服等办法，以包吃包住或发给一定的报酬等名义，纠集未成年人或将未成年人笼络、控制在自己手下，指令或要求未成年人实施盗窃、诈骗、抢夺、敲诈勒索等违法行为。根据未成年人保护法的规定，本条所说的"未成年人"，是指未满十八周岁的公民，既包括普通的未成年人，也包括身心残疾的未成年人。第二，组织者必须实施了组织未成年人实施盗窃、诈骗、抢夺、敲诈勒索等违反治安管理的行为。这里所说的"盗窃"，是指以非法占有为目的，秘密窃取公私财物的行为。"诈骗"，是指以非法占有为目的，用虚构事实或者隐瞒真相的方法，骗取公私财物的行为。"抢夺"，是指以非法占有为目的，公然夺取公私财物的行为。"敲诈勒索"，是指以非法占有为目的，对公私财物的所有人、保管人使用威胁或要挟的方法，索取公私财物的行为。上述所说的盗窃、诈骗、抢夺、敲诈勒索行为，是未成年人实施的，违反治安管理，不构成犯罪的行为。法律将组织未成年人实施上述四种违法行为规定为行为犯，即实施了组织未成年人进行盗窃、诈骗、抢夺、敲诈勒索等违反治安管理活动的行为，就构成犯罪，不需要其他情节和要件。未成年人是否实施了盗窃、诈骗、抢夺、敲诈勒索等违反治安管理活动的行为，并不影响本罪的成立。

根据本条规定，组织未成年人实施盗窃、诈骗、抢夺、敲诈勒索等违反治安管理行为的，处三年以下有期徒刑或者拘役，并处罚金；情节严重的，处三年以上七年以下有期徒刑，并处罚金。"情节严重"，是指组织多人、残疾未成年人、多次组织未成年人进行违法活动，对未成年采取暴力、威胁、虐待等手段，或者通过未成年人的违法行为，获利数额较大等情节。如果未成年人在未实施盗窃、诈骗、抢夺、敲诈勒索等违反治安管理活动的行为前，其组织行为被告发，也构成本罪，属于犯罪的预备，对于预备犯，应当按照刑法第二十二条的规定，可以比照既遂犯从轻、减轻处罚或者免除处罚。

对于未成年人实施的盗窃、诈骗、抢夺、敲诈勒索等违反治安管理的行为，应根据治安管理处罚法第四十九条的规定予以处罚，即处五日以上十日以下拘留，可以并处五百元以下罚款；情节较重的，处十日以上十五日以下拘留，可以并处一千元以下罚款。但是，根据治安管理处罚法第十二条规定，已满十四周岁不满十八周岁的人违反治安管理的，应当从轻或者减轻处罚；不满十四周岁的人违反治安管理的，不予处罚，但是应当责令其监护人严加管教。治安管理处罚法第二十一条还规定，已满十四周岁不满十六周岁或者已满十六周岁不满十八周岁，初次违反治安管理的，依照治安管理处罚法的规定，应当给予拘留处罚的，不执行行政拘留处罚。上述这些规定，都是从爱护未成年人的角度，从宽处理，给予未成年人知错改错和悔过自新的机会。

【适用中需要注意的问题】

实践中应当注意区分盗窃、诈骗、抢夺、敲诈勒索罪与违反治安管理的盗窃、诈骗、抢夺、敲诈勒索行为。根据刑法第二百六十四条关于盗窃犯罪的规定、第二百六十六条关于诈骗犯罪的规定、第二百六十七条关于抢夺犯罪的规定和第二百七十四条关于敲诈勒索犯罪的规定，构成上述四种犯罪的必备条件是数额较大。由于这四种犯罪都属于财产型犯罪，所以法律规定以数额大小来区别罪与非罪的界限。盗窃罪是一种比较常见的犯罪，所以，法律同时规定"多次盗窃"的，也是构成犯罪的一个条件。也就是说，数额较大或多次盗窃，只要符合其中一个条件就可以构成盗窃罪，多次盗窃并不要求达到一定的数额，因为这种情况属于刑法理论中所说的惯犯或屡犯，从犯罪的恶性程度上讲是比较严重的。实践中不应将多次盗窃行为，作为违反治安管理的行为予以治安处罚，这样既放纵了罪犯，也不利于维护社会治安秩序。对于未成年人实施的盗窃、诈骗、抢夺、敲诈勒索等行为，构成犯罪的，对已满十六周岁的未成年人，应当分别依照刑法关于盗窃、诈骗、抢夺、敲诈勒索罪的有关规定从轻或者减轻处罚；对组织者应当分别以盗窃、诈骗、抢夺、敲诈勒索罪的共犯追究其刑事责任。

第五章　侵犯财产罪

第二百六十三条　【抢劫罪】以暴力、胁迫或者其他方法抢劫公私财物的，处三年以上十年以下有期徒刑，并处罚金；有下列情形之一的，处十年以上有期徒刑、无期徒刑或者死刑，并处罚金或者没收财产：

（一）入户抢劫的；

（二）在公共交通工具上抢劫的；

（三）抢劫银行或者其他金融机构的；

（四）多次抢劫或者抢劫数额巨大的；

（五）抢劫致人重伤、死亡的；

（六）冒充军警人员抢劫的；

（七）持枪抢劫的；

（八）抢劫军用物资或者抢险、救灾、救济物资的。

【释解与适用】

本条是关于抢劫罪及其刑罚的规定。

抢劫罪，是指以非法占有为目的，当场使用暴力、胁迫或者其他方法强行劫取公私财物的行为。根据本条规定，构成抢劫罪的显著特征是"以暴力、胁迫或者其他方法抢劫公私财物"。所谓"暴力"，是指犯罪人对财物的所有者、管理人员实施暴力侵袭或者其他强制力，包括捆绑、殴打、伤害直至杀害等使他人处于不能或者不敢反抗状态当即抢走财物的方法。所谓"胁迫"，是指当场使用暴力相威胁，对被害人实行精神强制，使其产生恐惧，不敢反抗，被迫当场交出财物或者不敢阻止而由行为人强行劫走财物。如果不是以暴力相威胁，而是对被害人以将要揭露隐私、毁坏财产等相威胁，则构成敲诈勒索罪，而不是抢劫罪。所谓"其他方法"，是指对被害人采取暴力、胁迫以外的使被害人处于不知反抗或者不能反抗的状态的方法。例如，用酒灌醉、用药物麻醉等方法使被害人处于暂时丧失知觉而不能反抗的状态，将财物当场掠走。在这里，必须是由于犯罪分子故意造成被害人处于不能反抗的状态，如果犯罪分子利用被害人睡熟或者醉酒不醒，趁机秘密取走数额较大的财物，则不构成本罪。行为人实施抢劫后，为灭口而故意杀人的，以抢劫罪和故意杀人罪定罪，实行数罪并罚。

构成本罪，必须具备以下两个条件：（1）行为人具有非法占有公私财物的目的，并且实施了非法占有或者意图非法占有的行为。（2）行为人对被害人当场使用暴力、胁迫或者其他方法。

暴力、胁迫或者其他方法，必须是犯罪分子当场使用，才能构成抢劫罪。如果犯罪分子没有使用暴力或者胁迫的方法就取得了财物，除刑法第二百六十七条规定的携带凶器抢夺的情形外，不能以抢劫罪论处；反之，如果犯罪分子事先只是准备盗窃或者抢夺，但在实施盗窃或者抢夺的过程中遭到反抗或者阻拦，于是当场使用暴力或者以暴力相威胁强取财物，其行为就由盗窃或者抢夺转化为抢劫了，应以抢劫罪定罪处罚。

为了有利于执法的统一、减少随意性、增加可操作性，本条具体列举了犯抢劫罪，应当判处十年以上有期徒刑、无期徒刑或者死刑的八种情形。

1. 入户抢劫的。这里所说的"户"，是指公民私人住宅。入户抢劫，不仅严重侵犯公民的财产所有权，更为严重的是危及公民的人身安全。"入户抢劫"，是指为实施抢劫行为而进入他人生活的与外界相对隔离的住所，包括封闭的院落、牧民的帐篷、渔民作为家庭生活场所的渔船、为生活租用的房屋等进行抢劫的行为。对于入户盗窃，被发现而当场使用暴力或者以暴力相威胁的行为，应当认定为入户抢劫。认定"入户抢劫"，要注重审查行为人"入户"的目的，将"入户抢劫"与"在户内抢劫"区别开来。以侵害户内人员的人身、财产为目的，入户后实施抢劫，包括入户实施盗窃、诈骗等犯罪而转化为抢劫的，应当认定为"入户抢劫"。因访友办事等原因经户内人员允许入户后，临时起意实施抢劫，或者临时起意实施盗窃、诈骗等犯罪而转化为抢劫的，不应认定为"入户抢劫"。

2. 在公共交通工具上抢劫的。"在公共交通工具上抢劫"，既包括在处于运营状态的公共交通工具上对旅客及司售、乘务人员实施抢劫，也包括拦截运营途中的公共交通工具对旅客及司售、乘务人员实施抢劫，但不包括在未运营的公共交通工具上针对司售、乘务人员实施抢劫。以暴力、胁迫或者麻醉等手段对公共交通工具上的特定人员实施抢劫的，一般应认定为"在公共交通工具上抢劫"。

随着科技进步和社会发展，共享出行方式越来越受欢迎，近几年"网约车抢劫案"较为频发，引起了公众对"网约车是否属于公共交通工具、是否适用抢劫罪加重情节"的探讨。抢劫罪区别于其他侵犯财产罪的最大不同就是行为的暴力性，即对他人人身安全的危害较大。之所以将"在公共交通工具上抢劫"规定为抢劫罪的加重情节，适用更严重的刑罚，就是考虑到公共交通工具的"公共性"，更确切地说，是行为人在公共交通工具上实施抢劫，无论是针对特定人还是针对不特定多数人，其行为都给全部不特定多数人的人身、财产带来了现实危险，社会危险性大，且极易危害到公共安全。

司法实践中，司法机关对"公共交通工具"的认定一直较为明确。根据 2000 年 11 月 28 日发布的《最高人民法院关于审理抢劫案件具体应用法律若干问题的解释》第二条和 2005 年 6 月 8 日实施的《最高人民法院关于审理抢劫、抢夺刑事案件适用法律若干问题的意见》"二"的规定，在小型出租车上抢劫的，不属于在公共交通工具上抢劫。2016 年 1 月 6 日发布实施《最高人民法院关于审理抢劫刑事案件适用法律若干问题的指导意见》，进一步明确"公共交通工具"不含小型出租车。而接送职工的单位班车、接送师生的校车等大、中型交通工具，可视为公共交通工具。因此，无论是立法本意还是司法实践中，小型出租车或者以小轿车为载体的网约车都不适用本条规定的"在公共交通工具上抢劫的"加重情节，这是符合刑法罪责刑相适应的原则和司法实践需要的。

3. 抢劫银行或者其他金融机构的，是指抢劫银行或者其他金融机构的经营资金、有价证券和客户的资金等。抢劫正在使用中的银行或者其他金融机构的运钞车的，视为"抢劫银行或者其他金融机构"。

4. 多次抢劫或者抢劫数额巨大的。"多次抢劫"，是指抢劫三次以上。对于抢劫数额巨大的认定标准，根据《最高人民法院关于审理抢劫刑事案件适用法律若干问题的指导意见》，参照各地确定的盗窃罪数额巨大的认定标准执行。抢劫数额以实际抢劫到的财物数额为依据。抢劫信用卡后使用、消费的，以行为人实际使用、消费的数额为抢劫数额。

5. 抢劫致人重伤、死亡的。这里所说的"抢劫致人重伤、死亡",是指为抢劫公私财物而实施的暴力行为或其他方法,导致被害人重伤或者死亡的情形。如行为人为劫取财物而故意杀人,或者在劫取财物过程中,为制服被害人反抗而故意杀人的,一般以抢劫罪定罪处罚。但是行为人已经完成抢劫后,又为灭口或其他原因而故意杀人的,则应以抢劫罪和故意杀人罪定罪,实行数罪并罚。

6. 冒充军警人员抢劫的。"军警",是指军人和警察。军人,是指中国人民解放军、中国人民武装警察部队的现役军官(警官)、文职人员、士兵及具有军籍的学员。警察,是指我国武装性质的国家治安行政力量,包括公安机关、国家安全机关、监狱的人民警察和人民法院、人民检察院的司法警察。根据《最高人民法院关于审理抢劫刑事案件适用法律若干问题的指导意见》,在判断是否足以使他人误以为是军警人员时,要注重对行为人是否穿着军警制服、携带枪支、是否出示军警证件等情节进行综合审查。对于行为人仅穿着类似军警的服装或仅以言语宣称系军警人员但未携带枪支,也未出示军警证件而实施抢劫的,要结合抢劫地点、时间、暴力或威胁的具体情形,依照常人判断标准,确定是否认定为"冒充军警人员抢劫"。军警人员利用自身的真实身份实施抢劫的,不认定为"冒充军警人员抢劫",应依法从重处罚。

7. 持枪抢劫的。"持枪抢劫",是指行为人使用枪支或者向被害人显示持有、佩带的枪支进行抢劫的行为。"枪支"的概念和范围,适用枪支管理法的规定。

8. 抢劫军用物资或者抢险、救灾、救济物资的。"军用物资",是指除枪支、弹药、爆炸物以外的其他军事用品。抢劫枪支、弹药、爆炸物,构成刑法危害公共安全罪中第一百二十七条第二款规定的抢劫枪支、弹药、爆炸物罪。"抢险、救灾、救济物资",是指抢险、救灾、救济用途已经明确的物资,包括正处于保管、运输或者使用当中的。

根据本条规定,犯抢劫罪的,处三年以上十年以下有期徒刑,并处罚金;入户抢劫的,在公共交通工具上抢劫的,抢劫银行或者其他金融机构的,多次抢劫或者抢劫数额巨大的,抢劫致人重伤、死亡的,冒充军警人员抢劫的,持枪抢劫的,抢劫军用物资或者抢险、救灾、救济物资的,处十年以上有期徒刑、无期徒刑或者死刑,并处罚金或者没收财产。对于本条规定的八种法定加重情节的刑罚适用,应当根据抢劫情节严重程度、抢劫次数、数额、致人伤害后果等因素，结合行为人主观恶性及社会危害性，确定应当适用的刑罚。根据《最高人民法院关于审理抢劫刑事案件适用法律若干问题的指导意见》"四"，具有下列情形之一的，可以判处无期徒刑以上刑罚：（1）抢劫致三人以上重伤，或者致人重伤造成严重残疾的；（2）在抢劫过程中故意杀害他人，或者故意伤害他人，致人死亡的；（3）具有除"抢劫致人重伤、死亡"外的两种以上加重处罚情节，或者抢劫次数特别多、抢劫数额特别巨大的。判处无期徒刑以上刑罚的，一般应并处没收财产。

【适用中需要注意的问题】

实际执行中应当注意关于抢劫罪的死刑适用。作为侵犯财产罪一章中唯一保留死刑的罪名（条文适用则体现在本条和第二百六十九条规定的转化型抢劫罪），正确适用死刑是十分重要的。根据我国目前"保留死刑，严格控制和慎重适用死刑"的刑事政策，应当以最严格的标准和最审慎的态度，确保抢劫罪的死刑只适用于极少数罪行极其严重的犯罪分子。

虽然根据刑法规定，抢劫罪的八种加重情节均可以适用死刑，但是在司法实践中，一般还是应当对造成重伤或者死亡等严重人身伤亡的，才有判处死刑的可能。即使因抢劫致人重伤或者死亡的，也要从行为人犯罪的动机、预谋、实行行为等方面分析其主观恶性的大小，从有无前科、认罪悔罪情况等方面判断其人身危险程度，要审查行为人是否有法定从宽情节，并且综合犯罪情节和造成的严重后果后，才能判处死刑。不能不加区别，仅以出现一名或数名被害人死亡的后果，一律判处死刑立即执行。

第二百六十四条　【盗窃罪】盗窃公私财物，数额较大的，或者多次盗窃、入户盗窃、携带凶器盗窃、扒窃的，处三年以下有期徒刑、拘役或者管制，并处或者单处罚金；数额巨大或者有其他严重情节的，处三年以上十年以下有期徒刑，并处罚金；数额特别巨大或者有其他特别严重情节的，处十年以上有期徒刑或者无期徒刑，并处罚金或者没收财产。

【释解与适用】

本条是关于盗窃罪及其刑罚的规定。

本条规定的"盗窃",是指以非法占有为目的,秘密窃取公私财物的行为。本罪的主体是一般犯罪主体。构成盗窃罪必须具备以下条件:(1)行为人具有非法占有公私财物的目的。(2)行为人实施了秘密窃取公私财物的行为。"秘密窃取",是指采用不易被财物所有人、保管人或者其他人发现的方法,将公私财物占为己有的行为,如溜门撬锁、挖洞跳墙、潜入他人室内、掏兜割包、利用网络技术窃取等。秘密窃取是盗窃罪的重要特征,也是区别其他侵犯财产罪的主要标志。盗窃的公私财物,既包括有形的货币、金银首饰等财物,也包括电力、煤气、天然气等无形的财产。盗窃毒品等违禁品的,也应当按照盗窃罪处理,根据情节轻重量刑。(3)盗窃的公私财物数额较大的,或者多次盗窃、入户盗窃、携带凶器盗窃、扒窃的。"数额较大",是盗窃行为构成犯罪的基本要件。如果盗窃的财物数额较小,一般应当依照治安管理处罚法的规定予以处罚,不需要动用刑罚。但对于一些特定的盗窃行为,只要实施了该盗窃行为,即使达不到数额较大的条件,因该行为本身的社会危害性,本条也规定其构成犯罪。这些行为包括:①多次盗窃。盗窃犯罪具有常习性,且犯罪分子又具有一定的反侦查能力,一经抓获,往往只能认定现场查获的数额,而对其以往数额的交代也难以查证。将多次盗窃规定为犯罪正是针对盗窃犯罪的这一特点。根据2013年《最高人民法院、最高人民检察院关于办理盗窃刑事案件适用法律若干问题的解释》第三条的规定,对于二年内盗窃三次以上的,应当认定为"多次盗窃",以盗窃罪定罪处罚。②入户盗窃。入户盗窃不仅侵犯了公民的财产,还侵犯了公民的住宅,并对公民的人身安全形成严重威胁,应当予以严厉打击。这里所说的"户",是指公民日常生活的住所,包括用于生活的与外界相对隔离的封闭的院落、牧民的帐篷、渔民生活的渔船等,不包括办公场所。根据上述关于办理盗窃案件的解释,非法进入供他人家庭生活、与外界相对隔离的住所盗窃的,应当认定为"入户盗窃"。③携带凶器盗窃。行为人携带凶器盗窃,往往有恃无恐,一旦被发现或者被抓捕时,则使用凶器进行反抗。这种行为以暴力为后盾,不仅侵犯他人的财产,而且对他人的人身形成严重威胁,应当予以刑事处罚。"凶器"是指枪支、爆炸物、管制刀具等可用于实施暴力的器具。根据上述关于办理盗窃案件的解释,携带枪支、爆炸物、管制刀具等国家禁止个人携带的器械盗窃,或者为了实施违法犯罪携带其他足以危害他人人身安全的器械盗窃的,应当认定为"携带凶器盗窃"。需要明确的是，本条规定的构成盗窃罪的"携带凶器盗窃"，是指行为人携带凶器进行盗窃而未使用的情况，如果行为人在携带凶器盗窃时，为窝藏赃物、抗拒抓捕或者毁灭罪证而当场使用凶器施暴或者威胁的，根据刑法第二百六十九条的规定，应当以抢劫罪定罪处罚。④扒窃。"扒窃"是指在公共场所或者公共交通工具上窃取他人随身携带的财物。扒窃行为往往采取掏兜、割包等手法，严重侵犯公民财产和人身安全，扰乱公共场所秩序。而且扒窃技术性强，多为屡抓屡放的惯犯，应当予以严厉打击。刑法修正案（八）将入户盗窃、携带凶器盗窃和扒窃增加规定为犯罪，体现了刑法对人民群众人身财产安全的切实关注和严格保护，为打击盗窃犯罪提供了更有力的法律武器。

本条对盗窃罪量刑档次的划分采取了数额加情节的标准。根据本条规定，对盗窃公私财物，数额较大的，或者多次盗窃、入户盗窃、携带凶器盗窃、扒窃的，处三年以下有期徒刑、拘役或者管制，并处或者单处罚金；数额巨大或者有其他严重情节的，处三年以上十年以下有期徒刑，并处罚金；数额特别巨大或者有其他特别严重情节的，处十年以上有期徒刑或者无期徒刑，并处罚金或者没收财产。关于盗窃数额的具体认定，《最高人民法院、最高人民检察院关于办理盗窃刑事案件适用法律若干问题的解释》第一条第一款规定："盗窃公私财物价值一千元至三千元以上、三万元至十万元以上、三十万元至五十万元以上的，应当分别认定为刑法第二百六十四条规定的'数额较大'、'数额巨大'、'数额特别巨大'。"上述司法解释第一条第二、三、四款同时规定："各省、自治区、直辖市高级人民法院、人民检察院可以根据本地区经济发展状况，并考虑社会治安状况，在前款规定的数额幅度内，确定本地区执行的具体数额标准，报最高人民法院、最高人民检察院批准。在跨地区运行的公共交通工具上盗窃，盗窃地点无法查证的，盗窃数额是否达到'数额较大'、'数额巨大'、'数额特别巨大'，应当根据受理案件所在地省、自治区、直辖市高级人民法院、人民检察院确定的有关数额标准认定。盗窃毒品等违禁品，应当按照盗窃罪处理的，根据情节轻重量刑。"关于盗窃文物的具体认定，《最高人民法院、最高人民检察院关于办理妨害文物管理等刑事案件适用法律若干问题的解释》第二条规定："盗窃一般文物、三级文物、二级以上文物的，应当分别认定为刑法第二百六十四条规定的'数额较大''数额巨大''数额特别巨大'。盗窃文物，无法确定文物等级，或者按照文物等级定罪量刑明显过轻或者过重的，按照盗窃的文物价值定罪量刑。"

关于"其他严重情节"和"其他特别严重情节"的具体认定，《最高人民法院、最高人民检察院关于办理盗窃刑事案件适用法律若干问题的解释》规定，盗窃公私财物，具有下列情形之一，或者入户盗窃、携带凶器盗窃，数额达到"数额巨大""数额特别巨大"百分之五十的，可以分别认定为刑法第二百六十四条规定的"其他严重情节"或者"其他特别严重情节"：(1) 组织、控制未成年人盗窃的；(2) 自然灾害、事故灾害、社会安全事件等突发事件期间，在事件发生地盗窃的；(3) 盗窃残疾人、孤寡老人、丧失劳动能力人的财物的；(4) 在医院盗窃病人或者其亲友财物的；(5) 盗窃救灾、抢险、防汛、优抚、扶贫、移民、救济款物的；(6) 因盗窃造成严重后果的。

【适用中需要注意的问题】

1. 在实践中要注意正确处理罪与非罪的问题。盗窃行为作为传统型违法犯罪活动，发生原因多样，不同行为之间的社会危险性差异较大。从社会治理的角度来讲，一般的小偷小摸或者情节轻微的偶犯、初犯，可不作犯罪处罚。治安管理处罚法第四十九条关于行为人盗窃最高可处十五日行政拘留、可以并处罚款的规定，为惩治盗窃行为提供了行政处罚路径。根据《最高人民法院、最高人民检察院关于办理盗窃刑事案件适用法律若干问题的解释》第七条的规定，盗窃公私财物数额较大，行为人认罪、悔罪、退赃、退赔，且具有下列情形之一，情节轻微的，可以不起诉或者免予刑事处罚；必要时，由有关部门予以行政处罚：(1) 具有法定从宽处罚情节的；(2) 没有参与分赃或者获赃较少且不是主犯的；(3) 被害人谅解的；(4) 其他情节轻微、危害不大的。此外，对于偷拿家庭成员或者近亲属的财物，获得谅解的，一般可以不认为是犯罪；需要追究刑事责任的，应当酌情从宽。

2. 实际执行中，要注意本罪与其他关联行为的定罪处罚。偷开他人机动车的，按照下列规定处理：(1) 偷开机动车，导致车辆丢失的，以盗窃罪定罪处罚。(2) 为盗窃其他财物，偷开机动车作为犯罪工具使用后非法占有车辆，或者将车辆遗弃导致丢失的，被盗车辆的价值计入盗窃数额。(3) 为实施其他犯罪，偷开机动车作为犯罪工具使用后非法占有车辆，或者将车辆遗弃导致丢失的，以盗窃罪和其他犯罪数罪并罚；将车辆送回未造成丢失的,按照其所实施的其他犯罪从重处罚。

3. 盗窃公私财物并造成财物损毁的,按照下列规定处理:(1)采用破坏性手段盗窃公私财物,造成其他财物损毁的,以盗窃罪从重处罚;同时构成盗窃罪和其他犯罪的,择一重罪从重处罚。(2)实施盗窃犯罪后,为掩盖罪行或者报复等,故意毁坏其他财物构成犯罪的,以盗窃罪和构成的其他犯罪数罪并罚。(3)盗窃行为未构成犯罪,但损毁财物构成其他犯罪的,以其他犯罪定罪处罚。

第二百六十五条 【盗接通信线路、复制电信码号的处罚】以牟利为目的,盗接他人通信线路、复制他人电信码号或者明知是盗接、复制的电信设备、设施而使用的,依照本法第二百六十四条的规定定罪处罚。

【释解与适用】

本条是关于盗接他人通信线路、复制他人电信码号以及明知而使用行为的定罪处罚规定。

本条对盗用电信码号、非法并机的犯罪行为作了专门规定。这里所说的"盗接",是指以牟利为目的,未经权利人的许可,采取秘密的方法连接他人的通信线路,无偿使用或者转给他人使用,从而给权利人造成较大损失的行为。"复制他人电信码号",主要是指以牟利为目的,取得他人的电信码号后,非法加以复制,无偿使用或者非法出租、出借、转让的行为。这里所说的"电信码号"是广义的,包括电话磁卡、长途电话账号和移动通信码号,如移动电话的出厂号码、电话号码、用户密码。"电信设备、设施"主要是指交换机、电话机、通信线路等。盗窃罪的对象为公私财物,本条犯罪行为针对的对象实质上是一种财产性权益,将这种财产性利益规定为盗窃罪的犯罪对象,是立法上的一种突破。

构成本罪,必须符合以下三个条件:(1)行为人主观上必须以牟利为目的。这种牟利是广义的,包括出租、出卖获取利润等行为,也包括无偿使用、节省支出等牟取非法经济利益的行为。对于不具有牟利目的的行为,不适用本条。例如,为获取他人通信秘密而盗接他人通信线路、复制他人电信码号等。(2)行为人必须具有盗接他人通信线路、复制他人电信码号或者明知是盗接、盗窃复制的电信设备、设施而使用的行为之一,才可能构成本罪，如果行为人不知道自己使用的通信设备是盗接或者盗窃复制的，不构成犯罪。（3）盗用他人长途电话账号、移动电话码号造成的经济损失，必须达到数额较大，才能构成本罪。根据2013年《最高人民法院、最高人民检察院关于办理盗窃刑事案件适用法律若干问题的解释》第四条的规定，盗接他人通信线路、复制他人电信码号出售的，按照销赃数额认定盗窃数额；明知是盗接他人通信线路、复制他人电信码号的电信设备、设施而使用的，按照合法用户为其支付的费用认定盗窃数额；无法直接确认的，以合法用户的电信设备、设施被盗接、复制后的月缴费额减去被盗接、复制前六个月的月均电话费推算盗窃数额；合法用户使用电信设备、设施不足六个月的，按照实际使用的月均电话费推算盗窃数额。

根据本条规定，以牟利为目的盗接他人通信线路、复制他人电信码号或者明知是盗接、复制的电信设备、设施而使用的，处三年以下有期徒刑、拘役或者管制，并处或者单处罚金；数额巨大或者有其他严重情节的，处三年以上十年以下有期徒刑，并处罚金；数额特别巨大或者有其他特别严重情节的，处十年以上有期徒刑或者无期徒刑，并处罚金或者没收财产。

第二百六十六条　【诈骗罪】诈骗公私财物，数额较大的，处三年以下有期徒刑、拘役或者管制，并处或者单处罚金；数额巨大或者有其他严重情节的，处三年以上十年以下有期徒刑，并处罚金；数额特别巨大或者有其他特别严重情节的，处十年以上有期徒刑或者无期徒刑，并处罚金或者没收财产。本法另有规定的，依照规定。

【释解与适用】

本条是关于诈骗罪及其刑罚的规定。

"诈骗"，主要是指以非法占有为目的，用虚构事实或者隐瞒真相的方法，骗取公私财物的行为。诈骗罪具有以下特征：（1）行为人主观上是出于故意，并且具有非法占有公私财物的目的。（2）行为人实施了欺诈行为，包括虚构事实或者隐瞒真相，并且这种欺诈行为使得被害人陷入错误认识，从而作出财产处置。至于诈骗的财物是归自己挥霍享用，还是转归第三人，不影响本罪的成立。（3）诈骗公私财物数额较大才能构成犯罪。诈骗罪并不限于骗取实体财物，还包括骗取无形物与财产性利益。

根据本条规定，诈骗公私财物，数额较大的，处三年以下有期徒刑、拘役或者管制，并处或者单处罚金；数额巨大或者有其他严重情节的，处三年以上十年以下有期徒刑，并处罚金；数额特别巨大或者有其他特别严重情节的，处十年以上有期徒刑或者无期徒刑，并处罚金或者没收财产。在司法实践中，根据2011年《最高人民法院、最高人民检察院关于办理诈骗刑事案件具体应用法律若干问题的解释》的规定，诈骗公私财物价值三千元至一万元以上、三万元至十万元以上、五十万元以上的，应当分别认定为刑法第二百六十六条规定的"数额较大""数额巨大""数额特别巨大"。但是，各省、自治区、直辖市高级人民法院、人民检察院可以结合本地区经济社会发展状况，在前款规定的数额幅度内，共同研究确定本地区执行的具体数额标准，报最高人民法院、最高人民检察院备案。同时，该司法解释还规定了诈骗罪的从重情节，规定达到数额标准且具有下列情形之一的，可以酌情从严惩处：（1）通过发送短信、拨打电话或者利用互联网、广播电视、报刊等发布虚假信息，对不特定多数人实施诈骗的；（2）诈骗救灾、抢险、防汛、优抚、扶贫、移民、救济、医疗款物的；（3）以赈灾募捐名义实施诈骗的；（4）诈骗残疾人、老年人或者丧失劳动能力人的财物的；（5）造成被害人自杀、精神失常或者其他严重后果的。

近年来，利用通讯工具、互联网等技术手段实施的电信网络诈骗犯罪活动持续高发，侵犯公民个人信息，扰乱无线电通讯管理秩序，掩饰、隐瞒犯罪所得、犯罪所得收益等上下游关联犯罪不断蔓延。此类犯罪严重侵害人民群众财产安全和其他合法权益，严重干扰电信网络秩序，严重破坏社会诚信，严重影响人民群众安全感和社会和谐稳定，社会危害性大，人民群众反映强烈。2016年12月20日实施的《最高人民法院、最高人民检察院、公安部关于办理电信网络诈骗等刑事案件适用法律若干问题的意见》对电信网络诈骗的认定、处罚标准以及关联犯罪的适用问题作了详细规定。根据该解释，实施电信网络诈骗犯罪，达到相应数额标准，具有下列情形之一的，酌情从重处罚：（1）造成被害人或其近亲属自杀、死亡或者精神失常等严重后果的；（2）冒充司法机关等国家机关工作人员实施诈骗的；（3）组织、指挥电信网络诈骗犯罪团伙的；（4）在境外实施电信网络诈骗的；（5）曾因电信网络诈骗犯罪受过刑事处罚或者二年内曾因电信网络诈骗受过行政处罚的；（6）诈骗残疾人、老年人、未成年人、在校学生、丧失劳动能力人的财物,或者诈骗重病患者及其亲属财物的;(7)诈骗救灾、抢险、防汛、优抚、扶贫、移民、救济、医疗等款物的;(8)以赈灾、募捐等社会公益、慈善名义实施诈骗的;(9)利用电话追呼系统等技术手段严重干扰公安机关等部门工作的;(10)利用"钓鱼网站"链接、"木马"程序链接、网络渗透等隐蔽技术手段实施诈骗的。该解释还规定,对实施电信网络诈骗犯罪的被告人,应当严格控制适用缓刑的范围和条件,并更加注重依法适用财产刑,加大经济上的惩罚力度,最大限度剥夺被告人再犯的能力。

本条所说的"本法另有规定的",是指刑法对某些特定的诈骗犯罪专门作了具体规定,如第三章第五节规定的金融诈骗犯罪、骗取出口退税罪、合同诈骗罪等,对这些诈骗犯罪一般应当适用这些专门的规定,不适用本条。

需要特别说明的是,全国人民代表大会常务委员会于2014年4月24日通过的关于本条的解释,对以欺诈、伪造证明材料或者其他手段骗取养老、医疗、工伤、失业、生育等社会保险金或者其他社会保障待遇的,明确适用本条规定。全国人民代表大会常务委员会作出这一法律解释的背景是:近年来,骗取养老、医疗、工伤、失业、生育等社会保险金或者其他社会保险待遇的情况时有发生,有的地方甚至出现有组织地骗取社会保险金或者其他社会保险待遇的行为。司法实践中对于这类违法犯罪行为如何适用法律认识不一致,有的按诈骗罪追究刑事责任,有的给予行政处分,有的在追回社会保险金或者待遇后不予处理。社会保险资金的安全,关系到全体人民福祉和社会的和谐稳定。社会保险法在法律责任一章中对以欺诈、伪造证明材料或者其他手段骗取社会保险金或其他社会保险待遇的行为规定了行政处罚的同时,规定构成犯罪的,依法追究刑事责任。全国人民代表大会常务委员会经研究认为,上述行为,从性质上讲,与刑法规定的诈骗公私财物的行为是相同的,具有较大的社会危害性,对于构成犯罪的,应当依法追究刑事责任。为明确对骗取社会保险金或其他社会保险待遇行为的法律适用,2014年4月24日第十二届全国人民代表大会常务委员会第八次会议通过了关于本条的解释,即行为人以欺诈、伪造证明材料或者其他手段骗取养老、医疗、工伤、失业、生育等社会保险金或者其他社会保险待遇的行为,属于刑法第二百六十六条规定的诈骗公私财物的行为。

【适用中需要注意的问题】

1. 实践中，要注意区分本罪与普通债务纠纷，尤其是民间借贷纠纷的界限。二者的根本区别在于后者不具有非法占有他人财物的目的，只是由于客观原因或者情况的变化，一时无法偿还；诈骗罪是以非法占有他人财物为目的，不是因为不能归还，而是根本不打算偿还。如果行为人并无非法占有公私财物目的的，即使借款时使用了一些欺骗方法，后期又一时无力偿还的，也不宜以诈骗罪处理。

2. 本罪与招摇撞骗罪的区别。虽然两者都使用了欺骗方法，后者也可能获得财产利益，但招摇撞骗罪是以骗取各种非法利益为目的，冒充国家工作人员，进行招摇撞骗活动，是损害国家机关的威信、公共利益或者公民合法权益的行为，它所骗取的不仅包括财物，还包括工作、职务、地位、荣誉，等等，属于妨害社会管理秩序罪。当犯罪分子冒充国家工作人员骗取公私财物时，它既侵犯了财产权利，又损害了国家机关的威信和正常活动，一般应当从一重处罚。如果骗取财物数额不大，却严重损害了国家机关的威信，应按招摇撞骗罪论处；反之，则定为诈骗罪。

3. 本罪与盗窃罪的区别。诈骗罪与盗窃罪都属于侵犯财产犯罪，但二者区别巨大，因而一般情况下区分其两者之间的界限也较为容易。但是，随着互联网技术的发展和网络支付技术使用范围的日益扩大，传统侵财犯罪行为随之有了新的表现形式，网络支付方式下财产案件的定性标准也愈发模糊。比如，实践中出现的网络支付方式下"偷换商家二维码"案件，诈骗行为与盗窃行为有所交叉，容易对案件定性有所争议，需要对诈骗罪与盗窃罪的区别予以进一步辨析。就盗窃罪而言，秘密窃取是盗窃罪的本质特征，偷拿、暗取是其典型的手段特征，行为人和被害人之间缺乏信息沟通、交流。与此相对，诈骗罪的基本特征是被害人在行为人的欺骗之下陷入错误认识，进而行使对财物或财产性利益的支配或控制的变更权，导致财产损失。行为人的欺骗行为（包括作为和不作为）和被害人之间的信息交互是诈骗罪的核心要素。基于此，对上述"偷换商家二维码"案中，行为人采取秘密手段偷换了商家的收款码，导致顾客所付钱款在商家和顾客都不知情的状况下直接进入行为人账户的情形，缺乏诈骗罪所必需的有主观意识的财产处分行为，从构成要件上更符合盗窃罪的犯罪构成。

第二百六十七条 【抢夺罪】抢夺公私财物，数额较大的，或者多次抢夺的，处三年以下有期徒刑、拘役或者管制，并处或者单处罚金；数额巨大或者有其他严重情节的，处三年以上十年以下有期徒刑，并处罚金；数额特别巨大或者有其他特别严重情节的，处十年以上有期徒刑或者无期徒刑，并处罚金或者没收财产。

携带凶器抢夺的，依照本法第二百六十三条的规定定罪处罚。

【释解与适用】

本条是关于抢夺罪及其刑罚和携带凶器抢夺如何定罪处罚的规定。

本条共分两款。第一款是关于抢夺罪的规定。"抢夺"，是指以非法占有为目的，公然夺取公私财物的行为。抢夺罪的主体是一般主体，具有以下特征：(1) 行为人主观上具有非法占有公私财物的目的。(2) 行为人客观上实施了夺取他人财物的行为，如趁本人不备夺取其财物等。抢夺罪以没有针对被害人人身使用暴力或者胁迫为前提，如果以针对人身使用暴力或者胁迫的方法夺取他人财物，应当以抢劫罪定罪处罚。(3) 抢夺公私财物数额较大的，多次抢夺的，才构成犯罪；抢夺"数额巨大""数额特别巨大"或者有"其他严重情节""其他特别严重情节"的，要加重处罚。具体"数额较大""数额巨大""数额特别巨大"以及"有其他严重情节""有其他特别严重情节"的标准，有关司法解释进行了明确。根据2013年《最高人民法院、最高人民检察院关于办理抢夺刑事案件适用法律若干问题的解释》第一条的规定，抢夺公私财物价值一千元至三千元以上、三万元至八万元以上、二十万元至四十万元以上的，应当分别认定为刑法第二百六十七条规定的"数额较大""数额巨大""数额特别巨大"。各省、自治区、直辖市高级人民法院、人民检察院可以根据本地区经济发展状况，并考虑社会治安状况，在前款规定的数额幅度内，确定本地区执行的具体数额标准，报最高人民法院、最高人民检察院批准。该解释同时对本条"其他严重情形"和"其他特别严重情形"作出了认定。抢夺公私财物，具有下列情形之一的，应当认定为刑法第二百六十七条规定的"其他严重情节"：(1) 导致他人重伤的；(2) 导致他人自杀的；(3) 具有该解释第二条第三项至第十项规定的情形之一，数额达到该解释第一条规定的"数额巨大"百分之五十的。抢夺公私财物，具有下列情形之一的，应当认定为刑法第二百六十七条规定的"其他特别严重情节"：(1) 导致他人死亡的；(2) 具有该解释第二条第三项至第十项规定的情形之一，数额达到该解释第一条规定的"数额特别巨大"百分之五十的。而该解释第二条规定了特殊情形下降低入罪门槛的规定，即抢夺公私财物，具有下列情形之一的，"数额较大"的标准按照前条规定标准的百分之五十确定：(1) 曾因抢劫、抢夺或者聚众哄抢受过刑事处罚的；(2) 一年内曾因抢夺或者哄抢受过行政处罚的；(3) 一年内抢夺三次以上的；(4) 驾驶机动车、非机动车抢夺的；(5) 组织、控制未成年人抢夺的；(6) 抢夺老年人、未成年人、孕妇、携带婴幼儿的人、残疾人、丧失劳动能力人的财物的；(7) 在医院抢夺病人或者其亲友财物的；(8) 抢夺救灾、抢险、防汛、优抚、扶贫、移民、救济款物的；(9) 自然灾害、事故灾害、社会安全事件等突发事件期间，在事件发生地抢夺的；(10) 导致他人轻伤或者精神失常等严重后果的。

"多次抢夺"构成抢夺罪是刑法修正案（九）新增加的内容，具体如何认定可由司法机关根据案件具体情况掌握或者通过司法解释予以明确。

本款对抢夺公私财物构成抢夺罪的规定了三档法定刑：第一档为数额较大的，或者多次抢夺的，处三年以下有期徒刑、拘役或者管制，并处或者单处罚金；第二档为数额巨大或者有其他严重情节的，处三年以上十年以下有期徒刑，并处罚金；第三档为数额特别巨大或者有其他特别严重情节的，处十年以上有期徒刑或者无期徒刑，并处罚金或者没收财产。其中，"并处或者单处罚金"包括只判处罚金和既判处主刑又判处罚金两种情况，实践中由人民法院根据案件具体情况决定如何适用。

第二款是关于携带凶器进行抢夺按抢劫罪定罪处罚的规定。行为人携带凶器进行抢夺的，意图在于抢夺不成时加以使用，具有抢劫的心理准备。这种行为以暴力作后盾，不仅侵犯了他人的财产，而且对他人的人身也构成了严重威胁，危害程度较普通的抢夺行为大得多，具有抢劫罪的特征。为了更好地保护公民的人身权利、财产权利，本款规定，对携带凶器抢夺的，依照刑法第二百六十三条关于抢劫罪的规定定罪处罚。这里的"携带凶器抢夺"，2005年6月8日发布的《最高人民法院关于审理抢劫、抢夺刑事案件适用法律若干问题的意见》中对其进行了具体界定，是指行为人随身携带枪支、爆炸物、管制刀具等国家禁止个人携带的器械进行抢夺或者为了实施犯罪而携带其他器械进行抢夺的行为。行为人随身携带国家禁止个人携带的器械以外的其他器械抢夺，但有证据证明该器械确实不是为了实施犯罪准备的，不以抢劫罪定罪。

【适用中需要注意的问题】

在司法实践中，要注意划清抢夺罪与抢劫罪的界限，二者的区别在于行为人在夺取财物的过程中是否对被害人采取暴力、胁迫或者其他强制方法。需要注意的是，如果行为人随身携带凶器并在"抢夺"时将凶器有意加以显示、能为被害人察觉，会使被害人产生恐惧感或者精神强制，不敢进行反抗，实质上是一种胁迫行为，应当直接适用刑法关于抢劫罪的规定定罪处罚。此外，根据《最高人民法院、最高人民检察院关于办理抢夺刑事案件适用法律若干问题的解释》第六条的规定，驾驶机动车、非机动车夺取他人财物，具有下列情形之一的，应当以抢劫罪定罪处罚：（1）夺取他人财物时因被害人不放手而强行夺取的；（2）驾驶车辆逼挤、撞击或者强行逼倒他人夺取财物的；（3）明知会致人伤亡仍然强行夺取并放任造成财物持有人轻伤以上后果的。

第二百六十八条 【聚众哄抢罪】聚众哄抢公私财物，数额较大或者有其他严重情节的，对首要分子和积极参加的，处三年以下有期徒刑、拘役或者管制，并处罚金；数额巨大或者有其他特别严重情节的，处三年以上十年以下有期徒刑，并处罚金。

【释解与适用】

本条是关于聚众哄抢罪及其刑罚的规定。

"聚众哄抢"，主要是指聚集多人，公然夺取数额较大的公私财物的行为。聚众哄抢的行为不仅侵犯了国家、集体、公民个人的财产所有权，而且侵犯了社会正常的管理秩序。构成此罪，必须符合以下几个条件：（1）犯罪主体是聚众哄抢的首要分子和其他积极参加的人。这里的"首要分子"，是指在聚众哄抢中起组织、策划、指挥作用的人。"积极参加的"，是指主动参与哄抢，在哄抢中起主要作用以及哄抢财物多的人。考虑到这类犯罪带有聚众性、盲目性，其中多数的参与者是在不明真相的情况下参加的，或者是由于某种原因追随他人进行的，对这些参与者可以通过行政处罚和思想教育解决，一般不作为犯罪对待。（2）行为人客观方面表现为纠集多人，采取哄闹、滋扰或者其他手段，公然夺取数额较大的公私财物。纠集多人是行为的主要特征。(3) 行为人主观方面是出于故意，具有非法占有公私财物的目的。

根据本条规定，聚众哄抢公私财物，数额较大或者有其他严重情节的，对首要分子和积极参加的，处三年以下有期徒刑、拘役或者管制，并处罚金；数额巨大或者有其他特别严重情节的，处三年以上十年以下有期徒刑，并处罚金。本条没有对"数额较大""数额巨大"以及"严重情节"和"特别严重情节"作出具体规定，实践中，可以由司法机关依据各地的具体情况作出具体规定。一般情况下，参与人数众多、哄抢重要物资、社会影响大、哄抢次数多、造成公私财产损失较大、造成人员重伤或死亡的，均属于本条规定的"其他严重情节""其他特别严重情节"需要考虑的因素。

第二百六十九条 【转化的抢劫罪】犯盗窃、诈骗、抢夺罪，为窝藏赃物、抗拒抓捕或者毁灭罪证而当场使用暴力或者以暴力相威胁的，依照本法第二百六十三条的规定定罪处罚。

【释解与适用】

本条是关于转化的抢劫罪及其刑罚的规定。

根据本条规定，犯盗窃、诈骗、抢夺罪后，因使用暴力或者以暴力相威胁转化为抢劫罪必须符合以下三个条件。

第一，转化为抢劫罪的前提条件是行为人构成"盗窃、诈骗、抢夺罪"。2005 年《最高人民法院关于审理抢劫、抢夺刑事案件适用法律若干问题的意见》对实践中转化抢劫的认定规定，行为人实施盗窃、诈骗、抢夺行为未达到"数额较大"，为窝藏赃物、抗拒抓捕或者毁灭罪证当场使用暴力或者以暴力相威胁，情节较轻、危害不大的，一般不以犯罪论处，但具有下列情节之一的，可以抢劫罪定罪处罚：(1) 盗窃、诈骗、抢夺接近"数额较大"标准的；(2) 入户或在公共交通工具上盗窃、诈骗、抢夺后在户外或交通工具外实施上述行为的；(3) 使用暴力致人轻微伤以上后果的；(4) 使用凶器或以凶器相威胁的；(5) 具有其他严重情节的。

第二，必须具有"窝藏赃物、抗拒抓捕或者毁灭罪证"的目的。所谓"窝藏赃物"，是指转移、隐匿盗窃、诈骗、抢夺所得的公私财物的行为。所谓"抗拒抓捕"，是指犯罪分子抗拒司法机关依法对其采取的拘留、逮捕等强制措施，以及在犯罪时或者犯罪后被及时发现，抗拒群众将其扭送到司法机关的行为。所谓"毁灭罪证"，是指犯罪分子为逃避罪责，湮灭作案现场遗留的痕迹、物品以及销毁可以证明其罪行的各种证据。

第三，必须具有"当场使用暴力或者以暴力相威胁"的行为。这里所谓的"当场"，一般是指实施盗窃、诈骗、抢夺犯罪行为的作案现场。如果犯罪分子在逃离现场时被人发现，在受到追捕或者围堵的情况下使用暴力的，也应视为当场使用暴力。如果犯罪分子作案时没有被及时发现，而是在其他时间、地点被发现，在抓捕过程中行凶拒捕或者在事后为掩盖罪行杀人灭口的，不适用本条规定，应依其行为所触犯的罪名定罪。所谓"使用暴力或者以暴力相威胁"，是指犯罪分子对他人故意实施撞击、殴打、伤害等危及人体健康和生命安全的行为或者以立即实施这些行为相威胁。对于以摆脱的方式逃脱抓捕，暴力强度较小，未造成轻伤以上后果的，可不认定为"使用暴力"，不以抢劫罪论处。

此外，关于两人以上共同实施盗窃、诈骗、抢夺犯罪，其中部分行为人为窝藏赃物、抗拒抓捕或者毁灭罪证而当场使用暴力或者以暴力相威胁的，对于其余行为人是否以抢劫罪共犯论处，2016年《最高人民法院关于审理抢劫刑事案件适用法律若干问题的指导意见》第三条中提出，主要看其对实施暴力或者以暴力相威胁的行为人是否形成共同犯意、提供帮助。基于一定意思联络，对实施暴力或者以暴力相威胁的行为人提供帮助或实际成为帮凶的，可以抢劫共犯论处。根据本条规定，构成转化型抢劫罪的，处三年以上十年以下有期徒刑，并处罚金；入户抢劫的，在公共交通工具上抢劫的，抢劫银行或者其他金融机构的，多次抢劫或者抢劫数额巨大的，抢劫致人重伤、死亡的，冒充军警人员抢劫的，持枪抢劫的，抢劫军用物资或者抢险、救灾、救济物资的，处十年以上有期徒刑、无期徒刑或者死刑，并处罚金或者没收财产。需要说明的是，行为人"入户"或者"在公共交通工具上"盗窃、诈骗、抢夺后，为了窝藏赃物、抗拒抓捕或者毁灭罪证，在户内或者公共交通工具上当场使用暴力或者以暴力相威胁的，构成"入户抢劫"或者"在公共交通工具上抢劫"，按照抢劫罪的加重情节处罚。

第二百七十条 【侵占罪】将代为保管的他人财物非法占为己有，数额较大，拒不退还的，处二年以下有期徒刑、拘役或者罚金；数额巨大或者有其他严重情节的，处二年以上五年以下有期徒刑，并处罚金。

将他人的遗忘物或者埋藏物非法占为己有，数额较大，拒不交出的，依照前款的规定处罚。

本条罪，告诉的才处理。

【释解与适用】

本条是关于侵占罪及其刑罚的规定。

本条第一款是关于将代为保管的他人财物非法占为己有的犯罪的规定。构成本罪必须符合三个条件：（1）行为人因代为保管他人财物而将他人财物合法占有。这里所说的"保管"，主要是指基于委托合同关系，或者是根据事实上的管理，以及因习惯或信任关系而拥有对他人财物的持有、管理的权利。这种保管必须是合法的，如果不是合法的保管，而是使用盗窃、抢夺、诈骗、敲诈勒索等手段占有他人财物，则构成别的犯罪。行为人合法占有他人的财物，是构成本罪的前提条件。（2）行为人主观上以非法占为己有为目的。如果行为人不是意图非法占为己有，而是由于对合同或者事实认识上的错误等而将其保管的他人财物占为己有，不能构成本罪。（3）行为人实施了将他人财物非法占为己有，拒不退还的行为，且非法占有的财物数额达到较大以上。构成本罪必须同时具备以上三个条件。

本条第二款是将他人的遗忘物或者埋藏物非法占为己有的犯罪的规定。构成本罪也必须同时符合三个条件：（1）行为人主观上必须是故意，且以非法占为己有为目的。（2）行为人实施了将他人的遗忘物或者埋藏物非法占为己有，数额较大，且拒不交出的行为。这里所说的"遗忘物"，是指由于财产的所有人、占有人的疏忽，遗忘在某处的物品。在实践中，遗忘物和遗失物是有区别的，遗忘物一般是指被害人明确知道自己遗忘在某处的物品，而遗失物则是失主丢失的物品，对于拾得遗失物未交还失主的不得按本罪处理。"埋藏物"，是指所有权不明的埋藏于地下的财物、物品。遗忘物的所有权属于遗忘该财物的公民个人或者单位。埋藏物的所有权，依法属于国家所有。（3）行为人所侵占的埋藏物或者他人的遗忘物必须达到数额较大，否则不能构成犯罪。至于具体数额多少才是"数额较大"，由司法机关根据案件具体情况确定。

根据本条第一款规定，将代为保管的他人财物非法占为己有，数额较大，拒不退还的，以及将他人的遗忘物或者埋藏物非法占为己有，数额较大，拒不交出的，处二年以下有期徒刑、拘役或者罚金；数额巨大或者有其他严重情节的，处二年以上五年以下有期徒刑，并处罚金。

本条第三款规定，构成本罪，必须经过告诉才能处理。考虑到在这种犯罪行为中，有些行为人往往是基于一时的贪欲，临时产生犯意；代为保管他人财物，当事人之间往往是邻居、同事，甚至是朋友关系；拾得他人遗忘物、埋藏物，与故意占有他人财物性质也大不相同，如果事后能够协商解决，没有必要定罪处罚。因此，本条对侵占罪的构成条件予以严格的限制，并规定犯侵占罪属于告诉才处理。如果当事人本人没有告诉，不予以处理，即不告不理。

根据本条规定，本罪属自诉案件。如果被害人不向人民法院起诉，就不会对行为人追究刑事责任。在被害人向人民法院起诉后，根据刑事诉讼法二百一十二条的规定，人民法院审理自诉案件，可以进行调解。自诉人在判决宣告前，也可以同被告人自行和解或者撤回自诉。根据这一规定，只要在判决宣告前，被告人与自诉人达成了调解协议或者和解协议，将占有的财物返还给自诉人，则可结束诉讼程序，不追究被告人的刑事责任。对于自诉案件，通过调解结案，或者双方当事人和解，既有利于减少当事人的讼累，提高诉讼效率，节约诉讼资源，又能防止矛盾激化，解决实际问题。但不论调解或和解，都应遵循双方当事人自愿原则，不得强制。

第二百七十一条 【职务侵占罪】公司、企业或者其他单位的工作人员，利用职务上的便利，将本单位财物非法占为己有，数额较大的，处三年以下有期徒刑或者拘役，并处罚金；数额巨大的，处三年以上十年以下有期徒刑，并处罚金；数额特别巨大的，处十年以上有期徒刑或者无期徒刑，并处罚金。

国有公司、企业或者其他国有单位中从事公务的人员和国有公司、企业或者其他国有单位委派到非国有公司、企业以及其他单位从事公务的人员有前款行为的，依照本法第三百八十二条、第三百八十三条的规定定罪处罚。

【释解与适用】

本条是关于职务侵占罪及其刑罚的规定。

本条主要经历了以下几个阶段。

1979年至1997年刑法修订前的立法情况。1979年刑法只规定了贪污罪，未规定职务侵占罪。1988年《全国人民代表大会常务委员会关于惩治贪污贿赂罪的补充规定》（已失效）将贪污罪的犯罪主体规定为"国家工作人员、集体经济组织工作人员或者其他经手、管理公共财物的人员"。1993年12月第八届全国人民代表大会常务委员会第五次会议通过了公司法。在公司法执行过程中，有的公司董事、监事或者职工利用职务或者工作上的便利，侵占本公司财物，侵犯了公司的财产权利和公司股东的合法权益，破坏了社会主义市场经济的健康发展。为此，1995年2月28日第八届全国人大常委会第十二次会议通过的《全国人民代表大会常务委员会关于惩治违反公司法的犯罪的决定》（已失效），对公司董事、监事或者职工侵占公司财物的行为作了规定，对刑法予以补充。该决定第十条规定："公司董事、监事或者职工利用职务或者工作上的便利，侵占本公司财物，数额较大的，处五年以下有期徒刑或者拘役；数额巨大的，处五年以上有期徒刑，可以并处没收财产。"第十二条规定："国家工作人员犯本决定第九条、第十条、第十一条规定之罪的，依照《关于惩治贪污罪贿赂罪的补充规定》的规定处罚。"第十四条规定："有限责任公司、股份有限公司以外的企业职工有本决定第九条、第十条、第十一条规定的犯罪行为的，适用本决定。"

1997年修订刑法的情况。1997修订刑法时，一方面，随着社会主义市场经济的进一步发展和现代企业制度的逐步建立，对于企业工作人员利用职务便利侵占、挪用企业财产等损害企业利益的危害行为，愈发有必要作为犯罪加以规定，以加大对企业财产权益的刑事保护力度；另一方面，一些国有公司、企业的管理人员利用经手管理着国家财产的便利，侵吞企业财产的情况也比较突出，刑法第九十三条对"以国家工作人员论"作出了规定。按此原则，国有公司、企业人员有贪污受贿、侵害公私财产行为的，应当依照刑法关于贪污贿赂、挪用公款罪追究。因此，1997年刑法将1995年《全国人民代表大会常务委员会关于惩治违反公司法的犯罪的决定》（已失效）第十条、第十二条、第十四条规定调整合并至本条，并作了进一步修改：一是完善第一款职务侵占罪的主体范围，规定为公司、企业或者其他单位的人员；二是将该决定第十二条的"国家工作人员"明确为"国有公司、企业或者其他国有单位中从事公务的人员和国有公司、企业或者其他国有单位委派到非国有公司、企业以及其他单位从事公务的人员",作为本条第二款,明确该类人员适用刑法关于贪污罪的规定。职务侵占罪的确立,将非国家工作人员的公司、企业或者其他单位的人员侵占本单位财物的行为规定为犯罪,使我国的刑事立法更加趋于完善。

2020年刑法修正案(十一)对本条作了修改。党的十八届四中全会提出,"健全以公平为核心原则的产权保护制度,加强对各种所有制经济组织和自然人财产权的保护,清理有违公平的法律法规条款"。加大非公有制经济刑法保护力度,是贯彻落实中央要求、完善产权保护法律制度的重要内容。随着我国社会主义市场经济的发展,近年来,围绕非公有制经济平等保护,一些全国人大代表、专家学者和有关方面提出对于国家工作人员与非国家工作人员的贪污贿赂、侵占挪用等腐败行为,应当统一罪名和入罪条件,实行同罪同罚。立法机关经研究认为,在市场经济中,法律应当平等保护公有制经济、非公有制经济等所有市场主体,按照党中央要求不断完善法律规定。同时也要注意,落实平等保护的具体措施要有利于真正体现党中央提出的"以公平为核心原则"的要求,不能简单将"平等保护"等同为"一模一样惩治",而不考虑实际情况的差异。

一是根据现有法律规定,国家工作人员(包括以国家工作人员论的人员)实施某个行为,非国家工作人员实施相应行为的,有的情况下后罪的最高法定刑确实较前者轻。这是因为在刑法中,身份往往是影响定罪量刑的一个重要情节,因行为主体或者行为对象的身份不同,其承担的责任往往也有差异,与此相应,实际造成的危害后果会有轻重之别。因此,在定不定罪、定什么罪、量什么刑上可能会需要有所不同,关键看不同的身份是否影响到行为社会危害性的轻重,这样也符合权责一致和罪刑相适应的原则。

二是根据我国当前经济发展不平衡的实际情况,非公有制经济主体,在规模、组织形式、管理水平等方面差异较大。我国有大量的非公有制经济仍是个人企业、家族企业,企业产权不清晰、经营不规范、资产处置较为随意等问题较为普遍。刑法是国家公器,刑罚手段是把双刃剑,如作"一刀切"规定,公权力特别是刑事司法力量深度介入民营经济经营管理活动,是否符合当前我国非公有制经济发展的实际情况和特点,是否真正有利于保护民营经济,能否划清罪与非罪的界限等,都还需要慎重深入研究。

三是从当前我国非公有制经济保护的情况来看，在实践中确实还存在对国有企业与民营企业腐败案件不一视同仁，随意扩大查封、扣押、冻结财产范围，动辄抓人、封账，忽视民营企业可持续发展等不良现象。这些执法司法方面的不平等对待，并不能够通过一味地提高法定刑来解决。

同时，随着近年来非公有制经济的快速发展，职务侵占的涉案数额也由几万到上亿元不等，个别案件造成的社会影响较为恶劣，也确实存在加大打击侵害非公有制经济犯罪行为的需求。立法机关经研究认为，出于加大刑法对非公有制经济保护力度的考虑，可以适当调整法定刑尤其是最高法定刑的范围，同时增加罚金刑，作为经济犯罪的财产惩罚措施。

综上，刑法修正案（十一）对本条作了两处修改：一是调整了法定刑。将原条文的两档法定刑调整为"数额较大的，处三年以下有期徒刑或者拘役""数额巨大的，处三年以上十年以下有期徒刑"和"数额特别巨大的，处十年以上有期徒刑或者无期徒刑"三档法定刑；二是相应调整了罚金刑，对三档法定刑的财产刑均修改为"并处罚金"的规定。保留了原条文第二款以国家工作人员论的主体依法适用贪污罪的规定。

本条共分两款。第一款是关于公司、企业或者其他单位的工作人员利用职务便利侵占单位财物的规定。"侵占"，是指公司、企业或者其他单位的工作人员利用职务上的便利，侵吞、窃取、骗取或者以其他手段非法占有本单位的财物的行为。这里所规定的"公司"是指依照公司法在中国境内设立的有限责任公司和股份有限公司。"企业"是指进行企业登记从事经营活动的非以公司形式组成的经济实体，如厂矿、商店、宾馆饭店以及其他服务性企业等。"单位财物"包括动产和不动产，不仅仅指单位所有的，还包括单位依法或者依约定而占有、管理、使用、运输中的财物。

构成本罪必须符合以下四个条件：（1）主体是公司、企业或者其他单位的工作人员。（2）行为人必须利用职务上的便利。"利用职务上的便利"，主要是指利用自己在职务上所具有的主管、管理或者经手本单位财物的便利条件，如公司的经理在一定范围内调配、处置单位财产的权力，企业的会计有管理财务的职责，出纳有经手、管理钱财的职责等。应当注意的是，利用职务上的便利，不是指利用与其职责无关，只因工作关系而熟悉作案环境、条件，或者凭工作人员身份便于出入某单位，较易接近作案目标或者对象等便利条件。例如，公司会计利用管账机会作假账骗取公司财物，出纳利用管钱机会侵吞公司钱款，均属于职务侵占行为。而如果公司会计利用与出纳一起工作的机会,乘出纳不在将其所保管的钱柜中的现金取走占为己有的,则因为没有利用其会计职务的便利而不能构成职务侵占罪。(3)以非法占有为目的,实施了侵占行为。一般是指采用侵吞、窃取、骗取等各种手段将本单位财物占为己有,既包括将合法已持有的单位财物视为己物而加以处分、使用、变持有为所有等行为,又包括不占有单位财物但利用职务之便骗取、窃取、侵吞、私分单位财物的行为。(4)达到数额较大的标准。

第二款是关于国有公司、企业或者其他国有单位中从事公务的人员和国有公司、企业或者其他国有单位委派到非国有公司、企业以及其他单位从事公务的人员利用职务便利侵占单位财物的,应当如何处理的规定。刑法第九十三条第二款规定,国有公司、企业、事业单位、人民团体中从事公务的人员和国家机关、国有公司、企业、事业单位委派到非国有公司、企业、事业单位、社会团体从事公务的人员,以及其他依照法律从事公务的人员,以国家工作人员论。本款规定的人员,属于刑法第九十三条第二款规定的以国家工作人员论的范围。根据本款规定,应当按照刑法第三百八十二条认定为贪污罪。第三百八十三条规定:"(一)贪污数额较大或者有其他较重情节的,处三年以下有期徒刑或者拘役,并处罚金;(二)贪污数额巨大或者有其他严重情节的,处三年以上十年以下有期徒刑,并处罚金或者没收财产;(三)贪污数额特别巨大或者有其他特别严重情节的,处十年以上有期徒刑或者无期徒刑,并处罚金或者没收财产;数额特别巨大,并使国家和人民利益遭受特别重大损失的,处无期徒刑或者死刑,并处没收财产。对多次贪污未经处理的,按照累计贪污数额处罚。犯第一款罪,在提起公诉前如实供述自己罪行、真诚悔罪、积极退赃,避免、减少损害结果的发生,有第一项规定情形的,可以从轻、减轻或者免除处罚;有第二项、第三项规定情形的,可以从轻处罚。犯第一款罪,有第三项规定情形被判处死刑缓期执行的,人民法院根据犯罪情节等情况可以同时决定在其死刑缓期执行二年期满依法减为无期徒刑后,终身监禁,不得减刑、假释。"

需要注意的是,只有符合刑法第九十三条第二款规定的人员才能以贪污罪论处。对于其他身份的人员,根据《最高人民法院关于在国有资本控股、参股的股份有限公司中从事管理工作的人员利用职务便利非法占有本公司财物如何定罪问题的批复》,在国有资本控股、参股的股份有限公司中从事管理工作的人员，除受国家机关、国有公司、企业、事业单位委派从事公务的以外，不属于国家工作人员。对其利用职务上的便利，将本单位财物非法占为己有，数额较大的，应当依照刑法第二百七十一条第一款的规定，以职务侵占罪定罪处罚。根据《最高人民法院关于村民小组组长利用职务便利非法占有公共财物行为如何定性问题的批复》，对村民小组组长利用职务上的便利，将村民小组集体财产非法占为己有，数额较大的，应当依照刑法第二百七十一条第一款的规定，以职务侵占罪定罪处罚。

【适用中需要注意的问题】

1. 实际执行中应当注意贪污罪和职务侵占罪案件中的共同犯罪问题。根据 2000 年《最高人民法院关于审理贪污、职务侵占案件如何认定共同犯罪几个问题的解释》的规定：（1）行为人与国家工作人员勾结，利用国家工作人员的职务便利，共同侵吞、窃取、骗取或者以其他手段非法占有公共财物的，以贪污罪共犯论处。（2）行为人与公司、企业或者其他单位的人员勾结，利用公司、企业或者其他单位人员的职务便利，共同将该单位财物非法占为己有，数额较大的，以职务侵占罪共犯论处。（3）公司、企业或者其他单位中，不具有国家工作人员身份的人与国家工作人员勾结，分别利用各自的职务便利，共同将本单位财物非法占为己有的，按照主犯的犯罪性质定罪。

2. 关于职务侵占罪与侵占罪的区别。职务侵占罪与侵占罪均以非法占有为目的，都侵犯了他人的财物所有权，二者最大的区别在于是否利用了职务之便。具体而言，二者存在以下几个方面的不同：（1）犯罪对象不同。职务侵占罪的犯罪对象是公司、企业或其他单位的财物。侵占罪的犯罪对象是"代为保管的他人财物"或"他人的遗忘物或埋藏物"。（2）客观行为表现不同。职务侵占罪在客观方面表现为行为人利用职务上的便利将本单位财物加以侵占，数额较大的行为。侵占罪在客观方面表现为行为人将代为保管的他人财物非法占为己有，数额较大，拒不退还或者将他人的遗忘物、埋藏物非法占为己有，数额较大，拒不交出的行为。进一步分析，职务侵占罪要求行为人必须利用了职务上的便利这一条件，而侵占罪的行为人则不要求这一点。另外，侵占罪的行为人只有在将代为保管的他人财物拒不退还或者将他人的遗忘物、埋藏物非法占为己有，拒不交出的情况下，才构成本罪。如果行为人在财物的所有人即他人告诉之前，已经退还或交出他人的财物，则不构成犯罪。而职务侵占罪，只要行为人实施了侵占本单位财物的行为，并达到数额较大，就构成了犯罪，对于退赃退赔，只能作为量刑情节予以考虑。(3) 犯罪主体不同。职务侵占罪的犯罪主体是公司、企业或者其他单位的工作人员（但不包括公司、企业或其他单位中从事公务的国家工作人员）；而侵占罪的犯罪主体则是一般主体。(4) 侵占罪属于告诉才处理的犯罪，而职务侵占罪则无此规定。

第二百七十二条　【挪用资金罪】公司、企业或者其他单位的工作人员，利用职务上的便利，挪用本单位资金归个人使用或者借贷给他人，数额较大、超过三个月未还的，或者虽未超过三个月，但数额较大、进行营利活动的，或者进行非法活动的，处三年以下有期徒刑或者拘役；挪用本单位资金数额巨大的，处三年以上七年以下有期徒刑；数额特别巨大的，处七年以上有期徒刑。

国有公司、企业或者其他国有单位中从事公务的人员和国有公司、企业或者其他国有单位委派到非国有公司、企业以及其他单位从事公务的人员有前款行为的，依照本法第三百八十四条的规定定罪处罚。

有第一款行为，在提起公诉前将挪用的资金退还的，可以从轻或者减轻处罚。其中，犯罪较轻的，可以减轻或者免除处罚。

【释解与适用】

本条是关于挪用资金罪及其刑罚的规定。

本条主要经历了以下几个阶段。

1997年刑法修订前的立法情况。1979年刑法未规定挪用资金罪。随着改革开放和社会主义市场经济体制的建立和发展，实践中也出现了一些公司、企业或者单位的工作人员非法挪用本单位资金的案件，我国对非国有财产的保护也日益重视。1993年12月第八届全国人民代表大会常务委员会第五次会议通过了公司法。在公司法执行过程中，有的公司董事、监事或者职工利用职务或者工作上的便利，侵占本公司财物，侵犯了公司的财产权利和公司股东的合法权益，破坏了社会主义市场经济的健康发展。为此，1995年2月28日第八届全国人民代表大会常务委员会第十二次会议通过了《全国人民代表大会常务委员会关于惩治违反公司法的犯罪的决定》（以下简称《决定》），对公司董事、监事或者职工侵占公司财物的行为作了规定，对刑法予以补充。其第十一条规定："公司董事、监事或者职工利用职务上的便利，挪用本单位资金归个人使用或者借贷给他人，数额较大、超过三个月未还的，或者虽未超过三个月，但数额较大、进行营利活动的，或者进行非法活动的，处三年以下有期徒刑或者拘役。挪用本单位资金数额较大不退还的，依照本决定第十条规定的侵占罪论处。"第十四条规定："有限责任公司、股份有限公司以外的企业职工有本决定第九条、第十条、第十一条规定的犯罪行为的，适用本决定。"第十二条规定："国家工作人员犯本决定第九条、第十条、第十一条规定之罪的，依照《关于惩治贪污罪贿赂罪的补充规定》的规定处罚。"

1997年修订刑法的情况。1997年修订刑法时，一方面，随着社会主义市场经济的进一步发展和现代企业制度的逐步建立，对于实践中侵占、挪用企业财产等损害企业利益的危害行为，也愈发需要依法予以惩处；另一方面，国有公司、企业的管理人员，利用经手管理国家财产的便利条件，非法挪用的情况也比较突出，刑法第九十三条对"以国家工作人员论"作出了规定，按此原则，国有公司、企业人员有挪用企业款项行为的，应当依照刑法关于挪用公款罪追究。因此，1997年刑法将1995年《决定》第十一条、第十二条、第十四条规定调整合并至本条，并作了进一步修改：一是完善了挪用资金罪的主体范围，修改为公司、企业或者其他单位的人员；二是在第二档法定刑中增加"挪用本单位资金数额巨大的"情形，并将第二档法定刑明确为"处三年以上十年以下有期徒刑"；三是将1995年《决定》第十二条的"国家工作人员"明确为"国有公司、企业或者其他国有单位中从事公务的人员和国有公司、企业或者其他国有单位委派到非国有公司、企业以及其他单位从事公务的人员"，作为第二款，明确该类人员适用刑法关于挪用公款罪的规定。

2020年刑法修正案（十一）对本条作了第二次修改。党的十八届四中全会提出"健全以公平为核心原则的产权保护制度，加强对各种所有制经济组织和自然人财产权的保护，清理有违公平的法律法规条款"。加大非公有制经济刑法保护力度，是贯彻落实党中央要求、完善产权保护法律制度的重要内容。同时，随着近年来非公有制经济的快速发展，实践中挪用资金的涉案数额也由几万到上亿元不等，一些案件涉案金额甚至影响到公司的正常运转，给企业造成特别严重的损失。为此，有必要加大打击对这类侵害非公有制经济犯罪的惩处力度。立法机关经研究认为，出于加大对非公有制经济刑法保护力度的考虑，可以适当调整法定刑，提高刑罚。同时，考虑到挪用行为的具体情况，为更有利于保护非公有制经济主体权益，保证资金追回，增加了退还从宽的规定。

综上，刑法修正案（十一）对本条作了三处修改：一是删除了第一款第二档法定刑中"或者数额较大不退还的"情形；二是调整了第一款法定刑，将第二档法定刑调整为"处三年以上七年以下有期徒刑"，增加一档法定刑为"数额特别巨大的，处七年以上有期徒刑"；三是增加一款作为第三款，"有第一款行为，在提起公诉前将挪用的资金退还的，可以从轻或者减轻处罚。其中，犯罪较轻的，可以减轻或者免除处罚"。

本条共分为三款。第一款是关于公司、企业或者其他单位的工作人员，利用职务上的便利，挪用本单位资金的规定。根据本款规定，构成挪用资金罪，必须符合以下三个条件。

第一，行为人必须是公司、企业或者其他单位的工作人员。国有公司、企业或者其他国有单位中从事公务的人员和国有公司、企业或者其他国有单位委派到非国有公司、企业以及其他单位的从事公务的人员不能构成本款规定的犯罪。对于上述人员挪用本单位资金的，应该按照第二款规定，即按照挪用公款罪定罪处罚。对于受国家机关、国有公司、企业、事业单位、人民团体委托，管理、经营国有财产的非国家工作人员，利用职务上的便利，挪用国有资金归个人使用的，根据2000年《最高人民法院关于对受委托管理、经营国有财产人员挪用国有资金如何定罪问题的批复》，应当依照本条第一款的规定定罪处罚。

第二，行为人必须利用职务上的便利。"利用职务上的便利"，主要是指利用自己在职务上所具有的主管、管理或者经手本单位财物的便利条件。应当注意的是，利用与其职责无关，只因工作关系而熟悉作案环境、条件，或者凭工作人员身份便于出入某单位，较易接近作案目标或者对象等便利条件的，不属于利用职务上的便利。

第三，行为人实施了挪用本单位资金的行为。"挪用"，是指利用职务上的便利，非法擅自动用单位资金归本人或他人使用，但准备日后退还。"本单位资金"，包括本单位所有的资金，也包括因为经营管理的需要，在本单位实际控制使用中的资金。如对于本单位在经济往来中暂收、预收、暂存其他单位或个人的款项、物品，或者对方支付的货款、交付的货物等，如接收人已以单位名义履行接收手续的，所接收的财、物应视为该单位资产。

本款对挪用本单位资金的行为规定了以下三种情况：（1）挪用本单位资金归个人使用或者借贷给他人，数额较大、超过三个月未还的。适用此种情况的前提是挪用本单位资金既不是进行非法活动，也不是进行营利活动，而是进行其他活动，如用于个人消费、家庭支出等。这里所说的"归个人使用"，根据2022年《最高人民检察院、公安部关于公安机关管辖的刑事案件立案追诉标准的规定（二）》第七十七条第二款的规定，包括以下几种情形：①将本单位资金供本人、亲友或者其他自然人使用的；②以个人名义将本单位资金供其他单位使用的；③个人决定以单位名义将本单位资金供其他单位使用，谋取个人利益的。这里所说的"借贷给他人"，是指挪用人以个人名义将所挪用的资金借给其他自然人和单位。"超过三个月未还的"，是指挪用资金的时间自挪用行为发生之日已经超过三个月并且未归还。这里包括案发时尚未归还挪用款项并且时间已经超过三个月，还包括发案时已经归还、但归还时已经超过三个月两种情况。至于挪用公款超过三个月但在案发时已经归还的，可以作为一种犯罪情节加以考量。（2）挪用本单位资金归个人使用或者借贷给他人，数额较大、进行营利活动的。"进行营利活动"，是指用所挪用的资金进行经营或者其他获取利润的行为，至于其是否实际获得利益不影响本罪的成立。（3）挪用本单位资金归个人使用或者借贷给他人，进行非法活动的。这里的"非法活动"是广义的，既包括一般的违法行为，如赌博、嫖娼，也包括犯罪行为，如走私、贩毒等。根据本款规定，挪用资金进行非法活动的，由于该行为本身就具有严重的社会危害性，所以刑法未对其在数额及挪用时间上明确加以限制。但这并不等于说只要挪用资金进行非法活动即构成犯罪，并可以完全不考虑数额。

根据本款规定，公司、企业或者其他单位的工作人员，利用职务上的便利，挪用本单位资金归个人使用或者借贷给他人，数额较大、超过三个月未还的，或者虽未超过三个月，但数额较大、进行营利活动的，或者进行非法活动的，处三年以下有期徒刑或者拘役；挪用本单位资金数额巨大的，处三年以上七年以下有期徒刑；数额特别巨大的，处七年以上有期徒刑。

本条第二款规定的是国有公司、企业或者其他国有单位中从事公务的人员和国有公司、企业或者其他国有单位委派到非国有公司、企业以及其他单位从事公务的人员挪用本单位资金的，依照本法第三百八十四条的规定处罚，即依照关于挪用公款罪的规定定罪处罚。刑法第三百八十四条规定，国家工作人员利用职务上的便利，挪用公款归个人使用，进行非法活动的，或者挪用公款数额较大、进行营利活动的，或者挪用公款数额较大、超过三个月未还的，是挪用公款罪，处五年以下有期徒刑或者拘役；情节严重的，处五年以上有期徒刑。挪用公款数额巨大不退还的，处十年以上有期徒刑或者无期徒刑。挪用用于救灾、抢险、防汛、优抚、扶贫、移民、救济款物归个人使用的，从重处罚。

本条第三款是关于对挪用资金犯罪可以从宽处理的规定。对挪用资金犯罪从宽处理必须同时符合以下两个条件：一是在提起公诉前。"提起公诉"是人民检察院经全面审查，对事实清楚，证据确实充分，依法应当判处刑罚的，提交人民法院审判的诉讼活动。二是行为人必须将挪用的资金退还。这里的退还挪用资金，应当是退还全部的挪用资金。在同时具备以上前提的条件下，根据本款的规定，可以从轻或者减轻处罚。其中，犯罪较轻的，可以减轻或者免除处罚。当然，实践中也存在行为人因为经济状况等原因，积极退赔部分赃款，但确实无力退还全部赃款的情况，对于这种退还部分挪用资金的，也可以根据上述规定的精神，结合案件的具体情况，行为人退赔金额对于减少损害结果的实际效果等，依法予以从宽处理，以体现罪责刑相适应。本款关于退还挪用资金的，予以从宽处理的规定，是针对挪用资金犯罪所作的特别规定，是考虑到实践中追赃工作的实际情况和更有利于保护涉案企业财产权益的需要，也与实践中司法机关对量刑情节的考虑和刑法总则中的从宽精神是一致的。

【适用中需要注意的问题】

1. 实际执行中应当注意罪与非罪的界限。挪用本单位的资金，并非一经挪用即构成犯罪，只有情节严重、危害较大的挪用行为才构成犯罪，并依法追究刑事责任。对情节轻微危害不大的挪用行为，可以作为一般违法和违反公司财经纪律的行为，通过民事途径解决。如公司法第一百四十八条规定，董事、高级管理人员不得挪用公司资金，违反前款规定的，所得收入应当归公司所有。第一百四十九条、第一百五十二条规定，董事、监事、高级管理人员执行公司职务时违反法律、行政法规或者公司章程的规定，给公司造成损失的，应当承担赔偿责任；损害股东利益的，股东可以向人民法院提起诉讼。

挪用本单位资金是否构成犯罪，主要应考虑以下两个方面：第一，挪用资金的数额。挪用资金的数额大小是衡量挪用资金行为社会危害程度的关键因素。按照本条规定，除行为人进行非法活动外，挪用本单位资金达到较大数额，是继续判断挪用行为是否构成犯罪的前提条件。至于挪用资金进行非法活动的情形，由于该行为本身就具有社会危害性，所以刑法未对其在数额及挪用时间上明确加以限制。但这并不等于只要挪用资金进行非法活动即构成犯罪，而根本不考虑数额。如果行为人挪用资金数额较小或者只进行危害性小的非法活动，则显然不宜以犯罪论处。第二，挪用资金的时间。挪用本单位资金行为的社会危害性的重要体现之一，即是挪用时间的长短。根据本条规定，挪用数额较大的资金从事非法活动、营利活动以外的其他活动的，挪用时间须超过三个月才构成犯罪。如果未满三个月就主动归还的，不构成犯罪。关于挪用资金进行非法活动或者营利活动的案件，刑法没有挪用时间的具体规定和限制，但挪用时间的长短对定罪也存在一定的影响。如果挪用时间较短，综合全案的情况，确属情节显著轻微危害不大的，也可以不认为是犯罪。

2. 关于挪用资金罪与职务侵占罪的区别。首先，侵犯的对象不同。挪用资金罪侵犯的是公司、企业或者其他单位对资金的使用权，在实践中要判断该挪用行为是否使得单位对资金暂时失去了控制；职务侵占罪侵犯的是公司、企业或者其他单位对包含资金在内的全部财物的所有权。其次，犯罪行为不同。挪用资金罪表现为公司、企业或者其他单位的工作人员，利用职务上的便利，挪用本单位资金归个人使用或者借贷给他人，数额较大、超过三个月未还的，或者虽未超过三个月，但数额较大、进行营利活动的，或者进行非法活动的行为；职位侵占罪表现为公司、企业或者其他单位的人员，利用职务上的便利，将本单位财物非法占为己有，数额较大的行为。虽然都是利用职务之便，但挪用资金罪的行为方式是挪用，即未经合法批准或许可而擅自挪归自己使用或者借贷给他人；职务侵占罪的行为方式是侵占，即行为人利用职务上的便利，侵吞、窃取、骗取或者以其他手段非法占有本单位财物。且职务侵占罪必须要求侵占本单位财物数额较大的，才能构成犯罪。最后，二者最关键的区别在于主观目的不同。挪用资金罪行为人的目的在于非法取得本单位资金的使用权，但不并不企图永久占有，而是准备用后归还；职务侵占罪的行为人的目的在于非法取得本单位财物的所有权，而非暂时使用。

第二百七十三条 【挪用特定款物罪】挪用用于救灾、抢险、防汛、优抚、扶贫、移民、救济款物，情节严重，致使国家和人民群众利益遭受重大损害的，对直接责任人员，处三年以下有期徒刑或者拘役；情节特别严重的，处三年以上七年以下有期徒刑。

【释解与适用】

本条是关于挪用特定款物罪及其刑罚的规定。

挪用特定款物罪，是指违反国家财经管理制度和民政事业制度，挪用国家和社会救灾、抢险、防汛、优抚、扶贫、移民、救济款物，情节严重，致使国家和人民群众利益遭受重大损害的行为。根据国家的有关规定，救灾款应重点用于灾情严重地区自力无法克服生活困难的灾民的分配和发放。抢险、防汛款用于购买抢险、防汛的物资、通讯器材、设备和其他有关开支。优抚款主要用于烈属、军属、残废军人等的抚恤、生活补助以及疗养、安置等。救济款主要用于农村中由集体供给、补助后生活仍有困难的五保户、贫困户的生活救济，城镇居民中无依无靠、无生活来源的孤老、残、幼和无固定职业、无固定收入的贫困户的生活救济，无依无靠、无生活来源的散居归侨、外侨以及其他人员的生活困难救济等。为了救灾、抢险、防汛、优抚、扶贫、移民、救济等方面的需要，国家临时调拨、募捐或者用上述专款购置的食品、被服、药品、器材设备以及其他物资，也属于作为本罪对象的特定专用物资。特定款物不得挪作他用，也不得混用。

根据本条规定，构成挪用特定款物罪必须符合以下几个条件：第一，犯罪主体只能是对挪用行为负有责任的主管人员、直接实施挪用行为的人员，一般是经手、掌管国家救灾、抢险、防汛、优抚、扶贫、移民、救济款物的人员，包括国家工作人员、集体经济组织工作人员、事业单位工作人员、社会团体工作人员，以及受上述单位委托经手、管理特定款物的人员。第二，客观表现为挪用救灾、抢险、防汛、优抚、扶贫、移民、救济款物，情节严重，致使国家和人民群众的利益遭受重大损害的行为。这里所说的"挪用"，是指不经合法批准，擅自将自己经手、管理的救灾、抢险、防汛、优抚、扶贫、移民、救济款物调拨、使用到其他方面，例如将用于救灾、抢险、防汛、优抚、扶贫、移民、救济等事项的款物挪作修建楼堂馆所、从事商业经营、投资的行为等。"情节严重"，主要是指挪用上述款物数额较大的；挪用行为给人民群众的生产和生活造成严重危害的；挪用特别重要紧急款物的；挪用手段特别恶劣，造成极坏影响等。第三，行为人主观上必须是故意，过失不构成本罪。第四，挪用款物的目的是用于单位的其他项目，如果挪用上述特定款物归个人使用，构成犯罪的，应按挪用公款罪从重处罚。

根据本条规定，挪用上述专用款物，情节严重，致使国家和人民群众利益遭受重大损害的，对直接责任人员，处三年以下有期徒刑或者拘役；情节特别严重的，处三年以上七年以下有期徒刑。构成本条规定的犯罪，需要同时满足"情节严重"和"重大损失"两个条件。

第二百七十四条 【敲诈勒索罪】敲诈勒索公私财物，数额较大或者多次敲诈勒索的，处三年以下有期徒刑、拘役或者管制，并处或者单处罚金；数额巨大或者有其他严重情节的，处三年以上十年以下有期徒刑，并处罚金；数额特别巨大或者有其他特别严重情节的，处十年以上有期徒刑，并处罚金。

【释解与适用】

本条是关于敲诈勒索罪及其刑罚的规定。

本条规定的"敲诈勒索"，是指以非法占有为目的，对公私财物的所有人、保管人使用威胁或者要挟的方法，勒索公私财物的行为。本罪的主体是一般犯罪主体。构成敲诈勒索罪必须具备以下条件：（1）行为人具有非法占有他人财物的目的。（2）行为人实施了以威胁或者要挟的方法勒索财物的行为，这是敲诈勒索罪最主要的特点。威胁和要挟，是指通过对被害人及其关系密切的人精神上的强制，对其在心理上造成恐惧，产生压力。威胁或者要挟的方法多种多样，如以将要实施暴力，揭发隐私、违法犯罪活动，毁坏名誉相威胁等。其形式可以是口头的，也可以是书面的，还可以通过第三者转达；可以是明示，也可以是暗示。在取得他人财物的时间上，既可以迫使对方当场交出，也可以限期交出。总之，是通过对公私财物的所有人、保管人实施精神上的强制，使其产生恐惧、畏惧心理，不得已而交出财物。(3)敲诈勒索的财物数额较大或者多次敲诈勒索的。数额较大,是敲诈勒索行为构成犯罪的基本要件。如果敲诈勒索的财物数额较小,一般应当依照治安管理处罚法的规定予以处罚,不需要动用刑罚。多次敲诈勒索,是刑法修正案(八)增加规定的构成犯罪的条件。有的犯罪分子,特别是黑社会性质组织和恶势力团伙成员,凭借其组织或团伙的非法控制或影响,频繁实施敲诈勒索行为,欺压群众,扰乱社会治安,具有严重的社会危害性。对多次敲诈勒索的行为,即使敲诈勒索的财物数额没有达到较大的标准,也应当依法定罪处罚。

本条对敲诈勒索罪量刑档次的划分采取了数额加情节的标准。刑法修正案(八)对敲诈勒索罪的量刑作了两处修改。一是为适应打击实际中一些敲诈勒索财物数额特别巨大或者情节特别严重的犯罪的需要,增设了"十年以上有期徒刑,并处罚金"这一量刑档次。二是为在经济上打击敲诈勒索这一财产性犯罪,在每一量刑档次都增加规定了财产刑。根据《最高人民法院、最高人民检察院关于办理敲诈勒索刑事案件适用法律若干问题的解释》第一条的规定,敲诈勒索公私财物"数额较大",以二千元至五千元为起点;"数额巨大",以三万元至十万元为起点;"数额特别巨大",以三十万元至五十万元为起点。各省、自治区、直辖市高级人民法院、人民检察院可以根据本地区经济发展状况和社会治安状况,在上述数额幅度内,共同研究确定本地区执行的具体数额标准,并报最高人民法院、最高人民检察院备案。根据该司法解释,敲诈勒索的犯罪分子是否"有其他严重情节""有其他特别严重情节",应当考虑犯罪分子是否为累犯或者惯犯,是否为共同犯罪的首要分子或者黑社会性质组织、恶势力团伙的组织领导者,敲诈勒索手段是否恶劣,敲诈勒索对象是否系未成年人等弱势群体的,是否有冒充国家工作人员进行敲诈勒索等情节,是否造成严重后果等。二年内敲诈勒索三次以上的,应当认定为刑法第二百七十四条规定的"多次敲诈勒索"。

根据本条规定,敲诈勒索公私财物,数额较大或者多次敲诈勒索的,处三年以下有期徒刑、拘役或者管制,并处或者单处罚金;数额巨大或者有其他严重情节的,处三年以上十年以下有期徒刑,并处罚金;数额特别巨大或者有其他特别严重情节的,处十年以上有期徒刑,并处罚金。

【适用中需要注意的问题】

1. 在实际执行中要注意区分敲诈勒索罪和抢劫罪的界限。抢劫罪与敲诈勒索罪均属侵犯财产罪，从犯罪客体来看，不仅都侵犯了他人财物的所有权关系，有时还同时侵犯到公民的人身权利。从主观方面来看，两者都具有非法占有公私财物的目的。客观方面也存在相似之处，例如可能都当场使用威胁方式，恐吓被害人，迫使其立即交付财物。但是二者也存在许多重要的区别：（1）威胁的实施方式不同。抢劫罪的威胁，是当场直接向被害人发出的，具有直接的公开性；而敲诈勒索罪的威胁可以是面对被害人公开实行，也可以是利用书信、通讯设备或者通过第三人的转告通知被害人的间接实施。（2）威胁的紧迫性不同。这是两者之间的重要区别。抢劫罪的威胁，都是直接侵犯人的生命健康的暴力威胁，如以杀害、伤害相威胁，对被害人产生了现实威胁，达到使被害人不能反抗的地步；敲诈勒索罪威胁的内容较广泛，可以是针对人身实施暴力、伤害相威胁，也可以是以毁人名誉、毁其前途、设置困境等相威胁，例如采用揭发隐私、举报犯罪行为等相威胁，虽然使被害人产生恐惧感和压迫感，但是并没有达到使被害人不能反抗的地步，被害人在决定是否交付财物上尚有考虑、选择的余地。（3）威胁索取的利益性质不同。抢劫罪索取的利益之性质，一般只是财物；而敲诈勒索罪索取利益之性质，可以是财物，包括动产和不动产，也可以是其他财产性利益。（4）非法取得利益的时间不同。抢劫罪非法取得利益的时间只能是当场取得；敲诈勒索罪非法取得利益的时间，有时是当场，有时是特定时间以后。

2. 在实践中还要注意区分敲诈勒索罪与绑架罪的界限。敲诈勒索罪与绑架罪均以非法占有为目的，均有勒索财物的行为，均既侵犯公私财产所有权，又侵犯公民的人身权利，因此两罪存在着相似之处。但敲诈勒索罪与绑架罪仍存在较大的区别，主要表现在：（1）犯罪客体不同。两者的犯罪客体均是复杂客体，但是敲诈勒索罪侵犯的主要客体是公私财产的所有权，因而该罪在刑法分则体系上被归属于侵犯财产罪的一种；而绑架罪侵犯的主要客体则是公民的人身权利，虽然其也在某种程度上侵犯公私财产所有权，但其属于次要客体，因而在刑法分则体系上被归属于侵犯公民人身权利罪的一种。（2）犯罪行为特征不同。敲诈勒索罪是以将要实施的侵害相威胁，勒索数额较大的公私财物或者财产性利益，而没有实施绑架行为；绑架罪则主要是通过绑架人质，以交换人质为条件，逼人质亲友交出财物。(3) 行为暴力程度不同。敲诈勒索罪的威胁既可以是暴力侵害，也可以是非暴力侵害；绑架罪则是以杀害、伤害人质相威胁，而且因发出勒索口令时人质已在其绑架掌握之中，这种威胁内容随时都可能付诸实施，具有加害的现实性和紧迫性。

第二百七十五条 【故意毁坏财物罪】故意毁坏公私财物，数额较大或者有其他严重情节的，处三年以下有期徒刑、拘役或者罚金；数额巨大或者有其他特别严重情节的，处三年以上七年以下有期徒刑。

【释解与适用】

本条是关于故意毁坏财物罪及其刑罚的规定。

故意毁坏财物罪，是指故意毁灭或者损坏公私财物，数额较大或者有其他严重情节的行为。根据我国刑法规定，故意毁坏财物罪属于侵犯财产罪的一种，此类犯罪与其他侵犯财产犯罪不同的主要特点在于，行为人一方面使公私财物受到损失，另一方面行为人没有将财物占为己有或转归第三者所有的目的，即其本人或第三者并未得到任何物质上的利益，而是使某项财物价值或者使用价值完全丧失或部分丧失的行为。

根据本条规定，构成故意毁坏财物罪，必须符合下列条件。

1. 故意毁坏财物罪主观上必须是故意，犯罪目的只是毁坏公私财物，不具有非法占有的目的，这是本罪与其他侵犯财产罪的本质区别。过失毁坏公私财物的，不构成本罪。

2. 行为人客观上实施故意毁坏公私财物数额较大或者有其他严重情节的行为。所采用的方式主要是毁灭和损坏。其中毁灭，是指使用各种方法故意使公私财物的价值和使用价值全部丧失。损坏，是指将某项公私财物部分毁坏，使其部分丧失价值和使用价值。如果用放火、爆炸等危险方法毁坏公私财物，而且足以危及公共安全的，则应以放火罪、爆炸罪等危害公共安全罪论处。同时，故意毁坏公私财物必须达到数额较大或者有其他严重情节的程度。如果情节轻微或者数额较小，不构成犯罪。"其他严重情节"，一般是指以下几种情况：毁灭重要财物或者物品，损失严重的；造成严重后果的；动机和手段特别恶劣的；等等。

3. 本罪侵犯的客体是公私财物所有权，侵犯对象是各种公私财物。但是破坏某些特定的公私财物，侵犯了其他客体，则不能以故意毁坏财物罪论处。例如，故意毁坏使用中的交通设备、交通工具、电力煤气易燃易爆设备，危害公共安全的，以危害公共安全罪中的有关犯罪论处；故意毁坏机器设备、残害耕畜，破坏生产经营的，以破坏生产经营罪论处。根据《最高人民法院关于审理破坏公用电信设施刑事案件具体应用法律若干问题的解释》第三条第一款的规定，故意破坏正在使用中的公用电信设施尚未危害公共安全，或者故意毁坏尚未投入使用的公用电信设施，造成财产损失，构成犯罪的，以故意毁坏财物罪定罪处罚。

根据本条规定，故意毁坏公私财物，数额较大或者有其他严重情节的，处三年以下有期徒刑、拘役或者罚金；数额巨大或者有其他特别严重情节的，处三年以上七年以下有期徒刑。《最高人民检察院、公安部关于公安机关管辖的刑事案件立案追诉标准的规定（一）》第三十三条规定："故意毁坏公私财物，涉嫌下列情形之一的，应予立案追诉：（一）造成公私财物损失五千元以上的；（二）毁坏公私财物三次以上的；（三）纠集三人以上公然毁坏公私财物的；（四）其他情节严重的情形。"

【适用中需要注意的问题】

1. 本罪与破坏生产经营罪的区别。根据我国刑法第二百七十六条的规定，破坏生产经营罪是指由于泄愤报复或者其他个人目的，毁坏机器设备、残害耕畜或者以其他方法破坏生产经营的行为。二者的主要区别在于：（1）侵犯的客体不同。破坏生产经营罪的犯罪客体是生产经营的正常进行，而故意毁坏财物罪所侵犯的客体是公私财产所有权。客体的不同使二罪的犯罪对象也有所不同。破坏生产经营罪所侵犯的对象是与生产经营有直接联系的，而故意毁坏公私财物罪所侵犯的对象一般与生产经营无直接关系。具体来说，破坏已经或正要投入生产的机器设备，必然使生产停顿；残害使役期间的耕畜，势必影响耕作，可以以破坏生产经营罪论处；而破坏了未使用的或保存中的生产工具或设备，不影响生产经营活动正常进行的，则一般构成故意毁坏财物罪。另外，一般来说，破坏生产经营罪所毁坏的主要是公共财物，而故意毁坏财物罪所毁坏的财物既有公共财物，也有公民个人所有的财物。（2）犯罪行为的具体表现不同。破坏生产经营罪既可以由积极的作为构成，也可以由消极的不作为构成，而且破坏行为只要足以使生产无法正常进行或者使已经进行的生产归于失败即可，并不要求达到数额较大或者有其他严重情节的程度。而故意毁坏财物罪则只能由积极的作为构成，消极的不作为不能构成此罪，并且，故意毁坏公私财物的行为必须是数额较大或者有其他严重情节的才构成犯罪。如未达到数额较大或者情节较轻的，就不以犯罪论处。另外，从危害结果上看，破坏生产经营罪对生产经营所造成的实际损失往往大于被毁坏的机器设备或残害的耕畜等财物本身的价值；而故意毁坏公私财物罪所造成的损失只有被毁坏的财物本身的价值。

2. 本罪与寻衅滋事罪中的故意毁损公私财物行为的界限。刑法第二百九十三条规定的寻衅滋事罪，主要表现形式为随意殴打他人，追逐、拦截、辱骂他人，强拿硬要或者任意损毁、占用公私财物，在公共场所起哄闹事，情节严重的行为。在寻衅滋事罪中毁坏公私财物是常见后果之一的，但寻衅滋事罪是一种性质恶劣、危害广泛、严重破坏公共秩序的犯罪，它与故意毁坏财物罪有着本质的不同。具体而言，二者的主要区别是：（1）侵害的客体不同。故意毁坏财物罪侵害的客体只限于公私财物的所有权，而寻衅滋事罪侵害的客体是公共秩序。（2）犯罪行为的具体表现不同。任意毁坏公私财物是寻衅滋事的行为表现之一，它不是对特定的个人或财产实施危害，而是对不特定的公民的人身权利和公私财产进行危害，即其所毁损的公私财物是不特定的、任意的。而故意毁坏财物罪在客观方面则表现为故意毁坏特定对象（单位或者个人）的财物，而不是不分对象任意毁坏。（3）虽然故意毁坏财物罪和寻衅滋事罪都是故意犯罪，但二者的犯罪目的不同。前者是以毁坏公私财物为目的，而后者则只是把毁坏公私财物作为手段之一，以达到寻求精神刺激、填补精神空虚、藐视国家法纪和社会公德、破坏公共秩序的目的。因此，故意毁坏公私财物的犯罪，通常要以被毁坏的公私财物达到一定的数额或具备一定的情节才构成犯罪，而寻衅滋事罪由于目的不同，不需要达到一定的数额，而只要具备情节恶劣，就构成犯罪。

第二百七十六条 【破坏生产经营罪】由于泄愤报复或者其他个人目的，毁坏机器设备、残害耕畜或者以其他方法破坏生产经营的，处三年以下有期徒刑、拘役或者管制；情节严重的，处三年以上七年以下有期徒刑。

【释解与适用】

本条是关于破坏生产经营罪及其刑罚的规定。

破坏生产经营罪，是指由于泄愤报复或者其他个人目的，毁坏机器设备、残害耕畜或者以其他方法破坏生产经营的行为。本罪侵害的是生产经营的正常活动秩序。根据本条规定，构成破坏生产经营罪，必须符合下列条件：（1）行为人为一般主体，即达到刑事责任年龄具有刑事责任能力的自然人。（2）行为人必须具有毁坏机器设备、残害耕畜或者以其他方法破坏生产经营的行为。这里所说的"其他方法"，是指除本条所列举的方法以外的其他任何方法。例如切断水源、颠倒生产程序、破坏生产机械及设备、破坏运输、储存工具等破坏生产经营的方法。至于其方式，则既可以表现为积极的作为，如砸碎、烧毁，又可以表现为消极的不作为，如明知有故障而不加排除。但不论方式如何，采用的手段怎样，破坏的对象都必须与生产经营活动直接相联系，破坏用于生产经营的生产工具、生产工艺、生产对象等。如果是毁坏闲置不用或在仓库备用的机器设备、已经收获并未用于加工生产的粮食、水果，残害已经丧失畜役力的待售肉食牲畜的行为，则由于它们与生产经营活动没有直接联系，因此不能构成本罪。（3）行为人主观上是故意犯罪，并且具有泄愤报复或者其他个人目的。这里所说的"其他个人目的"，主要是指为了打击竞争对手或者牟取其他不正当的利益等目的。

根据本条规定，破坏生产经营的，处三年以下有期徒刑、拘役或者管制；情节严重的，处三年以上七年以下有期徒刑。根据《最高人民检察院、公安部关于公安机关管辖的刑事案件立案追诉标准的规定（一）》第三十四条的规定，由于泄愤报复或者其他个人目的，毁坏机器设备、残害耕畜或者以其他方法破坏生产经营，涉嫌下列情形之一的，应予立案追诉：（1）造成公私财物损失五千元以上的；（2）破坏生产经营三次以上的；（3）纠集三人以上公然破坏生产经营的；（4）其他破坏生产经营应予追究刑事责任的情形。本条所说的"情节严重"，一般是指手段特别恶劣，引起生产停顿、间接造成巨大经济损失的，直接造成较大的经济损失、后果严重等情节。

【适用中需要注意的问题】

实际执行中应当注意区分本罪与破坏交通工具、破坏交通设施、破坏电力设备及易燃易爆设备罪的界限。由于破坏上述特定对象，往往会直接或者间接地使生产经营遭到破坏，因此，对这种破坏行为的定性，需要从犯罪对象和犯罪行为上进行区分：凡破坏生产过程中的上述工具、设备，危害的主要是生产经营的，一般以破坏生产经营罪定罪处罚；凡破坏的是用于公共生活的上述工具、设备，危害的主要是公共安全的，分别按破坏交通工具罪、破坏交通设施罪、破坏电力设备罪和破坏易燃易爆设备罪定罪处罚。

第二百七十六条之一 【拒不支付劳动报酬罪】以转移财产、逃匿等方法逃避支付劳动者的劳动报酬或者有能力支付而不支付劳动者的劳动报酬，数额较大，经政府有关部门责令支付仍不支付的，处三年以下有期徒刑或者拘役，并处或者单处罚金；造成严重后果的，处三年以上七年以下有期徒刑，并处罚金。

单位犯前款罪的，对单位判处罚金，并对其直接负责的主管人员和其他直接责任人员，依照前款的规定处罚。

有前两款行为，尚未造成严重后果，在提起公诉前支付劳动者的劳动报酬，并依法承担相应赔偿责任的，可以减轻或者免除处罚。

【释解与适用】

本条是关于拒不支付劳动报酬罪及其刑罚的规定。

本条共分三款。第一款是关于以转移财产、逃匿等手段，逃避支付或不支付劳动者的劳动报酬的犯罪及其处罚的规定。本款规定的逃避支付或者不支付劳动者报酬的犯罪是故意犯罪，主体是自然人。主观方面必须有逃避支付或者不支付劳动者的劳动报酬的故意。其侵犯的客体为双重客体，既侵犯了劳动者的财产权，又扰乱了市场经济秩序。客观方面，行为人实施了以转移财产或逃匿等手段，逃避支付劳动者的劳动报酬或者虽没有转移财产和逃匿等行为，但有能力支付而故意不支付劳动者的劳动报酬的行为。

本款所说的"转移财产"，是指行为人为逃避欠薪将所经营的收益转移到他处，以使行政机关、司法机关或被欠薪者无法查找到。"逃匿"，是指行为人为逃避行政机关或司法机关的追究而逃离当地或躲藏起来。"劳动报酬",是指劳动者按照劳动法和劳动合同法的规定,通过自己的劳动而应得的报酬,其范围不限于工资。根据劳动部印发的《关于贯彻执行〈中华人民共和国劳动法〉若干问题的意见》的规定,工资是劳动者劳动报酬的主要组成部分。但劳动者的以下劳动报酬不属于工资的范围:(1)单位支付给劳动者个人的社会保险福利费用,如丧葬抚恤救济费、生活困难补助费、计划生育补贴等;(2)劳动保护方面的费用,如用人单位支付给劳动者的工作服、解毒剂、清凉饮料费用等;(3)按规定未列入工资总额的各种劳动报酬及其他劳动收入,如根据国家规定发放的创造发明奖、国家星火奖、自然科学奖、科学技术进步奖、合理化建议和技术改进奖、中华技能大奖等,以及稿费、讲课费、翻译费等。"有能力支付",是指经调查有事实证明企业或单位确有资金支付劳动者工资的情况。这里的"政府有关部门",一般是指县级以上政府劳动行政部门,即劳动和社会保障部门。劳动法明确了劳动行政部门在劳动工作中的地位和职责,即国务院劳动行政部门主管全国的劳动工作。县级以上地方人民政府劳动行政部门主管本行政区域内的劳动工作。这里的"责令支付仍不支付",是指经政府劳动行政部门责令支付一次仍没有支付的情况。根据劳动法第九十一条的规定,用人单位违反劳动法的规定,政府劳动行政部门有对其责令权。即用人单位具有克扣或者无故拖欠劳动者工资、拒不支付劳动者延长工作时间工资报酬、低于当地最低工资标准支付劳动者工资、解除劳动合同后未依照劳动法规定给予劳动者经济补偿等侵害劳动者合法权益情形之一的,由劳动行政部门责令支付劳动者的工资报酬、经济补偿,并可以责令支付赔偿金。根据本款规定,"数额较大,经政府有关部门责令支付仍不支付"是构成本罪的必备条件,缺一不可。也就是说,行为人采取转移财产、逃匿等方法逃避支付劳动者的劳动报酬,或者有能力支付而不支付劳动者的劳动报酬都必须达到数额较大且经政府有关部门责令支付仍不支付的,才能构成本罪。仅符合数额较大的条件或者经政府有关部门责令支付仍不支付的条件之一的都不构成本罪。本条所称"造成严重后果的",一般是指以下几种情况:(1)由于不支付或没有及时支付劳动者报酬,以致影响到劳动者家庭的生活或生存;(2)导致劳动者自伤、精神失常或实施犯罪行为,如偷盗、伤人等;(3)引发群体性事件等严重后果。

第二款是关于单位犯罪的处罚规定。本款所说的"单位",是指劳动合同法中规定的用人单位，包括具备合法经营资格的用人单位和不具备合法经营资格的用人单位以及劳务派遣单位。对于个人承包经营者犯罪的，应当以个人犯罪追究其刑事责任。

　　第三款是关于减轻或者免除处罚的规定。本款中的"有前两款行为"，是指有第一款关于个人犯罪和第二款关于单位犯罪的规定。也就是说，本款规定的犯罪主体是个人或单位。"尚未造成严重后果"，一般是指：（1）虽然没有支付或没有及时支付劳动者报酬，但没有影响到劳动者家庭的生活或生存；（2）没有造成劳动者自伤、精神失常或者实施犯罪行为；（3）没有引发群体性事件等严重后果。"在提起公诉前支付劳动者的劳动报酬"，是指在人民检察院提起公诉前，欠薪的单位或个人全额支付了劳动者报酬的情况。"依法承担相应赔偿责任"中的"赔偿责任"，主要是指依据劳动合同法第八十五条规定的赔偿金和经济补偿责任。具体规定如下："用人单位有下列情形之一的，由劳动行政部门责令限期支付劳动报酬、加班费或者经济补偿；劳动报酬低于当地最低工资标准的，应当支付其差额部分；逾期不支付的，责令用人单位按应付金额百分之五十以上百分之一百以下的标准向劳动者加付赔偿金：（一）未按照劳动合同的约定或者国家规定及时足额支付劳动者劳动报酬的；（二）低于当地最低工资标准支付劳动者工资的；（三）安排加班不支付加班费的；（四）解除或者终止劳动合同，未依照本法规定向劳动者支付经济补偿的。"关于经济补偿的标准，应当按照劳动合同法第四十七条的规定，即按劳动者在本单位工作的年限，每满一年支付一个月工资的标准向劳动者支付。六个月以上不满一年的，按一年计算；不满六个月的，向劳动者支付半个月工资的经济补偿。劳动者月工资高于用人单位所在的直辖市、设区的市级人民政府公布的本地区上年度职工月平均工资三倍的，向其支付经济补偿的标准按职工月平均工资三倍的数额支付，向其支付经济补偿的年限最高不超过十二年。这里的月工资是指劳动者在劳动合同解除或者终止前十二个月的平均工资。对于用人单位违反劳动合同法规定，解除或者终止劳动合同的，应当按照劳动合同法第四十七条规定的经济补偿标准的二倍向劳动者支付赔偿金。

　　根据本款规定，对逃避支付或不支付劳动者的劳动报酬的个人或单位，可以减轻或者免除处罚必须同时具备以下三个条件，缺一不可：（1）在人民检察院提起公诉前全部支付了劳动者劳动报酬；（2）在人民检察院提起公诉前依法承担了相应的赔偿责任；（3）欠薪行为尚未造成严重后果。本款作这样的规定，其出发点是保护民生，促进社会和谐，最终目的是让欠薪者能够全额支付劳动者应得到的报酬，从真正意义上保障劳动者合法权益的实现。这里的"减轻或者免除处罚"，是指个人或单位逃避支付或不支付劳动者的劳动报酬构成犯罪，但同时又具备上述三个条件的，可以依法予以减轻或者免除处罚。如果只具备以上三个条件中的一个或两个，仍应分别以前两款的规定，追究个人或单位的刑事责任。但法院可以作为犯罪的从轻情节予以考虑。

根据本条规定，拒不支付劳动报酬，数额较大，经政府有关部门责令支付仍不支付的，处三年以下有期徒刑或者拘役，并处或者单处罚金；造成严重后果的，处三年以上七年以下有期徒刑，并处罚金。单位犯第一款罪的，对单位判处罚金，并对其直接负责的主管人员和其他直接责任人员，依照第一款的规定处罚。《最高人民检察院、公安部关于公安机关管辖的刑事案件立案追诉标准的规定（一）的补充规定》第七条明确：以转移财产、逃匿等方法逃避支付劳动者的劳动报酬或者有能力支付而不支付劳动者的劳动报酬，经政府有关部门责令支付仍不支付，涉嫌下列情形之一的，应予立案追诉：（1）拒不支付一名劳动者三个月以上的劳动报酬且数额在五千元至二万元以上的；（2）拒不支付十名以上劳动者的劳动报酬且数额累计在三万元至十万元以上的。不支付劳动者的劳动报酬，尚未造成严重后果，在刑事立案前支付劳动者的劳动报酬，并依法承担相应赔偿责任的，可以不予立案追诉。

【适用中需要注意的问题】

1. 正确区分刑事犯罪与民事纠纷的界限。既不能都以犯罪处理，造成打击面过宽，也不能都以民事纠纷处理，使犯罪分子得不到应有的惩罚。

2. 严格把握以下三个问题：一是正确区分恶意欠薪行为和一般欠薪行为。对于因用人单位在经营中遇到困难、资金周转不开或经营不善等原因而暂时无法支付劳动者劳动报酬，主观上并不具有故意或恶意的，不宜将其纳入刑法调整的范围。劳动者可以通过现行法律规定的救济途径去维护其合法权益。二是对有能力支付而不支付复杂情况的判定和把握。三是对本条第三款规定的三个条件应严肃执法，当严则严，该宽则宽。

3. 刑法虽然规定了恶意欠薪罪，但并不影响劳动者按照劳动管理等法律，通过民事途径维护自己的合法权益。

第六章 妨害社会管理秩序罪

第一节 扰乱公共秩序罪

第二百七十七条 【妨害公务罪】以暴力、威胁方法阻碍国家机关工作人员依法执行职务的,处三年以下有期徒刑、拘役、管制或者罚金。

以暴力、威胁方法阻碍全国人民代表大会和地方各级人民代表大会代表依法执行代表职务的,依照前款的规定处罚。

在自然灾害和突发事件中,以暴力、威胁方法阻碍红十字会工作人员依法履行职责的,依照第一款的规定处罚。

故意阻碍国家安全机关、公安机关依法执行国家安全工作任务,未使用暴力、威胁方法,造成严重后果的,依照第一款的规定处罚。

【袭警罪】暴力袭击正在依法执行职务的人民警察的,处三年以下有期徒刑、拘役或者管制;使用枪支、管制刀具,或者以驾驶机动车撞击等手段,严重危及其人身安全的,处三年以上七年以下有期徒刑。

【释解与适用】

本条是关于妨害公务罪、袭警罪及其刑罚的规定。

社会正常有序发展的一个重要前提就是国家的正常管理活动能够得以顺利开展,这在很大程度上需要依赖国家机关工作人员依法执行职务来实现。为此,在要求国家工作人员忠于职守,积极履行职责的同时,也需要采取有效措施,保障国家工作人员依法执行职务,惩治干扰、妨碍国家工作人员依法执行职务的行为。为此，1979年刑法第一百五十七条规定："以暴力、威胁方法阻碍国家工作人员依法执行职务的，或者拒不执行人民法院已经发生法律效力的判决、裁定的，处三年以下有期徒刑、拘役、罚金或者剥夺政治权利。"

随着改革开放的深入，我国政治、经济、文化等方面也发生了深刻的变化，妨害公务的犯罪也出现了新情况和新特点。立法机关通过决定和有关法律对妨害公务罪进行了修改和补充。一是1982年3月8日通过的《全国人民代表大会常务委员会关于严惩严重破坏经济的罪犯的决定》（已失效）第一条第三项规定，对执法人员和揭发检举作证人员进行阻挠、威胁的，按刑法第一百五十七条或者第一百四十六条的规定处罚。二是1992年4月3日通过的全国人民代表大会和地方各级人民代表大会代表法第三十九条规定，以暴力、威胁方法阻碍代表依法执行代表职务的，依照刑法第一百五十七条的规定追究刑事责任。三是1993年2月22日通过的国家安全法第二十七条规定，以暴力、威胁方法阻碍国家安全机关依法执行国家安全工作任务的，依照刑法第一百五十七条的规定处罚。故意阻碍国家安全机关依法执行国家安全工作任务，未使用暴力、威胁方法，造成严重后果的，比照刑法第一百五十七条的规定处罚。四是1993年10月31日通过的红十字会法第十五条规定，在自然灾害和突发事件中，以暴力、威胁方法阻碍红十字会工作人员依法履行职责的，比照刑法第一百五十七条的规定追究刑事责任。此外，还有一些法律对刑法第一百五十七条的适用作了规定，如1988年4月13日通过的全民所有制工业企业法第六十四条、1993年2月22日通过的产品质量法第四十九条等。

1997年修订刑法的情况。1979年刑法将妨害公务罪与拒不执行判决、裁定罪两个罪规定在同一条文中。1997修订刑法时，在总结以往立法与司法实践经验以及法学理论研究的基础上，对本条作了进一步的修改：一是将"拒不执行人民法院已经发生法律效力的判决、裁定"的犯罪移至妨害司法罪第三百一十三条中；二是将"国家工作人员"修改为"国家机关工作人员"，这样规定主要是与渎职罪的主体相衔接；三是增加了管制刑；四是取消了可以单处剥夺政治权利的规定。同时，考虑到实践中，有时发生以暴力、威胁方法阻碍全国人民代表大会和地方各级人民代表大会代表依法执行代表职务、阻碍红十字会工作人员依法履行职责，以及非暴力故意阻碍国家安全机关、公安机关依法执行国家安全工作任务的案件，这些案件按照相关法律的规定比照妨害公务罪定罪处罚，有必要将相关规定统一纳入妨害公务罪。因此，将全国人民代表大会和地方各级人民代表大会代表法第三十九条的有关规定纳入本条作为第二款，将红十字会法第十五条的有关规定纳入本条作为第三款，将国家安全法第二十七条的有关规定纳入本条作为第四款。

2015年刑法修正案（九）对本条作了第一次修改，增加一款作为第五款："暴力袭击正在依法执行职务的人民警察的，依照第一款的规定从重处罚。"

在刑法修正案（九）草案研究起草过程中，一些全国人大代表、全国人大常委会委员、公安部等有关部门提出，针对当前暴力袭警犯罪多发的实际情况，在刑法中单独规定袭警罪。是否单独规定袭警罪，是一个在刑法修改过程中多次提出并反复研究的问题，有意见认为应当慎重，主要理由为：一是我国刑法规定了妨害公务罪，这一罪名的外延比袭警罪宽，涵盖了袭警行为。目前，在司法实践中对袭警行为是区别其行为的不同方式、后果、危害等，依照刑法等法律的规定从严惩处的。如对于从事犯罪活动，抗拒警察依法处置袭警的，依其所犯罪行与刑法第二百七十七条规定的妨害公务罪数罪并罚；对在警察正常执行职务时袭警造成警察伤亡的，以故意伤害罪、故意杀人罪从重处罚；未造成伤亡的，依照妨害公务罪定罪处罚；情节轻微不构成犯罪的，依照治安管理处罚法予以治安处罚。总体看，现行法律规定基本可以适应保护人民警察依法执行职务的需要。二是除人民警察外，还有一些执法人员如法官、检察官以及工商管理、税收征管、城管等工作人员，由于其在履行职责时直接面对群众甚至违法犯罪人员，在执法过程中遭到暴力抗拒甚至被袭击的情况时有发生，比较而言，警察的自我防护手段、执法装备保障、对暴力抗法或袭警人的追究能力等相比其他执法主体更强。三是当前突出的问题是遇到实际发生的袭警行为，有的警察果断处置能力不强，有的机关严格依法追究袭警人员法律责任的意识不足，对人民警察严格执法的支持力度不够，致使在个别案件中出现警察"流血又流泪"的情况。为此，需要进一步完善警察警械配置、使用的有关规定，明确赋予其果断处置的权力。同时，有关机关在对这类案件的追究上也要予以支持配合。四是单独规定袭警罪的国家与其警察执法环境有关，这些国家往往对枪支、弹药、管制刀具等管控宽松，其警察在执法活动中面临着较大的人身危险，并且这些国家一般是将较轻的袭警行为单独规定为犯罪，对造成严重后果的袭警行为以其他重罪定罪处罚。五是当前我国社会矛盾多发、凸显，在有的地方警察执法能力和文明执法、严格执法水平尚有待提高。最后，经充分调查研究，听取各方面意见，刑法修正案（九）在妨害公务罪中将"暴力袭警"行为明确加以列举，作为从重处罚的情形，这样有利于对执法机关依法执行职务的行为给予一体保护；同时，也针对当前社会矛盾多发、暴力袭警案件时有发生的情况，对暴力袭警行为明确作出规定，更好地震慑和预防这类犯罪，积极回应各方面关切。

2020年刑法修正案（十一）对本条作了第二次修改。刑法修正案（九）通过后，为进一步明确法律适用，2019年最高人民法院、最高人民检察院、公安部联合颁布《最高人民法院、最高人民检察院、公安部关于依法惩治袭警违法犯罪行为的指导意见》，该意见依法惩治袭警的违法犯罪行为，保障警察依法执行职务具有积极意义。从实践情况来看，当前公安工作面临的工作任务日益繁重，执法环境日益复杂，公安警察遭受暴力袭击等不法侵害时有发生，暴力袭击警察事件呈现不断递增趋势，特别是派出所和交通警察等身处执勤执法第一线的警种，在执法执勤、处置群体性事件、盘查嫌疑人过程中，最容易遭受侵害；实践中妨害公安警察执行职务的行为，有的行为人从口头挑衅、谩骂、侮辱演变为直接使用棍棒、凶器或者驾驶机动车撞击等手段袭击警察，对警察的身心造成严重伤害，严重影响公安机关依法履行保障社会治安稳定的职责。

在刑法修正案（十一）征求意见过程中，对于是否单独增设袭警罪仍然存在较大争议，有的建议单独增设袭警罪并提高刑罚。有的提出，增设袭警罪应当慎重，通盘考虑，进一步加强论证。主要理由：一是惩治袭警行为法律依据充分，实践中没有问题。根据刑法本条的规定，袭警行为依照妨害公务罪从重处罚，其中对于严重暴力袭警行为，造成人员伤亡或者抢夺、抢劫枪支等，依照故意杀人、伤害、抢夺枪支等犯罪处理。刑法第一百五十七条还规定，对以暴力、威胁方法抗拒缉私的，以走私罪和本条规定的犯罪，依照数罪并罚的规定处罚。而且立法上已经考虑到警察职责和执法工作的特殊性，较其他执行公务人员作了特别规定，刑法修正案（九）规定暴力袭警从重处罚，已回应了有关方面的关切。二是单设袭警罪的主要作用是突出对警察的保护，提高对犯罪分子的威慑，但是刑法威慑作用主要是通过刑罚体现的，依靠增加罪名的威慑，这种看法未经证实,片面理解和强调威慑反而可能增加社会对抗,增加社会治理成本。解决袭警问题需要标本兼治、综合施策,包括完善警察权利保护相关制度,进一步完善警察警械配置、使用的有关规定,明确赋予其果断处置的权力等。三是我国人民警察的职责、使命与外国的警察不同。根据人民警察法的规定,人民警察的职责和权限不但涉及公民的人身自由,而且涉及公民社会生活的许多方面,如管理交通、户籍等相当领域的直接面对人民群众的社会事务,与公民的合法权利和利益密切相关。这些权利行使好,可以有效地惩治违法犯罪和管理社会;行使不好甚至滥用职权,就会侵犯公民的合法权益,违背人民警察的根本宗旨。很多袭警因琐事引发,有的群众法治观念淡薄,不能正确理解有关执法要求、方式,有的也与当前一些地方警察执法规范化、队伍建设还需进一步提高、用警过度等有关,更多的属于人民内部矛盾,有的予以拘留即可,增加袭警罪并进一步加重刑罚,是否会激化警民矛盾,是否有利于警民关系和谐等,需要进一步评估。四是借鉴英美法系袭警罪规定,应当立足我国国情。多数国家对袭警行为都是作为妨害公务罪处理的,只有部分英美法系国家单独规定了袭警罪,而且英美法系国家犯罪概念与我国也不一样,他们没有治安处罚这层法律责任,我国违法和犯罪严格区分的二元法律责任制度下,对于轻微的袭警予以治安管理处罚,袭警实质处罚范围与英美国家相当。最后,经与各方面反复研究,考虑到暴力袭击警察的行为不仅对警察的身心造成严重侵害,严重影响公安机关依法履行维护人民群众合法权益,保障社会治安稳定的职责,还破坏了社会正常管理秩序,损害国家法律的尊严,应当依法严惩。2020年12月26日第十三届全国人民代表大会常务委员会第二十四次会议通过的刑法修正案(十一)再次对本条作了修改,对暴力袭击警察的犯罪单独规定了刑罚。

  本条共分五款。第一款是关于以暴力、威胁方法阻碍国家机关工作人员依法执行职务的,构成妨害公务罪及其处刑的规定。构成本款规定的犯罪应当具备以下两个条件:一是以暴力、威胁方法实施的行为。这里的"暴力",是指对国家机关工作人员的身体实行打击或者强制,如捆绑、殴打、伤害;"威胁",是指以杀害、伤害、毁坏财产、损坏名誉等相威胁。构成本罪,行为人必须是采取暴力、威胁的方法,如果行为人没有实施暴力、威胁的阻碍行为,只是吵闹、谩骂、不服管理等,不构成犯罪,可以依法予以治安处罚。二是实施了阻碍国家机关工作人员依法执行职务的行为。"阻碍国家机关工作人员依法执行职务",是指阻挠、妨碍国家机关工作人员依照法律规定执行自己的职务,致使依法执行职务的活动无法正常进行。其中"国家机关工作人员",是指中央及地方各级权力机关、党政机关、司法机关和军事机关的工作人员;"依法执行职务"是指国家机关工作人员依照法律、法规规定所进行的职务活动。如果阻碍的不是国家机关工作人员的活动,或者不是职务活动,或者不是依法进行的职务活动,都不构成本罪。根据本款规定,犯本罪的,处三年以下有期徒刑、拘役、管制或者罚金。

需要注意的是:第一,本款规定的是阻碍国家机关工作人员依法执行职务的犯罪行为,对于阻碍非国家机关工作人员执行职务的行为不构成本罪,对于阻碍依照法律、法规规定行使国家行政管理职权的组织从事公务的人员,或者阻碍在受国家机关委托代表国家机关行使职权的组织中从事公务的人员,或者虽未列入国家机关人员编制但在国家机关中从事公务的人员,在代表国家机关行使职权时的行为,是否构成本罪,不能一概而论,一般情况下不能适用妨害公务罪。妨害公务罪是针对特定对象所作的规定,如阻碍国家机关工作人员、人民代表大会代表、红十字会工作人员、执行国家安全工作任务人员、警察等依法履行职务的行为。第二,行为人实施的阻碍国家机关工作人员依法执行职务的行为,有的情节较轻,尚不构成犯罪的,应当根据情况予以治安处罚。我国治安管理处罚法第五十条中规定:"有下列行为之一的,处警告或者二百元以下罚款;情节严重的,处五日以上十日以下拘留,可以并处五百元以下罚款:……(二)阻碍国家机关工作人员依法执行职务的;……阻碍人民警察依法执行职务的,从重处罚。"

第二款是关于以暴力、威胁方法阻碍全国人大代表和地方各级人大代表依法执行代表职务的,构成妨害公务罪及其处刑的规定。这里规定的"阻碍",必须是以暴力、威胁方法进行。其中规定的"代表",是指依照法律规定选举产生的全国人大代表和地方各级人大代表;"代表职务"是指宪法和法律赋予人大代表行使国家权力的职责和任务;"依照前款的规定处罚"是指犯本款规定之罪的,处三年以下有期徒刑、拘役、管制或者罚金。

第三款是关于在自然灾害和突发事件中,以暴力、威胁方法阻碍红十字会工作人员依法履行职责的,构成妨害公务罪及其处刑的规定。这里的阻碍方法，必须是暴力、威胁方法。其中规定的"红十字会"，根据红十字会法，是指中华人民共和国统一的红十字组织，是从事人道主义工作的社会救助团体；"依法履行职责"，根据红十字会法的规定，红十字会有九项职责，这里主要是指在战争、武装冲突和自然灾害和突发事件中，履行对伤病人员和其他受害者进行紧急救援和人道救助等职责；"依照第一款的规定处罚"，是指犯本款之罪的，处三年以下有期徒刑、拘役、管制或者罚金。

第四款是关于故意阻碍国家安全机关、公安机关依法执行国家安全工作任务的，构成妨害公务罪及其处刑的规定。根据本款规定，构成本罪应当具备以下条件：第一，实施了故意阻碍的行为。"故意阻碍"是指明知国家安全机关、公安机关正在依法执行国家安全工作任务，而进行阻挠、妨害。第二，行为人阻碍的是国家安全机关、公安机关依法执行国家安全工作任务。如果阻碍的不是上述两个机关或者上述两个机关执行的不是国家安全工作任务，都不构成本款犯罪。第三，本罪不要求以使用暴力、威胁方法为条件。考虑到国家安全工作的重要性，对造成严重后果的，只要是实施故意阻碍行为，即使未使用暴力、威胁方法，也要追究刑事责任。第四，必须造成严重后果。这里所说的"严重后果"，主要是指致使国家安全机关、公安机关执行国家安全工作任务受到严重妨害，如严重妨害对危害国家安全犯罪案件的侦破，或者造成严重的政治影响。犯本款之罪的，"依照第一款的规定处罚"，即处三年以下有期徒刑、拘役、管制或者罚金。需要指出的是，只要以暴力、威胁方法阻碍国家安全机关、公安机关依法执行国家安全工作任务的，即构成妨害公务罪；对于以非暴力、威胁方式故意阻碍国家安全机关、公安机关依法执行国家安全工作任务，必须是造成严重后果的，才能构成妨害公务罪。

第五款是关于暴力袭击正在依法执行职务的人民警察的犯罪及其处刑的规定。根据本款规定，构成本款规定的犯罪应当具备以下条件：第一，必须是实施了暴力袭击的行为。这里所说的"暴力袭击"人民警察，根据《最高人民法院、最高人民检察院、公安部关于依法惩治袭警违法犯罪行为的指导意见》第一条的规定，对正在依法执行职务的民警实施下列行为的，属于"暴力袭击正在依法执行职务的人民警察"：（1）实施撕咬、踢打、抱摔、投掷等，对民警人身进行攻击的行为；（2）实施打砸、毁坏、抢夺民警正在使用的警用车辆、警械等警用装备，对民警人身进行攻击的行为。第二，暴力袭击的对象必须是正在依法执行职务的人民警察，如果行为人袭击的对象不是人民警察而是其他国家机关工作人员，或者袭击的人民警察不是正在依法执行职务，都不构成本款规定的犯罪。对于袭击其他依法执行职务的国家机关工作人员，构成妨害公务罪的，依照本条第一款规定处罚。根据本款规定，对暴力袭击警察的犯罪规定了两档刑。第一档刑：处三年以下有期徒刑、拘役或者管制。第二档刑：对于使用枪支、管制刀具，或者以驾驶机动车撞击等手段，严重危及其人身安全的，处三年以上七年以下有期徒刑。这里所说的"使用枪支、管制刀具，或者以驾驶机动车撞击等手段"，是指行为人袭击警察时使用了枪支、管制刀具，或者采用驾驶机动车撞击等手段进行。所谓"严重危及其人身安全"，是指行为人使用枪支、管制刀具，或者以驾驶机动车撞击等手段，必须要达到严重危及警察人身安全的程度，如果只是使用玩具枪甚至一些伤害能力很低的仿真枪等，不可能危及警察的人身安全，则不能适用第二档刑。

【适用中需要注意的问题】

在适用本条第五款规定的暴力袭击警察的犯罪时需要注意以下几点：一是本款规定的警察既包括执行刑事追诉相关的侦查职责的警察，也包括根据其他法律执行治安管理等职责的警察；既包括公安机关、国家安全机关、监狱的人民警察，也包括人民法院、人民检察院的司法警察。二是实践中对正在依法执行职务的民警虽未实施暴力袭击，但以实施暴力相威胁，或者采用其他方法阻碍人民警察执行职务的，则不构成暴力袭击警察的犯罪，符合刑法第二百七十七条第一款规定的，应当以妨害公务罪定罪处罚。三是行为人只是辱骂民警，或者实施袭警情节轻微，如抓挠、一般的肢体冲突等，尚不构成犯罪，但构成违反治安管理行为的，应当依法给予治安管理处罚。四是行为人暴力袭击正在执行职务的人民警察，造成人民警察重伤、死亡或者其他严重后果，构成故意伤害罪、故意杀人罪等犯罪的，依照处罚较重的规定定罪处罚。五是行为人如果以暴力方法抗拒缉私的，根据本法第一百五十七条规定，以走私罪和本条规定的阻碍国家机关依法执行职务罪，依照数罪并罚的规定处罚。也就是说，如果行为人以暴力方法抗拒人民警察缉私的，应当依照走私罪和本条第五款规定的暴力袭击警察罪数罪并罚；如果行为人以暴力方法抗拒其他国家机关工作人员缉私的，应当依照走私罪和妨害公务罪数罪并罚。六是本款规定的核心在于通过维护警察执法权威进而维护法律的权威，这里的法律既包括作为执法依据的法律，也包括规范管理对象的实体与程序权利的法律，因此，在执行中要统筹考虑合理用警，规范执法与渎职追责，避免暴力执法、情绪执法，要注意公权力违法对法治权威的损害甚至更大。执法要有力度，也要有温度，要充分重视发挥包括警察在内的执法主体对于维护和促进社会和谐、化解社会矛盾方面的重要作用。

第二百七十八条 【煽动暴力抗拒法律实施罪】煽动群众暴力抗拒国家法律、行政法规实施的，处三年以下有期徒刑、拘役、管制或者剥夺政治权利；造成严重后果的，处三年以上七年以下有期徒刑。

【释解与适用】

本条是关于煽动暴力抗拒法律实施罪及其刑罚的规定。

构成本罪应当同时具备以下条件：一是行为人实施了具体煽动行为。这里所说的"煽动"，是指故意以语言、文字、图形、音频、视频等方式公然诱惑、鼓动群众的行为。煽动的方式多种多样，既可以采用张贴标语、分发传单、发送书信等书面形式，也可以采取劝说、发表演讲等口头形式，还可以通过广播、电视、录像、报刊、计算机网络、移动通讯等媒体传播的方式。二是煽动的对象是群众。这里所说的"群众"，是指不特定的人群，对于群众的认定，应当具体情况具体分析，不能简单以人数多少进行衡量，需要从被煽动的对象和范围、煽动的方式和煽动的内容等方面综合判断。三是煽动的内容应当是暴力抗拒法律、行政法规的实施。所谓"暴力抗拒国家法律、行政法规实施"，是指以伤害、杀害执法人员等暴力方式，抗拒国家法律、行政法规的执行。这里的"抗拒"，是指抵抗、公然对抗等；"国家法律"，是指全国人民代表大会及其常务委员会通过的法律和法律性文件；"行政法规"是指国务院制定的行政法规。本条规定的犯罪，煽动的内容必须是试图使群众使用暴力手段来抗拒国家法律、行政法规的实施，如果不是鼓动群众使用暴力抗拒，不构成本罪。

在处刑上，本条根据犯罪情节轻重，规定了两档刑罚：（1）构成犯罪的，处三年以下有期徒刑、拘役、管制或者剥夺政治权利；（2）造成严重后果的，处三年以上七年以下有期徒刑。所谓"造成严重后果"，主要是指由于煽动行为，严重妨碍了法律、行政法规的实施；或者导致被煽动的群众在使用暴力抗拒国家法律实施过程中，造成人身伤亡或者财产损失；造成工作、生产、教学、科研活动不能正常进行；导致部分地区社会秩序混乱、社会动荡不安；由于煽动行为，造成了十分恶劣的社会影响；等等。

【适用中需要注意的问题】

1. 根据本条规定，行为人必须实施了煽动群众暴力抗拒法律、行政法规实施的行为才构成犯罪，如果行为人虽有煽动行为，但煽动的内容不是暴力抗拒法律、行政法规实施，而是以正当合法的方式表达对法律、行政法规的不同见解和看法，不构成本条规定的犯罪。随着我国经济社会的发展，在社会转型过程中难免会出现社会矛盾，实践中要把群众对法律、行政法规有意见或者对执法机关的某些行为一时不满，在群众中讲一些不满或者过激的言语，以及鼓动群众提出正当诉求，与煽动群众暴力抗拒国家法律、行政法规实施的行为区分开，认定煽动暴力抗拒法律实施罪，需要根据行为人煽动的方式、内容等，可能导致被煽动者实施暴力抗拒法律、行政法规的结果来确定，严格划分罪与非罪的界限。

2. 实践中要注意区分煽动暴力抗拒法律实施罪与教唆他人犯罪的界限，两种犯罪行为的手段方式相同，但也存在不同。煽动暴力抗拒法律实施罪，具有广泛的蛊惑性，其目的是通过怂恿、鼓动群众起来暴力抗拒法律、行政法规的实施，其犯罪的指向是对抗国家法律、行政法规的实施；而教唆他人犯罪一般就具体的犯罪行为进行唆使、怂恿、威胁、利诱，或者通过各种方式向他人灌输犯罪思想，促使他人实施犯罪行为，其犯罪的指向不是对抗国家法律、行政法规的实施。

第二百七十九条 **【招摇撞骗罪】** 冒充国家机关工作人员招摇撞骗的，处三年以下有期徒刑、拘役、管制或者剥夺政治权利；情节严重的，处三年以上十年以下有期徒刑。

冒充人民警察招摇撞骗的，依照前款的规定从重处罚。

【释解与适用】

本条是关于招摇撞骗罪及其刑罚的规定。

本条共分两款。第一款是关于冒充国家机关工作人员招摇撞骗的犯罪及其处刑的规定。

根据本款规定,招摇撞骗罪,是指为牟取非法利益,假冒国家机关工作人员进行招摇撞骗活动,损害国家机关形象、威信和正常活动,扰乱社会公共秩序的行为。构成本罪应当具备以下条件。

一是行为人实施了冒充国家机关工作人员的行为。这里规定的"冒充国家机关工作人员",是指非国家机关工作人员假冒国家机关工作人员的身份、职位,或者某一国家机关工作人员冒用其他国家机关工作人员的身份、职位的行为。冒充的国家工作人员既可以是确有其人也可以是行为人杜撰、虚构的职务和人员。这里的"国家机关工作人员",是指在国家机关中从事公务的人员。其中国家机关包括国家权力机关、行政机关、司法机关、军事机关,根据我国的政治生活实际情况,中国共产党的各级机关、政治协商会议各级机关也属于国家机关的范围。国家机关是依据宪法和法律设立的,依法承担一定的国家和社会公共事务的管理职责和权力的组织,国家机关工作人员也相应依据宪法和法律享有一定职权。本款规定的犯罪,行为人冒充的对象必须是国家机关工作人员,如果冒充的是非国家机关工作人员,如冒充高干子弟、企业家、教师等,不构成本罪。

二是行为人实施了招摇撞骗的行为。这里的"招摇撞骗",是指行为人为牟取非法利益,以假冒的国家机关工作人员的身份到处炫耀,利用人们对国家机关工作人员的信任,骗取地位、荣誉、待遇以及玩弄女性等非法利益。行为人实施以下行为不构成犯罪:冒充国家机关工作人员不是为了获取非法利益;只是出于满足虚荣心,仅仅实施了冒充国家机关工作人员的行为,但并未借此实施骗取非法利益的行为。

在刑罚设置上,根据情节轻重,本款对冒充国家机关工作人员招摇撞骗犯罪规定了两档处刑:(1)构成犯罪的,处三年以下有期徒刑、拘役、管制或者剥夺政治权利;(2)情节严重的,处三年以上十年以下有期徒刑。所谓"情节严重的",主要是指:多次冒充国家机关工作人员进行招摇撞骗的;造成恶劣影响,严重损害国家机关形象和威信的;造成被骗人精神失常、自杀等严重后果的;等等。

第二款是关于冒充人民警察招摇撞骗从重处罚的规定。

本款所说的"人民警察",是指公安机关、国家安全机关、监狱、戒毒场所的人民警察和人民法院、人民检察院的司法警察。根据人民警察法第六条的规定,公安机关人民警察担负着预防、制止和侦查违法犯罪活动；维护社会治安秩序，制止危害社会治安秩序的行为；维护交通安全和交通秩序，处理交通事故；管理枪支弹药、管制刀具和易燃易爆、剧毒、放射性等危险物品；对法律、法规规定的特种行业进行管理；警卫国家规定的特定人员，守卫重要的场所和设施；管理户政、国籍、入境出境事务和外国人在中国境内居留、旅行的有关事务；对被判处拘役、剥夺政治权利的罪犯执行刑罚；指导和监督国家机关、社会团体、企业事业组织和重点建设工程的治安保卫工作，指导治安保卫委员会等群众性组织的治安防范工作的职责以及法律、法规规定的其他职责。监狱法第五条规定，监狱的人民警察依法管理监狱、执行刑罚、对罪犯进行教育改造等活动。人民法院组织法第五十条规定，人民法院的司法警察负责法庭警戒、人员押解和看管等警务事项。人民检察院组织法第四十五条规定，人民检察院的司法警察负责办案场所警戒、人员押解和看管等警务事项。为了便于人民警察依法履行职责，人民警察配备专用的警用标志、制式服装和警械，同时，刑事诉讼法、治安管理处罚法、人民警察法、反恐怖主义法、监狱法、枪支管理法等有关法律还赋予了人民警察一定的职权，如有权盘问、检查、搜查、查封、扣押、冻结财物、采取监控等技术侦查措施、采取拘留、逮捕等措施，有权使用警械、枪支等。因此，冒充人民警察进行招摇撞骗的，既损害人民警察的尊严，破坏人民警察在群众中的形象，又损害国家司法机关的权威，严重危害社会管理秩序，应当从重惩处。

根据本款规定，冒充人民警察招摇撞骗的，依照前款的规定从重处罚，也就是说冒充人民警察招摇撞骗的，在"三年以下有期徒刑、拘役、管制或者剥夺政治权利"这一档刑幅度内适用相对较重的刑种或者处以相对较长的刑期；对符合情节严重的，在"三年以上十年以下有期徒刑"这一档刑幅度内处以相对较长的刑期，体现从重处罚的立法精神。

【适用中需要注意的问题】

1. 应当注意区分招摇撞骗罪与诈骗罪的界限。两罪主要有以下不同：一是侵犯的客体不同。诈骗罪侵犯的客体是公私合法财产利益；而招摇撞骗罪侵犯的客体是国家机关的威信和形象。二是行为手段不同。招摇撞骗罪的行为人使用的手段只限于冒充国家机关工作人员的身份和职权；而诈骗罪的手段并无此限制，可以是以任何虚构事实、隐瞒真相的方式、手段，骗取被害人的信任，获取财物。三是骗取的对象不同。诈骗罪骗取的对象只限于公私财物，并且要求骗取财物达到一定的数额；招摇撞骗罪骗取的对象主要不是财产，而是财产以外的其他利益，如地位、待遇、荣誉等，即使骗取一定数量的财产，也没有数额的限制，如果行为人冒充国家机关工作人员的目的是骗取财物，应当以诈骗罪处罚。此外，根据《最高人民法院、最高人民检察院关于办理诈骗刑事案件具体应用法律若干问题的解释》第八条的规定，冒充国家机关工作人员进行诈骗，同时构成诈骗罪和招摇撞骗罪的，依照处罚较重的规定定罪处罚。

2. 对于已经离休、退休、离职、辞职、被辞退、被开除等曾在国家机关从事公务活动的人员，如果不再享有依法履行公务的职权，这类人员冒充现职的国家机关工作人员进行招摇撞骗的，也应以招摇撞骗罪论处。

3. 实践中，有的地方根据社会治安形势发展和公安工作实际需要，由地方人民政府或者公安机关通过向社会力量购买服务的方式，招聘相关人员，为公安机关日常运转和警务活动提供辅助支持的警务辅助人员，也称为"辅警"。辅警虽然根据有关规定，承担协助警察开展工作的部分职责，但他们不属于人民警察，如果行为人冒充辅警实施招摇撞骗，不属于冒充人民警察的犯罪，不能适用本条第二款关于冒充人民警察招摇撞骗从重处罚的规定。

第二百八十条　【伪造、变造、买卖国家机关公文、证件、印章罪】【盗窃、抢夺、毁灭国家机关公文、证件、印章罪】伪造、变造、买卖或者盗窃、抢夺、毁灭国家机关的公文、证件、印章的，处三年以下有期徒刑、拘役、管制或者剥夺政治权利，并处罚金；情节严重的，处三年以上十年以下有期徒刑，并处罚金。

【伪造公司、企业、事业单位、人民团体印章罪】伪造公司、企业、事业单位、人民团体的印章的，处三年以下有期徒刑、拘役、管制或者剥夺政治权利，并处罚金。

【伪造、变造、买卖身份证件罪】伪造、变造、买卖居民身份证、护照、社会保障卡、驾驶证等依法可以用于证明身份的证件的，处三年以下有期徒刑、拘役、管制或者剥夺政治权利，并处罚金；情节严重的，处三年以上七年以下有期徒刑，并处罚金。

【释解与适用】

本条是关于伪造、变造、买卖国家机关公文、证件、印章罪，盗窃、抢夺、毁灭国家机关公文、证件、印章罪,伪造公司、企业、事业单位、人民团体印章罪,伪造、变造、买卖身份证件罪及其刑罚的规定。

本条共分三款。第一款是关于伪造、变造、买卖国家机关公文、证件、印章罪,盗窃、抢夺、毁灭国家机关公文、证件、印章罪及其处刑的规定。

构成本款规定的犯罪需具备以下条件:一是行为人在主观上是出于故意,至于行为人出于何种动机不影响本罪成立。二是行为人在客观上实施了伪造、变造、买卖或者盗窃、抢夺、毁灭国家机关公文、证件、印章的行为。本款规定的"伪造",是指没有制作权的人,冒用名义,非法制作国家机关的公文、证件、印章的行为;"变造",是指用涂改、擦消、拼接等方法,对真实的公文、证件、印章进行改制,变更其原来真实内容的行为;"买卖",是指非法购买或者出售国家机关公文、证件、印章的行为;"盗窃",是指秘密窃取国家机关公文、证件、印章的行为;"抢夺",是指趁保管或者经手人员不备,公然非法夺取国家机关公文、证件、印章的行为;"毁灭",是指以烧毁、撕烂、砸碎或者其他方法,故意损毁国家机关公文、证件、印章,使其完全毁灭或者失去效用的行为。本款规定的以上几种妨害国家机关公文、证件、印章管理的犯罪行为,行为人可能只实施其中一种,也可能实施几种,行为人只要实施了上述行为之一就构成犯罪。本款规定的"国家机关",是指各级国家权力机关、党政机关、司法机关、军事机关。三是本款规定的犯罪行为侵害的对象,是国家机关公文、证件、印章。这里的"公文",是指国家机关在其职权范围内,以其名义制作的用以指示工作、处理问题或者联系事务的各种书面文件,如决定、命令、议案、决议、指示、公告、通告、通知、通报、报告、请示、批复、信函、电文、会议纪要等;"证件",是指国家机关制作颁发的用以证明身份、权利义务关系或者有关事实的凭证,主要包括工作证、结婚证、户口簿、营业执照等证件、证书;"印章",是指刻有国家机关组织名称的公章或者某种特殊用途的专用章。

根据犯罪情节轻重,本款对妨害国家机关公文、证件、印章管理的犯罪规定了两档刑:(1)对实施该款行为的,处三年以下有期徒刑、拘役、管制或者剥夺政治权利,并处罚金;(2)情节严重的,处三年以上十年以下有期徒刑,并处罚金。这里的"情节严重",主要是指:多次或者大量伪造、变造、买卖、盗窃、抢夺、毁灭国家机关公文、证件、印章的;妨害国家机关重要的公文、证件、印章的管理的；造成恶劣的政治影响、重大的经济损失等严重危害后果的；动机、目的恶劣的，如出于打击报复或者诬陷他人的目的的；等等。

本条第二款是关于伪造公司、企业、事业单位、人民团体印章犯罪的规定。

公司、企业、事业单位、人民团体在经济活动、社会事务中需要通过某种文书确定一定的权利义务关系，并加盖单位的印章确认这些文书的法律效力，伪造上述单位的印章具有一定的社会危害性，影响其在社会活动中的信誉，本款将这类行为规定为犯罪。构成本款规定的犯罪应当具备以下条件：一是行为人在主观上是出于故意，至于行为人出于何种动机不影响本罪成立。二是行为人实施了伪造公司、企业、事业单位、人民团体印章。这里所说的"公司"，是指根据公司法第二条规定，依照公司法在中国境内设立的有限责任公司和股份有限公司；"企业"，是指以营利为目的，从事生产、流通、科技、服务等活动的社会经济组织；"事业单位"，是指依照法律、行政法规或有关规定成立，从事教育、科技、文化、卫生等社会服务的组织，事业单位一般不以营利为目的；"人民团体"，是指人民群众团体，包括工会、共青团、妇联、科协、侨联、台联、青联、工商联等单位。三是本款规定的犯罪行为侵害的对象，是公司、企业、事业单位、人民团体印章。这里所说的"印章"，是指刻有公司、企业、事业单位、人民团体组织名称的图章或者某种特殊用途的专用章。1997年修订刑法时，考虑到公司、企业、事业单位、人民团体的公文、证件较为复杂，对于伪造、变造、盗窃、抢夺、毁灭公司、企业、事业单位、人民团体的公文、证件以及变造、盗窃、抢夺、毁灭公司、企业、事业单位、人民团体的印章等行为不再作为犯罪处理。

根据本款规定，对犯伪造公司、企业、事业单位、人民团体印章罪的，处三年以下有期徒刑、拘役、管制或者剥夺政治权利，并处罚金。

本条第三款是关于伪造、变造、买卖居民身份证、护照、社会保障卡、驾驶证等依法可以用于证明身份的证件犯罪的规定。

构成本款规定的犯罪须具备以下条件：一是行为人在主观上是出于故意，至于行为人出于何种动机不影响本罪成立。二是行为人客观上实施了"伪造、变造、买卖"居民身份证、护照、社会保障卡、驾驶证等依法可以用于证明身份的证件的行为。其中，"伪造"是指制作虚假的居民身份证等依法可以用于证明身份的证件;"变造"是对真的身份证件进行改制,变更其原有真实内容的行为;"买卖"是指为了某种目的,非法购买或者销售这些身份证件的行为。三是本款规定的犯罪行为侵害的对象,是居民身份证、护照、社会保障卡、驾驶证等依法可以用于证明身份的证件。其中,"居民身份证"是具有中华人民共和国国籍并定居在中国境内的居民的有效证件,由公安机关依照居民身份证法制作、发放,因其信息直接来源于全国人口基本信息库,信息真实可靠,携带方便,运用最为广泛,是专门供公民在参与各项社会事务和社会活动时用于证明身份的证件。居民身份证法第十三条规定,公民从事有关活动,需要证明身份的,有权使用居民身份证证明身份,有关单位及其工作人员不得拒绝。"护照",是由公民国籍所在国发给公民的一种能在国外证明自己身份的证件,是公民出入本国国境口岸和到国外旅行、居留时的必备证件。这里的护照,既包括中国公民依法申领的由中国有关主管部门发放的护照,也包括外国人持有的相关国家主管部门发放的护照。我国护照法对护照作为身份证明文件有明确规定。护照法第二条规定,中华人民共和国护照是中华人民共和国公民出入国境和在国外证明国籍和身份的证件。出入境管理法第十四条规定,定居国外的中国公民在中国境内办理金融、教育、医疗、交通、电信、社会保险、财产登记等事务需要提供身份证明的,可以凭本人的护照证明其身份。"社会保障卡",是社会保障主管部门依照规定向社会保障对象发放的拥有多种功能的证件。根据我国居民身份证法第十四条的规定,除以居民身份证证明身份外,在特定情况下,可以使用符合国家规定的其他证明方式证明身份。社会保险法第五十八条第三款规定:"国家建立全国统一的个人社会保障号码,个人社会保障号码为公民身份证号码。"社会保障卡以公民身份号码为统一的信息标识,公民持卡可以进行医疗保险个人账户结算,领取社会保险金,享受其他社会保险待遇等。有关社会保障部门开展相关管理工作时,医院、养老金发放机构等组织为持卡公民办理结算、支付等业务时,都需要以社会保障卡作为对权利人进行身份识别的凭证;采用计算机技术管理的社会保障相关信息系统,往往也需要以社会保障卡作为身份识别的工具。如按照人力资源和社会保障部、卫生与计划生育委员会制定的《工伤职工劳动能力鉴定管理办法》第八条规定,申请劳动能力鉴定应当提交工伤职工的居民身份证或者社会保障卡等其他有效身份证明原件和复印件。因此,社会保障卡既是公民享受社会保障待遇的权利凭证,同时也具有社会保障权利人身份证明的属性。"驾驶证",是指机动车驾驶证。我国机动车驾驶证是道路交通管理部门依照道路交通安全法发放的,用于证明持证人具有相应驾驶资格的凭证。驾驶证也是采用全国统一的公民身份号码作为身份识别标识。在社会生活中,驾驶证除了作为驾驶资格的证明外,在与交通管理有关的很多场合也被作为身份证明加以使用。比如,一些地方以摇号方式发放机动车号牌的,规定申请人要同时登记驾驶证和居民身份证号。又如,在有交通违章时,车辆驾驶人凭行驶证和驾驶证去交通管理部门接受处理,这时的驾驶证也起证明车辆驾驶人身份的作用。因此,与社会保障卡类似,驾驶证也属于依法可以用于证明身份的证件。

本款根据犯罪情节轻重,对伪造、变造、买卖居民身份证、护照、社会保障卡、驾驶证等依法可以用于证明身份的证件的犯罪规定了两档刑:(1)对实施本款行为的,处三年以下有期徒刑、拘役、管制或者剥夺政治权利,并处罚金。(2)情节严重的,处三年以上七年以下有期徒刑,并处罚金。这里的"情节严重",司法实践中可以主要根据行为人伪造、变造、买卖的证件的数量、非法牟利的数额、给他人造成的经济损失等情节确定。

【适用中需要注意的问题】

1. 在实际生活中,除居民身份证、护照、社会保障卡、驾驶证这四类证件外,还有一些被单位或者个人在一定范围、领域内使用,实际起到证明身份作用的证件,如各种会员卡、会员证、上岗证等,这些证件能否认定为本条第三款规定的"依法可以用于证明身份的证件",对此需要慎重研究。本条第三款明确规定的依法可以用于证明身份的证件包括居民身份证、护照、社会保障卡、驾驶证这四类证件,其中护照、社会保障卡、驾驶证是刑法修正案(九)增加的。关于证件的范围,在刑法修正案(九)的研究、审议过程中,是经广泛听取意见,在各方面共识的基础上确定的。居民身份证、护照可以说是专门用于证明身份的证件,社会保障卡、驾驶证则属于兼具证明身份功能,在社会生活和相关管理活动中被广泛使用,且其证明效力也为法律所认可的证件。这四类证件之所以被社会广泛认可,是因为其有一些共同的属性:一是具有权威性,由国家有关主管部门依法统一制作发放。二是具有统一性,采用全国统一标准,以具有唯一性的居民身份证号码作为识别信息，并附有照片等重要身份识别信息，可识别性强。三是持证人的广泛性，发放数量大，具有较好的应用基础。目前居民身份证的实有持证人口已经超过10亿，社会保障卡的持有人数已经超过7亿，驾驶证的持有人数已经超过3亿。因此，对"依法可以用于证明身份的证件"的范围，实践中应当严格按照法律规定的范围掌握。如果在实践中，在上述权威性、统一性、广泛性等方面与法律明确列举的四类证件具有相当性，确属应当作为"依法可以用于证明身份的证件"，可通过法律解释等方式予以明确。需要强调的是，对证件的范围严格按照法律规定掌握，并非对伪造、变造、买卖这四类证件之外的其他证件的行为不能够依法处理。实际上其中多数行为可以根据本条第一款、第二款的规定，以伪造、变造、买卖国家机关证件、印章罪，伪造公司、企业、事业单位、人民团体印章罪追究。还有一些可以根据治安管理处罚法的规定处理。

2. 买卖居民身份证、护照、社会保障卡、驾驶证，既包括买卖真证，也包括买卖伪造、变造的证件。实际上本条第一款关于买卖国家机关公文、证件、印章犯罪的规定也存在这一问题，为明确该问题，1998年12月29日《全国人民代表大会常务委员会关于惩治骗购外汇、逃汇和非法买卖外汇犯罪的决定》第二条明确规定："买卖伪造、变造的海关签发的报关单、进口证明、外汇管理部门核准件等凭证和单据或者国家机关的其他公文、证件、印章的，依照刑法第二百八十条的规定定罪处罚。"即买卖真实的国家机关公文、证件、印章与买卖伪造、变造的国家机关公文、证件、印章都属于刑法规定的买卖国家机关公文、证件、印章犯罪。这一规定的精神也是同样适用于本条第三款的。对于买卖伪造的国家机关证件的行为，应当如何适用刑法，《最高人民检察院法律政策研究室关于买卖伪造的国家机关证件行为是否构成犯罪问题的答复》中明确规定，对于买卖伪造的国家机关证件的行为，依法应当追究刑事责任的，可适用刑法第二百八十条第一款的规定以买卖国家机关证件罪追究刑事责任。

第二百八十条之一 【使用虚假身份证件、盗用身份证件罪】在依照国家规定应当提供身份证明的活动中，使用伪造、变造的或者盗用他人的居民身份证、护照、社会保障卡、驾驶证等依法可以用于证明身份的证件，情节严重的，处拘役或者管制，并处或者单处罚金。

有前款行为，同时构成其他犯罪的，依照处罚较重的规定定罪处罚。

【释解与适用】

本条是关于使用虚假身份证件、盗用身份证件罪及其刑罚的规定。

本条共分两款。第一款是关于使用伪造、变造的或者盗用他人的居民身份证、护照、社会保障卡、驾驶证等依法可以用于证明身份的证件的处刑规定。构成本款规定的犯罪须具备以下条件。

1. 行为人在主观上是故意，至于行为人出于何种动机不影响本罪成立。包括两种情形：一种是行为人明知这些身份证件是伪造、变造的或者可能是变造、伪造的，仍然予以使用。另一种是行为人明知是他人的身份证件，仍然盗用他人名义予以使用。

2. 行为人客观上在依照国家规定应当提供身份证明的活动中，实施了使用伪造、变造的或者盗用他人的居民身份证、护照、社会保障卡、驾驶证等依法可以用于证明身份的证件的行为。这里"依照国家规定应当提供身份证明"中的"国家规定"，是指全国人民代表大会及其常务委员会制定的法律和决定，国务院制定的行政法规、规定的行政措施、发布的决定和命令。这里的"使用"是指出示、提供等，也就是行为人为了某种特定的目的而向查验的单位和人员出示、提供伪造、变造的身份证件的行为。实际生活中需要出示身份证件以证明身份的情况很多，相应地在这些活动中使用假身份的情形也很多，刑法之所以规定在"依照国家规定应当提供身份证明"的活动中使用伪造、变造、盗用他人身份证件构成犯罪，主要是因为国家规定应当提供身份证明的活动都是比较重要的经济社会活动或者管理事项，在这些活动中使用虚假身份，会严重扰乱相关管理秩序，具有较为严重的社会危害性。如居民身份证法第十四条规定，公民在常住户口登记项目变更、兵役、婚姻、收养登记、申请办理出境手续等事项中，应当出示居民身份证证明身份。依法未取得居民身份证的公民可以使用国家规定的其他证明方式证明身份。出境入境管理法第十一条规定，中国公民出境入境，应当向出入境边防检查机关交验本人的护照或者其他旅行证件等出境入境证件。反洗钱法第十六条规定，金融机构在与客户建立业务关系或者为客户提供规定金额以上的现金汇款、现钞兑换、票据兑付等一次性金融服务时，应当要求客户出示真实有效的身份证件或者其他身份证明文件。《危险化学品安全管理条例》第三十九条规定，申请取得剧毒化学品购买许可证，申请人应当提交经办人的身份证明。《易制毒化学品管理条例》第十八条规定，经营单位销售第一类易制毒化学品时，应当查验购买许可证和经办人的身份证明。在上述这些活动中，如果使用伪造、变造的或者盗用他人的身份证件，情节严重，构成犯罪的，就应当依照本条规定追究刑事责任。需要补充说明的是，在正常经济社会活动中需要证明自己身份时，使用虚假身份证件或者盗用他人名义以冒充他人身份的行为，都是违法行为。对这些行为，即使按照本款上述规定不属于"依照国家规定应当提供身份证明"的活动，因而不构成本款规定的犯罪，也并不意味着对这些行为不依法作相应处理。从实际情况看，其中很多行为属于违反治安管理处罚法和相关证件管理或者行政管理事项的法律法规的行为，对这些行为应当区别不同情况，依照治安管理处罚法和居民身份证法、护照法等相关法律法规规定予以治安管理处罚或者其他行政处罚。

这里的"伪造、变造"，在本书对刑法第二百八十条的释解中已作说明，这里不再赘述。这里的"盗用"是指盗用他人名义，使用他人的居民身份证、护照、社会保障卡、驾驶证等依法可以用于证明身份的证件的行为。盗用的一般是他人真实的身份证件，包括捡到他人的身份证件后冒用，购买他人的身份证件后冒用，也包括盗窃他人的身份证件后冒用等等。实际生活中，还有一些是经过身份证件持有人本人同意或者与其串通，冒用证件所有人名义从事相关经济社会活动的情况。这种行为因为不存在盗用本人名义的情况，因而不属于本款规定的"盗用"，但对这些行为并非一律不作处理，具体要视冒用的情况而定。有的可以根据相关法律规定予以行政处罚。例如，居民身份证法第十七条规定，冒用他人居民身份证的，由公安机关罚款或者拘留，并没收违法所得。治安管理处罚法第五十一条规定，冒充国家机关工作人员或者以其他虚假身份招摇撞骗的，处五日以上十日以下拘留，可以并处五百元以下罚款；情节较轻的，处五日以下拘留或者五百元以下罚款。此外，为实施违法犯罪行为而冒用他人名义的，还可能构成其他犯罪。这种情况下，对其冒用身份证件的行为虽然不能依照本款处理，但其所实施的具体犯罪行为应当依照刑法相关规定处理。如与上游犯罪行为人串通，冒用其名义实施洗钱行为的，应当依照刑法第一百九十一条的规定追究其洗钱罪刑事责任。

关于本款规定的犯罪行为的对象，即居民身份证、护照、社会保障卡、驾驶证等依法可以用于证明身份的证件，在本书对刑法第二百八十条的解释中已作说明，这里不再赘述。需要注意的是，关于依法可以用于证明身份的证件的范围，为防止出现打击面过大的情况，目前列明的是居民身份证、护照、社会保障卡、驾驶证这四类证件，实践中应当从严掌握。

3. 必须达到情节严重。这是给该罪名设定了入罪门槛，只有情节严重的才能构成本罪，情节一般，危害不大的，不作为犯罪。具体可视情况依照相关法律法规的规定处理。这里的"情节严重"，主要是指使用伪造、变造的或者盗用的次数多、数量大；非法牟利数额大；严重扰乱相关事项的管理秩序；严重损害第三人的人身或者财产权益；使用伪造、变造身份证件从事违法犯罪活动；等等。

根据本款规定，构成本罪的，处拘役或者管制，并处或者单处罚金。

第二款是关于有使用伪造、变造的或者盗用他人的依法可以用于证明身份的证件的行为，同时又构成其他犯罪，如何适用法律的规定。

这里主要涉及本条规定的犯罪与诈骗、非法经营、洗钱等犯罪的竞合问题。从实践中的情况看，使用伪造、变造的或者盗用他人身份证件的行为，往往与诈骗、洗钱、非法经营等违法犯罪行为相联系，很多情况下，本款规定的行为往往是行为人实施相关犯罪的手段，行为人的行为同时符合本款规定的犯罪和相关犯罪。这种情况下，根据本款规定，对行为人应当依照处罚较重的规定定罪处罚。例如，根据 2014 年 4 月 24 日《全国人民代表大会常务委员会关于〈中华人民共和国刑法〉第二百六十六条的解释》，行为人以欺诈、伪造证明材料或者其他手段骗取养老、医疗、工伤、失业、生育等社会保险金或者其他社会保险待遇的行为，属于第二百六十六条规定的诈骗公私财物的行为。该解释中所明确列举的诈骗手段就包括使用伪造、变造或者盗用他人的社会保障卡、居民身份证的行为。在这种情况下，如果行为人的行为构成本款规定的犯罪，又构成诈骗罪的，应当择一重罪定罪处罚。

【适用中需要注意的问题】

实际中需要注意的是，借用他人身份证件是否构成盗用身份证件的犯罪，实践中有不同认识，肯定的观点认为本罪保护的客体是身份证件的公共信用，借用尽管取得持件人同意，但本质上仍然属于侵害身份证件的违法行为；否定的观点认为，身份证件是用于证明个人身份的证件类型，身份信息往往与持件人的声誉、财产等权益息息相关，借用行为由于事先取得持件人同意，并未侵害持件人的个人身份信息安全，借用不属于盗用。我们认为，借用是否属于盗用不能一概而论，需要具体情况具体分析，行为人向持件人借用身份证件，如果明确说明借用的目的，且按照该目的使用的，考虑到该借用行为经持件人同意，且没有违背持件人的意愿，一般不宜认定为"盗用"，虽然该行为违反有关证件管理的规定，但可以按照其他有关法律规定予以处理。如果行为人借用持件人身份证件，没有按照借用的目的进行使用，或者超越了借用目的使用的，或者使用该身份证件从事违法犯罪活动的，则属于本条规定的"盗用"行为，构成犯罪的，应当依照本条的规定予以处理。

第二百八十条之二　【冒名顶替罪】盗用、冒用他人身份，顶替他人取得的高等学历教育入学资格、公务员录用资格、就业安置待遇的，处三年以下有期徒刑、拘役或者管制，并处罚金。

组织、指使他人实施前款行为的，依照前款的规定从重处罚。

国家工作人员有前两款行为，又构成其他犯罪的，依照数罪并罚的规定处罚。

【释解与适用】

本条是关于冒名顶替罪及其刑罚的规定。

2020年刑法修正案（十一）增加了本条规定。2020年6月，山东等地陆续曝光陈某秀等多起冒名顶替上大学事件，性质十分恶劣，严重损害教育公平的公信力，引起舆论高度关注。对此，山东等地开展高等教育学历清查工作，发现数百人存在冒名顶替的情况。河南、湖北等地也陆续曝光多起冒名顶替上大学事件。结合此前曾出现过的2001年山东滕州齐玉苓案、2009年湖南邵东罗彩霞案，冒名顶替上大学等违法行为在一段时期内呈现多发态势，引起各方高度重视。

随着相关案件持续曝光，该类案件的基本情况和后续处置结果也进一步引发舆论关注。从曝光的冒名顶替上大学案件看，涉及多个环节和多方主体。在环节上，主要包括截取冒领录取通知书、伪造或者违规办理学籍档案、伪造变造户籍和居民身份证、通过高校入学资格审查等。在主体上，涉及冒名顶替者和被冒名顶替者本人及其近亲属，相关中学、高校的教师和管理人员、生源地教育行政部门、招生考试机构、户籍管理机关、邮局及其工作人员等。相关事件暴露出当时考试招生制度存在的漏洞，为一些公职人员权力寻租、涉考部门违规违纪操作、相关责任人员不积极履职等提供了可乘之机。

2020年6月，十三届全国人大常委会第二十次会议对刑法修正案（十一）草案进行了初次审议。在此次会议的审议过程中，有些常委会组成人员提出，冒名顶替上大学行为严重损害他人利益，破坏教育公平和社会公正底线，建议在刑法修正案（十一）中增加专门罪名，从严惩处冒名顶替行为，以守护人民群众的"前途安全"。同时，刑法修正案（十一）草案在征求意见过程中，中央有关部门、地方和社会公众也建议就冒名顶替行为入刑问题作进一步研究。2020年8月，全国人大常委会法制工作委员会新闻发言人就立法工作有关问题举行记者会回应，全国人大常委会法工委将根据全国人大常委会的审议意见和社会公众意见，积极研究冒名顶替行为入刑问题，进一步做好刑法修正案（十一）草案的修改完善工作。2020年10月，十三届全国人大常委会第二十二次会议对刑法修正案（十一）草案进行了二次审议。此次会议的《全国人民代表大会宪法和法律委员会关于〈中华人民共和国刑法修正案（十一）（草案）〉修改情况的汇报》指出，社会上发生的冒名顶替上大学等事件，严重损害他人利益，破坏教育公平和社会公平正义底线，应当专门规定为犯罪。草案二次审议稿在刑法第二百八十条之一后增加一条，将盗用、冒用他人身份，顶替他人取得的高等学历教育入学资格、公务员录用资格、就业安置待遇的行为规定为犯罪，同时规定组织、指使他人实施的，从重处罚。在此次会议的审议过程中，有的常委会组成人员提出，要对冒名顶替犯罪背后的"公权力"滥用，加大处罚力度。建议对国家机关工作人员组织、指使或者帮助实施冒名顶替的行为进一步明确法律适用和从严惩处。2020年12月，十三届全国人大常委会第二十四次会议对刑法修正案（十一）草案进行了三次审议。此次会议的《全国人民代表大会宪法和法律委员会关于〈中华人民共和国刑法修正案（十一）（草案）〉审议结果的报告》指出，三次审议稿对该条增加一款规定，国家机关工作人员有前两款行为，又构成其他犯罪的，依照数罪并罚的规定处罚。在此次会议的审议过程中，有的部门和专家反映，实践中冒名顶替也有高校管理人员等共同参与，考虑到这些负责招录、安置的人员不是国家机关工作人员，而是接受公务委托承担招录、安置工作的相关人员，对于该类从事公务的人员也应加大惩处力度，予以数罪并罚，因此将草案中本条第三款规定的"国家机关工作人员"修改为"国家工作人员"，以涵盖因从事公务以国家工作人员论的人员。

本条共分为三款。第一款是关于个人实施冒名顶替行为构成犯罪及其处罚的规定。根据本款规定，盗用、冒用他人身份，顶替他人取得的高等学历教育入学资格、公务员录用资格、就业安置待遇的，追究刑事责任。本款含有以下三层意思。

一是"盗用、冒用他人身份"。这里规定的"盗用、冒用他人身份"是指盗用、冒用能够证明他人身份的证件、证明文件、身份档案、材料信息以达到自己替代他人的社会或法律地位，行使他人相关权利的目的。这里的"盗用、冒用"包括采用非法手段获取用于证明他人身份的证件、证明文件、身份档案、材料信息后使用（如以伪造、变造、盗窃、骗取、收买或者通过胁迫他人的方式以获取用于证明他人身份的证件、证明文件、身份档案、材料信息后使用），也包括以其他方式获取用于证明他人身份的证件、证明文件、身份档案、材料信息后使用（如捡到他人的能够证明身份的身份证件、证明文件、身份档案、材料信息后以他人名义活动；受他人委托代为保管或因职责保管用于证明他人身份的证件、证明文件、身份档案、信息材料而未经同意使用；他人授权或者同意使用，但是超出授权及同意使用的范围使用他人的能够证明他人身份的证件、证明文件、身份档案、信息材料；经与他人交易或者串通，使用他人的能够证明他人身份的证件、证明文件、身份档案、信息材料；取得用于证明他人身份的特定数据信息后以他人身份登录数据信息系统；等等）。这里的"他人身份"是指通过证件、证明文件、身份档案、信息材料等方式予以核实和证实的他人的法律地位。根据实践中的情况，这些证件、证明文件、身份档案、信息材料等包括出生证明、身份证、户口簿、护照、军官证、学籍档案、录取通知书、数字证件等。盗用、冒用的一般是他人真实的身份。

二是"顶替他人取得的高等学历教育入学资格、公务员录用资格、就业安置待遇"。关于"高等学历教育入学资格"，高等教育法第十五条第一款规定，高等教育包括学历教育和非学历教育。第十六条规定，高等学历教育分为专科教育、本科教育和研究生教育。第十九条规定，高级中等教育毕业或者具有同等学力的，经考试合格，由实施相应学历教育的高等学校录取，取得专科生或者本科生入学资格。本科毕业或者具有同等学力的，经考试合格，由实施相应学历教育的高等学校或者经批准承担研究生教育任务的科学研究机构录取，取得硕士研究生入学资格。硕士研究生毕业或者具有同等学力的，经考试合格，由实施相应学历教育的高等学校或者经批准承担研究生教育任务的科学研究机构录取，取得博士研究生入学资格。允许特定学科和专业的本科毕业生直接取得博士研究生入学资格，具体办法由国务院教育行政部门规定。因此，这里的"高等学历教育入学资格"是指经过考试合格等程序依法获取的高等学历教育（专科教育、本科教育和研究生教育）的入学资格。这里的"公务员录用资格"主要是根据公务员法规定的公务员录用程序取得的公务员录用资格。公务员法第一百零九条规定，在公务员录用、聘任等工作中，有隐瞒真实信息、弄虚作假、考试作弊、扰乱考试秩序等行为的，由公务员主管部门根据情节作出考试成绩无效、取消资格、限制报考等处理；情节严重的，依法追究法律责任。因此"公务员录用资格"是受法律保护的。这里的"就业安置待遇"是根据法律法规和相关政策规定由各级人民政府对特殊主体予以安排就业、照顾就业等优待。例如，退役军人保障法第二十二条第四款规定的对退役军士以安排工作方式的安置；英雄烈士保护法第二十一条规定的对英雄烈士遗属按照国家规定享受的就业方面的优待，可能涉及的就业安置；国家或地方的相关政策规定的对饮用水水源地迁出原住民的就业安置待遇、受地震等自然灾害袭击地区的受灾群众的就业安置待遇；等等。特殊主体往往要经过严格的程序审核，才能实现落实工作的福利待遇。安置前必须核实身份，如果身份不符合，不能够获得就业安置待遇。此外，实践中，广泛存在提供就业信息、争取上岗机会、帮助岗前培训等一般性的就业服务。这些就业服务面向不特定主体，起到提供就业机会，提高就业成功率的辅助性作用，不能够确保落实工作，与就业安置待遇有性质上的差异。因此，不能将一般性的就业服务等同于这里的"就业安置待遇"。还需要注意，本条规定的"高等学历教育入学资格、公务员录用资格、就业安置待遇"是"他人取得的"，即相关资格和待遇与他人的身份一一对应。行为人要实施"顶替"他人取得的资格和待遇，才能构成本罪。

三是行为人实施冒名顶替行为的处罚。行为人触犯本罪的，处三年以下有期徒刑、拘役或者管制，并处罚金。

第二款是关于组织、指使实施冒名顶替行为，予以从重处罚的规定。从相关案例反映出，冒名顶替犯罪往往具有较长的犯罪链条，涉及多个环节和多个主体。不少环节上的行为人客观上帮助和推动了冒名顶替行为，主要是受他人的组织和指使。特别是冒名顶替上大学等案件反映出，冒名顶替者本人在实施顶替行为时多数还是学生，有的还是未成年人，实施冒名顶替行为是受家长、学校等其他行为人的安排和指使。因此，有必要对冒名顶替的"幕后"行为人加大处罚力度。本款规定，对组织、指使实施冒名顶替行为的，从重处罚。这里的"组织、指使他人实施前款行为"，实践中主要是组织、指使他人帮助实现冒名顶替，即构成冒名顶替行为的共同犯罪，如伪造、变造、买卖国家机关公文、证件、印章、身份证件等行为。本款规定，组织、指使他人实施冒名顶替行为的，依照第一款的规定从重处罚。

　　第三款是关于国家工作人员实施冒名顶替相关行为如何处罚的规定。这里的"国家工作人员"根据刑法第九十三条的规定，是指国家机关中从事公务的人员。国有公司、企业、事业单位、人民团体中从事公务的人员和国家机关、国有公司、企业、事业单位委派到非国有公司、企业、事业单位、社会团体从事公务的人员，以及其他依照法律从事公务的人员，以国家工作人员论。实践中，国家工作人员可能使用其公职、公务带来的影响力实施冒名顶替犯罪，或者组织、指使他人实施冒名顶替犯罪。在公职、公务的影响力下，冒名顶替犯罪更容易实施，也更难被发现，具有更加严重的社会危害性，需要予以严惩。根据本款规定，国家工作人员实施冒名顶替犯罪或者组织、指使他人实施冒名顶替犯罪，同时构成其他犯罪的，依照数罪并罚的规定处罚。从相关案件可见，冒名顶替行为涉及的环节和行为较多，可能涉嫌多个罪名。例如，国家机关工作人员在招收公务员、学生工作中徇私舞弊的，可能构成刑法第四百一十八条"招收公务员、学生徇私舞弊罪"；存在行贿、受贿等腐败行为的，可能涉嫌刑法第一百六十三条"非国家工作人员受贿罪"、第一百六十四条"对非国家工作人员行贿罪"、第三百八十五条"受贿罪"、第三百八十九条"行贿罪"等；存在伪造学籍档案、公文、证件、印章等行为的，可能涉嫌刑法第二百八十条"伪造、变造、买卖国家机关公文、证件、印章罪""伪造、变造、买卖身份证罪"；存在截留、隐匿他人录取通知书的，可能涉嫌刑法第二百五十二条"侵犯通信自由罪"、第二百五十三条"私自开拆、隐匿、毁弃邮件、电报罪"；泄露考生相关信息、篡改考生电子数据信息等行为的，可能涉嫌刑法第二百五十三条之一"侵犯公民个人信息罪"、第二百八十五条"非法侵入计算机信息系统罪""非法获取计算机信息系统数据罪"、第二百八十六条"破坏计算机信息系统罪"等。对此，本款明确，国家工作人员实施本条前两款行为，又构成其他犯罪的，依照数罪并罚的规定处罚。

【适用中需要注意的问题】

从曝光出来的冒名顶替上大学案件看，情况较为复杂，实践中，还需要根据案件的具体情况，分类处理。大体分为以下几种情况。

1. 顶替他人入学资格的。主要表现为受害人获得入学资格，但是被其他人通过截留录取通知、篡改学籍档案等方法，冒名顶替入学。受害人一方完全不知情。这些案件数量少，但性质极其恶劣。冒名顶替行为严重损害了受害人的受教育权，严重损害了教育公平的公信力，具有严重的社会危害性，各方对于该种行为应予以刑事处罚，均不持异议。

2. 顶替他人放弃的入学资格的。因当事人主动放弃入学资格或者将该入学资格交易、赠送的，当事人的受教育权未受到直接侵害。有的观点认为，该种情形情况复杂，当事人自己知悉其入学资格被他人占用，不构成受害人，有时还因交易获利，对于该类无受害者的冒名顶替行为不宜入刑。也有观点认为，虽然获取入学资格的当事人未受侵害，但是顶替行为让没有参加考试或者考试成绩较低的人可以直接入学，损害了考试招录制度的公平和公信力，同时让因他人弃权而按照规则能够递补录取的人员丧失了机会，又侵害了特定对象的利益。这种顶替他人放弃的入学资格的行为，也具有一定的社会危害性，也应予以惩处。

3. 对于冒名但未顶替的。据媒体报道，我国有些地方因教育政策原因，一度只允许高中应届生参加高考，因此，出现一些冒用他人学籍，使用他人学籍身份参加高考，冒名者自己通过正常考试入学、升学，没有顶替他人的入学资格的情况。对于该类行为，冒用他人身份虽然违反了学籍管理制度，但是没有顶替他人的录取资格，也没有考试作弊、招录舞弊等情况，并未对特定或不特定对象的考试公平和招录公平产生影响。该类行为的社会危害性较低，通过行政处罚可以达到较好的社会效果，没有必要入刑。对此，各方面也不持异议。总体上，本罪的处罚重点应集中在冒用他人身份而顶替入学资格的行为，以切实维护考试招录制度的公平和公信力。

第二百八十一条 【非法生产、买卖警用装备罪】非法生产、买卖人民警察制式服装、车辆号牌等专用标志、警械，情节严重的，处三年以下有期徒刑、拘役或者管制，并处或者单处罚金。

单位犯前款罪的，对单位判处罚金，并对其直接负责的主管人员和其他直接责任人员，依照前款的规定处罚。

【释解与适用】

本条是关于非法生产、买卖警用装备罪及其刑罚的规定。

本条共分两款。第一款是关于非法生产、买卖人民警察制式服装、专用标志、警械的犯罪及处刑规定。

根据本款规定，构成本罪应当具备以下条件。

一是行为侵犯的对象是人民警察制式服装、车辆号牌等专用标志、警械。根据人民警察法等有关规定，人民警察制式服装、专用标志、警械由国务院公安部门统一监制；最高人民法院、最高人民检察院、国家安全部、司法部各自负责本系统警服生产计划，报公安部备案，在公安部指定生产厂的范围内，进行办理；人民警察的警服和专用标志，包括警服纽扣、专用色布以及帽徽、符号、领带、领带卡等，由公安部颁发生产许可证定点生产；警服和专用标志一律不得在市场上买卖；定点生产的工厂要严格按照公安部下达的指标生产，不准计划外私自加工生产、销售。这里规定的"人民警察制式服装"，是指国家专门为人民警察制作的服装。人民警察制式服装是人民警察的重要标志，人民警察穿着警服是依法执行警务的需要，非人民警察一律不准穿着警服；人民警察的"专用标志"，是指为便于社会外界识别，而用来表明人民警察身份或用于表明警察机关的场所、车辆等的外形标记，主要包括车辆号牌、臂章、警徽、警衔标志等；"警械"是指人民警察在从事执行逮捕、拘留、押解人犯以及值勤、巡逻、处理治安案件等警务时，依法使用的警用器具，根据《人民警察使用警械和武器条例》第三条的规定，警械包括警棍、催泪弹、高压水枪、特种防暴枪、手铐、手铐、脚镣、警绳等。

二是行为人实施了非法生产、买卖人民警察制式服装、车辆号牌等专用标志、警械的行为。这里规定的"非法生产、买卖"，是指无生产、经营、使用权的单位或个人擅自生产、销售、购买人民警察制式服装、专用标志、警械,或者虽有生产、经营权但违反有关规定擅自进行生产、销售的行为。

三是必须达到情节严重才构成本罪。这里规定的"情节严重",主要是指多次非法生产、买卖人民警察制式服装、专用标志、警械或者非法生产、买卖的数量较大或者持续时间较长的;经有关部门责令停止生产、销售、购买,拒不听从的;影响恶劣的;造成其他严重后果的;等等。情节严重是构成本罪的条件,不具有严重情节的不构成本罪。《最高人民检察院、公安部关于公安机关管辖的刑事案件立案追诉标准的规定(一)》第三十五条规定:"非法生产、买卖人民警察制式服装、车辆号牌等专用标志、警械,涉嫌下列情形之一的,应予立案追诉:(一)成套制式服装三十套以上,或者非成套制式服装一百件以上的;(二)手铐、脚镣、警用抓捕网、警用催泪喷射器、警灯、警报器单种或者合计十件以上的;(三)警棍五十根以上的;(四)警衔、警号、胸章、臂章、帽徽等警用标志单种或者合计一百件以上的;(五)警用号牌、省级以上公安机关专段民用车辆号牌一副以上,或者其他公安机关专段民用车辆号牌三副以上的;(六)非法经营数额五千元以上,或者非法获利一千元以上的;(七)被他人利用进行违法犯罪活动的;(八)其他情节严重的情形。"

根据本条规定,犯本条规定之罪的,处三年以下有期徒刑、拘役或者管制,并处或者单处罚金。

本条第二款是关于单位进行非法生产、买卖人民警察制式服装、专用标志、警械的犯罪及其处刑的规定。根据本款规定,单位犯本条罪的,对单位判处罚金,并对其直接负责的主管人员和其他直接责任人员,依照前款的规定处罚。对于单位犯罪的实行双罚制,即对单位判处罚金;同时对单位的直接负责的主管人员和其他直接责任人员,"依照前款的规定处罚",即处三年以下有期徒刑、拘役或者管制,并处或者单处罚金。

第二百八十二条 【非法获取国家秘密罪】以窃取、刺探、收买方法,非法获取国家秘密的,处三年以下有期徒刑、拘役、管制或者剥夺政治权利;情节严重的,处三年以上七年以下有期徒刑。

【非法持有国家绝密、机密文件、资料、物品罪】非法持有属于国家绝密、机密的文件、资料或者其他物品,拒不说明来源与用途的,处三年以下有期徒刑、拘役或者管制。

【释解与适用】

本条是关于非法获取国家秘密罪，非法持有国家绝密、机密文件、资料、物品罪及其刑罚的规定。

本条共分两款。第一款是关于非法获取国家秘密罪及处刑的规定。

根据本款规定，非法获取国家秘密犯罪，是指以窃取、刺探、收买方法，非法获取国家秘密的行为。构成本款规定的犯罪应当具备以下条件。

一是行为人实施了非法获取国家秘密的行为。这里的"国家秘密"，在保守国家秘密法中已有明确规定，是指关系国家的安全和利益，依照法定程序确定，在一定时间内只限一定范围的人知悉的事项。该法第九条还规定："下列涉及国家安全和利益的事项，泄露后可能损害国家在政治、经济、国防、外交等领域的安全和利益的，应当确定为国家秘密：（一）国家事务重大决策中的秘密事项；（二）国防建设和武装力量活动中的秘密事项；（三）外交和外事活动中的秘密事项以及对外承担保密义务的秘密事项；（四）国民经济和社会发展中的秘密事项；（五）科学技术中的秘密事项；（六）维护国家安全活动和追查刑事犯罪中的秘密事项；（七）经国家保密行政管理部门确定的其他秘密事项。政党的秘密事项中符合前款规定的，属于国家秘密。"第十条规定："国家秘密的密级分为绝密、机密、秘密三级。绝密级国家秘密是最重要的国家秘密，泄露会使国家安全和利益遭受特别严重的损害；机密级国家秘密是重要的国家秘密，泄露会使国家安全和利益遭受严重的损害；秘密级国家秘密是一般的国家秘密，泄露会使国家安全和利益遭受损害。"第十一条规定："国家秘密及其密级的具体范围，由国家保密行政管理部门分别会同外交、公安、国家安全和其他中央有关机关规定。军事方面的国家秘密及其密级的具体范围，由中央军事委员会规定。国家秘密及其密级的具体范围的规定，应当在有关范围内公布，并根据情况变化及时调整。"根据本款规定，本罪的犯罪对象仅限于国家秘密，未列入国家秘密的情报，以及商业秘密、个人隐私等均不属于本罪的犯罪对象。

二是行为人获取国家秘密的手段是采用窃取、刺探、收买等非法方法。本款规定的"窃取"，是指行为人采取非法手段秘密取得国家秘密的行为，如盗窃国家秘密的文件、资料、物品原件，偷拍、偷照、窃听、窃录、电子侦听或者非法侵入网络系统窃取国家秘密文件、资料等；"刺探"

是指行为人通过各种途径和手段非法探知国家秘密的行为,如通过交友、闲聊等方式打听、套取国家秘密,以采访、参观、学习、考察等名目,搜集国家秘密,在军事禁区、国家保密单位附近观察、搜集信息等;"收买"是指行为人以给予金钱或者其他物质利益的方法非法得到国家秘密的行为,如用金钱、股票、文物、房产等拉拢保密人员获取国家秘密,或者用美色、帮助安排工作等勾引相关人员获取国家秘密。

根据本款规定,对非法获取国家秘密的犯罪,处三年以下有期徒刑、拘役、管制或者剥夺政治权利;情节严重的,处三年以上七年以下有期徒刑。是否情节严重,可以从行为人非法获取国家秘密的重要程度、犯罪手段、危害后果等方面衡量。这里所说的"情节严重的",主要是指:非法获取的绝密级、机密级国家秘密;国家秘密的内容涉及非常重大的事项;非法获取国家秘密已经造成或者有可能造成严重后果的;多次非法获取国家秘密或者非法获取大量国家秘密;其他严重损害国家安全和利益等情形。

本条第二款是关于非法持有属于国家绝密、机密的文件、资料、物品罪及处刑的规定。

根据本款规定,构成本罪需要具备以下条件。

一是行为人非法持有属于国家绝密、机密的文件、资料或者其他物品。反间谍法第十四条规定,任何个人和组织都不得非法持有属于国家秘密的文件、数据、资料、物品。根据上述规定,本款所说的"非法持有属于国家绝密、机密的文件、资料或者其他物品",是指根据保守国家秘密法以及国家其他有关规定,不应知悉某项国家绝密、机密的人员持有属于该项国家绝密、机密的文件、资料和其他物品的,或者可以知悉某项国家绝密、机密的人员,未经办理手续,私自持有属于该项国家秘密的文件、资料和其他物品的。具体表现为传递、携带、保存这些文件、资料和物品。"属于国家绝密、机密的文件、资料",是指依照法定程序确定并且标明为绝密、机密两个密级的文件、资料,不包括秘密一级的文件、资料;属于国家绝密、机密的"其他物品",是指依照有关法律被确定为国家绝密、机密的物品,如被确定为国家绝密或者机密的先进设备、高科技产品、军工产品等。

二是行为人拒不说明来源与用途。所谓"拒不说明来源与用途",是指在有关机关责令说明其非法持有的属于国家绝密、机密的文件、资料和其他物品的来源和用途时，行为人拒不回答或者作虚假回答。

　　实践中，在认定本款规定的非法持有属于国家绝密、机密的文件、资料或者其他物品犯罪，行为人拒不说明国家绝密、机密的文件、资料或者其他物品来源时，司法机关应当认真调查其来源与用途，行为人如果具有间谍身份，或者为境外机构、组织、人员非法提供国家秘密，或者以窃取、刺探、收买方法非法获取国家秘密等犯罪行为的，应当依各该罪定罪处，从而防止由于行为人拒不说明来源与用途而放纵罪犯。同时，司法机关在处理此类犯罪时也应当慎重，需要认真听取行为人的说明和辩解，对于确实不知情的，不能以本罪论处。

　　根据本款规定，对非法持有国家绝密、机密文件、资料或者其他物品拒不说明来源与用途的犯罪，处三年以下有期徒刑、拘役或者管制。

【适用中需要注意的问题】

　　1. 非法获取国家秘密罪与为境外窃取、刺探、收买、非法提供国家秘密、情报罪的区别。一是两罪的犯罪手段不同。非法获取国家秘密罪的犯罪手段仅限于窃取、刺探、收买；而为境外窃取、刺探、收买、非法提供国家秘密、情报罪的犯罪手段不限于窃取、刺探、收买。二是两罪的犯罪对象不同。非法获取国家秘密罪的犯罪对象仅限于国家秘密；而为境外窃取、刺探、收买、非法提供国家秘密、情报罪的犯罪对象不限于国家秘密，还包括情报。三是两罪的犯罪动机和目的不同。行为人非法获取国家秘密的动机和目的可能是各种各样，有的出于贪财，有的出于好奇，有的出于对国家、社会的不满等，一般来说，只要行为人实施了窃取、刺探、收买国家秘密的行为，即可构成本条第一款规定的非法获取国家秘密罪，而不管其动机、目的如何。但司法实践中应当查明行为人非法获取国家秘密的动机和目的，如果行为人窃取、刺探、收买国家秘密是为了提供给境外的机构、组织、人员的，则应当以为境外机构、组织、人员窃取、刺探国家秘密罪定罪处罚。

　　2. 非法获取国家秘密罪与故意泄露国家秘密罪的区别。一是两罪的犯罪主体不同。非法获取国家秘密罪的主体是一般主体；而故意泄露国家秘密罪的主体是因工作或职务之便掌握、保管国家秘密的国家机关工作人员或者其他人员，这些人员利用职务之便，窃取国家秘密，非法提供给他人的，构成故意泄露国家秘密罪。二是两罪的犯罪手段不同。非法获取国家秘密罪的犯罪手段仅限于窃取、刺探、收买；而故意泄露国家秘密罪对犯罪手段没有限制。三是故意泄露国家秘密罪必须到情节严重才构成犯罪；而构成非法获取国家秘密罪没有情节严重的要求。

第二百八十三条 【非法生产、销售专用间谍器材、窃听、窃照专用器材罪】非法生产、销售专用间谍器材或者窃听、窃照专用器材的，处三年以下有期徒刑、拘役或者管制，并处或者单处罚金；情节严重的，处三年以上七年以下有期徒刑，并处罚金。

单位犯前款罪的，对单位判处罚金，并对其直接负责的主管人员和其他直接责任人员，依照前款的规定处罚。

【释解与适用】

本条是关于非法生产、销售专用间谍器材、窃听、窃照专用器材罪及其刑罚的规定。

本条共分两款。第一款是关于个人非法生产、销售专用间谍器材或者窃听、窃照专用器材犯罪及处刑的规定。

构成本款规定的犯罪需具备以下条件。

一是行为人在主观上是故意，即明知自己无权生产、销售专用器材而生产、销售专用器材的，或者违反规定生产、销售专用器材的。至于行为人出于何种动机不影响本罪成立。

二是行为人实施了非法生产、销售专用间谍器材或者窃听、窃照专用器材的行为。这里规定的"非法生产、销售"，是指未经有关主管部门批准、许可，擅自生产、销售专用间谍器材或者窃听、窃照专用器材，或者虽经有关主管部门批准、许可生产、销售，但在实际生产、销售过程中违反有关主管部门关于数量、规格、范围等的要求，非法生产、销售。反间谍法第十五条规定"任何个人和组织都不得非法持有、销售、持有、使用间谍活动特殊需要的专用间谍器材"。根据有关规定，专用间谍器材或者窃听、窃照专用器材的生产、销售都应当由有关主管部门批准。因此，非法生产、销售的行为违反了国家有关规定，扰乱了国家对专用器材的管理，专用器材流入社会，可能严重侵犯公民个人隐私，公司、企业的商业秘密，严重的可能危及国家安全和利益。

三是本罪的犯罪对象是专用间谍器材或者窃听、窃照专用器材。由于专用间谍器材或者窃听、窃照专用器材的特殊性，国家对这类专用专业器材的生产、销售、管理和使用都有严格的规定。专业器材的种类很多，这里规定的"专用间谍器材"是指专门用于实施间谍活动的工具。对于专用间谍器材的范围，1994 年国务院颁布《国家安全法实施细则》中已有明确规定。虽然 1993 年国家安全法已于 2014 年修改为反间谍法，但反间谍法的有关规定与 1993 年国家安全法的规定是一致的。2017 年国务院颁布的《反间谍法实施细则》对专用间谍器材的定义也基本延续了 1994 年细则的规定。根据《反间谍法实施细则》第十八条规定，"专用间谍器材"是指进行间谍活动特殊需要的下列器材：（1）暗藏式窃听、窃照器材；（2）突发式收发报机、一次性密码本、密写工具；（3）用于获取情报的电子监听、截收器材；（4）其他专用间谍器材。此外，该条还规定，专用间谍器材的确认，由国务院国家安全主管部门负责。这里规定的"窃听、窃照专用器材"，是指具有窃听、窃照功能，并专门用于窃听、窃照的器材，如专用于窃听、窃照的窃听器、微型录音机、微型照相机等。所谓"窃听"，是指使用专用器材、设备，在当事人未察觉、不知晓或无法防范的情况下，偷听其谈话或者通话以及其他活动的行为；所谓"窃照"，是指使用专用器材、设备，对窃照对象的形象或者活动进行的秘密拍照摄录的活动。

根据犯罪情节轻重，本款对生产、销售专用间谍器材或者窃听、窃照专用器材犯罪规定了两档刑期：（1）对实施本款行为的，处三年以下有期徒刑、拘役、管制，并处或者单处罚金。（2）情节严重的，处三年以上七年以下有期徒刑，并处罚金。这里的"情节严重"，主要是指非法生产、销售的间谍专用器材以及窃听、窃照专用器材的数量较多；谋取的非法利益的数额较大；生产、销售的间谍专用器材以及窃听窃照专用器材流入社会的数量较多；因他人非法使用而对国家安全利益、社会公共利益、公民合法权益造成的实际损害较大等情节综合考量。

第二款是关于单位非法生产、销售专用间谍器材或者窃听、窃照专用器材的处刑规定。

对单位犯本罪的，采取了双罚制原则，即对单位判处罚金，并对单位的直接负责的主管人员和其他直接责任人员，按照第一款对个人犯本罪的处刑规定处罚，即处三年以下有期徒刑、拘役或者管制，并处或者单处罚金；情节严重的，处三年以上七年以下有期徒刑，并处罚金。对于单位判处罚金的数额，法律未作具体规定，司法实践中可由司法机关根据案件的具体情况，本着罪责刑相适应的原则依法确定。

【适用中需要注意的问题】

实际执行中需要注意的是，有些专用间谍器材或者窃听、窃照专用器材本身就属于国家秘密，行为人非法生产、销售可能构成泄露国家秘密的犯罪，认定本罪与泄露国家秘密的犯罪需要根据行为人主观方面、客观方面的不同表现予以判断。对于明知买方是境外的机构、组织、人员而故意为其生产、销售涉及国家秘密的专用器材，导致国家秘密的泄露，应以为境外机构、组织、人员非法提供国家秘密或情报罪论处；对于其他非法生产、销售专用器材而导致故意或过失泄露国家秘密的，应作为非法生产、销售专用间谍器材罪、窃听、窃照专用器材罪与泄露国家秘密罪的牵连犯，从一重罪处罚。

第二百八十四条 【非法使用窃听、窃照专用器材罪】非法使用窃听、窃照专用器材，造成严重后果的，处二年以下有期徒刑、拘役或者管制。

【释解与适用】

本条是关于非法使用窃听、窃照专用器材罪及其刑罚的规定。

根据本条的规定，非法使用窃听、窃照专用器材的犯罪，是指非法使用窃听、窃照专用器材，造成严重后果的行为。构成本罪需要具备以下条件：一是行为人必须实施了非法使用窃听、窃照专用器材的行为。本条规定的"非法使用"，是指违反国家规定使用窃听、窃照专用器材，包括无权使用的人使用以及有权使用的人违反规定使用。"窃听"，是指使用专用器材、设备，在当事人未察觉、不知晓或者无法防范情况下，偷听其谈话、通话以及其他活动的行为；"窃照"是指使用专用器材、设备，对窃照对象的形象或者活动进行秘密拍照摄录的活动。二是本罪的犯罪对象是窃听、窃照专用器材。这里的"窃听、窃照专用器材"，是指具有窃听、窃照功能，并专门用于窃听、窃照活动的器材，如专用于窃听、窃照的窃听器、微型录音机、微型照相机等。三是非法使用窃听、窃照专用器材，造成严重后果的才构成犯罪。这里所说的"造成严重后果"，是指由于非法使用窃听、窃照专用器材，导致窃听、窃照内容被广泛传播；造成他人自杀、精神失常；引起杀人、伤害等犯罪发生；造成被窃听、窃照单位商业秘密泄露；造成重大经济损失；严重损害国家利益等严重后果。

根据本条规定，构成本罪的，处二年以下有期徒刑、拘役或者管制。

【适用中需要注意的问题】

1. 非法使用窃听、窃照专用器材罪与为境外窃取、刺探、收买、非法提供国家秘密、情报罪的界限。一是两罪的目的和手段不同。非法使用窃听、窃照专用器材罪，行为人的目的是偷听、偷录、偷拍、偷摄个人或单位的谈话、电话、日常生活、经营活动等个人隐私、商业秘密，采用的是非法使用的手段；为境外窃取、刺探、收买、非法提供国家秘密、情报罪，行为人的目的是为境外机构、组织、个人提供国家秘密、情报，采用的是窃取、刺探、收买、非法提供的手段。二是两罪对后果的要求不同。非法使用窃听、窃照专用器材罪必须造成严重后果才构成犯罪；为境外窃取、刺探、收买、非法提供国家秘密、情报罪，构成该罪并不要求造成严重后果，只要行为人实施了为境外机构、组织、个人窃取、刺探、收买、非法提供国家秘密、情报的行为就构成犯罪。

2. 行为人既实施了非法使用窃听、窃照专用器材的行为，又实施了非法获取国家秘密，或者为境外窃取、刺探、收买、非法提供国家秘密、情报的行为，或者组织考试作弊、非法出售、提供考试试题、答案的行为应当如何处理。实践中，需要具体情况具体分析，行为人虽然实施非法使用窃听、窃照专用器材，其目的是非法获取国家秘密，或者为境外机构、组织、个人提供国家秘密、情报的，这时的行为人都只有一个犯罪行为，非法使用窃听、窃照专用器材只是手段，一般应当按照非法获取国家秘密罪、为境外窃取、刺探、收买、非法提供国家秘密、情报定罪处罚；如果行为人以窃取、刺探、收买方法非法获取法律规定的国家考试的试题、答案，又组织考试作弊或者非法出售、提供试题、答案，根据《最高人民法院、最高人民检察院关于办理组织考试作弊等刑事案件适用法律若干问题的解释》第九条的规定，符合刑法第二百八十二条和刑法第二百八十四条之一规定的，以非法获取国家秘密罪和组织考试作弊罪或者非法出售、提供试题、答案罪数罪并罚。

第二百八十四条之一 【组织考试作弊罪】在法律规定的国家考试中，组织作弊的，处三年以下有期徒刑或者拘役，并处或者单处罚金；情节严重的，处三年以上七年以下有期徒刑，并处罚金。

为他人实施前款犯罪提供作弊器材或者其他帮助的，依照前款的规定处罚。

【非法出售、提供试题、答案罪】为实施考试作弊行为，向他人非法出售或者提供第一款规定的考试的试题、答案的，依照第一款的规定处罚。

【代替考试罪】代替他人或者让他人代替自己参加第一款规定的考试的，处拘役或者管制，并处或者单处罚金。

【释解与适用】

本条是关于组织考试作弊罪，非法出售、提供试题、答案罪，代替考试罪及其刑罚的规定。

本条共分四款。第一款是关于组织考试作弊罪及其处刑的规定。组织考试作弊罪是本条规定的重点内容。本款规定有以下几个方面问题需要注意。

第一，关于"组织作弊"的行为。根据本款规定，构成组织作弊的犯罪要求行为人客观上实施了"组织作弊"的行为。这里所说的"组织"作弊，即组织、指挥、策划进行考试作弊的行为，既包括构成犯罪集团的情况，也包括比较松散的犯罪团伙，还可以是个人组织他人进行作弊的情况；组织者可以是一个人，也可以是多人；可以有比较严密的组织结构，也可以是为了进行一次考试作弊行为临时纠结在一起；既包括组织一个考场内的考生作弊的简单形态，也包括组织大范围的集体作弊的复杂情形。"作弊"是指在考试中弄虚作假的行为，具体作弊方式花样很多，需要结合考试的具体情况确定。对于考试作弊，在相关考试的规定中一般都有明确的认定规定，如《国家教育考试违规处理办法》第六条规定，国家教育考试中作弊包括：（1）携带与考试内容相关的材料或者存储有与考试内容相关资料的电子设备参加考试的；（2）抄袭或者协助他人抄袭试题答案或者与考试内容相关的资料的；（3）抢夺、窃取他人试卷、答卷或者胁迫他人为自己抄袭提供方便的；（4）携带具有发送或者接收信息功能的设备的；（5）由他人冒名代替参加考试的；（6）故意销毁试卷、答卷或者考试材料的；（7）在答卷上填写与本人身份不符的姓名、考号等信息的；（8）传、接物品或者交换试卷、答卷、草稿纸的；（9）其他以不正当手段获得或者试图获得试题答案、考试成绩的行为。《公务员录用考试违纪违规处理办法（试行）》对公务员考试中的作弊及处理也有明确规定。

本款之所以对"组织作弊"作出明确规定，主要是体现对有组织的团伙作弊行为从严惩处。从司法实践中的情况看，一些案件中，考试作弊团伙化、产业化特征明显，"助考"团伙分工明确，有专门制售作弊器材的，有专门偷题的，有专门做题的，有专门负责广告的，有专门负责销售试题及答案的，涉及考试作弊的各个环节，形成制售作弊器材、考试前或考试中窃取试题内容、雇佣枪手作答、传播答案等"一条龙"产业链。在作弊的手段上，也日益高科技化，有的犯罪团伙使用秘拍设备窃取考题，使用远程通讯设备将答案传入考场，采用可以植入牙齿的耳机接收答案，等等。传统的有组织作弊主要是在考场内组织实施，而近年来高科技化的组织作弊，往往通过包括互联网、无线电技术手段在内的多种技术手段，将考场内外，考生、家长、枪手等各主体，试题、答案各要素紧密联系在一起，使得考试组织者防不胜防。此类行为严重扰乱考试活动的正常进行，社会危害严重，应当作为打击的重点予以从严惩处。

第二，关于考试的范围。根据本款规定，考试范围限定在"法律规定的国家考试"，即在法律中明确规定的国家考试。2019年《最高人民法院、最高人民检察院关于办理组织考试作弊等刑事案件适用法律若干问题的解释》第一条规定，"法律规定的国家考试"，仅限于全国人民代表大会及其常务委员会制定的法律所规定的考试。根据有关法律规定，下列考试属于"法律规定的国家考试"：（1）普通高等学校招生考试、研究生招生考试、高等教育自学考试、成人高等学校招生考试等国家教育考试；（2）中央和地方公务员录用考试；（3）国家统一法律职业资格考试、国家教师资格考试、注册会计师全国统一考试、会计专业技术资格考试、资产评估师资格考试、医师资格考试、执业药师职业资格考试、注册建筑师考试、建造师执业资格考试等专业技术资格考试；（4）其他依照法律由中央或者地方主管部门以及行业组织的国家考试。前款规定的考试涉及的特殊类型招生、特殊技能测试、面试等考试，属于"法律规定的国家考试"。

从现有规定看，近二十部法律对"法律规定的国家考试"作了规定。如2018年公务员法第三十条规定，公务员录用考试采取笔试和面试等方式进行，考试内容根据公务员应当具备的基本能力和不同职位类别、不同层级机关分别设置。2019年法官法第十二条规定，初任法官应当通过国家统一法律职业资格考试取得法律职业资格。上述规定就是通常所说的公务员考试和司法考试，都属于本条规定的"法律规定的国家考试"。检察官法、律师法也分别对担任检察官、申请律师执业规定了要通过国家统一法律职业资格考试。此外，警察法、教师法、执业医师法、注册会计师法、道路交通安全法、海关法、动物防疫法、旅游法、证券投资基金法、统计法、公证法等也都对相应行业、部门的从业人员应当通过考试取得相应资格或入职条件作了规定。需要注意的是，对于教育类考试，目前社会上关注度高、影响大、涉及面广的高考、研究生入学考试等都是有相应法律依据的。2021年教育法第二十一条规定，国家实行国家教育考试制度。国家教育考试由国务院教育行政部门确定种类，并由国家批准的实施教育考试的机构承办。2018年高等教育法第十九条规定，高级中等教育毕业或者具有同等学力的，经考试合格，由实施相应学历教育的高等学校录取，取得专科生或者本科生入学资格。本科毕业或者具有同等学力的，经考试合格，由实施相应学历教育的高等学校或者经批准承担研究生教育任务的科学研究机构录取，取得硕士研究生入学资格。硕士研究生毕业或者具有同等学力的，经考试合格，由实施相应学历教育的高等学校或者经批准承担研究生教育任务的科学研究机构录取，取得博士研究生入学资格。允许特定学科和专业的本科毕业生直接取得博士研究生入学资格，具体办法由国务院教育行政部门规定。高等教育法第二十一条规定，国家实行高等教育自学考试制度，经考试合格的，发给相应的学历证书或者其他学业证书。

对于"法律规定的国家考试"还需要注意的是，这里的国家考试并不要求是"统一由国家一级组织的考试"。有些法律规定的考试，依照规定不是由国家一级统一组织，而是由地方根据法律规定组织实施，这些考试也属于"法律规定的国家考试"。例如，根据公务员法的规定，公务员录用考试属于国家考试，但关于公务员录用考试的具体组织，该法第二十四条中规定，中央机关及其直属机构公务员的录用，由中央公务员主管部门负责组织。地方各级机关公务员的录用，由省级公务员主管部门负责组织，必要时省级公务员主管部门可以授权设区的市级公务员主管部门组织。根据该规定，公务员录用考试，既包括国家统一组织的招录中央机关及其直属机构公务员的考试，也包括各省市等地方组织的录用地方各级机关公务员的考试。又如，高考既有全国统一考试，也有各省依照法律规定组织的考试。

本款将组织考试作弊犯罪限于"法律规定的国家考试"，并非意味着对这些考试范围之外的其他考试中作弊的行为都不予追究。司法实践中，对其他作弊行为还需要根据案件的具体情况，依照相关法律规定处理。对其中有的行为，可以依照刑法第二百五十三条之一侵犯公民个人信息罪，第二百八十条伪造、变造、买卖国家机关、公文、证件、印章罪，第二百八十二条非法获取国家秘密罪，第二百八十四条非法使用窃听、窃照专用器材罪，第二百八十八条扰乱无线电通讯管理秩序罪等规定追究刑事责任。对其中尚不构成犯罪的，可以依照治安管理处罚法的规定处理。

根据本款规定，对组织考试作弊的，处三年以下有期徒刑或者拘役，并处或者单处罚金；情节严重的，处三年以上七年以下有期徒刑，并处罚金。这里所说的"情节严重的"，根据《最高人民法院、最高人民检察院关于办理组织考试作弊等刑事案件适用法律若干问题的解释》第二条的规定，在法律规定的国家考试中，组织作弊，具有下列情形之一的，应当认定"情节严重"：（1）在普通高等学校招生考试、研究生招生考试、公务员录用考试中组织考试作弊的；（2）导致考试推迟、取消或者启用备用试题的；（3）考试工作人员组织考试作弊的；（4）组织考生跨省、自治区、直辖市作弊的；（5）多次组织考试作弊的；（6）组织三十人次以上作弊的；（7）提供作弊器材五十件以上的；（8）违法所得三十万元以上的；（9）其他情节严重的情形。

本条第二款是关于为他人实施组织考试作弊提供作弊器材或者其他帮助如何处理的规定。

根据本款规定，为他人实施组织作弊提供作弊器材或者其他帮助的，依照第一款的规定处罚，即处三年以下有期徒刑或者拘役，并处或者单处罚金；情节严重的，处三年以上七年以下有期徒刑，并处罚金。通常情况下，本款规定的犯罪行为，实际上也是第一款规定的组织考试作弊犯罪的帮助行为。因此，对这些行为一般可以按照刑法总则关于共同犯罪的规定，以组织作弊罪的共犯处理，按其在共同犯罪中的地位、作用追究刑事责任。本款之所以对这种行为专门作出规定，主要是考虑到实践中提供作弊器材等帮助的行为，越来越具有独立性，已经成为有组织作弊中的重要环节，社会危害严重；同时，司法实践中组织作弊犯罪各环节分工越来越细、独立性越来越强，有的案件中已经查明行为人明知他人组织作弊而且其提供作弊器材，但要进一步证明双方为共同组织作弊而实施犯意联络存在一定困难。因此，对这种组织作弊犯罪活动中具有典型性的行为，在法律中作出明确规定、严密刑事法网，有利于准确适用法律。

本款规定的帮助行为主要分为两大类：一是提供作弊器材。互联网和无线考试作弊器材是高科技作弊的关键环节，通过互联网，试题和答案得以大面积传播；有了无线考试作弊器材，试题和答案才得以在考场内外顺利传递。从功能上看，作弊器材的作用就是将考场内的试题传出去或将答案发送给考生，相应地，相关器材包括密拍、发送和接收设备三大类。密拍设备日益小型化、伪装也更加先进，如纽扣式数码相机、眼镜式和手表式密拍设备，其发射天线通常采用背心、腰带、发卡等形式。发送设备包括各种大功率发射机，负责将答案传送到考场中，实践中有的发射距离可达数公里。接收设备包括语音机和数据接收机：语音接收机包括米粒耳机、牙齿接收机、颅骨接收机等；数据接收机则出现了尺子、橡皮、眼镜、签字笔等多种伪装。这里规定的"提供"作弊器材包括为其生产，向其销售、出租、出借等多种方式。关于"作弊器材"如何认定，根据《最高人民法院、最高人民检察院关于办理组织考试作弊等刑事案件适用法律若干问题的解释》第三条的规定，具有避开或者突破考场防范作弊的安全管理措施，获取、记录、传递、接收、存储考试试题、答案等功能的程序、工具，以及专门设计用于作弊的程序、工具，应当认定为"作弊器材"。对于是否属于"作弊器材"难以确定的，依据省级以上公安机关或者考试主管部门出具的报告，结合其他证据作出认定；涉及专用间谍器材、窃听、窃照专用器材、"伪基站"等器材的，依照相关规定作出认定。二是提供其他帮助。包括进行无线作弊器材使用培训、窃取、出售考生信息，以及作弊网站的设立与维护等。

本条第三款是关于非法出售、提供试题、答案罪的规定。

根据本款规定，为实施考试作弊行为，向他人非法出售或者提供法律规定的国家考试的试题、答案的，依照第一款的规定处罚，即处三年以下有期徒刑或者拘役，并处或者单处罚金；情节严重的，处三年以上七年以下有期徒刑，并处罚金。关于"情节严重"，根据《最高人民法院、最高人民检察院关于办理组织考试作弊等刑事案件适用法律若干问题的解释》第五条的规定，为实施考试作弊行为，非法出售或者提供法律规定的国家考试的试题、答案，具有下列情形之一的，应当认定为"情节严重"：（1）非法出售或者提供普通高等学校招生考试、研究生招生考试、公务员录用考试的试题、答案的；（2）导致考试推迟、取消或者启用备用试题的；（3）考试工作人员非法出售或者提供试题、答案的；（4）多次非法出售或者提供试题、答案的；（5）向三十人次以上非法出售或者提供试题、答案的；（6）违法所得三十万元以上的；（7）其他情节严重的情形。该解释第六条规定，为实施考试作弊行为，向他人非法出售或者提供法律规定的国家考试的试题、答案，试题不完整或者答案与标准答案不完全一致的，不影响非法出售、提供试题、答案罪的认定。本款规定需要注意的是，行为人提供试题、答案的对象不限于组织作弊的团伙或个人，也包括参加考试的人员及其亲友，这一点不同于第二款规定的为组织考试作弊提供器材的犯罪。

本条第四款是关于代替考试罪及其处刑的规定。

构成本罪应当具备以下条件：一是犯罪的主体既包括应考者，也包括替考者（俗称"枪手"）。二是行为人实施了代替他人或者让他人代替自己参加法律规定的国家考试的行为。本款规定了两种行为：（1）行为人代替他人参加考试。这里的"代替他人"参加考试，是指冒名顶替应当参加考试的人去参加考试，包括携带应考者的真实证件参加考试；携带伪造、变造的应考者的证件参加考试；替考者与应考者一同入场考试，但互填对方的考试信息等。（2）行为人让他人代替自己参加考试。这里所说的"让他人代替自己"参加考试，是指指使他人冒名顶替自己参加考试。让他人代替自己参加考试的方式多种多样，如发布广告寻找替考者、委托他人寻找替考者、向替考者支付定金，等等。三是行为人代替他人或者让他人代替自己参加的考试必须是法律规定的国家考试。所谓"法律规定的国家考试"在本条第一款中已经详细论述，不再赘述。

对于代替考试，首先是要根据《国家教育考试违规处理办法》《公务员录用考试违纪违规行为处理办法（试行）》等相关规定予以取消考试资格、禁考等处理。同时，考虑到实践中代替考试的情形较为复杂，所涉考试的类型有所不同，不区分情形一律定罪处罚过于严苛，根据宽严相济刑事政策的要求，《最高人民法院、最高人民检察院关于办理组织考试作弊等刑事案件适用法律若干问题的解释》第七条第二款规定：对于行为人犯罪情节较轻，确有悔罪表现，综合考虑行为人替考情况以及考试类型等因素，认为符合缓刑适用条件的，可以宣告缓刑；犯罪情节轻微的，可以不起诉或者免予刑事处罚；情节显著轻微危害不大的，不以犯罪论处。

根据本款规定，代替他人或者让他人代替自己参加法律规定的国家考试的，处拘役或者管制，并处或者单处罚金。

第二百八十五条 【非法侵入计算机信息系统罪】违反国家规定，侵入国家事务、国防建设、尖端科学技术领域的计算机信息系统的，处三年以下有期徒刑或者拘役。

【非法获取计算机信息系统数据、非法控制计算机信息系统罪】违反国家规定，侵入前款规定以外的计算机信息系统或者采用其他技术手段，获取该计算机信息系统中存储、处理或者传输的数据，或者对该计算机信息系统实施非法控制，情节严重的，处三年以下有期徒刑或者拘役，并处或者单处罚金；情节特别严重的，处三年以上七年以下有期徒刑，并处罚金。

【提供侵入、非法控制计算机信息系统程序、工具罪】提供专门用于侵入、非法控制计算机信息系统的程序、工具，或者明知他人实施侵入、非法控制计算机信息系统的违法犯罪行为而为其提供程序、工具，情节严重的，依照前款的规定处罚。

单位犯前三款罪的，对单位判处罚金，并对其直接负责的主管人员和其他直接责任人员，依照各该款的规定处罚。

【释解与适用】

本条是关于非法侵入计算机信息系统罪，非法获取计算机信息系统数据、非法控制计算机信息系统罪，提供侵入、非法控制计算机信息系统程序、工具罪及其刑罚的规定。

本条共分四款。第一款是关于非法侵入计算机信息系统罪及其处罚的规定。

构成本罪应当符合以下条件：第一，必须是违反国家规定。这里所说的"违反国家规定"，是指违反国家关于保护计算机安全的法律和行政法规。如《计算机信息系统安全保护条例》第四条规定："计算机信息系统的安全保护工作，重点维护国家事务、经济建设、国防建设、尖端科学技术等重要领域的计算机信息系统的安全。"

第二，行为人实施了侵入国家事务、国防建设、尖端科学技术领域的计算机信息系统的行为。所谓"侵入"，是指未取得国家有关主管部门合法授权或批准，通过计算机终端访问国家重要计算机信息系统或者进行数据截收的行为。实践中，主要表现为行为人利用自己所掌握的计算机知识、技术，通过非法手段获取指令或者许可证明，冒充合法使用者进入国家重要计算机信息系统；采用计算机技术进行攻击，闯过或者避开安全防卫进入计算机信息系统；有的甚至将自己的计算机与国家重要计算机信息系统联网。这里的"侵入"是故意行为，即行为人明知自己的行为违反国家规定会产生非法侵入的危害结果，而希望这种结果发生；如果行为人过失进入国家重要的计算机信息系统的，不构成本罪。

第三，本罪的犯罪对象仅限于国家事务、国防建设、尖端科学技术领域的计算机信息系统。这里所说的"计算机信息系统"，是指具备自动处理数据功能的系统，包括计算机、网络设备、通信设备、自动化控制设备等。国家事务、国防建设、尖端科学技术领域的计算机信息系统，涉及国家秘密等事关国家安全等重要事项的信息的处理，应当予以特殊保护。因此，行为人不论其侵入的动机和目的如何，也不需要在侵入后又实施窃取信息、进行攻击等侵害行为，只要侵入国家事务、国防建设、尖端科学技术领域的计算机信息系统即构成犯罪。对于侵入国家事务、国防建设、尖端科学技术领域以外的其他计算机信息系统，不构成本罪。

构成本款规定的犯罪，处三年以下有期徒刑或者拘役。

第二款是关于非法获取计算机信息系统数据、非法控制计算机信息系统罪及其处罚的规定。根据本款的规定，行为人构成本罪须要同时具备以下条件。

第一，行为人实施了非法获取他人计算机信息系统中存储、处理或者传输的数据的行为，或者实施了对他人计算机信息系统进行非法控制的行为。(1)非法获取他人计算机信息系统中存储、处理或者传输的数据的行为。"获取"包括从他人计算机信息系统中窃取（如直接侵入他人计算机信息系统，秘密复制他人存储的信息），也包括骗取（如设立假冒网站，在受骗用户登录时，要求用户输入账号、密码等信息）。计算机信息系统中"存储"的数据，是指在用户计算机信息系统的硬盘或其他存储介质中保存的信息，如用户计算机中存储的文件。计算机信息系统中"处理"的数据,是指他人计算机信息系统正在运算中的信息。计算机信息系统中"传输"的数据,是指他人计算机信息系统各设备、设施之间,或者与其他计算机信息系统之间正在交换、输送中的信息,如敲击键盘、移动鼠标向主机发出操作指令,就会在键盘、鼠标与计算机主机之间产生数据的传输。"存储""处理""传输"这三种形态,涵括了计算机信息系统中所有的数据形态,不论行为人非法获取处于哪种形态的数据,均符合法律的规定。(2)对他人计算机信息系统实施非法控制。"非法控制"是指通过各种技术手段,使得他人计算机信息系统处于其掌控之中,能够接受其发出的指令,完成相应的操作活动。例如,通过给他人计算机信息系统中植入"木马程序"对他人计算机信息系统加以控制,可以"指挥"被控制的计算机实施网络攻击等活动。非法控制包括对他人计算机实现完全控制,也包括只实现对他人计算机信息系统的部分控制,不论实际控制的程度如何,只要能够使他人计算机信息系统执行其发出的指令即可。非法控制他人计算机信息系统,只要求行为人采用侵入等技术手段对他人计算机进行了实际控制,行为人在对他人计算机信息系统加以控制的,即可构成犯罪,并不要求一定要实施进一步的侵害行为。这样规定是考虑到非法控制他人计算机信息系统,往往是为进一步实施其他违法犯罪行为做准备,具有很大的潜在危险性。有的案件中行为人非法控制数十万甚至上百万台联网计算机,组建"僵尸网络"。如果行为人操纵这些被控制的计算机实施拒绝服务攻击等网络破坏活动,后果将非常严重。因此,对非法控制他人计算机信息系统的行为,情节严重的,有必要在其尚未实施进一步的侵害活动时,即予以打击。

需要说明的是,本款是针对非法控制计算机信息系统行为作出的规定,如果行为人实施非法控制后,进一步实施其他危害行为,可能构成刑法规定的其他犯罪。例如,非法获取他人网上银行账号、密码用于盗窃财物的,对电力、电信等计算机信息系统实施非法控制并从事危害公共安全的破坏活动的,这就需要司法机关根据案件的具体情况,选择适用相应的法律规定。

第二,行为人非法获取他人计算机信息系统中的数据或者对他人计算机信息系统加以非法控制,是基于"侵入或者其他技术手段"。这里所说的"侵入"是指未经授权或者他人同意,通过技术手段进入计算机信息系统。例如,通过技术手段突破他人计算机信息系统安全防护设置,进入他人计算机信息系统；入侵他人网站并植入"木马程序"，在用户访问该网站时，伺机侵入用户计算机信息系统；建立色情、免费软件下载等网站，吸引用户访问并在用户计算机信息系统中植入事先"挂"好的"木马"程序。不论行为人采用何种手法，其实质是违背他人意愿，进入他人计算机信息系统。违背他人意愿，包括行为人采用技术手段强行进入，如破坏他人计算机安全防护系统进入，也包括未征得他人同意或者授权擅自进入。"其他技术手段"是关于行为人可能采用的手段的兜底性规定，是针对实践中随着计算机技术的发展可能出现的各种手段作出的规定。刑法之所以将行为人非法获取他人计算机信息系统中的数据或者对他人计算机信息系统实施非法控制的手段限定在"侵入"或"其他技术手段"，是因为本罪是针对互联网上各种危害计算机网络安全的犯罪作出的规定。至于采用网络技术手段以外的其他手段，如进入他人办公室直接实施秘密复制行为的，不属于本款规定的行为。

第三，行为人的行为达到"情节严重"的，才构成犯罪。根据《最高人民法院、最高人民检察院关于办理危害计算机信息系统安全刑事案件应用法律若干问题的解释》第一条第一款的规定，非法获取计算机信息系统数据或者非法控制计算机信息系统，具有下列情形之一的，应当认定为"情节严重"：（1）获取支付结算、证券交易、期货交易等网络金融服务的身份认证信息十组以上的；（2）获取第一项以外的身份认证信息五百组以上的；（3）非法控制计算机信息系统二十台以上的；（4）违法所得五千元以上或者造成经济损失一万元以上的；（5）其他情节严重的情形。

构成本款规定的犯罪，处三年以下有期徒刑或者拘役，并处或者单处罚金；情节特别严重的，处三年以上七年以下有期徒刑，并处罚金。这里所说的是"情节特别严重"，根据上述解释第一条规定，具有下列情形之一的，应当认定为"情节特别严重"：（1）数量或者数额达到"情节严重"第一项至第四项规定标准五倍以上的；（2）其他情节特别严重的情形。

需要注意的是，本条第一款的规定，体现了对国家事务、国防建设、尖端科学技术领域的计算机信息系统安全的特殊保护。从法定刑的设置看，有本条第一款行为的，最高判处三年有期徒刑，有本条第二款行为的，即侵入国家事务、国防建设、尖端科学技术领域的计算机信息系统以外的其他普通计算机信息系统的，最高判处七年有期徒刑，似乎侵入需要加以特殊保护的国家事务、国防建设、尖端科学技术领域的计算机信息系统，其法定刑还不如侵入这些重要信息系统之外的其他普通计算机信息系统的法定刑高。实际上本条第一款规定的犯罪与第二款规定的犯罪在构成犯罪的条件上具有较大差别。侵入国家事务、国防建设、尖端科学技术领域的计算机信息系统犯罪，只要行为人实施了侵入行为，即可构成。而本条第二款规定的犯罪，不仅要有侵入行为，还要有侵入计算机信息系统后从事非法获取计算机信息系统中的信息，或者对计算机信息系统实施非法控制的行为，仅实施侵入行为不构成本罪。因此，从构成犯罪的条件看，侵入国家事务、国防建设、尖端科学技术领域的计算机信息系统犯罪的入罪门槛更低。另外，如果行为人侵入国家事务、国防建设、尖端科学技术领域的计算机信息系统后，从事非法获取这些计算机信息系统中存储、处理、传输的信息的，还可能构成窃取、刺探国家秘密罪、间谍罪等严重犯罪，应当依照处罚较重的相关犯罪追究刑事责任，而不再按照本条第一款的规定处罚，因此，其实际适用的刑罚远重于本条第二款规定的刑罚。

第三款是关于提供侵入、非法控制计算机信息系统程序、工具罪及其处罚的规定。

本款的"提供"包括出售等有偿提供，也包括提供免费下载等行为；包括直接提供给他人，也包括在网上供他人下载等。根据本款规定，为他人提供实施侵入、非法控制计算机信息系统的程序、工具的行为包括两种情形：一是提供专用程序、工具。这是指行为人所提供的程序、工具只能用于实施非法侵入、非法控制计算机信息系统的用途。例如，为他人提供专门用于窃取网上银行账号的"网银木马"程序。由于所提供程序、工具的用途本身足以表明该程序、工具的违法性，进而表明行为人主观上对其所提供程序将被用于非法侵入、控制他人计算机信息系统的情况是明知的，因此，法律规定提供实施侵入、非法控制计算机信息系统专用程序、工具的，即可构成犯罪。根据《最高人民法院、最高人民检察院关于办理危害计算机信息系统安全刑事案件应用法律若干问题的解释》第二条的规定，具有下列情形之一的程序、工具，应当认定为"专门用于侵入、非法控制计算机信息系统的程序、工具"：（1）具有避开或者突破计算机信息系统安全保护措施，未经授权或者超越授权获取计算机信息系统数据的功能的；（2）具有避开或者突破计算机信息系统安全保护措施，未经授权或者超越授权对计算机信息系统实施控制的功能的；（3）其他专门设计用于侵入、非法控制计算机信息系统、非法获取计算机信息系统数据的程序、工具。二是行为人明知他人实施侵入、非法控制计算机信息系统的违法犯罪行为而为其提供程序、工具。这是指从行为人所提供的程序、工具本身的属性看，可以用于非法用途，也可以用于合法用途，即仅凭程序、工具本身的性质尚不能够完全确定行为人所实施行为的违法性。这种情况下，行为人是否构成犯罪，就需要考虑其主观方面对其行为的性质是否有明确的认识。明知而故犯的，应当依照本款的规定予以追究。对确实不知他人将其所提供的程序、工具用于实施非法侵入、非法控制计算机信息系统的违法犯罪行为的，不构成犯罪。

根据本款规定，行为人的行为"情节严重"的，才构成犯罪。根据《最高人民法院、最高人民检察院关于办理危害计算机信息系统安全刑事案件应用法律若干问题的解释》第三条第一款的规定，提供侵入、非法控制计算机信息系统的程序、工具，具有下列情形之一的，应当认定为"情节严重"：（1）提供能够用于非法获取支付结算、证券交易、期货交易等网络金融服务身份认证信息的专门性程序、工具五人次以上的；（2）提供第一项以外的专门用于侵入、非法控制计算机信息系统的程序、工具二十人次以上的；（3）明知他人实施非法获取支付结算、证券交易、期货交易等网络金融服务身份认证信息的违法犯罪行为而为其提供程序、工具五人次以上的；（4）明知他人实施第三项以外的侵入、非法控制计算机信息系统的违法犯罪行为而为其提供程序、工具二十人次以上的；（5）违法所得五千元以上或者造成经济损失一万元以上的；（6）其他情节严重的情形。

根据本款规定，构成犯罪的，依照前款的规定处罚，即处三年以下有期徒刑或者拘役，并处或者单处罚金；情节特别严重的，处三年以上七年以下有期徒刑，并处罚金。这里所说的"情节特别严重"，根据上述解释第三条第二款的规定，具有下列情形之一的，应当认定为提供侵入、非法控制计算机信息系统的程序、工具"情节特别严重"：（1）数量或者数额达到"情节严重"第一项至第五项规定标准五倍以上的；（2）其他情节特别严重的情形。

第四款是关于单位犯罪的规定。

单位实施前三款规定的行为，根据本款规定构成相应的单位犯罪，采取双罚制，既要对单位判处罚金，又要追究单位直接负责的主管人员和其他直接责任人员的刑事责任。根据最高人民法院2001年印发的《全国法院审理金融犯罪案件工作座谈会纪要》，"直接负责的主管人员"，是在单位实施的犯罪中起决定、批准、授意、纵容、指挥等作用的人员，一般是单位的主管负责人，包括法定代表人。"其他直接责任人员"，是在单位犯罪中具体实施犯罪并起较大作用的人员，既可以是单位的经营管理人员，也可以是单位的职工，包括聘任、雇佣的人员。对单位犯罪中的直接负责的主管人员和其他直接责任人员，应根据其在单位犯罪中的地位、作用和犯罪情节，分别处以相应的刑罚，主管人员与直接责任人员，在个案中，不是当然的主、从犯关系，有的案件，主管人员与直接责任人员在实施犯罪行为的主从关系不明显的，可不分主、从犯。但具体案件可以分清主、从犯，且不分清主、从犯，在同一法定刑档次、幅度内量刑无法做到罪刑相适应的，应当分清主、从犯，依法处罚。

第二百八十六条　【破坏计算机信息系统罪】违反国家规定，对计算机信息系统功能进行删除、修改、增加、干扰，造成计算机信息系统不能正常运行，后果严重的，处五年以下有期徒刑或者拘役；后果特别严重的，处五年以上有期徒刑。

违反国家规定，对计算机信息系统中存储、处理或者传输的数据和应用程序进行删除、修改、增加的操作，后果严重的，依照前款的规定处罚。

故意制作、传播计算机病毒等破坏性程序，影响计算机系统正常运行，后果严重的，依照第一款的规定处罚。

单位犯前三款罪的，对单位判处罚金，并对其直接负责的主管人员和其他直接责任人员，依照第一款的规定处罚。

【释解与适用】

本条是关于破坏计算机信息系统罪及其刑罚的规定。

本条共分四款。第一款是关于破坏计算机信息系统功能的犯罪及其处刑的规定。

根据本款规定，破坏计算机信息系统功能犯罪，是指违反国家规定，对计算机信息系统功能进行删除、修改、增加、干扰，造成计算机信息系统不能正常运行，后果严重的行为。构成本罪应当具备以下条件：一是必须是违反国家规定。这里的"违反国家规定"，是指违反国家关于保护计算机安全的有关规定，主要是指违反《计算机信息系统安全保护条例》的规定。二是行为人实施了对计算机信息系统功能进行删除、修改、增加、干扰的行为。"计算机信息系统功能"，是指在计算机中，按照一定的应用目标和规则对信息进行采集、加工、存储、传输、检索的功用和能力。"删除"是指将原有的计算机信息系统功能除去，使之不能正常运转。"修改"是指对原有的计算机系统信息功能进行改动，使之不能正常运转。"增加"是指在计算机信息系统里增加某种功能，致使原有的功能受到影响或者破坏，无法正常运转。"干扰"是指用删除、修改、增加以外的其他方法，破坏计算机信息系统功能，使其不能正常运行。三是必须造成计算机信息系统不能正常运行。所谓"不能正常运行"，是指计算机信息系统失去功能，不能运行或者计算机信息系统功能不能按原来设计的要求运行。四是必须达到后果严重的程度。所谓"后果严重"是构成本罪的要件，没有造成严重后果的，不构成本罪。根据《最高人民法院、最高人民检察院关于办理危害计算机信息系统安全刑事案件应用法律若干问题的解释》第四条的规定，破坏计算机信息系统功能、数据或者应用程序，具有下列情形之一的，应当认定为刑法第二百八十六条第一款和第二款规定的"后果严重"：（1）造成十台以上计算机信息系统的主要软件或者硬件不能正常运行的；（2）对二十台以上计算机信息系统中存储、处理或者传输的数据进行删除、修改、增加操作的；（3）违法所得五千元以上或者造成经济损失一万元以上的；（4）造成为一百台以上计算机信息系统提供域名解析、身份认证、计费等基础服务或者为一万以上用户提供服务的计算机信息系统不能正常运行累计一小时以上的；（5）造成其他严重后果的。

本款根据犯罪后果轻重，规定了两档处刑：一是"后果严重"的，处五年以下有期徒刑或者拘役；二是"后果特别严重"的，处五年以上有期徒刑。根据上述解释第四条的规定，具有下列情形之一的，应当认定为破坏计算机信息系统"后果特别严重"：（1）数量或者数额达到前款第一项至第三项规定标准五倍以上的；（2）造成为五百台以上计算机信息系统提供域名解析、身份认证、计费等基础服务或者为五万以上用户提供服务的计算机信息系统不能正常运行累计一小时以上的；（3）破坏国家机关或者金融、电信、交通、教育、医疗、能源等领域提供公共服务的计算机信息系统的功能、数据或者应用程序，致使生产、生活受到严重影响或者造成恶劣社会影响的；（4）造成其他特别严重后果的。

第二款是关于故意破坏计算机信息系统的数据和应用程序的犯罪及其处刑的规定。

根据本款规定，这一犯罪是指违反国家规定，对计算机信息系统中存储、处理或者传输的数据和应用程序进行删除、修改、增加的操作，后果严重的行为。这里的"违反国家规定"，是指违反国家对计算机管理的有关规定，主要是指违反《计算机信息系统安全保护条例》的规定；"计算机信息系统中存储、处理或者传输的数据"，是指在计算机信息系统中实际处理的一切文字、符号、声音、图像等内容的有意义的组合；所谓"计算机程序"，是指为了得到某种结果而可以由计算机等具有信息处理能力的装置执行的代码化指令序列，或者可被自动转换成代码化指令序列的符号化指令序列或者符号化语句序列；"计算机应用程序"是指用户使用数据库的一种方式，是用户按数据库授予的子模式的逻辑结构，书写对数据进行操作和运算的程序；"删除操作"是指将计算机信息系统中存储、处理或者传输的数据和应用程序的全部或者一部删去；"修改操作"，是指对上述数据和应用程序进行改动；"增加操作"是指在计算机信息系统中增加新的数据和应用程序。根据本款规定，行为人的行为"后果严重"的才构成犯罪，没有造成严重后果的不构成本罪。"依照前款的规定处罚"，是指对本款规定的犯罪，处五年以下有期徒刑或者拘役；后果特别严重的，处五年以上有期徒刑。

第三款是关于故意制作、传播破坏性程序的犯罪及其处刑的规定。

根据本款规定，这一犯罪是指故意制作、传播计算机病毒等破坏性程序，影响计算机系统正常运行，后果严重的行为。"计算机系统"是指具备自动处理数据功能的系统，包括计算机、网络设备、通信设备、自动化控制设备等。"故意制作"是指通过计算机，编制、设计针对计算机信息系统的破坏性程序的行为；"故意传播"是指通过计算机信息系统（含网络），直接输入、输出破坏性程序，或者将已输入破坏性程序的软件加以派送、散发、销售的行为。"计算机破坏性程序"，是指隐藏在可执行程序中或数据文件中，在计算机内部运行的一种干扰程序，破坏性程序的典型是计算机病毒。"计算机病毒"，是指在计算机中编制的或者在计算机程序中插入的破坏计算机功能或者毁坏数据，影响计算机使用，并能自我复制的一组计算机指令或者程序代码。计算机病毒具有可传播性、可激发性和潜伏性，对于大、中、小、微型计算机和计算机网络都具有巨大的危害和破坏性，是计算机犯罪者对计算机进行攻击的最严重的方法，可能夺走大量的资金、人力和计算机资源，破坏各种文件及数据，造成机器瘫痪，造成难以挽回的损失。计算机病毒同一般生物病毒一样，具有多样性和传染性，可以"繁殖"和传播，有些病毒传播很快，并且一旦侵入系统就马上摧毁系统；另一些病毒则有较长的潜伏期，在潜伏一段时间后才发作。根据《最高人民法院、最高人民检察院关于办理危害计算机信息系统安全刑事案件应用法律若干问题的解释》第五条的规定，具有下列情形之一的程序，应当认定为刑法第二百八十六条第三款规定的"计算机病毒等破坏性程序"：（1）能够通过网络、存储介质、文件等媒介，将自身的部分、全部或者变种进行复制、传播，并破坏计算机系统功能、数据或者应用程序的；（2）能够在预先设定条件下自动触发，并破坏计算机系统功能、数据或者应用程序的；（3）其他专门设计用于破坏计算机系统功能、数据或者应用程序的程序。所谓"影响计算机系统正常运行"，是指计算机病毒等破坏性程序发作后，导致原有的计算机信息系统和应用程序不能正常运行。"后果严重"是构成本罪的要件。根据《最高人民法院、最高人民检察院关于办理危害计算机信息系统安全刑事案件应用法律若干问题的解释》第六条的规定：故意制作、传播计算机病毒等破坏性程序，影响计算机系统正常运行，具有下列情形之一的，应当认定为"后果严重"：（1）制作、提供、传输第五条第一项规定的程序，导致该程序通过网络、存储介质、文件等媒介传播的；（2）造成二十台以上计算机系统被植入第五条第二、三项规定的程序的；（3）提供计算机病毒等破坏性程序十人次以上的；（4）违法所得五千元以上或者造成经济损失一万元以上的；（5）造成其他严重后果的。

需要注意的是，对于本款规定的制作、传播计算机病毒等破坏性程序的犯罪，由于计算机病毒等破坏性程序是一种特殊的具有相当难度的计算机程序，一般来说必须是人为故意制作的，因此，制作计算机病毒等破坏性程序只能是故意的，即使行为人设计的病毒是自动触发，也属于故意行为，而不可能是出于过失或者意外事件的情况；而传播计算机病毒等破坏性程序，本条规定的主观方面是故意，也可能存在过失或者意外事件的情况，对于过失或意外导致计算机病毒等破坏性程序的传播则不构成本罪。

根据本款规定，构成本条规定的犯罪，"依照第一款的规定处罚"，即处五年以下有期徒刑或者拘役；后果特别严重的，处五年以上有期徒刑。这里的"后果特别严重"，根据《最高人民法院、最高人民检察院关于办理危害计算机信息系统安全刑事案件应用法律若干问题的解释》第六条第二款的规定，具有下列情形之一的，应当认定为破坏计算机信息系统"后果特别严重"：（1）制作、提供、传输第五条第一项规定的程序，导致该程序通过网络、存储介质、文件等媒介传播，致使生产、生活受到严重影响或者造成恶劣社会影响的；（2）数量或者数额达到前款第二项至第四项规定标准五倍以上的；（3）造成其他特别严重后果的。

第四款是关于单位犯罪的规定。

单位实施前三款规定的行为，根据本款规定构成单位犯罪，采取双罚制，既要对单位判处罚金，又要对单位直接负责的主管人员和其他直接责任人员追究刑事责任，即后果严重的，处五年以下有期徒刑或者拘役；后果特别严重的，处五年以上有期徒刑。

第二百八十六条之一　【拒不履行信息网络安全管理义务罪】网络服务提供者不履行法律、行政法规规定的信息网络安全管理义务，经监管部门责令采取改正措施而拒不改正，有下列情形之一的，处三年以下有期徒刑、拘役或者管制，并处或者单处罚金：

（一）致使违法信息大量传播的；

（二）致使用户信息泄露，造成严重后果的；

（三）致使刑事案件证据灭失，情节严重的；

（四）有其他严重情节的。

单位犯前款罪的，对单位判处罚金，并对其直接负责的主管人员和其他直接责任人员，依照前款的规定处罚。

有前两款行为，同时构成其他犯罪的，依照处罚较重的规定定罪处罚。

【释解与适用】

本条是关于拒不履行信息网络安全管理义务罪及其刑罚的规定。

本条共分三款。第一款是关于对网络服务提供者不履行法律、行政法规规定的安全管理义务如何定罪处罚的规定。根据本款规定，不履行网络安全管理义务犯罪具有以下特征。

第一，犯罪的主体是网络服务提供者，包括通过计算机互联网、广播电视网、固定通信网、移动通信网等信息网络，向公众提供网络服务的机构和个人。根据其提供的服务内容，可以分为互联网接入服务提供者和互联网内容服务提供者。其中，互联网接入服务提供者为终端用户提供专线、拨号上网或者其他接入互联网的服务，包括物理网络提供商和网络接口提供商；互联网内容服务提供者向用户提供新闻、信息、资料、音视频等内容服务，如新浪、搜狐、163等国内知名互联网企业就是典型的互联网内容提供商。此外，按照服务对象和提供的信息的不同，还可以进一步分为网上媒体运营商、数据库运营商、信息咨询商和信息发布代理商等。《最高人民法院、最高人民检察院关于办理非法利用信息网络、帮助信息网络犯罪活动等刑事案件适用法律若干问题的解释》第一条对如何认定网络服务提供者作了明确规定，规定提供下列服务的单位和个人，应当认定为"网络服务提供者"：（1）网络接入、域名注册解析等信息网络接入、计算、存储、传输服务；（2）信息发布、搜索引擎、即时通讯、网络支付、网络预约、网络购物、网络游戏、网络直播、网站建设、安全防护、广告推广、应用商店等信息网络应用服务；（3）利用信息网络提供的电子政务、通信、能源、交通、水利、金融、教育、医疗等公共服务。

第二，犯罪客观方面，须具备下列条件：一是行为人不履行法律、行政法规规定的信息网络安全管理义务；二是行为人经监管部门责令采取改正措施而拒不改正；三是行为人拒不改正的行为导致特定危害后果的发生。

其一，行为人不履行法律、行政法规规定的信息网络安全管理义务。根据本款规定，网络服务提供者不履行网络安全管理义务，是指不履行法律和行政法规规定的义务。司法实践中在认定行为人是否有不履行相关安全管理义务的行为时，需要结合相关法律、行政法规关于安全管理义务的具体规定和要求认定。这方面的法律、行政法规主要有网络安全法以及《全国人民代表大会常务委员会关于加强网络信息保护的决定》《互联网信息服务管理办法》《计算机信息网络国际联网安全保护管理办法》《电信条例》等。根据这些法律、行政法规的规定，网络服务提供者应当按照网络安全等级保护制度的要求，履行安全保护义务主要有：（1）制定内部安全管理制度和操作规程，确定网络安全负责人，落实网络安全保护责任。网络服务提供者应当建立相应的管理制度，包括网站安全保障制度、信息安全保密管理制度、用户信息安全管理制度等。如关于加强网络信息保护的决定要求网络服务提供者为用户办理网站接入服务，办理固定电话、移动电话等入网手续，或者为用户提供信息发布服务，应当在与用户签订协议或者确认提供服务时，要求用户提供真实身份信息；应当采取技术措施和其他必要措施，确保信息安全，防止在业务活动中收集的公民个人电子信息泄露、毁损、丢失；在发生或者可能发生信息泄露、毁损、丢失的情况时，应当立即采取补救措施。（2）采取防范计算机病毒和网络攻击、网络侵入等危害网络安全行为的技术措施。网络安全法第二十五条规定，网络运营者应当制定网络安全事件应急预案，及时处置系统漏洞、计算机病毒、网络攻击、网络侵入等安全风险；在发生危害网络安全的事件时，立即启动应急预案，采取相应的补救措施，并按照规定向有关主管部门报告。《电信条例》《互联网信息服务管理办法》等规定，互联网信息服务提供者应当向上网用户提供良好的服务，并保证所提供的信息内容合法。任何单位和个人不得利用互联网制作、复制、查阅和传播违法信息，网络服务提供者发现上述信息，应当立即停止传输该信息，采取删除网络中含有上述内容的地址、目录或者关闭服务器等处置措施，同时保留有关原始记录，并向主管部门报告。（3）采取监测、记录网络运行状态、网络安全事件的技术措施，并按照规定留存相关的网络日志不少于六个月。如《互联网信息服务管理办法》要求从事新闻、出版以及电子公告等服务项目的互联网信息服务提供者，应当记录提供的信息内容及其发布时间、互联网地址或者域名；互联网接入服务提供者应当记录上网用户的上网时间、用户账号、互联网地址或者域名、主叫电话号码等信息。互联网信息服务提供者和互联网接入服务提供者的记录备份应当保存六十日，并在国家有关机关依法查询时，予以提供。（4）采取数据分类、重要数据备份和加密等措施。（5）法律、行政法规规定的其他义务。

其二，必须"经监管部门责令采取改正措施而拒不改正"。这里的"监管部门"是指依据法律、行政法规的规定对网络服务提供者负有监督管理职责的各个部门。由于信息网络安全涉及面较广，相关监管部门也涉及各个领域。如《互联网信息管理办法》规定，国务院信息产业主管部门和省、自治区、直辖市电信管理机构，依法对互联网信息服务实施监督管理，新闻、出版、教育、卫生、药品监督管理、工商行政管理和公安、国家安全等有关主管部门，在各自职责范围内依法对互联网信息内容实施监督管理。《国务院关于授权国家互联网信息办公室负责互联网信息内容管理工作的通知》授权国家互联网信息办公室负责全国互联网信息内容管理工作，并负责监督管理执法。《计算机信息网络国际联网安全保护管理办法》规定，公安部计算机管理监察机构负责计算机信息网络国际联网的安全保护管理工作。这里的"责令采取改正措施"应当是上述负有监督管理职责的部门，根据相关网络服务提供者在安全管理方面存在的问题，依法提出的改正错误，堵塞漏洞，加强防范等要求。即责令的主体、责令的方式和程序，都要有法律行政法规的依据，符合依法行政的要求。至于监管部门"责令采取改正措施"的形式和内容，往往要视具体情况而定。有的是监管部门发现网络服务提供者安全防范措施不符合要求，要求其采取加强措施；有的是发现网络服务提供者没有严格执行相关安全管理制度，如对网上信息内容和网络日志信息记录备份不全或留存时间过短等；有的是在日常安全检查时发现网络上出现违法信息，要求网络服务提供者采取临时性补救措施，如监管部门发现传播违法信息的网址、目录或者服务器，通知网络服务提供者删除信息、关闭服务，防止信息进一步扩散；还有的是依法采取相关处罚措施，如责令停业整顿或者暂时关闭网站；等等。"拒不改正"是指明知而故意加以拒绝。实践中，认定网络服务提供者是否"拒不改正"，应当考虑以下因素：（1）网络服务提供者是否收到监管部门提出的责令采取改正措施的要求；相关责令整改要求是否明确、具体。（2）网络服务提供者对监管部门提出的采取改正措施的要求，在主观上是否具有拖延或者拒绝执行的故意。（3）网络服务提供者是否具有依照监管部门提出的要求，采取相应改正措施的能力。对于确实因为资源、技术等条件限制，没有或者一时难以达到监管部门要求的，不能认定为是本款规定的"拒不改正"。根据《最高人民法院、最高人民检察院关于办理非法利用信息网络、帮助信息网络犯罪活动等刑事案件适用法律若干问题的解释》第二条规定，"监管部门责令采取改正措施"，是指网信、电信、公安等依照法律、行政法规的规定承担信息网络安全监管职责的部门，以责令整改通知书或者其他文书形式，责令网络服务提供者采取改正措施。认定"经监管部门责令采取改正措施而拒不改正"，应当综合考虑监管部门责令改正是否具有法律、行政法规依据，改正措施及期限要求是否明确、合理，网络服务提供者是否具有按照要求采取改正措施的能力等因素进行判断。

其三，必须导致特定危害后果的发生。根据本款的规定，网络服务提供者拒不采取改正措施，导致了下列危害后果发生的，才能追究其刑事责任。

1. 致使违法信息大量传播。"违法信息"是指其内容违反相关法律法规规定的信息。如《电信条例》规定，违法信息是指下列信息：含有反对宪法所确定的基本原则；危害国家安全，泄露国家秘密，颠覆国家政权，破坏国家统一；损害国家荣誉和利益；煽动民族仇恨、民族歧视，破坏民族团结；破坏国家宗教政策，宣扬邪教和封建迷信；散布谣言，扰乱社会秩序，破坏社会稳定；散布淫秽、色情、赌博、暴力、凶杀、恐怖或者教唆犯罪；侮辱或者诽谤他人，侵害他人合法权益；含有法律、行政法规禁止的其他内容。违法信息大量传播，会对公民的人身权利、财产权利以及国家安全、社会稳定等造成严重损害，因此，网络服务提供者拒不采取改正措施，致使发生违法信息大量传播的危害后果的，应当依照本款规定追究刑事责任。需要注意的是，造成违法信息大量传播本身就是其行为造成的危害后果，只要事实上造成了违法信息大量传播，即可构成本罪，而不是一定要发生具体的实害性的犯罪结果。认定违法信息大量传播，主要可根据违法信息的数量、被转载的次数、受众的人数以及传播的具体渠道等因素综合考量。根据《最高人民法院、最高人民检察院关于办理非法利用信息网络、帮助信息网络犯罪活动等刑事案件适用法律若干问题的解释》第三条规定，拒不履行信息网络安全管理义务，具有下列情形之一的，应当认定为"致使违法信息大量传播"：（1）致使传播违法视频文件二百个以上的；（2）致使传播违法视频文件以外的其他违法信息二千个以上的；（3）致使传播违法信息，数量虽未达到第一项、第二项规定标准，但是按相应比例折算合计达到有关数量标准的；（4）致使向二千个以上用户账号传播违法信息的；（5）致使利用群组成员账号数累计三千以上的通讯群组或者关注人员账号数累计三万以上的社交网络传播违法信息的；（6）致使违法信息实际被点击数达到五万以上的；（7）其他致使违法信息大量传播的情形。

2. 致使用户信息泄露，造成严重后果的。这里的"用户信息"主要包括三类：一是关于用户基本情况信息，如网络服务提供者在服务的过程中收集的个人用户的姓名、出生日期、身份证件号码、住址、电话号码等以及企业用户商业信息等。这类信息通常涉及用户个人隐私，也是法律保护的重点。二是用户的行为类信息，如用户购买服务或者产品的记录；与企业的联络记录；用户的消费行为、偏好、生活方式等相关信息。例如，电子商务网站记录的用户购买的商品、交易的时间、频率等；移动通信公司记录的用户的通话时间、时长、呼叫号码、状态、通话频率等。三是与用户行为相关的，反映和影响用户行为和心理的相关信息，包括用户的满意度、忠诚度、对产品或服务的偏好、竞争对手行为等。上述用户信息有的涉及公民个人隐私，有的属于企业商业秘密，根据相关法律、行政法规的规定，网络服务提供者应当对其收集或者保存的用户信息采取保护措施，防止信息的泄露。"造成严重后果"包括：导致用户遭到人身伤害、名誉受到严重损害、受到较大经济损失、正常生活或者生产经营受到严重影响等。根据《最高人民法院、最高人民检察院关于办理非法利用信息网络、帮助信息网络犯罪活动等刑事案件适用法律若干问题的解释》第四条规定，拒不履行信息网络安全管理义务，致使用户信息泄露，具有下列情形之一的，应当认定为"造成严重后果"：（1）致使泄露行踪轨迹信息、通信内容、征信信息、财产信息五百条以上的；（2）致使泄露住宿信息、通信记录、健康生理信息、交易信息等其他可能影响人身、财产安全的用户信息五千条以上的；（3）致使泄露第一项、第二项规定以外的用户信息五万条以上的；（4）数量虽未达到第一项至第三项规定标准，但是按相应比例折算合计达到有关数量标准的；（5）造成他人死亡、重伤、精神失常或者被绑架等严重后果的；（6）造成重大经济损失的；（7）严重扰乱社会秩序的；（8）造成其他严重后果的。

3. 致使刑事案件证据灭失，情节严重的。主要是指网络服务提供者未按照要求保存用户信息或者采取其他安全防卫措施，导致相关刑事追诉活动因为重要证据灭失而遭受严重障碍。这里的"情节严重"，主要可以根据所涉及的案件的重大程度，灭失的证据的重要性，证据灭失是否可补救，对刑事追诉活动的影响等因素综合考量。根据《最高人民法院、最高人民检察院关于办理非法利用信息网络、帮助信息网络犯罪活动等刑事案件适用法律若干问题的解释》第五条规定，拒不履行信息网络安全管理义务，致使影响定罪量刑的刑事案件证据灭失，具有下列情形之一的，应当认定为"情节严重"：（1）造成危害国家安全犯罪、恐怖活动犯罪、黑社会性质组织犯罪、贪污贿赂犯罪案件的证据灭失的；（2）造成可能判处五年有期徒刑以上刑罚犯罪案件的证据灭失的；（3）多次造成刑事案件证据灭失的；(4) 致使刑事诉讼程序受到严重影响的；(5) 其他情节严重的情形。

4. 有其他严重情节的。这一规定是为了应对实践中可能出现的各种复杂情况，所作的一项兜底规定。司法实践中在具体适用时，可以参考本款前三项规定的情形中造成的社会危害程度，结合行为人拒不采取改正措施给公民合法权益，给社会公共利益以及国家利益造成的危害后果的具体情况认定。根据《最高人民法院、最高人民检察院关于办理非法利用信息网络、帮助信息网络犯罪活动等刑事案件适用法律若干问题的解释》第六条规定，拒不履行信息网络安全管理义务，具有下列情形之一的，应当认定为"有其他严重情节"：(1) 对绝大多数用户日志未留存或者未落实真实身份信息认证义务的；(2) 二年内经多次责令改正拒不改正的；(3) 致使信息网络服务被主要用于违法犯罪的；(4) 致使信息网络服务、网络设施被用于实施网络攻击，严重影响生产、生活的；(5) 致使信息网络服务被用于实施危害国家安全犯罪、恐怖活动犯罪、黑社会性质组织犯罪、贪污贿赂犯罪或者其他重大犯罪的；(6) 致使国家机关或者通信、能源、交通、水利、金融、教育、医疗等领域提供公共服务的信息网络受到破坏，严重影响生产、生活的；(7) 其他严重违反信息网络安全管理义务的情形。

对于本罪的刑罚，根据第一款的规定，网络服务提供者不履行安全管理义务，构成犯罪的，处三年以下有期徒刑、拘役或者管制，并处或者单处罚金。

本条第二款是关于单位不履行网络安全管理义务的处刑规定。

实践中，网络服务提供者多数为互联网企业，现行法律、行政法规对互联网企业的安全管理义务都有明确具体的规定，只有互联网企业切实履行法律、行政法规赋予的安全管理义务，网络安全才能够真正落到实处，因此，本款对单位犯罪的处刑作了规定。根据本款规定，单位犯本罪的，实行双罚制，即对不履行网络安全管理义务的单位判处罚金，并对其直接负责的主管人员和其他直接责任人员，依照第一款的规定，处以三年以下有期徒刑、拘役或者管制，并处或者单处罚金。

本条第三款是关于有前两款行为，同时构成其他犯罪的，如何定罪处罚的规定。

本条是对网络服务提供者拒不履行安全管理义务犯罪的专门规定，实践中网络服务提供者拒不履行安全管理义务的行为，根据其具体情况还可能构成刑法规定的其他犯罪，如刑法第一百二十条之三规定的宣扬恐怖主义、极端主义的犯罪，第三百六十四条规定的传播淫秽物品罪，第三百九十八条规定的故意或者过失泄露国家秘密罪，第三百零七条规定的帮助毁灭、伪造证据罪，第三百一十一条规定的拒绝提供间谍犯罪、恐怖主义、极端主义犯罪证据罪等。根据本款的规定，对网络服务提供者不履行网络安全管理义务，构成其他犯罪的，依照处罚较重的规定定罪处罚，即从一重罪定罪处罚。

第二百八十七条　【利用计算机实施金融诈骗、盗窃等犯罪的处理】利用计算机实施金融诈骗、盗窃、贪污、挪用公款、窃取国家秘密或者其他犯罪的，依照本法有关规定定罪处罚。

【释解与适用】

本条是关于利用计算机实施金融诈骗、盗窃等犯罪如何处理的规定。

本条规定的"利用计算机实施金融诈骗、盗窃、贪污、挪用公款、窃取国家秘密或者其他犯罪"，是指犯罪分子以计算机为犯罪工具和手段，直接或者通过他人向计算机输入非法指令，进行金融诈骗、盗窃、贪污、挪用公款、窃取国家秘密等犯罪活动。这里规定的"其他犯罪"，是指利用计算机实施的金融诈骗、盗窃、贪污、挪用公款、窃取国家秘密犯罪以外的犯罪，常见的有间谍、侮辱、诽谤、窃取商业秘密、侵占、挪用公司资金、非法吸收公众存款、电信诈骗、敲诈勒索、洗钱、传授犯罪方法，制作、传播淫秽物品、网络淫秽表演、网络赌博，非法出售、提供试题、答案，买卖公文、证件、印章、身份证件以及有关恐怖活动等犯罪。"依照本法有关规定定罪处罚"，对于利用计算机实施金融诈骗、盗窃、贪污、挪用公款、窃取国家秘密或者其他犯罪的，应当依照刑法有关金融诈骗犯罪、盗窃犯罪、贪污犯罪、挪用公款犯罪、非法获取国家秘密犯罪的规定以及其他犯罪的规定处罚。具体实施什么犯罪行为，就以该罪定罪处刑，如行为人利用计算机进行盗窃犯罪的，应当依照刑法第二百六十四条的规定，以盗窃罪定罪处刑。

第二百八十七条之一　【非法利用信息网络罪】利用信息网络实施下列行为之一，情节严重的，处三年以下有期徒刑或者拘役，并处或者单处罚金：

（一）设立用于实施诈骗、传授犯罪方法、制作或者销售违禁物品、管制物品等违法犯罪活动的网站、通讯群组的；

（二）发布有关制作或者销售毒品、枪支、淫秽物品等违禁物品、管制物品或者其他违法犯罪信息的；

（三）为实施诈骗等违法犯罪活动发布信息的。

单位犯前款罪的，对单位判处罚金，并对其直接负责的主管人员和其他直接责任人员，依照第一款的规定处罚。

有前两款行为，同时构成其他犯罪的，依照处罚较重的规定定罪处罚。

【释解与适用】

本条是关于非法利用信息网络罪及其刑罚的规定。

本条共分三款。第一款是关于非法利用信息网络罪及其处罚的规定。根据本款的规定，利用信息网络实施以下三类行为，且情节严重的，构成本款规定的犯罪。

1.设立用于实施诈骗、传授犯罪方法、制作或者销售违禁物品、管制物品等违法犯罪活动的网站、通讯群组的行为。这里的"网站"是其设立者或者维护者制作的用于展示特定内容的相关网页的集合，便于使用者在其上发布信息或者获取信息；"通讯群组"是网上供具有相同需求的人群集合在一起进行交流的平台和工具，如QQ、微信等。网站和通讯群组为人们获取资讯、从事经济社会活动、相互通信提供了极大便利，同时也成为一些违法犯罪人员纠集聚合、实施犯罪的工具和手段。根据《最高人民法院、最高人民检察院关于办理非法利用信息网络、帮助信息网络犯罪活动等刑事案件适用法律若干问题的解释》第八条的规定，以实施违法犯罪活动为目的而设立或者设立后主要用于实施违法犯罪活动的网站、通讯群组，应当认定为"用于实施诈骗、传授犯罪方法、制作或者销售违禁物品、管制物品等违法犯罪活动的网站、通讯群组"。该解释第七条规定，"违法犯罪"，包括犯罪行为和属于刑法分则规定的行为类型但尚未构成犯罪的违法行为。

2.发布有关制作或者销售毒品、枪支、淫秽物品等违禁物品、管制物品或者其他违法犯罪信息的行为。本款第一项对设立网站、通讯群组用于违法犯罪活动作了规定，本项则是对发布相关违法犯罪信息的行为作了规定。这里的违法犯罪信息主要是指制作、销售毒品、枪支、淫秽物品等违禁物品、管制物品的信息，但不限于这些信息，即还包括"其他违法犯罪信息"。实践中比较常见的发布"其他违法犯罪信息"的行为，有发布招嫖、销售假证、假发票、赌博、传销的信息等。根据《最高人民法院、最高人民检察院关于办理非法利用信息网络、帮助信息网络犯罪活动等刑事案件适用法律若干问题的解释》第九条的规定，利用信息网络提供信息的链接、截屏、二维码、访问账号密码及其他指引访问服务的，应当认定为"发布信息"。《最高人民法院、最高人民检察院关于办理组织、强迫、引诱、容留、介绍卖淫刑事案件适用法律若干问题的解释》第八条第二款规定，利用信息网络发布招嫖违法信息，情节严重的，依照本罪定罪处罚。此外，需要说明的是，与第一项不同，本项规定的发布违法犯罪信息，其发布途径更为广泛，不仅包括在网站、通讯群组中发布违法犯罪信息，还包括通过广播、电视等其他信息网络发布信息。

第一项规定了"设立用于实施诈骗、传授犯罪方法、制作或者销售违禁物品、管制物品等违法犯罪活动的网站、通讯群组"的犯罪行为，在实践中认定这类行为有以下几点需要注意：(1) 行为人设立网站、通讯群组的目的是用于实施违法犯罪活动。如果行为人是出于发布合法信息，从事正常的社交或者网络经营行为等目的设立网站、通讯群组，事后被他人用于从事违法犯罪行为的，不属于本项规定的设立用于违法犯罪活动的网站、通讯群组。当然，如果行为人事后知道他人利用其设立的网站、通讯群组从事违法犯罪活动，而为其提供技术支持的，可以适用刑法修正案(九)增设的第二百八十七条之二关于帮助实施网络犯罪的规定追究刑事责任。此外，也不排除当事人设立网站或者通讯群组的初始目的是正当的，但在以后将这一网站或者通讯群组逐步演化为用以实施违法犯罪的信息平台的情况。这种情况，也属于本条第一款第一项规定的设立用于实施违法犯罪活动的网站、通讯群组。(2) 行为人设立违法犯罪网站、通讯群组，主要是从事诈骗、传授犯罪方法、制作或者销售违禁物品、管制物品，但并不限于法律明确列举的这几类违法犯罪活动。司法实践中如果行为人设立网站是为了实施其他违法犯罪行为的，也可以构成本罪，刑法列举的是比较常见多发的几类违法犯罪活动。为实施诈骗而设立网站和通讯群组，是实践中最为常见的一种犯罪情形。典型的如设立"钓鱼网站"，通过钓鱼网站窃取、记录用户网上银行账号、密码等数据，进而用于诈骗、窃取用户网银资金；假冒网上购物、在线支付网站，欺骗用户直接将钱打入专门账户；通过假冒产品和广告宣传获取用户信任，骗取用户财物；恶意团购网站或购物网站，假借"限时抢购""秒杀""团购"等噱头，骗取个人信息和银行账号等。设立传授犯罪方法的网站和通讯群组，如利用网站或者网络通讯工具传授杀人技巧、制造毒品技术等犯罪方法，有的甚至建立通讯群组专门买卖人体器官、交流奸淫猥亵幼女的经验等。这些违法犯罪网站使得很多犯罪技巧可以在网上轻易学到，从而降低了犯罪门槛，增加了公安机关侦查办案的难度。设立用于制作或者销售违禁物品、管制物品的网站和通讯群组，也是网络违法犯罪的常见类型。近年来，各地司法机关陆续办理了多起通过互联网论坛、博客、公共通讯群组或者专门建立的网站发布制作贩卖枪支弹药、毒品、迷幻剂、假币、爆炸物、管制刀具、窃听窃照器材等违禁物品或者管制物品的案件。这些行为，严重破坏国家对相关物品的管制秩序，相关物品流入社会，成为不法分子从事违法犯罪活动的工具，对公民的人身财产安全、公共安全以及国家安全造成严重威胁。此外，根据《最高人民法院、最高人民检察院关于办理侵犯公民个人信息刑事案件适用法律若干问题的解释》第八条的规定，设立用于实施非法获取、出售或者提供公民个人信息违法犯罪活动的网站、通讯群组，情节严重的，应当依照本罪规定定罪处罚。《最高人民法院关于审理毒品犯罪案件适用法律若干问题的解释》第十四条规定，利用信息网络，设立用于实施传授制造毒品、非法生产制毒物品的方法，贩卖毒品，非法买卖制毒物品或者组织他人吸食、注射毒品等违法犯罪活动的网站、通讯群组，或者发布实施前述违法犯罪活动的信息，情节严重的，应当依照刑法第二百八十七条之一的规定，以非法利用信息网络罪定罪处罚。《最高人民法院、最高人民检察院关于办理组织考试作弊等刑事案件适用法律若干问题的解释》第十一条规定，设立用于实施考试作弊的网站、通讯群组或者发布有关考试作弊的信息，情节严重的，应当依照刑法第二百八十七条之一的规定，以非法利用信息网络罪定罪处罚；同时构成组织考试作弊罪、非法出售、提供试题、答案罪、非法获取国家秘密罪等其他犯罪的，依照处罚较重的规定定罪处罚。

3. 为实施诈骗等违法犯罪活动发布信息。从行为方式上看，本款第二项、第三项都是发布信息，不同之处在于，第二项中行为人发布的信息本身具有明显的违法犯罪性质，如制作、销售毒品、淫秽物品等信息，而本项中行为人发布的信息，从表面上看往往不具有违法性，但行为人发布信息的目的，是吸引他人关注，借以实施诈骗等违法犯罪活动，相关信息只是其从事犯罪的幌子。如通过发布低价机票、旅游产品、保健品等商品信息，吸引他人购买，进而实施诈骗、传销等违法犯罪行为。这样规定，主要是针对网络诈骗犯罪跨地域、受害者众多、取证难等问题，将诈骗等违法犯罪行为人为实施犯罪在网络上发布信息的行为单独作为犯罪加以明确规定，实际上是将刑法惩治犯罪的环节前移，便于司法机关有效打击网络诈骗等违法犯罪活动，及时切断犯罪链条，防止更为严重的危害后果发生。因此，司法实践中，办案部门在查办具体案件时，应当依据掌握的线索，尽力查明行为人线下实际实施的各种犯罪行为。对经过深入细致查证，有足够证据证明行为人实施了诈骗等犯罪的，应当依照刑法诈骗罪等规定定罪处罚。如果经过深入工作，因为证据等原因，确实难以按照诈骗等犯罪追究的，可以根据本条规定，针对其所实际实施的为实施诈骗等犯罪而发布信息的行为，依法追究刑事责任。这样，才能做到罪责刑相适应，避免行为人因本条的规定而逃避诈骗等犯罪的追究。

根据本款规定，实施以上行为"情节严重"的，构成犯罪。关于"情节严重"的具体认定，可以结合行为人所发布信息的具体内容、数量、扩散范围、获取非法利益的数额、受害人的多少、造成的社会影响等因素综合考量。《最高人民法院、最高人民检察院关于办理非法利用信息网络、帮助信息网络犯罪活动等刑事案件适用法律若干问题的解释》第十条规定："非法利用信息网络，具有下列情形之一的，应当认定为刑法第二百八十七条之一第一款规定的'情节严重'：（一）假冒国家机关、金融机构名义，设立用于实施违法犯罪活动的网站的；（二）设立用于实施违法犯罪活动的网站，数量达到三个以上或者注册账号数累计达到二千以上的；（三）设立用于实施违法犯罪活动的通讯群组，数量达到五个以上或者群组成员账号数累计达到一千以上的；（四）发布有关违法犯罪的信息或者为实施违法犯罪活动发布信息，具有下列情形之一的：1.在网站上发布有关信息一百条以上的；2.向二千个以上用户账号发送有关信息的；3.向群组成员数累计达到三千以上的通讯群组发送有关信息的；4.利用关注人员账号数累计达到三万以上的社交网络传播有关信息的；5.违法所得一万元以上的；6.二年内曾因非法利用信息网络、帮助信息网络犯罪活动、危害计算机信息系统安全受过行政处罚,又非法利用信息网络的;7. 其他情节严重的情形。"

关于本罪的刑罚,根据本款的规定,行为人构成犯罪的,处三年以下有期徒刑或者拘役,并处或者单处罚金。

本条第二款是关于单位犯罪的处罚。

根据本款的规定,对单位犯第一款规定之罪的实行双罚制,对单位判处罚金,并对其直接负责的主管人员和其他直接责任人员,依照第一款的规定,处三年以下有期徒刑或者拘役,并处或者单处罚金。

本条第三款是关于实施本条规定的行为,同时又构成其他犯罪的,如何定罪处罚的规定。

本条规定的犯罪,是针对行为人为实施违法犯罪活动而设立网站、发布信息等行为作的规定。只要行为人实施了本条规定的行为,达到情节严重的程度的,即构成犯罪,并不要求行为人实际上已实现了其具体的犯罪目的。如果行为人设立网站、发布信息,并且实际实施了相关的犯罪行为,则还可能构成相关犯罪,如设立销售毒品的网站,发布销售毒品的信息,并且实际销售了毒品,则还构成贩卖毒品罪。这种情况下,其设立销售毒品网站的行为成为其实施贩毒活动的途径或手段,对这种情况,根据本款规定,应当按照择一重罪论处的原则处理,即依照处罚较重的规定定罪处罚。如《最高人民法院关于审理毒品犯罪案件适用法律若干问题的解释》第十四条第二款规定,实施刑法本条、第二百八十七条之二规定的行为,同时构成贩卖毒品罪、非法买卖制毒物品罪、传授犯罪方法罪等犯罪的,依照处罚较重的规定定罪处罚。

第二百八十七条之二 【帮助信息网络犯罪活动罪】明知他人利用信息网络实施犯罪,为其犯罪提供互联网接入、服务器托管、网络存储、通讯传输等技术支持,或者提供广告推广、支付结算等帮助,情节严重的,处三年以下有期徒刑或者拘役,并处或者单处罚金。

单位犯前款罪的,对单位判处罚金,并对其直接负责的主管人员和其他直接责任人员,依照第一款的规定处罚。

有前两款行为,同时构成其他犯罪的,依照处罚较重的规定定罪处罚。

【释解与适用】

本条是关于帮助信息网络犯罪活动罪及其刑罚的规定。

本条共分三款。第一款是关于对为他人实施网络犯罪提供帮助如何定罪处罚的规定。根据第一款的规定，构成犯罪应当具备以下条件。

第一，行为人主观上明知他人利用网络实施犯罪。如果行为人对他人利用自己所提供的产品、服务进行犯罪不知情的，则不能依据本款的规定追究刑事责任。司法实践中，认定行为人主观上是否"明知"，可以结合其对他人所实际从事活动的认知情况，之间往来、联络的情况，收取费用的情况等证据，综合审查判断。如《最高人民法院、最高人民检察院、公安部关于办理网络赌博犯罪案件适用法律若干问题的意见》规定，行为人收到行政主管机关书面等方式的告知后，仍然实施帮助行为的；为赌博网站提供互联网接入、服务器托管、网络存储空间、通讯传输通道、投放广告、软件开发、技术支持、资金支付结算等服务，收取服务费明显异常的；在执法人员调查时，通过销毁、修改数据、账本等方式故意规避调查或者向犯罪嫌疑人通风报信的，以及有其他证据证明行为人明知的行为的，即可认定行为人符合"明知"的主观条件。对于如何认定行为人"明知"，根据《最高人民法院、最高人民检察院关于办理非法利用信息网络、帮助信息网络犯罪活动等刑事案件适用法律若干问题的解释》第十一条的规定，为他人实施犯罪提供技术支持或者帮助，具有下列情形之一的，可以认定行为人明知他人利用信息网络实施犯罪，但是有相反证据的除外：（1）经监管部门告知后仍然实施有关行为的；（2）接到举报后不履行法定管理职责的；（3）交易价格或者方式明显异常的；（4）提供专门用于违法犯罪的程序、工具或者其他技术支持、帮助的；（5）频繁采用隐蔽上网、加密通信、销毁数据等措施或者使用虚假身份，逃避监管或者规避调查的；（6）为他人逃避监管或者规避调查提供技术支持、帮助的；（7）其他足以认定行为人明知的情形。

第二，行为人实施了帮助他人利用信息网络实施犯罪的行为。根据本款规定，帮助行为主要有以下几种具体形式：（1）为他人实施网络犯罪提供互联网接入、服务器托管、网络存储、通讯传输等技术支持。其中，"互联网接入"是指为他人提供访问互联网或者在互联网发布信息的通路。目前常用的互联网接入服务有电话线拨号接入、ADSL接入、光纤宽带接入、无线网络等方式。用户只有通过这些特定的通信线路连接到互联网服务提供商，享受其提供的互联网入网连接和信息服务，才能连接使用互联网或者建立服务器发布消息。这一规定主要针对互联网接入服务提供商，如果其明知他人利用其接入服务实施犯罪，仍继续让对方使用，情节严重的，构成本款规定的犯罪。"服务器托管"是指将服务器及相关设备托管到具有专门数据中心的机房。托管的服务器一般由客户通过远程方式自行维护，由机房负责提供稳定的电源、带宽、温湿度等物理环境。"网络存储"通常是指通过网络存储、管理数据的载体空间，如常用的百度网盘、QQ中转站等。"通讯传输"是指用户之间传输信息的通路。比如电信诈骗犯罪中犯罪分子常用的VOIP电话，这种技术能将语音信号经技术处理后通过互联网传输出去。另一种常用的通讯传输通道是VPN（虚拟专用网络），该技术能在公用网络上建立专用网络，进行加密通讯。目前很多网络犯罪嫌疑人使用VPN技术隐藏其真实位置。此外，除上述明确列举的几种技术支持外，常见的为他人实施网络犯罪提供技术支持的行为方式还有销售赌博网站代码，为病毒、木马程序提供免杀服务，为网络盗窃、QQ视频诈骗制作专用木马程序，为设立钓鱼网站等技提供技术支持等行为。

（2）为他人利用信息网络实施犯罪提供广告推广。这里的广告推广包括两种情况，一种是为利用网络实施犯罪的人做广告，拉客户。另一种情况是为他人设立的犯罪网站拉广告客户，帮助该犯罪网站获得广告收入，以支持犯罪网站的运营。打击此类行为，有利于切断犯罪网站收入来源。

（3）为他人利用信息网络实施犯罪提供支付结算帮助。从实践的情况看，网络犯罪大多是为了直接或者间接获取经济利益。由于网络自身的特点，网络犯罪行为人要最终获得犯罪收益，往往需要借助第三方支付等各种网络支付结算服务提供者，以完成收款、转账、取现等活动。实践中甚至有一些人员，专门为网络诈骗集团提供收付款、转账、结算、现金提取服务等帮助。刑法修正案（九）增加对为他人利用信息网络实施犯罪提供"支付结算帮助"，就是针对的这种情况，这一规定有利于切断网络犯罪的资金流动。

第三，明知他人利用信息网络实施犯罪，而为其提供帮助，"情节严重"的，构成犯罪。对情节严重的认定，主要可结合行为人所帮助的具体网络犯罪的性质、危害后果，其帮助行为在相关网络犯罪中起到的实际作用，帮助行为非法获利的数额等情况综合考量。根据《最高人民法院、最高人民检察院关于办理非法利用信息网络、帮助信息网络犯罪活动等刑事案件适用法律若干问题的解释》第十二条的规定,明知他人利用信息网络实施犯罪,为其犯罪提供帮助,具有下列情形之一的,应当认定为"情节严重":(1)为三个以上对象提供帮助的;(2)支付结算金额二十万元以上的;(3)以投放广告等方式提供资金五万元以上的;(4)违法所得一万元以上的;(5)二年内曾因非法利用信息网络、帮助信息网络犯罪活动、危害计算机信息系统安全受过行政处罚,又帮助信息网络犯罪活动的;(6)被帮助对象实施的犯罪造成严重后果的;(7)其他情节严重的情形。实施前款规定的行为,确因客观条件限制无法查证被帮助对象是否达到犯罪的程度,但相关数额总计达到前款第二项至第四项规定标准五倍以上,或者造成特别严重后果的,应当以帮助信息网络犯罪活动罪追究行为人的刑事责任。

第二款是关于单位犯罪的规定。

从实践中的情况看,本罪很多是一些提供互联网服务的公司、企业,为了牟取非法利益而实施的,为此,本条对单位犯罪作了规定。根据本条第二款的规定,单位犯第一款规定之罪的,对单位判处罚金,并对其直接负责的主管人员和其他直接责任人员,依照第一款的规定处罚,即处以三年以下有期徒刑或者拘役,并处或者单处罚金。

第三款是关于实施本条规定的犯罪,同时构成其他犯罪的,如何定罪处罚的规定。

根据刑法的相关规定,行为人为他人实施网络犯罪提供帮助的行为,可能构成相关犯罪的共犯;同时,技术支持、广告推广或者支付结算等帮助行为,还可能构成刑法第二百八十五条提供侵入、非法控制计算机信息系统程序、工具罪以及第一百九十一条洗钱罪等其他犯罪。为此,本条第三款对这种情况下如何适用法律作出规定。根据本条第三款的规定,有前两款行为,同时构成其他犯罪的,依照处罚较重的规定定罪处罚,即按照从一重罪论处的原则处理。

【适用中需要注意的问题】

实践中需要注意的是,刑法分则规定的为网络犯罪提供技术类支持的罪名主要有三个:一是提供侵入、非法控制计算机信息系统程序、工具罪(刑法第二百八十五条);二是非法利用信息网络罪(刑法第二百八十七条之一);三是帮助信息网络犯罪活动罪(本条)。三个罪都是以行为人主观明知为构成要件,且都是以情节严重作为罪与非罪的界限。不同之处在于,提供侵入、非法控制计算机信息系统程序、工具罪的帮助行为表现为提供专门用于侵入、非法控制计算机信息系统的程序、工具,比如"抢票软件""秒杀软件"等非法的计算机应用程序或者工具。非法利用信息网络罪的帮助行为是开设用于实施违法犯罪活动的网站、通讯群组,或者帮助发布违法犯罪信息。帮助信息网络犯罪活动罪的帮助行为是更为广泛的技术支持和帮助。

第二百八十八条 【扰乱无线电通讯管理秩序罪】违反国家规定,擅自设置、使用无线电台(站),或者擅自使用无线电频率,干扰无线电通讯秩序,情节严重的,处三年以下有期徒刑、拘役或者管制,并处或者单处罚金;情节特别严重的,处三年以上七年以下有期徒刑,并处罚金。

单位犯前款罪的,对单位判处罚金,并对其直接负责的主管人员和其他直接责任人员,依照前款的规定处罚。

【释解与适用】

本条是关于扰乱无线电通讯管理秩序罪及其刑罚的规定。

本条共分两款。本条第一款是关于扰乱无线电通讯管理秩序罪及其处刑的规定。构成本罪应当具备以下条件。

一是必须违反国家规定。这里的"违反国家规定",是指违反法律、行政法规等有关无线电管理的规定。如军事设施保护法、民用航空法等法律中都有关于无线电管理的规定;有关无线电管理的行政法规比较多,如《电信条例》《无线电管理条例》《无线电管制规定》《民用机场管理条例》等都有关于无线电管理的规定。

二是行为人实施了擅自设置、使用无线电台(站)或者擅自使用无线电频率,干扰无线电通讯秩序的行为。这里规定了两种犯罪行为:(1)擅自设置、使用无线电台(站)的行为。"擅自设置、使用无线电台(站)",是指行为人违反国家有关无线电台设置方面的管理规定,未经申请、未办理设置无线电台站的审批手续或者未领取电台执照而设置、使用无线电台站的行为。2016年《无线电管理条例》第二十七条规定,设置、使用无线电台（站）应当向无线电管理机构申请取得无线电台执照，但设置、使用下列无线电台（站）的除外：①地面公众移动通信终端；②单收无线电台（站）；③国家无线电管理机构规定的微功率短距离无线电台（站）。第二十八条规定，除该条例第二十九条规定的业余无线电台外，设置、使用无线电台（站），应当符合下列条件：①有可用的无线电频率；②所使用的无线电发射设备依法取得无线电发射设备型号核准证且符合国家规定的产品质量要求；③有熟悉无线电管理规定、具备相关业务技能的人员；④有明确具体的用途，且技术方案可行；⑤有能够保证无线电台（站）正常使用的电磁环境，拟设置的无线电台（站）对依法使用的其他无线电台（站）不会产生有害干扰。申请设置、使用空间无线电台，除应当符合前款规定的条件外，还应当有可利用的卫星无线电频率和卫星轨道资源。第二十九条规定，申请设置、使用业余无线电台的，应当熟悉无线电管理规定，具有相应的操作技术能力，所使用的无线电发射设备应当符合国家标准和国家无线电管理的有关规定。（2）擅自使用无线电频率的行为。"擅自使用无线电频率"，主要是指违反国家有关无线电使用的管理规定，未经批准获得使用权而使用无线电频率的行为。根据《无线电管理条例》第六条规定，任何单位或者个人不得擅自使用无线电频率，不得对依法开展的无线电业务造成有害干扰，不得利用无线电台（站）进行违法犯罪活动。第十三条规定，国家无线电管理机构负责制定无线电频率划分规定，并向社会公布。第十四条规定，使用无线电频率应当取得许可，但下列频率除外：①业余无线电台、公众对讲机、制式无线电台使用的频率；②国际安全与遇险系统，用于航空、水上移动业务和无线电导航业务的国际固定频率；③国家无线电管理机构规定的微功率短距离无线电发射设备使用的频率。行为人擅自使用无线电频率，包括行为人的无线电台站本身属于未经批准而设置的；也包括行为人的无线电台站虽经依法批准设立，但在使用过程中，违反国家有关无线电使用的管理规定，擅自改变主管部门为其指配的频率而非法使用其他频率的情形。根据《最高人民法院、最高人民检察院关于办理扰乱无线电通讯管理秩序等刑事案件适用法律若干问题的解释》第一条的规定，具有下列情形之一的，应当认定为刑法第二百八十八条第一款规定的"擅自设置、使用无线电台（站），或者擅自使用无线电频率，干扰无线电通讯秩序"：①未经批准设置无线电广播电台（"黑广播"），非法使用广播电视专用频段的频率的；②未经批准设置通信基站("伪基站"),强行向不特定用户发送信息,非法使用公众移动通信频率的;③未经批准使用卫星无线电频率的;④非法设置、使用无线电干扰器的;⑤其他擅自设置、使用无线电台(站),或者擅自使用无线电频率,干扰无线电通讯秩序的情形。

三是必须达到情节严重的,才构成本罪。这里的"情节严重",可主要根据行为人擅自设置、使用无线电台(站)、擅自使用无线电频率的行为,对无线电通讯秩序造成干扰的程度、范围、时间,被其干扰的无线电通讯活动的性质、领域、重要程度等因素综合判断。根据《最高人民法院、最高人民检察院关于办理扰乱无线电通讯管理秩序等刑事案件适用法律若干问题的解释》第二条的规定,国家规定,擅自设置、使用无线电台(站),或者擅自使用无线电频率,干扰无线电通讯秩序,具有下列情形之一的,应当认定为"情节严重":(1)影响航天器、航空器、铁路机车、船舶专用无线电导航、遇险救助和安全通信等涉及公共安全的无线电频率正常使用的;(2)自然灾害、事故灾难、公共卫生事件、社会安全事件等突发事件期间,在事件发生地使用"黑广播""伪基站"的;(3)举办国家或者省级重大活动期间,在活动场所及周边使用"黑广播""伪基站"的;(4)同时使用三个以上"黑广播""伪基站"的;(5)"黑广播"的实测发射功率五百瓦以上,或者覆盖范围十公里以上的;(6)使用"伪基站"发送诈骗、赌博、招嫖、木马病毒、钓鱼网站链接等违法犯罪信息,数量在五千条以上,或者销毁发送数量等记录的;(7)雇佣、指使未成年人、残疾人等特定人员使用"伪基站"的;(8)违法所得三万元以上的;(9)曾因扰乱无线电通讯管理秩序受过刑事处罚,或者二年内曾因扰乱无线电通讯管理秩序受过行政处罚,又实施刑法第二百八十八条规定的行为的;(10)其他情节严重的情形。

根据本款规定,构成本罪的,处三年以下有期徒刑、拘役或者管制,并处或者单处罚金;情节特别严重的,处三年以上七年以下有期徒刑,并处罚金。根据《最高人民法院、最高人民检察院关于办理扰乱无线电通讯管理秩序等刑事案件适用法律若干问题的解释》第三条规定,违反国家规定,擅自设置、使用无线电台(站),或者擅自使用无线电频率,干扰无线电通讯秩序,具有下列情形之一的,应当认定为本条第一款规定的"情节特别严重":(1)影响航天器、航空器、铁路机车、船舶专用无线电导航、遇险救助和安全通信等涉及公共安全的无线电频率正常使用,危及公共安全的；(2) 造成公共秩序混乱等严重后果的；(3) 自然灾害、事故灾难、公共卫生事件和社会安全事件等突发事件期间，在事件发生地使用"黑广播""伪基站"，造成严重影响的；(4) 对国家或者省级重大活动造成严重影响的；(5) 同时使用十个以上"黑广播""伪基站"的；(6) "黑广播"的实测发射功率三千瓦以上，或者覆盖范围二十公里以上的；(7) 违法所得十五万元以上的；(8) 其他情节特别严重的情形。

第二款是关于对单位犯罪的处刑规定。

根据本款规定，单位犯扰乱无线电通讯管理秩序犯罪的，对单位判处罚金，并对其直接负责的主管人员和其他直接责任人员，依照前款的规定处罚，即对单位直接负责的主管人员和其他直接责任人员，处三年以下有期徒刑、拘役或者管制，并处或者单处罚金；情节特别严重的，处三年以上七年以下有期徒刑，并处罚金。

【适用中需要注意的问题】

实践中需要注意的是，本条规定的是擅自设置、使用无线电通讯设备的犯罪，对于非法生产、销售伪基站等无线电设备，根据《最高人民法院、最高人民检察院关于办理扰乱无线电通讯管理秩序等刑事案件适用法律若干问题的解释》规定，应以非法经营罪追究刑事责任。该解释第四条规定，非法生产、销售"黑广播""伪基站"、无线电干扰器等无线电设备，具有下列情形之一的，应当认定为刑法第二百二十五条规定的"情节严重"：(1) 非法生产、销售无线电设备三套以上的；(2) 非法经营数额五万元以上的；(3) 其他情节严重的情形。实施前款规定的行为，数量或者数额达到前款第一项、第二项规定标准五倍以上，或者具有其他情节特别严重的情形的，应当认定为刑法第二百二十五条规定的"情节特别严重"。在非法生产、销售无线电设备窝点查扣的零件，以组装完成的套数以及能够组装的套数认定；无法组装为成套设备的，每三套广播信号调制器（激励器）认定为一套"黑广播"设备，每三块主板认定为一套"伪基站"设备。

第二百八十九条　【聚众"打砸抢"的定罪处罚规定】聚众"打砸抢"，致人伤残、死亡的，依照本法第二百三十四条、第二百三十二条的规定定罪处罚。毁坏或者抢走公私财物的，除判令退赔外，对首要分子，依照本法第二百六十三条的规定定罪处罚。

【释解与适用】

本条是关于聚众"打砸抢"的刑事责任的规定。

"聚众'打砸抢'"，是指聚集多人肆意打人、毁坏或者抢劫公私财物，严重危害社会秩序的行为。这里的"聚众"，是指聚集多人进行"打砸抢"的行为。"致人伤残、死亡的，依照本法第二百三十四条、第二百三十二条的规定定罪处罚"，是指聚众"打砸抢"造成他人轻伤、重伤的，依照本法第二百三十四条关于故意伤害罪的规定定罪处罚；造成他人死亡的，依照本法第二百三十二条关于故意杀人罪的规定定罪处罚。"毁坏或者抢走公私财物的，除判令退赔外，对首要分子，依照本法第二百六十三条的规定定罪处罚"，是指毁坏或者抢走公私财物，应当判令退还原物或者按价赔偿，对首要分子依照刑法第二百六十三条关于抢劫罪的规定定罪处罚。

【适用中需要注意的问题】

实践中，聚众"打砸抢"的情况一般比较复杂，要具体分析其引起的原因、危害后果及其他情节，对首要分子要予以严厉打击；对其他参加者，罪行严重的，也应依法追究刑事责任；对于虽然参与"打砸抢"，但情节较轻的，可以进行批评教育，必要时给予治安处罚；对于聚众"打砸抢"，毁坏、抢走公私财物的，只对首要分子依照刑法抢劫罪的规定追究刑事责任。

第二百九十条 【聚众扰乱社会秩序罪】聚众扰乱社会秩序，情节严重，致使工作、生产、营业和教学、科研、医疗无法进行，造成严重损失的，对首要分子，处三年以上七年以下有期徒刑；对其他积极参加的，处三年以下有期徒刑、拘役、管制或者剥夺政治权利。

【聚众冲击国家机关罪】聚众冲击国家机关，致使国家机关工作无法进行，造成严重损失的，对首要分子，处五年以上十年以下有期徒刑；对其他积极参加的，处五年以下有期徒刑、拘役、管制或者剥夺政治权利。

【扰乱国家机关工作秩序罪】多次扰乱国家机关工作秩序，经行政处罚后仍不改正，造成严重后果的，处三年以下有期徒刑、拘役或者管制。

【组织、资助非法聚集罪】多次组织、资助他人非法聚集，扰乱社会秩序，情节严重的，依照前款的规定处罚。

【释解与适用】

本条是关于聚众扰乱社会秩序罪、聚众冲击国家机关罪、扰乱国家机关工作秩序的犯罪以及组织、资助非法聚集罪及其刑罚的规定。

本条共分四款。第一款是关于聚众扰乱社会秩序的犯罪及其处刑的规定。

根据本款规定，聚众扰乱社会秩序犯罪，是指聚众扰乱社会秩序，情节严重，致使工作、生产、营业和教学、科研、医疗无法进行，造成严重损失的行为。构成本罪应当具备以下条件。

一是行为人实施了聚众扰乱社会秩序的行为。这里的"聚众扰乱社会秩序"，是指纠集多人扰乱机关、公司、企业、事业单位、人民团体、社会团体等有关社会组织的工作、生产、营业、教学、科研、医疗秩序，如聚众侵入、占领机关、单位、团体的工作场所以及封闭其出入通道，对工作人员进行纠缠、哄闹、辱骂、殴打；毁坏财物、设备；强行切断电源、水源等。刑法修正案（九）在本条中增加了有关扰乱医疗场所秩序，致使医疗无法进行的规定。这一规定是根据草案审议中的意见增加的规定，主要是针对实践中频繁发生扰乱医疗场所秩序的情况。需要特别说明的是，刑法修正案（九）对本条的修改并不是增加新的犯罪情形，只是对刑法原有规定作进一步明确规定。这样规定，有利于增强法律的针对性，提高对扰乱医疗秩序犯罪的震慑力。单纯从法律适用来说，实践中所谓"医闹"等案件，是一种比较典型的聚众扰乱社会秩序的案件，对其中情节严重的，应当严格按照刑法的规定追究首要分子和积极参加者的刑事责任。对这一问题，司法机关和社会各方面的认识也是一致的，有关司法解释对具体法律适用问题也有明确规定，司法实践中也是这样处理的。如2014年4月22日最高人民法院、最高人民检察院、公安部、司法部、国家卫生和计划生育委员会联合发布的《关于依法惩处涉医违法犯罪维护正常医疗秩序的意见》中有明确、细化的规定，即对聚众实施的在医疗机构私设灵堂、摆放花圈、焚烧纸钱、悬挂横幅、堵塞大门或者以其他方式扰乱医疗秩序行为,造成严重损失或者扰乱其他公共秩序情节严重,以及在医疗机构的病房、抢救室、重症监护室等场所及医疗机构的公共开放区域违规停放尸体,情节严重,构成犯罪的,可以根据聚众扰乱社会秩序罪、聚众扰乱公共场所秩序、交通秩序罪、寻衅滋事罪等追究刑事责任。

二是行为必须达到情节严重,致使工作、生产和教学、科研、医疗无法进行,造成严重损失,这是构成本罪的必要条件之一。本款规定的"情节严重",一般表现为扰乱的时间长、次数多、纠集的人数多,扰乱重要的工作、生产、营业和教学、科研、医疗活动,造成的影响比较恶劣,等等。"致使工作、生产、营业和教学、科研、医疗无法进行",是指聚众扰乱机关、公司、企业、教学科研单位、医院等的行为,导致该单位正常的工作、生产、教学、科研、医疗无法进行。"造成严重损失",主要是指使经济建设、教学、科研、医疗等受到严重的破坏和损失。需要注意的是,情节严重,致使机关、单位、团体的工作、生产、营业和教学、科研、医疗无法进行,造成严重损失,都是构成本罪的要件,缺一不可。对于一般违法行为,情节较轻,没有造成严重损失,危害不大的,不构成本罪,可以依照治安管理处罚法的规定处理。

三是本罪的犯罪主体包括首要分子和其他积极参加的人。这里所谓的"首要分子",主要是指在聚众犯罪中起组织、策划、指挥作用的犯罪分子,首要分子既可能只进行幕后策划而不亲自参与实施扰乱社会秩序的行为,也可能不但组织策划,还现场坐镇指挥,积极实施扰乱社会秩序的行为,实践中要注意正确认定,准确打击。"其他积极参加的",是指在共同犯罪中,积极、主动参加的或者在共同犯罪中起重要作用的犯罪分子。

根据本款规定,犯本款规定之罪的,对首要分子处三年以上七年以下有期徒刑;对其他积极参加的,处三年以下有期徒刑、拘役、管制或者剥夺政治权利。

第二款是关于聚众冲击国家机关罪及其处刑的规定。

根据本款规定,聚众冲击国家机关的犯罪,是指聚众冲击国家机关,致使国家机关工作无法进行,造成严重损失的行为。这里规定的"国家机关",是指管理国家某一方面事务的具体工作部门,包括各级国家权力机关、党政机关、司法机关和军事机关。"聚众冲击国家机关",主要是指聚集多人强行包围、堵塞、冲入各级国家机关的行为。"致使国家机关工作无法进行",是指国家机关及其工作人员行使管理职权、执行职务的活动,因受到聚众冲击而被迫中断或者停止。"造成严重损失",是指造成的社会影响很恶劣,严重损害国家机关权威的;致使国家机关长时间无法行使管理职能,严重影响到工作秩序的;给国家、集体和个人造成严重经济损失的;等等。

需要注意的是,本条第一款、第二款规定的聚众扰乱社会秩序罪、聚众冲击国家机关罪,这两个罪是聚众实施的犯罪,重点惩治的应当是首要分子,本条对首要分子规定了较重的刑罚,同时考虑到其他积极参加的人员中有一些骨干分子,因此,本条对其他积极参加的人员也规定了刑罚,但实践中其他积极参加的情况较为复杂,应从行为人在扰乱社会秩序的中的表现、地位和作用等方面综合判断。一般来说,包括聚众扰乱活动表现积极、主动;参与了大多数扰乱活动;在扰乱活动中直接造成严重损失的人。对于一般围观起哄的人,如果没有其他违法行为;或者有的虽然参与扰乱行为,但没有直接造成严重损失的人等,都不宜以犯罪论处。

根据本款规定,犯本款规定之罪的,对首要分子处五年以上十年以下有期徒刑;对其他积极参加的,处五年以下有期徒刑、拘役、管制或者剥夺政治权利。

第三款是关于扰乱国家机关工作秩序罪及其处刑的规定。

构成本罪应当具备以下条件:一是行为人多次实施扰乱国家机关工作秩序的行为。这里所说的"多次",一般指三次以上。"扰乱国家机关工作秩序",不是以聚众的方式,而是以个人方式扰乱、冲击国家机关,破坏国家机关的正常工作秩序。二是经行政处罚后仍不改正的。所谓"经行政处罚后仍不改正",是指行为人因扰乱国家机关秩序被行政处罚后,又实施扰乱国家机关秩序的行为。根据治安管理处罚法第二十三条的规定,扰乱机关、团体、企业、事业单位秩序,致使工作、生产、营业、医疗、教学、科研不能正常进行,尚未造成严重损失的,由公安机关处警告或者二百元以下罚款;情节较重的,处五日以上十日以下拘留,可以并处五百元以下罚款。三是必须造成严重后果的。"造成严重后果",是指扰乱行为导致国家机关正常工作秩序受到严重影响,无法正常开展工作;或者造成国家机关人员、财产损失等。需要注意的是,构成本罪需要同时具备多次扰乱国家机关工作秩序,经行政处罚后仍不改正,造成严重后果三个方面的要件。

需要注意的是,第三款规定的扰乱国家机关工作秩序罪是针对实践中一些个人,以各种极端方式冲击、扰乱国家机关工作秩序,且屡教不改,严重扰乱国家机关工作秩序的情况增加规定的犯罪。实践中要严格掌握对信访行为适用本罪的条件。申诉权是公民的基本权利,上访是公民行使申诉权利,表达利益诉求,寻求救济的一种方式,而回应和解决公民诉求本身就是国家机关工作的一部分,有的行为人由于合法权益受到侵害,通过正常程序无法得到解决,也有可能走上缠访、闹访之路,因此,司法机关在认定本罪时,需要严格把握罪与非罪的界限,缠访、闹访并非一个法律概念,对于在国家机关门口缠访、闹访的,不能不加区分一概入罪,要考虑到行为人是否属于正当维权,是否扰乱了国家机关工作秩序,是否给国家机关造成严重后果,在适用本罪时需要慎重,避免使具有正当诉求的上访者、申诉者受到刑罚处罚。对于相关国家工作人员失职、渎职行为引起的此类行为,也应依法追究相关人员的行政及刑事责任。要防止实践中有的人员为了达到对信访人适用本条规定的目的,违反法律规定精神,放宽行政处罚条件,对信访人予以行政处罚的情况。也要注意对于在信访场所的缠访等行为与扰乱国家机关工作秩序的界限,予以严格掌握,避免申诉不畅甚至客观上纵容违法作为、不作为情况的发生。

根据本款规定,构成本罪的,处三年以下有期徒刑、拘役或者管制。

第四款是关于组织、资助非法聚集罪及其处刑的规定。

构成本罪必须具备以下要件:一是本罪的犯罪主体是组织、资助他人聚集的人员。"组织",是指组织、策划、指挥、协调非法聚集活动的行为;"资助"是指筹集、提供活动经费、物资以及其他物质便利的行为。二是行为人多次实施组织、资助他人非法聚集,扰乱社会秩序的行为。这里的"多次",一般指三次以上。"非法聚集",是指未经批准在公共场所集会、集结的行为。"扰乱社会秩序",是指造成社会秩序混乱,致使工作、生产、营业和教学、科研、医疗等活动受到严重干扰,甚至无法进行的情况。如致使机场、车站、码头、商场、影剧院、运动场馆等人员密集场所秩序混乱,影响航空器、列车、船舶等大型客运交通工具正常运行的,致使国家机关、学校、医院、厂矿企业等单位的工作、生产、经营、教学、科研、医疗等活动中断等。三是必须达到情节严重,这是罪与非罪的界限。所谓"情节严重",主要是指组织、资助非法聚集的次数多、纠集的人数多、资助的金额多;非法聚集扰乱重要的工作、生产、营业和教学、科研、医疗活动,造成的影响比较恶劣;等等。

根据本款规定，对多次组织、资助他人非法聚集、扰乱社会秩序，情节严重的，处三年以下有期徒刑、拘役或者管制。

第二百九十一条 【聚众扰乱公共场所秩序、交通秩序罪】聚众扰乱车站、码头、民用航空站、商场、公园、影剧院、展览会、运动场或者其他公共场所秩序，聚众堵塞交通或者破坏交通秩序，抗拒、阻碍国家治安管理工作人员依法执行职务，情节严重的，对首要分子，处五年以下有期徒刑、拘役或者管制。

【释解与适用】

本条是关于聚众扰乱公共场所秩序、交通秩序罪及其刑罚的规定。

根据本条规定，聚众扰乱公共场所秩序、交通秩序罪，是指聚众扰乱车站、码头、民用航空站、商场、公园、影剧院、展览会、运动场或者其他公共场所秩序，聚众堵塞交通或者破坏交通秩序，抗拒、阻碍国家治安管理工作人员依法执行职务，情节严重的行为。构成本罪必须具备以下条件：一是犯罪主体是首要分子。本罪是聚众性犯罪，处罚的对象仅限于首要分子。"首要分子"，主要是指在聚众犯罪中起组织、策划、指挥作用的犯罪分子，对其他参加的，主要是进行批评教育，必要时给予治安处罚。根据治安管理处罚法第二十三条规定，扰乱车站、港口、码头、机场、商场、公园、展览馆或者其他公共场所秩序的，由公安机关处警告或者二百元以下罚款；情节较重的，处五日以上十日以下拘留，可以并处五百元以下罚款。二是行为人实施了聚众扰乱公共场所秩序、聚众堵塞或者破坏交通秩序的行为。这里规定了两种犯罪行为：（1）聚众扰乱公共场所秩序的行为。这里规定的"聚众扰乱"公共场所秩序，是指纠集多人以各种方法对公共场所秩序进行干扰和捣乱，主要是故意在公共场所聚众起哄闹事。所谓"公共场所"，是指具有公共性特点，对公众开放，供不特定的多数人随时出入、停留、使用的场所，包括车站、码头、民用航空站、商场、公园、影剧院、展览会、运动场所等；"其他公共场所"主要是指礼堂、公共食堂、游泳池、浴池、农村集市等；"公共场所秩序"是指为保证公众顺利地出入、使用公共场所以及在公共场所停留而规定的公共行为规则。（2）聚众堵塞交通或者破坏交通秩序的行为。所谓"聚众堵塞交通或者破坏交通秩序"，是指纠集多人堵塞交通，使车辆、行人不能通过，或者故意违反交通规则，破坏正常的交通秩序，影响顺利通行和通行安全的行为。其中"交通秩序"，是指交通工具与行人依照交通规则在交通线路上安全顺利通行的正常状态。三是行为人实施聚众行为，同时必须抗拒、阻碍国家治安管理工作人员依法执行职务。本条规定的"阻止、抗拒国家治安管理工作人员依法执行职务"，是指抗拒、阻碍治安民警、交通民警等执行治安管理职务的工作人员依法维护公共场所秩序或者交通秩序的行为。四是必须达到情节严重，才构成本罪。这里规定的"情节严重"，主要是指聚众扰乱公共场所秩序或者聚众破坏交通秩序，人数多或者时间长的；造成人员伤亡、建筑物损坏、公私财物受到重大损失等严重后果的；影响或者行为手段恶劣的；等等。

根据本条规定，犯本条规定之罪的，对首要分子处五年以下有期徒刑、拘役或者管制。

第二百九十一条之一 【投放虚假危险物质罪】【编造、故意传播虚假恐怖信息罪】投放虚假的爆炸性、毒害性、放射性、传染病病原体等物质，或者编造爆炸威胁、生化威胁、放射威胁等恐怖信息，或者明知是编造的恐怖信息而故意传播，严重扰乱社会秩序的，处五年以下有期徒刑、拘役或者管制；造成严重后果的，处五年以上有期徒刑。

【编造、故意传播虚假信息罪】编造虚假的险情、疫情、灾情、警情，在信息网络或者其他媒体上传播，或者明知是上述虚假信息，故意在信息网络或者其他媒体上传播，严重扰乱社会秩序的，处三年以下有期徒刑、拘役或者管制；造成严重后果的，处三年以上七年以下有期徒刑。

【释解与适用】

本条是关于投放虚假危险物质罪，编造、故意传播虚假恐怖信息罪，编造、故意传播虚假信息罪及其刑罚的规定。

本条共分两款。第一款是关于投放虚假危险物质罪，编造、故意传播虚假恐怖信息罪的规定。根据本条第一款规定，构成本罪应当同时具备以下两个方面的条件。

一是行为人实施了投放虚假的爆炸性、毒害性、放射性、传染病病原体等物质，或者编造爆炸威胁、生化威胁、放射威胁等恐怖信息，或者明知是编造的恐怖信息而故意传播的行为。本款列举了三种犯罪行为：（1）投放虚假的爆炸性、毒害性、放射性、传染病病原体等物质的行为。所谓"投放虚假的爆炸性、毒害性、放射性、传染病病原体等物质"，是指以邮寄、放置、丢弃等方式将假的类似于爆炸性、毒害性、放射性、传染病病原体等物质的物品置于他人或者公众面前或者周围。（2）编造爆炸威胁、生化威胁、放射威胁等恐怖信息的行为。所谓"编造爆炸威胁、生化威胁、放射威胁等恐怖信息"，是指行为人编造假的要发生爆炸、生物化学物品泄漏、放射性物品泄漏以及使用生化、放射性武器等信息。（3）明知是编造的恐怖信息而故意传播的行为。所谓"明知是编造的恐怖信息而故意传播"，是指明知该恐怖信息出于他人编造，是假的信息，而故意向他人传播的行为。关于"恐怖信息"的范围，2013年《最高人民法院关于审理编造、故意传播虚假恐怖信息刑事案件适用法律若干问题的解释》作了进一步的细化。根据该解释第六条规定，虚假恐怖信息包括以发生爆炸威胁、生化威胁、放射威胁、劫持航空器威胁、重大灾情、重大疫情等严重威胁公共安全的事件为内容，可能引起社会恐慌或者公共安全危机的不真实信息。上述三种犯罪行为，只要实施其中一种即构成本罪。

二是行为人的行为严重扰乱社会秩序。"严重扰乱社会秩序"，主要是指该行为造成社会恐慌，严重影响生产、工作和社会生活的正常进行。根据2013年《最高人民法院关于审理编造、故意传播虚假恐怖信息刑事案件适用法律若干问题的解释》第二条的规定，编造、故意传播虚假恐怖信息，具有下列情形之一的，应当认定为"严重扰乱社会秩序"：（1）致使机场、车站、码头、商场、影剧院、运动场馆等人员密集场所秩序混乱，或者采取紧急疏散措施的；（2）影响航空器、列车、船舶等大型客运交通工具正常运行的；（3）致使国家机关、学校、医院、厂矿企业等单位的工作、生产、经营、教学、科研等活动中断的；（4）造成行政村或者社区居民生活秩序严重混乱的；（5）致使公安、武警、消防、卫生检疫等职能部门采取紧急应对措施的；（6）其他严重扰乱社会秩序的。

本款规定的犯罪为故意犯罪，行为人只要故意实施本款规定的行为，且严重扰乱社会秩序的，即构成本罪。在实践中，行为人实施本款规定行为的动机和目的是多方面的，有的是为了报复某个人，有的是对社会不满，有的甚至是搞恶作剧，无论动机如何，都不影响本罪的成立。

根据情节的轻重，本款规定了两档刑罚：构成犯罪的，判处五年以下有期徒刑、拘役或者管制；造成严重后果的，处五年以上有期徒刑。其中"造成严重后果"，主要是指该行为给公民、集体、国家造成重大经济损失、造成重大社会影响或由于恐慌而造成人员伤亡等情况。根据2013年《最高人民法院关于审理编造、故意传播虚假恐怖信息刑事案件适用法律若干问题的解释》第四条的规定，编造、故意传播虚假恐怖信息，严重扰乱社会秩序，具有下列情形之一的，应当认定为"造成严重后果"，处五年以上有期徒刑：(1)造成三人以上轻伤或者一人以上重伤的；(2)造成直接经济损失五十万元以上的；(3)造成县级以上区域范围居民生活秩序严重混乱的；(4)妨碍国家重大活动进行的；(5)造成其他严重后果的。

本条第二款是关于编造、故意传播虚假信息罪及其处刑的规定。

对本款规定需要注意以下几个方面的内容：一是虚假信息的范围包括险情、疫情、灾情、警情。"险情"包括突发可能造成重大人员伤亡或者财产损失的情况以及其他危险情况，"疫情"包括疫病尤其是传染病的发生、发展等情况，"灾情"包括火灾、水灾、地质灾害等灾害情况，"警情"包括有违法犯罪行为发生需要出警等情况。二是行为方式上包括编造虚假信息后传播和明知是虚假信息故意传播两种情况。所谓"编造"是指出于各种目的故意虚构并不存在的险情、疫情、灾情、警情的情况。"传播"虚假信息，是对编造的虚假信息在信息网络上发布、转发、转帖，在其他媒体上登载、刊发等情况。三是传播方式为在信息网络或者其他媒体发布或者传播。关于信息网络，2013年《最高人民法院、最高人民检察院关于办理利用信息网络实施诽谤等刑事案件适用法律若干问题的解释》第十条有具体界定，包括以计算机、电视机、固定电话机、移动电话机等电子设备为终端的计算机互联网、广播电视网、固定通信网、移动通信网等信息网络，以及向公众开放的局域网络。其他媒体，是指除了信息网络之外的报纸等传统媒体。四是本款规定的为故意犯罪。对行为人确实无法辨别信息真伪，主观上认为是真实的信息而误传播的，不是本罪的适用范围。实践中，有的是出于吸引他人关注的动机而编造虚假信息，有的是为了恶意中伤、诽谤他人或者单位，还有的是出于经济目的而编造虚假信息。何种动机通常并不影响本罪的定性。五是构成本罪需要达到"严重扰乱社会秩序"的程度。"严重扰乱社会秩序"，是指造成社会秩序严重混乱，致使工作、生产、营业和教学、科研、医疗等活动受到严重干扰甚至无法进行的情况，如致使车站、码头等人员密集场所秩序严重混乱或采取紧急疏散措施，影响航空器、列车、船舶等大型客运交通工具正常运行，致使厂矿企业等单位的生产、经营活动中断，造成人民群众生活秩序严重混乱等。

【适用中需要注意的问题】

实践中，对本款规定的传播虚假的险情、疫情、灾情、警情的犯罪，应注意区分明知是虚构或者编造的信息而传播和因为误听、误信而传播的界限。有的情况下，信息真伪确实难以辨别，行为人主观上认为是真实的信息而传播；有的时候还存在被传播的信息开始被辟谣，事后被证实为真的情况。根据本款规定，只有故意编造并且将自己编造的相关信息在网络或其他媒体上传播的行为，以及明知道是他人编造的信息而故意在网络或其他媒体上传播的，才构成犯罪。确实不知相关信息为谣言而误传播的，不构成犯罪。

第二百九十一条之二 【高空抛物罪】从建筑物或者其他高空抛掷物品，情节严重的，处一年以下有期徒刑、拘役或者管制，并处或者单处罚金。

有前款行为，同时构成其他犯罪的，依照处罚较重的规定定罪处罚。

【释解与适用】

本条是关于高空抛物罪及其刑罚的规定。

2020年12月26日第十三届全国人民代表大会常务委员会第二十四次会议通过的刑法修正案（十一）增加了本条规定。改革开放以后，经济不断发展，城市日趋繁荣，高楼大厦日益增多，高楼抛物、坠物现象也不断发生，一些人安全意识淡薄，有的因为家庭矛盾吵架向楼下随意抛物，有的酒后发泄不满情绪向外抛物，有的将垃圾从家里直接抛出，严重影响行人、楼下居民住户的生命财产安全，极易造成人身伤亡和财产损失，引发社会矛盾纠纷，影响社会和谐稳定。2009年通过的侵权责任法规定了高空抛掷物品的民事责任，该法第八十七条规定，从建筑物中抛掷物品或者从建筑物上坠落的物品造成他人损害，难以确定具体侵权人的，除能够证明自己不是侵权人的外，由可能加害的建筑物使用人给予补偿。实践中，高空抛掷物品行为一般都是通过民事途径解决。但有的高空抛掷物品行为也造成了严重的危害后果，如造成人员伤亡、严重的财产损失，对于此类行为，有的地方以危险方法危害公共安全罪、故意伤害罪、故意杀人罪、过失致人重伤罪、过失致人死亡罪、故意毁坏财物罪等追究刑事责任。为依法妥善审理高空抛物、坠物案件，保障人民安居乐业，2019年10月，《最高人民法院关于依法妥善审理高空抛物、坠物案件的意见》中进一步明确了惩治高空抛物犯罪的法律适用。该意见规定，故意从高空抛弃物品，尚未造成严重后果，但足以危害公共安全的，依照刑法第一百一十四条规定的以危险方法危害公共安全罪定罪处罚；致人重伤、死亡或者使公私财产遭受重大损失的，依照刑法第一百一十五条第一款的规定处罚；为伤害、杀害特定人员实施上述行为的，依照故意伤害罪、故意杀人罪定罪处罚。2020年5月十三届全国人大三次会议通过的民法典第一千二百五十四条进一步完善了高空抛掷物品相关各方面的民事责任。

刑法修正案（十一）在起草过程中，有的提出，实践中将高空抛掷物品行为以危险方法危险公共安全罪定罪处罚并不妥当。主要理由为：一是高空抛掷物品与放火、决水、爆炸、投放危险物质等刑法明确列举的危害公共安全的行为不具有相当性。刑法第一百一十四条规定以其他危险方法应当是与放火、决水、爆炸、投放危险物质相同性质的危害公共安全行为，而高空抛掷物品虽然存在危害公共安全的可能性，即危害不特定多数人的生命、健康或重大公私财产安全，但不具有现实的、紧迫的高度危险性，现实中绝大多数高空抛掷物品并未造成危害后果，高空抛掷物品实际的危险性与放火、决水、爆炸、投放危险物质存在较大差距。二是司法解释将刑法第一百一十四条要求的"危害公共安全"确定为"足以危害公共安全"，实际是将具体危险犯降低为抽象危险犯，从而导致以危险方法危害公共安全罪的不适当扩大。三是行为人实施高空抛掷物品行为，既可能是故意也可能是过失，甚至可能是意外，且行为人主观上没有故意危害公共安全的故意；而行为人实施放火、决水、爆炸、投放危险物质，则主观上是故意的。四是适用以危险方法危害公共安全罪，法定刑过高。刑法第一百一十四条规定的以危险方法危害公共安全罪起刑点为三年有期徒刑，对于高空抛掷物品尚未造成严重后果的，处刑过重。考虑到高空抛掷物品行为严重危害人民群众生命财产安全，社会反映突出，为确保人民群众"头顶上的安全"，有效防范、坚决遏制此类行为发生，2020年6月提请全国人大常委会审议的刑法修正案（十一）草案将高空抛掷物品行为规定为犯罪，明确规定"从高空抛掷物品，危及公共安全的，处拘役或管制，并处或者罚金。""有前款行为，致人伤亡或者造成其他严重后果，同时构成其他犯罪的，依照处罚较重的规定定罪处罚。"

在刑法修正案（十一）草案征求意见过程中，对于高空抛掷物品有两个问题存在较大争议。

第一，高空抛掷物品是否有必要单独规定为犯罪。有的提出，单独设立高空抛掷物品罪必要性不够。主要理由：一是随着城市高层建筑的增加，各种高空抛掷物品行为危险性增加，对于没有造成后果的高空抛掷物品行为是否达到刑法上的社会危害性，是否危及公共安全不能一概而论。即使高空抛掷物品可能危及公共安全，但在性质上也不属于危害公共安全的行为。现代社会风险源本来就多，要考虑是否都值得刑法规制，增加这类犯罪是否会造成刑法规制范围过于扩大。二是高空抛掷物品行为与行为人的文明习惯有关，在日常生活中并不经常发生，对于没有出现严重后果的高空抛掷物品行为，完全可以用民法、行政法等调整。如果造成了严重后果，可以按照刑法规定的故意杀人罪、故意伤害罪、以危险方法危害公共安全罪等定罪处罚，没有必要单独设立罪名。三是民法典对高空抛掷物品的规定，体现了私权利与公权力救济相结合的模式，包括明文禁止，行为规则；侵权人承担责任，行为人责任；由可能造成损害的行为人分担承担；引入物业管理人员的管理义务；公安机关及时调查的责任。在宽严相济、建立和谐社会的大背景下，刑事立法应当坚持刑法的谦抑性原则，高空抛掷物品通过民事责任可以解决，刑法就不应当介入。四是此罪最高刑仅为拘役六个月，不仅挤压了行政处罚的空间，而且适用面非常窄，况且，日常生活中除了高空抛掷物品以外，还有地上挖坑、路上拉线使车辆或行人遭受损失的情况，保护"头顶上的安全"固然重要，但"脚底下的安全"同样重要，单纯将高空抛掷物品列出，也难免顾此失彼。五是高空抛掷物品问题，要从根本上解决，还需要综合施策，有效预防此类行为的发生。从刑法角度看，高空抛掷物品涉及一系列相关犯罪，根据其目的、动机等主观方面情况和造成的对他人人身、财产的威胁或实际损害，分别适用刑法中相应的惩处规定；对尚不构成犯罪的，可以依照治安管理处罚法的规定给予拘留、罚款的处罚。也有的专家认为，应当科学评估高空抛掷物品独立设立罪名的刑罚功能，以及与其他罪名的关系和有效衔接，建议保留高空抛掷物品的犯罪，并应适当提高法定刑幅度，与以危险方法危险公共安全罪的法定刑幅度有效衔接，形成合理的刑罚梯度。

第二，草案将高空抛掷物品规定在第二章危害公共安全罪中，有的建议将这一规定作为第六章妨害社会管理秩序罪。主要理由：一是从行为特征上，高空抛掷物品往往是人们违反城市居民生活守则或规范，违反社会公德所实施的行为，一般不具有毁坏财物、致人死伤的主观故意，即使致人死伤、毁损财物往往也是违背其意愿的，不具有自然犯故意致人死伤、毁损财物的恶性。二是高空抛掷物品如果危及公共安全的话，本罪的法定刑又显得过轻，法定刑与秩序犯的危害性相称。三是高空抛掷物品犯罪应当与以危险方法危害公共安全罪切割开来，从而避免两罪的界限难以划分，导致适用困难。四是设立高空抛掷物品罪，目的是让人们意识到单纯的高空抛掷物品行为就是扰乱社会生活秩序的行为，不得实施，如果有危及人身、财产安全的话，则构成人身、财物类犯罪。

立法机关经与有关方面反复研究，考虑到高空抛掷物品行为具有一定的社会危害性，损害人民群众人身、财产安全，为保障人民群众安居乐业，不断增强人民群众幸福感、安全感，促进社会和谐稳定，积极回应社会关切，有必要将高空抛掷物品行为单独规定为犯罪，同时对草案作了以下修改：一是将高空抛掷物品犯罪由第二章危害公共安全罪移至第六章妨害社会管理秩序罪中作出规定，并将"危及公共安全"修改为"情节严重"；二是将"从高空抛掷物品"修改为"从建筑物或者其他高空抛掷物品"，表述更准确，便于实际操作；三是将"处拘役或者管制"修改为"处一年以下有期徒刑、拘役或者管制"，提高了法定最高刑；四是删去了"致人伤亡或者造成其他严重后果"。

本条共分两款。第一款是关于高空抛掷物品的犯罪及其处刑的规定。

构成本罪应当具备以下特征：第一，行为人实施了从建筑物或者其他高空抛掷物品的行为。这里包含两层意思：一是物品必须是从建筑物或者其他高空抛掷，如果不是从建筑物或者其他高空抛掷的，不构成本罪。这里所说的"建筑物"，是指人工建筑而成的东西，既包括居住建筑、公共建筑，也包括构筑物。其中居住建筑，是指供人们居住使用的建筑；公共建筑，是指供人们购物、办公、学习、医院、娱乐、体育活动等使用的建筑，如商店、办公楼、影剧院、体育馆、医院等；构筑物，是指不具备、不包含或不提供人类居住功能的人工建筑，如桥梁、堤坝、隧道、水塔、电塔、纪念碑、围墙、水泥杆等。"其他高空"，是指距离地面有一定高度的空间，如飞机、热气球、脚手架、井架、施工电梯、吊装机械等。二是行为人必须是实施了抛掷物品的行为。这里所说的"抛掷物品"，是指向外投、扔、丢弃物品的行为。如果行为人没有实施抛掷物品的行为，物品是由于刮风、下雨等原因，从建筑物或高空中坠落的，即使该物品是行为人的，也不构成本罪，如果给受害人造成损害的，可以依照民法典的有关规定处理。民法典第一千二百五十四条规定："禁止从建筑物中抛掷物品。从建筑物中抛掷物品或从建筑物上坠落的物品造成他人损害的，由侵权人依法承担侵权责任；经调查难以确定具体侵权人的，除能够证明自己不是侵权人的外，由可能加害的建筑物使用人给予补偿。可能加害的建筑物使用人补偿后，有权向侵权人追偿。""物业服务企业等建筑物管理人应当采取必要的安全保障措施防止前款规定的情形的发生；未采取必要的安全保障措施的，应当依法承担未履行安全保障义务的侵权责任。""发生本条第一款规定的情形的，公安等机关应当依法及时调查，查清责任人。"

第二，必须是情节严重的，这是给该罪设定的入罪门槛。只有情节严重的才能构成本罪，情节一般，危害不大的，不宜作为犯罪，符合违反治安管理处罚法规定的，应当依法予以治安处罚；需要承担民事责任的，应当依照民法典的有关规定处理。这里所说的"情节严重"，主要是指多次实施高空抛掷物品行为，高空抛掷物品数量较大的，在人员密集场所实施的，造成一定损害等，具体可以视情节依照相关规定处理。

根据本款规定，构成犯罪的，处一年以下有期徒刑、拘役或者管制，并处或者单处罚金。

第二款是关于实施本条规定的犯罪同时构成其他犯罪如何处理的规定。

行为人实施本条第一款规定的犯罪行为，也可能同时触犯刑法的其他规定，构成刑法规定的其他犯罪，如果与本条规定的犯罪行为出现了竞合的情形，应当依照处罚较重的规定定罪处罚。这里主要涉及如何处理好本条规定的犯罪与故意伤害罪、故意杀人罪、以危险方法危害公共安全罪等其他罪名的关系。如果行为人有第一款规定的高空抛掷物品的犯罪行为，造成人员伤亡、公私财产重大损失等，符合刑法第二百三十五条过失致人重伤罪、第二百三十三条过失致人死亡罪、第二百三十四条故意伤害罪、第二百三十二条故意杀人罪、第一百一十五条以危险方法危害公共安全罪、第二百七十五条故意毁坏财物罪构成要件或者构成其他犯罪的，根据本款的规定，采取从一重罪处罚的原则，即依照处罚较重的规定定罪处罚，对依照刑法有关规定定罪处罚的，对于行为人高空抛掷物品的情形，可以作为处罚的量刑情节予以考虑。

【适用中需要注意的问题】

1. 把握好高空抛掷物品犯罪与以危险方法危害公共安全罪的界限。两罪存在较大不同：一是高空抛掷物品与以危险方法危害公共安全的行为性质不同。刑法第一百一十四条规定的其他危险方法应当是与放火、决水、爆炸、投放危险物质性质相当的危害公共安全行为；而高空抛掷物品虽然存在危害公共安全的可能性，但一般情况下不具有现实的危险性，实践中大多数高空抛掷物品并未造成危害后果，有的虽然造成了一定的危害后果，但后果也不严重。二是两罪侵害的客体不同。高空抛掷物品行为侵害的是社会管理秩序；而以危险方法危害公共安全罪危害的是公共安全。三是两罪构成条件不同。高空抛掷物品一般不具有现实危险性，要求达到情节严重才构成犯罪；而以危险方法危害公共安全是具有一定的现实危险性，不需要情节严重或者造成严重后果作为构成要件。刑法修正案（十一）增加了高空抛掷物品犯罪，实践中对于高空抛掷物品的行为一般不宜再适用刑法第一百一十四条规定的以危险方法危害公共安全罪。对于个别情况下，行为人高空抛掷物品危及公共安全的行为，判处一年有期徒刑明显偏轻，符合刑法第一百一十四条规定的，可以按照以危险方法危害公共安全罪追究责任。

2. 根据《最高人民法院关于依法妥善审理高空抛物、坠物案件的意见》的要求，准确认定高空抛物犯罪，对于高空抛物行为，应当根据行为人的动机、抛物场所、抛掷物的情况以及造成的后果等因素，全面考量行为的社会危害程度，准确判断行为性质，正确适用罪名，准确裁量刑罚。

第二百九十二条 【聚众斗殴罪】聚众斗殴的，对首要分子和其他积极参加的，处三年以下有期徒刑、拘役或者管制；有下列情形之一的，对首要分子和其他积极参加的，处三年以上十年以下有期徒刑：

（一）多次聚众斗殴的；

（二）聚众斗殴人数多，规模大，社会影响恶劣的；

（三）在公共场所或者交通要道聚众斗殴，造成社会秩序严重混乱的；

（四）持械聚众斗殴的。

聚众斗殴，致人重伤、死亡的，依照本法第二百三十四条、第二百三十二条的规定定罪处罚。

【释解与适用】

本条是关于聚众斗殴罪及其刑罚的规定。

本条共分两款。第一款是关于聚众斗殴罪及处刑的规定。

根据本款规定，构成本罪应当具备以下条件：第一，本罪的犯罪主体是聚众斗殴的首要分子和其他积极参加的人员。这里所说的"首要分子"，是指在聚众斗殴的犯罪活动中起组织、策划、指挥作用的人员；"其他积极参加的"人员，是指除首要分子外，其他积极参加斗殴活动的人员。实践中对于一些旁观者，或者一般参与者，且在斗殴中作用不大的从犯，或者被胁迫参加的人员等，则不构成本罪的犯罪主体。

第二，行为人实施了聚众斗殴的行为。这里的"聚众斗殴"，是指纠集多人成帮结伙地打架斗殴。这里所说的"聚众"，一般是指人数众多；"斗殴"，主要是指采用暴力相互打斗，这种斗殴通常是不法团伙之间大规模地打群架，往往带有匕首、棍棒等凶器，极易造成一方或者双方人身伤亡，甚至造成周围无辜群众的伤亡或者财产损失。

本款根据犯罪情节轻重，规定了两档处刑：（1）构成犯罪的，对首要分子和其他积极参加的，处三年以下有期徒刑、拘役或者管制。（2）有本款规定的四种情形之一的，对首要分子和其他积极参加的，处三年以上十年以下有期徒刑。第二档刑规定了四种情形：①多次聚众斗殴的行为。所谓"多次聚众斗殴"，一般是指聚众斗殴三次或者三次以上的。②聚众斗殴人数多，规模大，社会影响恶劣的行为。所谓"聚众斗殴人数多，规模大，社会影响恶劣"，主要是指流氓团伙大规模打群架，在群众中造成很坏的影响。③在公共场所或者交通要道聚众斗殴，造成社会秩序严重混乱的行为。所谓"在公共场所或者交通要道聚众斗殴，造成社会秩序严重混乱"，是指在人群聚集的场所中或者车辆、行人频繁通行的道路上聚众斗殴，造成公共场所秩序和交通秩序严重混乱，如在车站、码头、影剧院、学校、厂矿企业、居民小区等公共场所，或者在地铁、公共交通车辆上进行斗殴的等。④持械聚众斗殴的行为。所谓"持械聚众斗殴",主要是指参加聚众斗殴的人员使用棍棒、刀具以及各种枪支武器进行斗殴,这种斗殴不仅对受害人和周围群众的心理造成一种恐怖感,而且对社会公共秩序造成严重威胁。同时,对人身体可能造成伤害和对社会公共安全造成的破坏,都会更加严重。这里所说的"持械",是指非法携带器械,器械既包括枪支等武器,也包括匕首、三棱刮刀、弹簧刀等足以致人伤亡的刀具,还包括斧头、锄头、棍棒等足以致人伤亡的器具。

第二款是关于聚众斗殴致人重伤、死亡应当如何处理的规定。

根据本款规定,聚众斗殴,致人重伤、死亡的,依照本法第二百三十四条、第二百三十二条的规定定罪处罚。本款规定的"致人重伤、死亡",是指聚众斗殴,将参加聚众斗殴的人员或者周围群众打成重伤或者打死。"依照本法第二百三十四条、第二百三十二条的规定定罪处罚",是指聚众斗殴致人重伤的,依照刑法第二百三十四条关于故意伤害罪的规定定罪处刑;致人死亡的,依照刑法第二百三十二条关于故意杀人罪的规定定罪处刑。

【适用中需要注意的问题】

1. 聚众斗殴罪与故意杀人罪、故意伤害罪的区别。两者的主要区别在于犯罪的动机。聚众斗殴罪中的杀人、伤害行为,虽然与故意杀人、故意伤害行为一样,侵犯了他人的身体健康,但聚众斗殴罪的行为人通常表现为流氓特性,其目的是称王称霸,争抢势力范围,充英雄好汉,与对方一争高低等,其行凶杀人发生在聚众斗殴过程中。而故意杀人罪、故意伤害罪的杀人、伤害行为,其事先具有明确的杀人、伤害故意,即使是临时起意伤害对方,也往往因为双方发生纠纷或者由于宿仇旧恨等原因。

2. 行为人在聚众斗殴过程中即使没有杀人的故意,但客观上致人重伤、死亡的,也应认定为故意伤害罪、故意杀人罪。考虑到聚众斗殴的特殊性,有时在斗殴过程中无法查明造成被害人重伤、死亡的原因以及何人所为,在这种情况下,不宜将所有参与斗殴的人员都认定为故意杀人罪、故意伤害罪,应当具体分析聚众斗殴的社会影响以及造成的伤害后果等,通常情况下,对首要分子应当以故意杀人罪、故意伤害罪定罪处罚。

第二百九十三条 【寻衅滋事罪】有下列寻衅滋事行为之一，破坏社会秩序的，处五年以下有期徒刑、拘役或者管制：

（一）随意殴打他人，情节恶劣的；

（二）追逐、拦截、辱骂、恐吓他人，情节恶劣的；

（三）强拿硬要或者任意损毁、占用公私财物，情节严重的；

（四）在公共场所起哄闹事，造成公共场所秩序严重混乱的。

纠集他人多次实施前款行为，严重破坏社会秩序的，处五年以上十年以下有期徒刑，可以并处罚金。

【释解与适用】

本条是关于寻衅滋事罪及其刑罚的规定。

本条共分两款。第一款是关于寻衅滋事罪及其处罚的规定。

本款规定的"寻衅滋事"，是指在公共场所无事生非，起哄捣乱，无理取闹，殴打伤害无辜，肆意挑衅，横行霸道，破坏社会秩序的行为。根据本款规定，寻衅滋事包括以下四种具体破坏社会秩序的行为。

第一，随意殴打他人，情节恶劣的。所谓"随意殴打他人"，是指出于耍威风、取乐等目的，无故、无理殴打相识或者素不相识的人。这里的"情节恶劣的"，是指随意殴打他人手段残忍的；多次随意殴打他人的；等等。根据2013年《最高人民法院、最高人民检察院关于办理寻衅滋事刑事案件适用法律若干问题的解释》第二条的规定，随意殴打他人，破坏社会秩序，具有下列情形之一的，应当认定为"情节恶劣"：（1）致一人以上轻伤或者二人以上轻微伤的；（2）引起他人精神失常、自杀等严重后果的；（3）多次随意殴打他人的；（4）持凶器随意殴打他人的；（5）随意殴打精神病人、残疾人、流浪乞讨人员、老年人、孕妇、未成年人，造成恶劣社会影响的；（6）在公共场所随意殴打他人，造成公共场所秩序严重混乱的；（7）其他情节恶劣的情形。

第二，追逐、拦截、辱骂、恐吓他人，情节恶劣的。所谓"追逐、拦截、辱骂、恐吓他人"，是指出于取乐、耍威风寻求精神刺激等目的，无故、无理追赶、拦挡、侮辱、谩骂他人。"恐吓"是指以威胁的语言、行为吓唬他人，如使用统一标记、身着统一服装、摆阵势等方式威震他人，使他人恐慌或屈从。这里的"情节恶劣的"，主要是指经常追逐、拦截、辱骂、恐吓他人的；造成恶劣影响或者激起民愤的；造成其他后果的；等等。根据上述解释第三条规定，追逐、拦截、辱骂、恐吓他人，破坏社会秩序，具有下列情形之一的，应当认定为"情节恶劣"：（1）多次追逐、拦截、辱骂、恐吓他人，造成恶劣社会影响的；（2）持凶器追逐、拦截、辱骂、恐吓他人的；（3）追逐、拦截、辱骂、恐吓精神病人、残疾人、流浪乞讨人员、老年人、孕妇、未成年人，造成恶劣社会影响的；（4）引起他人精神失常、自杀等严重后果的；（5）严重影响他人的工作、生活、生产、经营的；（6）其他情节恶劣的情形。

第三，强拿硬要或者任意损毁、占用公私财物，情节严重的。所谓"强拿硬要或者任意损毁、占用公私财物"，是指以蛮不讲理的手段，强行拿走、强行索要市场、商店的商品以及他人的财物，或者随心所欲损坏、毁灭、占用公私财物。这里的"情节严重的"，是指强拿硬要或者任意损毁、占用的公私财物数量大的；造成恶劣影响的；多次强拿硬要或者任意损毁、占用公私财物的；公私财物受到严重损失的；等等。根据上述解释第四条规定，强拿硬要或者任意损毁、占用公私财物，破坏社会秩序，具有下列情形之一的，应当认定为"情节严重"：（1）强拿硬要公私财物价值一千元以上，或者任意损毁、占用公私财物价值二千元以上的；（2）多次强拿硬要或者任意损毁、占用公私财物，造成恶劣社会影响的；（3）强拿硬要或者任意损毁、占用精神病人、残疾人、流浪乞讨人员、老年人、孕妇、未成年人的财物，造成恶劣社会影响的；（4）引起他人精神失常、自杀等严重后果的；（5）严重影响他人的工作、生活、生产、经营的；（6）其他情节严重的情形。

第四，在公共场所起哄闹事，造成公共场所秩序严重混乱的。所谓"在公共场所起哄闹事"，是指出于取乐、寻求精神刺激等目的，在公共场所无事生非，制造事端，扰乱公共场所秩序的。这里所说的"公共场所"，是指具有公共性特点，对公众开放，供不特定的多数人随时出入、停留、使用的场所，包括车站、码头、民用航空站、商场、公园、影剧院、展览会、运动场所等；所谓"场所"应当是有具体的处所，不宜将网络公共空间解释为公共场所。对于一些公共场所中的私密空间也不宜视为公共场所等。"造成公共场所秩序严重混乱的"，是指公共场所正常的秩序受到破坏，引起群众惊慌、逃离等混乱局面的。根据上述解释第五条规定，在车站、码头、机场、医院、商场、公园、影剧院、展览会、运动场或者其他公共场所起哄闹事，应当根据公共场所的性质、公共活动的重要程度、公共场所的人数、起哄闹事的时间、公共场所受影响的范围与程度等因素，综合判断是否"造成公共场所秩序严重混乱"。

根据本款规定，行为人只要实施上述行为之一，即构成本罪。构成本罪的，处五年以下有期徒刑、拘役或者管制。

第二款是关于纠集他人多次实施寻衅滋事的犯罪及其处罚的规定。

本款规定主要是惩治以团伙或集团形式犯寻衅滋事罪的首要分子或主犯，也就是纠集者。这里的"纠集"是一个贬义词，是指共同犯罪中的首要分子或主犯，有目的地将他人联合、召集在一起。"多次"一般是指三次以上。"严重破坏社会秩序"，不仅指造成公共场所秩序的混乱，而且也造成所在地区的治安秩序紧张，搞得鸡犬不宁，人心惶惶，影响到人民群众的正常生活和工作秩序。

为惩治以团伙或集团形式进行寻衅滋事犯罪，本款规定了严厉的刑罚，即纠集他人多次实施寻衅滋事行为，严重破坏社会秩序的，对团伙或集团犯罪的首要分子，处五年以上十年以下有期徒刑，可以并处罚金。

【适用中需要注意的问题】

1. 注意区分罪与非罪的界限。对于寻衅滋事犯罪，其行为具有流氓特性，且必须具有情节恶劣、情节严重或者造成公共场所秩序严重混乱的情形，才构成本罪，对于情节轻微、危害不大的寻衅滋事行为，不能按照犯罪处理，如行为人因婚恋、家庭、邻里、债务等纠纷，发生一般性的殴打、辱骂、恐吓他人或者损毁、占用他人财物等，情节并不严重也不恶劣，也没有造成公共场所秩序严重混乱的，不能按照犯罪处理。

2. 本罪与抢劫罪的界限。寻衅滋事罪是严重扰乱社会秩序的犯罪，行为人实施寻衅滋事的行为时，客观上也可能表现为强拿硬要公私财物的特征。这种强拿硬要的行为与抢劫罪的区别在于，前者行为人主观上具有逞强好胜、寻求刺激、发泄情绪等目的，后者行为人一般只具有非法占有他人财物的目的；前者行为人客观上一般不以严重侵犯他人人身权利的方法强拿硬要财物，属于流氓性质的强拿硬要，而后者行为人则以暴力、胁迫等方式作为强抢他人财物的手段。司法实践中，对于未成年人使用或者威胁使用轻微暴力强抢他人少量财物的行为，一般不宜以抢劫罪定罪处罚，其行为如果符合寻衅滋事罪特征的，可以寻衅滋事罪定罪处罚。

3. 本罪与聚众扰乱社会秩序罪、聚众扰乱公共场所秩序、交通秩序罪的界限。主要区别在于目的和动机不同，寻衅滋事是为了满足耍威风、取乐等不正常的精神刺激或不健康的心理需要；而后两个罪是行为人用聚众闹事的方式，给有关机关、企事业单位、团体施压，以达到实现个人不合理要求的。

第二百九十三条之一 【催收非法债务罪】有下列情形之一，催收高利放贷等产生的非法债务，情节严重的，处三年以下有期徒刑、拘役或者管制，并处或者单处罚金：
（一）使用暴力、胁迫方法的；
（二）限制他人人身自由或者侵入他人住宅的；
（三）恐吓、跟踪、骚扰他人的。

【释解与适用】

本条是关于催收非法债务罪及其刑罚的规定。

2020年刑法修正案（十一）增加了本条规定。主要考虑是，实践中一些案件反映，有的行为人通过暴力、软暴力等方式对违法犯罪行为形成的非法债务进行催收。催收行为是为了将违法犯罪行为的非法利益落实、固定下来，特别是高利放贷、赌博等违法犯罪行为，常伴随着后续的催收行为。催收行为具有严重的社会危害性，其使违法犯罪行为产生的非法获利得以实现或者放大，并进一步对实施高利放贷、赌博等违法犯罪的行为人形成经济性刺激和鼓励。催收非法债务的行为本身不仅严重损害了被害人的财产权，而且还对被害人及他人的人身权益构成严重威胁，如制造心理强制，产生心理恐惧等。此外，催收非法债务的行为常演变、发展成组织性、职业性的团伙行为。一些已经被依法查处的黑社会性质组织、赌博犯罪集团的案件中披露，有组织犯罪集团也大量从事催收非法债务的行为。有的地方还形成了专门催收非法债务的"一条龙服务"或者"职业"。为规避法律惩治，催收非法债务的行为也在不断转型和升级，通过各种伪装、掩饰、包装以规避法律惩处，混淆合法行为与非法行为的界限。例如，有的通过虚假诉讼、虚假公证为催收提供所谓的法律依据，制造合法讨债的假象，在实施非法拘禁、非法侵入他人住宅以及对他人实施威胁、恐吓、跟踪、骚扰等行为时，公然误导群众，对抗行政司法机关执法，严重扰乱了社会秩序。

随着互联网金融的发展，以网络借贷为名的各种"套路贷"一度盛行，线下催收行为也愈演愈烈，配合大量的非法网络借贷侵占被害人的合法财产，成为"金融乱象"的重要特征之一。为惩治此类违法犯罪行为，司法机关根据现行法律规定，颁布了《最高人民法院、最高人民检察院、公安部、司法部关于办理黑恶势力犯罪案件若干问题的指导意见》《最高人民法院、最高人民检察院、公安部、司法部关于办理"套路贷"刑事案件若干问题的意见》《最高人民法院、最高人民检察院、公安部、司法部关于办理实施"软暴力"的刑事案件若干问题的意见》等规范文件，对因高利放贷等产生的非法债务予以催收的行为进一步明确法律适用，要求根据案件的具体情况以强迫交易罪、敲诈勒索罪、寻衅滋事罪等惩治。根据一段时间以来司法实践的情况，有的全国人大代表、有关部门、地方进一步提出，行政司法机关对于催收行为的罪与非罪、此罪彼罪常存在认识不一致，特别是对于能否适用寻衅滋事罪，在实践中常存有疑虑，有的地方也存在一律以寻衅滋事罪定罪处罚的适用泛化问题，因此建议在刑法上对以暴力、软暴力等方式催收非法债务的行为作统一性规定。为进一步惩治金融乱象行为，切断违法金融活动等非法行为的获利途径，切实维护人民群众的人身权益和财产权益，明确催收非法债务行为的法律性质和社会危害性，统一司法认识和适用，刑法修正案（十一）将催收高利放贷等产生的非法债务，情节严重的行为增加规定为犯罪。

关于本罪的条文位置曾经有以下考虑：一是放在刑法第二百二十六条"强迫交易罪"后，作为第二百二十六条之一；二是放在刑法第二百九十三条"寻衅滋事罪"后，作为第二百九十三条之一。强迫交易罪位于刑法分则第三章"破坏社会主义市场经济秩序罪"的第八节"扰乱市场秩序罪"，而寻衅滋事罪位于刑法分则第六章"妨害社会管理秩序罪"的第一节"扰乱公共秩序罪"。经研究，催收非法债务主要是为了将非法利益固定、落实，同时在行为上表现为使用暴力、胁迫、限制人身自由、恐吓、跟踪、骚扰等，不仅侵害公民人身权利、民主权利，还会造成社会秩序混乱，所在地区治安秩序紧张，人心惶惶，影响到人民群众正常生活和工作秩序。从这个意义上说，将催收非法债务的行为归类为严重妨害社会管理秩序的犯罪与人民群众的感受更为接近，刑法保护的法益也更为全面，故将本条设置在刑法第二百九十三条"寻衅滋事罪"后，作为第二百九十三条之一。

本条规定"催收高利放贷等产生的非法债务"有以下含义：一是行为人实施了"催收"行为，"催"是方式，"收"是目的。本条对催收高利放贷等产生的非法债务，情节严重的行为作了具体列举。行为人实施这些行为的目的就是为了将高利放贷等产生的非法债务明确化、固定化、收讫化。二是行为人催收的是"高利放贷等产生的非法债务"。民法典第六百八十条第一款规定，禁止高利放贷，借款的利率不得违反国家有关规定。对于违反国家规定的借款利率，实施高利放贷产生的债务，就属于本条规定的非法债务。这里的"产生"既包括因高利放贷等非法行为直接产生，也包括由非法债务产生、延伸的所谓孳息、利息等。这里的"等"，根据实践中的情况，包括赌债、毒债等违法行为产生的债务，以及其他违法犯罪行为产生的债务。本条规定，催收高利放贷等产生的非法债务要"情节严重"才能构成本罪，对于具有一定的社会危害性，但情节不算严重，违反治安管理处罚法的，可根据治安管理处罚法的有关规定予以行政处罚。"情节严重"的具体情况，可由司法机关通过司法解释的方式作进一步细化。

本条具体规定了三种情形。一是使用暴力、胁迫方法。"暴力"是指以殴打、伤害他人身体的方法，使被害人不能抗拒。"胁迫"是指对被害人施以威胁、压迫，进行精神上的强制，迫使被害人就范，不敢抗拒。例如，威胁伤害被害人及其亲属；威胁要对被害人及其亲属施以暴力；威胁要对被害人及其亲属予以奸淫、猥亵；以披露被害人及其亲属的隐私相威胁；利用被害人危难或者孤立无援的境地迫使其服从等。行为人使用暴力、胁迫方法是为了催收高利放贷等产生的非法债务。如果是为了其他目的，则可能涉嫌刑法里的其他犯罪，例如行为人当场使用暴力、胁迫抢劫公私财物，与催收非法债务没有关系的，则可以刑法第二百六十三条抢劫罪定罪处罚；行为人对公私财物的所有人、保管人使用威胁或者要挟的方法，勒索公私财物，与催收非法债务没有关系的，则可以刑法第二百七十四条敲诈勒索罪定罪处罚；等等。

二是限制他人人身自由或者侵入他人住宅。这里规定了两种行为，"限制他人人身自由"和"侵入他人住宅"。（1）限制他人人身自由。在我国，对逮捕、拘留、拘传等限制他人人身自由的强制措施有严格的法律规定，必须由专门机关按照法律规定的程序进行。宪法第三十七条规定，中华人民共和国公民的人身自由不受侵犯。任何公民，非经人民检察院批准或者决定或者人民法院决定，并由公安机关执行，不受逮捕。禁止非法拘禁和以其他方法非法剥夺或者限制公民的人身自由，禁止非法搜查公民的身体。非法限制他人人身自由是一种严重剥夺公民身体自由的行为。任何单位和个人不依照法律规定或者不依照法律规定的程序限制他人人身自由都是非法的，应当予以惩处。限制他人人身自由的方式多样，如捆绑、关押、扣留身份证件不让随意外出或者与外界联系等。根据本条的规定，为催收高利放贷等产生的非法债务而限制他人人身自由，还需要情节严重，才能构成本罪，如采取拘禁方式或者多次、以恶劣手段进行限制人身自由等。如果实施非法限制他人人身自由的行为，只造成一般危害的，可以根据治安管理处罚法第四十条的规定，给予治安处罚；如果不是以催收非法债务为目的，实施拘禁他人或者以其他方法非法剥夺他人人身自由的，可以依法按照刑法第二百三十八条非法拘禁罪定罪处罚。需要注意的是，根据刑法第二百三十八条第三款规定，为索取债务非法扣押、拘禁他人的，依照非法拘禁罪的规定处罚。扣押、拘禁属于严重限制他人人身自由的行为，行为人为胁迫他人履行合法债务，而严重限制他人人身自由的，依照刑法第二百三十八条非法拘禁罪定罪处罚。（2）侵入他人住宅。宪法第三十九条规定，中华人民共和国公民的住宅不受侵犯，禁止非法侵入公民的住宅。住宅是公民生活的处所，非法侵入他人住宅，必然会使公民的正常生活受到干扰，严重侵犯公民的合法权益。侵入他人住宅表现为未经住宅内用户同意，非法强行闯入他人住宅，或者无正当理由进入他人住宅，经住宅用户要求其退出仍拒不退出的行为。如果实施侵入他人住宅的行为，只造成一般危害的，可以根据治安管理处罚法第四十条的规定，给予治安处罚。需要注意的是，刑法第二百四十五条规定了非法侵入住宅罪。如果行为人侵入他人住宅，具有严重危害性的，则可依法按照刑法第二百四十五条非法侵入住宅罪定罪处罚。如果行为人侵入他人住宅的目的是催收非法债务，且具有多次、恶劣手段等严重情节的，则可依法按照本罪的规定处罚。

　　三是恐吓、跟踪、骚扰他人。这里的"恐吓"有多种形式，如以邮寄恐吓物、子弹等威胁他人人身安全；故意携带、展示管制刀具、枪械；使用凶猛动物；宣扬传播疾病；利用信息网络发送恐吓信息；以统一标记、服装、阵势等方式威吓他人，使他人恐慌、屈服等。总体上，行为手段或者行为方式使他人产生心理恐惧或者形成心理强制，就属于这里的"恐吓"。这里的"跟踪"为对他人及其亲属实施尾随、守候、贴靠、盯梢等行为，使被害人在内心产生恐惧不安。这里的"骚扰"有多种形式，如以破坏生活设施、设置生活障碍、贴报喷字、拉挂横幅、燃放鞭炮、播放哀乐、摆放花圈、泼洒污物、断水断电、堵门阻工，以及通过摆场架势示威、聚众哄闹滋扰、拦路闹事、驱赶从业人员、派驻人员据守等方式直接或间接地控制厂房、办公区、经营场所等扰乱他人正常生活、工作、生产、经营秩序等。总体上，"骚扰"会对他人造成巨大的心理负担，形成心理强制，影响并限制他人的人身自由、危及人身财产安全，影响正常的生产生活。根据本条规定，恐吓、跟踪、骚扰他人的方式催收高利放贷等产生的非法债务，且具有多次、恶劣手段等严重情节的，可以根据本罪定罪处罚。如果实施恐吓、跟踪、骚扰他人的行为，只造成一般危害的，可以根据治安管理处罚法第四十二条的规定，给予治安处罚。需要注意的是，《最高人民法院、最高人民检察院关于办理寻衅滋事刑事案件适用法律若干问题的解释》第三条对属于追逐、拦截、辱骂、恐吓他人，破坏社会秩序，构成寻衅滋事罪，情节严重的情形作了进一步细化，如持凶器追逐、拦截、辱骂、恐吓他人的，追逐、拦截、辱骂、恐吓精神病人、残疾人、流浪乞讨人员、老年人、孕妇、未成年人，造成恶劣社会影响等。如果行为人实施恐吓、跟踪、骚扰行为构成寻衅滋事罪，同时其行为目的是催收非法债务，且具有多次、手段恶劣等严重情节的，则应按照处罚较重的规定定罪处罚。

关于本罪的处罚。根据本条规定，催收非法债务情节严重的行为，处三年以下有期徒刑、拘役或者管制，并处或者单处罚金。

【适用中需要注意的问题】

实践中还需要注意"非法债务"的认定问题。实践中，有的债务是受害人通过签订虚假的借款协议"自愿"对财产性利益予以让与、抵押、交付、承兑的，在形式上构成意思自治的合法行为；有的借助诉讼、仲裁、公证等手段确认"债务"，伪装成有法律背书、认可的"债务"；有的通过"保证金""中介费""服务费""违约金"等名目扣除或者收取额外费用，作为被害人自愿或者协议交付等。这些行为基本上是以所谓的合法形式掩盖非法目的，其实质仍源于"高利放贷等"非法行为，在性质上应认定为由高利放贷等产生的"非法债务"。司法机关在办理案件时，需要结合相关证据，准确区分合法债务和非法债务。

第二百九十四条 【组织、领导、参加黑社会性质组织罪】组织、领导黑社会性质的组织的，处七年以上有期徒刑，并处没收财产；积极参加的，处三年以上七年以下有期徒刑，可以并处罚金或者没收财产；其他参加的，处三年以下有期徒刑、拘役、管制或者剥夺政治权利，可以并处罚金。

【入境发展黑社会组织罪】境外的黑社会组织的人员到中华人民共和国境内发展组织成员的，处三年以上十年以下有期徒刑。

【包庇、纵容黑社会性质组织罪】国家机关工作人员包庇黑社会性质的组织，或者纵容黑社会性质的组织进行违法犯罪活动的，处五年以下有期徒刑；情节严重的，处五年以上有期徒刑。

犯前三款罪又有其他犯罪行为的，依照数罪并罚的规定处罚。

黑社会性质的组织应当同时具备以下特征：

（一）形成较稳定的犯罪组织，人数较多，有明确的组织者、领导者，骨干成员基本固定；

（二）有组织地通过违法犯罪活动或者其他手段获取经济利益，具有一定的经济实力，以支持该组织的活动；

（三）以暴力、威胁或者其他手段，有组织地多次进行违法犯罪活动，为非作恶，欺压、残害群众；

（四）通过实施违法犯罪活动，或者利用国家工作人员的包庇或者纵容，称霸一方，在一定区域或者行业内，形成非法控制或者重大影响，严重破坏经济、社会生活秩序。

【释解与适用】

本条是关于组织、领导、参加黑社会性质组织罪，入境外发展黑社会组织罪，包庇、纵容黑社会性质的组织罪及其刑罚的规定。

本条共分五款。第一款是关于组织、领导、参加黑社会性质组织罪及其处刑的规定。

根据本款规定，组织、领导和参加黑社会性质的组织的犯罪，只要有组织、领导或者参加黑社会性质的组织的行为，就可以构成犯罪，不要求本人有其他犯罪行为。所谓"组织"黑社会性质的组织，是指倡导、发起、策划、建立黑社会性质的组织的行为。"领导"黑社会性质的组织，是指在黑社会性质的组织中处于领导地位，对该组织的发展、运行、活动进行策划、决策、指挥、协调、管理的行为。组织者、领导者既包括通过一定形式产生的有明确职务、称谓的组织者、领导者，也包括在该组织中被公认的事实上的组织者、领导者。"积极参加"黑社会性质的组织，是指积极、主动加入黑社会性质的组织的行为，包括多次积极参与该组织的违法犯罪活动，或者在违法犯罪活动中作用突出，或者在组织中起重要作用等。"其他参加的"，即指一般参加者，是指在黑社会性质的组织中，除组织、领导和积极参加者外，其他参加该组织的成员。实践中，对于一些只参加黑社会性质的组织，没有实施其他违法犯罪活动的，或者受蒙蔽、胁迫参加黑社会性质的组织，情节轻微的，一般不应作为犯罪处理。

　　本款根据组织者、领导者、积极参加者和一般参加者在黑社会性质组织中所处的地位、所起的作用，分别规定了刑罚：对"组织、领导黑社会性质的组织的"，处七年以上有期徒刑，并处没收财产；对"积极参加的"，处三年以上七年以下有期徒刑，可以并处罚金或者没收财产；对"其他参加的"，处三年以下有期徒刑、拘役、管制或者剥夺政治权利，可以并处罚金。

　　第二款是关于入境发展黑社会组织罪及其处刑的规定。

　　构成本罪应当具备以下条件：一是本罪的犯罪主体是特殊主体，必须是境外的黑社会组织的人员。这里所谓的"境外的黑社会组织"，是指被境外国家和地区确定为黑社会的组织，既包括外国的黑社会组织，也包括我国台湾、香港、澳门地区的黑社会组织。二是实施了到中华人民共和国境内发展组织成员的行为。所谓"到中华人民共和国境内发展组织成员"，是指境外黑社会组织通过引诱、拉拢、腐蚀、强迫、威胁、暴力、贿赂等手段，在我国境内将境内或者境外人员吸收为该黑社会组织成员的行为。

　　根据本款规定，构成本罪的，处三年以上十年以下有期徒刑。

　　第三款是关于包庇、纵容黑社会性质组织罪及其处刑的规定。

　　构成本罪应当具备以下条件：一是本罪的犯罪主体是特殊主体，即国家机关工作人员。这里规定的"国家机关工作人员"，是指在国家各级党政机关、权力机关、司法机关和军事机关中执行一定职权的工作人员。二是行为人实施了包庇黑社会性质的组织，或者纵容黑社会性质的组织进行违法犯罪活动的行为。所谓"包庇",是指国家机关工作人员为了使黑社会性质组织及其成员逃避查禁,而通风报信、隐匿、毁灭、伪造证据,阻止他人作证、检举揭发,指使他人作伪证,帮助逃匿,或者阻挠其他国家机关工作人员依法查禁等行为。"纵容"是指国家机关工作人员不依法履行职责,对黑社会性质的组织的违法犯罪活动不依法制止,反而予以放纵的行为。根据《最高人民法院关于审理黑社会性质组织犯罪的案件具体应用法律若干问题的解释》第六条的规定,"情节严重",是指有下列情形之一的行为:(1)包庇、纵容黑社会性质的组织跨境实施违法犯罪活动;(2)包庇、纵容境外黑社会组织在境内实施违法犯罪活动;(3)多次实施包庇、纵容行为;(4)致使某一区域或者行业的经济、社会生活秩序遭受黑社会性质的组织特别严重破坏的;(5)致使黑社会性质的组织的组织者、领导者逃匿,或者致使对黑社会性质的组织的查禁工作严重受阻的;(6)具有其他严重情节的。

根据本款规定,构成本罪的,处五年以下有期徒刑;情节严重的,处五年以上有期徒刑。

第四款是关于犯组织、领导、参加黑社会性质组织罪、入境发展黑社会组织罪、包庇、纵容黑社会性质组织罪,又有其他犯罪行为的,应当如何处罚的规定。

根据本款的规定,犯前三款罪又有其他犯罪行为的,依照数罪并罚的规定处罚。实践中,黑社会性质的组织往往实施多种违法犯罪行为,常常进行寻衅滋事、敲诈勒索、强迫交易、故意毁坏公私财物、故意杀人、故意伤害等犯罪。考虑到黑社会性质组织犯罪组织化程度较高,又与各种社会治安问题相互交织,破坏力成倍增加,严重威胁人民群众的生命、财产安全,而且还具有极强的向经济领域、政治领域渗透的能力,严重侵蚀维系社会和谐稳定的根基,对这类犯罪必须严厉予以惩处。本款规定,犯组织、领导、参加黑社会性质组织罪、入境发展黑社会组织罪、包庇、纵容黑社会性质组织罪,又有其他犯罪行为的,即依照本法第六十九条有关数罪并罚的规定处罚。

第五款是关于黑社会性质组织的特征的规定。

黑社会性质组织实施违法犯罪活动一般是有计划,有安排,有分工,并通过一定的组织方式策划,因为它的社会危害性远远大于一般的犯罪集团,在惩治这类犯罪过程中,最关键的是要严格按照法律规定,准确把握黑社会性质组织特征，正确适用法律认定这种犯罪。因此，本款规定了黑社会性质的组织必须同时具备以下特征：（1）组织特征，即形成较稳定的犯罪组织，人数较多，有明确的组织者、领导者，骨干成员基本固定。这里所说的"形成较稳定的犯罪组织"，主要是指组织形成后，在一定时期内持续存在。对于存在和发展时间明显过短、犯罪活动尚不突出的，或者一般的恶势力团伙，或者为了某一目的而形成的犯罪集团等都不属于黑社会性质的组织。（2）经济特征，即有组织地通过违法犯罪活动或者其他手段获取经济利益，具有一定的经济实力，以支持该组织的活动。这里所说的"有组织地通过违法犯罪活动或者其他手段获取经济利益"，主要是指有组织地通过违法犯罪活动或者其他不正当手段获取经济利益；由组织成员提供或者通过其他单位、组织、个人的资助获取经济利益等。"具有一定的经济实力"，既包括通过上述方式获取一定数量的经济利益，也包括可以调动一定规模的经济资源用以支持该组织活动的能力。（3）行为特征，即以暴力、威胁或者其他手段，有组织地多次进行违法犯罪活动，为非作恶，欺压、残害群众。使用暴力、威胁手段是黑社会性质的组织实施违法犯罪活动的基本手段。对于一些暴力、威胁色彩虽不明显，但实际是以组织的势力、影响和能力为依托，以暴力威胁的现实可能性为基础，足以使他人产生恐惧、恐慌进而形成心理强制或者足以影响或限制人身自由、危及人身财产安全或者影响正常生产、工作、生活的手段，则属于"其他手段"，具体包括谈判、协调、滋扰、纠缠、哄闹、聚众造势等。"有组织地多次进行违法犯罪活动，为非作恶，欺压、残害群众"，主要是指为确立、维持、扩大组织的势力、影响、利益或者按照组织要求多次实施违法犯罪活动，侵犯不特定多数人的人身权利、民主权利、财产权利，破坏经济秩序、社会秩序。（4）危害性特征，即通过实施违法犯罪活动，或者利用国家工作人员的包庇或者纵容，称霸一方，在一定区域或者行业内，形成非法控制或者重大影响，严重破坏经济、社会生活秩序。这里所说的"实施违法犯罪活动"，主要是指组织者、领导者直接组织、策划、指挥、参与实施的违法犯罪活动；为该组织争夺势力范围打击竞争对手、形成强势地位、谋取经济利益、树立非法权威、扩大非法影响、寻求非法保护、增强犯罪能力等实施的违法犯罪活动；组织成员为逞强争霸、插手纠纷、报复他人、替人行凶、非法敛财而共同实施的违法犯罪活动等。"在一定区域或者行业内，形成非法控制或者重大影响，严重破坏经济、社会生活秩序",包括对一定行业的生产、经营形成垄断,或者对涉及一定行业的准入、经营、竞争等经济活动形成重要影响的;插手民间纠纷、经济纠纷,在相关区域或者行业内造成严重影响的;干扰、破坏他人正常生产、经营、生活,并在相关区域或者行业内造成严重影响的;利用组织的势力、影响,帮助组织成员或他人获取政治地位,或者在党政机关、基层组织中担任一定职务的;等等。根据本款规定,必须同时具备上述四个特征才属于黑社会性质的组织,对于不具备黑社会性质的组织特征的犯罪集团和恶势力犯罪团伙的犯罪,应当依照刑法的有关规定予以处罚,对主犯应当按其所参与的或者组织、指挥的全部犯罪处罚;对首要分子,按照集团所犯的全部罪行处罚。

【适用中需要注意的问题】

1. 目前司法实践中争议最大的问题之一就是黑社会性质组织的组织领导者是否应对其本人未参与而由其组织成员所实施的犯罪承担刑事责任。由于在黑社会性质的组织所实施的多种犯罪中,涉及可以判处死刑的罪名只有故意杀人罪、故意伤害罪等少数几种,而在实施上述犯罪时黑社会性质组织的领导者大多并不在场或并不出面,司法机关常在认定其是否应对黑社会性质组织成员所犯故意杀人罪、故意伤害罪承担刑事责任时出现分歧,甚至出现了对于首要分子判处无期徒刑以下刑罚,而对其他实施故意杀人罪的骨干成员判处死刑的现象。在适用本条时应当特别注意,关于其他犯罪行为,对黑社会性质的组织的组织者、领导者,应当按其所组织、领导的黑社会性质的组织所犯的全部罪行处罚;对于黑社会性质的组织的参加者,应当按照其所参与的犯罪处罚。凡是黑社会性质组织成员是为了实现该组织称霸一方、威慑公众的目的,为了组织利益而实施的犯罪,即使首要分子对具体的犯罪行为事先并不明知,也要对其组织成员的全部罪行承担全部罪责。

2. 在认定黑社会性质的组织时,需要注意:第一,目前,黑社会性质的犯罪组织出现了一个明显的变化,即组织者、领导者、骨干成员可能并不多,但他们控制着一批社会上的闲散人员,这些人员形成了一个市场,需要实施违法犯罪时,即通过这个市场雇用打手,形成"一呼即来,一哄而散"的活动方式。对以这种方式存在的组织,只要其基本的组织者、领导者、骨干成员较为固定,就应认定其形成了"较稳定的犯罪组织"。第二，实践中，有些黑社会性质组织的头目，在其具备了一定的实力后，往往通过各种手段将财产洗白，合法地进行一些经营活动，以此支撑该组织的活动，这部分资产也应当算作该组织的"经济实力"。第三，应正确把握"在一定区域或者行业内，形成非法控制或者重大影响"，无论是合法行业还是非法行业，只要对其实行垄断或控制，严重影响了当地该行业的正常经营，扰乱了当地百姓的正常生活秩序就应当予以认定。鉴于黑社会性质组织非法控制和影响的"一定区域"的大小具有相对性，不能一刀切划定。"一定区域"是某一特定的空间范围，而应当根据具体案情，并结合黑社会性质组织对经济社会生活秩序的危害程度加以综合分析判断。第四，在认定黑社会性质的组织时，应当严格按照本条第五款规定的四个特征，认真审查，分析黑社会性质组织的四个特征的内在联系，准确评价涉案犯罪的造成的社会危害，不能随意扩大。对于主观上没有加入黑社会性质组织的意愿，受雇到黑社会性质组织开办的公司、企业、社团工作，未参与或者仅参与少量黑社会性质组织的违法犯罪活动的人员，或者因临时被纠集、雇佣或受蒙蔽为黑社会性质组织实施违法犯罪活动或者提供帮助、支持、服务的人员等，则不宜认定为黑社会性质的组织人员。

第二百九十五条 【传授犯罪方法罪】传授犯罪方法的，处五年以下有期徒刑、拘役或者管制；情节严重的，处五年以上十年以下有期徒刑；情节特别严重的，处十年以上有期徒刑或者无期徒刑。

【释解与适用】

本条是关于传授犯罪方法罪及其刑罚的规定。

构成本罪必须符合以下条件。

一是行为人传授的是犯罪方法。本条所说的"犯罪方法"，主要是指犯罪的经验与技能，包括手段、步骤、反侦查方法等。本条规定的"传授犯罪方法"，是指以语言、文字、动作、图像、视频或者其他方法，故意将实施某种犯罪的具体方法、技能、经验传授给他人的行为。实践中，行为人传授犯罪方法的形式是多种多样的，既有口头传授的，也有书面传授的；既有公开传授的，也有秘密传授的；既有当面直接传授的，也有间接转达传授的；既有用语言、动作、网络视频传授的，也有通过实际实施犯罪而传授的；既可以是传授一种犯罪方法，也可以是传授多种犯罪方法；

等等。其中公开传授的，既可以是通过第三人转达或者通讯工具传授，也可以通过广播、电视、报刊、网络等公共媒体或者自媒体进行传授；不论采取何种方式传授，均不影响本罪的成立。

二是传授的对象既可以是特定的人，也可以是不特定的多数人。一般来说，传授犯罪方法，也就是将犯罪方法教授给他人。本条对教授的对象没有限制，既可以是特定对象，也可以是不特定的社会公众。

三是在客观上只要求行为人实施了传授犯罪方法的行为，只要行为人故意向他人传授犯罪方法，即可构成本罪。无论行为人是否教唆被传授人实施犯罪，也无论被传授人是否实施了传授人所传授的犯罪方法，以及是否已经造成实际的危害结果，都不影响本罪的成立。

鉴于传授犯罪方法罪的情况比较复杂，可能造成的社会危害也不一样，本条规定了三个不同的处刑档次。第一档，根据本条规定，传授犯罪方法罪是行为犯，只要实施了传授犯罪方法的行为，就构成犯罪。依照本条规定，应处五年以下有期徒刑、拘役或者管制。根据刑法总则第三十七条"对于犯罪情节轻微不需要判处刑罚的"除外。第二档"情节严重的"，一般是指传授的内容是一些较为严重犯罪的方法的；可能对国家和公共安全、社会治安、公共财产和公民合法财产的安全，以及他人的人身权利、民主权利和其他合法权利等造成严重威胁的；传授的对象人数较多的；向未成年人传授犯罪方法的；被传授人实施了其所传授的犯罪方法，对社会造成危害的；其他严重情节。依照本条规定，情节严重的，处五年以上十年以下有期徒刑。第三档"情节特别严重的"，主要是指所传授的方法已实际造成严重后果；传授的对象人数众多；向未成年人传授且人数较多；其他特别严重情节。依照本条规定，情节特别严重的，处十年以上有期徒刑或者无期徒刑。

【适用中需要注意的问题】

1. 传授犯罪方法罪和教唆犯罪的区别。传授犯罪方法罪是一个独立的罪名，且单独规定了较重的刑罚。而教唆犯不是一个独立的罪名，是以被教唆人具体实施的犯罪行为来确定，其刑罚也是根据教唆犯在共同犯罪中所起的作用来决定。最主要的区别在于传授犯罪方法是教给他人犯罪时应采取的具体方法、技术或经验，如教授他人用什么方法、什么工具、在什么时间、什么地点实施盗窃他人财物的行为。传授犯罪方法虽然会助长犯罪的发生，但他人是否实施犯罪，并不影响传授犯罪方法罪的成立，行为人对他人是否实施犯罪一般持放任态度。而教唆他人犯罪则是用语言、示意或旁敲侧击等笼统的方法，促使他人产生犯意。教唆犯罪一般是使无犯意者产生犯意，或者使犯意不坚定者决定犯罪。根据刑法第二十九条规定，教唆他人犯罪的，应当按照他在共同犯罪中所起的作用处罚；如果被教唆的人没有犯被教唆的罪，对于教唆犯，可以从轻或者减轻处罚。

2. 实践中，有些技能、方法只能是违法犯罪，如教授扒窃技术；而有些技能、方法是中性的，既可以用于违法犯罪，也可以用于合法行为，如教授配钥匙、化学合成制剂、解剖等，一般情况下，对于教授这类技能、方法不能按照传授犯罪方法罪论处。但是，如果行为人为了某种犯罪的目的，而教授、讲解这类技能、方法的，则构成传授犯罪方法罪。

3. 关于网络传授犯罪方法的认定。随着信息网络的飞速发展，行为人利用信息网络传授犯罪方法更为便利，如通过QQ、微信等即时通讯工具，或者在BBS、论坛、微博等公共交流平台上发帖，或者开设专门网站等方式传授犯罪方法，特别是利用信息网络向不特定多数人传授犯罪方法，其危害性更大。处理利用信息网络实施的犯罪，需要结合该犯罪的具体情况予以认定。如果有证据证明行为人在信息网络上实施了传授犯罪方法的行为，无论是针对特定的对象还是社会公众进行传授的，也无论观看网络视频的人员是否实施了具体的犯罪行为，都应当依照本条规定的传授犯罪方法罪定罪处罚；对于无法证明行为人实施了传授犯罪方法的犯罪，但行为人如果以实施违法犯罪活动为目的而设立或者设立后主要用于实施违法犯罪活动的网站、通讯群组，则可以依照刑法第二百八十七条之一规定的非法利用信息网络罪定罪处罚；如果行为人既实施了传授犯罪方法的犯罪，又实施了非法利用信息网络的犯罪，应当按照处罚较重的规定定罪处罚。

第二百九十六条 【非法集会、游行、示威罪】举行集会、游行、示威，未依照法律规定申请或者申请未获许可，或者未按照主管机关许可的起止时间、地点、路线进行，又拒不服从解散命令，严重破坏社会秩序的，对集会、游行、示威的负责人和直接责任人员，处五年以下有期徒刑、拘役、管制或者剥夺政治权利。

【释解与适用】

本条是关于非法集会、游行、示威罪及其刑罚的规定。

根据本条规定，非法举行集会、游行、示威的犯罪，是指举行集会、游行、示威，未依照法律规定申请或者申请未获许可，或者未按照主管机关许可的起止时间、地点、路线进行，又拒不服从解散命令，严重破坏社会秩序的行为。构成本罪应当符合以下条件：

第一，本罪的犯罪主体是特殊主体，即集会、游行、示威的负责人和直接责任人员。这里规定的"负责人"，是指组织、领导非法集会、游行、示威并明确代表全体参加人利益的人。"直接责任人员"，是指在非法的集会、游行、示威过程中具体实施了严重破坏社会秩序的行为的人。对一般参加非法举行的集会、游行、示威的人员，不宜追究刑事责任，可以进行批评教育或者给予必要的行政处分。

第二，行为人实施了非法集会、游行、示威的行为。本条规定了三种非法集会、游行、示威的行为：（1）未依照法律规定申请而举行集会、游行、示威的行为。这里规定的"集会"，是指聚众于公共场所，发表意见、表达意愿的活动；"游行"是指在公共道路、露天公共场所列队行进、表达共同意愿的活动；"示威"是指在公共场所或者公共道路上以集会、游行、静坐等方式，表达要求、抗议或者支持、声援等共同意愿的活动。本条所说的"未依照法律规定申请"，是指行为人未依照集会游行示威法的规定进行申请的。2009年集会游行示威法第七条第一款规定："举行集会、游行、示威，必须依照本法规定向主管机关提出申请并获得许可。"（2）申请未获许可而举行集会、游行、示威的行为。本条所说的"申请未获许可"，是指行为人申请集会、游行、示威没有得到许可。集会游行示威法第十二条规定，申请举行的集会、游行、示威，有下列情形之一的，不予许可：反对宪法所确定的基本原则的；危害国家统一、主权和领土完整的；煽动民族分裂的；有充分根据认定申请举行的集会、游行、示威将直接危害公共安全或者严重破坏社会秩序的。（3）未按照主管机关许可的起止时间、地点、路线进行集会、游行、示威的行为。本条所说的"未按照主管机关许可的起止时间、地点、路线进行"，是指没有按照主管机关许可的起止时间、地点、路线进行的。集会游行示威法第二十五条第一款规定，集会、游行、示威应当按照许可的目的、方式、标语、口号、起止时间、地点、路线及其他事项进行。需要注意的是，这里只限于未按照主管机关许可的起止时间、地点、路线，如果违反其他事项，如方式、标语、口号等，则不构成本罪。这里规定的"主管机关"，根据集会游行示威法

第六条规定,是指集会、游行、示威举行地的市、县公安局、城市公安分局;游行、示威路线经过两个以上区、县的,主管机关为所经过区、县的公安机关的共同上一级公安机关。

第三,行为人非法集会、游行、示威,又拒不服从解散命令的。所谓"拒不服从解散命令",是指违反规定进行集会、游行、示威,主管机关依法发出解散命令,拒不服从命令。集会游行示威法第二十七条中规定,"举行集会、游行、示威,有下列情形之一的,人民警察应当予以制止:(一)未依照本法规定申请或者申请未获许可的;(二)未按照主管机关许可的目的、方式、标语、口号、起止时间、地点、路线进行的;(三)在进行中出现危害公共安全或者严重破坏社会秩序情况的。有前款所列情形之一,不听制止的,人民警察现场负责人有权命令解散。"

第四,必须造成严重破坏社会秩序的后果。这里所说的"严重破坏社会秩序",是指造成社会秩序、交通秩序混乱,致使生产、工作、生活和教学、科研无法正常进行的,如致使国家机关、企业事业单位和社会团体的工作无法正常进行,造成交通瘫痪,造成恶劣的社会影响等。这是罪与非罪的界限。构成本罪,不仅是行为人违反规定举行集会、游行、示威,还要拒不服从解散命令,且行为还必须造成社会秩序严重破坏的结果,如果未发生严重破坏社会秩序的危害后果,则不构成本罪。

根据本条规定,对非法举行集会、游行、示威的犯罪,对集会、游行、示威的负责人和直接责任人员,处五年以下有期徒刑、拘役、管制或者剥夺政治权利。

第二百九十七条 【非法携带武器、管制刀具、爆炸物参加集会、游行、示威罪】违反法律规定,携带武器、管制刀具或者爆炸物参加集会、游行、示威的,处三年以下有期徒刑、拘役、管制或者剥夺政治权利。

【释解与适用】

本条是关于非法携带武器、管制刀具、爆炸物参加集会、游行、示威罪及其刑罚的规定。

根据本条规定,非法携带武器、管制刀具或者爆炸物参加集会、游行、示威犯罪,是指违反法律规定,携带武器、管制刀具或者爆炸物参加集会、游行、示威的行为。构成本罪必须符合以下条件。

第一，行为人违反法律规定。这里所说的"违反法律规定"，主要是指违反集会游行示威法等有关法律法规的规定。

第二，行为人携带武器、管制刀具或者爆炸物参加集会、游行、示威。所谓"武器"是指直接可用于杀伤人体的发火器械及弹药，主要是各种枪支、弹药等；"管制刀具"，是指国家规定限定特定人员配置，用于特定范围和特定用途，禁止民间私自生产、运输、贩卖、购买、持有的刀具，主要包括匕首、三棱刀、带有自锁装置的弹簧刀以及其他相类似的单刃、双刃刀和三棱尖刀等；"爆炸物"，是指具有爆发力和破坏性，可以瞬间造成人畜伤亡、物品毁坏的危险物品。这里的"携带"，既包括随身藏带，也包括利用他人的身体、容器、运输工具夹带武器、管制刀具或者爆炸物。只要违反法律规定，带着这些禁止携带的武器、管制刀具或者爆炸物品参加集会、游行、示威，无论行为人对这些物品是非法持有还是合法持有，均构成本罪。这里所说的"集会、游行、示威"，既可以是合法举行的集会、游行、示威，也可以是不合法举行的集会、游行、示威。

根据本条规定，对非法携带武器、管制刀具或者爆炸物品参加集会、游行、示威的犯罪，处三年以下有期徒刑、拘役、管制或者剥夺政治权利。

【适用中需要注意的问题】

应当注意区分非法携带武器参加集会、游行、示威罪与非法持有、私藏枪支弹药罪的界限。非法持有、私藏枪支弹药罪在客观上表现为没有合法依据，持有、私自藏匿枪支弹药的行为；非法携带武器参加集会、游行、示威罪仅限于在集会、游行、示威活动中携带。对非法持有、私藏枪支弹药同时又携带参加集会、游行、示威的，应当依照刑法关于数罪并罚的规定处罚。

第二百九十八条 【破坏集会、游行、示威罪】扰乱、冲击或者以其他方法破坏依法举行的集会、游行、示威，造成公共秩序混乱的，处五年以下有期徒刑、拘役、管制或者剥夺政治权利。

【释解与适用】

本条是关于破坏集会、游行、示威罪及其刑罚的规定。

根据本条规定，破坏依法举行的集会、游行、示威犯罪，是指扰乱、冲击或者以其他方法破坏依法举行的集会、游行、示威，造成公共秩序混乱的行为。根据本条规定，构成本罪应当符合以下条件。

第一，行为人采用扰乱、冲击或者以其他方法破坏集会、游行、示威活动。这里规定的"扰乱"，主要是指针对集会、游行、示威队伍起哄、闹事，破坏其正常秩序；"冲击"主要是指冲入、冲散依法举行的集会、游行、示威队伍，使集会、游行、示威不能正常进行；"其他方法"是指扰乱、冲击方法以外的破坏依法举行的集会、游行、示威的方法，如堵塞集会、游行、示威队伍行进、停留的通道、场所等。

第二，行为人实施了破坏依法举行的集会、游行、示威的行为。所谓"破坏"，是指进行捣乱，致使依法举行的集会、游行、示威不能正常进行；"依法举行的集会、游行、示威"，是指依照集会游行示威法规定提出申请并获得许可，按照主管机关许可的起止时间、地点、路线进行的集会、游行、示威。本罪破坏的必须是依法举行的集会、游行、示威，如果针对的不是依法举行的集会、游行、示威，则不构成本罪。

第三，必须造成公共秩序混乱的后果。本条规定的"造成公共秩序混乱的"，主要是指造成集会、游行、示威行经地或举行地的场所秩序或交通秩序混乱。造成公共秩序混乱是构成本罪的要件，没有造成这一后果的，不构成本罪。

根据本条规定，对破坏依法举行的集会、游行、示威犯罪，处五年以下有期徒刑、拘役、管制或者剥夺政治权利。

第二百九十九条　【侮辱国旗、国徽、国歌罪】在公共场合，故意以焚烧、毁损、涂划、玷污、践踏等方式侮辱中华人民共和国国旗、国徽的，处三年以下有期徒刑、拘役、管制或者剥夺政治权利。

在公共场合，故意篡改中华人民共和国国歌歌词、曲谱，以歪曲、贬损方式奏唱国歌，或者以其他方式侮辱国歌，情节严重的，依照前款的规定处罚。

【释解与适用】

本条是关于侮辱国旗、国徽、国歌罪及其刑罚的规定。

本条共分两款。第一款是关于侮辱国旗、国徽罪及其处刑的规定。

根据本款规定，侮辱国旗、国徽罪是指在公共场合，故意以焚烧、毁损、涂划、玷污、践踏等方式侮辱中华人民共和国国旗、国徽的行为。构成本罪应当符合以下条件。

第一，行为人是在公共场合实施侮辱国旗、国徽的行为。这里所说的"公共场合"，包括悬挂国旗、国徽的公共场所或者国家机关所在地，以及其他人员聚集的场所。本罪行为必须发生在公共场合，如果发生在非公共场合，不构成本罪。

第二，行为人故意实施侮辱国旗、国徽的行为。所谓"故意"，是指犯罪行为人在主观上必须有侮辱国旗、国徽的故意，如果行为人由于过失造成国旗、国徽被焚烧等结果的，不构成犯罪。

第三，行为人采用的是焚烧、毁损、涂划、玷污、践踏等方式。所谓"焚烧"，是指放火燃烧国旗、国徽的行为；"毁损"，是指撕毁、砸毁或者以其他破坏方法使国旗、国徽遭到毁坏、损坏的行为；"涂划"，是指用笔墨、颜料等在国旗、国徽上涂抹刻画的行为；"玷污"，是指用粪便等污物玷污国旗、国徽的行为；"践踏"，是指将国旗、国徽放在脚下、车轮下等处进行踩踏、碾压的行为。侮辱国旗、国徽的具体行为不止上述五种，所以本条还规定了"等方式"，以包括复杂的实际情况，如实践中发生的将国旗倒插、倒放等。只要实施了任何一种侮辱行为即可构成本罪。

第四，行为人侮辱的对象是中华人民共和国国旗、国徽。行为人如果侮辱外国国旗、国徽或者国际组织、社团、企业的标志等，不构成本罪，视案件具体情况，构成其他犯罪的，可依照刑法其他有关规定追究刑事责任。作为本罪犯罪对象的国旗、国徽既可以是正在悬挂、使用中的，也可以是尚未使用，处于保存、贮藏、运输中的。

本款对侮辱国旗、国徽罪没有规定"情节严重"的犯罪门槛，与第二款的规定在构成要件的表述方式上有差异。这主要是考虑到：一方面，国旗法第二十三条、国徽法第十八条关于侮辱国旗、国徽的法律责任表述是，有侮辱行为的，追究刑事责任，对情节较轻的，予以行政处罚。即对情节一般的侮辱国旗、国徽行为就可追究刑事责任。国歌法第十五条对侮辱国歌行为的法律责任表述是，有侮辱行为的，予以行政处罚，构成犯罪的追究刑事责任。两者在法律责任的规定形式上有所不同。因此，第一款规定与国旗法、国徽法的相关规定是相衔接的。另一方面，也是考虑到侮辱国旗、国徽罪的行为方式及其危害性与侮辱国歌不完全一样。采用焚烧、毁损、涂划、玷污、践踏等方式侮辱国旗、国徽的行为,已是性质严重的侮辱方式。而国歌的载体、奏唱和使用的方式、场合,以及与公众的联系紧密程度等,都与国旗、国徽有很大不同。侮辱国歌行为的情况也更为复杂,有些需要区别情况处理,对情节轻微的可不作为犯罪处理,而予以行政处罚。但也需要注意的是,虽然刑法对侮辱国旗、国徽罪没有规定"情节严重"的犯罪门槛,也不是说对所有侮辱国旗、国徽的行为,不分情节轻重都要追究刑事责任。实践中还是要根据案件的具体情况确定社会危害性是否达到犯罪的程度。对于符合刑法第十三条的规定,情节显著轻微的,不作为犯罪处理。

根据本款规定,构成本罪的,处三年以下有期徒刑、拘役、管制或者剥夺政治权利。

第二款是关于侮辱国歌罪及其处刑的规定。

构成本罪应当符合以下条件。

第一,行为人必须是在公共场合实施侮辱国歌的行为。根据本款规定,侮辱国歌犯罪行为要求发生"在公共场合"。这里使用"公共场合",没有使用原第一款"公众场合",是与国歌法第十五条的规定相衔接。"在公共场合",指当众、公开的情境。需要注意的是,不论是在现实的公共场合还是在互联网公共空间,通过公开传播的方式,当众公然侮辱国歌的行为,都构成了对国家尊严、公共秩序的损害,均可构成本罪。

第二,行为人故意实施侮辱国歌的行为。主观上要求故意为之,没有泄愤、侮辱等恶意只是唱错歌词、跑调走音的,不能认定为犯罪。

第三,在具体行为方式上,与国歌法第十五条的规定相一致,分为三种情况:(1)故意篡改中华人民共和国国歌歌词、曲谱的。国歌的歌词、曲谱法律都有明确规定。国歌法第六条中规定,"奏唱国歌,应当按照本法附件所载国歌的歌词和曲谱",因此国歌的歌词和曲调都不得篡改。具体行为可表现为:故意篡改义勇军进行曲的国歌名称,将国歌名称修改成其他侮辱性名称的,也属于篡改国歌;将国歌歌词全部篡改或者部分篡改的,特别是将歌词篡改成一些讽刺性、侮辱性的语言;篡改国歌曲谱,改变部分曲调或者以其他曲调奏唱国歌歌词,如使用哀乐演唱国歌等。(2)以歪曲、贬损方式奏唱国歌。除篡改国歌歌词、曲谱外,在奏唱方式上歪曲、贬损国歌的,也是侮辱国歌罪的一种表现形式,如以轻佻、"恶搞"的方式奏唱国歌,在奏唱国歌时配以侮辱性的肢体语言、着装等。奏唱包括演奏和歌唱。（3）以其他方式侮辱国歌。除以上两种情形之外，其他各种侮辱国歌的行为，这是兜底性的规定。如在互联网上故意传播配以贬损国家形象、侮辱性的图片、影像、文字的国歌奏唱音视频的；公共场合奏唱国歌时，在场人员嘘国歌、作出不雅手势的行为等，都属于侮辱国歌的其他方式。

第四，根据本款规定，构成本罪，需要达到"情节严重"的条件。是否属于"情节严重"，需要结合行为人的主观恶性，侮辱行为的具体方式，什么样的场合，在场人数，传播范围，造成的社会后果，是否曾因侮辱国歌、国旗、国徽犯罪受过处罚等综合判断。

侮辱国歌罪在适用中还应当注意：一是侮辱国歌是指侮辱中华人民共和国国歌。本条第二款在"故意篡改中华人民共和国国歌歌词、曲谱"这一行为方式的表述中使用了"中华人民共和国"这一限定语。这一限定同样适用于后两种行为方式，这属于语言文字学中的"承前省略"。也就是说，侮辱外国国歌的，不构成本罪，视案件具体情况，构成其他犯罪的，可依照刑法其他有关规定追究刑事责任。二是侮辱国歌犯罪行为的主体，既可以是中国人，也可以是外国人。三是在公共场合侮辱国歌，同时构成寻衅滋事罪，聚众扰乱社会秩序罪，聚众扰乱公共场所秩序、交通秩序罪等犯罪的，应当依照处罚较重的规定定罪处罚。

根据本款规定，犯侮辱国歌罪的，处三年以下有期徒刑、拘役、管制或者剥夺政治权利。

第二百九十九条之一 【侵害英雄烈士名誉、荣誉罪】 侮辱、诽谤或者以其他方式侵害英雄烈士的名誉、荣誉，损害社会公共利益，情节严重的，处三年以下有期徒刑、拘役、管制或者剥夺政治权利。

【释解与适用】

本条是关于侵害英雄烈士名誉、荣誉罪及其刑罚的规定。

中华民族是英雄辈出的民族。近代以来，为了争取民族独立和人民解放，实现国家富强和人民幸福，促进世界和平和人类进步，中华民族涌现出了无数毕生奋斗、英勇献身的英雄烈士。英雄烈士是中华民族最优秀群体的代表，英雄烈士和他们所体现的爱国主义、英雄主义精神，是我们国魂、民族魂、党魂、军魂的不竭源泉和重要支撑，是中华民族精神的集体体现。英雄烈士的事迹和精神是中华民族共同记忆，是社会主义核心价值观的重要体现。

近年来，社会上有些人出于各种目的侮辱、诽谤英雄烈士，还有的以"学术自由""还原历史""探究细节"等为名，通过互联网、书刊等公开对党和国家长期宣传、人民群众高度尊崇的英雄烈士进行诋毁、丑化、贬损、质疑和否定，歪曲历史特别是近现代历史，造成了恶劣社会影响。比较典型的有侮辱、诽谤"狼牙山五壮士"、邱少云等英雄烈士群体、个人事件。如2013年某杂志刊发洪某撰写的《"狼牙山五壮士"的细节分歧》一文，该文以历史细节考据、学术研究为幌子，以细节否定英雄，企图达到抹黑"狼牙山五壮士"英雄形象和名誉的目的，引发"狼牙山五壮士"亲属及社会各界的反对、谴责。又如，2013年5月孙某在某微博上以名为"作业本"的账号发文对邱少云烈士在烈火中英勇献身的行为进行恶意调侃，2015年4月，某饮品公司在其网络营销活动中，借助"作业本"相关言论进行营销，并与孙某进行网上互动，该言论及互动在网络平台上迅速传播，产生了较大负面影响，遭到广大网友的谴责。

侮辱、诽谤英雄烈士的实质目的是动摇中国共产党的执政根基和否定中国特色社会主义制度。抹黑这些代表性的英烈群体、人物，否定中国近现代历史，既是对社会主义核心价值观与革命英雄主义精神的否定和瓦解，也容易对群众尤其是年轻人的价值取向造成恶劣影响、冲击。这些行为不仅构成对英雄烈士人格利益的侵害和对英雄烈士近亲属合法利益的侵害，同时由于英雄烈士的事迹和精神已经成为社会公共利益的重要组成部分，也给社会公共利益造成损害。

对此，我国相关法律先后对侮辱、诽谤英雄烈士以及其他侵害英烈名誉、荣誉等的行为作了明确规定。2018年4月27日十三届全国人大常委会第二次会议通过了英雄烈士保护法，该法明确规定，国家保护英雄烈士，对英雄烈士予以褒扬、纪念，加强对英雄烈士事迹和精神的宣传、教育，维护英雄烈士的尊严和合法权益；全社会都应当崇尚、学习、捍卫英雄烈士；禁止歪曲、丑化、亵渎、否定英雄烈士事迹和精神。英雄烈士的姓名、肖像、名誉、荣誉受法律保护。任何组织和个人不得在公共场所、互联网或者利用广播电视、电影、出版物等，以侮辱、诽谤或者其他方式侵害英雄烈士的姓名、肖像、名誉、荣誉；不得将英雄烈士的姓名、肖像用于或者变相用于损害英雄烈士的名誉、荣誉等。对于侵害英雄烈士姓名、肖像、名誉、荣誉的，英雄烈士保护法第二十六条规定："以侮辱、诽谤或者其他方式侵害英雄烈士的姓名、肖像、名誉、荣誉，损害社会公共利益的，依法承担民事责任；构成违反治安管理行为的，由公安机关依法给予治安管理处罚；构成犯罪的，依法追究刑事责任。"2020年民法典将英雄烈士的姓名、肖像、名誉、荣誉作为社会公共利益予以保护，民法典第一百八十五条规定："侵害英雄烈士等的姓名、肖像、名誉、荣誉，损害社会公共利益的，应当承担民事责任。"

上述法律规定为依法追究侮辱、诽谤英雄烈士以及其他侵害英烈名誉、荣誉的行为提供了民事、行政法律依据。为了进一步保护英雄烈士名誉、荣誉，维护社会主义核心价值观，与英雄烈士保护法等相关法律相衔接，立法机关广泛听取意见，经反复研究，在各方面取得共识的基础上，将侮辱、诽谤英雄烈士的行为明确规定为犯罪。刑法修正案（十一）将侮辱、诽谤英雄烈士的行为入刑，是以法治思维和法治方式反对历史虚无主义，对于惩治侮辱、诽谤英雄烈士行为，保护英雄烈士的人格利益和社会公共利益，弘扬社会主义核心价值观，具有重要意义。通过增加本条规定，刑法与英雄烈士保护法、民法典等一起，构建起完整的英雄烈士保护法律体系。

侮辱、诽谤或者以其他方式侵害英雄烈士的名誉、荣誉，损害社会公共利益，情节严重的，构成本罪。这里的"英雄烈士"，包括近代以来，为国家、为民族、为人民作出牺牲和贡献的英烈先驱和革命先行者，重点是中国共产党、人民军队和中华人民共和国历史上涌现出的无数英雄烈士。英雄烈士既包括个人也包括群体，既包括有名英烈也包括无名英烈。本条保护的英雄烈士与英雄烈士保护法的保护范围是一致的，都是已经牺牲、逝世的英雄烈士。实践中，如果行为人侮辱、诽谤或者其他方式侵害健在的英雄模范人物的名誉、荣誉，应当依照本法关于侮辱、诽谤罪的规定追究行为的刑事责任，不适用本条。对健在的英雄模范人物的褒奖、保护，适用国家勋章和国家荣誉称号法等相关法律法规。

据统计，从中国民主革命到现在，约有2000万名英烈，但是经评定确认的只有约196万名。由于战争、历史条件等原因，大多数英烈都未能留下姓名，现在也无从考证，但他们同样受法律保护，也应被尊崇和铭记。实际发生的侵害英雄烈士名誉、荣誉案件中涉及的英雄烈士，一般都是知名的英雄烈士,其身份是清楚的,如果确需对英雄烈士的身份进行认定,可以通过相关工作机制予以解决。关于烈士的具体评定标准,2019年《烈士褒扬条例》第八条第一款规定:"公民牺牲符合下列情形之一的,评定为烈士:(一)在依法查处违法犯罪行为、执行国家安全工作任务、执行反恐怖任务和处置突发事件中牺牲的;(二)抢险救灾或者其他为了抢救、保护国家财产、集体财产、公民生命财产牺牲的;(三)在执行外交任务或者国家派遣的对外援助、维持国际和平任务中牺牲的;(四)在执行武器装备科研试验任务中牺牲的;(五)其他牺牲情节特别突出,堪为楷模的。"2019年《军人抚恤优待条例》第八条第一款、第二款规定:"现役军人死亡,符合下列情形之一的,批准为烈士:(一)对敌作战死亡,或者对敌作战负伤在医疗终结前因伤死亡的;(二)因执行任务遭敌人或者犯罪分子杀害,或者被俘、被捕后不屈遭敌人杀害或者被折磨致死的;(三)为抢救和保护国家财产、人民生命财产或者执行反恐怖任务和处置突发事件死亡的;(四)因执行军事演习、战备航行飞行、空降和导弹发射训练、试航试飞任务以及参加武器装备科研试验死亡的;(五)在执行外交任务或者国家派遣的对外援助、维持国际和平任务中牺牲的;(六)其他死难情节特别突出,堪为楷模的。现役军人在执行对敌作战、边海防执勤或者抢险救灾任务中失踪,经法定程序宣告死亡的,按照烈士对待。"

这里的"侮辱"主要是指通过语言、文字或者其他方式辱骂、贬低、嘲讽英雄烈士的行为。"诽谤"是指针对英雄烈士,捏造事实并进行散播,公然丑化、贬损英雄烈士,损害英雄烈士名誉、荣誉的行为。实践中比较常见的是通过网络、文学作品等形式侮辱、诽谤英雄烈士的情况。"以其他方式侵害英雄烈士的名誉、荣誉",是指采用侮辱、诽谤以外的其他方式侵害英雄烈士的名誉、荣誉的行为,如虽未采用侮辱、诽谤方式,但以"还原历史""探究细节"等名义否定、贬损、丑化英雄烈士;非法披露涉及英雄烈士隐私的信息或者图片,侵害英雄烈士隐私等。

"损害社会公共利益"是构成本罪的要件之一,也是侮辱、诽谤或者以其他方式侵害英雄烈士的名誉、荣誉可能导致的后果。近代以来的无数英雄烈士和他们所获得的荣誉称号,在中华大地广泛传播,在全党、全军和全国各族人民中已经赢得了普遍的公众认同,既是国家及公众对他们作为中华民族的优秀儿女在反抗侵略、保家卫国中作出巨大牺牲的褒奖,也是他们应当获得的个人荣誉。在抗日战争时期，广大英雄烈士的光辉事迹成为激励中华儿女反抗侵略、英勇抗敌的精神动力之一，成为人民军队誓死捍卫国家利益、保障国家安全的军魂来源之一；在和平年代，英雄烈士的精神，仍然为广大人民群众树立了不畏艰辛、不怕困难，为国为民奋斗终生的精神指引。英雄烈士及其精神，是中华民族共同记忆的一部分，是中华民族精神的内核之一，也是社会主义核心价值观的重要内容。而民族的共同记忆、民族精神乃至社会主义核心价值观，无论是从我国的历史来看，还是从现行法律规定来看，都已经是社会公共利益的一部分。侮辱、诽谤或者以其他方式侵害英雄烈士的名誉、荣誉，会损害社会公共利益。

"情节严重的"是指侮辱、诽谤或者以其他方式侵害英雄烈士的名誉、荣誉，损害社会公共利益，造成严重的不良影响或者侵害行为持续时间长、范围广等情形。

关于本罪的刑罚，根据本条规定，侮辱、诽谤或者以其他方式侵害英雄烈士的名誉、荣誉，损害社会公共利益，情节严重的，处三年以下有期徒刑、拘役、管制或者剥夺政治权利。

第三百条【组织、利用会道门、邪教组织、利用迷信破坏法律实施罪】组织、利用会道门、邪教组织或者利用迷信破坏国家法律、行政法规实施的，处三年以上七年以下有期徒刑，并处罚金；情节特别严重的，处七年以上有期徒刑或者无期徒刑，并处罚金或者没收财产；情节较轻的，处三年以下有期徒刑、拘役、管制或者剥夺政治权利，并处或者单处罚金。

【组织、利用会道门、邪教组织、利用迷信致人重伤、死亡罪】组织、利用会道门、邪教组织或者利用迷信蒙骗他人，致人重伤、死亡的，依照前款的规定处罚。

犯第一款罪又有奸淫妇女、诈骗财物等犯罪行为的，依照数罪并罚的规定处罚。

【释解与适用】

本条是关于组织、利用会道门、邪教组织、利用迷信破坏法律实施罪，组织、利用会道门、邪教组织、利用迷信致人重伤、死亡罪及其刑罚的规定。

本条共分三款。第一款是关于组织、利用会道门、邪教组织、利用迷信破坏法律实施罪及其处刑的规定。

构成本罪应当具备以下条件。

第一，行为人采用组织、利用会道门、邪教组织或者利用迷信的手段。所谓"组织、利用会道门、邪教组织"，是指建立或者借助会道门、邪教组织进行违法犯罪活动的行为。其中"会道门"，是封建迷信活动组织的总称，如我国历史上曾经出现的一贯道、九宫道、哥老会、先天道、后天道等组织。"邪教组织"是指冒用宗教、气功或者以其他名义建立，神化、鼓吹首要分子，利用制造、散布迷信邪说等手段蛊惑、蒙骗他人，发展、控制成员，危害社会的非法组织。与正常宗教组织相比较，因其无固定活动场所、经典和信仰，往往只是以一些异端邪说作为发展控制组织成员的工具、手段，实则进行破坏法律、违反道德的行为，故称之为邪教组织。1999年10月，全国人大常委会通过了《关于取缔邪教组织、防范和惩治邪教活动的决定》（以下简称《决定》），对于冒用宗教、气功等名义严重扰乱社会秩序的邪教组织和邪教活动，规定"必须依法取缔，坚决惩治""对组织和利用邪教组织破坏国家法律、行政法规的实施，聚众闹事，扰乱社会秩序，以迷信邪说蒙骗他人，致人死亡，或者奸淫妇女、诈骗财物等犯罪活动，依法予以严惩"。同时，考虑到邪教组织的蒙骗性较大，为了争取教育广大群众，集中惩治一小撮犯罪分子，该《决定》第二条规定："坚持教育与惩罚相结合，团结、教育绝大多数被蒙骗的群众，依法严惩极少数犯罪分子。在依法处理邪教组织的工作中，要把不明真相参与邪教活动的人同组织和利用邪教组织进行非法活动、蓄意破坏社会稳定的犯罪分子区别开来。对受蒙骗的群众不予追究。对构成犯罪的组织者、策划者、指挥者和骨干分子，坚决依法追究刑事责任；对于自首或者有立功表现的，可以依法从轻、减轻或者免除处罚。"所谓"迷信"，是在生产力低下、文化落后、群众缺乏知识的情况下，作为科学的对立物出现的一种信奉鬼神的唯心主义的宿命论，其信仰、崇拜和活动形式带有浓厚的封建色彩。这里应注意的是，组织、利用会道门、邪教组织的活动，往往也带有迷信色彩的内容，但其更主要的特征是建立会道门或邪教组织或利用会道门和邪教组织进行活动。而本条规定的"利用迷信"是指通过会道门、邪教组织以外的其他利用迷信的活动。

第二，行为人实施了破坏国家法律、行政法规实施的行为。这里的

"破坏国家法律、行政法规实施"的行为有两种方式：一种是组织、利用会道门、邪教组织，蛊惑、煽动、欺骗群众破坏国家法律、行政法规的实施。另一种是利用迷信破坏国家法律、行政法规实施，主要是利用占卜、算命、看星象等形式，散布迷信谣言，制造混乱，煽动群众抗拒、破坏国家法律、行政法规的实施。根据2017年《最高人民法院、最高人民检察院关于办理组织、利用邪教组织破坏法律实施等刑事案件适用法律若干问题的解释》第二条的规定，组织、利用邪教组织，破坏国家法律、行政法规实施，具体包括以下情形：（1）建立邪教组织，或者邪教组织被取缔后又恢复、另行建立邪教组织的；（2）聚众包围、冲击、强占、哄闹国家机关、企业事业单位或者公共场所、宗教活动场所，扰乱社会秩序的；（3）非法举行集会、游行、示威，扰乱社会秩序的；（4）使用暴力、胁迫或者以其他方法强迫他人加入或者阻止他人退出邪教组织的；（5）组织、煽动、蒙骗成员或者他人不履行法定义务的；（6）使用"伪基站""黑广播"等无线电台（站）或者无线电频率宣扬邪教的；（7）曾因从事邪教活动被追究刑事责任或者二年内受过行政处罚，又从事邪教活动的；（8）发展邪教组织成员五十人以上的；（9）敛取钱财或者造成经济损失一百万元以上的；（10）以货币为载体宣扬邪教，数量在五百张（枚）以上的；（11）制作、传播邪教宣传品，包括传单、喷图、图片、标语、报纸、书籍、刊物、录音带、录像带等音像制品，标识、标志物、光盘、U盘、储存卡、移动硬盘等移动存储介质，横幅、条幅等达到一定数量；（12）利用通讯信息网络宣扬邪教，包括制作、传播宣扬邪教的电子图片、文章、电子书籍、刊物、音视频、电子文档、电子音视频，编发信息、拨打电话，利用通讯群组、微信、微博等社交网络宣扬邪教，邪教信息实际被点击、浏览数等达到一定数量；（13）其他情节严重的情形。

需要注意的是，本款规定的是组织、利用会道门、邪教组织或者利用迷信破坏国家法律、行政法规实施的，如果行为人是组织和利用邪教组织，组织、策划、实施、煽动分裂国家、破坏国家统一或者颠覆国家政权、推翻社会主义制度的，则应当分别按照刑法第一百零三条、第一百零五条、第一百一十三条的规定定罪处罚。

本款根据情节轻重，规定了三档处刑。（1）犯本款规定之罪的，处三年以上七年以下有期徒刑，并处罚金。（2）情节特别严重的，处七年以上有期徒刑或者无期徒刑，并处罚金或者没收财产。这里的"情节特别严重"，根据2017年《最高人民法院、最高人民检察院关于办理组织、利用邪教组织破坏法律实施等刑事案件适用法律若干问题的解释》第三条的规定，组织、利用邪教组织，破坏国家法律、行政法规实施，具有下列情形之一的，应当认定为"情节特别严重"：①实施本解释第二条第一项至第七项规定的行为，社会危害特别严重的；②实施本解释第二条第八项至第十二项规定的行为，数量或者数额达到第二条规定相应标准五倍以上的；③其他情节特别严重的情形。(3) 情节较轻的，处三年以下有期徒刑、拘役、管制或者剥夺政治权利，并处或者单处罚金。这里所说的"情节较轻的"，根据上述解释第四条规定，组织、利用邪教组织，破坏国家法律、行政法规实施，具有下列情形之一的，应当认定为"情节较轻"：①实施本解释第二条第一项至第七项规定的行为，社会危害较轻的；②实施本解释第二条第八项至第十二项规定的行为，数量或者数额达到相应标准五分之一以上的；③其他情节较轻的情形。

本条第二款是关于组织、利用会道门、邪教组织、利用迷信致人重伤、死亡罪及其处刑的规定。

根据本款规定，对组织、利用会道门、邪教组织或者利用迷信蒙骗他人，致人重伤、死亡的，应当依照前款即本条第一款的规定处罚。这里所说的"组织、利用会道门、邪教组织或者利用迷信蒙骗他人"，是指组织、利用会道门、邪教组织或者利用迷信，愚弄、欺骗他人，如散布"世界末日来临""死后可以升天"等。"致人重伤、死亡"，这里主要是指他人因受到会道门、邪教组织或者迷信的蒙骗，进行拒绝接受医疗救治、绝食、自杀、自焚等行为，造成重伤、死亡后果的。"依照前款的规定处罚"，是指对组织、利用会道门、邪教组织或者利用迷信蒙骗他人，致人重伤、死亡的犯罪，根据案件的具体情况，适用本条第一款的刑罚幅度处罚。本条第一款规定的刑罚幅度有三档，即构成犯罪的，处三年以上七年以下有期徒刑，并处罚金；情节特别严重的，处七年以上有期徒刑或者无期徒刑，并处罚金或者没收财产；情节较轻的，处三年以下有期徒刑、拘役、管制或者剥夺政治权利，并处或者单处罚金。根据上述解释第七条的规定，组织、利用邪教组织蒙骗他人，致一人以上死亡或者三人以上重伤的，处三年以上七年以下有期徒刑，并处罚金。组织、利用邪教组织蒙骗他人，具有下列情形之一的，处七年以上有期徒刑或者无期徒刑，并处罚金或者没收财产：(1) 造成三人以上死亡的；(2) 造成九人以上重伤的；(3) 其他情节特别严重的情形。组织、利用邪教组织蒙骗他人，致人重伤的，处三年以下有期徒刑、拘役、管制或者剥夺政治权利，并处或者单处罚金。

本条第三款是关于犯组织、利用会道门、邪教组织或者利用迷信破坏国家法律实施罪，又有奸淫妇女、诈骗财物等犯罪行为的，如何适用法律的规定。

从实践中的情况看，组织、利用会道门、邪教组织或者利用迷信破坏国家法律实施犯罪中，往往又伴随各种骗财、骗色、强制猥亵他人、非法拘禁、聚众扰乱社会秩序等违法犯罪活动。根据本款规定，犯第一款罪又有奸淫妇女、诈骗财物等犯罪行为的，依照数罪并罚的规定处罚，即按照组织、利用会道门、邪教组织、利用迷信破坏法律实施罪和刑法第二百三十六条强奸罪、第二百六十六条诈骗罪以及其他相关犯罪的规定数罪并罚。

【适用中需要注意的问题】

实践中，有些人利用邪教组织成员对邪教的深信不疑，直接组织、策划、煽动、教唆、帮助邪教组织人员自杀、自残的，其性质与本条第二款规定的有些人因愚昧无知、受蒙骗而自己进行绝食等自杀行为不同。对上述行为不应适用本条第二款，而应当依照刑法第二百三十二条、第二百三十四条规定的故意杀人罪、故意伤害罪定罪处罚。

第三百零一条 【聚众淫乱罪】聚众进行淫乱活动的，对首要分子或者多次参加的，处五年以下有期徒刑、拘役或者管制。

【引诱未成年人聚众淫乱罪】引诱未成年人参加聚众淫乱活动的，依照前款的规定从重处罚。

【释解与适用】

本条是关于聚众淫乱罪、引诱未成年人聚众淫乱罪及其刑罚的规定。

本条共分两款。本条第一款是关于聚众淫乱犯罪及处刑的规定。

根据本款规定，构成本罪应当具备以下特征。

第一，聚众淫乱犯罪，在客观方面表现为聚众进行淫乱活动的行为。这里所说的"聚众"，是指在首要分子的组织、纠集下，多人聚集在一起进行淫乱活动。在男女性别上，既可以是男性多人，也可以是女性多人，还可以是男女混杂多人。所谓"淫乱活动",主要是指违反道德规范的性交行为,即群宿群奸,但不限于男女性交行为,也包括手淫、口淫、鸡奸等刺激、兴奋、满足性欲的淫乱下流行为。

第二,本条的犯罪主体仅限于首要分子和多次参加者。这里的"首要分子",是指在聚众淫乱犯罪中起策划、组织、指挥、纠集作用的犯罪分子;"多次参加的",一般是指三次或者三次以上参加聚众淫乱的。对偶尔参加者,应当进行批评教育或者给予必要的治安处罚,不宜定罪处刑。根据《最高人民检察院、公安部关于公安机关管辖的刑事案件立案追诉标准的规定(一)》第四十一条的规定,组织、策划、指挥三人以上进行淫乱活动或者参加聚众淫乱活动三次以上的,应予立案追诉。

根据本款规定,构成本罪的,处五年以下有期徒刑、拘役或者管制。

第二款是关于引诱未成年人参加聚众淫乱活动的犯罪及处刑的规定。

构成本罪应当具备以下特征。

第一,行为人引诱的对象是未成年人。这里所说的"未成年人",是指不满十八周岁的未成年男女。

第二,行为人实施了引诱未成年人参加聚众淫乱活动。这里所说的"引诱",是指通过语言、观看录像、表演及作示范等手段,诱惑未成年的男女参加淫乱活动的行为。实践中,往往是通过传播淫秽物品、宣讲性体验、性感受甚至直接进行性表演等方法进行拉拢、腐蚀,引诱未成年男女参与淫乱活动。根据《最高人民检察院、公安部关于公安机关管辖的刑事案件立案追诉标准的规定(一)》第四十二条的规定,引诱未成年人参加聚众淫乱活动的,应予立案追诉。即不需具备"多次"的条件即可构成本罪。

根据本款规定,对引诱未成年人参加聚众淫乱活动的犯罪,依照前款的规定从重处罚,即在五年以下有期徒刑、拘役或者管制的量刑幅度内,判处较重的刑种或刑期。

【适用中需要注意的问题】

在实践中需要注意以下问题:一是聚众淫乱往往是多人在一起进行乱交、滥交的行为,如果行为人只是单个而并非聚众地与多人发生性行为的,则不构成本罪。二是聚众淫乱的参与者都是出于自愿,并不存在受害者,如果行为人以暴力、胁迫或者其他方法强迫他人参加聚众淫乱活动的，则不构成本罪，应当根据其行为性质认定为强奸罪、强制猥亵罪等，或者实行数罪并罚。

第三百零二条 【盗窃、侮辱、故意毁坏尸体、尸骨、骨灰罪】盗窃、侮辱、故意毁坏尸体、尸骨、骨灰的，处三年以下有期徒刑、拘役或者管制。

【释解与适用】

本条是关于盗窃、侮辱、故意毁坏尸体、尸骨、骨灰罪及其刑罚的规定。

本条规定的内容包含以下几层意思。

第一，犯罪对象是尸体、尸骨、骨灰。"尸体"是指人死亡后遗留的躯体，尚未死亡的被害人的身体，不是尸体。"尸骨"是指人死后留下的遗骨。"骨灰"是指人的尸体焚烧后化成的灰。由于受传统观念的影响，各种传统的丧葬习俗依然延续至今，人们对死者的遗留物，特别是对人死后的尸体、尸骨、骨灰最大限度地予以保护。人死后的尸体、尸骨、骨灰虽然只是人们保存能够代表死者人体遗留物方式的不同选择，但其中也蕴含着对死者的尊重及死者的亲属作为寄托哀思和祭拜的对象，因此，无论是完整的尸身、还是尸骨或者尸身的局部，抑或是骨灰，这三者在人们心中的地位是一样的，需要予以同等保护。

第二，行为人实施了盗窃、侮辱、故意毁坏尸体、尸骨、骨灰的行为。这里的"盗窃"，是指行为人秘密窃取尸体、尸骨、骨灰的行为，也就是采取他人所不知晓的方法将尸体、尸骨、骨灰置于行为人自己实际控制支配之下，如从墓地、停尸房或其他场所秘密窃取尸体、尸骨、骨灰等。"侮辱"主要是指对直接对死者尸体、尸骨、骨灰进行奸淫、猥亵、鞭打、遗弃等凌辱行为。这里的侮辱行为应当是直接针对尸体、尸骨、骨灰实施的，如果只是以书面、文字或言词等侮辱贬损死者名誉的，不应适用本罪。"故意毁坏"主要是指对尸体、尸骨、骨灰予以物理上或者化学性的损伤或破坏，既包括对整个尸体、尸骨、骨灰的毁损或破坏，也包括对尸体、尸骨、骨灰一部分的损坏，如砸毁、肢解、割裂或非法解剖尸体，毁损死者的面容，抛撒骨灰等。

第三，行为人主观上应当是故意的。即行为人不仅认识到其行为侵害的对象是到尸体、尸骨、骨灰,而且具有窃取、侮辱、毁坏之故意,如果行为人由于过失而损坏或玷污尸体、尸骨、骨灰则不构成本罪。盗窃、侮辱、故意毁坏尸体、尸骨、骨灰的行为,其社会危害性的实质在于行为人的行为损害了社会风气和道德良俗,贬损了死者的形象,侵害了死者亲属的情感,扰乱了社会公共秩序。实践中,行为人实施上述行为,动机可能是多种多样的,有的是出于泄愤报复,有的则是为盗窃财物或者出卖尸体,有的盗走尸骨制成标本,有的出于变态心理以泄淫欲等,但这只是量刑的酌定情节,不影响本罪的构成。判断是否构成侮辱、故意毁坏尸体的犯罪,主要是看行为人主观上是否有侮辱、故意毁坏尸体的故意,如医务人员、司法工作人员因履行职责依法对尸体进行解剖,殡仪馆工作人员按照规定火化尸体等,主观上没有侮辱、故意毁坏尸体的故意,不能认为是侮辱、故意毁坏尸体。

根据本条规定,犯本罪的,处三年以下有期徒刑、拘役或者管制。

【适用中需要注意的问题】

实践中应当注意的是,本罪是选择性罪名,只要实施盗窃、侮辱、故意毁坏行为之一的,即构成本罪。同时实施盗窃、侮辱、故意毁坏两种或两种以上行为,比如行为人窃取尸体之后进行奸尸的,或者盗窃骨灰后抛撒的,也只能定一罪,不能实行数罪并罚。

第三百零三条 【赌博罪】以营利为目的,聚众赌博或者以赌博为业的,处三年以下有期徒刑、拘役或者管制,并处罚金。

【开设赌场罪】开设赌场的,处五年以下有期徒刑、拘役或者管制,并处罚金;情节严重的,处五年以上十年以下有期徒刑,并处罚金。

【组织参与国(境)外赌博罪】组织中华人民共和国公民参与国(境)外赌博,数额巨大或者有其他严重情节的,依照前款的规定处罚。

【释解与适用】

本条是关于赌博罪、开设赌场罪、组织参与国(境)外赌博罪及其刑罚的规定。

赌博是封建社会的毒瘤、顽疾。新中国成立后，党和国家宣布彻底消灭"黄赌毒"等旧社会恶习，严厉禁赌，明令取缔赌局、赌场，禁止一切赌博活动，惩办赌头、赌徒、赌棍，在短时期内基本肃清了赌博活动。20世纪80年代，伴随着改革开放，一些社会陋习死灰复燃，赌博活动在我国又进入了反弹期，一些恶习较深的赌徒以及新生的赌头、赌棍以公开或秘密的方式设赌场开赌局，聚众赌博，一些人因此而影响工作、生活，甚至倾家荡产，造成家庭不和等社会问题，而且往往诱发其他犯罪，尤其一些公开或者秘密的赌场，其背后可能隐藏着黑社会性质的犯罪组织，对社会危害很大，应当依法予以惩处。为遏制赌博风气蔓延，惩治赌博犯罪，维护正常的社会秩序，1979年刑法第一百六十八条规定："以营利为目的，聚众赌博或者以赌博为业的，处三年以下有期徒刑、拘役或者管制，可以并处罚金。"

1979年刑法颁布后，开展集中整治赌博活动，1985年8月，最高人民法院、最高人民检察院、公安部联合发布《关于严格查禁赌博活动的通知》，强调"赌博活动发展蔓延，败坏社会风气，直接破坏社会主义精神文明建设，必须采取坚决措施查禁赌博活动"。1997年修订刑法时，根据司法实践情况，对本条作了以下修改：一是在犯罪表现形式上明确了"开设赌场"的行为。1979年刑法第一百六十八条规定的以赌博为业实际上包含了"开设赌场"之意，为便于司法实践的操作和执行，严厉惩治社会上越来越猖獗的赌博之风，以维护公民的安居乐业和保持良好的社会风气，保障社会的和谐稳定，将"开设赌场"明确规定在条文中是十分必要的。二是将"可以并处罚金"修改为"并处罚金"，将罚金刑由选择性刑罚改为必须判处的刑罚，加大了赌博犯罪的处罚力度。

2006年刑法修正案（六）对本条作了修改。1997年刑法第三百零三条的规定对一般的赌博行为和开设赌场的行为的刑罚没有区别。开设赌场行为的社会危害程度，明显要大于一般的赌博行为，有必要加重惩处。2006年6月29日第十届全国人民代表大会常务委员会第二十二次会议通过的刑法修正案（六）对本条作了以下修改：一是将开设赌场的犯罪从赌博罪中分离出来，单独规定一条，增设了开设赌场罪；二是提高了开设赌场罪的刑罚，增加了一档法定刑，将法定最高刑由三年有期徒刑提高到十年有期徒刑，进一步加大了对开设赌场的犯罪的惩处力度。

2020年刑法修正案（十一）对本条再次作了以下修改。

一是将第一档的最高刑和第二档的最低刑"三年有期徒刑"修改为"五年有期徒刑",这样修改主要是考虑到随着经济社会的快速发展和人民生活水平的不断提高,一些人为了追求物质和精神的刺激,不断参与赌博活动,有的为了获取更大利益大肆开设赌场,而且由于互联网和移动通讯的快速发展,在网上开设赌场也呈递增状态,开设赌场一般都是由犯罪团伙或者犯罪集团组织的,其组织结构严密,职责分工明确,资金规模大,且流动性、隐蔽性强,其危害性更大,为严惩开设赌场行为,刑法修正案(十一)提高了开设赌场犯罪的刑罚。

二是增加了组织参与国(境)外巨额赌博的犯罪。我国一贯坚持禁赌政策,刑法、治安管理处罚法等对赌博违法犯罪作了规定,还通过多次修改刑法对与赌博有关的洗钱、非法经营中非法从事"地下钱庄"资金支付结算业务,以及与网络赌博有关的非法利用信息网络罪、帮助网络犯罪活动罪等作了修改补充。一直以来,司法实践中对组织跨境赌博行为是予以严厉惩治的,2005年5月《最高人民法院、最高人民检察院关于办理赌博刑事案件具体应用法律若干问题的解释》第一条规定:组织中华人民共和国公民十人以上赴境外赌博,从中收取回扣、介绍费的,属于刑法第三百零三条规定的"聚众赌博",以赌博罪处罚。这是考虑到,当时我国公民到境外旅游增多,一些人员或者组织通过在我大中城市设立办事机构、在公开发行的报刊上刊登广告、向我境内邮寄邀请信或者广告单等各种方式,组织、招引我国公民赴境外赌博,造成了巨额资金流失境外,危害严重。该解释第三条规定:"中华人民共和国公民在我国领域外周边地区聚众赌博、开设赌场,以吸引中华人民共和国公民为主要客源,构成赌博罪的,可以依照刑法规定追究刑事责任。"这是考虑到,当时我国公民在境外犯赌博罪的情况越来越严重,尤其是开设赌场,吸引我国公民赌博,危害极大。近年来,周边国家和地区赌场和赌博集团利用其实体赌场和网络赌博平台对我国公民进行招赌、吸赌情况严重,一些不法分子往往以商务考察为名,组织中国公民出境赌博,出境参加赌博的人员中有的投注数额巨大;有的利用境外赌博设置陷阱,以组织赴境外赌博为名实施敲诈勒索和绑架行为;有的互联网领域黑灰产业助推传统赌博和跨境赌博犯罪向互联网迁移,跨境网络赌博违法犯罪活动呈高发态势;与赌博伴生的放高利贷、诈骗、洗钱、抢劫、非法拘禁等违法犯罪时常发生,此类跨境赌博活动不仅严重威胁人民群众人身财产安全,带来恶劣的社会影响,而且造成我国大量的资金外流，危害国家金融安全，影响经济秩序，还会进一步引发各种违法犯罪现象，严重危害社会公共安全以及社会的和谐稳定。为依法惩治跨境赌博等犯罪活动，2020年10月，《最高人民法院、最高人民检察院、公安部办理跨境赌博犯罪案件若干问题的意见》中明确了跨境赌博犯罪的认定、跨境赌博犯罪赌资数额的认定及处理、跨境赌博犯罪案件的管辖等，这些规定对于准确认定赌博犯罪行为，有效遏制跨境赌博犯罪活动具有积极意义。在刑法修正案（十一）制定过程中，有关方面提出，为有利于依法严惩出境豪赌的行为，从源头上遏制中国公民出境参赌问题，切实维护我国经济安全和稳定，有必要将组织、招揽中国公民出境参赌数额巨大情形规定犯罪，刑法修正案（十一）草案二次审议稿根据司法实践的情况，增加规定："境外开设赌场人员、赌场管理人员或者受其指派的人员，组织、招揽中华人民共和国公民出境参与赌博，数额巨大或者有其他严重情节的，依照前款的规定处罚。"在征求意见过程中，有的常委委员、部门提出，建议慎重考虑草案规定对有关地区博彩业可能带来的冲击，根据常委会审议意见和有关方面的意见，对草案二次审议稿作了以下修改完善：一是删去"境外开设赌场人员、赌场管理人员或者受其指派的人员"的规定，对犯罪主体不作限制，包括国内外人员只要组织出境参与巨额赌博的行为构成犯罪，从而减少针对性；二是将"境外"修改为"国（境）外"，进一步明确适用范围，包括有关国家和地区；三是将"组织、招揽"修改为"组织"，主要是考虑到招揽的范围不清楚，与正常出国（境）旅游的组团活动难以区分。

  本条共分三款。第一款是关于赌博罪及其处罚的规定。

  本款规定的赌博罪是指以一定的赌资为本钱，意图通过赌博取得更多金钱或财物的行为。构成本罪应当符合以下特征。

  第一，必须以营利为目的。所谓"以营利为目的"是指参与赌博的人或者以赌博为业的人是以获取金钱、财物或者财产性利益为目的。这是构成本罪的主观要件，如果不以营利为目的，只是以娱乐消遣为目的，虽有赌博行为，但不能构成本罪。

  第二，行为人实施了聚众赌博或者以赌博为业的行为。本款规定的赌博犯罪共列举了两种行为。第一种是"聚众赌博"的行为。这里所说的"赌博"，是指用有价值的东西做注码争输赢的行为。聚众赌博属于赌博中危害性严重的情形，所谓"聚众赌博"是指行为人组织、召集较多的人纠集在一起进行赌博的行为，而有的行为人通过聚众赌博，从中抽头渔利，俗称"赌头"。根据2005年《最高人民法院、最高人民检察院关于办理赌博刑事案件具体应用法律若干问题的解释》第一条的规定，以营利为目的，有下列情形之一的，属于"聚众赌博"：（1）组织三人以上赌博，抽头渔利数额累计达到五千元以上的；（2）组织三人以上赌博，赌资数额累计达到五万元以上的；（3）组织三人以上赌博，参赌人数累计达到二十人以上的等。本人是否参加赌博并不影响本罪的成立。第二种是"以赌博为业"的行为。所谓"以赌博为业"，是指以赌博为常业，即以赌博所得为其生活或者挥霍的主要来源的行为。1985年《最高人民法院、最高人民检察院、公安部关于严格查禁赌博活动的通知》（已废止）中规定："对以营利为目的，聚众赌博者，或者以赌博为生活或主要经济来源者，依照《刑法》第一百六十八条的规定处理。"同时，最高人民法院研究室对上述通知的适用作了进一步答复，指出："《通知》中的'以赌博为生活或主要经济来源者'既包括没有正式职业和其他正当收入而以赌博为生的人，也包括那些虽然有职业或其他收入而其经济收入的主要部分来自赌博活动的人。对于以营利为目的聚众赌博或者以赌博为生活或主要经济来源的，不论其输赢，均应依法处理。"2005年《最高人民法院、最高人民检察院、公安部关于开展集中打击赌博违法犯罪活动专项行动有关工作的通知》中规定："对以营利为目的以赌博为业的，无论其是否实际营利，也应以赌博罪追究刑事责任。"

2005年《最高人民法院、最高人民检察院关于办理赌博刑事案件具体应用法律若干问题的解释》第四条规定："明知他人实施赌博犯罪活动，而为其提供资金、计算机网络、通讯、费用结算等直接帮助的，以赌博罪的共犯论处。"

根据本款规定，聚众赌博或者以赌博为业的，处五年以下有期徒刑、拘役或者管制，并处罚金。

第二款是关于开设赌场罪及处罚的规定。

所谓"开设赌场"，是指开设专门用于进行赌博的场所。这种场所既可以由本人直接支配，也可以委托他人间接支配；行为人提供场所既可以是自己的住宅或者他人的住宅，也可以是旅馆、宾馆等提供的房间。实践中，常见的多是不法分子利用一些偏僻的场院、宾馆或地下室等不易被发现的地方，雇用一些看家护院的打手，配有专门用于进行赌博的设备。开设赌场的人是否直接参与赌博,以及开设赌场是否以营利为目的都不影响本罪的成立。

随着科技的发展,赌博的形式在发生变化,在网上进行网络赌博的情况也不断增加。实践中,网络赌博的形式多种多样,有的是面向公众的公开性网络赌博,这类赌博通过国外开设的合法赌博网站公开进行赌博,任何人都可自由登录网站进行网上赌博活动,赌资在网上即可在线支付。有的是面向特定群体的隐蔽性网络赌博,这类赌博,有的网站具有固定网址,大都实行会员制,需要专用账号和密码才能登录;有的采用动态网址,不断变换域名,参赌人员需要和各地赌博代理人联系才能获得网址,登录网站进行赌博。有的是在网络游戏中衍生出赌博活动,即变相的赌博类网络游戏,涉及网络游戏服务、虚拟货币、第三方交易平台等多个环节,赌资往往不直接与货币挂钩,隐蔽性极强。随着移动通讯的发展,不法分子利用移动通讯设计形式多样的赌博活动,吸引越来越多的人员参与。为依法惩治网络赌博犯罪活动,2005年《最高人民法院、最高人民检察院于关于办理赌博刑事案件具体应用法律若干问题的解释》第二条规定,以营利为目的,在计算机网络上建立赌博网站,或者为赌博网站担任代理,接受投注的,属于"开设赌场"。2010年《最高人民法院、最高人民检察院、公安部关于办理网络赌博犯罪案件适用法律若干问题的意见》第一条第一款规定,利用互联网、移动通讯终端等传输赌博视频、数据,组织赌博活动,具有下列情形之一的,属于"开设赌场"行为:(1)建立赌博网站并接受投注的;(2)建立赌博网站并提供给他人组织赌博的;(3)为赌博网站担任代理并接受投注的;(4)参与赌博网站利润分成的。

近年来,利用游戏机赌博的也越来越多,实践中,有的是在合法的游戏机娱乐室内设置赌博机;有的对游戏机稍加改造就可进行类似"老虎机"式赌博。由于赌博游戏机在商铺、小卖部等地分散摆放,造成取证困难,赌徒无法一一找到,赌资也无法计算。为依法惩治利用具有赌博功能的电子游戏设施设备开设赌场的犯罪活动,2014年《最高人民法院、最高人民检察院、公安部关于办理利用赌博机开设赌场案件适用法律若干问题的意见》进一步明确了赌博机的认定、利用赌博机组织赌博的性质认定、利用赌博机设赌场的定罪处罚标准以及赌资的认定标准。如该意见第二条规定,设置赌博机组织赌博活动,具有下列情形之一的,应当按照开设赌场罪定罪处罚:(1)设置赌博机十台以上的;(2)设置赌博机两台以上,容留未成年人赌博的；（3）在中小学校附近设置赌博机两台以上的；（3）违法所得累计达到五千元以上的；（5）赌资数额累计达到五万元以上的；（6）参赌人数累计达到二十人以上的等。

本款对开设赌场罪规定了两档刑。（1）构成犯罪的，处五年以下有期徒刑、拘役或者管制，并处罚金。（2）对情节严重的，处五年以上十年以下有期徒刑，并处罚金。所谓"情节严重"，一般是指曾多次开设赌场或者开设的赌场规模较大、影响恶劣的等情况。根据2010年《最高人民法院、最高人民检察院、公安部关于办理网络赌博犯罪案件适用法律若干问题的意见》第一条第二款的规定，利用互联网、移动通讯终端等传输赌博视频、数据，组织赌博活动，构成开设赌场犯罪，具有下列情形之一的，应当认定为"情节严重"：（1）抽头渔利数额累计达到三万元以上的；（2）赌资数额累计达到三十万元以上的；（3）参赌人数累计达到一百二十人以上的；（4）建立赌博网站后通过提供给他人组织赌博，违法所得数额在三万元以上的；（5）参与赌博网站利润分成，违法所得数额在三万元以上的；（6）为赌博网站招募下级代理，由下级代理接受投注的；（7）招揽未成年人参与网络赌博的等。

第三款是关于组织参与国（境）外赌博罪及其处刑的规定。

根据本款规定，构成本罪的应当符合以下条件。

第一，本罪的犯罪主体是组织者。这里所说的"组织"者，是指组织、召集中国公民参与国（境）外赌博的人员，既包括犯罪集团的情况，也包括比较松散的犯罪团伙，还可以是个人组织他人参与国（境）外赌博的情况；组织者可以是一个人，也可以是多人；可以有比较严密的组织结构，也可以是为了进行一次赌博行为临时纠结在一起。根据我国刑法总则关于管辖的规定，这里的组织行为可以是我国内地公民实施的组织行为，也可以是国（境）外人员在内地针对我国内地公民实施的组织行为。实践中，常见的组织者主要有国（境）外赌场经营人、实际控制人、投资人，国（境）外赌场管理人，受国（境）外赌场指派、雇佣的人，在境外赌场包租赌厅、赌台的人等。

第二，组织的对象必须是中华人民共和国公民。这里所说的"中华人民共和国公民"仅限于中国大陆具有中华人民共和国国籍的人。如果组织的是境外人员参与赌博的，则不构成本罪，如果构成其他犯罪的，按照刑法有关规定予以处罚。

第三，行为人实施了组织中华人民共和国公民参与国（境）外赌博的行为。这里所说的"组织中华人民共和国公民参与国（境）外赌博"，包括直接组织中国公民赴国（境）外赌博，或者以旅游、公务的名义组织中国公民赴国（境）外赌博，或者以提供赌博场所、提供赌资、设定赌博方式等组织中国公民赴国（境）外赌博，或者利用信息网络、通讯终端等传输赌博视频、数据，组织中国公民参与国（境）外赌博等。

第四，必须达到数额巨大或者有其他严重情节。这是构成本罪的必要条件。所谓"数额巨大"，主要是指赌资数额巨大，可能造成大量外汇流失的情形，具体数额应当通过相关司法解释予以明确。所谓"赌资"主要是指赌博犯罪中用作赌注的款物、换取筹码的款物和通过赌博赢取的款物。"有其他严重情节"，是指赌资虽未达到数额巨大，但接近数额巨大的条件，有其他严重情节的情况，如抽头渔利的数额较多，参赌人数较多，组织、胁迫、引诱、教唆、容留未成年人参与赌博，强迫他人赌博或者结算赌资等情形。

需要注意的是，本款规定了组织参与国（境）外巨额赌博的犯罪，实践中对于招揽中国公民参与国（境）外赌博是否构成本罪，存在不同认识。有的认为，招揽与组织性质相同，招揽也属于组织，招揽也构成本罪。我们认为，不能一概而论，要注意与正常出国（境）旅游的组团活动的区别，如旅行社或者个人组织人员赴境外旅游，如果只是作为旅游项目招揽人员去赌场进行娱乐性赌博，不能视为组织参与国（境）外巨额赌博的犯罪；如果招揽人员去赌场赌博的数额较大、时间较长，或者旅游的主要目的就是去赌场赌博的等，则应当视为组织参与国（境）外巨额赌博的犯罪。

根据本款规定，构成犯罪的，依照前款的规定处罚，也就是按照开设赌场罪规定的刑罚予以处罚，即处五年以下有期徒刑、拘役或者管制，并处罚金；情节严重的，处五年以上十年以下有期徒刑，并处罚金。这里所说的"情节严重的"，并不是一般意义上的情节严重，而是要根据本罪入罪的条件，要比入罪条件更为严重的情节，主要是指组织中国公民前往国（境）外参与赌博，巨额特别巨大或者有其他特别严重情节的情况。

【适用中需要注意的问题】

1. 聚众赌博和开设赌博的区别。在实践中，对于聚众赌博行为与开设赌场行为往往难以区分，两者都有组织参赌人员，提供赌博场所等特点，容易混淆。两罪的主要区分：一是聚众赌博必须要以营利为目的，也就是行为人一般都是要抽头渔利，这是构成赌博罪的必要条件；而开设赌博行为，一般也是以营利为目的，但以营利为目的不是开设赌场的必要条件，即使行为人不以营利为目的开设赌场也构成本罪。二是从犯罪场所的稳定和时间的长短来说，聚众赌博的场所随意性较大，一般时间也较短；而开设赌场为了吸引更多的参赌人员，其场所也相对稳定，持续时间也较长。三是从赌博的规模和组织的严密性来说，聚众赌博一般规模较小，也没有很强的组织性；而开设赌场规模一般较大，其内部有严密的组织和明确的分工，有负责兑换筹码、记账、收费、发牌和洗牌、安保等人员。

2. 要注意区分聚众赌博、开设赌场与娱乐消遣性赌博的界限。实践中，聚众赌博、开设赌场与一般的娱乐消遣性赌博有时很难以区别，导致有的地方将群众娱乐消遣性赌博活动也作为聚众赌博或者开设赌场追究刑事责任。聚众赌博必须以营利为目的；开设赌场一般也都是以营利为目的，虽然有的不是以营利为目的，但也具有一定的稳定性，且持续一定时间，参与赌博的人数较多且赌资数额也较大，有一定的组织性，内部成员有分工等特点；娱乐消遣性赌博的组织者则不是以营利为目的，只是为了组织大家在一起娱乐消遣，而提供场所和服务，虽然有的规模较大、人数较多、赌资总额较高，但每个参与人员一般出资较小，每次赌博输赢的数额也较小，大家在一起只是为了娱乐消遣，对于这种情况，不应视为聚众赌博或者开设赌场。2005年《最高人民法院、最高人民检察院关于办理赌博刑事案件具体应用法律若干问题的解释》第九条规定，不以营利为目的，进行带有少量财物输赢的娱乐活动，以及提供棋牌室等娱乐场所只收取正常的场所和服务费用的经营行为等，不以赌博论处。

第三百零四条 【故意延误投递邮件罪】邮政工作人员严重不负责任，故意延误投递邮件，致使公共财产、国家和人民利益遭受重大损失的，处二年以下有期徒刑或者拘役。

【释解与适用】

本条是关于故意延误投递邮件罪及其刑罚的规定。

根据本条规定，故意延误投递邮件罪，是指邮政工作人员严重不负责任,故意延误投递邮件,致使公共财产、国家和人民利益遭受重大损失的行为。构成本罪应当具备以下条件。

第一,本罪的犯罪主体是邮政工作人员。这里所说的"邮政工作人员",是指邮政企业及其分支机构的营业员、投递员、押运员以及其他从事邮政工作的人员。本罪的主体是邮政工作人员,其他人员,如一般单位收发室人员故意延误邮件收发的,不构成本罪。

第二,行为人表现为严重不负责任。所谓"严重不负责任",是指邮政工作人员违背国家法律赋予的职责和任务,情节严重的行为。根据2015年邮政法第六条规定,邮政企业应当加强服务质量管理,完善安全保障措施,为用户提供迅速、准确、安全、方便的服务;邮政法第二十条规定,邮政企业寄递邮件,应当符合国务院邮政管理部门规定的寄递时限和服务规范。

第三,行为人实施了故意延误投递邮件的行为。这里规定的"故意",包括直接故意和间接故意,如果是过失或者不可抗力原因造成邮件延误投递的,不构成本罪;"延误投递"是指邮政工作人员故意拖延、耽误邮件的分发、递送,没有按照国务院邮政主管部门规定的时限投交邮件;"邮件",根据邮政法第八十四条规定,是指邮政企业寄递的信件、包裹、汇款通知、报刊和其他印刷品等。其中"信件",是指信函、明信片。信函是指以套封形式按照名址递送给特定个人或者单位的缄封的信息载体,不包括书籍、报纸、期刊等。"包裹",是指按照封装上的名址递送给特定个人或者单位的独立封装的物品。

第四,行为人的行为致使公共财产、国家和人民利益遭受重大损失。这里所说的"公共财产",是指本法第九十一条规定的各项财产,包括(1)国有财产;(2)劳动群众集体所有的财产;(3)用于扶贫和其他公益事业的社会捐助或者专项基金的财产;(4)在国家机关、国有公司、企业、集体企业和人民团体管理、使用或者运输中的私人财产,以公共财产论。这里所说的"国家和人民利益",是指关系到国家的政治、经济、国防、外交、社会发展等方面的各项事业的利益,以及关系到人民的生命、健康、财产、名誉等的各项权利和利益。本罪是结果犯,致使公共财产、国家和人民利益遭受重大损失的,才构成犯罪。

根据本条规定,对故意延误投递邮件的犯罪,处二年以下有期徒刑或者拘役。

【适用中需要注意的问题】

根据 2008 年《最高人民检察院、公安部关于公安机关管辖的刑事案件立案追诉标准的规定（一）》第四十五条的规定，邮政工作人员严重不负责任，故意延误投递邮件，涉嫌下列情形之一的，应予立案追诉：（1）造成直接经济损失二万元以上的；（2）延误高校录取通知书或者其他重要邮件投递，致使他人失去高校录取资格或者造成其他无法挽回的重大损失的；（3）严重损害国家声誉或者造成其他恶劣社会影响的；（4）其他致使公共财产、国家和人民利益遭受重大损失的情形。

第二节　妨害司法罪

第三百零五条　【伪证罪】在刑事诉讼中，证人、鉴定人、记录人、翻译人对与案件有重要关系的情节，故意作虚假证明、鉴定、记录、翻译，意图陷害他人或者隐匿罪证的，处三年以下有期徒刑或者拘役；情节严重的，处三年以上七年以下有期徒刑。

【释解与适用】

本条是关于伪证罪及其刑罚的规定。

"在刑事诉讼中"，是指刑事案件从侦查到审判的全过程，主要包括侦查、审查起诉、一审、二审活动，以及审判监督程序等刑事诉讼活动。本罪的主体为特定主体，包括四种人：证人、鉴定人、记录人、翻译人。"证人"，是指知道案件全部或者部分真实情况，以自己的证言作为证据的人。刑事诉讼法第六十二条规定："凡是知道案件情况的人，都有作证的义务。生理上、精神上有缺陷或者年幼，不能辨别是非、不能正确表达的人，不能作证人。""鉴定人"，是指在刑事诉讼中应有关部门、人员的指派或聘请对案件中的专门性问题进行科学鉴定和判断的具有专门知识的人员。刑事诉讼法第一百四十六条规定："为了查明案情，需要解决案件中某些专门性问题的时候，应当指派、聘请有专门知识的人进行鉴定。""记录人"，是指在侦查、审查起诉、审判过程中，对案犯的供述、证人证言以及各个环节的诉讼活动进行记录的人。这种记录主要由侦查员、书记员担任。根据刑事诉讼法的规定，侦查、勘验、检查、搜查、法庭审判活动等都应当依照法定程序形成笔录。"翻译人"，是指受公安机关、检察机关或者人民法院的委托聘请，在刑事侦查、审查起诉、审判活动中担任外国语言文字、本国民族语言文字或者哑语等翻译工作的人。刑事诉讼法第九条第一款规定："各民族公民都有用本民族语言文字进行诉讼的权利。人民法院、人民检察院和公安机关对于不通晓当地通用的语言文字的诉讼参与人，应当为他们翻译。"刑事诉讼法第一百二十一条规定："讯问聋、哑的犯罪嫌疑人，应当有通晓聋、哑手势的人参加，并且将这种情况记明笔录。"上述这四种人在刑事诉讼中负有特定的义务，是否能够如实提供证言、鉴定、记录、翻译，对案件处理的正确与否具有重要的意义。"与案件有重要关系的情节"，是指对犯罪嫌疑人、被告人是否有罪、罪轻还是罪重具有重要证明作用的事实，也就是影响定罪量刑的情节。"故意作虚假证明、鉴定、记录、翻译"的规定具有两层含义：一是明确指明本罪是故意犯罪，也就是说，证人、鉴定人、记录人、翻译人所提供的与案件事实不符的情况是故意所为，由于过失行为，如未看清楚，判断错误而提供了不实的证言，因笔误造成记录错误等不构成犯罪。二是所提供的证言、鉴定意见、笔录、翻译与案件事实不符。如将张三的行为说成李四的行为，将不是精神病人的人鉴定为精神病人，在记录、翻译时将被告人、证人所讲的事实改变为虚假的等。"意图陷害他人或者隐匿罪证"，是指行为人的主观动机，也就是行为人故意作虚假证明、鉴定、记录、翻译的目的是陷害他人，从而使无罪的人受到刑事追究，使罪行较轻的人受到较重的处罚，或者将真实的罪证隐匿起来，以使犯罪人逃脱刑事追究。需指出的是，对于证人故意提供假证言包庇罪犯的，应按照本法关于包庇罪的规定处罚。

本条对伪证罪规定了两档处罚：对犯本罪的，处三年以下有期徒刑或者拘役；对于情节严重的，处三年以上七年以下有期徒刑。"情节严重的"，主要是指犯罪手段极为恶劣或者造成严重后果，如在重罪事实上作伪证的，与犯罪人恶意串通翻案作伪证的，在一个案件的侦查、审判中多次作伪证或者对多人作伪证的，打击报复他人的，致使罪行重大的案犯逃脱法律制裁，使无辜的人受到刑事追究等。

第三百零六条 【辩护人、诉讼代理人毁灭证据、伪造证据、妨害作证罪】在刑事诉讼中，辩护人、诉讼代理人毁灭、伪造证据，帮助当事人毁灭、伪造证据，威胁、引诱证人违背事实改变证言或者作伪证的，处三年以下有期徒刑或者拘役；情节严重的，处三年以上七年以下有期徒刑。

辩护人、诉讼代理人提供、出示、引用的证人证言或者其他证据失实，不是有意伪造的，不属于伪造证据。

【释解与适用】

本条是关于辩护人、诉讼代理人毁灭证据、伪造证据、妨害作证罪及其刑罚的规定。

本条分为两款。第一款是关于辩护人、诉讼代理人毁灭、伪造证据，帮助当事人毁灭、伪造证据，威胁、引诱证人违背事实改变证言或者作伪证的犯罪及其刑罚的规定。本条所规定的犯罪主体为特殊主体，只限于刑事案件的辩护人和诉讼代理人，行为发生在刑事诉讼活动中。"辩护人"，是指在刑事诉讼中，包括在侦查、审查起诉、审判阶段，犯罪嫌疑人、被告人委托的或者由法律援助机构指派的为犯罪嫌疑人、被告人提供法律帮助维护其合法权益的人。辩护人由以下三种人担任：律师；人民团体或者犯罪嫌疑人、被告人所在单位推荐的人；犯罪嫌疑人、被告人的监护人、亲友。辩护人的责任是根据事实和法律，提出犯罪嫌疑人、被告人无罪、罪轻或者减轻、免除其刑事责任的材料和意见，维护犯罪嫌疑人、被告人的诉讼权利和其他合法权益。2018年修改刑事诉讼法时增加了值班律师制度，该法第三十六条第一款规定："法律援助机构可以在人民法院、看守所等场所派驻值班律师。犯罪嫌疑人、被告人没有委托辩护人，法律援助机构没有指派律师为其提供辩护的，由值班律师为犯罪嫌疑人、被告人提供法律咨询、程序选择建议、申请变更强制措施、对案件处理提出意见等法律帮助。"值班律师在履行上述职责时可以成为本罪的主体。"诉讼代理人"，是指公诉案件的被害人及其法定代理人或者近亲属、自诉案件的自诉人及其法定代理人委托代为参加诉讼的人，以及附带民事诉讼的当事人及其法定代理人委托代为参加诉讼的人。担任诉讼代理人的人员范围与辩护人的范围相同。本条规定了犯罪的三方面行为：（1）毁灭、伪造证据；（2）帮助当事人毁灭、伪造证据；（3）威胁、引诱证人违背事实改变证言或者作伪证。辩护人、诉讼代理人在刑事诉讼中只要有上述三种行为之一即可构成本罪。"毁灭、伪造证据",是指辩护人、诉讼代理人自己将能够证明案件真实情况的书证、物证以及其他证据予以毁灭,使其不能再起到证明案件真实情况的作用;辩护人、诉讼代理人自己制造假的书证、物证等,以隐瞒案件的真实情况,使犯罪人免予刑事追究或者使无罪的人受到刑事追究。"帮助当事人毁灭、伪造证据",是指辩护人、诉讼代理人策划、指使当事人毁灭、伪造证据,或者与当事人共谋毁灭、伪造证据,以及为当事人毁灭、伪造证据提供帮助等。"当事人",是指被害人、自诉人、犯罪嫌疑人、被告人、附带民事诉讼的原告人和被告人。"威胁、引诱证人违背事实改变证言或者作伪证"包括两种行为:一是以暴力、恐吓等手段威胁证人或者以金钱、物质利益等好处诱使证人改变过去按照事实提供的证言;二是以威胁、引诱手段指使他人为案件作虚假证明,充当伪证的证人。

根据犯罪的不同情节,本款规定了两档刑罚:犯本罪的,处三年以下有期徒刑或者拘役;情节严重的,处三年以上七年以下有期徒刑。"情节严重",主要是指犯罪手段极其恶劣、严重妨害了刑事诉讼的正常进行,以及造成犯罪人逃避法律制裁或者使无罪的人受到刑事追究等严重后果。

第二款是关于辩护人、诉讼代理人在刑事诉讼中,由于失误而提供、出示、引用了虚假证明,但不属于伪造证据的情况的规定。规定本款主要是为了划清罪与非罪的界限,保护辩护人、诉讼代理人的合法权利,保证辩护人、诉讼代理人依法履行职责,从而保证刑事诉讼的正常进行。根据本款规定,辩护人、诉讼代理人向法庭提供、出示、引用的证人证言或者其他证据失实,不是有意伪造的,不属于伪造证据,即不构成本条规定的犯罪。其中"不是有意伪造",是指辩护人、诉讼代理人对证据不真实的情况并不知情,未参与伪造证据的,证据虚假的原因是证人或者提供证据的人造成的或者是由于辩护人、诉讼代理人工作上的失误造成的。

【适用中需要注意的问题】

本条规定,在刑事诉讼中,辩护人、诉讼代理人毁灭、伪造证据,帮助当事人毁灭、伪造证据,威胁、引诱证人违背事实改变证言或者作伪证的,追究刑事责任。其中"帮助当事人伪造证据"如何理解,对辩护人在刑事诉讼法中教唆犯罪嫌疑人、被告人向司法机关作虚假供述的行为,是否构成本条规定的辩护人帮助当事人伪造证据罪，实践中有不同意见。这一问题涉及本条规定的证据与刑事诉讼法规定的证据种类的关系，涉及如何理解刑事诉讼法第四十四条将隐匿、毁灭、伪造证据和串供并列规定，涉及律师辩护权行使界限和对刑事诉讼程序公正的影响，涉及刑事诉讼法规定的"辩护律师会见犯罪嫌疑人、被告人时不被监听"的权利保障。应当说，本条规定的辩护人、诉讼代理人帮助当事人毁灭、伪造证据，其中"伪造证据"一般是指帮助犯罪嫌疑人、被告人制作虚假的物证、书证等。将教唆犯罪嫌疑人、被告人向司法机关不如实供述的行为作为帮助当事人毁灭、伪造证据，需要结合行为方式等具体确定，应当慎重。

第三百零七条　【妨害作证罪】以暴力、威胁、贿买等方法阻止证人作证或者指使他人作伪证的，处三年以下有期徒刑或者拘役；情节严重的，处三年以上七年以下有期徒刑。

【帮助毁灭、伪造证据罪】帮助当事人毁灭、伪造证据，情节严重的，处三年以下有期徒刑或者拘役。

司法工作人员犯前两款罪的，从重处罚。

【释解与适用】

本条是关于妨害作证罪，帮助毁灭、伪造证据罪及其刑罚的规定。

本条分为三款。第一款是关于妨害作证罪及其处罚的规定。2023年民事诉讼法第一百一十四条规定，诉讼参与人或者其他人有下列行为之一的，人民法院可以根据情节轻重予以罚款、拘留；构成犯罪的，依法追究刑事责任，其中包括伪造、毁灭重要证据，妨碍人民法院审理案件的；以暴力、威胁、贿买方法阻止证人作证或者指使、贿买、胁迫他人作伪证的等情形。行政诉讼法第五十九条规定，诉讼参与人或者其他人有下列行为之一的，人民法院可以根据情节轻重，予以训诫、责令具结悔过或者处一万元以下的罚款、十五日以下的拘留；构成犯罪的，依法追究刑事责任，其中包括：伪造、隐藏、毁灭证据或者提供虚假证明材料，妨碍人民法院审理案件的；指使、贿买、胁迫他人作伪证或者威胁、阻止证人作证的等规定。因此本条的规定与民事诉讼法、行政诉讼法的相关规定是衔接的。

本款规定的"以暴力、威胁、贿买等方法阻止证人作证"，是指采用暴力伤害，以暴力或者其他手段相威胁，用金钱、物质利益行贿以及其他方法不让证人为案件提供证明。"指使他人作伪证",是指以暴力、威胁、贿买或者其他方法让他人为案件提供与事实不符的虚假证明。这里的"证人""他人"不限于狭义的证人,还可包括被害人、鉴定人、翻译人。本条的规定未限于刑事诉讼,也就是说本条的规定适用于刑事、民事、行政等一切诉讼当中。犯妨害作证罪的,处三年以下有期徒刑或者拘役;情节严重的,处三年以上七年以下有期徒刑。本款犯罪虽然没有明确规定犯罪门槛,但对于情节轻微的,根据民事诉讼法、行政诉讼法等法律的上述规定,人民法院可以根据情节轻重予以罚款、拘留。需要注意的是,如果是犯罪嫌疑人、被告人自己采取上述非法手段妨害证人依法履行作证义务的,是否应当成立本罪。本条并未将犯罪嫌疑人、被告人所实施的妨害作证行为排除在刑法规制的范围之外。由于证人证言在证据制度中占据重要作用,在一定程度上对被告人、犯罪嫌疑人的定罪量刑起着决定性的关键作用,被告人、犯罪嫌疑人为逃避法律制裁,往往会实施阻止证人作出对自己不利的证言,因而不宜将罪犯本人排除在本罪之外。

第二款是帮助毁灭、伪造证据罪及其处罚的规定。本款规定的"帮助当事人毁灭、伪造证据",是指与当事人共谋,或者受当事人指使为当事人毁灭、伪造证据提供帮助的行为,如为贪污犯罪的嫌疑人销毁单据等。本款罪也不限于刑事诉讼中帮助当事人毁灭、伪造证据,包括在民事诉讼、行政诉讼中帮助当事人毁灭、伪造证据的情况。构成本罪需要情节严重。情节严重需要考虑诉讼活动性质、是否使无罪人的人受到追究或者有罪的人逃避追究,是否在其他诉讼活动中给当事人合法利益造成重大损害等。犯帮助毁灭、伪造证据罪的,处三年以下有期徒刑或者拘役。对于辩护人、诉讼代理人在刑事诉讼中帮助当事人毁灭、伪造证据的,应当适用刑法第三百零六条辩护人、诉讼代理人毁灭、伪造证据罪,不适用本款罪。需要说明的是,本罪的犯罪主体不包括犯罪嫌疑人、被告人本人。刑法没有将犯罪嫌疑人、被告人本人毁灭、伪造证据的行为规定为犯罪,规定的是帮助当事人毁灭伪造证据,犯罪主体显然是他人。

第三款是关于司法工作人员犯本条规定之罪从重处罚的规定。"司法工作人员",是指具有侦查、检察、审判、监管职责的人员。司法工作人员必须公正廉明,如果他们弄虚作假则危害更大,而且造成极其恶劣的影响,所以必须从重处罚。

第三百零七条之一　【虚假诉讼罪】以捏造的事实提起民事诉讼，妨害司法秩序或者严重侵害他人合法权益的，处三年以下有期徒刑、拘役或者管制，并处或者单处罚金；情节严重的，处三年以上七年以下有期徒刑，并处罚金。

单位犯前款罪的，对单位判处罚金，并对其直接负责的主管人员和其他直接责任人员，依照前款的规定处罚。

有第一款行为，非法占有他人财产或者逃避合法债务，又构成其他犯罪的，依照处罚较重的规定定罪从重处罚。

司法工作人员利用职权，与他人共同实施前三款行为的，从重处罚；同时构成其他犯罪的，依照处罚较重的规定定罪从重处罚。

【释解与适用】

本条是关于虚假诉讼罪及其刑罚的规定。

本条分为四款。第一款是关于虚假诉讼罪及其处罚的规定。本罪的主体是一般主体，包括个人和单位。本罪侵犯的客体是国家司法秩序和他人的财产权等合法权益。本罪的主观方面是故意犯罪，行为人具有提起虚假的民事诉讼，欺骗国家司法机关，通过获得司法机关的裁判文书实现其非法目的的主观故意。刑法修正案（九）草案一审稿在本条中曾规定了"为谋取不正当利益"的主观条件。在草案审议和征求意见过程中，有的常委会组成人员和有关方面提出，增加规定虚假诉讼犯罪的目的是维护司法秩序，不论行为人的具体动机与目的如何，以捏造的事实提起虚假的民事诉讼的行为，就是严重妨害司法秩序的行为。如果再增加规定"为谋取不正当利益"的主观条件，不利于追诉和惩治虚假诉讼犯罪。根据上述意见，草案二审稿删除了"为谋取不正当利益"的规定。根据本款规定，构成虚假诉讼犯罪在客观方面必须具备以下条件。

一是以捏造的事实提起民事诉讼。"提起民事诉讼"，是指依照民事诉讼法的规定向法院提起诉讼。在刑事自诉、行政诉讼等领域也可能存在行为人以捏造的事实向法院提起虚假诉讼的情况，对此可以依照诬告陷害罪等规定处罚，或者作为妨害诉讼活动处理，不适用本条规定。"捏造的事实"，是指凭空编造的不存在的事实和法律关系。如根本不存在的债权债务关系，从未发生过的商标侵权行为等。如果民事纠纷客观存在，行为人对具体数额、期限等事实作夸大、隐瞒或虚假陈述的，不属于这里的"捏造"。立法过程中经反复研究，使用了"捏造"一词，目的也是指凭空编造原本完全不存在的法律事实和法律关系，是对虚假诉讼罪范围的限制。"以捏造的事实提起民事诉讼"，是指通过伪造书证、物证、恶意串通、指使证人作假证言等手段，以凭空捏造的根本不存在的事实为基础，向法院提出诉讼请求，要求法院作出裁判。根据2018年《最高人民法院、最高人民检察院关于办理虚假诉讼刑事案件适用法律若干问题的解释》的规定，采取伪造证据、虚假陈述等手段，实施下列行为之一，捏造民事法律关系，虚构民事纠纷，向人民法院提起民事诉讼的，应当认定为刑法本款规定的"以捏造的事实提起民事诉讼"：（1）与夫妻一方恶意串通，捏造夫妻共同债务的；（2）与他人恶意串通，捏造债权债务关系和以物抵债协议的；（3）与公司、企业的法定代表人、董事、监事、经理或者其他管理人员恶意串通，捏造公司、企业债务或者担保义务的；（4）捏造知识产权侵权关系或者不正当竞争关系的；（5）在破产案件审理过程中申报捏造的债权的；（6）与被执行人恶意串通，捏造债权或者对查封、扣押、冻结财产的优先权、担保物权的；（7）单方或者与他人恶意串通，捏造身份、合同、侵权、继承等民事法律关系的其他行为。隐瞒债务已经全部清偿的事实，向人民法院提起民事诉讼，要求他人履行债务的，以"以捏造的事实提起民事诉讼"论。对于采取伪造证据等手段篡改部分案件事实，骗取人民法院裁判文书，构成犯罪的，可依照刑法第二百八十条、第三百零七条等规定追究刑事责任。另外，这里的"提起民事诉讼"包括向人民法院申请执行基于捏造的事实作出的仲裁裁决、公证债权文书，或者在民事执行过程中以捏造的事实对执行标的提出异议、申请参与执行财产分配的情况。需要说明的是，立法过程中也有意见提出，将虚假仲裁行为也规定为犯罪。考虑到当时民事虚假诉讼较为突出，通过人民法院虚假诉讼对司法公信力等危害性更大，对仲裁领域暂未规定。

二是妨害司法秩序或者严重侵害他人合法权益。这是构成本罪的结果条件。本罪的客体是双重客体，既是保护司法秩序，也是保护他人合法权益。"妨害司法秩序"是指对国家司法机关进行审判活动、履行法定职责的正常秩序造成妨害，包括导致司法机关作出错误判决造成司法权威和司法公信力的损害，也包括提起虚假诉讼占用了司法资源，影响了司法机关的正常司法活动等。"严重侵害他人合法权益"，是指虚假诉讼活动给被害人的财产权等合法权益造成严重损害。如司法机关执行错误判决或者因行为人提起诉讼采取保全措施造成被害人财产的严重损失，被害人一定数额的合法债权得不到及时清偿等。根据《最高人民法院、最高人民检察院关于办理虚假诉讼刑事案件适用法律若干问题的解释》第二条的规定，以捏造的事实提起民事诉讼，有下列情形之一的，应当认定为刑法本款规定的"妨害司法秩序或者严重侵害他人合法权益"：（1）致使人民法院基于捏造的事实采取财产保全或者行为保全措施的；（2）致使人民法院开庭审理，干扰正常司法活动的；（3）致使人民法院基于捏造的事实作出裁判文书、制作财产分配方案，或者立案执行基于捏造的事实作出的仲裁裁决、公证债权文书的；（4）多次以捏造的事实提起民事诉讼的；（5）曾因以捏造的事实提起民事诉讼被采取民事诉讼强制措施或者受过刑事追究的；（6）其他妨害司法秩序或者严重侵害他人合法权益的情形。只要虚假诉讼行为妨害司法秩序或者严重侵害他人合法权益，就可以构成本条规定的犯罪，并不一定要求诉讼程序已经完结，司法机关已经实际完成了裁判文书制作、送达，裁判文书完全符合行为人的意愿等。

本款对虚假诉讼罪规定了两档法定刑。第一档法定刑是三年以下有期徒刑、拘役或者管制，并处或者单处罚金；第二档法定刑是对情节严重的，处三年以上七年以下有期徒刑，并处罚金。本款规定的"情节严重"是指虚假诉讼对司法秩序造成严重妨害，或者对他人合法权益造成特别重大损害。如虚假诉讼标的数额巨大，多次提起虚假诉讼，伪造证据的情节恶劣，损害善意当事人合法权益造成严重后果等，具体标准可由司法机关根据实际情况作出司法解释确定。根据《最高人民法院、最高人民检察院关于办理虚假诉讼刑事案件适用法律若干问题的解释》第三条的规定，以捏造的事实提起民事诉讼，有下列情形之一的，应当认定为刑法本款规定的"情节严重"：（1）有该解释第二条第一项情形，造成他人经济损失一百万元以上的；（2）有该解释第二条第二项至第四项情形之一，严重干扰正常司法活动或者严重损害司法公信力的；（3）致使义务人自动履行生效裁判文书确定的财产给付义务或者人民法院强制执行财产权益，数额达到一百万元以上的；（4）致使他人债权无法实现，数额达到一百万元以上的；（5）非法占有他人财产，数额达到十万元以上的；（6）致使他人因为不执行人民法院基于捏造的事实作出的判决、裁定，被采取刑事拘留、逮捕措施或者受到刑事追究的；（7）其他情节严重的情形。

第二款是关于单位犯虚假诉讼犯罪的处罚规定。本款对犯虚假诉讼犯罪的单位采取双罚制。既对单位判处罚金，又对其直接负责的主管人员和其他直接责任人员，依照第一款的规定处罚。

第三款是关于犯虚假诉讼犯罪同时构成其他犯罪时如何处理的规定。从实践中的情况看，以骗取财物为目的的虚假诉讼行为，在构成本条规定的犯罪的同时，往往还构成刑法规定的其他侵财类犯罪。针对这种同一行为构成刑法多个条文规定的犯罪的情况，有必要明确如何适用法律。本款对这一问题作了明确规定，即从一重罪从重处罚。本款的规定也有一个修改完善的过程。刑法修正案（九）草案曾经规定，有虚假诉讼行为，侵占他人财产或者逃避合法债务的，依照刑法第二百六十六条的规定从重处罚，即认定为诈骗罪并从重处罚。在草案审议中，有的意见提出，这种情况通常会同时构成诈骗罪，但也有可能构成其他犯罪。如国家工作人员利用职务便利，与他人串通通过虚假诉讼侵占公共财产的，可能构成贪污罪。公司、企业或者其他单位的工作人员利用职务便利，与他人串通通过虚假诉讼侵占单位财产的，可能构成职务侵占罪。一律规定按诈骗罪处理不尽合理。为此，草案二审稿对有关规定作了修改，形成了本款规定。以骗取财物为目的的虚假诉讼行为，在构成本条规定的犯罪的同时，往往还构成刑法规定的其他侵财类犯罪。针对这种情况，有必要明确如何适用法律。本款对这一问题作了明确规定，即从一重罪从重处罚。本款规定的适用范围是"有第一款行为，非法占有他人财产或者逃避合法债务，又构成其他犯罪的"，如果虚假诉讼的目的不是非法占有他人财产或者逃避合法债务，则不适用本款规定。对于本款规定的同一行为构成数个犯罪的情形，本款规定"依照处罚较重的规定定罪从重处罚"。首先，要比较本条规定的刑罚和刑法其他条文规定的刑罚，适用处刑较重的条文。本条和刑法有关诈骗罪、贪污罪、职务侵占罪等犯罪的条文，规定了多个量刑幅度，对此，在适用时要根据案件事实和各条的规定，确定适用于某一犯罪的具体量刑幅度，再进行比较选择处罚较重的规定定罪。其次，还要根据确定适用的规定和量刑幅度从重处罚。这样规定体现了对虚假诉讼行为从严惩处的立法精神。这也是考虑到如果仅规定从一重罪处罚，如同时构成诈骗罪，仅依照诈骗罪处罚还不能体现本罪与一般诈骗罪的不同，是通过非法利用人民法院公信力的方式实施诈骗，危害更大，所以比一般诈骗罪应当更为严厉处罚，所以规定了从一重罪，如诈骗罪，在此基础上又予以从重处罚，是一种双从重。

第四款是关于司法工作人员利用职权实施虚假诉讼行为如何处理的规定。从实践中的情况看，在有的虚假诉讼案件中，一些司法工作人员与当事人勾结，通过其职务行为或者影响力，为虚假诉讼目的的达成创造条件，有的甚至直接参与作出裁判。这类行为不仅损害他人的合法权益，而且严重损害了国家司法机关的公信力和司法权威，应当从严惩处。本款规定有两层意思。一是司法工作人员利用职权，与他人共同实施前三款规定的虚假诉讼行为的，从重处罚。二是司法工作人员利用职权，与他人共同实施前三款规定的虚假诉讼行为，同时构成其他犯罪的，依照处罚较重的规定定罪从重处罚。司法工作人员利用职权，与他人共同实施虚假诉讼行为，在构成本条规定的犯罪的同时，可能还构成民事枉法裁判、滥用职权等犯罪。依照本款规定，这种情况下应当依照处罚较重的规定定罪从重处罚。这样规定，同样体现了对司法工作人员执法犯法，参与虚假诉讼行为严厉惩处的精神。诉讼代理人、证人、鉴定人等诉讼参与人与他人通谋，代理提起虚假民事诉讼、故意作虚假证言或者出具虚假鉴定意见，共同实施刑法第三百零七条之一前三款行为的，依照共同犯罪的规定定罪处罚；同时构成妨害作证罪，帮助毁灭、伪造证据罪等犯罪的，依照处罚较重的规定定罪从重处罚。

【适用中需要注意的问题】

1. 在执行本条规定的过程中要注意把握好罪与非罪的界限。本条规定的是以凭空捏造的事实提起民事诉讼，妨害司法秩序或者严重侵害他人合法权益的犯罪。对于提起诉讼的基本事实是真实的，但在一些证据材料上弄虚作假，企图欺骗司法机关，获取有利于自己的裁判的行为，不适用本条规定。

2. 实践中还存在设置诉讼陷阱，滥用诉讼权利，故意拖延诉讼、扰乱审判秩序的恶意诉讼行为，这类行为是与程序权利有关，属于滥用诉权的情形，不属于虚假诉讼犯罪。

3. 关于本条的适用效力。根据《最高人民法院关于〈中华人民共和国刑法修正案（九）〉时间效力问题的解释》的规定，对于 2015 年 10 月 31 日以前以捏造的事实提起民事诉讼，妨害司法秩序或者严重侵害他人合法权益，根据修正前刑法应当以伪造公司、企业、事业单位、人民团体印章罪或者妨害作证罪等追究刑事责任的，适用修正前刑法的有关规定。但是，根据修正后刑法第三百零七条之一的规定处刑较轻的，适用修正后刑法的有关规定。实施第一款行为，非法占有他人财产或者逃避合法债务，根据修正前刑法应当以诈骗罪、职务侵占罪或者贪污罪等追究刑事责任的，适用修正前刑法的有关规定。

第三百零八条 【打击报复证人罪】对证人进行打击报复的，处三年以下有期徒刑或者拘役；情节严重的，处三年以上七年以下有期徒刑。

【释解与适用】

本条是关于打击报复证人罪及其刑罚的规定。

本罪的客观方面表现为"对证人进行打击报复"，"证人"不仅包括刑事诉讼中的证人，也包括民事、行政诉讼中的证人。"打击报复"包括多种方式：一是直接加害证人本人的人身，如对证人进行暴力伤害、当众侮辱或捏造事实诽谤，限制自由等；二是间接侵害证人，如通过加害证人亲友，或者毁坏证人财产，或者滋扰证人生活安宁等方式，对证人进行打击报复；三是利用职权迫害证人，如降薪、降职、辞退、解雇、压制晋升、扣发工资或奖金、调离岗位等。

根据犯罪情节的不同，本条规定了两档刑罚：犯本罪的，处三年以下有期徒刑或者拘役；情节严重的，处三年以上七年以下有期徒刑。本条没有规定犯罪门槛，但对报复陷害的也不是一律都作为犯罪处理，也应区分情况，对情节显著轻微危害不大的，可以依照有关法律法规，给予行政处罚或者处分等。"情节严重"，主要是指行为人犯罪手段极其恶劣，多次打击报复证人或者打击报复证人多人的，造成被害人精神失常、自杀等严重后果的。

需要指出的是，对证人进行打击报复的行为人如果故意伤害、杀害证人或者有其他犯罪行为的，其行为则构成故意伤害罪、故意杀人罪等，应根据从一重罪处罚的原则，按照该行为触犯的刑罚较重的犯罪规定处刑。

【适用中需要注意的问题】

在适用过程中，应注意本罪与刑法第二百五十四条规定的报复陷害罪、第三百零七条规定的妨害作证罪等的区别。报复陷害罪的主体是特定主体，是国家机关工作人员，针对的对象是控告人、申诉人、批评人、举报人，侵害的是公民的人身权利、民主权利；打击报复证人罪的对象是证人，主体没有限定，从司法实践情况来看，大多为诉讼活动的一方当事人及其亲友，或者与案件的处理结果有利害关系的人，妨害的是证人作证的司法秩序。两罪只在行为手段上具有相似性，利用各种暴力、非暴力的手段损害他人合法利益。本罪与妨害作证罪的对象都是证人，区别主要是：一方面，行为表现形式不一样。打击报复证人罪是行为人采取暴力、威胁等手段对证人实施打击报复，造成证人人身、精神上的伤害行为；妨害作证罪在客观方面则表现为行为人以暴力、威胁、贿买等方法阻止证人作证或者指使他人作伪证的行为。另一方面，两罪行为实施的时间阶段不同。打击报复证人罪的行为一般发生在证人依法作证之后，而妨害作证罪则发生在证人作证之前。

第三百零八条之一　【泄露不应公开的案件信息罪】司法工作人员、辩护人、诉讼代理人或者其他诉讼参与人，泄露依法不公开审理的案件中不应当公开的信息，造成信息公开传播或者其他严重后果的，处三年以下有期徒刑、拘役或者管制，并处或者单处罚金。

有前款行为，泄露国家秘密的，依照本法第三百九十八条的规定定罪处罚。

【披露、报道不应公开的案件信息罪】公开披露、报道第一款规定的案件信息，情节严重的，依照第一款的规定处罚。

单位犯前款罪的，对单位判处罚金，并对其直接负责的主管人员和其他直接责任人员，依照第一款的规定处罚。

【释解与适用】

本条是关于泄露不应公开的案件信息罪，披露、报道不应公开的案件信息罪及其刑罚的规定。

本条分为四款。第一款是关于泄露不应公开的案件信息罪及其处罚的规定。本罪的主体是司法工作人员、辩护人、诉讼代理人或者其他诉讼参与人，即参与不公开审理的案件诉讼活动，知悉不应当公开的案件信息的人。"司法工作人员"，在刑事诉讼中，包括侦查人员、检察人员、审判人员和有监管职责的人员，在民事诉讼、行政诉讼中主要是审判人员。"辩护人",是指在刑事诉讼中接受犯罪嫌疑人、被告人的委托或者法律援助机构的指派,为犯罪嫌疑人、被告人提供法律帮助的人,包括律师,人民团体或者犯罪嫌疑人、被告人所在单位推荐的人和犯罪嫌疑人、被告人的监护人、亲友。"诉讼代理人",是指接受刑事公诉案件被害人及其法定代理人或者近亲属、自诉案件自诉人及其法定代理人、刑事附带民事诉讼案件当事人及其法定代理人、民事诉讼案件当事人及其法定代理人、行政诉讼案件当事人及其法定代理人的委托,代为参加诉讼和提供法律帮助的人,包括律师、基层法律服务工作者、当事人的近亲属或者工作人员、当事人所在社区、单位以及有关社会团体推荐的公民等。"其他诉讼参与人",是指除司法工作人员、辩护人、诉讼代理人之外其他参加诉讼的人员,包括证人、鉴定人、出庭的有专门知识的人、记录人、翻译人等。

根据本条规定,构成泄露不公开审理的案件信息犯罪在客观方面必须具备以下条件:一是泄露依法不公开审理的案件中不应当公开的信息。依法不公开审理的案件,是指依照刑事诉讼法、民事诉讼法、行政诉讼法、未成年人保护法等法律规定,应当不公开审理或者经当事人提出申请,人民法院决定不公开审理的案件。"不应当公开的信息",是指公开以后可能对国家安全和利益、当事人受法律保护的隐私权、商业秘密造成损害,以及对涉案未成年人的身心健康造成不利影响的信息。包括案件涉及的国家秘密、个人隐私、商业秘密本身,也包括其他与案件有关不宜为诉讼参与人以外人员知悉的信息。对于未成年人犯罪案件,未成年犯罪嫌疑人、被告人的姓名、住所、照片、图像、就读学校以及其他可能推断出该未成年人身份信息的资料,都属于不应当公开的信息。造成不应当知悉有关案件信息的人员知悉有关案件信息的,即属于泄露该信息的行为。二是造成信息公开传播或者其他严重后果。这是构成本罪的结果条件。信息公开传播是指信息在一定数量的公众中广泛传播。信息的公开传播使对不公开审理制度所保护的法益的损害扩大,是严重的危害后果。"其他严重后果"是指信息公开传播以外的其他严重的危害后果,如造成被害人不堪受辱而自杀,造成审判活动被干扰导致无法顺利进行等。

本款对泄露不公开审理的案件信息犯罪规定了一档法定刑,即处三年以下有期徒刑、拘役或者管制,并处或者单处罚金。

第二款是关于有泄露不公开审理的案件信息的行为,同时泄露国家秘密的,如何处理的规定。刑法第三百九十八条规定了故意或者过失泄露国家秘密犯罪。行为人泄露不公开审理案件中的国家秘密的，同时构成本条和第三百九十八条的犯罪，需要明确如何处理。考虑到第三百九十八条是针对泄露国家秘密犯罪的专门规定，其规定的法定刑也较本条第一款规定更重，对泄露不公开审理的案件中的国家秘密的行为依照第三百九十八条定罪处罚，更能够体现对泄露国家秘密犯罪从严惩处的精神，因此没有规定从一重罪处罚，而是直接规定，有本条第一款规定的泄露不公开审理的案件信息的行为，泄露国家秘密的，依照刑法第三百九十八条的规定定罪处罚。第三百九十八条虽然规定在渎职罪一章中，但其犯罪主体作了特别规定，包括国家机关工作人员和非国家机关工作人员。因此除了司法工作人员，其他诉讼参与人也可适用第三百九十八条规定定罪处罚。

第三款是关于披露、报道不应公开的案件信息罪及其处罚的规定。有的个人和媒体、网站等单位，虽然不是泄露不公开审理的案件信息的行为人，但通过各种渠道获得不公开审理的案件信息后，公开披露、报道，甚至大肆炒作，有的造成严重后果，对司法秩序和有关当事人的合法权益造成严重损害。这种行为与泄露不公开审理的案件信息具有同样的社会危害性，应当追究刑事责任。"公开披露"是指通过各种途径向他人和公众发布有关案件信息。"报道"主要是指报刊、广播、电视、网站等媒体向公众公开传播有关案件信息。本款规定的"情节严重"，是公开披露、报道第一款规定的案件信息行为构成犯罪的条件，其具体含义可以参照第一款的规定，主要是造成信息大量公开传播、为公众所知悉，给司法秩序和当事人合法权益造成严重损害，以及其他与此类似的严重后果。根据本款规定，公开披露、报道第一款规定的案件信息，情节严重的，依照第一款的规定处罚，即处三年以下有期徒刑、拘役或者管制，并处或者单处罚金。

第四款是关于单位犯披露、报道不应公开的案件信息罪的规定。本款对犯披露、报道不应公开的案件信息罪的单位采取双罚制。既对单位判处罚金，又对其直接负责的主管人员和其他直接责任人员，依照第一款的规定处罚。

在刑法修正案（九）草案审议和征求意见过程中，有的意见提出，本条规定可能会对辩护、代理律师正常的执业活动，以及新闻媒体对案件进行正常报道和舆论监督造成负面影响，建议对是否增加本条规定慎重考虑。经对这方面意见认真研究，认为本条规定是为了保障人民法院依法独立公正行使审判权，保护当事人的合法权益。本罪的主体是包括司法工作人员在内的所有诉讼参与人，不是专门针对某个特定群体的。律师的正常执业活动不会因本条规定受到不利影响。同时，法律对于不公开审理的案件范围规定是明确的，新闻媒体对于涉及这类案件的新闻线索，应当谨慎处理，避免触及法律红线。新闻媒体对案件的正常报道和舆论监督活动，也不会因为本条规定受到负面影响。

第三百零九条 【扰乱法庭秩序罪】有下列扰乱法庭秩序情形之一的，处三年以下有期徒刑、拘役、管制或者罚金：

（一）聚众哄闹、冲击法庭的；

（二）殴打司法工作人员或者诉讼参与人的；

（三）侮辱、诽谤、威胁司法工作人员或者诉讼参与人，不听法庭制止，严重扰乱法庭秩序的；

（四）有毁坏法庭设施，抢夺、损毁诉讼文书、证据等扰乱法庭秩序行为，情节严重的。

【释解与适用】

本条是关于扰乱法庭秩序罪及其刑罚的规定。

本罪的主体主要是参加法庭审判活动的人员，包括当事人、法定代理人、辩护人、诉讼代理人、证人、鉴定人和翻译人员等，也包括法庭上的旁听人员和非法进入法庭的人员。本罪的主观方面是故意犯罪。本罪行为的本质特征是扰乱法庭秩序，即破坏了作为审判活动场所的法庭的正常秩序，对审判活动的正常进行造成妨害。本条分四项规定了四种扰乱法庭秩序的行为。

第一项是聚众哄闹、冲击法庭的行为。"聚众"一般是指纠集三人以上共同实施。"聚众哄闹法庭"，是指纠集众人在法庭上以喧哗、叫嚷、吹口哨等方式起哄捣乱，干扰诉讼活动正常进行。"聚众冲击法庭"，是指纠集众人，在未得到法庭许可的情况下进入法庭，甚至冲上审判台，致使法庭秩序混乱。本条未规定对聚众哄闹、冲击法庭的只对首要分子进行处罚，但在司法实践中，应当主要对首要分子和在犯罪中起主要作用的人员进行处罚，对于被裹挟参与了哄闹、冲击法庭行为，情节显著轻微的人员，可以不作为犯罪处理。

第二项是殴打司法工作人员或者诉讼参与人的。本项在1997年刑法

"殴打司法工作人员"规定的基础上,增加了殴打诉讼参与人的规定。对审判人员、公诉人、法警等司法工作人员,以及其他当事人、辩护人或者代理律师等诉讼参与人实施殴打行为的,都构成本条规定的犯罪。这一规定,在进一步强化对法庭秩序的维护的同时,也加强了对诉讼参与人人身权利的保护。

第三项是侮辱、诽谤、威胁司法工作人员或者诉讼参与人,不听法庭制止,严重扰乱法庭秩序的。本项是刑法修正案(九)增加的规定,也是与2012年刑事诉讼法第一百九十四条、民事诉讼法第一百一十条衔接的规定。"侮辱"是指公然诋毁他人人格,破坏他人名誉的行为。"诽谤"是指故意捏造事实,损害他人人格和名誉的行为。"威胁"是指以作出对他人人身、名誉或者社会公共利益不利的行为进行胁迫的行为。根据本项的规定,实施侮辱、诽谤、威胁司法工作人员或者诉讼参与人的行为,且不听法庭制止,严重扰乱法庭秩序的,才构成本条规定的犯罪。侮辱、诽谤、威胁的对象不仅包括法官等司法工作人员,也包括辩护律师等其他诉讼参与人,因此本项的规定意在维护法庭庄严秩序,并非一些意见提出的专门针对律师扰乱法庭秩序的规定。在构成犯罪的条件上也特意作了限定,要求先有法官制止、不停劝阻、警告的行为,且要求造成严重扰乱法庭秩序的后果。"严重扰乱法庭秩序"是指对法庭审判活动的正常进行造成严重妨害,致使审判活动难以进行或者无法进行。

第四项是有毁坏法庭设施,抢夺、损毁诉讼文书、证据等扰乱法庭秩序行为,情节严重的。本项也是刑法修正案(九)增加的规定。法庭设施是公共财产,也是人民法院审判活动的重要物质保障,诉讼文书、证据则是诉讼活动中重要的文件材料。故意打砸、损坏法庭设施以发泄不满,抢夺、损毁诉讼文书、证据等行为,都是实践中常见的损害司法权威,妨害诉讼活动正常进行的扰乱法庭秩序的行为。为此,本项将有上述行为,情节严重的规定为犯罪。这里规定的"情节严重",也是指对法庭秩序造成严重破坏。情节轻微的,可以依照刑事诉讼法、民事诉讼法、行政诉讼法等有关规定予以拘留、罚款、警告等处罚。

本条对扰乱法庭秩序的犯罪规定了一档法定刑,即处三年以下有期徒刑、拘役、管制或者罚金。这是1997年刑法的规定,刑法修正案(九)未作修改。

【适用中需要注意的问题】

1. 本条规定有一个修改完善的过程。刑法修正案（九）草案提请审议和公开征求意见过程中，有意见提出第三项"侮辱、诽谤、威胁司法工作人员或者诉讼参与人"的规定，第四项"有其他严重扰乱法庭秩序行为"的规定，罪与非罪的界限不清楚，在执行中容易导致扩大化而滥用，有的担心该规定可能成为对律师进行打击报复的工具，造成律师执业环境恶化，不利于维护当事人的合法权益和司法公正，建议不作规定。经研究认为，第三项的规定与刑事诉讼法、民事诉讼法的有关规定是一致的，属于衔接性规定。从实践中的情况看，辩护、代理律师被殴打和侮辱、诽谤、威胁的情况也屡见不鲜，第三项的规定有利于维护法庭秩序，是对包括辩护、代理律师在内所有诉讼参与人的保护。第四项规定的"其他严重扰乱法庭秩序行为"，也是维护法庭秩序和司法权威的必要规范，同时，为进一步明确罪与非罪的界限，防止适用扩大化，将第四项修改为"有毁坏法庭设施，抢夺、损毁诉讼文书、证据等扰乱法庭秩序行为，情节严重的"，进一步明确和限制情形，形成了最终的修正案文本。

2. 关于本罪的追诉程序，根据刑事诉讼法关于案件管辖等规定，刑法第三百零九条规定的扰乱法庭秩序罪，由公安机关负责侦查，检察机关向人民法院提起公诉。在研究起草刑法修正案（九）的过程中，有意见提出，扰乱法庭秩序的犯罪是"法官眼前的犯罪"，应当参照有些国家追究藐视法庭罪的程序，由人民法院直接审理作出判决，不要和其他普通刑事犯罪案件一样，经过公安机关侦查、检察机关审查起诉的程序。经过认真研究，考虑到人民法院、人民检察院和公安机关办理刑事案件，分工负责，互相配合，互相制约，是宪法和刑事诉讼法规定的基本原则，扰乱法庭秩序的犯罪如果由人民法院直接审理、径行判决，在程序上制约不充分，不利于提高司法公信力，因此对本罪的追诉程序未作修改。

3. 关于本条规定的适用场所。本条规定的是扰乱法庭秩序的犯罪，这类犯罪发生的地点应该是在进行审判活动的法庭之内。刑法修正案（九）研究起草和审议修改过程中，也有的意见提出将本罪修改为"扰乱审判秩序罪"，将扰乱人民法院除开庭审理案件以外的审判工作秩序的行为纳入本条规定的犯罪。经研究认为，法庭是国家进行审判活动的庄严场所，刑法对法庭秩序给予特别严格的保护，对于保障司法机关依法独立公正行使审判权具有重要意义。本条规定还是应当集中惩治在庭审过程中扰乱司法秩序的行为。对于在庭审以外的人民法院履行职责的活动中扰乱秩序的行为，如聚众冲击人民法院，在参加庭审以外的诉讼活动时殴打、侮辱、诽谤、威胁司法工作人员或者诉讼参与人等，可以根据刑法、治安管理处罚法关于聚众冲击国家机关、妨害公务、故意伤害等规定予以处罚。

第三百一十条　【窝藏、包庇罪】明知是犯罪的人而为其提供隐藏处所、财物，帮助其逃匿或者作假证明包庇的，处三年以下有期徒刑、拘役或者管制；情节严重的，处三年以上十年以下有期徒刑。

犯前款罪，事前通谋的，以共同犯罪论处。

【释解与适用】

本条是关于窝藏、包庇罪及其刑罚的规定。

本条分为两款。第一款是关于窝藏、包庇的犯罪和刑罚的规定。本条规定的犯罪是故意犯罪。"明知是犯罪的人"是本罪构成的主观要件。"明知是犯罪的人"，是指行为人已知道被包庇的人犯有罪行。在实践中，这种明知往往是犯罪的人告知行为人自己犯有罪行，但也有犯罪人并未明讲自己干了什么，可是从其言谈话语和向行为人提出的要求，行为人已可明确断定其犯罪。所以，这里的"明知"包括"应当知道"的含义。在办案中，认定行为人是否明知被窝藏、包庇的是犯罪的人，不能只凭犯罪嫌疑人、被告人的口供，而应根据行为人的行为和案件的情况，结合其口供综合予以认定。对于行为人确实不知对方为犯罪嫌疑人而为其提供财物的，不能认定为犯罪。如犯罪的人谎称丢了钱，借钱买车票等，不能认定行为人有帮助犯罪人隐匿的主观故意。本条规定了帮助犯罪人逃避法律追究的两种行为：（1）为犯罪人提供隐藏处所、财物，帮助其逃匿。这是指将自己的住处、管理的房屋提供给犯罪人或者给予犯罪人钱、物，包括食品、衣被等，帮助犯罪人隐藏或者逃跑，逃避法律追究。（2）作假证明包庇犯罪的人。这是指向司法机关提供假的证明来帮助犯罪分子逃避法律追究。如作假证明表示犯罪人不在犯罪现场等。上述两种犯罪行为，只要实施了行为之一，就构成本条规定的犯罪。刑法第三百六十二条规定旅馆业、饮食服务业、文化娱乐业、出租汽车业等单位的人员，在公安机关查处卖淫、嫖娼活动时，为违法犯罪分子通风报信，情节严重的，依照本法第三百一十条的规定定罪处罚。这是法律作出的提示性规定，目的是进一步明确，严厉打击查处卖淫嫖娼活动中通风报信的行为，针对当时一些地方包庇这类违法犯罪情况严重作出的规定。另外，刑法第三百四十九条还专门规定了包庇毒品犯罪分子罪，也是考虑到对毒品犯罪的严厉惩治和实践中的突出情况。还有，刑法第四百一十七条对国家机关工作人员查案中包庇行为规定了专门犯罪，即帮助犯罪分子逃避处罚罪："有查禁犯罪活动职责的国家机关工作人员，向犯罪分子通风报信、提供便利，帮助犯罪分子逃避处罚的，处三年以下有期徒刑或者拘役；情节严重的，处三年以上十年以下有期徒刑。"

根据本条规定，犯窝藏、包庇罪，处三年以下有期徒刑、拘役或者管制；情节严重的，处三年以上十年以下有期徒刑。"情节严重"，是指帮助重大案犯逃匿或为其作假证明，使其逃避法律追究，帮助犯罪团伙、集团逃匿或者因其包庇行为造成严重后果等。

第二款是关于事先与犯罪分子通谋，帮助犯罪分子逃匿或者包庇犯罪分子的处刑规定。"事先通谋"，是指行为人与犯罪的人在其犯罪前已共同策划好，实施犯罪后由其帮助逃匿或作假证明帮助其逃避法律追究。根据本款规定，对于事先通谋犯本条规定之罪的，以共犯论处。如某人与他人合谋盗窃，事先商定如案发由其提供隐藏处所，而在犯罪后实施窝藏行为的，应以盗窃罪的共犯处理。

包庇犯罪是一种传统犯罪罪名，打击的是妨害国家追究犯罪和司法秩序。在中国历史上一直注重对藏匿、包庇犯人的规定和处罚，但同时确有一个例外的现象，也可以说是传统，即对亲属之间相互隐匿包庇罪犯的给予特别的宽容，不处罚或者从宽处罚，即"亲亲得相首匿""同居相隐不为罪""亲亲相隐不为罪"。现代社会，规定亲属之间不能构成窝藏、包庇罪的国家已经没有，也就是说，犯罪的人的亲属可以成为窝藏、包庇罪的主体已经成为包括我国在内的各国法律规定的共识，因此本罪主体未作限定。不过，考虑到亲属之间的窝藏、包庇行为毕竟不同于社会上一般人之间的窝藏、包庇行为，因而在处罚上应当考虑予以从轻处罚。对于亲属不配合司法机关调查、不讲真实情况，但没有实施积极的藏匿、包庇行为的，不应构成本罪。

第三百一十一条 【拒绝提供间谍犯罪、恐怖主义犯罪、极端主义犯罪证据罪】明知他人有间谍犯罪或者恐怖主义、极端主义犯罪行为，在司法机关向其调查有关情况、收集有关证据时，拒绝提供，情节严重的，处三年以下有期徒刑、拘役或者管制。

【释解与适用】

本条是关于拒绝提供间谍犯罪、恐怖主义犯罪、极端主义犯罪证据罪及其刑罚的规定。

根据本条规定，构成本罪需要符合以下条件。

第一，行为人必须明知他人有间谍犯罪或者恐怖主义、极端主义犯罪行为。"明知他人有间谍犯罪或者恐怖主义、极端主义犯罪行为"是构成本罪的主观要件。这里的"明知"，是指行为人主观上知道或者应当知道，既包括知道他人实施间谍犯罪或者恐怖主义、极端主义犯罪行为的全部情况，也包括知道部分情况。行为人的主观动机可能是多种多样的，有的是怕影响自己的名声，有的是怕将来遭到打击报复，有的是怕麻烦等，无论动机是什么，都不影响本罪的成立。这里的"他人"，是指实施间谍犯罪或者恐怖主义、极端主义犯罪行为的人。"间谍犯罪行为"，主要是指反间谍法第三十八条规定的构成犯罪的间谍行为，包括：（1）间谍组织及其代理人实施或者指使、资助他人实施，或者境内外机构、组织、个人与其相勾结实施的危害中华人民共和国国家安全的活动；（2）参加间谍组织或者接受间谍组织及其代理人的任务的；（3）间谍组织及其代理人以外的其他境外机构、组织、个人实施或者指使、资助他人实施，或者境内机构、组织、个人与其相勾结实施的窃取、刺探、收买或者非法提供国家秘密或者情报，或者策动、引诱、收买国家工作人员叛变的活动；（4）为敌人指示攻击目标的；（5）进行其他间谍活动的。从刑法罪名上看不限于刑法第一百一十一条规定的间谍罪罪名，而是包括其他符合间谍行为特征的犯罪，如与境外勾结实施的其他有关危害国家安全的犯罪。"恐怖主义犯罪行为"，主要是指通过暴力、破坏、恐吓等手段，制造社会恐慌、危害公共安全、侵犯人身财产等犯罪行为，包括：组织、策划、实施放火、爆炸、杀人、绑架等造成或者意图造成人员伤亡、重大财产损失、公共设施损坏、社会秩序混乱等严重社会危害的活动的；组织、领导、参加恐怖活动组织的；为恐怖活动组织或者人员提供信息、资金、物资设备或者技术、场所等支持、协助、便利的；宣扬恐怖主义或者煽动实施恐怖活动的等。"极端主义犯罪行为"，主要是指以歪曲宗教教义或者其他方法煽动仇恨、煽动歧视、崇尚暴力等极端主义，构成犯罪的行为，包括宣扬极端主义或者利用极端主义煽动、胁迫群众破坏国家法律确立的婚姻、司法、教育、社会管理等制度实施等犯罪行为。

第二，行为人实施了在司法机关向其调查有关情况、收集有关证据时，拒绝提供的行为。根据反间谍法规定，国家安全机关是反间谍的主管机关。刑事诉讼法规定，对刑事案件的侦查、拘留、执行逮捕、预审，由公安机关负责，检察、批准逮捕、提起公诉，由人民检察院负责，审判由人民法院负责。根据上述规定，这里的"司法机关"，主要是指负有侦查、检察、审判职责的机关，即公安机关、人民检察院、人民法院。刑事诉讼法第四条规定，国家安全机关依照法律规定，办理危害国家安全的刑事案件，行使与公安机关相同的职权。因此，这里的司法机关也包括行使间谍犯罪案件侦查的国家安全机关。"调查有关情况"，主要是指司法机关调查了解间谍犯罪或者恐怖主义、极端主义犯罪及其有关情况，不仅包括间谍犯罪或者恐怖主义、极端主义犯罪行为本身的情况，还包括参加犯罪活动的人、线索以及方法、手段、时间、地点等情况。这种调查既包括立案前的一般调查，也包括立案后的调查询问。"收集有关证据"，主要是指侦查人员根据刑事诉讼法所规定的侦查程序收集有关间谍犯罪或者恐怖主义、极端主义犯罪的证据材料，既包括能够证明间谍犯罪或者恐怖主义、极端主义犯罪真实情况的证人证言，也包括有关书证、物证，如犯罪活动的工具、密写信、活动方案、组织名单等，以及视听资料、电子数据等。"拒绝提供"，包括拒绝向司法机关讲述其了解的相关情况，拒绝向司法机关提交有关证据。

第三，构成本罪必须达到"情节严重"的程度，即拒绝提供间谍犯罪或者恐怖主义、极端主义犯罪有关情况、证据的行为，必须是情节严重的才能构成本罪。"情节严重"，包括行为人在司法机关要求提供证据时进行暴力抗拒的，或者行为人拒不提供证据手段恶劣的，或者由于行为人的不配合延误对间谍犯罪、恐怖主义、极端主义犯罪案件的侦破而致使犯罪分子逃避法律追究或致使国家安全、利益遭受损害的，或者妨害了司法机关执行维护国家安全任务等情形。如果行为人虽然实施了拒绝提供证据的行为，但没有影响到司法机关的正常活动，没有造成危害国家安全或恐怖活动，没有使犯罪分子逃避法律制裁等严重后果的，则不构成本罪。

根据本条规定，犯本罪的，处三年以下有期徒刑、拘役或者管制。

【适用中需要注意的问题】

1. 本条规定的实际上是一种不作为犯，针对的是在面对司法机关调查时拒不配合，拒绝提供有关证据的行为，因而在犯罪成立的前提范围上是严格限定情形的，只限定为间谍犯罪和恐怖主义、极端主义犯罪这两类犯罪，这主要是考虑到这些罪严重危害国家安全和社会公共安全，需要严厉惩治。对于其他犯罪拒绝提供证据、有关情况的，本条没有将之规定为犯罪。

2. 执行中应注意本条规定与一般意义上的"知情不举"是有区别的。知道他人有间谍行为，为了维护国家安全，应当主动向国家安全机关或其他司法机关报告是公民的义务，不报告应当依法承担有关法律责任，但不构成本罪，不应以单纯的不报告为由适用本条予以刑事处罚。

第三百一十二条 【掩饰、隐瞒犯罪所得、犯罪所得收益罪】明知是犯罪所得及其产生的收益而予以窝藏、转移、收购、代为销售或者以其他方法掩饰、隐瞒的，处三年以下有期徒刑、拘役或者管制，并处或者单处罚金；情节严重的，处三年以上七年以下有期徒刑，并处罚金。

单位犯前款罪的，对单位判处罚金，并对其直接负责的主管人员和其他直接责任人员，依照前款的规定处罚。

【释解与适用】

本条是关于掩饰、隐瞒犯罪所得、犯罪所得收益罪及其刑罚的规定。

本条分为两款。第一款是关于对犯罪所得及其产生的收益予以掩饰、隐瞒的犯罪及其处罚的规定。构成本款规定的犯罪需要具备以下条件。

第一，明知是犯罪所得及其产生的收益。行为人是故意犯罪，即明知是犯罪所得及其产生的收益而故意予以掩饰、隐瞒的。明知不要求明确知道，包括推定为应当知道的情况。根据《最高人民法院关于审理洗钱等刑事案件具体应用法律若干问题的解释》第一条的规定，"明知"应当结合被告人的认知能力，接触他人犯罪所得及其收益的情况，犯罪所得及其收益的种类、数额，犯罪所得及其收益的转换、转移方式以及被告人的供述等主、客观因素进行认定。具有下列情形之一的，可以认定被告人明知系犯罪所得及其收益，但有证据证明确实不知道的除外：（1）知道他人从事犯罪活动，协助转换或者转移财物的；（2）没有正当理由，通过非法途径协助转换或者转移财物的；（3）没有正当理由，以明显低于市场的价格收购财物的；（4）没有正当理由，协助转换或者转移财物，收取明显高于市场的"手续费"的；（5）没有正当理由，协助他人将巨额现金散存于多个银行账户或者在不同银行账户之间频繁划转的；（6）协助近亲属或者其他关系密切的人转换或者转移与其职业或者财产状况明显不符的财物的；（7）其他可以认定行为人明知的情形。本条规定的"犯罪所得及其产生的收益"与本法第一百九十一条规定的范围和含义是相同的。根据2021年《最高人民法院关于审理掩饰、隐瞒犯罪所得、犯罪所得收益刑事案件适用法律若干问题的解释》的规定，通过犯罪直接得到的赃款、赃物，应当认定为本条规定的"犯罪所得"。上游犯罪的行为人对犯罪所得进行处理后得到的孳息、租金等，应当认定为刑法本条规定的"犯罪所得产生的收益"。

第二，行为人实施了窝藏、转移、收购、代为销售或者以其他方法掩饰、隐瞒犯罪所得及其收益的行为。这里规定的"窝藏"是广义的，是指使用各种方法将犯罪所得及其收益隐藏起来，不让他人发现或者替犯罪分子保存而使司法机关无法获取以及违法的持有、使用，等等。"转移"，是指将犯罪所得及其收益转移到他处，使侦查机关不能查获。"收购"，是指以出卖为目的收买犯罪所得及其收益。"代为销售"，是指代替犯罪分子将犯罪所得及其收益卖出的行为。"其他方法掩饰、隐瞒"，是指以窝藏、转移、收购、代为销售以外的各种方法掩饰、隐瞒犯罪所得及其收益，如居间介绍买卖，收受，持有，使用，加工，提供资金账户，协助将财物转换为现金、金融票据、有价证券，协助将资金转移、汇往境外等。

第三，关于犯罪门槛。本条没有明确规定构成犯罪的门槛。根据2021年《最高人民法院关于审理掩饰、隐瞒犯罪所得、犯罪所得收益刑事案件适用法律若干问题的解释》第一条规定，明知是犯罪所得及其产生的收益而予以窝藏、转移、收购、代为销售或者以其他方法掩饰、隐瞒，具有下列情形之一的，应当依照刑法第三百一十二条第一款的规定，以掩饰、隐瞒犯罪所得、犯罪所得收益罪定罪处罚：（1）一年内曾因掩饰、隐瞒犯罪所得及其产生的收益行为受过行政处罚，又实施掩饰、隐瞒犯罪所得及其产生的收益行为的；（2）掩饰、隐瞒的犯罪所得系电力设备、交通设施、广播电视设施、公用电信设施、军事设施或者救灾、抢险、防汛、优抚、扶贫、移民、救济款物的；（3）掩饰、隐瞒行为致使上游犯罪无法及时查处，并造成公私财物损失无法挽回的；（4）实施其他掩饰、隐瞒犯罪所得及其产生的收益行为，妨害司法机关对上游犯罪进行追究的。人民法院审理掩饰、隐瞒犯罪所得、犯罪所得收益刑事案件，应综合考虑上游犯罪的性质、掩饰、隐瞒犯罪所得及其收益的情节、后果及社会危害程度等，依法定罪处罚。司法解释对掩饰、隐瞒涉及计算机信息系统数据、计算机信息系统控制权的犯罪所得及其产生的收益行为构成犯罪已有规定的，审理此类案件依照该规定。依照全国人民代表大会常务委员会《关于〈中华人民共和国刑法〉第三百四十一条、第三百一十二条的解释》，明知是非法狩猎的野生动物而收购，数量达到五十只以上的，以掩饰、隐瞒犯罪所得罪定罪处罚。另外，根据上述司法解释规定，掩饰、隐瞒犯罪所得及其产生的收益的数额，应当以实施掩饰、隐瞒行为时为准。收购或者代为销售财物的价格高于其实际价值的，以收购或者代为销售的价格计算。多次实施掩饰、隐瞒犯罪所得及其产生的收益行为，未经行政处罚，依法应当追诉的，犯罪所得、犯罪所得收益的数额应当累计计算。

　　本款规定了两档刑罚：明知是犯罪所得及其产生的收益而予以窝藏、转移、收购、代为销售或者以其他方法掩饰、隐瞒的，处三年以下有期徒刑、拘役或者管制，并处或者单处罚金；情节严重的，处三年以上七年以下有期徒刑，并处罚金。根据 2021 年《最高人民法院关于审理掩饰、隐瞒犯罪所得、犯罪所得收益刑事案件适用法律若干问题的解释》第三条的规定，掩饰、隐瞒犯罪所得及其产生的收益，具有下列情形之一的，应当认定为本条第一款规定的"情节严重"：（1）掩饰、隐瞒犯罪所得及其产生的收益价值总额达到十万元以上的；（2）掩饰、隐瞒犯罪所得及其产生的收益十次以上，或者三次以上且价值总额达到五万元以上的；（3）掩饰、隐瞒的犯罪所得系电力设备、交通设施、广播电视设施、公用电信设施、军事设施或者救灾、抢险、防汛、优抚、扶贫、移民、救济款物，价值总额达到五万元以上的；（4）掩饰、隐瞒行为致使上游犯罪无法及时查处，并造成公私财物重大损失无法挽回或其他严重后果的；（5）实施其他掩饰、隐瞒犯罪所得及其产生的收益行为，严重妨害司法机关对上游犯罪予以追究的。

2014年4月,十二届全国人大常委会第八次会议通过了《关于〈中华人民共和国刑法〉第三百四十一条、第三百一十二条的解释》,根据这一法律解释,知道或者应当知道是刑法第三百四十一条第二款规定的非法狩猎的野生动物而购买的,属于本条第一款规定的明知是犯罪所得而收购的行为,应当根据本条的规定定罪处以刑罚。根据2021年《最高人民法院关于审理掩饰、隐瞒犯罪所得、犯罪所得收益刑事案件适用法律若干问题的解释》,明知是非法狩猎的野生动物而收购,数量达到五十只以上的,以掩饰、隐瞒犯罪所得罪定罪处罚。

第二款是关于单位犯罪的规定。本款规定,单位犯前款罪的,对单位判处罚金,并对其直接负责的主管人员和其他直接责任人员,依照前款的规定处罚。

【适用中需要注意的问题】

1. 关于本条的犯罪主体。刑法修正案(十一)对刑法第一百九十一条规定的洗钱罪的犯罪主体作了修改完善,修改后包括了罪犯本人实施上游犯罪后,为了掩饰、隐瞒犯罪所得及其收益而进一步实施洗钱行为的犯罪,即自洗钱。本条在犯罪主体方面未作修改,表述上没有排除罪犯本人。但理论上一般认为实施上游犯罪后的洗钱行为被上游犯罪吸收,作为上游犯罪处理时的从重情节。即使本条规定的主体没有排除罪犯本人,在认定时也应当区分情况。第一,本条包括了传统的赃物犯罪,对这类赃物犯罪的"自窝赃"不宜作为单独犯罪处理,例如实施了盗窃罪后的窝藏、使用、出售等行为,一般应当认定为盗窃罪的延伸行为、后续处理行为。第二,对本条中的洗钱犯罪,构成犯罪的前提也应当是,在实施了上游犯罪之后,具有掩饰、隐瞒犯罪所得及其收益的目的,并且对财物进行了转换、转移等明显的清洗行为。换句话说,行为人必须实施了进一步的洗钱行为,而不是简单的占有、使用和一般的移动、出售等行为,只有在侵害了新的法益的情况下才可能作为单独犯罪处理。当然,实践中窝赃罪和洗钱犯罪,以及是否具有进一步的清洗目的和行为,有时并不容易区分和判断,但也应当坚持这样的精神,妥当把握好本犯构成自洗钱犯罪的界限。在判断成立自洗钱犯罪的基础上,一般也应当与上游犯罪从一重罪处罚。

2. 犯罪团伙、集团在犯罪中分工负责掩饰、隐瞒犯罪所得及其收益的,应以该犯罪的共犯论处。

3. 行为人与犯罪分子事前通谋,事后对犯罪所得予以掩饰、隐瞒的,应按犯罪的共犯追究刑事责任。

4. 认定掩饰、隐瞒犯罪所得、犯罪所得收益罪,以上游犯罪事实成立为前提。上游犯罪尚未依法裁判,但查证属实的,不影响掩饰、隐瞒犯罪所得、犯罪所得收益罪的认定。上游犯罪事实经查证属实,但因行为人未达到刑事责任年龄、死亡等原因依法不予追究刑事责任的,也不影响掩饰、隐瞒犯罪所得、犯罪所得收益罪的认定。

5. 明知是犯罪所得及其产生的收益而予以掩饰、隐瞒,构成本条规定的犯罪,同时又构成刑法第一百九十一条或者第三百四十九条规定的犯罪的,依照处罚较重的规定定罪处罚。

第三百一十三条 【拒不执行判决、裁定罪】对人民法院的判决、裁定有能力执行而拒不执行,情节严重的,处三年以下有期徒刑、拘役或者罚金;情节特别严重的,处三年以上七年以下有期徒刑,并处罚金。

单位犯前款罪的,对单位判处罚金,并对其直接负责的主管人员和其他直接责任人员,依照前款的规定处罚。

【释解与适用】

本条是关于拒不执行判决、裁定罪及其刑罚的规定。

本条共分两款。第一款是关于拒不执行判决、裁定罪及其处罚的规定。根据本款规定,拒不执行判决、裁定罪,是指对人民法院的判决、裁定有能力执行而拒不执行,情节严重的行为。实践中认定本罪,要注意从以下几个方面掌握。

一是本罪拒不执行的对象是人民法院的判决、裁定。根据全国人大常委会立法解释的规定,本条规定的"人民法院的判决、裁定",是指人民法院依法作出的具有执行内容并已经发生法律效力的判决、裁定。人民法院为依法执行支付令、生效的调解书、仲裁裁决、公证债权文书所作的裁定属于本条规定的裁定。人民法院的判决是人民法院经过审理就案件的实体问题作出的决定;裁定是人民法院在诉讼或者判决执行过程中,对诉讼程序和部分实体问题所作的决定。对于人民法院的生效判决、裁定确定的执行内容，有关当事人应当按照要求及时履行。所谓生效判决、裁定，包括已经超过法定上诉、抗诉期限而没有上诉、抗诉的判决、裁定以及人民法院终审的判决、裁定等。没有发生法律效力的判决、裁定，因为不具备依法执行的条件，自然不会出现拒不执行的问题。需要注意的是，虽然实践中作为本罪拒不执行对象的判决和裁定，主要是人民法院审理民事案件所作的判决和裁定，但从法律规定上讲，刑事案件、行政案件的判决和裁定也属于本条规定的"判决、裁定"。刑法修正案（九）还在刑法第三十七条之一中专门明确，违反人民法院作出的禁止从事相关职业的决定，情节严重的，依照本法第三百一十三条的规定定罪处罚。

二是要有能力执行。所谓"有能力执行"，是指根据人民法院查实的证据证明负有执行人民法院判决、裁定义务的人有可供执行的财产或者具有履行特定行为义务的能力。倘若没有能力执行，比如执行义务人没有可供执行的财产而无法履行判决、裁定确定的义务的，不能构成本罪。对于实践中经常发生的，行为人为逃避义务，采取隐瞒、转移、变卖、赠送、毁损自己财产等方式而造成无法执行的，仍属于有能力执行，构成犯罪的，应以本罪处罚。行为人包括被执行人、协助执行义务人、担保人等负有执行义务的人。

三是要有拒不执行的行为。所谓"拒不执行"，是指对人民法院生效判决、裁定所确定的义务采取各种手段拒绝执行。既可以采取积极的作为，如转移、变卖、损毁执行标的等，也可以是消极的不作为，如对人民法院的判决、裁定置之不理；既可以是公开拒绝执行，也可以是暗地里拒绝执行。不论其方式如何，只要有能力执行而拒不执行，情节严重的，即可构成本罪。

四是必须达到情节严重的程度。情节尚不严重的，不能以犯罪处罚。根据全国人大常委会立法解释的规定，下列情形属于本条规定的"有能力执行而拒不执行，情节严重"的情形：（1）被执行人隐藏、转移、故意毁损财产或者无偿转让财产、以明显不合理的低价转让财产，致使判决、裁定无法执行的；（2）担保人或者被执行人隐藏、转移、故意毁损或者转让已向人民法院提供担保的财产，致使判决、裁定无法执行的；（3）协助执行义务人接到人民法院协助执行通知书后，拒不协助执行，致使判决、裁定无法执行的；（4）被执行人、担保人、协助执行义务人与国家机关工作人员通谋，利用国家机关工作人员的职权妨害执行，致使判决、裁定无法执行的；(5) 其他有能力执行而拒不执行，情节严重的情形。2020 年《最高人民法院关于审理拒不执行判决、裁定刑事案件适用法律若干问题的解释》对上述立法解释中"其他有能力执行而拒不执行，情节严重的情形"进一步作了明确，规定：负有执行义务的人有能力执行而实施下列行为之一的，应当认定为《全国人民代表大会常务委员会关于〈中华人民共和国刑法〉第三百一十三条的解释》中规定的"其他有能力执行而拒不执行，情节严重的情形"：(1) 具有拒绝报告或者虚假报告财产情况、违反人民法院限制高消费及有关消费令等拒不执行行为，经采取罚款或者拘留等强制措施后仍拒不执行的；(2) 伪造、毁灭有关被执行人履行能力的重要证据，以暴力、威胁、贿买方法阻止他人作证或者指使、贿买、胁迫他人作伪证，妨碍人民法院查明被执行人财产情况，致使判决、裁定无法执行的；(3) 拒不交付法律文书指定交付的财物、票证或者拒不迁出房屋、退出土地，致使判决、裁定无法执行的；(4) 与他人串通，通过虚假诉讼、虚假仲裁、虚假和解等方式妨害执行，致使判决、裁定无法执行的；(5) 以暴力、威胁方法阻碍执行人员进入执行现场或者聚众哄闹、冲击执行现场，致使执行工作无法进行的；(6) 对执行人员进行侮辱、围攻、扣押、殴打，致使执行工作无法进行的；(7) 毁损、抢夺执行案件材料、执行公务车辆和其他执行器械、执行人员服装以及执行公务证件，致使执行工作无法进行的；(8) 拒不执行法院判决、裁定，致使债权人遭受重大损失的。

五是本罪是特殊主体，主要是指有义务执行人民法院判决、裁定的当事人。根据民事诉讼法和司法解释的有关规定，对判决、裁定负有协助执行义务的个人和单位、担保人等，也可以成为本罪的主体。

关于国家机关工作人员利用职权妨害执行，致使判决、裁定无法执行的情形，根据全国人大常委会立法解释的规定，国家机关工作人员有利用职权妨害执行，致使判决、裁定无法执行的行为的，以拒不执行判决、裁定罪的共犯追究刑事责任。国家机关工作人员收受贿赂或者滥用职权，有上述行为的，同时又构成刑法第三百八十五条、第三百九十七条规定之罪的，依照处罚较重的规定定罪处罚。

本款对拒不执行判决、裁定罪规定了两档刑罚：情节严重的，处三年以下有期徒刑、拘役或者罚金；情节特别严重的，处三年以上七年以下有期徒刑，并处罚金。另外，根据 2020 年《最高人民法院关于审理拒不执行判决、裁定刑事案件适用法律若干问题的解释》的规定，拒不执行判决、裁定刑事案件，一般由执行法院所在地人民法院管辖。量刑过程中，对拒不执行判决、裁定的被告人在一审宣告判决前，履行全部或部分执行义务的，可以酌情从宽处罚。拒不执行支付赡养费、扶养费、抚育费、抚恤金、医疗费用、劳动报酬等判决、裁定的，可以酌情从重处罚。

第二款是关于单位犯罪的规定。这里规定的"单位"，包括公司、企业、事业单位、机关、团体。根据本款规定，单位对人民法院的判决、裁定有能力执行而拒不执行，情节严重，构成犯罪的，对单位判处罚金，并对单位直接负责的主管人员和其他直接责任人员，依照第一款的规定处罚。

【适用中需要注意的问题】

关于本罪能否自诉。首先可以肯定的是，本条规定不是告诉才处理的案件，但是否属于刑事诉讼法规定的其他情形的自诉案件，存在不同认识。刑事诉讼法第二百一十条规定："自诉案件包括下列案件：（一）告诉才处理的案件；（二）被害人有证据证明的轻微刑事案件；（三）被害人有证据证明对被告人侵犯自己人身、财产权利的行为应当依法追究刑事责任，而公安机关或者人民检察院不予追究被告人刑事责任的案件。"1998年《最高人民法院、最高人民检察院、公安部、国家安全部、司法部、全国人大常委会法制工作委员会关于刑事诉讼法实施中若干问题的规定》将拒不执行判决、裁定罪案件规定为公诉案件，2012六部委《关于实施刑事诉讼法若干问题的规定》，对拒不执行判决、裁定罪是否属于公诉案件未作明确。依据2020年《最高人民法院关于审理拒不执行判决、裁定刑事案件适用法律若干问题的解释》第三条的规定，申请执行人有证据证明同时具有下列情形，人民法院认为符合刑事诉讼法第二百一十条第三项规定的，以自诉案件立案审理：（1）负有执行义务的人拒不执行判决、裁定，侵犯了申请执行人的人身、财产权利，应当依法追究刑事责任的；（2）申请执行人曾经提出控告，而公安机关或者人民检察院对负有执行义务的人不予追究刑事责任的。也就是说本罪可以提起自诉，同时自诉人在宣告判决前，可以同被告人自行和解或者撤回自诉。这也是考虑到解决人民法院判决、裁定执行难的情况所作的有针对性规定。

第三百一十四条 【非法处置查封、扣押、冻结的财产罪】隐藏、转移、变卖、故意毁损已被司法机关查封、扣押、冻结的财产，情节严重的，处三年以下有期徒刑、拘役或者罚金。

【释解与适用】

本条是关于非法处置查封、扣押、冻结的财产罪及其刑罚的规定。

本条规定的犯罪对象是已被司法机关查封、扣押、冻结的财产。"查封"，是指被司法机关签封，这种签封应载明查封日期、查封单位并盖章。物品一经司法机关查封，未经查封机关批准不得私自开封、使用，更不得变卖、转移。"扣押"，是指司法机关因办案需要将与案件有关的物品暂时扣留。这种扣押，一般是将物品扣在司法机关，但一些大宗物品也可扣押在仓库等地。"冻结"，主要是指冻结与案件相关的资金账户，根据刑事诉讼法第一百四十四条的规定，人民检察院、公安机关根据侦查犯罪的需要，可以依照规定查询、冻结犯罪嫌疑人的存款、汇款、债券、股票、基金份额等财产；有关单位和个人应当配合。一旦冻结，不经依法解冻，该项资金不得私自使用，更不得转移。本条共规定了四种行为：（1）隐藏被司法机关查封、扣押的物品；（2）转移已被查封、扣押、冻结的财产，主要是指将已被查封、扣押的物品转移到他处，脱离司法机关的掌握，或者将已被冻结的资金私自取出或转移到其他账户；（3）变卖已被司法机关查封、扣押的物品，即将已被查封、扣押的物品以各种形式卖给他人；（4）故意毁损已被司法机关查封、扣押的物品。这种"毁损"是指使用破坏性手段使物品失去原貌，失去原来具有的使用价值和价值。上述四种行为，不论发生在刑事诉讼或民事、行政诉讼中，只要具有其中之一，情节严重的就可构成本罪。"情节严重"，主要是指隐藏、转移、变卖、故意毁损已被司法机关查封、扣押、冻结的财产，严重妨害了诉讼活动的正常进行或者使国家、集体、人民的利益遭受了重大损失。犯本罪的，处三年以下有期徒刑、拘役或者罚金。

【适用中需要注意的问题】

1. 本条规定的隐藏、转移、变卖、故意毁损已被司法机关查封、扣押、冻结的财产的行为不仅限于刑事诉讼，也包括在民事、行政诉讼中的行为。

2. 查封、扣押、冻结的财产是为保障诉讼顺利进行而采取的措施,是一种程序性的过程中的措施,不是具有结局性的财产处置措施。因此,根据民事诉讼法、行政诉讼法、刑事诉讼法等有关规定,对查封、扣押、冻结的财产应当依法处置,不得损害当事人的合法权益。如根据刑事诉讼法的相关规定,在侦查活动中,对与案件无关的财物、文件,不得查封、扣押,对查封、扣押的财物、文件,要妥善保管或者封存,不得使用、调换或者损毁,对查封、扣押的财物、文件、邮件、电报或者冻结的存款、汇款、债券、股票、基金份额等财产,经查明确实与案件无关的,应当在三日以内解除查封、扣押、冻结,予以退还;人民检察院决定不起诉的案件,应当同时对侦查中查封、扣押、冻结的财物解除查封、扣押、冻结。人民法院作出的判决,应当对查封、扣押、冻结的财物及其孳息作出处理;人民法院作出的判决生效以后,有关机关应当根据判决对查封、扣押、冻结的财物及其孳息进行处理。对查封、扣押、冻结的赃款赃物及其孳息,除依法返还被害人的以外,一律上缴国库。

第三百一十五条 【破坏监管秩序罪】依法被关押的罪犯,有下列破坏监管秩序行为之一,情节严重的,处三年以下有期徒刑。

(一)殴打监管人员的;

(二)组织其他被监管人破坏监管秩序的;

(三)聚众闹事,扰乱正常监管秩序的;

(四)殴打、体罚或者指使他人殴打、体罚其他被监管人的。

【释解与适用】

本条是关于破坏监管秩序罪及其刑罚的规定。

根据本条规定,破坏监管秩序犯罪,是指依法被关押的罪犯,有下列破坏监管秩序行为之一,情节严重的行为:(1)殴打监管人员的;(2)组织其他被监管人破坏监管秩序的;(3)聚众闹事,扰乱正常监管秩序的;(4)殴打、体罚或者指使他人殴打、体罚其他被监管人的。"依法被关押的罪犯",是指依照法定程序,经人民法院判决有罪并被判处剥夺人身自由的刑罚,送到监狱或者其他执行场所执行刑罚的罪犯。"破坏监管秩序",是指以各种方式破坏对罪犯进行监管的工作正常进行。"殴打监管人员",是指用拳脚、棍棒等对刑罚执行场所的人民警察及其他管理人员实施暴力打击、伤害的行为。1997年修订刑法将殴打人员从人民警察扩大到其他监管人员。"组织其他被监管人破坏监管秩序",是指公开或者暗中授意、策动、指使其他被依法关押的罪犯违反监狱的纪律和管理秩序,不服从管理。"聚众闹事,扰乱正常监管秩序",是指策动、纠集多名被监管人闹事,扰乱监狱的生产、生活等方面的正常秩序。"殴打、体罚或者指使他人殴打、体罚其他被监管人",是指对其他被监管人进行殴打及身体上的折磨,或者指使被监管人对其他被监管人进行殴打及身体上的折磨。实施以上破坏监管秩序的行为,可以是在监狱等执行场所,也可以是在外出劳动作业的场所或者在押解途中。以上破坏监管秩序的行为,情节严重的才构成犯罪。所谓"情节严重",是指多次实施上述破坏监管秩序行为的;实施上述破坏监管秩序行为造成严重影响的,造成严重后果的;等等。根据本条规定,对破坏监管秩序犯罪,处三年以下有期徒刑。根据刑事诉讼法第三百零八条的规定,对罪犯在监狱内犯罪的案件由监狱进行侦查。本罪由监狱负责侦查办理。

【适用中需要注意的问题】

1. 实施本条第四项殴打、体罚或者指使他人殴打、体罚其他被监管人的行为,同时构成故意伤害、故意杀人等其他犯罪的,应当从一重罪处罚。这也体现在监管人员对被监管人员实施殴打行为的犯罪中,刑法第二百四十八条对此作了明确规定:"监狱、拘留所、看守所等监管机构的监管人员对被监管人进行殴打或者体罚虐待,情节严重的,处三年以下有期徒刑或者拘役;情节特别严重的,处三年以上十年以下有期徒刑。致人伤残、死亡的,依照本法第二百三十四条、第二百三十二条的规定定罪从重处罚。监管人员指使被监管人殴打或者体罚虐待其他被监管人的,依照前款的规定处罚。"

2. 需要研究的是,关于本罪的主体,是否包括在看守所羁押的犯罪嫌疑人、被告人。本条规定的主体是"依法被关押的罪犯",一种观点认为,这里的"罪犯"就是指依照法定程序,经人民法院判决有罪并被判处剥夺人身自由的刑罚,送到监狱或者其他执行场所执行刑罚的罪犯。另一种观点认为,对这里的"罪犯"不应当作狭义的理解,对于刑事诉讼程序中依法被关押的犯罪嫌疑人、被告人也应当认定为本条的"罪犯",否则对于这些人会形成处罚漏洞。首先,可以肯定的是,本罪的主体不包括被执行行政拘留的人员。刑法第三百一十六条规定的脱逃罪的主体、劫夺被押解人员罪的对象明确规定为罪犯、被告人、犯罪嫌疑人。此外，第四百条规定的私放在押人员罪、失职致使在押人员脱逃罪的对象明确规定包括"私放在押的犯罪嫌疑人、被告人或者罪犯""致使在押的犯罪嫌疑人、被告人或者罪犯脱逃"的情形，也明确列举了犯罪嫌疑人、被告人。本条没有列举犯罪嫌疑人、被告人，考虑的主要是惩治监狱等刑罚执行场所中发生的违反监规的严重行为，目的是保障监管工作秩序，更好地教育改造罪犯。

第三百一十六条 【脱逃罪】依法被关押的罪犯、被告人、犯罪嫌疑人脱逃的，处五年以下有期徒刑或者拘役。

【劫夺被押解人员罪】劫夺押解途中的罪犯、被告人、犯罪嫌疑人的，处三年以上七年以下有期徒刑；情节严重的，处七年以上有期徒刑。

【释解与适用】

本条是关于脱逃罪、劫夺被押解人员罪及其刑罚的规定。

本条分为两款。第一款是关于脱逃罪及其处罚的规定。根据本条规定，脱逃罪，是指依法被关押的罪犯、被告人、犯罪嫌疑人脱逃的行为。这里所说的"依法被关押的罪犯"，是指经过法定程序，被人民法院定罪处刑并被关押的人；"依法被关押的被告人"，是指依照法定程序，被司法机关逮捕关押，正在接受人民法院审判的人；"依法被关押的犯罪嫌疑人"，是指依照法定程序，被司法机关拘留、逮捕，正在接受侦查、审查起诉的人。本条将依法被关押的被告人、犯罪嫌疑人也规定为本罪的主体，主要是为了维护看守所的秩序以及司法机关依法办案的权威和严肃性。被非法关押的人脱逃的，不构成本罪。对被错判徒刑的在服刑期间的"脱逃"行为，不以脱逃罪论罪判刑。所谓"脱逃"，是指行为人逃离司法机关的监管场所的行为，主要是指从监狱、看守所等监管场所逃跑，也包括在押解途中逃跑。根据本款规定，犯脱逃罪的，处五年以下有期徒刑或者拘役。需要注意的是，对脱逃罪判处的刑罚应当与前罪没有执行的刑罚依照刑法第六十九条、第七十一条的规定予以并罚。根据2014年《最高人民法院、最高人民检察院、公安部、司法部关于监狱办理有关刑事案件的规定》，在押罪犯脱逃后未实施其他犯罪的，由监狱立案侦查，公安机关抓获后通知原监狱押回，监狱所在地人民检察院审查起诉。罪犯脱逃期间又实施其他犯罪，在捕回监狱前发现的，由新罪犯罪地公安机关侦查新罪，并通知监狱；监狱对脱逃罪侦查终结后移送管辖新罪的公安机关，由公安机关一并移送当地人民检察院审查起诉，人民法院判决后，送当地监狱服刑，罪犯服刑的原监狱应当配合。

第二款是关于劫夺被押解人员罪及其处刑的规定。本罪在客观方面表现为行为人实施了劫夺押解途中的罪犯、被告人、犯罪嫌疑人的行为。这里的"劫夺"，是指以暴力、威胁等手段，将罪犯、被告人、犯罪嫌疑人从司法机关工作人员的押解控制中夺走的行为。劫夺行为，有的针对押解人员实施，有的针对押解的车辆、船只等实施。本罪的犯罪对象是正在押解途中的罪犯、被告人、犯罪嫌疑人，不是正在押解途中劫夺以上对象的，不构成本罪。根据本款规定，犯劫夺被押解人员罪的，处三年以上七年以下有期徒刑；情节严重的，处七年以上有期徒刑。所谓"情节严重"，主要是指劫夺重刑犯或者重大案件的被告人、犯罪嫌疑人，多人进行劫夺或者劫夺多人的，持械劫夺的，社会影响恶劣的，造成严重后果的，等等。

第三百一十七条 【组织越狱罪】组织越狱的首要分子和积极参加的，处五年以上有期徒刑；其他参加的，处五年以下有期徒刑或者拘役。

【暴动越狱罪】【聚众持械劫狱罪】暴动越狱或者聚众持械劫狱的首要分子和积极参加的，处十年以上有期徒刑或者无期徒刑；情节特别严重的，处死刑；其他参加的，处三年以上十年以下有期徒刑。

【释解与适用】

本条是关于组织越狱罪、暴动越狱罪、聚众持械劫狱罪及其刑罚的规定。

本条分为两款。第一款是关于组织越狱罪及其处刑的规定。本罪在客观方面表现为有组织、有计划地从狱中逃跑的行为。所谓"组织越狱"，是指在首要分子的组织、策划、指挥下，在押人员进行周密准备，选择一定的方法、手段和时机，实施集体从监狱、看守所逃跑，逃避依法继续关押或者执行刑罚的行为。组织越狱的犯罪行为,是聚众实施的犯罪。行为人单独实施越狱犯罪的,依照刑法第三百一十六条第一款脱逃罪的规定定罪处刑。本条所谓"首要分子",是指组织越狱犯罪的组织、策划、指挥者。所谓"积极参加的",是指主动、积极参加有组织的越狱犯罪或者在犯罪中起重要作用的人。所谓"其他参加的",是指在有组织的越狱犯罪中,除了首要分子和积极参加者以外的其他参加犯罪的人员。本款对有组织越狱犯罪,区分行为人在犯罪中的地位和作用大小,规定了不同的处刑:对首要分子和积极参加的,处五年以上有期徒刑;对其他参加的,处五年以下有期徒刑或者拘役。

第二款是关于暴动越狱罪、聚众持械劫狱罪及其处刑的规定。所谓"暴动越狱",是指监狱、看守所中的被关押人,使用暴力手段,聚众逃跑的行为。这里的暴力手段主要有殴打、杀害监管人员或警卫人员;用暴力捣毁、破坏监狱设施;抢劫、抢夺枪支弹药;暴力冲闯监门;等等。这种暴动越狱一般都是有组织、有计划的行为,其行为方式除施加暴力外,其他与组织越狱相同,是从组织越狱罪中分离出来的一种更为严重的犯罪。所谓"聚众持械劫狱",是指在首要分子的组织、策划、指挥下,使用棍棒、刀具、武器等,实施暴力抢走狱中、刑场上的罪犯、被告人、犯罪嫌疑人的行为。本条对暴动越狱犯罪、聚众持械劫狱犯罪的,区分行为人在实施犯罪中的地位、作用以及情节轻重,规定了不同的处刑:对首要分子和积极参加的,处十年以上有期徒刑或者无期徒刑;对情节特别严重的,处死刑;对其他参加的,处三年以上十年以下有期徒刑。"情节特别严重",是指暴动越狱或者聚众劫狱造成特别严重后果的,行为手段特别残忍的,政治和社会影响特别恶劣的,等等。

第三节 妨害国(边)境管理罪

第三百一十八条 【组织他人偷越国(边)境罪】组织他人偷越国(边)境的,处二年以上七年以下有期徒刑,并处罚金;有下列情形之一的,处七年以上有期徒刑或者无期徒刑,并处罚金或者没收财产:

(一)组织他人偷越国(边)境集团的首要分子;

（二）多次组织他人偷越国（边）境或者组织他人偷越国（边）境人数众多的；

（三）造成被组织人重伤、死亡的；

（四）剥夺或者限制被组织人人身自由的；

（五）以暴力、威胁方法抗拒检查的；

（六）违法所得数额巨大的；

（七）有其他特别严重情节的。

犯前款罪，对被组织人有杀害、伤害、强奸、拐卖等犯罪行为，或者对检查人员有杀害、伤害等犯罪行为的，依照数罪并罚的规定处罚。

【释解与适用】

本条是关于组织他人偷越国（边）境罪及其刑罚的规定和同时构成其他犯罪时定罪处罚的规定。

本条分为两款。第一款是关于组织他人偷越国（边）境罪及其处刑的规定。所谓"组织他人偷越国（边）境"，是指未经办理有关出入国（边）境证件和手续，领导、策划、指挥他人偷越国（边）境或者在首要分子指挥下，实施拉拢、引诱、介绍他人偷越国（边）境等行为。所谓"国境"，是指我国与外国的国界；"边境"，是指我国大陆与港、澳、台地区的交界。本罪是故意犯罪，一般具有营利目的。本款规定的"组织他人偷越国（边）境集团的首要分子"，是指策划、领导、指挥、组织他人偷越国（边）境集团的犯罪分子。"多次组织他人偷越国（边）境或者组织他人偷越国（边）境人数众多的"，这里的"多次"，一般是指组织他人偷越国（边）境三次以上的，这里的"人数众多"，一般是指组织他人偷越国（边）境人数在十人以上。"造成被组织人重伤、死亡的"，是指在组织偷越国（边）境过程中，由于运输工具出现故障等原因导致伤亡事故或者导致被组织人自杀等，造成被组织人重伤、死亡后果的。"剥夺或者限制被组织人人身自由的"，是指采取强制方法对被组织人人身自由进行剥夺和限制的。在组织他人偷越国（边）境的过程中，行为人为防止被组织人逃跑，而采取种种措施加以防范，如对被组织人施以捆绑、将其关押的特定场所，采用给被组织人服用安眠药、催眠术等使被组织人失去知觉的方法，而加以禁闭，或者不允许被组织人自由活动，外出或上厕所等均需报告，并派人随时随地监视，等等。"以暴力、威胁方法抗拒检查的"，是指在组织他人偷越国（边）境犯罪活动过程中，遇到有关国家工作人员执行检查任务时，行为人采取暴力、威胁的方法，阻碍国家工作人员依法执行公务。行为人对边防、海关等依法执行检查任务的人员实施殴打、阻挠干涉或者以杀害、伤害、损害名誉等相要挟，阻止执法人员依法进行检查的行为。"违法所得数额巨大的"，是指以牟利为目的组织他人偷越国（边）境，获取巨大数额的利益的。"有其他特别严重情节的"，是指除以上六种情节以外，具有其他后果特别严重、手段特别残忍、影响特别恶劣等特别严重的情节。本款根据不同情节，规定了两档处刑：一是对一般的组织他人偷越国（边）境犯罪，处二年以上七年以下有期徒刑，并处罚金；二是对具有第一款规定的七种严重情形之一的，处七年以上有期徒刑或者无期徒刑，并处罚金或者没收财产。

第二款是关于犯组织他人偷越国（边）境罪同时又有其他犯罪行为应当如何处罚的规定。根据本款规定，犯前款罪，对被组织人有杀害、伤害、强奸、拐卖等犯罪行为，或者对检查人员有杀害、伤害等犯罪行为的，按照组织他人偷越国（边）境罪，故意杀人罪，故意伤害罪，强奸罪，拐卖妇女、儿童罪等分别定罪量刑，然后再依照刑法第六十九条的规定实行数罪并罚。在组织他人偷越国（边）境的犯罪活动过程中，行为人以暴力威胁方法抗拒检查的，除触犯组织他人偷越国（边）罪的规定外，还同时触犯了刑法第二百七十七条的规定，即此种情况下，行为人的行为已构成了组织他人偷越国（边）境罪和妨害公务罪两罪。

第三百一十九条　【骗取出境证件罪】以劳务输出、经贸往来或者其他名义，弄虚作假，骗取护照、签证等出境证件，为组织他人偷越国（边）境使用的，处三年以下有期徒刑，并处罚金；情节严重的，处三年以上十年以下有期徒刑，并处罚金。

单位犯前款罪的，对单位判处罚金，并对其直接负责的主管人员和其他直接责任人员，依照前款的规定处罚。

【释解与适用】

本条是关于骗取出境证件罪及其刑罚的规定。

本条分为两款。第一款是关于骗取出境证件罪及其处刑的规定。根据本款规定，骗取出境证件罪，是指以劳务输出、经贸往来或者其他名义，弄虚作假，骗取护照、签证等出境证件，为组织他人偷越国（边）境使用的行为。这里规定的"以劳务输出、经贸往来或者其他名义，弄虚作假，骗取护照、签证等出境证件"，是指本罪的犯罪对象是护照、签证等出境证件；本罪的行为方式是弄虚作假地以劳务输出、经贸往来或者其他名义向签发、管理机关骗取出境证件。"护照"，是指一个主权国家发给本国公民出入国境，在国外居留、旅行的合法身份证明和国籍证明；"签证"，是指一个主权国家同意外国人进入或经过该国国境而签署的一种许可证明。"为组织他人偷越国（边）境使用"，是指骗取护照、签证等出境证件的目的，必须是准备给自己或者提供给别人进行组织他人偷越国（边）境犯罪使用。如果骗取护照、签证等出境证件，是为了本人或者他人出国，不是为组织他人偷越国（边）境使用的，不构成本罪。根据本款规定，犯骗取出境证件罪，处三年以下有期徒刑，并处罚金；情节严重的，处三年以上十年以下有期徒刑，并处罚金。所谓"情节严重"，根据《最高人民法院、最高人民检察院关于办理妨害国（边）境管理刑事案件应用法律若干问题的解释》的规定，主要指：（1）骗取出境证件五份以上的；（2）非法收取费用三十万元以上的；（3）明知是国家规定的不准出境的人员而为其骗取出境证件的；（4）其他情节严重的情形。

第二款是关于单位犯骗取出境证件罪的处罚规定。根据本款规定，单位犯本罪的，对单位判处罚金，并对直接负责的主管人员和其他直接责任人员，依照前款的规定处罚。"依照前款的规定处罚"，是指单位犯骗取出境证件罪，对其直接负责的主管人员和其他直接责任人员，处三年以下有期徒刑，并处罚金；情节严重的，处三年以上十年以下有期徒刑，并处罚金。

刑法第三百一十九条对骗取出境证件罪规定了两个量刑幅度，具体为：（1）普通的骗取出境证件罪，处三年以下有期徒刑，并处罚金；（2）严重的骗取出境证件罪，处三年以上十年以下有期徒刑，并处罚金。所谓"情节严重"，一般是指下列情节：骗取出境证件集团的首要分子；多次骗取出境证件的；提供伪造、变造的出境证件或者出售出境证件行为引起严重后果的，如引起他人自杀身亡、精神失常，或者使他人得以偷越国（边）境或者组织他人偷越国（边）境的，或者造成极为恶劣的国际影响，严重败坏我国国际形象和对外声誉的；为骗取出境证件拉拢、腐蚀国家机关工作人员的；等等。

【适用中需要注意的问题】

如果行为人仅为单个人骗取了出境证件,没有为组织他人偷越国(边)境使用的目的,或者在组织劳务输出、经贸活动中,由于管理不善,致使出国(边)境人员逃跑不回境的,不能以本罪论处,情节严重的,可以作为一般偷越国(边)境罪的共犯,或者其他犯罪处理。

第三百二十条 【提供伪造、变造的出入境证件罪】【出售出入境证件罪】为他人提供伪造、变造的护照、签证等出入境证件,或者出售护照、签证等出入境证件的,处五年以下有期徒刑,并处罚金;情节严重的,处五年以上有期徒刑,并处罚金。

【释解与适用】

本条是关于提供伪造、变造的出入境证件罪,出售出入境证件罪及其刑罚的规定。

根据本条规定,为他人提供伪造、变造的出入境证件犯罪在客观上表现为实施为他人提供伪造、变造的出入境证件的行为。本条规定的"提供",包括有偿提供和无偿提供,实践中一般是出于牟利目的的有偿提供。本罪的行为特征是提供假的出入境证件,只要行为人实施了为他人提供伪造、变造的护照、签证等出入境证件的行为,不论该证件的来源和造成的后果如何,均不影响本罪的成立。如果行为人只有伪造、变造护照等出入境证件行为,没有向他人提供的,应当以刑法第二百八十条规定的伪造、变造国家机关证件罪定罪处罚。"出入境证件",是指我国国(边)境的出境、入境证件,主要是护照、签证,还有回乡证等。

关于"伪造"的理解,所谓"伪造"是指非法制造虚假的出入境证件。所谓"变造",是指在真实的出入境证件上采用涂改、擦消、揭换、拼接等方法予以加工、改造。随着全世界范围内非法移民浪潮的日益汹涌,从事组织、运送他人偷越国(边)境等与非法移民活动息息相关的其他犯罪活动,因其非法高额利润的诱惑,而呈加速蔓延之势。伪造、变造护照、签证等出入境证件就是其中之一。目前,有一些制造、伪造护照、签证等出入境证件的集团,他们以此为职业,以牟利为目的,研究各国护照、签证等出入境证件的特点和各国入出境检查制度、规定及方法,不断改进伪造技术手段，由涂改证件项目、揭换相片或拆装护照等方法发展到伪造护照、签证等出入境证件。综合近年来各地口岸所查获的伪造证件案件，其伪造手段主要可分为全部伪造和局部伪造两大类型：（1）全部伪造护照、签证等出入境证件。即护照、签证等出境证件从排版印刷到装订成册完全是伪造的。还有使用将标识、印记、标记条码和签字加在护照和照片等骑缝处等方法。全部伪造的护照、签证等出入境证件在边防检查工作中并不多见。（2）局部伪造护照、签证等出入境证件。即在真护照、签证等出入境证件中造假，这种现象较为常见。其护照来源一是骗取；二是转让；三是盗窃；四是收买。伪造护照的手段，常见的主要有以下几种：拼拆护照，揭换照片，涂改护照、证件项目。

本条规定的"出售"，即出卖，是指以牟利为目的，向他人有偿提供出入境证件。实践中，出售出入境证件的行为主要表现为一些犯罪分子收集、购买后再转卖护照等各种出入境证件，一些人将自己的护照、签证、回乡证等出入境证件非法出卖等。本罪行为人出售的出入境证件必须是国家有权机关制发的真实的出入境证件。至于出售的出入境证件是否在有效期内，不影响本罪的成立。

根据本条规定，提供伪造、变造的出入境证件罪和出售出入境证件罪，处五年以下有期徒刑，并处罚金；情节严重的，处五年以上有期徒刑，并处罚金。关于"情节严重"的理解，根据《最高人民法院、最高人民检察院关于办理妨害国（边）境管理刑事案件应用法律若干问题的解释》的规定，主要指：（1）为他人提供伪造、变造的出入境证件或者出售出入境证件五份以上的；（2）非法收取费用三十万元以上的；（3）明知是国家规定的不准出入境的人员而为其提供伪造、变造的出入境证件或者向其出售出入境证件的；（4）其他情节严重的情形。

第三百二十一条 【运送他人偷越国（边）境罪】运送他人偷越国（边）境的，处五年以下有期徒刑、拘役或者管制，并处罚金；有下列情形之一的，处五年以上十年以下有期徒刑，并处罚金：

（一）多次实施运送行为或者运送人数众多的；

（二）所使用的船只、车辆等交通工具不具备必要的安全条件，足以造成严重后果的；

（三）违法所得数额巨大的；

（四）有其他特别严重情节的。

在运送他人偷越国（边）境中造成被运送人重伤、死亡，或者以暴力、威胁方法抗拒检查的，处七年以上有期徒刑，并处罚金。

犯前两款罪，对被运送人有杀害、伤害、强奸、拐卖等犯罪行为，或者对检查人员有杀害、伤害等犯罪行为的，依照数罪并罚的规定处罚。

【释解与适用】

本条是关于运送他人偷越国（边）境罪及其刑罚的规定。

本条分为三款。第一款是关于运送他人偷越国（边）境罪及其处罚的规定。本款规定的"运送"，主要是指用车辆、船只等交通工具将偷越国（边）境的人非法运送出入我国国（边）境的行为。行为人没有利用交通工具，如亲自带领他人通过隐蔽的路线偷越国（边）境的，也应当认定是运送他人偷越国（边）境的行为。本罪是故意犯罪，行为人多具有营利的目的，但是否具有营利目的，不是构成本罪的必要要件。对运送他人偷越国（边）境罪，本款根据情节轻重规定了两档处刑：对运送他人偷越国（边）境犯罪，处五年以下有期徒刑、拘役或者管制，并处罚金；对有本款规定的四种严重情形之一的，处五年以上十年以下有期徒刑，并处罚金。四种严重情形包括：一是多次实施运送行为或者运送人数众多的。所谓"多次实施运送行为"，一般是指三次或者三次以上实施运送行为，"人数众多"一般是指运送十人以上偷越国（边）境的。二是所使用的船只、车辆等交通工具不具备必要的安全条件足以造成严重后果的，主要是指所使用的船只、车辆等交通工具不符合基本的安全条件，足以造成船只沉没、车辆倾覆等事故的。三是违法所得数额巨大的，主要是指运送他人偷越国（边）境所得数额在二十万元以上的。四是有其他特别严重情节的，主要是指造成的国际影响十分恶劣等特别严重情节的。

第二款是关于在运送他人偷越国（边）境中造成被运送人重伤、死亡，或者以暴力、威胁方法抗拒检查的犯罪及处刑的规定。这里规定的"造成被运送人重伤、死亡"，是指在运送他人偷越国（边）境中，因交通工具不具备必要的安全条件等各种原因，发生重伤、死亡事故，或者导致被运送人自伤、自杀等重伤、死亡后果的。"以暴力、威胁方法抗拒检查"，是指在运送他人偷越国（边）境犯罪活动过程中，行为人对边防、海关等依法执行检查任务的人员实施殴打、阻挠干涉或者以杀害、伤害、损害名誉等相要挟，阻止执法人员依法进行检查的行为。根据本款规定，有本款犯罪行为的，处七年以上有期徒刑，并处罚金。

第三款是关于犯运送他人偷越国（边）境罪又有其他相关犯罪行为应当如何处罚的规定。根据本款规定，对被运送人有杀害、伤害、强奸、拐卖等犯罪行为，或者对检查人员有杀害、伤害等犯罪行为的，按照运送他人偷越国（边）境罪，故意杀人罪，故意伤害罪，强奸罪，拐卖妇女、儿童罪等分别定罪量刑，然后再依照刑法第六十九条的规定实行数罪并罚。

本条根据运送他人偷越国（边）境罪的不同情节和社会危害程度的不同，将运送他人偷越国（边）境罪的法定刑规定为两个刑罚幅度，即基本构成的运送他人偷越国（边）境罪和加重构成的运送他人偷越国（边）境罪两个量刑幅度。加重构成的运送他人偷越国（边）境罪较为复杂，其中又可以分为结果加重犯和情节加重犯两种情形。

本条对基本构成和加重构成的运送他人偷越国（边）境罪的法定刑均规定了并处罚金。这是因为，运送他人偷越国（边）境罪的行为人主观上大多具有营利的目的，对这种贪利性质的犯罪的行为人在处以自由刑并科处适用罚金刑的同时，加大处罚力度，有效发挥了刑罚适用的一般预防功能。

【适用中需要注意的问题】

1. 适用中，要注意区分本条运送他人偷越国（边）境罪与组织他人偷越国（边）境罪的界限。两者主要区别在于行为人是否实施了组织行为。对于组织他人偷越国（边）境的行为人在实施组织他人偷越国（边）境犯罪行为的过程中又实施了运送行为的，应当根据从一重罪处罚的原则，以处罚较重的犯罪定罪处罚。

2. 关于运送他人偷越国（边）境犯罪中的数罪并罚问题。如果运送他人偷越国（边）境的犯罪分子对被运送人有故意杀害、伤害、强奸、拐卖等犯罪行为，或者对检查人员有故意杀害、故意伤害等犯罪行为的，不能将其作为加重构成的运送他人偷越国（边）境罪进行处罚；而应根据运送他人偷越国（边）境罪的具体犯罪情节和社会危害程度不同，在相应的法定刑幅度即基本构成的法定刑幅度或者加重构成的法定刑幅度内，结合刑法第二百三十二条、第二百三十四条、第二百三十六条、第二百四十条的规定,分别与故意杀人罪,故意伤害罪,强奸罪,拐卖妇女、儿童罪实行数罪并罚。

3. 关于运送他人偷越国(边)境犯罪中的牵连犯问题。在运送他人偷越国(边)境犯罪中,其犯罪的方法行为或结果行为往往可能又触犯其他罪名的犯罪,甚至在运送他人偷越国(边)境犯罪的预备阶段,行为人实施的预备行为也有可能触犯其他罪名的犯罪。

第三百二十二条 【偷越国(边)境罪】违反国(边)境管理法规,偷越国(边)境,情节严重的,处一年以下有期徒刑、拘役或者管制,并处罚金;为参加恐怖活动组织、接受恐怖活动培训或者实施恐怖活动,偷越国(边)境的,处一年以上三年以下有期徒刑,并处罚金。

【释解与适用】

本条是关于偷越国(边)境罪及其刑罚的规定。

1. 对于"违反国(边)境管理法规"的理解。"违反国(边)境管理法规"是指违反我国关于出入境管理的法律、法规规定。为了加强边境和出入境管理,我国制定了出境入境管理法、《中国公民因私事往来香港地区或者澳门地区的暂行管理办法》《出境入境边防检查条例》《外国人入境出境管理条例》等一系列法律、法规。同时,根据出境入境管理法第九十条的规定,同毗邻国家接壤的省、自治区,在经国务院批准后,也会根据中国与有关国家签订的边界管理协定制定地方性法规、地方政府规章,对两国边境接壤地区的居民往来作出规定。没有按照这些法律法规规定的条件、程序出入境,就会违反我国出入境管理的法律、法规。实施本罪的动机多种多样,不同的动机可能会影响其行为是否构成"情节严重",同时也是确定刑罚轻重的一个因素。如果行为人不知道是我国国(边)境,没有偷越国(边)境的意图而误出或者误入国(边)境的,不构成本罪。

2. 对于"情节严重"的理解。这里的"情节严重"是构成本罪的必要条件。对于偷越国(边)境的行为是否属于情节严重,应当根据行为人的犯罪动机、犯罪目的、客观手段、危害后果、偷越国(边)境的次数等因素予以全面分析,综合认定。对那些边民、渔民为探亲访友、赶集、过境作业等原因偶尔非法出入国(边)境,或者是为贪图省事而非法出入国

（边）境，情节不严重的，以及因听信他人唆使，不知道偷越国（边）境是违法行为而偷越国（边）境等情况，一般不以犯罪论处。在国（边）境地区误出误入的，更不应作为偷越国（边）境罪处理。因此，必须严格把握情节一般的偷越国（边）境的违法行为与情节严重的偷越国（边）境犯罪行为间的界限，以便准确、有力地打击此类犯罪。至于偷越国（边）境的一般违法行为，可给予治安行政处罚或者批评教育，使其改正即可。2012年12月12日，最高人民法院、最高人民检察院联合发布了《关于办理妨害国（边）境管理刑事案件应用法律若干问题的解释》，根据该解释第五条的规定，偷越国（边）境，具有下列情形之一的，应当认定为刑法第三百二十二条规定的"情节严重"：（1）在境外实施损害国家利益行为的；（2）偷越国（边）境三次以上或者三人以上结伙偷越国（边）境的；（3）拉拢、引诱他人一起偷越国（边）境的；（4）勾结境外组织、人员偷越国（边）境的；（5）因偷越国（边）境被行政处罚后一年内又偷越国（边）境的；（6）其他情节严重的情形。其他情节严重的情形，可以根据犯罪的具体情况确定，比如伪造证件的，在出入境过程中行凶殴打或者威胁边防执勤人员的。如果偷越国（边）境情节不严重的，不按照犯罪处理，应当依照出境入境管理法及其他相关的法律法规予以相应的处罚。根据本条规定，违反国（边）境管理法规，偷越国（边）境，情节严重的，处一年以下有期徒刑、拘役或者管制，并处罚金；为参加恐怖活动组织、接受恐怖活动培训或者实施恐怖活动，偷越国（边）境的，处一年以上三年以下有期徒刑，并处罚金。

2015年12月27日第十二届全国人民代表大会常务委员会第十八次会议通过的反恐怖主义法对"恐怖活动组织"和"恐怖活动"的定义作了规定。根据反恐怖主义法第三条的规定，"恐怖活动"，是指恐怖主义性质的下列行为：（1）组织、策划、准备实施、实施造成或者意图造成人员伤亡、重大财产损失、公共设施损坏、社会秩序混乱等严重社会危害的活动的；（2）宣扬恐怖主义，煽动实施恐怖活动，或者非法持有宣扬恐怖主义的物品，强制他人在公共场所穿戴宣扬恐怖主义的服饰、标志的；（3）组织、领导、参加恐怖活动组织的；（4）为恐怖活动组织、恐怖活动人员、实施恐怖活动或者恐怖活动培训提供信息、资金、物资、劳务、技术、场所等支持、协助、便利的；（5）其他恐怖活动。"恐怖活动组织"，是指三人以上为实施恐怖活动而组成的犯罪组织。这里所说的"接受恐怖活动培训"，是指到境外学习恐怖主义思想、主张，接受心理、体能、实战训练或者培训制造工具、武器、炸弹等方面的犯罪技能和方法等。根据本条规定，为参加恐怖活动组织、接受恐怖活动培训或者实施恐怖活动，偷越国（边）境的，本身就是"情节严重"的行为，应当判处更为严厉的第二档刑。

在实践中，偷越国（边）境的手段和方法是多种多样的，有的是没有出入境证件在边防检查站蒙混过关的，有的是在陆上、海上没有设立边防检查站的地方靠车马、步行或者用船非法穿越国（边）境线的，有的是藏在进出国（边）境的飞机、船只、汽车或者集装箱、行李箱中穿越国（边）境的，有的是使用伪造、变造、涂改的出入境证件或者冒用他人的出入境证件的，有的是以虚假的出入境事由、隐瞒真实身份、冒用他人身份证件等方式骗取出入境证件或者用其他蒙骗方法和手段蒙混过关的。无论采取什么方法只要是实施了非法出入境行为的，都构成偷越国（边）境罪。

第三百二十三条 【破坏界碑、界桩罪】【破坏永久性测量标志罪】故意破坏国家边境的界碑、界桩或者永久性测量标志的，处三年以下有期徒刑或者拘役。

【释解与适用】

本条是关于破坏界碑、界桩罪，破坏永久性测量标志罪及其刑罚的规定。

根据本条规定，破坏国家边境界碑、界桩犯罪和破坏永久性测量标志犯罪都是故意犯罪。如果行为人不知道是界碑、界桩或者永久性测量标志而将其破坏的，不能构成以上两种犯罪。所谓"破坏"，是指将界碑、界桩或者永久性测量标志砸毁、拆除、挖掉、盗走、移动或者改变其原样等，从而使其失去原有的意义和作用的行为。"国家边境的界碑、界桩"，是指我国政府与邻国按照条约规定或者历史上实际形成的管辖范围，在陆地接壤地区埋设的指示边境分界及走向的标志物。界碑和界桩没有实质的区别，只是形状不同。界碑、界桩涉及两国的领土范围问题，非经双方国家的一致同意，任何人不得擅自移动和破坏。"永久性测量标志"，是指国家测绘单位在全国各地进行测绘工作所建设的地上、地下或者水上的各种测量标志物，包括各等级的三角点、基线点、导线点、军用控制点、重力点、天文点、水准点的木质觇标、钢质觇标和标石标志，全球卫星定位控制点以及用于地形测量、工程测量和形变测量的各种固定标志和海底大地点设施等。永久性测量标志属于国家所有，是国家经济建设、国防建设和科学研究的基础设施。根据本条规定，对故意破坏界桩、界碑犯罪和故意破坏永久性测量标志犯罪，处三年以下有期徒刑或者拘役。尽管本条中没有明确需要情节严重才能构成本罪，但不能认为只要实施了破坏界碑、界桩或者永久性测量标志的行为就必然要以犯罪论处，还要综合行为人的行为方式、动机、后果、社会影响等因素。如果是在依法执行公务活动中，如拆迁、修路、探测等活动过程中非故意破坏了界碑、界桩或者永久性测量标志的，原则上不认为构成本罪。

应当指出的是，破坏界碑、界桩罪，无论行为人破坏的界碑、界桩是永久性的，还是临时性的，是钢筋水泥浇铸的，还是一般的木桩，均不影响本罪的成立；而破坏永久性测量标志罪，行为人破坏的必须是永久性的测量标志，如果破坏的是非永久性测量标志，如开挖河道、修建道路、铺设地下管道、建设房屋等临时设置的测量标志，则不能构成本罪。

第四节　妨害文物管理罪

第三百二十四条　【故意损毁文物罪】故意损毁国家保护的珍贵文物或者被确定为全国重点文物保护单位、省级文物保护单位的文物的，处三年以下有期徒刑或者拘役，并处或者单处罚金；情节严重的，处三年以上十年以下有期徒刑，并处罚金。

【故意损毁名胜古迹罪】故意损毁国家保护的名胜古迹，情节严重的，处五年以下有期徒刑或者拘役，并处或者单处罚金。

【过失损毁文物罪】过失损毁国家保护的珍贵文物或者被确定为全国重点文物保护单位、省级文物保护单位的文物，造成严重后果的，处三年以下有期徒刑或者拘役。

【释解与适用】

本条是关于故意损毁文物罪、故意损毁名胜古迹罪、过失损毁文物罪及其刑罚的规定。

本条共分三款。第一款是关于故意损毁文物的犯罪及其刑事处罚的规定。本条中的"珍贵文物"主要是指历史上各时代重要实物、艺术品、文献、手稿、图书资料、代表性实物等可移动文物。根据文物保护法和《文物藏品定级标准》的规定，文物分为一般文物和珍贵文物，珍贵文物主要包括：历史上各时代珍贵的艺术品、工艺美术品；重要的文献资料以及具有历史、艺术、科学价值的手稿和图书资料；反映历史上各时代、各民族社会制度、社会生产、社会生活的代表性实物。比如玉石器、瓷器、金银器、雕塑、书法绘画、古砚、钱币、家具、邮品、档案文书、名人遗物等。根据其历史、艺术、科学价值，珍贵文物被分为一级文物、二级文物、三级文物。

根据 2005 年 12 月 29 日《全国人民代表大会常务委员会关于〈中华人民共和国刑法〉有关文物的规定适用于具有科学价值的古脊椎动物化石、古人类化石的解释》的规定，刑法有关文物的规定，适用于具有科学价值的古脊椎动物化石、古人类化石。这主要是因为，当时一些地方出现了走私、盗窃、损毁、倒卖、非法转让具有科学价值的古脊椎动物化石、古人类化石的严重违法行为，司法机关对于这些行为是否应当适用刑法有关文物犯罪的规定，出现了不同认识，建议全国人大常委会作出解释，予以明确。经研究认为：文物保护法第二条第三款明确规定"具有科学价值的古脊椎动物化石和古人类化石同文物一样受国家保护"，我国加入的有关国际公约中对于文物的定义也是包括化石在内的。据此，作出了立法解释，以明确走私、盗窃、损毁、倒卖、非法转让具有科学价值的古脊椎动物化石、古人类化石的行为适用刑法的有关规定。

"文物保护单位"是指人民政府按照法定程序确定的，具有历史、艺术、科学价值的古文化遗址、古墓葬、古建筑、石窟寺、石刻、壁画、近代现代重要史迹和代表性建筑等不可移动的文物。根据文物保护法的规定，文物保护单位分为全国重点文物保护单位、省级文物保护单位、县（市）级文物保护单位，根据其级别分别由国务院、省级人民政府和县（市）级人民政府核定公布。

"故意损毁"指故意将国家保护的珍贵文物毁坏，将全国重点文物保护单位、省级文物保护单位的文物破坏的行为。"损毁"是指捣毁、打碎、砸烂、涂抹、拆散、烧毁、刻划、污损等，使文物部分破损或者完全毁灭，部分或者完全失去文物价值的破坏行为。

根据第一款规定，对故意损毁国家保护的珍贵文物或被确定为全国重点文物保护单位、省级文物保护单位的文物的，处三年以下有期徒刑或者拘役，并处或者单处罚金；情节严重的，处三年以上十年以下有期徒刑，并处罚金。"情节严重的"主要是指损毁特别珍贵的文物或者有特别重要价值的文物保护单位的文物；损毁多件或者多次损毁国家保护的珍贵文物，使之无法补救、修复；多次损毁或者损毁多处全国重点文物保护单位、省级文物保护单位的文物，使之灭失，难以恢复原状，给国家文物财产造成不可弥补的损失的；等等。损毁文物的情况比较复杂，主观动机和手段不同，破坏程度不同，造成的后果包括社会影响也不同，在具体案件办理中，应当根据刑法具体规定，按照罪责刑相适应的原则确定适当的刑罚。

第二款是关于故意损毁国家保护的名胜古迹的犯罪及其刑事处罚的规定。本款中的"名胜古迹"是指可供人游览的著名的风景区以及虽未被人民政府核定公布为文物保护单位但具有一定历史意义的古建筑、雕塑、石刻等历史陈迹。根据2015年《最高人民法院、最高人民检察院关于办理妨害文物管理等刑事案件适用法律若干问题的解释》第四条的规定，风景名胜区的核心景区以及未被确定为全国重点文物保护单位、省级文物保护单位的古文化遗址、古墓葬、古建筑、石窟寺、石刻、壁画、近代现代重要史迹和代表性建筑等不可移动文物的本体，应当认定为本条第二款规定的"国家保护的名胜古迹"。若风景名胜区同时被确定为全国重点或者省级文物保护单位，或者风景名胜区内的物品、建筑、场所、遗址等被确定为国家保护的珍贵文物或被确定为全国重点文物保护单位、省级文物保护单位的文物的，破坏风景名胜区或者风景名胜区内的文物的行为，则依照本条第一款定罪处罚。"情节严重"一般是指多次损毁名胜古迹；损毁多处名胜古迹；损毁重要名胜古迹；损毁名胜古迹造成严重不良社会影响；致使名胜古迹严重损毁或者灭失；等等。根据本款规定，对故意损毁国家保护的名胜古迹，情节严重的，处五年以下有期徒刑或者拘役，并处或者单处罚金。

第三款是关于过失损毁文物的犯罪及其刑事处罚的规定。过失损毁国家保护的珍贵文物或者被确定为全国重点文物保护单位、省级文物保护单位的文物，主要是指因疏忽大意或者轻信能够避免，而致使珍贵文物或者全国重点文物保护单位、省级文物保护单位的文物遭到损毁。如在进行基建工程时，没有在施工前进行必要的调查和勘探，在施工中造成古文化遗址或古墓葬及珍贵文物的破坏等。过失损毁全国重点文物保护单位和省级文物保护单位或者国家保护的珍贵文物的，只有造成严重后果的才追究刑事责任。"造成严重后果"主要是指被损毁的珍贵文物数量较大；造成二级以上珍贵文物损毁；损毁非常重要的文物保护单位的文物，使其无法恢复原状，给国家文物财产造成无法弥补的严重损失；等等。根据本款规定，对过失损毁文物的行为，造成严重后果的，处三年以下有期徒刑或者拘役。

【适用中需要注意的问题】

1. 构成本条规定的犯罪，行为人主观上要存在故意或者过失。如果行为人由于不可抗拒或者不能预见的原因而导致珍贵文物损毁的，不能认定为犯罪。故意或者过失也反映了行为人的主观恶性和犯罪的严重程度。实践中要考虑其主观方面，确定不同的罪名和刑罚。对于故意损毁国家保护的珍贵文物或者被确定为全国重点文物保护单位、省级文物保护单位的文物的，无论是不是情节严重，是不是造成了严重后果，都要依法追究刑事责任，对于情节严重的，刑法也规定了更重的刑罚。对于过失损毁国家保护的珍贵文物或者被确定为全国重点文物保护单位、省级文物保护单位的文物的，考虑到其比故意犯罪的主观恶性更轻，刑法规定了较故意犯罪更轻的刑罚，对于造成严重后果的，才依法追究相应的法律责任。

2. 文物性质的认定，是进行定罪和确定刑罚的关键性因素。在根据本条判处有关犯罪时，应当根据文物的不同等级确定具体适用的罪名和确定刑罚。一般来说，损毁国家保护的珍贵文物或者被确定为全国重点文物保护单位、省级文物保护单位的文物的，比起损毁一般文物的行为要严重得多；损毁不属于国家重点保护的珍贵文物或者不属于被确定为全国重点文物保护单位、省级文物保护单位的文物的，如果该物品、建筑、场所、遗址等属于风景名胜的，则可以依法按照故意损毁名胜古迹的犯罪进行处理。关于判断被损毁的文物是否属于珍贵文物，根据《最高人民法院、最高人民检察院关于办理妨害文物管理等刑事案件适用法律若干问题的解释》第十五条的规定，在行为人实施有关行为前，文物行政部门已对涉案文物及其等级作出认定的，可以直接对有关案件事实作出认定；对案件涉及的有关文物鉴定、价值认定等专门性问题难以确定的，由司法鉴定机构出具鉴定意见,或者由国务院文物行政部门指定的机构出具报告。

第三百二十五条 【非法向外国人出售、赠送珍贵文物罪】违反文物保护法规,将收藏的国家禁止出口的珍贵文物私自出售或者私自赠送给外国人的,处五年以下有期徒刑或者拘役,可以并处罚金。

单位犯前款罪的,对单位判处罚金,并对其直接负责的主管人员和其他直接责任人员,依照前款的规定处罚。

【释解与适用】

本条是关于非法向外国人出售、赠送珍贵文物罪及其刑罚的规定。

本条共分两款。第一款是关于非法向外国人出售、赠送珍贵文物的犯罪及其刑事处罚的规定。这里的"文物保护法规"是指关于文物保护的法律法规以及国家有关主管部门制定的各种规定,如文物保护法、《文物保护法实施条例》《文物进出境审核管理办法》等。这里的"禁止出口的珍贵文物",是指国家有关主管部门规定禁止出口的珍贵文物。为了严格禁止具有重要价值的珍贵文物出口,文物保护法规定,文物出境,应当经国务院文物行政部门指定的文物进出境审核机构审核。经审核允许出境的文物,由国务院文物行政部门发给文物出境许可证,从国务院文物行政部门指定的口岸出境。2007年7月4日国家文物局颁布的《文物进出境审核管理办法》第八条规定,下列文物出境,应当经过审核:(1)1949年(含)以前的各类艺术品、工艺美术品;(2)1949年(含)以前的手稿、文献资料和图书资料;(3)1949年(含)以前的与各民族社会制度、社会生产、社会生活有关的实物;(4)1949年以后的与重大事件或著名人物有关的代表性实物;(5)1949年以后的反映各民族生产活动、生活习俗、文化艺术和宗教信仰的代表性实物;(6)国家文物局公布限制出境的已故现代著名书画家、工艺美术家作品;(7)古猿化石、古人类化石,以及与人类活动有关的第四纪古脊椎动物化石。文物出境审核标准,由国家文物局定期修订并公布。将国家禁止出口的珍贵文物私自出售、赠送外国人的,即可构成本罪。

"私自出售或者私自赠送给外国人",是指文物收藏者违反国家文物保护的有关规定,将收藏的禁止出口的珍贵文物出售或者赠送给不具有中国国籍的人，包括外国国籍人和无国籍人。这里的外国人，从防止国家禁止出口的珍贵文物流失境外的角度考虑，应当理解为单位或者个人。因为一旦将收藏的国家禁止出口的珍贵文物卖给或赠送给外国的单位或者个人，在很大程度上就会使该种珍贵文物流失到我国境外，这对我国来讲是一项文化财产的重大损失。因此，本条对将收藏的国家禁止出口的珍贵文物私自出售或者私自赠送给外国人的行为，规定了处五年以下有期徒刑或者拘役，可以并处罚金。这里规定了"可以并处罚金"的罚金刑，主要是考虑到犯此罪的行为人往往会因此获取一定的经济利益，这可以使行为人在经济方面受到惩罚。

第二款是关于单位将收藏的国家禁止出口的珍贵文物私自出售或者私自赠送给外国人的刑事处罚的规定。"单位犯前款罪"是指国有的和非国有的博物馆、图书馆、纪念馆等单位，将收藏的国家禁止出口的珍贵文物，违反国家规定擅自卖给或赠送给外国人的行为。单位犯非法向外国人出售、赠送珍贵文物罪的，对单位判处罚金，并对其直接负责的主管人员和其他直接责任人员，依照第一款的规定处罚，即处五年以下有期徒刑或者拘役，可以并处罚金。

这里需要加以说明的是，之所以禁止单位和公民将收藏的珍贵文物私自出售或者私自赠送给外国人，是因为国家从根本上禁止这类珍贵文物出口。现在日益多起来的非国有、个人的博物馆、纪念馆对所收藏的珍贵文物拥有所有权，按照一般财产所有权的理论，文物所有者对自己拥有的文物是有出售和赠予他人的权利的，但是，珍贵文物不是一般性的财产，而是一个民族、一个国家的文化遗产，国家要予以特殊保护。同时，根据联合国教育、科学及文化组织1970年在巴黎通过的《关于禁止和防止非法进出口文化财产和非法转让其所有权的方法的公约》规定（我国已于1989年加入该公约），珍贵文物属于文化财产。公约第6条规定，缔约国承担以下责任："发放适当证件，出口国将在证件中说明有关文化财产的出口已经过批准；……除非附有上述出口证件，禁止文化财产从本国领土出口。"公约还对缔约国应当通过一切适当手段禁止和防止非法进出口文化财产和非法转让其所有权作了规定。该公约对我国具有约束力。

【适用中需要注意的问题】

1. 在司法适用中，应当把握好本罪与走私文物罪的界限。刑法第一百五十一条第二款规定了走私国家禁止出口的文物罪，根据司法解释的有关规定，走私国家禁止出口一级、二级、三级珍贵文物的，走私文物的价值在五万元以上的，都应当依照走私文物罪予以惩罚。而依照本条规定，只有出售、赠送的是国家禁止出口的珍贵文物，才能构成本罪，出售、赠送的是国家禁止出口的一般文物的，不能构成此罪。走私文物罪主要是违反了海关的管理法规，将禁止出口的文物运输、携带出境；而非法向外国人出售、赠送珍贵文物的犯罪则并不要求文物出境。此外，本罪只规定了一个量刑档次，即处五年以下有期徒刑或者拘役，可以并处罚金，而走私文物罪则规定了三个量刑档次，最高可以处十年以上有期徒刑或者无期徒刑，并处没收财产。

2. 在司法适用中，还应当处理好本罪与非法出售、私赠文物藏品罪的关系。刑法第三百二十七条针对国有博物馆、图书馆等单位将国家保护的文物藏品出售或者私自送给非国有单位或者个人的行为规定了刑事责任，这与本条在一定情况下会存在法条竞合。如当国有博物馆、图书馆等单位将收藏的国家禁止出口的珍贵文物非法出售或者私赠给外国人时，就同时触犯了本罪和第三百二十七条规定的非法出售、私赠文物藏品罪两个罪名。此时，应当择一重罪予以处罚。

第三百二十六条 【倒卖文物罪】以牟利为目的，倒卖国家禁止经营的文物，情节严重的，处五年以下有期徒刑或者拘役，并处罚金；情节特别严重的，处五年以上十年以下有期徒刑，并处罚金。

单位犯前款罪的，对单位判处罚金，并对其直接负责的主管人员和其他直接责任人员，依照前款的规定处罚。

【释解与适用】

本条是关于倒卖文物罪及其刑罚的规定。

本条共分两款。第一款是关于倒卖文物的犯罪及其刑事处罚的规定。本罪侵犯了国家对文物的流通管制制度。"倒卖国家禁止经营的文物"是指经营国家不允许自由买卖或者拍卖的文物，从中牟取利益的行为。既包括无权从事文物商业经营的单位或者个人倒卖国家禁止经营的文物，也包括具有从事文物商业经营权的文物商店或者拍卖企业，倒卖国家禁止经营的文物。根据文物保护法的规定，经营文物的商店应当经省、自治区、直辖市文物行政部门批准，拍卖企业经营文物拍卖的，也要取得省、自治区、直辖市文物行政部门颁发的文物拍卖许可证，拍卖的文物在拍卖前应当经省、自治区、直辖市文物行政部门审核，并报国务院文物行政部门备案。文物商店购买销售文物，拍卖企业拍卖文物，应当按照国家有关规定作出记录，并报省、自治区、直辖市文物行政部门备案。

我国允许文物收藏单位以外的公民、法人和其他组织依法收藏文物，收藏的文物可以依法流通，民间可以通过接受赠予，从文物商店购买，拍卖购买，交换或者购买他人合法所有的文物等方式获得文物，但这些文物都必须是依法可以流通的。"国家禁止经营的文物"的范围包括哪些呢？文物保护法对可以流通的文物以及不能买卖的文物作了规定。其第五十条规定，文物收藏单位以外的公民、法人和其他组织可以收藏通过下列方式取得的文物：（1）依法继承或者接受赠与；（2）从文物商店购买；（3）从经营文物拍卖的拍卖企业购买；（4）公民个人合法所有的文物相互交换或者依法转让；（5）国家规定的其他合法方式。文物收藏单位以外的公民、法人和其他组织收藏的前款文物可以依法流通。第五十一条规定，公民、法人和其他组织不得买卖下列文物：（1）国有文物，但是国家允许的除外；（2）非国有馆藏珍贵文物；（3）国有不可移动文物中的壁画、雕塑、建筑构件等，但是依法拆除的国有不可移动文物中的壁画、雕塑、建筑构件等不属于文物保护法第二十条第四款规定的应由文物收藏单位收藏的除外；（4）来源不符合文物保护法第五十条规定的文物。根据文物保护法第五条的规定，国有文物，即国家所有的文物，包括：（1）中华人民共和国境内地下、内水和领海中遗存的一切文物。（2）古文化遗址、古墓葬、石窟寺。（3）国家指定保护的纪念建筑物、古建筑、石刻、壁画、近代现代代表性建筑等不可移动文物，除国家另有规定的以外，属于国家所有。（4）下列可移动文物，属于国家所有：①中国境内出土的文物，国家另有规定的除外；②国有文物收藏单位以及其他国家机关、部队和国有企业、事业组织等收藏、保管的文物；③国家征集、购买的文物；④公民、法人和其他组织捐赠给国家的文物；⑤法律规定属于国家所有的其他文物。国有不可移动文物的所有权不因其所依附的土地所有权或者使用权的改变而改变，国家所有的可移动文物的所有权不因其保管、收藏单位的终止或者变更而改变。这些文物都是国家禁止经营的文物。

在认定"倒卖国家禁止经营的文物"时，根据2015年《最高人民法院、最高人民检察院关于办理妨害文物管理等刑事案件适用法律若干问题的解释》，出售或者为了出售而收购、运输、储存文物保护法规定的"国家禁止买卖的文物"的，都应当认定为"倒卖"，都应当依法追究刑事责任。

本条对倒卖文物罪规定了两档刑，即情节严重的，处五年以下有期徒刑或者拘役，并处罚金；情节特别严重的，处五年以上十年以下有期徒刑，并处罚金。"情节严重的"是指以牟利为目的，倒卖国家禁止经营的文物，交易数额大，造成珍贵文物流失或者获取非法利益数额较大等情形。"情节特别严重的"是指以牟利为目的，倒卖国家禁止经营的文物，造成国家特别珍贵的文物流失，造成大量珍贵文物流失或者获取非法利益数额巨大等情形。

第二款是关于单位以牟利为目的，倒卖国家禁止经营的文物，予以刑事处罚的规定。根据本款规定，单位犯该罪的，对单位判处罚金，同时对单位直接负责的主管人员和其他直接责任人员，依照第一款的规定处罚，即情节严重的，处五年以下有期徒刑或者拘役，并处罚金；情节特别严重的，处五年以上十年以下有期徒刑，并处罚金。

【适用中需要注意的问题】

1. 构成本罪，行为人主观上需要具有牟利的目的，若行为人主观上只是迫于生计而出售自己收藏的文物，或者只是将自己收藏的文物以其实际价值变现，本身并没有倒卖文物牟利的目的，则不构成本罪。这并不是说对其倒卖文物的违法行为不予处理，而是可以按照文物保护法等有关法律法规的规定处理。

2. 根据 2005 年 12 月《全国人民代表大会常务委员会关于〈中华人民共和国刑法〉有关文物的规定适用于具有科学价值的古脊椎动物化石、古人类化石的解释》的规定，刑法有关文物的规定，适用于具有科学价值的古脊椎动物化石、古人类化石。以牟利为目的，非法倒卖具有科学价值的古脊椎动物化石、古人类化石的，无论古脊椎动物化石是否与人类活动相关，情节严重的，都应当依照本条追究刑事责任。

第三百二十七条 【非法出售、私赠文物藏品罪】违反文物保护法规，国有博物馆、图书馆等单位将国家保护的文物藏品出售或者私自送给非国有单位或者个人的,对单位判处罚金,并对其直接负责的主管人员和其他直接责任人员,处三年以下有期徒刑或者拘役。

【释解与适用】

本条是关于非法出售、私赠文物藏品罪及其刑罚的规定。

本条规定的主体是国有博物馆、图书馆等单位,个人不是本罪的主体。本条所指"违反文物保护法规",是指违反文物保护法以及与文物保护有关的行政法规如《文物保护法实施条例》等,这些规定中确立了收藏单位及其工作人员工作中应当遵守的原则和规范,对馆藏文物的保管、调取、调拨、出借、交换等都作了规定。

"国有博物馆、图书馆等单位"是指国家所有的博物馆、图书馆、纪念馆和文物考古事业机构等单位。我国是个历史悠久的文明古国,地上地下的文物都十分丰富,这是我国人民宝贵的财富,由国有博物馆、图书馆等单位对文物进行收藏管理,是保护文物,防止其毁坏和流失的一项重要措施和途径。这些国有单位收藏的文物,都是国家经过长期工作,逐渐搜集、整理积累起来的,具有非常重要的价值。国有博物馆、图书馆等文物收藏单位责任重大,必须恪尽职守,切实保护好这些文物,否则,将会给国家和人民利益造成严重的危害。我国文物保护法第五条中明确规定,国家机关、部队、国有企业、事业组织等收藏、保管的文物,属于国家所有。国有博物馆、图书馆等单位对自己保管的文物藏品,有保管、使用或者因使用获得收益的权利,但没有所有权,没有出售和私自馈赠的权利。对于国有博物馆、图书馆等单位收藏、保管的文物的使用,包括调拨、展览、出借、交换等,文物保护法作了严格规定。根据文物保护法的规定,国有文物收藏单位之间因举办展览、科学研究等需借用馆藏文物的,应当报主管的文物行政部门备案;借用馆藏一级文物的,应当同时报国务院文物行政部门备案。非国有文物收藏单位和其他单位举办展览需借用国有馆藏文物的,应当报主管的文物行政部门批准;借用国有馆藏一级文物,应当经国务院文物行政部门批准。已经建立馆藏文物档案的国有文物收藏单位,经省、自治区、直辖市人民政府文物行政部门批准,并报国务院文物行政部门备案,其馆藏文物可以在国有文物收藏单位之间交换。国有文物收藏单位调拨、交换、出借文物所得的补偿费用,必须用于改善文物的收藏条件和收集新的文物,不得挪作他用;任何单位或者个人不得侵占。调拨、交换、借用的文物必须严格保管，不得丢失、损毁。文物保护法第四十四条还明确规定，禁止国有文物收藏单位将馆藏文物赠与、出租或者出售给其他单位、个人。非法将文物藏品出售或者私自送给非国有单位或者个人，侵犯了国家对文物藏品的管理秩序，同时也侵犯了国家对文物藏品的所有权。

"文物藏品"包括珍贵文物和一般文物。"非国有单位"指集体所有制的单位、私营企业、外商投资企业以及非国有的社会团体、事业组织等。这里的"出售"是指把文物藏品作为商品以一定的价格加以出卖的行为，"私自送给"是指擅自将文物藏品无偿给予受赠人的行为。

根据本条规定，对于违反文物保护法律法规，将国有博物馆、图书馆等单位收藏的国家保护的文物藏品出售或者私自送给非国有单位或者个人的行为，对该国有博物馆、图书馆等单位判处罚金，并对该出售或私自馈赠行为负有直接责任的主管人员以及其他直接责任人员，处三年以下有期徒刑或者拘役。可见，本罪是单位犯罪，个人不能构成本罪。本罪实行的是双罚制，对单位和直接负责人员应当分别处罚。此外，根据2015年《最高人民法院、最高人民检察院关于办理妨害文物管理等刑事案件适用法律若干问题的解释》第七条的规定，上述单位违反文物保护法规，将其收藏或者管理的国家保护的文物藏品出售或者私自送给非国有单位或者个人的，依照本条追究刑事责任。

【适用中需要注意的问题】

在司法适用中，应当注意处理好本罪与非法向外国人出售、赠送文物藏品罪的关系。刑法第三百二十五条规定了单位违反文物保护法规，将收藏的国家禁止出口的珍贵文物私自出售或者私自赠送给外国人的行为的刑事责任，这与本条在一定情况下会存在法条竞合。如当国有博物馆、图书馆等单位将收藏的国家禁止出口的珍贵文物非法出售或者私赠给外国人时，就同时触犯了本罪和第三百二十五条规定的非法向外国人出售、赠送珍贵文物罪两个罪名。此时，应当择一重罪予以处罚。

第三百二十八条 【盗掘古文化遗址、古墓葬罪】盗掘具有历史、艺术、科学价值的古文化遗址、古墓葬的，处三年以上十年以下有期徒刑，并处罚金；情节较轻的，处三年以下有期徒刑、拘役或者管制，并处罚金；有下列情形之一的，处十年以上有期徒刑或者无期徒刑，并处罚金或者没收财产：

（一）盗掘确定为全国重点文物保护单位和省级文物保护单位的古文化遗址、古墓葬的；

（二）盗掘古文化遗址、古墓葬集团的首要分子；

（三）多次盗掘古文化遗址、古墓葬的；

（四）盗掘古文化遗址、古墓葬，并盗窃珍贵文物或者造成珍贵文物严重破坏的。

【盗掘古人类化石、古脊椎动物化石罪】盗掘国家保护的具有科学价值的古人类化石和古脊椎动物化石的，依照前款的规定处罚。

【释解与适用】

本条是关于盗掘古文化遗址、古墓葬罪和盗掘古人类化石、古脊椎动物化石罪及其刑罚的规定。

本条共分两款。第一款是关于盗掘古文化遗址、古墓葬的犯罪及其刑事处罚的规定。本条中的"盗掘"是指以出卖或者非法占有为目的，私自秘密发掘古文化遗址和古墓葬的行为。"古文化遗址"是指在人类历史发展中由古代人类创造并留下的表明其文化发展水平的地区，如周口店。"古墓葬"是指古代（一般指清代以前，包括清代）人类将逝者及其生前遗物按一定方式放置于特定场所并建造的固定设施。辛亥革命以后，与著名历史事件有关的名人墓葬、遗址和纪念地，也视同古墓葬、古遗址，受国家保护。

本条对盗掘古文化遗址、古墓葬的犯罪行为规定了三档刑罚。其中，对实施了盗掘具有历史、艺术、科学价值的古文化遗址、古墓葬行为的，处三年以上十年以下有期徒刑，并处罚金。对于情节较轻的，处三年以下有期徒刑、拘役或者管制，并处罚金。根据近年来打击盗掘古文化遗址、古墓葬犯罪的实际情况，本条具体规定了适用十年以上有期徒刑或者无期徒刑，并处罚金或者没收财产刑罚的四种情形：（1）盗掘确定为全国重点文物保护单位和省级文物保护单位的古文化遗址、古墓葬的。这里的"全国重点文物保护单位"有两种：一种是国家文物行政部门在各级文物保护单位中，直接指定并报国务院核定公布的单位；另一种是国家文物行政部门在各级文物保护单位中，选择出来的具有重大历史、艺术、科学价值并报国务院核定公布的单位。"省级文物保护单位"是指由省、自治区、直辖市人民政府核定并报国务院备案的文物保护单位。被确定为全国重点文物保护单位和省级文物保护单位的古文化遗址、古墓葬，在科学、历史、艺术等方面的价值是极高的。我国文物保护法第二十七条规定，一切考古发掘工作，必须履行报批手续；从事考古发掘的单位，应当经国务院文物行政部门批准。地下埋藏的文物，任何单位或者个人都不得私自发掘。从事考古发掘的单位为了科学研究进行考古发掘，应当提出发掘计划，报国务院文物行政部门批准；对全国重点文物保护单位的考古发掘计划，应当经国务院文物行政部门审核后报国务院批准。国务院文物行政部门在批准或者审核前，应当征求社会科学研究机构及其他科研机构和有关专家的意见。上述古文化遗址、古墓葬一旦被盗掘，对国家文化财产造成的损失根本无法弥补，不处以重刑不具有威慑力。（2）盗掘古文化遗址、古墓葬集团的首要分子。"首要分子"是指在盗掘古文化遗址、古墓葬的集团犯罪活动中起组织、策划、指挥作用的犯罪分子。近年来，盗掘古文化遗址、古墓葬犯罪活动越来越集团化、职业化、高智能和高技术化，而且，盗掘往往与倒卖行为联合在一起，形成利益链条和犯罪网络。因此，严厉打击盗掘古文化遗址、古墓葬犯罪的首要分子很有必要。（3）多次盗掘古文化遗址、古墓葬的。"多次"一般是指三次以上。该项规定主要针对的是盗掘古文化遗址、古墓葬的惯犯。（4）盗掘古文化遗址、古墓葬，并盗窃珍贵文物或者造成珍贵文物严重破坏的。"盗窃珍贵文物"是指在盗掘中将珍贵文物据为己有的行为，这里将盗窃的文物限于"珍贵文物"。盗窃一般文物的不属于本项情节。盗掘行为与珍贵文物破坏的情况关系紧密，而且盗掘古文化遗址、古墓葬的目的，往往就是为了盗窃珍贵文物。所以，本款将上述行为规定为盗掘古文化遗址、古墓葬罪处重刑的情节。

第二款是关于盗掘国家保护的具有科学价值的古人类化石和古脊椎动物化石的犯罪及其刑事处罚的规定。化石是过去生物的遗骸或遗留下来的印迹，是指保存在各地质时期岩层中生物的遗骸和遗迹。"古脊椎动物化石"是指石化的古脊椎动物的遗骸或遗迹（主要指一万年以前埋藏地下的古爬行动物，哺乳动物和鱼类化石等）。"古人类化石"是指石化的古人类的遗骸或遗迹（主要指距今一万年前的直立人，早期、晚期智人的遗骸，如牙齿、头盖骨、骨骼）。这些古人类化石和古脊椎动物化石对研究人类发展史和自然科学具有重要意义。文物保护法规定对其保护适用文物保护的规定。根据《古人类化石和古脊椎动物化石保护管理办法》，古人类化石和古脊椎动物化石分为珍贵化石和一般化石，珍贵化石也分为一级、二级和三级，一、二、三级化石和一般化石的保护和管理，按照国家有关一、二、三级文物和一般文物保护管理的规定实施。"依照前款的规定处罚"是指盗掘国家保护的具有科学价值的古人类化石和古脊椎动物化石的，依照本条第一款规定的三档刑罚进行处罚。

第三百二十九条 【抢夺、窃取国有档案罪】抢夺、窃取国家所有的档案的，处五年以下有期徒刑或者拘役。

【擅自出卖、转让国有档案罪】违反档案法的规定，擅自出卖、转让国家所有的档案，情节严重的，处三年以下有期徒刑或者拘役。

有前两款行为，同时又构成本法规定的其他犯罪的，依照处罚较重的规定定罪处罚。

【释解与适用】

本条是关于抢夺、窃取国有档案罪以及擅自出卖、转让国有档案罪及其刑罚的规定。

本条共分三款。第一款是关于抢夺、窃取国家所有的档案的犯罪及其刑事处罚的规定。"档案"是指过去和现在的机关、团体、企业事业单位和其他组织以及个人从事经济、政治、文化、社会、生态文明、军事、外事、科技等方面活动直接形成的对国家和社会具有保存价值的各种文字、图表、声像等不同形式的历史记录。"国家所有的档案"是指具有重要保存价值，由国家具有所有权及处置权的档案。"抢夺"国家所有的档案，是指以非法占有为目的，公然夺取国家所有的档案。"窃取"国家所有的档案，是指以非法占有为目的，秘密取得国家所有的档案。本款规定对抢夺、窃取国家所有的档案的犯罪行为，处五年以下有期徒刑或者拘役。

第二款是关于违反档案法的规定，擅自出卖、转让国家所有的档案的犯罪的刑事处罚的规定。我国档案法第二十三条第一款、第三款规定，禁止买卖属于国家所有的档案。档案复制件的交换、转让，按照国家规定办理。"擅自出卖、转让国家所有的档案"实际上是改变了档案的所有权，并且这也意味着国家所有的档案随时有可能被公布。国家所有的档案，是涉及国家和社会有重要保存价值的历史记录，不适当地公布会造成不良的后果。本款规定,对擅自出卖、转让国家所有的档案,情节严重的,处三年以下有期徒刑或者拘役。

第三款是关于抢夺、窃取国家所有的档案,或者违反档案法的规定,擅自出卖、转让国家所有的档案的行为,同时又构成本法规定的其他罪行如何处罚的规定。比如,抢夺、盗窃的档案属于文物或者国家秘密的情况。档案法对涉及国家秘密的档案的管理和利用作了规定,当行为人窃取国家所有的档案,以获得国家秘密,向境外提供的,会同时构成为境外窃取国家秘密罪和窃取国有档案罪,在这种情况下,应当依照处罚较重的规定定罪处罚。根据文物保护法的规定,文物包括历史上各时代重要的文献资料以及具有历史、艺术、科学价值的手稿和图书资料等,某些文献资料可能既是国有档案,又是文物。行为人向外国人出卖国有档案的,可能会同时构成非法向外国人出售珍贵文物罪和擅自出卖国有档案罪,在这种情况下,也应当依照处罚较重的规定定罪处罚。

【适用中需要注意的问题】

1. 刑法虽然将关于档案的犯罪放在妨害文物管理罪一节,但这并不是说档案都属于文物,档案中只有一部分属于文物,即历史上各时代重要的文献资料以及具有历史、艺术、科学价值的手稿和图书资料等才属于文物。档案是否属于文物,具体应当由有关部门或者鉴定机构依据《文物藏品定级标准》予以认定。

2. 擅自出售、转让国有档案罪没有规定单位犯罪,根据2014年4月《全国人民代表大会常务委员会关于〈中华人民共和国刑法〉第三十条的解释》的规定,若档案馆等单位实施擅自出售、转让国有档案的行为的,由组织、策划、实施该行为的人依法承担刑事责任。

第五节 危害公共卫生罪

第三百三十条 【妨害传染病防治罪】违反传染病防治法的规定,有下列情形之一,引起甲类传染病以及依法确定采取甲类传染病预防、控制措施的传染病传播或者有传播严重危险的,处三年以下有期徒刑或者拘役;后果特别严重的,处三年以上七年以下有期徒刑:

（一）供水单位供应的饮用水不符合国家规定的卫生标准的；

（二）拒绝按照疾病预防控制机构提出的卫生要求，对传染病病原体污染的污水、污物、场所和物品进行消毒处理的；

（三）准许或者纵容传染病病人、病原携带者和疑似传染病病人从事国务院卫生行政部门规定禁止从事的易使该传染病扩散的工作的；

（四）出售、运输疫区中被传染病病原体污染或者可能被传染病病原体污染的物品，未进行消毒处理的；

（五）拒绝执行县级以上人民政府、疾病预防控制机构依照传染病防治法提出的预防、控制措施的。

单位犯前款罪的，对单位判处罚金，并对其直接负责的主管人员和其他直接责任人员，依照前款的规定处罚。

甲类传染病的范围，依照《中华人民共和国传染病防治法》和国务院有关规定确定。

【释解与适用】

本条是关于妨害传染病防治罪及其刑罚的规定。

甲类传染病以及依法确定采取甲类传染病预防、控制措施的传染病是对人类健康具有极大危害的疾病，具有传播快、防控难、危害大等特点，严重危害人民群众的身体健康。防止甲类传染病以及依法确定采取甲类传染病预防、控制措施的传染病传播，对于保护和改善人民生活环境和生态环境，维护社会管理秩序，具有重大意义。任何单位和个人都要严格按照传染病防治法的有关规定执行。对于违反传染病防治法规定，引起甲类传染病以及依法确定采取甲类传染病预防、控制措施的传染病传播或者有传播严重危险的，应当判处刑罚。1997年修订刑法时，与1989年传染病防治法的规定相衔接，规定了妨害传染病防治罪。

2020年刑法修正案（十一）对本条作了修改：一是将本条规定的传染病的种类由"甲类传染病"修改为"甲类传染病以及依法确定采取甲类传染病预防、控制措施的传染病"。二是与传染病防治法相衔接，在"后果特别严重的"情形中增加一项作为第四项"出售、运输疫区中被传染病病原体污染或者可能被传染病病原体污染的物品，未进行消毒处理的"。三是根据有关方面的意见，将"后果特别严重的"情形中原第四项改为第五项，同时将"卫生防疫机构"修改为"县级以上人民政府、疾病预防控制机构"。四是将"后果特别严重的"情形中第二项中"卫生防疫机构"修改为"疾病预防控制机构",将"粪便"修改为"场所和物品"。这样修改的主要考虑:一是充分总结新冠疫情发生后的实践经验。二是进一步与传染病防治法的有关规定相衔接。

本条分为三款。第一款是关于妨害传染病防治罪及其刑罚的规定。

本条中的"传染病",是指由于致病性微生物,如细菌、病毒、螺旋体、寄生虫等侵入人体,发生使人体健康受到某种损害以致危及生命的疾病。传染病种类很多,可通过不同方式或直接或间接地传播,造成人群中传染病的扩散、发生或流行。依据传染病防治法第三条的规定,"甲类传染病"是指鼠疫、霍乱。依据《国际卫生条例》的统一规定,世界卫生组织将鼠疫、霍乱和黄热病三种烈性传染病列为国际检疫传染病,一经发现,必须及时向世界卫生组织通报。我国境内没有黄热病。因此只将鼠疫、霍乱列为甲类传染病。"依法确定采取甲类传染病预防、控制措施的传染病",根据传染病防治法第四条的规定,对乙类传染病中传染性非典型肺炎、炭疽中的肺炭疽和人感染高致病性禽流感,采取本法所称甲类传染病的预防、控制措施。其他乙类传染病和突发原因不明的传染病需要采取刑法所称甲类传染病的预防、控制措施的,由国务院卫生行政部门及时报经国务院批准后予以公布、实施。需要解除依照前款规定采取的甲类传染病预防、控制措施的,由国务院卫生行政部门报经国务院批准后予以公布。

根据本条规定,违反传染病防治法的规定,引起甲类传染病以及依法确定采取甲类传染病预防、控制措施的传染病传播或者有传播严重危险,有下列情形之一的,构成妨害传染病防治罪。

1. "供水单位供应的饮用水不符合国家规定的卫生标准的"。其中"供水单位"主要指城乡自来水厂和厂矿、企业、学校、部队等有自备水源的集中式供水单位。目前我国城乡的主要饮用水源是集中式。"国家规定的卫生标准"主要指《传染病防治法实施办法》(以下简称《实施办法》)和《生活饮用水卫生标准(GB 5749—2006)》中规定的卫生标准。《实施办法》对集中式供水的卫生标准规定"集中式供水必须符合国家《生活饮用水卫生标准》"。该标准对饮用水的细菌学、化学、毒理学指标和感官性状指标等都作了具体规定,是必须执行的强制性卫生标准。为了防止污染城乡自来水厂的集中式供水,《实施办法》还规定"各单位自备水源,未经城市建设部门和卫生行政部门批准,一般不得与城镇集中式供水系统连接"。

2. "拒绝按照疾病预防控制机构提出的卫生要求,对传染病病原体污染的污水、污物、场所和物品进行消毒处理的"。本条中的"疾病预防控制机构"是政府举办的实施疾病预防控制与公共卫生技术管理和服务的公益事业单位。根据原卫生部有关规定,国家和省级疾病预防控制机构以宏观管理、业务指导、科研培训和质量控制为主。其职责主要包括:参与国家和省级疾病预防控制和公共卫生相关法规、规章、标准以及规划、方案和技术规范的制定;实施重大疾病预防策略与措施;提供国家和省级的公共卫生检测与信息服务;确定重大公共卫生问题,组织调查处理重大疫情、群体不明原因疾病和突发公共卫生事件;受国务院和省级卫生行政部门认定,开展健康相关产品检测与评价;开展疾病预防控制研究,解决重大技术问题;负责中高级人员技术培训;承担对下级机构的业务考核。计划单列市、地市级疾病预防控制机构在上级疾病预防控制机构的指导下,承担较大公共卫生突发事件和救灾防病等问题的调查处理和技术支持;承担一定的科研工作;组织指导、考核下级疾病预防控制机构的工作,培训中、初级专业技术和管理人员;协助和配合上级开展相关工作。县级疾病预防控制机构在上级疾病预防控制机构的指导下,负责辖区疾病预防控制具体工作的管理与组织落实。负责疾病预防控制、监测检验、健康教育和健康促进、公共卫生从业人员体检和培训、卫生学评价等工作;承担传染病流行、中毒、污染等公共卫生突发事件和救灾防病等问题的调查处理;组织指导社区卫生服务和医院防保组织开展卫生防病工作,负责培训初级专业技术人员;协助和配合上级业务部门开展应用性科研和其他相关工作。

传染病防治法第二十七条规定,对被传染病病原体污染的污水、污物、场所和物品,有关单位和个人必须在疾病预防控制机构的指导下或者按照其提出的卫生要求,进行严格消毒处理;拒绝消毒处理的,由当地卫生行政部门或者疾病预防控制机构进行强制消毒处理。对被传染病病原体污染的污水、污物、场所和物品按规定要求进行严格消毒处理,目的是切断传播途径以控制或者消灭传染病。"消毒处理",指对传染病病人的排污所污染的以及因其他原因被传染病病原体所污染的环境、物品、空气、水源和可能被污染的物品、场所等都要同时、全面、彻底地进行消毒,即用化学、物理、生物的方法杀灭或者消除环境中的致病性微生物,达到无害化。例如对鼠疫疫区进行的雨淋喷雾消毒、灭蚤和杀鼠。甲类传染病中鼠疫耶尔森氏菌侵入人体的途径是多样的，被感染的病人，由于病变的部位不同、病菌向外界排出的途径也不同，其对外界环境的污染范围是广泛而严重的。因此，为消除鼠疫、霍乱病人的排泄物对外界环境的污染，病人家属、单位必须无条件地接受卫生防疫机构提出的卫生要求。这样做有利于保护病人及周围人群的健康，任何个人和单位不得拒绝。

3. "准许或者纵容传染病病人、病原携带者和疑似传染病病人从事国务院卫生行政部门规定禁止从事的易使该传染病扩散的工作的"。"准许"，指传染病病人、病原携带者和疑似传染病病人的所在单位领导人员或主管人员明知某人为传染病病人、病原携带者和疑似传染病病人，仍批准其从事易使该传染病扩散的工作；或者明知上述传染病病人、病原携带者和疑似传染病病人违反规定从事易使传染病扩散的工作，而未采取将其调离工作岗位等措施，默许其继续从事易使传染病扩散的工作。但是，对于不知道该人为患病者或病原携带者和疑似传染病病人而同意其从事易使传染病扩散的工作的，不能视为本条规定的"准许"。"纵容"指传染病病人、病原携带者和疑似传染病病人所在单位的领导人员和主管人员，明知其违反规定从事易使传染病扩散的工作，不仅不采取措施，而且为其提供方便条件，或听之任之放纵其继续从事这一工作。"传染病病人""疑似传染病病人"是指根据国务院卫生行政部门发布的《〈中华人民共和国传染病防治法〉规定管理的传染病诊断标准（试行）》中规定的，符合传染病病人和疑似传染病病人诊断标准的人，如乙型肝炎患者。"病原携带者"指感染病原体无临床症状但能排出病原体的人。传染病病人、病原携带者和疑似传染病病人都能随时随地通过多种途径向外界环境排出和扩散该病的致病性微生物，而有可能感染接触过他们的健康人，造成该种传染病的传播。因此，必须根据不同病种限制他们的活动，规定他们患病或携带病原期间，不得从事某些易使该种传染病扩散的工作。根据国务院卫生行政部门的有关规定，上述传染病病人、病原携带者和疑似传染病病人不得从事易使传染病扩散的工作，主要有以下几类：（1）饮用水的生产、管理、供应等工作；（2）饮食服务行业的经营、服务等工作；（3）托幼机构的保育、教育等工作；（4）食品行业的生产、加工、销售、运输及保管等工作；（5）美容、整容等工作；（6）其他与人群接触密切的工作。

4. "出售、运输疫区中被传染病病原体污染或者可能被传染病病原体污染的物品,未进行消毒处理的"。这样规定,目的是防止传染病的进一步扩散。这里的"物品"必须同时符合以下条件:一是疫区中的物品,这里的"疫区"是指依照有关法律法规划定和公布的传染病发生区。二是被传染病病原体污染或可能被传染病病原体污染。一般是指传染病病人或疑似传染病病人及病原携带者直接使用过或接触过的旧衣物和生活用品,也可能是染疫动物的皮毛,这些都极易传播传染病。三是没有进行消毒处理,即对于上述被传染病病原体污染或者可能污染的物品,没有采用化学、物理、生物的方法杀灭或者消除了病原微生物。只有出售、运输符合上述条件的物品,才能符合本项规定。对此,传染病防治法也有相关规定。该法第四十七条规定,疫区中被传染病病原体污染或者可能被传染病病原体污染的物品,经消毒可以用的,应当在当地疾病预防控制机构的指导下,进行消毒处理后,方可使用、出售和运输。刑法本条本项的规定也与传染病防治法的上述规定相衔接。

5. "拒绝执行县级以上人民政府、疾病预防控制机构依照传染病防治法提出的预防、控制措施的"。这里的"预防、控制措施"是指县级以上人民政府、疾病预防控制机构根据预防传染的需要采取的措施,主要包括:(1)对甲类传染病以及依法确定采取甲类传染病预防、控制措施的传染病病人和病原携带者,予以隔离治疗或对严重发病区采取隔离措施;(2)对疑似甲类传染病以及依法确定采取甲类传染病预防、控制措施的传染病病人,在明确诊断前,在指定场所进行医学观察;(3)对传染病人禁止从事与人群接触密切的工作;(4)对易感染人畜共患传染病的野生动物,未经当地或者接收地的政府畜牧兽医部门检疫,禁止出售或者运输;(5)对从事传染病预防、医疗、科研、教学的人员预先接种有关接触的传染病疫苗;(6)执行职务时穿防护服装;(7)对传染病病人、病原携带者、疑似传染病病人污染的场所、物品和密切接触的人员,实施必要的卫生处理和预防措施等。

依照本条规定,违反传染病防治法的规定,实施本条第一款规定的五项行为之一,引起甲类传染病以及依法确定采取甲类传染病预防、控制措施的传染病传播或者有传播严重危险的,处三年以下有期徒刑或者拘役;后果特别严重的,处三年以上七年以下有期徒刑。"后果特别严重的"主要指造成众多的人感染甲类传染病以及依法确定采取甲类传染病预防、控制措施的传染病、多人死亡等特别严重后果的。

第二款是对单位违反传染病防治法的规定引起甲类传染病传播或者有传播严重危险的犯罪及其刑事处罚的规定。"单位犯前款罪的",是指单位违反传染病防治法的有关规定,有本条第一款所列的五项行为之一,引起甲类传染病以及依法确定采取甲类传染病预防、控制措施的传染病传播或者有传播严重危险的犯罪行为。单位犯前款罪的,对单位判处罚金,并对单位直接负责的主管人员和其他直接责任人员,依照第一款规定处刑,即处三年以下有期徒刑或者拘役;后果特别严重的,处三年以上七年以下有期徒刑。

第三款是关于甲类传染病的范围如何确定的规定。依照本款规定,甲类传染病的范围,依照传染病防治法和国务院有关规定确定。

第三百三十一条 【传染病菌种、毒种扩散罪】从事实验、保藏、携带、运输传染病菌种、毒种的人员,违反国务院卫生行政部门的有关规定,造成传染病菌种、毒种扩散,后果严重的,处三年以下有期徒刑或者拘役;后果特别严重的,处三年以上七年以下有期徒刑。

【释解与适用】

本条是关于传染病菌种、毒种扩散罪及其刑罚的规定。

本条规定的犯罪主体是"从事实验、保藏、携带、运输传染病菌种、毒种的人员",其是指因工作需要而接触传染病菌种、毒种,从而负有特定义务的人员。其中,"传染病菌种、毒种"主要包括三类:一类包括鼠疫耶尔森氏菌、霍乱弧菌、天花病毒、艾滋病病毒;二类包括布氏菌、炭疽菌、麻风杆菌;肝炎病毒、狂犬病毒、出血热病毒、登革热病毒;斑疹伤寒立克次体;三类包括脑膜炎双球菌、链球菌、淋病双球菌、结核杆菌、百日咳嗜血杆菌、白喉棒状杆菌、沙门氏菌、志贺氏菌、破伤风梭状杆菌;钩端螺旋体、梅毒螺旋体;乙型脑炎病毒、脊髓灰质炎病毒、流感病毒、流行性腮腺炎病毒、麻疹病毒、风疹病毒。所谓"违反国务院卫生行政部门的有关规定",主要是违反国务院卫生行政部门关于传染病菌种、毒种的保藏、携带、运输的具体规定。

国务院卫生行政部门有关规定主要包括以下四方面的内容:(1)菌种、毒种的保藏由国务院卫生行政部门指定的单位负责。(2)一、二类菌种、毒种由国务院卫生行政部门指定的保藏管理单位供应。三类菌种、毒种由设有专业实验室的单位或者国务院卫生行政部门指定的保藏管理单位供应。（3）使用一类菌种、毒种的单位，必须经国务院卫生行政部门批准；使用二类菌种、毒种的单位，必须经省级政府卫生行政部门批准；使用三类菌种、毒种的单位，应当经县级政府卫生行政部门批准。（4）一、二类菌种、毒种，应派专人向供应单位领取，不得邮寄；三类菌种、毒种的邮寄必须持有邮寄单位的证明，并按菌种、毒种邮寄与包装的有关规定办理。此外，对菌种、毒种的引进、使用、供应和审批，必须严格按照国务院卫生行政部门的规定进行。

"造成传染病菌种、毒种扩散"是指行为人由于违反国务院卫生行政部门的有关规定，致使传染病菌种、毒种传播，使他人受到传染。"后果严重"主要是指传染病菌种、毒种传播面积较大，使多人受到传染，或者造成被传染病人因病死亡等。根据本条规定，从事实验、保藏、携带、运输传染病菌种、毒种的人员，违反有关规定，只有在造成传染病菌种、毒种扩散，后果严重的情况下予以刑事处罚，即处三年以下有期徒刑或者拘役。对于后果特别严重的，本条规定了较重的刑罚，即处三年以上七年以下有期徒刑。"后果特别严重"是指引起传染病大面积传播或者长时间传播；造成人员死亡或多人残疾；引起民众极度恐慌造成社会秩序严重混乱；致使国家对于传染病防治的正常活动受到特别严重干扰；等等。

【适用中需要注意的问题】

需要把握好本罪与危险物品肇事罪、以危险方法危害公共安全罪等相关罪名的界限。（1）本罪与危险物品肇事罪针对的客观行为有区别。本罪针对的是造成传染病菌种、毒种扩散的行为；危险物品肇事罪针对的是因违反爆炸性、易燃性、放射性、毒害性、腐蚀性物品的管理规定，发生重大事故，造成严重后果的行为。（2）本罪是过失犯罪；若故意散布传染病菌种、毒种，危害公共安全的，应当根据以危险方法危害公共安全罪的规定，依法追究刑事责任。（3）本罪规定的是特殊主体，构成本罪限于从事实验、保藏、携带、运输传染病菌种、毒种的人员；危险物品肇事罪、以危险方法危害公共安全罪等相关罪名都没有对主体范围作出特别的限制。

第三百三十二条 【妨害国境卫生检疫罪】违反国境卫生检疫规定，引起检疫传染病传播或者有传播严重危险的，处三年以下有期徒刑或者拘役，并处或者单处罚金。

单位犯前款罪的，对单位判处罚金，并对其直接负责的主管人员和其他直接责任人员，依照前款的规定处罚。

【释解与适用】

本条是关于妨害国境卫生检疫罪及其刑罚的规定。

本条分为两款。第一款是关于妨害国境卫生检疫罪及其刑罚的规定。本条所指"国境卫生检疫规定"，是指国境卫生检疫法中关于检疫的规定，主要包括以下几方面：（1）对入境的交通工具和人员，必须在最先到达的国境口岸指定地点接受检疫。出境的交通工具和人员，必须在最后离开的国境口岸接受检疫。（2）对来自疫区的、被检疫传染病污染的或者可能成为检疫传染病传播媒介的行李、货物、邮包等物品，应当进行卫生检查，实施消毒、除鼠、除虫或者其他卫生处理。（3）对入出境的尸体、骸骨，其托运人或者代理人必须向卫生检疫机关申报，经卫生检疫合格后，发给入出境许可证，方准运进或者运出。2018年政府机构改革后，国家出入境检验检疫管理职责和队伍划入海关总署，这里规定的"卫生检疫机关"即各国境口岸海关。根据国境卫生检疫法第三条的规定，"检疫传染病"，是指鼠疫、霍乱、黄热病以及国务院确定和公布的其他传染病。上述传染病一旦传播开来，不但给人民群众带来深重的灾难，还将给社会经济发展造成极大的损失，例如中断运输、贸易，封锁疫区、隔离和治疗患者都将消耗大量的社会资金并延缓经济发展。因此，对于违反国境卫生检疫规定，引起检疫传染病传播，或者有引起检疫传染病传播严重危险的，本款规定，处三年以下有期徒刑或者拘役，并处或者单处罚金。

根据2020年3月《最高人民法院、最高人民检察院、公安部、司法部、海关总署关于进一步加强国境卫生检疫工作依法惩治妨害国境卫生检疫违法犯罪的意见》第二条的规定，实施下列行为之一的，属于妨害国境卫生检疫行为：（1）检疫传染病染疫人或者染疫嫌疑人拒绝执行海关依照国境卫生检疫法等法律法规提出的健康申报、体温监测、医学巡查、流行病学调查、医学排查、采样等卫生检疫措施，或者隔离、留验、就地诊验、转诊等卫生处理措施的；（2）检疫传染病染疫人或者染疫嫌疑人采取不如实填报健康申明卡等方式隐瞒疫情，或者伪造、涂改检疫单、证等方式伪造情节的；（3）知道或者应当知道实施审批管理的微生物、人体组织、生物制品、血液及其制品等特殊物品可能造成检疫传染病传播，未经审批仍逃避检疫，携运、寄递出入境的；（4）出入境交通工具上发现有检疫传染病染疫人或者染疫嫌疑人，交通工具负责人拒绝接受卫生检疫或者拒不接受卫生处理的；（5）来自检疫传染病流行国家、地区的出入境交通工具上出现非意外伤亡且死因不明的人员，交通工具负责人故意隐瞒情况的；（6）其他拒绝执行海关依照国境卫生检疫法等法律法规提出的检疫措施的。实施上述行为，引起鼠疫、霍乱、黄热病以及新冠肺炎等国务院确定和公布的其他检疫传染病传播或者有传播严重危险的，依照本条规定以妨害国境卫生检疫罪定罪处罚。

第二款是关于单位犯罪的规定。这里的单位，是指入出境应当接受检疫的单位。"单位犯前款罪的"，是指入出境单位，违反国境卫生检疫规定，有逃避检疫等违反国境卫生检疫规定行为，引起检疫传染病传播或者有传播严重危险的情形。本款对单位犯妨害国境卫生检疫罪的，对单位判处罚金，并对单位直接负责的主管人员和其他直接责任人员，处三年以下有期徒刑或者拘役，并处或者单处罚金。

【适用中需要注意的问题】

1. 对于尚不构成本罪的一些妨害国境卫生检疫的一般违法行为，国境卫生检疫法及其实施细则规定了行政处罚。国境卫生检疫法第二十条规定，有下列行为之一的单位或者个人，国境卫生检疫机关可以根据情节轻重，给予警告或者罚款：（1）逃避检疫，向国境卫生检疫机关隐瞒真实情况的；（2）入境的人员未经国境卫生检疫机关许可，擅自上下交通工具，或者装卸行李、货物、邮包等物品，不听劝阻的。《国境卫生检疫法实施细则》第一百零九条明确了具体应当受到行政处罚的十一种行为。对于这些行为，尚不构成犯罪的，应当由海关依法给予警告或者罚款。

2. 经过卫生检疫的入境人员也应当遵守国内各地在疫情期间的防控措施，入境后违反相关规定，构成犯罪的，也要依照刑法的有关规定定罪处罚。

第三百三十三条 【非法组织卖血罪、强迫卖血罪】非法组织他人出卖血液的，处五年以下有期徒刑，并处罚金；以暴力、威胁方法强迫他人出卖血液的，处五年以上十年以下有期徒刑，并处罚金。

有前款行为，对他人造成伤害的，依照本法第二百三十四条的规定定罪处罚。

【释解与适用】

本条是关于非法组织卖血罪、强迫卖血罪及其刑罚的规定。

本条分为两款。第一款是关于非法组织卖血罪、强迫卖血罪及其刑罚的规定。"非法组织他人出卖血液"指的是"血头""血霸"以牟取非法利益为目的，未经卫生行政主管部门批准或者委托，擅自组织他人向血站、红十字会或者其他采集血液的医疗机构提供血液。根据《最高人民检察院、公安部关于公安机关管辖的刑事案件立案追诉标准的规定（一）》第五十二条的规定，非法组织他人出卖血液，涉嫌下列情形之一的，应予立案追诉：（1）组织卖血三人次以上的；（2）组织卖血非法获利二千元以上的；（3）组织未成年人卖血的；（4）被组织卖血的人的血液含有艾滋病病毒、乙型肝炎病毒、丙型肝炎病毒、梅毒螺旋体等病原微生物的；（5）其他非法组织卖血应予追究刑事责任的情形。本款规定对从事非法组织他人出卖血液的"血头""血霸"，处五年以下有期徒刑，并处罚金。"以暴力、威胁方法强迫他人出卖血液"，是指"血头""血霸"以牟取非法利益为目的，用限制人身自由、殴打等暴力方法，强行、迫使不愿提供血液的人，向血站、红十字会或其他采集血液的医疗机构提供血液。由于该种行为除了扰乱国家采供血秩序外，还侵害了他人人身权利，因此在处刑上，比非法组织他人出卖血液的行为要重，即处五年以上十年以下有期徒刑，并处罚金。

第二款是关于非法组织他人或者以暴力、威胁方法强迫他人出卖血液，给他人造成伤害如何处罚的规定。"有前款行为，对他人造成伤害"，是指非法组织他人或者以暴力、威胁方法强迫他人出卖血液，对供血者造成伤害。其主要包括三种情况：第一，组织患有疾病或者有其他原因不宜输血的人输血，造成被采血人健康受到严重损害的；第二，由于长期过度供血，使供血者身体健康受到严重损害的；第三，为了抽取他人血液，使用暴力手段致人身体伤害的情况。有上述情况之一的，本款规定，依照本法第二百三十四条关于故意伤害罪的规定定罪处罚。

第三百三十四条 【非法采集、供应血液、制作、供应血液制品罪】非法采集、供应血液或者制作、供应血液制品，不符合国家规定的标准，足以危害人体健康的，处五年以下有期徒刑或者拘役，并处罚金；对人体健康造成严重危害的，处五年以上十年以下有期徒刑，并处罚金；造成特别严重后果的，处十年以上有期徒刑或者无期徒刑，并处罚金或者没收财产。

【采集、供应血液、制作、供应血液制品事故罪】经国家主管部门批准采集、供应血液或者制作、供应血液制品的部门，不依照规定进行检测或者违背其他操作规定，造成危害他人身体健康后果的，对单位判处罚金，并对其直接负责的主管人员和其他直接责任人员，处五年以下有期徒刑或者拘役。

【释解与适用】

本条是关于非法采集、供应血液、制作、供应血液制品罪，采集、供应血液、制作、供应血液制品事故罪及其刑罚的规定。

本条分为两款。第一款是关于非法采集、供应血液、制作、供应血液制品罪及其刑罚的规定。"非法采集、供应血液、制作、供应血液制品"是指未经国家主管部门批准或者超过批准的业务范围，采集、供应血液或者制作、供应血液制品的。为了保证血液纯净，保证安全使用，国家卫生部门规定，只有经卫生部门特别批准的血站等单位才有采集供应血液、制作供应血液制品的资格，未经批准或者超过批准范围的均属非法。一些不法分子为牟取利益，擅自采血、供血，其卫生条件不合格，测验手段不完备，往往造成血液不洁，传染病交叉感染，本款就是针对这种行为而作出的专门规定。

"血液制品"是指人血（胎盘）球蛋白、白蛋白、丙种球蛋白、浓缩Ⅷ因子、纤维蛋白原等各种人血浆蛋白制品。"不符合国家规定的标准"，包括两种情形：一是指非法采集、供应的血液不符合《献血者健康检查要求》，如供血者的血液化验结果艾滋病病毒抗体（HIV抗体）为阳性等；二是指非法制作、供应的血液制品，不符合原卫生部《中国生物制品规程》的各项要求。

根据本款规定，非法采集、供应血液或者制作、供应血液制品，不符合国家规定的标准，足以危害人体健康的，处五年以下有期徒刑或者拘役，并处罚金。对人体健康造成严重危害的，处五年以上十年以下有期徒刑，并处罚金。造成特别严重后果的，处十年以上有期徒刑或者无期徒刑，并处罚金或者没收财产。本款区分不同的情形和危害规定了刑罚。一是对于危险犯，对于造成一定的危险的行为，也就是"足以危害人体健康"的，即认定为犯罪并予以刑事处罚。"足以危害人体健康"是指非法采集、供应的血液或者制作、供应的血液制品不符合国家规定的质量标准，或者在采供血液、制供血液制品的过程中违反国家规定的操作规程，致使血液或者血液制品一旦被使用，就可能让使用者感染疾病。二是对于造成了实际的危害后果的，也就是对人体健康造成严重危害的，规定予以刑事处罚。"对人体健康造成严重危害"是指不符合国家规定的卫生标准的血液、血液制品，在医疗应用中让使用者感染严重疾病的情形，如因为输血而感染乙型肝炎病毒或感染艾滋病病毒等。"造成特别严重后果"是指造成他人死亡；致使多人感染严重的血源性传染病；或者由于血源流动大，没有记录等原因，无法查清感染人数和感染区域，但是却存在传播血源性传染病的重大危险；等等。《最高人民法院、最高人民检察院关于办理非法采供血液等刑事案件具体应用法律若干问题的解释》第二条至第四条对"足以危害人体健康""对人体健康造成严重危害""造成特别严重后果"的认定问题进行了具体规定。

第二款是采集、供应血液、制作、供应血液制品事故罪及其刑罚的规定。经国家主管部门批准采集、供应血液或者制作、供应血液制品的部门，也要严格按照规定对血液制品进行血源检测，如果不依照规定进行检测或者违背其他操作规定，造成危害他人身体健康后果的，要追究刑事责任。这里的"部门"主要是指经国家主管部门批准的采供血机构和血液制品生产经营单位，具体包括血液中心、中心血站、中心血库、脐带血造血干细胞库和国家卫生行政主管部门根据医学发展需要批准、设置的其他类型血库、单采血浆站。《最高人民法院、最高人民检察院关于办理非法采供血液等刑事案件具体应用法律若干问题的解释》第五条、第六条对"不依照规定进行检测或者违背其他操作规定""造成危害他人身体健康后果"的认定作了规定。这里需要加以说明的是，本款规定的犯罪主体是单位，处罚规定的是双罚制，即构成本罪的，对单位要判处罚金，并对直接负责的主管人员和其他直接责任人员,处五年以下有期徒刑或者拘役。

第三百三十四条之一 【非法采集人类遗传资源、走私人类遗传资源材料罪】违反国家有关规定,非法采集我国人类遗传资源或者非法运送、邮寄、携带我国人类遗传资源材料出境,危害公众健康或者社会公共利益,情节严重的,处三年以下有期徒刑、拘役或者管制,并处或者单处罚金;情节特别严重的,处三年以上七年以下有期徒刑,并处罚金。

【释解与适用】

本条是关于非法采集人类遗传资源、走私人类遗传资源材料罪及其刑罚规定。

我国是多民族的人口大国,具有独特的人类遗传资源优势,拥有丰富的特色健康长寿人群、特殊生态环境人群(如高原地区)、地理隔离人群(如海岛人群)以及疾病核心家系等遗传资源,为发展生命科学和相关产业提供了得天独厚的条件。我国历来高度重视人类遗传资源的保护和利用工作,1988年国务院办公厅转发科技部、卫生部联合制定的《人类遗传资源管理暂行办法》,对有效保护和合理利用我国人类遗传资源发挥了积极作用。

近些年,随着生物技术领域的飞速发展,我国人类遗传资源管理出现了一些新情况、新问题:人类遗传资源非法外流不断发生;人类遗传资源的利用不够规范、缺乏统筹等,危及我国的生物安全。司法实践中出现了一些被刑事立案的此类案件,没有与此对应的适用罪名,对于情节严重的行为只能以非法经营罪打击。2020年3月,我国将生物安全纳入国家安全体系;2020年11月,习近平总书记在中央全面依法治国工作会议上指出,要推进生物安全领域立法。生物安全法由第十三届全国人民代表大会常务委员会第二十二次会议于2020年10月17日通过,其中生物安全法第五十三条规定:"国家加强对我国人类遗传资源和生物资源采集、保藏、利用、对外提供等活动的管理和监督,保障人类遗传资源和生物资源安全。国家对我国人类遗传资源和生物资源享有主权。"第五十五条规定:"采集、保藏、利用、对外提供我国人类遗传资源,应当符合伦理原则,不得危害公众健康、国家安全和社会公共利益。"现行法律法规对于非法采集人类遗传资源及运送、邮寄、携带人类遗传资源材料出境的，均有相应的行政责任条款，构成犯罪的，依法追究刑事责任的规定。考虑到实践中的新情况，做好与生物安全法、《人类遗传资源管理条例》的衔接，刑法增加了本条规定。

根据本条规定，违反国家有关规定，非法采集我国人类遗传资源或者非法运送、邮寄、携带我国人类遗传资源材料出境，危害公众健康或者社会公共利益，情节严重的，追究刑事责任。这里的"违反国家有关规定"除了刑法第九十六条规定的"违反国家规定"的情形外，还包括主管部门制定的部门规章中的实体及程序规定。具体来说，包括全国人民代表大会及其常务委员会制定的法律和作出的决定，国务院制定的行政法规、规定的行政措施、发布的决定和命令外，还包括相关主管部门制定的条例、办法、指导意见等部门规章，与本条相关的国家有关规定主要是生物安全法、《人类遗传资源管理条例》《人类遗传资源管理暂行办法》《重要遗传家系和特定地区人类遗传资源申报登记办法（暂行）》等。根据生物安全法第八十五条、《人类遗传资源管理条例》第二条的规定，"人类遗传资源包括人类遗传资源材料和人类遗传资源信息。人类遗传资源材料是指含有人体基因组、基因等遗传物质的器官、组织、细胞等遗传材料。人类遗传资源信息是指利用人类遗传资源材料产生的数据等信息资料。"需要注意的是，1998年科技部、卫生部联合制定的《人类遗传资源管理暂行办法》曾对"人类遗传资源"作出界定，其第二条规定："本办法所称人类遗传资源是指含有人体基因组、基因及其产物的器官、组织、细胞、血液、制备物、重组脱氧核糖核酸（DNA）构建体等遗传材料及相关的信息资料。"由于该办法制定的时间较早，随着科技水平发展，对人类遗传资源的概念也在不断完善，相比《人类遗传资源管理暂行办法》关于人类遗传资源的定义，生物安全法和《人类遗传资源管理条例》对人类遗传资源的定义更概括和全面。

本条包括两个方面的行为。

一是非法采集人类遗传资源的行为。根据本条规定，是指违反国家有关规定，非法采集我国人类遗传资源的行为。对于"采集"程序、目的等需要满足的条件及采集我国人类遗传资源履行告知义务等有相关规定。《人类遗传资源管理条例》第十一条明确"采集我国重要遗传家系、特定地区人类遗传资源或者采集国务院科学技术行政部门规定种类、数量的人类遗传资源的"应经国务院科学技术行政部门批准，同时满足下列条件：（1）具有法人资格；（2）采集目的明确、合法；（3）采集方案合理；（4）通过伦理审查；（5）具有负责人类遗传资源管理的部门和管理制度；（6）具有与采集活动相适应的场所、设施、设备和人员。采集我国人类遗传资源履行告知义务是重要的一个环节，体现了采集程序正当及对被采集人权益的保障。《人类遗传资源管理条例》第十二条规定：采集我国人类遗传资源，应当事先告知人类遗传资源提供者采集目的、采集用途、对健康可能产生的影响、个人隐私保护措施及其享有的自愿参与和随时无条件退出的权利，征得人类遗传资源提供者书面同意。在告知人类遗传资源提供者前款规定的信息时，必须全面、完整、真实、准确，不得隐瞒、误导、欺骗。

我国拥有丰富的人类遗传资源，特别是《人类遗传资源管理条例》第十一条对采集"我国重要遗传家系、特定地区人类遗传资源"作出规定，也是进一步加强对我国特有资源的保护。对此，科技部发布的《重要遗传家系和特定地区人类遗传资源申报登记办法（暂行）》对"我国重要遗传家系、特定地区人类遗传资源"的范围、采集上述人类遗传资源的程序和登记方式等作出明确。其中第二条规定："本办法所称重要遗传家系是指患有遗传性疾病或者具有遗传性特殊体质或生理特征的有血缘关系的群体，患病家系或具有遗传性特殊体质或生理特征成员五人以上，涉及三代。"第三条至第五条对采集重要遗传家系和特定地区人类遗传资源的申报登记方式和程序等作出规定。根据《人类遗传资源管理条例》第三条的规定，对于为临床诊疗、采供血服务、查处违法犯罪、兴奋剂检测和殡葬等活动需要，采集器官、组织、细胞等人体物质及开展相关活动，依照相关法律、行政法规规定执行。

二是走私人类遗传资源材料出境的行为。根据本条规定，其是指违反国家有关规定，非法运送、邮寄、携带我国人类遗传资源材料出境的行为。在行为方式上主要包括运送、邮寄、携带出境。运送和邮寄与携带行为的主要区别在于，携带通常是行为人亲自携带，可以是放置于衣服、背包的方式，甚至可以通过藏置体内等方式；运送和邮寄主要是借助交通工具或者其他载体。运送和邮寄的区分在于，邮寄是通过第三方邮局或者快递公司等方式出境。然而不论是运送、邮寄还是携带行为，都应出境，在境内实施上述行为如果符合行政处罚的条件，行政处罚即可。

根据本条规定，非法采集我国人类遗传资源和非法运送、邮寄、携带我国人类遗传资源出境的行为要"危害公众健康或者社会公共利益""情节严重"的才构成犯罪，追究刑事责任。需要注意的是，与传统的人身、财产犯罪不同，非法采集人类遗传资源及运送、邮寄、携带人类遗传资源材料出境的行为后果通常短期内很难立即显现，实践中对于"危害公众健康或者社会公共利益"的理解和判断还要结合其具体情形来综合判断，对于本罪而言，实施了非法采集人类遗传资源或者运送、邮寄、携带人类遗传资源材料出境的行为，如果达到一定的数量即具备危害性。危害公众健康或社会公共利益主要是指在采集过程中因采集方法、采集的设备或者程序等因素造成被采集人感染疾病、组织器官造成伤害、部分功能丧失或者造成我国特定地区或者种系的遗传资源遭到严重破坏等。

对于"情节严重"及"情节特别严重"的判断。可以从行为方式上判断，也可以从造成危害结果的角度考量，如非法采集人类遗传资源及运送、邮寄、携带人类遗传资源材料的样本数量、采集地区、采集的方式、采集目的和用途、采集的年龄段等，也包括造成被采集人身体伤害、感染疾病或身体功能异常、为境外非法组织或基于非法目的获取我国人类遗传资源信息而研制某些生物制剂等。具体的判断标准，可以在总结司法实践经验的基础上通过相关司法解释予以明确。对于尚不构成犯罪的，应当根据生物安全法等相关规定予以行政处罚。生物安全法第八十条规定："违反本法规定，境外组织、个人及其设立或者实际控制的机构在我国境内采集、保藏我国人类遗传资源，或者向境外提供我国人类遗传资源的，由国务院科学技术主管部门责令停止违法行为，没收违法所得和违法采集、保藏的人类遗传资源，并处一百万元以上一千万元以下的罚款；违法所得在一百万元以上的，并处违法所得十倍以上二十倍以下的罚款。"《人类遗传资源管理条例》第三十六条、第三十八条对于本条规定的非法采集人类遗传资源以及将我国人类遗传资源材料运送、邮寄、携带出境的行为，规定了相应的行政处罚。

关于刑罚，本条根据情节的不同严重程度规定了两档法定刑：情节严重的，处三年以下有期徒刑、拘役或者管制，并处或者单处罚金；情节特别严重的，处三年以上七年以下有期徒刑，并处罚金。

【适用中需要注意的问题】

需要注意的是，对于境外组织、个人及其设立或者实际控制的机构，获取和利用我国人类遗传资源和生物资源法律分别作了不同的规定。根据生物安全法第五十六条第四款的规定，境外组织、个人及其设立或者实际控制的机构不得在我国境内采集、保藏我国人类遗传资源，不得向境外提供我国人类遗传资源。根据该法第五十八条的规定，其经依法取得批准，可以获取和利用我国生物资源，但禁止在我国境内采集、保藏我国人类遗传资源，不得向境外提供我国人类遗传资源。

刑法保护的人类遗传资源和人类遗传资源资料都限定于"我国"，对在我国境内采集非我国种族的遗传资源，刑法对此并没有作出限定，不宜根据本条规定追究刑事责任。如果采集的程序、目的、方式等违反国家有关规定，符合行政处罚条件的，行政处罚即可。

第三百三十五条 【医疗事故罪】医务人员由于严重不负责任，造成就诊人死亡或者严重损害就诊人身体健康的，处三年以下有期徒刑或者拘役。

【释解与适用】

本条是关于医疗事故罪及其刑罚的规定。

根据本条规定，构成本罪应当符合以下条件。

第一，本罪的主体是特殊主体，只能是医务人员。这里的"医务人员"，主要是指在医疗机构中从事对病人救治、护理工作的医生和护士。

第二，行为人严重不负责任。所谓"严重不负责任"，是指医务人员在对就诊人员进行医疗、护理或身体健康检查过程中，在履行职责的范围内，对于应当可以防止出现的危害结果由于其严重疏于职守而致使其发生，如对就诊人的生命和健康采取漠不关心的态度，不及时救治；严重违反明确的操作规程；等等。根据《最高人民检察院、公安部关于公安机关管辖的刑事案件立案追诉标准的规定（一）》第五十六条的规定，具有下列情形之一的，属于本条规定的"严重不负责任"：（1）擅离职守的；（2）无正当理由拒绝对危急就诊人实行必要的医疗救治的；（3）未经批准擅自开展试验性医疗的；（4）严重违反查对、复核制度的；（5）使用未经批准使用的药品、消毒药剂、医疗器械的；（6）严重违反国家法律法规及有明确规定的诊疗技术规范、常规的；（7）其他严重不负责任的情形。"严重不负责任"是构成本罪的必要条件之一，这一必要条件，将本罪限定于责任事故的范畴。对不是由于严重不负责任，而是由于其他原因造成医疗事故的不构成本罪。

第三，造成就诊人死亡或者严重损害就诊人身体健康的后果。这里的"就诊人"是指到医疗机构治疗疾患、进行身体健康检查或者为计划生育而进行医疗的人。"严重损害就诊人身体健康"，主要是指造成就诊人严重残疾，重伤，感染艾滋病、病毒性肝炎等难以治愈的疾病或者其他严重损害就诊人身体健康的后果。构成本罪，必须要有就诊人死亡或者严重损害就诊人身体健康的后果，医务人员的行为与上述后果之间需存在因果关系，这是罪与非罪的界限。如果行为人严重不负责任，但没有导致就诊人死亡或者严重损害就诊人身体健康的后果，则不构成本罪。

【适用中需要注意的问题】

1. 本条规定的医疗事故罪是过失犯罪，即医务人员应当预见自己的行为，可能导致就诊人死亡或者严重损害就诊人身体健康的严重后果，因疏忽大意而没有预见，或者已经预见但轻信可以避免，以致发生了上述后果。在判断行为人主观方面是否存在过失，过失行为在责任医疗事故损害后果中的责任程度，以及是否属于"严重不负责任"时，需要根据《最高人民检察院、公安部关于公安机关管辖的刑事案件立案追诉标准的规定（一）》规定的情形进行判断。对于没有明确列举的其他情形，需要综合考虑医务人员的级别、职称、岗位、所处的具体工作环境、承担的具体工作任务等因素进行判断，不能仅因为医务人员客观的技术水平问题就追究其刑事责任。

2. 对于不构成本罪的医疗事故，应当依照执业医师法和《医疗事故处理条例》的有关规定，追究相关医疗机构和责任人员的行政责任，并依法给予就诊人民事赔偿。此外，根据我国民法典第一百八十七条的规定，民事主体因同一行为应当承担民事责任、行政责任和刑事责任的，承担行政责任或者刑事责任不影响承担民事责任。根据刑法本条规定追究医务人员刑事责任的，不影响相关医疗机构和医务人员民事责任的承担。

第三百三十六条 【非法行医罪】未取得医生执业资格的人非法行医，情节严重的，处三年以下有期徒刑、拘役或者管制，并处或者单处罚金；严重损害就诊人身体健康的，处三年以上十年以下有期徒刑，并处罚金；造成就诊人死亡的，处十年以上有期徒刑，并处罚金。

【非法进行节育手术罪】未取得医生执业资格的人擅自为他人进行节育复通手术、假节育手术、终止妊娠手术或者摘取宫内节育器，情节严重的，处三年以下有期徒刑、拘役或者管制，并处或者单处罚金；严重损害就诊人身体健康的，处三年以上十年以下有期徒刑，并处罚金；造成就诊人死亡的，处十年以上有期徒刑，并处罚金。

【释解与适用】

本条是关于非法行医罪、非法进行节育手术罪及其刑罚的规定。

本条共分两款。第一款是关于非法行医罪及其刑事处罚的规定。根据我国执业医师法的规定，未经医师注册取得执业证书，不得从事医师执业活动。"未取得医生执业资格的人非法行医"是指未取得医师从业资格的人从事医疗工作，包括未取得或者以非法手段取得医师资格从事医疗活动的；被依法吊销医师执业证书期间从事医疗活动的；未取得乡村医生执业证书，从事乡村医疗活动的；等等。根据《最高人民法院关于审理非法行医刑事案件具体应用法律若干问题的解释》规定，"情节严重"包括：（1）造成就诊人轻度残疾、器官组织损伤导致一般功能障碍的；（2）造成甲类传染病传播、流行或者有传播、流行危险的；（3）使用假药、劣药或不符合国家规定标准的卫生材料、医疗器械，足以严重危害人体健康的；（4）非法行医被卫生行政部门行政处罚两次以后，再次非法行医的；（5）其他情节严重的情形。根据本款规定，未取得医生执业资格的人非法行医，情节严重的，处三年以下有期徒刑、拘役或者管制，并处或者单处罚金；严重损害就诊人身体健康的，处三年以上十年以下有期徒刑，并处罚金；造成就诊人死亡的，处十年以上有期徒刑，并处罚金。

第二款是关于未取得医生执业资格的人擅自为他人进行节育复通手术、假节育手术、终止妊娠手术或者摘取宫内节育器的犯罪及其刑事处罚的规定。"擅自为他人进行节育复通手术"是指没有医师资格的人，为他人进行输卵（精）管复通手术的行为。"假节育手术"或者"摘取宫内节育器"是指为他人进行假结扎输卵（精）管手术或者替育龄妇女摘取为计划生育放置的避孕环等宫内节育器的行为。"终止妊娠手术"是指私自为孕妇进行手术，使母体内正发育的胚胎停止发育的行为，如进行流产或引产手术。"情节严重"主要是指没有医师资格的人,多次私自为他人做节育复通手术、假节育手术、终止妊娠手术或者摘取宫内节育器,破坏计划生育或者损害就诊人身体健康等。"严重损害就诊人身体健康"是指没有医师资格的人,进行上述手术时,给就诊人造成身体器官的损害或者严重损害身体健康的其他情况,如使就诊人丧失生育能力、大出血、子宫破裂等。本款对于没有医师资格的人私自为他人进行上述手术的犯罪行为,规定了三档刑罚:(1)情节严重的,处三年以下有期徒刑、拘役或者管制,并处或者单处罚金;(2)严重损害就诊人身体健康的,处三年以上十年以下有期徒刑,并处罚金;(3)造成就诊人死亡的,处十年以上有期徒刑,并处罚金。

【适用中需要注意的问题】

1. 关于非法行医罪的认定。判断是否构成非法行医,一是要看行为人是否具有医生执业资格,二是要看是否具有非法行医的行为。其中,根据《最高人民法院关于审理非法行医刑事案件具体应用法律若干问题的解释》第一条的解释,"未取得医生执业资格的人非法行医"包括未取得或者以非法手段取得医师资格从事医疗活动;被依法吊销医师执业证书期间从事医疗活动;未取得乡村医生执业证书,从事乡村医疗活动;家庭接生员实施家庭接生以外的医疗行为等四种情形。

关于"医疗活动""医疗行为"的界定,根据《最高人民法院关于审理非法行医刑事案件具体应用法律若干问题的解释》第六条的规定,参照《医疗机构管理条例实施细则》中的"诊疗活动""医疗美容"认定。根据该实施细则的规定,诊疗活动是指通过各种检查,使用药物、器械及手术等方法,对疾病作出判断和消除疾病、缓解病情、减轻痛苦、改善功能、延长生命、帮助患者恢复健康的活动。医疗美容是指使用药物以及手术、物理和其他损伤性或者侵入性手段进行的美容。

2. 关于对非医学需要的胎儿性别鉴定行为是否需要追究刑事责任。非医学需要的胎儿性别鉴定行为,人口与计划生育法明确规定属于违法行为。近年来,也有意见提出,非医学需要的胎儿性别鉴定和选择性别的人工终止妊娠行为是导致我国出生人口性别比失衡的主要原因之一,这将会严重影响我国的人口结构和社会稳定,建议在刑法中增加相应的犯罪。对于该问题,刑法修正案(六)草案曾有将"为他人进行非医学需要的胎儿性别鉴定，导致选择性别、人工终止妊娠后果，情节严重的"这一行为规定为犯罪的方案，后来在全国人大常委会审议的过程中，各方面意见分歧很大，没有将该内容列入刑法修正案表决稿。考虑到我国人口形势和生育政策等出现了一些新的情况和变化，特别是在"二孩"政策实施后，对该问题还需要综合相关情况作进一步的评估分析。解决出生人口性别失衡问题是一项社会系统工程，既涉及党和国家的政策和法律，也涉及各级政府等部门对政策和法律的执行和贯彻，还涉及公民观念意识的改变和千家万户的切身利益等，情况比较复杂，需要运用各种手段综合治理。

3. 关于乡村医生的非法行医。我国的乡村医生分为两种，一是根据执业医师法取得了执业医师或者执业助理医师资格，二是不具备相关条件的地区，根据《乡村医生从业管理条例》的规定，由具有中等医学专业学历的人员，或者经培训达到中等医学专业水平的其他人员申请执业注册后，进入村医疗卫生机构执业，主要从事预防、保健和一般医疗服务。《乡村医生从业管理条例》对乡村医生执业范围、基本用药目录等有规定。未经注册在村医疗机构从事医疗活动；或者以不正当手段取得乡村医生执业证书的，在村医疗卫生机构从事医疗活动，情节严重，构成犯罪的，需依法追究刑事责任。

第三百三十六条之一 【非法植入基因编辑、克隆胚胎罪】将基因编辑、克隆的人类胚胎植入人体或者动物体内，或者将基因编辑、克隆的动物胚胎植入人体内，情节严重的，处三年以下有期徒刑或者拘役，并处罚金；情节特别严重的，处三年以上七年以下有期徒刑，并处罚金。

【释解与适用】

本条是关于非法植入基因编辑、克隆胚胎罪及其刑罚的规定。

生物技术被认为是未来引领世界科技的重要技术。克隆羊多莉的出生，让大家对克隆技术不再陌生，然而生殖性克隆人始终是被世界所禁止的，近些年其他国家不乏有突破伦理道德底线、超越法律的尝试，我国虽然克隆人是绝对禁止的，但刑法对此没有作出规定。与克隆技术相比，基因编辑是近十几年迅速发展的一项生物技术，被广泛应用于医学、农业、模型研究等领域，具有极大的应用和开发价值。然而不可回避的是，基因技术特别是作用于人体的基因编辑可能带来各种风险，脱靶风险仍然是目前基因编辑技术的最大风险。与体细胞基因编辑不同，对生殖细胞或者胚胎进行基因编辑所改变的生物性状是可以遗传给下一代的，在脱靶率较高的情况下未来可能产生的风险通常是难以预测的。同时，禁止对胚胎进行基因编辑并将其植入母体是国际共识，除了技术风险，还面临伦理道德的质疑。贺建奎基因编辑婴儿事件引发较高的关注度，一定程度上给我国科研环境和科研领域的发展带来一定的负面影响。为保障和促进生物科研领域更好的发展，避免因法律缺失或刚性不足而使我国成为其他国家试验和转嫁风险的土壤，加快基因编辑相关的立法工作十分必要。2019年1月21日，习近平总书记在省部级主要领导干部坚持底线思维着力防范化解重大风险专题研讨班开班式上发表重要讲话，其中包括加快推进基因编辑相关的立法工作。随着牵动人心的新冠疫情的发生，2020年3月，我国将生物安全纳入国家安全体系。从广义上而言，以基因编辑开展的科学研究属于生物安全的重要组成部分。2020年11月，习近平总书记在中央全面依法治国工作会议上指出要推进生物安全领域的立法。刑法修正案（十一）在此基础上增加了关于非法基因编辑和克隆的相关规定。

根据本条规定，将基因编辑、克隆的人类胚胎植入人体或者动物体内，或者将基因编辑、克隆的动物胚胎植入人体内，情节严重的，追究刑事责任。

1. 基因编辑是指改变细胞或生物体的 DNA，包括插入、删除或修改基因或基因序列，以实现基因的沉默、增强或其他改变其特征的技术。克隆技术是为了制造一个与某一个体遗传上相同的复制品或后代而使用的技术。将基因编辑、克隆的人类胚胎植入人体或者动物体内，即经过基因编辑和克隆的人类胚胎不管是植入动物还是人体都是被禁止的。上述的行为方式将目前可以用于科研实验的对经过基因编辑或者克隆的动物胚胎植入动物体内的情况予以排除。

2. 根据本条的规定只有将基因编辑或者克隆的胚胎植入体内才构成犯罪，处于试验或者研究在体外进行的基因编辑或者克隆并不属于刑法的规制范围。"植入"即将体外培养的受精卵或者胚胎移植到子宫内的过程，至于是否着床或植入成功不影响"植入"行为的完成。

3. 关于刑罚。有非法基因编辑和克隆行为，情节严重的，处三年以下有期徒刑或者拘役，并处罚金；情节特别严重的，处三年以上七年以下有期徒刑，并处罚金。

关于对"情节严重"的理解。人体胚胎基因编辑犯罪条款的表述采用的是"行为+情节"的立法模式。"情节严重"是本罪的入罪门槛，同时"情节严重""情节特别严重"也是两档法定刑科处刑罚的条件。本罪设"情节严重"入罪门槛而没有直接规定为行为犯是对人类生殖系基因编辑行为入罪的严格限缩。

根据目前我国的相关规定，可以对人体胚胎进行基因编辑进行基础研究，但仍应遵守十四天原则，即在自细胞受精或者核移植开始计算在体外培养的期限最长为十四天，对于虽然超过十四天但能及时（如胚盘的三胚层尚未建立或分化）销毁，未造成严重后果或恶劣影响的，通过职业禁止或相关行政处罚规制即可。对于"情节严重""情节特别严重"的认定标准可以参考《生物技术研究开发安全管理条例（草案）》《生物技术研究开发安全管理办法》中对于生物技术研究开发活动潜在风险程度中高风险等级、较高风险等级的标准。对于"情节严重""情节特别严重"的考量因素主要有。

一是行为对象的人数。对生殖细胞的基因编辑是可以将被改变的生物性状代代遗传的，受基因编辑高概率脱靶风险的影响，基因编辑中即使是对正常基因的破坏也将会遗传给后代，这些被改变的基因将会产生怎样的影响短期内可能难以估量，代代相传将会使被改变基因的人数呈几何倍数增长。因此，对于人体胚胎基因编辑犯罪而言，基因编辑操作的人数是行为危害后果的基数，也是衡量行为后果和危害性的很重要因素。

二是被基因编辑的婴儿是否实际出生。人体胚胎基因编辑行为最直接的危害后果即体现于被基因编辑的婴儿的出生，由此带来的是最直接的现实危险。

三是是否严重损害或影响身体健康。这里的身体健康既包括基因编辑的婴儿也包括被植入的人体的身体健康情况。同正常胚胎一样，基因编辑的人类胚胎无法脱离母体环境独立发育，基因编辑婴儿植入母体后，可能会对母体造成身体伤害，特别是植入母体的为非卵细胞来源的母体时可能产生的影响。而基因编辑婴儿则是最直接的行为对象，受脱靶风险的影响，在敲入或切除的过程中将有表达功能的正常基因破坏，则极可能会使被编辑的胚胎表现出异于正常的性状。这里对于基因编辑婴儿身体健康的影响与传统的人身伤残损害不完全相同，除了肉眼可见的身体损伤外，还可能存在某种功能的缺失或异常。

四是违反人类伦理道德。如将基因编辑的人类胚胎植入动物体内，在动物体内发育至分娩出生，或将基因编辑的动物胚胎植入人体内并分娩出生。将分别来自动物和人类生殖细胞的杂合体经过基因编辑植入人或动物体内并分娩。

五是基因编辑是为了比对实验、数据分析或会损害或削弱身体机能的试验。生殖系基因编辑目前大多是建立在动物模型基础上，如基因编辑的目的是通过敲除或切除等方式删除某些基因而比对某些基因缺失的影响、通过基因编辑探索基因的表达功能、通过人体生殖系基因编辑获取数据分析等。

六是产生恶劣社会影响、负面国际影响或使用其他手段的。如社会关注度高、影响恶劣；或在国际造成恶劣影响，对我国科研领域造成负面影响的；或采用隐瞒、欺骗、个体暴力等手段，将基因编辑的胚胎植入第三人体内的。

【适用中需要注意的问题】

需要注意的是，从罪状表述上，本罪的成立必须要有植入母体的行为，对于没有将基因编辑的胚胎植入母体，超出十四天原则，但不以生殖为目的的，则不应成为刑法的评价对象。若行为人尚未将基因编辑的胚胎植入人或动物体内，虽有证据证明是为了最终植入母体，但不宜按犯罪处理，一方面，没有将基因编辑的胚胎植入母体的行为，并未产生实际危害结果，从保护科学研究的出发点而言，给予行政处罚即可；另一方面，该行为尚未达到"情节严重"的入罪门槛。

第三百三十七条 【妨害动植物防疫、检疫罪】违反有关动植物防疫、检疫的国家规定，引起重大动植物疫情的，或者有引起重大动植物疫情危险，情节严重的，处三年以下有期徒刑或者拘役，并处或者单处罚金。

单位犯前款罪的，对单位判处罚金，并对其直接负责的主管人员和其他直接责任人员，依照前款的规定处罚。

【释解与适用】

本条是关于妨害动植物防疫、检疫罪及其刑罚的规定。

本条第一款是关于违反有关动植物防疫、检疫的国家规定，引起重大动植物疫情或者有引起重大动植物疫情危险的犯罪及其刑事处罚的规定。本条中的"违反有关动植物防疫、检疫的国家规定"是指违反动物防疫法、进出境动植物检疫法及《植物检疫条例》《进出境动植物检疫法实施条例》等规定。在行为方式上包括违反动物防疫、植物检疫的有关规定的情形，比逃避动植物防疫、检疫的行为的范围要宽。违反动物防疫有关国家规定的行为可分为两类：一类是违反有关动物疫情管理规定的行为，如违反规定处置染疫动物、产品、排泄物、污染物；未按照规定采集、保存、使用、运输动物病微生物，导致动物病微生物遗失、扩散的；等等。另一类是违反有关动物检疫管理规定的行为，如违反规定逃避检疫，违反规定藏匿、转移、盗掘被依法隔离、封存、处理的染疫动物及其产品等。违反植物检疫有关国家规定的行为包括违反规定调运、隔离试种、生产应实施检疫的植物、植物产品的，或者擅自改变植物、植物产品的规定用途等情形。逃避进出境动植物检疫的行为也被吸收在本条规定中，其主要是指不按照进出境动植物检疫法的有关规定进行检疫，如采取隐瞒、欺骗等方法逃避动植物的检疫或者避开检疫口岸进出境的情形。

"重大动植物疫情"指动物传染病在某一地区暴发、流行，在短期内突发众多患同一传染病的动物，造成某一种类动物大量死亡甚至灭绝，或者植物病、虫、有害物种的迅速蔓延，使粮食、瓜果、蔬菜严重减产，或者有害植物大面积入侵，使当地植物种群退化、消失，造成生态环境恶化，进而造成巨大经济损失或者环境资源的破坏。如英国疯牛病暴发，使政府不得不大量捕杀病牛，经济损失惨重。另外，如松材线虫病作为一种毁灭性病害，在我国以及日本、韩国、美国、加拿大等地均有发生。病原线虫侵入树体后会导致树木蒸腾作用降低，失水、木质变轻，树脂分泌急速减少和停止，最终导致病树整株枯死。松材线虫病具有致死速度快、防治难的特点，其传播主要通过媒介昆虫和人为携带患病木材及其制品完成。松树一旦染病，很难治愈，最终会导致林木的大面积毁坏，对森林资源和生态环境造成严重破坏。

本条规定中的"引起重大动植物疫情危险"是指虽然尚未引起重大动植物疫情的发生，但存在引起此类疫情的紧迫的或者现实的危险的情形，这种情形需要司法机关在办案过程中加以具体判断，不能将违反有关规定的情况一律认定为具有引起重大动植物疫情的危险。2017年4月《最高人民检察院、公安部关于公安机关管辖的刑事案件立案追诉标准的规定（一）的补充规定》第九条对应予立案追诉的"有引起重大动植物疫情危险"的具体情形作了规定,包括:(1)非法处置疫区内易感动物或者其产品,货值金额五万元以上的;(2)非法处置因动植物防疫、检疫需要被依法处理的动植物或者其产品,货值金额二万元以上的;(3)非法调运、生产、经营感染重大植物检疫性有害生物的林木种子、苗木等繁殖材料或者森林植物产品的;(4)输入进出境动植物检疫法规定的禁止进境物逃避检疫,或者对特许进境的禁止进境物未有效控制与处置,导致其逃逸、扩散的;(5)进境动植物及其产品检出有引起重大动植物疫情危险的动物疫病或者植物有害生物后,非法处置导致进境动植物及其产品流失的;(6)一年内携带或者寄递《禁止携带、邮寄进境的动植物及其产品目录》所列物品进境逃避检疫二次以上,或者窃取、抢夺、损毁、抛洒动植物检疫机关截留的《禁止携带、邮寄进境的动植物及其产品目录》所列物品的;(7)其他情节严重的情形。此后,2019年12月《最高人民检察院、公安部、海关总署关于办理进境携带物和寄递物动植物检疫监管领域刑事案件适用立案追诉标准若干问题的通知》对上述第六种情形中的"逃避检疫"和"截留"的含义进行了明确,并明确了第七项"其他情节严重的情形"包括以下两种情形:一是在国家行政主管部门公告(通告)采取紧急预防措施期间,携带或寄递公告(通告)所列禁止进境的动植物及其产品进境,逃避检疫的;二是携带《禁止携带、邮寄进境的动植物及其产品目录》所列物品进境,拒绝接受海关关员现场执法,且所携物品检出有引起重大动植物疫情危险的动物疫病或者植物有害生物的。刑法本条规定的是危险犯,有引起重大动植物疫情危险,情节严重的,就构成本罪,犯本罪的,处三年以下有期徒刑或者拘役,并处或者单处罚金。

本条第二款是关于单位犯本条之罪如何处罚的规定。根据本款规定,除对单位判处罚金外,还要对该单位直接负责的主管人员和其他直接责任人员,处三年以下有期徒刑或者拘役,并处或者单处罚金。

第六节 破坏环境资源保护罪

第三百三十八条 【污染环境罪】违反国家规定,排放、倾倒或者处置有放射性的废物、含传染病病原体的废物、有毒物质或者其他有害物质,严重污染环境的,处三年以下有期徒刑或者拘役,并处或者单处罚金；情节严重的，处三年以上七年以下有期徒刑，并处罚金；有下列情形之一的，处七年以上有期徒刑，并处罚金：

（一）在饮用水水源保护区、自然保护地核心保护区等依法确定的重点保护区域排放、倾倒、处置有放射性的废物、含传染病病原体的废物、有毒物质，情节特别严重的；

（二）向国家确定的重要江河、湖泊水域排放、倾倒、处置有放射性的废物、含传染病病原体的废物、有毒物质，情节特别严重的；

（三）致使大量永久基本农田基本功能丧失或者遭受永久性破坏的；

（四）致使多人重伤、严重疾病，或者致人严重残疾、死亡的。

有前款行为，同时构成其他犯罪的，依照处罚较重的规定定罪处罚。

【释解与适用】

本条是关于污染环境罪及其刑罚的规定。

1995年固体废物污染环境防治法第七十二条规定："违反本法规定，收集、贮存、处置危险废物，造成重大环境污染事故，导致公私财产重大损失或者人身伤亡的严重后果的，比照刑法第一百一十五条或者第一百八十七条的规定追究刑事责任。单位犯本条罪的，处以罚金，并对直接负责的主管人员和其他直接责任人员依照前款规定追究刑事责任。"为了依法惩治污染环境的行为，1997年修订刑法时吸收了1995年固体废物污染环境防治法的规定精神，规定了重大环境污染事故罪。2011年刑法修正案（八）对本条作了修改。一是删除了向"向土地、水体、大气"排放、倾倒的限制；二是将"其他危险废物"修改为"其他有害物质"；三是将"造成重大环境污染事故，致使公私财产遭受重大损失或者人身伤亡的严重后果的"修改为"严重污染环境的"。这样修改的主要原因是随着我国经济社会的快速发展，环境压力不断增大。重点污染物排放总量超过环境承载能力，违法排污现象普遍。许多河流受到污染，不少城市空气污染严重，土壤污染面积扩大，自然生态遭到破坏，生态系统功能退化。环境污染事件特别是水污染事件频发，对人民群众的生命健康构成严重威胁。而1997年刑法规定的重大环境污染事故罪在实际执行中遇到如下一些问题，已无法满足日益严峻的环境保护需要：一是按照重大环境污染事故罪的规定,污染行为仅包括排放、倾倒或者处置有放射性的废物、含传染病病原体的废物、有毒物质或者其他危险废物四类污染特别严重的物质。但从实践中发生的水污染事件来看,有些饮用水源的污染都是排放上述四类物质以外的普通污染物造成的,难以按照重大环境污染事故罪追究刑事责任。二是按照重大环境污染事故罪的规定,只有造成重大环境污染事故,致使公私财产遭受重大损失或者人身伤亡的严重后果才构成犯罪。在司法实践中,一般只有发生了突发的重大环境污染事件,才追究刑事责任。对于不是突发的环境污染事故,而是长期累积形成的污染损害,即使给人的生命健康、财产安全造成了重大损失也很难被追究刑事责任。这主要有两方面的原因:一是我国当时在重大环境污染事故的认定标准和损失鉴定机制等方面还不够完善,难以准确评估重大污染事故的损失;二是难以确定污染行为特别是那种由于长期违法排污积累而形成的污染与损害结果之间的因果关系。其中有一些案件中的污染企业达数十家,难以确认责任主体。上述原因,在很大程度上影响了对环境污染犯罪行为的定罪量刑。为使刑法更好地适应日益严峻的环境保护形势,增加本条规定的可操作性,针对上述司法实践中存在的问题,刑法修正案(八)对本罪的犯罪构成作了修改。

2020年刑法修正案(十一)第二次对本条作了修改。一是对第二档刑的入罪条件作了修改,将"后果特别严重的,处三年以上七年以下有期徒刑,并处罚金"修改为"情节严重的,处三年以上七年以下有期徒刑,并处罚金"。二是增加一档刑罚,规定:"有下列情形之一的,处七年以上有期徒刑,并处罚金:(一)在饮用水水源保护区、自然保护地核心保护区等依法确定的重点保护区域排放、倾倒、处置有放射性的废物、含传染病病原体的废物、有毒物质,情节特别严重的;(二)向国家确定的重要江河、湖泊水域排放、倾倒、处置有放射性的废物、含传染病病原体的废物、有毒物质,情节特别严重的;(三)致使大量永久基本农田基本功能丧失或者遭受永久性破坏的;(四)致使多人重伤、严重疾病,或者致人严重残疾、死亡的。"三是增加第二款,规定:"有前款行为,同时构成其他犯罪的,依照处罚较重的规定定罪处罚。"这样修改,主要是贯彻习近平总书记关于"用最严格制度最严密的法治保护生态环境"的指示,进一步提高污染环境犯罪的惩处力度。生态文明建设是关系中华民族永续发展的根本大计,是亿万中国人民的福祉所在。党的十八大以来,以习近平同志为核心的党中央把生态文明建设作为统筹推进"五位一体"总体布局和协调推进"四个全面"战略布局的重要内容，谋划开展了一系列根本性、开创性、长远性工作，推动生态环境保护发生历史性、转折性、全局性变化。刑法修正案（十一）根据有关方面的意见，与固体废物污染环境防治法、水污染防治法、水法等的规定相衔接，坚持问题导向，针对实践中反映出的问题，如污染环境行为因果链条复杂，具体危害后果难以准确查实等，刑法修正案（十一）将"后果特别严重"修改为"情节严重"，增强了法律的可操作性；同时，考虑到饮用水水源保护区、自然保护地核心保护区等依法确定的重点保护区、国家确定的重要江河、湖泊以及永久基本农田等，有的事关国家和区域生态安全，有的事关粮食安全和食品安全，还有的事关饮用水安全，与其他一般区域相比，这些区域对环境质量要求更高，一旦被污染造成的后果将更严重，需要采取更严格的保护措施。对此，刑法修正案（十一）有针对性地提高了部分严重污染环境犯罪的法定刑，明确列举了应当处七年以上有期徒刑的行为类型，划出不得触碰的高压线，体现了刚性约束，同时也有利于司法实践中具体认定。刑法修正案（十一）对本条的修改，体现了坚持用最严格制度、最严密法治保护生态环境，把生态环境保护法律制度网络织得更加严密。

本条共分两款。第一款是关于污染环境罪的构成条件及其处刑的规定。

一是关于污染环境罪的犯罪构成。

根据本条规定，违反国家规定，排放、倾倒或者处置有放射性的废物、含传染病病原体的废物、有毒物质或者其他有害物质，严重污染环境的构成本罪。

1. 行为人实施了违反国家规定，排放、倾倒或者处置有放射性的废物、含传染病病原体的废物、有毒物质或者其他有害物质的行为。本条中"违反国家规定"主要是指违反国家关于环境保护的法律和行政法规的规定。"排放"是指将本条所说的危险废物向水体、土地、大气等排入的行为，包括泵出、溢出、泄出、喷出和倒出等行为。"倾倒"是指通过船舶、航空器、平台或者其他运载工具，向水体、土地、滩涂、森林、草原以及大气等处置放射性废物、含传染病病原体的废物、有毒物质或者其他有害物质的行为。"处置"包括以焚烧、填埋等方式处理废物的活动，也包括向江河、湖泊水体等处置危险废物或者其他有害物质的情况，不限于对固体废物的处置。这里需要说明一点，刑法修正案（八）虽然删去了原来条文中规定的排放、倾倒、处置行为的对象，即"土地、水体、大气"，实际上，排放、倾倒、处置行为的对象，通常情况下仍然是土地、水体、大气。土地包括耕地、林地、草地、荒地、山岭、滩涂、河滩地及其他陆地。水体是指中华人民共和国领域的江河、湖泊、运河、渠道、水库等地表水体以及地下水体，还包括内海、领海以及中华人民共和国管辖的一切其他海域。大气是指包围地球的空气层总体。特别需要指出的是，本条所指的排放、倾倒、处置行为本身都是法律允许的行为。因为水体、土地、大气是全人类的财富，是人类赖以生存的物质基础，每一个人都有合理利用的权利。为了保证人类对环境的永续利用，必须对人类的行为有所限制，即向环境中排放、倾倒、处置有害物质要符合国家规定的标准。但如果超过国家规定的标准向环境中排放、倾倒、处置有害物质，就有可能污染环境，进而造成环境污染事故。所以本条用"违反国家规定"限定了排放、倾倒、处置行为。本条中的有放射性的废物、含传染病病原体的废物、有毒物质，都可以称为有害物质。有害物质包括了以废气、废渣、废水、污水等多种形态存在的危险废物。"有放射性的废物"是指放射性核素含量超过国家规定限值的固体、液体和气体废弃物。"含传染病病原体的废物"主要是指被传染病病原体污染的污水、污物以及物品等。严格限制违反国家规定，排放、倾倒或者处置对被传染病病原体污染的污水、污物、场所和物品，目的是切断传播途径以控制或者消灭传染病。传染病防治法第二十七条规定，对被传染病病原体污染的污水、污物、场所和物品，有关单位和个人必须在疾病预防控制机构的指导下或者按照其提出的卫生要求，进行严格消毒处理；拒绝消毒处理的，由当地卫生行政部门或者疾病预防控制机构进行强制消毒处理。"有毒物质"主要是指对人体有毒害，可能对人体健康和环境造成严重危害的固体、泥状及液体废物。参考2023年《最高人民法院、最高人民检察院关于办理环境污染刑事案件适用法律若干问题的解释》第十七条的规定，下列物质应当认定为本条规定的"有毒物质"：（1）危险废物，是指列入国家危险废物名录，或者根据国家规定的危险废物鉴别标准和鉴别方法认定的，具有危险特性的废物；（2）《关于持久性有机污染物的斯德哥尔摩公约》附件所列物质；（3）含重金属的污染物；（4）其他具有毒性，可能污染环境的物质。"其他有害物质"包括其他列入国家危险废物名录或者根据国家规定的危险废物鉴别标准和鉴别方法认定的具有危险特性的废物。目前，我国尚未颁布国家危险废物名录，实践中主要参考《控制危险废物越境转移及其处置巴塞尔公约》所列的危险废物名录。同时，"其他有害物质"也包括了除上述危险废物以外的其他有严重污染环境可能的普通污染物。需要指出的是，这里的有害物质是相对于具体环境而言的，在特定的环境中，通常认为不属于有害物质的物品也有可能会污染环境，成为有害物质，如将大量的牛奶倾倒入养殖等水域，超出环境承载量的，这里的牛奶就属于"其他有害物质"。

2. 排放的废物、有毒、有害物质，严重污染了环境。这里的"环境"，参照 2014 年环境保护法第二条规定，"是指影响人类生存和发展的各种天然的和经过人工改造的自然因素的总体，包括大气、水、海洋、土地、矿藏、森林、草原、湿地、野生生物、自然遗迹、人文遗迹、自然保护区、风景名胜区、城市和乡村等"。"严重污染环境"既包括发生了造成财产损失或者人身伤亡的环境事故，也包括虽然还未造成环境污染事故，但是已使环境受到严重污染或者破坏的情形。

二是对污染环境罪的处刑。

1. 第一档刑罚。根据本条规定，严重污染环境的，处三年以下有期徒刑或者拘役，并处或者单处罚金。"严重污染环境"是指非法排放、倾倒、处置有害物质，或者非法排放、倾倒、处置的物质本身具有较大危害性，或者长期、大量非法排放、倾倒、处置有害物质，对于不同的环境保护对象会有不同标准，严重污染环境的具体标准可以由司法解释等具体确定。参照 2023 年《最高人民法院、最高人民检察院关于办理环境污染刑事案件适用法律若干问题的解释》第一条的规定，实施本条规定的行为，具有下列情形之一的，应当认定为"严重污染环境"：（1）在饮用水水源保护区、自然保护地核心保护区等依法确定的重点保护区域排放、倾倒、处置有放射性的废物、含传染病病原体的废物、有毒物质的；（2）非法排放、倾倒、处置危险废物三吨以上的；（3）排放、倾倒、处置含铅、汞、镉、铬、砷、铊、锑的污染物，超过国家或者地方污染物排放标准三倍以上的；（4）排放、倾倒、处置含镍、铜、锌、银、钒、锰、钴的污染物，超过国家或者地方污染物排放标准十倍以上的；（5）通过暗管、渗井、渗坑、裂隙、溶洞、灌注、非紧急情况下开启大气应急排放通道等逃避监管的方式排放、倾倒、处置有放射性的废物、含传染病病原体的废物、有毒物质的；(6) 二年内曾因在重污染天气预警期间，违反国家规定，超标排放二氧化硫、氮氧化物等实行排放总量控制的大气污染物受过二次以上行政处罚，又实施此类行为的；(7) 重点排污单位、实行排污许可重点管理的单位篡改、伪造自动监测数据或者干扰自动监测设施，排放化学需氧量、氨氮、二氧化硫、氮氧化物等污染物的；(8) 二年内曾因违反国家规定，排放、倾倒、处置有放射性的废物、含传染病病原体的废物、有毒物质受过二次以上行政处罚，又实施此类行为的；(9) 违法所得或者致使公私财产损失三十万元以上的；(10) 致使乡镇集中式饮用水水源取水中断十二小时以上的；(11) 其他严重污染环境的情形。

2. 第二档刑罚。情节严重的，处三年以上七年以下有期徒刑，并处罚金。2020年刑法修正案（十一）将之前规定的"后果特别严重的"修改为"情节严重的"，是对本条的重大修改，进一步降低了犯罪构成的门槛，将虽未造成重大环境污染后果，但长期违反国家规定，超标准排放、倾倒、处置有害物质，严重污染环境的行为规定为犯罪。这里的"情节严重"，是指在"严重污染环境"的基础上，情节更为严重的污染环境行为，既包括造成严重后果，也包括虽然尚未造成严重后果或者严重后果不易查证，但非法排放、倾倒、处置有害物质时间长、数量大等严重情节。

3. 第三档刑罚。有下列情形之一的，处七年以上有期徒刑，并处罚金。

(1) 在饮用水水源保护区、自然保护地核心保护区等依法确定的重点保护区域排放、倾倒、处置有放射性的废物、含传染病病原体的废物、有毒物质，情节特别严重的。"饮用水水源保护区"，根据水法第三十三条的规定，国家建立饮用水水源保护区制度，省、自治区、直辖市人民政府应当划定饮用水水源保护区，并采取措施，防止水源枯竭和水体污染，保证城乡居民饮用水安全。"自然保护地"，根据土壤污染防治法第三十一条的规定，各级人民政府应当加强对国家公园等自然保护地的保护，维护其生态功能。自然保护地核心保护区的范围应当依照国家有关规定具体确定。

(2) 向国家确定的重要江河、湖泊水域排放、倾倒、处置有放射性的废物、含传染病病原体的废物、有毒物质，情节特别严重的。这里的"国家确定的重要江河、湖泊"，是指根据国家有关规定确定的具有重要生态价值、社会经济价值等的重要江河、湖泊。水污染防治法第十三条中规定，国务院环境保护主管部门会同国务院水行政主管部门和有关省、自治区、直辖市人民政府，可以根据国家确定的重要江河、湖泊流域水体的使用功能以及有关地区的经济、技术条件，确定该重要江河、湖泊流域的省界水体适用的水环境质量标准，报国务院批准后施行。

（3）致使大量永久基本农田基本功能丧失或者遭受永久性破坏的。永久基本农田事关十八亿亩耕地总量控制目标，事关十四亿人的饭碗问题，必须实行严格保护。土地管理法第三十三条规定，国家实行永久基本农田保护制度。下列耕地应当根据土地利用总体规划划为永久基本农田，实行严格保护：经国务院农业农村主管部门或者县级以上地方人民政府批准确定的粮、棉、油等重要农产品生产基地内的耕地；有良好的水利与水土保持设施的耕地，正在实施改造计划以及可以改造的中、低产田和已建成的高标准农田；蔬菜生产基地；农业科研、教学试验田；国务院规定应当划为永久基本农田的其他耕地。各省、自治区、直辖市划定的永久基本农田一般应当占本行政区域内耕地的百分之八十以上。土壤污染防治法第五十条规定，县级以上地方人民政府应当依法将符合条件的优先保护类耕地划为永久基本农田，实行严格保护。在永久基本农田集中区域，不得新建可能造成土壤污染的建设项目；已经建成的，应当限期关闭拆除。

（4）致使多人重伤、严重疾病，或者致人严重残疾、死亡的。主要是指因污染环境犯罪行为，导致多人重伤、严重疾病或者致人严重残疾、死亡的后果。这里的"重伤"，根据刑法第九十五条的规定，是指有下列情形之一的伤害：使人肢体残废或者毁人容貌的；使人丧失听觉、视觉或者其他器官机能的；其他对于人身健康有重大伤害的。此外，关于"重伤"的概念和范围，2013年8月30日最高人民法院、最高人民检察院、公安部、国家安全部、司法部发布的《人体损伤程度鉴定标准》对人体损伤程度鉴定的原则、方法、内容和等级划分作了详细的规定，将重伤分为重伤一级和重伤二级，分别针对不同情况，制定了具体的认定标准。

第二款是关于有污染环境行为，同时又构成其他犯罪，应当依照处罚较重的规定定罪处罚。行为人实施污染环境行为，有可能同时构成以危险方法危害公共安全罪、投放危险物质罪等罪名，对此，应当依照处罚较重的规定定罪处罚。

【适用中需要注意的问题】

实际适用中应当注意污染环境犯罪案件中的司法鉴定与行政认定问

题。污染环境犯罪案件多涉及专门性问题，如污染物的种类、数量、造成的损失数额计算等。司法实践中应当将司法鉴定与行政认定统筹运用，单纯依靠司法鉴定，既不可能，也没有必要。根据相关司法解释的规定，环境保护主管部门及其所属监测机构在行政执法过程中收集的监测数据，在刑事诉讼中可以作为证据使用。公安机关单独或者会同环境保护主管部门，提取污染物样品进行检测获取的数据，在刑事诉讼中可以作为证据使用。对国家危险废物名录所列的废物，可以依据涉案物质的来源、产生过程、被告人供述、证人证言以及经批准或者备案的环境影响评价文件等证据，结合环境保护主管部门、公安机关等出具的书面意见作出认定。对于危险废物的数量，可以综合被告人供述、涉案企业的生产工艺、物耗、能耗情况，以及经批准或者备案的环境影响评价文件等证据作出认定。对案件所涉的环境污染专门性问题难以确定的，依据司法鉴定机构出具的鉴定意见，或者国务院环境保护主管部门、公安部门指定的机构出具的报告，结合其他证据作出认定。

第三百三十九条 【非法处置进口的固体废物罪】违反国家规定，将境外的固体废物进境倾倒、堆放、处置的，处五年以下有期徒刑或者拘役，并处罚金；造成重大环境污染事故，致使公私财产遭受重大损失或者严重危害人体健康的，处五年以上十年以下有期徒刑，并处罚金；后果特别严重的，处十年以上有期徒刑，并处罚金。

【擅自进口固体废物罪】未经国务院有关主管部门许可，擅自进口固体废物用作原料，造成重大环境污染事故，致使公私财产遭受重大损失或者严重危害人体健康的，处五年以下有期徒刑或者拘役，并处罚金；后果特别严重的，处五年以上十年以下有期徒刑，并处罚金。

以原料利用为名，进口不能用作原料的固体废物、液态废物和气态废物的，依照本法第一百五十二条第二款、第三款的规定定罪处罚。

【释解与适用】

本条是关于非法处置进口的固体废物罪、擅自进口固体废物罪及其刑罚的规定。

本条第一款是关于违反国家规定，将中国境外的固体废物进境倾倒、堆放、处置行为及其刑事处罚的规定。"固体废物"是指在生产、生活和其他活动中产生的丧失原有利用价值或者虽未丧失利用价值但被抛弃或者放弃的固态、半固态和置于容器中的气态的物品、物质，以及法律、行政法规规定纳入固体废物管理的物品、物质。这类废物的治理，往往需要较高的技术并耗费大量的资金，在一些发达国家处理这些废物的花费会比在落后国家的成本高，因此，有的发达国家将本国的有毒有害废物和垃圾转移到国外处置。为了保护人类健康，限制发达国家转移污染和保护发展中国家免受污染转移之害，1989年《控制危险废物越境转移及其处置巴塞尔公约》（以下简称公约）全体代表在瑞士巴塞尔通过了该公约。我国政府于1990年签署了该公约。按照公约的规定，任何国家皆享有禁止公约所指危险废物自外国进入其领土或者在其领土内处置的主权权利。我国固体废物污染环境防治法第二十三条明确规定，禁止中国境外的固体废物进境倾倒、堆放、处置，表达了我国政府在这个问题上的明确态度。

本款中的"倾倒"是指通过船舶、航空器、平台或者其他运载工具，向水体处置废弃物或者其他有害物质的行为。"堆放"是指向土地直接弃置固体废物的行为。"处置"是指以焚烧、填埋等方式处理固体废物的活动。根据2023年《最高人民法院、最高人民检察院关于办理环境污染刑事案件适用法律若干问题的解释》第四条的规定，实施本条规定的行为，致使公私财产损失一百万元以上的，具有该解释第二条第五项至第十项规定情形之一的，或者具有致使公私财产遭受重大损失或者严重危害人体健康的情形的应当认定为"致使公私财产遭受重大损失或者严重危害人体健康"。第二条第五项至第十项规定情形包括：致使县级城区集中式饮用水水源取水中断十二小时以上的；致使永久基本农田、公益林地十亩以上，其他农用地二十亩以上，其他土地五十亩以上基本功能丧失或者遭受永久性破坏的；致使森林或者其他林木死亡五十立方米以上，或者幼树死亡二千五百株以上的；致使疏散、转移群众五千人以上的；致使三十人以上中毒的；致使一人以上重伤、严重疾病或者三人以上轻伤的。

本条第二款是关于未经国务院有关主管部门许可，擅自进口固体废物用作原料的犯罪行为及其刑事处罚的规定。"未经国务院有关主管部门许可，擅自进口固体废物用作原料"，是指没有经过国务院环境保护行政主管部门和国务院对外经济贸易主管部门审查许可，私自进口《国家限制进口的可用作原料的废物目录》上列入的固体废物用作原料。

本条第三款是关于以原料利用为名，进口不能用作原料的固体废物、液态废物和气态废物的犯罪行为及其刑事处罚的规定。本款所说的"固体废物",是指国家禁止进口的不能用作原料的固体废物。本款所说的"液态废物",是指区别于固体废物的液体形态的废物,是有一定的体积但没有一定的形状,可以流动的物质。"气态废物",是指放置在容器中的气体形态的废物。根据本款的规定,以原料利用为名,进口不能用作原料的固体废物、液态废物和气态废物的,依照第一百五十二条第二款、第三款走私废物罪的有关规定定罪处罚,即情节严重的,处五年以下有期徒刑,并处或者单处罚金;情节特别严重的,处五年以上有期徒刑,并处罚金。单位有上述行为的,对单位判处罚金,并对直接负责的主管人员和其他责任人员,依照上述规定处罚。2014年《最高人民法院、最高人民检察院关于办理走私刑事案件适用法律若干问题的解释》第十四条对"情节严重""情节特别严重"的认定标准作了规定。

【适用中需要注意的问题】

1. 关于尚不构成本条规定的犯罪的违法行为的处理。根据我国固体废物污染环境防治法第一百一十五条的规定,违反本法规定,将中华人民共和国境外的固体废物输入境内的,由海关责令退运该固体废物,处五十万元以上五百万元以下的罚款。承运人对前款规定的固体废物的退运、处置,与进口者承担连带责任。

2. 关于本条第二款规定的擅自进口固体废物罪的入罪门槛问题。根据规定,擅自进口固体废物用作原料的,需造成重大环境污染事故,致使公私财产遭受重大损失或者严重危害人体健康的,才能作为犯罪处理。

第三百四十条 【非法捕捞水产品罪】违反保护水产资源法规,在禁渔区、禁渔期或者使用禁用的工具、方法捕捞水产品,情节严重的,处三年以下有期徒刑、拘役、管制或者罚金。

【释解与适用】

本条是关于非法捕捞水产品罪及其刑罚的规定。

根据本条规定,违反保护水产资源法规,在禁渔区、禁渔期或者使用禁用的工具、方法捕捞水产品,情节严重的,处三年以下有期徒刑、拘役、管制或者罚金。这里的"违反保护水产资源法规"是指违反渔业法以及其他保护水产资源的法律、法规。"禁渔区"是指对某些重要鱼、虾、贝类产卵场、越冬场、幼体索饵场、洄游通道及生长繁殖场所等，划定禁止全部作业或者限制作业的一定区域。"禁渔期"是指对某些鱼类幼苗出现的不同时期，规定禁止作业或者限制作业的一定期限。"禁用的工具"是指禁止使用的捕捞工具，即超过国家按照不同的捕捞对象所分别规定的最小网眼尺寸的网具和其他禁止使用的渔具，最小网眼尺寸就是容许捕捞各种鱼、虾类所使用的渔具网眼的最低限制，有利于释放未成熟的鱼、虾的幼体。"禁用的方法"是指禁止使用的捕捞方法，也就是严重损害水产资源正常繁殖和生长的方法，如炸鱼、毒鱼、电鱼等。

这里的"情节严重"主要指非法捕捞水产品数量较大的；非法捕捞水产品，屡教不改的；使用禁用的工具、方法捕捞水产品，造成水产资源重大损失的；等等。2016年《最高人民法院关于审理发生在我国管辖海域相关案件若干问题的规定（二）》第四条对"情节严重"的认定标准作了详细规定：非法捕捞水产品一万公斤以上或者价值十万元以上的；非法捕捞有重要经济价值的水生动物苗种、怀卵亲体二千公斤以上或者价值二万元以上的；在水产种质资源保护区内捕捞水产品二千公斤以上或者价值二万元以上的；在禁渔区内使用禁用的工具或者方法捕捞的；在禁渔期内使用禁用的工具或者方法捕捞的；在公海使用禁用渔具从事捕捞作业，造成严重影响的；其他情节严重的情形。此外，2008年《最高人民检察院、公安部关于公安机关管辖的刑事案件立案追诉标准的规定（一）》第六十三条对应当立案追诉的六种情形作了规定。根据本条规定，符合这些情节严重情形，构成犯罪的，依法应当判处三年以下有期徒刑、拘役、管制或者罚金。

【适用中需要注意的问题】

1. 这里的"违反保护水产资源法规"是指违反渔业法、野生动物保护法等法律以及《水产资源繁殖保护条例》等行政法规中关于保护水产资源的规定。如我国渔业法第三十条第一款规定，禁止使用炸鱼、毒鱼、电鱼等破坏渔业资源的方法进行捕捞……禁止在禁渔区、禁渔期进行捕捞。禁止使用小于最小网目尺寸的网具进行捕捞。捕捞的渔获物中幼鱼不得超过规定的比例。在禁渔区或者禁渔期内禁止销售非法捕捞的渔获物。第三十一条第一款规定，禁止捕捞有重要经济价值的水生动物苗种。因养殖或者其他特殊需要，捕捞有重要经济价值的苗种或者禁捕的怀卵亲体的，必须经国务院渔业行政主管部门或者省、自治区、直辖市人民政府渔业行政主管部门批准，在指定的区域和时间内，按照限额捕捞。第三十七条规定，因科学研究、驯养繁殖、展览或者其他特殊情况，需要捕捞国家重点保护的水生野生动物的，依照野生动物保护法的规定执行。此外，《水产资源繁殖保护条例》对采捕原则、禁渔区、禁渔期以及渔具、渔法的管理等都有明确的规定。

2. 对于违反保护水产资源法规，在禁渔区、禁渔期或者使用禁用的工具、方法捕捞水产品，尚不构成犯罪的行为，应当依照有关法律法规的规定追究其行政责任。如我国渔业法第三十八条第一款规定，使用炸鱼、毒鱼、电鱼等破坏渔业资源方法进行捕捞的，违反关于禁渔区、禁渔期的规定进行捕捞的，或者使用禁用的渔具、捕捞方法和小于最小网目尺寸的网具进行捕捞或者渔获物中幼鱼超过规定比例的，没收渔获物和违法所得，处五万元以下的罚款；情节严重的，没收渔具，吊销捕捞许可证；情节特别严重的，可以没收渔船。构成犯罪的，依法追究刑事责任。第四十一条规定，未依法取得捕捞许可证擅自进行捕捞的，没收渔获物和违法所得，并处十万元以下的罚款；情节严重的，并可以没收渔具和渔船。

第三百四十一条 【危害珍贵、濒危野生动物罪】非法猎捕、杀害国家重点保护的珍贵、濒危野生动物的，或者非法收购、运输、出售国家重点保护的珍贵、濒危野生动物及其制品的，处五年以下有期徒刑或者拘役，并处罚金；情节严重的，处五年以上十年以下有期徒刑，并处罚金；情节特别严重的，处十年以上有期徒刑，并处罚金或者没收财产。

【非法狩猎罪】违反狩猎法规，在禁猎区、禁猎期或者使用禁用的工具、方法进行狩猎，破坏野生动物资源，情节严重的，处三年以下有期徒刑、拘役、管制或者罚金。

【非法猎捕、收购、运输、出售陆生野生动物罪】违反野生动物保护管理法规，以食用为目的非法猎捕、收购、运输、出售第一款规定以外的在野外环境自然生长繁殖的陆生野生动物，情节严重的，依照前款的规定处罚。

【释解与适用】

本条是关于危害珍贵、濒危野生动物罪，非法狩猎罪以及非法猎捕、收购、运输、出售陆生野生动物罪及其刑罚的规定。

1. 1997年刑法修订前的立法情况。珍贵、濒危野生动物是全人类的共同财富，具有不可替代性和难以恢复性。为保护、拯救珍贵、濒危野生动物，1979年刑法规定了非法狩猎罪，明确规定违反狩猎法规，在禁猎区、禁猎期或者使用禁用的工具、方法进行狩猎，破坏珍禽、珍兽或者其他野生动物资源，情节严重的，处二年以下有期徒刑、拘役或者罚金。1988年，国家制定了野生动物保护法，对于保护野生动物及其生存环境，维护生态平衡，发挥了重要作用。但是，由于一些不法分子法治观念淡薄或者出于牟利目的，非法捕杀、收购、运输、出售珍贵、濒危野生动物及其制品的活动，实践中还经常发生，必须完善法律，加大对这类犯罪的打击力度。因此，1988年11月8日第七届全国人民代表大会常务委员会第四次会议通过的《全国人民代表大会常务委员会关于惩治捕杀国家重点保护的珍贵、濒危野生动物犯罪的补充规定》规定："为了加强对国家重点保护的珍贵、濒危野生动物的保护，对刑法补充规定：非法捕杀国家重点保护的珍贵、濒危野生动物的，处七年以下有期徒刑或者拘役，可以并处或者单处罚金；非法出售倒卖、走私的，按投机倒把罪、走私罪处刑。"在1979年刑法非法狩猎罪规定的基础上增加了上述专门针对珍贵、濒危野生动物的犯罪。

2. 1997年修订刑法的情况。1997年刑法修订时对1979年刑法及1988年《全国人民代表大会常务委员会关于惩治捕杀国家重点保护的珍贵、濒危野生动物犯罪的补充规定》规定的构成犯罪的条件进行了修改，并提高了量刑的幅度，进一步加强对破坏野生动物资源犯罪的惩治力度。一是整合1979年刑法和1988年决定的规定，将非法捕杀珍贵、濒危野生动物和非法狩猎罪两个犯罪规定为一条，作为两款分别规定，同时将决定中的"捕杀"修改为"猎捕、杀害"，将非法出售倒卖珍贵、濒危野生动物按照投机倒把罪处刑修改为非法收购、运输、出售国家重点保护的珍贵、濒危野生动物及其制品罪，删去1979年刑法非法狩猎罪中"珍禽、珍兽"的规定。二是将1988年决定中走私珍贵、濒危野生动物按照走私罪处刑的规定在刑法第一百五十一条作为走私珍贵动物、珍贵动物制品罪予以规定。

三是修改了法定刑,将非法狩猎罪法定刑由"处二年以下有期徒刑、拘役或者罚金"修改为"处三年以下有期徒刑、拘役、管制或者罚金";将非法猎捕、杀害、非法收购、运输、出售珍贵、濒危野生动物犯罪的法定刑由"处七年以下有期徒刑或者拘役,可以并处或者单处罚金"修改为"处五年以下有期徒刑或者拘役,并处罚金;情节严重的,处五年以上十年以下有期徒刑,并处罚金;情节特别严重的,处十年以上有期徒刑,并处罚金或者没收财产"三档刑。

3. 2014年有关法律解释的制定情况。近年来,在野生动物资源保护方面比较突出的问题:一是在一些地方食用珍贵、濒危野生动物等问题突出,形成了非法猎捕、杀害珍贵、濒危野生动物的"买方市场"。对于为食用或者其他非法用途而购买珍贵、濒危野生动物及其制品的,是否属于犯罪行为,是否追究刑事责任,还存在模糊认识,需要予以明确。二是一些不法分子明知是非法狩猎的野生动物而坐地收赃,形成非法狩猎活动的背后推手。对这种行为是否追究刑事责任,如何追究刑事责任不明确。加强对野生动物资源的保护,是建设生态文明的重要方面。目前社会上存在的食用珍贵、濒危野生动物等行为,既是一种社会陋习,也是非法猎捕、杀害珍贵、濒危野生动物活动屡禁不止的原因之一。"没有买卖,就没有杀戮。"明知是珍贵、濒危野生动物及其制品而购买的行为,从性质上讲,与非法收购珍贵、濒危野生动物及其制品的行为是相同的,应当依法追究刑事责任。另外,为保护野生动物,刑法规定了非法狩猎罪。实践中,明知是非法狩猎的野生动物而收购的行为,是造成一些大规模的非法狩猎活动在有的地方屡禁不止的主要推动因素,应当根据刑法的有关规定,对这些人依法追究刑事责任。因此,2014年4月24日第十二届全国人大常委会第八次会议通过《全国人民代表大会常务委员会关于〈中华人民共和国刑法〉第三百四十一条、第三百一十二条的解释》对本条作出以下解释:一是明确以食用或者其他目的而非法购买珍贵、濒危野生动物及其制品的行为,属于非法收购国家重点保护的珍贵、濒危野生动物及其制品的犯罪;二是明确知道或者应当知道是非法狩猎的野生动物而购买的,属于明知是犯罪所得而收购的行为。

4. 2020年刑法修正案(十一)对本条的修改情况。2020年新冠肺炎疫情暴发,给世界各国造成了巨大挑战。总结我国新冠肺炎疫情防控经验和需要,党中央提出要加强公共卫生安全,从源头上防范公共卫生风险。

其中，一个重要方面是从公共卫生安全的角度，防止和切断病毒、疫病从野生动物向人类的传播途径。2020年2月24日，第十三届全国人大常委会第十六次会议通过了《全国人民代表大会常务委员会关于全面禁止非法野生动物交易、革除滥食野生动物陋习、切实保障人民群众生命健康安全的决定》，从维护生物安全和生态安全，有效防范重大公共卫生风险的角度，对野生动物保护管理制度作了较大调整。其中第二条规定，全面禁止食用国家保护的"有重要生态、科学、社会价值的陆生野生动物"（以下称"三有陆生野生动物"）以及其他陆生野生动物，包括人工繁育、人工饲养的陆生野生动物。全面禁止以食用为目的猎捕、交易、运输在野外环境自然生长繁殖的陆生野生动物。对违反前两款规定的行为，参照适用现行法律有关规定处罚。野生动物保护法也将作出修改。1997年刑法规定的野生动物犯罪的对象是珍贵、濒危野生动物，对非法猎捕、交易、运输行为作了规定，非法狩猎罪实践中保护对象是"三有陆生野生动物"，构成犯罪要求"在禁猎区、禁猎期或者使用禁用的工具、方法"，前述2004年的法律解释，对以食用等目的而购买上述野生动物及其制品如何适用法律作了进一步明确，通过法律解释，将购买食用珍贵、濒危野生动物，以及购买食用非法狩猎来源野生动物的行为明确为可依法追究刑事责任。但刑法的上述规定在禁止猎捕、禁止交易、禁止食用野生动物的范围和惩治力度上还存在不足，需要与全国人大常委会关于野生动物的决定进一步衔接，从防范公共卫生风险的角度，进一步加大惩治以食用为目的非法经营、交易、运输非珍贵、濒危的其他野生动物犯罪。因此，刑法修正案（十一）在本条中增加一款，规定："违反野生动物保护管理法规，以食用为目的非法猎捕、收购、运输、出售第一款规定以外的在野外环境自然生长繁殖的陆生野生动物，情节严重的，依照前款的规定处罚。"

本条第一款是关于非法猎捕、杀害国家重点保护的珍贵、濒危野生动物，或者非法收购、运输、出售国家重点保护的珍贵、濒危野生动物及其制品的犯罪及其刑事处罚的规定。本款中"珍贵、濒危野生动物"，包括列入《国家重点保护野生动物名录》的国家一、二级保护野生动物、列入《濒危野生动植物物种国际贸易公约》附录一、附录二的野生动物以及驯养繁殖的上述物种。"珍贵"野生动物是指具有较高的科学研究、经济利用或观赏价值的野生动物，如隼、秃鹫、猕猴、黄羊、马鹿等。"濒危"野生动物，是指除珍贵和稀有之外，种群数量处于急剧下降的趋势，面临灭绝的危险的野生动物,如白鳍豚等。另外,凡属于中国特产动物的,都可列为珍贵、濒危野生动物,如大熊猫,既是珍贵的,又是濒危的,且属于中国特产动物。珍贵、濒危的野生动物,都是被列为国家重点保护的野生动物。国家重点保护的野生动物范围实行目录管理。野生动物保护法中规定的地方重点保护野生动物不属于本款对象。珍贵、濒危野生动物"制品",是指珍贵、濒危野生动物的肉、皮、毛、骨制成品。野生动物保护法等规定,除了科学研究、人工繁育、公众展示展演等少数特殊情形外,严厉禁止猎捕、杀害,禁止出售、购买、利用,禁止生产、经营使用国家重点保护的野生动物。与此衔接,刑法对破坏珍贵、濒危野生动物各个环节的犯罪行为都作了相应规定。"非法猎捕、杀害"是指除因科学研究、驯养繁殖、展览或者其他特殊情况的需要,经过依法批准猎捕以外,对野生动物捕捉或者杀死的行为。"非法收购、运输、出售国家重点保护的珍贵、濒危野生动物及其制品",是指违反法律规定,对珍贵、濒危野生动物进行收购、运输、出售的行为。同时,《全国人民代表大会常务委员会关于〈中华人民共和国刑法〉第三百四十一条、第三百一十二条的解释》还明确规定,知道或者应当知道是国家重点保护的珍贵、濒危野生动物及其制品,为食用或者其他目的而非法购买的,属于刑法第三百四十一条第一款规定的非法收购国家重点保护的珍贵、濒危野生动物及其制品的行为。非法"运输"国家重点保护的珍贵、濒危野生动物及其制品,是指违反野生动物保护法的有关规定,利用飞机、火车、汽车、轮船等交通工具,邮寄、利用他人或者随身携带等方式,将国家重点保护的珍贵、濒危野生动物及其制品,从一地点运往另一地点的行为。运输犯罪的情形一般是指对非法猎捕、杀害、购买的野生动物进行运输,或者以非法出售为目的运输等,这类非法运输行为直接破坏了珍贵、濒危野生动物资源,社会危害严重,应当依法严厉惩处。另外,需要注意的是,2016年7月全国人大常委会对野生动物保护法作了修订。修订前的野生动物保护法第二十三条规定,"运输、携带国家重点保护野生动物或者其产品出县境的,必须经省、自治区、直辖市政府野生动物行政主管部门或者其授权的单位批准";2016年修订后的野生动物保护法第三十三条①对运输野生动物的条件作了修改,规定"运输、携带、寄递国家重点保护野生动物及其制品、本法第二十八条第二款规定的野生动物及其制品出县境的,应当持有或者附有本法第二十一条、第二十五条、第二十七条或者第二十八条规定的许可证、批准文件的副本或者专用标识,以及检疫证明。运输非国家重点保护野生动物出县境的,应当持有狩猎、进出口等合法来源证明,以及检疫证明"。第四十八条对行政处罚责任作了规定,即修订后规定,运输野生动物应当持有有关合法来源的证明文件和检疫证明,不需再另行向野生动物行政主管部门专门就运输申请批准。因此,实践中不能将马戏团为进行异地表演而未经批准运输珍贵、濒危野生动物的行为认定为本罪。

根据2022年《最高人民法院、最高人民检察院关于办理破坏野生动物资源刑事案件适用法律若干问题的解释》第四条规定:"刑法第三百四十一条第一款规定的'国家重点保护的珍贵、濒危野生动物'包括:(一)列入《国家重点保护野生动物名录》的野生动物;(二)经国务院野生动物保护主管部门核准按照国家重点保护的野生动物管理的野生动物。"第五条规定:"刑法第三百四十一条第一款规定的"收购"包括以营利、自用等为目的的购买行为;'运输'包括采用携带、邮寄、利用他人、使用交通工具等方法进行运送的行为;'出售'包括出卖和以营利为目的的加工利用行为。刑法第三百四十一条第三款规定的'收购''运输''出售',是指以食用为目的,实施前款规定的相应行为。"第六条规定:"非法猎捕、杀害国家重点保护的珍贵、濒危野生动物,或者非法收购、运输、出售国家重点保护的珍贵、濒危野生动物及其制品,价值二万元以上不满二十万元的,应当依照刑法第三百四十一条第一款的规定,以危害珍贵、濒危野生

---

① 2022年修订的野生动物保护法第三十四条规定:"运输、携带、寄递国家重点保护野生动物及其制品,或者依照本法第二十九条第二款规定调出国家重点保护野生动物名录的野生动物及其制品出县境的,应当持有或者附有本法第二十一条、第二十五条、第二十八条或者第二十九条规定的许可证、批准文件的副本或者专用标识。运输、携带、寄递有重要生态、科学、社会价值的陆生野生动物和地方重点保护野生动物,或者依照本法第二十九条第二款规定调出有重要生态、科学、社会价值的陆生野生动物名录的野生动物出县境的,应当持有狩猎、人工繁育、进出口等合法来源证明或者专用标识。运输、携带、寄递前两款规定的野生动物出县境的,还应当依照《中华人民共和国动物防疫法》的规定附有检疫证明。铁路、道路、水运、民航、邮政、快递等企业对托运、携带、交寄野生动物及其制品的,应当查验其相关证件、文件副本或者专用标识,对不符合规定的,不得承运、寄递。"——编者注

动物罪处五年以下有期徒刑或者拘役，并处罚金；价值二十万元以上不满二百万元的，应当认定为'情节严重'，处五年以上十年以下有期徒刑，并处罚金；价值二百万元以上的，应当认定为'情节特别严重'，处十年以上有期徒刑，并处罚金或者没收财产。实施前款规定的行为，具有下列情形之一的，从重处罚：（一）属于犯罪集团的首要分子的；（二）为逃避监管，使用特种交通工具实施的；（三）严重影响野生动物科研工作的；（四）二年内曾因破坏野生动物资源受过行政处罚的。实施第一款规定的行为，不具有第二款规定的情形，且未造成动物死亡或者动物、动物制品无法追回，行为人全部退赃退赔，确有悔罪表现的，按照下列规定处理：（一）珍贵、濒危野生动物及其制品价值二百万元以上的，可以认定为"情节严重"，处五年以上十年以下有期徒刑，并处罚金；（二）珍贵、濒危野生动物及其制品价值二十万元以上不满二百万元的，可以处五年以下有期徒刑或者拘役，并处罚金；（三）珍贵、濒危野生动物及其制品价值二万元以上不满二十万元的，可以认定为犯罪情节轻微，不起诉或者免予刑事处罚；情节显著轻微危害不大的，不作为犯罪处理。"

本条第一款规定了有关破坏珍贵、濒危野生动物的犯罪。在办理这类案件时涉案动物系人工繁育的，在认定是否构成犯罪以及如何裁量刑罚时，应当考虑涉案动物的濒危程度、野外存活状况、人工繁育情况、是否列入《人工繁育国家重点保护野生动物名录》、行为手段、对野生动物资源的损害程度等情节，综合评估社会危害性，保证罪责刑相适应，如实践中出售自己繁育的珍贵濒危乌龟或者鹦鹉等的，应当依法作出妥当处理。对于涉案动物是否系人工繁育，应当综合被告人或其辩护人提供的证据材料和其他材料依法审查认定。

本条第二款是关于违反狩猎法规，在禁猎区、禁猎期或者使用禁用的工具、方法进行狩猎，破坏野生动物资源的犯罪及其刑事处罚的规定。本款中，"违反狩猎法规"是指违反国家有关狩猎规范的法律、法规。"禁猎区"是指国家划定一定的范围，禁止在其中进行狩猎活动的地区。这一般是属于某些珍贵动物的主要栖息、繁殖的地区。此外，城镇、工矿区、革命圣地、名胜古迹地区、风景区，也是禁猎区。"禁猎期"是指国家规定禁止狩猎的期限，主要是为了保护野生动物资源，根据野生动物的繁殖的季节，规定禁止猎捕的期限。"禁用的工具、方法"是指会破坏野生动物资源、危害人畜安全的工具、方法，如地弓、地枪、以及用毒药、炸药、火攻、烟熏、电击等方法。本款并不是绝对禁止猎捕野生动物，而是将猎捕野生动物的行为，限定在一定范围内。"情节严重"主要是指非法狩猎野生动物二十只以上的；违反狩猎法规，在禁猎区或者禁猎期使用禁用的工具、方法狩猎的；或者具有其他严重情节的。同时，为打击非法狩猎行为，《全国人民代表大会常务委员会关于〈中华人民共和国刑法〉第三百四十一条、第三百一十二条的解释》还明确规定，知道或者应当知道是刑法第三百四十一条第二款规定的非法狩猎的野生动物而购买的，属于刑法第三百一十二条第一款规定的明知是犯罪所得而收购的行为。根据《最高人民法院关于审理掩饰、隐瞒犯罪所得、犯罪所得收益刑事案件适用法律若干问题的解释》第一条第四款的规定，依照《全国人民代表大会常务委员会关于〈中华人民共和国刑法〉第三百四十一条、第三百一十二条的解释》，明知是非法狩猎的野生动物而收购，数量达到五十只以上的，以掩饰、隐瞒犯罪所得罪定罪处罚。

本条第三款是关于以食用为目的非法猎捕、收购、运输、出售其他野生动物的犯罪。本款规定的目的既是保护野生动物资源，更是维护公共卫生安全。

1. 关于"以食用为目的"。立法过程中有意见提出删去"以食用为目的"的限定，将以其他用途如药用、观赏用等非食用性利用为目的，而非法猎捕、交易等行为也纳入刑事制裁。考虑到与全国人大常委会上述涉及野生动物的决定以及正在修改的野生动物保护法衔接，本款罪主要是从禁止食用野生动物、防范野生动物疫情传播风险角度作出的规定，以及妥当把握刑事处罚范围，限定为"以食用为目的"。对于出于驯养、观赏、皮毛利用等目的非法猎捕、收购、出售、运输其他陆生野生动物的，可给予行政处罚，或者构成非法狩猎罪等其他犯罪依法追究刑事责任。需要注意的是，实践中构成犯罪不要求查证已经"食用"，对于在集市、餐馆等经营场所查到野生动物，行为人不能说明正当理由和合理用途的，即可认定为具有"以食用为目的"，对于猎捕、出售大雁等主要用作食用目的的野生动物的，可认定具有"以食用为目的"，将来司法实践中也可对如何认定"以食用为目的"作出进一步解释。

2. 关于"第一款规定以外的在野外环境自然生长繁殖的陆生野生动物"。其即指珍贵、濒危野生动物以外的其他野生动物。还有两个限定性表述：一是要求"在野外环境自然生长繁殖"的陆生野生动物，即真正的纯陆生野生动物,不包括驯养繁殖的情况;二是陆生野生动物,不包括水生野生动物。另外,从本款规定的重要目的是防范公共卫生风险这点考虑,这里的陆生野生动物主要是指陆生脊椎野生动物,对人类具有动物疫病传播风险的野生动物,对于昆虫等一般不宜认定为本款规定的野生动物。根据《全国人民代表大会常务委员会关于全面禁止非法野生动物交易、革除滥食野生动物陋习、切实保障人民群众生命健康安全的决定》第三条的规定"列入畜禽遗传资源目录的动物,属于家畜家禽,适用《中华人民共和国畜牧法》的规定。国务院畜牧兽医行政主管部门依法制定并公布畜禽遗传资源目录",对可食用野生动物实行"白名单"制度。2020年5月国家畜禽遗传资源委员会办公室公布《国家畜禽遗传资源品种目录》,对此前目录作了修改,首次明确家禽家畜种类三十三种,除了传统畜禽十七种以外,还包括十六种特殊畜禽,如梅花鹿、马鹿、雉鸡、鹧鸪、绿头鸭、鸵鸟等。食用和为食用而猎捕、交易上述白名单目录中的特殊畜禽的,即使属于野外环境自然生长繁殖的,也不构成本款罪。

3. 实施"非法猎捕、收购、运输、出售"行为,且情节严重。"情节严重"包括非法获利数额、涉及野生动物数量,以及是否具有传染动物疫病重要风险等。犯本款罪的,依照前款非法狩猎罪的刑罚处罚,即处三年以下有期徒刑、拘役、管制或者罚金。惩治的重点是以食用为目的而进行的规模化、手段恶劣的猎捕行为,以及针对野生动物的市场化、经营化、组织化的运输、交易行为,且定罪门槛上要求情节严重。对公民为自己食用而猎捕、购买一般的野生动物,或者对于个人在日常劳作生活中捕捉到少量野生动物并食用的,比如个人捕捉到的野兔、野猪、麻雀并食用的,不宜以本款罪论处。

【适用中需要注意的问题】

实践中需要注意的是,关于增加的第三款非法猎捕、收购、运输、出售陆生野生动物的犯罪与本条第二款非法狩猎罪,以及2014年《全国人民代表大会常务委员会关于〈中华人民共和国刑法〉第三百四十一条、第三百一十二条的解释》适用之间的关系。(1)关于非法狩猎罪与第三款罪。非法狩猎罪的对象是"野生动物",此前实践中把握的一般是"三有陆生野生动物",行为手段是在禁猎区、禁猎期或者使用禁用的工具、方法进行狩猎,符合构成非法狩猎罪要求上述特定的"四禁",范围和情形是有条件的,同时对主观目的没有限制。第三款非法猎捕、收购、运输、出售陆生野生动物犯罪目的是防范公共卫生风险,从禁止食用野生动物的角度作出的规定,但没有直接将食用规定为犯罪,而是打击以食用为目的的猎捕、交易、运输行为。两罪行为方式都有"猎捕"或者"狩猎",非法狩猎行为后也继续有运输、出售行为,但如上所述,两罪的行为目的、构成犯罪的条件等是不一样的。构成非法狩猎罪的,如果又以食用为目的,则可能同时构成第三款罪,两罪存在少量情形的交叉,法定刑相同,这种情况按照非法狩猎罪处罚似更为合适。(2)关于第三款罪与法律解释适用的关系。2014年全国人大常委会涉及有关购买野生动物行为法律适用的立法解释包括两个方面:一是规定为食用或者其他目的而非法购买本条第一款规定的国家重点保护的珍贵、濒危野生动物的,属于第一款规定的非法收购行为。增加第三款罪的对象为第一款以外的野生动物,因此对法律解释上述规定的适用没有影响。二是上述2014年立法解释规定,知道或者应当知道是本条第二款非法狩猎的野生动物而购买的,属于第三百一十二条第一款规定的明知是犯罪所得而收购的行为,即构成掩饰、隐瞒犯罪所得、犯罪所得收益罪的情形。与第三款罪可能存在一些情形的重合,对此根据案件具体情况,从一重罪处理。知道或者应当知道是非法狩猎的野生动物而购买的,且属于"以食用为目的"的购买,同时构成掩饰、隐瞒犯罪所得罪和本条第三款规定的非法收购陆生野生动物犯罪,根据案件具体情况,依照第三百一十二条和本条及有关司法解释定罪量刑的规定,确定从一重罪处罚。掩饰、隐瞒犯罪所得罪有两档法定刑,最高为七年有期徒刑,因此以食用为目的购买、经营、运输非法狩猎的野生动物可以判处比本条第三款法定刑更重的刑罚。

第三百四十二条 【非法占用农用地罪】违反土地管理法规,非法占用耕地、林地等农用地,改变被占用土地用途,数量较大,造成耕地、林地等农用地大量毁坏的,处五年以下有期徒刑或者拘役,并处或者单处罚金。

【释解与适用】

本条是关于非法占用农用地罪及其刑罚的规定。
构成本罪必须具备以下几个条件。

一是行为人必须违反土地管理法规。根据《全国人民代表大会常务委员会关于〈中华人民共和国刑法〉第二百二十八条、第三百四十二条、第四百一十条的解释》的规定，"违反土地管理法规"是指违反土地管理法、森林法、草原法等法律以及有关行政法规中关于土地管理的规定。

二是行为人实施了非法占用耕地、林地等农用地，改变被占用土地用途的行为。根据我国土地管理法第四条的规定，土地按用途分为农用地、建设用地和未利用地。"农用地"是指直接用于农业生产的土地，包括耕地、林地、草地、农田水利地、养殖水面等。其中，根据《土地利用现状分类》，"耕地"是指种植农作物的土地，包括熟地，新开发、复垦、整理地，休闲地（含轮歇地、轮作地）；以种植农作物（含蔬菜）为主，间有零星果树、桑树或者其他树木的土地；临时种植药材、草皮、花卉、苗木等的耕地，以及其他临时改变用途的耕地。根据我国《森林法实施条例》第二条的规定，"林地"包括郁闭度0.2以上的乔木林地以及竹林地、灌木林地、疏林地、采伐迹地、火烧迹地、未成林造林地、苗圃地和县级以上人民政府规划的宜林地。

"非法占用耕地、林地等农用地"是指违反土地利用总体规划或计划，未经批准擅自将耕地改为建设用地或者作其他用途，或者擅自占用林地进行建设或者开垦林地进行种植、养殖以及实施采石、采砂等活动。"改变被占用土地用途"是指未经依法办理农用地转用批准手续，土地征收、征用、占用审批手续，非法占用耕地、林地、草地等农用地，在被占用的农用地上从事建设、采矿、养殖等活动，改变土地利用总体规划规定的农用地的原用途。如占用耕地建设度假村，开垦林地、草地种植庄稼，占用林地挖塘养虾等。

三是必须达到数量较大，并且造成耕地、林地等农用地大量毁坏的后果，才构成犯罪。有关司法解释分别对非法占用耕地、林地、草原，改变土地用途，造成耕地、林地、草原毁坏，构成犯罪的入刑标准作了明确规定。

根据2000年《最高人民法院关于审理破坏土地资源刑事案件具体应用法律若干问题的解释》第三条的规定，非法占用耕地"数量较大"，是指非法占用基本农田五亩以上或者非法占用基本农田以外的耕地十亩以上。非法占用耕地"造成耕地大量毁坏"，是指行为人非法占用耕地建窑、建坟、建房、挖沙、采石、采矿、取土、堆放固体废弃物或者进行其他非农业建设，造成基本农田五亩以上或者基本农田以外的耕地十亩以上种植条件严重毁坏或者严重污染。

根据2012年《最高人民法院关于审理破坏草原资源刑事案件应用法律若干问题的解释》第二条的规定，非法占用草原，改变被占用草原用途，数量在二十亩以上的，或者曾因非法占用草原受过行政处罚，在三年内又非法占用草原，改变被占用草原用途，数量在十亩以上的，应当认定为刑法第三百四十二条规定的"数量较大"。非法占用草原，改变被占用草原用途，数量较大，具有下列情形之一的，应当认定为刑法第三百四十二条规定的"造成耕地、林地等农用地大量毁坏"：开垦草原种植粮食作物、经济作物、林木的；在草原上建窑、建房、修路、挖砂、采石、采矿、取土、剥取草皮的；在草原上堆放或者排放废弃物，造成草原的原有植被严重毁坏或者严重污染的；违反草原保护、建设、利用规划种植牧草和饲料作物，造成草原沙化或者水土严重流失的；其他造成草原严重毁坏的情形。

根据2023年《最高人民法院关于审理破坏森林资源刑事案件适用法律若干问题的解释》第一条第二款的规定，所谓"数量较大，造成耕地、林地等农用地大量毁坏"，是指下列情形：（1）非法占用并毁坏公益林地五亩以上的；（2）非法占用并毁坏商品林地十亩以上的；（3）非法占用并毁坏的公益林地、商品林地数量虽未分别达到第一项、第二项规定标准，但按相应比例折算合计达到有关标准的；（4）二年内曾因非法占用农用地受过二次以上行政处罚，又非法占用林地，数量达到第一项至第三项规定标准一半以上的。

根据本条规定，违反土地管理法规，非法占用耕地、林地等农用地，改变被占用土地用途，数量较大，造成耕地、林地等农用地大量毁坏的，处五年以下有期徒刑或者拘役，并处或者单处罚金。

【适用中需要注意的问题】

1. 关于未经处理的非法占用农用地行为的处理。对于多次实施非法占用农用地行为，依法应当追诉且未经处理的，应当按照累计的数量、数额计算。对此，2000年《最高人民法院关于审理破坏土地资源刑事案件具体应用法律若干问题的解释》第九条、2012年《最高人民法院关于审理破坏草原资源刑事案件应用法律若干问题的解释》第六条和2023年《最高人民法院关于审理破坏森林资源刑事案件适用法律若干问题的解释》第九条都作了明确规定。

2.关于单位构成本罪的入刑标准。构成本条规定的非法占用农用地罪的主体包括个人，也包括单位。根据刑法第三百四十六条的规定，单位犯本节规定之罪的，对单位判处罚金，并对其直接负责的主管人员和直接责任人员，依照本节各该条的规定处罚。关于单位犯本罪的入罪标准，根据前面提到的三份司法解释的规定，依照个人犯罪的定罪量刑标准执行。

第三百四十二条之一　【破坏自然保护地罪】违反自然保护地管理法规，在国家公园、国家级自然保护区进行开垦、开发活动或者修建建筑物，造成严重后果或者有其他恶劣情节的，处五年以下有期徒刑或者拘役，并处或者单处罚金。

有前款行为，同时构成其他犯罪的，依照处罚较重的规定定罪处罚。

【释解与适用】

本条是关于破坏自然保护地罪及其刑罚的规定。

大力推进生态文明建设是新时代党和国家确定的重大战略决策。近年来，我国生态环境保护取得了前所未有的重大发展进步，同时实践中也出现了一些问题，特别是国家重点生态保护区域、生态脆弱敏感区域的破坏情况仍然存在，有的还非常恶劣和严重。如祁连山生态环境破坏问题，祁连山是我国西部重要生态安全屏障，是生物多样性保护优先区域，国家在1988年就批准设立了甘肃祁连山国家级自然保护区，长期以来祁连山局部生态破坏问题十分突出，包括违法违规开发矿产资源，部分水电设施违法建设、违规运行，周边企业偷排偷放等。又如陕西秦岭北麓西安段违建别墅问题，秦岭作为我国南北地理分界线，是我国重要的生态屏障，具有调节气候、保持水土、涵养水源、维护生物多样性等重要生态功能，在党中央三令五申禁止违建、保护生态环境的情况下，违建仍屡禁不绝，危害严重。同时，《建立国家公园体制总体方案》《关于建立以国家公园为主体的自然保护地体系的指导意见》以及《自然保护区管理条例》等政策、法规，对国家公园、自然保护区进行分类管理管控，依法依规严格禁止非法开发建设等作了规定。针对上述实践中的情况，并与有关政策法规进一步衔接，刑法修正案（十一）增加了本条规定。

本条分为两款。第一款是关于破坏自然保护地犯罪和处罚的规定。"违反自然保护地管理法规"是指违法有关自然保护地的管理、保护的法律、行政法规等，包括《自然保护区条例》，以及将来拟制定的自然保护地立法等。关于"自然保护地"现行法律中规定的不多，2018年制定的土壤污染防治法第三十一条中规定"各级人民政府应当加强对国家公园等自然保护地的保护，维护其生态功能"。有关中央改革文件对此作了大量规定，刑法与此作了衔接。根据《关于建立以国家公园为主体的自然保护地体系的意见》规定，自然保护地按照生态价值和保护强度高低分为三类：国家公园，自然保护区和自然公园（包括森林公园、地质公园、海洋公园、湿地公园等各类自然公园），逐步形成以国家公园为主体、自然保护区为基础、各类自然公园为补充的自然保护地分类系统。"国家公园"是我国自然保护地最重要的类型之一，属于全国主体功能区规划中的禁止开发区域，纳入全国生态保护红线区域管控范围，实行最严格的保护。改革目标是到2020年，建立国家公园体制试点基本完成，整合设立一批国家公园，分级统一的管理体制基本建立，国家公园总体布局初步形成。到2030年，国家公园体制更加健全，分级统一的管理体制更加完善，保护管理效能明显提高。首批十个国家公园体制试点包括三江源国家公园、东北虎豹国家公园、大熊猫国家公园、祁连山国家公园、长城国家公园、湖北神农架国家公园、武夷山国家公园、钱江源百山祖国家公园、湖南南山国家公园、云南普达措国家公园等。关于"国家级自然保护区"。根据《自然保护区条例》的规定，自然保护区是指对有代表性的自然生态系统、珍稀濒危野生动植物物种的天然集中分布区、有特殊意义的自然遗迹等保护对象所在的陆地、陆地水体或者海域，依法划出一定面积予以特殊保护和管理的区域。自然保护区分为国家级自然保护区和地方级自然保护区。在国内外有典型意义、在科学上有重大国际影响或者有特殊科学研究价值的自然保护区，列为国家级自然保护区。2018年5月31日，国务院公布了5处新建国家级自然保护区，至此，我国目前共计474个国家级自然保护区。需要说明的是，未来国家级自然保护区将重新整合，部分将整合设立国家公园。

本款规定的犯罪行为是"在国家公园、国家级自然保护区进行开垦、开发活动或者修建建筑物"。《关于建立以国家公园为主体的自然保护地体系的指导意见》第十四条规定:"……国家公园和自然保护区实行分区管控,原则上核心保护区内禁止人为活动,一般控制区内限制人为活动。自然公园原则上按一般控制区管理,限制人为活动。"《自然保护区条例》第二十六条至第二十八条规定:禁止在自然保护区内进行砍伐、放牧、狩猎、捕捞、采药、开垦、烧荒、开矿、采石、挖沙等活动;但是,法律、行政法规另有规定的除外。禁止任何人进入自然保护区的核心区。因科学研究的需要,必须进入核心区从事科学研究观测、调查活动的,应当事先向自然保护区管理机构提交申请和活动计划,并经省级以上人民政府有关自然保护区行政主管部门批准;其中,进入国家级自然保护区核心区的,必须经国务院有关自然保护区行政主管部门批准。禁止在自然保护区的缓冲区开展旅游和生产经营活动。因教学科研的目的,需要进入自然保护区的缓冲区从事非破坏性的科学研究、教学实习和标本采集活动的,应当事先向自然保护区管理机构提交申请和活动计划,经自然保护区管理机构批准。第三十二条规定:"在自然保护区的核心区和缓冲区内,不得建设任何生产设施。在自然保护区的实验区内,不得建设污染环境、破坏资源或者景观的生产设施;建设其他项目,其污染物排放不得超过国家和地方规定的污染物排放标准。在自然保护区的实验区内已经建成的设施,其污染物排放超过国家和地方规定的排放标准的,应当限期治理;造成损害的,必须采取补救措施。"因此,对国家公园、国家级自然保护区,特别是核心保护区是严格禁止从事非法开垦、开发或者修建建筑物活动的,因历史遗留问题或者原住民因必要生产、生活需要而进行的活动除外。"开垦"是指对林地、农地等土地的开荒、种植、砍伐、放牧等活动,"开发"是指经济工程项目建设,如水电项目、矿山项目、挖沙等。"修建建筑物"包括开发房产项目等。构成本罪要求"造成严重后果或者有其他恶劣情节",包括从行为手段、对生态环境的破坏程度、是否在核心保护区、非法开垦、开发的规模等情节进行综合判断。对于出于生产、生活需要,非法开发建设一些设施,未对生态环境造成严重破坏后果的,不作为犯罪处理。犯本罪的,处五年以下有期徒刑或者拘役,并处或者单处罚金。

本条第二款是关于从一重罪处罚的规定:"有前款行为,同时构成其他犯罪的,依照处罚较重的规定定罪处罚。"适用本条罪需要处理好与刑法第三百四十二条非法占用农用地罪、第三百四十三条非法采矿罪等的关系。在国家公园、国家级自然保护区内非法开垦的，如果同时属于非法占用耕地、林地等农用地，改变被占用土地用途的，还可能构成非法占用农用地罪；在国家公园、国家级自然保护区内非法开发，例如进行开采矿山活动，还可能构成非法采矿罪。对上述情况应当适用本款从一重罪处罚的规定。

构成本罪要求"违反自然保护地管理法规"，并非对国家公园、国家级自然保护区类的一切活动予以禁止和惩治，对于经过批准的合法开发建设活动不能适用本条，如经过批准的修建道路行为。特别是要注意处理好历史遗留问题和原住民为生产生活需要进行的必要活动。根据《关于建立以国家公园为主体的自然保护地体系的指导意见》规定："分类有序解决历史遗留问题。对自然保护地进行科学评估，将保护价值低的建制城镇、村屯或人口密集区域、社区民生设施等调整出自然保护地范围。结合精准扶贫、生态扶贫，核心保护区内原住居民应实施有序搬迁，对暂时不能搬迁的，可以设立过渡期，允许开展必要的、基本的生产活动，但不能再扩大发展。依法清理整治探矿采矿、水电开发、工业建设等项目，通过分类处置方式有序退出；根据历史沿革与保护需要，依法依规对自然保护地内的耕地实施退田还林还草还湖还湿。"对因历史原因或者因后来被划为国家公园、国家级自然保护区域而仍在国家公园、国家级自然保护区内居住生活的，对其必要的开发建设行为不得作为本罪处理。

第三百四十三条　【非法采矿罪】违反矿产资源法的规定，未取得采矿许可证擅自采矿，擅自进入国家规划矿区、对国民经济具有重要价值的矿区和他人矿区范围采矿，或者擅自开采国家规定实行保护性开采的特定矿种，情节严重的，处三年以下有期徒刑、拘役或者管制，并处或者单处罚金；情节特别严重的，处三年以上七年以下有期徒刑，并处罚金。

【破坏性采矿罪】违反矿产资源法的规定，采取破坏性的开采方法开采矿产资源，造成矿产资源严重破坏的，处五年以下有期徒刑或者拘役，并处罚金。

【释解与适用】

本条是关于非法采矿罪和破坏性采矿罪及其刑罚的规定。

本条第一款是关于非法采矿的犯罪及其刑事处罚的规定。"未取得采矿许可证擅自采矿",是指未取得国务院、省、自治区、直辖市人民政府、国务院授权的有关主管部门颁发的采矿许可证而开采矿产资源的行为。采矿许可证是法律规定由国家行政机关颁发的一种特许许可证。没有采矿许可证无权开采矿产资源。根据2016年《最高人民法院、最高人民检察院关于办理非法采矿、破坏性采矿刑事案件适用法律若干问题的解释》第二条的规定,具有下列情形之一的,应当认定为刑法第三百四十三条第一款规定的"未取得采矿许可证":无许可证的;许可证被注销、吊销、撤销的;超越许可证规定的矿区范围或者开采范围的;超出许可证规定的矿种的(共生、伴生矿种除外);其他未取得许可证的情形。"国家规划矿区",是指在一定时期内,根据国民经济建设长期的需要和资源分布情况,经国务院或者国务院有关主管部门依法定程序审查、批准,确定列入国家矿产资源开发长期或中期规划的矿区以及作为老矿区后备资源基地的矿区。"对国民经济具有重要价值的矿区",是指经济价值重大或者经济效益很高,对国家经济建设的全局性、战略性有重要影响的矿区。"国家规定实行保护性开采的特定矿种",是指黄金、钨、锡、锑、离子型稀土矿产。其中,钨、锡、锑、离子型稀土是我国的优质矿产,在世界上有举足轻重的地位。但是,近年来对这些矿产资源乱采滥挖现象很严重,因此,根据矿产资源法的规定,国务院决定将钨、锡、锑、离子型稀土矿列为国家实行保护性开采的特定矿种,以加强保护。

本款对违反矿产资源法,构成非法采矿罪的行为规定了五种情况:(1)未取得采矿许可证擅自采矿的;(2)擅自进入国家规划矿区采矿的;(3)擅自对国民经济具有重要价值的矿区采矿的;(4)擅自在他人矿区范围采矿的;(5)擅自开采国家规定实行保护性开采的特定矿种的。有上述任何一种行为,情节严重的,即构成本条规定的非法采矿罪。根据2016年《最高人民法院、最高人民检察院关于办理非法采矿、破坏性采矿刑事案件适用法律若干问题的解释》第三条第一款的规定,实施非法采矿行为,具有下列情形之一的,应当认定为刑法第三百四十三条第一款规定的"情节严重":开采的矿产品价值或者造成矿产资源破坏的价值在十万元至三十万元以上的;在国家规划矿区、对国民经济具有重要价值的矿区采矿,开采国家规定实行保护性开采的特定矿种,或者在禁采区、禁采期内采矿,开采的矿产品价值或者造成矿产资源破坏的价值在五万元至十五万元以上的;二年内曾因非法采矿受过两次以上行政处罚,又实施非法采矿行为的；造成生态环境严重损害的；其他情节严重的情形。

根据本款的规定，实施非法采矿行为，情节严重，构成犯罪的，处三年以下有期徒刑、拘役或者管制，并处或者单处罚金；情节特别严重的，处三年以上七年以下有期徒刑，并处罚金。这里的"情节特别严重"，根据上述司法解释第三条第二款的规定，包括下列情形：数额达到前款第一项、第二项规定标准五倍以上的；造成生态环境特别严重损害的；其他情节特别严重的情形。

本条第二款是关于采取破坏性的开采方法开采矿产资源的犯罪及其刑事处罚的规定。"采取破坏性的开采方法开采矿产资源"，是指在开采矿产资源过程中，违反矿产资源法及有关规定，采易弃难，采富弃贫，严重违反开采回采率、采矿贫化率和选矿回收率的指标进行采矿，并造成矿产资源严重破坏的行为。矿产资源是不可再生的资源，一旦被破坏，几乎是难以补救的。有些矿种在世界范围内都是稀有矿种，如铌、钽、铍，一旦被破坏，对人类的财富将会造成重大损失；还有些矿种虽然不是稀有的矿种，比如煤、石油，但过度的破坏性的开采也会造成矿产资源的破坏和损耗。根据2016年《最高人民法院、最高人民检察院关于办理非法采矿、破坏性采矿刑事案件适用法律若干问题的解释》第六条规定，造成矿产资源破坏的价值在五十万元至一百万元以上，或者造成国家规划矿区、对国民经济具有重要价值的矿区和国家规定实行保护性开采的特定矿种资源破坏的价值在二十五万元至五十万元以上的，应当认定为刑法第三百四十三条第二款规定的"造成矿产资源严重破坏"。

【适用中需要注意的问题】

1. 关于非法采砂行为的处理。根据2016年《最高人民法院、最高人民检察院关于办理非法采矿、破坏性采矿刑事案件适用法律若干问题的解释》第四条的规定，在河道管理范围内采砂，依据相关规定应当办理河道采砂许可证，未取得河道采砂许可证的，或者依据相关规定应当办理河道采砂许可证和采矿许可证，既未取得河道采砂许可证，又未取得采矿许可证的，符合刑法第三百四十三条第一款和该司法解释第二条及第三条规定的，或者虽不具有该司法解释第三条第一款规定的情形，但严重影响河势稳定，危害防洪安全的，应当认定为刑法第三百四十三条第一款规定的"情节严重"，依法追究刑事责任。

根据 2016 年《最高人民法院、最高人民检察院关于办理非法采矿、破坏性采矿刑事案件适用法律若干问题的解释》第五条的规定，未取得海砂开采海域使用权证，且未取得采矿许可证，采挖海砂，符合刑法第三百四十三条第一款和该司法解释第二、三条规定的，或者虽不具有该司法解释第三条第一款规定的情形，但造成海岸线严重破坏的，应当认定为刑法第三百四十三条第一款规定的"情节严重"，依法追究刑事责任。

2. 关于非法开采或者破坏性开采石油、天然气资源行为的处理。根据矿产资源保护法第十六条的规定，开采石油、天然气、放射性矿产等特定矿种的，可以由国务院授权的有关主管部门审批，并颁发采矿许可证。根据 2006 年《最高人民法院、最高人民检察院关于办理盗窃油气、破坏油气设备等刑事案件具体应用法律若干问题的解释》第六条的规定，违反矿产资源法的规定，非法开采或者破坏性开采石油、天然气资源的，依照刑法第三百四十三条以及《最高人民法院关于审理非法采矿、破坏性采矿刑事案件具体应用法律若干问题的解释》的规定追究刑事责任。

第三百四十四条 【危害国家重点保护植物罪】违反国家规定，非法采伐、毁坏珍贵树木或者国家重点保护的其他植物的，或者非法收购、运输、加工、出售珍贵树木或者国家重点保护的其他植物及其制品的，处三年以下有期徒刑、拘役或者管制，并处罚金；情节严重的，处三年以上七年以下有期徒刑，并处罚金。

【释解与适用】

本条是关于危害国家重点保护植物罪及其刑罚的规定。

本条有以下两层含义。

第一，明确了犯罪行为所侵害的对象是珍贵树木和国家重点保护的其他植物及其制品。本条中的"珍贵树木"是指由省级以上林业主管部门或者其他部门确定的具有重大历史纪念意义、科学研究价值或者年代久远的古树名木，国家禁止、限制出口的珍贵树木以及列入国家重点保护野生植物名录的树种，也就是具有较高的科学研究、经济利用和观赏价值的树木。根据《国家珍贵树种名录》和《国家重点保护野生植物名录》的规定，国家一级珍贵树木，主要有银杉、巨柏、银杏、水松、南方红豆杉、天目铁木、水杉、香果树等。国家二级珍贵树木，主要有岷江柏木、秦岭冷杉、大别山五针松、红松、黄杉、红豆树、山槐、厚朴、水青树、香木莲等。"国家重点保护的其他植物"是指除珍贵树木以外的其他国家重点保护的植物，主要是《国家重点保护野生植物名录》中所规定的植物。根据名录规定，国家一级保护的其他植物，包括光叶蕨、玉龙蕨、长喙毛茛泽泻、膝柄木、瑶山苣苔、单座苣苔、华山新麦草、莼菜、独叶草、异形玉叶金花等。国家二级保护的其他植物，包括冬虫夏草、松茸、云南肉豆蔻、沙椤、七指蕨、沙芦草、四川狼尾草、驼峰藤、雪白睡莲等。

第二，明确了犯罪的行为特征，即行为人具有非法采伐、毁坏珍贵树木或者国家重点保护的其他植物的，或者非法收购、运输、加工、出售珍贵树木或者国家重点保护的其他植物及其制品的犯罪行为。我国森林法第二条规定，在中华人民共和国领域内从事森林、林木的保护、培育、利用和森林、林木、林地的经营管理活动，适用本法。第三十一条规定，国家在不同自然地带的典型森林生态地区、珍贵动物和植物生长繁殖的林区、天然热带雨林区和具有特殊保护价值的其他天然林区，建立以国家公园为主体的自然保护地体系，加强保护管理。本条所说的"非法采伐"珍贵树木或者国家重点保护的其他植物是指违反森林法及有关法规的规定，未经有关主管部门批准而采伐珍贵树木或者国家重点保护的其他植物的行为。"毁坏珍贵树木或者国家重点保护的其他植物"是指采用剥皮、砍枝、取脂等方式使珍贵树木或者国家重点保护的其他植物死亡或者影响其正常生长，致使珍贵树木的价值或者使用价值部分丧失或者全部丧失的行为。"非法收购、运输、加工、出售珍贵树木或者国家重点保护的其他植物及其制品"是指违反森林法及其有关法规的规定，对珍贵树木或者国家重点保护的其他植物及其制品进行收购、运输、加工、出售的行为。

本条规定了两档刑罚，违反国家规定，非法采伐、毁坏珍贵树木或者国家重点保护的其他植物，或者非法收购、运输、加工、出售珍贵树木以及国家重点保护的其他植物及其制品的行为，处三年以下有期徒刑、拘役或者管制，并处罚金；情节严重的，处三年以上七年以下有期徒刑，并处罚金。根据2023年《最高人民法院关于审理破坏森林资源刑事案件适用法律若干问题的解释》第二条的规定，"情节严重"，主要包括以下几种情形：(1) 危害国家一级保护野生植物五株以上或者立木蓄积五立方米以上的；(2) 危害国家二级保护野生植物十株以上或者立木蓄积十立方米以上的；(3) 危害国家重点保护野生植物，数量虽未分别达到第一项、第二项规定标准，但按相应比例折算合计达到有关标准的；(4) 涉案国家重点保护野生植物及其制品价值二十万元以上的；(5) 其他情节严重的情形。

【适用中需要注意的问题】

1. 关于人工培育的植物是否属于本条规定的"珍贵树木或者国家重点保护的其他植物"。根据2020年3月《最高人民法院、最高人民检察院关于适用〈中华人民共和国刑法〉第三百四十四条有关问题的批复》，古树名木以及列入《国家重点保护野生植物名录》的野生植物，属于本条规定的"珍贵树木或者国家重点保护的其他植物"。其中，"野生植物"限于原生地天然生长的植物。人工培育的植物，除古树名木外，不属于本条规定的"珍贵树木或者国家重点保护的其他植物"。非法采伐、毁坏或者非法收购、运输人工培育的植物（古树名木除外），构成盗伐林木罪、滥伐林木罪、非法收购、运输盗伐、滥伐的林木罪等犯罪的，依照相关规定追究刑事责任。

2. 关于非法移栽珍贵树木或者国家重点保护的其他植物行为的处理。非法移栽与采伐行为具有相当的危害性，非法移栽使珍贵树木处于损毁、灭失的危险中，也损害了原生地自然生态和景观，破坏了生长地点的物种多样性，侵害了国家对重点保护植物的管理制度。根据2020年3月《最高人民法院、最高人民检察院关于适用〈中华人民共和国刑法〉第三百四十四条有关问题的批复》，对于上述行为，依法应当追究刑事责任的，应当依照本条的规定，以非法采伐国家重点保护植物罪定罪处罚。同时，鉴于移栽在社会危害程度上与砍伐存在一定差异，对非法移栽珍贵树木或者国家重点保护的其他植物的行为，在认定是否构成犯罪以及裁量刑罚时，应当考虑植物的珍贵程度、移栽目的、移栽手段、移栽数量、对生态环境的损害程度等情节，综合评估社会危害性，确保罪责刑相适应。

第三百四十四条之一 【非法引进、释放、丢弃外来入侵物种罪】违反国家规定，非法引进、释放或者丢弃外来入侵物种，情节严重的，处三年以下有期徒刑或者拘役，并处或者单处罚金。

【释解与适用】

本条是关于非法引进、释放、丢弃外来入侵物种罪及其刑罚的规定。

外来入侵物种对于生物多样性、生态环境的破坏后果十分严重，这一点在人类发展历史和动植物演化历史中被充分证明，需要汲取经验教训。一方面，擅自引进外来入侵物种，对我国生物安全和生态系统平衡将造成难以挽回的严重灾难；另一方面，其中有害外来入侵物种，还会对我国农林牧渔业等行业造成巨大损失。一些单位和个人对外来物种可能导致的生态和环境后果缺乏足够认识，外来物种引进存在一定的盲目性。在外来物种有意引进的管理中，没有制定和执行科学的风险评估制度。另外，外来物种只重引进、疏于管理，也可能导致外来物种从栽培地、驯养地逃逸到自然环境中而演化为具有入侵性的物种，造成生态环境和生物多样性灾难。国家对防范外来入侵物种一直高度重视。我国于1992年加入《生物多样性公约（里约宣言）》，公约要求缔约方尽可能"防止引进、控制或消除那些威胁到生态系统、生境或物种的外来物种"；国境卫生检疫法、进出境动植物检疫法等对有关外来物种的检疫作了规定；2014年修改的环境保护法第三十条规定："引进外来物种以及研究、开发和利用生物技术，应当采取措施，防止对生物多样性的破坏。"2018年修正的野生动物保护法第十二条第三款规定："禁止或者限制在相关自然保护区域内引入外来物种、营造单一纯林、过量施洒农药等人为干扰、威胁野生动物生息繁衍的行为。"2020年10月17日第十三届全国人大常委会第二十二次会议通过的生物安全法，面对疫情防控和构建公共卫生安全法治保障的新情况，对生物安全风险防控领域的基本制度作了规定。防范外来物种入侵是其中的一个重要方面。生物安全法第六十条、第八十一条对防范外来物种入侵及法律责任作了规定。为进一步加强保护我国生物安全，维护我国生物多样性和生态系统平衡，依法惩治涉及外来入侵物种非法引进、处置的犯罪，与生物安全法等规定衔接，刑法修正案（十一）增加了本条规定。

根据本条规定，"违反国家规定，非法引进、释放或者丢弃外来入侵物种，情节严重的"，追究刑事责任。

1. "违反国家规定"是指违反全国人民代表大会及其常务委员会制定的法律和作出的决定，国务院制定的行政法规、规定的行政措施、发布的决定和命令中有关外来物种安全和制度的规定。有关部门规章对国家规定有关条款作出进一步细化明确规定的,根据情况,违反该具体规定的也可认定为"违反国家规定"。我国涉及外来物种管理的法律主要有国境卫生检疫法、进出境动植物检疫法、动物防疫法、野生动物保护法等法律,对防范外来物种入侵作了原则性规定。2003年《国家质量监督检验检疫总局关于加强防范外来有害生物传入工作的意见》,对外来有害生物入侵的防范、调查、预警和应对机制作了规定,并要求及时调整禁止进境动物、植物危险性有害生物名录和禁止进境物名录。原国家林业局制定《引进陆生野生动物外来物种种类及数量审批管理办法》,规定了引进陆生野生动物外来物种种类及数量审批许可制度。野生动物保护法第四十条规定:"从境外引进野生动物物种的,应当经国务院野生动物保护主管部门批准。从境外引进列入本法第三十七条第一款名录的野生动物,还应当依法取得允许进出口证明书。海关凭进口批准文件或者允许进出口证明书办理进境检疫,并依法办理其他海关手续。" 2020年通过的生物安全法及其有关配套规定对外来入侵物种的防范和管理以及名录等作了进一步细化和全面的规定。引进、处置外来物种应当依照包括上述法律法规在内的"国家规定"确定的条件、程序和要求进行。

2. 关于"外来入侵物种",根据有关法律规定实行名录制管理。据有关方面调查,我国目前共有280多种外来入侵物种,其中陆生植物170种,其余为微生物、无脊椎动物、两栖爬行类、鱼类、哺乳类等。原产地来自美洲的占一半以上,说明美洲生物较为适应我国环境。外来入侵物种中,39.6%是属于有意引进的,49.3%是属于无意引进造成的,经自然扩散而进入中国境内的仅占3.1%。外来入侵动物中25%是有意引进造成的,主要用于养殖、观赏、生物防治,如大瓶螺、獭狸等,因野生放养或者弃养后,在野外形成自然种群,对本地生物系统造成危害,也有外来入侵动物是随着树木接穗、苗木或者盆景而传入,如美国白蛾等。76.3%的外来入侵动物是无意引进造成的,是在贸易流通等环节,由于检查不严格,随产品混入我国,随后发展成为野生,如松材线虫等。2003年原国家环境保护总局制定发布了《中国第一批外来入侵物种名单》,包括解放草、水花生、飞机草、水葫芦等植物,以及蔗扁蛾、美国白蛾、非洲大蜗牛、牛蛙等动物。生物安全法第六十条第一款规定:"国家加强对外来物种入侵的防范和应对,保护生物多样性。国务院农业农村主管部门会同国务院其他有关部门制定外来物种名录和管理办法。"下一步，有关方面还将制定统一的、明确的外来入侵物种目录及其管理办法。

3. 本罪行为是非法引进、释放、丢弃外来入侵物种。引进外来入侵物种应当依照有关法律法规的规定，实行行政审批许可，处置外来入侵物种按照国家有关规定进行。任何单位和个人未经批准，不得擅自引进、释放或者丢弃外来物种。生物安全法第八十一条规定，未经批准，擅自引进外来物种的，由县级以上人民政府有关部门根据职责分工，没收引进的外来物种，并处五万元以上二十五万元以下的罚款；未经批准，擅自释放或者丢弃外来物种的，由县级以上人民政府有关部门根据职责分工，责令限期捕回、找回释放或者丢弃的外来物种，处一万元以上五万元以下罚款。除了上述行政责任外，构成犯罪的依法追究刑事责任。本条中的"引进"主要是指从国外非法携带、运输、邮寄、走私进境等行为。"释放""丢弃"是非法处置外来入侵物种的行为，包括经过批准引进的物种，在进行实验研究等之后予以非法野外放养或者随意丢弃的情况。犯本罪的，处三年以下有期徒刑或者拘役，并处或者单处罚金。

【适用中需要注意的问题】

适用本罪时应当注意：一是构成犯罪要求行为人认识到行为的严重社会危害性，对生态环境的严重破坏性，是故意犯罪。行为人要知道或者应当知道引进、释放或者丢弃的是外来入侵物种。办案过程中也要注意调查取证工作，不能因行为人辩驳说不知道该物种为入侵物种就不作处理。二是外来入侵物种实行目录制管理，应当严格按照目录认定外来入侵物种，而不能将一切外来物种都认定为本罪的对象。本条在立法过程中也有意见提出，将"外来入侵物种"修改为"外来物种"，考虑两者的范围是不一样的，刑事处罚应当惩治危害性严重的行为，因此规定为外来入侵物种。实践中也不能因为属于目录中的外来入侵物种就认定为犯罪，也要考虑行为人的主观故意和目的，具体的行为方式和情节，外来入侵物种是否已经在国内较大规模生存，是否可能造成严重损害生态环境后果等主客观方面的因素综合判断，确保罪责刑相适应。

第三百四十五条 【盗伐林木罪】盗伐森林或者其他林木，数量较大的，处三年以下有期徒刑、拘役或者管制，并处或者单处罚金；数量巨大的，处三年以上七年以下有期徒刑，并处罚金；数量特别巨大的，处七年以上有期徒刑，并处罚金。

【滥伐林木罪】违反森林法的规定，滥伐森林或者其他林木，数量较大的，处三年以下有期徒刑、拘役或者管制，并处或者单处罚金；数量巨大的，处三年以上七年以下有期徒刑，并处罚金。

【非法收购、运输盗伐、滥伐的林木罪】非法收购、运输明知是盗伐、滥伐的林木，情节严重的，处三年以下有期徒刑、拘役或者管制，并处或者单处罚金；情节特别严重的，处三年以上七年以下有期徒刑，并处罚金。

盗伐、滥伐国家级自然保护区内的森林或者其他林木的，从重处罚。

【释解与适用】

本条是关于盗伐林木罪，滥伐林木罪，非法收购、运输盗伐、滥伐的林木罪及其刑罚的规定。

本条第一款是关于盗伐森林或者其他林木的犯罪及其刑事处罚的规定。"盗伐森林或者其他林木"是指以非法占有为目的，具有下列情形之一的行为：（1）未取得采伐许可证，擅自采伐国家、集体或者他人所有的林木的；（2）违反森林法第五十六条第三款的规定，擅自采伐国家、集体或者他人所有的林木的；（3）在采伐许可证规定的地点以外采伐国家、集体或者他人所有的林木的。"森林"是指具有一定面积的林木的总体，包括树林和竹林，具体可分为五类：防护林、用材林、经济林、薪炭林、特种用途林。"其他林木"是指其他的树木和竹子。根据2023年《最高人民法院关于审理破坏森林资源刑事案件适用法律若干问题的解释》第四条第一款、第二款的规定，盗伐森林或者其他林木，涉案林木具有下列情形之一的，应当认定为刑法第三百四十五条第一款规定的"数量较大"：（1）立木蓄积五立方米以上的；（2）幼树二百株以上的；（3）数量虽未分别达到第一项、第二项规定标准，但按相应比例折算合计达到有关标准的；（4）价值二万元以上的。实施前款规定的行为，达到第一项至第四项规定标准十倍、五十倍以上的，应当分别认定为刑法第三百四十五条第一款规定的"数量巨大"、"数量特别巨大"。

本条第二款是关于滥伐森林或者其他林木的犯罪及其刑事处罚的规

定。森林采伐方式和采伐量是否得当，直接关系到合理利用森林资源和森林再生产问题。要确保森林资源永续利用，必须有计划地采伐利用，以保证森林的消耗量不超过生长量。因此，为了防止滥伐林木的情况，森林法规定了限额采伐的原则和核发采伐许可证制度。根据森林法第五十六条的规定，采伐林地上的林木必须申请采伐许可证，按许可证的规定进行采伐；农村居民采伐自留地和房前屋后个人所有的零星林木除外。第五十七条规定采伐许可证由县级以上人民政府林业主管部门核发。农村居民采伐自留山和个人承包集体林地上的林木，由县级人民政府林业主管部门或者其委托的乡镇人民政府核发采伐许可证。根据2023年《最高人民法院关于审理破坏森林资源刑事案件适用法律若干问题的解释》第五条的规定，"滥伐森林或者其他林木"是指违反森林法及其他保护森林的法规规定，具有下列情形之一的行为：（1）未取得采伐许可证，或者违反采伐许可证规定的时间、地点、数量、树种、方式，任意采伐本单位或者本人所有的林木的；（2）违反森林法第五十六条第三款的规定，任意采伐本单位或者本人所有的林木的；（3）在采伐许可证规定的地点，超过规定的数量采伐国家、集体或者他人所有的林木的。按照前述司法解释，滥伐森林或者其他林木，涉案林木具有下列情形之一的，应当认定为刑法第三百四十五条第二款规定的"数量较大"：（1）立木蓄积二十立方米以上的；（2）幼树一千株以上的；（3）数量虽未分别达到第一项、第二项规定标准，但按相应比例折算合计达到有关标准的；（4）价值五万元以上的。实施前款规定的行为，达到第一项至第四项规定标准五倍以上的，应当认定为刑法第三百四十五条第二款规定的"数量巨大"。

本条第三款是关于非法收购、运输明知是盗伐、滥伐的林木的犯罪及其刑事处罚的规定。

本款中的"非法收购、运输明知是盗伐、滥伐的林木"，是指根据有关规定，无证收购、无证运输明知是盗伐、滥伐的林木的行为。其中"明知"是指知道或者应当知道。根据2023年《最高人民法院关于审理破坏森林资源刑事案件适用法律若干问题的解释》第七条的规定，认定刑法第三百四十五条第三款规定的"明知是盗伐、滥伐的林木"，应当根据涉案林木的销售价格、来源以及收购、运输行为违反有关规定等情节，结合行为人的职业要求、经历经验、前科情况等作出综合判断。具有下列情形之一的，可以认定行为人明知是盗伐、滥伐的林木，但有相反证据或者能够作出合理解释的除外:(1)收购明显低于市场价格出售的林木的;(2)木材经营加工企业伪造、涂改产品或者原料出入库台账的;(3)交易方式明显不符合正常习惯的;(4)逃避、抗拒执法检查的;(5)其他足以认定行为人明知的情形。按前述司法解释,非法收购盗伐、滥伐的林木"情节严重""情节特别严重"认定标准如下:非法收购、运输明知是盗伐、滥伐的林木,具有下列情形之一的,应当认定为刑法第三百四十五条第三款规定的"情节严重":(1)涉案林木立木蓄积二十立方米以上的;(2)涉案幼树一千株以上的;(3)涉案林木数量虽未分别达到第一项、第二项规定标准,但按相应比例折算合计达到有关标准的;(4)涉案林木价值五万元以上的;(5)其他情节严重的情形。实施前款规定的行为,达到第一项至第四项规定标准五倍以上或者具有其他特别严重情节的,应当认定为刑法第三百四十五条第三款规定的"情节特别严重"。

本条第四款是关于盗伐、滥伐国家级自然保护区内的森林或者其他林木的犯罪及其刑事处罚的规定。"国家级自然保护区",是指在国内外有典型意义,在科学上有重大国际影响或者有特殊科学研究价值的,由国家主管机关确认的自然保护区。根据本款规定,盗伐、滥伐国家级自然保护区内的森林或者其他林木的,依照本条第一款、第二款的规定,从重处罚。

【适用中需要注意的问题】

1. 对于偷砍他人自留地和房前屋后种植的零星林木,以及将国家、集体、他人所有并已经伐倒的树木窃为己有的行为,数额较大,根据2023年《最高人民法院关于审理破坏森林资源刑事案件适用法律若干问题的解释》第十一条的规定,应当依照刑法第二百六十四条的规定,以盗窃罪定罪处罚。

2. 关于单位构成本罪的入刑标准。构成本条规定的犯罪的主体包括个人,也包括单位。根据刑法第三百四十六条的规定,单位犯本节规定之罪的,对单位判处罚金,并对其直接负责的主管人员和直接责任人员,依照本节各该条的规定处罚。关于单位犯本罪的入罪标准,根据前述司法解释第十六条规定,单位犯第三百四十四条、三百四十五条规定之罪的,定罪量刑标准应当依照个人犯罪的定罪量刑标准执行。

第三百四十六条 【单位犯罪的规定】单位犯本节第三百三十八条至第三百四十五条规定之罪的，对单位判处罚金，并对其直接负责的主管人员和其他直接责任人员，依照本节各该条的规定处罚。

【释解与适用】

本条是关于单位犯本节规定之罪如何处罚的规定。

根据本条规定，本节规定的犯罪，犯罪主体除自然人外还包括单位。"单位犯本节第三百三十八条至第三百四十五条规定之罪"是指单位犯刑法分则第六章第六节破坏环境资源保护罪中规定的任何一罪的情形。依照本条规定，对单位犯本节规定之罪的，实行双罚制，对犯罪的单位判处罚金，同时对单位犯罪直接负责的主管人员和其他对犯罪负有直接责任的人员，依照上述各该罪规定的处刑标准处罚。

【适用中需要注意的问题】

实际适用中应当注意以下问题：关于单位犯本节规定的破坏环境资源保护罪的入罪标准，应当依照各罪名有关司法解释的规定予以确定。

第七节 走私、贩卖、运输、制造毒品罪

第三百四十七条 【走私、贩卖、运输、制造毒品罪】走私、贩卖、运输、制造毒品，无论数量多少，都应当追究刑事责任，予以刑事处罚。

走私、贩卖、运输、制造毒品，有下列情形之一的，处十五年有期徒刑、无期徒刑或者死刑，并处没收财产：

（一）走私、贩卖、运输、制造鸦片一千克以上、海洛因或者甲基苯丙胺五十克以上或者其他毒品数量大的；

（二）走私、贩卖、运输、制造毒品集团的首要分子；

（三）武装掩护走私、贩卖、运输、制造毒品的；

（四）以暴力抗拒检查、拘留、逮捕，情节严重的；

（五）参与有组织的国际贩毒活动的。

走私、贩卖、运输、制造鸦片二百克以上不满一千克、海洛因或者甲基苯丙胺十克以上不满五十克或者其他毒品数量较大的，处七年以上有期徒刑，并处罚金。

走私、贩卖、运输、制造鸦片不满二百克、海洛因或者甲基苯丙胺不满十克或者其他少量毒品的，处三年以下有期徒刑、拘役或者管制，并处罚金；情节严重的，处三年以上七年以下有期徒刑，并处罚金。

单位犯第二款、第三款、第四款罪的，对单位判处罚金，并对其直接负责的主管人员和其他直接责任人员，依照各该款的规定处罚。

利用、教唆未成年人走私、贩卖、运输、制造毒品，或者向未成年人出售毒品的，从重处罚。

对多次走私、贩卖、运输、制造毒品，未经处理的，毒品数量累计计算。

【释解与适用】

本条是关于走私、贩卖、运输、制造毒品罪及其刑罚的规定。

本条第一款是关于走私、贩卖、运输、制造毒品，不论数量多少，都应予以刑事处罚的规定。只要有走私、贩卖、运输、制造毒品行为的，不论走私、贩卖、运输、制造毒品数量多少，一律构成犯罪，予以刑事处罚。根据该款的规定，对于走私、贩卖、运输、制造毒品数量较小的，不能适用刑法总则第十三条"情节显著轻微危害不大，不认为是犯罪"而不追究刑事责任，这体现了我国从严打击毒品犯罪的决心和力度。

本条第二款是对走私、贩卖、运输、制造毒品情节严重的如何处罚的规定。其中，"走私"毒品是指携带、运输、邮寄毒品非法进出国（边）境的行为。"贩卖"毒品是指非法销售毒品，包括批发和零售；以贩卖为目的收买毒品的，也属于贩卖毒品。"运输"毒品是指利用飞机、火车、汽车、轮船等交通工具或者采用随身携带的方法，将毒品从一地点运往另一地点的行为。贩毒者运输毒品的，应按照贩卖毒品定罪；贩毒集团或者共同犯罪中分工负责运输毒品的，应按照集团犯罪、共同犯罪的罪名定罪。"制造"毒品是指非法从毒品原植物中提炼毒品或者利用化学分解、合成等方法制成毒品的行为。"贩卖""运输""制造"这三种行为互有联系又有区别，不需同时具备而只需具备其中之一，即可构成本罪。为医疗、科研、教学需要，依照国家法律、法规生产、制造、运输、销售麻醉药品、精神药品,不能适用本条规定。

根据我国打击毒品犯罪的实际情况,并参照国际公约的规定,本款具体规定了适用十五年有期徒刑、无期徒刑、死刑的五种情节。

一是第一项规定的"走私、贩卖、运输、制造鸦片一千克以上、海洛因或者甲基苯丙胺五十克以上或者其他毒品数量大的"。毒品数量的多少,是毒品犯罪中的主要情节之一。关于鸦片和海洛因的不同数量标准,是根据鸦片可制成海洛因的实际比例规定。鸦片与海洛因的比例,从理论上讲,十克鸦片可以制成一克海洛因,但由于制造毒品者技术、设备等条件的限制,实际上是约二十克鸦片才能提取一克海洛因。本条根据这种实际情况,按照二十比一的原则确定了鸦片和海洛因的不同数量。甲基苯丙胺是一种精神药品,属兴奋剂类,因其固体形状为结晶体,酷似冰糖,被俗称为"冰毒"。在1997年刑法修订时,"冰毒"作为一种新兴毒品,在东南亚一带贩卖情况已经较为严重,在我国也出现了走私、贩卖"冰毒"的犯罪,为防止这种犯罪蔓延,根据"冰毒"的危害,本条按照海洛因规定了其处刑的数量标准。这样规定,并不是说两者的毒性相等,海洛因是麻醉药品、甲基苯丙胺是精神药品,两者很难简单类比,本条是从其对社会综合危害程度考虑作出的规定,显示了我国对"冰毒"犯罪严厉打击的态度。

"其他毒品"是指鸦片、海洛因、甲基苯丙胺以外的毒品,如吗啡、黄皮等。因情况很复杂,本条只作了"数量大的"规定。根据2016年《最高人民法院关于审理毒品犯罪案件适用法律若干问题的解释》的规定,以下情形应认定为本款第一项所指"其他毒品数量大":可卡因五十克以上;3,4-亚甲二氧基甲基苯丙胺(MDMA)等苯丙胺类毒品(甲基苯丙胺除外)、吗啡一百克以上;芬太尼一百二十五克以上;甲卡西酮二百克以上;二氢埃托啡十毫克以上;哌替啶(度冷丁)二百五十克以上;氯胺酮五百克以上;美沙酮一千克以上;曲马多、γ-羟丁酸二千克以上;大麻油五千克、大麻脂十千克、大麻叶及大麻烟一百五十千克以上;可待因、丁丙诺啡五千克以上;三唑仑、安眠酮五十千克以上;阿普唑仑、恰特草一百千克以上;咖啡因、罂粟壳二百千克以上;巴比妥、苯巴比妥、安钠咖、尼美西泮二百五十千克以上;氯氮卓、艾司唑仑、地西泮、溴西泮五百千克以上;上述毒品以外的其他毒品数量大的。

二是第二项至第五项规定了四种即使毒品数量虽未达到第一项所规定

的标准,也应处十五年有期徒刑、无期徒刑或者死刑的情形。其中,"走私、贩卖、运输、制造毒品集团的首要分子"是指在集团性毒品犯罪中起组织、策划、指挥作用的犯罪分子。"武装掩护走私、贩卖、运输、制造毒品"是指罪犯在走私、贩卖、运输、制造毒品过程中,自己携带枪支、弹药、爆炸物或者雇佣武装人员进行押送、掩护、警戒等,随时准备与国家执法机关和执法人员进行武力对抗的行为。"以暴力抗拒检查、拘留、逮捕,情节严重的"是指在执法部门查缉毒品犯罪时,毒品犯罪分子实施暴力抗拒对其身体、物品、住所等进行检查,或者抗拒对其依法予以拘留、逮捕,情节严重的。其中"情节严重"是指以暴力抗拒检查、拘留、逮捕,造成执法人员死亡、重伤、多人轻伤或者具有其他严重情节的,或者有预谋、有组织地进行暴力抗拒等。"参与有组织的国际贩毒活动"主要是指参与国际贩毒集团的犯罪活动。"有组织的国际贩毒活动"是指有计划、有分工、有指挥地进行跨国贩毒的活动,其走私、贩毒活动涉及多个国家或者境外地区。

根据本款规定,凡是属于上述五种情形,如没有法定减轻处罚情节,都应处以十五年有期徒刑、无期徒刑或者死刑,并处没收财产。

本条第三款是对走私、贩卖、运输、制造毒品数量较大的刑事处罚的规定。"鸦片二百克以上""海洛因或者甲基苯丙胺十克以上"都包括本数在内;鸦片"不满一千克"、海洛因或者甲基苯丙胺"不满五十克"都不包括本数在内。对于达到鸦片一千克、海洛因或者甲基苯丙胺五十克的,应依照本条第二款的规定处罚。根据本款规定,凡是走私、贩卖、运输、制造鸦片二百克以上不满一千克、海洛因或者甲基苯丙胺十克以上不满五十克或者其他毒品数量较大的,如果没有法定减轻处罚情节,就应判处七年以上有期徒刑,并处罚金。根据2016年《最高人民法院关于审理毒品犯罪案件适用法律若干问题的解释》的规定,以下情形应当认定为本款中"其他毒品数量较大":可卡因十克以上不满五十克;3,4-亚甲二氧基甲基苯丙胺(MDMA)等苯丙胺类毒品(甲基苯丙胺除外)、吗啡二十克以上不满一百克;芬太尼二十五克以上不满一百二十五克;甲卡西酮四十克以上不满二百克;二氢埃托啡二毫克以上不满十毫克;哌替啶(度冷丁)五十克以上不满二百五十克;氯胺酮一百克以上不满五百克;美沙酮二百克以上不满一千克;曲马多、γ-羟丁酸四百克以上不满二千克;大麻油一千克以上不满五千克、大麻脂二千克以上不满十千克、大麻叶及大麻烟三十千克以上不满一百五十千克；可待因、丁丙诺啡一千克以上不满五千克；三唑仑、安眠酮十千克以上不满五十千克；阿普唑仑、恰特草二十千克以上不满一百千克；咖啡因、罂粟壳四十千克以上不满二百千克；巴比妥、苯巴比妥、安钠咖、尼美西泮五十千克以上不满二百五十千克；氯氮卓、艾司唑仑、地西泮、溴西泮一百千克以上不满五百千克；上述毒品以外的其他毒品数量较大的。

本条第四款是对走私、贩卖、运输、制造少量毒品予以刑事处罚的规定。鸦片"不满二百克"，海洛因或者甲基苯丙胺"不满十克"都不包括本数在内。根据2007年《最高人民法院、最高人民检察院、公安部办理毒品犯罪案件适用法律若干问题的意见》的规定，以下情形应当认定为本款规定的"其他少量毒品"：二亚甲基双氧安非他明（MDMA）等苯丙胺类毒品（甲基苯丙胺除外）不满二十克的；氯胺酮、美沙酮不满二百克的；三唑仑、安眠酮不满十千克的；氯氮卓、艾司唑仑、地西泮、溴西泮不满一百千克的；上述毒品以外的其他少量毒品的。根据2016年《最高人民法院关于审理毒品犯罪案件适用法律若干问题的解释》的规定，"情节严重"主要包括：向多人贩卖毒品或者多次走私、贩卖、运输、制造毒品的；在戒毒场所、监管场所贩卖毒品的；向在校学生贩卖毒品的；组织、利用残疾人、严重疾病患者、怀孕或者正在哺乳自己婴儿的妇女走私、贩卖、运输、制造毒品的；国家工作人员走私、贩卖、运输、制造毒品的；其他情节严重的情形。

本条第五款是关于单位犯第二款、第三款、第四款罪如何处罚的规定。单位犯本条第二款、第三款、第四款规定之罪的，对单位判处罚金，对单位直接负责的主管人员和其他直接责任人员，依照本条第二款、第三款、第四款的规定处罚。

本条第六款是关于利用、教唆未成年人走私、贩卖、运输、制造毒品或者向未成年人出售毒品的，从重处罚的规定。"利用"是指毒品犯罪分子采取雇佣、收买、胁迫，或者其他方法使未成年人参与进行走私、贩卖、运输、制造毒品犯罪活动的行为。如让儿童携带毒品进出国（边）境，或者把毒品从一地运往另一地，而犯罪分子在幕后操纵、指挥、策划等。"教唆"是指毒品犯罪分子指使、引诱未成年人进行毒品犯罪的行为。"未成年人"是指未满十八周岁的人。对于教唆未成年人犯罪的，如果行为人教唆走私毒品的，就定走私毒品罪；如果行为人教唆贩卖毒品的，就定贩卖毒品罪,即使教唆分子本人没有亲自参加被教唆人所进行的走私、贩毒活动,也应依照本条的规定处罚。

本条第七款是关于多次走私、贩卖、运输、制造毒品,未经处理的,毒品数量累计计算的规定。"多次走私、贩卖、运输、制造毒品,未经处理",其中"多次"是指两次以上,包括本数在内。"未经处理"是指未经刑事处罚,根据本条第一款规定,走私、贩卖、运输、制造毒品,无论数量多少,都应当追究刑事责任,予以刑事处罚。"累计计算"是指将犯罪分子每次未经处理的走私、贩卖、运输、制造毒品的数量相加。毒品犯罪中毒品数量的大小,直接关系到刑罚的轻重。犯罪分子为了逃避惩罚,往往采取多种对策。小额多次走私、贩卖、运输毒品是他们经常采用的手段之一。这样规定,可以防止犯罪分子钻法律空子,有利于更加严厉地打击毒品惯犯。需要特别注意的是,对已经处理过的毒品犯罪,应视为已经结案,不应再将已经处理案件中的毒品数量与未经处理案件中的毒品数量累计相加。

【适用中需要注意的问题】

1. 关于本罪的主体范围。根据我国刑法第十七条的规定,已满十四周岁不满十六周岁的人,犯贩卖毒品罪的,应当负刑事责任。1979年刑法关于已满十四岁不满十六岁的人负刑事责任的范围是"犯杀人、重伤、抢劫、放火、惯窃罪或者其他严重破坏社会秩序罪",1997年刑法修改为"犯故意杀人、故意伤害致人重伤或者死亡、强奸、抢劫、贩卖毒品、放火、爆炸、投毒罪",把"严重破坏社会秩序罪"进行了分解。长期以来,我国就走私、贩卖、运输、制造毒品罪属于严重破坏社会秩序罪是有共识的,鉴于毒品犯罪危害性,根据未成年人实施毒品犯罪的特点,1997年刑法将贩卖毒品纳入了已满十四周岁不满十六周岁的未成年人应当负刑事责任的范围。已满十四周岁不满十六周岁的人实施贩卖毒品行为的,应当负相应的刑事责任,根据刑法第十七条的规定从轻或者减轻处罚。

2. 关于居间行为的定性问题。在司法实践中,购买毒品和销售毒品行为人之间往往存在着居间介绍人,起着牵线搭桥的作用,有的从中会得到一定的好处。对该行为定性时,应当结合行为人的目的和行为进行综合判断。居间人为了帮助销售毒品的人卖出毒品而牵线搭桥的,应当构成贩卖毒品罪;居间人只是出于亲友等情谊,或不忍心、同情吸毒者毒瘾发作,而代为购买时，若居间人代为购买的数量已达到法定数量，居间者和委托人都可构成非法持有毒品罪，二者成立共犯，如未达到法定数量，则属于一般的违法行为，由公安机关依法予以治安管理处罚。

3. 关于非法贩卖国家管制的麻醉药品和精神药品的法律适用。刑法第三百五十七条对刑法中毒品的定义作了规定，即鸦片、海洛因、甲基苯丙胺（冰毒）、吗啡、大麻、可卡因以及国家规定管制的其他能够使人形成瘾癖的麻醉药品和精神药品。需要注意的是，应当把毒品和医疗上使用的药品区别开来，有些药用麻醉品如阿片、吗啡、度冷丁等，对于治疗某些疾病是不可缺少的，不能把它们当作本条的毒品。

4. 关于本罪的量刑问题。毒品数量是毒品犯罪案件量刑的重要依据，但不是唯一的依据。在司法实践中，还应当综合犯罪情节、危害后果、行为人的主观恶性、人身危险性等各种因素，予以区别对待。此外，本罪规定了五种可以判处死刑的情形，根据党的十八届三中全会决定"逐步减少适用死刑罪名"的精神，判处死刑应当特别慎重，一般只对罪行极其严重、人身危险性极大、主观恶性极深的罪犯判处死刑。

在刑法修正案（八）之后的刑法修改的过程中，一直有一种意见建议废除运输毒品罪的死刑，认为运输毒品的行为仅仅是毒品犯罪的中间环节，其危害性不如走私、贩卖、制造毒品犯罪。实践中，较多发生的是贫困边民、下岗工人、无业人员等为了赚取少量运费而受雇从事毒品的运输活动，相对于幕后指使者，这些犯罪分子的行为具有从属性、辅助性的特点，行为人在犯罪链条中所起的作用较小，所处的地位相对轻微，主观恶性也相对较小，应当判处死刑的更应当是毒品犯罪的幕后指使者、大毒枭。但也有意见认为，当前毒品犯罪的形势仍旧严峻，取消运输毒品罪的死刑，不利于对毒品犯罪的严厉打击，可以在保留死刑的同时，在司法适用中综合各种因素予以把握。鉴于目前各方面对运输毒品罪取消死刑尚未取得共识，刑法暂时未作修改，但司法实践中应当从严把握，对于运输毒品犯罪的行为人，根据其行为的性质及严重程度，确定应当适用的具体刑罚，并根据刑法规定精神，严格限制死刑的适用。

5. 关于毒品犯罪的侦查。我国刑事诉讼法针对毒品案件规定了特殊的侦查措施，根据刑事诉讼法第一百五十条第一款的规定，公安机关在立案后，对于重大毒品犯罪案件，根据侦查犯罪的需要，经过严格的批准手续，可以采取技术侦查措施。第一百五十三条第二款规定，对涉及给付毒品等违禁品或者财物的犯罪活动，公安机关根据侦查犯罪的需要，可以依照规定实施控制下交付。这些侦查措施对侦破毒品案件起到了积极作用。但应当注意的是，刑事诉讼法也明确要求侦查机关采取技术侦查措施要符合法律的规定。比如，技术侦查措施要在立案后实施、要经过严格的批准手续、不得诱使他人犯罪、不得采取可能危害公共安全或者发生重大人身危险的行为，根据法律的规定使用证据等。实践中，毒品犯罪的侦查要特别注意遵守法律的规定，避免出现违反法律规定影响证据采集、使用，影响对犯罪的打击。

第三百四十八条 【非法持有毒品罪】非法持有鸦片一千克以上、海洛因或者甲基苯丙胺五十克以上或者其他毒品数量大的，处七年以上有期徒刑或者无期徒刑，并处罚金；非法持有鸦片二百克以上不满一千克、海洛因或者甲基苯丙胺十克以上不满五十克或者其他毒品数量较大的，处三年以下有期徒刑、拘役或者管制，并处罚金；情节严重的，处三年以上七年以下有期徒刑，并处罚金。

【释解与适用】

本条是关于非法持有毒品罪及其刑罚的规定。

"非法持有毒品"是指除依照国家有关规定生产、管理、运输、使用麻醉药品、精神药品以外而持有毒品。本条规定与第三百四十七条的规定是有所区别的。考虑到一些非法持有毒品者，虽然具有走私、贩卖、运输、制造毒品的可能性，但并未掌握这种证据，同时还存在为他人窝藏毒品等其他的可能性。因此，本条没有规定死刑，处刑的毒品数量标准也相对高一些。

本条对非法持有毒品罪规定了三档刑罚，根据2016年《最高人民法院关于审理毒品犯罪案件适用法律若干问题的解释》的规定，其中"其他毒品数量大""其他毒品数量较大"的认定情形与本法第三百四十七条相同，详见第三百四十七条条文解读，此处不再赘述。"情节严重"一般是指多次被查获持有毒品的等。根据上述司法解释的规定，非法持有毒品达到本条或者该解释第二条规定的"数量较大"标准，且具有下列情形之一的，应当认定为本条规定的"情节严重"：在戒毒场所、监管场所非法持有毒品的；利用、教唆未成年人非法持有毒品的；国家工作人员非法持有毒品的；其他情节严重的情形。

在主观方面，构成本罪要求行为人明知是毒品而非法持有。司法实践中，存在行为人否认自己知道走私、运输、持有的系毒品的情况。毒品犯罪案件中，判断行为人对涉案毒品是否明知，不能仅凭犯罪嫌疑人、被告人的供述，而应当依据行为人实施毒品犯罪行为的过程、方式、毒品被查获时的情形等证据，结合行为人的年龄、阅历、行为表现等情况，进行综合分析判断。根据2007年《最高人民法院、最高人民检察院、公安部办理毒品犯罪案件适用法律若干问题的意见》的规定，走私、贩卖、运输、非法持有毒品主观故意中的明知，是指行为人知道或者应当知道所实施的行为是走私、贩卖、运输、非法持有毒品行为。具有下列情形之一，并且犯罪嫌疑人、被告人不能作出合理解释的，可以认定其"应当知道"，但有证据证明确属被蒙骗的除外：执法人员在口岸、机场、车站、港口和其他检查站检查时，要求行为人申报为他人携带的物品和其他疑似毒品物，并告知其法律责任，而行为人未如实申报，在其所携带的物品内查获毒品的；以伪报、藏匿、伪装等蒙蔽手段逃避海关、边防等检查，在其携带、运输、邮寄的物品中查获毒品的；执法人员检查时，有逃跑、丢弃携带物品或逃避、抗拒检查等行为，在其携带或丢弃的物品中查获毒品的；体内藏匿毒品的；为获取不同寻常的高额或不等值的报酬而携带、运输毒品的；采用高度隐蔽的方式携带、运输毒品的；采用高度隐蔽的方式交接毒品，明显违背合法物品惯常交接方式的；其他有证据足以证明行为人应当知道的。

【适用中需要注意的问题】

1. 关于非法持有毒品罪与走私、贩卖、运输、制造毒品罪，窝藏、转移、隐瞒毒品罪的界限。非法持有是指行为人将毒品置于自己的控制之下的行为，比如在自己的住所藏有毒品，或者在身上携带毒品等。持有是一种状态，其目的可以是走私、贩卖、运输毒品，或者在制造行为完成后而持有毒品等。因此，走私、贩卖、运输、制造毒品一般都是以持有毒品为前提的，也就是说一般都会包含对毒品的非法持有。对于走私、贩卖、运输、制造毒品过程中非法持有毒品的，应当按照走私、贩卖、运输、制造毒品予以定罪处罚。在司法实践中，对于被查获的非法持有毒品者，首先应当尽力调查犯罪事实，查明持有毒品的目的。若行为人非法持有毒品是以走私、贩卖、运输、制造毒品或者窝藏、转移、隐瞒毒品为目的的，则构成走私、贩卖、运输、制造毒品罪或者窝藏、转移、隐瞒毒品罪。即使确实难以查实走私、贩卖、运输、制造毒品的犯罪行为，为了惩治犯罪分子，也应当适用非法持有毒品罪对犯罪分子进行定罪处罚。

2. 构成持有毒品犯罪要求行为人持有的毒品达到一定数量，这个数量是罪与非罪的界限。但持有的毒品没有达到该数量的，仍然是违法行为，需要受到行政处罚。根据禁毒法和治安管理处罚法，非法持有毒品，尚不构成犯罪的，依法应当给予治安管理处罚，可以处十日以上十五日以下拘留，并处二千元以下罚款，情节较轻的，处五日以下拘留或者五百元以下罚款。

第三百四十九条 【包庇毒品犯罪分子罪】【窝藏、转移、隐瞒毒品、毒赃罪】包庇走私、贩卖、运输、制造毒品的犯罪分子的，为犯罪分子窝藏、转移、隐瞒毒品或者犯罪所得的财物的，处三年以下有期徒刑、拘役或者管制；情节严重的，处三年以上十年以下有期徒刑。

缉毒人员或者其他国家机关工作人员掩护、包庇走私、贩卖、运输、制造毒品的犯罪分子的，依照前款的规定从重处罚。

犯前两款罪，事先通谋的，以走私、贩卖、运输、制造毒品罪的共犯论处。

【释解与适用】

本条是关于包庇毒品犯罪分子罪，窝藏、转移、隐瞒毒品、毒赃罪及其刑罚的规定。

本条第一款是关于包庇走私、贩卖、运输、制造毒品的犯罪分子的，为犯罪分子窝藏、转移、隐瞒毒品或者犯罪所得的财物的犯罪及其刑事处罚的规定。"包庇走私、贩卖、运输、制造毒品的犯罪分子"，是指采取窝藏犯罪分子或者作假证明等方法，帮助犯罪分子逃避法律追究的行为。为犯罪分子"窝藏"毒品或者犯罪所得的财物，是指将犯罪分子的毒品或者进行毒品犯罪得到的财物隐藏在自己的住所或者其他隐蔽的场所，以逃避司法机关追查的行为。为犯罪分子"转移"毒品或者犯罪所得的财物，是指将犯罪分子的毒品或者进行毒品犯罪所得的财物从一地转移到另一地，以抗拒司法机关对毒品或者进行毒品犯罪所得财物追缴的行为。"隐瞒毒品或者犯罪所得的财物"是指当司法机关追查毒品和赃物，向其询问时，故意不讲毒品、犯罪所得财物隐藏处的行为。根据2016年《最高人民法院关于审理毒品犯罪案件适用法律若干问题的解释》第六条的规定，包庇走私、贩卖、运输、制造毒品的犯罪分子，具有下列情形之一的，应当认定为这里规定的"情节严重"：被包庇的犯罪分子依法应当判处十五年有期徒刑以上刑罚的；包庇多名或者多次包庇走私、贩卖、运输、制造毒品的犯罪分子的；严重妨害司法机关对被包庇的犯罪分子实施的毒品犯罪进行追究的；其他情节严重的情形。为走私、贩卖、运输、制造毒品的犯罪分子窝藏、转移、隐瞒毒品或者毒品犯罪所得的财物，具有下列情形之一的，应当认定为这里规定的"情节严重"：为犯罪分子窝藏、转移、隐瞒毒品达到刑法第三百四十七条第二款第一项或者本解释第一条第一款规定的"数量大"标准的；为犯罪分子窝藏、转移、隐瞒毒品犯罪所得的财物价值达到五万元以上的；为多人或者多次为他人窝藏、转移、隐瞒毒品或者毒品犯罪所得的财物的；严重妨害司法机关对该犯罪分子实施的毒品犯罪进行追究的；其他情节严重的情形。

本条第二款是关于缉毒人员或者其他国家机关工作人员掩护、包庇走私、贩卖、运输、制造毒品的犯罪分子的刑事处罚的规定。"缉毒人员"指因公负责查处毒品犯罪的国家工作人员。"掩护"走私、贩卖、运输、制造毒品逃避法律追究，指缉毒人员或者其他国家机关工作人员采取警戒、牵制、压制等手段，帮助进行走私、贩卖、运输、制造毒品的犯罪分子的犯罪活动。缉毒人员或者国家机关工作人员，因具有特殊的身份，其掩护、包庇行为，对社会造成的危害性更大，应当从重处罚。

本条第三款是对犯本条前两款罪，事先与犯罪分子通谋的，以走私、贩卖、运输、制造毒品罪的共犯论处的规定。其中，"事先通谋"是指在犯罪分子进行毒品犯罪活动之前，与犯罪分子共同策划、商议并事后包庇犯罪分子或为其窝藏、转移、隐瞒毒品及犯罪所得的财物的行为。事先通谋表明行为人与犯罪分子有共同的犯罪故意，属于刑法中的共犯，应当以走私、贩卖、运输、制造毒品罪的共同犯罪论处，依照本法第三百四十七条的规定处罚。

【适用中需要注意的问题】

1. 关于本罪的适用。如果是一般犯罪中的包庇、窝藏、转移、隐瞒赃物行为，应当适用刑法第三百一十条、第三百一十二条的规定处罚；如果是涉毒犯罪中包庇、窝藏、转移、隐瞒毒赃的，则可能同时触犯第三百一十二条、第一百九十一条和本条的规定，需要择一重罪予以定罪处罚。根据本条规定，一般来说，本条比第三百一十二条规定的处罚更重，具体案件是适用第一百九十一条还是第三百一十二条的规定，则需要根据案件事实的具体情况进行判断。

2. 关于单位犯罪。本条未规定单位犯罪，但刑法第一百九十一条针对毒品犯罪所得的洗钱罪和第三百一十二条掩饰、隐瞒犯罪所得收益罪都规定了单位犯罪。单位为犯罪分子窝藏、转移、隐瞒毒品或者犯罪所得的赃物的，可以依照刑法第一百九十一条或者第三百一十二条的规定定罪处罚。

第三百五十条 【非法生产、买卖、运输制毒物品、走私制毒物品罪】违反国家规定，非法生产、买卖、运输醋酸酐、乙醚、三氯甲烷或者其他用于制造毒品的原料、配剂，或者携带上述物品进出境，情节较重的，处三年以下有期徒刑、拘役或者管制，并处罚金；情节严重的，处三年以上七年以下有期徒刑，并处罚金；情节特别严重的，处七年以上有期徒刑，并处罚金或者没收财产。

明知他人制造毒品而为其生产、买卖、运输前款规定的物品的，以制造毒品罪的共犯论处。

单位犯前两款罪的，对单位判处罚金，并对其直接负责的主管人员和其他直接责任人员，依照前两款的规定处罚。

【释解与适用】

本条是关于非法生产、买卖、运输制毒物品、走私制毒物品罪及其刑罚的规定。

本条第一款是关于违反国家规定，非法生产、买卖、运输醋酸酐、乙醚、三氯甲烷或者其他用于制造毒品的原料、配剂，或者携带上述物品进出境的犯罪及其刑事处罚的规定。"用于制造毒品的原料、配剂"，是指提炼、分解毒品使用的原材料及辅助性配料。本条列举了醋酸酐、乙醚、三氯甲烷等制毒物品。醋酸酐是乙酰化试剂，是制造海洛因的关键化学品，乙醚、三氯甲烷是溶剂，广泛使用于海洛因、冰毒、氯胺酮等各种毒品制造过程中。这几种物品，既是医药和工农业生产原料，又是制造毒品必不可少的配剂。《联合国禁止非法贩运麻醉药品和精神药物公约》中列举了几种可用于制造药品的化学物品，醋酸酐、乙醚都被明确规定在这几种物品之列。公约还规定，明知用于制造毒品而为其生产、销售上述物品的行为是犯罪行为。1988年，我国卫生部、对外经济贸易部、公安部、海关总署发布了《关于对三种特殊化学品实行出口准许证管理的通知》，规定对醋酸酐、乙醚、三氯甲烷三种物品实行出口准许证制度。当前在司法实践中，制毒物品犯罪涉及的主要是麻黄碱（冰毒前体）、羟亚胺（氯胺酮前体）、邻酮（羟亚胺前体）等，这三种物质属于制造毒品的原料。

根据有关司法解释，制毒物品的具体品种范围按照国家关于易制毒化学品管理的规定确定。根据《易制毒化学品管理条例》的规定，易制毒化学品分为三类：第一类是可以用于制毒的主要原料，包括1-苯基-2-丙酮等；第二类是可以用于制毒的化学配剂，包括苯乙酸等；第三类也是可以用于制毒的化学配剂，包括甲苯等。易制毒化学品的分类和品种需要调整的，由国务院公安部门会同国务院药品监督管理部门、安全生产监督管理部门、商务主管部门、卫生主管部门和海关总署提出方案，报国务院批准。省、自治区、直辖市人民政府认为有必要在本行政区域内调整分类或者增加该条例规定以外的品种的，应当向国务院公安部门提出，由国务院公安部门会同国务院有关行政主管部门提出方案，报国务院批准。

"违反国家规定，非法生产、买卖、运输醋酸酐、乙醚、三氯甲烷或者其他用于制造毒品的原料、配剂，或者携带上述物品进出境"，是指除了依照国家规定，经过法定审批手续的以外，非法生产、买卖、运输以及携带这些物品进出境的行为。国家对易制毒化学品的生产、经营、购买、运输和进口、出口实行分类管理和许可制度。禁毒法第二十一条第二款、第三款规定，国家对易制毒化学品的生产、经营、购买、运输实行许可制度。禁止非法生产、买卖、运输、储存、提供、持有、使用易制毒化学品。第二十二条规定，国家对易制毒化学品的进口、出口实行许可制度。国务院有关部门应当按照规定的职责，对进口、出口易制毒化学品依法进行管理。禁止走私易制毒化学品。根据禁毒法和国务院有关规定，生产、买卖、运输、进出口易制毒化学品的，应当履行相关手续。这里所规定的"生产"，包括制造、加工、提炼等不同环节。刑法修正案（九）在对本条作出修改时，在入罪条件中增加了"情节较重"的规定，是为了划清罪与非罪的界限。

本款对违反国家规定，非法生产、买卖、运输醋酸酐、乙醚、三氯甲烷或者其他用于制造毒品的原料、配剂，或者携带上述物品进出境的犯罪规定了三档刑罚，即情节较重的，处三年以下有期徒刑、拘役或者管制，并处罚金；情节严重的，处三年以上七年以下有期徒刑，并处罚金；情节特别严重的，处七年以上有期徒刑，并处罚金或者没收财产。本条在七年以上有期徒刑的量刑档次中规定可以并处没收财产，是为了严厉惩治涉毒犯罪，对于犯罪分子非法获得的财产应当认定为违法所得，予以追缴，并可以根据其行为适用没收财产刑，摧毁其再次犯罪的物质基础，有效惩治和预防这类犯罪。

2016年《最高人民法院关于审理毒品犯罪案件适用法律若干问题的解释》对"情节较重""情节严重""情节特别严重"作了具体规定："情节较重"主要包括两种情况。第一种是达到一定数量标准的：麻黄碱（麻黄素）、伪麻黄碱（伪麻黄素）、消旋麻黄碱（消旋麻黄素）一千克以上不满五千克；1-苯基-2-丙酮、1-苯基-2-溴-1-丙酮、3,4-亚甲基二氧苯基-2-丙酮、羟亚胺二千克以上不满十千克；3-氧-2-苯基丁腈、邻氯苯基环戊酮、去甲麻黄碱（去甲麻黄素）、甲基麻黄碱（甲基麻黄素）四千克以上不满二十千克；醋酸酐十千克以上不满五十千克；麻黄浸膏、麻黄浸膏粉、胡椒醛、黄樟素、黄樟油、异黄樟素、麦角酸、麦角胺、麦角新碱、苯乙酸二十千克以上不满一百千克；N-乙酰邻氨基苯酸、邻氨基苯甲酸、三氯甲烷、乙醚、哌啶五十千克以上不满二百五十千克；甲苯、丙酮、甲基乙基酮、高锰酸钾、硫酸、盐酸一百千克以上不满五百千克；其他制毒物品数量相当的。第二种是达到前述规定的数量标准最低值的百分之五十，且具有下列情形之一的：曾因非法生产、买卖、运输制毒物品、走私制毒物品受过刑事处罚的；二年内曾因非法生产、买卖、运输制毒物品、走私制毒物品受过行政处罚的；一次组织五人以上或者多次非法生产、买卖、运输制毒物品、走私制毒物品，或者在多个地点非法生产制毒物品的；利用、教唆未成年人非法生产、买卖、运输制毒物品、走私制毒物品的；国家工作人员非法生产、买卖、运输制毒物品、走私制毒物品的；严重影响群众正常生产、生活秩序的；其他情节较重的情形。

"情节严重"是指具有下列情形之一的：制毒物品数量在2016年解释第七条第一款规定的最高数量标准以上，不满最高数量标准五倍的；达到2016年解释第七条第一款规定的数量标准，且具有本解释第七条第二款第三项至第六项规定的情形之一的；其他情节严重的情形。

"情节特别严重"是指具有下列情形之一的：制毒物品数量在2016年解释第七条第一款规定的最高数量标准五倍以上的；达到前款第一项规定的数量标准，且具有2016年解释第七条第二款第三项至第六项规定的情形之一的；其他情节特别严重的情形。

本条第二款是关于明知他人制造毒品而为其生产、买卖、运输制造毒品所需原料或者配剂的，构成制造毒品罪共犯的规定。对于有证据证明行为人明知他人实施制造毒品犯罪，而为其生产、运输、买卖制毒物品的，其行为是整个制造毒品犯罪过程中的一个环节，应当依照刑法总则有关共同犯罪的规定，适用刑法第三百四十七条的规定定罪处罚，而不能以违反国家规定，非法生产、买卖、运输制毒物品的犯罪定罪处罚，避免重罪轻罚。这里的"明知"，是指行为人知道他人所需要的原料及配剂是用于制造毒品，但仍然为其生产、买卖、运输这种物品的。明知他人制造毒品而为其走私制毒物品的，也应当以制造毒品罪的共犯处理。

本条第三款是对单位犯罪刑事责任的规定。"单位犯前两款罪"，是指单位违反国家规定，非法生产、买卖、运输、携带制毒物品进出境的；明知他人制造毒品而为其生产、买卖、运输制毒物品的行为。单位犯两款罪的，对单位判处罚金。"直接负责的主管人员和其他直接责任人员"，是指对违反国家规定，非法生产、买卖、运输、携带制毒物品进出境，或者明知他人制造毒品而为其生产、买卖、运输制毒物品的犯罪行为负有直接责任的领导人员和具体执行者。"依照前两款的规定处罚"，是指单位实施前两款行为，构成犯罪的，对其直接负责的主管人员和其他直接责任人员，依照前两款关于违反国家规定，非法生产、买卖、运输、携带制毒物品进出境犯罪和关于制造毒品罪的规定定罪处罚。

【适用中需要注意的问题】

1. 在司法实践中，要注意划清罪与非罪的界限。刑法修正案（九）在入罪条件中增加了"情节较重"的规定，目的就是把握罪与非罪的界限，并不是出现了生产、买卖、运输制毒物品的行为，就要追究刑事责任。实践中，有些易制毒化学品一般同时具有正常的生产、生活、医药等用途，对于为生产、生活需要，但在生产、运输等过程中违反有关规定的，如具有生产药用麻黄素资质的合法企业，未按照要求履行批准手续，或者超过批准数量、品种要求而生产的，个人未办理许可证明或者备案证明而购买高锰酸钾等易制毒化学品的等，在追究责任的过程中，需要划清罪与非罪的界限。2016年《最高人民法院关于审理毒品犯罪案件适用法律若干问题的解释》中规定，易制毒化学品生产、经营、购买、运输单位或者个人未办理许可证明或者备案证明，生产、销售、购买、运输易制毒化学品，确实用于合法生产、生活需要的，不以制毒物品犯罪论处。

2. 关于本罪与走私、贩卖、运输、制造毒品罪的区分。实践中，有些制毒原料本身就是毒品，如提炼海洛因的鸦片、黄皮、吗啡，如果非法生产、买卖、运输、携带进出境的是这些本身属于毒品的原料，则应当以走私、贩卖、运输、制造毒品罪定罪处罚。

第三百五十一条 【非法种植毒品原植物罪】非法种植罂粟、大麻等毒品原植物的，一律强制铲除。有下列情形之一的，处五年以下有期徒刑、拘役或者管制，并处罚金：

（一）种植罂粟五百株以上不满三千株或者其他毒品原植物数量较大的；

（二）经公安机关处理后又种植的；

（三）抗拒铲除的。

非法种植罂粟三千株以上或者其他毒品原植物数量大的，处五年以上有期徒刑，并处罚金或者没收财产。

非法种植罂粟或者其他毒品原植物，在收获前自动铲除的，可以免除处罚。

【释解与适用】

本条是关于非法种植毒品原植物罪及其刑罚的规定。

本条共分三款。第一款是对构成非法种植毒品原植物罪的具体情节和处罚的规定。本款所规定的这些情节是非法种植毒品原植物罪与非罪的界限。根据本款规定，有下列情节之一的，即构成非法种植毒品罪：一是种植罂粟五百株以上不满三千株或者其他毒品原植物数量较大的。根据这一规定，该罪的起刑数量标准是种植罂粟五百株。值得注意的是，这里只规定了种植罂粟的量刑数量标准，而对于其他毒品原植物量刑标准只规定了"数量较大"。这样规定是由于在我国境内出现的非法种植的毒品原植物主要是罂粟；另外，由于其他毒品原植物的情况各不相同，相当复杂，也难以在法律中都规定具体数量。根据2016年《最高人民法院关于审理毒品犯罪案件适用法律若干问题的解释》的规定，具有下列情形之一的，应当认定为"数量较大"：非法种植大麻五千株以上不满三万株的；非法种植罂粟二百平方米以上不满一千二百平方米、大麻二千平方米以上不满一万二千平方米，尚未出苗的；非法种植其他毒品原植物数量较大的。二是"经公安机关处理后又种植"是指过去曾因为种植罂粟等毒品原植物被公安机关给予治安管理处罚或者强制铲除过，也包括被依法追究过刑事责任，又再次种植毒品原植物的。在这种情况下，只要再次种植的，无论种植毒品原植物多少，都构成犯罪。三是"抗拒铲除"是指非法种植毒品原植物的行为人，在公安机关或者政府有关部门依法强制铲除这些毒品原植物时，使用暴力、威胁、设置障碍等方法拒不铲除的。

本条第二款是对非法种植毒品原植物数量大的处刑规定。根据本款规定，非法种植罂粟三千株以上或者其他毒品原植物数量大的，处五年以上有期徒刑，并处罚金或者没收财产。

本条第三款是对在收获前自动铲除非法种植毒品原植物的，可以免除处罚的规定。"收获"是指收获毒品，例如对罂粟进行割浆等。"自动铲除"是指非法种植毒品原植物的人主动进行铲除，而不是在执法人员的强制下铲除。"可以免除处罚"是指对自动铲除非法种植的毒品原植物的人，一般可免除处罚。这主要是考虑到行为还没有造成实质的社会危害，这也是为了鼓励行为人迷途知返，及时中止违法犯罪行为。但对于非法种植毒品原植物情节很严重，确需处罚的，也可酌情给予适当的处罚。需要特别强调的是，如果行为人在铲除后利用被铲除的毒品原植物制造毒品的，则不能适用本款的规定。

【适用中需要注意的问题】

实际适用中应当注意关于非法种植的罂粟、大麻等毒品原植物的处理。根据本条规定，非法种植罂粟、大麻等毒品原植物的，一律强制铲除。实践中，无论行为人种植的数量多少，无论行为构成行政违法还是犯罪，非法种植的毒品原植物，都应当予以铲除。该内容在禁毒法第十九条中也有体现，根据该法的规定，地方各级人民政府发现非法种植毒品原植物的，应当立即采取措施予以制止、铲除。村民委员会、居民委员会发现非法种植毒品原植物的，应当及时予以制止、铲除，并向当地公安机关报告。

第三百五十二条　【非法买卖、运输、携带、持有毒品原植物种子、幼苗罪】非法买卖、运输、携带、持有未经灭活的罂粟等毒品原植物种子或者幼苗，数量较大的，处三年以下有期徒刑、拘役或者管制，并处或者单处罚金。

【释解与适用】

本条是关于非法买卖、运输、携带、持有毒品原植物种子、幼苗罪及其刑罚的规定。

本条中，非法"买卖"是指非法购买或者出售未经灭活的毒品原植物种子或者幼苗的行为。非法"运输"是指非法运输未经灭活的罂粟等毒品原植物种子或者幼苗的行为，包括在国内运输和在国境、边境非法输入输出。非法"携带、持有"是指违反国家规定，随身携带、私藏未经灭活的罂粟等毒品原植物种子或者幼苗的行为。"未经灭活的罂粟等毒品原植物种子"，是指没有经过烘烤、放射线照射等处理手段，还能继续繁殖、发芽的罂粟等毒品原植物种子。根据本条规定，只要具有本条规定的非法买卖、运输、携带、持有未经灭活的罂粟等毒品原植物种子或者幼苗，数量较大的行为的，无论其目的为何，即构成犯罪，这一规定与联合国公约中对毒品原植物种子进行严格管制的精神是完全一致的。根据《最高人民法院关于审理毒品犯罪案件适用法律若干问题的解释》的规定，"数量较大"是指：罂粟种子五十克以上、罂粟幼苗五千株以上的；大麻种子五十千克以上、大麻幼苗五万株以上的；其他毒品原植物种子或者幼苗数量较大的。

【适用中需要注意的问题】

1. 关于本罪的认定。对于持有未经灭活的罂粟等毒品原植物种子或者幼苗的行为，需要结合行为人持有的目的予以认定。如果行为人持有这些种子或者幼苗是为了自己栽培、种植的，对于其播种和栽培幼苗的行为，应当以非法种植毒品原植物罪论处；如果行为人持有的目的不是为了进一步种植，而是为了出售或者提供给他人，则应当依照本罪予以定罪处罚。"买卖""运输""携带""持有"这四种行为互有联系又有区别，不需同时具备而只需具备其中之一，即可构成本罪。

2. 关于本罪的处罚。根据刑法第三百五十六条的规定，因走私、贩卖、运输、制造、非法持有毒品罪被判过刑，又犯本条规定之罪的，应当从重处罚。

第三百五十三条　【引诱、教唆、欺骗他人吸毒罪】引诱、教唆、欺骗他人吸食、注射毒品的，处三年以下有期徒刑、拘役或者管制，并处罚金；情节严重的，处三年以上七年以下有期徒刑，并处罚金。

【强迫他人吸毒罪】强迫他人吸食、注射毒品的，处三年以上十年以下有期徒刑，并处罚金。

引诱、教唆、欺骗或者强迫未成年人吸食、注射毒品的，从重处罚。

【释解与适用】

本条是关于引诱、教唆、欺骗他人吸毒罪，强迫他人吸毒罪及其刑罚的规定。

本条第一款是对引诱、教唆、欺骗他人吸食、注射毒品的行为定罪处刑的规定。"引诱、教唆他人吸食、注射毒品"是指通过向他人宣传吸毒后的体验，示范吸毒方法，或者对他人进行蛊惑，从而促使他人吸食、注射毒品的行为。"欺骗他人吸食、注射毒品"是指在他人不知情的情况下，给他人吸食、注射毒品的行为。例如暗中在香烟中掺入毒品，或者在药品中掺入毒品，供他人吸食或者使用，使其不知不觉地染上毒瘾，从而达到欺骗者的某些个人目的。被引诱、教唆、欺骗者是否因此形成毒瘾，不是构成犯罪的必要条件，但应该作为处刑的情节来考虑。有引诱、教唆、欺骗他人吸食、注射毒品的行为的，即构成本条规定的犯罪，依法应当处三年以下有期徒刑、拘役或者管制，并处罚金。

这里的"情节严重"，主要是指引诱、教唆、欺骗多人吸食、注射毒品以及致使他人吸毒成瘾，造成严重后果的等。根据 2016 年《最高人民法院关于审理毒品犯罪案件适用法律若干问题的解释》第十一条的规定，具有下列情形之一的，应当认定为"情节严重"：引诱、教唆、欺骗多人或者多次引诱、教唆、欺骗他人吸食、注射毒品的；对他人身体健康造成严重危害的；导致他人实施故意杀人、故意伤害、交通肇事等犯罪行为的；国家工作人员引诱、教唆、欺骗他人吸食、注射毒品的；其他情节严重的情形。根据本条规定，情节严重的，应当处以三年以上七年以下有期徒刑，并处罚金。

本条第二款是对强迫他人吸食、注射毒品的行为定罪处刑的规定。"强迫"他人吸食、注射毒品，是指违背他人的意愿，以暴力、胁迫或者其他手段，迫使他人吸食、注射毒品的行为。强迫他人吸食、注射毒品的行为，比引诱、教唆、欺骗他人吸食、注射毒品的行为危害程度更大，因此本条规定了更重的刑罚，即三年以上十年以下有期徒刑，并处罚金。

本条第三款是对引诱、教唆、欺骗或者强迫未成年人吸食、注射毒品的行为从重处罚的规定。这里的"未成年人"是指不满十八周岁的人。未成年人也正处于人生观、价值观、世界观形成的关键时期，不能认识或者不能正确认识毒品的危害性，比成年人更容易被引诱、教唆或者欺骗而吸食毒品，并且未成年人正处在长身体时期，吸食、注射毒品对他们的身心健康将带来极大的危害，给他们正常学习生活带来极大的负面影响，影响其成长成才，这在将来也可能会成为社会的不稳定因素。因此，本款规定，引诱、教唆、欺骗或者强迫未成年人吸食、注射毒品的，从重处罚。

第三百五十四条　【容留他人吸毒罪】容留他人吸食、注射毒品的，处三年以下有期徒刑、拘役或者管制，并处罚金。

【释解与适用】

本条是关于容留他人吸毒罪及其刑罚的规定。

本条规定的"容留他人吸食、注射毒品"是指提供场所，供他人吸食、注射毒品的行为。这里的"场所"，可以是自己的住所，也可以是其经管的场所，如酒吧等。本条重点打击的应是以牟利为目的，为他人吸毒提供处所和集中为多人提供吸毒场所的行为。根据2016年《最高人民法院关于审理毒品犯罪案件适用法律若干问题的解释》第十二条的规定，具有下列情形之一的，应当以容留他人吸毒罪定罪处罚：（1）一次容留多人吸食、注射毒品的；（2）二年内多次容留他人吸食、注射毒品的；（3）二年内曾因容留他人吸食、注射毒品受过行政处罚的；（4）容留未成年人吸食、注射毒品的；（5）以牟利为目的容留他人吸食、注射毒品的；（6）容留他人吸食、注射毒品造成严重后果的；（7）其他应当追究刑事责任的情形。

【适用中需要注意的问题】

应注意掌握好罪与非罪的界限，对于不知某人是吸毒人，而为其提供旅馆等场所住宿，吸毒人在其场所吸毒的，不应按犯罪处理。

对于容留他人吸毒的行为，尚不构成犯罪的，也应当给予行政处罚。根据禁毒法第六十一条的规定，应当由公安机关处十日以上十五日以下拘留，可以并处三千元以下罚款，情节较轻的，处五日以下拘留或者五百元以下罚款。

第三百五十五条　【非法提供麻醉药品、精神药品罪】依法从事生产、运输、管理、使用国家管制的麻醉药品、精神药品的人员，违反国家规定，向吸食、注射毒品的人提供国家规定管制的能够使人形成瘾癖的麻醉药品、精神药品的，处三年以下有期徒刑或者拘役，并处罚金；情节严重的，处三年以上七年以下有期徒刑，并处罚金。向走私、贩卖毒品的犯罪分子或者以牟利为目的，向吸食、注射毒品的人提供国家规定管制的能够使人形成瘾癖的麻醉药品、精神药品的，依照本法第三百四十七条的规定定罪处罚。

单位犯前款罪的，对单位判处罚金，并对其直接负责的主管人员和其他直接责任人员，依照前款的规定处罚。

【释解与适用】

本条是关于非法提供麻醉药品、精神药品罪及其刑罚的规定。

本条第一款是关于依法从事生产、运输、管理、使用国家管制的麻醉药品、精神药品的人员，违反国家规定，向吸毒、走私、贩卖毒品的人提供国家管制的麻醉药品、精神药品的行为如何追究刑事责任的规定。"依法从事生产、运输、管理、使用国家管制的麻醉药品和精神药品的人员"是指对国家管制的麻醉药品和精神药品有合法生产、运输、管理、使用权的人员。本款规定的犯罪主体是个人。其中"生产"是指依照国家卫生行政主管部门的指定,种植用于加工提炼麻醉药品的原植物,制造或者试制麻醉药品、精神药品的成品、半成品和制剂;"运输"是指将国家管制的麻醉药品和精神药品通过陆路、水路或者空中,由一地运往另一地,包括进出口;"管理"是指对国家管制的麻醉药品和精神药品存放的保管以及批发、调拨、供应等;"使用"是指有关人员依照国家有关规定将国家管制的麻醉药品和精神药品用于医疗、教学、科研的行为。如医生为癌症病人开具吗啡、度冷丁用药处方等。"违反国家规定,向吸食、注射毒品的人提供国家规定管制的能够使人形成瘾癖的麻醉药品、精神药品"是指上述人员明知某种药品属于麻醉药品或精神药品而违反国家有关规定,将该药品提供给吸食、注射毒品者的行为。根据刑法第九十六条的规定,这里的"违反国家规定"指的是违反国家管制的麻醉药品、精神药品的有关法律、行政法规,以及国务院规定的行政措施、发布的决定和命令,包括禁毒法、药品管理法、《麻醉药品和精神药品管理条例》等,不包括部门规章。

"向走私、贩卖毒品的犯罪分子或者以牟利为目的,向吸食、注射毒品的人提供国家规定管制的能够使人形成瘾癖的麻醉药品、精神药品"是指行为人明知某药品属于国家管制的麻醉药品、精神药品而向走私、贩卖毒品的人提供该药品的行为和以获取金钱财物为目的,向吸毒者提供该药品的行为。这种行为与贩毒行为的主观故意和危害后果完全一致。因此,本款规定对这种行为依照刑法第三百四十七条的规定处罚。

需要特别注意的是,对于以牟利为目的,违反国家规定,虽向他人提供国家管制的麻醉药品和精神药品,但用于医疗、教学、科研的,不能适用本款规定,而应依照其他有关法律追究责任。

本条第二款是对单位违反国家规定,非法向他人提供国家规定管制的麻醉药品、精神药品的行为进行处罚的规定。"单位犯前款罪"是指依法从事生产、运输、管理、使用国家管制的麻醉药品和精神药品的单位,违反国家规定,犯本条第一款规定之罪。"直接负责的主管人员"是指对本单位非法提供国家管制的麻醉药品和精神药品负有直接责任的单位领导人员。"其他直接责任人员"是指其他直接参与单位非法提供国家管制的麻醉药品和精神药品犯罪活动的人员,可能是一人,也可能是多人。

第三百五十五条之一　【妨害兴奋剂管理罪】引诱、教唆、欺骗运动员使用兴奋剂参加国内、国际重大体育竞赛，或者明知运动员参加上述竞赛而向其提供兴奋剂，情节严重的，处三年以下有期徒刑或者拘役，并处罚金。

组织、强迫运动员使用兴奋剂参加国内、国际重大体育竞赛的，依照前款的规定从重处罚。

【释解与适用】

本条是关于妨害兴奋剂管理罪及其刑罚的规定。

使用兴奋剂是体育运动中的丑恶现象。在体育竞赛中使用兴奋剂的行为，既扰乱了体育竞赛的公平正义，又损害体育运动参加者的身心健康。在国际体育赛事中使用兴奋剂，还会严重损害国家的形象和荣誉。我国高度重视体育竞技中的反兴奋剂工作。体育法第五十三条规定，国家提倡健康文明、公平竞争的体育运动，禁止在体育运动中使用兴奋剂。任何组织和个人不得组织、强迫、欺骗、教唆、引诱体育运动参加者在体育运动中使用兴奋剂，不得向体育运动参加者提供或者变相提供兴奋剂。2004年1月，国务院制定了《反兴奋剂条例》，对体育运动中禁止使用兴奋剂的原则、兴奋剂管理、体育社会团体、运动员等主体的反兴奋剂义务、兴奋剂检查与检测等制度作了规定。该条例第三十九条第一款规定：体育社会团体、运动员管理单位向运动员提供兴奋剂或者组织、强迫、欺骗运动员在体育运动中使用兴奋剂的，由国务院体育主管部门或者省、自治区、直辖市人民政府体育主管部门收缴非法持有的兴奋剂；负有责任的主管人员和其他直接责任人员四年内不得从事体育管理工作和运动员辅助工作；情节严重的，终身不得从事体育管理工作和运动员辅助工作；造成运动员人身损害的，依法承担民事赔偿责任；构成犯罪的，依法追究刑事责任。第四十条规定：运动员辅助人员组织、强迫、欺骗、教唆运动员在体育运动中使用兴奋剂的，由国务院体育主管部门或者省、自治区、直辖市人民政府体育主管部门收缴非法持有的兴奋剂；四年内不得从事运动员辅助工作和体育管理工作；情节严重的，终身不得从事运动员辅助工作和体育管理工作；造成运动员人身损害的，依法承担民事赔偿责任；构成犯罪的，依法追究刑事责任。运动员辅助人员向运动员提供兴奋剂，或者协助运动员在体育运动中使用兴奋剂，或者实施影响采样结果行为的，由国务院体育主管部门或者省、自治区、直辖市人民政府体育主管部门收缴非法持有的兴奋剂；二年内不得从事运动员辅助工作和体育管理工作；情节严重的，终身不得从事运动员辅助工作和体育管理工作；造成运动员人身损害的，依法承担民事赔偿责任；构成犯罪的，依法追究刑事责任。2006年，我国签署了联合国教科文组织制定的《反对在体育运动中使用兴奋剂国际公约》，承诺执行《世界反兴奋剂条例》。依法惩治有关兴奋剂的犯罪行为，是我国作为负责任大国应尽的国际义务。2019年11月，最高人民法院制定了《关于审理走私、非法经营、非法使用兴奋剂刑事案件适用法律若干问题的解释》。刑法修正案（十一）施行前，对于涉及兴奋剂的违法犯罪行为，可以依照上述法律和司法解释追究法律责任。

近年来，我国兴奋剂违法违规问题屡禁不止。有的参加奥运会等重大国际体育比赛的我国运动员被查出兴奋剂违规遭到处罚，严重损害了国家形象和荣誉。兴奋剂违法违规还呈现低龄化、社会化的特征，向食品药品、教育考试等领域蔓延，危害社会公众特别是青少年的身心健康。党中央对反兴奋剂工作作出重要指示，要求对兴奋剂问题"零容忍"，对兴奋剂违法违规行为严肃处理、坚决打击。为加大对兴奋剂违法行为的惩治力度，维护体育竞赛的公平和运动员等的身心健康，刑法修正案（十一）增加规定了引诱、教唆、欺骗运动员使用兴奋剂和向运动员提供兴奋剂的犯罪，以及组织、强迫运动员使用兴奋剂的犯罪。

本条共分两款。第一款是关于引诱、教唆、欺骗运动员使用兴奋剂和向运动员提供兴奋剂的犯罪的规定。本条规定犯罪的主体是一般主体，常见的是组织运动员参加竞赛的体育社会团体、运动员管理单位或者教练员、队医等运动员辅助人员。本款规定了两类犯罪行为。一是引诱、教唆、欺骗运动员使用兴奋剂参加国内、国际重大体育竞赛，情节严重的。这里规定的"引诱"，是指以提高比赛成绩、物质奖励等条件诱使运动员使用兴奋剂。"教唆"，是指唆使运动员使用兴奋剂。"欺骗"是指使用欺诈手段使运动员在不知情的情况下使用兴奋剂，如谎称是服用正常药品等。根据国家体育总局《体育运动中兴奋剂管制通则》的规定，"运动员"，是指体育社会团体注册运动员，以及参加政府举办、授权举办或资助的体育比赛或赛事的运动员。"兴奋剂"是指兴奋剂目录所列的禁用物质等，具体包括蛋白同化制剂、肽类激素、有关麻醉药品和刺激剂等。兴奋剂目录由国务院体育主管部门会同国务院食品药品监督管理部门、国务院卫生主管部门、国务院商务主管部门和海关总署制定、调整并公布。国务院体育主管部门负责制定兴奋剂检测规则和兴奋剂检测计划并组织实施。"国内、国际重大体育竞赛"是指体育法第四十九条规定的重大体育竞赛，如奥运会、亚运会、单项世界锦标赛等，具体范围由国务院体育主管部门确定。根据本款规定，引诱、教唆、欺骗运动员使用兴奋剂参加国内、国际重大体育竞赛的，构成本款规定的犯罪。如果不是在国内、国际重大体育竞赛中，而是在低级别比赛中使用兴奋剂，不构成本条规定的犯罪，可依照其他法律法规的规定予以处罚。二是明知运动员参加国内、国际重大体育竞赛而向其提供兴奋剂，情节严重的。这是帮助运动员在重大体育竞赛中使用兴奋剂的行为。本款规定的"明知"，是指知道或应当知道运动员参加国内、国际重大体育竞赛。"向其提供"，包括向运动员本人提供，也包括通过运动员的教练员、队医等辅助人员向运动员提供。"情节严重"，是指引诱、教唆、欺骗运动员使用兴奋剂或者提供兴奋剂的数量较大，涉及人数较多，给国家荣誉和形象造成不良影响，对运动员健康造成不良影响等，具体可由司法机关制定司法解释确定。根据本款规定，对上述两种犯罪行为，处三年以下有期徒刑或者拘役，并处罚金。

本条第二款是关于组织、强迫运动员使用兴奋剂的犯罪的规定。这里规定的"组织"，是指利用管理、指导运动员的机会等，使多名运动员有组织地使用兴奋剂。"强迫"，是指迫使运动员违背本人意愿使用兴奋剂。根据本款规定，组织、强迫运动员使用兴奋剂参加国内、国际重大体育竞赛的行为，即可构成犯罪，没有规定"情节严重的"条件，这是因为组织、强迫使用兴奋剂的行为，比第一款规定的引诱、教唆、欺骗使用兴奋剂和提供兴奋剂的行为社会危害性更大。根据本款规定，对上述犯罪行为，依照本条第一款的规定从重处罚，即在"三年以下有期徒刑或者拘役，并处罚金"的量刑幅度内从重处罚。

【适用中需要注意的问题】

1. 本条将引诱、教唆、欺骗运动员使用兴奋剂和向运动员提供兴奋剂的行为，组织、强迫运动员使用兴奋剂的行为规定为犯罪，对于运动员本人使用兴奋剂的行为未规定为犯罪，是考虑到在重大体育竞赛涉兴奋剂违法违规案件中，引诱、教唆、欺骗使用兴奋剂和提供兴奋剂，组织、强迫使用兴奋剂的行为具有更大的社会危害性。运动员本人往往是被裹挟、被动地使用兴奋剂，可以不作为犯罪处理。但运动员本人使用兴奋剂的行为仍然是违法行为，应当依照有关法律法规和体育组织的规定予以处罚。运动员本人参与本条规定的犯罪行为的，应当依法追究刑事责任。

2. 与兴奋剂相关的有关犯罪行为的处理。《最高人民法院关于审理走私、非法经营、非法使用兴奋剂刑事案件适用法律若干问题的解释》对与兴奋剂相关的犯罪行为的法律适用作了规定：（1）运动员、运动员辅助人员走私兴奋剂目录所列物质，或者其他人员以在体育竞赛中非法使用为目的走私兴奋剂目录所列物质，涉案物质属于国家禁止进出口的货物、物品，具有特定情形的，应当依照刑法第一百五十一条第三款的规定，以走私国家禁止进出口的货物、物品罪定罪处罚。（2）对未成年人、残疾人负有监护、看护职责的人组织未成年人、残疾人在体育运动中非法使用兴奋剂，具有特定情形的，应当认定为刑法第二百六十条之一规定的"情节恶劣"，以虐待被监护、看护人罪定罪处罚。（3）实施有关兴奋剂犯罪行为，涉案物质属于毒品、制毒物品等，构成涉及毒品、制毒物品有关犯罪的，依照相应犯罪定罪处罚。

3. 本条为治理兴奋剂违法犯罪行为提供了强有力的法律武器。但兴奋剂的治理是系统工程，不能仅依靠刑事手段进行打击。要充分发挥司法机关、体育主管部门、体育协会等各方面的作用，综合运用多种手段，对运动员、教练员等加强教育管理，树立正确的竞赛观、荣誉观，从源头上减少兴奋剂违法违规现象。

第三百五十六条 【毒品犯罪的再犯】因走私、贩卖、运输、制造、非法持有毒品罪被判过刑，又犯本节规定之罪的，从重处罚。

【释解与适用】

本条是关于因走私、贩卖、运输、制造、非法持有毒品罪被判过刑，又犯本节规定之罪的如何处罚的规定。

"因走私、贩卖、运输、制造、非法持有毒品罪被判过刑"是指因犯本节规定的走私、贩卖、运输、制造、非法持有毒品罪中的任何一种罪，被判处任何一种刑罚的情况。"又犯本节规定之罪"是指再犯本节规定的任何一种罪。"从重处罚"是指在法定量刑幅度内处以较重的刑罚，较长的刑期。与刑法第六十五条规定的一般累犯相比，毒品再犯没有对前后罪的时间间隔作出要求，这是为了从严惩治毒品犯罪和防止行为人再次实施毒品犯罪而作出的特别规定。

【适用中需要注意的问题】

1. 关于累犯和毒品再犯的认定和处罚。根据本条的规定，认定毒品再犯时，先犯的罪限定为走私、贩卖、运输、制造、非法持有毒品五种犯罪，而对再犯的罪则取消了上述限制，只要再犯本节规定的任何一种罪，都应从重处罚。行为人再犯的罪名不一定与其被判过刑的罪名一样，但只要符合本条规定的犯罪种类，就应从重处罚。

2. 关于未成年人是否适用毒品再犯。2011年通过的刑法修正案（八）根据对犯罪未成年人从宽处罚的精神，取消了未成年人构成一般累犯的规定，但保留了未成年人可成立毒品再犯的规定。累犯和毒品再犯是两种性质不同的制度，在法律后果也有所不同，累犯不得缓刑、假释，对判处死缓的累犯可以限制减刑，而毒品再犯并未规定上述法律后果。毒品再犯是针对毒品犯罪形势严峻，毒品犯罪屡禁不止的情况作出的从严惩处的特别规定，并没有排除未成年人毒品犯罪构成毒品再犯的情况。司法实践中，应当依法执行，未成年人成立毒品再犯的，需综合考虑未成年人的年龄等因素，在刑法规定的幅度内予以处罚。

第三百五十七条 **【毒品的含义及毒品数量的计算】** 本法所称的毒品，是指鸦片、海洛因、甲基苯丙胺（冰毒）、吗啡、大麻、可卡因以及国家规定管制的其他能够使人形成瘾癖的麻醉药品和精神药品。

毒品的数量以查证属实的走私、贩卖、运输、制造、非法持有毒品的数量计算，不以纯度折算。

【释解与适用】

本条是关于刑法中毒品定义和毒品数量不以纯度折算的规定。

第一款是关于毒品定义的规定。本条关于毒品的定义与禁毒法第二条规定的毒品的定义是一致的，是指鸦片、海洛因、甲基苯丙胺（冰毒）、吗啡、大麻、可卡因以及国家规定管制的其他能够使人形成瘾癖的麻醉药品和精神药品。鸦片、海洛因、吗啡同属罂粟类毒品。罂粟是一种草本植物，结有蒴果，用刀子划破后，有白色的汁流出，这就是人们通常所说的生鸦片。生鸦片经过第一次处理后可生产出可吸鸦片。海洛因和吗啡是鸦片的精制品。吗啡是一种极易溶于水的粉末，是一种抑制呼吸的药物，剂量过大会造成呼吸停止以致死亡。海洛因是通过回流加热吗啡提取出来的半生物碱混合物，是一种既轻又细的粉末。用量过度，会引起昏迷、体温降低、心跳缓慢，并导致呼吸困难而死亡。大麻又叫印度大麻，是一种无花瓣双子叶植物，是当今世界使用最多、范围最广的麻醉品。它的主要成分是四氢大麻酚。经常或者过量吸食大麻，会对人体的许多器官造成危害，破坏其功能。可卡因是从古柯属的小灌木树的叶（古柯叶）中提取出来的，又称古柯碱，是一种粉末状的白色晶体，具有强烈的麻醉作用。大剂量的可卡因会导致人的中枢神经的传感源受阻，严重的会造成极度痉挛和心力衰竭，从而导致死亡。甲基苯丙胺，又称去氧麻黄碱、去氧麻黄素，因其固体形状为结晶体，酷似冰糖，故又被俗称为"冰毒"，甲基苯丙胺是一种精神药品，是苯丙胺类即安非他明类兴奋剂中药性非常强的一种兴奋剂。其具有兴奋神经中枢的作用，会使吸食、注射者变得兴奋、易激动和焦躁不安，会出现暴力倾向。长期服用会严重损害健康，甚至造成死亡。

"国家规定管制的其他能够使人形成瘾癖的麻醉药品和精神药品"是指除前面列举的几种毒品外，其他国家规定管制的麻醉药品和精神药品。关于麻醉药品和精神药品的范围，根据《麻醉药品和精神药品管理条例》第三条的规定，麻醉药品和精神药品是指列入麻醉药品目录、精神药品目录的药品和其他物质。目录由国务院药品监督管理部门会同国务院公安部门、国务院卫生主管部门制定、调整并公布。这些麻醉药品、精神药品的种类、范围是由国务院或者国务院主管部门规定的，必须依照国家规定生产、经营、使用、储存、运输，并只限于医疗、科研、教学。"麻醉药品"是指连续使用后易产生身体依赖性、易形成瘾癖的药品，如鸦片、海洛因、吗啡、可卡因、度冷丁等。"精神药品"是指直接作用于中枢神经系统，使之兴奋或抑制，连续使用能使人体产生依赖性的药品。如甲基苯丙胺（去氧麻黄碱）、安纳咖、安眠酮等。这两类物品具有双重性，使用得当，可以舒缓病痛，治疗疾病；使用不当或滥用，则会使人产生药物依赖性，损害身体健康。因此，国家通过颁布法规，对这类药品的生产、经营、使用、储存、运输以及原植物的种植，都作了严格的规定。违反有关规定，用于非医疗、教学、科研目的而制造、运输、贩卖、走私、使用麻醉药品和精神药品时，这类物品属于毒品，反之则属于药品。

本条第二款是关于毒品数量以实际数量计算，不以提纯计算的规定。"毒品的数量以查证属实的走私、贩卖、运输、制造、非法持有毒品的数量计算"是指被查获的走私、贩卖、运输、制造、非法持有的毒品数量，以被查获的毒品的实际数量计算。"不以纯度折算"是指对查获的掺入非毒品成分的毒品不作提纯计算，以被查获的毒品的实际数量计算。这样规定体现从严打击毒品犯罪的一贯宗旨。

【适用中需要注意的问题】

1. 关于麻醉药品和精神药品的范围。根据有关规定，2005年国家食品药品监督总局、公安部和国家卫生计生委公布了《麻醉药品品种目录》《精神药品品种目录》，并进行过调整。除此之外，2015年9月，国家食品药品监督总局、公安部和原国家卫生计生委、国家禁毒委员会办公室共同印发了《非药用类麻醉药品和精神药品列管办法》及其附表《增补目录》。2017年1月，公安部、国家食品药品监督总局和原国家卫生计生委决定将卡芬太尼、呋喃芬太尼、丙烯酰芬太尼、戊酰芬太尼四种物质列入增补目录，2019年4月，公安部、国家卫生健康委、国家药监局决定将芬太尼物质列入增补目录。据此，芬太尼类物质被整列列管，纳入了刑法规定的毒品的范围，与芬太尼物质有关的行为可以适用毒品犯罪的有关规定追究刑事责任。

2. 关于能够使人形成瘾癖的精神药品的认定。实践中，对一些案件所涉及的精神药品，是否属于本条规定的"毒品"的范畴，存在不同的认识。如贩卖、走私、运输或非法持有大量的国家管制的精神药品，如安定注射液、盐酸二氢埃托啡、咪哒唑仑、艾司唑仑等。这些药品属于国家规定管制的精神药品，但有些专家认为，经过临床试验，这类药品虽列入国家规定管制的精神药品的二类药品条目，但就其对人体产生的依赖性程度上，较之一类药品条目所列药品低得多，不宜对其按照毒品予以处罚。对这一问题应当这样认识，根据《麻醉药品和精神药品管理条例》的规定，国家将"使人形成瘾癖的麻醉药品和精神药品"按照其使人形成依赖性的瘾癖程度划分为一类和二类。一类药品和二类药品，只是致人瘾癖的程度不同，都对人体有伤害，都会带来严重的社会危害，两类药品条目所列的麻醉药品和精神药品都是本条规定的"毒品"的范畴。对于贩卖、走私、运输或非法持有大量的这类精神药品的行为，需要依法予以打击，但司法实践中，具体量刑时可以作为一个因素予以考虑。

第八节 组织、强迫、引诱、容留、介绍卖淫罪

第三百五十八条 【组织卖淫罪、强迫卖淫罪】组织、强迫他人卖淫的，处五年以上十年以下有期徒刑，并处罚金；情节严重的，处十年以上有期徒刑或者无期徒刑，并处罚金或者没收财产。

组织、强迫未成年人卖淫的，依照前款的规定从重处罚。

犯前两款罪，并有杀害、伤害、强奸、绑架等犯罪行为的，依照数罪并罚的规定处罚。

【协助组织卖淫罪】为组织卖淫的人招募、运送人员或者有其他协助组织他人卖淫行为的，处五年以下有期徒刑，并处罚金；情节严重的，处五年以上十年以下有期徒刑，并处罚金。

【释解与适用】

本条是关于组织卖淫罪、强迫卖淫罪和协助组织卖淫罪及其刑罚的规定。

本条共分四款。本条第一款是关于组织、强迫他人卖淫的犯罪及刑事处罚的规定。"组织"他人卖淫，主要是指通过纠集、控制一些卖淫的人员进行卖淫，或者以雇佣、招募、容留等手段，组织、诱骗他人卖淫，从中牟利的行为。组织他人卖淫罪，主要具有以下几个特征：第一，本罪的犯罪主体必须是卖淫活动的组织者，或者以其他方式组织他人卖淫的人，可以是几个人，也可以是一个人，关键要看其在卖淫活动中是否起组织者的作用。这里所说的组织者，有的是犯罪集团的首要分子，有的是临时纠合在一起进行组织卖淫活动的不法分子，有的是纠集、控制几个卖淫人员从事卖淫活动的个人。第二，行为人必须实施了组织卖淫的行为，至于其本人是否参与卖淫、嫖娼，并不影响本罪的构成。这里所说的"组织"，通常表现为以下两种形式：一是行为人设置卖淫场所，或者以发廊、旅店、饭店、按摩房、出租屋等为名设置变相卖淫场所，招募一些卖淫人员在此进行卖淫活动。二是行为人自己没有开设固定的场所，但组织、操纵

他所控制的卖淫人员有组织地进行卖淫活动。例如，一些按摩院、发廊、酒店的老板，公然唆使服务人员同顾客到店外进行卖淫、嫖娼活动，从中收取钱财；或者以提供服务为名，向顾客提供各种名义的陪伴女郎，实际上是提供卖淫妇女进行卖淫活动。犯罪分子也会利用新技术的发展组织卖淫活动，当前通过手机短信、微信、网络等新手段组织卖淫也成为组织卖淫的一种新的犯罪形式。无论以上哪种形式，行为人均构成组织他人卖淫罪。第三，组织他人卖淫罪是故意犯罪，行为人组织他人卖淫的行为必须是出于故意。第四，组织的对象必须是多人，而不是一个人，如果是一个人则不能构成组织他人卖淫罪。本条中所规定的"他人"，既包括妇女，也包括男性。

根据《最高人民法院、最高人民检察院关于办理组织、强迫、引诱、容留、介绍卖淫刑事案件适用法律若干问题的解释》的规定，以招募、雇佣、纠集等手段，管理或者控制他人卖淫，卖淫人数在三人以上的，应当认定为刑法第三百五十八条规定的"组织他人卖淫"。组织者是否设置固定的卖淫场所、组织卖淫者人数多少、规模大小，不影响组织卖淫行为的认定。组织他人卖淫，具有下列情形之一的，应当认定为本条第一款规定的"情节严重"：卖淫人数累计达十人以上的；卖淫人员中未成年人、孕妇、智障人员、患有严重性病人累计达五人以上的；组织境外人员在境内卖淫或者组织境内人员出境卖淫的；非法获利人民币一百万元以上的；造成被组织卖淫的人自残、自杀或者其他严重后果的；其他情节严重的情形。在组织卖淫犯罪活动中，对被组织卖淫的人有引诱、容留、介绍卖淫行为的，依照处罚较重的规定定罪处罚。但是，对被组织卖淫的人以外的其他人有引诱、容留、介绍卖淫行为的，应当分别定罪，实行数罪并罚。

"强迫他人卖淫"，主要是指行为人采取暴力、威胁或者其他手段，违背他人意志，迫使他人卖淫的行为。这里所说的"强迫"，既包括直接使用暴力手段或者以暴力相威胁，也包括使用其他非暴力的逼迫手段，如以揭发他人隐私或者以可能使他人的某种利害关系遭受损失相威胁，或者通过使用某种手段和方法，形成精神上的强制，违背自己的意愿从事卖淫活动。无论行为人采取哪一种强迫手段，都构成强迫他人卖淫罪。这里所规定的"他人"，既包括妇女，也包括男性。强迫的对象，既可以是没有卖淫习性的人，也可以是由于某种原因不愿继续卖淫的有卖淫恶习的人。根据本款规定，组织、强迫他人卖淫的，处五年以上十年以下有期徒刑，并处罚金；情节严重的，处十年以上有期徒刑或者无期徒刑，并处罚金或者没收财产。

根据《最高人民法院、最高人民检察院关于办理组织、强迫、引诱、容留、介绍卖淫刑事案件适用法律若干问题的解释》第六条的规定，强迫他人卖淫，具有下列情形之一的，应当认定为本条第一款规定的"情节严重"：卖淫人员累计达五人以上的；卖淫人员中未成年人、孕妇、智障人员、患有严重性病的人累计达三人以上的；强迫不满十四周岁的幼女卖淫的；造成被强迫卖淫的人自残、自杀或者其他严重后果的；其他情节严重的情形。行为人既有组织卖淫犯罪行为，又有强迫卖淫犯罪行为，且具有下列情形之一的，以组织、强迫卖淫"情节严重"论处：组织卖淫、强迫卖淫行为中具有解释第二条、本条前款规定的"情节严重"情形之一的；卖淫人员累计达到组织卖淫"情节严重"人数标准的；非法获利数额相加达到组织卖淫"情节严重"数额标准的。

本条第二款是关于组织、强迫未成年人卖淫从重处罚的规定。"未成年人"，是指不满十八周岁的人。未成年人正处在成长发育时期，强迫其从事卖淫活动，对其生理发育和身心健康无疑是极大的摧残，而且未成年人也缺少必要的自我保护意识和自我控制能力，特别容易受到侵害。因此，法律上必须给予特殊保护。根据本款规定，组织、强迫未成年人卖淫的，从重处罚。

本条第三款是关于犯组织卖淫罪、强迫卖淫罪又有其他相关犯罪行为应当如何处罚的规定。根据本款规定，犯前两款罪，并有杀害、伤害、强奸、绑架等犯罪行为的，依照数罪并罚的规定处罚。也就是说，如果组织、强迫他人卖淫的犯罪分子，同时又对被组织、强迫卖淫的人员实施了杀害、伤害、强奸、绑架等犯罪行为，应当分别按照组织卖淫罪、强迫卖淫罪、故意杀人罪、故意伤害罪、强奸罪、绑架罪等分别定罪判刑，然后再依照刑法总则第六十九条的规定实行数罪并罚。虽然组织卖淫罪和强迫卖淫罪的死刑取消了，但由于故意杀人罪、故意伤害罪、强奸罪、绑架罪等都规定了死刑，在组织卖淫、强迫卖淫的过程中有上述行为的，符合法定情形的，依法仍然能被判处死刑。

本条第四款是关于协助组织他人卖淫的犯罪及其刑罚的规定。"协助组织他人卖淫"，是指为组织卖淫的人招募、运送人员或者有其他协助行为的。这里规定的"招募",是指协助组织卖淫者招雇、招聘、募集人员;"运送",是指为组织卖淫者通过提供交通工具接送、输送所招募的人员的行为。为组织卖淫者招募、运送人员,在有的情况下,招募、运送者可能只拿到几百元、上千元的所谓"人头费""介绍费",但正是这些招募、运送行为,为卖淫场所输送了大量的卖淫人员,使这种非法活动得以发展延续。"其他协助组织他人卖淫行为",是指在组织他人卖淫的活动中,起协助、帮助作用的其他行为,如为组织卖淫者充当保镖、打手,为组织卖淫活动看门望哨或者管账等。协助组织他人卖淫和活动,也是组织他人卖淫活动的一个环节,但其行为的性质、所起的作用与组织卖淫者具有很大的不同。本条对为组织卖淫的人招募、运送人员或者有其他协助组织他人卖淫行为的犯罪行为单独规定了刑罚,在定罪时,对这种犯罪应作为一个独立的罪名予以认定。根据这一款的规定,协助组织他人卖淫的,即处五年以下有期徒刑,并处罚金;情节严重的,处五年以上十年以下有期徒刑,并处罚金。

《最高人民法院、最高人民检察院关于办理组织、强迫、引诱、容留、介绍卖淫刑事案件适用法律若干问题的解释》进一步明确,明知他人实施组织卖淫犯罪活动而为其招募、运送人员或者充当保镖、打手、管账人等,依照刑法本条第四款的规定,以协助组织卖淫罪定罪处罚,不以组织卖淫罪的从犯论处。在具有营业执照的会所、洗浴中心等经营场所担任保洁员、收银员、保安员等,从事一般服务性、劳务性工作,仅领取正常薪酬,且无上述协助组织卖淫行为的,不认定为协助组织卖淫罪。协助组织他人卖淫,具有下列情形之一的,应当认定为本条第四款规定的"情节严重":招募、运送卖淫人员累计达十人以上的;招募、运送的卖淫人员中未成年人、孕妇、智障人员、患有严重性病的人累计达五人以上的;协助组织境外人员在境内卖淫或者协助组织境内人员出境卖淫的;非法获利人民币五十万元以上的;造成被招募、运送或者被组织卖淫的人自残、自杀或者其他严重后果的;其他情节严重的情形。

【适用中需要注意的问题】

1. 关于卖淫的含义和范围问题。卖淫违法犯罪是一种有伤风化、违背社会主义道德、危害社会秩序的行为,与社会的正常价值观念存在强烈的冲突。随着时代和社会观念的变化,人们对卖淫的具体含义和范围也会产生一定的变化,卖淫行为的形式越来越多。实践中,传统的卖淫行为是指女性为男性提供性交服务并收取财物的行为。但是随着社会的发展变迁,男性也存在为了获取物质利益而与不特定的女性发生性关系的现象。甚至出现一些男男、女女卖淫的情况。除了传统的双方性器官进入式的性交行为外,卖淫也可能采取肛交、口交等一方生殖器进入另一方体内的进入式活动,以及其他形式的卖淫活动。卖淫的本质是通过金钱交易满足对方性欲,对于卖淫行为的认定,应当结合大众的普遍理解以及公民的犯罪心理预期进行认定,并遵循罪刑法定原则。至于性行为采取什么方式,不影响对卖淫的认定。

2. 关于强迫卖淫罪与强奸罪的区分。组织卖淫犯罪行为中,有的卖淫人员是自愿的,但强迫卖淫行为则一定违背了他人的真实意愿。实践中,要注意区分好强迫卖淫罪与强奸罪。强迫卖淫行为应当是强迫被害人向他人卖淫,目的一般是为了营利、报复、泄愤等,采取暴力、威胁或者其他手段是为了扫除他人卖淫的意志障碍,对其进行精神强制,使其屈服,使不愿卖淫的人不得不"同意"卖淫,不敢不卖淫,被害人的意志是不自主的,但就被害人和嫖客的发生性行为的客观表现看,不存在反抗的问题,有时甚至表现得"积极主动"。而强奸罪则是以暴力、胁迫或者其他手段强奸妇女的行为,行为目的是满足自己的性欲望,被害妇女对性行为客观上则明显表现为不愿意。暴力、胁迫等行为的目的是直接针对妇女的反抗,为强行发生性行为扫清障碍。实践中,行为人若明知第三人有强奸被害人的意愿,仍为其提供协助,强迫被害人向第三人卖淫,应当对行为人和第三人以强奸罪的共同犯罪追究刑事责任。

3. 关于对卖淫嫖娼人员的处理。刑法对一般的卖淫嫖娼人员,没有规定处罚。但对于这部分人员,根据治安管理处罚法第六十六条的规定,处十日以上十五日以下拘留,可以并处五千元以下罚款;情节较轻的,处五日以下拘留或者五百元以下罚款。值得一提的是,根据《全国人民代表大会常务委员会关于严禁卖淫嫖娼的决定》第四条的规定,对卖淫、嫖娼的,可以由公安机关会同有关部门强制集中进行法律、道德教育和生产劳动,使之改掉恶习。国务院《卖淫嫖娼人员收容教育办法》规定,对卖淫、嫖娼人员,可以公安机关决定收容教育。这一办法将决定规定的强制集中教育和生产劳动作为收容教育的一部分。但根据2019年12月《全国人民代表大会常务委员会关于废止有关收容教育法律规定和制度的决定》,

《全国人民代表大会常务委员会关于严禁卖淫嫖娼的决定》第四条第二款、第四款的规定以及据此实行的收容教育制度于2019年12月29日被废止。废止收容教育制度后,收容教育不再实施,但卖淫、嫖娼行为仍然是治安管理处罚法明确规定的违法行为,应当依法给予治安处罚。

第三百五十九条 【引诱、容留、介绍卖淫罪】引诱、容留、介绍他人卖淫的,处五年以下有期徒刑、拘役或者管制,并处罚金;情节严重的,处五年以上有期徒刑,并处罚金。

【引诱幼女卖淫罪】引诱不满十四周岁的幼女卖淫的,处五年以上有期徒刑,并处罚金。

【释解与适用】

本条是关于引诱、容留、介绍卖淫罪,引诱幼女卖淫罪及其刑罚的规定。

本条第一款是关于引诱、容留、介绍他人卖淫的犯罪及其刑罚的规定。"引诱"他人卖淫,是指行为人为了达到某种目的,以金钱诱惑或通过宣扬腐朽生活方式等手段,诱使没有卖淫习性的人从事卖淫活动的行为。"容留"他人卖淫,是指行为人故意为他人从事卖淫、嫖娼活动提供场所的行为。这里规定的"容留"既包括在自己所有的、管理的、使用的、经营的固定或者临时租借的场所容留卖淫、嫖娼人员从事卖淫、嫖娼活动,也包括在流动场所,如运输工具中容留他人卖淫、嫖娼。"介绍"他人卖淫,是指为卖淫人员与嫖客寻找对象,并在他们中间牵线搭桥的行为,即人们通常所说的"拉皮条"。另外,应当注意的是,本条规定的引诱、容留、介绍他人卖淫的犯罪规定,是一个罪名的选择性规定,这三种行为只要实施了其中一种行为,即可构成犯罪。在认定罪名的时候,根据行为人行为确定罪名。既引诱又容留并介绍卖淫的,定引诱、容留、介绍卖淫罪;行为人实施了引诱、容留、介绍行为的其中一种的,则可以分别定引诱卖淫罪、容留卖淫罪、介绍卖淫罪;实施其中两项行为的,定引诱、容留卖淫罪,引诱、介绍卖淫罪,容留、介绍卖淫罪。有两种或者三种行为的,也是一个罪名,一般不实行数罪并罚。

根据《最高人民法院、最高人民检察院关于办理组织、强迫、引诱、容留、介绍卖淫刑事案件适用法律若干问题的解释》的规定,引诱、容留、介绍他人卖淫，具有下列情形之一的，应当依照本条第一款的规定定罪处罚：引诱他人卖淫的；容留、介绍二人以上卖淫的；容留、介绍未成年人、孕妇、智障人员、患有严重性病的人卖淫的；一年内曾因引诱、容留、介绍卖淫行为被行政处罚，又实施容留、介绍卖淫行为的；非法获利人民币一万元以上的。利用信息网络发布招嫖违法信息，情节严重的，依照刑法第二百八十七条之一的规定，以非法利用信息网络罪定罪处罚。同时构成介绍卖淫罪的，依照处罚较重的规定定罪处罚。引诱、容留、介绍他人卖淫是否以营利为目的，不影响犯罪的成立。引诱、容留、介绍他人卖淫，具有下列情形之一的，应当认定为本条第一款规定的"情节严重"：引诱五人以上或者引诱、容留、介绍十人以上卖淫的；引诱三人以上的未成年人、孕妇、智障人员、患有严重性病的人卖淫，或者引诱、容留、介绍五人以上该类人员卖淫的；非法获利人民币五万元以上的；其他情节严重的情形。

本条第二款是对引诱不满十四周岁的幼女卖淫的处罚规定。不满十四周岁的幼女，正处在心理和生理上的发育时期，且缺少必要的自我保护意识和自我控制的能力，特别容易受到侵害，是法律重点保护的对象，因此本条规定了比引诱妇女卖淫罪更重的刑罚。另外，实践中还发现，有的容留妇女卖淫的犯罪分子未直接引诱幼女卖淫，也未与引诱幼女卖淫的犯罪分子事前通谋，而是他人将幼女带到容留妇女卖淫的窝点，交给容留妇女卖淫的犯罪分子，由容留妇女卖淫的犯罪分子将幼女接收下来容留其卖淫。对于这种情况应当以容留他人卖淫罪定罪处罚。

【适用中需要注意的问题】

1. 引诱、容留、介绍卖淫行为，没有达到本罪入罪门槛，不构成犯罪的，应当依法给予治安管理处罚。根据治安管理处罚法第六十七条的规定，引诱、容留、介绍他人卖淫的，处十日以上十五日以下拘留，可以并处五千元以下罚款；情节较轻的，处五日以下拘留或者五百元以下罚款。

2. 实践中存在行为人既引诱、容留、介绍成年人卖淫，又引诱未成年人卖淫的情况。这种情况，行为人分别触犯了本条第一款、第二款的规定，实际上实施了两个不同的犯罪，应当依照引诱卖淫罪和引诱幼女卖淫罪分别定罪，并实行数罪并罚。

3. 实践中可能存在组织卖淫活动并有引诱、容留、介绍卖淫行为的定罪问题。一种情况是对被组织卖淫的人有引诱、容留、介绍卖淫行为的，可以依照处罚较重的规定定罪处罚。一般情况下，组织卖淫罪的处罚重于引诱、容留、介绍卖淫罪。但引诱的对象是不满十四周岁的幼女时，则存在引诱幼女卖淫罪所处的刑罚可能重于组织卖淫罪的刑罚。根据刑法第三百五十八条的规定，组织卖淫行为未达到情节严重的情形时，其法定刑为五年以上十年以下有期徒刑，并处罚金，而本条第二款规定的引诱幼女卖淫罪的法定刑为五年以上有期徒刑，并处罚金。此时，引诱幼女卖淫罪的刑罚要重于组织卖淫罪，应依照引诱幼女卖淫罪定罪处罚，并可以根据犯罪情节判处十年以上有期徒刑。如果组织卖淫犯罪达到情节严重时，应当以组织卖淫罪定罪处罚。如果是对被组织卖淫者以外的其他人实施引诱、容留、介绍卖淫行为的，则应当分别定罪，实行数罪并罚。

第三百六十条 【传播性病罪】明知自己患有梅毒、淋病等严重性病卖淫、嫖娼的，处五年以下有期徒刑、拘役或者管制，并处罚金。

【释解与适用】

本条是关于传播性病罪及其刑罚的规定。

本条的规定包含三层意思：第一，行为人必须是患有梅毒、淋病等严重性病的。这里所称的"性病"，亦称为"性传染疾病"，主要是通过性接触、性行为传播的疾病，包括艾滋病、梅毒、淋病、软下疳、性病性淋巴肉芽肿、生殖道沙眼衣原体感染、尖锐湿疣、生殖器疱疹、腹股沟肉芽肿、生殖器念珠菌病、阴道毛滴虫病、细菌性阴道病、阴虱病等。"严重性病"，主要是指对人体健康危害较重或者传染性较强，发病率较高的性病。本条列举了梅毒、淋病两种严重性病，至于其他严重性病，未作明确规定。在司法实践中，司法机关应在传染病防治法中规定的性病和国家卫生健康委规定实行性病监测的性病范围内，依照其危害、特点与梅毒、淋病相当的原则，从严掌握，不能将普通性病都作为严重性病，防止扩大打击面。

第二，行为人主观上必须是"明知"，即行为人清楚地知道自己患有严重性病，从事卖淫、嫖娼活动会造成性病被传播的后果，希望并积极促使性病传播的后果，或者放任这种危害后果的发生。如果行为人不明知自己患有严重性病，即便实施了卖淫、嫖娼行为，也不构成犯罪。"明知"

在这里是划分罪与非罪的主要界限。根据《最高人民法院、最高人民检察院关于办理组织、强迫、引诱、容留、介绍卖淫刑事案件适用法律若干问题的解释》第十一条的规定，具有下列情形之一的，应当认定为本条规定的"明知"：有证据证明曾到医院或者其他医疗机构就医或者检查，被诊断为患有严重性病的；根据本人的知识和经验，能够知道自己患有严重性病的；通过其他方法能够证明行为人是"明知"的。如行为人的朋友曾告诉过行为人其病症极有可能是严重性病而其本人也真的怀疑过自己是患上性病的，或行为人曾告诉过别人自己患有严重性病的，等等。

第三，行为人实施了卖淫、嫖娼的行为。这里的"卖淫"，是指以获取金钱、财物为目的而将自己的肉体提供给他人以淫乱的行为。"嫖娼"，是指以支付报酬为代价与卖淫者发生性交的行为。这里的卖淫、嫖娼行为不仅限于性交方式，还包括肛交、口交或者其他与性接触有关的行为。关于卖淫的含义和范围问题，在刑法第三百五十八条组织、强迫卖淫罪的释义中已有详细说明。

值得注意的是，传播性病行为是否实际造成他人患上严重性病的后果，不影响本罪的成立。同时，明知自己患有艾滋病或者感染艾滋病病毒而卖淫、嫖娼的，应当依照本条规定，以传播性病罪定罪，从重处罚。根据《最高人民法院、最高人民检察院关于办理组织、强迫、引诱、容留、介绍卖淫刑事案件适用法律若干问题的解释》第十二条的规定，具有下列情形之一，致使他人感染艾滋病病毒的，认定为刑法第九十五条第三项"其他对于人身健康有重大伤害"所指的"重伤"，依照刑法第二百三十四条第二款的规定，以故意伤害罪定罪处罚：明知自己感染艾滋病病毒而卖淫、嫖娼的；明知自己感染艾滋病病毒，故意不采取防范措施而与他人发生性关系的。

根据本条规定，犯本罪的，处五年以下有期徒刑、拘役或者管制，并处罚金。

【适用中需要注意的问题】

值得一提的是，关于对卖淫、嫖娼人员的性病检查和治疗问题，之前，根据《全国人民代表大会常务委员会关于严禁卖淫嫖娼的决定》第四条第四款的规定，对卖淫、嫖娼的，一律强制进行性病检查。对患有性病的，进行强制治疗。国务院《卖淫嫖娼人员收容教育办法》规定，对卖淫、嫖娼人员，可以公安机关决定收容教育，这一办法将决定规定的强制性病检查和治疗作为收容教育的一部分内容。但根据2019年12月《全国人民代表大会常务委员会关于废止有关收容教育法律规定和制度的决定》，前述决定第四条第二款、第四款的规定以及据此实行的收容教育制度于2019年12月29日被废止。

第三百六十一条　【旅馆业、饮食服务业等单位组织、强迫、引诱、容留、介绍卖淫的处罚规定】旅馆业、饮食服务业、文化娱乐业、出租汽车业等单位的人员，利用本单位的条件，组织、强迫、引诱、容留、介绍他人卖淫的，依照本法第三百五十八条、第三百五十九条的规定定罪处罚。

前款所列单位的主要负责人，犯前款罪的，从重处罚。

【释解与适用】

本条是关于对公共服务娱乐业从业人员利用本单位的条件，组织、强迫、引诱、容留、介绍他人卖淫的处刑的规定。

本条第一款是关于旅馆业、饮食服务业、文化娱乐业、出租汽车业等单位的人员，利用本单位的条件，组织、强迫、引诱、容留、介绍他人卖淫的处刑规定。本款所说的"旅馆业"是指接待旅客住宿的旅馆、饭店、宾馆、招待所、客货栈、车马店、浴池等。根据《旅馆业治安管理办法》的规定，旅馆业包括国营、集体经营、个体经营、合伙经营、中外合资、中外合作经营以及外国独资经营的；既包括专营的，也包括兼营的；既包括常年经营的，也包括季节性临时经营的。"饮食服务业"包括"饮食业"和"服务业"两个行业。"饮食业"包括餐厅、饭馆、酒吧、咖啡厅等。"服务业"是指利用一定的设备、工具，提供劳动或物品，为社会生活服务的行业，包括发廊、按摩院、美容院、浴池等。"文化娱乐业"是指提供场所、设备、服务，以供群众娱乐的行业，如歌厅、舞厅、音乐茶座、夜总会、影剧院等。"出租汽车业"是指出租汽车服务的行业。"旅馆业、饮食服务业、文化娱乐业、出租汽车业等单位的人员"是指这些单位的所有职工。"利用本单位的条件"是指利用本单位的一切设备、设施，如汽车等交通工具，房屋等建筑设施，房内各项设施以及电话等通信设施，也包括利用单位提供的其他工作条件而形成的便利。对这些单位的人员，利用本单位的条件,从事组织、强迫、引诱、容留、介绍他人卖淫的,根据本条规定,分别依照刑法关于组织他人卖淫罪、强迫他人卖淫罪或者引诱、容留、介绍他人卖淫罪的规定定罪处刑。

本条第二款是关于第一款规定的单位的主要负责人,利用本单位的条件,组织、强迫、引诱、容留、介绍他人卖淫的从重处罚规定。本款所说的"主要负责人"是指经理、副经理等负责人。作为单位的主要负责人,有义务自觉遵守国家法律规定,应当合法经营。如果对发生在本单位的卖淫、嫖娼活动,不但不采取措施制止,协助有关部门查禁,反而利用本单位的条件,实施组织卖淫等犯罪活动,这种行为不仅直接破坏社会管理秩序,妨害社会治安,而且还严重影响单位的声誉,破坏单位的正常经营管理活动,甚至使自己主管的单位成为藏污纳垢的色情场所,影响十分恶劣,必须严厉打击。为此,本款将这些单位的主要负责人,利用本单位的条件,组织、强迫、引诱、容留、介绍他人卖淫的,作为法定从重情节处罚。

第三百六十二条 【查处卖淫、嫖娼活动中通风报信的处罚规定】旅馆业、饮食服务业、文化娱乐业、出租汽车业等单位的人员,在公安机关查处卖淫、嫖娼活动时,为违法犯罪分子通风报信,情节严重的,依照本法第三百一十条的规定定罪处罚。

【释解与适用】

本条是关于对公共服务娱乐业从业人员为违法犯罪分子通风报信的处刑规定。

本条规定的旅馆业、饮食服务业、文化娱乐业、出租汽车业等单位的人员,指的是这些单位的全体工作人员,包括这些单位的负责人和职工。"为违法犯罪分子通风报信"是指在公安机关依法查处卖淫、嫖娼活动时,将行动地点、时间、对象等情况以及其他有关的消息告知组织、强迫、引诱、容留、介绍他人卖淫以及卖淫、嫖娼的违法犯罪分子。这里所说的"在公安机关依法查处卖淫、嫖娼活动时"是指在公安机关依法查处的全过程中的任何阶段,既包括查处卖淫、嫖娼活动的部署阶段,也包括实施阶段。无论在哪个阶段向违法犯罪分子通风报信,以使他们及时隐藏、逃避查处的行为都应按本条的规定处罚。而不能仅仅理解为具体实施查处行动的时刻。另外,"通风报信"包括各种传递消息的方法和手段,如打电话、发送短信息、传呼信号和事先规定的各种联系暗号等。根据本条规定，对在公安机关查处卖淫、嫖娼活动时，为违法犯罪分子通风报信，情节严重的，依照刑法第三百一十条的规定定罪处罚，即依照包庇罪的规定定罪处罚。

"情节严重"是划分罪与非罪的一个重要界限，主要是指严重干扰对卖淫嫖娼活动的惩处或者具有其他恶劣情节的情形。根据《最高人民法院、最高人民检察院关于办理组织、强迫、引诱、容留、介绍卖淫刑事案件适用法律若干问题的解释》的规定，具有下列情形之一的，应当认定为本条规定的"情节严重"：向组织、强迫卖淫犯罪集团通风报信的；二年内通风报信三次以上的；一年内因通风报信被行政处罚，又实施通风报信行为的；致使犯罪集团的首要分子或者其他共同犯罪的主犯未能及时归案的；造成卖淫嫖娼人员逃跑，致使公安机关查处犯罪行为因取证困难而撤销刑事案件的；非法获利人民币一万元以上的；其他情节严重的情形。

【适用中需要注意的问题】

1. 本条是按照窝藏、包庇罪定罪处理的一种特殊规定。构成本罪不需要具备第三百一十条规定的窝藏、包庇罪的构成要件。与窝藏、包庇罪的规定相比较，本条规定的构成要件有以下两点不同：一是窝藏、包庇罪规定了窝藏犯罪分子和作假证明包庇的行为，本条规定的是为违法犯罪分子通风报信行为；二是扩大了窝藏、包庇对象的范围，窝藏、包庇罪的对象仅限于犯罪分子，本条规定的是违法犯罪分子。违法人员包括不构成犯罪的卖淫、嫖娼人员和引诱、容留、介绍他人卖淫，情节显著轻微，不构成犯罪的人员。也就是说，构成本罪不以卖淫嫖娼活动构成犯罪为前提条件，卖淫嫖娼活动仅构成违法不影响本罪的成立。窝藏、包庇罪是选择性罪名，根据《最高人民法院、最高人民检察院关于办理组织、强迫、引诱、容留、介绍卖淫刑事案件适用法律若干问题的解释》的有关规定，对本条规定的行为，情节严重的，以包庇罪定罪处罚。

2. 对于在犯罪分子实施本节规定的犯罪之前或者过程中，与其通谋，进行通风报信的，应当以共同犯罪论处。司法实践中要避免将事前通谋的通风报信行为，作为包庇罪进行处罚。

3. 对于尚不构成犯罪的通风报信行为，应当依法给予治安处罚。我国治安管理处罚法第七十四条规定，旅馆业、饮食服务业、文化娱乐业、出租汽车业等单位的人员,在公安机关查处吸毒、赌博、卖淫、嫖娼活动时,为违法犯罪行为人通风报信的,处十日以上十五日以下拘留。

第九节 制作、贩卖、传播淫秽物品罪

第三百六十三条 【制作、复制、出版、贩卖、传播淫秽物品牟利罪】以牟利为目的,制作、复制、出版、贩卖、传播淫秽物品的,处三年以下有期徒刑、拘役或者管制,并处罚金;情节严重的,处三年以上十年以下有期徒刑,并处罚金;情节特别严重的,处十年以上有期徒刑或者无期徒刑,并处罚金或者没收财产。

【为他人提供书号出版淫秽书刊罪】为他人提供书号,出版淫秽书刊的,处三年以下有期徒刑、拘役或者管制,并处或者单处罚金;明知他人用于出版淫秽书刊而提供书号的,依照前款的规定处罚。

【释解与适用】

本条是关于制作、复制、出版、贩卖、传播淫秽物品牟利罪和为他人提供书号出版淫秽书刊罪及其刑罚的规定。

本条共分两款。第一款是关于以牟利为目的,制作、复制、出版、贩卖、传播淫秽物品的犯罪及其处刑的规定。

构成本罪应当具备以下条件:第一,主观上必须是故意的,并且具有以牟利为目的。所谓"以牟利为目的"是指行为人实施制作、复制、出版、贩卖、传播淫秽物品的行为,必须出于牟取利益的目的,包括谋取一定的货币和财物,也包括谋取其他物质利益,包括因此减少的货币支出或者财物的减损,如服务等。如果行为人是出于教学、医学、科研、文学、艺术等正当目的,合理使用有关性行为、性体验、性技巧的书刊、图片、影视作品、音视频软件、医学或教学器具等,即使获取一定的利益,也不能构成本罪。

第二,行为人实施了制作、复制、出版、贩卖、传播的行为。这里所说的"制作"是指生产、录制、编写、译著、绘画、印刷、刻印、摄制、洗印等行为。"复制"是指通过翻印、翻拍、复印、复写、复录、抄写、拓印、临摹等方式对已有的淫秽物品进行伪造或者重复制作的行为。"出

版"是指编辑、印刷出版发行淫秽物品的行为。"贩卖"是指销售淫秽物品的行为，包括发行、批发、零售、倒卖等。"传播"是指通过播放、出租、出借、承运、邮寄等方式致使淫秽物品流传的行为。行为人只要以牟利为目的，实施了"制作、复制、出版、贩卖、传播"这五种行为之一的，即构成本罪。

第三，制作、复制、出版、贩卖、传播的对象是淫秽物品。这里所说的"淫秽物品"，根据刑法第三百六十七条的规定，是指具体描绘性行为或者露骨宣扬色情的诲淫性的书刊、影片、录像带、录音带、图片及其他淫秽物品；有关人体生理、医学知识的科学著作不是淫秽物品；包含有色情内容的有艺术价值的文学、艺术作品不视为淫秽物品。

随着互联网应用的普及，利用互联网从事有关淫秽物品违法犯罪活动的情况变得比较突出。对此，也应当按照刑法和有关法律的规定予以打击。2000年12月28日《全国人民代表大会常务委员会关于维护互联网安全的决定》第三条第五项规定，在互联网上建立淫秽网站、网页，提供淫秽站点链接服务，或者传播淫秽书刊、影片、音像、图片，构成犯罪的，依照刑法有关规定追究刑事责任。为此，《最高人民法院、最高人民检察院、公安部关于依法开展打击淫秽色情网站专项行动有关工作的通知》，进一步明确要严格按照刑法、《全国人民代表大会常务委员会关于维护互联网安全的决定》和有关司法解释的规定，对于利用互联网从事有关淫秽物品的犯罪活动的，应当根据其具体实施的行为，分别以制作、复制、出版、贩卖、传播淫秽物品牟利罪、传播淫秽物品罪、组织播放淫秽音像制品罪及刑法规定的其他有关罪名，依法追究刑事责任。2004年和2010年最高人民法院、最高人民检察院关于办理利用互联网、移动通讯终端、声讯台制作、复制、出版、贩卖、传播淫秽电子信息刑事案件具体应用法律若干问题的解释（一）、（二）明确规定，利用互联网、移动通讯终端、声讯台制作、复制、出版、贩卖、传播淫秽电子信息的犯罪适用刑法第三百六十三条、第三百六十四条、第三百六十七条的有关规定定罪处罚。2017年《最高人民法院、最高人民检察院关于利用网络云盘制作、复制、贩卖、传播淫秽电子信息牟利行为定罪量刑问题的批复》进一步明确，对于以牟利为目的，利用网络云盘制作、复制、贩卖、传播淫秽电子信息的行为，是否应当追究刑事责任，适用刑法和前述两个司法解释的有关规定。

根据本款的规定，制作、复制、出版、贩卖、传播淫秽物品罪要求行为人主观上有牟利的目的,对不是以牟利为目的的,如制作、复制淫秽音像制品供自己观看的,可以予以批评教育或者治安处罚,不作为犯罪处理。但是,如果有传播淫秽物品的行为,则要视情节而定,对情节严重的,应当依照刑法第三百六十四条的规定,以传播淫秽物品罪定罪处罚。

本款根据制作、复制、出版、贩卖、传播淫秽物品的不同情节规定了三个不同档次的刑罚,犯本罪的,处三年以下有期徒刑、拘役或者管制,并处罚金;情节严重的,处三年以上十年以下有期徒刑,并处罚金;情节特别严重的,处十年以上有期徒刑或者无期徒刑,并处罚金或者没收财产。区别"一般情节""情节严重""情节特别严重"主要应当根据行为人制作、复制、出版、贩卖、传播淫秽物品的数量、次数、造成的影响以及在犯罪中所起的作用而定。《最高人民法院关于审理非法出版物刑事案件具体应用法律若干问题的解释》,对构成制作、复制、出版、贩卖、传播淫秽物品牟利罪、为他人提供书号、刊号出版淫秽书刊罪的"情节严重""情节特别严重"的情况,作了具体的解释。具体内容如下。

1. 以牟利为目的,实施本款规定的行为,具有下列情形之一的,以制作、复制、出版、贩卖、传播淫秽物品牟利罪定罪处罚:(1)制作、复制、出版淫秽影碟、软件、录像带五十至一百张(盒)以上,淫秽音碟、录音带一百至二百张(盒)以上,淫秽扑克、书刊、画册一百至二百副(册)以上,淫秽照片、画片五百至一千张以上的;(2)贩卖淫秽影碟、软件、录像带一百至二百张(盒)以上,淫秽音碟、录音带二百至四百张(盒)以上,淫秽扑克、书刊、画册二百至四百副(册)以上,淫秽照片、画片一千至二千张以上的;(3)向他人传播淫秽物品达二百至五百人次以上,或者组织播放淫秽影、像达十至二十场次以上的;(4)制作、复制、出版、贩卖、传播淫秽物品,获利五千元至一万元以上的。根据本款规定,有上述行为之一的,处三年以下有期徒刑、拘役或者管制,并处罚金。

2. 以牟利为目的,实施本款规定的行为,具有下列情形之一的应当认定为制作、复制、出版、贩卖、传播淫秽物品牟利罪"情节严重":(1)制作、复制、出版淫秽影碟、软件、录像带二百五十至五百张(盒)以上,淫秽音碟、录音带五百至一千张(盒)以上,淫秽扑克、书刊、画册五百至一千副(册)以上,淫秽照片、画片二千五百至五千张以上的;(2)贩卖淫秽影碟、软件、录像带五百至一千张(盒)以上,淫秽音碟、录音带一千至二千张（盒）以上，淫秽扑克、书刊、画册一千至二千副（册）以上，淫秽照片、画片五千至一万张以上的；（3）向他人传播淫秽物品达一千至二千人次以上，或者组织播放淫秽影、像达五十至一百场次以上的；（4）制作、复制、出版、贩卖、传播淫秽物品，获利三万元至五万元以上的。根据本款规定，有上述行为之一的，处三年以上十年以下有期徒刑，并处罚金。

3. 以牟利为目的，实施本款规定的行为，其数量（数额）达到前款规定的数量（数额）五倍以上的，应当认定为制作、复制、出版、贩卖、传播淫秽物品牟利罪"情节特别严重"。根据本款规定，对有上述行为之一的，处十年以上有期徒刑或者无期徒刑，并处罚金或者没收财产。

此外，《最高人民法院、最高人民检察院关于利用网络云盘制作、复制、贩卖、传播淫秽电子信息牟利行为定罪量刑问题的批复》规定，对于以牟利为目的，利用网络云盘制作、复制、贩卖、传播淫秽电子信息的行为，在追究刑事责任时，鉴于网络云盘的特点，不应单纯考虑制作、复制、贩卖、传播淫秽电子信息的数量，还应充分考虑传播范围、违法所得、行为人一贯表现以及淫秽电子信息、传播对象是否涉及未成年人等情节，综合评估社会危害性，恰当裁量刑罚，确保罪责刑相适应。

本条第二款是关于为他人提供书号出版淫秽书刊的犯罪和处罚的规定。

根据实际情况，本款规定了以下两种犯罪行为。

第一，为他人提供书号，出版淫秽书刊的。这里所说的"为他人提供书号"是指违反国家关于书号管理的各种规定，向单位和个人提供书号的行为。"提供"既包括有偿提供，如出卖书号，也包括无偿提供。"书号"是国家为了对图书出版进行管理而设置的，从某种意义上讲，相当于图书出版的许可证，没有书号，就不能出版图书。依照国家的有关规定，书号只能由出版机构自己使用，只有在协作出版的情况下，才允许出版机构将书号提供给协作的有关单位。根据国务院《出版管理条例》第二十一条规定，出版单位不得向任何单位或者个人出售或者以其他形式转让本单位的名称、书号、刊号或者版号、版面，并不得出租本单位的名称、刊号。因此，这里所说的"书号"包括书号、刊号、版号等。"出版淫秽书刊"是指违反国家规定，非法向他人提供书号，造成了淫秽书刊出版的后果。本罪主要有以下特征：（1）本罪的犯罪主体，可以是个人，也可以是单位。

（2）行为人必须是违反国家关于出版方面的规定，实施了向他人（包括个人和单位）提供书号的行为。（3）行为必须造成淫秽书刊出版的后果。（4）行为人在提供书号时，并不明知该书号将被用于出版淫秽书刊，即主观上对造成淫秽书刊出版的后果不具有直接故意，性质上与直接制作、出版淫秽书刊存在不同，因此在刑罚设置上，也与故意出版淫秽书刊的行为进行了区别，规定为独立的罪名和刑罚。

第二，明知他人用于出版淫秽书刊而提供书号的。这里所说的"明知"是指行为人明知其所提供的书号将被用于出版淫秽书刊，而仍然违反规定向他人提供的行为。也就是说，行为人同淫秽书刊出版人对出版淫秽书刊具有共同的故意。根据刑法关于共犯的规定，这种行为实际上就是出版淫秽书刊的故意行为。因此，本款规定，明知他人用于出版淫秽书刊而提供书号的，依照出版淫秽书刊罪的规定处罚，而不能按为他人提供书号出版淫秽书刊罪处罚。需要注意的是，本条第一款虽然规定了以牟利为目的，但第二款规定的明知他人用于出版淫秽书刊而提供书号的，并不需要以牟利为目的，只要是明知他人用于出版淫秽书刊，而实施提供书号的行为，就应当依照本条第一款的规定，以出版淫秽物品牟利罪定罪处罚。

根据本款规定，行为人实施了向他人提供书号，出版淫秽书刊的行为，他人应当是将淫秽书刊印刷成书，并发行到社会上，如果他人并没有利用其提供的书号出版淫秽书刊，或者在出版过程中因某种原因而停止，未将书刊发行到社会上，或者是用从其他地方得到的书号出版淫秽书刊，一般情况下此时对行为人不能以本罪追究刑事责任。

【适用中需要注意的问题】

实践中需要注意的是，网络服务提供者是否构成传播淫秽物品牟利罪。互联网信息技术的飞速发展极大丰富了人们的文化生活，但网络淫秽色情行业也"大行其道"，不断变换着传播的方式和传播渠道，毒害人们思想，损害社会风气，诱发性犯罪或其他犯罪。实践中，一些网络服务提供者不履行法律、行政法规规定的信息网络安全管理义务，导致淫秽音像制作、音视频软件等在网络上大量传播，危害网络的健康发展。如何确定网络服务提供者的责任，需要根据具体的案件情况认定，如果网络服务提供者与淫秽物品的制作者、传播者串通，故意在网络上传播淫秽的书刊、音像制品、音视频软件等，则属于制作、复制、出版、贩卖、传播淫秽物品牟利罪的共犯，应当依照该罪定罪处罚；如果网络服务提供者只是明知是淫秽色情内容而放任在其服务平台上传播，且经监管部门责令采取改正措施而拒不改正的，如通知其删除、阻断等而未采取措施的，则应当依照刑法第二百八十六条之一拒不履行信息网络安全管理义务罪定罪处罚。

第三百六十四条　【传播淫秽物品罪】传播淫秽的书刊、影片、音像、图片或者其他淫秽物品，情节严重的，处二年以下有期徒刑、拘役或者管制。

【组织播放淫秽音像制品罪】组织播放淫秽的电影、录像等音像制品的，处三年以下有期徒刑、拘役或者管制，并处罚金；情节严重的，处三年以上十年以下有期徒刑，并处罚金。

制作、复制淫秽的电影、录像等音像制品组织播放的，依照第二款的规定从重处罚。

向不满十八周岁的未成年人传播淫秽物品的，从重处罚。

【释解与适用】

本条是关于传播淫秽物品罪、组织播放淫秽音像制品罪及其刑罚的规定。

本条共分四款。第一款是关于传播淫秽物品罪的规定。

根据本款规定，构成本罪应当具备以下条件。

第一，行为人实施了传播淫秽物品的行为。这里所说的"传播"是指在公共场所或者公众之中进行传播，主要是指通过播放、发表、传阅、出借、出租、展示、赠送、讲解、邮寄以及利用互联网等方式散布、流传淫秽物品的行为。传播是在一定范围内进行的，被传播的内容往往从一点向多点放射性扩散，由一人或少数人知悉转而为更大范围的人群知悉，这种传播行为可以是在公共场合公开进行，也可以是在私下进行，如果只是私下里自己观看，则不属于传播。

第二，行为人传播的是淫秽物品，即传播淫秽的图书、报纸、刊物、画册、图片、影片、录像带、录音带、激光唱盘、激光视盘、载有淫秽内容的文化娱乐品等淫秽物品。传播的内容既可以是淫秽物品中的淫秽内容，也可以是包含有淫秽内容的淫秽物品这个载体。

第三，必须达到"情节严重"才构成本罪，"情节严重"是区分罪与非罪的界限。这里所说的"情节严重",主要是指多次、经常性地在社会上传播淫秽物品;所传播的淫秽物品数量较大;或者虽然传播淫秽物品数量不大、次数不多,但被传播对象人数众多;造成的后果严重,等等。根据《最高人民法院关于审理非法出版物刑事案件具体应用法律若干问题的解释》第十条第一款的规定,向他人传播淫秽的书刊、影片、音像、图片等出版物达三百至六百人次以上或者造成恶劣社会影响的,属于"情节严重"。《最高人民法院、最高人民检察院关于办理利用互联网、移动通讯终端、声讯台制作、复制、出版、贩卖、传播淫秽电子信息刑事案件具体应用法律若干问题的解释(二)》第三条规定,利用互联网建立主要用于传播淫秽电子信息的群组,成员达三十人以上或者造成严重后果的,对建立者、管理者和主要传播者,依照本款的规定,以传播淫秽物品罪定罪处罚。

根据本款规定,传播淫秽的书刊、影片、音像、图片或者其他淫秽物品,情节严重的,处二年以下有期徒刑、拘役或者管制。

本条第二款是关于组织播放淫秽音像制品罪的规定。

根据本款规定,构成本罪应当具备以下条件。

第一,本罪规定的是组织犯,主要是惩治"组织播放"者,构成本罪的主体一般仅限于那些组织、策划、指挥播放和亲自操作播放的人员,对于向个别人播放或者仅仅参与观看等行为,则不构成本罪,不能按本款规定处罚,这是区分罪与非罪的界限。

第二,行为人实施了组织播放淫秽的电影、录像等音像制品的行为。这里所说的"组织播放",是指召集多人或者在互联网上播放淫秽电影、录像等音像制品的行为。播放淫秽音像制品,实质上也是一种传播淫秽物品的方式,鉴于这种行为在传播淫秽物品的各项活动中比较突出,且危害也比较严重,为了明确这种行为的法律责任,以利于打击这种犯罪活动,本款将这种行为规定为一个独立的罪名。这里所说的"音像制品",除了淫秽的电影、录像外,还包括淫秽的幻灯片、录音带、激光唱片、激光视盘、网络音视频等。

本款对组织播放淫秽的音像制品的犯罪行为,根据不同情节,分别规定了两个处罚档次:犯本罪的,处三年以下有期徒刑、拘役或者管制,并处罚金。根据《最高人民法院关于审理非法出版物刑事案件具体应用法律若干问题的解释》第十条的规定,组织播放淫秽的电影、录像等音像制品达十五至三十场次以上或者造成恶劣社会影响的,依照本款的规定,以组织播放淫秽音像制品罪定罪处罚。对情节严重的,处三年以上十年以下有期徒刑,并处罚金。

本条第三款是关于对制作、复制淫秽的音像制品又组织播放的从重处罚的规定。

根据本款规定,行为人既实施了制作、复制淫秽的电影、录像等音像制品的行为,又实施了组织播放淫秽的电影、录像等音像制品的行为,应当按照组织播放音像制品罪的规定从重处罚。"从重"是指根据行为人所犯的罪行的具体情节在本条第二款所规定的相应的量刑幅度内判处较重的刑罚。

本条第四款是关于向不满十八周岁的未成年人传播淫秽物品从重处罚的规定。

未成年人是需要在法律上特殊保护的群体,由于未成年人认识能力受到年龄的限制,对淫秽物品的性质和危害性往往缺乏正确的认识,向未成年人传播淫秽物品,会导致未成年人形成错误的世界观人生观,甚至诱发未成年人实施违法犯罪行为,社会危害性更为严重,因此,对引诱、教唆以及对未成年人实施的犯罪行为,必须予以严厉打击,这是立法和司法实践中一贯坚持的。因此,本款规定,向不满十八周岁的未成年人传播淫秽物品的,从重处罚。这也与国际上的做法是衔接的。比如,有的国家刑法专门将向未成年人传播淫秽物品的行为单独规定为犯罪,如联邦德国刑法规定,对向儿童展示猥亵性图画、模型或者开放猥亵性录音及其他传播猥亵性书籍的行为,处一年以下监禁或并科罚金;美国纽约州刑法规定,有意向未成年人传播淫秽物品的,处四年以下监禁。

【适用中需要注意的问题】

1. 如何区分传播淫秽物品罪与传播淫秽物品牟利罪的界限。这两个罪的行为人都实施了传播淫秽物品的行为,但两罪存在以下区别:一是主观目的不同。行为人传播淫秽物品不是以牟利为目的的,则构成传播淫秽物品罪。如果行为人"以牟利为目的"实施传播淫秽物品的行为,则构成传播淫秽物品牟利罪,依照刑法第三百六十三条的规定定罪处罚。二是情节要求不同。只有"情节严重的"传播淫秽物品的行为,才能构成传播淫秽物品罪;而刑法第三百六十三条规定的传播淫秽物品牟利罪,并未要求达到情节严重，情节严重只是作为第二档处刑的条件。

2. 如何区分组织播放淫秽音像制品罪与传播淫秽物品罪的界限。组织播放淫秽音像制品实质上也是传播淫秽物品的一种形式，只是因为其具有更严重的社会危害性，单独规定为犯罪。两罪之间的主要区别：一是传播的内容不同。组织播放淫秽音像制品罪是直接播放淫秽的内容；而传播淫秽物品罪既可以传播淫秽的内容，也可以传播含有淫秽内容的载体。二是客观方面表现不同。组织播放淫秽音像制品罪必须有召集多人观看、收听的行为；而传播淫秽物品罪并没有这一要求，如果行为人在公开的场合自己观看而没有组织他人，导致他人围观，也有可能构成传播淫秽物品罪。三是情节要求不同。传播淫秽物品罪必须要达到"情节严重的"条件，才构成犯罪；而组织播放淫秽音像制品罪没有这一限制，情节严重只是作为第二档处刑的条件。

第三百六十五条　【组织淫秽表演罪】组织进行淫秽表演的，处三年以下有期徒刑、拘役或者管制，并处罚金；情节严重的，处三年以上十年以下有期徒刑，并处罚金。

【释解与适用】

本条是关于组织淫秽表演罪及其刑罚的规定。

根据本条规定，构成组织淫秽表演罪，必须具备以下两方面条件。

第一，犯罪主体是淫秽表演的组织者，有些可能是专门从事淫秽表演的组织者，类似"穴头"；有些就是酒吧的老板，为招揽生意而组织淫秽表演。表演者不构成本罪，对表演者应采用教育和行政措施使其认识错误，从事正当劳动，构成违反治安管理行为的，依照治安管理处罚法的规定处罚。对于既是组织者又是表演者的，应按照组织者处理。对于明知他人组织淫秽表演，仍为其提供场所或者其他便利条件的，按照组织淫秽表演罪的共犯处理，应根据其在犯罪中的作用处罚。对于为组织淫秽表演活动卖票或者进行其他服务性活动的，应根据实际情况，区别对待，对于犯罪团伙、集团的成员应当按共犯处理，对于犯罪分子雇用的服务员，一般可不按照犯罪处理。

第二，行为人实施了组织淫秽表演的行为。行为人所雇用的演员的多少以及观众的多少，一般并不影响本罪的构成，而应作为犯罪的情节考虑。实践中，这些淫秽表演大多以牟利为目的，但也有个别情况下不是以牟利为目的。不论是否以牟利为目的，均不影响本罪的构成。这里所说的"淫秽表演"，是指关于性行为或者露骨宣扬色情的诲淫性的表演，如进行性交表演、手淫口淫表演、脱衣舞表演等。"组织进行淫秽表演"，是指组织他人进行淫秽性的表演，既可以是公开进行的，也可以是在隐蔽情况下针对部分人进行的。其中，"组织"是指策划表演过程，纠集、招募、雇用表演者，寻找、租用表演场地，招揽观众等组织演出的行为。"组织"的表现形式是多样的，是指在组织淫秽表演过程中起到纠集、组织、指挥、协调等作用，有的在组织淫秽表演过程中的各个环节都发挥组织作用，也有的只是在其中某一个或几个环节发挥作用，有的组织行为时独立进行的，有的组织行为则是受到总的组织者的指示。对于各种不同的情形，应当根据其具体作用作出不同认定，有的可以认定为"组织"的主犯，有的则可以认定为"组织"的帮助犯或从犯。根据《最高人民检察院、公安部关于公安机关管辖的刑事案件立案追诉标准的规定（一）》第八十六条的规定，以策划、招募、强迫、雇用、引诱、提供场地、提供资金等手段，组织进行淫秽表演，涉嫌下列情形之一的，应予立案追诉：组织表演者进行裸体表演的；组织表演者利用性器官进行诲淫性表演的；组织表演者半裸体或者变相裸体表演并通过语言、动作具体描绘性行为的；其他组织进行淫秽表演应予追究刑事责任的情形。

根据本条规定，组织进行淫秽表演的，处三年以下有期徒刑、拘役或者管制，并处罚金；情节严重的，处三年以上十年以下有期徒刑，并处罚金。"情节严重"是指多次组织淫秽表演、造成非常恶劣影响，以暴力、胁迫的方式迫使他人进行淫秽表演以及犯罪集团首要分子等严重的情节。

【适用中需要注意的问题】

1. 在聚众进行淫乱活动中，也经常出现由数人进行性交表演，其他人观看的情况，这种表演属于聚众进行淫乱的一部分，对于这种行为，应按照刑法第三百零一条聚众淫乱罪的规定来处理。对受雇从事淫秽表演的人员，观看淫秽表演者，可以视情节予以治安管理处罚或者批评教育。

2. 关于淫秽色情网络直播行为如何定性的问题。随着科技的发展与普及，人们获取信息、传播信息的途径不断扩大，社交方式在网络环境下也多种多样。网络直播是在互联网、移动通讯不断普及下而产生的一种新兴社交方式，在我国得到迅速发展，由于网络直播可以获得观众财物打赏或者其他礼物，产生巨大利益，一些不法分子利用直播进行色情表演，有的直播裸体、洗澡等行为，有的直播性行为。对于利用网络直播软件和直播平台进行淫秽色情直播的行为如何定罪，实践中存在不同认识，有的认为属于制作、传播淫秽物品的犯罪，有的认为属于组织淫秽表演的犯罪。对网络直播行为不能一概而论，要根据案件的具体情况，分别以制作、传播淫秽物品牟利罪，传播淫秽物品罪，组织播放淫秽音像制品罪，组织淫秽表演罪定罪处罚。

第三百六十六条【单位犯罪的规定】单位犯本节第三百六十三条、第三百六十四条、第三百六十五条规定之罪的，对单位判处罚金，并对其直接负责的主管人员和其他直接责任人员，依照各该条的规定处罚。

【释解与适用】

本条是对单位实施有关淫秽物品犯罪如何处罚的规定。

根据本条规定，单位有刑法第三百六十三条、第三百六十四条、第三百六十五条所规定的犯罪行为的，依照本条规定，除对单位判处罚金外，对其直接负责的主管人员和其他直接责任人员，还应分别依照各该条的有关规定予以刑事处罚。这里所说的"直接负责的主管人员"，是指单位对犯罪活动负直接责任的主要领导人。"直接责任人员"是指具体实施犯罪活动的行为人，即直接参与本单位制作、复制、出版、贩卖、传播淫秽物品，为他人出版书刊提供书号，传播淫秽的图片、书刊、影片、音像或者其他淫秽物品，组织播放淫秽的电影、录像或者其他音像制品，组织淫秽表演等行为的人员。

【适用中需要注意的问题】

实践中需要注意的是，对单位犯罪进行追究，在认定直接责任人员或者直接负责的主管人员时，应当把握两点：一是行为人在主观上必须对单位所从事的犯罪活动是明知的，具体表现为有批准、默许、纵容本单位实施或者直接参与实施本节第三百六十三条至第三百六十五条规定的违法犯罪活动的行为。二是单位从事本条规定的违法犯罪行为所获得的具体利益归于单位。上述两个条件同时具备才能构成本条规定的单位犯罪。

第三百六十七条 【淫秽物品的含义】本法所称淫秽物品,是指具体描绘性行为或者露骨宣扬色情的诲淫性的书刊、影片、录像带、录音带、图片及其他淫秽物品。

有关人体生理、医学知识的科学著作不是淫秽物品。

包含有色情内容的有艺术价值的文学、艺术作品不视为淫秽物品。

【释解与适用】

本条是关于淫秽物品含义的规定。

本条共分三款。第一款是关于淫秽物品概念的规定。

根据本款规定,第一,淫秽物品具有具体描绘性行为或者露骨宣扬色情的诲淫性的特征。这里所说的"具体描绘性行为",是指较详尽、具体地描写性行为的过程及其心理感受;淫亵性地描述或者传授性技巧;具体描写通奸、淫乱、卖淫、乱伦、强奸的过程细节;描写未成年人的性行为、同性恋的性行为或者其他性变态行为及与性变态有关的暴力、虐待、侮辱行为和令普通人不能容忍的对性行为等的淫亵描写。"露骨宣扬色情"是指公然地、不加掩饰地宣扬色情淫荡形象,着力表现人体生殖器官等。"诲淫性"是指挑动人们的性欲,足以导致普通人腐化堕落的具有刺激、挑逗性的文字和画面等。第二,淫秽物品的具体表现形式,包括淫秽的书刊、影片、录像带、录音带、图片及其他淫秽物品。根据《最高人民法院、最高人民检察院关于办理利用互联网、移动通讯终端、声讯台制作、复制、出版、贩卖、传播淫秽电子信息刑事案件具体应用法律若干问题的解释》的规定,"其他淫秽物品"包括具体描绘性行为或者露骨宣扬色情的诲淫性的视频文件、音频文件、电子刊物、图片、文章、短信息等互联网、移动通讯终端电子信息和声讯台语音信息。

第二款是关于有关人体生理、医学知识的科学著作不是淫秽物品的规定。

根据本款规定,有关人体生理、医学知识的科学著作不是淫秽物品。这里所说的"有关人体生理、医学知识的科学著作",是指有关人体的解剖生理知识、生育知识、疾病防治和其他有关性知识、性道德、性社会等自然科学和社会科学作品。这类作品不是淫秽物品。根据《最高人民法院、最高人民检察院关于办理利用互联网、移动通讯终端、声讯台制作、复制、出版、贩卖、传播淫秽电子信息刑事案件具体应用法律若干问题的解释》第九条的规定，有关人体生理、医学知识的电子信息和声讯台语音信息不是淫秽物品。

第三款是关于有色情内容的有艺术价值的文学、艺术作品不视为淫秽物品的规定。

根据本款规定，包含有色情内容的有艺术价值的文学、艺术作品不视为淫秽物品。所谓"有艺术价值"，是指在现实生活中以及文化艺术发展的历史长河中具有较高文学、艺术价值，同时也包含有对性行为、色情等内容的描绘的文学、艺术作品。例如，中国古典小说《金瓶梅》不仅在文学史上有一定的地位，而且在今天看来仍有较高的文学、艺术价值，是人类文化的遗产；还有一些表现人体美的美术作品，如裸体的绘画、雕刻、摄影等，能给人们带来艺术享受。根据《最高人民法院、最高人民检察院关于办理利用互联网、移动通讯终端、声讯台制作、复制、出版、贩卖、传播淫秽电子信息刑事案件具体应用法律若干问题的解释》第九条的规定，包含色情内容的有艺术价值的电子文学、艺术作品不视为淫秽物品。上述具有艺术价值的文学、艺术作品，在一定范围内传播对社会没有危害性，但应当注意的是，对这类作品本身虽不视为淫秽物品，然而对这类作品的复制、贩卖、传播仍应加以必要的管理和限制的，不能任其广泛、随意传播。

【适用中需要注意的问题】

需要注意的是，本条规定的淫秽物品的本质特征是指该书刊、影片、录像带、录音带、图片等淫秽物品具有诲淫性。判断一个作品是否是淫秽物品，需要从作品的整体性、淫秽描写与作品的关联性等方面进行综合判断，一般来说，淫秽作品应当是整体具有诲淫性，也就是该作品从其基本内容、基本格调来看是淫秽的，是以描绘性行为或者露骨宣扬色情为主的。

第七章　危害国防利益罪

第三百六十八条　【阻碍军人执行职务罪】以暴力、威胁方法阻碍军人依法执行职务的，处三年以下有期徒刑、拘役、管制或者罚金。

【阻碍军事行动罪】故意阻碍武装部队军事行动，造成严重后果的，处五年以下有期徒刑或者拘役。

【释解与适用】

本条是关于阻碍军人执行职务罪、阻碍军事行动罪及其刑罚的规定。

本条分为两款。第一款是关于阻碍军人执行职务罪的规定。构成本罪须具备以下条件。

1. 行为人主观上是故意犯罪，即故意阻碍军人依法执行职务。行为人的动机或者目的可以是多种多样的，有的是认为军人执行职务触犯了其个人利益，有的是对军人个人有私仇宿怨，有的则与军事行动对抗的动机或者目的等。具体动机或者目的不影响阻碍军人执行职务罪的成立，但可以作为量刑情节予以考虑。

2. 行为人在客观上实施了阻碍军人执行职务的行为，且这种阻碍是以暴力、威胁的方法实施的。"暴力"，是指对依法执行职务的军人人身施以殴打、伤害、捆绑等行为。"威胁"，是指以杀害、伤害、毁坏名誉、毁坏财物等方式对依法执行职务的军人进行要挟、恐吓的行为。根据本款的规定，采取暴力、威胁方法是构成本罪的必要条件。阻碍军人执行职务罪是行为犯，只要行为人客观上实施了以暴力、威胁方法阻碍军人执行职务的行为，就足以构成本罪，不需要实际对军人执行职务产生严重妨害的后果。

3. 阻碍的对象必须是军人。这里规定的"军人"是指现役军人，其具体范围应当按照刑法第四百五十条的规定理解。

4. 受到阻碍的必须是军人依法执行职务的行为。国防法等法律规定了我国武装力量的任务，军人"依法"执行职务是指军人依照国防法等法律规定的职责和部队的命令执行有关职务。这里需强调两点：一是对于军人违反法律规定，滥用、擅用、超越职权及其他违法行为进行抵制的，不是本条所说的阻碍军人执行职务。二是构成本条规定的犯罪，阻碍的必须是军人执行职务的行为。如果是对军人执行职务以外的行为进行阻碍的，不构成本款规定的犯罪。

根据本款规定，对以暴力、威胁方法阻碍军人依法执行职务的，处三年以下有期徒刑、拘役、管制或者罚金。有本款规定的阻碍军人执行职务的行为，造成军人伤害、死亡，构成故意伤害罪、故意杀人罪的，应当按照处罚较重的犯罪规定定罪处罚。

本条第二款是关于阻碍军事行动罪的规定。构成本款规定的犯罪，须具备以下几个条件。

1. 行为人在主观上有犯罪的故意，即有阻碍武装部队军事行动的故意。如果是出于过失，尽管在客观上也阻碍了武装部队的军事行动，也不构成本罪。

2. 行为人在客观上实施了阻碍的行为。这里并未规定阻碍所必需的手段，也就是无论行为人是以暴力、威胁手段阻碍还是采取其他非暴力的手段设置各种障碍，制造各种困难等方式均构成这里规定的"阻碍"。

3. 阻碍的对象必须是对武装部队的整体，而不是武装部队中的某个人。这里规定的"武装部队"，根据国防法第二十二条的规定，包括中国人民解放军现役部队和预备役部队、中国人民武装警察部队、民兵。

4. 受到阻碍的必须是武装部队的军事行动，如不是军事行动，则不构成本罪。"军事行动"包括作战、军事演习等行动，也包括抢险救灾等非战争军事行动。

5. 阻碍武装部队军事行动的行为必须造成严重后果，才构成本罪。这里规定的"严重后果"，是指造成贻误战机，作战部署作出重大调整，造成灾害扩大、人员伤亡等严重后果。

根据本款规定，对故意阻碍武装部队军事行动，造成严重后果的，处五年以下有期徒刑或者拘役。

【适用中需要注意的问题】

1. 本条第一款规定的阻碍军人执行职务罪与第二款规定的阻碍军事行动罪的区分。这两种犯罪的区别主要有：一是犯罪对象不同。阻碍军人执行职务罪的犯罪对象是依法执行职务的军人，是武装部队中执行某项任务的少数人。阻碍军事行动罪的犯罪对象是武装部队整体。二是客观方面不同。阻碍军人执行职务罪以采用暴力、威胁方法为构成要件，阻碍军人执行职务罪没有限定特定的犯罪手段。阻碍军人执行职务罪不要求危害后果，阻碍军事行动罪要求造成严重后果。

2. 本条第一款规定的阻碍军人执行职务罪与刑法第四百二十六条规定的阻碍执行军事职务罪的区别。刑法第四百二十六条规定了阻碍执行军事职务罪，即以暴力、威胁方法，阻碍指挥人员或者值班、值勤人员执行职务的，处五年以下有期徒刑或者拘役；情节严重的，处五年以上十年以下有期徒刑；情节特别严重的，处十年以上有期徒刑或者无期徒刑。战时从重处罚。这两种犯罪的区别主要有：一是主体不同，阻碍军人执行职务罪的主体是一般主体，阻碍执行军事职务罪的主体限于现役军人。二是阻碍的对象不同，阻碍军人执行职务罪阻碍的对象可能是所有依法执行职务的军人，阻碍执行军事职务罪阻碍的对象是指挥人员或者值班、值勤人员，只是军人的一部分。三是处刑不同，阻碍执行军事职务罪作为军人违反职责罪，最高可能判处无期徒刑，比阻碍军人执行职务罪的处刑重得多。

第三百六十九条 【破坏武器装备、军事设施、军事通信罪】破坏武器装备、军事设施、军事通信的，处三年以下有期徒刑、拘役或者管制；破坏重要武器装备、军事设施、军事通信的，处三年以上十年以下有期徒刑；情节特别严重的，处十年以上有期徒刑、无期徒刑或者死刑。

【过失损坏武器装备、军事设施、军事通信罪】过失犯前款罪，造成严重后果的，处三年以下有期徒刑或者拘役；造成特别严重后果的，处三年以上七年以下有期徒刑。

战时犯前两款罪的，从重处罚。

【释解与适用】

本条是关于破坏武器装备、军事设施、军事通信罪和过失损坏武器装备、军事设施、军事通信罪及其刑罚的规定。

本条共分三款。第一款是关于破坏武器装备、军事设施、军事通信罪及其处罚的规定。构成本款规定的犯罪必须具备以下几个条件。

1. 实施破坏武器装备、军事设施、军事通信的犯罪行为人，在主观上必须是出于故意。也就是说，实施破坏行为的动机和目的是明确的。

2. 行为人客观上已经实施了破坏武器装备、军事设施、军事通信的行为。武器装备、军事设施是否完好无损，军事通信是否畅通无阻，直接关系到国家的国防安全和利益。因此，对采取任何手段破坏武器装备、军事设施、军事通信的行为都应追究刑事责任。这里的"破坏"，包括以各种手段和方法对武器装备、军事设施、军事通信设备设施本身进行的破坏，也包括对其正常功能和作用的损坏。

3. 破坏的对象必须是武器装备、军事设施、军事通信。"武器装备"，是指部队用于实施和保障作战行动的武器、武器系统和军事技术器材的统称。备用的武器装备重要零件、部件，应视为武器装备。"军事设施"，根据军事设施保护法第二条的规定，是指国家直接用于军事目的的下列建筑、场地和设备：指挥机关、地面和地下的指挥工程、作战工程；军用机场、港口、码头；营区、训练场、试验场；军用洞库、仓库；军用通信、侦察、导航、观测台站，测量、导航、助航标志；军用公路、铁路专用线、军用通信、输电线路，军用输油、输水管道；边防、海防管控设施；国务院和中央军事委员会规定的其他军事设施。"军事通信"，是指军事通信设备、通信枢纽等。

4. 只要实施了破坏武器装备、军事设施、军事通信的行为，就构成本款规定的犯罪，并不要求破坏行为造成一定的后果。

本款对破坏武器装备、军事设施、军事通信的犯罪行为规定了三个处罚档次：对一般的破坏行为，处三年以下有期徒刑、拘役或者管制；对破坏重要武器装备、军事设施、军事通信的犯罪行为，处三年以上十年以下有期徒刑。根据有关规定，这里所说的"重要武器装备"，是指战略导弹及其他导弹武器系统、飞机、直升机、作战舰艇、登陆舰和一吨位以上辅助船、坦克、装甲车辆、较大毫米以上口径的地面火炮、岸炮、雷达、声呐、指挥仪、较大功率的电台和电子对抗设备、舟桥、较大功率的工程机械、汽车、陆军船舶等。"重要军事设施"，是指指挥中心、大型作战工程、各类通信、导航、观测枢纽、导弹基地、机场、港口、大型仓库、重要管线等。"重要军事通信"，是指军事首脑机关及重要指挥中心的通信、部队作战中的通信，等级战备通信，飞行航行训练、抢险救灾、军事演习或者处置突发性事件中的通信，以及执行试飞试航、武器装备科研试验或者远洋航行等重要军事任务中的通信。根据《最高人民法院关于审理危害军事通信刑事案件具体应用法律若干问题的解释》第二条的规定，实施破坏军事通信行为，具有下列情形之一的，属于本款规定的"情节特别严重"，以破坏军事通信罪定罪，处十年以上有期徒刑、无期徒刑或者死刑：（1）造成重要军事通信中断或者严重障碍，严重影响部队完成作战任务或者致使部队在作战中遭受损失的；（2）造成部队执行抢险救灾、军事演习或者处置突发性事件等任务的通信中断或者严重障碍，并因此贻误部队行动，致使死亡三人以上、重伤十人以上或者财产损失一百万元以上的；（3）破坏重要军事通信三次以上的；（4）其他情节特别严重的情形。实践中，建设、施工单位直接负责的主管人员、施工管理人员，明知是军事通信线路、设备而指使、强令、纵容他人予以损毁的，或者不听管护人员劝阻，指使、强令、纵容他人违章作业，造成军事通信线路、设备损毁的，以破坏军事通信罪定罪处罚。

第二款是关于过失损坏武器装备、军事设施、军事通信罪及其处罚的规定。本款是刑法修正案（五）新增加的内容。

这里规定的"过失"犯罪，既包括过失损坏武器装备、军事设施、军事通信的犯罪行为，也包括过失损坏重要的武器装备、军事设施、军事通信的犯罪行为。对于过失犯罪，必须造成严重后果的，才构成犯罪。这里的"严重后果"，是指由于过失行为致使大量武器装备、军事设施遭到损坏或重要军事通信遭到损坏。根据《最高人民法院关于审理危害军事通信刑事案件具体应用法律若干问题的解释》第四条的规定，过失损坏军事通信，具有下列情形之一的，属于本款规定的"造成特别严重后果"，以过失损坏军事通信罪定罪，处三年以上七年以下有期徒刑：（1）造成重要军事通信中断或者严重障碍，严重影响部队完成作战任务或者致使部队在作战中遭受损失的；（2）造成部队执行抢险救灾、军事演习或者处置突发性事件等任务的通信中断或者严重障碍，并因此贻误部队行动，致使死亡三人以上、重伤十人以上或者财产损失一百万元以上的；（3）其他后果特别严重的情形。实践中，建设、施工单位直接负责的主管人员、施工管理人员，忽视军事通信线路、设备保护标志，指使、纵容他人违章作业，致使军事通信线路、设备损毁,构成犯罪的,以过失损坏军事通信罪定罪处罚。

根据本款规定,过失损坏武器装备、军事设施、军事通信和过失损坏重要武器装备、军事设施、军事通信,造成严重后果的,处三年以下有期徒刑或者拘役。造成特别严重后果的,处三年以上七年以下有期徒刑。

第三款是关于战时破坏武器装备、军事设施、军事通信和过失损坏武器装备、军事设施、军事通信的犯罪从重处罚的规定。这里的"战时",根据刑法第四百五十一条的规定,是指国家宣布进入战争状态、部队领受作战任务或者遭敌突然袭击时。这里规定的从重处罚,是指根据不同的犯罪情节,分别在第一款、第二款规定的不同的处罚档次内判处较重处罚。

【适用中需要注意的问题】

实践中,存在因盗窃行为破坏武器装备、军事设施、军事通信的情形,如盗割军事通信电缆的行为等。这些行为同时构成盗窃罪和本条规定的破坏武器装备、军事设施、军事通信罪的,应当依照处罚较重的犯罪规定定罪处罚。

第三百七十条 【故意提供不合格武器装备、军事设施罪】明知是不合格的武器装备、军事设施而提供给武装部队的,处五年以下有期徒刑或者拘役;情节严重的,处五年以上十年以下有期徒刑;情节特别严重的,处十年以上有期徒刑、无期徒刑或者死刑。

【过失提供不合格武器装备、军事设施罪】过失犯前款罪,造成严重后果的,处三年以下有期徒刑或者拘役;造成特别严重后果的,处三年以上七年以下有期徒刑。

单位犯第一款罪的,对单位判处罚金,并对其直接负责的主管人员和其他直接责任人员,依照第一款的规定处罚。

【释解与适用】

本条是关于故意提供不合格武器装备、军事设施罪和过失提供不合格武器装备、军事设施罪及其刑罚的规定。

本条共分三款。第一款是关于故意提供不合格武器装备、军事设施罪的规定。一般情况下,武器装备、军事设施均由国家指定的单位生产、建造。本款规定的犯罪主体,一般是在这些军工企业事业单位中负责武器装备、军事设施的设计、生产、检验、质量验收、销售等的人员。如果他们由于徇私舞弊、谋取私利或者其他原因，失于职责，将明知是不合格的武器装备、军事设施放任过关，导致最终提供给武装部队的，就应当依照本款的规定承担相应的刑事责任。

构成第一款规定的犯罪，须具备以下几个条件。

1. 行为人主观上必须是故意，即明知武器装备、军事设施是不合格的产品，仍向武装部队提供。这是区分罪与非罪的界限。

2. 提供的必须是武器装备、军事设施，而不是一般的军用物资。如果提供给部队的是武器装备、军事设施以外的军用物资，如军用食品出现质量问题的，不适用本款规定。构成其他犯罪的，按照其他犯罪的规定处罚。"军事设施"，根据军事设施保护法第二条的规定，是指国家直接用于军事目的的下列建筑、场地和设备：指挥机关、地面和地下的指挥工程、作战工程；军用机场、港口、码头；营区、训练场、试验场；军用洞库、仓库；军用通信、侦察、导航、观测台站，测量、导航、助航标志；军用公路、铁路专用线、军用通信、输电线路，军用输油、输水管道；边防、海防管控设施；国务院和中央军事委员会规定的其他军事设施。"提供"指交付部队使用。

3. 提供给部队的武器装备、军事设施是不合格的。"不合格"，是指不符合规定的质量标准。

本款对明知是不合格的武器装备、军事设施而提供给部队的犯罪规定了三个处罚档次：对构成本款规定犯罪的，处五年以下有期徒刑或者拘役；情节严重的，处五年以上十年以下有期徒刑；情节特别严重的，处十年以上有期徒刑、无期徒刑或者死刑。"情节严重"，是指造成人员重伤、死亡的；造成较大经济损失的；严重影响部队完成任务的；等等。"情节特别严重"，是指造成多人重伤、死亡的；严重影响部队完成重要任务的；造成重大经济损失或者其他特别严重后果的；等等。

本条第二款是关于过失提供不合格武器装备、军事设施罪的规定。构成本款规定的犯罪，须具备以下条件。

1. 行为人主观上是出于过失。故意实施的，按照本条第一款的规定定罪处罚。

2. 行为人客观上必须有第一款规定的犯罪行为，即将不合格的武器装备、军事设施提供给武装部队。

3. 行为人的行为必须是造成严重后果的，才构成犯罪，这是区分罪与非罪的重要界限。

本款对过失犯前款罪，规定了两个处罚档次：对造成严重后果的，处三年以下有期徒刑或者拘役；造成特别严重后果的，处三年以上七年以下有期徒刑。这里规定的"严重后果"包括人员伤亡的后果、经济受到损失的后果以及影响部队任务完成的后果等。《最高人民检察院、公安部关于公安机关管辖的刑事案件立案追诉标准的规定（一）》对本条前两款规定的犯罪的具体立案追诉标准作了规定。

本条第三款是关于单位故意提供不合格武器装备、军事设施犯罪的规定。这里应注意的是，单位只有在明知武器装备、军事设施是不合格的，仍向武装部队提供的情况下，才构成犯罪。本条没有对单位的过失犯罪作出规定。根据本款规定，对单位犯故意提供不合格武器装备、军事设施罪的，采取双罚制的原则，对单位判处罚金，对其直接负责的主管人员和其他直接责任人员依照第一款的规定处罚，即处五年以下有期徒刑或者拘役；情节严重的，处五年以上十年以下有期徒刑；情节特别严重的，处十年以上有期徒刑、无期徒刑或者死刑。

【适用中需要注意的问题】

实践中应当注意本条规定的故意提供不合格武器装备、军事设施罪与刑法第一百四十条规定的生产、销售伪劣产品罪的区分。生产、销售武器装备、军事设施的企业事业单位生产、销售不合格的武器装备、军事设施，可能也构成生产、销售伪劣产品罪，这属于法条竞合的情形。根据特别法优于一般法的原则，对于这种行为，应当依照本条的规定定罪处罚。

第三百七十一条 【聚众冲击军事禁区罪】聚众冲击军事禁区，严重扰乱军事禁区秩序的，对首要分子，处五年以上十年以下有期徒刑；对其他积极参加的，处五年以下有期徒刑、拘役、管制或者剥夺政治权利。

【聚众扰乱军事管理区秩序罪】聚众扰乱军事管理区秩序，情节严重，致使军事管理区工作无法进行，造成严重损失的，对首要分子，处三年以上七年以下有期徒刑；对其他积极参加的，处三年以下有期徒刑、拘役、管制或者剥夺政治权利。

【释解与适用】

本条是关于聚众冲击军事禁区罪和聚众扰乱军事管理区秩序罪及其刑罚的规定。

本条共分两款。第一款是关于聚众冲击军事禁区罪及处罚的规定。根据军事设施保护法的有关规定,国家根据军事设施的性质、作用、安全保密的需要和使用效能的要求,划定军事禁区、军事管理区。"军事禁区",是指设有重要军事设施或者军事设施具有重大危险因素,需要国家采取特殊措施加以重点保护,依照法定程序和标准划定的军事区域。军事禁区由国务院和中央军事委员会确定,或者由军区根据国务院和中央军事委员会的规定确定。陆地和水域的军事禁区的范围,由军区和省、自治区、直辖市人民政府共同划定,或者由军区和省、自治区、直辖市人民政府、国务院有关部门共同划定。空中军事禁区和特别重要的陆地、水域军事禁区的范围,由国务院和中央军事委员会划定。"聚众冲击",是指纠集多人强行进入军事禁区,占据办公地点、毁坏财物等暴力性的干扰活动。构成本款规定的犯罪,行为人的行为必须是严重扰乱了军事禁区的秩序。"军事禁区的秩序"包括军事禁区中武装部队作战、演习、训练、生产、教学、生活、科研等各方面的活动和秩序。所谓"严重扰乱",是指行为人的行为,致使军事禁区的各项工作无法正常进行,或者具有其他严重情形的。《最高人民检察院、公安部关于公安机关管辖的刑事案件立案追诉标准的规定(一)》第八十九条对构成本款规定的犯罪的具体立案标准作了规定。

构成本款规定的犯罪,对首要分子,处五年以上十年以下有期徒刑;对其他积极参加的,处五年以下有期徒刑、拘役、管制或者剥夺政治权利。考虑到军事禁区关系到国家重大国防军事利益,是国家采取特殊措施加以重点保护的军事区域,本款对聚众冲击军事禁区犯罪规定的刑罚是比较严厉的。

第二款是关于聚众扰乱军事管理区秩序罪及其处罚的规定。根据军事设施保护法的有关规定,"军事管理区",是指设有较重要军事设施或者军事设施具有较大危险因素,需要国家采取特殊措施加以保护,依照法定程序和标准划定的军事区域。军事管理区由国务院和中央军事委员会确定,或者由军区根据国务院和中央军事委员会的规定确定。陆地和水域的军事管理区的范围,由军区和省、自治区、直辖市人民政府共同划定,或者由军区和省、自治区、直辖市人民政府、国务院有关部门共同划定。这里规定的"扰乱",包括各种对军事管理区秩序进行暴力和非暴力的干扰、破坏活动,如纠集多人在军事管理区进行故意喧闹、辱骂、纠缠,冲砸军事管理区的各种设施等。这些行为,如果情节严重,致使军事管理区工作无法进行,并且造成严重损失的,即构成犯罪。这三个条件必须同时具备,是区分罪与非罪的界限。"情节严重",主要是指行为人多次实施扰乱的行为,经军事管理区工作人员制止仍不停止其扰乱活动的,或者采取暴力扰乱军事管理区秩序的等情况。"造成严重损失"不仅包括给财产造成损失,也包括造成人员伤亡的损失。《最高人民检察院、公安部关于公安机关管辖的刑事案件立案追诉标准的规定(一)》第九十条对构成本款规定的犯罪的具体立案标准作了规定。

构成本款规定的犯罪,对首要分子,处三年以上七年以下有期徒刑;对其他积极参加的,处三年以下有期徒刑、拘役、管制或者剥夺政治权利。

【适用中需要注意的问题】

1. 准确界定犯罪行为。本条两款规定的聚众冲击军事禁区罪和聚众扰乱军事管理区秩序罪,都是严重侵犯有关军事区域管理秩序的犯罪,在构成要件上,分别要求达到"严重扰乱军事禁区秩序"和"情节严重,致使军事管理区工作无法进行,造成严重损失"的程度。对于一些群众因为军地关系中涉及自身利益的问题聚集在军事区域表达诉求,有一些过激行为,但尚未达到本条规定的构成犯罪的条件的,应当从化解矛盾、做好群众工作的角度妥善处理,不能过度依赖刑事手段进行打击。需要予以行政处罚的,可以依照军事设施保护法、治安管理处罚法的规定处罚。

2. 准确界定涉案人员在聚众违法犯罪中的作用。本条两款规定的犯罪都是聚众型犯罪,追究刑事责任的是聚众犯罪中的首要分子和其他积极参加者,对于一般参加者不作为犯罪处理。这就要求司法机关准确界定涉案人员在聚众违法犯罪中的作用,对于依法应当追究刑事责任的严格依法办理。对于首要分子和其他积极参加者以外的违法活动参加者,特别是受裹挟、蒙蔽参与违法活动的,严格掌握法律和政策界限,注意控制刑事打击面。需要予以行政处罚的,可以依照军事设施保护法、治安管理处罚法的规定处罚。

3. 注意区分本条规定的犯罪与刑法第二百九十条规定的聚众扰乱社会秩序罪、聚众冲击国家机关罪。刑法第二百九十条第一款规定的聚众扰乱社会秩序罪，是指聚众扰乱社会秩序，致使工作、生产、营业和教学、科研、医疗无法进行，造成严重损失的犯罪行为。本条是针对军事区域秩序的保护，将聚众冲击军事禁区和聚众扰乱军事管理区秩序的犯罪行为专门作出规定。对于当事人的行为同时构成聚众扰乱社会秩序罪和本条规定的犯罪的，根据特别法优于一般法的原则，应当依照本条的规定定罪处刑。同时，刑法第二百九十条第二款规定了聚众冲击国家机关罪，其是指聚众冲击国家机关，致使国家机关工作无法进行，造成严重损失的犯罪行为。军事机关也是我国国家机关的组成部分，但对于聚众冲击军事机关的行为，构成本条规定的犯罪的，也应当首先适用本条的规定追究刑事责任。

第三百七十二条 【冒充军人招摇撞骗罪】冒充军人招摇撞骗的，处三年以下有期徒刑、拘役、管制或者剥夺政治权利；情节严重的，处三年以上十年以下有期徒刑。

【释解与适用】

本条是关于冒充军人招摇撞骗罪及其刑罚的规定。

构成本条规定的犯罪，须具备以下条件。

1. 行为人冒充的对象是军人。冒充军人身份是构成本罪的重要条件，也是与刑法第二百七十九条规定的冒充国家机关工作人员招摇撞骗罪的重要区别。这里规定的"军人"指具有中国人民解放军军籍的现役军人及中国人民武装警察部队的现役武警，具体可根据刑法第四百五十条的规定掌握。具体行为方式上，可以是通过穿着、佩戴军人专用的服装、标志，使用伪造、变造或者冒用的军人证件，驾驶挂有伪造、盗窃或者非法获取的武装部队车辆号牌的车辆，以及自称是军人等方式冒充军人。

2. 行为人在客观上实施了招摇撞骗的行为。"招摇撞骗"，是指假借军人名义到处炫耀，利用人民群众对人民军队的信任、爱戴进行欺骗活动，以谋取非法利益的行为。例如，冒充军队干部以招兵为名，向希望参军的青年或其亲属骗取财物；冒充军人骗取他人"爱情"；冒充军人骗取得到有关方面给予军人的优先待遇；等等。从实践中的情况来看，冒充军人招摇撞骗的行为往往具有多次、多样的特点，即多次多处行骗，骗取的利益也比较多样，包括财产性利益和非财产性利益。如果行为人只是由于军人在人民群众中的形象好、威信高而冒充军人以满足自己的虚荣心，并没有假借军人身份进行招摇撞骗的活动，不构成本罪，可以对其进行批评教育或给予纪律处分等。

根据本条规定，对冒充军人招摇撞骗的，处三年以下有期徒刑、拘役、管制或者剥夺政治权利；情节严重的，处三年以上十年以下有期徒刑。本条规定的刑罚与刑法第二百七十九条规定的招摇撞骗罪的刑罚是一致的。将冒充军人招摇撞骗的行为在刑法分则危害国防利益罪一章单独规定，主要是体现对这种犯罪行为惩治的针对性和明确性。

【适用中需要注意的问题】

实践中应当注意本条规定的冒充军人招摇撞骗罪与刑法第二百六十六条规定的诈骗罪的区分。刑法第二百六十六条规定了诈骗罪，即诈骗公私财物，数额较大的犯罪行为。冒充军人招摇撞骗罪与诈骗罪的主要区别有以下几个方面：一是侵犯的法益不同。冒充军人招摇撞骗罪不仅侵犯了有关个人、组织的财产等合法权益，还侵犯人民军队的声誉和形象，诈骗罪侵犯的是公私财物的所有权。二是行为手段不同。冒充军人招摇撞骗罪的手段是冒充军人行骗，诈骗罪的行为手段多样。三是行为人通过犯罪获取的非法利益不同。冒充军人招摇撞骗罪获取的非法利益比较多样，可以是财产性利益，也可以是非财产性利益。诈骗罪获取的非法利益是财物。如果行为人冒充军人身份骗取他人财物，数额较大，可能同时触犯冒充军人招摇撞骗罪和诈骗罪。这时应当依照处罚较重的犯罪定罪处罚。对于诈骗财物数额特别巨大或者有其他特别严重情节的，根据刑法第二百六十六条的规定可以判处十年以上有期徒刑或者无期徒刑，重于本条规定的刑罚，这种情况下应当依照诈骗罪的规定定罪处罚。

另外，根据《最高人民法院、最高人民检察院关于办理妨害武装部队制式服装、车辆号牌管理秩序等刑事案件具体应用法律若干问题的解释》第六条的规定，实施刑法第三百七十五条规定的伪造、变造、买卖、盗窃、抢夺武装部队公文、证件、印章，非法生产、买卖武装部队制式服装，伪造、盗窃、买卖、非法提供、非法使用武装部队专用标志的犯罪行为，同时又构成逃税、诈骗、冒充军人招摇撞骗等犯罪的，依照处罚较重的规定定罪处罚。

第三百七十三条 【煽动军人逃离部队罪】【雇用逃离部队军人罪】煽动军人逃离部队或者明知是逃离部队的军人而雇用,情节严重的,处三年以下有期徒刑、拘役或者管制。

【释解与适用】

本条是关于煽动军人逃离部队罪和雇用逃离部队军人罪及其刑罚的规定。

本条规定了两种犯罪行为。

1. 煽动军人逃离部队罪。构成煽动军人逃离部队罪须具备以下条件。

一是行为人主观上是出于故意,即有明确的要使军人脱离所在部队,不履行服兵役义务的目的。实践中行为人煽动军人逃离部队的动机存在多种情况,有的是希望在部队服役的亲人回到自己身边,有的是希望军人到自己的企业工作或者从事其他工作,也有的是出于破坏武装部队战斗力和国家兵役制度的政治目的。

二是行为人客观上实施了煽动军人逃离部队的行为。"煽动",是指通过宣传、鼓动的行为,使在部队服役的现役军人逃离部队。煽动的方法多种多样,如发表演说,发送、邮寄纸质和电子形式的宣传材料,散发标语、传单等。只要行为人实施了煽动军人逃离部队的行为,就可以构成本条规定的犯罪。至于军人是否产生了逃离部队的意图,是否实施了逃离部队的行为,不影响犯罪的构成,可以作为量刑时考虑的情节。这里还应注意将煽动行为与军人家属、亲友因确有困难,向服役的军人表达希望其早日转业回家的愿望等情况区别开来,这种情形不能按犯罪处理。

三是行为人的行为必须是情节严重的,才构成犯罪,这是区分罪与非罪的界限。"情节严重",是指多次实施煽动行为、煽动多名军人或者军队的高级人员离开部队等情况。根据《最高人民检察院、公安部关于公安机关管辖的刑事案件立案追诉标准的规定(一)》第九十一条的规定,煽动军人逃离部队,涉嫌下列情形之一的,应予立案追诉:煽动三人以上逃离部队的;煽动指挥人员、值班执勤人员或者其他负有重要职责人员逃离部队的;影响重要军事任务完成的;发生在战时的;其他情节严重的情形。

2. 雇用逃离部队军人罪。构成雇用逃离部队军人罪须具备以下条件。

一是行为人在主观上必须是明知,即明知其所雇用的是逃离部队的军人。这种明知，可以是行为人明确承认，也可以通过客观情形推定。

二是行为人在客观上实施了明知是逃离部队的军人而雇用的行为。这里规定的"雇用"，是指通过付给报酬让逃离部队的军人为其提供劳务。雇用的形式可以是多样的，不限于签订劳动合同的正式用工。只要形成了事实上的雇佣关系，都可以构成本条规定的犯罪。

三是行为人的行为必须是情节严重的，才构成犯罪，这是罪与非罪的界限。"情节严重"，是指雇用多名或多次雇用逃离部队的军人等情况。根据《最高人民检察院、公安部关于公安机关管辖的刑事案件立案追诉标准的规定（一）》第九十二条的规定，明知是逃离部队的军人而雇用，涉嫌下列情形之一的，应予立案追诉：雇用一人六个月以上的；雇用三人以上的；明知是逃离部队的指挥人员、值班执勤人员或者其他负有重要职责人员而雇用的；阻碍部队将被雇用军人带回的；其他情节严重的情形。

根据本条规定，对煽动军人逃离部队或者明知是逃离部队的军人而雇用，情节严重的，处三年以下有期徒刑、拘役或者管制。

【适用中需要注意的问题】

实践中适用煽动军人逃离部队罪和雇用逃离部队军人罪，应当注意这两个犯罪与逃离部队罪的共同犯罪的区分。刑法第四百三十五条规定的逃离部队罪的主体是现役军人。煽动军人逃离部队的行为，实际上是教唆军人实施逃离部队罪。但刑法已经将这种煽动行为单独规定为煽动军人逃离部队罪，就不再以逃离部队罪的共同犯罪定罪处罚。同时，对于行为人事先与准备逃离部队的军人通谋，军人逃离部队后予以雇用的行为，应当以逃离部队罪的共犯定罪处罚。

第三百七十四条 【接送不合格兵员罪】在征兵工作中徇私舞弊，接送不合格兵员，情节严重的，处三年以下有期徒刑或者拘役；造成特别严重后果的，处三年以上七年以下有期徒刑。

【释解与适用】

本条是关于接送不合格兵员罪及其刑罚的规定。

构成本条规定的接送不合格兵员犯罪，须具备以下条件。

1. 犯罪主体是特殊主体，即负责接送新兵的工作人员，包括军队中负责征兵工作的人员，也包括地方负责征召、审查和向部队输送兵员工作的人员，以及在征兵工作中承担相关职责的医务人员等。

2. 行为人主观上是故意的，即行为人明知兵员的政治条件、年龄条件、身体条件或者其他条件不符合征兵要求，仍然故意将不合格的兵员接送到部队。行为人的动机可能是多样的，如收受钱财、照顾亲友等。

3. 行为人客观上具有在征兵工作中，徇私舞弊，接送不合格兵员的行为。这里的"征兵"，是指国家依照国防法、兵役法、《征兵工作条例》等规定，征集中国人民解放军和中国人民武装警察部队现役的兵员。"徇私舞弊"，主要是指徇私情，如看在是老同学、老同事、老部下、老上级或亲属朋友的面子，或是收受贿赂而徇私等。"接送"按照部队和地方征兵工作人员的职责，包括"接"和"送"两种情形。"接"是指部队有关人员将新兵接收到部队。"送"是指地方有关部门工作人员将兵员送至部队。"接送"的具体环节包括兵役登记、体格检查、政治审查、审定新兵、交接新兵等。"不合格兵员"是指不符合法律法规规定的新兵征集条件的兵员。兵役法、《征兵工作条例》等法律、法规中，对兵员的各方面条件规定了明确的要求，主要有以下几个方面：一是年龄条件。二是文化程度条件。根据有关规定，目前征兵对象以高中毕业以上文化程度的青年为主。三是身体条件。2003年国防部发布的《应征公民体格检查标准》对应征入伍的公民的身体条件作了详细规定，具体包括外科、内科、耳鼻咽喉科、眼科、口腔科、妇科、辅助检查等多方面的标准。四是政治条件。根据兵役法和《征兵工作条例》的规定，依照法律被剥夺政治权利的人，不征集。被羁押正在受侦查、起诉、审判的或者被判处徒刑、拘役、管制正在服刑的公民，不征集。除这些不得征集的情形以外，军队和地方有关部门还应当根据有关规定，对应征人员的政治条件进行严格审查，切实保证新兵政治可靠，防止把不符合政治条件的人征入部队。

4. 行为人的行为，情节严重的，才构成犯罪，这是区分罪与非罪的重要界限。情节严重包括被送到部队的不合格的人员到部队后不接受部队教育，又进行违法犯罪活动，造成恶劣影响等情况。根据《最高人民检察院、公安部关于公安机关管辖的刑事案件立案追诉标准的规定（一）》第九十三条的规定，在征兵工作中徇私舞弊，接送不合格兵员，涉嫌下列情形之一的，应予立案追诉：接送不合格特种条件兵员一名以上或者普通兵员三名以上的；发生在战时的；造成严重后果的；其他情节严重的情形。

根据本条规定，对在征兵工作中徇私舞弊，接送不合格兵员，情节严重的，处三年以下有期徒刑或者拘役；造成特别严重后果的，处三年以上七年以下有期徒刑。"造成特别严重后果"主要是指被送到部队的不合格兵员，不接受部队教育，进行违法犯罪造成严重后果；多次接送不合格兵员；或接送不合格兵员多人等情况。

【适用中需要注意的问题】

实践中犯本条规定的接送不合格兵员罪的军队、地方工作人员，往往同时存在收受贿赂的情形。根据《最高人民法院、最高人民检察院关于办理渎职刑事案件适用法律若干问题的解释（一）》第三条的规定，国家机关工作人员犯本条规定的接送不合格兵员罪并收受贿赂，同时构成受贿罪的，应当以接送不合格兵员罪和受贿罪数罪并罚。

第三百七十五条 【伪造、变造、买卖武装部队公文、证件、印章罪】【盗窃、抢夺武装部队公文、证件、印章罪】伪造、变造、买卖或者盗窃、抢夺武装部队公文、证件、印章的，处三年以下有期徒刑、拘役、管制或者剥夺政治权利；情节严重的，处三年以上十年以下有期徒刑。

【非法生产、买卖武装部队制式服装罪】非法生产、买卖武装部队制式服装，情节严重的，处三年以下有期徒刑、拘役或者管制，并处或者单处罚金。

【伪造、盗窃、买卖、非法提供、非法使用武装部队专用标志罪】伪造、盗窃、买卖或者非法提供、使用武装部队车辆号牌等专用标志，情节严重的，处三年以下有期徒刑、拘役或者管制，并处或者单处罚金；情节特别严重的，处三年以上七年以下有期徒刑，并处罚金。

单位犯第二款、第三款罪的，对单位判处罚金，并对其直接负责的主管人员和其他直接责任人员，依照各该款的规定处罚。

【释解与适用】

本条是关于伪造、变造、买卖武装部队公文、证件、印章罪，盗窃、抢夺武装部队公文、证件、印章罪，非法生产、买卖武装部队制式服装罪，伪造、盗窃、买卖、非法提供、非法使用武装部队专用标志罪及其刑罚的规定。

本条共分四款。第一款是关于伪造、变造、买卖武装部队公文、证件、印章罪和盗窃、抢夺武装部队公文、证件、印章罪及其处罚的规定。构成本款规定的犯罪须具备以下条件。

1. 行为人在主观上是出于故意，至于行为人出于何种动机不影响罪名成立。

2. 行为人客观上实施了"伪造、变造、买卖"或者"盗窃、抢夺"的行为。

3. 犯罪对象是武装部队的公文、证件、印章，而不是一般国家机关的公文、证件、印章。"武装部队"，是指中国人民解放军和中国人民武装警察部队。"公文"，是指武装部队在执行公务活动当中或履行日常工作职责的活动中所形成或发布的文件、公函、通告、命令等公务文件。"证件"，是指武装部队成员的身份证件、通行证件以及一些特别证件。"印章"，是指武装部队用于各种公务性文件、公函、命令、通告等文件中能够代表部队的印章。

《最高人民法院、最高人民检察院关于办理妨害武装部队制式服装、车辆号牌管理秩序等刑事案件具体应用法律若干问题的解释》第一条对构成本款规定的犯罪的定罪量刑标准作了规定。根据该司法解释的相关规定，伪造、变造、买卖或者盗窃、抢夺武装部队公文、证件、印章，具有下列情形之一的，应当依照本款的规定，以伪造、变造、买卖武装部队公文、证件、印章罪或者盗窃、抢夺武装部队公文、证件、印章罪定罪处罚：（1）伪造、变造、买卖或者盗窃、抢夺武装部队公文一件以上的；（2）伪造、变造、买卖或者盗窃、抢夺武装部队军官证、士兵证、车辆行驶证、车辆驾驶证或者其他证件二本以上的；（3）伪造、变造、买卖或者盗窃、抢夺武装部队机关印章、车辆牌证印章或者其他印章一枚以上的。数量达到上述规定标准五倍以上或者造成严重后果的，应当认定为本款规定的"情节严重"。

行为人只要实施了上述行为之一就构成犯罪。实践中，这一犯罪往往与其他犯罪相联系，成为犯罪分子进行其他犯罪的一种手段，在这种情况下，原则上应按从一重罪处罚的原则定罪处刑。根据本款的规定，对伪造、变造、买卖或者盗窃、抢夺武装部队公文、证件、印章的，处三年以下有期徒刑、拘役、管制或者剥夺政治权利；情节严重的，处三年以上十年以下有期徒刑。

本条第一款规定了伪造、变造、买卖或者盗窃、抢夺武装部队公文、证件、印章的犯罪，共涉及五种犯罪行为，三类犯罪对象。根据《最高人民法院关于执行〈中华人民共和国刑法〉确定罪名的规定》，本款规定的犯罪分为伪造、变造、买卖武装部队公文、证件、印章罪和盗窃、抢夺武装部队公文、证件、印章罪两个选择性罪名。实践中对于行为人有该款规定的多种犯罪行为的，如果是一个选择性罪名内的多种犯罪行为，如既伪造武装部队公文，又买卖武装部队证件的，按一罪处理；涉及不同罪名的，如既伪造武装部队公文，又盗窃武装部队印章的，按照数罪并罚的规定处理。

第二款是关于非法生产、买卖武装部队制式服装罪及其处罚的规定。武装部队制式服装是用以证明武装部队人员身份的专用服装。武装部队制式服装不是一般商品，不得自由买卖，任何非法生产、买卖的行为都会危害国防安全和利益，必须予以惩处。构成本款规定的犯罪，须同时具备以下条件。

1. 行为人主观上出于故意。

2. 行为人客观上实施了非法生产、买卖武装部队制式服装的行为。武装部队制式服装由国家指定的厂家生产，任何厂家、个人非经指定不得从事生产、制造活动。"非法生产"包括无权制造的单位私自制造，也包括有权制造的单位不按规定，擅自超量制造。

3. 犯罪对象必须是武装部队的制式服装。"制式服装"，是指中国人民解放军和中国人民武装警察部队的军装。

4. 行为人实施上述行为，必须达到情节严重的程度，才构成犯罪。根据《最高人民法院、最高人民检察院关于办理妨害武装部队制式服装、车辆号牌管理秩序等刑事案件具体应用法律若干问题的解释》第二条的相关规定，非法生产、买卖武装部队现行装备的制式服装，具有下列情形之一的，应当认定为本款规定的"情节严重"，以非法生产、买卖武装部队制式服装罪定罪处罚：（1）非法生产、买卖成套制式服装三十套以上，或者非成套制式服装一百件以上的；（2）非法生产、买卖帽徽、领花、臂章等标志服饰合计一百件（副）以上的；（3）非法经营数额二万元以上的；（4）违法所得数额五千元以上的；（5）具有其他严重情节的。

根据本款的规定，对非法生产、买卖武装部队制式服装，情节严重的，处三年以下有期徒刑、拘役或者管制，并处或者单处罚金。

第三款是关于伪造、盗窃、买卖、非法提供、非法使用武装部队专用标志罪及其处罚的规定。武装部队车辆号牌等专用标志是为便于社会外界识别，表明武装部队身份，用于执行部队公务的场所、车辆等的外形标记，包括军车号牌、军衔标志、军徽、臂章以及特种部队或者某些部队执行特别任务时专用的特别标志等。伪造、盗窃、买卖或者非法提供、使用武装部队车辆号牌等专用标志的行为，破坏了军队的正常管理秩序，干扰了部队正常的军事训练，败坏军队的形象，危害国防利益，必须严惩。构成本款犯罪应具备以下条件：

1. 行为人出于主观的故意。

2. 行为人在客观上实施了伪造、盗窃、买卖或者非法提供、使用武装部队车辆号牌等专用标志的行为。应当明确的是，这里所说的"买卖或者非法提供、使用武装部队车辆号牌等专用标志"，既包括买卖或者非法提供、使用真的专用标志，也包括买卖或者非法提供、使用伪造、变造等假的专用标志。

3. 行为人的行为必须达到情节严重的程度。根据《最高人民法院、最高人民检察院关于办理妨害武装部队制式服装、车辆号牌管理秩序等刑事案件具体应用法律若干问题的解释》第三条的相关规定，伪造、盗窃、买卖或者非法提供、使用武装部队车辆号牌等专用标志，具有下列情形之一的，应当认定为本款规定的"情节严重"，以伪造、盗窃、买卖、非法提供、非法使用武装部队专用标志罪定罪处罚：（1）伪造、盗窃、买卖或者非法提供、使用武装部队军以上领导机关车辆号牌一副以上或者其他车辆号牌三副以上的；（2）非法提供、使用军以上领导机关车辆号牌之外的其他车辆号牌累计六个月以上的；（3）伪造、盗窃、买卖或者非法提供、使用军徽、军旗、军种符号或者其他军用标志合计一百件（副）以上的；（4）造成严重后果或者恶劣影响的。实施上述规定的行为，具有下列情形之一的，应当认定为本款规定的"情节特别严重"：（1）数量达到上述（1）、（3）项规定标准五倍以上的；（2）非法提供、使用军以上领导机关车辆号牌累计六个月以上或者其他车辆号牌累计一年以上的；（3）造成特别严重后果或者特别恶劣影响的。

根据本款的规定，对伪造、盗窃、买卖或者非法提供、使用武装部队车辆号牌等专用标志，情节严重的，处三年以下有期徒刑、拘役或者管制，并处或者单处罚金；情节特别严重的，处三年以上七年以下有期徒刑，并处罚金。

第四款是关于单位犯罪的规定。根据本款规定，单位可以成为第二款规定的非法生产、买卖武装部队制式服装的犯罪的主体，也可以成为第三款规定的伪造、盗窃、买卖或者非法提供、使用武装部队车辆号牌等专用标志的犯罪的主体。根据本款规定，单位构成本条第二款、第三款犯罪的，除对单位判处罚金外，对其直接负责的主管人员和其他直接责任人员，依照各该款的规定处罚。

第三百七十六条 【战时拒绝、逃避征召、军事训练罪】预备役人员战时拒绝、逃避征召或者军事训练，情节严重的，处三年以下有期徒刑或者拘役。

【战时拒绝、逃避服役罪】公民战时拒绝、逃避服役，情节严重的，处二年以下有期徒刑或者拘役。

【释解与适用】

本条是关于战时拒绝、逃避征召、军事训练罪和战时拒绝、逃避服役罪及其刑罚的规定。

本条共分两款。第一款是关于战时拒绝、逃避征召、军事训练罪及其处罚的规定。构成本款规定的犯罪，须具备以下条件。

1. 本款规定的犯罪行为发生在战时，这是构成本罪的前提条件。预备役人员在平时拒绝、逃避征召或者军事训练的行为，可以依照兵役法、预备役军官法等规定予以处罚，但不构成犯罪。战时的含义，应当根据刑法第四百五十一条的规定理解，即国家宣布进入战争状态、部队受领作战任务或者遭敌突然袭击时。部队执行戒严任务或者处置突发性暴力事件时，以战时论。

2. 犯罪主体是预备役人员。预备役人员的含义，应当根据兵役法第五条的规定掌握，即经过登记，预编到现役部队、编入预备役部队、编入民兵组织服预备役的或者以其他形式服预备役的人员，分为预备役士兵和预备役军官。

3. 预备役人员实施了拒绝、逃避征召或者军事训练的行为。"拒绝"是指不接受。"逃避"是指有意躲避。"征召"，是指兵役机关依法向预备役人员发出通知，要其按规定的时间地点报到，准备转服现役。根据兵役法的规定，预备役人员在接到应召通知后，必须准时到指定地点报到。预备役人员明确地向有关人员表示拒绝征召或者军事训练，以及虽未明确拒绝，但以消极躲避的方式不响应征召或者军事训练的，都可以构成本款规定的犯罪。

4. 行为人的行为必须是情节严重的，才构成犯罪，"情节严重"，主要是指无故拒绝、逃避，经多次教育仍不改正的或其他严重情节。根据《最高人民检察院、公安部关于公安机关管辖的刑事案件立案追诉标准的规定（一）》第九十五条的规定，预备役人员战时拒绝、逃避征召或者军事训练，涉嫌下列情形之一的，应予立案追诉：无正当理由经教育仍拒绝、逃避征召或者军事训练的；以暴力、威胁、欺骗等手段，或者采取自伤、自残等方式拒绝、逃避征召或者军事训练的；联络、煽动他人共同拒绝、逃避征召或者军事训练的；其他情节严重的情形。对于有些预备役人员因生病或家中确有实际困难不能或者不能及时应召或参加军事训练的，不能定罪处刑。

根据本款规定，对预备役人员战时拒绝、逃避征召或者军事训练，情节严重的，处三年以下有期徒刑或者拘役。

本条第二款是关于战时拒绝、逃避服役罪及其处罚的规定。构成本罪须同时具备以下条件：

1. 本款规定的犯罪行为发生在战时，这是构成本罪的前提条件。公民平时拒绝、逃避服役的行为，可以依照兵役法等规定予以处罚，但不构成犯罪。

2. 犯罪主体是一般公民。根据兵役法的有关规定，中华人民共和国公民，不分民族、种族、职业、家庭出身、宗教信仰和教育程度，都有义务依法服兵役。年满十八岁的公民，按照兵役机关的安排，进行兵役登记。

3. 行为人实施了拒绝、逃避服役的行为。在兵役登记、体格检查、政治审查、审定新兵、交接新兵等征兵工作各环节拒绝、逃避服役的行为，都可能构成本款规定的犯罪。

4. 行为人的行为必须情节严重的，才构成犯罪。根据《最高人民检察院、公安部关于公安机关管辖的刑事案件立案追诉标准的规定（一）》第九十六条的规定，公民战时拒绝、逃避服役，涉嫌下列情形之一的，应予立案追诉：无正当理由经教育仍拒绝、逃避服役的；以暴力、威胁、欺骗等手段,或者采取自伤、自残等方式拒绝、逃避服役的;联络、煽动他人共同拒绝、逃避服役的;其他情节严重的情形。

根据本款规定,对公民战时拒绝、逃避服役,情节严重的,处二年以下有期徒刑或者拘役。考虑到一般公民和预备役人员的身份、义务等方面的不同,本款规定的刑罚与第一款规定的预备役人员战时拒绝、逃避征召、军事训练罪作了轻重区别。

第三百七十七条 【战时故意提供虚假敌情罪】战时故意向武装部队提供虚假敌情,造成严重后果的,处三年以上十年以下有期徒刑;造成特别严重后果的,处十年以上有期徒刑或者无期徒刑。

【释解与适用】

本条是关于战时故意提供虚假敌情罪及其刑罚的规定。

构成本条规定的战时故意提供虚假敌情罪须具备以下条件。

1. 本条规定的犯罪必须是发生在战时,这是构成本罪的前提条件。平时故意向武装部队提供虚假情况的,可以依照有关规定予以处罚,但不构成犯罪。战时的含义,应当根据刑法第四百五十一条的规定理解。

2. 行为人主观上是故意犯罪,即故意向武装部队谎报敌情,使我方据此作出错误的判断和决定。过失向武装部队提供虚假敌情的,如道听途说未核实准确,因为缺乏军事专业知识而产生误解,或者被敌方散布的虚假情况迷惑而向我方武装力量提供虚假敌情的,不构成本条规定的犯罪。

3. 行为人实施了向武装部队提供虚假敌情的行为。"虚假"包括无中生有,凭空编造根本不存在的情况,也包括歪曲、颠倒已存在的事实情况。"敌情"主要是敌方的有关情报,包括与敌方军事行动直接相关的兵力部署、作战计划等,也包括与敌方有关的后勤保障、经济信息、政局情况等。"提供"的方式包括主动向武装部队报告,也包括在武装部队人员询问时提供;包括口头提供,也包括书面提供。

4. 行为人战时向武装部队提供虚假敌情的行为造成严重后果的,才构成犯罪,这是区分罪与非罪的界限。"造成严重后果",主要是指贻误了战机,使我方作出错误的军事行动决定,造成人员伤亡、武器装备、军用物资损失等重大损失等情况,具体可由司法机关根据实际情况掌握。

根据本条规定,对战时故意向武装部队提供虚假敌情,造成严重后果的，处三年以上十年以下有期徒刑；造成特别严重后果的，处十年以上有期徒刑或者无期徒刑。这里规定的"造成特别严重后果"，主要是指致使战斗、战役失利，造成重大人员伤亡和武器装备、军用物资损失，影响重大军事任务完成等特别严重后果，具体可由司法机关根据实际情况掌握。

【适用中需要注意的问题】

实践中应当注意区分本条规定的犯罪与刑法第四百二十二条规定的隐瞒、谎报军情罪的区分。刑法第四百二十二条规定，故意隐瞒、谎报军情，对作战造成危害的，处三年以上十年以下有期徒刑；致使战斗、战役遭受重大损失的，处十年以上有期徒刑、无期徒刑或者死刑。本条规定的战时故意提供虚假敌情罪与该罪的区别主要有：一是犯罪主体不同，本罪的主体是一般主体，一般是军人以外的人员。隐瞒、谎报军情罪是军人违反职责罪的一种，犯罪主体限于军人。这是两罪最主要的区别。二是客观表现形式不同，本罪只能由积极的行为构成，即向武装部队提供了虚假的敌情。隐瞒、谎报军情罪的行为方式既包括积极的谎报军情，也包括消极的隐瞒军情。三是涉及的情报信息范围不同，本罪涉及的是"敌情"，即作战敌方的有关情况。隐瞒、谎报军情罪涉及的是"军情"，不仅包括敌方的军情，也包括我方的有关情况、战场环境的情况等与军事行动有关的情报信息。四是入罪和适用第二档刑的标准不同，本罪构成犯罪的条件是"造成严重后果"，适用第二档刑期的条件是"造成特别严重后果"。隐瞒、谎报军情罪构成犯罪的条件是"对作战造成危害"，适用第二档刑期的条件是"致使战斗、战役造成重大损失"。总体来看，作为军人违反职责罪，隐瞒、谎报军情罪的入罪和适用第二档刑期的门槛比本罪要低。

第三百七十八条 【战时造谣扰乱军心罪】战时造谣惑众，扰乱军心的，处三年以下有期徒刑、拘役或者管制；情节严重的，处三年以上十年以下有期徒刑。

【释解与适用】

本条是关于战时造谣扰乱军心罪及其刑罚的规定。

构成本条规定的战时造谣扰乱军心罪须具备以下条件。

1. 犯罪主体是非军人，即除军人以外的其他任何人。这是与刑法分则军人违反职责罪一章中规定的战时造谣惑众、动摇军心犯罪的主要区别。

2. 本条规定的行为，战时才构成犯罪。平时造谣惑众，扰乱军心的，可以依照有关规定予以处罚，但不构成犯罪。战时的含义，应当根据刑法第四百五十一条的规定理解。

3. 行为人实施了造谣惑众的行为。"造谣惑众"，是指行为人制造谣言，或以虚构的情况在部队中进行传播，迷惑众人的行为，既包括行为人捏造事实，在部队中传播，也包括行为人将听说的谣言在部队中传播。谣言的具体内容可以是凭空捏造的信息，也可以是颠倒歪曲的信息；可以是夸大敌方军队数量、实力、武器的杀伤力，也可以是我方友邻部队失利、军需物资供应困难、后勤保障中断，或者夸大、渲染战争残酷，制造恐怖气氛等方面的信息。

4. 行为人制造、散布的谣言足以扰乱军心或造成了扰乱军心的后果。"扰乱军心"，是指行为人通过传播虚假事实或谣言，在部队中散布怯战、厌战或恐怖情绪，造成军心不稳，斗志涣散，削弱战斗力。如果行为人散布的谣言不足以造成扰乱军心的后果，如基于迷信散布一些荒诞的谣言的，也不宜认定为本罪。

5 犯罪对象必须是多数人。本条规定的"惑众"是指将谣言向武装部队中的众人宣扬、散布。如果只是向很小范围内的特定人传播谣言，没有造成谣言广泛传播的，不应当认定为"惑众"。造谣惑众的具体形式可以是口头散布、书面散布、通过信息网络、短信、即时通讯工具等散布谣言等。

根据本条规定，对战时造谣惑众，扰乱军心的，处三年以下有期徒刑、拘役或者管制；情节严重的，处三年以上十年以下有期徒刑。这里规定的"情节严重"，包括散布大量谣言惑众，谣言传播的范围大、人数多，组织、指使他人造谣惑众，扰乱军心，在作战的紧要关头造谣惑众，扰乱军心，勾结敌人造谣惑众，造成部队混乱、战斗、战役失利等严重后果等，具体可由司法机关根据案件情况掌握。

【适用中需要注意的问题】

实践中应当注意区分本条规定的犯罪与其他有关犯罪的区别。

1. 本条规定的犯罪与刑法第四百三十三条规定的战时造谣惑众罪的区别。刑法第四百三十三条规定，战时造谣惑众，动摇军心的，处三年以下有期徒刑；情节严重的，处三年以上十年以下有期徒刑；情节特别严重的，处十年以上有期徒刑或者无期徒刑。本条规定的战时造谣扰乱军心罪与该罪主要区别是犯罪主体不同，本罪的犯罪主体是军人以外的人员，战时造谣惑众罪是军人违反职责罪的一种，其犯罪主体是军人。在刑罚配置上，战时造谣惑众罪的刑罚也比本条规定的重。

2. 本条规定的犯罪与刑法第三百七十七条规定的战时故意提供虚假敌情罪区别。这两种犯罪的区别主要有：一是犯罪的客观方面不尽相同。本罪客观方面的特征是造谣惑众，散布谣言的对象是不特定的人，谣言的内容也可以多样，不限于与敌方有关的情况。战时故意提供虚假敌情罪客观方面的特征是向武装部队提供虚假敌情，不一定有散布谣言的行为，提供的信息内容是与敌方有关的情报信息。二是构成犯罪的条件不同。构成本罪要求谣言足以扰乱军心或扰乱了军心，不一定要求造成严重后果，构成战时故意提供虚假敌情罪要求造成严重后果。

第三百七十九条　【战时窝藏逃离部队军人罪】战时明知是逃离部队的军人而为其提供隐蔽处所、财物，情节严重的，处三年以下有期徒刑或者拘役。

【释解与适用】

本条是关于战时窝藏逃离部队军人罪及其刑罚的规定。

构成本条规定的战时窝藏逃离部队军人罪须具备以下条件。

1. 本条规定的行为，战时才构成犯罪，这是构成本罪的前提条件。平时窝藏逃离部队军人的，可以依照有关规定予以处罚，但不构成犯罪。战时的含义，应当根据刑法第四百五十一条的规定理解。

2. 行为人在主观上必须是明知，即明知是逃离部队的军人而故意为其提供有关便利条件。具体来讲，要求行为人明知其窝藏的人是军人，而且是逃离部队的军人。如果行为人不知道是逃离部队的军人的，不能构成本罪。明知的认定，可以是行为人承认，也可以通过客观情形推定。行为人窝藏逃离部队军人的动机可能是为了帮助亲友，也可能是为了妨碍部队的军事行动，具体动机不影响构成犯罪。

3. 行为人实施了为逃离部队的军人提供隐蔽处所、财物的行为。"提供隐蔽处所"，是指为逃离部队的军人提供住处或者场所，将其隐藏起来，以逃避部队和地方有关部门查找。包括提供自己所有或者控制的场所,也包括利用他人所有或者管理的场所。为逃离部队的军人提供"财物",是指为其提供物质帮助,以使其进一步逃跑或隐藏,具体可以包括提供资金、食物、生活用品、交通工具等财物。

4. 行为人的行为,情节严重的,才构成犯罪,这是区分罪与非罪的界限。"情节严重",主要是指行为人在部队或有关部门、组织进行查找时,故意编造虚假情况进行隐瞒,或者多次提供财物帮助多名逃离部队的军人潜逃等。根据《最高人民检察院、公安部关于公安机关管辖的刑事案件立案追诉标准的规定(一)》第九十七条的规定,战时明知是逃离部队的军人而为其提供隐蔽处所、财物,涉嫌下列情形之一的,应予立案追诉:窝藏三人次以上的;明知是指挥人员、值班执勤人员或者其他负有重要职责人员而窝藏的;有关部门查找时拒不交出的;其他情节严重的情形。

根据本条规定,对战时明知是逃离部队的军人而为其提供隐蔽处所、财物,情节严重的,处三年以下有期徒刑或者拘役。

【适用中需要注意的问题】

1. 本条规定的犯罪与逃离部队罪的共同犯罪的区分。刑法第四百三十五条规定了逃离部队罪,即违反兵役法规,逃离部队,情节严重的犯罪。该罪的犯罪主体是军人。对于战时行为人与逃离部队的军人事先通谋,在其逃离部队后为其提供隐蔽处所、财物的,应当以逃离部队罪的共同犯罪定罪处罚。

2. 本条规定的犯罪与雇用逃离部队军人罪的区分。刑法第三百七十三条规定了雇用逃离部队军人罪。本罪与该罪的区别主要有:一是构成犯罪的时间要求不同。本罪只能在战时构成,雇用逃离部队军人罪在战时、平时都可以构成。二是行为方式不同。本罪的行为方式是为逃离部队的军人提供隐蔽处所、财物帮助其隐藏,雇用逃离部队军人罪的行为方式是雇用逃离部队的军人为其劳动。本罪的行为方式范围更大,在战时的入罪门槛相对较低。

第三百八十条 【战时拒绝、故意延误军事订货罪】战时拒绝或者故意延误军事订货,情节严重的,对单位判处罚金,并对其直接负责的主管人员和其他直接责任人员,处五年以下有期徒刑或者拘役;造成严重后果的,处五年以上有期徒刑。

【释解与适用】

本条是关于战时拒绝、故意延误军事订货罪及其刑罚的规定。

构成本条规定的战时拒绝、故意延误军事订货罪，应具备以下条件：

1. 本条规定的行为，战时才构成犯罪，这是构成本罪的前提条件。平时拒绝、故意延误军事订货的，可以依照有关规定予以处罚，但不构成犯罪。战时的含义，应当根据刑法第四百五十一条的规定理解。

2. 犯罪主体是与军事单位签订军事订货合同的当事人，且当事人是单位。自然人不能单独成为本条规定的犯罪的主体，这是考虑到我国能够承担军事订货任务，研制、生产武器装备、军用物资的，都是企业、事业单位。

3. 行为人在主观上必须是出于故意，即明知是国家的军事订货而拒绝或者延误。虽然拒绝或者延误了订货，但行为人不知道订货的性质是军事订货的，不构成本条规定的犯罪。如果行为人不是出于故意，而是客观上由于不可抗力、意外事件等原因或一些特殊的实际困难，没有完成军事订货或延误军事订货，也不构成本条规定的犯罪。行为人实施本罪的动机可能是多样的，有的是因为军事订货利润不高，从经济利益考虑拒绝或者延误，有的是具有妨害军事行动的动机，具体动机不影响犯罪的构成。

4. 行为人实施了拒绝、延误军事订货的行为。具体包括两种犯罪行为。一是拒绝军事订货。"拒绝"，是指拒不履行规定的供货义务，即在国家或者军队有关部门向其提出军事订货任务时明确表示不接受。拒绝的具体形式可以包括口头和书面的形式，也可以包括采用暴力、威胁的方式抗拒。二是故意延误军事订货。"延误"，是指在规定的时间以后供货。"军事订货"是指国家和军队有关部门向有关企业、事业单位提出的研制、生产武器装备和其他军用物资的订货任务。

5. 行为人的行为必须是情节严重的，才构成犯罪。所谓"情节严重"，主要是指拒绝手段恶劣的，或者由于急需的武器装备、后勤给养供应不及时，使我方陷入不利境地，严重影响战斗任务的顺利完成等。根据《最高人民检察院、公安部关于公安机关管辖的刑事案件立案追诉标准的规定（一）》第九十八条的规定，战时拒绝或者故意延误军事订货，涉嫌下列情形之一的，应予立案追诉：拒绝或者故意延误军事订货三次以上的；联络、煽动他人共同拒绝或者故意延误军事订货的；拒绝或者故意延误重要军事订货,影响重要军事任务完成的;其他情节严重的情形。

根据本条规定,对战时拒绝或者故意延误军事订货,情节严重的单位实行双罚制,对单位判处罚金,并对其直接负责的主管人员和其他直接责任人员处五年以下有期徒刑或者拘役;造成严重后果的,处五年以上有期徒刑。"造成严重后果",主要是指使战斗、战役遭受重大损失,造成不必要的人员伤亡等严重后果。

【适用中需要注意的问题】

实践中适用本条应当注意本条规定的犯罪与阻碍军事行动罪的区分。刑法第三百六十八条第二款规定了阻碍军事行动罪,即故意阻碍武装部队军事行动,造成严重后果的,处五年以下有期徒刑或者拘役。本罪与该罪的区别主要有:一是构成犯罪的时间要求不同。本罪只能在战时构成,阻碍军事行动罪战时、平时都可以构成。二是犯罪主体不同。本罪的主体是接受军事订货的单位,阻碍军事行动罪的主体是个人。三是行为方式不同。本罪的行为方式是拒绝或者故意延误军事订货,阻碍军事行动罪的行为方式是多样的。对于战时接受军事订货的单位以拒绝、故意延误军事订货的方式阻碍军事行动的,应当依照处罚较重的犯罪的规定定罪处罚。

第三百八十一条 【战时拒绝军事征收、征用罪】战时拒绝军事征收、征用,情节严重的,处三年以下有期徒刑或者拘役。

【释解与适用】

本条是关于战时拒绝军事征收、征用罪及其刑罚的规定。

根据国防法的规定,国家在依照宪法规定宣布战争状态时,采取各种措施集中一切人力、物力、财力,以抵抗侵略,保卫祖国。在国家发布动员令后,一切国家机关、武装力量、各政党、各社会团体、各企业事业单位和公民,都必须完成规定的动员任务,这是每一个公民和组织应尽的义务。对于拒绝履行这一义务,情节严重的,根据本条规定,应追究其刑事责任。

构成本条规定的战时拒绝军事征收、征用罪,须具备以下条件。

1. 本条规定的行为,战时才构成犯罪。这是构成本罪的前提条件。平时拒绝军事征收、征用罪的,可以依照有关规定予以处罚,但不构成犯罪。战时的含义，应当根据刑法第四百五十一条的规定理解。

2. 行为人在主观上出于故意。即行为人明知是军事征收、征用仍然拒绝的。如果行为人不明知征收、征用的性质，如认为是地方政府出于开发目的征收、征用土地而拒绝的，不构成本条规定的犯罪。行为人实施本罪的动机可能是多样的，有的是不愿意放弃自己的财产，认为国家给予的补偿太低，有的是具有妨害军事行动的动机，具体动机不影响犯罪的构成。

3. 行为人在客观上实施了拒绝军事征收、征用的行为。"拒绝"是指行为人故意不履行义务，在国家或者军队有关部门向其提出军事征收、征用任务时明确表示不接受，不将被征收、征用的物资交付武装部队或者有关部门。拒绝的具体形式可以包括口头和书面的形式，也可以包括采用暴力、威胁的方式抗拒。具体可以分为拒绝军事征收和拒绝军事征用两种情形。"军事征收"是为军事需要将非国有的物资收归国有。"军事征用"是为军事需要将非国有物资由国家临时使用。国防动员法第十章对国家决定实施国防动员后对民用资源征用与补偿的具体制度作了规定。

4. 行为人的行为必须是情节严重的，才构成犯罪。所谓"情节严重"，主要是指造成严重后果；影响了部队完成任务；经反复教育、动员仍不交付等情况。根据《最高人民检察院、公安部关于公安机关管辖的刑事案件立案追诉标准的规定（一）》第九十九条的规定，战时拒绝军事征用，涉嫌下列情形之一的，应予立案追诉：无正当理由拒绝军事征用三次以上的；采取暴力、威胁、欺骗等手段拒绝军事征用的；联络、煽动他人共同拒绝军事征用的；拒绝重要军事征用，影响重要军事任务完成的；其他情节严重的情形。

根据本条规定，对战时拒绝军事征收、征用，情节严重的，处三年以下有期徒刑或者拘役。

【适用中需要注意的问题】

实践中适用本条应当注意本条规定的犯罪与阻碍军事行动罪的区分。刑法第三百六十八条第二款规定了阻碍军事行动罪，即故意阻碍武装部队军事行动，造成严重后果的，处五年以下有期徒刑或者拘役。本罪与该罪的区别主要有：一是构成犯罪的时间要求不同。本罪只能在战时构成，阻碍军事行动罪战时、平时都可以构成。二是行为方式不同。本罪的行为方式是拒绝军事征收、征用，阻碍军事行动罪的行为方式是多样的。

第八章 贪污贿赂罪

第三百八十二条 【贪污罪】国家工作人员利用职务上的便利，侵吞、窃取、骗取或者以其他手段非法占有公共财物的，是贪污罪。

受国家机关、国有公司、企业、事业单位、人民团体委托管理、经营国有财产的人员，利用职务上的便利，侵吞、窃取、骗取或者以其他手段非法占有国有财物的，以贪污论。

与前两款所列人员勾结，伙同贪污的，以共犯论处。

【释解与适用】

本条是关于贪污罪定义的规定。

本条共分三款。第一款是关于贪污罪概念的规定。根据这一规定，构成贪污罪，必须具备以下条件。

1. 贪污罪的主体是国家工作人员，即刑法第九十三条规定的"国家机关中从事公务的人员"，"国有公司、企业、事业单位、人民团体中从事公务的人员和国家机关、国有公司、企业、事业单位委派到非国有公司、企业、事业单位、社会团体从事公务的人员，以及其他依照法律从事公务的人员，以国家工作人员论。"我国国家工作人员可以分为以下四类：（1）国家机关中从事公务的人员，是指在国家机关中行使国家赋予该国家机关职权的人员，以及在这些国家机关中履行管理职责的人员。根据我国宪法和有关法律法规的规定，国家机关包括：国家的权力机关，即各级人民代表大会及其常务委员会，以及各级人民代表大会及其常务委员会下设的工作机构、办事机构；国家的监察机关，即国家监察委员会以及各级监察委员会；国家的行政机关，即各级政府及其下属机构、办事机构；国家的审判机关，即各级人民法院及其派出的审判机构；国家的检察机关，即各级人民检察院及其派出的检察机构；军队，即中国人民解放军和中国人民武装警察部队系列的各部门、各机构；中国共产党的各级机关及其派出机构；中国人民政治协商会议的各级机关及其派出机构。（2）国有公司、企业、事业单位、人民团体中从事公务的人员，是指在上述单位中从事经营、管理职责或者履行经管单位财务等职责的人员。国有公司、企业是指国家所有的公司、企业以及直接隶属于国家机关、行使一定行政管理职能的企业、事业单位，如烟草公司等。国有参股、合资、合作的公司、企业，不应认为是刑法意义上的国有公司、企业。国有的事业单位、人民团体，是指国家出资兴办的事业单位和人民团体，如公立大学、医院以及妇联、共青团等。（3）国家机关、国有公司、企业、事业单位委派到非国有公司、企业、事业单位、社会团体从事公务的人员。非国有的公司、企业、事业单位、社会团体是指国有公司、企业、事业单位、社会团体以外的各种公司、企业、事业单位以及各种依法设立的学会、协会、基金会等社会团体，也包括上述单位参与国有资产投资形成的企业等。委派人员不仅包括国有公司、企业、事业单位有投资而委派去的经营、管理人员，也包括没有国有资产投资，但为了加强对非国有单位人员指导、监督而委派的人员。委派人员不一定具备国家机关工作人员的身份，但只要接收了委派，代表委派单位行使经营管理、督导等职权者就以国家工作人员论。这些人员包括国有单位从现有人员中派出的，或者从外单位调入的，或者从社会上聘用后委派到非国有单位从事上述公务的人员。对于上述三类人员，刑法部分犯罪明确按照国家工作人员的罪名处理。如我国刑法第一百六十三条第三款规定，国有公司、企业或者其他国有单位中从事公务的人员和国有公司、企业或者其他国有单位委派到非国有公司、企业以及其他单位从事公务的人员利用职务上的便利，索取他人财物或者非法收受他人财物，为他人谋取利益的，或者违反国家规定，收受各种名义的回扣、手续费，归个人所有人的，按受贿罪的规定定罪处罚。刑法一百八十三条第二款规定，国有保险公司工作人员和国有保险公司委派到非国有保险公司从事公务的人员，有利用职务上的便利，故意编造未曾发生的保险事故进行虚假理赔，骗取保险金归自己所有的，按照刑法关于贪污罪的规定定罪处罚。刑法一百八十四条第二款规定，国有金融机构工作人员和国有金融机构委派到非国有金融机构从事公务的人员，有利用职务上的便利索取他人财物或者非法收受他人财物，为他人谋取利益的行为，或者违反国家规定，收受各种名义的回扣、手续费，归个人所有的，按照受贿罪的规定定罪处罚。刑法

第二百七十一条第二款规定，国有公司工作人员和国有公司委派到非国有公司从事公务的人员，可以认定为贪污罪的犯罪主体。(4) 其他依照法律从事公务的人员。这类人员是指依照宪法和法律、法规被选举、被任命从事公务的人员，包括：各民主党派的专职工作人员；人民陪审员；由法律法规授权行使行政管理职能的组织的人员；由行政机关委托行使行政管理的组织的工作人员等，以及农村的村民委员会、城镇的居民委员会等基层群众组织中协助人民政府从事特定的行政管理工作的人员等。2000年4月29日第九届全国人民代表大会常务委员会第十五次会议通过的《关于〈中华人民共和国刑法〉第九十三条第二款的解释》中，规定了村民委员会等村基层组织人员协助人民政府从事下列行政管理工作，属于刑法第九十三条第二款规定的"其他依照法律从事公务的人员"：(1) 救灾、抢险、防汛、优抚、扶贫、移民、救济款物的管理；(2) 社会捐助公益事业款物的管理；(3) 国有土地的经营和管理；(4) 土地征收、征用补偿费用的管理；(5) 代征、代缴税款；(6) 有关计划生育、户籍、征兵工作；(7) 协助人民政府从事的其他行政管理工作。并同时规定，村民委员会等村基层组织人员从事前款规定的公务，利用职务上的便利，非法占有公共财物、挪用公款、索取他人财物或者非法收受他人财物，构成犯罪的，适用刑法第三百八十二条和第三百八十三条贪污罪、第三百八十四条挪用公款罪、第三百八十五条和第三百八十六条受贿罪的规定。也就是说，村民委员会等村基层组织的人员在协助人民政府进行有关管理工作时，属于刑法第九十三条第二款规定的"其他依照法律从事公务的人员"，可以成为贪污罪和受贿罪的犯罪主体。

2. 贪污罪侵犯的对象是公共财物。我国刑法第九十一条对公共财产的范围作了规定，主要包括：(1) 国有财产，即国家所有的资财和物品。国家所有，具有特定的含义，即中华人民共和国所有的财物、资源。(2) 劳动群众集体所有的财产，即属于集体所有制的资财和物品，如集体所有土地等。(3) 用于扶贫和其他公益事业的社会捐助或者专项基金的财产。这些财产，既包括国家下拨的扶贫和其他公司公益事业的专项基金、公益机构的事业费、国家拨付的专项研究基金，也包括由社会捐助、赞助的财物，还包括国外捐助的资金、实物、联合国的专项基金、援助资金和物资等。(4) 在国家机关、国有公司、企业、集体企业和人民团体管理、使用或者运输中的私人财产。对于该财产的性质，要根据所管理、使用或者运输该私人财产的单位的性质来确定以何种财产论，如果是由国家机关、国有公司、企业来管理、使用或者运输，则认定为国有财产；如果是由集体企业管理、使用或者运输，则认定为集体财产；如果是扶贫、救济等公益团体管理、使用、运输的私人财产，应认定为公益事业财产。

3. 贪污罪在行为上主要表现为利用职务上的便利，侵吞、窃取、骗取或者以其他手段非法占有公共财物的行为。这里所说的"利用职务上的便利"，是指利用自己职务范围内的权力和地位所形成的主管、管理、经手公共财物的便利条件。"侵吞"，是指利用职务上的便利，将自己主管、管理、经手的公共财物非法占为己有的行为。侵吞的手段多种多样，比如收入不入账，据为己有；涂改账目、单据，缩小收入，加大支出；多报消耗，加大报废物资数量；伪造支取凭证套现；等等。"窃取"，是指利用职务上的便利，用秘密获取的方法，将自己主管、管理、经手的公共财物占为己有的行为，即通常所说的"监守自盗"。"骗取"，是指行为人利用职务上的便利，使用欺骗的方法，非法占有公共财物的行为，如伪造、涂改单据，虚报冒领；用虚假票据、单据报账；等等。所谓"其他手段"，是指侵吞、窃取、骗取以外的利用职务上的便利非法占有公共财物的手段，如银行系统内外勾结将公款私存，套取利息私分；利用彩票、福利抽奖作弊贪污等。

本条第二款是关于受国家机关、国有公司、企业、事业单位、人民团体委托管理、经营国有财产的人员，利用职务上的便利，侵吞、窃取、骗取或者以其他手段非法占有国有财物的，以贪污论的规定。这里规定的"国有财产"，与第一款规定的"公共财物"是有区别的。前者只限定于国家所有（或全民所有）的财产，后者还包括集体所有的财产、用于社会公益事业的财产等。侵吞、窃取、骗取或者以其他手段非法占有国有财物的行为，同第一款规定的行为内容是一致的，不再赘述。

本条第三款是对与前两款所列人员勾结、伙同贪污的，以共犯论处的规定。这里所说的"伙同贪污"，是指伙同国家工作人员进行贪污，其犯罪性质是贪污罪，对伙同者，应以贪污罪的共犯论处。

【适用中需要注意的问题】

1. 关于贪污罪犯罪主体的认定。国家工作人员主要是指在国家机关中从事公务的人员，包括履行组织、领导、监督、管理等职责的人员，以及经手、管理公共财物的人员等，一般工人、勤杂人员，如果未涉及上述职责，则不属于从事公务的人员。另外，根据刑法第九十三条的规定，国有公司、企业、事业单位、人民团体中从事公务的人员，和国家机关、国有企业、事业单位委派到非国有公司、企业、事业单位、社会团体从事公务的人员，以及其他依照法律从事公务的人员，以国家工作人员论。因此，对于上述委派到非国有单位的人员等，应结合具体案件的情况，根据相关人员任职条件、程序，实际承担的职责等情况，综合认定其是否按照国家工作人员进行处理。

2. 关于国家出资企业主体的认定。国家出资企业包括国家出资的国有独资公司、国有独资企业，以及国有资本控股公司、国有资本参股公司。对国家出资企业的认定，应遵循"谁投资，谁拥有产权"的原则进行界定。企业注册登记中的资金来源与实际出资不符的，应根据实际出资情况确定企业的性质；企业实际出资情况不清楚的，可以综合工商注册、分配形式、经营管理等因素确定企业的性质。

对于经国家机关、国有公司、企业、事业单位提名、推荐、任命、批准等，在国家控股、参股公司及其分支机构中从事公务的人员，在履行上述职责时，应当以国家工作人员论处。经国家出资企业中负有管理、监督国有资产职责的组织批准或者研究决定，代表其在国有控股、参股公司及其分支机构中从事组织、领导、监督、经营、管理工作的人员，应当以国家工作人员论处。国家出资企业中的国家工作人员，在国家出资企业中持有个人股份或者同时接受非国有股东委托的，不影响以国家工作人员身份进行论处。

3. 关于国家工作人员和非国家工作人员勾结共同非法占有单位财物行为的认定。按照《最高人民法院关于审理贪污、职务侵占案件如何认定共同犯罪几个问题的解释》的规定，行为人与国家工作人员勾结，利用国家工作人员的职务便利，共同侵吞、窃取、骗取或者以其他手段非法占有公共财物的，以贪污罪共犯论处。行为人与公司、企业或者其他单位的人员勾结，利用公司、企业或者其他单位人员的职务便利，共同将该单位财物非法占为己有，数额较大的，以职务侵占罪共犯论处。公司、企业或者其他单位中，不具有国家工作人员身份的人与国家工作人员勾结，分别利用各自的职务便利，共同将本单位财物非法占为己有的，按照主犯的犯罪性质定罪。

4.贪污罪与获取合法报酬、不当得利之间的界限。对于一些在国家研究、学习机构工作的科研人员，在国有公司、企业工作的工程技术人员，在法律政策允许的范围内，承担某些工作和提供咨询服务而获得的报酬行为，在实践中应正确把握其与贪污罪之间的界限，应当从主体是否为科研或者工程技术人员、经费是否用于科研用途、是否利用了职务便利实施了侵吞、窃取或者骗取科研费用行为等进行认定，以更好地保护科研创新。

5.贪污罪既遂与未遂的认定。贪污罪是一种以非法占有为目的的财产型犯罪，与盗窃、诈骗、抢夺等侵犯财产罪一样，应当以行为人是否实际控制财物作为区分贪污罪既遂与未遂的标准，对于行为人利用职务便利，实施了虚假平账等贪污行为，但公共财物尚未转移的，或者尚未被行为人控制就被查获的，应当认定为贪污未遂。

第三百八十三条 【对贪污罪的处罚】对犯贪污罪的，根据情节轻重，分别依照下列规定处罚：

（一）贪污数额较大或者有其他较重情节的，处三年以下有期徒刑或者拘役，并处罚金。

（二）贪污数额巨大或者有其他严重情节的，处三年以上十年以下有期徒刑，并处罚金或者没收财产。

（三）贪污数额特别巨大或者有其他特别严重情节的，处十年以上有期徒刑或者无期徒刑，并处罚金或者没收财产；数额特别巨大，并使国家和人民利益遭受特别重大损失的，处无期徒刑或者死刑，并处没收财产。

对多次贪污未经处理的，按照累计贪污数额处罚。

犯第一款罪，在提起公诉前如实供述自己罪行、真诚悔罪、积极退赃，避免、减少损害结果的发生，有第一项规定情形的，可以从轻、减轻或者免除处罚；有第二项、第三项规定情形的，可以从轻处罚。

犯第一款罪，有第三项规定情形被判处死刑缓期执行的，人民法院根据犯罪情节等情况可以同时决定在其死刑缓期执行二年期满依法减为无期徒刑后，终身监禁，不得减刑、假释。

【释解与适用】

本条是关于贪污罪如何处罚的规定。

本条共分四款。第一款规定了贪污罪的具体量刑标准，将数额和情节综合作为定罪量刑标准，其中规定了三个量刑档次，即贪污数额较大或者有其他较重情节，贪污数额巨大或者有其他严重情节，贪污数额特别巨大或者有其他特别严重情节。根据本款规定，行为人贪污数额较大应定贪污罪，追究其相应的刑事责任，行为人贪污数额虽没有达到较大的标准，但有其他较重情节也应定罪判刑。2016年《最高人民法院、最高人民检察院关于办理贪污贿赂刑事案件适用法律若干问题的解释》中，对数额较大、数额巨大、数额特别巨大及情节严重作出进一步规定。贪污数额在三万元以上不满二十万元的，为"数额较大"，贪污数额在二十万元以上不满三百万元的，为"数额巨大"，贪污数额在三百万元以上的，为"数额特别巨大"。贪污数额达到上述标准，可按照刑法本条第一款进行处罚。贪污数额在一万元以上不满三万元，有下列情形之一，可以认定为"其他较重情节"：（1）贪污救灾、抢险、防汛、优抚、扶贫、移民、救济、防疫、社会捐助等特定款物的。2017年7月19日《最高人民检察院关于认定贪污养老、医疗等社会保险基金能否适用〈最高人民法院、最高人民检察院关于办理贪污贿赂刑事案件适用法律若干问题的解释〉第一条第二款第一项规定的"特定款物"的批复》明确，养老、医疗、工伤、失业、生育等社会保险基金可以认定为特定款物。（2）曾因贪污、受贿、挪用公款受过党纪、行政处分的。（3）曾因故意犯罪受过刑事追究的。（4）赃款赃物用于非法活动的。（5）拒不交待赃款赃物去向或者拒不配合追缴工作，致使无法追缴的。（6）造成恶劣影响或者其他严重后果的。依法判处三年以下有期徒刑或者拘役，并处罚金；贪污数额在十万元以上不满二十万元，具有上述情形之一的，应当认定为"其他严重情节"，依法判处三年以上十年以下有期徒刑，并处罚金或者没收财产。贪污数额在一百五十万元以上不满三百万元，具有上述情形之一的，应当认定为"其他特别严重情节"，依法判处十年以上有期徒刑、无期徒刑或者死刑，并处罚金或者没收财产。

考虑到贪污受贿犯罪是一种以非法占有为目的的财产性职务犯罪，行为人利用职务上的便利实施犯罪，侵犯了职务廉洁性；同时，与盗窃、诈骗等侵犯财产罪一样，具有贪利性，为不使行为人在经济上得利，本款对贪污受贿犯罪量刑相对较轻的档次中增加规定了罚金刑，贪污贿赂罪犯在依法被判处自由刑的同时，还要同时被判处财产刑。《最高人民法院、最高人民检察院关于办理贪污贿赂刑事案件适用法律若干问题的解释》规定,对贪污罪、受贿罪判处三年以下有期徒刑或者拘役的,应当并处十万元以上五十万元以下的罚金;判处三年以上十年以下有期徒刑的,应当并处二十万元以上犯罪数额二倍以下的罚金或者没收财产;判处十年以上有期徒刑或者无期徒刑的,应当并处五十万元以上犯罪数额二倍以下的罚金或者没收财产;对刑法规定并处罚金的其他贪污贿赂犯罪,应当在十万元以上犯罪数额二倍以下判处罚金。

本条第二款是对多次贪污未经处理的如何计算贪污数额的规定。多次贪污未经处理,是指两次以上的贪污行为,以前既没有受过刑事处罚,也没有受过行政处理,追究其刑事责任时,应当累计计算贪污数额。

本条第三款是关于对贪污犯罪可以从宽处理的规定。对贪污犯罪从宽处理必须同时符合以下条件:一是在提起公诉前。"提起公诉"是人民检察院对公安机关、监察机关移送起诉认为应当起诉的案件,经全面审查,对事实清楚,证据确实充分,依法应当判处刑罚的,提交人民法院审判的诉讼活动。二是行为人必须如实供述自己罪行、真诚悔罪、积极退赃。如实供述自己罪行,是指犯罪分子对于自己所犯的罪行,无论司法机关是否掌握,都要如实地、全部地、无保留地向司法机关供述。需要指出的是,"如实供述自己罪行、真诚悔罪、积极退赃"是并列条件,要求全部具备。实践中,有些犯罪分子虽然如实供述了自己的罪行,但没有积极退赃的表现,有的甚至将所贪污受贿的财产转移,企图出狱后自己和家人仍继续享受这些财产,这种行为表明其不具有真诚悔罪的表现,不符合从宽处理的条件。三是避免、减少损害结果的发生。犯罪分子真诚悔罪、积极退赃的表现,必须要达到避免或者减少损害结果发生的实际效果。在同时具备以上前提的条件下,本款根据贪污受贿的不同情形,规定可以从宽处罚。根据本款的规定,对贪污数额较大或者有其他较重情节的,可以从轻、减轻或者免除处罚;对贪污数额巨大或者有其他严重情节以及对贪污数额特别巨大或者有其他特别严重情节的,可以从轻处罚。这是针对贪污受贿犯罪所作的特别规定。

本条第四款是关于终身监禁,不得减刑、假释的规定。特别需要明确的是,这里规定的"终身监禁"不是独立的刑种,它是对罪当判处死刑的贪污受贿犯罪分子的一种不执行死刑的刑罚执行措施。从这个意义上讲,也可以说是对死刑的一种替代性措施。因此,与无期徒刑不同,无期徒刑是刑法总则规定的一个独立刑种。同时,在执行中,对被判处无期徒刑的罪犯,根据该罪犯接受教育改造、悔罪表现等情况,满足一定条件的可以减刑、假释。根据本款规定,"终身监禁"只适用于贪污数额特别巨大,并使国家和人民利益遭受特别重大损失,被判处死刑缓期执行的犯罪分子,特别是其中本应当判处死刑的,根据慎用死刑的刑事政策,结合案件的具体情况,对其判处死刑缓期二年执行的犯罪分子。需要指出的是,本款规定只是明确了可以适用"终身监禁"的人员的范围,并不是所有贪污受贿犯罪被判处死刑缓期执行的都要"终身监禁"。是否"终身监禁",应由人民法院根据其所实施犯罪的具体情节等情况综合考虑。这里规定的"同时",是指被判处死刑缓期执行的同时,不是在死刑缓期执行二年期满以后减刑的"同时"。根据刑事诉讼法第二百六十五条的规定,可以暂予监外执行的对象是被判处无期徒刑、有期徒刑和拘役的罪犯,因此,终身监禁的罪犯,不得减刑、假释,也不得暂予监外执行。2016年4月18日《最高人民法院、最高人民检察院关于办理贪污贿赂刑事案件适用法律若干问题的解释》第四条规定,贪污数额特别巨大,犯罪情节特别严重、社会影响特别恶劣、给国家和人民利益造成特别重大损失的,可以判处死刑。有上述情形但具有自首、立功,如实供述自己罪行、真诚悔罪、积极退赃,或者避免、减少损害结果发生等情节,不是必须立即执行的,可以判处死刑缓期二年执行,同时裁判决定在其死刑缓期执行二年期满依法减为无期徒刑后,终身监禁,不得减刑、假释。2017年1月1日施行的《最高人民法院关于办理减刑、假释案件具体应用法律的规定》第十五条规定,对被判处终身监禁的罪犯,在死刑缓期执行期满依法减为无期徒刑的裁定中,应当明确终身监禁,不得再减刑或者假释。

关于刑法修正案(九)的时间效力问题。2015年11月1日《最高人民法院关于〈中华人民共和国刑法修正案(九)〉时间效力问题的解释》第八条规定,对于2015年10月31日以前实施贪污、受贿行为,罪行极其严重,根据修正前刑法判处死刑缓期执行不能体现罪刑相适应原则,而根据修正后的刑法判处死刑缓期执行同时决定在其死刑缓期执行二年期满依法减为无期徒刑后,终身监禁,不得减刑、假释可以罚当其罪的,适用修正后的刑法第三百八十三条第四款的规定。根据修正前刑法判处死刑缓期执行足以罚当其罪的,不适用修正后刑法第三百八十三条第四款的规定。

第三百八十四条 【挪用公款罪】国家工作人员利用职务上的便利，挪用公款归个人使用，进行非法活动的，或者挪用公款数额较大、进行营利活动的，或者挪用公款数额较大、超过三个月未还的，是挪用公款罪，处五年以下有期徒刑或者拘役；情节严重的，处五年以上有期徒刑。挪用公款数额巨大不退还的，处十年以上有期徒刑或者无期徒刑。

挪用用于救灾、抢险、防汛、优抚、扶贫、移民、救济款物归个人使用的，从重处罚。

【释解与适用】

本条是关于挪用公款罪及其刑罚的规定。

本条共分两款。第一款是关于挪用公款罪的概念及其处罚的规定。根据本款规定，构成挪用公款罪必须具备以下几个条件。

1. 犯罪主体只能是国家工作人员。另外，根据2000年4月29日第九届全国人民代表大会常务委员会第十五次会议通过的《全国人民代表大会常务委员会关于〈中华人民共和国刑法〉第九十三条第二款的解释》，村民委员会等村基层组织人员在协助人民政府从事行政管理工作中，利用职务上的便利，挪用公款构成犯罪的，适用本条挪用公款罪的规定，也可以成为挪用公款罪的主体。

2. 在客观方面是利用职务上的便利，实施以下三种行为之一的。

（1）挪用公款归个人使用，进行非法活动的。这里所说的"挪用公款归个人使用"，包括挪用者本人使用或者给其他人使用。为私利以个人名义将挪用的公款给其他单位使用的，应视为挪用公款归个人使用。"进行非法活动"，是指进行违法犯罪活动，如赌博、走私。

（2）挪用公款归个人使用数额较大，进行营利活动的。这里所说的"进行营利活动"，是指进行经商办企业、投资股市、放贷等经营性活动。

（3）挪用公款数额较大的，归个人使用，超过三个月未还的。这种挪用主要指用于个人生活，如挪用公款盖私房、买车或者进行挥霍。这里所说的"未还"，是指案发前（被司法机关、主管部门或者有关单位发现前）未还。如果挪用公款数额较大，超过三个月后在案发前已全部归还本息的，不作为犯罪处理。2016年4月18日施行的《最高人民法院、最高人民检察院关于办理贪污贿赂刑事案件适用法律若干问题的解释》第六条规定，挪用公款归个人使用，进行营利活动或者超过三个月未还，数额在五万元以上的，应当认定为"数额较大"；数额在五百万元以上的，应当认定为"数额巨大"；具有下列情形之一的，应当认定为"情节严重"：①挪用公款数额在二百万元以上的；②挪用救灾、抢险、防汛、优抚、扶贫、移民、救济特定款物，数额在一百万元以上不满二百万元的；③挪用公款不退还，数额在一百万元以上不满二百万元的；④其他严重的情节。

3. 挪用公款罪在主观方面具有挪用的故意，即准备以后归还，不打算永久占有。这是挪用公款罪与贪污罪的根本区别。另外，2002年4月28日第九届全国人民代表大会常务委员会第二十七次会议通过的《全国人民代表大会常务委员会关于〈中华人民共和国刑法〉第三百八十四条第一款的解释》中，对于挪用公款"归个人使用"的问题作了专门解释。有下列情形之一的，属于挪用公款"归个人使用"：（1）将公款供本人、亲友或者其他自然人使用的；（2）以个人名义将公款供其他单位使用的；（3）个人决定以单位名义将公款供其他单位使用，谋取个人利益。根据本款规定，对挪用公款罪，处五年以下有期徒刑或者拘役；情节严重的，处五年以上有期徒刑。挪用公款数额巨大不退还的，处十年以上有期徒刑、无期徒刑。这里所说的"不退还"，是指主观上想还而还不了的。如果在主观上就想非法占有挪用款，即构成贪污罪，应当按照贪污罪定罪处罚。

本条第二款是对挪用救灾、抢险、防汛、优抚、扶贫、移民、救济款物归个人使用的从重处罚的规定。本款所规定的"从重处罚"，是指根据挪用特定款物行为的情节，分别适用第一款规定的量刑幅度，在各量刑幅度内处较重刑罚。

第三百八十五条 【受贿罪】国家工作人员利用职务上的便利，索取他人财物的，或者非法收受他人财物，为他人谋取利益的，是受贿罪。

国家工作人员在经济往来中，违反国家规定，收受各种名义的回扣、手续费，归个人所有的，以受贿论处。

【释解与适用】

本条是关于受贿罪的规定。

本条共分两款。第一款规定了受贿罪的概念。根据这一规定，构成受贿罪必须具备以下几个条件。

1. 受贿罪的主体是国家工作人员。根据2000年4月29日第九届全国人民代表大会常务委员会第十五次会议通过的《全国人民代表大会常务委员会关于〈中华人民共和国刑法〉第九十三条第二款的解释》，村民委员会等村基层组织人员在协助人民政府从事行政管理工作时，属于刑法第九十三条第二款规定的"其他依照法律从事公务的人员"。也就是说，如果上述人员利用职务上的便利，索取他人财物或者非法收受他人财物，构成犯罪的，适用刑法第三百八十五条和第三百八十六条受贿罪的规定，也可以成为受贿罪的主体。

2. 受贿罪在客观方面表现为利用职务上的便利，索取他人财物，或者非法收受他人财物，为他人谋取利益。这里所说的"利用职务上的便利"，是指利用本人职务范围内的权力，即自己职务上主管、负责或者承办某种公共事务的职权所造成的便利条件，既包括利用本人职务上主管、负责、承办某项公共事务的职权，也包括利用职务上有隶属、制约关系的其他国家工作人员的职权。担任单位领导职务的国家工作人员通过不属自己主管的下级部门的国家工作人员的职务为他人谋取利益的，也应当认定为"利用职务上的便利"。"索取他人财物"，是指行为人在职务活动中主动向他人索要财物。索贿是严重的受贿行为，比一般受贿具有更大的主观恶性和社会危害性，因此，对索取他人财物的，法律没有规定要以"为他人谋取利益"为条件，不论是否为他人谋取利益，均可构成受贿罪。"非法收受他人财物"，是指行贿人向受贿人主动给予财物时，受贿人非法收受他人财物的行为。"为他人谋取利益"，是指受贿人利用职权为行贿人办事，即进行"权钱交易"。至于为他人谋取的利益是否正当，为他人谋取的利益是否实现，不影响受贿罪的成立。为他人谋取利益包括承诺、实施和实现三个阶段，只要具有其中一个阶段的行为，如国家工作人员收受他人财物时，根据他人提供的具体请托事项，承诺为他人谋取利益的，就具备了为他人谋取利益的要件。明知他人有具体请托事项而收受其财物的，视为承诺为他人谋取利益。2016年4月18日《最高人民法院、最高人民检察院关于办理贪污贿赂刑事案件适用法律若干问题的解释》第十三条第一款规定，具有下列情形之一的，应当认定为"为他人谋取利益"：（1）实际或者承诺为他人谋取利益的；（2）明知他人有具体请托事项的；（3）履职时未被请托，但事后基于该履职事由收受他人财物的。第十三条第二款规定，国家工作人员索取、收受具有上下级关系的下属或者具有行政管理关系的被管理人员的财物价值三万元以上，可能影响职权行使的，视为承诺为他人谋取利益。

需要注意的是，2016年4月18日《最高人民法院、最高人民检察院关于办理贪污贿赂刑事案件适用法律若干问题的解释》第十二条规定，贿赂犯罪中的"财物"，包括货币、物品和财产性利益。财产性利益包括可以折算为货币的物质利益如房屋装修、债务免除等，以及需要支付货币的其他利益如会员服务、旅游等。后者的犯罪数额，以实际支付或者应当支付的数额计算。

本条第二款是对国家工作人员在经济往来中，违反国家规定收受各种名义的回扣、手续费，归个人所有，以受贿论处的规定。这里所说的"违反国家规定"，是指违反全国人大及其常委会制定的法律，国务院制定的行政法规和行政措施、发布的决定和命令。例如，反不正当竞争法规定，严禁在账外暗中给对方或者收受对方的回扣。所谓"账外暗中"，是指未在依法设立的账务账目上按照财物会计制度如实记载。在账外暗中给予对方回扣的，以行贿论；在账外暗中收受回扣的，以受贿论。"手续费"，是指在经济活动中，除回扣以外，违反国家规定支付给对方的各种名义的钱或物，如佣金、信息费、顾问费、劳务费、辛苦费、好处费。根据本款规定，收受回扣或者各种名义的手续费归个人所有的，就应以受贿罪论处。

【适用中需要注意的问题】

关于特定情形能否认定为受贿行为的问题。对于以借钱为名索取或者非法收受财物、索取或者非法收受股票、收受干股、以开办公司等合作投资名义收受贿赂、委托请托人投资证券、期货或者其他委托理财的名义收受贿赂、赌博形式以及收受财物后退还或者上交、挂名形式领取报酬、在职为请托人谋利，离职后收受财物，应当结合2007年7月8日《最高人民法院、最高人民检察院关于办理受贿刑事案件适用法律若干问题的意见》，正确予以认定。

1. 关于以交易形式收受贿赂问题。国家工作人员利用职务上的便利为请托人谋取利益，以下列交易形式收受请托人财物的，以受贿论处：（1）以明显低于市场的价格向请托人购买房屋、汽车等物品的；（2）以明显高于市场的价格向请托人出售房屋、汽车等物品的；（3）以其他交易形式非法收受请托人财物的。如果根据商品经营者事先设定的各种优惠交易条件，以优惠价格购买商品的，不属于受贿。

2. 关于收受干股问题。国家工作人员利用职务上的便利为请托人谋取利益，收受请托人提供的干股的，以受贿论处。进行了股权转让登记，或者相关证据证明股份发生了实际转让的，受贿数额按转让行为时股份价值计算，所分红利按受贿孳息处理。股份未实际转让，以股份分红名义获取利益的，实际获利数额应当认定为受贿数额。

3. 关于以开办公司等合作投资名义收受贿赂问题。国家工作人员利用职务上的便利为请托人谋取利益，由请托人出资，"合作"开办公司或者进行其他"合作"投资的，以受贿论处。受贿数额为请托人给国家工作人员的出资额。国家工作人员利用职务上的便利为请托人谋取利益，以合作开办公司或者其他合作投资的名义获取"利润"，没有实际出资和参与管理、经营的，以受贿论处。

4. 关于以委托请托人投资证券、期货或者其他委托理财的名义收受贿赂问题。国家工作人员利用职务上的便利为请托人谋取利益，以委托请托人投资证券、期货或者其他委托理财的名义，未实际出资而获取"收益"，或者虽然实际出资，但获取"收益"明显高于出资应得收益的，以受贿论处。受贿数额，前一情形，以"收益"额计算；后一情形，以"收益"额与出资应得收益额的差额计算。

5. 关于以赌博形式收受贿赂的认定问题。根据《最高人民法院、最高人民检察院关于办理赌博刑事案件具体应用法律若干问题的解释》第七条规定，国家工作人员利用职务上的便利为请托人谋取利益，通过赌博方式收受请托人财物的，构成受贿。实践中应注意区分贿赂与赌博活动、娱乐活动的界限。具体认定时，主要应当结合以下因素进行判断：（1）赌博的背景、场合、时间、次数；（2）赌资来源；（3）其他赌博参与者有无事先通谋；（4）输赢钱物的具体情况和金额大小。

6. 关于特定关系人"挂名"领取薪酬问题。国家工作人员利用职务上的便利为请托人谋取利益，要求或者接受请托人以给特定关系人安排工作为名，使特定关系人不实际工作却获取所谓薪酬的，以受贿论处。

7. 关于由特定关系人收受贿赂问题。国家工作人员利用职务上的便利为请托人谋取利益，授意请托人以该意见所列形式，将有关财物给予特定关系人的，以受贿论处。特定关系人与国家工作人员通谋，共同实施前款行为的,对特定关系人以受贿罪的共犯论处。特定关系人以外的其他人与国家工作人员通谋,由国家工作人员利用职务上的便利为请托人谋取利益,收受请托人财物后双方共同占有的,以受贿罪的共犯论处。

8. 关于收受贿赂物品未办理权属变更问题。国家工作人员利用职务上的便利为请托人谋取利益,收受请托人房屋、汽车等物品,未变更权属登记或者借用他人名义办理权属变更登记的,不影响受贿的认定。认定以房屋、汽车等物品为对象的受贿,应注意与借用的区分。具体认定时,除双方交代或者书面协议之外,主要应当结合以下因素进行判断:(1)有无借用的合理事由;(2)是否实际使用;(3)借用时间的长短;(4)有无归还的条件;(5)有无归还的意思表示及行为。

9. 关于在职时为请托人谋利,离职后收受财物问题。国家工作人员利用职务上的便利为请托人谋取利益之前或者之后,约定在其离职后收受请托人财物,并在离职后收受的,以受贿论处。国家工作人员利用职务上的便利为请托人谋取利益,离职前后连续收受请托人财物的,离职前后收受部分均应计入受贿数额。

第三百八十六条 【对受贿罪的处罚】对犯受贿罪的,根据受贿所得数额及情节,依照本法第三百八十三条的规定处罚。索贿的从重处罚。

【释解与适用】

本条是关于对受贿罪如何进行处罚及具体量刑幅度的规定。

根据本条规定,对犯受贿罪的,根据刑法第三百八十三条规定的贪污罪的量刑标准处罚,即对个人受贿的处罚也分为四个量刑档次,根据受贿数额及其情节分别按照有关档次进行处罚。根据本条规定,对索贿的,应当从重处罚。

2016年4月18日《最高人民法院、最高人民检察院关于办理贪污贿赂刑事案件适用法律若干问题的解释》第一条规定,受贿数额在三万元以上不满二十万元的,应当认定为"数额较大",依法判处三年以下有期徒刑或者拘役,并处罚金。受贿数额在一万元以上不满三万元,具有下列情形之一的,应当认定为"其他较重情节",依法判处三年以下有期徒刑或者拘役,并处罚金:(1)曾因贪污、受贿、挪用公款受过党纪、行政处分的;(2) 曾因故意犯罪受过刑事追究的;(3) 赃款赃物用于非法活动的;(4) 拒不交待赃款赃物去向或者拒不配合追缴工作,致使无法追缴的;(5) 造成恶劣影响或者其他严重后果的;(6) 多次索贿的;(7) 为他人谋取不正当利益,致使公共财产、国家和人民利益遭受损失的;(8) 为他人谋取职务提拔、调整的。第二条规定,受贿数额在二十万元以上不满三百万元的,应当认定为"数额巨大",依法判处三年以上十年以下有期徒刑,并处罚金或者没收财产;受贿数额在十万元以上不满二十万元,具有下列情形之一的,应当认定为"其他严重情节",依法判处三年以上十年以下有期徒刑,并处罚金或者没收财产:(1) 多次索贿的;(2) 为他人谋取不正当利益,致使公共财产、国家和人民利益遭受损失的;(3) 为他人谋取职务提拔、调整的。第三条规定,受贿数额在三百万元以上的,应当认定为"数额特别巨大",依法判处十年以上有期徒刑、无期徒刑或者死刑,并处罚金或者没收财产;受贿数额在一百五十万元以上不满三百万元,具有下列情形之一的,应当认定为"其他特别严重情节",依法判处十年以上有期徒刑、无期徒刑或者死刑,并处罚金或者没收财产:(1) 多次索贿的;(2) 为他人谋取不正当利益,致使公共财产、国家和人民利益遭受损失的;(3) 为他人谋取职务提拔、调整的。

第三百八十七条 【单位受贿罪】国家机关、国有公司、企业、事业单位、人民团体,索取、非法收受他人财物,为他人谋取利益,情节严重的,对单位判处罚金,并对其直接负责的主管人员和其他直接责任人员,处三年以下有期徒刑或者拘役;情节特别严重的,处三年以上十年以下有期徒刑。

前款所列单位,在经济往来中,在帐外暗中收受各种名义的回扣、手续费的,以受贿论,依照前款的规定处罚。

【释解与适用】

本条是关于单位受贿罪及其处罚的规定。

本次修法主要是从惩治行贿犯罪和民营企业内部人员腐败犯罪两个方面,对刑法作出修改完善。从惩治行贿犯罪的角度,加大对行贿犯罪的惩治力度,调整行贿罪、单位行贿罪、对单位行贿罪的法定刑,有利于改善实践中对行贿犯罪惩处偏弱的问题，一定程度上能够减少行贿、受贿情况的发生。在对行贿罪、单位行贿罪、对单位行贿罪作出调整以后，为做好衔接和平衡，还需要相应地调整其他有关贿赂犯罪法定刑。据此，刑法修正案（十二）对本条第一款作了修改，增加了"情节特别严重"的情形，将法定刑由一档刑调整为两档刑，提高了刑罚上限，由"处五年以下有期徒刑或者拘役"修改为"情节严重的，对单位判处罚金，并对其直接负责的主管人员和其他直接责任人员，处三年以下有期徒刑或者拘役；情节特别严重的，处三年以上十年以下有期徒刑。"这样，可以与修改后的行贿类犯罪起点刑一般为"处三年以下有期徒刑或者拘役"的刑罚标准做好衔接。同时，单位受贿罪与对单位行贿罪作为对向犯罪，两者在最高刑上有所区分，分别为"三年以上十年以下有期徒刑"和"三年以上七年以下有期徒刑"。

本条共分两款。第一款是关于单位受贿罪及其处罚的规定。根据本款规定，单位受贿罪的犯罪主体是国家机关、国有公司、企业、事业单位、人民团体。除此以外，其他单位包括集体经济组织、中外合资企业、中外合作企业、外商独资企业和私营企业，都不能成为单位受贿罪的主体。这里的"人民团体"主要是指工会、共青团、妇联、工商联、台联等特定群团组织。本罪在行为上主要表现为上述单位索取、非法收受他人财物，为他人谋取利益，情节严重的行为，如国有商业银行利用发放贷款的职务便利，向申请贷款的单位或个人索要好处费。这里所说的非法收受他人的"财物"，包括货币、物品和财产性利益。财产性利益包括可以折算为货币的物质利益如房屋装修、债务免除等，以及需要支付货币的其他利益如会员服务、工会福利等。"为他人谋取利益"，既包括谋取非法利益，也包括谋取正当利益。至于是否为他人谋取到利益，不影响本罪的构成。根据2016年4月18日实施的《最高人民法院、最高人民检察院关于办理贪污贿赂刑事案件适用法律若干问题的解释》第十三条规定，"实际或者承诺为他人谋取利益的""明知他人有具体请托事项的""履职时未被请托，但事后基于该履职事由收受他人财物的"，应当认定为"为他人谋取利益"，

根据本款规定，单位犯受贿罪的，对单位判处罚金，并对其直接负责的主管人员和其他直接责任人员，处三年以下有期徒刑或者拘役；情节特别严重的，处三年以上十年以下有期徒刑。

第二款是关于国家机关、国有公司、企业、事业单位、人民团体在经

济往来中，在账外暗中收受各种名义的回扣、手续费，以受贿论处的规定。这里所说的"手续费"是指，在经济往来中，除回扣外，违反规定收受的各种未入账的钱或物，如佣金、信息费、顾问费、劳务费、车辆等。"在帐外暗中"收受回扣、手续费的行为，主要是指违反法律和单位规定，未在依法设立的账务账目上按照财务会计制度如实记载收受的回扣、手续费的行为。既包括直接收受贿赂，也包括通过虚构交易、合作开办公司、收受干股等方式收受贿赂。

【适用中需要注意的问题】

单位受贿罪作为一种主体特殊的受贿犯罪，有时与受贿罪难以区分。在实践中，要根据是否属于单位决策、是否体现单位意志，犯罪利益归属等因素综合判断。比如，单位受贿罪是将索取、非法收受的他人财物归单位所有，如果单位直接负责的主管人员和其他直接责任人员借单位名义索取、收受他人财物后私分、中饱私囊的，则不适用本条规定，而应根据对个人犯受贿罪的刑法规定追究刑事责任。

第三百八十八条 **【斡旋受贿的处罚】** 国家工作人员利用本人职权或者地位形成的便利条件，通过其他国家工作人员职务上的行为，为请托人谋取不正当利益，索取请托人财物或者收受请托人财物的，以受贿论处。

【释解与适用】

本条是关于斡旋受贿犯罪及其处罚的规定。

根据本条规定，斡旋受贿行为，是指国家工作人员利用本人职权或者地位形成的便利条件，通过其他国家工作人员职务上的行为，为请托人谋取不正当利益，索取请托人财物或者收受请托人财物的行为。例如，利用上下级之间的隶属关系，利用部门、单位之间的工作关系，让其他国家工作人员为请托人办事。这里所说的"谋取不正当利益"，是指根据法律及有关政策规定不应得到的利益。根据本条规定，如果为请托人谋取的是正当的利益，不构成本条规定的犯罪。根据本条规定，对斡旋受贿行为以受贿论处，即依照刑法第三百八十六条的规定进行处罚。

关于利用本人职权或者地位形成的便利条件，并不要求行为人利用其职权或者地位,只要是利用其国家工作人员的立场实施斡旋受贿行为就符合条件。行为人与其被利用的国家工作人员之间在职务上虽然没有隶属、制约关系,但是行为人利用了本人职权或者地位产生的影响和一定的工作联系,如单位内不同国家工作人员之间,上下级单位没有隶属、制约关系的国家机关工作人员之间,工作关系认识的不同单位的国家工作人员之间,都符合利用本人职权或者地位形成的便利条件。对于国家工作人员利用本人职务上主管、负责、承办某项公共事务的职权,或者利用职务上有隶属、制约关系的其他国家工作人员的职权索取贿赂的,可以直接适用刑法第三百八十五条受贿罪的规定。

关于接收请托。与普通受贿要求谋取利益不同,本条规定要求国家工作人员有为请托人谋取不正当利益的意图。只要行为人认识到其受托事项不正当就可以,不要求已经为请托人谋取了不正当利益,也不要求其他国家工作人员知道行为人有索取请托人财物或者有收受请托人财物的行为。

关于索取财物或者收受请托人的财物。这种财物是行为人使其他国家工作人员为请托人谋取不正当利益的报酬。对于事先索贿,或者事后索取、收受财物的行为,也成立斡旋受贿犯罪。

第三百八十八条之一　【利用影响力受贿罪】国家工作人员的近亲属或者其他与该国家工作人员关系密切的人,通过该国家工作人员职务上的行为,或者利用该国家工作人员职权或者地位形成的便利条件,通过其他国家工作人员职务上的行为,为请托人谋取不正当利益,索取请托人财物或者收受请托人财物,数额较大或者有其他较重情节的,处三年以下有期徒刑或者拘役,并处罚金;数额巨大或者有其他严重情节的,处三年以上七年以下有期徒刑,并处罚金;数额特别巨大或者有其他特别严重情节的,处七年以上有期徒刑,并处罚金或者没收财产。

离职的国家工作人员或者其近亲属以及其他与其关系密切的人,利用该离职的国家工作人员原职权或者地位形成的便利条件实施前款行为的,依照前款的规定定罪处罚。

【释解与适用】

本条是关于利用影响力受贿罪及其刑罚的规定。

本条共分两款。第一款是关于国家工作人员的近亲属或者其他与该国家工作人员关系密切的人，利用影响力进行受贿犯罪及处罚的规定。根据第一款的规定，本罪的犯罪主体包括：与国家工作人员有着某种特定关系的非国家工作人员，包括国家工作人员的近亲属或者其他与该国家工作人员关系密切的人。之所以将这两种人的斡旋受贿行为规定为犯罪，主要是考虑到他们与国家工作人员有着血缘、亲属关系，有的虽不存在亲属关系，但彼此是同学、战友、老部下、老上级或是有着某种共同的利益关系，或是过从甚密，具有足够的影响力，他们斡旋受贿的行为影响了国家工作人员职务的廉洁性，应当受到刑罚处罚。至于关系密切的人具体指哪些人，应当由司法机关根据案件的具体情况确定，也可以由司法机关依法作出司法解释。这里规定的近亲属，主要是指夫、妻、父、母、子、女、同胞兄弟姐妹、祖父母、外祖父母、孙子女、外孙子女。这里所说的"谋取不正当利益"，根据2012年12月16日《最高人民法院、最高人民检察院关于办理行贿刑事案件具体应用法律若干问题的解释》的规定，是指行贿人谋取的利益违反法律、法规、规章、政策规定，或者要求国家工作人员违反法律、法规、规章、政策、行业规范的规定，为自己提供帮助或者方便条件。违背公平、公正原则，在经济、组织人事管理等活动中，谋取竞争优势的，应当认定为"谋取不正当利益"。

根据本款的规定，数额较大或者有其他较重情节的，处三年以下有期徒刑或者拘役，并处罚金；数额巨大或者有其他严重情节的，处三年以上七年以下有期徒刑，并处罚金；数额特别巨大或者有其他特别严重情节的，处七年以上有期徒刑，并处罚金或者没收财产。2016年4月18日《最高人民法院、最高人民检察院关于办理贪污贿赂刑事案件适用法律若干问题的解释》第十条规定，利用影响力受贿罪的定罪量刑适用标准，参照该解释关于受贿罪的规定执行。应当说明的是，受贿罪与贪污罪不同，受贿的数额可能不大，但给国家和人民的利益造成的损失可能是巨大的，因此，对受贿罪的量刑，除了要考虑数额之外，还要考虑其他情节。

第二款是关于离职的国家工作人员或其近亲属以及其他与其关系密切的人，利用影响力进行犯罪及处罚的规定。"离职"，是指曾经是国家工作人员，但目前的状态是已离开了国家工作人员岗位，包括离休、退休、辞职、辞退等。

构成本款规定的犯罪，应依照第一款的规定定罪处罚，即数额较大或者有其他较重情节的，处三年以下有期徒刑或者拘役，并处罚金；数额巨大或者有其他严重情节的，处三年以上七年以下有期徒刑，并处罚金；数额特别巨大或者有其他特别严重情节的，处七年以上有期徒刑，并处罚金或者没收财产。

第三百八十九条 【行贿罪】为谋取不正当利益，给予国家工作人员以财物的，是行贿罪。

在经济往来中，违反国家规定，给予国家工作人员以财物，数额较大的，或者违反国家规定，给予国家工作人员以各种名义的回扣、手续费的，以行贿论处。

因被勒索给予国家工作人员以财物，没有获得不正当利益的，不是行贿。

【释解与适用】

本条是关于行贿罪定义的规定。

本条共分三款。第一款是关于什么是行贿罪的规定。这里所规定的"谋取不正当利益"，既包括谋取的利益是违反法律、法规及政策规定的，也包括违反有关规章制度的情况，根据2012年12月16日《最高人民法院、最高人民检察院关于办理行贿刑事案件具体应用法律若干问题的解释》规定，是指行贿人谋取的利益违反法律、法规、规章、政策规定，或者要求国家工作人员违反法律、法规、规章、政策、行业规范的规定，为自己提供帮助或者方便条件。违背公平、公正原则，在经济、组织人事管理等活动中，谋取竞争优势的，应当认定为"谋取不正当利益"。如果行为人谋取的利益是正当的，迫于某种压力或屈于惯例不得已而为之的，则不构成本款所说的行贿罪。

本条第二款是关于在经济往来中违反国家规定，给予国家工作人员以财物或者回扣、手续费，以行贿论处的规定。这里规定的"违反国家规定"，是指违反全国人大及其常委会制定的法律和作出的决定，国务院制定的行政法规和行政措施、发布的决定和命令。"给予国家工作人员以各种名义的回扣、手续费"，是指违反国家规定，在账外暗中给予回扣、手续费的行为。根据本款规定，对上述行为应以行贿论处，即应当按照行贿罪追究行为人的刑事责任。

本条第三款是关于因被勒索给予国家工作人员以财物，但并没有获得不正当利益的，不构成行贿的规定。这里所规定的"被勒索"，是指被索要或者被敲诈勒索。"没有获得不正当利益"，是指行为人虽有给予国家工作人员以财物的行为，但最后没有获得不正当利益，包括其获取的是合法利益，也包括根本未获得任何利益。

关于行贿罪和受贿罪。在通常情况下，受贿方与行贿方的行为均成立犯罪，但有些情形下，没有行贿罪同样存在受贿罪；没有受贿罪，行贿罪也仍然可以成立。例如，以被勒索而给予以财物，而没有获得不正当利益的，不是行贿，但受贿方可以认定为受贿罪；一方行贿而另一方予以拒绝未受贿，则只能认定为一方行贿；一方行贿数额未达到定罪条件，而收受贿赂方因收受多人贿赂而构成犯罪；一方为了谋取正当利益而给予国家工作人员以财物的，不是行贿，但国家工作人员接受财物的行为成立受贿罪。在实践中应注意把握行贿罪在客观方面具备给付财物的行为外，还必须主观上具备谋取不正当利益的目的，行为数额达到定罪标准。

第三百九十条　【对行贿罪的处罚】对犯行贿罪的，处三年以下有期徒刑或者拘役，并处罚金；因行贿谋取不正当利益，情节严重的，或者使国家利益遭受重大损失的，处三年以上十年以下有期徒刑，并处罚金；情节特别严重的，或者使国家利益遭受特别重大损失的，处十年以上有期徒刑或者无期徒刑，并处罚金或者没收财产。

有下列情形之一的，从重处罚：

（一）多次行贿或者向多人行贿的；

（二）国家工作人员行贿的；

（三）在国家重点工程、重大项目中行贿的；

（四）为谋取职务、职级晋升、调整行贿的；

（五）对监察、行政执法、司法工作人员行贿的；

（六）在生态环境、财政金融、安全生产、食品药品、防灾救灾、社会保障、教育、医疗等领域行贿，实施违法犯罪活动的；

（七）将违法所得用于行贿的。

行贿人在被追诉前主动交待行贿行为的，可以从轻或者减轻处罚。其中，犯罪较轻的，对调查突破、侦破重大案件起关键作用的，或者有重大立功表现的，可以减轻或者免除处罚。

【释解与适用】

本条是关于对行贿罪如何进行处罚的规定。

2023年12月29日第十四届全国人民代表大会常务委员会第七次会议通过的刑法修正案（十二）对本条作了修改。

1. 增加一款作为第二款，规定行贿罪从重处罚的情形："有下列情形之一的，从重处罚：（一）多次行贿或者向多人行贿的；（二）国家工作人员行贿的；（三）在国家重点工程、重大项目中行贿的；（四）为谋取职务、职级晋升、调整行贿的；（五）对监察、行政执法、司法工作人员行贿的；（六）在生态环境、财政金融、安全生产、食品药品、防灾救灾、社会保障、教育、医疗等领域行贿，实施违法犯罪活动的；（七）将违法所得用于行贿的。"党的十九大、二十大提出"坚持受贿行贿一起查"，党的二十届中央纪委二次全会提出"进一步健全完善惩治行贿的法律法规"。系统治理行贿犯罪问题，需要进一步发挥刑法在一体推进不敢腐、不能腐、不想腐体制机制中的重要作用。实践中同期判处的行贿案件与受贿案件数量相比严重失衡，行贿人未被追究刑事责任的比例过高，对行贿惩处偏弱的问题仍然存在，不利于切断行受贿犯罪因果链，需要从刑法上进一步明确规定，对一些严重行贿情形加大刑事追责力度。行贿罪的最高刑是无期徒刑，在法定刑上已经体现了严厉惩治。这次的修改保留原第二款从宽处罚的规定，同时增加一款规定从重处罚的情形。

2021年，中央纪委国家监委、中央组织部、中央统战部、中央政法委、最高人民法院、最高人民检察院联合印发《关于进一步推进受贿行贿一起查的意见》，要求坚决查处行贿行为，重点查处多次行贿、巨额行贿以及向多人行贿，特别是党的十八大后不收敛、不收手的；党员和国家工作人员行贿的；在国家重要工作、重点工程、重大项目中行贿的；在组织人事、执纪执法司法、生态环保、财政金融、安全生产、食品药品、帮扶救灾、养老社保、教育医疗等领域行贿的；实施重大商业贿赂的行为。这次刑法修改，借鉴上述文件规定，将实践中多发、涉及公共利益、危害民生民利、社会危害性严重，党中央确定要重点查处的行贿行为在立法上进一步明确规定要从重处罚，在法律上落实党中央对行贿从严惩治的精神。修改后，对重点查处的行贿犯罪应从严惩治，不能轻易不移送起诉或者免除处罚，从而一定程度上解决实践中依据原第二款对行贿过度从宽处理的问题。

2. 与受贿罪相衔接，调整行贿罪的起刑点和刑罚档次，将第一档刑和第二档刑分别由原来的"五年以下有期徒刑或者拘役，并处罚金""五年以上十年以下有期徒刑，并处罚金"调整为"三年以下有期徒刑或者拘役，并处罚金""三年以上十年以下有期徒刑，并处罚金"。2015年刑法修正案（九）对受贿罪法定刑作了调整，第一档刑和第二档刑分别调整为"三年以下有期徒刑或者拘役，并处罚金"和"三年以上十年以下有期徒刑，并处罚金或者没收财产"。这次的修改与受贿罪相协调，优化了行贿罪的法定刑档次配置，刑罚结构更为科学，有利于解决行贿要么不定罪、要定就比受贿还重的问题。

3. 与国家监察体制改革相适应，在原第二款中的"侦破"前增加"调查突破"。2018年通过的监察法规定，监察委员会对涉嫌贪污贿赂、滥用职权、玩忽职守、权力寻租、利益输送、徇私舞弊以及浪费国家资财等职务违法和职务犯罪进行调查。这次修改根据目前由监察机关负责职务犯罪调查的情况，增加了"调查突破"的表述。

本条共分三款。第一款规定了行贿罪的具体量刑标准，分三个量刑档次：（1）对犯一般行贿罪的，处三年以下有期徒刑或者拘役，并处罚金；（2）因行贿谋取不正当利益，情节严重的，或者使国家利益遭受重大损失的，处三年以上十年以下有期徒刑，并处罚金；（3）情节特别严重的，或者使国家利益遭受特别重大损失的，处十年以上有期徒刑或者无期徒刑，并处罚金或者没收财产。关于"谋取不正当利益"，2012年《最高人民法院、最高人民检察院关于办理行贿刑事案件具体应用法律若干问题的解释》规定，"谋取不正当利益"，是指行贿人谋取的利益违反法律、法规、规章、政策规定，或者要求国家工作人员违反法律、法规、规章、政策、行业规范的规定，为自己提供帮助或者方便条件。同时规定，违背公平、公正原则，在经济、组织人事管理等活动中，谋取竞争优势的，应当认定为"谋取不正当利益"。2016年4月18日《最高人民法院、最高人民检察院关于办理贪污贿赂刑事案件适用法律若干问题的解释》对行贿数额、情节严重、国家利益遭受损失等予以明确规定。关于行贿数额，第七条第一款规定，为谋取不正当利益，向国家工作人员行贿，数额在三万元以上的，应当以行贿罪追究刑事责任；第七条第二款规定，行贿数额在一万元以上不满三万元，具有下列情形之一的，应当以行贿罪追究刑事责任：

(1) 向三人以上行贿的；(2) 将违法所得用于行贿的；(3) 通过行贿谋取职务提拔、调整的；(4) 向负有食品、药品、安全生产、环境保护等监督管理职责的国家工作人员行贿，实施非法活动的；(5) 向司法工作人员行贿，影响司法公正的；(6) 造成经济损失数额在五十万元以上不满一百万元的。关于"情节严重"，第八条规定，具有下列情形之一的，应当认定为"情节严重"：(1) 行贿数额在一百万元以上不满五百万元的；(2) 行贿数额在五十万元以上不满一百万元，并具有第七条第二款第一项至第五项规定的情形之一的；(3) 其他严重的情节。第九条规定，具有下列情形之一的，应当认定为"情节特别严重"：(1) 行贿数额在五百万元以上的；(2) 行贿数额在二百五十万元以上不满五百万元，并具有本解释第七条第二款第一项至第五项规定的情形之一的；(3) 其他特别严重的情节。为谋取不正当利益，向国家工作人员行贿，造成经济损失数额在一百万元以上不满五百万元的，应当认定为本条规定的"使国家利益遭受重大损失"；造成经济损失数额五百万元以上的，应当认定为"使国家利益遭受特别重大损失"。

第二款是关于从重处罚情形的规定。本款规定了七种从重处罚的情形。(1) 多次行贿或者向多人行贿的。该类行贿人往往将行贿作为谋取不正当利益的主要手段，对政治生态、法治环境、营商环境和市场规则等破坏较大，如果不予以严肃查处，就会让行贿成为常态，形成劣币驱逐良币的"负面激励"效应。"多次""多人"一般是指三次（含三次）以上、三人（含三人）以上。对于这里的"多次"，实践中要结合行为人的主观目的、行贿事由、对象等进行具体认定，避免单纯形式化的理解。比如，基于同一请托事项对同一对象多次行贿的，不宜认定为多次行贿。(2) 国家工作人员行贿的。国家工作人员，是指国家机关中从事公务的人员。国有公司、企业、事业单位、人民团体中从事公务的人员和国家机关、国有公司、企业、事业单位委派到非国有公司、企业、事业单位、社会团体从事公务的人员，以及其他依照法律从事公务的人员，以国家工作人员论。国家工作人员理应在遵纪守法方面发挥模范带头作用，对这类知法犯法的人员严肃查处，体现了对国家工作人员犯罪从严惩处的立法精神。(3) 在国家重点工程、重大项目中行贿的。该类行贿行为不仅扰乱正常市场经济秩序，直接造成国家巨额经济损失，而且危害国家经济安全，影响国家工作大局，应当坚决予以查处。国家重点工程、重大项目的范围，实践中可参照国家有关部门公布或发布的国家重点工程、重大项目来认定。（4）为谋取职务、职级晋升、调整行贿的。通过贿赂买官的行为严重违反党的组织纪律，严重败坏政治生态，危害性十分严重。刑法修改对吏治腐败这一现象高度关注，将为谋取职务、职级晋升、调整行贿明确规定为从重处罚情形。职务调整包括职务的平级调整，离职、退休等调整一般不宜认定为这里的职务调整。（5）对监察、行政执法、司法工作人员行贿的。监察工作人员依法对所有行使公权力的公职人员进行监察，调查职务违法和职务犯罪，开展廉政建设和反腐败工作，履行监督、调查、处置职责；行政执法工作人员依法履行行政许可、行政处罚、行政强制等职责；司法工作人员依法履行侦查、检察、审判、监管职责。对上述人员行贿，往往会影响案件的公正办理，损害他人的合法权益，影响法治政府、法治社会建设和群众对法律的信仰，具有更大的社会危害性，应当从重处罚。（6）在生态环境、财政金融、安全生产、食品药品、防灾救灾、社会保障、教育、医疗等领域行贿，实施违法犯罪活动的。该类行贿行为扰乱了相关领域的正常秩序，严重影响人民群众的获得感幸福感安全感，必须加大查处力度，推动解决一些行业的顽瘴痼疾。在这些领域通过行贿而实施新的违法犯罪行为，如向执法人员行贿以确保其污染环境的行为不被查处，说明行为人主观恶性大，具有更严重的危害性，还可能造成其他严重后果，理应从严惩处。这里的"实施违法犯罪活动"应作客观化理解，只有客观实施了违法犯罪活动才适用该项规定。（7）将违法所得用于行贿的。主要是指行为人将通过实施其他违法犯罪活动获取的财物用于行贿的情况，这种情形比使用合法财产行贿的社会危害性更大。

第三款是对行贿人主动交待行贿行为从宽处理的特别规定。为了分化瓦解贿赂犯罪分子，严厉惩治受贿等犯罪，本款对行贿人主动交待行贿行为从宽处理的条件作了特别规定："行贿人在被追诉前主动交待行贿行为的，可以从轻或者减轻处罚。其中，犯罪较轻的，对调查突破、侦破重大案件起关键作用的，或者有重大立功表现的，可以减轻或者免除处罚。"由于贿赂犯罪隐蔽性很强，取证难度较大，行贿人主动交待行贿行为，实际上是对受贿人的揭发检举，属于立功表现。根据本款规定，只要行贿人在被追诉前主动交待行贿行为的，就可以从轻或者减轻处罚。这一规定与刑法第六十八条关于犯罪分子有揭发他人犯罪行为，查证属实的，或者提供重要线索，从而得以侦破其他案件等立功表现的，可以从轻或者减轻处罚的规定基本一致。这里所说的"被追诉前",是指对行贿人的行贿行为刑事立案前。根据本款规定,可以对行贿人减轻或者免除处罚的首要条件是行贿人在被追诉前主动交待行贿行为,在此前提下,符合以下三个条件之一的,即可以对行贿人减轻或者免除处罚：一是犯罪情节较轻的。如犯罪数额较少,行贿行为没有造成严重后果、偶犯、初犯等。二是对调查突破、侦破重大案件起关键作用的。实践中,揭发检举他人的犯罪行为或者提供重要线索,使得其他案件得以破获的才算立功。但行贿犯罪有自己的特点,行贿人主动交待行贿,实际与立功的作用相近,所以,这里明确,只要是行贿人主动交待行贿行为,并且对调查突破、侦破重大案件起关键作用的,就可以对行贿人减轻或者免除处罚。三是有重大立功表现的。这里所说的"重大立功表现",是指刑法第七十八条所列的重大立功表现之一,即阻止他人重大犯罪活动的；检举监狱内外重大犯罪活动,经查证属实的；有发明创造或者重大技术革新的；在日常生产、生活中舍己救人的；在抗御自然灾害或者排除重大事故中,有突出表现的；对国家和社会有其他重大贡献的。2016年4月18日《最高人民法院、最高人民检察院关于办理贪污贿赂刑事案件适用法律若干问题的解释》第十四条规定,根据行贿犯罪的事实、情节,可能被判处三年有期徒刑以下刑罚的,可以认定为"犯罪较轻"。根据犯罪的事实、情节,已经或者可能被判处十年有期徒刑以上刑罚的,或者案件在本省、自治区、直辖市或者全国范围内有较大影响的,可以认定为"重大案件"。具有下列情形之一的,可以认定为"对侦破重大案件起关键作用"：(1)主动交待办案机关未掌握的重大案件线索的；(2)主动交待的犯罪线索不属于重大案件的线索,但该线索对于重大案件侦破有重要作用的；(3)主动交待行贿事实,对于重大案件的证据收集有重要作用的；(4)主动交待行贿事实,对于重大案件的追逃、追赃有重要作用的。

【适用中需要注意的问题】

1.2012年12月《最高人民法院、最高人民检察院关于办理行贿刑事案件具体应用法律若干问题的解释》对行贿数额、数罪并罚以及行贿犯罪获得利益的处置等作了规定,司法实践中应遵照执行。内容如下：(1)关于行贿数额。多次行贿未经处理的,按照累计行贿数额处罚。(2)关于数罪并罚问题。行贿人谋取不正当利益的行为构成犯罪的,应当与行贿犯罪数罪并罚。(3) 行贿犯罪获得利益的处置。行贿犯罪取得的不正当财产性利益应当依照本法第六十四条的规定予以追缴、责令退赔或者返还被害人。因行贿犯罪取得的财产性利益以外的经营资格、资质或者职务晋升等其他不正当利益，建议有关部门依照相关规定予以处理。

2. 注意妥善处理好从重和从轻的关系，加大对行贿罪的惩罚力度。执法、司法部门应当准确把握本次关于行贿罪修改的立法精神，在保持惩治受贿犯罪高压态势的同时，加大对行贿行为惩治力度，妥善把握查处行贿的政策尺度，扭转有的执法办案人员重受贿轻行贿的观念，不断提升办案能力和水平，对法律规定重点查处的行贿案件，该立案的坚决予以立案，该处理的坚决作出处理，一般情况下不能轻易不移送起诉或者不处罚，而是应当从严把握。

第三百九十条之一　【对有影响力的人行贿罪】为谋取不正当利益，向国家工作人员的近亲属或者其他与该国家工作人员关系密切的人，或者向离职的国家工作人员或者其近亲属以及其他与其关系密切的人行贿的，处三年以下有期徒刑或者拘役，并处罚金；情节严重的，或者使国家利益遭受重大损失的，处三年以上七年以下有期徒刑，并处罚金；情节特别严重的，或者使国家利益遭受特别重大损失的，处七年以上十年以下有期徒刑，并处罚金。

单位犯前款罪的，对单位判处罚金，并对其直接负责的主管人员和其他直接责任人员，处三年以下有期徒刑或者拘役，并处罚金。

【释解与适用】

本条是关于对有影响力的人行贿罪及其刑罚的规定。

本条共分两款。第一款是关于向国家工作人员的近亲属及其关系密切的人行贿罪及其处罚的规定。本款规定的行贿犯罪主体是一般主体，行贿的对象有五类：第一类是国家工作人员的近亲属；第二类是与该国家工作人员关系密切的人；第三类是离职的国家工作人员；第四类是离职的国家工作人员的近亲属；第五类是其他与离职的国家工作人员关系密切的人。将向这五类人员行贿增加规定为犯罪，主要考虑到他们与国家工作人员有着血缘关系、亲属关系，虽然有的不是亲属关系，但彼此是同学、战友、老部下、老上级或是有着某种共同的利益关系，或是过从甚密，具有足够的影响力。所以，向上述人员行贿的行为应当受到刑事处罚。这里所说的"近亲属"主要是指夫、妻、父、母、子、女、同胞兄弟姐妹、祖父母、外祖父母、孙子女、外孙子女。这里所说的"谋取不正当利益"是指根据法律及有关政策规定不应得到的利益。这里所说的"离职的国家工作人员"是指曾经是国家工作人员但目前的状态是已离开国家工作人员岗位的人，包括离休、退休、辞职、辞退等情况。至于"关系密切的人"具体指哪些人，可由司法机关根据案件的具体情况确定，也可由司法机关依法作出司法解释。本款规定的犯罪是行为犯，根据本款规定，为谋取不正当利益，向上述人员行贿的，处三年以下有期徒刑或者拘役，并处罚金。对于情节严重的或者使国家利益遭受重大损失的，处三年以上七年以下有期徒刑，并处罚金。对于情节特别严重或者使国家利益遭受特别重大损失的，处七年以上十年以下有期徒刑，并处罚金。对于本款规定的"情节严重的，或者使国家利益遭受重大损失的"和"情节特别严重的，或者使国家利益遭受特别重大损失的"，是两个条件，具备其中之一分别构成第二档和第三档刑罚。2016年4月18日《最高人民法院、最高人民检察院关于办理贪污贿赂刑事案件适用法律若干问题的解释》第十条第二款规定，向国家工作人员的近亲属及与其关系密切的人行贿罪的定罪量刑适用标准，参照该解释关于受贿罪的规定执行。

第二款是关于单位向第一款所规定的人员行贿的犯罪及其处罚的规定。本款规定的"单位"包括任何形式的单位。根据本款规定，单位犯前款罪的，对单位判处罚金，并对其直接负责的主管人员和其他直接责任人员，处三年以下有期徒刑或者拘役，并处罚金。2016年4月18日《最高人民法院、最高人民检察院关于办理贪污贿赂刑事案件适用法律若干问题的解释》第十条第三款规定，单位对有影响力的人行贿数额在二十万元以上的，应当以对有影响力的人行贿罪追究刑事责任。需要注意的是，刑法修正案（九）已对刑法第三百九十条规定的行贿犯罪作了修改。在对行贿犯罪给予严厉惩处的同时，对行贿人在被追诉前主动交代行贿行为的，规定可以从轻或者减轻处罚。其中，犯罪较轻的，对侦破重大案件起关键作用的，或者有重大立功表现的，可以减轻或者免除处罚。这一规定是对一般行贿犯罪的规定，因此，本罪也应考虑适用刑法第三百九十条第二款的从宽处罚的规定精神，以体现我国宽严相济的刑事政策。

第三百九十一条 【对单位行贿罪】为谋取不正当利益，给予国家机关、国有公司、企业、事业单位、人民团体以财物的，或者在经济往来中，违反国家规定，给予各种名义的回扣、手续费的，处三年以下有期徒刑或者拘役，并处罚金；情节严重的，处三年以上七年以下有期徒刑，并处罚金。

单位犯前款罪的，对单位判处罚金，并对其直接负责的主管人员和其他直接责任人员，依照前款的规定处罚。

【释解与适用】

本条是关于对单位行贿罪及其处罚的规定。

2023年刑法修正案（十二）对本条作了修改，将本罪的法定刑由原来的一档调整为两档，增加了一档法定刑。党的十九大、二十大提出"坚持受贿行贿一起查"，党的二十届中央纪委二次全会提出"进一步健全完善惩治行贿的法律法规"。系统治理行贿犯罪问题，必须进一步发挥刑法在一体推进不敢腐、不能腐、不想腐制度中的重要作用。为聚焦实践中对行贿惩处偏弱的问题，切断行受贿犯罪因果链，遏制向单位行贿犯罪的发生和惩处向单位行贿的罪犯，对单位行贿犯罪加大追责力度。实践中一些司法部门提出，对单位行贿罪只有一档刑罚，最高三年有期徒刑，而对单位行贿案件较多，对单位行贿的行为惩处力度不足，建议提高对单位行贿罪的法定刑。刑法修正案（十二）此次修改，将对单位行贿罪刑罚由原来最高判处三年有期徒刑的一档刑罚，修改为"三年以下有期徒刑或者拘役，并处罚金"和"三年以上七年以下有期徒刑，并处罚金"两档刑罚，提高了对单位行贿罪的法定刑，使得刑罚梯度更加合理，刑罚体系更为完整，有利于满足惩治犯罪行为的实践要求，切实加强对单位行贿犯罪的惩治力度。

本条共分两款。第一款是关于个人向单位行贿或给予回扣、手续费及其处罚的规定。根据本款规定，行贿的对象仅限于国家机关、国有公司、企业、事业单位、人民团体。构成本罪，包括两种情形：一是为谋取不正当利益，给予国家机关、国有公司、企业、事业单位、人民团体以财物的；二是在经济往来中，违反国家规定，给予各种名义的回扣、手续费的。本罪规定了两档刑罚。对构成本罪的，处三年以下有期徒刑或者拘役，并处罚金；情节严重的，处三年以上七年以下有期徒刑，并处罚金。

本款原来没有情节严重的规定，刑法修正案（十二）增加一档情节严重的处罚规定，情节严重的，处三年以上七年以下有期徒刑，并处罚金，提高了个人对单位行贿罪的法定刑。2000年《最高人民检察院关于行贿罪立案标准的规定》对本罪的立案追诉标准作了规定。涉嫌下列情形之一的，应予立案：（1）个人行贿数额在十万元以上、单位行贿数额在二十万元以上的；（2）个人行贿数额不满十万元、单位行贿数额在十万元以上不满二十万元，但具有下列情形之一的：①为谋取非法利益而行贿的；②向三个以上单位行贿的；③向党政机关、司法机关、行政执法机关行贿的；④致使国家或者社会利益遭受重大损失的。具体的定罪量刑标准需要相关司法解释予以明确。

第二款是关于单位向单位行贿或给予回扣、手续费及其处罚的规定。这里规定的单位包括任何所有制形式的单位。依照本款的规定，单位向国家机关、国有公司、企业、事业单位、人民团体行贿的，对单位判处罚金，并对其直接负责的主管人员和其他直接责任人员，依照前款的规定处罚。本款虽然在刑法修正案（十二）中未明确修改，但修改了第一款，增加了情节严重的，处三年以上七年以下有期徒刑，并处罚金的规定，按照第二款"依照前款的规定处罚"的表述，第二款也适用和第一款同样的刑罚。也就是说，对单位犯罪的个人犯罪情节严重的，同样适用三年以上七年以下有期徒刑，并处罚金，也提高了单位对单位行贿罪的法定刑。

第三百九十二条 【介绍贿赂罪】向国家工作人员介绍贿赂，情节严重的，处三年以下有期徒刑或者拘役，并处罚金。

介绍贿赂人在被追诉前主动交待介绍贿赂行为的，可以减轻处罚或者免除处罚。

【释解与适用】

本条是关于介绍贿赂罪及其刑罚的规定。

本条共分两款。第一款是关于介绍贿赂罪及其处罚的规定。介绍贿赂罪是指在行贿人和受贿人之间进行联系、沟通，促使贿赂得以实现的犯罪行为。首先，行贿人主观上应当具有向国家工作人员介绍贿赂的故意。如果行为人主观上没有介绍贿赂的故意，即不知道请托人有给付国家工作人员财物的意图，而从中帮忙联系的，即使请托人事实上暗中给予了国家工作人员财物的,该介绍人也不构成介绍贿赂罪。其次,行为人在客观上具有介绍行贿人与受贿人沟通关系,促使行贿实现的行为。构成介绍贿赂罪,必须达到"情节严重"的条件,根据本条规定,构成犯罪的,处三年以下有期徒刑或者拘役,并处罚金。根据1999年9月16日《最高人民检察院关于人民检察院直接受理立案侦查案件立案标准的规定(试行)》的规定,介绍个人向国家工作人员行贿,数额在二万元以上的;介绍单位向国家工作人员行贿,数额在二十万元以上的;介绍贿赂数额不满上述标准,但有为使行贿人获得非法利益而介绍贿赂的,三次以上或者为三人以上介绍贿赂的,向党政领导、司法工作人员、行政执法人员介绍贿赂的,致使国家或者社会利益遭受重大损失的情形之一的,人民检察院应当立案。

第二款是对介绍贿赂人在被追诉前主动交待介绍贿赂行为,可以减轻或者免除处罚的规定。介绍贿赂人在被追诉前主动交待介绍贿赂犯罪行为,实际上是检举、揭发了行贿、受贿双方的犯罪行为,对于司法机关收集证据,查明贿赂犯罪事实,惩处贿赂犯罪将起到很重要的作用,因此本款规定,介绍贿赂人在被追诉前主动交待介绍贿赂行为的,可以减轻处罚或者免除处罚。这里所说的"被追诉前",根据2012年12月16日《最高人民法院、最高人民检察院关于办理行贿刑事案件具体应用法律若干问题的解释》,是指对行贿人的行贿行为刑事立案前。本款对介绍贿赂犯罪的从宽处罚规定比刑法第三百九十条第二款(即刑法修正案(九)第四十五条第二款)关于行贿犯罪的从宽处罚规定还要宽,也就是说,介绍贿赂人在被追诉前主动交待介绍贿赂行为的,就可以依法减轻或者免除处罚,不需要受其他犯罪较轻等情节的限制。由于介绍贿赂是介于受贿和行贿二者之间的行为,属于牵线搭桥的人,其社会危害性较之直接行贿人轻,所以,法律对介绍贿赂犯罪的处罚规定比行贿犯罪的处罚规定轻。这一规定有利于固定贿赂犯罪的证据链和查处贿赂犯罪,也给介绍贿赂人一个从宽处罚和改过自新的机会。

第三百九十三条 【单位行贿罪】单位为谋取不正当利益而行贿,或者违反国家规定,给予国家工作人员以回扣、手续费,情节严重的,对单位判处罚金,并对其直接负责的主管人员和其他直接责任人员,处三年以下有期徒刑或者拘役,并处罚金;情节特别严重的,处三年以上十年以下有期徒刑，并处罚金。因行贿取得的违法所得归个人所有的，依照本法第三百八十九条、第三百九十条的规定定罪处罚。

【释解与适用】

本条是关于单位行贿罪及其处罚的规定。

2023年刑法修正案（十二）对本条作了第二次修改。此次修改一是贯彻落实习近平总书记重要指示批示精神和党中央决策部署的要求。习近平总书记就惩治行贿犯罪问题多次作出重要指示批示。党的十九大、二十大提出"坚持受贿行贿一起查"，党的二十届中央纪委二次全会提出"进一步健全完善惩治行贿的法律法规"。系统治理行贿犯罪问题，需要进一步发挥刑法在一体推进不敢腐、不能腐、不想腐体制机制中的重要作用。同时，近年来民营企业内部人员腐败情况增多，惩治民营企业内部人员腐败犯罪，也需要进一步完善刑法规定。二是适应反腐败斗争新形势的需要。实践中同期判处的行贿案件与受贿案件数量相比严重失衡，行贿人未被追究刑事责任的比例过高，对行贿惩处偏弱的问题仍然存在，不利于切断行受贿犯罪因果链，需要从刑法上进一步明确规定，对一些严重行贿情形加大刑事追责力度。另外，单位行贿罪只有一档刑罚，最高五年有期徒刑，与个人行贿相比法定刑相差悬殊，对单位行贿惩处力度不足。实践中单位行贿案件较多，一些行贿人以单位名义行贿，规避处罚，导致案件处理不平衡。刑法修正案（十二）将单位行贿罪刑罚由原来最高五年有期徒刑的一档刑罚，修改为"三年以下有期徒刑或者拘役，并处罚金"和"三年以上十年以下有期徒刑，并处罚金"两档刑罚。

本条有两层意思：第一层意思是关于犯单位行贿罪的应该如何处罚。根据本条的规定，这一犯罪的主体是单位，具体包括公司、企业、事业单位、机关、团体。在行为上主要表现为单位为谋取不正当利益而行贿，或者违反国家规定，给予国家工作人员以回扣、手续费情节严重的行为。这里所说的"违反国家规定"给予回扣、手续费，是指故意违反国家有关主管机关的禁止性规定或规章制度在账外暗中给予回扣、手续费。"情节严重"主要是指行贿或者给予"回扣""手续费"多次、多人或数额较大，或者给国家利益造成严重损失等。关于"谋取不正当利益"，2013年1月1日起施行的《最高人民法院、最高人民检察院关于办理行贿刑事案件具体应用法律若干问题的解释》第十二条规定，行贿犯罪中的"谋取不正当利益",是指行贿人谋取的利益违反法律、法规、规章、政策规定,或者要求国家工作人员违反法律、法规、规章、政策、行业规范的规定,为自己提供帮助或者方便条件。违背公平、公正原则,在经济、组织人事管理等活动中,谋取竞争优势的,应当认定为"谋取不正当利益"。

考虑单位行贿的直接责任人员是为单位利益或者受单位指使,实施了行贿行为,获得的不正当利益也未归其本人所有,因此,对其规定了相对自然人行贿较轻的刑罚。本条规定的"情节严重"是构成本罪的必要条件,根据本条规定,情节严重的,对单位判处罚金,并对其直接负责的主管人员和其他直接责任人员,处三年以下有期徒刑或者拘役,并处罚金;情节特别严重的,处三年以上十年以下有期徒刑,并处罚金。1999年9月16日《最高人民检察院关于人民检察院直接受理立案侦查案件立案标准的规定(试行)》规定,单位行贿数额在二十万以上的;单位为谋取不正当利益而行贿,数额在十万元以上不满二十万元,但是具有为谋取非法利益而行贿,向三人以上行贿的,向党政领导、司法工作人员、行政执法人员行贿的,致使国家或者社会利益遭受重大损失的,人民检察院应当立案侦查。刑法修正案(十二)施行后,相关的立案追诉标准和定罪量刑标准需要有关部门根据实践情况和立法精神适时予以完善。

第二层意思是如果单位行贿的直接负责的主管人员和其他直接责任人员将单位行贿而获得的违法所得归个人所有的,即以单位名义行贿,实际上将得到的不正当利益个人中饱私囊的,实质上就是个人行贿行为,根据本条规定,应对直接负责的主管人员和其他直接责任人员依照刑法第三百八十九条、第三百九十条有关行贿罪的规定定罪处罚。对直接负责的主管人员和其他直接责任人员不是按单位犯罪处罚,而是按个人行贿罪处罚,即最高法定刑可处无期徒刑。

【适用中需要注意的问题】

1. 注意加大对单位行贿犯罪的查处力度。坚持受贿、行贿一起查,是党中央作出的重要决策部署。党的二十大进一步强调"以零容忍态度反腐惩恶,更加有力遏制增量,更加有效清除存量""坚持受贿行贿一起查"。2022年9月,中央纪委国家监委与中央组织部、中央统战部、中央政法委、最高人民法院、最高人民检察院联合印发了《关于进一步推进受贿行贿一起查的意见》,意见强调,健全完善惩治行贿行为的制度规范,推进受贿行贿一起查规范化法治化。通过发布指导性文件或者案例等方式，指导纪检监察机关、审判机关和检察机关在办理行贿案件中准确适用法律、把握政策，做好同类案件的平衡。纪检监察机关要与人大机关、政协机关和组织人事部门、统战部门、执法机关等建立对行贿人的联合惩戒机制，提高治理行贿的综合效能。要组织开展对行贿人作出市场准入、资质资格限制等问题进行研究，探索推行行贿人"黑名单"制度。要加大查处行贿的宣传力度，通报曝光典型案例，深入开展警示教育，彰显对贿赂零容忍的坚定决心，在全社会倡导廉洁守法理念。

2. 追究单位行贿罪的刑事责任，也要注意掌握相关政策界限。根据2023年《中共中央、国务院关于促进民营经济发展壮大的意见》第（三十一）项强调，在与宏观政策取向一致性评估中对涉民营经济政策开展专项评估审查。完善中国营商环境评价体系，健全政策实施效果第三方评价机制。加强民营经济统计监测评估，必要时可研究编制统一规范的民营经济发展指数。2023年《最高人民检察院关于全面履行检察职能推动民营经济发展壮大的意见》明确，要指导支持民营企业防范应对涉外法律风险等外部挑战，促进合规守法经营成为民营企业的自觉遵循。对民营企业生产、经营、融资过程中涉嫌违法犯罪的，要从经济安全、公共利益、市场秩序等方面全面、准确、合理认定社会危害性，综合考虑政策调整、经营不善、市场风险等市场主体意志以外的因素。要严格区分经济纠纷与经济犯罪的界限、行政违法与刑事犯罪的界限、改革探索出现偏差与钻改革空子实施犯罪的界限、合法经营收入与违法犯罪所得的界限、正当融资行为与违法犯罪的界限、单位犯罪与个人犯罪的界限、不正当经济活动与违法犯罪的界限。对于法律政策界限不明，罪与非罪、罪与错界限不清的，要加强研究分析，注意听取有关方面的意见，依法慎重妥善处理。

3. 注意划清单位行贿罪与行贿罪的界限。2022年《最高人民检察院关于加强行贿犯罪案件办理工作的指导意见》强调，要坚持"一起查"的主基调，依法精准有力惩治行贿犯罪。依法准确认定行贿犯罪，准确区分个人行贿与单位行贿。对以单位名义实施行贿、获得的不正当利益归个人所有的，应当认定为个人行贿。行贿人谋取不正当利益的相关行为单独构成犯罪的，应当依法与行贿犯罪数罪并罚。从严追究性质恶劣的行贿犯罪，从严提出量刑建议，包括适用财产刑的建议，有力惩治行贿犯罪。严格把握行贿犯罪的从宽处理，认真审查从宽情节证据，区分不同的情形、程度，做到罪责相适、宽严得当。

第三百九十四条 【国家工作人员在公务活动、对外交往中违规收受礼物不交公的处罚】国家工作人员在国内公务活动或者对外交往中接受礼物，依照国家规定应当交公而不交公，数额较大的，依照本法第三百八十二条、第三百八十三条的规定定罪处罚。

【释解与适用】

本条是关于国家工作人员在国内公务活动或者对外交往中收受礼物应当交公而不交公，按贪污罪定罪处罚的规定。

根据本条规定，国家工作人员在国内公务活动或者对外交往中接受礼物，依照国家规定应当交公而不交公，数额较大的，依照本法关于贪污罪的规定定罪处罚。这里所说的"国内公务活动"，主要是指在国内参加的各种与本人工作有关的公务活动。"礼物"，包括各种作为赠礼的物品、礼金、礼券等。"依照国家规定应当交公而不交公"，是指违反国家有关法律、行政法规、政策文件中关于国家工作人员在国内外公务活动中接受礼物应当交公的规定应交公而不交公。例如，国务院1988年发布的《国家行政机关及其工作人员在国内公务活动中不得赠送和接受礼品的规定》、国务院1980年发布的《国务院关于在对外活动中不赠礼、不受礼的决定》。构成本罪，必须达到数额较大。数额不大的，属于违反党纪政纪的行为，可由其所在单位或者上级主管部门给以行政处分。关于"数额较大"的标准，应由司法机关根据实际情况作出司法解释。对构成本条规定的犯罪行为的，应当按照刑法第三百八十二条、第三百八十三条规定的贪污罪定罪处罚。

第三百九十五条 【巨额财产来源不明罪】国家工作人员的财产、支出明显超过合法收入，差额巨大的，可以责令该国家工作人员说明来源，不能说明来源的，差额部分以非法所得论，处五年以下有期徒刑或者拘役；差额特别巨大的，处五年以上十年以下有期徒刑。财产的差额部分予以追缴。

【隐瞒境外存款罪】国家工作人员在境外的存款，应当依照国家规定申报。数额较大、隐瞒不报的，处二年以下有期徒刑或者拘役；情节较轻的，由其所在单位或者上级主管机关酌情给予行政处分。

【释解与适用】

本条是关于巨额财产来源不明罪和隐瞒境外存款罪及其刑罚的规定。

本条共分两款。第一款是关于巨额财产来源不明罪及其处罚的规定。巨额财产来源不明罪，是指国家工作人员的财产、支出明显超过合法收入，差额巨大，本人不能说明其来源的行为。这里所说的"国家工作人员的财产"，是指国家工作人员私人所有的房屋、车辆、存款、现金、股票、生活用品等。"支出"，是指各种消费以及其他开支。"超过合法收入"，是指国家工作人员的财产、支出数额，明显超过其工资、奖金、津贴以及其他依照国家规定取得的报酬的数额。

这里应说明的是，原刑法规定"国家工作人员的财产或者支出明显超过合法收入"，实践中，有的部门提出，这一规定是指财产和支出两项总和明显超过合法收入，还是指其中一项明显超过合法收入，不清楚。刑法修正案（七）对此予以明确，表述为"财产、支出明显超过合法收入"，不仅包括财产和支出两项总和明显超过其合法收入，也包括财产或者支出其中一项明显超过合法收入的情况。"差额巨大""差额特别巨大"的具体数额标准，有待司法机关根据实际情况作出司法解释。本条所规定的"不能说明其来源"，是指行为人不能说明其支出明显超过合法收入、差额巨大的财产是如何获得的。这里既包括本人拒不向调查的司法机关说明，也包括"说明"的内容经调查证明是虚假的情况。

根据本款规定，构成本罪的，处五年以下有期徒刑或者拘役，差额特别巨大的，处五年以上十年以下有期徒刑，并追缴其财产的差额部分。

本款在实际执行中应当注意，在清查、核实行为人的财产来源时，司法机关应当尽量查清其财产是通过何种非法方式取得的，如果能够查清其财产是以贪污、受贿或者其他犯罪方法取得的，应当按照贪污、受贿或者其他犯罪追究刑事责任。只有在确实无法查清其巨额财产非法来源，本人又不能说明的情况下，才应按巨额财产来源不明罪进行追究。

第二款是关于隐瞒境外存款罪的规定。国家工作人员按照规定申报境外存款，也是国家工作人员财产申报制度的要求，是国家工作人员的义务。境外存款数额较大，隐瞒不报的，是一种严重的不履行义务的行为。隐瞒境外存款罪是指国家工作人员隐瞒在境外的存款，不按照国家规定申报，并且数额较大的行为。

根据本款的规定，对犯隐瞒境外存款罪的，处二年以下有期徒刑或者拘役；情节较轻的，由其所在单位或者上级主管机关酌情给予行政处分。

第三百九十六条　【私分国有资产罪】国家机关、国有公司、企业、事业单位、人民团体，违反国家规定，以单位名义将国有资产集体私分给个人，数额较大的，对其直接负责的主管人员和其他直接责任人员，处三年以下有期徒刑或者拘役，并处或者单处罚金；数额巨大的，处三年以上七年以下有期徒刑，并处罚金。

【私分罚没财物罪】司法机关、行政执法机关违反国家规定，将应当上缴国家的罚没财物，以单位名义集体私分给个人的，依照前款的规定处罚。

【释解与适用】

本条是关于私分国有资产罪、私分罚没财物罪及其刑罚的规定。

本条共分两款。根据本条第一款的规定，构成私分国有资产罪应当具备以下几个条件：（1）犯罪主体是国家机关、国有公司、企业、事业单位、人民团体。（2）本罪在客观方面表现为，违反国家规定，以单位名义将国有资产集体私分给个人。这里所说的"违反国家规定"，是指违反国家有关管理、使用、保护国有资产方面的法律、行政法规规定。"国有资产"，是指国家依法取得和认可的，或者国家以各种形式对企业投资和投资收益、国家向行政事业单位拨款等形成的资产。"以单位名义将国有资产集体私分给个人"是指由单位负责人决定，或者单位决策机构集体讨论决定，分给单位所有职工。如果不是分给所有职工，而是几个负责人暗中私分，则不应以本条定罪处罚，而应以贪污罪追究私分者的刑事责任。（3）集体私分国有资产必须达到数额较大，才能构成犯罪。法律对"数额较大"没有具体规定，应当由司法机关根据实际情况作出司法解释。根据1999年9月16日《最高人民检察院关于人民检察院直接受理立案侦查案件立案标准的规定（试行）》，涉嫌私分国有资产，累计数额在十万元以上的，应予立案；涉嫌私分罚没财物，累计数额在十万元以上，应予立案。

本条第二款是关于私分罚没财物罪的规定，即司法机关、行政执法机关违反国家规定,将应当上缴国家的罚没财物,以单位名义集体私分给个人的,依照前款的规定处罚。这里所说的"司法机关",是指人民法院、人民检察院、公安机关。"行政执法机关",主要是指依照行政处罚法的规定,对公民和单位有行政处罚权的政府机关,如市场监管、税务、海关、生态环境、交通运输等政府有关行政部门。"罚没财物",包括人民法院对犯罪分子判处的罚金、没收的财产;行政执行机关对违法行为给予的罚款;司法机关、行政执法机关在执法中没收违法犯罪人用于违法犯罪行为的金钱、物品及各种违法所得。

根据本条规定,单位犯私分国有资产罪的,对单位的直接负责的主管人员和其他直接责任人员,处三年以下有期徒刑或者拘役,并处或者单处罚金;数额巨大的,处三年以上七年以下有期徒刑,并处罚金。

私分国有资产罪和私分罚没款物罪均为单位犯罪,前罪主体是国家机关、国有公司、企业、事业单位、人民团体;后罪主体是司法机关和行政执法机关。对于国有企业、公司违反国家规定,在改制过程中隐匿公司、企业财产,转为企业职工集体持股的改制后公司、企业所有的,对其直接负责的主管人员和其他直接责任人员,依照私分国有资产定罪处罚。对于改制后的公司、企业中只有改制前公司、企业的管理人员或者少数职工持股,改制前公司、企业的多数职工未持股的,则应当依照贪污罪定罪处罚。

第九章 渎职罪

第三百九十七条 【滥用职权罪】【玩忽职守罪】国家机关工作人员滥用职权或者玩忽职守，致使公共财产、国家和人民利益遭受重大损失的，处三年以下有期徒刑或者拘役；情节特别严重的，处三年以上七年以下有期徒刑。本法另有规定的，依照规定。

国家机关工作人员徇私舞弊，犯前款罪的，处五年以下有期徒刑或者拘役；情节特别严重的，处五年以上十年以下有期徒刑。本法另有规定的，依照规定。

【释解与适用】

本条是关于滥用职权罪、玩忽职守罪及其刑罚的规定。

本条共分两款。第一款是关于滥用职权罪和玩忽职守罪及其处罚的规定。

本条规定的"滥用职权罪"，是指国家机关工作人员超越职权，违法决定、处理其无权决定、处理的事项，或者违反规定处理公务，致使公共财产、国家和人民利益遭受重大损失的犯罪。"玩忽职守罪"，是指国家机关工作人员严重不负责任，不履行或者不认真履行其职责，致使公共财产、国家和人民利益遭受重大损失的犯罪。滥用职权行为和玩忽职守行为是渎职犯罪中最典型的两种行为，两种行为的构成要件，除客观方面不一样以外，其他均相同，在实践中正确认定和区分这两种犯罪具有重要意义。

滥用职权罪和玩忽职守罪具有以下共同特征。

1. 滥用职权罪和玩忽职守罪侵犯的客体均是国家机关的正常管理活动。虽然滥用职权和玩忽职守行为往往还同时侵犯了公民权利或者社会秩序，但两罪所侵犯的主要客体还是国家机关的正常管理活动。因为滥用职权罪和玩忽职守罪从其引起的后果看可能侵犯了公民的人身权利，引起人身伤亡，或者使公共财产、国家和人民财产造成重大损失，但这些都属于这两种罪的社会危害性的客观表现，其本质仍然属于侵犯了国家机关的正常管理活动。

2. 两罪的犯罪主体均为国家机关工作人员。这里所称"国家机关工作人员"，是指在国家机关中从事公务的人员。"国家机关"，是指国家权力机关、行政机关、监察机关、司法机关、军事机关。2002年12月28日第九届全国人民代表大会常务委员会第三十一次会议通过了《全国人民代表大会常务委员会关于〈中华人民共和国刑法〉第九章渎职罪主体适用问题的解释》，根据该解释的规定，下列人员在代表国家机关行使职权时，有渎职行为构成犯罪的，也依照刑法关于渎职罪的规定追究刑事责任：（1）在依照法律、法规规定行使国家行政管理职权的组织中从事公务的人员；（2）在受国家机关委托，代表国家机关行使职权的组织中从事公务的人员；（3）虽未列入国家机关人员编制但在国家机关中从事公务的人员。

3. 滥用职权和玩忽职守的行为只有"致使公共财产、国家和人民利益遭受重大损失"的，才能构成犯罪。是否造成"重大损失"是区分罪与非罪的重要标准，未造成重大损失的，属于一般工作过失的渎职行为，可以由有关部门给予批评教育或者处分。

滥用职权罪与玩忽职守罪在客观方面有明显的不同：滥用职权罪客观方面表现为违反或者超越法律规定的权限和程序而使用手中的职权，致使公共财产、国家和人民利益遭受重大损失的行为。滥用职权的行为，必须是行为人手中有"权"，并且滥用权力与危害结果有直接的因果关系，如果行为人手中并无此权力，或者虽然有权但行使权力与危害结果没有直接的因果关系，则不能构成本罪，而应当按照其他规定处理。玩忽职守罪客观方面表现为不履行、不正确履行或者放弃履行职责，致使公共财产、国家和人民利益遭受重大损失的行为。玩忽职守的行为，必须是违反国家的工作纪律和规章制度的行为，通常表现是工作马虎草率，极端不负责任；或是放弃职守，对自己应当负责的工作撒手不管；等等。

根据本款规定，国家机关工作人员犯滥用职权罪和玩忽职守罪的，处三年以下有期徒刑或者拘役；情节特别严重的，处三年以上七年以下有期徒刑。根据《最高人民法院、最高人民检察院关于办理渎职刑事案件适用法律若干问题的解释（一）》第一条规定，国家机关工作人员滥用职权或者玩忽职守,具有下列情形之一的,应当认定为本条规定的"致使公共财产、国家和人民利益遭受重大损失":(1)造成死亡一人以上,或者重伤三人以上,或者轻伤九人以上,或者重伤二人、轻伤三人以上,或者重伤一人、轻伤六人以上的;(2)造成经济损失三十万元以上的;(3)造成恶劣社会影响的;(4)其他致使公共财产、国家和人民利益遭受重大损失的情形。具有下列情形之一的,应当认定为本条规定的"情节特别严重":(1)造成伤亡达到前款第一项规定人数三倍以上的;(2)造成经济损失一百五十万元以上的;(3)造成前款规定的损失后果,不报、迟报、谎报或者授意、指使、强令他人不报、迟报、谎报事故情况,致使损失后果持续、扩大或者抢救工作延误的;(4)造成特别恶劣社会影响的;(5)其他特别严重的情节。

本款还规定,"本法另有规定的,依照规定",这是指除本条的一般规定外,刑法规定的其他犯罪中也有滥用职权和玩忽职守的情况,对于本法另有特别规定的,适用特别规定,而不按本条定罪处罚。例如,刑法第四百零三条关于国家有关主管部门的国家机关工作人员,对不符合法律规定条件的公司设立、登记申请或者股票、债券发行、上市申请,予以批准或者登记的滥用职权的规定;第四百条第二款关于司法工作人员由于玩忽职守的行为,致使在押的犯罪嫌疑人、被告人或者罪犯脱逃的规定;等等。

第二款是关于国家机关工作人员徇私舞弊,犯第一款罪如何处罚的规定。国家机关工作人员担负着管理国家事务的职责,必须秉公守法,任何徇私舞弊的行为都应当予以惩处。这里的"徇私舞弊",是指为个人私利或者亲友私情的行为。由于这种行为是从个人利益出发,置国家利益于不顾,所以主观恶性要比第一款的规定严重,本款规定了较重的处罚,即对行为人处五年以下有期徒刑或者拘役;情节特别严重的,处五年以上十年以下有期徒刑。另外,本款同时也规定了"本法另有规定的,依照规定",对此理解也应与第一款的理解相同。

另外,1998年,针对当时骗购外汇、非法截留、转移和买卖外汇活动十分猖獗的情况,为了有力打击骗汇、逃汇、非法买卖外汇的违法犯罪行为,保持人民币汇率的稳定,有效防范金融风险,全国人大常委会作出了《全国人民代表大会常务委员会关于惩治骗购外汇、逃汇和非法买卖外汇犯罪的决定》,对刑法加以补充并作出立法解释性的规定。该决定第六条规定,海关、外汇管理部门的工作人员严重不负责任,造成大量外汇被骗购或者逃汇，致使国家利益遭受重大损失的，依照本条的规定定罪处罚。

【适用中需要注意的问题】

1. 在主客观两方面准确把握构成犯罪的条件。在主观方面，滥用职权罪的行为人在主观上明知自己违反或者超越了法定权限，玩忽职守罪的行为人在主观上存在疏忽大意或者过于自信的过失。如果主观上没有过错，只是由于业务水平低下，工作能力不高造成失误的，不构成本条规定的犯罪。在客观方面，构成滥用职权罪和玩忽职守罪都要求致使公共财产、国家和人民利益遭受重大损失。如果没有造成重大损失，即使行为人主观上有过错，也不构成本条规定的犯罪。

2. 准确把握本条规定与其他渎职罪规定的关系。本条是刑法分则第九章"渎职罪"中关于国家机关工作人员滥用职权、玩忽职守罪的一般性规定。本章其他关于特定国家机关工作人员滥用职权、玩忽职守的专门规定，与本条是一般规定与特别规定的关系。其他条款已经作了专门规定的，应当适用该特别规定；对国家机关工作人员滥用职权、玩忽职守的行为，刑法没有专门规定为特别犯罪的，应当依照本条的规定追究。

第三百九十八条 【故意泄露国家秘密罪】【过失泄露国家秘密罪】国家机关工作人员违反保守国家秘密法的规定，故意或者过失泄露国家秘密，情节严重的，处三年以下有期徒刑或者拘役；情节特别严重的，处三年以上七年以下有期徒刑。

非国家机关工作人员犯前款罪的，依照前款的规定酌情处罚。

【释解与适用】

本条是关于故意泄露国家秘密罪、过失泄露国家秘密罪及其刑罚的规定。

本条共分两款。第一款是关于国家机关工作人员泄露国家秘密犯罪的规定。本款规定的"泄露国家秘密罪"，是指国家机关工作人员违反保守国家秘密法的规定，故意或者过失泄露国家秘密，情节严重的行为。本款所称"国家秘密"，根据保守国家秘密法第二条的规定，是指关系国家安全和利益，依照法定的程序确定，在一定的时间内只限于一定范围的人员知悉的事项。根据保守国家秘密法第九条的规定，国家秘密主要包括：

(1) 国家事务重大决策中的秘密事项；(2) 国防建设和武装力量活动中的秘密事项；(3) 外交和外事活动中的秘密事项以及对外承担保密义务的秘密事项；(4) 国民经济和社会发展中的秘密事项；(5) 科学技术中的秘密事项；(6) 维护国家安全活动和追查刑事犯罪中的秘密事项；(7) 经国家保密行政管理部门确定的其他秘密事项。另外，政党的秘密事项符合国家秘密性质的，也属于国家秘密。保守国家秘密法将国家秘密的密级分为"绝密""机密"和"秘密"三级。"绝密"是最重要的国家秘密，其泄露会使国家的安全和利益遭受特别严重的损害；"机密"是重要的国家秘密，泄露会使国家的安全和利益遭受严重的损害；"秘密"是一般的国家秘密，泄露会使国家的安全和利益遭受损害。

根据本款规定，构成本罪的行为人必须具有违反保守国家秘密法的规定泄露国家秘密，且情节严重的行为。保守国家秘密法对国家秘密的保密制度和接触国家秘密的国家工作人员等人员的保密义务作了具体规定。如保守国家秘密法第二十四条规定，机关、单位应当加强对涉密信息系统的管理，任何组织和个人不得有下列行为：(1) 将涉密计算机、涉密存储设备接入互联网及其他公共信息网络；(2) 在未采取防护措施的情况下，在涉密信息系统与互联网及其他公共信息网络之间进行信息交换；(3) 使用非涉密计算机、非涉密存储设备存储、处理国家秘密信息；(4) 擅自卸载、修改涉密信息系统的安全技术程序、管理程序；(5) 将未经安全技术处理的退出使用的涉密计算机、涉密存储设备赠送、出售、丢弃或者改作其他用途。第二十五条规定，机关、单位应当加强对国家秘密载体的管理，任何组织和个人不得有下列行为：(1) 非法获取、持有国家秘密载体；(2) 买卖、转送或者私自销毁国家秘密载体；(3) 通过普通邮政、快递等无保密措施的渠道传递国家秘密载体；(4) 邮寄、托运国家秘密载体出境；(5) 未经有关主管部门批准，携带、传递国家秘密载体出境。第二十六条规定，禁止非法复制、记录、存储国家秘密。禁止在互联网及其他公共信息网络或者未采取保密措施的有线和无线通信中传递国家秘密。禁止在私人交往和通信中涉及国家秘密。行为人故意或者过失违反了保守国家秘密法这些规定中的保密义务，造成了泄露国家秘密，应当依法追究法律责任。

"泄露国家秘密"是指行为人把自己掌管的或者知悉的国家秘密让不应知悉者知悉的行为。泄露的方式是多种多样的：可以是口头泄露，也可以是书面泄露；可以是用交给实物的方法泄露，也可以是用发送电子信息等方法泄露。泄露的方式不同，不影响泄露国家秘密罪的成立。根据本款规定，故意和过失行为均可以构成犯罪。"故意泄露国家秘密"，是指行为人违反保守国家秘密法，故意使国家秘密被不应知悉者知悉，或者故意使国家秘密超出了限定的接触范围，情节严重的行为。"过失泄露国家秘密"，是指行为人违反保守国家秘密法，过失泄露国家秘密，或者遗失国家秘密载体，致使国家秘密被不应知悉者知悉或者超出了限定知悉的范围，情节严重的行为。

根据本款规定，泄露国家秘密还必须"情节严重"，才构成犯罪。根据《最高人民检察院关于渎职侵权犯罪案件立案标准的规定》，故意泄露国家秘密，涉嫌下列情形之一的，应予立案：(1) 泄露绝密级国家秘密一项（件）以上的；(2) 泄露机密级国家秘密二项（件）以上的；(3) 泄露秘密级国家秘密三项（件）以上的；(四) 向非境外机构、组织、人员泄露国家秘密，造成或者可能造成危害社会稳定、经济发展、国防安全或者其他严重危害后果的；(5) 通过口头、书面或者网络等方式向公众散布、传播国家秘密的；(6) 利用职权指使或者强迫他人违反国家保守秘密法的规定泄露国家秘密的；(7) 以牟取私利为目的泄露国家秘密的；(8) 其他情节严重的情形。过失泄露国家秘密，涉嫌下列情形之一的，应予立案：(1) 泄露绝密级国家秘密一项（件）以上的；(2) 泄露机密级国家秘密三项（件）以上的；(3) 泄露秘密级国家秘密四项（件）以上的；(4) 违反保密规定，将涉及国家秘密的计算机或者计算机信息系统与互联网相连接，泄露国家秘密的；(5) 泄露国家秘密或者遗失国家秘密载体，隐瞒不报、不如实提供有关情况或者不采取补救措施的；(6) 其他情节严重的情形。

根据本款的规定，国家机关工作人员泄露国家秘密的，处三年以下有期徒刑或者拘役；情节特别严重的，处三年以上七年以下有期徒刑。

第二款是关于非国家机关工作人员泄露国家秘密罪的规定。根据本款的规定，非国家机关工作人员犯泄露国家秘密罪的，依照第一款的规定酌情处罚。此处"酌情处罚"是指在第一款规定的量刑幅度内，根据具体情节予以适当处罚。

【适用中需要注意的问题】

实践中适用本条规定应当注意本条规定的犯罪与刑法规定的其他涉及国家秘密犯罪的关系。刑法中涉及国家秘密的犯罪除本条外，还有第一百一十一条规定的为境外窃取、刺探、收买、非法提供国家秘密、情报罪，第二百八十二条规定的非法获取国家秘密罪等。如果行为人以危害国家安全为目的，为境外的机构、组织、人员窃取、刺探、收买、非法提供国家秘密或者情报的，应当依照刑法第一百一十一条的规定定罪处罚，而不应适用本条规定。如果非国家机关工作人员以窃取、刺探、收买方法，非法获取国家秘密后又泄露的，则应当依照刑法第二百八十二条第一款的规定定罪处罚。如果非法获取后向境外的机构、组织、个人泄露的，应当依照刑法第一百一十一条的规定定罪处罚。

第三百九十九条　**【徇私枉法罪】**司法工作人员徇私枉法、徇情枉法，对明知是无罪的人而使他受追诉、对明知是有罪的人而故意包庇不使他受追诉，或者在刑事审判活动中故意违背事实和法律作枉法裁判的，处五年以下有期徒刑或者拘役；情节严重的，处五年以上十年以下有期徒刑；情节特别严重的，处十年以上有期徒刑。

【民事、行政枉法裁判罪】在民事、行政审判活动中故意违背事实和法律作枉法裁判，情节严重的，处五年以下有期徒刑或者拘役；情节特别严重的，处五年以上十年以下有期徒刑。

【执行判决、裁定失职罪】【执行判决、裁定滥用职权罪】在执行判决、裁定活动中，严重不负责任或者滥用职权，不依法采取诉讼保全措施、不履行法定执行职责，或者违法采取诉讼保全措施、强制执行措施，致使当事人或者其他人的利益遭受重大损失的，处五年以下有期徒刑或者拘役；致使当事人或者其他人的利益遭受特别重大损失的，处五年以上十年以下有期徒刑。

司法工作人员收受贿赂，有前三款行为的，同时又构成本法第三百八十五条规定之罪的，依照处罚较重的规定定罪处罚。

【释解与适用】

本条是关于徇私枉法罪，民事、行政枉法裁判罪，执行判决、裁定失职罪，执行判决、裁定滥用职权罪及其刑罚的规定。

本条共分四款。第一款是关于徇私枉法罪及其处罚的规定。根据本款规定，本罪主体为特殊主体，只能是司法工作人员。根据刑法第九十四条规定，"司法工作人员"，是指负有侦查、检察、审判、监管职责的工作人员。本罪主观方面为直接故意，要求必须"明知"，过失行为不能构成本罪。在办案过程中，司法工作人员由于政策观念不强，工作不深入、不细致，调查研究不够，以至于造成工作上的错误，如错捕、错判的案件，不能认定为本条规定的犯罪，如确实需要追究刑事责任的，应当依照玩忽职守罪、滥用职权罪定罪处罚。本罪客观行为表现为在刑事诉讼活动中"徇私枉法、徇情枉法"，具体而言，有三种行为方式：（1）"对明知无罪的人而使他受追诉"，是指在刑事诉讼过程中，司法工作人员在明知他人没有犯罪的情况下，却因徇私情对不该立案的立案，不该起诉的起诉，不该审判的审判。（2）"对明知是有罪的人而故意包庇使他不受追诉"，是指在刑事诉讼中，司法工作人员明知他人犯有罪行，却由于徇私情而不予追诉。（3）"在刑事审判活动中故意违背事实和法律作枉法裁判"，是指司法工作人员利用掌握刑事审判的便利条件，故意歪曲案情真相，作出违背事实和违反法律的判决、裁定，包括在刑事案件中明知是无罪而故意判有罪，明知是有罪而故意判无罪，也包括故意轻罪重判、重罪轻判等。这种行为具体表现为搜集制造假的证据材料，篡改、销毁足以证明事实真相的证据材料，曲解或者滥用法律条文，违反诉讼程序等。

根据《最高人民检察院关于渎职侵权犯罪案件立案标准的规定》，徇私枉法，涉嫌下列情形之一的，应予立案：（1）对明知是没有犯罪事实或者其他依法不应当追究刑事责任的人，采取伪造、隐匿、毁灭证据或者其他隐瞒事实、违反法律的手段，以追究刑事责任为目的立案、侦查、起诉、审判的；（2）对明知是有犯罪事实需要追究刑事责任的人，采取伪造、隐匿、毁灭证据或者其他隐瞒事实、违反法律的手段，故意包庇使其不受立案、侦查、起诉、审判的；（3）采取伪造、隐匿、毁灭证据或者其他隐瞒事实、违反法律的手段，故意使罪重的人受较轻的追诉，或者使罪轻的人受较重的追诉的；（4）在立案后，采取伪造、隐匿、毁灭证据或者其他隐瞒事实、违反法律的手段，应当采取强制措施而不采取强制措施，或者虽然采取强制措施，但中断侦查或者超过法定期限不采取任何措施，实际放任不管，以及违法撤销、变更强制措施，致使犯罪嫌疑人、被告人实际脱离司法机关侦控的；（5）在刑事审判活动中故意违背事实和法律，作出枉法判决、裁定，即有罪判无罪、无罪判有罪，或者重罪轻判、轻罪重判的；（6）其他徇私枉法应予追究刑事责任的情形。根据本款规定，司法工作人员徇私枉法的，处五年以下有期徒刑或者拘役；情节严重的，处五年以上十年以下有期徒刑；情节特别严重的，处十年以上有期徒刑。

第二款是关于民事、行政枉法裁判罪的规定。本款针对在民事、行政审判活动中存在的司法工作人员故意枉法裁判，情节严重的行为作了规定。"民事、行政审判活动"，是指依照民事诉讼法、行政诉讼法，审理民事、行政案件的诉讼活动。"枉法裁判"，是指故意作出不符合事实或者违反法律规定的裁定、判决，如该胜诉的判败诉，该败诉的判胜诉等。本款规定只有"情节严重"的才能构成犯罪。根据《最高人民检察院关于渎职侵权犯罪案件立案标准的规定》，民事、行政枉法裁判，涉嫌下列情形之一的，应予立案：（1）枉法裁判，致使当事人或者其近亲属自杀、自残造成重伤、死亡，或者精神失常的；（2）枉法裁判，造成个人财产直接经济损失十万元以上，或者直接经济损失不满十万元，但间接经济损失五十万元以上的；（3）枉法裁判，造成法人或者其他组织财产直接经济损失二十万元以上，或者直接经济损失不满二十万元，但间接经济损失一百万元以上的；（4）伪造、变造有关材料、证据，制造假案枉法裁判的；（5）串通当事人制造伪证，毁灭证据或者篡改庭审笔录而枉法裁判的；（6）徇私情、私利，明知是伪造、变造的证据予以采信，或者故意对应当采信的证据不予采信，或者故意违反法定程序，或者故意错误适用法律而枉法裁判的；（7）其他情节严重的情形。根据本款规定，枉法裁判情节严重的，处五年以下有期徒刑或者拘役；情节特别严重的，处五年以上十年以下有期徒刑。

第三款是关于执行判决、裁定失职罪和执行判决、裁定滥用职权罪及其处罚的规定。本款是刑法修正案（四）新增加的内容。根据本款规定，在执行判决、裁定的活动中，严重不负责任或者滥用职权的行为具体表现为：不依法采取诉讼保全措施，不履行法定执行职责，违法采取诉讼保全、强制执行措施。包括对应当采取诉讼保全措施的不采取或不及时采取，对不应当采取诉讼保全措施的违法采取诉讼保全措施；对能够执行的案件不予执行或故意拖延执行，对不应当采取强制执行措施的案件违法采取强制执行措施。这里的"执行判决、裁定活动"，是指人民法院的执行活动。根据本款规定，行为人的上述行为致使当事人或者其他人的利益遭受重大损失即构成犯罪，处五年以下有期徒刑或者拘役；致使当事人或者其他人的利益遭受特别重大损失的，处五年以上十年以下有期徒刑。"当事人"包括申请执行人、被执行人等。"其他人"主要是指与执行有利害关系的案外人。根据《最高人民检察院关于渎职侵权犯罪案件立案标准的规定》，执行判决、裁定失职，涉嫌下列情形之一的，应予立案：（1）致使当事人或者其近亲属自杀、自残造成重伤、死亡，或者精神失常的；（2）造成个人财产直接经济损失十五万元以上，或者直接经济损失不满十五万元，但间接经济损失七十五万元以上的；（3）造成法人或者其他组织财产直接经济损失三十万元以上，或者直接经济损失不满三十万元，但间接经济损失一百五十万元以上的；（4）造成公司、企业等单位停业、停产一年以上，或者破产的；（5）其他致使当事人或者其他人的利益遭受重大损失的情形。执行判决、裁定滥用职权，涉嫌下列情形之一的，应予立案：（1）致使当事人或者其近亲属自杀、自残造成重伤、死亡，或者精神失常的；（2）造成个人财产直接经济损失十万元以上，或者直接经济损失不满十万元，但间接经济损失五十万元以上的；（3）造成法人或者其他组织财产直接经济损失二十万元以上，或者直接经济损失不满二十万元，但间接经济损失一百万元以上的；（4）造成公司、企业等单位停业、停产六个月以上，或者破产的；（5）其他致使当事人或者其他人的利益遭受重大损失的情形。

第四款是关于司法工作人员收受贿赂，犯前三款罪，按照重罪处罚的规定。依照本款，对司法工作人员收受贿赂，有前三款行为，同时其受贿行为又构成受贿罪的，应当根据受贿的数额和情节确定应当处刑的档次，如果按受贿罪判处的刑期高于按本罪判处的刑期，则应当按照受贿罪的规定处罚，反之，则应当按照本罪处罚。

【适用中需要注意的问题】

1. 在刑事附带民事诉讼中枉法裁判行为的定性问题。司法工作人员在审理刑事附带民事诉讼案件中，如果仅就附带民事案件部分作枉法裁判构成犯罪的，应适用本条第二款的规定；如果就刑事部分和民事部分都作了枉法裁判的，应从一重罪处罚。

2. 本条第二款规定的民事、行政枉法裁判罪与虚假诉讼罪的关系。刑法第三百零七条之一规定了虚假诉讼罪。实践中存在司法工作人员与当事人串通，参与虚假诉讼活动的情况，可能同时构成虚假诉讼罪和本条第二款规定的民事、行政枉法裁判罪。对于这种情况，根据刑法第三百零七条之一第四款的规定，应当依照处罚较重的规定定罪从重处罚。

第三百九十九条之一 【枉法仲裁罪】依法承担仲裁职责的人员，在仲裁活动中故意违背事实和法律作枉法裁决，情节严重的，处三年以下有期徒刑或者拘役；情节特别严重的，处三年以上七年以下有期徒刑。

【释解与适用】

本条是关于枉法仲裁罪及其刑罚的规定。

根据本条规定，本罪主体为特殊主体，即"依法承担仲裁职责的人员"。实践中，依法承担仲裁职责的人员主要是仲裁委员会的仲裁员。仲裁法第十三条第一、二款规定了担任仲裁员的条件。具备法定条件的人员经仲裁委员会聘任并登记注册，即可承担仲裁职责，如其有枉法仲裁行为的，构成本罪主体。同时，除了仲裁法规定的民商事仲裁制度以外，我国一些其他法律、行政法规还规定了一些其他领域的仲裁制度。如劳动法、劳动争议调解仲裁法规定了劳动争议仲裁制度；农村土地承包经营纠纷调解仲裁法规定了农村土地承包经营纠纷仲裁制度；公务员法规定了人事争议仲裁制度；体育法、《反兴奋剂条例》规定了体育仲裁制度；等等。根据上述法律、行政法规的规定，在由政府行政主管部门代表参加组成的仲裁机构中对法律、行政法规规定的特殊争议承担仲裁职责的人员，也属于本条规定的"依法承担仲裁职责的人员"。

本罪在客观方面表现为，在仲裁活动中，故意违背事实和法律作枉法裁决，情节严重的行为。该行为有以下三点特征：第一，必须发生在仲裁活动中。这也是本罪与徇私枉法罪，民事、行政枉法裁判罪的重要区别。第二，违背事实和法律作枉法裁决。这是指仲裁员背离案件的客观事实，故意歪曲法律、法规和相关司法解释的原意，作出仲裁裁决。因为专业水平不够，对法律规定理解偏差等造成错误裁决的，不构成本条规定的犯罪。第三，必须达到情节严重程度，包括收受贿赂枉法裁决、给仲裁当事人造成重大财产损失或者造成其他严重后果等情形，具体可由司法机关根据案件情况掌握。

根据本条的规定，枉法仲裁情节严重的，处三年以下有期徒刑或者拘役；情节特别严重的，处三年以上七年以下有期徒刑。

根据仲裁法的有关规定，仲裁裁决作出后，当事人可以向人民法院申请执行，不服仲裁裁决的当事人也可以向人民法院申请撤销仲裁裁决。人民法院在仲裁裁决执行程序或者审理撤销仲裁裁决案件中发现承担仲裁职责的人员涉嫌枉法仲裁犯罪线索的，应当依照有关规定向负责调查本罪的监察机关移送。

第四百条　【私放在押人员罪】司法工作人员私放在押的犯罪嫌疑人、被告人或者罪犯的，处五年以下有期徒刑或者拘役；情节严重的，处五年以上十年以下有期徒刑；情节特别严重的，处十年以上有期徒刑。

【失职致使在押人员脱逃罪】司法工作人员由于严重不负责任，致使在押的犯罪嫌疑人、被告人或者罪犯脱逃，造成严重后果的，处三年以下有期徒刑或者拘役；造成特别严重后果的，处三年以上十年以下有期徒刑。

【释解与适用】

本条是关于私放在押人员罪、失职致使在押人员脱逃罪及其刑罚的规定。

本条共分两款。第一款是关于私放在押人员罪的规定。这里规定的"私放在押的犯罪嫌疑人、被告人或者罪犯"，是指司法工作人员利用职务上的便利，私自非法将被监管或押解的犯罪嫌疑人、被告人或者罪犯放走的行为。

本条规定的犯罪主体是司法工作人员。根据刑法第九十四条的规定，司法工作人员是指有侦查、检察、审判、监管职责的工作人员。刑法的这一规定的实质，是看行为人是否具有履行以上职责的义务。实践中由于受到编制等因素的影响，有的司法机关、监管场所存在使用未列入司法工作人员编制的辅助人员从事监管工作，履行监管职责的情况，对于这些人员，当其受委托履行监管职责，实施了本条规定的行为的，应构成本条规定的犯罪。

根据本款规定，构成私放在押人员罪主观上必须是故意。这种犯罪的动机是各种各样的，有的是为了贪图钱财而私放，有的是为了徇私情而私放，有的是为了包庇犯罪同伙而私放。如果由于疏忽大意、严重不负责任使犯罪嫌疑人、被告人或者罪犯脱逃，造成严重后果的，则不构成本罪，而应当按照本条第二款的规定处理。构成本罪在客观方面必须是实施了私放犯罪嫌疑人、被告人或者罪犯的行为。这里的"私放"，是指擅自、非法将在押人员释放使其逃出监管机关的监控范围。监控范围可以是看守所等固定场所，也可以是押解途中、监管场所以外的劳动作业场所等临时性场所。本条规定的在押人员，包括在押的犯罪嫌疑人、被告人或者罪犯，不包括被采取行政拘留、司法拘留、强制隔离戒毒等其他限制人身自由的处罚或者措施的人员。私放的行为主要表现为：司法工作人员利用职务之便，如利用看守、押解、关押在押人员等职务、职责的便利条件，私自将犯罪嫌疑人、被告人或者罪犯放走或者授意、指使他人放走；伪造、变造或者涂改有关法律文件，将犯罪嫌疑人、被告人或者罪犯放走；为犯罪嫌疑人、被告人或者罪犯提供便利条件、帮助，使其脱逃等情形。根据《最高人民检察院关于渎职侵权犯罪案件立案标准的规定》第一部分第九条的规定，私放在押人员，涉嫌下列情形之一的，应予立案：（1）私自将在押的犯罪嫌疑人、被告人、罪犯放走，或者授意、指使、强迫他人将在押的犯罪嫌疑人、被告人、罪犯放走的；（2）伪造、变造有关法律文书、证明材料，以使在押的犯罪嫌疑人、被告人、罪犯逃跑或者被释放的；（3）为私放在押的犯罪嫌疑人、被告人、罪犯，故意向其通风报信、提供条件，致使该在押的犯罪嫌疑人、被告人、罪犯脱逃的；（4）其他私放在押犯罪嫌疑人、被告人、罪犯应予追究刑事责任的情形。

根据本款的规定，对司法工作人员私放在押的犯罪嫌疑人、被告人或者罪犯的，处五年以下有期徒刑或者拘役；情节严重的，处五年以上十年以下有期徒刑；情节特别严重的，处十年以上有期徒刑。

第二款是关于失职致使在押人员脱逃罪及其处罚的规定。根据本款规定，构成本罪的主观方面主要是过失，即司法工作人员因为疏忽大意而没有预见，或者已经预见而轻信能够避免，以致发生了在押人员脱逃的后果。构成本罪的主观方面有时也存在间接故意，即司法工作人员明知自己严重不负责任的行为会发生被监管或押解人脱逃的危害社会的结果，并且有意识地放任这种结果的发生；行为人虽然不希望结果的发生，但又不设法防止，采取听之任之、漠不关心的态度，以致发生了这种结果。本罪的客观方面必须是司法工作人员严重不负责任，致使犯罪嫌疑人、被告人或者罪犯脱逃，造成了严重后果。是否"造成严重后果"是区分罪与非罪的界限，对造成一般后果的，可以采取批评教育或者党政纪律、政务处分的措施处理。"严重不负责任"，是指司法工作人员违反职责要求，不履行或不正确履行职责义务，情节恶劣的行为。具体表现为工作上的官僚主义，马马虎虎、敷衍了事等。"脱逃"，是指被拘留、逮捕的犯罪嫌疑人、被告人或者正在服刑的罪犯逃离羁押、监管场所的行为。根据《最高人民检察院关于渎职侵权犯罪案件立案标准的规定》第一部分第十条的规定，失职致使在押人员脱逃，涉嫌下列情形之一的，应予立案：（1）致使依法可能判处或者已经判处十年以上有期徒刑、无期徒刑、死刑的犯罪嫌疑人、被告人、罪犯脱逃的；（2）致使犯罪嫌疑人、被告人、罪犯脱逃三人次以上的；（3）犯罪嫌疑人、被告人、罪犯脱逃以后，打击报复报案人、控告人、举报人、被害人、证人和司法工作人员等，或者继续犯罪的；（4）其他致使在押的犯罪嫌疑人、被告人、罪犯脱逃，造成严重后果的情形。

根据本款的规定，司法工作人员严重不负责任，致使在押的犯罪嫌疑人、被告人或者罪犯脱逃，造成严重后果的，处三年以下有期徒刑或者拘役；造成特别严重后果的，处三年以上十年以下有期徒刑。这里"造成特别严重后果"，是指造成多人脱逃或者多次造成犯罪嫌疑人、被告人或者罪犯脱逃以及脱逃的犯罪嫌疑人、被告人或者罪犯继续危害社会，使国家和人民利益遭受重大损失等情形。

第四百零一条 【徇私舞弊减刑、假释、暂予监外执行罪】司法工作人员徇私舞弊，对不符合减刑、假释、暂予监外执行条件的罪犯，予以减刑、假释或者暂予监外执行的，处三年以下有期徒刑或者拘役；情节严重的，处三年以上七年以下有期徒刑。

【释解与适用】

本条是关于徇私舞弊减刑、假释、暂予监外执行罪及其刑罚的规定。

本条规定的徇私舞弊减刑、假释、暂予监外执行罪，是指司法工作人员利用职权，为徇私情，对不符合减刑、假释或者暂予监外执行条件的罪犯，予以减刑、假释或者暂予监外执行的行为。构成本罪须具备以下条件。

1. 行为人在主观上必须是故意，即司法工作人员在徇私情或者其他谋取私利等动机的驱动下实施的行为。过失不能构成本罪。因为业务水平不高，对法律的理解错误等造成工作失误，造成错误适用减刑、假释、暂予监外执行的，也不构成本条规定的犯罪。

2. 在客观方面，司法工作人员必须实施了对不符合减刑、假释、暂予监外执行条件的罪犯，予以减刑、假释或者暂予监外执行情节严重的行为。关于减刑、假释、暂予监外执行的条件、程序，刑法、刑事诉讼法等都作了明确规定，行为人在司法工作中违反了这些规定，具体分为三种情况。

一是对不符合减刑条件的罪犯予以减刑。根据刑法第七十八条的规定，被判处管制、拘役、有期徒刑、无期徒刑的犯罪分子，在执行期间，如果认真遵守监规，接受教育改造，确有悔改表现的，或者有立功表现的，可以减刑；有特定重大立功表现之一的，应当减刑。根据刑法第五十条的规定，死刑缓期执行的罪犯，在死刑缓期执行期间，如果没有故意犯罪，二年期满后，减为无期徒刑；确有重大立功表现，二年期满后，减为二十五年有期徒刑。关于减刑的程序，根据刑法、刑事诉讼法、监狱法的有关规定，对于犯罪分子的减刑，由执行机关向中级以上人民法院提出减刑建议书。人民法院应当组成合议庭进行审理，对确有悔改或者立功事实的，裁定予以减刑。执行机关应当将减刑建议书副本抄送人民检察院。人民检察院可以向人民法院提出书面意见。人民检察院认为人民法院减刑的裁定不当，应当在收到裁定书副本后二十日以内，向人民法院提出书面纠正意见。人民法院应当在收到纠正意见后一个月以内重新组成合议庭进行审理，作出最终裁定。

二是对不符合假释条件的罪犯予以假释。根据刑法第八十一条的规定，被判处有期徒刑的犯罪分子，执行原判刑期二分之一以上，被判处无期徒刑的犯罪分子，实际执行十三年以上，如果认真遵守监规，接受教育改造，确有悔改表现，没有再犯罪的危险的，可以假释。如果有特殊情况，经最高人民法院核准，可以不受上述执行刑期的限制。该条同时规定，对累犯及因故意杀人、强奸、抢劫、绑架、放火、爆炸、投放危险物质或者有组织的暴力性犯罪，被判处十年以上有期徒刑、无期徒刑的犯罪分子，不得假释。关于假释的程序，根据刑法、刑事诉讼法、监狱法的有关规定，假释的提请、决定和监督程序与减刑相似。

三是对不符合暂予监外执行条件的罪犯予以暂予监外执行。根据刑事诉讼法第二百六十五条的规定，对于被判处有期徒刑或者拘役的罪犯，如果患有严重疾病需要保外就医的；怀孕或者正在哺乳自己婴儿的。生活不能自理，适用暂予监外执行不致危害社会的；被判处无期徒刑的罪犯怀孕或者正在哺乳自己婴儿的，可以暂予监外执行。对其不在监管场所执行刑罚，而是暂时放在社会上实行社区矫正。关于暂予监外执行程序，根据刑事诉讼法、监狱法的有关规定，在交付执行前，暂予监外执行由交付执行的人民法院决定；在交付执行后，暂予监外执行由监狱或者看守所提出书面意见，报省级以上监狱管理机关或者设区的市一级以上公安机关批准。人民检察院认为对罪犯适用暂予监外执行不当的，应当自接到通知之日起一个月内将书面意见递交批准暂予监外执行的机关，批准暂予监外执行的机关接到人民检察院的书面意见后，应当立即对该决定进行重新核查。

3. 本罪的犯罪主体为特殊主体，即司法工作人员。实践中，一般是指刑罚执行机关、审判机关中有权决定减刑、假释、暂予监外执行的司法工作人员。

根据《最高人民检察院关于渎职侵权犯罪案件立案标准的规定》第一部分第十一条的规定，徇私舞弊减刑、假释、暂予监外执行，涉嫌下列情形之一的，应予立案：（1）刑罚执行机关的工作人员对不符合减刑、假释、暂予监外执行条件的罪犯，捏造事实，伪造材料，违法报请减刑、假释、暂予监外执行的；（2）审判人员对不符合减刑、假释、暂予监外执行条件的罪犯，徇私舞弊，违法裁定减刑、假释或者违法决定暂予监外执行的；（3）监狱管理机关、公安机关的工作人员对不符合暂予监外执行条件的罪犯，徇私舞弊，违法批准暂予监外执行的；（4）不具有报请、裁定、决定或者批准减刑、假释、暂予监外执行权的司法工作人员利用职务上的便利，伪造有关材料，导致不符合减刑、假释、暂予监外执行条件的罪犯被减刑、假释、暂予监外执行的；（5）其他徇私舞弊减刑、假释、暂予监外执行应予追究刑事责任的情形。

根据本条的规定，对司法工作人员犯本罪的，处三年以下有期徒刑或者拘役；情节严重的，处三年以上七年以下有期徒刑。

【适用中需要注意的问题】

1. 本罪与徇私枉法罪的关系。审判人员徇私舞弊减刑、假释、暂予监外执行的行为，严格上来讲也属于刑法第三百九十九条第一款中规定的在刑事审判活动中故意违背事实和法律作枉法裁判的行为，构成该条规定的徇私枉法罪。但刑法已经将这种行为规定为单独的犯罪，就应当认定为本条规定的徇私舞弊减刑、假释、暂予监外执行罪，不再认定为徇私枉法罪。

2. 司法工作人员收受贿赂，又实施本条规定的犯罪如何处理。实践中存在司法工作人员受人请托，收受贿赂后实施徇私舞弊减刑、假释、暂予监外执行的情况。根据《最高人民法院、最高人民检察院关于办理贪污贿赂刑事案件适用法律若干问题的解释》第十七条的规定，对这种情形，应当以受贿罪和本条规定的徇私舞弊减刑、假释、暂予监外执行罪数罪并罚。

第四百零二条 **【徇私舞弊不移交刑事案件罪】** 行政执法人员徇私舞弊，对依法应当移交司法机关追究刑事责任的不移交，情节严重的，处三年以下有期徒刑或者拘役；造成严重后果的，处三年以上七年以下有期徒刑。

【释解与适用】

本条是关于徇私舞弊不移交刑事案件罪及其刑罚的规定。

本条规定的徇私舞弊不移交刑事案件罪，是指行政执法人员对依法应当移交司法机关追究刑事责任的案件不移交，情节严重的行为。根据本条规定，构成本罪应具备以下条件：

1. 本罪的主体为特殊主体，即行政执法人员。"行政执法人员"，是指在具有行政执法权的行政机关中从事公务的人员，如税务、市场监督管理、环境保护、金融监管、应急管理等机关的工作人员。对于依照法律法规授权，具有管理公共事务职能，在法定授权范围内实施行政处罚的组织的执法人员实施本条规定的行为的，也可以构成本罪。

2. 构成本罪在主观上必须是故意，即行政执法人员明知对应当移交司法机关追究刑事责任的案件不移交的行为会产生危害社会的后果，但仍徇私舞弊不移交。这种犯罪有的是为徇亲友私情，有的是为了得到某种利益，比如为徇单位私利而以行政处罚代替刑罚，或者出于地方保护主义对犯罪人网开一面等。如果行政执法人员不是出于徇私的动机，而是由于没有认真了解情况，存在对事实认识上的偏差，或者由于业务水平不高，对法律法规的理解偏差造成工作上的失误，致使没有移交应当移交的刑事案件的，则不构成本罪。

3. 在客观方面，行政执法人员实施了依法应当将案件移交司法机关追究刑事责任的不移交，情节严重的行为。其中，"依法应当移交司法机关追究刑事责任的不移交"，是指明知他人的行为已经构成犯罪，应当交由司法机关依法追究其刑事责任，但是行为人不移交司法机关，而故意使犯罪人逃避法律追究的行为。本条规定的"司法机关"，主要是指对刑事案件负有侦查职责的机关，包括公安机关、检察机关、国家安全机关、海警机关等。行政处罚法和一些具体的行政法律法规都对行政机关将涉嫌犯罪的案件移交司法机关作了规定。最高人民检察院、公安部关于公安机关管辖的刑事案件立案追诉标准的规定（一）（二）中都明确了刑法规定的有关犯罪的具体立案追诉标准，也包括行政执法机关向司法机关移送案件的具体标准。国务院还专门制定了《行政执法机关移送涉嫌犯罪案件的规定》，明确规定行政执法机关在依法查处违法行为过程中，发现违法事实涉嫌构成犯罪的，必须向公安机关移送，并对移送的时间、有关证据的保存、移送所应附的材料等都作了具体规定。行政执法人员违反了这些规定，对应当移交司法机关的案件不移交，就可能构成本条规定的犯罪。

行政执法人员徇私舞弊不移交刑事案件的行为并非都构成犯罪，只有"情节严重"才能构成，这是区分罪与非罪的主要标准。根据《最高人民检察院关于渎职侵权犯罪案件立案标准的规定》第一部分第十二条的规定，徇私舞弊不移交刑事案件，涉嫌下列情形之一的，应予立案：（1）对依法可能判处三年以上有期徒刑、无期徒刑、死刑的犯罪案件不移交的；（2）不移交刑事案件涉及三人次以上的；（3）司法机关提出意见后，无正当理由仍然不予移交的；（4）以罚代刑，放纵犯罪嫌疑人，致使犯罪嫌疑人继续进行违法犯罪活动的；（5）行政执法部门主管领导阻止移交的；（6）隐瞒、毁灭证据，伪造材料，改变刑事案件性质的；（7）直接负责的主管人员和其他直接责任人员为牟取本单位私利而不移交刑事案件，情节严重的；（8）其他情节严重的情形。

根据本条的规定，行政执法人员犯徇私舞弊不移交刑事案件罪的，处三年以下有期徒刑或者拘役；造成严重后果的，处三年以上七年以下有期徒刑。其中，"造成严重后果"，是指造成罪行严重的犯罪分子逃避法律追究，或者由于不移交的行为使国家利益遭受特别重大损失等。

【适用中需要注意的问题】

1. 公安机关工作人员犯罪的处理。考虑到公安机关既行使行政执法权，又行使刑事侦查权，公安机关的工作人员属于本法第三百九十九条规定的"司法工作人员"。公安机关的工作人员行使行政执法权时，如果徇私舞弊，对明知是构成犯罪应当立案进行刑事侦查的案件不移交刑事立案的，属于对明知是有罪的人而故意包庇不使他受追诉，应当以本法第三百九十九条第一款规定的徇私枉法罪追究其刑事责任。

2. 行政执法人员收受贿赂，又实施本条规定的犯罪如何处理。行政执法人员受人请托，收受贿赂后实施徇私舞弊不移交刑事案件的行为的，根据《最高人民法院、最高人民检察院关于办理贪污贿赂刑事案件适用法律若干问题的解释》第十七条的规定，应当以受贿罪和本条规定的徇私舞弊不移交刑事案件罪数罪并罚。

第四百零三条 【滥用管理公司、证券职权罪】国家有关主管部门的国家机关工作人员，徇私舞弊，滥用职权，对不符合法律规定条件的公司设立、登记申请或者股票、债券发行、上市申请，予以批准或者登记，致使公共财产、国家和人民利益遭受重大损失的，处五年以下有期徒刑或者拘役。

上级部门强令登记机关及其工作人员实施前款行为的，对其直接负责的主管人员，依照前款的规定处罚。

【释解与适用】

本条是关于滥用管理公司、证券职权罪及其刑罚的规定。

本条共分两款。第一款是关于滥用管理公司、证券职权罪及其处罚的规定。本罪有以下特征。

一是构成本罪的主体必须是国家有关主管部门的国家机关工作人员。这里规定的"国家有关主管部门"，是指根据公司法、证券法和有关法规规定负责对公司设立、登记申请或者股票、公司债券发行、上市申请的条件是否符合法律规定的条件予以审核、批准或者登记的国家机关,如负责公司设立登记工作的市场监督管理机关,负责证券发行注册的国务院证券监督管理机构等。

二是行为人必须实施了对不符合法律规定条件的公司设立、登记申请或者股票、债券发行、上市申请,予以批准或登记,致使公共财产、国家和人民利益遭受重大损失的行为。对公司设立、股票、债券发行、上市的条件,公司法、证券法等法律法规作了规定。需要说明的是,2019年12月,第十三届全国人民代表大会常务委员会第十五次会议修订了证券法,将股票发行核准制改为注册制。证券法第二十一条规定,国务院证券监督管理机构或者国务院授权的部门依照法定条件负责证券发行申请的注册。国务院证券监督管理机构或者国务院授权的部门工作人员在股票发行注册工作中徇私舞弊,滥用职权的,仍然可以构成本条规定的犯罪。

三是行为人构成本罪主观上只能是故意,犯罪行为方式表现为徇私情,对公司设立、登记申请或者股票、债券发行、上市申请不严格依照法律进行审查或者根本不作审查而予以批准,明知申请人不符合条件,为了牟取私利予以批准。行为人的行为必须是"致使公共财产、国家和人民利益遭受重大损失的",才能构成犯罪,这是区分罪与非罪的界限,如果行为人的行为没有造成重大损失,则不能追究刑事责任,而应依照公司法、证券法的规定,对其给予处分。《最高人民检察院关于渎职侵权犯罪案件立案标准的规定》第一部分第十三条对本罪的具体立案标准作了规定。

根据本款规定,构成本罪的,处五年以下有期徒刑或者拘役。

本条第二款是关于上级部门强令登记机关及其工作人员实施第一款行为的,对其直接负责的主管人员依照第一款的规定处罚的规定。这里规定的"上级部门"是广义的,既包括登记机关即市场监督管理机关、证券监督管理部门内部具有上下级领导关系的人员,也包括上级市场监督管理机关、证券监督管理部门中负有领导责任的人员;既包括上级部门的负责人,也包括在上级部门工作的具体工作人员。"强令",是指行为人明知其命令违反法律,而强迫下级机关及其工作人员执行其命令的行为。

根据本款规定,实施本款规定行为的,依照第一款的规定处罚,即对直接负责的主管人员,处五年以下有期徒刑或者拘役。

【适用中需要注意的问题】

有关主管部门工作人员与实施虚报注册资本、虚假出资、欺诈发行股票、债券的行为人通谋，在履职过程中徇私舞弊，滥用职权，实施本条规定的行为的，应当以虚报注册资本、虚假出资、欺诈发行股票、债券等犯罪的共犯定罪处罚。

第四百零四条　**【徇私舞弊不征、少征税款罪】**税务机关的工作人员徇私舞弊，不征或者少征应征税款，致使国家税收遭受重大损失的，处五年以下有期徒刑或者拘役；造成特别重大损失的，处五年以上有期徒刑。

【释解与适用】

本条是关于徇私舞弊不征、少征税款罪及其刑罚的规定。

本条规定的徇私舞弊不征、少征税款罪，是指税务机关工作人员利用职权，为徇私情，不征或者少征应当征收的税款，致使国家税收流失，遭受重大损失的行为。本罪具有以下特征。

1. 主体必须是税务机关的工作人员。这里规定的"税务机关"是指各级税务局、税务分局和税务所。非税务机关人员不能构成本罪。我国的税务机关在2018年以前分为国家税务机关和地方税务机关，根据2018年3月第十三届全国人民代表大会第一次会议批准的国务院机构改革方案，改革国税地税征管体制。将省级和省级以下国税地税机构合并，具体承担所辖区域内各项税收、非税收入征管等职责。国税地税机构合并后，实行以国家税务总局为主与省（区、市）人民政府双重领导管理体制。税收征收管理法第九条第二款、第三款规定，税务机关、税务人员必须秉公执法，忠于职守，清正廉洁，礼貌待人，文明服务，尊重和保护纳税人、扣缴义务人的权利，依法接受监督。税务人员不得索贿受贿、徇私舞弊、玩忽职守、不征或者少征应征税款；不得滥用职权多征税款或者故意刁难纳税人和扣缴义务人。税务机关工作人员徇私舞弊不征、少征税款的行为违反了上述法定义务。

2. 主观方面必须是故意。也就是说，税务机关的工作人员明知自己不征或少征应征税款，会给国家税收造成重大损失，而为了徇私情、私利，不征或少征税款。

3. 客观方面实施了不征或少征应征税款,并使国家税收遭受重大损失的行为。"应征税款",是指税务机关根据法律、行政法规规定的税种、税率,应当向纳税人征收的税款。近年来,根据税收法定原则,全国人大及其常委会先后制定或修改了个人所得税法、企业所得税法、车船税法、车辆购置税法、耕地占用税法、船舶吨税法、环境保护税法等多部税收法律。对尚未制定法律的一些税种,国务院制定的《增值税暂行条例》《消费税暂行条例》等行政法规作了规定。税务机关工作人员应当根据这些法律、行政法规关于税种、税率等的规定,依法确定应向纳税人征收的税款并及时征收。行为人的行为具体表现为擅自决定税收的停征、减征或者免征,即为徇私情对应当征收税款的不征收、少征收;或者对纳税人欠缴税款的,本应通知银行或其他金融机构从纳税人存款中扣缴而不通知;对应当查封、扣押、拍卖价值与欠税人应纳税款相当的物品而不查封、扣押或拍卖等。

另外,税务机关的工作人员实施的前述行为,必须是使国家税收遭受重大损失的才能构成犯罪,这是区分罪与非罪的界限,如果不征或少征应征税款,数额较小,没有使国家的税收遭受重大损失,就不能按本罪处理,而应当追究行为人的行政责任。根据《最高人民检察院关于渎职侵权犯罪案件立案标准的规定》第一部分第十四条的规定,徇私舞弊不征、少征税款,涉嫌下列情形之一的,应予立案:(1)徇私舞弊不征、少征应征税款,致使国家税收损失累计达十万元以上的;(2)上级主管部门工作人员指使税务机关工作人员徇私舞弊不征、少征应征税款,致使国家税收损失累计达十万元以上的;(3)徇私舞弊不征、少征应征税款不满十万元,但具有索取或者收受贿赂或者其他恶劣情节的;(4)其他致使国家税收遭受重大损失的情形。

根据本条规定,税务机关的工作人员犯本罪的,处五年以下有期徒刑或者拘役;造成特别重大损失的,处五年以上有期徒刑。"造成特别重大损失",是指造成税收流失数额特别巨大,后果特别严重的情形等。

【适用中需要注意的问题】

1. 税务机关工作人员在征税工作中严重不负责任,计算税款有误,没有征收或者少征应征税款,致使国家税收遭受重大损失,但没有徇私舞弊情节的，不构成本条规定的犯罪。构成刑法第三百九十七条规定的玩忽职守罪的，按照该条规定追究其刑事责任。

2. 税务机关工作人员与纳税人相勾结，帮助纳税人逃税，如为其出主意，然后不征或少征其应缴的税款，应按逃税罪的共犯追究其刑事责任。

第四百零五条　【徇私舞弊发售发票、抵扣税款、出口退税罪】税务机关的工作人员违反法律、行政法规的规定，在办理发售发票、抵扣税款、出口退税工作中，徇私舞弊，致使国家利益遭受重大损失的，处五年以下有期徒刑或者拘役；致使国家利益遭受特别重大损失的，处五年以上有期徒刑。

【违法提供出口退税凭证罪】其他国家机关工作人员违反国家规定，在提供出口货物报关单、出口收汇核销单等出口退税凭证的工作中，徇私舞弊，致使国家利益遭受重大损失的，依照前款的规定处罚。

【释解与适用】

本条是关于徇私舞弊发售发票、抵扣税款、出口退税罪和违法提供出口退税凭证罪及其刑罚的规定。

本条共分两款。第一款是关于徇私舞弊发售发票、抵扣税款、出口退税罪及其处罚的规定。该罪主要是指税务机关工作人员违反法律、行政法规的规定，在发售发票、抵扣税款、出口退税的具体工作中，为徇私情，弄虚作假、徇私舞弊，致使国家利益遭受重大损失的行为。

根据本款规定，构成本罪的行为人主观上必须是故意，即税务机关工作人员明知自己在发售发票、抵扣税款以及出口退税工作中徇私舞弊的行为会产生危害后果，而故意实施。这种犯罪的动机是各种各样的，有的为徇亲友私情，有的为了得到某种利益而亵渎国家赋予的职责等。过失行为不能构成本罪。

本罪的客观方面是实施了徇私舞弊的行为，即税务机关的工作人员违反法律、行政法规的规定，在发售发票、抵扣税款、出口退税工作中徇私舞弊，对明知是不符合条件的人仍为其发售发票、抵扣税款、办理出口退税，并致使国家利益遭受重大损失的行为。"发票"，是指在购销商品，提供或者接受服务以及从事其他经营活动中，开具、收取的收付款凭证。"发售发票"，是指税务机关根据已依法办理税务登记的单位或个人提出的领购发票申请,向其发售发票的活动。"抵扣税款",是指税务机关对购货方在购进商品时已由供货方收取的增值税款抵扣掉,只征收购货方作为生产者、经营者在销售其产品或商品环节增值部分的税款。"出口退税",是指税务机关依法在出口环节向出口商品的生产者或经营单位退还该商品在生产环节、流通环节已征收的增值税和消费税。税务机关工作人员在发售发票、抵扣税款、出口退税工作中的徇私舞弊主要是:对不应发售发票的,予以发售;对不应抵扣或者应少抵扣税款的,擅自抵扣或者多抵扣;利用职权为自己或帮助他人骗取出口退税款,等等。

实践中,应当把税务机关工作人员在发售发票、抵扣税款或出口退税等工作中出现的失误与主观上故意徇私舞弊的行为区别开来。应当注意的是,是否"致使国家利益遭受重大损失"是区分罪与非罪的界限,只有造成"重大损失"的,才构成犯罪。根据《最高人民检察院关于渎职侵权犯罪案件立案标准的规定》第一部分第十五条的规定,徇私舞弊发售发票、抵扣税款、出口退税,涉嫌下列情形之一的,应予立案:(1)徇私舞弊,致使国家税收损失累计达十万元以上的;(2)徇私舞弊,致使国家税收损失累计不满十万元,但发售增值税专用发票二十五份以上或者其他发票五十份以上或者增值税专用发票与其他发票合计五十份以上,或者具有索取、收受贿赂或者其他恶劣情节的;(3)其他致使国家利益遭受重大损失的情形。

根据本款的规定,税务机关的工作人员犯本款之罪的,处五年以下有期徒刑或者拘役;致使国家利益遭受特别重大损失的,处五年以上有期徒刑。"特别重大损失",是指抵扣的税款、出口退税款数额特别巨大、使国家税款流失的数额特别巨大等情况。

第二款是关于其他国家机关工作人员违反国家规定,在提供出口货物报关单、出口收汇核销单等出口退税凭证的工作中,徇私舞弊,致使国家利益遭受重大损失的犯罪及其处罚的规定。本款所称的"其他国家机关工作人员",是指除税务机关工作人员以外,负有对进出口货物检验、出具进出口货物证明的其他国家机关工作人员,如海关工作人员、外汇管理部门工作人员。按照 1997 年修订刑法时出口退税制度的规定,企业申请出口退税除必须提供购进出口货物的增值税专用发票、出口货物销售明细账外,还必须提供盖有海关验讫章的《出口货物报关单(出口退税联)》和外汇管理部门开具的出口货物收汇单,以备税务机关核对。"违反国家规定，在提供出口货物报关单、出口收汇核销单等出口退税凭证工作中，徇私舞弊"，是指海关、外汇管理部门等工作人员，为徇私情私利，违反出口退税制度，对明知没有货物出口或者以少报多、以劣报优的，仍违背事实，弄虚作假，在报关单上加盖海关验讫章或者出具出口收汇核销单。2012年6月，国家外汇管理局、海关总署、国家税务总局联合发布了《关于货物贸易外汇管理制度改革的公告》，自2012年8月1日起在全国实施货物贸易外汇管理制度改革，相应调整出口报关流程，取消出口收汇核销单，企业不再办理出口收汇核销手续。外汇管理部门对企业的贸易外汇管理由现场逐笔核销改变为非现场总量核查。

根据本款规定，构成本罪必须是致使国家利益遭受重大损失的，这主要是指退税数额巨大，使国家税款遭受重大损失等情形。根据《最高人民检察院关于渎职侵权犯罪案件立案标准的规定》第一部分第十六条的规定，违法提供出口退税凭证，涉嫌下列情形之一的，应予立案：（1）徇私舞弊，致使国家税收损失累计达十万元以上的；（2）徇私舞弊，致使国家税收损失累计不满十万元，但具有索取、收受贿赂或者其他恶劣情节的；（3）其他致使国家利益遭受重大损失的情形。根据本款规定，构成本款规定之罪的，依照前款的规定处罚，即处五年以下有期徒刑或者拘役；致使国家利益遭受特别重大损失的，处五年以上有期徒刑。

【适用中需要注意的问题】

1. 本条第一款规定的徇私舞弊发售发票、抵扣税款、出口退税罪是选择性罪名，行为人实施了徇私舞弊发售发票、抵扣税款、出口退税中的一种具体犯罪行为的，可按其犯罪行为确定罪行；行为人实施了其中两种或者三种犯罪行为的，也按一罪处理，不实行数罪并罚。

2. 本罪与徇私舞弊不征、少征税款罪的区分。刑法第四百零四条规定了徇私舞弊不征、少征税款罪，本罪与该罪都是税务机关工作人员在税收工作中的渎职犯罪，主要区别在于徇私舞弊不征、少征税款罪发生在征收税款的工作中，是直接不征、少征了应征税款，而本罪则是发生在与征税、退税相关的发售发票、抵扣税款、出口退税罪等环节，造成了国家税款损失。

3. 本条规定的两种犯罪都要求行为人具有徇私舞弊情节，如果行为人没有徇私舞弊，但在有关工作中严重不负责任，致使国家利益遭受重大损失的,可以依照刑法第三百九十七条规定的玩忽职守罪追究刑事责任。

第四百零六条 【国家机关工作人员签订、履行合同失职被骗罪】国家机关工作人员在签订、履行合同过程中,因严重不负责任被诈骗,致使国家利益遭受重大损失的,处三年以下有期徒刑或者拘役;致使国家利益遭受特别重大损失的,处三年以上七年以下有期徒刑。

【释解与适用】

本条是关于国家机关工作人员签订、履行合同失职被骗罪及其刑罚的规定。

根据本条规定,国家机关工作人员签订、履行合同失职被骗罪具有以下几个方面的特征。

1. 犯罪主体是国家机关工作人员,具体可以是各国家机关中负责签订、履行合同的工作人员。

2. 行为人在客观方面实施了由于严重不负责任而在签订、履行合同过程中被诈骗的行为。主要表现包括未向主管单位或有关单位了解对方当事人的合同主体资格、资信情况、履约能力和资源等情况,因而盲目同无资金或无货源的另一方签订购销合同而被诈骗;对供方销售的以次充好不符合质量要求、质次价高的货物,应检查而未检查,擅自同意发货,不坚持按合同验收等,致使被诈骗;对合同对方提供的不符合合同要求的服务疏于监督检查,造成质量问题;被诈骗后,对质次货劣的商品,不及时采取措施,延误索赔期或擅自决定不索赔,造成重大经济损失;等等。司法实践中,还应当区分由于市场行情剧变、受个人本身水平限制以及出现不可抗力等情况的原因,使国家机关工作人员在签订、履行合同过程中,致使国家利益遭受重大损失与本罪的界限,如果出现上述情况,应当具体情况具体分析,不能简单地以本罪论处。

行为人实施上述行为,必须是"致使国家利益遭受重大损失的"才能构成本罪。根据《最高人民检察院关于渎职侵权犯罪案件立案标准的规定》第一部分第十七条的规定,国家机关工作人员签订、履行合同失职被骗,涉嫌下列情形之一的,应予立案:(1)造成直接经济损失三十万元以上,或者直接经济损失不满三十万元,但间接经济损失一百五十万元以上的;(2)其他致使国家利益遭受重大损失的情形。

3. 行为人主观上主要是过失，即行为人应当预见自己的行为可能发生被诈骗的危害结果，由于主观上马马虎虎、疏忽大意没有预见，或者已经预见而轻信能够避免，严重不负责任，致使造成重大损失。但也有部分是由间接故意构成，即行为人明知自己不负责任签订、履行合同的行为会造成被诈骗的危害后果，而放任这种结果的发生。

根据本条的规定，国家机关工作人员犯本条之罪的，处三年以下有期徒刑或者拘役；致使国家利益遭受特别重大损失的，处三年以上七年以下有期徒刑。

【适用中需要注意的问题】

1. 本条规定的犯罪与签订、履行合同失职被骗罪的区别。刑法第一百六十七条规定了签订、履行合同失职被骗罪，即国有公司、企业、事业单位直接负责的主管人员，在签订、履行合同过程中，因严重不负责任被诈骗，致使国家利益遭受重大损失的，处三年以下有期徒刑或者拘役；致使国家利益遭受特别重大损失的，处三年以上七年以下有期徒刑。本罪与签订、履行合同失职被骗罪在客观方面都表现为在签订、履行合同过程中，因严重不负责任被诈骗，致使国家利益遭受重大损失。主要区别是犯罪主体不同，本罪属于渎职犯罪，主体是国家机关工作人员。签订、履行合同失职被骗罪属于妨害对公司、企业的管理秩序罪，主体是国有公司、企业、事业单位直接负责的主管人员。

2. 本罪的特征是"失职被骗"。如果国家机关工作人员与合同对方通谋，甚至收受贿赂，在签订、履行合同过程中徇私舞弊，损害国家利益的，不应当认定为本罪，而是应依照受贿罪、滥用职权罪的规定定罪处罚。

第四百零七条 **【违法发放林木采伐许可证罪】** 林业主管部门的工作人员违反森林法的规定，超过批准的年采伐限额发放林木采伐许可证或者违反规定滥发林木采伐许可证，情节严重，致使森林遭受严重破坏的，处三年以下有期徒刑或者拘役。

【释解与适用】

本条是关于违法发放林木采伐许可证罪及其刑罚的规定。

根据本条规定，构成本罪的主体是林业主管部门的工作人员。"林业主管部门"，是指县级以上地方人民政府中主管本地区林业工作的机构以及国务院的林业主管部门。根据2018年3月十三届全国人大一次会议批准的国务院机构改革方案，组建国家林业和草原局。将国家林业局的职责，农业部的草原监督管理职责，以及国土资源部、住房和城乡建设部、水利部、农业部、国家海洋局等部门的自然保护区、风景名胜区、自然遗产、地质公园等管理职责整合，组建国家林业和草原局，由自然资源部管理。目前国务院和地方各级人民政府的林业主管部门是各级林业和草原部门。"超过批准的年采伐限额发放林木采伐许可证"，是指林业主管部门的工作人员利用职权，对符合采伐许可证发放条件的申请人，在年度木材生产计划之外，擅自发放给林木采伐申请人采伐许可证的行为。"违反规定滥发林木采伐许可证"，是指林业主管部门的工作人员违反森林法以及有关行政法规的规定，利用掌握发放林木采伐许可证的权力，超越自己的权限发放采伐许可证或者对采伐许可证申请的内容不符合法律规定的要求仍然予以批准并发给采伐许可证的行为。

构成本罪必须具备"情节严重"和"致使森林遭受严重破坏"的要件。根据《最高人民法院关于审理破坏森林资源刑事案件具体应用法律若干问题的解释》第十二条的规定，具有下列情形之一的，属于"情节严重，致使森林遭受严重破坏"：发放林木采伐许可证允许采伐数量累计超过批准的年采伐限额，导致林木被采伐数量在十立方米以上的；滥发林木采伐许可证，导致林木被滥伐二十立方米以上的；滥发林木采伐许可证，导致珍贵树木被滥伐的；批准采伐国家禁止采伐的林木，情节恶劣的；其他情节严重的情形。

根据本条规定，林业主管部门的工作人员犯本条规定之罪的，处三年以下有期徒刑或者拘役。

【适用中需要注意的问题】

实践中适用本条规定应当注意，林业主管部门的工作人员收受贿赂，又实施本条规定的犯罪如何处理。林业主管部门的工作人员受人请托，收受贿赂后实施违法发放林木采伐许可证行为的，根据《最高人民法院、最高人民检察院关于办理贪污贿赂刑事案件适用法律若干问题的解释》第十七条的规定，应当以受贿罪和本条规定的违法发放林木采伐许可证罪数罪并罚。

第四百零八条 【环境监管失职罪】负有环境保护监督管理职责的国家机关工作人员严重不负责任，导致发生重大环境污染事故，致使公私财产遭受重大损失或者造成人身伤亡的严重后果的，处三年以下有期徒刑或者拘役。

【释解与适用】

本条是关于环境监管失职罪及其刑罚的规定。

根据本条规定，构成本罪的主体是对环境保护负有监督管理职责的国家机关工作人员，主要包括在国务院环境保护行政主管部门、县级以上地方人民政府环境保护行政主管部门从事环境保护监督管理工作的人员，也包括在国家自然资源、港务监督、渔政渔港监督、军队环境保护部门和各级公安、交通运输等管理部门中，依照有关法律的规定对环境污染防治实施监督管理的人员。根据2018年3月第十三届全国人民代表大会第一次会议批准的国务院机构改革方案，将环境保护部的职责，国家发展和改革委员会的应对气候变化和减排职责，国土资源部的监督防止地下水污染职责，水利部的编制水功能区划、排污口设置管理、流域水环境保护职责，农业部的监督指导农业面源污染治理职责，国家海洋局的海洋环境保护职责，国务院南水北调工程建设委员会办公室的南水北调工程项目区环境保护职责整合，组建生态环境部，作为国务院组成部门。目前，国务院和地方各级人民政府的环境保护部门是各级生态环境部门。另外，在县级以上人民政府的自然资源、林业和草原、农业农村、水利行政主管部门中，依照有关法律的规定对资源的保护实施监督管理的人员，也可以构成本罪的主体。

根据本条规定，构成本罪必须是上述人员严重不负责任，不认真履行监督管理职责，以致发生重大环境污染事故，致使公私财产遭受重大损失或者造成人身伤亡的严重后果。"重大环境污染事故"，是指造成大气、水源、海洋、土地等环境质量标准严重不符合国家规定标准，造成公私财产重大损失或人身伤亡的严重事件。其中，"污染"是指在生产建设或者其他活动中产生的足以危害人体健康的废气、废水、废渣、粉尘、恶臭气体、放射性物质以及噪声、振动、电磁波辐射等。根据本条规定对造成环境污染事故的，必须是"致使公私财产遭受重大损失或者造成人身伤亡的严重后果"才构成犯罪。如果没有造成严重后果，可以由有关部门予以行政处分。应当注意的是，只要具备"使公私财产遭受重大损失"或者"造成人身伤亡"其中任何一个条件即构成本罪。根据《最高人民法院、最高人民检察院关于办理环境污染刑事案件适用法律若干问题的解释》第二条的规定，致使公私财产损失三十万元以上，或者具有下列情形之一的，应当认定为"致使公私财产遭受重大损失或者造成人身伤亡的严重后果"：（1）造成生态环境严重损害的；（2）致使乡镇以上集中式饮用水水源取水中断十二小时以上的；（3）致使基本农田、防护林地、特种用途林地五亩以上，其他农用地十亩以上，其他土地二十亩以上基本功能丧失或者遭受永久性破坏的；（4）致使森林或者其他林木死亡五十立方米以上，或者幼树死亡二千五百株以上的；（5）致使疏散、转移群众五千人以上的；（6）致使三十人以上中毒的；（7）致使三人以上轻伤、轻度残疾或者器官组织损伤导致一般功能障碍的；（8）致使一人以上重伤、中度残疾或者器官组织损伤导致严重功能障碍的。根据本条规定，构成本罪的，对行为人处三年以下有期徒刑或者拘役。

【适用中需要注意的问题】

环保监督管理人员收受贿赂，又实施本条规定的犯罪如何处理。环保监督管理人员受人请托，收受贿赂后实施本条规定的失职行为的，根据《最高人民法院、最高人民检察院关于办理贪污贿赂刑事案件适用法律若干问题的解释》第十七条的规定，应当以受贿罪和本条规定的环境监管失职罪数罪并罚。

第四百零八条之一 【食品、药品监管渎职罪】负有食品药品安全监督管理职责的国家机关工作人员，滥用职权或者玩忽职守，有下列情形之一，造成严重后果或者有其他严重情节的，处五年以下有期徒刑或者拘役；造成特别严重后果或者有其他特别严重情节的，处五年以上十年以下有期徒刑：

（一）瞒报、谎报食品安全事故、药品安全事件的；

（二）对发现的严重食品药品安全违法行为未按规定查处的；

（三）在药品和特殊食品审批审评过程中，对不符合条件的申请准予许可的；

（四）依法应当移交司法机关追究刑事责任不移交的；

（五）有其他滥用职权或者玩忽职守行为的。

徇私舞弊犯前款罪的，从重处罚。

【释解与适用】

本条是关于食品药品监管渎职罪及其刑罚的规定。

1997年刑法第三百九十七条对国家机关工作人员滥用职权罪和玩忽职守罪作了一般性规定。负有食品安全监督管理职责的国家机关工作人员滥用职权或者玩忽职守构成犯罪的，可以依照该条的规定定罪处罚。考虑到食品安全关系到人民群众的身体健康和切身利益，当时在食品领域又屡屡发生重大食品安全事故，群众反响强烈，2011年2月25日第十一届全国人大常务委员会第十九次会议通过的刑法修正案（八），在对刑法第一百四十三条生产、销售不符合卫生标准的食品罪和第一百四十四条生产、销售有毒、有害食品罪进行修改完善的同时，专门增加了本条规定，并规定了更重的刑罚。

为了贯彻落实党中央关于食品药品安全"四个最严"的要求，2015年4月，第十二届全国人民代表大会常务委员会第十四次会议修订了食品安全法；2019年6月，第十三届全国人民代表大会常务委员会第十一次会议通过了疫苗管理法；2019年8月，第十三届全国人民代表大会常务委员会第十二次会议第二次修订了药品管理法。这几部法律强化了食品药品监督管理部门的监管职责，有关部门的国家工作人员在食品的生产、经营，药品和疫苗的研发、生产、经营和使用等环节担负广泛的监管职责，行使一系列行政许可、行政处罚职权。为了贯彻党中央提出的"最严肃的问责"的精神，进一步强化食品药品安全，保护人民群众安全，与食品安全法、药品管理法做好衔接，2020年12月26日第十三届全国人民代表大会常务委员会第二十四次会议通过的刑法修正案（十一）对本条作了修改：一是在犯罪主体方面，在负有食品安全监督管理职责的国家机关工作人员的基础上，增加负有药品安全监督管理职责的国家机关工作人员；二是在构成犯罪和适用第二档刑的条件中增加了情节因素；三是增加规定了五类具体犯罪情形。

本条共分两款。第一款是关于食品药品监管渎职的犯罪行为及其处罚的规定。根据本条规定，构成本罪的主体是负有食品药品安全监督管理职责的国家机关工作人员。根据2018年3月第十三届全国人民代表大会第一次会议批准的国务院机构改革方案，将国家工商行政管理总局的职责，国家质量监督检验检疫总局的职责，国家食品药品监督管理总局的职责，国家发展和改革委员会的价格监督检查与反垄断执法职责，商务部的经营者集中反垄断执法以及国务院反垄断委员会办公室等职责整合，组建国家市场监督管理总局，作为国务院直属机构。同时，组建国家药品监督管理局，由国家市场监督管理总局管理。目前，负责食品药品安全监督管理职责的主要是各级市场监管、药品监管部门的工作人员。构成本罪，上述人员必须有滥用职权或者玩忽职守的行为。这里所规定的"滥用职权"，是指国家机关工作人员超越职权，违法决定、处理其无权决定、处理的事项，或者违反规定处理公务的行为。"玩忽职守"，是指国家机关工作人员严重不负责任，不履行或者不认真履行其职责的行为。构成本罪，还必须因为滥用职权或者玩忽职守，造成严重后果或者有其他严重情节。"造成严重后果"，包括导致发生重大食品安全事故、重大药品安全事件、疫苗安全事件等，以及其他严重后果。"有其他严重情节"是指虽未造成严重后果，但滥用职权、玩忽职守的情节严重，如滥用职权、玩忽职守的时间长、次数多、涉及面广、社会影响恶劣等。具体情形可由司法机关根据实际情况制定司法解释确定。为了细化食品药品渎职的情形，增强可操作性和适用性，刑法修正案（十一）在本款分五项增加规定了五种具体的食品药品监管渎职行为。

  第一项是关于瞒报、谎报食品安全事故、药品安全事件的规定。这里规定的"瞒报"是指隐瞒事实不报。"谎报"是指不真实的报告，如对事故、事件的危害后果避重就轻地报告等。"食品安全事故"，根据食品安全法第一百五十条的规定，是指食源性疾病、食品污染等源于食品，对人体健康有危害或者可能有危害的事故。"药品安全事件"，是指在药品研发、生产、经营、使用中发生的，对人体健康造成或者可能造成危害的事件。

  第二项是关于对发现的严重食品药品安全违法行为未按规定查处的规定。这里规定的"严重食品药品安全违法行为"是指严重违反食品安全法、药品管理法、疫苗管理法及其配套规定的行为。对于这些严重违法行为，有关国家机关工作人员已经发现，但不按照法律法规规定的权限和程序查处的，就可能构成本条规定的犯罪。食品安全法第一百四十二条至第一百四十四条、药品管理法第一百四十九条规定了有关国家机关工作人员不按规定查处违法行为的行政责任，本项规定是与之衔接的。

第三项是关于在药品和特殊食品审批审评过程中，对不符合条件的申请准予许可的。这里规定的"药品"，根据药品管理法第二条的规定，是指用于预防、治疗、诊断人的疾病，有目的地调节人的生理机能并规定有适应症或者功能主治、用法和用量的物质，包括中药、化学药和生物制品等。"特殊食品"，根据食品安全法第七十四条的规定，包括保健食品、特殊医学用途配方食品和婴幼儿配方食品等。根据药品管理法和食品安全法的规定，药品和特殊食品在研制、生产、经营、使用等环节，需要依法向监管部门申请审批审评，监管部门的工作人员应当依照有关法律规定和技术标准进行审批审评。有关国家机关工作人员对明知不符合条件的药品和特殊食品审批审评申请准予许可的，对食品药品安全造成危害，可能构成本条规定的犯罪。

第四项是关于依法应当移交司法机关追究刑事责任不移交的规定。刑法分则第三章第一节规定了一系列食品药品领域的犯罪行为及其处罚。实践中这些犯罪行为往往是由食品药品监管部门在行政执法中发现，再移交公安机关侦查的。食品药品监管机关的工作人员对于行政执法中发现的犯罪线索，应当依法及时移交司法机关追究刑事责任。如果不移交或者降格处理以罚代刑的，可能构成本条规定的犯罪。需要注意把握本项规定的犯罪行为与本款第二项规定犯罪行为的区分。第二项规定的行为主要是在行政管理执法中不尽职，该项规定是为了促使有关国家机关工作人员积极查处有关食品药品行政违法行为，防止造成更严重的后果和危害。本项规定的行为则是对已经构成犯罪的案件不依法移交。实践中适用本条规定应当注意第一款第四项规定的犯罪与刑法第四百零二条规定的徇私舞弊不移交刑事案件罪的区分。构成徇私舞弊不移交刑事案件罪要求行政执法人员有徇私舞弊情节，本条第一款第四项没有规定徇私舞弊情节。同时，本条规定的刑罚比第四百零二条规定更重。本条规定是对食品药品监督管理工作人员不移交刑事案件的行为规定了更严格严厉的处罚。

第五项是关于有其他滥用职权或者玩忽职守行为的规定。这里规定的"其他滥用职权或者玩忽职守行为"，是指本款第一项至第四项规定行为以外的对食品药品安全造成危害，应当追究刑事责任的滥用职权、玩忽职守行为。具体情形可由司法机关根据实际情况制定司法解释确定。

根据本款规定，构成本条规定的犯罪的，对行为人处五年以下有期徒刑或者拘役；造成特别严重后果或者有其他特别严重情节的，处五年以上十年以下有期徒刑。

本条第二款是关于徇私舞弊犯第一款罪如何处罚的规定。这里所规定的"徇私舞弊"，是指为个人私利或者亲友私情的行为。由于这种行为是从个人利益出发，置国家利益于不顾，主观恶性要比第一款规定的行为严重，因此本款规定，徇私舞弊犯第一款罪的，在第一款规定的法定量刑幅度内从重处罚。

第四百零九条 【传染病防治失职罪】从事传染病防治的政府卫生行政部门的工作人员严重不负责任，导致传染病传播或者流行，情节严重的，处三年以下有期徒刑或者拘役。

【释解与适用】

本条是关于传染病防治失职罪及其刑罚的规定。

根据本条规定，构成本罪的主体为从事传染病防治的政府卫生行政部门的工作人员，即在各级政府卫生行政部门中对传染病的防治工作负有统一监督管理职责的人员。根据2018年3月第十三届全国人民代表大会第一次会议批准的国务院机构改革方案，将国家卫生和计划生育委员会、国务院深化医药卫生体制改革领导小组办公室、全国老龄工作委员会办公室的职责，工业和信息化部的牵头《烟草控制框架公约》履约工作职责，国家安全生产监督管理总局的职业安全健康监督管理职责整合，组建国家卫生健康委员会，作为国务院组成部门。目前，国务院和地方各级人民政府的卫生行政部门是各级卫生健康部门。根据2004年修订和2013年修正后的传染病防治法的规定，各级政府卫生行政部门对传染病防治工作行使下列监督管理职权：对下级人民政府卫生行政部门履行本法规定的传染病防治职责进行监督检查；对疾病预防控制机构、医疗机构的传染病防治工作进行监督检查；对采供血机构的采供血活动进行监督检查；对用于传染病防治的消毒产品及其生产单位进行监督检查，并对饮用水供水单位从事生产或者供应活动以及涉及饮用水卫生安全的产品进行监督检查；对传染病菌种、毒种和传染病检测样本的采集、保藏、携带、运输、使用进行监督检查；对公共场所和有关单位的卫生条件和传染病预防、控制措施进行监督检查。省级以上人民政府卫生行政部门负责组织对传染病防治重大事项的处理。

根据本条规定，从事传染病防治的政府卫生行政部门的工作人员如果不履行或者不认真履行应尽职责，导致传染病传播或者流行，情节严重的即构成本罪。"传染病传播或者流行"，是指在一定范围内出现传染病防治法中规定的甲类、乙类或丙类传染病疫情的发生，其中，甲类、乙类、丙类传染病是指传染病防治法第三条规定的传染病种类。此外，构成本罪还必须具备"情节严重"这一要件。所谓"情节严重"，是指卫生行政部门的工作人员严重不负责，不履行或不认真履行职责，情节恶劣，以及对出现的疫情进行隐瞒、压制、虚报或者对出现的疫情不及时通报、公布和处理，以致造成严重后果的情形。根据《最高人民法院、最高人民检察院关于办理妨害预防、控制突发传染病疫情等灾害的刑事案件具体应用法律若干问题的解释》第十六条的规定，在国家对突发传染病疫情等灾害采取预防、控制措施后，具有下列情形之一的，属于本条规定的"情节严重"：对发生突发传染病疫情等灾害的地区或者突发传染病病人、病原携带者、疑似突发传染病病人，未按照预防、控制突发传染病疫情等灾害工作规范的要求做好防疫、检疫、隔离、防护、救治等工作，或者采取的预防、控制措施不当，造成传染范围扩大或者疫情、灾情加重的；隐瞒、缓报、谎报或者授意、指使、强令他人隐瞒、缓报、谎报疫情、灾情，造成传染范围扩大或者疫情、灾情加重的；拒不执行突发传染病疫情等灾害应急处理指挥机构的决定、命令，造成传染范围扩大或者疫情、灾情加重的；具有其他严重情节的。

根据本条规定，构成本罪的，对行为人处三年以下有期徒刑或者拘役。

第四百一十条　【非法批准征收、征用、占用土地罪】【非法低价出让国有土地使用权罪】国家机关工作人员徇私舞弊，违反土地管理法规，滥用职权，非法批准征收、征用、占用土地，或者非法低价出让国有土地使用权，情节严重的，处三年以下有期徒刑或者拘役；致使国家或者集体利益遭受特别重大损失的，处三年以上七年以下有期徒刑。

【释解与适用】

本条是关于非法批准征收、征用、占用土地罪和非法低价出让国有土地使用权罪及其刑罚的规定。

根据本条规定，构成本条规定的犯罪，必须是国家机关工作人员为徇私情，实施了违反土地管理法规，滥用职权，非法批准征收、征用、占用土地，或者非法低价出让国有土地使用权，且情节严重的行为。根据《全国人民代表大会常务委员会关于〈中华人民共和国刑法〉第二百二十八条、第三百四十二条、第四百一十条的解释》，本条规定的"违反土地管理法规"是指违反土地管理法、森林法、草原法等法律以及有关行政法规中关于土地管理的规定。"非法批准征收、征用、占用土地"，是指非法批准征收、征用、占用耕地、林地等农用地以及其他土地。征收、征用土地，是指国家为进行经济、文化、国防建设以及兴办社会公共事业的需要，而征收集体所有的土地。

土地管理法规定，土地使用权可以依法转让。根据本条规定，如果非法低价出让国有土地使用权，情节严重的，即构成犯罪。"非法低价出让国有土地使用权"，是指将属于国有的土地使用权以低于其本身的价值非法转让给他人使用的行为。

构成本条规定的犯罪必须是"情节严重"的行为，不构成本罪的行为，可以依法给予处分。2000年6月发布的《最高人民法院关于审理破坏土地资源刑事案件具体应用法律若干问题的解释》规定，非法批准征用、占用土地，情节严重，是指非法批准征用、占用基本农田十亩以上的；非法批准征用、占用基本农田以外的耕地三十亩以上的；非法批准征用、占用其他土地五十亩以上的；虽未达到上述数量标准，但非法批准征用、占用土地造成直接损失三十万元以上的，或者造成耕地大量毁坏等恶劣情节的。非法低价出让国有土地使用权，情节严重，是指出让国有土地使用权面积在三十亩以上，并且出让价额低于国家规定的最低价额标准的百分之六十的；造成国有土地资产流失价额在三十万元以上的。2012年11月《最高人民法院关于审理破坏草原资源刑事案件应用法律若干问题的解释》对国家机关工作人员徇私舞弊，违反草原法等土地管理法规，非法批准征收、征用、占用草原犯罪的具体定罪量刑标准作了规定。

根据本条规定，对构成本罪的行为人，处三年以下有期徒刑或者拘役；致使国家或者集体利益遭受特别重大损失的，处三年以上七年以下有期徒刑。"致使国家或者集体利益遭受特别重大损失"的具体标准，有关司法解释作了规定。

【适用中需要注意的问题】

国家机关工作人员收受贿赂,又实施本条规定的犯罪如何处理。国家机关工作人员受人请托,收受贿赂后实施非法批准征收、征用、占用土地或者非法低价出让国有土地使用权罪行为的,根据《最高人民法院、最高人民检察院关于办理贪污贿赂刑事案件适用法律若干问题的解释》第十七条的规定,应当以受贿罪和本条规定的犯罪数罪并罚。

第四百一十一条 【放纵走私罪】海关工作人员徇私舞弊,放纵走私,情节严重的,处五年以下有期徒刑或者拘役;情节特别严重的,处五年以上有期徒刑。

【释解与适用】

本条是关于放纵走私罪及其刑罚的规定。

根据本条规定,构成本罪的主体为海关工作人员。这里的"海关工作人员",是指在我国海关机构中从事公务的人员。"海关机构"主要是指国务院设立的海关总署以及在对外开放的口岸和海关监管业务集中的地点,设立的依法独立行使职权的海关机构。我国目前主要在以下地点设立海关机构:(1) 开放对外贸易的港口;(2) 边境火车站、汽车站和主要国际联运火车站;(3) 边境地区的陆路和江河上准许货物和人员进出的地点;(4) 国际航空站;(5) 国际邮件互换局(站);(6) 其他对外开放口岸和海关监管业务比较集中的地点;(7) 国务院特许或者其他需要设立海关的地点。海关机构按层级分为海关总署;直接由海关总署领导,负责管理一定区域范围内的海关业务的直属海关;由直属海关领导,负责办理具体海关业务的隶属海关。海关总署、直属海关和隶属海关的工作人员,都属于本条规定的"海关工作人员"。

在海关机构中从事公务的工作人员,如果实施了徇私舞弊、放纵走私,情节严重的行为即构成本罪。"徇私舞弊、放纵走私",是指海关工作人员为袒护亲友或其他私情私利,违反法律,对明知是走私行为而予以放纵,使之不受查究的行为。既包括明知是走私货物而私自放行,也包括应当没收走私货物、物品、违法所得而不予没收,应当予以罚款的不予罚款;既包括放纵走私犯罪分子,也包括放纵不构成犯罪的走私行为人。

"情节"是否"严重"是区分罪与非罪的界限,"情节严重",是指多次实施徇私舞弊,放纵走私的行为或者由于徇私舞弊,放纵走私的行为,致使公共财产、国家和人民的利益遭受重大损失的情形。根据《最高人民检察院关于渎职侵权犯罪案件立案标准的规定》第一部分第二十三条的规定,放纵走私,涉嫌下列情形之一的,应予立案:(1)放纵走私犯罪的;(2)因放纵走私致使国家应收税额损失累计达十万元以上的;(3)放纵走私行为三起次以上的;(4)放纵走私行为,具有索取或者收受贿赂情节的;(5)其他情节严重的情形。

根据本条规定,海关工作人员犯本罪的,处五年以下有期徒刑或者拘役;情节特别严重的,处五年以上有期徒刑。

【适用中需要注意的问题】

1. 根据《最高人民法院、最高人民检察院、海关总署关于办理走私刑事案件适用法律若干问题的意见》第十六条的规定,放纵走私行为,一般是消极的不作为。如果海关工作人员与走私分子通谋,在放纵走私过程中以积极的行为配合走私分子逃避海关监管或者在放纵走私之后分得赃款的,应以共同走私犯罪追究刑事责任。

2. 海关工作人员收受贿赂又放纵走私的,根据《最高人民法院、最高人民检察院、海关总署关于办理走私刑事案件适用法律若干问题的意见》第十六条和《最高人民法院、最高人民检察院关于办理贪污贿赂刑事案件适用法律若干问题的解释》第十七条的规定,应当以受贿罪和本条规定的放纵走私罪数罪并罚。

3. 海关工作人员在工作中严重不负责任,疏于职守,造成发生走私违法犯罪,但没有徇私舞弊,放纵走私情节的,不构成本条规定的犯罪。构成刑法第三百九十七条规定的玩忽职守罪的,按照该条规定追究其刑事责任。

第四百一十二条 【商检徇私舞弊罪】国家商检部门、商检机构的工作人员徇私舞弊,伪造检验结果的,处五年以下有期徒刑或者拘役;造成严重后果的,处五年以上十年以下有期徒刑。

【商检失职罪】前款所列人员严重不负责任,对应当检验的物品不检验,或者延误检验出证、错误出证,致使国家利益遭受重大损失的,处三年以下有期徒刑或者拘役。

【释解与适用】

本条是关于商检徇私舞弊罪、商检失职罪及其刑罚的规定。

本条共分两款。第一款是关于国家商检部门、商检机构的工作人员徇私舞弊,伪造检验结果的犯罪及其处罚的规定。根据本款规定,构成本罪的主体为国家商检部门、商检机构的工作人员。"国家商检部门、商检机构的工作人员",是指在国务院设立的进出口商品检验部门中,从事进出口商品检验工作的人员以及在国家商检部门设在各地的进出口商品检验机构中管理所辖地区的进出口商品检验工作的人员。2018年以前,我国的进出口商品检验工作是由质检部门负责的,根据2018年3月第十三届全国人民代表大会第一次会议批准的国务院机构改革方案,将国家质量监督检验检疫总局的出入境检验检疫管理职责和队伍划入海关总署。2022年《进出口商品检验法实施条例》第二条规定,海关总署主管全国进出口商品检验工作。海关总署设在省、自治区、直辖市以及进出口商品的口岸、集散地的出入境检验检疫机构及其分支机构,管理所负责地区的进出口商品检验工作。目前,负责进出口商品检验的是海关部门。

根据本款规定,商检工作人员如果在工作中为徇亲友私情或者牟取其他私利,实施了对报检的进出口商品伪造与事实不符的检验结果的行为,即构成本罪。"伪造检验结果",是指对明知是不合格的商品故意出具检验合格证明;对明知是合格的商品故意出具不合格的检验证明;或者实际上未对商品进行检验,即出具合格或者不合格的检验证明。《最高人民检察院关于渎职侵权犯罪案件立案标准的规定》第一部分第二十四条,对商检徇私舞弊罪的具体立案标准作了规定。

根据本款的规定,对构成本款规定之罪的行为人,处五年以下有期徒刑或者拘役;造成严重后果的,处五年以上十年以下有期徒刑。"造成严重后果",是指因伪造检验结果,致使不合格或残损短缺的进出口商品进出口,造成国家利益遭受严重损失或致使外方向我方索赔,造成严重损失的情形。

第二款是关于商检工作人员由于严重不负责任,对应当检验的物品不检验,或者延误检验出证、错误出证,致使国家利益遭受重大损失的犯罪及其处罚的规定。

这里规定的"严重不负责任",是指不履行或者不认真履行应尽职责,情节恶劣的情形。"应当检验的物品",是指列入国家商检部门根据对外贸易发展的需要,制定、调整并公布的必须实施检验的进出口商品目录的进出口商品和其他法律、行政法律规定须经商检机构检验的进出口商品。"延误检验出证",是指国家商检部门、商检机构的工作人员由于严重不负责任,在法定的商检出证的期限内没有检验完毕。"错误出证",是指国家商检部门、商检机构的工作人员由于严重不负责任,出具了与被检验商品的客观情况不相符合的检验证明文件。

本款区别于第一款规定的犯罪,主要在于构成本款之罪的行为人主观方面主要是过失,而第一款是故意,所以本款规定,必须是"致使国家利益遭受重大损失"的才构成犯罪。《最高人民检察院关于渎职侵权犯罪案件立案标准的规定》第一部分第二十五条,对商检失职罪的具体立案标准作了规定。

由于主观恶性的不同,本款规定的处刑也低于第一款,即构成本款规定之罪的,对行为人处三年以下有期徒刑或者拘役。

【适用中需要注意的问题】

商检人员收受贿赂,又实施本条第一款规定的犯罪如何处理。商检人员受人请托,收受贿赂后实施商检徇私舞弊的行为的,根据《最高人民法院、最高人民检察院关于办理贪污贿赂刑事案件适用法律若干问题的解释》第十七条的规定,应当以受贿罪和本条第一款规定的商检徇私舞弊罪数罪并罚。

第四百一十三条 【动植物检疫徇私舞弊罪】动植物检疫机关的检疫人员徇私舞弊,伪造检疫结果的,处五年以下有期徒刑或者拘役;造成严重后果的,处五年以上十年以下有期徒刑。

【动植物检疫失职罪】前款所列人员严重不负责任,对应当检疫的检疫物不检疫,或者延误检疫出证、错误出证,致使国家利益遭受重大损失的,处三年以下有期徒刑或者拘役。

【释解与适用】

本条是关于动植物检疫徇私舞弊罪、动植物检疫失职罪及其刑罚的规定。

本条共分两款。第一款是关于动植物检疫徇私舞弊罪及其处罚的规定。动植物检疫徇私舞弊罪，是指动植物检疫机关的检疫人员，为徇私情，伪造检疫结果的犯罪。本款的犯罪主体为动植物检疫机关的检疫人员。"动植物检疫机关的检疫人员"，是指在国务院设立的动植物检疫机关中，从事进出境动植物检疫工作的人员以及国家动植物检疫机关在对外开放的口岸和进出境动植物检疫业务集中的地点设立的口岸动植物检疫机关中，具体实施进出境动植物检疫工作的人员。改革开放以来，我国的进出境动植物检疫体制经历了多次改革。2018年以前，我国的进出境动植物检疫工作是由质检部门负责的，根据2018年3月第十三届全国人民代表大会第一次会议批准的国务院机构改革方案，将国家质量监督检验检疫总局的出入境检验检疫管理职责和队伍划入海关总署。目前，负责进出境动植物检疫的是海关部门。

根据本款规定，动植物检疫人员如果在工作中徇私舞弊，对报检的动植物、动植物产品和其他检疫物，实施了伪造与事实不符的检疫结果的行为，即构成本罪。"伪造检疫结果"，是指明知进出境的动植物、动植物制品和其他检疫对象不合格，仍弄虚作假出具、签发检疫合格的单证；明知进出境的动植物、动植物制品和其他检疫对象检疫合格，仍出具、签发检疫不合格的单证；或者实际上未对检疫物进行检疫，即出具合格或者不合格的单证。《最高人民检察院关于渎职侵权犯罪案件立案标准的规定》第一部分第二十六条，对动植物检疫徇私舞弊罪的具体立案标准作了规定。

根据本款规定，对构成本款之罪的行为人，处五年以下有期徒刑或者拘役；造成严重后果的，处五年以上十年以下有期徒刑。"造成严重后果"，是指因伪造检疫结果的行为，致使带有传染病、寄生虫病和植物危险性病、虫害传入、传出国境，造成重大疫情或者遭受重大损失的情形。

第二款是关于动植物检疫失职罪及其处罚的规定。本款中所称的"应当检疫的检疫物"，是指国家动植物检疫机关职权范围内应当检疫的物品，主要包括：进出境的动物、动物产品、植物种子、种苗及其他繁殖材料、装载动植物、动植物制品和其他检疫物的装载容器、包装物，以及来自动植物疫区的运输工具等。"延误检疫出证"，是指对报检的动植物、动植物产品或其他检疫物没有在规定的时间内签发检疫单证，耽误了检疫结论的出示；"错误出证"，是指出具的检疫单证与被检疫物品的客观情况不相符合,将不合格的检疫物检疫为合格,或将合格的检疫物检疫为不合格。

本款区别于第一款规定的犯罪主要在于构成本款之罪的行为人主观上主要是过失,而第一款是故意,所以构成本款之罪还必须是致使国家利益遭受重大损失的。《最高人民检察院关于渎职侵权犯罪案件立案标准的规定》第一部分第二十七条,对动植物检疫失职罪的具体立案标准作了规定。

根据主观恶性的不同,本款规定的处刑要轻于第一款,即构成本款之罪的,处三年以下有期徒刑或者拘役。

【适用中需要注意的问题】

动植物检疫人员收受贿赂,又实施本条第一款规定的犯罪如何处理。动植物检疫人员受人请托,收受贿赂后实施动植物检疫徇私舞弊的行为的,根据《最高人民法院、最高人民检察院关于办理贪污贿赂刑事案件适用法律若干问题的解释》第十七条的规定,应当以受贿罪和本条第一款规定的动植物检疫徇私舞弊罪数罪并罚。

第四百一十四条 **【放纵制售伪劣商品犯罪行为罪】**对生产、销售伪劣商品犯罪行为负有追究责任的国家机关工作人员,徇私舞弊,不履行法律规定的追究职责,情节严重的,处五年以下有期徒刑或者拘役。

【释解与适用】

本条是关于放纵制售伪劣商品犯罪行为罪及其刑罚的规定。

本条规定的"负有追究责任的国家机关工作人员",是指负有查禁生产、销售伪劣商品职责的国家机关工作人员,如市场监督管理人员、司法工作人员等。2018年以前,我国的产品质量监督工作主要是由质检部门负责的。根据2018年3月第十三届全国人民代表大会第一次会议批准的国务院机构改革方案,将国家工商行政管理总局的职责,国家质量监督检验检疫总局的职责,国家食品药品监督管理总局的职责,国家发展和改革委员会的价格监督检查与反垄断执法职责,商务部的经营者集中反垄断执法以及国务院反垄断委员会办公室等职责整合,组建国家市场监督管理总局,作为国务院直属机构。2018年12月全国人大常委会修正后的产品质量法

第八条第一款中规定，国务院市场监督管理部门主管全国产品质量监督工作。目前，负责产品质量监督的主要是市场监督管理部门。

构成本罪的主观方面必须是故意，因工作失误或粗心大意没有检查出伪劣商品，不能适用本条。根据本条规定，构成本罪必须具备实施了对有生产、销售伪劣商品犯罪行为的公司、企业、事业单位或者个人，为徇私情而故意不履行法律规定的追究职责的行为。"不履行法律规定的追究职责"，是指有法律赋予的应当对生产、销售伪劣商品犯罪行为的公司、企业、事业单位或者个人进行追究和处罚的职责不予履行。根据本条规定，行为人只有具备"情节严重的"，才能构成犯罪。根据2001年4月《最高人民法院、最高人民检察院关于办理生产、销售伪劣商品刑事案件具体应用法律若干问题的解释》第八条的规定，"情节严重"，是指放纵生产、销售假药或有毒、有害食品犯罪行为的；放纵依法可能判处二年有期徒刑以上刑罚的生产、销售伪劣商品犯罪行为的；对三个以上有生产、销售伪劣商品犯罪行为的单位或个人不履行追究职责的；致使国家和人民利益遭受重大损失或造成恶劣影响等情形。

根据本条规定，对犯本罪的行为人，处五年以下有期徒刑或者拘役。

【适用中需要注意的问题】

司法工作人员在侦查、检察、审判工作中放纵生产、销售伪劣商品犯罪行为，同时构成本条规定的犯罪和刑法第三百九十九条第一款规定的徇私枉法罪的，应当依照处罚较重的犯罪的规定追究刑事责任。

第四百一十五条 【办理偷越国（边）境人员出入境证件罪】【放行偷越国（边）境人员罪】负责办理护照、签证以及其他出入境证件的国家机关工作人员，对明知是企图偷越国（边）境的人员，予以办理出入境证件的，或者边防、海关等国家机关工作人员，对明知是偷越国（边）境的人员，予以放行的，处三年以下有期徒刑或者拘役；情节严重的，处三年以上七年以下有期徒刑。

【释解与适用】

本条是关于办理偷越国（边）境人员出入境证件罪、放行偷越国（边）境人员罪及其刑罚的规定。

构成本条规定之罪的主体为负责办理护照、签证以及其他出入境证件的国家机关工作人员和边防、海关等国家机关工作人员。其中，"护照"，是指一国主管机关发给本国公民出国履行公务、旅行或者在外居留，用以证明其国籍和身份的证件，分为外交护照、公务护照和普通护照。"签证"，是指一国国内或驻国外主管机关在外国或本国公民所持的护照或其他旅行证件上签证、盖印，表示准其出入本国国境或者过境的手续。"其他出入境证件"，是指除护照、签证以外的其他用于出境、入境和过境的证件，包括边防证、海员证、过境证等。负责办理上述证件的国家机关工作人员，主要是指在外交部或者外交部委托的地方外事部门、中华人民共和国驻外使馆、领馆和外交部委托的其他驻外机构，公安部出入境管理机构或者公安部授权的地方公安机关中从事办理护照、签证以及其他出入境证件工作的人员。"边防、海关等国家机关工作人员"，是指在边防、海关等机构中从事公务的国家机关工作人员。其中，本条所称"边防"即边防机构，是为保卫国家主权、领土完整和安全，防御侵犯和防止人员非法偷越国（边）境，在边境地区为采取防卫措施而设立的机构。根据 2018 年 3 月十三届全国人大一次会议批准的国务院机构改革方案，将公安部的出入境管理、边防检查职责整合，建立健全签证管理协调机制，组建国家移民管理局，加挂中华人民共和国出入境管理局牌子，由公安部管理。目前履行边防职责的是移民管理部门。"海关"，是指根据国家规定，对进出国境的货物、邮递物品、旅客行李、货币、金银、证券和运输工具等进行监督检查、征收关税及其他税费并执行查禁走私任务的国家行政管理机关。

根据本条规定，上述人员如果明知是企图偷越国（边）境的人员，而予以办理出入境证件或者予以放行，即构成犯罪。"偷越国（边）境"，是指非经有关主管机关批准，通过不正当手段出入或者穿越国（边）境的行为。"办理出入境证件"，是指有关主管机关依照出入境管理规定，经审查合格后，为申请出入境者提供可以放行的有效证件。"予以放行"，是指边防、海关等国家机关工作人员经查验申请出入境者的有关有效证件后，准许其出入、通过国（边）境的行为。根据本条规定，构成本条规定之罪的人员，主观上必须是故意，即明知是企图偷越国（边）境的人员而予以办理出入境证件或明知是采取持伪造、变造的护照，偷渡等手段偷越国（边）境的人员，而故意予以放行。如果行为人不是故意实施上述行为，只是由于疏忽大意或其他非主观原因，则不能构成本罪。

根据本条规定，对构成本条规定之罪的行为人，处三年以下有期徒刑或者拘役；情节严重的，处三年以上七年以下有期徒刑。这里"情节严重"，是指多次实施本条规定的犯罪行为，情节恶劣或者造成严重后果的情形。

【适用中需要注意的问题】

有关部门的工作人员收受贿赂，又实施本条规定的犯罪如何处理。有关部门的工作人员受人请托，收受贿赂后实施办理偷越国（边）境人员出入境证件或者放行偷越国（边）境人员的行为的，根据《最高人民法院、最高人民检察院关于办理贪污贿赂刑事案件适用法律若干问题的解释》第十七条的规定，应当以受贿罪和本条规定的办理偷越国（边）境人员出入境证件罪或者放行偷越国（边）境人员罪数罪并罚。

第四百一十六条 **【不解救被拐卖、绑架妇女、儿童罪】** 对被拐卖、绑架的妇女、儿童负有解救职责的国家机关工作人员，接到被拐卖、绑架的妇女、儿童及其家属的解救要求或者接到其他人的举报，而对被拐卖、绑架的妇女、儿童不进行解救，造成严重后果的，处五年以下有期徒刑或者拘役。

【阻碍解救被拐卖、绑架妇女、儿童罪】 负有解救职责的国家机关工作人员利用职务阻碍解救的，处二年以上七年以下有期徒刑；情节较轻的，处二年以下有期徒刑或者拘役。

【释解与适用】

本条是关于不解救被拐卖、绑架妇女、儿童罪和阻碍解救被拐卖、绑架妇女、儿童罪及其刑罚的规定。

本条共分两款。第一款是关于对被拐卖、绑架的妇女、儿童负有解救职责的国家机关工作人员接到被拐卖、绑架的妇女、儿童及其家属的解救要求或者接到其他人的举报，而对被拐卖、绑架的妇女、儿童不进行解救，造成严重后果的犯罪及其处罚的规定。

"负有解救职责的国家机关工作人员"，是指各级政府中主管打击拐卖、绑架妇女、儿童及解救被拐卖、绑架的妇女、儿童的工作人员，公安机关工作人员以及其他负有会同公安机关解救被拐卖、绑架的妇女、儿童职责的工作人员。"解救要求""举报",既可以是口头的,也可以是书面的。"不进行解救",是指对被害人及其家属或者其他人的解救要求和举报置之不理,不采取任何解救措施,或者推诿、推延解救工作。"严重后果",主要是指负有解救职责的国家机关工作人员对被拐卖、绑架的妇女、儿童不进行解救,因而造成被害人及其家属重伤、死亡或者引起其他恶性案件发生的情形。根据《最高人民检察院关于渎职侵权犯罪案件立案标准的规定》第一部分第三十一条的规定,不解救被拐卖、绑架妇女、儿童,涉嫌下列情形之一的,应予立案:(1)导致被拐卖、绑架的妇女、儿童或者其家属重伤、死亡或者精神失常的;(2)导致被拐卖、绑架的妇女、儿童被转移、隐匿、转卖,不能及时进行解救的;(3)对被拐卖、绑架的妇女、儿童不进行解救三人次以上的;(4)对被拐卖、绑架的妇女、儿童不进行解救,造成恶劣社会影响的;(5)其他造成严重后果的情形。

根据本款规定,对犯本款之罪的行为人,处五年以下有期徒刑或者拘役。

第二款是关于阻碍解救被拐卖、绑架的妇女、儿童犯罪的规定。本款规定的是负有解救职责的国家机关工作人员,利用职务阻碍解救被拐卖、绑架的妇女、儿童的犯罪。"利用职务阻碍解救",是指负有解救职责的国家机关工作人员,利用职务给解救工作设置障碍,或者利用自己的身份、权力,阻止和干扰解救工作的进行。这种行为严重地破坏了解救工作的正常进行,破坏了国家机关在人民群众心目中的形象,社会危害性较大。根据本款规定,具有"利用职务阻碍解救"行为的,无论是否造成严重后果,都构成犯罪,都要依法追究刑事责任。根据《最高人民检察院关于渎职侵权犯罪案件立案标准的规定》第一部分第三十二条的规定,阻碍解救被拐卖、绑架妇女、儿童,涉嫌下列情形之一的,应予立案:(1)利用职权,禁止、阻止或者妨碍有关部门、人员解救被拐卖、绑架的妇女、儿童的;(2)利用职务上的便利,向拐卖、绑架者或者收买者通风报信,妨碍解救工作正常进行的;(3)其他利用职务阻碍解救被拐卖、绑架的妇女、儿童应予追究刑事责任的情形。

根据本款规定,对犯本款之罪的行为人,处二年以上七年以下有期徒刑。对情节较轻的,处二年以下有期徒刑或者拘役。

【适用中需要注意的问题】

实践中适用本条规定应当注意本条第二款规定的阻碍解救被拐卖、绑架妇女、儿童罪与刑法第二百四十二条规定的阻碍国家机关工作人员解救被收买的妇女、儿童犯罪的区别。本条第二款和第二百四十二条规定的犯罪都存在阻碍解救被拐卖的妇女、儿童的行为,主要区别在于本条第二款规定的犯罪属于渎职罪,主体是负有解救职责的国家机关工作人员,行为人是利用职务阻碍解救。第二百四十二条规定的犯罪属于侵犯公民人身权利罪,主体是一般主体,阻碍解救的手段是暴力、威胁方法或者聚众。

第四百一十七条 【帮助犯罪分子逃避处罚罪】有查禁犯罪活动职责的国家机关工作人员,向犯罪分子通风报信、提供便利,帮助犯罪分子逃避处罚的,处三年以下有期徒刑或者拘役;情节严重的,处三年以上十年以下有期徒刑。

【释解与适用】

本条是关于帮助犯罪分子逃避处罚罪及其刑罚的规定。

本条规定中"有查禁犯罪活动职责的国家机关工作人员",是指对犯罪活动负有查禁职责的国家机关工作人员,主要是指有查禁犯罪活动职责的公安机关、国家安全机关、检察机关、审判机关中的工作人员。海关、税务、市场监管、生态环境等行政执法机关的人员,因为其负责查禁的行政违法行为情节严重的即可能构成犯罪,也可以成为本条规定的犯罪的主体。"通风报信",是指向犯罪分子有意泄露或者直接告知犯罪分子有关部门查禁活动的部署、措施、时间、地点等情况的行为;"提供便利",是指为犯罪分子提供隐藏处所、交通工具、通讯设备或其他便利条件,协助其逃避法律追究的行为。这里规定的通风报信、提供便利的行为是一种故意行为,即行为人在主观上必须具有使犯罪分子逃避处罚的目的,故意向犯罪分子通风报信、提供便利的,才能适用本条的规定。如果行为人是无意中泄露有关情况,或者是在不知情的情况下,为犯罪分子提供了便利,则不能适用本条的规定。

根据《最高人民检察院关于渎职侵权犯罪案件立案标准的规定》第一部分第三十三条的规定,有本条规定的行为,涉嫌下列情形之一的,应予立案：(1) 向犯罪分子泄漏有关部门查禁犯罪活动的部署、人员、措施、时间、地点等情况的；(2) 向犯罪分子提供钱物、交通工具、通讯设备、隐藏处所等便利条件的；(3) 向犯罪分子泄漏案情的；(4) 帮助、示意犯罪分子隐匿、毁灭、伪造证据，或者串供、翻供的；(5) 其他帮助犯罪分子逃避处罚应予追究刑事责任的情形。

为杜绝在查禁犯罪活动中国家机关工作人员徇私枉法的犯罪活动，本条规定，上述国家机关工作人员为犯罪分子通风报信、提供便利的，处三年以下有期徒刑或者拘役；情节严重的，处三年以上十年以下有期徒刑。"情节严重"，主要是指由于行为人通风报信、提供便利的行为，使众多的犯罪分子没有受到应有的处罚，或者使罪行较重的犯罪分子逃避刑事追诉，以及造成其他严重后果的等情形。

【适用中需要注意的问题】

1. 有查禁犯罪活动职责的国家机关工作人员，事前与犯罪分子通谋，向犯罪分子通风报信、提供便利，帮助犯罪分子逃避处罚的，应当以其帮助的犯罪分子所犯罪的共同犯罪论处。

2. 本条规定的犯罪与刑法第三百一十条规定的窝藏、包庇罪的区别。本条规定的犯罪属于渎职罪，主体是有查禁犯罪活动职责的国家机关工作人员，犯罪行为是利用职务便利帮助犯罪分子逃避处罚。窝藏、包庇罪属于妨害司法罪，主体是一般主体，犯罪行为主要是为犯罪分子提供隐藏处所、财物，帮助其逃匿或者作假证明包庇。

3. 本条规定的犯罪与刑法第三百九十九条第一款规定的徇私枉法罪的区别。本条规定的犯罪是帮助犯罪分子逃避处罚，即通过通风报信、提供便利，使犯罪分子不被追究刑事责任。徇私枉法罪的犯罪行为是对已经进入刑事诉讼程序的犯罪嫌疑人、被告人，明知其有罪而故意包庇不使其受追诉。

第四百一十八条 【招收公务员、学生徇私舞弊罪】国家机关工作人员在招收公务员、学生工作中徇私舞弊，情节严重的，处三年以下有期徒刑或者拘役。

【释解与适用】

本条是关于招收公务员、学生徇私舞弊罪及其刑罚的规定。

本条所称的"招收公务员、学生工作中徇私舞弊罪",是指负有招收公务员、学生工作职责的国家机关工作人员,在上述工作中,为徇私情,进行非法录用、徇私舞弊的犯罪。构成本罪的主体为具有招收公务员、学生工作职责的国家机关工作人员,包括国家机关中负有招收公务员工作职责的主管人员以及有关负责具体招收工作的组织人事部门的工作人员,教育部门中主管和负责招生工作的领导人员以及其他具体工作人员等。本条规定的"招收公务员"包括中央机关及其直属机构招收公务员,也包括地方各级机关招收公务员。本条规定的"招收学生",一般是指高等学校招生,也可以包括高中、中专等学校招生。根据公务员法、教育法以及国务院关于招生工作的有关规定,公务员、学生录用工作必须坚持公开、平等、择优录用的原则,特别是在录用公务员工作中,更应当严格审查、严格把关,按照国家规定的录用程序进行,任何徇私舞弊的行为,都应受到法律的惩处。本条规定的"徇私舞弊",是指在招收公务员、学生工作中,利用职权,弄虚作假,为亲友徇私情,将不合格或不应招收的人员予以招收、录用,或者将应当予以招收、录用的不予招收、录用。根据本条规定,构成本罪的,必须具备"情节严重"这一要件。这里的"情节严重",是指在招收公务员、学生工作中多次徇私舞弊、屡教不改的或者在群众中造成极坏影响,给所在部门的声誉带来严重损害的等情形。根据《最高人民检察院关于渎职侵权犯罪案件立案标准的规定》第一部分第三十四条的规定,招收公务员、学生徇私舞弊,涉嫌下列情形之一的,应予立案:(1)徇私舞弊,利用职务便利,伪造、变造人事、户口档案、考试成绩或者其他影响招收工作的有关资料,或者明知是伪造、变造的上述材料而予以认可的;(2)徇私舞弊,利用职务便利,帮助五名以上考生作弊的;(3)徇私舞弊招收不合格的公务员、学生三人次以上的;(4)因徇私舞弊招收不合格的公务员、学生,导致被排挤的合格人员或者其近亲属自杀、自残造成重伤、死亡,或者精神失常的;(5)因徇私舞弊招收公务员、学生,导致该项招收工作重新进行的;(6)其他情节严重的情形。

根据本条规定,对犯本条之罪的行为人,处三年以下有期徒刑或者拘役。

【适用中需要注意的问题】

实践中适用本条规定应当注意本条规定的犯罪与冒名顶替犯罪的关

系。刑法修正案（十一）增加了盗用、冒用他人身份，顶替他人取得的高等学历教育入学资格、公务员录用资格、就业安置待遇的犯罪。负责招收公务员、学生的国家工作人员与冒名顶替他人的人员相勾结，利用职权为其冒名顶替行为提供帮助和便利的，可能同时构成本条规定的招收公务员、学生徇私舞弊罪和冒名顶替犯罪。对于这种情形，根据刑法修正案（十一）增加的第二百八十条之二第三款的规定，应当依照数罪并罚的规定处罚。

第四百一十九条　【失职造成珍贵文物损毁、流失罪】国家机关工作人员严重不负责任，造成珍贵文物损毁或者流失，后果严重的，处三年以下有期徒刑或者拘役。

【释解与适用】

本条是关于失职造成珍贵文物损毁、流失罪及其刑罚的规定。

根据本条规定，国家机关工作人员因严重不负责任，造成珍贵文物损毁或者流失，后果严重的，即构成本罪。本条规定的犯罪的主体，是负有文物保护职责的国家机关工作人员，包括文物行政部门和其他部门的工作人员。"严重不负责任"，是指对自己经手管理、运输、使用的珍贵文物，不认真管理和保管，或者对可能造成珍贵文物损毁或者流失的隐患，不采取措施，情节恶劣的行为。根据文物保护法第二条、第三条的规定，本条规定的"文物"主要包括：具有历史、艺术、科学价值的古文化遗址、古墓葬、古建筑、石窟寺和石刻、壁画；与重大历史事件、革命运动或者著名人物有关的以及具有重要纪念意义、教育意义或者史料价值的近代现代重要史迹、实物、代表性建筑；历史上各时代珍贵的艺术品、工艺美术品；历史上各时代重要的文献资料以及具有历史、艺术、科学价值的手稿和图书资料等；反映历史上各时代、各民族社会制度、社会生产、社会生活的代表性实物。珍贵文物是指在中华人民共和国境内，具有重要历史、艺术、科学价值的文物，珍贵文物分为一级文物、二级文物、三级文物。另外，根据《全国人民代表大会常务委员会关于〈中华人民共和国刑法〉有关文物的规定适用于具有科学价值的古脊椎动物化石、古人类化石的解释》的规定，刑法有关文物的规定，适用于具有科学价值的古脊椎动物化石、古人类化石。因此，本条规定也适用于国家机关工作人员严重不负责任，造成具有科学价值的古脊椎动物化石和古人类化石损毁或者流失，后果严重的犯罪行为。本条所称"损毁"，是指在考古发掘或者管理、保护过程中，造成珍贵文物破坏、损坏，或者毁灭，无法恢复原貌的行为；"流失"，是指造成珍贵文物丢失、流传到国外等情形。

根据本条规定，构成本条规定的犯罪应当具备"后果严重"这一要件，如果只是造成文物很小的破损，或者失而复得没有造成大的损坏，则不能按照本罪处理。《最高人民法院、最高人民检察院关于办理妨害文物管理等刑事案件适用法律若干问题的解释》第十条规定，国家机关工作人员严重不负责任，造成珍贵文物损毁或者流失，具有下列情形之一的，应当认定为"后果严重"：（1）导致二级以上文物或者五件以上三级文物损毁或者流失的；（2）导致全国重点文物保护单位、省级文物保护单位的本体严重损毁或者灭失的；（3）其他后果严重的情形。

根据本条规定，构成本条规定之罪的，处三年以下有期徒刑或者拘役。

【适用中需要注意的问题】

实践中适用本条规定应当注意本条规定的犯罪与刑法第三百二十四条第三款规定的过失损毁文物罪的区别。本条规定的犯罪与过失损毁文物罪都可能有因过失造成文物损毁的行为，主要区别在于本条规定的犯罪是渎职罪，主体是负有文物保护职责的国家机关工作人员，其过失行为发生在履行职责过程中。过失损毁文物罪属于妨害文物管理罪，主体是一般主体，其过失行为与国家工作人员履行文物保护职责无关。

第十章 军人违反职责罪

第四百二十条 【军人违反职责罪的概念】军人违反职责，危害国家军事利益，依照法律应当受刑罚处罚的行为，是军人违反职责罪。

【释理解与适用】

本条是关于军人违反职责罪概念的规定。

根据本条规定，构成军人违反职责罪应当具备以下条件。

1. 构成军人违反职责罪的主体主要是军人。根据刑法第四百五十条的规定，军人违反职责罪适用于中国人民解放军的现役军官、文职干部、士兵及具有军籍的学员和中国人民武装警察部队的现役警官、文职干部、士兵及具有军籍的学员以及文职人员、执行军事任务的预备役人员和其他人员。

2. 行为人实施了违反军人职责的行为。这里规定的"军人职责"，是指我国宪法、法律、行政法规以及各种军事法规、规章中规定的军人职责。2013年2月26日最高人民检察院、解放军总政治部印发的《军人违反职责罪案件立案标准的规定》第三十四条明确规定，本规定中的"违反职责"，是指违反国家法律、法规，军事法规，军事规章所规定的军人职责，包括军人的共同职责，士兵、军官和首长的一般职责，各类主管人员和其他从事专门工作的军人的专业职责等。例如，宪法明确规定，中华人民共和国武装力量的任务是巩固国防，抵抗侵略，保卫祖国，保卫人民的和平劳动，参加国家建设事业，努力为人民服务。兵役法规定，现役军人必须遵守宪法和法律，遵守军队的条令和条例，忠于职守，随时为保卫祖国而战斗。中国人民解放军的有关条例和各类专门军事法规、规章中对于军人的一般职责，各级指挥人员、主管人员、值班值勤人员及其他专门人员的具体职责等都作了明确的规定。这是所有军人都应当严格遵守和履行的。任何违反军人职责的行为，都要按照军纪处理，情节严重，构成军人违反职责罪的,要依法追究刑事责任。

3. 行为人违反军人职责的行为危害了国家军事利益。军人违反职责行为必须对国家的军事利益造成了危害,如果没有危害国家军事利益的,也不能构成军人违反职责罪。这里规定的"国家军事利益",主要是指国家在国防建设、武装力量建设以及军事行动等方面的利益。军人违反职责的犯罪对国家军事利益的危害可以表现在许多方面,如危害部队的作战行动,破坏武器装备、军事设施,泄露军事机密等。军人违反职责犯罪对国家军事利益的危害可能是直接的,如直接危害了作战行动,导致作战失败;也有可能是间接危害了国家的军事利益,如自伤身体,使军队战斗人员减少,从而削弱战斗力;在军事行动区残害、掠夺无辜居民,影响军民关系,破坏我军形象;等等。军人违反职责罪对国家军事利益的危害既包括对国家军事利益已经造成危害后果的情况,也包括可能危害国家军事利益的情况。

4. 依照法律应当受刑罚处罚的行为。军人违反职责危害国家军事利益的行为表现多样,其危害程度也各有不同。法律对于军人违反职责危害国家军事利益构成犯罪的行为作了具体规定,也规定了不同的标准,有的只要实施了规定的行为就构成犯罪,有的要求行为造成了一定的危害后果才构成犯罪。只有依照刑法或者其他法律的规定,应当受到刑罚处罚的行为,才能构成犯罪。这也是区分军人违反职责罪与一般的违反军队纪律行为的界限。

第四百二十一条 【战时违抗命令罪】战时违抗命令,对作战造成危害的,处三年以上十年以下有期徒刑;致使战斗、战役遭受重大损失的,处十年以上有期徒刑、无期徒刑或者死刑。

【释解与适用】

本条是关于战时违抗命令罪及其刑罚的规定。

构成本罪应当同时具备下列条件。

1. 行为人具有在战时违抗命令的行为。服从命令是军人的天职,军人只有服从命令,听从指挥,才能保证统一行动,保证战斗的胜利。尤其是在战时,违抗命令的行为,往往给作战造成危害。因而本条规定,在战时违抗命令是构成本罪的重要条件。这里规定的"战时",在刑法第四百五十一条有具体规定,即国家宣布进入战争状态、部队受领作战任务或者遭敌突然袭击时。部队执行戒严任务或者处置突发性暴力事件时,以战时论。2013年2月26日最高人民检察院、解放军总政治部印发的《军人违反职责罪案件立案标准的规定》第三十三条对"战时"也作了相应解释。在1982年《惩治军人违反职责罪暂行条例》(已废止)第十七条中,对于这一犯罪的时间要件,规定的是"在战斗中"。在1997年刑法修订研究过程中,考虑到军队及军事行动的特点,普遍感到将此罪限制在"在战斗中"这一时间条件内,限制过严,不利于惩治违抗命令的犯罪,故在将该罪纳入1997年刑法时,对于构成本罪的时间条件,最终没有规定为"在战斗中",而是修改为"战时"。这里规定的"违抗命令",是指故意违背上级的命令,不按照命令的具体要求,错误地执行或者拒不执行命令的行为。

2. 这种行为对作战造成了实际的危害。例如,由于行为人违抗命令的行为,扰乱了作战的部署,给敌人以可乘之机,造成战斗失利,影响了作战顺利进行或作战中重大任务的完成或者给部队造成了较大损失等情况。如果行为人违抗命令的行为没有对作战造成危害,则不能构成本罪,可以根据情况按照其他规定或者违反军纪处理。《惩治军人违反职责罪暂行条例》第十七条中规定的构成本罪要"对作战造成危害"。1997年修订刑法时,立法机关曾考虑删除原写法中"对作战造成危害"的规定,以降低定罪量刑的标准。最终考虑到如果删除这一要件,此罪就由原先的结果犯修改为行为犯,致使成立犯罪的门槛过低,与其严重的法定刑的设置不相适应,立法机关最终仍然保留了《惩治军人违反职责罪暂行条例》中关于该罪"对作战造成危害"的时间要件,由此形成了本条规定。

3. 行为人在主观上是故意。过失不能构成本罪,如果行为人主观上不是故意违抗,而是由于没有及时接到命令或者由于对命令发生误解而没有正确执行命令的,不能构成本罪。

4. 本条规定中"致使战斗、战役遭受重大损失",是指造成我军人员严重伤亡、物质严重损失,甚至整个战斗、战役失利等严重后果。

第四百二十二条 【隐瞒、谎报军情罪】【拒传、假传军令罪】故意隐瞒、谎报军情或者拒传、假传军令,对作战造成危害的,处三年以上十年以下有期徒刑;致使战斗、战役遭受重大损失的,处十年以上有期徒刑、无期徒刑或者死刑。

【释解与适用】

本条是关于隐瞒、谎报军情罪和拒传、假传军令罪及其刑罚的规定。构成本条规定的犯罪应当同时具备下列条件。

1. 行为人实施了故意隐瞒军情、故意谎报军情、拒传军令或者假传军令的行为。这里规定的"军情",是指与军事行动有关的我军、友军和敌军的情报,如敌军的位置和数量,敌军的作战动向,敌军火力点的分布情况等。"隐瞒军情",是指行为人对军情加以掩盖,应该向上级报告而不报告的行为。"谎报军情",是指行为人故意报告虚构的、不真实的军情。这里规定的"拒传军令",是指负有传递军令职责的军人,拒不传达军事命令、指示的行为,如拒不传达军队调动的命令等。"假传军令",是指故意传达篡改的军事命令或者故意传达内容虚假的编造的军事命令的行为,如假传进攻命令,编造撤换指挥人员命令。"军令",是指与部队军事活动有关的命令,包括口头的、书面的、利用网络信息等各种方式发布的命令。故意隐瞒、谎报军情或者拒传、假传军令的行为,都可能影响作战的正确决策,对军事行动和作战极为不利,其危害性很大。

2. 这种行为对作战造成了实际危害。这里规定的"对作战造成危害"与刑法第四百二十一条的"对作战造成危害"的含义是一致的。同时,行为人故意隐瞒、谎报军情或假传军令的行为,还可能造成决策上的失误,这也是对作战造成了危害的一种情形。

3. 行为人在主观上是故意。如果行为人没有故意隐瞒、谎报军情而是由于认识错误而错报了军情,或者不是故意拒传、假传军令而是误传了军令或是由于不可抗拒的原因无法传达军令的,不能构成本条之罪。

本条规定,故意隐瞒、谎报军情或者拒传、假传军令,对作战造成危害的,处三年以上十年以下有期徒刑;致使战斗、战役遭受重大损失的,处十年以上有期徒刑、无期徒刑或者死刑。这里规定的"致使战斗、战役遭受重大损失"的含义与第四百二十一条"致使战斗、战役遭受重大损失"的含义是一致的。

【适用中需要注意的问题】

需要注意的是,假传的军令既可以是无中生有凭空编造的,也可以是篡改真实的军令;既可以是行为人自己编造或者篡改的,也可以是行为人明知别人编造或者篡改后自己仍然予以传递的。

拒传军令和假传军令的行为结合在一起实施时，作为选择性罪名，不进行数罪并罚，只定一个拒传、假传军令罪。

第四百二十三条　【投降罪】在战场上贪生怕死，自动放下武器投降敌人的，处三年以上十年以下有期徒刑；情节严重的，处十年以上有期徒刑或者无期徒刑。

投降后为敌人效劳的，处十年以上有期徒刑、无期徒刑或者死刑。

【释解与适用】

本条是关于投降罪及其刑罚的规定。

本条共分两款。第一款是关于投降敌人的犯罪及其处罚的规定。构成本罪应当具备以下条件：

1. 具有在战场上自动放下武器投降敌人的行为。这里规定的"自动放下武器投降敌人"，是指在战场上因贪生怕死、畏惧战斗，能抵抗而放弃抵抗，自行放下武器投降敌人的行为。军人的职责是保卫国家和人民，在战场上为了履行自己的职责，应当英勇战斗，不怕牺牲。贪生怕死是可耻的，自动放下武器投降敌人，更是违背了军人的根本职责，其危害性极大，是国法和军纪所不容的。将这种行为规定为犯罪，对于加强战场纪律，教育军人认真履行职责，提高我军的战斗力是很有必要的。应注意的是，"投降"是向敌对一方表示屈服的行为。要将自动放下武器投降敌人与被俘区分开来。对不是由于贪生怕死放下武器投降的，不应当追究刑事责任。

2. 行为人在主观上是出于贪生怕死。如果行为人投降敌人是出于推翻人民民主专政的政权和社会主义制度的目的，则构成危害国家安全的犯罪。

本条第一款规定，对于在战场上贪生怕死，自动放下武器投降敌人的，处三年以上十年以下有期徒刑；情节严重的，处十年以上有期徒刑或者无期徒刑。这里所说的"情节严重"，主要是指率部队投降的、策动他人投降的以及胁迫他人投降的情况。

本条第二款是关于对投降敌人后为敌人效劳的，如何处罚的规定。"投降后为敌人效劳"的表现形式可能有许多种，如向敌人提供军事秘密，为敌人进行煽动，动摇我军战斗意志，甚至为敌人作战。投降后为敌人效劳，更是背叛祖国和人民的犯罪行为，其性质更为严重，因此，本条对此作了单独规定，并加重了处罚。本条第二款规定，对于投降后为敌人效劳的，处十年以上有期徒刑、无期徒刑或者死刑。

【适用中需要注意的问题】

在认定犯罪时要正确区分投降敌人和被敌俘虏的界限。被敌俘虏是指在战场上被敌人俘获，它和投降敌人是两种性质截然不同的行为。但如果不对战场上错综复杂的情况进行客观分析，也可能混淆了这两种行为。这两种行为的主要区别是：（1）行为人是主动还是被动。投降敌人虽然也是迫于敌人的武装压力，但在形式上是主动的，而被敌俘虏则完全是被迫的。（2）有无条件进行抵抗。投降敌人是有条件进行抵抗而不抵抗，自动放下武器，而被敌俘虏则是不具备使用武器进行抵抗的条件。如因弹药耗尽、武器毁损、严重伤病、极度疲惫等原因，无法使用武器进行抵抗而被敌抓获的；遭到敌人突然袭击，措手不及未能使用武器进行抵抗而被敌人抓获的；非武装人员无法摆脱敌人的追捕而被敌人抓获的等。这些都属于被敌俘虏，而不应认定为投降敌人。即使被俘虏后叛变，积极为敌人效劳的，也不应以投降罪论处，而应适用刑法第一百零八条所规定的投敌叛变罪定罪处罚。

投降行为是否完成，并不以敌人是否接受投降为准，只要行为人向敌人明确表达了投降的意思，就完成了投降的行为。

第四百二十四条 【战时临阵脱逃罪】战时临阵脱逃的，处三年以下有期徒刑；情节严重的，处三年以上十年以下有期徒刑；致使战斗、战役遭受重大损失的，处十年以上有期徒刑、无期徒刑或者死刑。

【释解与适用】

本条是关于战时临阵脱逃罪及其刑罚的规定。

构成本罪需要具备以下条件。

1. 必须具有临阵脱逃的行为。这里规定的"临阵脱逃"，是指在战场上或者在临战或战斗状态下，擅自脱离岗位逃避战斗的行为。军人的职责是保卫国家和人民的安全和利益，为了履行这一职责必须要坚守自己的岗位，尤其是在战斗中更是不能擅离职守，宁可牺牲自己，也要顾全大局。临阵脱逃的行为，主要是由于行为人畏惧战斗、贪生怕死而逃避战斗。不论是逃避一时还是完全逃离，都是违反了军人职责的，都有可能给军事行动造成重大的危害。尤其是现代战争，讲求各兵种、各部门的协同作战，行为人逃离任何一个岗位都可能给战斗和战役造成无法估量的损失。因而对于这种行为，必须追究刑事责任，予以必要的惩罚，以严肃纪律，保证军队的战斗力。

2. 这种脱逃行为必须发生在战时。这里所称的"战时"，在刑法第四百五十一条中有明确的规定，这里不再赘述。

3. 对面临的作战任务应作广义的理解。从作战任务的内容上看，既包括直接实施作战行动的任务，如进攻敌方阵地，坚守我方阵地，与敌机、敌舰交战，遭敌突然袭击被迫应战等；也包括保障作战行动的任务，如运输弹药，抢救伤员，抢修战损的武器装备等。

4. 刑罚上本条规定三档刑罚，对于在战时临阵脱逃的，处三年以下有期徒刑；情节严重的，处三年以上十年以下有期徒刑；致使战斗、战役遭受重大损失的，处十年以上有期徒刑、无期徒刑或者死刑。

对"情节严重"的理解，一般是指率部队临阵脱逃的，指挥人员或者负有重要职责的人员临阵脱逃的，策动他人临阵脱逃的，在关键时刻临阵脱逃的，造成较为严重的后果等情况。如果行为人临阵脱逃的行为给战斗、战役造成了重大的损失，如导致了重大的人员伤亡或者武器装备的重大损失，甚至导致整个战斗、战役的失败的，按照本条的规定处十年以上有期徒刑、无期徒刑或者死刑。

【适用中需要注意的问题】

如果指挥人员、值班、值勤人员在战时不是由于畏惧战斗临阵脱逃，而是由于其他原因擅自离开自己的岗位的，不构成本罪，而应按照刑法第四百二十五条关于擅离、玩忽军事职守罪的规定追究刑事责任。

第四百二十五条 【擅离、玩忽军事职守罪】指挥人员和值班、值勤人员擅离职守或者玩忽职守，造成严重后果的，处三年以下有期徒刑或者拘役；造成特别严重后果的，处三年以上七年以下有期徒刑。

战时犯前款罪的，处五年以上有期徒刑。

【释解与适用】

本条是关于擅离、玩忽军事职守罪及其刑罚的规定。

本条共分两款。第一款是关于指挥人员和值班、值勤人员擅离职守或者玩忽职守的犯罪的规定。构成本款规定之罪必须具备以下条件：

1. 主体必须是指挥人员和值班、值勤人员。本罪规定了特殊的主体，是考虑到这几类人员负有重要的和特殊的职责，他们擅离职守或者玩忽职守的行为，不仅违反了他们所负有的职责，而且往往造成严重的后果。"指挥人员"，是指对部队或部属负有组织、领导、管理职责的军人。专业主管人员在其业务管理范围内，也应属于指挥人员。对部队或者部属的作战、训练及其他各项工作和日常生活负有组织、领导、管理职责的军人，如班长、排长、连长、指导员，营长、教导员，团长、政委，舰长，飞行大队长等。这些人员与被其领导、管理的人员之间，都有行政上的隶属关系。这种隶属关系不仅限于军官和士兵之间的，而且也包括上级军官与下级军官之间的，甚至还包括士兵与士兵之间的。如部队中的班长虽然也是士兵，但他有权指挥本班的其他士兵，所以属于本罪的犯罪主体之一。军队中的专业主管人员虽然和其他军人没有行政隶属关系，不具有全部的指挥职责，但由于其主管某一方面的业务，具有特殊的职责和相应的管理职权，因而在其主管的业务范围内，具有一定的指挥职权，应视其为指挥人员。"值班人员"，是指军队各单位、各部门为保持指挥或者职责不间断而设立的，定期轮流负责处理本单位、本部门特定事务的人员。"值勤人员"，是指正在担任警卫、巡逻、观察、纠察、押运等勤务工作的人员。

2. 行为人必须实施了擅离职守或者玩忽职守的行为。这里规定的"擅离职守"，是指指挥人员或者值班、值勤人员未经批准，擅自离开自己正在履行职责的指挥岗位或者值班、值勤岗位。"玩忽职守"，是指指挥人员或者值班、值勤人员严重不负责任，不履行自己的职责或者不认真履行自己职责的行为。

3. 行为人擅离职守或者玩忽职守的行为必须造成了严重的后果。这里规定的"严重后果"，是指由于行为人擅离职守或者玩忽职守的行为，造成了重大的人员伤亡、物质损失或者严重影响军事行动等后果，如造成武器装备、军事设施、军事物资毁损、丢失、被盗；造成部队重大任务迟缓完成或不能完成等。这是区分罪与非罪的主要界限。

根据本款的规定，对于指挥人员和值班、值勤人员擅离职守或者玩忽职守，造成严重后果的，处三年以下有期徒刑或者拘役；造成特别严重后果的，处三年以上七年以下有期徒刑。原《惩治军人违反职责罪暂行条例》即规定了本罪，但法定刑为"处七年以下有期徒刑或者拘役"；战时"处五年以上有期徒刑"。1997年修订刑法时，为了便于操作，体现罪责刑相适应，将非战时犯本罪的法定刑分为两档。对战时犯本罪的，仍为"五年以上有期徒刑"，以体现战时从重的精神。

本条第二款是关于战时犯第一款罪，如何处罚的规定。刑法第四百五十一条对"战时"的含义有明确规定。指挥人员和值班、值勤人员在战时的擅离职守或者玩忽职守行为，其危害性要比平时大得多，因而根据罪刑相适应原则，本款也规定了较重的刑罚。根据本款规定，指挥人员和值班、值勤人员在战时擅离职守或者玩忽职守的，处五年以上有期徒刑。

【适用中需要注意的问题】

应当注意的是，指挥人员和值班、值勤人员战时擅离职守的犯罪与军人战时临阵脱逃的犯罪是不同的。前者的主体是特定的，即指挥人员和值班、值勤人员，后者的主体则是一般军人；前者的行为是擅离职守行为，后者的行为则是贪生怕死，畏惧战斗，临阵脱逃行为；前者要求造成了严重的后果，后者则不要求造成后果即可构成犯罪。如果指挥人员、值班、值勤人员在战时是由于畏惧战斗临阵脱逃，不构成本罪，而应按照刑法第四百二十四条关于战时临阵脱逃罪的规定追究刑事责任。

第四百二十六条　**【阻碍执行军事职务罪】**以暴力、威胁方法，阻碍指挥人员或者值班、值勤人员执行职务的，处五年以下有期徒刑或者拘役；情节严重的，处五年以上十年以下有期徒刑；情节特别严重的，处十年以上有期徒刑或者无期徒刑。战时从重处罚。

【释解与适用】

本条是关于阻碍执行军事职务罪及其刑罚的规定。

构成本条规定的犯罪应当具备以下条件。

1. 行为人实施了阻碍指挥人员或者值班、值勤人员执行职务的行为。本条中规定的"阻碍执行职务"，是指行为人故意以暴力或者威胁的方法阻挠、妨碍指挥人员、值班、值勤人员依法执行职务的行为。"执行职务"应是指挥、值班、执勤人员正在履行的特定职责。指挥人员和值班、值勤人员一般都负有重要、专门的职责，保证他们能正常执行职务，对于国防建设、国防安全都是非常重要的。阻碍指挥人员或者值班、值勤人员执行职务，不仅侵害了他们的人身权利，更重要的是使他们无法正常执行职务，对国家的国防利益和军事利益造成危害。

2. 必须是以暴力或者威胁的方法阻碍执行职务。这里规定的"暴力"，是指对指挥人员或者值班、值勤人员实施殴打、捆绑等严重人身侵害行为。这里规定的"威胁"，是指以将要对指挥人员或者值班、值勤人员的人身、财产等切身利益造成危害的方法，影响、迫使指挥人员、值班、值勤人员形成精神方面的强制，使其不能也不敢正常执行职务的行为。

根据本条的规定，对于以暴力、威胁方法阻碍指挥人员或者值班、值勤人员执行职务的，处五年以下有期徒刑或者拘役；情节严重的，处五年以上十年以下有期徒刑；情节特别严重的，处十年以上有期徒刑或者无期徒刑。这里规定的"情节严重"，是指使用武器阻碍指挥人员或者值班、值勤人员执行职务的，纠集多人阻碍执行职务的以及其阻碍执行职务的行为给军事利益造成重大损失的情况。这里规定的"情节特别严重"，是指阻碍执行职务造成军事利益重大损失的以及聚众使用武器暴力阻碍执行职务的情况。

本条规定对战时犯本罪的，从重处罚。在战时，阻碍指挥人员或者值班、值勤人员执行职务的行为其危害性比平时相对要大，对军事利益造成的危害也相对较大，必须从重处罚。

实践中，如有暴力阻碍执行军事职务，情节特别恶劣，确需判处死刑的，还可以根据案件情况，依照刑法故意杀人罪、故意伤害罪规定判处。

第四百二十七条 【指使部属违反职责罪】滥用职权，指使部属进行违反职责的活动，造成严重后果的，处五年以下有期徒刑或者拘役；情节特别严重的，处五年以上十年以下有期徒刑。

【释解与适用】

本条是关于指使部属违反职责罪及其刑罚的规定。
构成本条规定之罪应当具备下列条件。

1. 本罪的主体是特殊主体，一般是负有一定职责的部队的各级指挥人员。

2. 必须具有滥用职权，指使部属进行违反职责的活动的行为。这里规定的"滥用职权，指使部属进行违反职责的活动"，是指行为人不正当运用职权，超越职权，指使下级实施违反军人职责或者特定岗位职责的行为。部队的各级指挥人员，对于所属部队的作战、训练、行政管理、思想政治工作、后勤和技术保障工作等负有完全的责任。他们应当教育部属遵守国家的法律、行政法规，执行军队的条令、条例和各项规章制度，认真履行军人应尽的职责。部队的各级指挥人员具有相应的职权，其责任也是重大的，他们应当正确地履行自己的职权，任何滥用职权，指使部属进行违反职责的活动的行为，都会破坏部队的管理秩序，危害部队的团结统一和战斗力，必须给予处罚。

3. 滥用职权的行为必须造成了严重的后果。滥用职权的行为表现为不正当运用职权，指使部属进行各种违反职责的活动，其危害性和后果也是各不相同的，因而对其处罚也不一样。滥用职权的行为是否造成了严重的后果，是区分罪与非罪的重要标准。造成了严重后果的，应当依法追究刑事责任；没有造成严重后果的，应当按照军纪处理。这里规定的"严重后果"，是指造成了恶劣影响的，影响部队任务完成的以及造成人员伤亡或者重大物质损失的情况。

根据本条的规定，滥用职权，指使部属进行违反职责的活动，造成严重后果的，处五年以下有期徒刑或者拘役；情节特别严重的，处五年以上十年以下有期徒刑。这里规定的"情节特别严重"，是指滥用职权手段特别恶劣的，影响特别恶劣的，造成人员重大伤亡的以及严重妨害重要军事任务的完成的情况。

【适用中需要注意的问题】

实践中应正确处理指使部属违反职责罪与刑法第三百九十七条滥用职权罪的法条竞合问题。刑法对指使部属违反职责罪和第三百九十七条滥用职权罪的规定存在部分的法条竞合关系，即国家机关工作人员犯滥用职权罪的规定可以包括一部分指使部属违反职责罪。对这种情况，根据刑法理论对法条竞合问题的处理原则，即特别法优先于普通法、法律的特别规定优先于一般规定适用，当军队的各级首长和指挥人员滥用职权，指使部属进行违反职责的活动，造成严重后果时，应优先适用本章的规定，以指使部属违反职责罪论处。

第四百二十八条 【违令作战消极罪】指挥人员违抗命令，临阵畏缩，作战消极，造成严重后果的，处五年以下有期徒刑；致使战斗、战役遭受重大损失或者有其他特别严重情节的，处五年以上有期徒刑。

【释解与适用】

本条是关于违令作战消极罪及其刑罚的规定。

军人的天职是坚决服从命令，完成上级交给的作战任务，不得违抗命令，临阵畏缩，消极作战。对于严重违反有关军令和条令的行为，直接影响到部队的作战部署和战斗士气，甚至造成战斗、战役失利。

构成本条规定之罪应当具备下列条件。

1. 本条的主体是特殊主体，为军队的指挥人员。一般的作战人员不能构成作战消极的犯罪。

2. 行为人实施了违抗命令，临阵畏缩，作战消极的行为。这里规定的"临阵畏缩，作战消极"，是指指挥人员在作战中不尽全力，不求进取，畏惧害怕而消极避战、怠战的行为。这种行为必须是违背了上级的命令，如果指挥人员是遵照上级有关命令而没有采取积极的行动，不是作战消极。在作战中，勇敢战斗，不怕牺牲是压倒敌人，完成战斗目的的重要因素，各级指挥人员应当服从命令，英勇战斗，坚决完成任务。借口保存自己而不积极、不坚决消灭敌人，会贻误战机，影响作战的胜利。对这种行为必须给予处罚，情节严重的，要追究指挥人员的刑事责任。

3. 指挥人员消极作战的行为造成了严重后果。指挥人员消极作战的行为表现是多样的，有的表现为不积极进攻，有的表现为不坚决防御，有的表现为贻误战机等，其行为对作战的危害也不一样，对于造成了严重后果的，应当依法追究刑事责任。这里规定的"严重后果"，是指由于指挥人员消极作战的行为而造成贻误战机，没有完成作战任务的，以及妨害了协同作战的等情况。

根据本条的规定，对于违抗命令，临阵畏缩，作战消极，造成严重后果的指挥人员，处五年以下有期徒刑；致使战斗、战役遭受重大损失或者有其他特别严重情节的，处五年以上有期徒刑。这里规定的"致使战斗、战役遭受重大损失",是指由于指挥人员的消极作战行为而导致我军人员重大伤亡,武器装备等严重物质损失,甚至战斗、战役失利等情况。

【适用中需要注意的问题】

本罪与刑法第四百二十四条规定的临阵脱逃罪是不同的:第一,两罪的主体是不同的,本罪的主体只能是指挥人员,一般作战人员不能构成,而临阵脱逃罪的主体是军人;第二,两罪的行为是不同的,本罪是消极作战的行为,而临阵脱逃罪则是临阵逃离自己岗位的行为;第三,本罪要求作战消极的行为必须是造成了严重后果才能构成犯罪,而临阵脱逃罪则是只要行为人具有临阵脱逃的行为即可构成。

第四百二十九条 【拒不救援友邻部队罪】 在战场上明知友邻部队处境危急请求救援,能救援而不救援,致使友邻部队遭受重大损失的,对指挥人员,处五年以下有期徒刑。

【释解与适用】

本条是关于拒不救援友邻部队罪及其刑罚的规定。

人民军队的性质决定了所有部队和人员是一个统一的整体,各部队的利益在根本上是一致的,都是为了保卫国家领土和主权,在战场上都是为了消灭敌人,争取战斗的胜利。各部队在战场上必须团结、协作、相互配合、相互支援,争取胜利。不允许为了保存自己或者基于其他本位利益的考虑,明知友邻部队处境危急或者接到友邻部队的救援请求而见危不救。这不仅会使友邻部队遭受损失,而且会影响整个战斗、战役的全局,严重危害军事利益。我军纪律条令明确规定,见死不救的,给予军纪处分;情节严重,构成犯罪的,依法追究刑事责任。

1. 本条的主体是特殊主体,为在战场上对友邻部队见危不救的指挥人员。一般的作战人员不能构成拒不救援友邻部队罪的犯罪。

2. 行为人必须具有明知友邻部队处境危急请求救援,能救援而不救援的行为。这里规定的"处境危急",是指友邻部队受到敌人的围困、追击或者阵地将被攻陷等处于危难之中迫切需要救援的紧急情形。这里规定的"能救援而不救援",是指根据当时其所处的环境、作战能力和所担负的作战任务,有条件对处境危急的友邻部队进行救援而不予救援的行为。"友邻部队"是指由于驻地、配置地域或者执行任务而相邻的部队。既包括有隶属关系的部队，也包括没有隶属关系的部队。我军各部队的利益是一致的，都是为了保卫国家领土和主权，在战场上都是为了消灭敌人，争取战斗的胜利，因而在战场上必须团结协作，相互配合，相互支援。在战场上明知友邻部队处境危急或者接到友邻部队的救援请求，为了保存自己或者出于某种本单位的利益考虑，见危而不救援的，不但会给友邻部队造成重大的损失，而且会影响战斗、战役的胜利，严重危害军事利益，对这种见危不救的行为必须依法惩处。如果对于友邻部队处境危急不知情的，不能构成本罪。

3. 这一行为是发生在战场上。

4. 行为必须使友邻部队遭受了重大的损失。这里规定的"重大损失"，是指由于见危不救的行为，致使友邻部队遭受重大的人员伤亡、物质损失、阵地失陷、舰船被击沉、飞行器被击落、进攻严重受挫等情况。

第四百三十条 【军人叛逃罪】在履行公务期间，擅离岗位，叛逃境外或者在境外叛逃，危害国家军事利益的，处五年以下有期徒刑或者拘役；情节严重的，处五年以上有期徒刑。

驾驶航空器、舰船叛逃的，或者有其他特别严重情节的，处十年以上有期徒刑、无期徒刑或者死刑。

【释解与适用】

本条是关于军人叛逃罪及其刑罚的规定。

保卫祖国是军人的神圣职责，叛逃行为不仅违背了军人的职责，同时对国防安全和国家利益也造成了危害，因而对这种行为必须依法追究刑事责任。航空器、舰船是军人的重要武器装备，驾驶航空器、舰船叛逃，给国家的军事利益造成重大危害，因而对这种行为规定了比一般叛逃行为更为严厉的处罚。原《惩治军人违反职责罪暂行条例》规定了偷越国（边）境外逃犯罪，1997年修订刑法时，根据打击犯罪的需要，对本条作了规定。

本条共分两款。第一款是关于军人叛逃罪的规定。构成本罪应当具备下列条件。

1. 行为人必须具有叛逃境外或者在境外叛逃的行为。这里规定的"叛逃",是指以反对社会主义制度、危害祖国和人民利益为目的逃往境外的行为,既包括从境内逃往境外,也包括合法出境而在境外叛逃。叛逃有两种基本形式,一种是叛逃境外,即行为人原先在境内,现从境内叛逃到了境外。行为人出境的方法既包括通过合法手续出境,也包括采取偷渡等非法手段出境。叛逃至外国驻华使馆、领馆的,应以叛逃境外论。另一种是在境外叛逃,即行为人因履行公务出境后,擅自离队或者与派出单位和有关部门脱离关系,并滞留境外不归而叛逃。如果行为人是因私合法出境后,与派出单位和有关部门脱离关系,并滞留境外不归的,属于出走,不应认定在境外叛逃,但如其在境外有投敌叛变的行为,则可以投敌叛变罪论处。这里所称的"境外",是指在中华人民共和国国境、边境以外的国家和地区,包括外国驻华使、领馆。保卫社会主义祖国是军人神圣的职责,叛逃的行为不仅违背了军人的这一职责,同时对国防安全和国家的利益也造成了危害,因而对这种行为必须依法追究刑事责任。

2. 行为人的叛逃行为必须危害了国家的军事利益。这也是区分罪与非罪,本罪与其他犯罪的重要特征。如果行为人前往境外不归或者滞留境外不归,没有危害国家的军事利益,不能构成本罪。

3. 行为人的叛逃行为是发生在履行公务期间的。这也是区分罪与非罪的一个重要界限。如果行为人不是在履行公务期间叛逃的,不能构成本罪。

根据本条规定,对于叛逃境外或者在境外叛逃的,处五年以下有期徒刑或者拘役;情节严重的,处五年以上有期徒刑。这里规定的"情节严重",是指策动他人叛逃的,指挥人员或者负有重要职责的人员叛逃的,携带军事秘密叛逃的或者叛逃后公开发表叛国言论,申请政治避难或进行其他危害国防安全活动等情况。

本条第二款是关于驾驶航空器、舰船叛逃的,或者有其他特别严重情节的,如何处罚的规定。航空器、舰船是军队的重要武器装备,驾驶航空器、舰船叛逃的,往往给国家的军事利益造成重大的危害,对于这种行为必须予以严惩。因而本款对于这种行为规定了比一般叛逃行为更为严厉的处罚。本款规定,对于驾驶航空器、舰船叛逃的,或者有其他特别严重情节的,处十年以上有期徒刑、无期徒刑或者死刑。这里规定的"情节特别严重",是指胁迫他人叛逃的,携带重要武器装备叛逃的,携带大量或者重要的军事机密叛逃的以及叛逃后进行严重危害国家国防利益的活动等情况。

第四百三十一条 【非法获取军事秘密罪】以窃取、刺探、收买方法，非法获取军事秘密的，处五年以下有期徒刑；情节严重的，处五年以上十年以下有期徒刑；情节特别严重的，处十年以上有期徒刑。

【为境外窃取、刺探、收买、非法提供军事秘密罪】为境外的机构、组织、人员窃取、刺探、收买、非法提供军事秘密的，处五年以上十年以下有期徒刑；情节严重的，处十年以上有期徒刑、无期徒刑或者死刑。

【释解与适用】

本条是关于非法获取军事秘密罪和为境外窃取、刺探、收买、非法提供军事秘密罪及其刑罚的规定。

窃取、刺探、收买军事秘密，为境外机构、组织、人员窃取、刺探、收买、非法提供军事秘密的行为，严重危害国家国防安全和军事利益，应当予以严惩。刑法第二百八十二条规定了以窃取、刺探、收买方法非法获取国家秘密罪；第一百一十一条规定了为境外窃取、刺探、收买、非法提供国家秘密情报罪。军事秘密属于国家秘密，但考虑到军人身份特殊，军事秘密直接关系国家国防安全和军事利益，因此本条对军人实施上述行为的犯罪和处罚作了专门规定，并规定了更为严厉的刑罚，以体现军法从严、治军从严的精神。

刑法分则第七章、第十章，是1997年刑法修订时根据军队有关部门建议增设的专章。1979年刑法没有相关规定。为此，受时任全国人大常委会委员长彭真委托，军队有关部门起草了《惩治军人违反职责罪暂行条例》。启动刑法修改时，为准确打击危害国防利益和侵害军事利益犯罪行为，军队有关部门建议增设"危害国防利益罪"一章，与前述暂行条例一并纳入，单设"军人违反职责罪"一章，1997年刑法修改时，采纳了上述建议。

原《惩治军人违反职责罪暂行条例》第四条规定了为敌人或者外国人窃取、刺探军事机密罪，即"为敌人或者外国人窃取、刺探、提供军事机密的，处十年以上有期徒刑、无期徒刑或者死刑"。1997年刑法修订时为境外窃取、刺探、收买、非法提供军事秘密罪基本是延续了此规定，将为"敌人或者外国人"概括为"为境外"。原《惩治军人违反职责罪暂行条例》第四条第三款原规定了为敌人或者外国人窃取、刺探、提供军事机密罪，但从司法实践看，为台、港、澳人员窃取、刺探或者非法提供军事秘密的案件时有发生，这些人不属于外国人，如果他们没有敌特身份，也不能定为敌人，所以不能适用原条款定罪处罚；同时，用收买方法为敌人或者外国人获取军事秘密的，也不能适用原条款定罪处罚。考虑到《全国人民代表大会常务委员会关于惩治泄露国家秘密犯罪的补充规定》规定了为境外机构、组织和人员窃取、刺探、收买、非法提供国家秘密罪，所以1997年修订刑法时在原条文的基础上增加了"为境外的机构、组织、人员窃取、刺探、收买、非法提供军事秘密"的规定，以便扩大适用范围，加强对军事秘密的保护。

同时根据其他法律的相关规定，对于非境外的以窃取、刺探、收买方法非法获取军事秘密的行为作出规定。保守国家秘密法第十一条规定，国家秘密及其密级的具体范围，由国家保密行政管理部门分别会同外交、公安、国家安全和其他中央有关机关规定。军事方面的国家秘密及其密级的具体范围，由中央军事委员会规定。国家秘密及其密级的具体范围的规定，应当在有关范围内公布，并根据情况变化及时调整。第十六条规定，国家秘密的知悉范围，应当根据工作需要限定在最小范围。国家秘密的知悉范围能够限定到具体人员的，限定到具体人员；不能限定到具体人员的，限定到机关、单位，由机关、单位限定到具体人员。国家秘密的知悉范围以外的人员，因工作需要知悉国家秘密的，应当经过机关、单位负责人批准。第三十条规定，机关、单位对外交往与合作中需要提供国家秘密事项，或者任用、聘用的境外人员因工作需要知悉国家秘密的，应当报国务院有关主管部门或者省、自治区、直辖市人民政府有关主管部门批准，并与对方签订保密协议。

2020年12月26日，第十三届全国人民代表大会常务委员会第二十四次会议通过的刑法修正案（十一）对本条作了修改，主要是对为境外窃取、刺探、收买、非法提供军事秘密罪增加了一档"五年以上十年以下有期徒刑"的刑罚。有的部门提出，原刑法规定只有一个量刑档，且起刑为十年有期徒刑，实践中情况比较复杂，不同情形差异较大，如果都判处十年以上有期徒刑处罚较重。按照最高人民检察院、原解放军总政治部印发的《军人违反职责罪案件立案标准的规定》，凡涉嫌为境外窃取、刺探、收买、非法提供军事秘密的，应予立案。根据这一标准，只要有上述行为之一，哪怕只是一份军事秘密，在没有减轻情节的情况下，起刑就是十年，实践中非法出卖军事秘密的数量、密级和危害性差异较大，有的是仅出卖一两份参会名单、会议照片，有的则是出卖几十份机密级、秘密级军事秘密，都在一个量刑档次，罪责刑不相适应的问题较突出。据统计，2010年以来犯该罪的二分之一是战士，其中多数是十八岁左右的年轻战士，多为普通士兵，有的还是炊事员、驾驶员，接触军事秘密的机会很小，多因网络交友不慎，利诱下一时糊涂，这些人往往主观恶性不大，提供的秘密密级不高、数量较少，危害也不是特别严重，应当以教育挽救为主，处以重刑，难以取得较好的社会效果和法律效果。此外，1997年刑法制定时，网络信息不发达，电脑办公刚刚起步，即时通信尚未普及，手机还不能作为互联网移动终端使用，与境外人员勾连主要靠电话联系或面对面接头，窃取、传递秘密主要靠相机拍照、人力输送，极少数使用电子邮件传递，实施出卖秘密的犯罪有一定难度，也说明犯罪分子主观恶性大，犯罪意志相对坚决，判处重刑确有必要。而如今在信息化时代，传递、买卖秘密的行为实现更容易，往往一念之间误入歧途，主观恶性比以往较小，对此需要区别对待。立法上在体现军法从严、从重时，也要充分考虑宽严相济的刑事政策。

本条共分两款。本条规定的"军事秘密"，是指在一定时间内只限于一定范围的人员知悉，不能对外公开并直接关系到国防安全和军事利益的事项。例如，国防和战斗力量建设规划及其实施情况；军事部署，作战和其他重要军事行动的计划及其实施情况；战备演习、军事训练计划及其实施情况；军事情报及其来源，通信、电子对抗和其他特种技术的手段、能力，机要密码及有关资料；武装力量的组织编制，部队的任务、实力、素质、状态等基本情况；部队及特殊单位的番号；武器装备的研制、生产、配备情况和补充、维修能力，特种军事装备的战斗技术性能；军事学术、国防科学技术研究的重要项目、成果及其应用；军事物资的筹措、生产、供应和储备等情况。对于军事秘密的范围和等级，有关法律、法规中有具体的规定。

第一款是关于非法获取军事秘密的犯罪及其处罚的规定。根据本款的规定，只要行为人具有非法获取军事秘密的行为，不论是采取秘密窃取，还是刺探、收买方式获取军事秘密的，都可构成本罪。本款规定，对于以窃取、刺探、收买的方法非法获取军事秘密的，处五年以下有期徒刑；情节严重的，处五年以上十年以下有期徒刑；情节特别严重的，处十年以上有期徒刑。这里规定的"情节特别严重"，主要是指非法获取了大量的军事秘密的、非法获取了重要的军事秘密的、非法获取军事秘密的手段特别恶劣的等情况。

第二款是关于为境外的机构、组织、人员窃取、刺探、收买、非法提供军事秘密的犯罪及其处罚的规定。这里规定的"非法提供"，是指军事秘密的持有人，将自己知悉、管理、持有的军事秘密以各种方法，通过各种渠道将军事秘密提供给境外的机构、组织、个人的行为。军事秘密一旦为境外的机构、组织、个人所掌握，对国家的国防安全和军事利益都有很大的危害，因而本款对为境外机构、组织、人员窃取、刺探、收买、非法提供军事秘密的犯罪行为规定了比非法获取军事秘密更为严厉的刑罚。

窃取是指秘密获取，刺探是指暗中打听、观察、探知等，收买是指以财物交换，这是几种最常见的非法手段。其他一些非法手段，如骗取、敲诈等，从广义上看也属于窃取行为。本罪是单一罪名，所以不能以非法获取军事秘密的具体手段来定罪，如"窃取军事秘密罪""刺探军事秘密罪"和"收买军事秘密罪"。"非法获取"是这些具体手段的共同特征，即行为人没有知悉军事秘密的正当理由和合法依据，却采取积极的行为了解军事秘密的内容。

军事秘密是国家秘密中的重要组成部分。在当前西方敌对势力加紧对我进行颠覆、渗透活动，国际政治、经济、科技、军事竞争日趋激烈的形势下，境外势力每时每刻都企图获取我国军事秘密。加强对军事秘密的保护，严防军事秘密被境外的机构、组织、人员知悉，不仅是确保军事秘密安全的需要，而且事关国防安全。军事秘密一旦被境外的机构、组织、人员知悉，除了军事秘密的安全将直接受到威胁外，还将对国防安全造成严重危害。

保守国家秘密法第二十一条规定，国家秘密载体的制作、收发、传递、使用、复制、保存、维修和销毁，应当符合国家保密规定。绝密级国家秘密载体应当在符合国家保密标准的设施、设备中保存，并指定专人管理；未经原定密机关、单位或者上级机关批准，不得复印和摘抄；收发、传递和外出携带，应当指定人员负责，并采取必要的安全措施。因此，凡违反上述规定，事先未经依法批准而擅自将军事秘密提供给境外的机构、组织、人员的，均属非法提供。

【适用中需要注意的问题】

为境外窃取、刺探、收买、非法提供军事秘密罪在罪与非罪的界限上容易混淆的问题，是如何区分合法提供和非法提供。对此可从实体上和程序上两个方面来区别。从实体上看，合法提供是行为人履行职责的活动，而非法提供是行为人违背职责的行为。从程序上看，合法提供经过了严格的组织审批手续和法定程序，而非法提供完全是个人擅自所为。

第四百三十二条 【故意泄露军事秘密罪】【过失泄露军事秘密罪】违反保守国家秘密法规，故意或者过失泄露军事秘密，情节严重的，处五年以下有期徒刑或者拘役；情节特别严重的，处五年以上十年以下有期徒刑。

战时犯前款罪的，处五年以上十年以下有期徒刑；情节特别严重的，处十年以上有期徒刑或者无期徒刑。

【释解与适用】

本条是关于故意泄露军事秘密罪和过失泄露军事秘密罪及其刑罚的规定。

本条共分两款。第一款是关于故意泄露军事秘密罪和过失泄露军事秘密罪及其处罚的规定。构成本罪应当具备下列条件：

1. 行为人实施了泄露军事秘密的行为。泄露包括以口头或者书面等各种形式，使不应知悉的人知悉。这种行为可以表现为作为，即行为人通过口头告知或者书信提供等主动行为泄露；也可以表现为不作为，即行为人没有按照有关保守军事秘密的规定，采取必要的防范措施，以致泄露了军事秘密的行为。行为人泄露军事秘密包括故意泄露和过失泄露两种情况。

2. 行为人必须实施了违反保守国家秘密法律法规的行为。保守国家秘密，特别是国家军事秘密，关系到国防的安全、战斗的胜败和国家与人民的重大利益。除刑法和其他有关法律作了规定外，国家还颁布了一系列的保守国家军事秘密的法规，每个军人都应严格遵守这些规定，保守国家军事秘密。如果行为人的行为没有违反保守国家军事秘密法规的，当然不能构成本罪。

3. 行为人的泄密行为必须是"情节严重"的才能构成犯罪。这里规定的"情节严重",主要是指行为人泄露大量军事秘密的,泄露重要军事秘密的,泄露的军事秘密对国家军事利益造成重大危害的以及泄密手段极为恶劣的情况。

根据本款的规定,行为人必须同时具备以上条件,才构成泄露军事秘密罪和过失泄露军事秘密罪。对于违反保守国家秘密法规,故意或者过失泄露军事秘密,情节严重的,处五年以下有期徒刑或者拘役;情节特别严重的,处五年以上十年以下有期徒刑。

第二款是关于战时泄露军事秘密的犯罪和处罚的规定。战时泄露军事秘密,对于国家军事利益和国防安全具有严重的危害,因而本款对于战时犯有泄露军事秘密罪行的,规定了较重的刑罚。应当注意的是,战时构成泄露军事秘密罪,也要符合前款规定的条件。根据本款的规定,对于战时犯有泄露军事秘密罪的,处五年以上十年以下有期徒刑;情节特别严重的,处十年以上有期徒刑或者无期徒刑。这里规定的"情节特别严重",主要是指泄露了大量军事秘密的,泄露核心军事秘密以及造成战斗、战役遭受重大损失等严重后果的情况。

第四百三十三条　【战时造谣惑众罪】战时造谣惑众,动摇军心的,处三年以下有期徒刑;情节严重的,处三年以上十年以下有期徒刑;情节特别严重的,处十年以上有期徒刑或者无期徒刑。

【释解与适用】

本条是关于战时造谣惑众罪及其刑罚的规定。

构成本条规定的犯罪应当具备下列条件。

1. 行为人实施了造谣惑众、动摇军心的行为。这里规定的"造谣惑众",是指在战时,行为人捏造事实,制造谎言,并在部队中散布谣言以迷惑他人的行为。这里规定的"动摇军心",是指行为人通过造谣惑众,造成部队情绪恐慌、士气不振、军心涣散、思想不稳定的行为。散布谣言的方式,可以是在公开场合散布,也可以是在私下向多人传播,可以是口头散布,也可以通过文字、图像、计算机网络或其他途径散布。

2. 这种行为必须发生在战时。何时为"战时",刑法第四百五十一条已有规定。战时造谣惑众、动摇军心的行为,在客观上起着帮助敌人,削弱我军战斗力的作用,影响部队的作战,严重危害军事利益,必须依法惩处。

3. 行为人造谣惑众的行为足以动摇军心或者已造成军心动摇。对于在部队中发牢骚、讲怪话，甚至也散布了谎言，但没有动摇军心，也不足以动摇军心的，不能构成本罪，应当加以批评制止。

根据本条规定，战时造谣惑众，动摇军心的，处三年以下有期徒刑；情节严重的，处三年以上十年以下有期徒刑；情节特别严重的，处十年以上有期徒刑或者无期徒刑。这里规定的"情节严重"，主要是指谣言煽动性大，对作战或者军事行动造成危害的以及在紧急关头或者危急时刻造谣惑众的情况。这里规定的"情节特别严重"，主要是指造谣惑众造成部队军心涣散、部队怯战、厌战或者引起其他严重后果等情况。

【适用中需要注意的问题】

造谣惑众、动摇军心是指行为人自己编造虚假的情况，在部队中散布，煽动怯战、厌战或者恐怖情绪，蛊惑官兵，造成部队情绪恐慌，士气不振，军心涣散。如果是行为人将道听途说的内容不负责任地又向他人散布，不能认定为造谣。行为人所散布的内容必须是虚假的，而且是与作战有直接关系的，如夸大敌人的兵力和装备优势，虚构敌方的战绩和对我方不利的战况等。如果行为人所散布的内容确属实情，即使对我军不利，也不宜认定为造谣。

第四百三十四条 【战时自伤罪】战时自伤身体，逃避军事义务的，处三年以下有期徒刑；情节严重的，处三年以上七年以下有期徒刑。

【释解与适用】

本条是关于战时自伤罪及其刑罚的规定。

构成本条规定之罪应当具备下列条件。

1. 行为人具有故意自伤身体的行为。这里规定的"自伤"，是指行为人自己故意伤害身体或者授意他人伤害自己身体的行为。行为人对于自身的伤害必须具有直接的故意，如果行为人是在战斗中或者是在军事行动中，由于过失自伤身体的，不能构成犯罪。但如果行为人为逃避军事义务，有意加重已有的伤害，则应构成本罪。至于自伤的程度和后果，是利用枪击还是其他的方法造成自伤，造成的是重伤还是轻伤，不影响本罪的构成。自伤身体是指行为人自己有意识地伤害自己的身体，包括直接造成伤害和在已有的伤害基础上加重伤情。行为人人为造成的疾病虽然也对身体有一定的损害，但不属于本条所规定的自伤行为。对自伤的部位、方法和伤害的程度，应从广义上理解，不论是伤害哪一部位，是造成轻伤还是重伤，是利用枪击、刀砍还是其他方法，是行为人自己伤害自己的身体，还是利用他人的故意或者过失行为伤害自己的身体，均属于自伤身体的行为。但从司法实践看，行为人自伤身体，与正常的作战受伤往往存在一些不同的表现，比如，往往选择手足和四肢等非要害部位实施自伤，而且一般是持枪伤害，并谎称是枪支走火所致，所造成的伤害一般都不严重，不会危及生命安全。因此，判断行为人是否存在自伤行为，要综合各方面的情况和证据作出认定。

2. 行为人自伤身体是出于逃避军事义务的目的。这里规定的"军事义务"是一个广义的概念，包括军人根据职责所需要履行的各种军事义务，如巡逻任务，值班、值勤任务，作战任务等。军人自伤身体不是为了逃避军事义务，而是为了骗取某种荣誉或掩盖自己过失的，不能构成本罪。

3. 行为人自伤身体的行为必须是在战时。作为军人应当随时准备参战，履行保卫祖国的神圣职责，为了逃避军事义务在战时自伤身体的行为，是一种畏惧战斗、贪生怕死的可耻行为，不仅会影响部队的士气、削弱部队的战斗力，而且对于国家的军事利益也有危害。行为人不是在战时自伤身体的，不能构成本罪。何时为战时，刑法第四百五十一条已有详细规定。

行为人的行为必须同时具备以上条件的，才能构成本罪。根据本条的规定，对于战时自伤身体，逃避军事义务的，处三年以下有期徒刑；情节严重的，处三年以上七年以下有期徒刑。这里规定的"情节严重"，是指负有重要职责的人员战时自伤身体的，在紧要关头或危急时刻自伤身体的以及战时自伤身体对军事利益造成严重危害后果的情况。

第四百三十五条　【逃离部队罪】违反兵役法规，逃离部队，情节严重的，处三年以下有期徒刑或者拘役。

战时犯前款罪的，处三年以上七年以下有期徒刑。

【释解与适用】

本条是关于逃离部队罪及其刑罚的规定。

本条共分两款。第一款是关于逃离部队罪及其处罚的规定。根据本款规定,逃离部队罪是指军人违反兵役法规,逃离部队,情节严重的行为。构成本款规定之罪应当具备下列条件:

1. 行为人具有违反兵役法规,逃离部队的行为。这里规定的"违反兵役法规",是指行为人违反兵役法等法律、法规关于公民履行服兵役义务的规定。"逃离部队",是指行为人未经过批准,为了逃避履行兵役义务而擅自离开部队的行为。我国宪法规定,保卫祖国,抵抗侵略是中华人民共和国每一个公民的神圣职责。依法服兵役是公民的光荣义务。违反兵役法规,逃离部队,情节严重的,要依法追究刑事责任。应当注意的是,行为人主观上要具有逃避服兵役的目的,客观上要具有违反兵役法规,逃离部队的行为,才能构成本罪。如果行为人是由于迷失了方向脱离了部队,受伤掉队,或者因其他无法克服的原因而没有按期归队的,都不能认为是逃离部队,更不构成犯罪。

2. 行为人逃离部队的行为必须达到情节严重的程度。这也是区分罪与非罪的一个重要标准。这里规定的"情节严重",主要是指多次逃离部队、屡教不改的以及组织他人一同逃离部队的情况。实践中,对于行为人确系家庭有困难,或其他特殊原因,确需本人处理而擅自离开部队的,应当说服教育,可以给予必要的纪律处分,而不能一律按犯罪处理。

根据本款的规定,对于违反兵役法规,逃离部队,情节严重的,处三年以下有期徒刑或者拘役。

本条第二款是关于战时犯有逃离部队罪的处罚规定。战时逃离部队的行为相对于平时逃离部队的危害要大,因而本款规定了较之和平时期逃离部队犯罪更重的刑罚,即对于战时犯有逃离部队罪的,处三年以上七年以下有期徒刑。应当注意的是,战时逃离部队罪与战时临阵脱逃罪是不同的,战时临阵脱逃罪是行为人在战场上、战斗中或者是在临战状态下,由于畏惧战斗等原因逃离岗位的行为,不论其是否已逃离了部队,只要是为了逃避战斗而逃离了战场和岗位,就构成临阵脱逃罪,应当按照刑法第四百二十四条的规定定罪处罚。同时,还应注意区分逃离部队罪与军人叛逃罪。这两种犯罪都有离队不归的行为,其主要区别是:前者以逃避服兵役为目的，后者则是以背叛祖国为目的，危害国家军事利益。叛逃必定是逃离部队，因此，应根据重罪吸收轻罪的原则，以军人叛逃罪追究其刑事责任，不再数罪并罚。

第四百三十六条 【武器装备肇事罪】违反武器装备使用规定，情节严重，因而发生责任事故，致人重伤、死亡或者造成其他严重后果的，处三年以下有期徒刑或者拘役；后果特别严重的，处三年以上七年以下有期徒刑。

【释解与适用】

本条是关于武器装备肇事罪及其刑罚的规定。

构成本条规定之罪应当具备下列条件：

1. 必须具有违反武器装备使用规定的行为并且"情节严重"。这里规定的"武器装备"，主要是指部队用于实施和保障作战行动的武器、武器系统和军事技术器材的统称，如枪、炮、战车、飞机、通信系统。备用的武器装备的重要零件、部件，应视为武器装备。武器装备是军人保卫国家，消灭敌人的工具，军人要爱护武器装备，并严格按照武器装备的使用规定和操作规定执行。违反武器装备使用规定的行为，不仅有可能损害武器装备，也有可能造成其他严重的后果。这里规定的"情节严重"，是指违反武器装备使用规定的行为本身情节严重的，如严重违反了武器装备使用程序，或者在使用中严重不负责任。例如，行为人没有使用武器装备的任务，却违反规定擅自动用装备而发生事故；经常使用武器开玩笑，不听劝阻而发生事故的；故意违反武器装备使用规定的。

2. 违反武器装备使用规定的行为必须造成了责任事故，导致人员重伤、死亡或者其他严重后果。这里规定的"责任事故"，是指由于行为人违反武器装备使用规定而造成的事故，行为人在主观上是有责任的。如果是由于自然原因造成的事故，或者是由于武器装备本身存在的技术方面的原因而造成的事故，行为人在使用时没有过错的，不是责任事故，也不能追究行为人的刑事责任。这里规定的"其他严重后果"，是指由于行为人违反武器装备的使用规定而造成的，除致人重伤、死亡以外的其他严重后果，如造成了主要武器装备的毁损，造成了大量武器装备的毁损或者造成了火灾、爆炸、污染，危害了军事行动的情况。如果行为人违反武器装备使用规定的行为，没有造成严重后果，只是一般的责任事故，则不能构成本罪。

必须同时具备以上条件，才能构成本罪。根据本条规定，对于违反武器装备的使用规定，情节严重，因而发生责任事故，致人重伤、死亡或者造成其他严重后果的，处三年以下有期徒刑或者拘役；后果特别严重的，处三年以上七年以下有期徒刑。这里规定的"后果特别严重"，是指造成多人重伤、死亡的，造成了重大的火灾、核污染或者使公私财产遭受特别重大损失的以及严重危害军事行动或者军事研究的情况。

第四百三十七条 【擅自改变武器装备编配用途罪】违反武器装备管理规定，擅自改变武器装备的编配用途，造成严重后果的，处三年以下有期徒刑或者拘役；造成特别严重后果的，处三年以上七年以下有期徒刑。

【释解与适用】

本条是关于擅自改变武器装备编配用途罪及其刑罚的规定。

构成本条规定之罪应当具备下列条件。

1. 行为人必须具有违反武器装备管理规定，擅自改变武器装备编配用途的行为。这里规定的"武器装备管理规定"，是指有关法规中关于武器装备的性能、动用权限、使用范围、编配用途等规定。这里规定的"擅自改变武器装备的编配用途"，是指行为人违反武器装备的管理规定，未经批准而自行将编配的武器装备改作其他用途的行为。部队配备武器装备是为了保卫国家和人民的利益，各种武器装备都有其专门的编配用途，应当按照有关法规的规定，按照武器装备的编配用途，正确使用武器装备。擅自改变武器装备的编配用途，不仅会损坏武器装备，而且会造成武器装备管理失控，严重影响其正常使用，甚至造成其他严重后果，危害国家军事利益，如擅自将军用飞机、舰船用于商业活动的。对于造成严重后果的要依法追究刑事责任。如果行为人的行为没有违反武器装备的管理规定，或者是按照规定经过上级机关批准，将武器装备用于非军事用途的，如将飞机、舰船用于抢险救灾，不是擅自改变武器装备的编配用途，当然也不能追究刑事责任。

2. 行为人擅自改变武器装备编配用途的行为必须造成了严重后果。这里规定的"严重后果",是指行为人擅自改变武器装备的编配用途造成了主要武器装备的毁损,或者大量武器装备的毁损的,用来进行违法犯罪活动的,造成了人员伤亡或者公私财产重大损失的以及严重影响军事行动的情况。这种行为是否造成了严重的后果,是区分罪与非罪的重要标准。如果行为人擅自改变武器装备编配用途的行为没有造成严重后果的,不构成本罪,应当按照军纪处理。

构成本罪,必须同时具备上述条件。根据本条规定,对于违反武器装备管理规定,擅自改变武器装备的编配用途,造成严重后果的,处三年以下有期徒刑或者拘役;造成特别严重后果的,处三年以上七年以下有期徒刑。这里规定的"特别严重后果",是指造成大量主要武器损毁的以及造成多人伤亡后果的情况。

【适用中需要注意的问题】

擅自改变武器装备的编配用途,使用武器装备去实施其他犯罪的,如使用装备枪支杀人、动用舰艇、军用飞机走私等,如果没有造成上述严重后果的,一般应将其擅自改变武器装备编配用途的行为作为实施其他犯罪的一个情节从重处罚。但是在使用武器装备实施其他犯罪过程中,造成重要武器装备严重毁损,人员重伤死亡及其他严重责任事故的,或者影响部队完成重要任务等严重后果的,则应实行数罪并罚。

第四百三十八条 **【盗窃、抢夺武器装备、军用物资罪】** 盗窃、抢夺武器装备或者军用物资的,处五年以下有期徒刑或者拘役;情节严重的,处五年以上十年以下有期徒刑;情节特别严重的,处十年以上有期徒刑、无期徒刑或者死刑。

盗窃、抢夺枪支、弹药、爆炸物的,依照本法第一百二十七条的规定处罚。

【释解与适用】

本条是关于盗窃、抢夺武器装备、军用物资罪及其刑罚的规定。

本条共分两款。第一款是关于盗窃、抢夺武器装备、军用物资罪的处罚规定。构成本款规定的盗窃、抢夺武器装备、军用物资罪应当具备以下条件。

1. 行为人必须实施了秘密窃取或者抢夺武器装备或者军用物资的行为。这里规定的"武器装备"的概念与刑法第四百三十六条规定的概念基本是一致的，但由于本条第二款对盗窃、抢夺枪支、弹药、爆炸物的刑罚适用专门作了规定，因此本款的"武器装备"不包括"枪支、弹药、爆炸物"。这里规定的"军用物资"，根据2013年2月26日最高人民检察院、原解放军总政治部发布的《军人违反职责罪案件立案标准的规定》第三十八条的规定，"军用物资"，是除武器装备以外，专供武装力量使用的各种物资的统称。包括装备器材、军需物资、医疗物资、油料物资、营房物资等，如军用被服、粮秣、药品、油料、建筑材料。军人盗窃、抢夺武器装备或者军用物资的行为，违反了军人的职责，不仅侵犯了国家的财产权，更重要的是危害了国家的军事利益，因而对这种行为本条作了单独处罚规定，而没有按照一般盗窃、抢夺罪处罚。

2. 行为人具有非法占有的目的。不论行为人非法占有武器装备或者军用物资是出于经济原因，还是为了报复他人等其他原因，都不影响本罪的构成。

根据本款规定，盗窃、抢夺武器装备或者军用物资的，处五年以下有期徒刑或者拘役；情节严重的，处五年以上十年以下有期徒刑；情节特别严重的，处十年以上有期徒刑、无期徒刑或者死刑。这里规定的"情节严重"，是指盗窃、抢夺主要武器装备的，盗窃、抢夺大量武器装备或者军用物资的以及多次盗窃或者抢夺武器装备、军用物资的情况。这里规定的"情节特别严重"，是指盗窃、抢夺大量主要武器装备的；盗窃、抢夺武器装备或者军用物资，数量特别巨大的；战时盗窃、抢夺武器装备或者军用物资，严重危害军事利益的情况。

第二款是关于盗窃、抢夺枪支、弹药、爆炸物罪如何处罚的规定。枪支、弹药和军用爆炸物是实践中使用比较普遍的武器装备。在实际生活中，盗窃、抢夺枪支、弹药、爆炸物的情况时有发生，针对这种情况，刑法在危害公共安全罪一章第一百二十七条对这种犯罪作了规定，并规定了比较重的刑罚。本款明确规定，对于军人盗窃、抢夺枪支、弹药、爆炸物的，应当适用刑法第一百二十七条的规定处罚。

需要注意的是，司法实践中，还发生过盗窃、抢夺军马、军驼、军犬、军鸽的案件。鉴于这些军用动物是用于实施和保障作战行动的，其作用相当于武器装备，所以应视为武器装备。军用物资是指除武器装备以外，供武装部队使用和消费的被装、粮秣、油料、建材、药品、器材等物资。这些武器装备和军用物资可以是部队正在使用的，也可以是储存备用的，但不包括已确定退役报废的武器装备、军用物资，因为退役报废的武器装备、军用物资已不能形成部队的战斗力。正在生产过程中，尚未交付部队的产品和物资，不能视为部队的武器装备、军用物资。盗窃、抢夺武器装备、军用物资不受部队隶属关系的限制，即一个部队的人盗窃、抢夺另一个部队的武器装备、军用物资，现役军人盗窃、抢夺预备役部队的武器装备、军用物资，均属盗窃、抢夺部队的武器装备、军用物资。

【适用中需要注意的问题】

实践中如何确定武器装备和军用物资的界限，是一个经常遇到的问题，关系到准确地认定罪名。武器装备和军用物资的共同点在于都是供武装部队使用的，共同构成武装部队战斗力的物质基础。其区别主要在自然属性方面，如武器都是具有杀伤性的，除弹药以外，其他武器装备往往都可以复使用。武器装备一般都是具有特定功能的机械、器具、装置、设备等，操作武器装备往往需要掌握特定的技能等；而军用物资一般不具有杀伤性，多是消耗性的物品、材料和原料等。

在司法实践中，对军人携带配发给个人使用的武器装备逃离部队的，过去一般是作为逃离部队行为的一个严重情节，只定逃离部队罪。这样定罪忽略了军人携带武器装备特别是枪支、弹药、爆炸物逃离部队的严重危害性。配发给军人个人使用的武器装备，所有权属于部队，个人无权据为己有。军人携带配发给个人使用的武器装备逃离部队，不仅逃避服兵役，而且将部队的武器装备带走，侵害了部队对武器装备的所有权，是一种特殊方式的盗窃行为。从盗窃武器装备罪和逃离部队罪的法定刑看，前者可以判处死刑，后者平时最高只能判处三年有期徒刑，两者相差悬殊，对军人携带配发给个人使用的武器逃离部队的行为只定逃离部队罪，显然是重罪轻判。因此对军人携带配发给个人使用的武器装备逃离部队的，除了根据其逃离部队的情节决定是否构成逃离部队罪外，还应依照本条定盗窃武器装备罪。

第四百三十九条 【非法出卖、转让武器装备罪】非法出卖、转让军队武器装备的，处三年以上十年以下有期徒刑；出卖、转让大量武器装备或者有其他特别严重情节的，处十年以上有期徒刑、无期徒刑或者死刑。

【释解与适用】

本条是关于非法出卖、转让武器装备罪及其刑罚的规定。

根据本条规定，行为人只要具有非法出卖或者转让军队武器装备行为的，就构成本罪。这里规定的"非法出卖"，是指行为人未经有权机关的批准而擅自将武器装备卖给他人的行为。"非法转让"，是指行为人未经有权机关的批准而擅自将武器装备赠送他人或者以武器装备换取其他物品的行为。非法出卖、转让武器装备的行为，不仅违反了武器装备管理制度，而且会危害国家的军事利益和公共安全，其社会危害性很大，必须依法追究刑事责任。

根据本条规定，对于非法出卖、转让军队武器装备的，处三年以上十年以下有期徒刑；出卖、转让大量武器装备或者有其他特别严重情节的，处十年以上有期徒刑、无期徒刑或者死刑。这里规定的"情节特别严重"，是指非法出卖、转让武器装备进行犯罪活动的，非法出卖、转让给境外的机构、组织、人员的以及非法出卖、转让武器装备造成严重后果的情况。

【适用中需要注意的问题】

非法出卖、转让武器装备的行为人应当是合法管理或者使用这些武器装备的人员，如果行为人将盗窃或者抢夺的武器装备出卖、转让的，应当按照刑法第四百三十八条规定的盗窃、抢夺武器装备罪与非法买卖枪支、弹药、爆炸物罪数罪并罚。刑法第一百二十五条规定了非法买卖枪支、弹药、爆炸物的犯罪，如果是军人出卖部队武器装备的，应适用本条。

需要注意的是，根据有关武器装备管理法规的规定，部队的武器装备由于使用、储存年久，性能下降，型号技术落后，或者因其他原因不宜继续装备部队的，可以作退役或者报废处理。退役、报废的武器装备根据不同情况，分别作储备用、教学、训练、装备民兵、拆件留用、拨作非军事使用或作为废旧物资等处置。未经批准，严禁任何单位或者个人擅自馈赠、出售、交换武器装备。非法出卖、转让武器装备是指未经有关机关的批准，擅自将武器装备出售给他人、送给他人或者与他人交换其他物品。根据武器装备管理法规的规定，武器装备依其质量状况，分为新品、堪用品、待修品和废品四个等级。非法出卖、转让的武器装备应是部队在编的、正在使用的以及储存备用的武器装备，从武器装备的等级看，不包括已确定退役报废的武器装备，因为退役报废的武器装备已不能直接形成部队的战斗力。

第四百四十条　【遗弃武器装备罪】违抗命令，遗弃武器装备的，处五年以下有期徒刑或者拘役；遗弃重要或者大量武器装备的，或者有其他严重情节的，处五年以上有期徒刑。

【释解与适用】

本条是关于遗弃武器装备罪及其刑罚的规定。

构成本条规定之罪应当具备下列条件。

1. 行为人具有遗弃武器装备的行为。这里规定的"遗弃武器装备"，是指行为人故意抛弃武器装备的行为。武器装备是军人保卫国家和人民利益所必不可少的，必须加以妥善保管。随意遗弃武器装备，不仅会削弱我军的战斗力，而且可能被敌人所利用，严重危害军事利益。

2. 行为人的遗弃行为是故意实施的。如果行为人是由于疏忽大意而遗失了武器装备的，不能构成本罪。对遗失武器装备情节严重的，可以依照刑法第四百四十一条关于遗失武器装备罪的规定处罚。

3. 行为人遗弃武器装备的行为是违抗命令的。战场情况复杂，在战场上有时根据作战的需要，按照上级命令遗弃一些武器装备的行为，不构成犯罪，不能按照本条的规定处罚。

构成本罪必须同时具备以上条件。根据本条的规定，对于违抗命令，遗弃武器装备的，处五年以下有期徒刑或者拘役；遗弃重要或者大量武器装备的，或者有其他严重情节的，处五年以上有期徒刑。

实践中，违抗命令，遗弃武器装备与战时违抗命令虽然都具有违抗命令的情节，但战时违抗命令罪只限于战时，且要对作战造成危害；而遗弃武器装备罪中，遗弃武器装备才是构成本罪需要追究刑事责任的依据，违抗命令只是个条件，如果行为人是根据上级的命令、决定，遗弃武器装备的，不能构成犯罪。

【适用中需要注意的问题】

实践中如果行为人所采取的遗弃武器装备的方法必然造成武器装备毁坏或者灭失的结果，如飞行员无重大危险而弃机跳伞，或者故意将武器装备投入深海等，则应属于破坏武器装备的行为。

第四百四十一条 **【遗失武器装备罪】** 遗失武器装备，不及时报告或者有其他严重情节的，处三年以下有期徒刑或者拘役。

【释解与适用】

本条是关于遗失武器装备罪及其刑罚的规定。

构成本条规定之罪应当具备下列条件。

1. 行为人具有遗失武器装备的行为。武器装备的理解，2013年2月26日最高人民检察院、原解放军总政治部发布的《军人违反职责罪案件立案标准的规定》第三十七条规定，"武器装备"是指实施和保障军事行动的武器、武器系统和军事技术器材的统称。这里规定的"遗失"，是指在武器装备的操作使用、维护保养、运送等过程中，行为人因疏忽大意而造成武器装备丢失的行为。对武器装备不注意保管而遗失武器装备的行为，不仅会削弱我军的战斗力，而且会影响公共安全，危害我军的军事利益。

2. 行为人对武器装备的丢失，在主观上是有过失的。即行为人是因主观上疏忽大意或者轻信不会丢失而没有很好保管武器装备，以致武器装备丢失。如果行为人在主观上是故意丢弃武器装备的，不构成本罪，应按照遗弃武器装备罪的规定处理。如果行为人在武器装备的操作使用、维护保养中尽到了责任，但因为不可抗拒或者不可克服的原因丢失了武器装备的，不是遗失武器装备，也不构成犯罪。

3. 行为人遗失武器装备必须是没有及时报告或者有其他严重情节的，才构成犯罪。这里规定的"其他严重情节"，是指遗失重要武器装备的，遗失武器装备严重影响部队任务完成的，造成了严重的后果以及编造虚假情况欺骗组织的情况。行为人遗失武器装备是否有严重的情节，是划分罪与非罪，犯罪与违纪的一个重要标准。如果行为人遗失武器装备后及时报告，也没有其他严重情节的，可按照军纪处理。

构成本罪必须同时具备以上条件。根据本条的规定,对于遗失武器装备,不及时报告或者有其他严重情节的,处三年以下有期徒刑或者拘役。

第四百四十二条 【擅自出卖、转让军队房地产罪】违反规定,擅自出卖、转让军队房地产,情节严重的,对直接责任人员,处三年以下有期徒刑或者拘役;情节特别严重的,处三年以上十年以下有期徒刑。

【释解与适用】

本条是关于擅自出卖、转让军队房地产罪及其刑罚的规定。

构成本条规定之罪应当具备下列条件。

1. 行为人具有违反规定,擅自出卖、转让军队房地产的行为。这里规定的"违反规定",是指行为人违反《中国人民解放军内务条令(试行)》《中国人民解放军房地产管理条例》等有关军队房地产管理和使用的规定。"擅自出卖、转让军队房地产",是指行为人未经有权机关的批准,违反规定,自行将军队所有的或者由军队管理、使用的土地、房屋及其附属物等出卖、转让的行为。军队房地产是国防资产的重要组成部分,不得擅自变卖、转让。擅自出卖、转让军队房地产的行为,不仅侵害了国防资产的所有权,而且影响军队正常的管理、训练和生产、生活,危害国家军事利益。行为人不论是出于经济目的,还是其他原因擅自出卖、转让军队房地产的,都要给予处罚,情节严重的,要依法追究刑事责任。

2. 擅自出卖、转让军队房地产的行为必须是情节严重的,才构成犯罪。这里规定的"情节严重",主要是指擅自出卖、转让军队房地产数量大的,出卖、转让重要房地产的,出卖、转让给境外的机构、组织、人员的,因出卖、转让军队房地产造成严重后果,比如给军队造成严重经济损失,严重影响部队正常训练、工作和生活,对国家军事利益造成严重危害的,事后弄虚作假欺骗上级的以及出卖、转让军事禁区房地产的等情况。是否达到情节严重的程度,是划分罪与非罪的重要界限。刑法第二百二十八条规定了非法转让、倒卖土地使用权的犯罪,第四百一十条规定了非法低价出让国有土地使用权的犯罪,军人擅自出卖、转让军队房地产的,适用本条规定。

根据本条规定，对于违反规定，擅自出卖、转让军队房地产，情节严重的，对直接责任人员，处三年以下有期徒刑或者拘役；情节特别严重的，处三年以上十年以下有期徒刑。这里规定的"情节特别严重"，是指擅自出卖、转让军队房地产数量巨大的，造成巨大经济损失的以及给国家军事利益造成特别严重损害的情况。

第四百四十三条　【虐待部属罪】滥用职权，虐待部属，情节恶劣，致人重伤或者造成其他严重后果的，处五年以下有期徒刑或者拘役；致人死亡的，处五年以上有期徒刑。

【释解与适用】

本条是关于虐待部属罪及其刑罚的规定。

1. 行为人虐待的对象是自己的部属。尊重干部、爱护士兵是我军的优良传统。虐待、打骂、体罚士兵是军阀作风，是我们坚决反对的。虐待部属违反了我军的宗旨，破坏了官兵关系和军队内部的团结，同时也侵害了部属的人身权利。对于滥用职权，虐待部属，情节恶劣，致人重伤或造成其他严重后果的，应当追究其刑事责任。根据本条的规定，行为人必须是在军队中有一定职权的领导或者担负一定职责的人员。这里规定的"部属"，是指与行为人存在一定隶属关系的下级军人。如果没有利用职权，对没有隶属关系的其他军人进行殴打等行为的，不构成本罪，致人伤亡的，可依照本法关于伤害罪、杀人罪的有关规定处罚。

2. 行为人实施了滥用职权，虐待部属，情节恶劣的行为。这里规定的"滥用职权"，是指行为人超越自己的权限或者不正确利用职权，对部属进行虐待的行为。这里规定的"虐待部属，情节恶劣"，是指行为人对部属进行身心上的严重摧残，虐待行为一般表现为采取不人道的生活待遇，打骂、体罚、折磨及施以其他酷刑，对部属体罚、殴打、冻饿、施以酷刑的，强迫从事危险性和侮辱性的工作等方法，摧残、折磨部属。虐待部属的行为，既可以发生在战时，也可以发生在非战时，所以本罪没有限定为战时犯罪，情节严重包括虐待部属人数众多的、手段方式较为残忍等。在我国军队中，官兵在人身权利上是一致的、平等的，绝不允许任何人对部属进行虐待，这不仅会损害官兵的关系，而且会削弱部队的战斗力。即使部属有错误的行为，也要以批评教育为主，以思想政治工作为主，对于严重的错误，可以按照军纪和法律处理，管理教育方法不能简单生硬，甚至进行体罚虐待。

3. 行为人的虐待行为造成了部属重伤或者其他严重后果。这是构成本罪的必要条件。这里规定的"其他严重后果"，是指由于行为人的虐待部属的行为引发重大暴力事件的，导致部属逃离部队，造成部属不堪忍受虐待而自杀的，在部队、社会造成极坏影响的等情况。如果行为人的虐待行为没有造成严重后果的，可按照军纪处理；造成了严重后果的，要依法追究刑事责任。

根据本条规定，对于滥用职权，虐待部属，情节恶劣，致人重伤或者造成其他严重后果的，处五年以下有期徒刑或者拘役；致人死亡的，处五年以上有期徒刑。

第四百四十四条 【遗弃伤病军人罪】在战场上故意遗弃伤病军人，情节恶劣的，对直接责任人员，处五年以下有期徒刑。

【释解与适用】

本条是关于遗弃伤病军人罪及其刑罚的规定。

构成本条规定之罪应当具备下列条件。

1. 行为人具有在战场上故意遗弃伤病军人，情节恶劣的行为。这里规定的"故意遗弃"，是指行为人明知有伤病军人而不予抢救，弃置不顾的行为。遗弃行为必须是发生在战场上，遗弃的对象应是我军因伤、病需要给予救护的人员。"情节恶劣"，主要是指行为人故意遗弃伤病军人，造成伤病军人死亡、被敌人杀害等严重后果以及遗弃多名伤病军人等。在战场上对有伤病的军人，其他军人都有抢救与保护的责任，这也是我军的光荣传统。在战场上对伤病的战友遗弃不顾，会削弱我军的战斗力，影响部队的士气，破坏部队团结。当然，战场上的情况是非常复杂的，有时根据当时的条件和环境，无法对伤病军人进行抢救，对这种情况不能追究刑事责任。因而本条只规定对于情节恶劣的遗弃行为，追究刑事责任。

2. 本罪的主体是故意遗弃伤病军人的直接责任人员。这里规定的"直接责任人员"，是指对遗弃的伤病军人有条件救护而故意不予救护的人员，将自己负责救护的伤病军人遗弃的人员以及对故意遗弃伤病军人负有直接责任的指挥人员等。

根据本条规定，对于在战场上故意遗弃伤病军人，情节恶劣的，对直接责任人员，处五年以下有期徒刑。

第四百四十五条　【战时拒不救治伤病军人罪】战时在救护治疗职位上，有条件救治而拒不救治危重伤病军人的，处五年以下有期徒刑或者拘役；造成伤病军人重残、死亡或者有其他严重情节的，处五年以上十年以下有期徒刑。

【释解与适用】

本条是关于战时拒不救治伤病军人罪及其刑罚的规定。

构成本条规定之罪应当具备下列条件。

1. 行为人有条件救治危重伤病军人而拒不救治的。这里规定的"有条件救治而拒不救治"，是指行为人有医疗条件、技术条件救护、治疗危重伤病军人而以种种理由拒绝救治的。"危重伤病军人"，是指伤势、病情严重、危险的军人。如果行为人确实没有条件救治伤病军人的，不是拒不救治，不能构成犯罪。对于有一般伤病的军人拒不救治的，一般不会造成严重的后果，因而不构成犯罪，情节恶劣的，应进行教育批评，也可给予必要的处分。

2. 犯罪主体是在救护治疗职位上，负有救护治疗职责的人员。这里规定的"在救护治疗职位上"，是指正在当班的医务人员或者临时执行救护治疗任务的人员。

3. 本罪在战时才能构成。在战时，拒不救治危重伤病军人的行为，对部队的士气、战斗力都会有恶劣影响，其危害也比和平时期严重，必须依法追究刑事责任。

根据本条的规定，对于战时在救护治疗职位上，有条件救治而拒不救治危重伤病军人的，处五年以下有期徒刑或者拘役；造成伤病军人重残、死亡或者有其他严重情节的，处五年以上十年以下有期徒刑。这里规定的"重残"，是指按规定造成二等以上残疾的。"严重情节"，是指为报复而拒不救治的，阻止他人救治的，造成恶劣影响、引起严重事件的情况。

第四百四十六条　【战时残害居民、掠夺居民财物罪】战时在军事行动地区，残害无辜居民或者掠夺无辜居民财物的，处五年以下有期徒刑；情节严重的，处五年以上十年以下有期徒刑；情节特别严重的，处十年以上有期徒刑、无期徒刑或者死刑。

【释解与适用】

本条是关于战时残害居民、掠夺居民财物罪及其刑罚的规定。

构成本条规定之罪应当具备下列条件。

1. 行为人必须实施了残害无辜居民或者掠夺无辜居民财物的行为。这里规定的"无辜居民"，是指在战区居住的对我军无敌对行动的居民，包括我方管辖的居民、敌方管辖的居民和属第三方管辖的居民。这里规定的"残害"，是指对无辜居民实施伤害、杀害、奸淫等侵犯人身的暴力行为。这里规定的"掠夺"，是指行为人用暴力或者以暴力相威胁，抢劫无辜居民财物的行为。军人的职责是保卫国家、消灭敌人，残害和掠夺无辜居民的行为不仅违反了军人的职责，而且败坏了我军的声誉，应当依法予以严惩。

2. 行为人必须是战时在军事行动地区实施上述行为的，才构成本罪。军事行动地区即我军作战的区域。战时在军事行动地区残害和掠夺无辜居民的行为，不仅侵害了居民的人身权利和财产权利，更重要的是违背我军宗旨，破坏我军声誉，违反了有关国际公约的规定，危害了我军的军事利益，因而本条对这种犯罪作了单独的处罚规定，而没有依照本法伤害、抢劫等犯罪的规定处罚。如果行为人平时在非军事行动区残害无辜居民和掠夺无辜居民财产的，应按照本法有关侵犯公民人身权利和财产权利的犯罪的规定处罚。

根据本条规定，对于战时在军事行动地区，残害无辜居民或者掠夺无辜居民财物的，处五年以下有期徒刑；情节严重的，处五年以上十年以下有期徒刑；情节特别严重的，处十年以上有期徒刑、无期徒刑或者死刑。这里规定的"情节严重"，是指多次实施犯罪行为的，残害、掠夺无辜居民多人的，结伙实施犯罪行为的，犯罪手段恶劣的以及造成恶劣影响的情况。"情节特别严重"，是指残害掠夺人数众多的，掠夺财物数量特别巨大的以及手段特别残忍的情况。

由于残害不是一种具体的犯罪行为表现，而是一系列违法犯罪行为的集中表现，因此，军人在特定的时间、特定的地点，实施的本条规定的犯罪，只适用本条规定，不再适用刑法对其他有关犯罪的规定。行为人在战时实施了残害居民、掠夺居民财物行为的，原则上都应以本罪追究刑事责任。但是战场上的情况错综复杂，残害居民、掠夺居民财物的行为是否都要追究刑事责任，还要根据刑法第十三条的规定来全面衡量。对其中情节显著轻微、危害不大的，如偶尔殴打群众、强拿群众少量财物的等，可以不按战时残害居民、掠夺居民财物罪论处的，应当依法予以军纪处分。

本条共规定了三档量刑幅度，根据不同的情况和情节作出不同区分，分别是对一般情节、情节严重和情节特别严重的规定。

第四百四十七条 【私放俘虏罪】私放俘虏的，处五年以下有期徒刑；私放重要俘虏、私放俘虏多人或者有其他严重情节的，处五年以上有期徒刑。

【释解与适用】

本条是关于私放俘虏罪及其刑罚的规定。

根据本条规定，行为人只要具有私放俘虏的行为就可构成犯罪。本条所规定的"私放俘虏"，是指行为人违反战场纪律，未经批准而擅自将俘虏放走的行为。这种行为既可以是公开进行的，也可以是暗中进行的。私放俘虏的行为，既可以发生在战时，也可以发生在战后。俘虏是在作战中被我方俘获的敌方武装人员及其他为敌方武装部队服务的人员。私放俘虏的行为，严重违反了军队的战场纪律，不利于消灭敌人和获取敌方的情况，还有可能暴露我军的情况，危害我军的作战行动和军事利益，因而这种行为只要一经实施，就要追究行为人的刑事责任。如果出于特殊的需要，根据上级的批准而释放俘虏的，不是私放俘虏，当然不构成本罪。

根据本条规定，对于私放俘虏的，处五年以下有期徒刑；私放重要俘虏、私放俘虏多人或者有其他严重情节的，处五年以上有期徒刑。这里规定的"重要俘虏"，是指敌军的中、高级军官，掌握重要情况的人员以及为了解敌情而专门抓获的俘虏等。"其他严重情节"，是指除私放重要俘虏和私放俘虏多人以外的其他严重情况，如因私放俘虏而严重影响作战任务完成的，暴露我军军事秘密，危害我军军事利益的以及因收受财物、贪图女色而私放俘虏的情况。

第四百四十八条 【虐待俘虏罪】虐待俘虏,情节恶劣的,处三年以下有期徒刑。

【释解与适用】

本条是关于虐待俘虏罪及其刑罚的规定。

构成本条规定之罪应当具备以下条件。

1. 行为人对俘虏实施了虐待行为。这里规定的"虐待俘虏",是指违背人道主义,违反关于战俘待遇的《日内瓦公约》和我军的俘虏政策,对被我军俘获后不再反抗的敌方人员,进行肉体上的摧残,或者生活上不给予人道待遇的行为。对于被我方俘虏后,继续进行反抗,甚至行凶逃跑的敌方人员所采取的必要措施,不能认为是虐待俘虏的行为。

2. 必须是情节恶劣的虐待行为才构成本罪。这里规定的"情节恶劣",是指虐待手段特别残酷的,虐待伤病俘虏的,虐待俘虏造成重伤、死亡等严重后果的情况。

根据本条规定,对于虐待俘虏,情节恶劣的,处三年以下有期徒刑。

第四百四十九条 【战时缓刑戴罪立功的规定】在战时,对被判处三年以下有期徒刑没有现实危险宣告缓刑的犯罪军人,允许其戴罪立功,确有立功表现时,可以撤销原判刑罚,不以犯罪论处。

【释解与适用】

本条是关于战时缓刑戴罪立功的具体规定。

本条中规定的没有现实危险的犯罪军人,是指虽然有犯罪行为,但其不会对军事行动、军事利益以及我军人员构成危害的军人。"宣告缓刑",是指在判刑后,暂不执行,允许其留在战斗岗位或者其他岗位上继续履行军人职责。"确有立功表现时,可以撤销原判刑罚",是指犯罪军人在缓刑期间,确有杀敌立功或者其他突出表现的,可以由原审法院作出撤销原判的决定。

战时对犯罪军人的缓刑与对一般犯罪的缓刑不同。本法规定对于被宣告缓刑的一般犯罪分子,如果在缓刑考验期内没有再犯新罪或者没有严重违反法律、行政法规或者国务院、公安部门有关缓刑的监督管理规定的,原判刑罚就不再执行。而本条规定,对于战时被宣告缓刑的犯罪军人,如果确有立功表现的,可以撤销原判刑罚,并且不以犯罪论处。就是说,这个军人不再被认为曾经犯罪。这样规定,主要是考虑到战争这种特殊环境下最能考验人、教育人,给犯罪者在战争中以戴罪立功的机会,有利于对他们进行教育改造,而且会保存有生力量,让没有现实危险的犯罪军人,特别是有一定经验和专业技术的军人,继续留在部队战斗,加强部队的战斗力。实践证明,这一政策对于教育改造犯罪军人发挥了很好的作用,具有非常积极的意义。

第四百五十条 【本章适用的主体范围】本章适用于中国人民解放军的现役军官、文职干部、士兵及具有军籍的学员和中国人民武装警察部队的现役警官、文职干部、士兵及具有军籍的学员以及文职人员、执行军事任务的预备役人员和其他人员。

【释解与适用】

本条是关于本章的适用范围的规定。

原《惩治军人违反职责罪暂行条例》第二十三条规定:"现役军人犯本条例以外之罪的,依照《中华人民共和国刑法》有关条款的规定处罚。"第二十五条也规定:"军内在编职工犯本条例之罪的,适用本条例。"2013年2月26日最高人民检察院、原解放军总政治部《军人违反职责罪案件立案标准的规定》第三十二条,本规定适用于中国人民解放军的现役军官、文职干部、士兵及具有军籍的学员和中国人民武装警察部队的现役警官、文职干部、士兵及具有军籍的学员,以及执行军事任务的预备役人员和其他人员涉嫌军人违反职责犯罪的案件。

由原《惩治军人违反职责罪暂行条例》第二十三条和第二十五条的规定可知,原《惩治军人违反职责罪暂行条例》只能适用于现役军人和军内在编职工。但在实践中,究竟何谓"现役军人",普遍感到难以把握其外延,有必要在修订的刑法中对此予以明确。2020年12月26日,第十三届全国人民代表大会常务委员会第二十四次会议通过的刑法修正案(十一)对本条作了修改,主要是在本章适用主体范围中增加了文职人员的规定。十余年前,军队就有编有少量文职人员。此次国防和军队改革,全军编制文职人员20多万,是现役军人总数的近十分之一。文职人员的岗位绝大多数都是改革前现役军人的岗位,有的文职人员就是现役军人转任。文职人员与现役军人都是军队人员的主体,区别只是岗位不同、分工不同。因此,军人违反职责犯罪同样适用于文职人员。

根据本条规定,下列人员犯有本章规定之罪的,适用本章的规定处罚。

1. 中国人民解放军现役军官、文职干部、士兵及具有军籍的学员。

2. 中国人民武装警察部队的现役警官、文职干部、士兵及具有军籍的学员。由于中国人民武装警察部队也是我国国家武装力量的组成部分,实行义务兵与志愿兵相结合的兵役制度,执行人民解放军的条令、条例。他们担负一定的军人职责,因而对于违反职责的犯罪,也适用本章的规定。

3. 文职人员。本条规定的文职人员范围,根据2022年修订的《中国人民解放军文职人员条例》第二条的规定,文职人员是指军队编制岗位依法履行职责的非服兵役人员,是军队人员的组成部分,依法享有国家工作人员相应的权利、履行相应的义务。

4. 执行军事任务的预备役人员和其他人员。由于执行军事任务的预备役人员和其他人员,也担负着与军人相同的保卫国家、人民利益的职责,因而本条规定,对于执行军事任务的预备役人员和其他人员违反职责的犯罪,适用本章的规定。

【适用中需要注意的问题】

关于文职人员的规定,既适用于中国人民解放军,也同时适用于中国人民武装警察。根据2022年《中国人民解放军文职人员管理条例》第七十五条的规定,中国人民武装警察部队文职人员,适用本条例。

第四百五十一条 【战时的含义】本章所称战时,是指国家宣布进入战争状态、部队受领作战任务或者遭敌突然袭击时。

部队执行戒严任务或者处置突发性暴力事件时,以战时论。

【释解与适用】

本条是关于战时的含义的规定。

根据本条规定,战时是指下列情况:(1)国家宣布进入战争状态的。根据宪法规定,全国人民代表大会决定战争问题。在国家遭受武装侵犯或者必须履行国际间共同防止侵略的条约的情况下,全国人大常委会有权宣布进入战争状态。(2) 部队受领作战任务的。(3) 部队遭敌突然袭击时。

对于部队执行戒严任务或者处置突发性暴力事件时，本条规定以战时论。也就是说部队执行戒严任务或者处置突发性暴力事件，是在非战争的和平时期。这里的"戒严任务"是指根据戒严法的规定，在发生严重危及国家的统一、安全或者社会公共安全的动乱、暴乱或者严重骚乱，不采取非常措施不足以维护社会秩序、保护人民的生命、财产安全的紧急状态时，国家可以决定实施戒严。戒严任务由人民警察、人民武装警察执行；必要时，国务院可以向中央军事委员会提出，由中央军事委员会决定派出人民解放军协助执行戒严任务。"突发事件"，是指突然发生，造成或者可能造成严重社会危害，需要采取应急处置措施予以应对的事件。这里的"突发性暴力事件"，是指突然发生的，如恐怖事件、重大的打砸抢事件等，已经造成或者可能造成严重社会危害，危及人民生命和财产安全的，需要采取应急处置措施予以应对的事件。根据本条规定，对于部队执行戒严任务或者处置突发性暴力事件时，构成本章规定的违反军职罪的，以战时论。本章的有些条款作了战时从重处罚的规定。

附 则

第四百五十二条 【本法的施行日期、相关法律的废止与保留】本法自 1997 年 10 月 1 日起施行。

列于本法附件一的全国人民代表大会常务委员会制定的条例、补充规定和决定,已纳入本法或者已不适用,自本法施行之日起,予以废止。

列于本法附件二的全国人民代表大会常务委员会制定的补充规定和决定予以保留。其中,有关行政处罚和行政措施的规定继续有效;有关刑事责任的规定已纳入本法,自本法施行之日起,适用本法规定。

附件一

全国人民代表大会常务委员会制定的下列条例、补充规定和决定,已纳入本法或者已不适用,自本法施行之日起,予以废止:

1. 中华人民共和国惩治军人违反职责罪暂行条例
2. 关于严惩严重破坏经济的罪犯的决定
3. 关于严惩严重危害社会治安的犯罪分子的决定
4. 关于惩治走私罪的补充规定
5. 关于惩治贪污罪贿赂罪的补充规定
6. 关于惩治泄露国家秘密犯罪的补充规定
7. 关于惩治捕杀国家重点保护的珍贵、濒危野生动物犯罪的补充规定
8. 关于惩治侮辱中华人民共和国国旗国徽罪的决定
9. 关于惩治盗掘古文化遗址古墓葬犯罪的补充规定
10. 关于惩治劫持航空器犯罪分子的决定
11. 关于惩治假冒注册商标犯罪的补充规定
12. 关于惩治生产、销售伪劣商品犯罪的决定
13. 关于惩治侵犯著作权的犯罪的决定
14. 关于惩治违反公司法的犯罪的决定
15. 关于处理逃跑或者重新犯罪的劳改犯和劳教人员的决定

附件二

全国人民代表大会常务委员会制定的下列补充规定和决定予以保留，其中，有关行政处罚和行政措施的规定继续有效；有关刑事责任的规定已纳入本法，自本法施行之日起，适用本法规定：

1. 关于禁毒的决定
2. 关于惩治走私、制作、贩卖、传播淫秽物品的犯罪分子的决定
3. 关于严禁卖淫嫖娼的决定
4. 关于严惩拐卖、绑架妇女、儿童的犯罪分子的决定
5. 关于惩治偷税、抗税犯罪的补充规定
6. 关于严惩组织、运送他人偷越国（边）境犯罪的补充规定
7. 关于惩治破坏金融秩序犯罪的决定
8. 关于惩治虚开、伪造和非法出售增值税专用发票犯罪的决定

【释解与适用】

本条是关于本法生效日期和本法施行前，全国人大常委会制定的条例以及关于刑法的补充规定和决定在本法施行后的效力的规定。

1997年刑法修订时主要考虑到，自1979年我国制定第一部刑法以来，针对十几年我国出现的新情况、新问题及新出现的犯罪行为，为了适应与犯罪斗争的实际需要，全国人民代表大会对刑法陆续制定了补充决定和修改补充决定。1997年修订刑法主要考虑是制定一部统一的、比较完备的刑法典，因此对这些补充规定、决定以及条例进行研究修改后纳入刑法。但是从法律角度而言，实施新的刑法后，这些补充规定、决定以及条例如何进行处理，必须予以明确的规定，以利于司法实践的需要，防止执行中出现错误和偏差。本条的规定主要解决了刑法的时间效力以及1997年刑法与之前全国人大常委会通过的二十三部单行刑法之间的关系。

本条共分三款。第一款是关于刑法生效日期的规定。根据本款规定，刑法自1997年10月1日起施行。对于生效以后发生的行为，应当依照刑法的规定追究刑事责任。对于生效以前发生的行为，应当依照刑法第十二条关于刑法溯及力的规定进行处理。

第二款是关于列于刑法附件一中的，刑法施行前全国人大常委会制定的条例以及关于刑法的补充规定和决定在刑法施行后的效力的规定。1997年修订刑法，一个重要的考虑就是要制定一部统一的、比较完备的刑法，

将1979年刑法实施十七年来由全国人大常委会作出的有关刑法的条例、补充规定和决定研究修改编入刑法。列于本法附件一的十五个条例、补充规定和决定的内容基本上都是有关刑事责任方面的规定，这些内容中需要继续适用的都经过研究修改后纳入刑法，其中关于处理逃跑或者重新犯罪的劳改犯和劳教人员的决定经过研究后认为应当不再适用。因此，依照本款规定，列于刑法附件一的全国人大常委会制定的条例、补充规定和决定，已纳入刑法或者已不适用，自刑法施行之日起，予以废止，不再有效。

第三款是关于列于刑法附件二的刑法施行前全国人大常委会制定的关于刑法的补充规定和决定在本法施行后的效力的规定。列于刑法附件二的八个补充规定和决定，不仅规定了有关刑事责任的内容，还对一些违法行为规定了行政处罚及行政措施。其中有关刑事责任的内容，经过研究修改后纳入了刑法，刑法生效后，应当依照刑法的规定执行；但有关行政处罚及行政措施的规定在行政执法活动中仍然起着十分重要的作用，应当继续适用。因此，依照本款规定，列于刑法附件二的全国人大常委会制定的补充规定和决定予以保留。其中，有关行政处罚和行政措施的规定继续有效，执法机关仍然要适用这些规定处理违法行为；有关刑事责任的规定已纳入刑法，自刑法施行之日起，不再有效，对于相关的犯罪行为，应当依照刑法的有关规定追究刑事责任。

【适用中需要注意的问题】

1. 根据1997年3月25日《最高人民法院关于认真学习贯彻修订的〈中华人民共和国刑法〉的通知》（法发〔1997〕3号），修订的刑法实施后，对已明令废止的全国人大常委会有关决定和补充规定，最高人民法院原作出的有关司法解释不再适用。但是如果修订的刑法有关条文实质内容没有变化的，人民法院在刑事审判工作中，在没有新的司法解释前，可参照执行。其他与修订的刑法规定相抵触的司法解释，不再适用。

2. 附件二中"全国人民代表大会常务委员会制定的下列补充规定和决定予以保留，其中，有关行政处罚和行政措施的规定继续有效"的规定，已经有了相当的变化，具体包括：

（1）《关于禁毒的决定》已被2007年禁毒法第七十一条明文废止。

（2）《关于严禁卖淫嫖娼的决定》第四条第二款、第四款已被2019年12月《全国人民代表大会常务委员会关于废止有关收容教育法律规定和制度的决定》明文废止。

（3）《关于惩治偷税、抗税犯罪的补充规定》与《关于严惩组织、运送他人偷越国（边）境犯罪的补充规定》已被 2009 年 6 月《全国人民代表大会常务委员会关于废止部分法律的决定》明文废止。其中，《关于惩治偷税、抗税犯罪的补充规定》中有关行政处罚和行政措施的规定已纳入 2015 年修订的税收征收管理法，《关于严惩组织、运送他人偷越国（边）境犯罪的补充规定》中有关行政处罚的规定已纳入 2012 年修正的治安管理处罚法。

（4）《关于惩治走私、制作、贩卖、传播淫秽物品的犯罪分子的决定》《关于严惩拐卖、绑架妇女、儿童的犯罪分子的决定》与《关于严禁卖淫嫖娼的决定》，其中有关行政处罚和行政措施的规定已被 2009 年 8 月 27 日《全国人民代表大会常务委员会关于修改部分法律的决定》修改，原文中的"治安管理处罚条例"均被修改为"治安管理处罚法"。

（5）《关于惩治破坏金融秩序犯罪的决定》与《关于惩治虚开、伪造和非法出售增值税专用发票犯罪的决定》中有关行政处罚和行政措施的规定，继续有效。

附　　　录

全国人民代表大会常务委员会
关于惩治骗购外汇、逃汇和非法买卖外汇犯罪的决定

(1998年12月29日第九届全国人民代表大会常务委员会第六次会议通过 1998年12月29日中华人民共和国主席令第十四号公布)

为了惩治骗购外汇、逃汇和非法买卖外汇的犯罪行为,维护国家外汇管理秩序,对刑法作如下补充修改:

一、有下列情形之一,骗购外汇,数额较大的,处五年以下有期徒刑或者拘役,并处骗购外汇数额百分之五以上百分之三十以下罚金;数额巨大或者有其他严重情节的,处五年以上十年以下有期徒刑,并处骗购外汇数额百分之五以上百分之三十以下罚金;数额特别巨大或者有其他特别严重情节的,处十年以上有期徒刑或者无期徒刑,并处骗购外汇数额百分之五以上百分之三十以下罚金或者没收财产:

(一) 使用伪造、变造的海关签发的报关单、进口证明、外汇管理部门核准件等凭证和单据的;

(二) 重复使用海关签发的报关单、进口证明、外汇管理部门核准件等凭证和单据的;

(三) 以其他方式骗购外汇的。

伪造、变造海关签发的报关单、进口证明、外汇管理部门核准件等凭证和单据,并用于骗购外汇的,依照前款的规定从重处罚。

明知用于骗购外汇而提供人民币资金的,以共犯论处。

单位犯前三款罪的,对单位依照第一款的规定判处罚金,并对其直接负责的主管人员和其他直接责任人员,处五年以下有期徒刑或者拘役;数额巨大或者有其他严重情节的,处五年以上十年以下有期徒刑;数额特别巨大或者有其他特别严重情节的,处十年以上有期徒刑或者无期徒刑。

二、买卖伪造、变造的海关签发的报关单、进口证明、外汇管理部门

核准件等凭证和单据或者国家机关的其他公文、证件、印章的，依照刑法第二百八十条的规定定罪处罚。

三、将刑法第一百九十条修改为：公司、企业或者其他单位，违反国家规定，擅自将外汇存放境外，或者将境内的外汇非法转移到境外，数额较大的，对单位判处逃汇数额百分之五以上百分之三十以下罚金，并对其直接负责的主管人员和其他直接责任人员处五年以下有期徒刑或者拘役；数额巨大或者有其他严重情节的，对单位判处逃汇数额百分之五以上百分之三十以下罚金，并对其直接负责的主管人员和其他直接责任人员处五年以上有期徒刑。

四、在国家规定的交易场所以外非法买卖外汇，扰乱市场秩序，情节严重的，依照刑法第二百二十五条的规定定罪处罚。

单位犯前款罪的，依照刑法第二百三十一条的规定处罚。

五、海关、外汇管理部门以及金融机构、从事对外贸易经营活动的公司、企业或者其他单位的工作人员与骗购外汇或者逃汇的行为人通谋，为其提供购买外汇的有关凭证或者其他便利的，或者明知是伪造、变造的凭证和单据而售汇、付汇的，以共犯论，依照本决定从重处罚。

六、海关、外汇管理部门的工作人员严重不负责任，造成大量外汇被骗购或者逃汇，致使国家利益遭受重大损失的，依照刑法第三百九十七条的规定定罪处罚。

七、金融机构、从事对外贸易经营活动的公司、企业的工作人员严重不负责任，造成大量外汇被骗购或者逃汇，致使国家利益遭受重大损失的，依照刑法第一百六十七条的规定定罪处罚。

八、犯本决定规定之罪，依法被追缴、没收的财物和罚金，一律上缴国库。

九、本决定自公布之日起施行。

中华人民共和国刑法修正案

(1999年12月25日第九届全国人民代表大会常务委员会第十三次会议通过 1999年12月25日中华人民共和国主席令第二十七号公布)

为了惩治破坏社会主义市场经济秩序的犯罪，保障社会主义现代化建设的顺利进行，对刑法作如下补充修改：

一、第一百六十二条后增加一条，作为第一百六十二条之一："隐匿或者故意销毁依法应当保存的会计凭证、会计帐簿、财务会计报告，情节严重的，处五年以下有期徒刑或者拘役，并处或者单处二万元以上二十万元以下罚金。

"单位犯前款罪的，对单位判处罚金，并对其直接负责的主管人员和其他直接责任人员，依照前款的规定处罚。"

二、将刑法第一百六十八条修改为："国有公司、企业的工作人员，由于严重不负责任或者滥用职权，造成国有公司、企业破产或者严重损失，致使国家利益遭受重大损失的，处三年以下有期徒刑或者拘役；致使国家利益遭受特别重大损失的，处三年以上七年以下有期徒刑。

"国有事业单位的工作人员有前款行为，致使国家利益遭受重大损失的，依照前款的规定处罚。

"国有公司、企业、事业单位的工作人员，徇私舞弊，犯前两款罪的，依照第一款的规定从重处罚。"

三、将刑法第一百七十四条修改为："未经国家有关主管部门批准，擅自设立商业银行、证券交易所、期货交易所、证券公司、期货经纪公司、保险公司或者其他金融机构的，处三年以下有期徒刑或者拘役，并处或者单处二万元以上二十万元以下罚金；情节严重的，处三年以上十年以下有期徒刑，并处五万元以上五十万元以下罚金。

"伪造、变造、转让商业银行、证券交易所、期货交易所、证券公司、期货经纪公司、保险公司或者其他金融机构的经营许可证或者批准文件的,依照前款的规定处罚。

"单位犯前两款罪的,对单位判处罚金,并对其直接负责的主管人员和其他直接责任人员,依照第一款的规定处罚。"

四、将刑法第一百八十条修改为:"证券、期货交易内幕信息的知情人员或者非法获取证券、期货交易内幕信息的人员,在涉及证券的发行,证券、期货交易或者其他对证券、期货交易价格有重大影响的信息尚未公开前,买入或者卖出该证券,或者从事与该内幕信息有关的期货交易,或者泄露该信息,情节严重的,处五年以下有期徒刑或者拘役,并处或者单处违法所得一倍以上五倍以下罚金;情节特别严重的,处五年以上十年以下有期徒刑,并处违法所得一倍以上五倍以下罚金。

"单位犯前款罪的,对单位判处罚金,并对其直接负责的主管人员和其他直接责任人员,处五年以下有期徒刑或者拘役。

"内幕信息、知情人员的范围,依照法律、行政法规的规定确定。"

五、将刑法第一百八十一条修改为:"编造并且传播影响证券、期货交易的虚假信息,扰乱证券、期货交易市场,造成严重后果的,处五年以下有期徒刑或者拘役,并处或者单处一万元以上十万元以下罚金。

"证券交易所、期货交易所、证券公司、期货经纪公司的从业人员,证券业协会、期货业协会或者证券期货监督管理部门的工作人员,故意提供虚假信息或者伪造、变造、销毁交易记录,诱骗投资者买卖证券、期货合约,造成严重后果的,处五年以下有期徒刑或者拘役,并处或者单处一万元以上十万元以下罚金;情节特别恶劣的,处五年以上十年以下有期徒刑,并处二万元以上二十万元以下罚金。

"单位犯前两款罪的,对单位判处罚金,并对其直接负责的主管人员和其他直接责任人员,处五年以下有期徒刑或者拘役。"

六、将刑法第一百八十二条修改为:"有下列情形之一,操纵证券、期货交易价格,获取不正当利益或者转嫁风险,情节严重的,处五年以下有期徒刑或者拘役,并处或者单处违法所得一倍以上五倍以下罚金:

(一)单独或者合谋,集中资金优势、持股或者持仓优势或者利用信息优势联合或者连续买卖,操纵证券、期货交易价格的;

(二)与他人串通,以事先约定的时间、价格和方式相互进行证券、期货交易,或者相互买卖并不持有的证券,影响证券、期货交易价格或者证券、期货交易量的;

（三）以自己为交易对象，进行不转移证券所有权的自买自卖，或者以自己为交易对象，自买自卖期货合约，影响证券、期货交易价格或者证券、期货交易量的；

（四）以其他方法操纵证券、期货交易价格的。

"单位犯前款罪的，对单位判处罚金，并对其直接负责的主管人员和其他直接责任人员，处五年以下有期徒刑或者拘役。"

七、将刑法第一百八十五条修改为："商业银行、证券交易所、期货交易所、证券公司、期货经纪公司、保险公司或者其他金融机构的工作人员利用职务上的便利，挪用本单位或者客户资金的，依照本法第二百七十二条的规定定罪处罚。

"国有商业银行、证券交易所、期货交易所、证券公司、期货经纪公司、保险公司或者其他国有金融机构的工作人员和国有商业银行、证券交易所、期货交易所、证券公司、期货经纪公司、保险公司或者其他国有金融机构委派到前款规定中的非国有机构从事公务的人员有前款行为的，依照本法第三百八十四条的规定定罪处罚。"

八、刑法第二百二十五条增加一项，作为第三项："未经国家有关主管部门批准，非法经营证券、期货或者保险业务的；"原第三项改为第四项。

九、本修正案自公布之日起施行。

中华人民共和国刑法修正案（二）

（2001年8月31日第九届全国人民代表大会常务委员会第二十三次会议通过 2001年8月31日中华人民共和国主席令第五十六号公布）

为了惩治毁林开垦和乱占滥用林地的犯罪，切实保护森林资源，将刑法第三百四十二条修改为：

"违反土地管理法规，非法占用耕地、林地等农用地，改变被占用土地用途，数量较大，造成耕地、林地等农用地大量毁坏的，处五年以下有期徒刑或者拘役，并处或者单处罚金。"

本修正案自公布之日起施行。

中华人民共和国刑法修正案（三）

（2001年12月29日第九届全国人民代表大会常务委员会第二十五次会议通过 2001年12月29日中华人民共和国主席令第六十四号公布）

为了惩治恐怖活动犯罪，保障国家和人民生命、财产安全，维护社会秩序，对刑法作如下补充修改：

一、将刑法第一百一十四条修改为："放火、决水、爆炸以及投放毒害性、放射性、传染病病原体等物质或者以其他危险方法危害公共安全，尚未造成严重后果的，处三年以上十年以下有期徒刑。"

二、将刑法第一百一十五条第一款修改为："放火、决水、爆炸以及投放毒害性、放射性、传染病病原体等物质或者以其他危险方法致人重伤、死亡或者使公私财产遭受重大损失的，处十年以上有期徒刑、无期徒刑或者死刑。"

三、将刑法第一百二十条第一款修改为："组织、领导恐怖活动组织的，处十年以上有期徒刑或者无期徒刑；积极参加的，处三年以上十年以下有期徒刑；其他参加的，处三年以下有期徒刑、拘役、管制或者剥夺政治权利。"

四、刑法第一百二十条后增加一条，作为第一百二十条之一："资助恐怖活动组织或者实施恐怖活动的个人的，处五年以下有期徒刑、拘役、管制或者剥夺政治权利，并处罚金；情节严重的，处五年以上有期徒刑，并处罚金或者没收财产。

"单位犯前款罪的，对单位判处罚金，并对其直接负责的主管人员和其他直接责任人员，依照前款的规定处罚。"

五、将刑法第一百二十五条第二款修改为："非法制造、买卖、运输、储存毒害性、放射性、传染病病原体等物质，危害公共安全的，依照前款的规定处罚。"

六、将刑法第一百二十七条修改为："盗窃、抢夺枪支、弹药、爆炸物的,或者盗窃、抢夺毒害性、放射性、传染病病原体等物质,危害公共安全的,处三年以上十年以下有期徒刑;情节严重的,处十年以上有期徒刑、无期徒刑或者死刑。

"抢劫枪支、弹药、爆炸物的,或者抢劫毒害性、放射性、传染病病原体等物质,危害公共安全的,或者盗窃、抢夺国家机关、军警人员、民兵的枪支、弹药、爆炸物的,处十年以上有期徒刑、无期徒刑或者死刑。"

七、将刑法第一百九十一条修改为:"明知是毒品犯罪、黑社会性质的组织犯罪、恐怖活动犯罪、走私犯罪的违法所得及其产生的收益,为掩饰、隐瞒其来源和性质,有下列行为之一的,没收实施以上犯罪的违法所得及其产生的收益,处五年以下有期徒刑或者拘役,并处或者单处洗钱数额百分之五以上百分之二十以下罚金;情节严重的,处五年以上十年以下有期徒刑,并处洗钱数额百分之五以上百分之二十以下罚金:(一)提供资金帐户的;(二)协助将财产转换为现金或者金融票据的;(三)通过转帐或者其他结算方式协助资金转移的;(四)协助将资金汇往境外的;(五)以其他方法掩饰、隐瞒犯罪的违法所得及其收益的来源和性质的。

"单位犯前款罪的,对单位判处罚金,并对其直接负责的主管人员和其他直接责任人员,处五年以下有期徒刑或者拘役;情节严重的,处五年以上十年以下有期徒刑。"

八、刑法第二百九十一条后增加一条,作为第二百九十一条之一:"投放虚假的爆炸性、毒害性、放射性、传染病病原体等物质,或者编造爆炸威胁、生化威胁、放射威胁等恐怖信息,或者明知是编造的恐怖信息而故意传播,严重扰乱社会秩序的,处五年以下有期徒刑、拘役或者管制;造成严重后果的,处五年以上有期徒刑。"

九、本修正案自公布之日起施行。

中华人民共和国刑法修正案（四）

（2002年12月28日第九届全国人民代表大会常务委员会第三十一次会议通过　2002年12月28日中华人民共和国主席令第八十三号公布）

为了惩治破坏社会主义市场经济秩序、妨害社会管理秩序和国家机关工作人员的渎职犯罪行为，保障社会主义现代化建设的顺利进行，保障公民的人身安全，对刑法作如下修改和补充：

一、将刑法第一百四十五条修改为："生产不符合保障人体健康的国家标准、行业标准的医疗器械、医用卫生材料，或者销售明知是不符合保障人体健康的国家标准、行业标准的医疗器械、医用卫生材料，足以严重危害人体健康的，处三年以下有期徒刑或者拘役，并处销售金额百分之五十以上二倍以下罚金；对人体健康造成严重危害的，处三年以上十年以下有期徒刑，并处销售金额百分之五十以上二倍以下罚金；后果特别严重的，处十年以上有期徒刑或者无期徒刑，并处销售金额百分之五十以上二倍以下罚金或者没收财产。"

二、在第一百五十二条中增加一款作为第二款："逃避海关监管将境外固体废物、液态废物和气态废物运输进境，情节严重的，处五年以下有期徒刑，并处或者单处罚金；情节特别严重的，处五年以上有期徒刑，并处罚金。"

原第二款作为第三款，修改为："单位犯前两款罪的，对单位判处罚金，并对其直接负责的主管人员和其他直接责任人员，依照前两款的规定处罚。"

三、将刑法第一百五十五条修改为："下列行为，以走私罪论处，依照本节的有关规定处罚：（一）直接向走私人非法收购国家禁止进口物品的，或者直接向走私人非法收购走私进口的其他货物、物品，数额较大的；（二）在内海、领海、界河、界湖运输、收购、贩卖国家禁止进出口物品的，或者运输、收购、贩卖国家限制进出口货物、物品，数额较大，没有合法证明的。"

四、刑法第二百四十四条后增加一条，作为第二百四十四条之一："违反劳动管理法规，雇用未满十六周岁的未成年人从事超强度体力劳动的，或者从事高空、井下作业的，或者在爆炸性、易燃性、放射性、毒害性等危险环境下从事劳动，情节严重的，对直接责任人员，处三年以下有期徒刑或者拘役，并处罚金；情节特别严重的，处三年以上七年以下有期徒刑，并处罚金。

"有前款行为，造成事故，又构成其他犯罪的，依照数罪并罚的规定处罚。"

五、将刑法第三百三十九条第三款修改为："以原料利用为名，进口不能用作原料的固体废物、液态废物和气态废物的，依照本法第一百五十二条第二款、第三款的规定定罪处罚。"

六、将刑法第三百四十四条修改为："违反国家规定，非法采伐、毁坏珍贵树木或者国家重点保护的其他植物的，或者非法收购、运输、加工、出售珍贵树木或者国家重点保护的其他植物及其制品的，处三年以下有期徒刑、拘役或者管制，并处罚金；情节严重的，处三年以上七年以下有期徒刑，并处罚金。"

七、将刑法第三百四十五条修改为："盗伐森林或者其他林木，数量较大的，处三年以下有期徒刑、拘役或者管制，并处或者单处罚金；数量巨大的，处三年以上七年以下有期徒刑，并处罚金；数量特别巨大的，处七年以上有期徒刑，并处罚金。

"违反森林法的规定，滥伐森林或者其他林木，数量较大的，处三年以下有期徒刑、拘役或者管制，并处或者单处罚金；数量巨大的，处三年以上七年以下有期徒刑，并处罚金。

"非法收购、运输明知是盗伐、滥伐的林木，情节严重的，处三年以下有期徒刑、拘役或者管制，并处或者单处罚金；情节特别严重的，处三年以上七年以下有期徒刑，并处罚金。

"盗伐、滥伐国家级自然保护区内的森林或者其他林木的，从重处罚。"

八、将刑法第三百九十九条修改为："司法工作人员徇私枉法、徇情枉法，对明知是无罪的人而使他受追诉、对明知是有罪的人而故意包庇不使他受追诉，或者在刑事审判活动中故意违背事实和法律作枉法裁判的，处五年以下有期徒刑或者拘役；情节严重的，处五年以上十年以下有期徒刑；情节特别严重的，处十年以上有期徒刑。

"在民事、行政审判活动中故意违背事实和法律作枉法裁判，情节严重的，处五年以下有期徒刑或者拘役；情节特别严重的，处五年以上十年以下有期徒刑。

"在执行判决、裁定活动中，严重不负责任或者滥用职权，不依法采取诉讼保全措施、不履行法定执行职责，或者违法采取诉讼保全措施、强制执行措施，致使当事人或者其他人的利益遭受重大损失的，处五年以下有期徒刑或者拘役；致使当事人或者其他人的利益遭受特别重大损失的，处五年以上十年以下有期徒刑。

"司法工作人员收受贿赂，有前三款行为的，同时又构成本法第三百八十五条规定之罪的，依照处罚较重的规定定罪处罚。"

九、本修正案自公布之日起施行。

中华人民共和国刑法修正案（五）

（2005年2月28日第十届全国人民代表大会常务委员会第十四次会议通过　2005年2月28日中华人民共和国主席令第三十二号公布）

一、在刑法第一百七十七条后增加一条，作为第一百七十七条之一："有下列情形之一，妨害信用卡管理的，处三年以下有期徒刑或者拘役，并处或者单处一万元以上十万元以下罚金；数量巨大或者有其他严重情节的，处三年以上十年以下有期徒刑，并处二万元以上二十万元以下罚金：

"（一）明知是伪造的信用卡而持有、运输的，或者明知是伪造的空白信用卡而持有、运输，数量较大的；

"（二）非法持有他人信用卡，数量较大的；

"（三）使用虚假的身份证明骗领信用卡的；

"（四）出售、购买、为他人提供伪造的信用卡或者以虚假的身份证明骗领的信用卡的。

"窃取、收买或者非法提供他人信用卡信息资料的，依照前款规定处罚。

"银行或者其他金融机构的工作人员利用职务上的便利，犯第二款罪的，从重处罚。"

二、将刑法第一百九十六条修改为："有下列情形之一，进行信用卡诈骗活动，数额较大的，处五年以下有期徒刑或者拘役，并处二万元以上二十万元以下罚金；数额巨大或者有其他严重情节的，处五年以上十年以下有期徒刑，并处五万元以上五十万元以下罚金；数额特别巨大或者有其他特别严重情节的，处十年以上有期徒刑或者无期徒刑，并处五万元以上五十万元以下罚金或者没收财产：

"（一）使用伪造的信用卡，或者使用以虚假的身份证明骗领的信用卡的；

"（二）使用作废的信用卡的；

"（三）冒用他人信用卡的；

"（四）恶意透支的。

"前款所称恶意透支，是指持卡人以非法占有为目的，超过规定限额或者规定期限透支，并且经发卡银行催收后仍不归还的行为。

"盗窃信用卡并使用的，依照本法第二百六十四条的规定定罪处罚。"

三、在刑法第三百六十九条中增加一款作为第二款，将该条修改为："破坏武器装备、军事设施、军事通信的，处三年以下有期徒刑、拘役或者管制；破坏重要武器装备、军事设施、军事通信的，处三年以上十年以下有期徒刑；情节特别严重的，处十年以上有期徒刑、无期徒刑或者死刑。

"过失犯前款罪，造成严重后果的，处三年以下有期徒刑或者拘役；造成特别严重后果的，处三年以上七年以下有期徒刑。

"战时犯前两款罪的，从重处罚。"

四、本修正案自公布之日起施行。

中华人民共和国刑法修正案（六）

(2006年6月29日第十届全国人民代表大会常务委员会第二十二次会议通过　2006年6月29日中华人民共和国主席令第五十一号公布)

一、将刑法第一百三十四条修改为："在生产、作业中违反有关安全管理的规定，因而发生重大伤亡事故或者造成其他严重后果的，处三年以下有期徒刑或者拘役；情节特别恶劣的，处三年以上七年以下有期徒刑。

"强令他人违章冒险作业，因而发生重大伤亡事故或者造成其他严重后果的，处五年以下有期徒刑或者拘役；情节特别恶劣的，处五年以上有期徒刑。"

二、将刑法第一百三十五条修改为："安全生产设施或者安全生产条件不符合国家规定，因而发生重大伤亡事故或者造成其他严重后果的，对直接负责的主管人员和其他直接责任人员，处三年以下有期徒刑或者拘役；情节特别恶劣的，处三年以上七年以下有期徒刑。"

三、在刑法第一百三十五条后增加一条，作为第一百三十五条之一："举办大型群众性活动违反安全管理规定，因而发生重大伤亡事故或者造成其他严重后果的，对直接负责的主管人员和其他直接责任人员，处三年以下有期徒刑或者拘役；情节特别恶劣的，处三年以上七年以下有期徒刑。"

四、在刑法第一百三十九条后增加一条，作为第一百三十九条之一："在安全事故发生后，负有报告职责的人员不报或者谎报事故情况，贻误事故抢救，情节严重的，处三年以下有期徒刑或者拘役；情节特别严重的，处三年以上七年以下有期徒刑。"

五、将刑法第一百六十一条修改为："依法负有信息披露义务的公司、企业向股东和社会公众提供虚假的或者隐瞒重要事实的财务会计报告，或者对依法应当披露的其他重要信息不按照规定披露，严重损害股东或者其他人利益，或者有其他严重情节的，对其直接负责的主管人员和其他直接责任人员,处三年以下有期徒刑或者拘役,并处或者单处二万元以上二十万元以下罚金。"

六、在刑法第一百六十二条之一后增加一条,作为第一百六十二条之二:"公司、企业通过隐匿财产、承担虚构的债务或者以其他方法转移、处分财产,实施虚假破产,严重损害债权人或者其他人利益的,对其直接负责的主管人员和其他直接责任人员,处五年以下有期徒刑或者拘役,并处或者单处二万元以上二十万元以下罚金。"

七、将刑法第一百六十三条修改为:"公司、企业或者其他单位的工作人员利用职务上的便利,索取他人财物或者非法收受他人财物,为他人谋取利益,数额较大的,处五年以下有期徒刑或者拘役;数额巨大的,处五年以上有期徒刑,可以并处没收财产。

"公司、企业或者其他单位的工作人员在经济往来中,利用职务上的便利,违反国家规定,收受各种名义的回扣、手续费,归个人所有的,依照前款的规定处罚。

"国有公司、企业或者其他国有单位中从事公务的人员和国有公司、企业或者其他国有单位委派到非国有公司、企业以及其他单位从事公务的人员有前两款行为的,依照本法第三百八十五条、第三百八十六条的规定定罪处罚。"

八、将刑法第一百六十四条第一款修改为:"为谋取不正当利益,给予公司、企业或者其他单位的工作人员以财物,数额较大的,处三年以下有期徒刑或者拘役;数额巨大的,处三年以上十年以下有期徒刑,并处罚金。"

九、在刑法第一百六十九条后增加一条,作为第一百六十九条之一:"上市公司的董事、监事、高级管理人员违背对公司的忠实义务,利用职务便利,操纵上市公司从事下列行为之一,致使上市公司利益遭受重大损失的,处三年以下有期徒刑或者拘役,并处或者单处罚金;致使上市公司利益遭受特别重大损失的,处三年以上七年以下有期徒刑,并处罚金:

"(一)无偿向其他单位或者个人提供资金、商品、服务或者其他资产的;

"(二)以明显不公平的条件,提供或者接受资金、商品、服务或者其他资产的;

"(三)向明显不具有清偿能力的单位或者个人提供资金、商品、服务

或者其他资产的;

"(四)为明显不具有清偿能力的单位或者个人提供担保,或者无正当理由为其他单位或者个人提供担保的;

"(五)无正当理由放弃债权、承担债务的;

"(六)采用其他方式损害上市公司利益的。

"上市公司的控股股东或者实际控制人,指使上市公司董事、监事、高级管理人员实施前款行为的,依照前款的规定处罚。

"犯前款罪的上市公司的控股股东或者实际控制人是单位的,对单位判处罚金,并对其直接负责的主管人员和其他直接责任人员,依照第一款的规定处罚。"

十、在刑法第一百七十五条后增加一条,作为第一百七十五条之一:"以欺骗手段取得银行或者其他金融机构贷款、票据承兑、信用证、保函等,给银行或者其他金融机构造成重大损失或者有其他严重情节的,处三年以下有期徒刑或者拘役,并处或者单处罚金;给银行或者其他金融机构造成特别重大损失或者有其他特别严重情节的,处三年以上七年以下有期徒刑,并处罚金。

"单位犯前款罪的,对单位判处罚金,并对其直接负责的主管人员和其他直接责任人员,依照前款的规定处罚。"

十一、将刑法第一百八十二条修改为:"有下列情形之一,操纵证券、期货市场,情节严重的,处五年以下有期徒刑或者拘役,并处或者单处罚金;情节特别严重的,处五年以上十年以下有期徒刑,并处罚金:

"(一)单独或者合谋,集中资金优势、持股或者持仓优势或者利用信息优势联合或者连续买卖,操纵证券、期货交易价格或者证券、期货交易量的;

"(二)与他人串通,以事先约定的时间、价格和方式相互进行证券、期货交易,影响证券、期货交易价格或者证券、期货交易量的;

"(三)在自己实际控制的帐户之间进行证券交易,或者以自己为交易对象,自买自卖期货合约,影响证券、期货交易价格或者证券、期货交易量的;

"(四)以其他方法操纵证券、期货市场的。

"单位犯前款罪的,对单位判处罚金,并对其直接负责的主管人员和其他直接责任人员,依照前款的规定处罚。"

十二、在刑法第一百八十五条后增加一条，作为第一百八十五条之一："商业银行、证券交易所、期货交易所、证券公司、期货经纪公司、保险公司或者其他金融机构，违背受托义务，擅自运用客户资金或者其他委托、信托的财产，情节严重的，对单位判处罚金，并对其直接负责的主管人员和其他直接责任人员，处三年以下有期徒刑或者拘役，并处三万元以上三十万元以下罚金；情节特别严重的，处三年以上十年以下有期徒刑，并处五万元以上五十万元以下罚金。

"社会保障基金管理机构、住房公积金管理机构等公众资金管理机构，以及保险公司、保险资产管理公司、证券投资基金管理公司，违反国家规定运用资金的，对其直接负责的主管人员和其他直接责任人员，依照前款的规定处罚。"

十三、将刑法第一百八十六条第一款、第二款修改为："银行或者其他金融机构的工作人员违反国家规定发放贷款，数额巨大或者造成重大损失的，处五年以下有期徒刑或者拘役，并处一万元以上十万元以下罚金；数额特别巨大或者造成特别重大损失的，处五年以上有期徒刑，并处二万元以上二十万元以下罚金。

"银行或者其他金融机构的工作人员违反国家规定，向关系人发放贷款的，依照前款的规定从重处罚。"

十四、将刑法第一百八十七条第一款修改为："银行或者其他金融机构的工作人员吸收客户资金不入帐，数额巨大或者造成重大损失的，处五年以下有期徒刑或者拘役，并处二万元以上二十万元以下罚金；数额特别巨大或者造成特别重大损失的，处五年以上有期徒刑，并处五万元以上五十万元以下罚金。"

十五、将刑法第一百八十八条第一款修改为："银行或者其他金融机构的工作人员违反规定，为他人出具信用证或者其他保函、票据、存单、资信证明，情节严重的，处五年以下有期徒刑或者拘役；情节特别严重的，处五年以上有期徒刑。"

十六、将刑法第一百九十一条第一款修改为："明知是毒品犯罪、黑社会性质的组织犯罪、恐怖活动犯罪、走私犯罪、贪污贿赂犯罪、破坏金融管理秩序犯罪、金融诈骗犯罪的所得及其产生的收益，为掩饰、隐瞒其来源和性质，有下列行为之一的，没收实施以上犯罪的所得及其产生的收益，处五年以下有期徒刑或者拘役，并处或者单处洗钱数额百分之五以上百分之二十以下罚金；情节严重的，处五年以上十年以下有期徒刑，并处洗钱数额百分之五以上百分之二十以下罚金：

"（一）提供资金帐户的；

"（二）协助将财产转换为现金、金融票据、有价证券的；

"（三）通过转帐或者其他结算方式协助资金转移的；

"（四）协助将资金汇往境外的；

"（五）以其他方法掩饰、隐瞒犯罪所得及其收益的来源和性质的。"

十七、在刑法第二百六十二条后增加一条，作为第二百六十二条之一："以暴力、胁迫手段组织残疾人或者不满十四周岁的未成年人乞讨的，处三年以下有期徒刑或者拘役，并处罚金；情节严重的，处三年以上七年以下有期徒刑，并处罚金。"

十八、将刑法第三百零三条修改为："以营利为目的，聚众赌博或者以赌博为业的，处三年以下有期徒刑、拘役或者管制，并处罚金。

"开设赌场的，处三年以下有期徒刑、拘役或者管制，并处罚金；情节严重的，处三年以上十年以下有期徒刑，并处罚金。"

十九、将刑法第三百一十二条修改为："明知是犯罪所得及其产生的收益而予以窝藏、转移、收购、代为销售或者以其他方法掩饰、隐瞒的，处三年以下有期徒刑、拘役或者管制，并处或者单处罚金；情节严重的，处三年以上七年以下有期徒刑，并处罚金。"

二十、在刑法第三百九十九条后增加一条，作为第三百九十九条之一："依法承担仲裁职责的人员，在仲裁活动中故意违背事实和法律作枉法裁决，情节严重的，处三年以下有期徒刑或者拘役；情节特别严重的，处三年以上七年以下有期徒刑。"

二十一、本修正案自公布之日起施行。

中华人民共和国刑法修正案（七）

(2009年2月28日第十一届全国人民代表大会常务委员会第七次会议通过 2009年2月28日中华人民共和国主席令第十号公布)

一、将刑法第一百五十一条第三款修改为："走私珍稀植物及其制品等国家禁止进出口的其他货物、物品的，处五年以下有期徒刑或者拘役，并处或者单处罚金；情节严重的，处五年以上有期徒刑，并处罚金。"

二、将刑法第一百八十条第一款修改为："证券、期货交易内幕信息的知情人员或者非法获取证券、期货交易内幕信息的人员，在涉及证券的发行，证券、期货交易或者其他对证券、期货交易价格有重大影响的信息尚未公开前，买入或者卖出该证券，或者从事与该内幕信息有关的期货交易，或者泄露该信息，或者明示、暗示他人从事上述交易活动，情节严重的，处五年以下有期徒刑或者拘役，并处或者单处违法所得一倍以上五倍以下罚金；情节特别严重的，处五年以上十年以下有期徒刑，并处违法所得一倍以上五倍以下罚金。"

增加一款作为第四款："证券交易所、期货交易所、证券公司、期货经纪公司、基金管理公司、商业银行、保险公司等金融机构的从业人员以及有关监管部门或者行业协会的工作人员，利用因职务便利获取的内幕信息以外的其他未公开的信息，违反规定，从事与该信息相关的证券、期货交易活动，或者明示、暗示他人从事相关交易活动，情节严重的，依照第一款的规定处罚。"

三、将刑法第二百零一条修改为："纳税人采取欺骗、隐瞒手段进行虚假纳税申报或者不申报，逃避缴纳税款数额较大并且占应纳税额百分之十以上的，处三年以下有期徒刑或者拘役，并处罚金；数额巨大并且占应纳税额百分之三十以上的，处三年以上七年以下有期徒刑，并处罚金。

"扣缴义务人采取前款所列手段，不缴或者少缴已扣、已收税款，数额较大的，依照前款的规定处罚。

"对多次实施前两款行为,未经处理的,按照累计数额计算。

"有第一款行为,经税务机关依法下达追缴通知后,补缴应纳税款,缴纳滞纳金,已受行政处罚的,不予追究刑事责任;但是,五年内因逃避缴纳税款受过刑事处罚或者被税务机关给予二次以上行政处罚的除外。"

四、在刑法第二百二十四条后增加一条,作为第二百二十四条之一:"组织、领导以推销商品、提供服务等经营活动为名,要求参加者以缴纳费用或者购买商品、服务等方式获得加入资格,并按照一定顺序组成层级,直接或者间接以发展人员的数量作为计酬或者返利依据,引诱、胁迫参加者继续发展他人参加,骗取财物,扰乱经济社会秩序的传销活动的,处五年以下有期徒刑或者拘役,并处罚金;情节严重的,处五年以上有期徒刑,并处罚金。"

五、将刑法第二百二十五条第三项修改为:"未经国家有关主管部门批准非法经营证券、期货、保险业务的,或者非法从事资金支付结算业务的;"

六、将刑法第二百三十九条修改为:"以勒索财物为目的绑架他人的,或者绑架他人作为人质的,处十年以上有期徒刑或者无期徒刑,并处罚金或者没收财产;情节较轻的,处五年以上十年以下有期徒刑,并处罚金。

"犯前款罪,致使被绑架人死亡或者杀害被绑架人的,处死刑,并处没收财产。

"以勒索财物为目的偷盗婴幼儿的,依照前两款的规定处罚。"

七、在刑法第二百五十三条后增加一条,作为第二百五十三条之一:"国家机关或者金融、电信、交通、教育、医疗等单位的工作人员,违反国家规定,将本单位在履行职责或者提供服务过程中获得的公民个人信息,出售或者非法提供给他人,情节严重的,处三年以下有期徒刑或者拘役,并处或者单处罚金。

"窃取或者以其他方法非法获取上述信息,情节严重的,依照前款的规定处罚。

"单位犯前两款罪的,对单位判处罚金,并对其直接负责的主管人员和其他直接责任人员,依照各该款的规定处罚。"

八、在刑法第二百六十二条之一后增加一条,作为第二百六十二条之二:"组织未成年人进行盗窃、诈骗、抢夺、敲诈勒索等违反治安管理活动的,处三年以下有期徒刑或者拘役,并处罚金;情节严重的,处三年以上七年以下有期徒刑,并处罚金。"

九、在刑法第二百八十五条中增加两款作为第二款、第三款:"违反国家规定,侵入前款规定以外的计算机信息系统或者采用其他技术手段,获取该计算机信息系统中存储、处理或者传输的数据,或者对该计算机信息系统实施非法控制,情节严重的,处三年以下有期徒刑或者拘役,并处或者单处罚金;情节特别严重的,处三年以上七年以下有期徒刑,并处罚金。

"提供专门用于侵入、非法控制计算机信息系统的程序、工具,或者明知他人实施侵入、非法控制计算机信息系统的违法犯罪行为而为其提供程序、工具,情节严重的,依照前款的规定处罚。"

十、在刑法第三百一十二条中增加一款作为第二款:"单位犯前款罪的,对单位判处罚金,并对其直接负责的主管人员和其他直接责任人员,依照前款的规定处罚。"

十一、将刑法第三百三十七条第一款修改为:"违反有关动植物防疫、检疫的国家规定,引起重大动植物疫情的,或者有引起重大动植物疫情危险,情节严重的,处三年以下有期徒刑或者拘役,并处或者单处罚金。"

十二、将刑法第三百七十五条第二款修改为:"非法生产、买卖武装部队制式服装,情节严重的,处三年以下有期徒刑、拘役或者管制,并处或者单处罚金。"

增加一款作为第三款:"伪造、盗窃、买卖或者非法提供、使用武装部队车辆号牌等专用标志,情节严重的,处三年以下有期徒刑、拘役或者管制,并处或者单处罚金;情节特别严重的,处三年以上七年以下有期徒刑,并处罚金。"

原第三款作为第四款,修改为:"单位犯第二款、第三款罪的,对单位判处罚金,并对其直接负责的主管人员和其他直接责任人员,依照各该款的规定处罚。"

十三、在刑法第三百八十八条后增加一条作为第三百八十八条之一:"国家工作人员的近亲属或者其他与该国家工作人员关系密切的人,通过该国家工作人员职务上的行为,或者利用该国家工作人员职权或者地位形成的便利条件,通过其他国家工作人员职务上的行为,为请托人谋取不正当利益,索取请托人财物或者收受请托人财物,数额较大或者有其他较重情节的,处三年以下有期徒刑或者拘役,并处罚金;数额巨大或者有其他严重情节的，处三年以上七年以下有期徒刑，并处罚金；数额特别巨大或者有其他特别严重情节的，处七年以上有期徒刑，并处罚金或者没收财产。

"离职的国家工作人员或者其近亲属以及其他与其关系密切的人，利用该离职的国家工作人员原职权或者地位形成的便利条件实施前款行为的，依照前款的规定定罪处罚。"

十四、将刑法第三百九十五条第一款修改为："国家工作人员的财产、支出明显超过合法收入，差额巨大的，可以责令该国家工作人员说明来源，不能说明来源的，差额部分以非法所得论，处五年以下有期徒刑或者拘役；差额特别巨大的，处五年以上十年以下有期徒刑。财产的差额部分予以追缴。"

十五、本修正案自公布之日起施行。

中华人民共和国刑法修正案（八）

（2011年2月25日第十一届全国人民代表大会常务委员会第十九次会议通过　2011年2月25日中华人民共和国主席令第四十一号公布）

一、在刑法第十七条后增加一条，作为第十七条之一："已满七十五周岁的人故意犯罪的，可以从轻或者减轻处罚；过失犯罪的，应当从轻或者减轻处罚。"

二、在刑法第三十八条中增加一款作为第二款："判处管制，可以根据犯罪情况，同时禁止犯罪分子在执行期间从事特定活动，进入特定区域、场所，接触特定的人。"

原第二款作为第三款，修改为："对判处管制的犯罪分子，依法实行社区矫正。"

增加一款作为第四款："违反第二款规定的禁止令的，由公安机关依照《中华人民共和国治安管理处罚法》的规定处罚。"

三、在刑法第四十九条中增加一款作为第二款："审判的时候已满七十五周岁的人，不适用死刑，但以特别残忍手段致人死亡的除外。"

四、将刑法第五十条修改为:"判处死刑缓期执行的,在死刑缓期执行期间,如果没有故意犯罪,二年期满以后,减为无期徒刑;如果确有重大立功表现,二年期满以后,减为二十五年有期徒刑;如果故意犯罪,查证属实的,由最高人民法院核准,执行死刑。

"对被判处死刑缓期执行的累犯以及因故意杀人、强奸、抢劫、绑架、放火、爆炸、投放危险物质或者有组织的暴力性犯罪被判处死刑缓期执行的犯罪分子,人民法院根据犯罪情节等情况可以同时决定对其限制减刑。"

五、将刑法第六十三条第一款修改为:"犯罪分子具有本法规定的减轻处罚情节的,应当在法定刑以下判处刑罚;本法规定有数个量刑幅度的,应当在法定量刑幅度的下一个量刑幅度内判处刑罚。"

六、将刑法第六十五条第一款修改为:"被判处有期徒刑以上刑罚的犯罪分子,刑罚执行完毕或者赦免以后,在五年以内再犯应当判处有期徒刑以上刑罚之罪的,是累犯,应当从重处罚,但是过失犯罪和不满十八周岁的人犯罪的除外。"

七、将刑法第六十六条修改为:"危害国家安全犯罪、恐怖活动犯罪、黑社会性质的组织犯罪的犯罪分子,在刑罚执行完毕或者赦免以后,在任何时候再犯上述任一类罪的,都以累犯论处。"

八、在刑法第六十七条中增加一款作为第三款:"犯罪嫌疑人虽不具有前两款规定的自首情节,但是如实供述自己罪行的,可以从轻处罚;因其如实供述自己罪行,避免特别严重后果发生的,可以减轻处罚。"

九、删去刑法第六十八条第二款。

十、将刑法第六十九条修改为:"判决宣告以前一人犯数罪的,除判处死刑和无期徒刑的以外,应当在总和刑期以下、数刑中最高刑期以上,酌情决定执行的刑期,但是管制最高不能超过三年,拘役最高不能超过一年,有期徒刑总和刑期不满三十五年的,最高不能超过二十年,总和刑期在三十五年以上的,最高不能超过二十五年。

"数罪中有判处附加刑的,附加刑仍须执行,其中附加刑种类相同的,合并执行,种类不同的,分别执行。"

十一、将刑法第七十二条修改为:"对于被判处拘役、三年以下有期徒刑的犯罪分子,同时符合下列条件的,可以宣告缓刑,对其中不满十八周岁的人、怀孕的妇女和已满七十五周岁的人,应当宣告缓刑:

"(一)犯罪情节较轻;

"（二）有悔罪表现；

"（三）没有再犯罪的危险；

"（四）宣告缓刑对所居住社区没有重大不良影响。

"宣告缓刑，可以根据犯罪情况，同时禁止犯罪分子在缓刑考验期限内从事特定活动，进入特定区域、场所，接触特定的人。

"被宣告缓刑的犯罪分子，如果被判处附加刑，附加刑仍须执行。"

十二、将刑法第七十四条修改为："对于累犯和犯罪集团的首要分子，不适用缓刑。"

十三、将刑法第七十六条修改为："对宣告缓刑的犯罪分子，在缓刑考验期限内，依法实行社区矫正，如果没有本法第七十七条规定的情形，缓刑考验期满，原判的刑罚就不再执行，并公开予以宣告。"

十四、将刑法第七十七条第二款修改为："被宣告缓刑的犯罪分子，在缓刑考验期限内，违反法律、行政法规或者国务院有关部门关于缓刑的监督管理规定，或者违反人民法院判决中的禁止令，情节严重的，应当撤销缓刑，执行原判刑罚。"

十五、将刑法第七十八条第二款修改为："减刑以后实际执行的刑期不能少于下列期限：

"（一）判处管制、拘役、有期徒刑的，不能少于原判刑期的二分之一；

"（二）判处无期徒刑的，不能少于十三年；

"（三）人民法院依照本法第五十条第二款规定限制减刑的死刑缓期执行的犯罪分子，缓期执行期满后依法减为无期徒刑的，不能少于二十五年，缓期执行期满后依法减为二十五年有期徒刑的，不能少于二十年。"

十六、将刑法第八十一条修改为："被判处有期徒刑的犯罪分子，执行原判刑期二分之一以上，被判处无期徒刑的犯罪分子，实际执行十三年以上，如果认真遵守监规，接受教育改造，确有悔改表现，没有再犯罪的危险的，可以假释。如果有特殊情况，经最高人民法院核准，可以不受上述执行刑期的限制。

"对累犯以及因故意杀人、强奸、抢劫、绑架、放火、爆炸、投放危险物质或者有组织的暴力性犯罪被判处十年以上有期徒刑、无期徒刑的犯罪分子，不得假释。

"对犯罪分子决定假释时，应当考虑其假释后对所居住社区的影响。"

十七、将刑法第八十五条修改为:"对假释的犯罪分子,在假释考验期限内,依法实行社区矫正,如果没有本法第八十六条规定的情形,假释考验期满,就认为原判刑罚已经执行完毕,并公开予以宣告。"

十八、将刑法第八十六条第三款修改为:"被假释的犯罪分子,在假释考验期限内,有违反法律、行政法规或者国务院有关部门关于假释的监督管理规定的行为,尚未构成新的犯罪的,应当依照法定程序撤销假释,收监执行未执行完毕的刑罚。"

十九、在刑法第一百条中增加一款作为第二款:"犯罪的时候不满十八周岁被判处五年有期徒刑以下刑罚的人,免除前款规定的报告义务。"

二十、将刑法第一百零七条修改为:"境内外机构、组织或者个人资助实施本章第一百零二条、第一百零三条、第一百零四条、第一百零五条规定之罪的,对直接责任人员,处五年以下有期徒刑、拘役、管制或者剥夺政治权利;情节严重的,处五年以上有期徒刑。"

二十一、将刑法第一百零九条修改为:"国家机关工作人员在履行公务期间,擅离岗位,叛逃境外或者在境外叛逃的,处五年以下有期徒刑、拘役、管制或者剥夺政治权利;情节严重的,处五年以上十年以下有期徒刑。

"掌握国家秘密的国家工作人员叛逃境外或者在境外叛逃的,依照前款的规定从重处罚。"

二十二、在刑法第一百三十三条后增加一条,作为第一百三十三条之一:"在道路上驾驶机动车追逐竞驶,情节恶劣的,或者在道路上醉酒驾驶机动车的,处拘役,并处罚金。

"有前款行为,同时构成其他犯罪的,依照处罚较重的规定定罪处罚。"

二十三、将刑法第一百四十一条第一款修改为:"生产、销售假药的,处三年以下有期徒刑或者拘役,并处罚金;对人体健康造成严重危害或者有其他严重情节的,处三年以上十年以下有期徒刑,并处罚金;致人死亡或者有其他特别严重情节的,处十年以上有期徒刑、无期徒刑或者死刑,并处罚金或者没收财产。"

二十四、将刑法第一百四十三条修改为:"生产、销售不符合食品安全标准的食品,足以造成严重食物中毒事故或者其他严重食源性疾病的,处三年以下有期徒刑或者拘役,并处罚金;对人体健康造成严重危害或者有其他严重情节的,处三年以上七年以下有期徒刑,并处罚金;后果特别严重的,处七年以上有期徒刑或者无期徒刑,并处罚金或者没收财产。"

二十五、将刑法第一百四十四条修改为:"在生产、销售的食品中掺入有毒、有害的非食品原料的,或者销售明知掺有有毒、有害的非食品原料的食品的,处五年以下有期徒刑,并处罚金;对人体健康造成严重危害或者有其他严重情节的,处五年以上十年以下有期徒刑,并处罚金;致人死亡或者有其他特别严重情节的,依照本法第一百四十一条的规定处罚。"

二十六、将刑法第一百五十一条修改为:"走私武器、弹药、核材料或者伪造的货币的,处七年以上有期徒刑,并处罚金或者没收财产;情节特别严重的,处无期徒刑或者死刑,并处没收财产;情节较轻的,处三年以上七年以下有期徒刑,并处罚金。

"走私国家禁止出口的文物、黄金、白银和其他贵重金属或者国家禁止进出口的珍贵动物及其制品的,处五年以上十年以下有期徒刑,并处罚金;情节特别严重的,处十年以上有期徒刑或者无期徒刑,并处没收财产;情节较轻的,处五年以下有期徒刑,并处罚金。

"走私珍稀植物及其制品等国家禁止进出口的其他货物、物品的,处五年以下有期徒刑或者拘役,并处或者单处罚金;情节严重的,处五年以上有期徒刑,并处罚金。

"单位犯本条规定之罪的,对单位判处罚金,并对其直接负责的主管人员和其他直接责任人员,依照本条各款的规定处罚。"

二十七、将刑法第一百五十三条第一款修改为:"走私本法第一百五十一条、第一百五十二条、第三百四十七条规定以外的货物、物品的,根据情节轻重,分别依照下列规定处罚:

"(一)走私货物、物品偷逃应缴税额较大或者一年内曾因走私被给予二次行政处罚后又走私的,处三年以下有期徒刑或者拘役,并处偷逃应缴税额一倍以上五倍以下罚金。

"(二)走私货物、物品偷逃应缴税额巨大或者有其他严重情节的,处三年以上十年以下有期徒刑,并处偷逃应缴税额一倍以上五倍以下罚金。

"(三)走私货物、物品偷逃应缴税额特别巨大或者有其他特别严重情节的,处十年以上有期徒刑或者无期徒刑,并处偷逃应缴税额一倍以上五倍以下罚金或者没收财产。"

二十八、将刑法第一百五十七条第一款修改为:"武装掩护走私的,依照本法第一百五十一条第一款的规定从重处罚。"

二十九、将刑法第一百六十四条修改为:"为谋取不正当利益,给予公司、企业或者其他单位的工作人员以财物,数额较大的,处三年以下有期徒刑或者拘役;数额巨大的,处三年以上十年以下有期徒刑,并处罚金。

"为谋取不正当商业利益,给予外国公职人员或者国际公共组织官员以财物的,依照前款的规定处罚。

"单位犯前两款罪的,对单位判处罚金,并对其直接负责的主管人员和其他直接责任人员,依照第一款的规定处罚。

"行贿人在被追诉前主动交待行贿行为的,可以减轻处罚或者免除处罚。"

三十、将刑法第一百九十九条修改为:"犯本节第一百九十二条规定之罪,数额特别巨大并且给国家和人民利益造成特别重大损失的,处无期徒刑或者死刑,并处没收财产。"

三十一、将刑法第二百条修改为:"单位犯本节第一百九十二条、第一百九十四条、第一百九十五条规定之罪的,对单位判处罚金,并对其直接负责的主管人员和其他直接责任人员,处五年以下有期徒刑或者拘役,可以并处罚金;数额巨大或者有其他严重情节的,处五年以上十年以下有期徒刑,并处罚金;数额特别巨大或者有其他特别严重情节的,处十年以上有期徒刑或者无期徒刑,并处罚金。"

三十二、删去刑法第二百零五条第二款。

三十三、在刑法第二百零五条后增加一条,作为第二百零五条之一:"虚开本法第二百零五条规定以外的其他发票,情节严重的,处二年以下有期徒刑、拘役或者管制,并处罚金;情节特别严重的,处二年以上七年以下有期徒刑,并处罚金。

"单位犯前款罪的,对单位判处罚金,并对其直接负责的主管人员和其他直接责任人员,依照前款的规定处罚。"

三十四、删去刑法第二百零六条第二款。

三十五、在刑法第二百一十条后增加一条,作为第二百一十条之一:"明知是伪造的发票而持有,数量较大的,处二年以下有期徒刑、拘役或者管制,并处罚金;数量巨大的,处二年以上七年以下有期徒刑,并处罚金。

"单位犯前款罪的,对单位判处罚金,并对其直接负责的主管人员和其他直接责任人员,依照前款的规定处罚。"

三十六、将刑法第二百二十六条修改为:"以暴力、威胁手段,实施下列行为之一,情节严重的,处三年以下有期徒刑或者拘役,并处或者单处罚金;情节特别严重的,处三年以上七年以下有期徒刑,并处罚金:

"(一)强买强卖商品的;

"(二)强迫他人提供或者接受服务的;

"(三)强迫他人参与或者退出投标、拍卖的;

"(四)强迫他人转让或者收购公司、企业的股份、债券或者其他资产的;

"(五)强迫他人参与或者退出特定的经营活动的。"

三十七、在刑法第二百三十四条后增加一条,作为第二百三十四条之一:"组织他人出卖人体器官的,处五年以下有期徒刑,并处罚金;情节严重的,处五年以上有期徒刑,并处罚金或者没收财产。

"未经本人同意摘取其器官,或者摘取不满十八周岁的人的器官,或者强迫、欺骗他人捐献器官的,依照本法第二百三十四条、第二百三十二条的规定定罪处罚。

"违背本人生前意愿摘取其尸体器官,或者本人生前未表示同意,违反国家规定,违背其近亲属意愿摘取其尸体器官的,依照本法第三百零二条的规定定罪处罚。"

三十八、将刑法第二百四十四条修改为:"以暴力、威胁或者限制人身自由的方法强迫他人劳动的,处三年以下有期徒刑或者拘役,并处罚金;情节严重的,处三年以上十年以下有期徒刑,并处罚金。

"明知他人实施前款行为,为其招募、运送人员或者有其他协助强迫他人劳动行为的,依照前款的规定处罚。

"单位犯前两款罪的,对单位判处罚金,并对其直接负责的主管人员和其他直接责任人员,依照第一款的规定处罚。"

三十九、将刑法第二百六十四条修改为:"盗窃公私财物,数额较大的,或者多次盗窃、入户盗窃、携带凶器盗窃、扒窃的,处三年以下有期徒刑、拘役或者管制,并处或者单处罚金;数额巨大或者有其他严重情节的,处三年以上十年以下有期徒刑,并处罚金;数额特别巨大或者有其他特别严重情节的,处十年以上有期徒刑或者无期徒刑,并处罚金或者没收财产。"

四十、将刑法第二百七十四条修改为："敲诈勒索公私财物，数额较大或者多次敲诈勒索的，处三年以下有期徒刑、拘役或者管制，并处或者单处罚金；数额巨大或者有其他严重情节的，处三年以上十年以下有期徒刑，并处罚金；数额特别巨大或者有其他特别严重情节的，处十年以上有期徒刑，并处罚金。"

四十一、在刑法第二百七十六条后增加一条，作为第二百七十六条之一："以转移财产、逃匿等方法逃避支付劳动者的劳动报酬或者有能力支付而不支付劳动者的劳动报酬，数额较大，经政府有关部门责令支付仍不支付的，处三年以下有期徒刑或者拘役，并处或者单处罚金；造成严重后果的，处三年以上七年以下有期徒刑，并处罚金。

"单位犯前款罪的，对单位判处罚金，并对其直接负责的主管人员和其他直接责任人员，依照前款的规定处罚。

"有前两款行为，尚未造成严重后果，在提起公诉前支付劳动者的劳动报酬，并依法承担相应赔偿责任的，可以减轻或者免除处罚。"

四十二、将刑法第二百九十三条修改为："有下列寻衅滋事行为之一，破坏社会秩序的，处五年以下有期徒刑、拘役或者管制：

"（一）随意殴打他人，情节恶劣的；

"（二）追逐、拦截、辱骂、恐吓他人，情节恶劣的；

"（三）强拿硬要或者任意损毁、占用公私财物，情节严重的；

"（四）在公共场所起哄闹事，造成公共场所秩序严重混乱的。

"纠集他人多次实施前款行为，严重破坏社会秩序的，处五年以上十年以下有期徒刑，可以并处罚金。"

四十三、将刑法第二百九十四条修改为："组织、领导黑社会性质的组织的，处七年以上有期徒刑，并处没收财产；积极参加的，处三年以上七年以下有期徒刑，可以并处罚金或者没收财产；其他参加的，处三年以下有期徒刑、拘役、管制或者剥夺政治权利，可以并处罚金。

"境外的黑社会组织的人员到中华人民共和国境内发展组织成员的，处三年以上十年以下有期徒刑。

"国家机关工作人员包庇黑社会性质的组织，或者纵容黑社会性质的组织进行违法犯罪活动的，处五年以下有期徒刑；情节严重的，处五年以上有期徒刑。

"犯前三款罪又有其他犯罪行为的,依照数罪并罚的规定处罚。

"黑社会性质的组织应当同时具备以下特征:

"(一)形成较稳定的犯罪组织,人数较多,有明确的组织者、领导者,骨干成员基本固定;

"(二)有组织地通过违法犯罪活动或者其他手段获取经济利益,具有一定的经济实力,以支持该组织的活动;

"(三)以暴力、威胁或者其他手段,有组织地多次进行违法犯罪活动,为非作恶,欺压、残害群众;

"(四)通过实施违法犯罪活动,或者利用国家工作人员的包庇或者纵容,称霸一方,在一定区域或者行业内,形成非法控制或者重大影响,严重破坏经济、社会生活秩序。"

四十四、将刑法第二百九十五条修改为:"传授犯罪方法的,处五年以下有期徒刑、拘役或者管制;情节严重的,处五年以上十年以下有期徒刑;情节特别严重的,处十年以上有期徒刑或者无期徒刑。"

四十五、将刑法第三百二十八条第一款修改为:"盗掘具有历史、艺术、科学价值的古文化遗址、古墓葬的,处三年以上十年以下有期徒刑,并处罚金;情节较轻的,处三年以下有期徒刑、拘役或者管制,并处罚金;有下列情形之一的,处十年以上有期徒刑或者无期徒刑,并处罚金或者没收财产:

"(一)盗掘确定为全国重点文物保护单位和省级文物保护单位的古文化遗址、古墓葬的;

"(二)盗掘古文化遗址、古墓葬集团的首要分子;

"(三)多次盗掘古文化遗址、古墓葬的;

"(四)盗掘古文化遗址、古墓葬,并盗窃珍贵文物或者造成珍贵文物严重破坏的。"

四十六、将刑法第三百三十八条修改为:"违反国家规定,排放、倾倒或者处置有放射性的废物、含传染病病原体的废物、有毒物质或者其他有害物质,严重污染环境的,处三年以下有期徒刑或者拘役,并处或者单处罚金;后果特别严重的,处三年以上七年以下有期徒刑,并处罚金。"

四十七、将刑法第三百四十三条第一款修改为:"违反矿产资源法的规定,未取得采矿许可证擅自采矿,擅自进入国家规划矿区、对国民经济具有重要价值的矿区和他人矿区范围采矿,或者擅自开采国家规定实行保护性开采的特定矿种,情节严重的,处三年以下有期徒刑、拘役或者管制,并处或者单处罚金;情节特别严重的,处三年以上七年以下有期徒刑,并处罚金。"

四十八、将刑法第三百五十八条第三款修改为:"为组织卖淫的人招募、运送人员或者有其他协助组织他人卖淫行为的,处五年以下有期徒刑,并处罚金;情节严重的,处五年以上十年以下有期徒刑,并处罚金。"

四十九、在刑法第四百零八条后增加一条,作为第四百零八条之一:"负有食品安全监督管理职责的国家机关工作人员,滥用职权或者玩忽职守,导致发生重大食品安全事故或者造成其他严重后果的,处五年以下有期徒刑或者拘役;造成特别严重后果的,处五年以上十年以下有期徒刑。

"徇私舞弊犯前款罪的,从重处罚。"

五十、本修正案自 2011 年 5 月 1 日起施行。

中华人民共和国刑法修正案(九)

(2015 年 8 月 29 日第十二届全国人民代表大会常务委员会第十六次会议通过 2015 年 8 月 29 日中华人民共和国主席令第三十号公布)

一、在刑法第三十七条后增加一条,作为第三十七条之一:"因利用职业便利实施犯罪,或者实施违背职业要求的特定义务的犯罪被判处刑罚的,人民法院可以根据犯罪情况和预防再犯罪的需要,禁止其自刑罚执行完毕之日或者假释之日起从事相关职业,期限为三年至五年。

"被禁止从事相关职业的人违反人民法院依照前款规定作出的决定的,由公安机关依法给予处罚;情节严重的,依照本法第三百一十三条的规定定罪处罚。

"其他法律、行政法规对其从事相关职业另有禁止或者限制性规定的,从其规定。"

二、将刑法第五十条第一款修改为:"判处死刑缓期执行的,在死刑缓期执行期间,如果没有故意犯罪,二年期满以后,减为无期徒刑;如果确有重大立功表现,二年期满以后,减为二十五年有期徒刑;如果故意犯罪，情节恶劣的，报请最高人民法院核准后执行死刑；对于故意犯罪未执行死刑，死刑缓期执行的期间重新计算，并报最高人民法院备案。"

三、将刑法第五十三条修改为："罚金在判决指定的期限内一次或者分期缴纳。期满不缴纳的，强制缴纳。对于不能全部缴纳罚金的，人民法院在任何时候发现被执行人有可以执行的财产，应当随时追缴。

"由于遭遇不能抗拒的灾祸等原因缴纳确实有困难的，经人民法院裁定，可以延期缴纳、酌情减少或者免除。"

四、在刑法第六十九条中增加一款作为第二款："数罪中有判处有期徒刑和拘役的，执行有期徒刑。数罪中有判处有期徒刑和管制，或者拘役和管制的，有期徒刑、拘役执行完毕后，管制仍须执行。"

原第二款作为第三款。

五、将刑法第一百二十条修改为："组织、领导恐怖活动组织的，处十年以上有期徒刑或者无期徒刑，并处没收财产；积极参加的，处三年以上十年以下有期徒刑，并处罚金；其他参加的，处三年以下有期徒刑、拘役、管制或者剥夺政治权利，可以并处罚金。

"犯前款罪并实施杀人、爆炸、绑架等犯罪的，依照数罪并罚的规定处罚。"

六、将刑法第一百二十条之一修改为："资助恐怖活动组织、实施恐怖活动的个人的，或者资助恐怖活动培训的，处五年以下有期徒刑、拘役、管制或者剥夺政治权利，并处罚金；情节严重的，处五年以上有期徒刑，并处罚金或者没收财产。

"为恐怖活动组织、实施恐怖活动或者恐怖活动培训招募、运送人员的，依照前款的规定处罚。

"单位犯前两款罪的，对单位判处罚金，并对其直接负责的主管人员和其他直接责任人员，依照第一款的规定处罚。"

七、在刑法第一百二十条之一后增加五条，作为第一百二十条之二、第一百二十条之三、第一百二十条之四、第一百二十条之五、第一百二十条之六：

"第一百二十条之二　有下列情形之一的，处五年以下有期徒刑、拘役、管制或者剥夺政治权利，并处罚金；情节严重的，处五年以上有期徒刑，并处罚金或者没收财产：

"（一）为实施恐怖活动准备凶器、危险物品或者其他工具的；

"（二）组织恐怖活动培训或者积极参加恐怖活动培训的；

"（三）为实施恐怖活动与境外恐怖活动组织或者人员联络的；

"（四）为实施恐怖活动进行策划或者其他准备的。

"有前款行为，同时构成其他犯罪的，依照处罚较重的规定定罪处罚。

"第一百二十条之三 以制作、散发宣扬恐怖主义、极端主义的图书、音频视频资料或者其他物品，或者通过讲授、发布信息等方式宣扬恐怖主义、极端主义的，或者煽动实施恐怖活动的，处五年以下有期徒刑、拘役、管制或者剥夺政治权利，并处罚金；情节严重的，处五年以上有期徒刑，并处罚金或者没收财产。

"第一百二十条之四 利用极端主义煽动、胁迫群众破坏国家法律确立的婚姻、司法、教育、社会管理等制度实施的，处三年以下有期徒刑、拘役或者管制，并处罚金；情节严重的，处三年以上七年以下有期徒刑，并处罚金；情节特别严重的，处七年以上有期徒刑，并处罚金或者没收财产。

"第一百二十条之五 以暴力、胁迫等方式强制他人在公共场所穿着、佩戴宣扬恐怖主义、极端主义服饰、标志的，处三年以下有期徒刑、拘役或者管制，并处罚金。

"第一百二十条之六 明知是宣扬恐怖主义、极端主义的图书、音频视频资料或者其他物品而非法持有，情节严重的，处三年以下有期徒刑、拘役或者管制，并处或者单处罚金。"

八、将刑法第一百三十三条之一修改为："在道路上驾驶机动车，有下列情形之一的，处拘役，并处罚金：

"（一）追逐竞驶，情节恶劣的；

"（二）醉酒驾驶机动车的；

"（三）从事校车业务或者旅客运输，严重超过额定乘员载客，或者严重超过规定时速行驶的；

"（四）违反危险化学品安全管理规定运输危险化学品，危及公共安全的。

"机动车所有人、管理人对前款第三项、第四项行为负有直接责任的，依照前款的规定处罚。

"有前两款行为，同时构成其他犯罪的，依照处罚较重的规定定罪处罚。"

九、将刑法第一百五十一条第一款修改为："走私武器、弹药、核材料或者伪造的货币的，处七年以上有期徒刑，并处罚金或者没收财产；情节特别严重的，处无期徒刑，并处没收财产；情节较轻的，处三年以上七年以下有期徒刑，并处罚金。"

十、将刑法第一百六十四条第一款修改为："为谋取不正当利益，给予公司、企业或者其他单位的工作人员以财物，数额较大的，处三年以下有期徒刑或者拘役，并处罚金；数额巨大的，处三年以上十年以下有期徒刑，并处罚金。"

十一、将刑法第一百七十条修改为："伪造货币的，处三年以上十年以下有期徒刑，并处罚金；有下列情形之一的，处十年以上有期徒刑或者无期徒刑，并处罚金或者没收财产：

"（一）伪造货币集团的首要分子；

"（二）伪造货币数额特别巨大的；

"（三）有其他特别严重情节的。"

十二、删去刑法第一百九十九条。

十三、将刑法第二百三十七条修改为："以暴力、胁迫或者其他方法强制猥亵他人或者侮辱妇女的，处五年以下有期徒刑或者拘役。

"聚众或者在公共场所当众犯前款罪的，或者有其他恶劣情节的，处五年以上有期徒刑。

"猥亵儿童的，依照前两款的规定从重处罚。"

十四、将刑法第二百三十九条第二款修改为："犯前款罪，杀害被绑架人的，或者故意伤害被绑架人，致人重伤、死亡的，处无期徒刑或者死刑，并处没收财产。"

十五、将刑法第二百四十一条第六款修改为："收买被拐卖的妇女、儿童，对被买儿童没有虐待行为，不阻碍对其进行解救的，可以从轻处罚；按照被买妇女的意愿，不阻碍其返回原居住地的，可以从轻或者减轻处罚。"

十六、在刑法第二百四十六条中增加一款作为第三款："通过信息网络实施第一款规定的行为，被害人向人民法院告诉，但提供证据确有困难的，人民法院可以要求公安机关提供协助。"

十七、将刑法第二百五十三条之一修改为："违反国家有关规定，向他人出售或者提供公民个人信息，情节严重的，处三年以下有期徒刑或者拘役，并处或者单处罚金；情节特别严重的，处三年以上七年以下有期徒刑，并处罚金。

"违反国家有关规定，将在履行职责或者提供服务过程中获得的公民个人信息，出售或者提供给他人的，依照前款的规定从重处罚。

"窃取或者以其他方法非法获取公民个人信息的，依照第一款的规定处罚。

"单位犯前三款罪的，对单位判处罚金，并对其直接负责的主管人员和其他直接责任人员，依照各该款的规定处罚。"

十八、将刑法第二百六十条第三款修改为："第一款罪，告诉的才处理，但被害人没有能力告诉，或者因受到强制、威吓无法告诉的除外。"

十九、在刑法第二百六十条后增加一条，作为第二百六十条之一："对未成年人、老年人、患病的人、残疾人等负有监护、看护职责的人虐待被监护、看护的人，情节恶劣的，处三年以下有期徒刑或者拘役。

"单位犯前款罪的，对单位判处罚金，并对其直接负责的主管人员和其他直接责任人员，依照前款的规定处罚。

"有第一款行为，同时构成其他犯罪的，依照处罚较重的规定定罪处罚。"

二十、将刑法第二百六十七条第一款修改为："抢夺公私财物，数额较大的，或者多次抢夺的，处三年以下有期徒刑、拘役或者管制，并处或者单处罚金；数额巨大或者有其他严重情节的，处三年以上十年以下有期徒刑，并处罚金；数额特别巨大或者有其他特别严重情节的，处十年以上有期徒刑或者无期徒刑，并处罚金或者没收财产。"

二十一、在刑法第二百七十七条中增加一款作为第五款："暴力袭击正在依法执行职务的人民警察的，依照第一款的规定从重处罚。"

二十二、将刑法第二百八十条修改为："伪造、变造、买卖或者盗窃、抢夺、毁灭国家机关的公文、证件、印章的，处三年以下有期徒刑、拘役、管制或者剥夺政治权利，并处罚金；情节严重的，处三年以上十年以下有期徒刑，并处罚金。

"伪造公司、企业、事业单位、人民团体的印章的，处三年以下有期徒刑、拘役、管制或者剥夺政治权利，并处罚金。

"伪造、变造、买卖居民身份证、护照、社会保障卡、驾驶证等依法可以用于证明身份的证件的，处三年以下有期徒刑、拘役、管制或者剥夺政治权利,并处罚金;情节严重的,处三年以上七年以下有期徒刑,并处罚金。"

二十三、在刑法第二百八十条后增加一条作为第二百八十条之一:"在依照国家规定应当提供身份证明的活动中,使用伪造、变造的或者盗用他人的居民身份证、护照、社会保障卡、驾驶证等依法可以用于证明身份的证件,情节严重的,处拘役或者管制,并处或者单处罚金。

"有前款行为,同时构成其他犯罪的,依照处罚较重的规定定罪处罚。"

二十四、将刑法第二百八十三条修改为:"非法生产、销售专用间谍器材或者窃听、窃照专用器材的,处三年以下有期徒刑、拘役或者管制,并处或者单处罚金;情节严重的,处三年以上七年以下有期徒刑,并处罚金。

"单位犯前款罪的,对单位判处罚金,并对其直接负责的主管人员和其他直接责任人员,依照前款的规定处罚。"

二十五、在刑法第二百八十四条后增加一条,作为第二百八十四条之一:"在法律规定的国家考试中,组织作弊的,处三年以下有期徒刑或者拘役,并处或者单处罚金;情节严重的,处三年以上七年以下有期徒刑,并处罚金。

"为他人实施前款犯罪提供作弊器材或者其他帮助的,依照前款的规定处罚。

"为实施考试作弊行为,向他人非法出售或者提供第一款规定的考试的试题、答案的,依照第一款的规定处罚。

"代替他人或者让他人代替自己参加第一款规定的考试的,处拘役或者管制,并处或者单处罚金。"

二十六、在刑法第二百八十五条中增加一款作为第四款:"单位犯前三款罪的,对单位判处罚金,并对其直接负责的主管人员和其他直接责任人员,依照各该款的规定处罚。"

二十七、在刑法第二百八十六条中增加一款作为第四款:"单位犯前三款罪的,对单位判处罚金,并对其直接负责的主管人员和其他直接责任人员,依照第一款的规定处罚。"

二十八、在刑法第二百八十六条后增加一条,作为第二百八十六条之一:"网络服务提供者不履行法律、行政法规规定的信息网络安全管理义务，经监管部门责令采取改正措施而拒不改正，有下列情形之一的，处三年以下有期徒刑、拘役或者管制，并处或者单处罚金：

"（一）致使违法信息大量传播的；

"（二）致使用户信息泄露，造成严重后果的；

"（三）致使刑事案件证据灭失，情节严重的；

"（四）有其他严重情节的。

"单位犯前款罪的，对单位判处罚金，并对其直接负责的主管人员和其他直接责任人员，依照前款的规定处罚。

"有前两款行为，同时构成其他犯罪的，依照处罚较重的规定定罪处罚。"

二十九、在刑法第二百八十七条后增加二条，作为第二百八十七条之一、第二百八十七条之二：

"第二百八十七条之一 利用信息网络实施下列行为之一，情节严重的，处三年以下有期徒刑或者拘役，并处或者单处罚金：

"（一）设立用于实施诈骗、传授犯罪方法、制作或者销售违禁物品、管制物品等违法犯罪活动的网站、通讯群组的；

"（二）发布有关制作或者销售毒品、枪支、淫秽物品等违禁物品、管制物品或者其他违法犯罪信息的；

"（三）为实施诈骗等违法犯罪活动发布信息的。

"单位犯前款罪的，对单位判处罚金，并对其直接负责的主管人员和其他直接责任人员，依照第一款的规定处罚。

"有前两款行为，同时构成其他犯罪的，依照处罚较重的规定定罪处罚。

"第二百八十七条之二 明知他人利用信息网络实施犯罪，为其犯罪提供互联网接入、服务器托管、网络存储、通讯传输等技术支持，或者提供广告推广、支付结算等帮助，情节严重的，处三年以下有期徒刑或者拘役，并处或者单处罚金。

"单位犯前款罪的，对单位判处罚金，并对其直接负责的主管人员和其他直接责任人员，依照第一款的规定处罚。

"有前两款行为，同时构成其他犯罪的，依照处罚较重的规定定罪处罚。"

三十、将刑法第二百八十八条第一款修改为："违反国家规定，擅自设置、使用无线电台（站），或者擅自使用无线电频率，干扰无线电通讯秩序，情节严重的，处三年以下有期徒刑、拘役或者管制，并处或者单处罚金；情节特别严重的，处三年以上七年以下有期徒刑，并处罚金。"

三十一、将刑法第二百九十条第一款修改为："聚众扰乱社会秩序，情节严重，致使工作、生产、营业和教学、科研、医疗无法进行，造成严重损失的，对首要分子，处三年以上七年以下有期徒刑；对其他积极参加的，处三年以下有期徒刑、拘役、管制或者剥夺政治权利。"

增加二款作为第三款、第四款："多次扰乱国家机关工作秩序，经行政处罚后仍不改正，造成严重后果的，处三年以下有期徒刑、拘役或者管制。

"多次组织、资助他人非法聚集，扰乱社会秩序，情节严重的，依照前款的规定处罚。"

三十二、在刑法第二百九十一条之一中增加一款作为第二款："编造虚假的险情、疫情、灾情、警情，在信息网络或者其他媒体上传播，或者明知是上述虚假信息，故意在信息网络或者其他媒体上传播，严重扰乱社会秩序的，处三年以下有期徒刑、拘役或者管制；造成严重后果的，处三年以上七年以下有期徒刑。"

三十三、将刑法第三百条修改为："组织、利用会道门、邪教组织或者利用迷信破坏国家法律、行政法规实施的，处三年以上七年以下有期徒刑，并处罚金；情节特别严重的，处七年以上有期徒刑或者无期徒刑，并处罚金或者没收财产；情节较轻的，处三年以下有期徒刑、拘役、管制或者剥夺政治权利，并处或者单处罚金。

"组织、利用会道门、邪教组织或者利用迷信蒙骗他人，致人重伤、死亡的，依照前款的规定处罚。

"犯第一款罪又有奸淫妇女、诈骗财物等犯罪行为的，依照数罪并罚的规定处罚。"

三十四、将刑法第三百零二条修改为："盗窃、侮辱、故意毁坏尸体、尸骨、骨灰的，处三年以下有期徒刑、拘役或者管制。"

三十五、在刑法第三百零七条后增加一条，作为第三百零七条之一："以捏造的事实提起民事诉讼，妨害司法秩序或者严重侵害他人合法权益的，处三年以下有期徒刑、拘役或者管制，并处或者单处罚金；情节严重的，处三年以上七年以下有期徒刑，并处罚金。

"单位犯前款罪的，对单位判处罚金，并对其直接负责的主管人员和其他直接责任人员，依照前款的规定处罚。

"有第一款行为，非法占有他人财产或者逃避合法债务，又构成其他犯罪的，依照处罚较重的规定定罪从重处罚。

"司法工作人员利用职权，与他人共同实施前三款行为的，从重处罚；同时构成其他犯罪的，依照处罚较重的规定定罪从重处罚。"

三十六、在刑法第三百零八条后增加一条，作为第三百零八条之一："司法工作人员、辩护人、诉讼代理人或者其他诉讼参与人，泄露依法不公开审理的案件中不应当公开的信息，造成信息公开传播或者其他严重后果的，处三年以下有期徒刑、拘役或者管制，并处或者单处罚金。

"有前款行为，泄露国家秘密的，依照本法第三百九十八条的规定定罪处罚。

"公开披露、报道第一款规定的案件信息，情节严重的，依照第一款的规定处罚。

"单位犯前款罪的，对单位判处罚金，并对其直接负责的主管人员和其他直接责任人员，依照第一款的规定处罚。"

三十七、将刑法第三百零九条修改为："有下列扰乱法庭秩序情形之一的，处三年以下有期徒刑、拘役、管制或者罚金：

"（一）聚众哄闹、冲击法庭的；

"（二）殴打司法工作人员或者诉讼参与人的；

"（三）侮辱、诽谤、威胁司法工作人员或者诉讼参与人，不听法庭制止，严重扰乱法庭秩序的；

"（四）有毁坏法庭设施，抢夺、损毁诉讼文书、证据等扰乱法庭秩序行为，情节严重的。"

三十八、将刑法第三百一十一条修改为："明知他人有间谍犯罪或者恐怖主义、极端主义犯罪行为，在司法机关向其调查有关情况、收集有关证据时，拒绝提供，情节严重的，处三年以下有期徒刑、拘役或者管制。"

三十九、将刑法第三百一十三条修改为："对人民法院的判决、裁定有能力执行而拒不执行，情节严重的，处三年以下有期徒刑、拘役或者罚金；情节特别严重的，处三年以上七年以下有期徒刑，并处罚金。

"单位犯前款罪的，对单位判处罚金，并对其直接负责的主管人员和其他直接责任人员，依照前款的规定处罚。"

四十、将刑法第三百二十二条修改为："违反国（边）境管理法规，偷越国（边）境，情节严重的，处一年以下有期徒刑、拘役或者管制，并处罚金；为参加恐怖活动组织、接受恐怖活动培训或者实施恐怖活动，偷越国（边）境的，处一年以上三年以下有期徒刑，并处罚金。"

四十一、将刑法第三百五十条第一款、第二款修改为："违反国家规定，非法生产、买卖、运输醋酸酐、乙醚、三氯甲烷或者其他用于制造毒品的原料、配剂，或者携带上述物品进出境，情节较重的，处三年以下有期徒刑、拘役或者管制，并处罚金；情节严重的，处三年以上七年以下有期徒刑，并处罚金；情节特别严重的，处七年以上有期徒刑，并处罚金或者没收财产。

"明知他人制造毒品而为其生产、买卖、运输前款规定的物品的，以制造毒品罪的共犯论处。"

四十二、将刑法第三百五十八条修改为："组织、强迫他人卖淫的，处五年以上十年以下有期徒刑，并处罚金；情节严重的，处十年以上有期徒刑或者无期徒刑，并处罚金或者没收财产。

"组织、强迫未成年人卖淫的，依照前款的规定从重处罚。

"犯前两款罪，并有杀害、伤害、强奸、绑架等犯罪行为的，依照数罪并罚的规定处罚。

"为组织卖淫的人招募、运送人员或者有其他协助组织他人卖淫行为的，处五年以下有期徒刑，并处罚金；情节严重的，处五年以上十年以下有期徒刑，并处罚金。"

四十三、删去刑法第三百六十条第二款。

四十四、将刑法第三百八十三条修改为："对犯贪污罪的，根据情节轻重，分别依照下列规定处罚：

"（一）贪污数额较大或者有其他较重情节的，处三年以下有期徒刑或者拘役，并处罚金。

"（二）贪污数额巨大或者有其他严重情节的，处三年以上十年以下有期徒刑，并处罚金或者没收财产。

"（三）贪污数额特别巨大或者有其他特别严重情节的，处十年以上有期徒刑或者无期徒刑，并处罚金或者没收财产；数额特别巨大，并使国家和人民利益遭受特别重大损失的，处无期徒刑或者死刑，并处没收财产。

"对多次贪污未经处理的，按照累计贪污数额处罚。

"犯第一款罪，在提起公诉前如实供述自己罪行、真诚悔罪、积极退赃、避免、减少损害结果的发生，有第一项规定情形的，可以从轻、减轻或者免除处罚；有第二项、第三项规定情形的，可以从轻处罚。

"犯第一款罪，有第三项规定情形被判处死刑缓期执行的，人民法院根据犯罪情节等情况可以同时决定在其死刑缓期执行二年期满依法减为无期徒刑后，终身监禁，不得减刑、假释。"

四十五、将刑法第三百九十条修改为："对犯行贿罪的，处五年以下有期徒刑或者拘役，并处罚金；因行贿谋取不正当利益，情节严重的，或者使国家利益遭受重大损失的，处五年以上十年以下有期徒刑，并处罚金；情节特别严重的，或者使国家利益遭受特别重大损失的，处十年以上有期徒刑或者无期徒刑，并处罚金或者没收财产。

"行贿人在被追诉前主动交待行贿行为的，可以从轻或者减轻处罚。其中，犯罪较轻的，对侦破重大案件起关键作用的，或者有重大立功表现的，可以减轻或者免除处罚。"

四十六、在刑法第三百九十条后增加一条，作为第三百九十条之一："为谋取不正当利益，向国家工作人员的近亲属或者其他与该国家工作人员关系密切的人，或者向离职的国家工作人员或者其近亲属以及其他与其关系密切的人行贿的，处三年以下有期徒刑或者拘役，并处罚金；情节严重的，或者使国家利益遭受重大损失的，处三年以上七年以下有期徒刑，并处罚金；情节特别严重的，或者使国家利益遭受特别重大损失的，处七年以上十年以下有期徒刑，并处罚金。

"单位犯前款罪的，对单位判处罚金，并对其直接负责的主管人员和其他直接责任人员，处三年以下有期徒刑或者拘役，并处罚金。"

四十七、将刑法第三百九十一条第一款修改为："为谋取不正当利益，给予国家机关、国有公司、企业、事业单位、人民团体以财物的，或者在经济往来中，违反国家规定，给予各种名义的回扣、手续费的，处三年以下有期徒刑或者拘役，并处罚金。"

四十八、将刑法第三百九十二条第一款修改为："向国家工作人员介绍贿赂，情节严重的，处三年以下有期徒刑或者拘役，并处罚金。"

四十九、将刑法第三百九十三条修改为："单位为谋取不正当利益而行贿，或者违反国家规定，给予国家工作人员以回扣、手续费，情节严重的，对单位判处罚金，并对其直接负责的主管人员和其他直接责任人员，处五年以下有期徒刑或者拘役,并处罚金。因行贿取得的违法所得归个人所有的,依照本法第三百八十九条、第三百九十条的规定定罪处罚。"

五十、将刑法第四百二十六条修改为:"以暴力、威胁方法,阻碍指挥人员或者值班、值勤人员执行职务的,处五年以下有期徒刑或者拘役;情节严重的,处五年以上十年以下有期徒刑;情节特别严重的,处十年以上有期徒刑或者无期徒刑。战时从重处罚。"

五十一、将刑法第四百三十三条修改为:"战时造谣惑众,动摇军心的,处三年以下有期徒刑;情节严重的,处三年以上十年以下有期徒刑;情节特别严重的,处十年以上有期徒刑或者无期徒刑。"

五十二、本修正案自 2015 年 11 月 1 日起施行。

中华人民共和国刑法修正案(十)

(2017 年 11 月 4 日第十二届全国人民代表大会常务委员会第三十次会议通过　2017 年 11 月 4 日中华人民共和国主席令第八十号公布)

为了惩治侮辱国歌的犯罪行为,切实维护国歌奏唱、使用的严肃性和国家尊严,在刑法第二百九十九条中增加一款作为第二款,将该条修改为:

"在公共场合,故意以焚烧、毁损、涂划、玷污、践踏等方式侮辱中华人民共和国国旗、国徽的,处三年以下有期徒刑、拘役、管制或者剥夺政治权利。

"在公共场合,故意篡改中华人民共和国国歌歌词、曲谱,以歪曲、贬损方式奏唱国歌,或者以其他方式侮辱国歌,情节严重的,依照前款的规定处罚。"

本修正案自公布之日起施行。

中华人民共和国刑法修正案（十一）

(2020年12月26日第十三届全国人民代表大会常务委员会第二十四次会议通过　2020年12月26日中华人民共和国主席令第六十六号公布)

一、将刑法第十七条修改为："已满十六周岁的人犯罪，应当负刑事责任。

"已满十四周岁不满十六周岁的人，犯故意杀人、故意伤害致人重伤或者死亡、强奸、抢劫、贩卖毒品、放火、爆炸、投放危险物质罪的，应当负刑事责任。

"已满十二周岁不满十四周岁的人，犯故意杀人、故意伤害罪，致人死亡或者以特别残忍手段致人重伤造成严重残疾，情节恶劣，经最高人民检察院核准追诉的，应当负刑事责任。

"对依照前三款规定追究刑事责任的不满十八周岁的人，应当从轻或者减轻处罚。

"因不满十六周岁不予刑事处罚的，责令其父母或者其他监护人加以管教；在必要的时候，依法进行专门矫治教育。"

二、在刑法第一百三十三条之一后增加一条，作为第一百三十三条之二："对行驶中的公共交通工具的驾驶人员使用暴力或者抢控驾驶操纵装置，干扰公共交通工具正常行驶，危及公共安全的，处一年以下有期徒刑、拘役或者管制，并处或者单处罚金。

"前款规定的驾驶人员在行驶的公共交通工具上擅离职守，与他人互殴或者殴打他人，危及公共安全的，依照前款的规定处罚。

"有前两款行为，同时构成其他犯罪的，依照处罚较重的规定定罪处罚。"

三、将刑法第一百三十四条第二款修改为："强令他人违章冒险作业，或者明知存在重大事故隐患而不排除，仍冒险组织作业，因而发生重大伤亡事故或者造成其他严重后果的，处五年以下有期徒刑或者拘役；情节特别恶劣的,处五年以上有期徒刑。"

四、在刑法第一百三十四条后增加一条,作为第一百三十四条之一:"在生产、作业中违反有关安全管理的规定,有下列情形之一,具有发生重大伤亡事故或者其他严重后果的现实危险的,处一年以下有期徒刑、拘役或者管制:

"(一)关闭、破坏直接关系生产安全的监控、报警、防护、救生设备、设施,或者篡改、隐瞒、销毁其相关数据、信息的;

"(二)因存在重大事故隐患被依法责令停产停业、停止施工、停止使用有关设备、设施、场所或者立即采取排除危险的整改措施,而拒不执行的;

"(三)涉及安全生产的事项未经依法批准或者许可,擅自从事矿山开采、金属冶炼、建筑施工,以及危险物品生产、经营、储存等高度危险的生产作业活动的。"

五、将刑法第一百四十一条修改为:"生产、销售假药的,处三年以下有期徒刑或者拘役,并处罚金;对人体健康造成严重危害或者有其他严重情节的,处三年以上十年以下有期徒刑,并处罚金;致人死亡或者有其他特别严重情节的,处十年以上有期徒刑、无期徒刑或者死刑,并处罚金或者没收财产。

"药品使用单位的人员明知是假药而提供给他人使用的,依照前款的规定处罚。"

六、将刑法第一百四十二条修改为:"生产、销售劣药,对人体健康造成严重危害的,处三年以上十年以下有期徒刑,并处罚金;后果特别严重的,处十年以上有期徒刑或者无期徒刑,并处罚金或者没收财产。

"药品使用单位的人员明知是劣药而提供给他人使用的,依照前款的规定处罚。"

七、在刑法第一百四十二条后增加一条,作为第一百四十二条之一:"违反药品管理法规,有下列情形之一,足以严重危害人体健康的,处三年以下有期徒刑或者拘役,并处或者单处罚金;对人体健康造成严重危害或者有其他严重情节的,处三年以上七年以下有期徒刑,并处罚金:

"(一)生产、销售国务院药品监督管理部门禁止使用的药品的;

"(二)未取得药品相关批准证明文件生产、进口药品或者明知是上述药品而销售的;

"(三）药品申请注册中提供虚假的证明、数据、资料、样品或者采取其他欺骗手段的；

"(四）编造生产、检验记录的。

"有前款行为，同时又构成本法第一百四十一条、第一百四十二条规定之罪或者其他犯罪的，依照处罚较重的规定定罪处罚。"

八、将刑法第一百六十条修改为："在招股说明书、认股书、公司、企业债券募集办法等发行文件中隐瞒重要事实或者编造重大虚假内容，发行股票或者公司、企业债券、存托凭证或者国务院依法认定的其他证券，数额巨大、后果严重或者有其他严重情节的，处五年以下有期徒刑或者拘役，并处或者单处罚金；数额特别巨大、后果特别严重或者有其他特别严重情节的，处五年以上有期徒刑，并处罚金。

"控股股东、实际控制人组织、指使实施前款行为的，处五年以下有期徒刑或者拘役，并处或者单处非法募集资金金额百分之二十以上一倍以下罚金；数额特别巨大、后果特别严重或者有其他特别严重情节的，处五年以上有期徒刑，并处非法募集资金金额百分之二十以上一倍以下罚金。

"单位犯前两款罪的，对单位判处非法募集资金金额百分之二十以上一倍以下罚金，并对其直接负责的主管人员和其他直接责任人员，依照第一款的规定处罚。"

九、将刑法第一百六十一条修改为："依法负有信息披露义务的公司、企业向股东和社会公众提供虚假的或者隐瞒重要事实的财务会计报告，或者对依法应当披露的其他重要信息不按照规定披露，严重损害股东或者其他人利益，或者有其他严重情节的，对其直接负责的主管人员和其他直接责任人员，处五年以下有期徒刑或者拘役，并处或者单处罚金；情节特别严重的，处五年以上十年以下有期徒刑，并处罚金。

"前款规定的公司、企业的控股股东、实际控制人实施或者组织、指使实施前款行为的，或者隐瞒相关事项导致前款规定的情形发生的，依照前款的规定处罚。

"犯前款罪的控股股东、实际控制人是单位的，对单位判处罚金，并对其直接负责的主管人员和其他直接责任人员，依照第一款的规定处罚。"

十、将刑法第一百六十三条第一款修改为："公司、企业或者其他单位的工作人员，利用职务上的便利，索取他人财物或者非法收受他人财物，为他人谋取利益，数额较大的，处三年以下有期徒刑或者拘役，并处罚金;数额巨大或者有其他严重情节的,处三年以上十年以下有期徒刑,并处罚金;数额特别巨大或者有其他特别严重情节的,处十年以上有期徒刑或者无期徒刑,并处罚金。"

十一、将刑法第一百七十五条之一第一款修改为:"以欺骗手段取得银行或者其他金融机构贷款、票据承兑、信用证、保函等,给银行或者其他金融机构造成重大损失的,处三年以下有期徒刑或者拘役,并处或者单处罚金;给银行或者其他金融机构造成特别重大损失或者有其他特别严重情节的,处三年以上七年以下有期徒刑,并处罚金。"

十二、将刑法第一百七十六条修改为:"非法吸收公众存款或者变相吸收公众存款,扰乱金融秩序的,处三年以下有期徒刑或者拘役,并处或者单处罚金;数额巨大或者有其他严重情节的,处三年以上十年以下有期徒刑,并处罚金;数额特别巨大或者有其他特别严重情节的,处十年以上有期徒刑,并处罚金。

"单位犯前款罪的,对单位判处罚金,并对其直接负责的主管人员和其他直接责任人员,依照前款的规定处罚。

"有前两款行为,在提起公诉前积极退赃退赔,减少损害结果发生的,可以从轻或者减轻处罚。"

十三、将刑法第一百八十二条第一款修改为:"有下列情形之一,操纵证券、期货市场,影响证券、期货交易价格或者证券、期货交易量,情节严重的,处五年以下有期徒刑或者拘役,并处或者单处罚金;情节特别严重的,处五年以上十年以下有期徒刑,并处罚金:

"(一)单独或者合谋,集中资金优势、持股或者持仓优势或者利用信息优势联合或者连续买卖的;

"(二)与他人串通,以事先约定的时间、价格和方式相互进行证券、期货交易的;

"(三)在自己实际控制的帐户之间进行证券交易,或者以自己为交易对象,自买自卖期货合约的;

"(四)不以成交为目的,频繁或者大量申报买入、卖出证券、期货合约并撤销申报的;

"(五)利用虚假或者不确定的重大信息,诱导投资者进行证券、期货交易的;

"(六)对证券、证券发行人、期货交易标的公开作出评价、预测或者投资建议，同时进行反向证券交易或者相关期货交易的；

"（七）以其他方法操纵证券、期货市场的。"

十四、将刑法第一百九十一条修改为："为掩饰、隐瞒毒品犯罪、黑社会性质的组织犯罪、恐怖活动犯罪、走私犯罪、贪污贿赂犯罪、破坏金融管理秩序犯罪、金融诈骗犯罪的所得及其产生的收益的来源和性质，有下列行为之一的，没收实施以上犯罪的所得及其产生的收益，处五年以下有期徒刑或者拘役，并处或者单处罚金；情节严重的，处五年以上十年以下有期徒刑，并处罚金：

"（一）提供资金帐户的；

"（二）将财产转换为现金、金融票据、有价证券的；

"（三）通过转帐或者其他支付结算方式转移资金的；

"（四）跨境转移资产的；

"（五）以其他方法掩饰、隐瞒犯罪所得及其收益的来源和性质的。

"单位犯前款罪的，对单位判处罚金，并对其直接负责的主管人员和其他直接责任人员，依照前款的规定处罚。"

十五、将刑法第一百九十二条修改为："以非法占有为目的，使用诈骗方法非法集资，数额较大的，处三年以上七年以下有期徒刑，并处罚金；数额巨大或者有其他严重情节的，处七年以上有期徒刑或者无期徒刑，并处罚金或者没收财产。

"单位犯前款罪的，对单位判处罚金，并对其直接负责的主管人员和其他直接责任人员，依照前款的规定处罚。"

十六、将刑法第二百条修改为："单位犯本节第一百九十四条、第一百九十五条规定之罪的，对单位判处罚金，并对其直接负责的主管人员和其他直接责任人员，处五年以下有期徒刑或者拘役，可以并处罚金；数额巨大或者有其他严重情节的，处五年以上十年以下有期徒刑，并处罚金；数额特别巨大或者有其他特别严重情节的，处十年以上有期徒刑或者无期徒刑，并处罚金。"

十七、将刑法第二百一十三条修改为："未经注册商标所有人许可，在同一种商品、服务上使用与其注册商标相同的商标，情节严重的，处三年以下有期徒刑，并处或者单处罚金；情节特别严重的，处三年以上十年以下有期徒刑，并处罚金。"

十八、将刑法第二百一十四条修改为："销售明知是假冒注册商标的商品，违法所得数额较大或者有其他严重情节的，处三年以下有期徒刑，并处或者单处罚金；违法所得数额巨大或者有其他特别严重情节的，处三年以上十年以下有期徒刑，并处罚金。"

十九、将刑法第二百一十五条修改为："伪造、擅自制造他人注册商标标识或者销售伪造、擅自制造的注册商标标识，情节严重的，处三年以下有期徒刑，并处或者单处罚金；情节特别严重的，处三年以上十年以下有期徒刑，并处罚金。"

二十、将刑法第二百一十七条修改为："以营利为目的，有下列侵犯著作权或者与著作权有关的权利的情形之一，违法所得数额较大或者有其他严重情节的，处三年以下有期徒刑，并处或者单处罚金；违法所得数额巨大或者有其他特别严重情节的，处三年以上十年以下有期徒刑，并处罚金：

"（一）未经著作权人许可，复制发行、通过信息网络向公众传播其文字作品、音乐、美术、视听作品、计算机软件及法律、行政法规规定的其他作品的；

"（二）出版他人享有专有出版权的图书的；

"（三）未经录音录像制作者许可，复制发行、通过信息网络向公众传播其制作的录音录像的；

"（四）未经表演者许可，复制发行录有其表演的录音录像制品，或者通过信息网络向公众传播其表演的；

"（五）制作、出售假冒他人署名的美术作品的；

"（六）未经著作权人或者与著作权有关的权利人许可，故意避开或者破坏权利人为其作品、录音录像制品等采取的保护著作权或者与著作权有关的权利的技术措施的。"

二十一、将刑法第二百一十八条修改为："以营利为目的，销售明知是本法第二百一十七条规定的侵权复制品，违法所得数额巨大或者有其他严重情节的，处五年以下有期徒刑，并处或者单处罚金。"

二十二、将刑法第二百一十九条修改为："有下列侵犯商业秘密行为之一，情节严重的，处三年以下有期徒刑，并处或者单处罚金；情节特别严重的，处三年以上十年以下有期徒刑，并处罚金：

"（一）以盗窃、贿赂、欺诈、胁迫、电子侵入或者其他不正当手段获取权利人的商业秘密的；

"(二)披露、使用或者允许他人使用以前项手段获取的权利人的商业秘密的;

"(三)违反保密义务或者违反权利人有关保守商业秘密的要求,披露、使用或者允许他人使用其所掌握的商业秘密的。

"明知前款所列行为,获取、披露、使用或者允许他人使用该商业秘密的,以侵犯商业秘密论。

"本条所称权利人,是指商业秘密的所有人和经商业秘密所有人许可的商业秘密使用人。"

二十三、在刑法第二百一十九条后增加一条,作为第二百一十九条之一:"为境外的机构、组织、人员窃取、刺探、收买、非法提供商业秘密的,处五年以下有期徒刑,并处或者单处罚金;情节严重的,处五年以上有期徒刑,并处罚金。"

二十四、将刑法第二百二十条修改为:"单位犯本节第二百一十三条至第二百一十九条之一规定之罪的,对单位判处罚金,并对其直接负责的主管人员和其他直接责任人员,依照本节各该条的规定处罚。"

二十五、将刑法第二百二十九条修改为:"承担资产评估、验资、验证、会计、审计、法律服务、保荐、安全评价、环境影响评价、环境监测等职责的中介组织的人员故意提供虚假证明文件,情节严重的,处五年以下有期徒刑或者拘役,并处罚金;有下列情形之一的,处五年以上十年以下有期徒刑,并处罚金:

"(一)提供与证券发行相关的虚假的资产评估、会计、审计、法律服务、保荐等证明文件,情节特别严重的;

"(二)提供与重大资产交易相关的虚假的资产评估、会计、审计等证明文件,情节特别严重的;

"(三)在涉及公共安全的重大工程、项目中提供虚假的安全评价、环境影响评价等证明文件,致使公共财产、国家和人民利益遭受特别重大损失的。

"有前款行为,同时索取他人财物或者非法收受他人财物构成犯罪的,依照处罚较重的规定定罪处罚。

"第一款规定的人员,严重不负责任,出具的证明文件有重大失实,造成严重后果的,处三年以下有期徒刑或者拘役,并处或者单处罚金。"

二十六、将刑法第二百三十六条修改为:"以暴力、胁迫或者其他手段强奸妇女的，处三年以上十年以下有期徒刑。

"奸淫不满十四周岁的幼女的，以强奸论，从重处罚。

"强奸妇女、奸淫幼女，有下列情形之一的，处十年以上有期徒刑、无期徒刑或者死刑：

"（一）强奸妇女、奸淫幼女情节恶劣的；

"（二）强奸妇女、奸淫幼女多人的；

"（三）在公共场所当众强奸妇女、奸淫幼女的；

"（四）二人以上轮奸的；

"（五）奸淫不满十周岁的幼女或者造成幼女伤害的；

"（六）致使被害人重伤、死亡或者造成其他严重后果的。"

二十七、在刑法第二百三十六条后增加一条，作为第二百三十六条之一："对已满十四周岁不满十六周岁的未成年女性负有监护、收养、看护、教育、医疗等特殊职责的人员，与该未成年女性发生性关系的，处三年以下有期徒刑；情节恶劣的，处三年以上十年以下有期徒刑。

"有前款行为，同时又构成本法第二百三十六条规定之罪的，依照处罚较重的规定定罪处罚。"

二十八、将刑法第二百三十七条第三款修改为："猥亵儿童的，处五年以下有期徒刑；有下列情形之一的，处五年以上有期徒刑：

"（一）猥亵儿童多人或者多次的；

"（二）聚众猥亵儿童的，或者在公共场所当众猥亵儿童，情节恶劣的；

"（三）造成儿童伤害或者其他严重后果的；

"（四）猥亵手段恶劣或者有其他恶劣情节的。"

二十九、将刑法第二百七十一条第一款修改为："公司、企业或者其他单位的工作人员，利用职务上的便利，将本单位财物非法占为己有，数额较大的，处三年以下有期徒刑或者拘役，并处罚金；数额巨大的，处三年以上十年以下有期徒刑，并处罚金；数额特别巨大的，处十年以上有期徒刑或者无期徒刑，并处罚金。"

三十、将刑法第二百七十二条修改为："公司、企业或者其他单位的工作人员，利用职务上的便利，挪用本单位资金归个人使用或者借贷给他人，数额较大、超过三个月未还的，或者虽未超过三个月，但数额较大、进行营利活动的，或者进行非法活动的，处三年以下有期徒刑或者拘役；

挪用本单位资金数额巨大的,处三年以上七年以下有期徒刑;数额特别巨大的,处七年以上有期徒刑。

"国有公司、企业或者其他国有单位中从事公务的人员和国有公司、企业或者其他国有单位委派到非国有公司、企业以及其他单位从事公务的人员有前款行为的,依照本法第三百八十四条的规定定罪处罚。

"有第一款行为,在提起公诉前将挪用的资金退还的,可以从轻或者减轻处罚。其中,犯罪较轻的,可以减轻或者免除处罚。"

三十一、将刑法第二百七十七条第五款修改为:"暴力袭击正在依法执行职务的人民警察的,处三年以下有期徒刑、拘役或者管制;使用枪支、管制刀具,或者以驾驶机动车撞击等手段,严重危及其人身安全的,处三年以上七年以下有期徒刑。"

三十二、在刑法第二百八十条之一后增加一条,作为第二百八十条之二:"盗用、冒用他人身份,顶替他人取得的高等学历教育入学资格、公务员录用资格、就业安置待遇的,处三年以下有期徒刑、拘役或者管制,并处罚金。

"组织、指使他人实施前款行为的,依照前款的规定从重处罚。

"国家工作人员有前两款行为,又构成其他犯罪的,依照数罪并罚的规定处罚。"

三十三、在刑法第二百九十一条之一后增加一条,作为第二百九十一条之二:"从建筑物或者其他高空抛掷物品,情节严重的,处一年以下有期徒刑、拘役或者管制,并处或者单处罚金。

"有前款行为,同时构成其他犯罪的,依照处罚较重的规定定罪处罚。"

三十四、在刑法第二百九十三条后增加一条,作为第二百九十三条之一:"有下列情形之一,催收高利放贷等产生的非法债务,情节严重的,处三年以下有期徒刑、拘役或者管制,并处或者单处罚金:

"(一)使用暴力、胁迫方法的;

"(二)限制他人人身自由或者侵入他人住宅的;

"(三)恐吓、跟踪、骚扰他人的。"

三十五、在刑法第二百九十九条后增加一条,作为第二百九十九条之一:"侮辱、诽谤或者以其他方式侵害英雄烈士的名誉、荣誉,损害社会公共利益,情节严重的,处三年以下有期徒刑、拘役、管制或者剥夺政治权利。"

三十六、将刑法第三百零三条修改为："以营利为目的，聚众赌博或者以赌博为业的，处三年以下有期徒刑、拘役或者管制，并处罚金。

"开设赌场的，处五年以下有期徒刑、拘役或者管制，并处罚金；情节严重的，处五年以上十年以下有期徒刑，并处罚金。

"组织中华人民共和国公民参与国（境）外赌博，数额巨大或者有其他严重情节的，依照前款的规定处罚。"

三十七、将刑法第三百三十条第一款修改为："违反传染病防治法的规定，有下列情形之一，引起甲类传染病以及依法确定采取甲类传染病预防、控制措施的传染病传播或者有传播严重危险的，处三年以下有期徒刑或者拘役；后果特别严重的，处三年以上七年以下有期徒刑：

"（一）供水单位供应的饮用水不符合国家规定的卫生标准的；

"（二）拒绝按照疾病预防控制机构提出的卫生要求，对传染病病原体污染的污水、污物、场所和物品进行消毒处理的；

"（三）准许或者纵容传染病病人、病原携带者和疑似传染病病人从事国务院卫生行政部门规定禁止从事的易使该传染病扩散的工作的；

"（四）出售、运输疫区中被传染病病原体污染或者可能被传染病病原体污染的物品，未进行消毒处理的；

"（五）拒绝执行县级以上人民政府、疾病预防控制机构依照传染病防治法提出的预防、控制措施的。"

三十八、在刑法第三百三十四条后增加一条，作为第三百三十四条之一："违反国家有关规定，非法采集我国人类遗传资源或者非法运送、邮寄、携带我国人类遗传资源材料出境，危害公众健康或者社会公共利益，情节严重的，处三年以下有期徒刑、拘役或者管制，并处或者单处罚金；情节特别严重的，处三年以上七年以下有期徒刑，并处罚金。"

三十九、在刑法第三百三十六条后增加一条，作为第三百三十六条之一："将基因编辑、克隆的人类胚胎植入人体或者动物体内，或者将基因编辑、克隆的动物胚胎植入人体内，情节严重的，处三年以下有期徒刑或者拘役，并处罚金；情节特别严重的，处三年以上七年以下有期徒刑，并处罚金。"

四十、将刑法第三百三十八条修改为："违反国家规定，排放、倾倒或者处置有放射性的废物、含传染病病原体的废物、有毒物质或者其他有害物质，严重污染环境的，处三年以下有期徒刑或者拘役，并处或者单处罚金；情节严重的，处三年以上七年以下有期徒刑，并处罚金；有下列情形之一的，处七年以上有期徒刑，并处罚金：

"（一）在饮用水水源保护区、自然保护地核心保护区等依法确定的重点保护区域排放、倾倒、处置有放射性的废物、含传染病病原体的废物、有毒物质，情节特别严重的；

"（二）向国家确定的重要江河、湖泊水域排放、倾倒、处置有放射性的废物、含传染病病原体的废物、有毒物质，情节特别严重的；

"（三）致使大量永久基本农田基本功能丧失或者遭受永久性破坏的；

"（四）致使多人重伤、严重疾病，或者致人严重残疾、死亡的。

"有前款行为，同时构成其他犯罪的，依照处罚较重的规定定罪处罚。"

四十一、在刑法第三百四十一条中增加一款作为第三款："违反野生动物保护管理法规，以食用为目的非法猎捕、收购、运输、出售第一款规定以外的在野外环境自然生长繁殖的陆生野生动物，情节严重的，依照前款的规定处罚。"

四十二、在刑法第三百四十二条后增加一条，作为第三百四十二条之一："违反自然保护地管理法规，在国家公园、国家级自然保护区进行开垦、开发活动或者修建建筑物，造成严重后果或者有其他恶劣情节的，处五年以下有期徒刑或者拘役，并处或者单处罚金。

"有前款行为，同时构成其他犯罪的，依照处罚较重的规定定罪处罚。"

四十三、在刑法第三百四十四条后增加一条，作为第三百四十四条之一："违反国家规定，非法引进、释放或者丢弃外来入侵物种，情节严重的，处三年以下有期徒刑或者拘役，并处或者单处罚金。"

四十四、在刑法第三百五十五条后增加一条，作为第三百五十五条之一："引诱、教唆、欺骗运动员使用兴奋剂参加国内、国际重大体育竞赛，或者明知运动员参加上述竞赛而向其提供兴奋剂，情节严重的，处三年以下有期徒刑或者拘役，并处罚金。

"组织、强迫运动员使用兴奋剂参加国内、国际重大体育竞赛的，依照前款的规定从重处罚。"

四十五、将刑法第四百零八条之一第一款修改为："负有食品药品安全监督管理职责的国家机关工作人员,滥用职权或者玩忽职守,有下列情形之一,造成严重后果或者有其他严重情节的,处五年以下有期徒刑或者拘役;造成特别严重后果或者有其他特别严重情节的,处五年以上十年以下有期徒刑:

"(一)瞒报、谎报食品安全事故、药品安全事件的;

"(二)对发现的严重食品药品安全违法行为未按规定查处的;

"(三)在药品和特殊食品审批审评过程中,对不符合条件的申请准予许可的;

"(四)依法应当移交司法机关追究刑事责任不移交的;

"(五)有其他滥用职权或者玩忽职守行为的。"

四十六、将刑法第四百三十一条第二款修改为:"为境外的机构、组织、人员窃取、刺探、收买、非法提供军事秘密的,处五年以上十年以下有期徒刑;情节严重的,处十年以上有期徒刑、无期徒刑或者死刑。"

四十七、将刑法第四百五十条修改为:"本章适用于中国人民解放军的现役军官、文职干部、士兵及具有军籍的学员和中国人民武装警察部队的现役警官、文职干部、士兵及具有军籍的学员以及文职人员、执行军事任务的预备役人员和其他人员。"

四十八、本修正案自2021年3月1日起施行。

中华人民共和国刑法修正案(十二)

(2023年12月29日第十四届全国人民代表大会常务委员会第七次会议通过 2023年12月29日中华人民共和国主席令第十八号公布)

一、在刑法第一百六十五条中增加一款作为第二款,将该条修改为:"国有公司、企业的董事、监事、高级管理人员,利用职务便利,自己经营或者为他人经营与其所任职公司、企业同类的营业,获取非法利益,数额巨大的,处三年以下有期徒刑或者拘役,并处或者单处罚金;数额特别巨大的,处三年以上七年以下有期徒刑,并处罚金。

"其他公司、企业的董事、监事、高级管理人员违反法律、行政法规规定,实施前款行为,致使公司、企业利益遭受重大损失的,依照前款的规定处罚。"

二、在刑法第一百六十六条中增加一款作为第二款,将该条修改为:"国有公司、企业、事业单位的工作人员,利用职务便利,有下列情形之一,致使国家利益遭受重大损失的,处三年以下有期徒刑或者拘役,并处或者单处罚金;致使国家利益遭受特别重大损失的,处三年以上七年以下有期徒刑,并处罚金:

"(一)将本单位的盈利业务交由自己的亲友进行经营的;

"(二)以明显高于市场的价格从自己的亲友经营管理的单位采购商品、接受服务或者以明显低于市场的价格向自己的亲友经营管理的单位销售商品、提供服务的;

"(三)从自己的亲友经营管理的单位采购、接受不合格商品、服务的。

"其他公司、企业的工作人员违反法律、行政法规规定,实施前款行为,致使公司、企业利益遭受重大损失的,依照前款的规定处罚。"

三、在刑法第一百六十九条中增加一款作为第二款,将该条修改为:"国有公司、企业或者其上级主管部门直接负责的主管人员,徇私舞弊,将国有资产低价折股或者低价出售,致使国家利益遭受重大损失的,处三年以下有期徒刑或者拘役;致使国家利益遭受特别重大损失的,处三年以上七年以下有期徒刑。

"其他公司、企业直接负责的主管人员,徇私舞弊,将公司、企业资产低价折股或者低价出售,致使公司、企业利益遭受重大损失的,依照前款的规定处罚。"

四、将刑法第三百八十七条第一款修改为:"国家机关、国有公司、企业、事业单位、人民团体,索取、非法收受他人财物,为他人谋取利益,情节严重的,对单位判处罚金,并对其直接负责的主管人员和其他直接责任人员,处三年以下有期徒刑或者拘役;情节特别严重的,处三年以上十年以下有期徒刑。"

五、将刑法第三百九十条修改为:"对犯行贿罪的,处三年以下有期徒刑或者拘役,并处罚金;因行贿谋取不正当利益,情节严重的,或者使国家利益遭受重大损失的,处三年以上十年以下有期徒刑,并处罚金;情节特别严重的，或者使国家利益遭受特别重大损失的，处十年以上有期徒刑或者无期徒刑，并处罚金或者没收财产。

"有下列情形之一的，从重处罚：

"（一）多次行贿或者向多人行贿的；

"（二）国家工作人员行贿的；

"（三）在国家重点工程、重大项目中行贿的；

"（四）为谋取职务、职级晋升、调整行贿的；

"（五）对监察、行政执法、司法工作人员行贿的；

"（六）在生态环境、财政金融、安全生产、食品药品、防灾救灾、社会保障、教育、医疗等领域行贿，实施违法犯罪活动的；

"（七）将违法所得用于行贿的。

"行贿人在被追诉前主动交待行贿行为的，可以从轻或者减轻处罚。其中，犯罪较轻的，对调查突破、侦破重大案件起关键作用的，或者有重大立功表现的，可以减轻或者免除处罚。"

六、将刑法第三百九十一条第一款修改为："为谋取不正当利益，给予国家机关、国有公司、企业、事业单位、人民团体以财物的，或者在经济往来中，违反国家规定，给予各种名义的回扣、手续费的，处三年以下有期徒刑或者拘役，并处罚金；情节严重的，处三年以上七年以下有期徒刑，并处罚金。"

七、将刑法第三百九十三条修改为："单位为谋取不正当利益而行贿，或者违反国家规定，给予国家工作人员以回扣、手续费，情节严重的，对单位判处罚金，并对其直接负责的主管人员和其他直接责任人员，处三年以下有期徒刑或者拘役，并处罚金；情节特别严重的，处三年以上十年以下有期徒刑，并处罚金。因行贿取得的违法所得归个人所有的，依照本法第三百八十九条、第三百九十条的规定定罪处罚。"

八、本修正案自2024年3月1日起施行。

全国人民代表大会常务委员会
关于废止部分法律的决定（节选）

(2009年6月27日第十一届全国人民代表大会常务委员会第九次会议通过　2009年6月27日中华人民共和国主席令第十六号公布)

第十一届全国人民代表大会常务委员会第九次会议决定，废止下列法律和有关法律问题的决定：

……

六、全国人民代表大会常务委员会关于惩治偷税、抗税犯罪的补充规定（1992年9月4日第七届全国人民代表大会常务委员会第二十七次会议通过）

……

八、全国人民代表大会常务委员会关于严惩组织、运送他人偷越国（边）境犯罪的补充规定（1994年3月5日第八届全国人民代表大会常务委员会第六次会议通过）

本决定自公布之日起施行。

全国人民代表大会常务委员会
关于修改部分法律的决定（节选）

(2009年8月27日第十一届全国人民代表大会常务委员会第十次会议通过　2009年8月27日中华人民共和国主席令第十八号公布)

第十一届全国人民代表大会常务委员会第十次会议决定：

……

二、对下列法律和法律解释中关于"征用"的规定作出修改

（一）将下列法律和法律解释中的"征用"修改为"征收、征用"

……

12.《中华人民共和国刑法》第三百八十一条、第四百一十条

13. 全国人民代表大会常务委员会关于《中华人民共和国刑法》第九十三条第二款的解释

14. 全国人民代表大会常务委员会关于《中华人民共和国刑法》第二百二十八条、第三百四十二条、第四百一十条的解释

……

四、对下列法律和有关法律问题的决定中关于治安管理处罚的规定作出修改

（一）将下列法律和有关法律问题的决定中引用的"治安管理处罚条例"修改为"治安管理处罚法"

……

80.《全国人民代表大会常务委员会关于惩治走私、制作、贩卖、传播淫秽物品的犯罪分子的决定》第二条、第三条

81.《全国人民代表大会常务委员会关于严惩拐卖、绑架妇女、儿童的犯罪分子的决定》第四条

……

（二）对下列法律和有关法律问题的决定中关于治安管理处罚的具体规定作出修改

……

91. 将《全国人民代表大会常务委员会关于严禁卖淫嫖娼的决定》第三条、第四条中的"依照治安管理处罚条例第三十条的规定处罚"修改为"依照《中华人民共和国治安管理处罚法》的规定处罚"。

……

本决定自公布之日起施行。

全国人民代表大会常务委员会
关于废止有关收容教育法律规定和制度的决定

(2019年12月28日第十三届全国人民代表大会常务委员会第十五次会议通过 2019年12月28日中华人民共和国主席令第四十二号公布)

第十三届全国人民代表大会常务委员会第十五次会议决定：

一、废止《全国人民代表大会常务委员会关于严禁卖淫嫖娼的决定》第四条第二款、第四款，以及据此实行的收容教育制度。

二、在收容教育制度废止前，依法作出的收容教育决定有效；收容教育制度废止后，对正在被依法执行收容教育的人员，解除收容教育，剩余期限不再执行。

本决定自2019年12月29日起施行。

中华人民共和国禁毒法（节选）

(2007年12月29日第十届全国人民代表大会常务委员会第三十一次会议通过 2007年12月29日中华人民共和国主席令第七十九号公布)

……

第七十一条 本法自2008年6月1日起施行。《全国人民代表大会常务委员会关于禁毒的决定》同时废止。

全国人民代表大会常务委员会关于《中华人民共和国刑法》第九十三条第二款的解释

(2000年4月29日第九届全国人民代表大会常务委员会第十五次会议通过 根据2009年8月27日中华人民共和国主席令第十八号第十一届全国人民代表大会常务委员会第十次会议《关于修改部分法律的决定》修正)

全国人民代表大会常务委员会讨论了村民委员会等村基层组织人员在从事哪些工作时属于刑法第九十三条第二款规定的"其他依照法律从事公务的人员",解释如下:

村民委员会等村基层组织人员协助人民政府从事下列行政管理工作时,属于刑法第九十三条第二款规定的"其他依照法律从事公务的人员":

(一) 救灾、抢险、防汛、优抚、扶贫、移民、救济款物的管理;
(二) 社会捐助公益事业款物的管理;
(三) 国有土地的经营和管理;
(四) 土地征收、征用补偿费用的管理;
(五) 代征、代缴税款;
(六) 有关计划生育、户籍、征兵工作;
(七) 协助人民政府从事的其他行政管理工作。

村民委员会等村基层组织人员从事前款规定的公务,利用职务上的便利,非法占有公共财物、挪用公款、索取他人财物或者非法收受他人财物,构成犯罪的,适用刑法第三百八十二条和第三百八十三条贪污罪、第三百八十四条挪用公款罪、第三百八十五条和第三百八十六条受贿罪的规定。

现予公告。

全国人民代表大会常务委员会关于《中华人民共和国刑法》第二百二十八条、第三百四十二条、第四百一十条的解释

(2001年8月31日第九届全国人民代表大会常务委员会第二十三次会议通过 根据2009年8月27日中华人民共和国主席令第十八号第十一届全国人民代表大会常务委员会第十次会议《关于修改部分法律的决定》修正)

全国人民代表大会常务委员会讨论了刑法第二百二十八条、第三百四十二条、第四百一十条规定的"违反土地管理法规"和第四百一十条规定的"非法批准征收、征用、占用土地"的含义问题，解释如下：

刑法第二百二十八条、第三百四十二条、第四百一十条规定的"违反土地管理法规"，是指违反土地管理法、森林法、草原法等法律以及有关行政法规中关于土地管理的规定。

刑法第四百一十条规定的"非法批准征收、征用、占用土地"，是指非法批准征收、征用、占用耕地、林地等农用地以及其他土地。

现予公告。

全国人民代表大会常务委员会关于《中华人民共和国刑法》第二百九十四条第一款的解释

(2002年4月28日第九届全国人民代表大会常务委员会第二十七次会议通过)

全国人民代表大会常务委员会讨论了刑法第二百九十四条第一款规定的"黑社会性质的组织"的含义问题，解释如下：

刑法第二百九十四条第一款规定的"黑社会性质的组织"应当同时具备以下特征：

（一）形成较稳定的犯罪组织，人数较多，有明确的组织者、领导者，骨干成员基本固定；

（二）有组织地通过违法犯罪活动或者其他手段获取经济利益，具有一定的经济实力，以支持该组织的活动；

（三）以暴力、威胁或者其他手段，有组织地多次进行违法犯罪活动，为非作恶，欺压、残害群众；

（四）通过实施违法犯罪活动，或者利用国家工作人员的包庇或者纵容，称霸一方，在一定区域或者行业内，形成非法控制或者重大影响，严重破坏经济、社会生活秩序。

现予公告。

全国人民代表大会常务委员会关于《中华人民共和国刑法》第三百八十四条第一款的解释

(2002年4月28日第九届全国人民代表大会常务委员会第二十七次会议通过)

全国人民代表大会常务委员会讨论了刑法第三百八十四条第一款规定的国家工作人员利用职务上的便利，挪用公款"归个人使用"的含义问题，解释如下：

有下列情形之一的，属于挪用公款"归个人使用"：

（一）将公款供本人、亲友或者其他自然人使用的；

（二）以个人名义将公款供其他单位使用的；

（三）个人决定以单位名义将公款供其他单位使用，谋取个人利益的。

现予公告。

全国人民代表大会常务委员会关于《中华人民共和国刑法》第三百一十三条的解释

(2002年8月29日第九届全国人民代表大会常务委员会第二十九次会议通过)

全国人民代表大会常务委员会讨论了刑法第三百一十三条规定的"对人民法院的判决、裁定有能力执行而拒不执行,情节严重"的含义问题,解释如下:

刑法第三百一十三条规定的"人民法院的判决、裁定",是指人民法院依法作出的具有执行内容并已发生法律效力的判决、裁定。人民法院为依法执行支付令、生效的调解书、仲裁裁决、公证债权文书等所作的裁定属于该条规定的裁定。

下列情形属于刑法第三百一十三条规定的"有能力执行而拒不执行,情节严重"的情形:

(一)被执行人隐藏、转移、故意毁损财产或者无偿转让财产、以明显不合理的低价转让财产,致使判决、裁定无法执行的;

(二)担保人或者被执行人隐藏、转移、故意毁损或者转让已向人民法院提供担保的财产,致使判决、裁定无法执行的;

(三)协助执行义务人接到人民法院协助执行通知书后,拒不协助执行,致使判决、裁定无法执行的;

(四)被执行人、担保人、协助执行义务人与国家机关工作人员通谋,利用国家机关工作人员的职权妨害执行,致使判决、裁定无法执行的;

(五)其他有能力执行而拒不执行,情节严重的情形。

国家机关工作人员有上述第四项行为的,以拒不执行判决、裁定罪的共犯追究刑事责任。国家机关工作人员收受贿赂或者滥用职权,有上述第四项行为的,同时又构成刑法第三百八十五条、第三百九十七条规定之罪的,依照处罚较重的规定定罪处罚。

现予公告。

全国人民代表大会常务委员会
关于《中华人民共和国刑法》第九章渎职罪主体适用问题的解释

(2002年12月28日第九届全国人民代表大会常务委员会第三十一次会议通过)

全国人大常委会根据司法实践中遇到的情况,讨论了刑法第九章渎职罪主体的适用问题,解释如下:

在依照法律、法规规定行使国家行政管理职权的组织中从事公务的人员,或者在受国家机关委托代表国家机关行使职权的组织中从事公务的人员,或者虽未列入国家机关人员编制但在国家机关中从事公务的人员,在代表国家机关行使职权时,有渎职行为,构成犯罪的,依照刑法关于渎职罪的规定追究刑事责任。

现予公告。

全国人民代表大会常务委员会
关于《中华人民共和国刑法》有关信用卡规定的解释

(2004年12月29日第十届全国人民代表大会常务委员会第十三次会议通过)

全国人民代表大会常务委员会根据司法实践中遇到的情况,讨论了刑法规定的"信用卡"的含义问题,解释如下:

刑法规定的"信用卡",是指由商业银行或者其他金融机构发行的具有消费支付、信用贷款、转帐结算、存取现金等全部功能或者部分功能的电子支付卡。

现予公告。

全国人民代表大会常务委员会
关于《中华人民共和国刑法》有关出口退税、抵扣税款的其他发票规定的解释

(2005年12月29日第十届全国人民代表大会常务委员会第十九次会议通过)

全国人民代表大会常务委员会根据司法实践中遇到的情况，讨论了刑法规定的"出口退税、抵扣税款的其他发票"的含义问题，解释如下：

刑法规定的"出口退税、抵扣税款的其他发票"，是指除增值税专用发票以外的，具有出口退税、抵扣税款功能的收付款凭证或者完税凭证。

现予公告。

全国人民代表大会常务委员会
关于《中华人民共和国刑法》有关文物的规定适用于具有科学价值的古脊椎动物化石、古人类化石的解释

(2005年12月29日第十届全国人民代表大会常务委员会第十九次会议通过)

全国人民代表大会常务委员会根据司法实践中遇到的情况，讨论了关于走私、盗窃、损毁、倒卖或者非法转让具有科学价值的古脊椎动物化石、古人类化石的行为适用刑法有关规定的问题，解释如下：

刑法有关文物的规定，适用于具有科学价值的古脊椎动物化石、古人类化石。

现予公告。

全国人民代表大会常务委员会
关于《中华人民共和国刑法》第三十条的解释

(2014年4月24日第十二届全国人民代表大会常务委员会第八次会议通过)

全国人民代表大会常务委员会根据司法实践中遇到的情况，讨论了刑法第三十条的含义及公司、企业、事业单位、机关、团体等单位实施刑法规定的危害社会的行为，法律未规定追究单位的刑事责任的，如何适用刑法有关规定的问题，解释如下：

公司、企业、事业单位、机关、团体等单位实施刑法规定的危害社会的行为，刑法分则和其他法律未规定追究单位的刑事责任的，对组织、策划、实施该危害社会行为的人依法追究刑事责任。

现予公告。

全国人民代表大会常务委员会
关于《中华人民共和国刑法》
第一百五十八条、第一百五十九条的解释

(2014年4月24日第十二届全国人民代表大会常务委员会第八次会议通过)

全国人民代表大会常务委员会讨论了公司法修改后刑法第一百五十八条、第一百五十九条对实行注册资本实缴登记制、认缴登记制的公司的适用范围问题，解释如下：

刑法第一百五十八条、第一百五十九条的规定，只适用于依法实行注册资本实缴登记制的公司。

现予公告。

全国人民代表大会常务委员会
关于《中华人民共和国刑法》
第二百六十六条的解释

(2014年4月24日第十二届全国人民代表大会常务委员会第八次会议通过)

全国人民代表大会常务委员会根据司法实践中遇到的情况，讨论了刑法第二百六十六条的含义及骗取养老、医疗、工伤、失业、生育等社会保险金或者其他社会保障待遇的行为如何适用刑法有关规定的问题，解释如下：

以欺诈、伪造证明材料或者其他手段骗取养老、医疗、工伤、失业、生育等社会保险金或者其他社会保障待遇的，属于刑法第二百六十六条规定的诈骗公私财物的行为。

现予公告。

全国人民代表大会常务委员会
关于《中华人民共和国刑法》第三百四十一条、
第三百一十二条的解释

(2014年4月24日第十二届全国人民代表大会常务委员会第八次会议通过)

全国人民代表大会常务委员会根据司法实践中遇到的情况，讨论了刑法第三百四十一条第一款规定的非法收购国家重点保护的珍贵、濒危野生动物及其制品的含义和收购刑法第三百四十一条第二款规定的非法狩猎的野生动物如何适用刑法有关规定的问题，解释如下：

知道或者应当知道是国家重点保护的珍贵、濒危野生动物及其制品，为食用或者其他目的而非法购买的，属于刑法第三百四十一条第一款规定的非法收购国家重点保护的珍贵、濒危野生动物及其制品的行为。

知道或者应当知道是刑法第三百四十一条第二款规定的非法狩猎的野生动物而购买的，属于刑法第三百一十二条第一款规定的明知是犯罪所得而收购的行为。

现予公告。